PSICOLOGIA COGNITIVA
Conectando a mente, pesquisas e experiências cotidianas

Tradução da 5ª edição norte-americana

Dados Internacionais de Catalogação na Publicação (CIP)
(Câmara Brasileira do Livro, SP, Brasil)

Goldstein, E. Bruce
 Psicologia cognitiva : conectando a mente, pesquisas e experiências cotidianas / E. Bruce Goldstein ; tradução Edson Furmankiewicz ; revisão técnica Marcelo Fernandes Costa. -- São Paulo : Cengage Learning, 2022.

 Título original: Cognitive psychology : connecting mind, research, and everyday experience. "5ª edição norte-americana".
 ISBN 978-65-5558-425-7

 1. Psicologia 2. Psicologia cognitiva I. Costa, Marcelo Fernandes II. Título.

22-101432 CDD-153

Índices para catálogo sistemático:

1. Psicologia cognitiva 153

Maria Alice Ferreira - Bibliotecária - CRB-8/7964

PSICOLOGIA COGNITIVA

Conectando a mente, pesquisas e experiências cotidianas

Tradução da 5ª edição norte-americana

E. Bruce Goldstein
Universidade de Pittsburgh
Universidade do Arizona

Revisão técnica:
Prof. Dr. Marcelo Fernandes Costa
Professor Associado na Disciplina de Psicologia
Sensorial e da Percepção do Departamento de
Psicologia Experimental do Instituto de Psicologia da
Universidade de São Paulo

Tradução:
Edson Furmankiewicz
Docware Traduções Técnicas

Austrália • Brasil • México • Singapura • Reino Unido • Estados Unidos

Psicologia cognitiva: Conectando a mente, pesquisas e experiências cotidianas
Tradução da 5ª edição norte-americana
1ª edição brasileira
E. Bruce Goldstein

Gerente editorial: Noelma Brocanelli

Editora de desenvolvimento: Gisela Carnicelli

Supervisora de produção gráfica: Fabiana Alencar Albuquerque

Título original: Cognitive Psychology: Connecting Mind, Research, and Everyday Experience, 5th ed. (ISBN 13: 978-1-337-40827-1)

Tradução: Edson Furmankiewicz (Docware Traduções Técnicas)

Revisão técnica: Prof. Dr. Marcelo Fernandes Costa

Cotejo e revisão: Silvia Campos, Luicy Caetano de Oliveira, Mônica de Aguiar Rocha e Joana Figueiredo

Diagramação e indexação: Edson Furmankiewicz (Docware Traduções Técnicas)

Capa e imagem de capa: Alberto Mateus (Crayon Editorial)

© 2019, 2015 Cengage Learning, Inc.
© 2023 Cengage Learning Edições Ltda.

Todos os direitos reservados. Nenhuma parte deste livro poderá ser reproduzida, sejam quais forem os meios empregados, sem a permissão, por escrito, da Editora. Aos infratores aplicam-se as sanções previstas nos artigos 102, 104, 106 e 107 da Lei nº 9.610, de 19 de fevereiro de 1998.

Esta editora empenhou-se em contatar os responsáveis pelos direitos autorais de todas as imagens e de outros materiais utilizados neste livro. Se porventura for constatada a omissão involuntária na identificação de algum deles, dispomo-nos a efetuar, futuramente, os possíveis acertos.

A Editora não se responsabiliza pelo funcionamento dos sites contidos neste livro que possam estar suspensos.

> Para informações sobre nossos produtos, entre em contato pelo telefone +55 11 3665-9900
>
> Para permissão de uso de material desta obra, envie seu pedido para direitosautorais@cengage.com

© 2023 Cengage Learning. Todos os direitos reservados.

ISBN-13: 978-65-5558-425-7
ISBN-10: 65-5558-425-4

Cengage
Condomínio E-Business Park
Rua Werner Siemens, 111 – Prédio 11 – Torre A – 9º andar
Lapa de Baixo – CEP 05069-010 – São Paulo – SP
Tel.: +55 11 3665-9900

Para suas soluções de curso e aprendizado, visite
www.cengage.com.br

Impresso no Brasil.
Printed in Brazil.
1ª impressão – 2022

Sobre o autor

E. BRUCE GOLDSTEIN é professor associado emérito de psicologia na Universidade de Pittsburgh e professor adjunto de psicologia na Universidade do Arizona. Ele recebeu o prêmio Chancellor's Distinguished Teaching da Universidade de Pittsburgh pelo ensino em sala de aula e redação de livros didáticos. Depois de receber o diploma de bacharel em engenharia química da Tufts University, descobriu a vocação de que queria fazer pós-graduação em psicologia, em vez de engenharia, e então recebeu seu PhD em psicologia, com especialização em fisiologia visual, da Universidade Brown. Ele continuou sua pesquisa sobre visão como pesquisador de pós-doutorado no Departamento de Biologia da Universidade de Harvard e, em seguida, ingressou no corpo docente da Universidade de Pittsburgh. Goldstein continuou sua pesquisa na Pitt, publicando artigos sobre fisiologia retinal e cortical, atenção visual e percepção de imagens, antes de se dedicar exclusivamente ao ensino (sensação e percepção, psicologia cognitiva, psicologia da arte, psicologia introdutória) e redação de livros didáticos. É autor de *Sensation and Perception,* 10ª edição (Cengage, 2017) e editou o *Blackwell Handbook of Perception* (Blackwell, 2001) e os dois volumes da *Sage Encyclopedia of Perception* (Sage, 2010). Em 2016, ganhou o concurso "The Flame Challenge", patrocinado pelo Alan Alda Center for Communicating Science, por seu artigo, escrito para crianças de 11 anos de idade, em *What Is Sound?*

Para Barbara

Sumário

CAPÍTULO 1
Introdução à psicologia cognitiva 3

Psicologia cognitiva: entendendo a mente 5
O que é a mente? 5
Estudando a mente: primeiros trabalhos em psicologia cognitiva 6

Abandonando o estudo da mente 9
Watson funda o behaviorismo 9
Condicionamento operante de Skinner 10
Preparando o cenário para o ressurgimento da mente na psicologia 10

O renascimento do estudo da mente 11
Paradigmas e mudanças de paradigma 11
Introdução do computador digital 12
Conferências sobre inteligência artificial e teoria da informação 13
A "revolução" cognitiva demorou um pouco 14

A evolução da psicologia cognitiva 14
O que Neisser escreveu 14
Estudando processos mentais superiores 15
Estudando a fisiologia da cognição 15
Novas perspectivas de comportamento 16

Algo a considerar: aprendendo com este livro 17
TESTE VOCÊ MESMO 1.1 17
Sumário do capítulo 18
Pense nisso 19
Termos-chave 19

CAPÍTULO 2
Neurociência cognitiva 21

Níveis de análise 22

Neurônios: princípios básicos 23
Primeiras concepções dos neurônios 23
Os sinais que percorrem os neurônios 25
MÉTODO Registro de neurônio único 25

Representação por disparo neural 27
A história da cognição e representação neural: uma apresentação prévia 28
Detectores de características 29
Neurônios responsivos a estímulos complexos 31

Codificação sensorial 31
TESTE VOCÊ MESMO 2.1 33

Representação localizada 33

Localização determinada pela neuropsicologia 33
MÉTODO Demonstrando uma dupla dissociação 35
Localização determinada pelo registro de neurônios 35
Localização demonstrada por imageamento cerebral 35
MÉTODO Imageamento cerebral 35

Representação distribuída 38

Analisando uma face 38
Lembrando 38
Produção e compreensão da linguagem 39

Redes neurais 39

Conectividade estrutural 40
Conectividade funcional 40
MÉTODO Conectividade funcional em estado de repouso 41
A dinâmica da cognição 43
A rede de modo padrão 45

Algo a considerar: a tecnologia determina as perguntas que podemos fazer 46

TESTE VOCÊ MESMO 2.2 48
Sumário do capítulo 49
Pense nisso 50
Termos-chave 50

CAPÍTULO 3

Percepção 53

A natureza da percepção 54

Algumas características básicas de percepção 54
Um ser humano percebe objetos e uma cena 55
Um sistema de visão por computador percebe objetos e uma cena 55
DEMONSTRAÇÃO Quebra-cabeça perceptivo em uma cena 56

Por que é tão difícil projetar uma máquina perceptiva? 58

O estímulo nos receptores é ambíguo 58
Objetos podem estar ocultos ou desfocados 59
Objetos parecem diferentes de diferentes pontos de vista 60
Cenas contêm informações de alto nível 60

Informações para percepção humana 60

Percebendo objetos 61
Ouvindo palavras em uma sentença 61
TESTE VOCÊ MESMO 3.1 63

Concepções da percepção de objetos 63

Teoria da inferência inconsciente de Helmholtz 63
Os princípios da Gestalt da organização 64

Levando em consideração as regularidades do ambiente 67
DEMONSTRAÇÃO Visualizando cenas e objetos 69
Inferência bayesiana 69
Comparando as quatro abordagens 70

TESTE VOCÊ MESMO **3.2** 71

Neurônios e conhecimento sobre o ambiente 71
Neurônios que respondem a objetos horizontais e verticais 71
Plasticidade dependente da experiência 72

Percepção e ação: comportamento 73
O movimento facilita a percepção 73
A interação entre percepção e ação 74

Percepção e ação: fisiologia 74
Fluxos "o quê" e "onde" 74
MÉTODO Ablação do cérebro 75
Fluxos de percepção e ação 76
Neurônios-espelho 77

Algo a considerar: conhecimento, inferência e previsão 79
TESTE VOCÊ MESMO **3.3** 80
Sumário do capítulo 80
Pense nisso 81
Termos-chave 82

CAPÍTULO 4
Atenção 85

Atenção como processamento de informações 87
Modelo de filtro de atenção de Broadbent 87
Modificando o modelo de Broadbent: mais modelos de seleção antecipada 88
Um modelo de seleção tardia 90

Capacidade de processamento e carga perceptual 90
DEMONSTRAÇÃO O efeito Stroop 92
TESTE VOCÊ MESMO **4.1** 93

Direcionando a atenção ao varrer uma cena 93
Varrer uma cena com movimentos oculares 93
Escaneamento com base na saliência do estímulo 95
Escaneamento com base em fatores cognitivos 95
Escaneamento com base em demandas de tarefas 96

Resultados da atenção 97
MÉTODO Estímulos precedentes 97
A atenção melhora nossa capacidade de responder a uma localização 98
A atenção melhora nossa capacidade de responder a objetos 98
A atenção afeta a percepção 99
A atenção afeta a resposta fisiológica 99

TESTE VOCÊ MESMO 4.2   101

Atenção dividida: podemos responder a mais de uma coisa de cada vez?   101

A atenção dividida pode ser alcançada com a prática: processamento automático   102
A atenção dividida torna-se mais difícil quando as tarefas são mais difíceis   103

Distrações   103

Distrações por celulares ao dirigir   103
Distrações por causa da internet   104
MÉTODO   Amostragem de experiência   105
Distração causada pela divagação da mente   105

O que acontece quando não respondemos?   106

Cegueira desatencional   107
Surdez desatencional   108
Detecção de alterações   108
DEMONSTRAÇÃO   Detecção de alterações   108
E a experiência diária?   109

Atenção e experimentando um mundo coerente   110

Teoria da integração de características   110
Evidência para a teoria da integração de características   111
DEMONSTRAÇÃO   Procurando conjunções   112

Algo a considerar: redes atencionais   113

TESTE VOCÊ MESMO 4.3   115
Sumário do capítulo   116
Pense nisso   117
Termos-chave   118

CAPÍTULO 5
Memória de curto prazo e memória de trabalho   121

O modelo modal de memória   124

Memória sensorial   126

A trilha dos fogos de artifício e o obturador do projetor   126
Experimento de Sperling: medindo a capacidade e a duração do armazenamento sensorial   126

Armazenamento de curto prazo   129

MÉTODO   Recordação   129
Qual é a duração da memória de curto prazo?   129
Quantos *itens* podem ser mantidos na memória de curto prazo?   129
DEMONSTRAÇÃO   Intervalo de dígitos   130
MÉTODO   Detecção de alterações   130
DEMONSTRAÇÃO   Lembrando letras   132
Quantas *informações* podem ser armazenadas na memória de curto prazo?   132

TESTE VOCÊ MESMO 5.1   133

Memória de procedimento: manipulando informações   133

DEMONSTRAÇÃO   Lendo texto e lembrando números   134

O circuito fonológico 135
O esboço visuoespacial 136
DEMONSTRAÇÃO: Supressão articulatória 136
DEMONSTRAÇÃO: Comparando objetos 137
DEMONSTRAÇÃO: Relembrando padrões visuais 138
DEMONSTRAÇÃO: Retendo um estímulo espacial na mente 138
O executivo central 138
Um componente adicionado: o buffer episódico 139

Memória de trabalho e o cérebro 140

O efeito da lesão no córtex pré-frontal 140
Neurônios pré-frontais que contêm informações 141
A dinâmica neural da memória de trabalho 142

Algo a considerar: por que mais memória de trabalho é melhor? 144

MÉTODO Potencial relacionado a eventos 146

TESTE VOCÊ MESMO 5.2 147

Sumário do capítulo 148
Pense nisso 149
Termos-chave 149

CAPÍTULO 6
Memória de longo prazo: estrutura — 151

Comparando processos de memória de curto prazo e de longo prazo 152

Curva de posição serial 154
Codificação na memória de curto e longo prazo 156
MÉTODO Medindo a memória de reconhecimento 158
DEMONSTRAÇÃO: Lendo um trecho 158
Comparando a codificação na memória de curto e longo prazo 158
Localizando a memória no cérebro 159

TESTE VOCÊ MESMO 6.1 160

Memória episódica e memória semântica 161

Distinções entre memória episódica e memória semântica 161
Interações entre memória episódica e semântica 163
O que acontece com as memórias episódicas e semânticas com o passar do tempo? 164
MÉTODO Procedimento lembrar/saber 164

De volta para o futuro 165

TESTE VOCÊ MESMO 6.2 167

Memória de procedimento, pré-ativação e condicionamento 168

Memória de procedimento 168
DEMONSTRAÇÃO: Desenho em espelho 169
Pré-ativação 171
MÉTODO Evitando a lembrança explícita em um experimento de preparação 172
Condicionamento clássico 172

Algo a considerar: perda de memória em filmes   173
TESTE VOCÊ MESMO 6.3   175
Sumário do capítulo   175
Pense nisso   176
Termos-chave   177

CAPÍTULO 7
MLP: codificação, recuperação e consolidação 179

Codificação: inserindo informações na memória de longo prazo   181
   Teoria dos níveis de processamento   181
   Formando imagens visuais   182
   Vinculando palavras com você mesmo   182
   Gerando informações   182
   DEMONSTRAÇÃO   Lembrando uma lista   183
   Organizando informações   183
   Relacionando palavras ao valor de sobrevivência   184
   Prática de recuperação   185
TESTE VOCÊ MESMO 7.1   186

Estudo eficaz   186
   Elabore   186
   Gere e teste   187
   Organize   187
   Faça pausas   187
   Evite "ilusões da aprendizagem"   187
   Seja um anotador "ativo"   188

Recuperação: removendo informações da memória   189
   Dicas de recuperação   189
   MÉTODO   Recordação com dicas   189
   Condições de correspondência de codificação e recuperação   190
TESTE VOCÊ MESMO 7.2   193

Consolidação: estabelecendo memórias   194
   Consolidação sináptica: experiência causa mudanças na sinapse   195
   Consolidação de sistemas: o hipocampo e o córtex   196
   MÉTODO   Análise do padrão multivoxel (APMX)   198
   Consolidação e sono: melhorando a memória   200

Reconsolidação: a dinâmica da memória   201
   Reconsolidação: um famoso experimento com camundongo   202
   Reconsolidação em humanos   203
   Um resultado prático da pesquisa de reconsolidação   204

Algo a considerar: explicações alternativas na psicologia cognitiva   205
TESTE VOCÊ MESMO 7.3   206
Sumário do capítulo   206
Pense nisso   207
Termos-chave   208

CAPÍTULO 8
Memória do dia a dia e erros de memória — 211

A jornada até agora 212

Memória autobiográfica: o que aconteceu na minha vida 213
A natureza multidimensional da memória autobiográfica 213
Memória ao longo da vida 214

Memória para eventos "excepcionais" 216
Memória e emoção 216
Memórias em flash 218
MÉTODO Recordação repetida 219

TESTE VOCÊ MESMO 8.1 221

A natureza construtiva da memória 222
Erros de monitoramento da fonte 222
O efeito da verdade ilusória 223
Como o conhecimento do mundo real afeta a memória 224
DEMONSTRAÇÃO Lendo sentenças 225
DEMONSTRAÇÃO Memória para uma lista 226
Como é ter uma memória "excepcional"? 227

TESTE VOCÊ MESMO 8.2 228

O efeito da desinformação 228
MÉTODO Apresentação de informações enganosas pós-evento 228

Criando memórias para eventos na vida das pessoas 230
Criando memórias da infância 230
Implicações legais de pesquisas sobre falsas memórias 231

Por que as pessoas erram na identificação como uma testemunha ocular? 232
Erros de identificação de testemunhas oculares 232
Erros associados a percepção e atenção 233
Erros de identificação devido à familiaridade 233
Erros devido a sugestões 234
O que está sendo feito para melhorar a declaração de uma testemunha ocular? 235
Eliciando falsas confissões 237

Algo a considerar: memórias autobiográficas eliciadas por música e odores 238

TESTE VOCÊ MESMO 8.3 240
DEMONSTRAÇÃO Lendo sentenças (*continuação*) 240

Sumário do capítulo 240
Pense nisso 242
Termos-chave 242

CAPÍTULO 9
Conhecimento conceitual — 245

■ Propriedades básicas dos conceitos e das categorias 248

Como os objetos são inseridos nas categorias? 248
- Por que as definições não funcionam para categorias 248
- A abordagem de protótipo: encontrando o caso médio 249
- DEMONSTRAÇÃO Semelhança de família 250
- MÉTODO Técnica de verificação de sentenças 251
- A abordagem exemplar: pensando em exemplos 253
- Qual abordagem funciona melhor: protótipos ou exemplares? 254

Existe um nível psicologicamente "básico" das categorias? 254
- Abordagem de Rosch: o que há de especial nas categorias de nível básico? 254
- DEMONSTRAÇÃO Listando características comuns 255
- Como o conhecimento pode afetar a categorização? 255
- DEMONSTRAÇÃO Nomeando coisas 256

TESTE VOCÊ MESMO 9.1 257

■ Modelos de rede da categorização 257

Representando relacionamentos entre categorias: redes semânticas 257
- Introdução a redes semânticas: modelo hierárquico de Collins e Quillian 257
- MÉTODO Tarefa de decisão lexical 259
- Críticas ao modelo de Collins e Quillian 260

A abordagem conexionista 260
- O que é um modelo conexionista? 260
- Como os conceitos são representados em uma rede conexionista? 260

TESTE VOCÊ MESMO 9.2 265

■ Como os conceitos são representados no cérebro 265

Quatro propostas sobre como os conceitos são representados no cérebro 266
- Hipótese sensório-funcional 266
- A abordagem de múltiplos fatores 267
- A abordagem da categoria semântica 268
- A abordagem corporificada 269
- Resumindo as abordagens 271

Algo a considerar: o modelo centro e raios 271
- MÉTODO Estimulação magnética transcraniana (EMT) 272

TESTE VOCÊ MESMO 9.3 273

Sumário do capítulo 273

Pense nisso 275

Termos-chave 275

CAPÍTULO 10
Imagética visual 277

Imagética na história da psicologia 279
- Ideias iniciais sobre imagética 279
- Imagética e a revolução cognitiva 279
- **MÉTODO** Aprendizagem por associação em pares 279

Imagética e percepção: compartilham os mesmos mecanismos? 280
- Experimentos de varredura mental de Kosslyn 280
- **MÉTODO/DEMONSTRAÇÃO** Varredura mental 281
- O debate sobre imagens: imagens são espaciais ou proposicionais? 281
- Comparando imagética e percepção 282

TESTE VOCÊ MESMO **10.1** 285

Imagética e o cérebro 285
- Neurônios imagéticos no cérebro humano 285
- Imageamento cerebral 285
- **MÉTODO** Registro de neurônios individuais em humanos 286
- Análise de padrão multivoxel 288
- Estimulação magnética transcraniana 289
- Estudos de casos neuropsicológicos 289
- Conclusões do debate sobre imagética 291

Uso da imagética para aprimorar a memória 292
- Inserindo imagens em locais 292
- Associando imagens a palavras 292
- **DEMONSTRAÇÃO** Método dos loci 293

Algo a considerar: diferenças individuais na imagética visual 293
TESTE VOCÊ MESMO **10.2** 295
Sumário do capítulo 296
Pense nisso 296
Termos-chave 297

CAPÍTULO 11
Linguagem 299

O que é linguagem? 300
- A criatividade da linguagem humana 301
- A necessidade universal de se comunicar por meio da linguagem 301
- Estudando a linguagem 301

Compreendendo palavras: algumas complicações 302
- Nem todas as palavras são criadas da mesma maneira: diferenças na frequência 302
- A pronúncia das palavras é variável 303
- Não há silêncio entre palavras na conversa normal 303

Compreendendo palavras ambíguas 304
- Acessando vários significados 304

MÉTODO   Pré-ativação lexical   305
A frequência influencia quais significados são ativados   306
TESTE VOCÊ MESMO   11.1   307

Compreendendo sentenças   308
Análise: fazendo sentido das sentenças   308
O modelo de sentenças labirinto   309
A abordagem baseada em restrições à análise   309
Previsão, previsão, previsão...   312
TESTE VOCÊ MESMO   11.2   313

Compreendendo textos e histórias   314
Fazendo inferências   314
Modelos de situação   315

Conversas   318
O contrato dado–novo   318
Base comum: levando a outra pessoa em consideração   319
Estabelecendo uma base comum   319
Coordenação sintática   320
MÉTODO   Pré-ativação sintática   321

Algo a considerar: música e linguagem   321
Música e linguagem: semelhanças e diferenças   321
Expectativas na música e linguagem   323
Música e linguagem se sobrepõem no cérebro?   324
TESTE VOCÊ MESMO   11.3   326
Sumário do capítulo   326
Pense nisso   327
Termos-chave   328

CAPÍTULO 12
Solução de problemas e criatividade   331

O que é um problema?   332

A abordagem gestáltica   332
Representação de um problema na mente   332
A ideia do insight   333
DEMONSTRAÇÃO   Dois problemas de insight   334
Fixação funcional e cenário mental   335
DEMONSTRAÇÃO   O problema da vela   335

A abordagem do processamento de informações   338
Abordagem de Newell e Simon   338
DEMONSTRAÇÃO   O problema da Torre de Hanoi   340
A importância de como um problema é declarado   342
DEMONSTRAÇÃO   O problema do tabuleiro de damas mutilado   342
MÉTODO   Protocolo de pensar em voz alta (protocolo *think-aloud*)   344
TESTE VOCÊ MESMO   12.1   345

Usando analogias para resolver problemas   345
Transferência analógica   345
DEMONSTRAÇÃO Problema da radiação de Duncker   346
Codificação analógica   347
Analogia no mundo real   348
MÉTODO Pesquisa de solução de problemas *in vivo*   348

Como os especialistas resolvem problemas   349
Diferenças entre como especialistas e leigos resolvem problemas   349
Expertise só é uma vantagem na especialidade do conhecedor   350

Resolução criativa de problemas   351
O que é criatividade?   351
Criatividade prática   351
Gerando ideias   353
DEMONSTRAÇÃO Criando um objeto   354

Criatividade e o cérebro   355
Abrindo a mente para pensar "fora da caixa"   356
MÉTODO Estimulação transcraniana por corrente contínua   356
"Preparação" cerebral para insight e solução analítica de problemas   356
Redes associadas à criatividade   357

Algo a considerar: conectado para criar — coisas que as pessoas criativas fazem de maneira diferente   359
Sonhando acordado   359
Solidão   360
Atenção focada   361

TESTE VOCÊ MESMO **12.2**   363
Sumário do capítulo   364
Pense nisso   365
Termos-chave   365

CAPÍTULO 13
Julgamento, decisões e raciocínio   367

Raciocínio indutivo: fazendo julgamentos com base em observações   368
DEMONSTRAÇÃO Qual é mais prevalente?   370
A heurística da disponibilidade   370
A heurística da representatividade   371
DEMONSTRAÇÃO Julgando ocupações   371
DEMONSTRAÇÃO Descrição de uma pessoa   372
DEMONSTRAÇÃO Nascimentos de homens e mulheres   373
Atitudes podem afetar o julgamento   373
Avaliando evidências falsas   374

TESTE VOCÊ MESMO **13.1**   376

Raciocínio dedutivo: silogismos e lógica   376
Silogismos categóricos   377

Modelos mentais do raciocínio dedutivo   379
Silogismos condicionais   381
Raciocínio condicional: o problema das quatro cartas de Wason   382
DEMONSTRAÇÃO   O problema das quatro cartas de Wason   382
TESTE VOCÊ MESMO 13.2   384

Tomada de decisão: escolhendo entre as alternativas   385
A abordagem da utilidade para decisões   385
Como as emoções afetam as decisões   387
As decisões podem depender do contexto em que são tomadas   388
As decisões podem depender de como as escolhas são apresentadas   389
DEMONSTRAÇÃO   O que você faria?   390
Neuroeconomia: a base neural da tomada de decisão   391

Algo a considerar: a abordagem do sistema dual de pensamento   393

Postscript: Donders retorna   394
TESTE VOCÊ MESMO 13.3   395
Sumário do capítulo   395
Pense nisso   397

Termos-chave   397

Glossário	398
Referências bibliográficas	417
Índice onomástico	448
Índice remissivo	454
Suplemento colorido	465

Métodos

Capítulo 2
Registro de neurônio único — 25
Demonstrando uma dupla dissociação — 35
Imageamento cerebral — 35
Conectividade funcional em estado de repouso — 41

Capítulo 3
Ablação do cérebro — 75

Capítulo 4
Estímulos precedentes — 97
Amostragem de experiência — 105

Capítulo 5
Recordação — 129
Detecção de alterações — 130
Potencial relacionado a eventos — 146

Capítulo 6
Medindo a memória de reconhecimento — 158
Procedimento lembrar/saber — 164
Evitando a lembrança explícita em um experimento de preparação — 172

Capítulo 7
Recordação com dicas — 189

Análise do padrão multivoxel (APMX) — 198

Capítulo 8
Recordação repetida — 219
Apresentação de informações enganosas pós-evento — 228

Capítulo 9
Técnica de verificação de sentenças — 251
Tarefa de decisão lexical — 259
Estimulação magnética transcraniana (EMT) — 272

Capítulo 10
Aprendizagem por associação em pares — 279
Registro de neurônios individuais em humanos — 286

Capítulo 11
Pré-ativação lexical — 305
Pré-ativação sintática — 321

Capítulo 12
Protocolo de pensar em voz alta (protocolo *think-aloud*) — 344
Pesquisa de solução de problemas *in vivo* — 348
Estimulação transcraniana por corrente contínua — 356

Demonstrações

Capítulo 3
Quebra-cabeça perceptivo em uma cena — 56
Visualizando cenas e objetos — 69

Capítulo 4
O efeito Stroop — 92
Detecção de alterações — 108
Procurando conjunções — 112

Capítulo 5
Intervalo de dígitos — 130
Lembrando letras — 132
Lendo texto e lembrando números — 134
Supressão articulatória — 136
Comparando objetos — 137
Relembrando padrões visuais — 138
Retendo um estímulo espacial na mente — 138

Capítulo 6
Lendo um trecho — 158
Desenho em espelho — 169
Lembrando uma lista — 183

Capítulo 8
Lendo sentenças — 225
Memória para uma lista — 226
Lendo sentenças (continuação) — 240

Capítulo 9
Semelhança de família — 250
Listando características comuns — 255
Nomeando coisas — 256

Capítulo 10
Varredura mental — 281
Método dos loci — 293

Capítulo 12
Dois problemas de insight — 334
O problema da vela — 335
O problema da Torre de Hanoi — 340
O problema do tabuleiro de damas mutilado — 342
Problema da radiação de Duncker — 346
Criando um objeto — 354

Capítulo 13
Qual é mais prevalente? — 370
Julgando ocupações — 371
Descrição de uma pessoa — 372
Nascimentos de homens e mulheres — 373
O problema das quatro cartas de Wason — 382
O que você faria? — 390

Prefácio para os professores

▶ A evolução de um compêndio sobre psicologia cognitiva

Esta edição é o auge de um processo iniciado em 2002, quando decidi escrever a primeira edição deste livro. Levando em conta uma pesquisa com mais de 500 professores e minhas conversas com colegas, ficou claro que muitos professores estavam procurando um texto que não apenas abrangesse o campo da psicologia cognitiva, mas também fosse acessível aos alunos. Com base em meu ensino de psicologia cognitiva, também ficou claro que muitos alunos percebem a psicologia cognitiva como muito abstrata e teórica, e não conectada à experiência cotidiana. Com essas informações em mãos, comecei a escrever um livro que contaria a história da psicologia cognitiva de maneira concreta que ajudasse os alunos a apreciar as conexões entre a pesquisa empírica, os princípios da psicologia cognitiva e a experiência cotidiana.

Fiz várias coisas para alcançar esse resultado. Comecei a incluir **exemplos da vida real** em cada capítulo, e **estudos de caso neuropsicológicos**, quando apropriado. Para fornecer aos alunos experiência em primeira mão sobre os fenômenos da psicologia cognitiva, incluí mais de 40 **demonstrações** — miniexperimentos fáceis de realizar que estavam contidos na narrativa do texto — bem como 20 sugestões adicionais de experimentos para testar, ao longo dos capítulos. Ver na página XVIII uma lista das demonstrações.

O que evitei foi simplesmente apresentar os resultados dos experimentos. Em vez disso, sempre que possível, **descrevi como os experimentos foram projetados** e o que os participantes faziam, de modo que os alunos entendessem como os resultados eram obtidos. Além disso, a maioria dessas descrições foi apoiada por ilustrações como fotos de estímulos, diagramas do projeto experimental ou gráficos dos resultados.

A aceitação da primeira edição foi gratificante, mas uma coisa que aprendi em anos de ensino e redação de livros didáticos é que sempre há explicações que podem ser esclarecidas, novas técnicas pedagógicas para experimentar e novas pesquisas e ideias para descrever. Com isso em mente, ao começar a preparar a segunda edição (2008), obtive feedback dos alunos em minhas aulas e recebi mais de 1.500 respostas escritas indicando áreas na primeira edição que poderiam ser melhoradas. Além disso, recebi feedback de professores que usaram a primeira edição. Esse foi o ponto de partida para a segunda edição, e eu repeti o processo de obter feedback dos alunos e professores também para a terceira e a quarta edições. Assim, além de atualizar a ciência, revisei muitas seções que os alunos e os professores sinalizaram como precisando de esclarecimento.

▶ Recursos mantidos

Todos os recursos descritos acima foram bem recebidos por alunos e professores e, portanto, foram mantidos nesta nova edição. Recursos pedagógicos adicionais que constam das edições anteriores incluem as seções **Teste você mesmo**, que ajudam os alunos a revisar o material, e no final do capítulo questões **Pense nisso**, que pedem que os alunos considerem perguntas que vão além do material.

As seções **Método**, apresentadas na segunda edição, destacam os métodos engenhosos que os psicólogos cognitivos criaram para estudar a mente. Mais de duas dezenas de seções Método, integradas ao texto, descrevem métodos como imagens do cérebro, a tarefa de decisão lexical e protocolos de pensar em voz alta. Isso não apenas destaca a importância do método, mas também torna mais fácil retornar à descrição dele quando é discutido mais adiante no livro. Ver na página XVIII uma lista dos métodos.

A seção no final do capítulo **Algo a considerar** descreve pesquisas de ponta, princípios importantes ou pesquisas aplicadas. Alguns exemplos dos temas abordados nesta seção são *A tecnologia determina as perguntas que podemos fazer* (Capítulo 2); *Memórias autobiográficas eliciadas por música e odores* (Capítulo 8); e *A abordagem do sistema dual de processamento* (Capítulo 13). As seções **Sumário do capítulo** fornecem descrições sucintas dos capítulos, sem ser um substituto para a sua leitura.

O que há de novo na quinta edição

Assim como aconteceu com as edições anteriores deste livro, esta apresenta atualizações para todo o material e, em alguns casos, capítulos foram reescritos ou reorganizados para melhorar a clareza e a pedagogia. Uma indicação da atualização desta edição é a inclusão de 96 novos termos em negrito no livro, que também aparecem no Glossário. A seguir há uma lista que destaca alguns dos temas novos ou atualizados nesta edição. Os itens em *itálico* são novos títulos de seção.

CAPÍTULO 1   Introdução à psicologia cognitiva
- *Paradigmas e mudanças de paradigma*
- *A evolução da psicologia cognitiva*

CAPÍTULO 2   Neurociência cognitiva
- *Conectividade estrutural*
- *Conectividade funcional*
- *Método: conectividade funcional em estado de repouso*
- *A dinâmica da cognição*
- *A rede de modo padrão*
- *Algo a considerar: a tecnologia determina as perguntas que podemos fazer*

CAPÍTULO 3   Percepção
- *Algo a considerar: conhecimento, inferência e previsão*

CAPÍTULO 4   Atenção
- *Método: amostragem de experiência*
- *Distração causada pela divagação da mente*
- *Algo a considerar: redes atencionais*

CAPÍTULO 5   Memória de curto prazo e memória de trabalho
- *Algo a considerar: por que mais memória de trabalho é melhor?*

CAPÍTULO 6   Memória de longo prazo: estrutura
- *Interações entre memória episódica e semântica*
- *De volta para o futuro* (Memória episódica e imaginando o futuro, atualizado)
- *Memória de procedimento e atenção*
- *Uma conexão entre a memória de procedimento e a memória semântica*

CAPÍTULO 7   MLP: codificação, recuperação e consolidação
- Consolidação de sistemas: o hipocampo e o córtex
- *Algo a considerar: explicações alternativas na psicologia cognitiva*

CAPÍTULO 8   Memória do dia a dia e erros de memória
- *Algo a considerar: memórias autobiográficas eliciadas por música e odores*

CAPÍTULO 10   Imagética visual
- *Algo a considerar: diferenças individuais na imagética visual*

CAPÍTULO 11   Linguagem
- *Algo a considerar: música e linguagem*

CAPÍTULO 12   Solução de problemas e criatividade
- *"Preparação" cerebral para insight e solução analítica de problemas*
- *Abrindo a mente para pensar "fora da caixa"*
- *Redes associadas à criatividade*
- *Algo a considerar: conectado para criar – coisas que as pessoas criativas fazem de maneira diferente*
- *Método: estimulação transcraniana por corrente contínua*

CAPÍTULO 13   Julgamento, decisões e raciocínio
- *Tomada de decisão: escolhendo entre as alternativas*
- *Avaliando evidências falsas*
- *Neuroeconomia: a base neural da tomada de decisão*

▶ Material de apoio

Manual on-line do professor: O manual inclui questões, tópicos de discussão e muito mais. Em inglês, para professores.
PowerPoints: Os slides estruturam os capítulos do texto principal em uma apresentação pronta para a sala de aula e servem como material de estudo para o estudante. Em português, para professores e alunos.

Prefácio para os alunos

À medida que começa a ler este livro, provavelmente você terá algumas ideias sobre como a mente funciona levando-se em conta os conteúdos que leu, de outras mídias e de suas próprias experiências. Neste volume, você aprenderá o que realmente conhecemos e o que não conhecemos sobre a mente, como determinado, valendo-se dos resultados de pesquisas científicas controladas. Portanto, se você pensava que existe um sistema chamado "memória de curto prazo" que pode reter informações por curtos períodos de tempo, está certo; ao ler os capítulos sobre memória, aprenderá mais sobre esse sistema e como ele interage com outras partes do sistema de memória. Se pensava que algumas pessoas pudessem lembrar-se com precisão de coisas que aconteceram com elas quando crianças, verá que há uma boa chance de que esses relatos sejam imprecisos. Na verdade, você pode surpreender-se ao saber que mesmo as memórias mais recentes que parecem extremamente claras e vívidas podem não ser totalmente precisas devido às características básicas do modo como o sistema de memória funciona.

No entanto, o que você aprenderá com este livro é muito mais profundo do que simplesmente adicionar informações mais precisas ao que já sabe sobre a mente. Você aprenderá que há muito mais coisas acontecendo em sua mente do que imagina. Você está ciente de experiências como ver algo, lembrar um evento passado ou pensar sobre como resolver um problema — mas por trás de cada uma dessas experiências há uma miríade de processos complexos e predominantemente invisíveis. A leitura deste livro o ajudará a avaliar algumas das atividades "nos bastidores" de sua mente que são responsáveis pelas experiências cotidianas como perceber, lembrar e pensar.

Outra coisa que perceberá ao ler este livro é que existem muitas conexões práticas entre os resultados da pesquisa em psicologia cognitiva e a vida cotidiana. Veremos exemplos dessas conexões ao longo do livro. Por enquanto, quero focalizar uma conexão especialmente importante — quais pesquisas em psicologia cognitiva podem contribuir para melhorar seus estudos. Essa discussão aparece no Capítulo 7, mas você pode querer dar uma olhada neste material agora, em vez de esperar até mais tarde no curso. Convido-o a considerar também os dois princípios a seguir, que foram elaborados para ajudá-lo a tirar o máximo proveito deste livro.

Princípio 1: É importante entender o que você conhece.

Os professores costumam ouvir os alunos lamentarem: "Vim para a aula, li os capítulos várias vezes e mesmo assim não me saí bem na prova". Às vezes, essa afirmação é seguida por "... e quando saí da prova, achava que tinha me saído muito bem". Se vivenciou essa situação, o problema pode ser que você não tinha uma boa percepção do que sabia sobre o material e do que não sabia. Se acha que conhece o material, mas na verdade não conhece, pode parar de estudar ou continuar estudando de maneira ineficaz, com o resultado final sendo um entendimento insatisfatório do material e incapacidade de lembrá-lo com precisão quando chegar a hora da prova. Portanto, é importante testar a si mesmo no material que leu, escrevendo ou respondendo às perguntas das seções **Teste você mesmo** no capítulo.

Princípio 2: Não confunda facilidade e familiaridade com conhecimento.

Uma das principais razões pelas quais os alunos podem achar que conhecem o material, mesmo quando não o conhecem, é que confundem familiaridade com compreensão. Funciona assim: você leu o capítulo uma vez, talvez destacando alguns pontos à medida que avança. Mais tarde, você lê o capítulo novamente, talvez concentrando-se no material destacado. À medida que lê, o material é familiar porque lembra-se dele antes, e essa familiaridade pode levá-lo a pensar, "Ok, eu sei isso". O problema é que esse sentimento de familiaridade não necessariamente equivale a conhecer o material e pode não ajudar na hora de dar uma resposta na prova. Na verdade, a familiaridade muitas vezes pode levar a erros em provas de múltipla escolha porque você pode fazer uma escolha que pareça familiar, apenas para descobrir depois que, embora tenha sido algo lido por você, não era realmente a melhor resposta para a pergunta.

Isso nos traz de volta à ideia do testar a si mesmo. Uma descoberta da pesquisa em psicologia cognitiva é que o próprio ato de *tentar* responder a uma pergunta aumenta as probabilidades de ser capaz de respondê-la ao tentar novamente mais tarde. Outra descoberta relacionada é que testar a si mesmo sobre o material é um modo mais eficaz de aprendê-lo do que simplesmente reler o material. O motivo pelo qual o testar a si mesmo funciona é que *gerar* o material é uma maneira mais eficaz de armazenar informações na memória do que simplesmente *revisá-las*. Portanto, você pode achar eficaz testar a si mesmo antes de reler o capítulo ou revisar o texto destacado.

Qualquer que seja o método de estudo que achar que funcione melhor, lembre-se de que uma estratégia eficaz é descansar (fazer uma pausa ou estudar outra coisa) antes de estudar mais e então testar novamente a si mesmo. A pesquisa mostrou que a memória é melhor quando o estudo é espaçado ao longo do tempo, em vez de ser feito de uma vez. Repetir esse processo várias vezes — testando a si mesmo, verificando se você estava certo, esperando, testando-se novamente e assim por diante — é uma maneira mais eficaz de aprender o material do que simplesmente visualizá-lo e sentir aquela situação calorosa e confusa de familiaridade, que pode não se traduzir em realmente conhecer o material quando você depara-se com dúvidas sobre ele no exame.

Espero que ache este livro claro e interessante e que às vezes fique fascinado ou talvez até mesmo surpreso com algumas das coisas que ler. Também espero que a introdução à psicologia cognitiva estenda-se além de apenas "aprender o material". A psicologia cognitiva é infinitamente interessante porque trata de um dos mais fascinantes de todos os tópicos — a mente humana. Assim, ao término do curso, espero que você aprecie o que os psicólogos cognitivos descobriram sobre a mente e o que ainda precisa ser aprendido. Também espero que se torne um consumidor mais crítico de informações sobre a mente que podem ser encontradas na internet, em filmes, revistas ou outras mídias.

 ## Material de apoio

PowerPoints: Os slides estruturam os capítulos do texto principal em uma apresentação pronta para a sala de aula e servem como material de estudo para o estudante. Em português, para professores e alunos.

Agradecimentos

O ponto de partida para um livro como este é um autor com uma ideia, mas outras pessoas rapidamente se tornam parte do processo. A escrita é guiada pelo feedback de editores e revisores sobre redação e conteúdo. Quando o manuscrito é concluído, começa o processo de produção, e um novo grupo de pessoas assume para transformar o manuscrito em um livro. O que significa que este livro foi um esforço coletivo e que eu tive muita ajuda, tanto durante o processo de escrita como após o envio do original final. Portanto, quero agradecer às seguintes pessoas pelos extraordinários esforços em apoio a este livro.

- ERIN SCHNAIR, gerente de produto. Obrigado, Erin, por apoiar a produção desta obra nos formatos impresso e digital e por fornecer os recursos de que eu precisava para criar o melhor livro possível.

- SHANNON LEMAY-FINN, editor de desenvolvimento. Escrever um livro é uma busca solitária, mas tive a sorte de ter Shannon comentando sobre tudo o que escrevi. Obrigado, Shannon, por focalizar seu excepcional radar crítico na minha escrita e por alertar quando não fazia sentido, a análise não era boa ou deixava de fora uma parte essencial da história. Obrigado também por apreciar minha escrita e pelo seu interesse em psicologia cognitiva. Trabalhar com você é uma das coisas que fazem valer a pena escrever livros.

- LINDA MAN, desenvolvedora de conteúdo sênior. Obrigado, Linda, por acompanhar este livro desde os estágios iniciais de planejamento até o fim. Você lidou com tudo, desde revisar fotos até gerenciar as atividades do MindTap, além dos inúmeros outros detalhes envolvidos em deixar o manuscrito pronto para produção e criar o livro final. Obrigado por cuidar de tudo com tanta eficiência e graça, e por ser uma alegria trabalhar com você.

- LYNN LUSTBERG, gerente de projeto sênior, MPS Limited. Produzir um livro é um processo complexo que envolve muita atenção aos detalhes e também cumprir prazos. Obrigado, Lynn, por orientar meu livro ao longo do processo de produção e, especialmente, por lidar com todas as minhas correções e sugestões à medida que as etapas avançavam.

- VERNON BOES, diretor de arte. Obrigado, mais uma vez, Vernon, por coordenar o programa de design e arte. Foi divertido trabalhar com você todos esses anos.

- CHERYL CARRINGTON. Obrigado, Cheryl, por seu belo texto e designs de capa.

Agradeço também às seguintes pessoas cujo trabalho foi essencial para este projeto: **Ruth Sakata Corley**, gerente sênior de projeto de conteúdo; **Chris Sabooni**, editor de texto; **Jan Trout**, ilustrações; e **Carly Belcher**, gerente de propriedade intelectual.

Além da ajuda das pessoas acima no lado editorial e de produção, recebi a colaboração de professores e pesquisadores que forneceram feedback sobre o que escrevi e deram sugestões sobre novos trabalhos na área. Agradeço aos seguintes profissionais pela colaboração.

Revisores especialistas

Vários especialistas foram contratados para ler um dos capítulos da quarta edição e dar sugestões sobre a atualização do conteúdo desta edição. O que tornou muitas dessas revisões especialmente úteis foram as sugestões que combinavam a experiência dos revisores com a de apresentação do material nas aulas desses especialistas.

Capítulo 4	Atenção
	Michael Hout
	New Mexico State University

Capítulo 5	Memória de curto prazo e memória de trabalho
	Brad Wyble — Penn State University
	Daryl Fougnie — Universidade de Nova York

Capítulo 6	Memória de longo prazo: estrutura
	Megan Papesh
	Louisiana State University

Capítulo 7	Memória de longo prazo: codificação, recuperação e consolidação
	Andrew Yonelinas — Universidade da Califórnia, Davis
	Barbara Knowlton — Universidade da Califórnia, Los Angeles

Capítulo 8	Memória do dia a dia e erros de memória
	Jason Chan — Iowa State University
	Jennifer Talarico — Lafayette College

Capítulo 9	Conhecimento conceitual
	Brad Mahon — Universidade de Rochester
	Jamie Reily — Temple University

Capítulo 10	Imagética visual
	Frank Tong
	Universidade Vanderbilt

Capítulo 11	Linguagem
	Bob Slevc — Universidade de Maryland
	Adrian Staub — Universidade de Massachusetts
	Tessa Warren — Universidade de Pittsburgh	

Capítulo 12	Solução de problemas
	Evangelia Chrysikou
	Universidade do Kansas

Capítulo 13	Julgamento, decisões e raciocínio
	Sandra Schneider
	Universidade do Sul da Flórida

Além disso, os revisores a seguir leram partes dos capítulos para verificar a precisão em suas áreas de especialização ou disponibilizaram tempo para responder às perguntas colocadas por mim.

Jessica Andrews-Hanna
Universidade do Arizona

Marc Coutanche
Universidade de Pittsburgh

Måns Holgersson
Kristianstad University, Suécia

Alexender Huth
Universidade da Califórnia, Berkeley

Matthew Johnson
Universidade de Nebraska, Lincoln

Timothy Verstynen
Universidade Carnegie Mellon

Ying-Hui Chou
Universidade do Arizona

Jack Gallant
Universidade da Califórnia, Berkeley

Almut Hupbach
Lehigh University

Marcia Johnson
Universidade de Yale

Lo Tamborini
Kristianstad University, Suécia

Agradeço também às seguintes pessoas que doaram fotografias e registros de pesquisa para as ilustrações novas nesta edição.

Ying-Hui Chou
Universidade do Arizona

Alex Huth
Universidade da Califórnia, Berkeley

Jack Gallant
Universidade da Califórnia, Berkeley

Esses guarda-chuvas flutuantes, além da beleza, simbolizam muitos dos processos cognitivos que descreveremos neste livro: percepção (ver brilhos e formas); atenção (para onde os olhos se movem ao observarem essa cena); memória (ver guarda-chuvas pode estimular memórias); conhecimento (sabemos para que servem os guarda-chuvas e que geralmente não flutuam); e solução de problemas (guarda-chuvas flutuantes! Sobre o que é isso tudo?). O que se desenrola, à medida que você lê este livro, é uma história fascinante sobre como a mente funciona para criar essas cognições e muito mais. Este capítulo começa com a descrição da história da psicologia cognitiva.

Introdução à psicologia cognitiva

1

Psicologia cognitiva: entendendo a mente

O que é a mente?

Estudando a mente: primeiros trabalhos em psicologia cognitiva

    Experiência pioneira de Donders: quanto tempo leva para tomar uma decisão?

    Laboratório de Psicologia de Wundt: estruturalismo e introspecção analítica

    Experimentos de memória de Ebbinghaus. Qual é o curso de tempo do esquecimento?

    Princípios de Psicologia de William James

Abandonando o estudo da mente

Watson funda o behaviorismo

Condicionamento operante de Skinner

Preparando o cenário para o ressurgimento da mente na psicologia

O renascimento do estudo da mente

Paradigmas e mudanças de paradigma

Introdução do computador digital

    Fluxograma para computadores

    Fluxograma para a mente

    Conferências sobre inteligência artificial e teoria da informação

A "revolução" cognitiva demorou um pouco

A evolução da psicologia cognitiva

O que Neisser escreveu

Estudando processos mentais superiores

Estudando a fisiologia da cognição

Novas perspectivas de comportamento

Algo a considerar: aprendendo com este livro

➤ TESTE VOCÊ MESMO 1.1

SUMÁRIO DO CAPÍTULO
PENSE NISSO
TERMOS-CHAVE

ALGUMAS PERGUNTAS QUE VAMOS CONSIDERAR

- Como a psicologia cognitiva é relevante para a experiência cotidiana?
- Como é possível estudar o funcionamento interno da mente se não podemos confrontá-la?
- O que foi a revolução cognitiva?

Já se passaram 16 anos desde o acidente. Sam, deitado na instituição de cuidados de longo prazo, está em coma desde então. Observando Sam, que não mostra sinais de consciência ou capacidade de se comunicar, parece razoável concluir que "não há ninguém lá". Porém, isso é verdade? O fato de Sam não se mover ou responder à estimulação significa que ele não tenha uma mente? Existe alguma probabilidade de que os olhos dele, que parecem estar olhando fixamente para o espaço, possam estar percebendo, e que essas percepções possam ser acompanhadas por pensamentos?

Essas são as perguntas que Lorina Naci e colegas (2014, 2015) faziam quando Sam passou por uma tomografia cerebral que mediu aumentos e diminuições da atividade elétrica em todo o cérebro dele e, então, mostraram a ele um trecho de 8 minutos de um programa de televisão de Alfred Hitchcock chamado "Bang! Você está morto". No início, um menino de 5 anos brinca com uma arma de brinquedo. Então, ele descobre uma arma real e algumas balas na mala do tio. O menino carrega uma bala na arma, gira a câmara que contém a única bala e coloca a arma no coldre da arma de brinquedo.

À medida que o menino perambula pela vizinhança, e aponta a arma para várias pessoas diferentes, a tensão aumenta. Ele aponta a arma para alguém! Puxa o gatilho! A arma não dispara porque a única bala não está na câmara de tiro. No entanto, pensamentos como "A arma vai disparar?" e "Alguém será morto?" passam pela cabeça dos telespectadores, sabendo que a "brincadeira" do menino pode, a qualquer momento, tornar-se trágica. (Havia uma razão para Hitchcock ser chamado de "o mestre do suspense".) Na última cena, de volta à casa do menino, o pai dele, ao perceber que ele está apontando uma arma real, avança em sua direção. A arma dispara! Um espelho se estilhaça. Felizmente, ninguém está ferido. O pai do menino pega a arma e a plateia dá um suspiro aliviada.

Quando o filme foi exibido para participantes saudáveis no tomógrafo, a atividade cerebral deles aumentava e diminuía ao mesmo tempo para os participantes no geral, com alterações na atividade cerebral conectadas ao que estava acontecendo no filme. A atividade era mais intensa nos momentos de suspense do filme, como quando a criança carregava a arma ou apontava-a para alguém. Portanto, o cérebro do visualizador não estava apenas respondendo às imagens na tela; a atividade cerebral deles era impulsionada tanto pelas imagens *como* pela trama do filme. E — aqui está o ponto importante — para entender o enredo, é necessário entender coisas que não foram especificamente apresentadas no filme, como "as armas são perigosas quando carregadas", "as armas podem matar pessoas" e "um menino pode não estar ciente de que pode matar alguém acidentalmente".

Então, como o cérebro de Sam respondeu ao filme? Surpreendentemente, a resposta dele foi igual às respostas dos participantes saudáveis: a atividade cerebral aumentava durante os períodos de tensão e diminuía quando o perigo não era iminente. O que indica que Sam não estava apenas vendo as imagens e ouvindo a trilha sonora, mas também reagindo à trama do filme! Sua atividade cerebral, portanto, indicava que Sam estava consciente; que "alguém estava lá".

Essa história sobre Sam, que parece ter uma vida mental apesar das aparências em contrário, tem uma mensagem importante à medida que embarcamos na aventura de compreender a mente. Talvez a mensagem mais importante seja que a mente permanece oculta. Sam é um caso extremo porque ele não consegue se mover ou falar, mas veremos que a mente "normal" também oculta muitos segredos. Assim como não podemos saber com precisão o que Sam está experimentando, não sabemos exatamente o que as outras pessoas estão experimentando, embora sejam capazes de falar sobre seus pensamentos e suas observações.

E, embora você possa estar ciente dos próprios pensamentos e das observações, não está ciente da maioria das coisas que acontece em sua mente. Isso significa que, à medida que você entende o que está lendo agora, existem processos ocultos operando em sua mente, abaixo de sua consciência, que tornam essa compreensão possível.

Ao ler este livro, você verá como as pesquisas revelaram muitos desses aspectos secretos do funcionamento da mente. Isso não é algo trivial, porque sua mente não só possibilita que leia este livro e entenda a trama dos filmes, mas também é responsável por quem você é e pelo que faz. Ela cria seus pensamentos, percepções, desejos, emoções, memórias, linguagem e ações físicas. Orienta na tomada de decisão e solução de problemas. Comparada a um computador, embora seu cérebro supere seu smartphone, laptop ou até mesmo um poderoso supercomputador em muitas tarefas. E, é claro, sua mente faz outra coisa com que os computadores nem podem sonhar (se ao menos pudessem sonhar!): ela cria a consciência do que está lá fora, o que acontece no seu corpo e, simplesmente, como é ser você!

Neste livro, descreveremos o que a mente é, o que ela faz e como faz. O primeiro passo é analisar algumas das coisas que a mente realiza. À medida que investigamos, veremos que a mente é multifacetada, envolvendo múltiplas funções e mecanismos. Começamos este capítulo examinando a natureza multifacetada da mente e, em seguida, descrevendo um pouco da história por trás do campo da **psicologia cognitiva**.

 ## Psicologia cognitiva: entendendo a mente

Você deve ter notado que usamos o termo *mente* sem defini-lo com precisão. Como veremos, a **mente**, como outros conceitos em psicologia, como inteligência ou emoção, pode ser pensada de várias maneiras diferentes.

O que é a mente?

Uma maneira de abordar a questão "O que é a mente?" é considerar como a "mente" é usada em conversas do dia a dia. Eis alguns exemplos:

1. *"He was able to call to mind what he was doing on the day of the accident."* ["Ele conseguiu se lembrar do que estava fazendo no dia do acidente."] (A mente como envolvida na memória)
2. *"If you put your mind to it, I'm sure you can solve that math problem."* ["Se você se concentrar nisso, tenho certeza de que pode resolver esse problema de matemática."] (A mente como solucionadora de problemas)
3. *"I haven't made up my mind yet"* ou *"I'm of two minds about this."* ["Ainda não me decidi" ou "Estou em dúvida sobre isso."] (A mente é usada para tomar decisões ou considerar possibilidades)
4. *"He is of sound mind and body"* ou *"When he talks about his encounter with aliens, it sounds like he is out of his mind."* ["Ele tem a mente e o corpo sãos" ou "Quando ele fala sobre seu encontro com alienígenas, parece que ele está louco."] (Uma mente saudável sendo associada ao funcionamento normal, uma mente não funcional com funcionamento anormal)
5. *"A mind is a terrible thing to waste."* ["Não desperdice sua mente."] (A mente como algo valioso, algo que deve ser usado)
6. *"He has a brilliant mind."* ["Ele tem uma mente brilhante."] (A mente sendo usada para descrever pessoas que são particularmente inteligentes ou criativas)

Essas afirmações informam algumas coisas importantes sobre o que a mente é. As afirmações 1, 2 e 3, que destacam o papel da mente na memória, solução de problemas e tomada de decisões, estão relacionadas à seguinte definição da mente: *a mente cria e controla funções mentais como percepção, atenção, memória, emoções, linguagem, decisão, pensamento e raciocínio*. Essa definição reflete o papel central da mente na determinação de nossas várias habilidades mentais, que são refletidas nos títulos dos capítulos deste livro.

Outra definição, que foca como a mente funciona, é esta: *a mente é um sistema que cria representações do mundo para que possamos agir dentro dela para alcançar nossos objetivos*. Essa definição reflete a importância da mente para o funcionamento e a sobrevivência, e também fornece o início de uma descrição de como a mente alcança esses objetivos. A ideia de criar representações é algo que discutiremos ao longo deste livro.

Essas duas definições da mente não são incompatíveis. A primeira indica diferentes tipos de **cognição** — os processos mentais, como percepção, atenção e memória, que é o que a mente cria. A segunda definição indica algo sobre como a mente opera (ela cria representações) e sua função (permite-nos agir e alcançar objetivos). Não é por acaso que todas as cognições na primeira definição desempenham papéis importantes na ação para alcançar os objetivos.

As afirmações 4, 5 e 6 enfatizam a importância da mente para o funcionamento normal e suas incríveis habilidades. A mente é algo a ser usado, e os produtos da mente de algumas pessoas são considerados extraordinários. Porém uma das mensagens deste livro é que a ideia de que a mente é incrível não está reservada para mentes "extraordinárias", porque mesmo as coisas mais "rotineiras" — reconhecer uma pessoa, ter uma conversa ou decidir quais cursos fazer no próximo semestre — tornam-se incríveis por si sós quando consideramos as propriedades da mente que permitem realizar essas atividades familiares.

Psicologia cognitiva é o estudo dos processos mentais, o que inclui a determinação das características e propriedades da mente e como funciona. Nossos objetivos no restante deste capítulo são descrever como o campo da psicologia cognitiva evoluiu desde seus primórdios até hoje, e começar a descrever como os psicólogos cognitivos abordam o estudo científico da mente.

Estudando a mente: primeiros trabalhos em psicologia cognitiva

No século 19, as ideias sobre a mente eram dominadas pela crença de que não é possível estudá-la. Uma razão dada para essa crença era que não é possível para a mente estudar a si mesma, mas havia outras razões também, incluindo a ideia de que as propriedades da mente simplesmente não podem ser medidas. No entanto, alguns pesquisadores desafiaram a sabedoria comum e decidiram estudar a mente de qualquer maneira. Uma dessas pessoas foi o fisiologista holandês Franciscus Donders, que, em 1868, 11 anos antes da fundação do primeiro laboratório de psicologia científica, realizou um dos primeiros experimentos que hoje seria chamado experimento de psicologia cognitiva. (É importante observar que o termo *psicologia cognitiva* só foi criado em 1967, mas os primeiros experimentos que vamos descrever são qualificados como experimentos de psicologia cognitiva.)

Experiência pioneira de Donders: quanto tempo leva para tomar uma decisão? Donders estava interessado em determinar quanto tempo leva para uma pessoa tomar uma decisão. Ele determinou esse dado medindo o **tempo de reação** — quanto tempo leva para responder à apresentação de um estímulo. Donders utilizou duas medidas do tempo de reação. Mediu o **tempo de reação simples** pedindo que participantes pressionassem um botão o mais rápido possível quando vissem uma luz acender (Figura 1.1a). Ele mediu o **tempo de reação de escolha** utilizando duas luzes e pedindo que os participantes pressionassem o botão esquerdo quando vissem a luz esquerda acender e o botão direito quando vissem a luz direita acender (Figura 1.1b).

As etapas que ocorrem na tarefa do tempo de reação simples são mostradas na Figura 1.2a. Apresentar o estímulo (a luz pisca) causa uma resposta mental (perceber a luz), que leva a uma resposta comportamental (pressionar o botão). O tempo de reação (linha tracejada) é o tempo entre a apresentação do estímulo e a resposta comportamental.

No entanto, lembre-se de que Donders estava interessado em determinar quanto tempo levava para uma pessoa tomar uma decisão. A tarefa de escolha de tempo de reação adicionou decisões exigindo que os participantes primeiro decidissem se a luz esquerda ou direita estava acesa e, em seguida, qual botão pressionar. O diagrama para esta tarefa, na Figura 1.2b, altera a resposta mental para "Perceba a luz à esquerda" e "Decida qual botão pressionar". Donders ponderou que a diferença no tempo de reação entre as condições simples e de escolha indicaria quanto tempo levava para tomar a decisão de pressionar o botão correto. Como o tempo de reação de escolha levava um décimo de segundo a mais do que o tempo de reação simples, Donders concluiu que o processo de tomada de decisão demorava um décimo de um segundo.

O experimento de Donders é importante, tanto porque foi um dos primeiros experimentos de psicologia cognitiva como porque ilustra algo extremamente significativo sobre o estudo da mente: as respostas mentais (perceber a luz e decidir qual botão pressionar, nesse exemplo) não podem ser medidas diretamente, mas devem ser inferidas do comportamento. Podemos ver por que isso acontece observando as linhas tracejadas na Figura 1.2. Essas linhas indicam que, quando Donders mediu o tempo de reação, ele estava medindo a relação entre a apresentação do estímulo e a resposta do participante. Ele não mediu as respostas mentais diretamente, mas inferiu quanto tempo demoravam a partir dos tempos de reação. O fato de que as respostas mentais não podem ser medidas diretamente, mas devem ser inferidas a partir da observação do comportamento, é um princípio válido não apenas para o experimento de Donders, mas para todas as pesquisas em psicologia cognitiva.

Laboratório de Psicologia de Wundt: estruturalismo e introspecção analítica Em 1879, 11 anos após o experimento do tempo de reação de Donders, Wilhelm Wundt fundou o primeiro laboratório de psicologia científica na Universidade de Leipzig na Alemanha. A abordagem de Wundt, que dominou a psicologia no final dos anos 1800 e no início dos anos 1900, foi chamada **estruturalismo**. De acordo com o estruturalismo, nossa experiência geral é determinada pela combinação de

(a) Pressione J quando a luz acender.

(b) Pressione J para luz esquerda, K para luz direita.

▶ Figura 1.1 Uma versão atual do experimento do tempo de reação de Donders (1868): (a) a tarefa de tempo de reação simples e (b) a tarefa de tempo de reação de escolha. Na tarefa de tempo de reação simples, o participante pressiona a tecla J quando a luz acende. Na tarefa de escolha do tempo de reação, o participante pressiona a tecla J se a luz esquerda acender e a tecla K se a luz direita acender. O objetivo do experimento de Donders era determinar quanto tempo levava para decidir qual tecla pressionar na tarefa de escolha do tempo de reação.

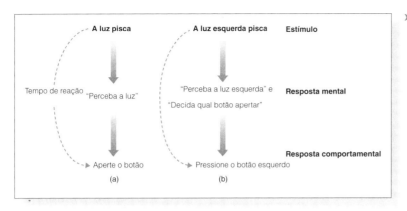

Figura 1.2 Sequência dos eventos entre a apresentação do estímulo e a resposta comportamental nos experimentos de Donders: (a) tarefa de tempo de reação simples e (b) tarefa de tempo de reação de escolha. A linha tracejada indica que Donders mediu o tempo de reação — o tempo entre a apresentação da luz e a resposta do participante.

elementos básicos da experiência que os estruturalistas chamavam *sensações*. Portanto, assim como a química desenvolveu uma tabela periódica dos elementos, que se combinam para criar moléculas, Wundt queria criar uma "tabela periódica da mente", que incluiria todas as sensações básicas envolvidas na criação de experiências.

Wundt pensou que poderia alcançar essa descrição científica dos componentes da experiência usando **introspecção analítica**, uma técnica na qual participantes treinados descreviam suas experiências e processos de pensamento em resposta a estímulos. A introspecção analítica exigia treinamento extensivo porque o objetivo dos participantes era descrever suas experiências em termos dos elementos mentais básicos. Por exemplo, em um experimento, Wundt pediu que os participantes descrevessem suas experiências ao ouvir um acorde de cinco notas tocado no piano. Uma das perguntas que Wundt esperava responder era se os participantes conseguiam ouvir cada uma das notas individuais que constituíam o acorde. Como veremos ao discutir a percepção no Capítulo 3, o estruturalismo não era uma abordagem frutífera e, portanto, foi abandonada no início do século 20. Mesmo assim, Wundt fez uma contribuição substancial para a psicologia por meio de seu compromisso de estudar o comportamento e a mente sob condições controladas. Além disso, ele treinou muitos PhDs que estabeleceram os departamentos de psicologia em outras universidades, incluindo muitos nos Estados Unidos.

Experimentos de memória de Ebbinghaus. Qual é o curso de tempo do esquecimento? Enquanto isso, a 193 quilômetros de Leipzig, na Universidade de Berlim, o psicólogo alemão Hermann Ebbinghaus (1885-1913) utilizava outra abordagem para medir as propriedades da mente. Ebbinghaus estava interessado em determinar a natureza da memória e do esquecimento — especificamente, a rapidez com que as informações aprendidas são perdidas com o tempo. Em vez de usar o método de introspecção analítica de Wundt, Ebbinghaus utilizou um método quantitativo para medir a memória. Usando a si mesmo como participante, ele repetia listas de 13 sílabas sem sentido, como DAX, QEH, LUH e ZIF para si mesmo, uma de cada vez em uma taxa constante. Ele utilizava sílabas sem sentido para que sua memória não fosse influenciada pelo significado de uma palavra específica.

Ebbinghaus determinou quanto tempo demorava para aprender uma lista pela primeira vez. Ele então esperava por um período específico (o atraso) e então determinava quanto tempo levaria para reaprender a lista. Como o esquecimento ocorria durante o atraso, Ebbinghaus cometeu erros ao tentar se lembrar da lista pela primeira vez. No entanto, como ele retinha algo de seu aprendizado inicial, reaprendeu a lista mais rapidamente do que ao aprendê-la pela primeira vez.

Ebbinghaus utilizou uma medida chamada **economia**, calculada como a seguir, para determinar quanto era esquecido após um determinado atraso: economia = (tempo inicial para aprender a lista) − (tempo para reaprender a lista após o atraso). Portanto, se demorasse 1.000 segundos para aprender a lista na primeira vez

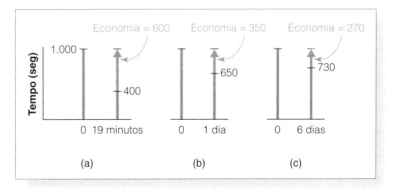

Figura 1.3 Calculando a pontuação da economia no experimento de Ebbinghaus. Neste exemplo, demorou 1.000 segundos para aprender a lista de sílabas sem sentido pela primeira vez. Isso é indicado pelas linhas em 0. O tempo necessário para reaprender a lista com atrasos de (a) 19 minutos, (b) 1 dia e (c) 6 dias é indicado pela linha à direita da linha 0. As setas indicam a pontuação de economia para cada atraso. Observe que a economia diminui para atrasos mais longos. Essa diminuição na economia fornece uma medida de esquecimento.

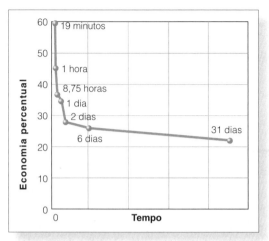

> Figura 1.4 Curva de economia de Ebbinghaus. Ebbinghaus considerava o percentual de economia como uma medida da quantidade lembrada, assim ele traçou isso em relação ao tempo entre o aprendizado inicial e o teste. A diminuição na economia (lembrança) com atrasos crescentes indica que o esquecimento ocorre rapidamente nos primeiros dois dias e então ocorre mais lentamente depois.
> (Fonte: com base nos dados de Ebbinghaus, 1885/1913.)

e 400 segundos para reaprendê-la após o atraso, a economia seria de 1.000 − 400 = 600 segundos. A Figura 1.3, que representa o aprendizado inicial e a reaprendizagem após três atrasos diferentes, mostra que atrasos mais longos resultam em economias menores.

De acordo com Ebbinghaus, essa redução na economia fornece uma medida do esquecimento, com economias menores significando mais esquecimento. Portanto, o gráfico da economia percentual em relação ao tempo na Figura 1.4, chamado **curva de economia**, mostra que a memória cai rapidamente nos primeiros dois dias após a aprendizagem inicial e então se estabiliza. Essa curva foi importante porque demonstrou que a memória poderia ser quantificada e que funções como a curva de economia podem ser usadas para descrever uma propriedade da mente — nesse caso, a capacidade de reter informações. Observe que, embora o método de economia de Ebbinghaus fosse muito diferente do método do tempo de reação de Donders, ambos mediam o comportamento para determinar uma propriedade da mente.

Princípios de Psicologia de William James. William James, um dos primeiros psicólogos norte-americanos (embora não fosse aluno de Wundt), ensinou o primeiro curso de psicologia de Harvard e fez observações significativas sobre a mente em seu manual *Princípios de Psicologia* (1890). As observações de James não se baseavam nos resultados de experimentos, mas em observações sobre o funcionamento de sua própria mente. Uma das observações mais conhecidas de James é a seguinte, sobre a natureza da atenção:

Milhões de itens... estão presentes nos meus sentidos que nunca entram de maneira adequada na minha experiência. Por quê? Porque não são interessantes para mim. Minha experiência é o que concordo em me preocupar. Todo mundo sabe o que é atenção. É a tomada de posse pela mente, de forma clara e vívida, de um dos que parecem ser vários objetos ou linhas de pensamento simultaneamente possíveis... Implica afastar-se de algumas coisas para lidar de maneira eficaz com outras.

A observação de que prestar atenção a uma coisa envolve afastar-se de outras coisas ainda soa verdadeira hoje e tem sido o tópico de muitos estudos modernos sobre a atenção. Tão impressionante quanto a precisão das observações de James, assim foi também o leque dos temas cognitivos que ele levou em consideração, que incluíam pensamento, consciência, atenção, memória, percepção, imaginação e raciocínio.

A fundação do primeiro laboratório de psicologia por Wundt, os experimentos quantitativos de Donders e Ebbinghaus e as observações perceptivas de James forneceram o que parecia ser um começo promissor para o estudo da mente (Tabela 1.1). No entanto, as pesquisas sobre a mente foram rapidamente tolhidas, em grande parte por causa dos eventos no início do século 20 que afastaram o foco da psicologia do estudo da mente e dos processos mentais. Uma das principais forças que

TABELA 1.1 Pioneiros na psicologia cognitiva

Autores	Procedimento	Resultados e conclusões	Contribuição
Donders (1868)	Tempo de reação simples *versus* tempo de reação de escolha	O tempo de reação da escolha leva 1/10 de segundo a mais; portanto, leva 1/10 de segundo para tomar uma decisão	Primeiro experimento de psicologia cognitiva
Wundt (1879)	Introspecção analítica	Sem resultados confiáveis	Estabeleceu o primeiro laboratório de psicologia científica
Ebbinghaus (1885)	Método de economia para medir o esquecimento	O esquecimento ocorre rapidamente nos primeiros dois dias após o aprendizado original	Medição quantitativa de processos mentais
James (1890)	Sem experimentos; relatou observações de sua própria experiência	Descrições de uma ampla gama de experiências	Primeiro livro de psicologia; algumas de suas observações ainda são válidas hoje

levaram a psicologia a rejeitar o estudo dos processos mentais foi uma reação negativa à técnica de introspecção analítica de Wundt.

Abandonando o estudo da mente

Muitos dos primeiros departamentos de psicologia realizavam pesquisas na tradição do laboratório de Wundt, usando introspecção analítica para analisar processos mentais. No entanto, essa ênfase no estudo da mente iria mudar por causa dos esforços de John Watson, que fez seu doutorado em psicologia em 1904 na Universidade de Chicago.

Watson funda o behaviorismo

A história de como John Watson fundou uma abordagem à psicologia chamada **behaviorismo** é bem conhecida dos estudantes de introdução à psicologia. Iremos revisá-la brevemente aqui por causa da sua importância para a história da psicologia cognitiva.

Como estudante de graduação na Universidade de Chicago, Watson não estava satisfeito com o método da introspecção analítica. Seus problemas com esse método eram: (1) produzia resultados extremamente variáveis entre uma pessoa e outra e (2) esses resultados eram difíceis de verificar porque eram interpretados em termos dos processos mentais internos invisíveis. Em resposta ao que ele percebeu como deficiências na introspecção analítica, Watson propôs uma nova abordagem chamada behaviorismo. Um dos artigos de Watson, "Psychology As the Behaviorist Views It" ou "A psicologia como o behaviorista a vê", estabeleceu os objetivos dessa abordagem à psicologia nesta famosa citação:

> A psicologia, como o behaviorista a interpreta, é um ramo puramente objetivo e experimental das ciências naturais. Seu objetivo teórico é a previsão e o controle do comportamento. A introspecção não forma uma parte essencial de seus métodos, nem o valor científico de seus dados depende da prontidão com que eles se prestam à interpretação em termos da consciência [...]. O que precisamos fazer é começar a trabalhar na psicologia tornando o comportamento, não a consciência, o ponto objetivo de nosso ataque. (Watson, 1913, p. 176).

Esta passagem apresenta dois pontos-chave: (1) Watson rejeita a introspecção como método e (2) o comportamento observável, não a consciência (que envolveria processos inobserváveis como pensamento, emoções e raciocínio), é o principal tópico do estudo. Em outras palavras, Watson queria restringir a psicologia a dados comportamentais, como os tempos de reação de Donders, e rejeitava a ideia de ir além desses dados para tirar conclusões sobre eventos mentais inobserváveis. Watson eliminou a mente como um tópico de pesquisa declarando que a "psicologia [...] não mais precisa ter a ilusão de pensar que está fazendo dos estados mentais o objeto de observação" (p. 163). O objetivo de Watson era substituir a mente como um tópico de estudo na psicologia pelo estudo do comportamento diretamente observável. À medida que o behaviorismo se tornou a força dominante na psicologia norte-americana, a atenção dos psicólogos mudou da pergunta "O que o comportamento informa sobre a mente?" para "Qual é a relação entre os estímulos no ambiente e no comportamento?"

O experimento mais famoso de Watson foi o experimento "Little Albert", no qual Watson e Rosalie Rayner (1920) sujeitaram Albert, um menino de 9 meses de idade, a um ruído alto sempre que um rato (do qual Albert inicialmente gostava) aproximava-se da criança. Depois de alguns pareamentos entre o ruído e o rato, Albert reagia ao rato se afastando para longe o mais rápido possível.

As ideias de Watson estão associadas ao **condicionamento clássico** — como emparelhar um estímulo (como o ruído alto apresentado a Albert) com outro estímulo previamente neutro (como o rato) causa mudanças na resposta ao estímulo neutro. A inspiração de Watson para seu experimento foi a pesquisa de Ivan Pavlov, iniciada na década de 1890, que demonstrou o condicionamento clássico em cães. Nesses experimentos (**Figura 1.5**), o emparelhamento do alimento feito por Pavlov (que fazia o cão salivar) com um sino (o estímulo inicialmente neutro) levou o cão a salivar ao som do sino (Pavlov, 1927.)

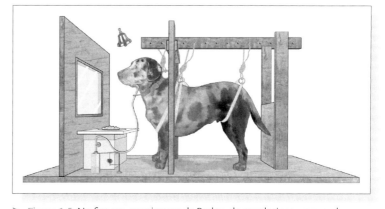

▶ Figura 1.5 No famoso experimento de Pavlov, ele correlacionou o som de um sino com a apresentação do alimento. Inicialmente, a apresentação do alimento levou o cão a salivar, mas, após uma série de correlações entre o sino e o alimento, apenas o sino causava salivação. Esse princípio de aprendizagem por pareamento, que passou a ser denominado *condicionamento clássico*, foi a base do experimento "Little Albert" de Watson.

Watson usou o condicionamento clássico para argumentar que o comportamento poderia ser analisado sem nenhuma referência à mente. Para Watson, o que se passava na cabeça de Albert (ou na cabeça do cachorro de Pavlov!), fisiológica ou mentalmente, era irrelevante. Ele se importava apenas em como emparelhar um estímulo com outro afetava o comportamento.

Condicionamento operante de Skinner

Em meio ao domínio do behaviorismo na psicologia norte-americana, B. F. Skinner, que obteve seu PhD em Harvard em 1931, forneceu outra ferramenta para estudar a relação entre estímulo e resposta, o que garantiu que essa abordagem dominasse a psicologia nas décadas seguintes. Skinner introduziu o **condicionamento operante**, que focalizava como o comportamento é fortalecido pela apresentação de estímulos positivos, como alimento ou aprovação social (ou a retirada de estímulos negativos, como um choque ou rejeição social). Por exemplo, Skinner mostrou que reforçar um rato com alimento para pressionar uma barra mantinha ou aumentava a taxa com que o rato pressionava a barra. Como Watson, Skinner não estava interessado no que acontecia na mente, mas focava apenas a maneira de determinar como o comportamento era controlado por estímulos (Skinner, 1938).

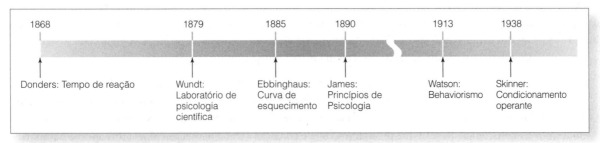

▶ Figura 1.6 Linha do tempo mostrando os primeiros experimentos que estudaram a mente nos anos 1800 e o surgimento do behaviorismo nos anos 1900.

A ideia de que o comportamento pode ser compreendido pelo estudo das relações estímulo-resposta influenciou toda uma geração de psicólogos e dominou a psicologia nos Estados Unidos da década de 1940 até a década de 1960. Os psicólogos aplicavam as técnicas do condicionamento clássico e operante ao ensino em sala de aula, tratando distúrbios psicológicos e testando os efeitos das drogas em animais. A Figura 1.6 é uma linha do tempo que mostra os estudos iniciais da mente e a ascensão do behaviorismo. No entanto, mesmo quando o behaviorismo dominava a psicologia, ocorriam eventos que deveriam levar ao renascimento do estudo da mente.

Preparando o cenário para o ressurgimento da mente na psicologia

Ainda que o behaviorismo tenha dominado a psicologia norte-americana por muitas décadas, alguns pesquisadores não seguiam a linha behaviorista estrita. Um desses pesquisadores foi Edward Chace Tolman. Tolman, que de 1918 a 1954 estava na Universidade da Califórnia em Berkeley, autodenominava-se behaviorista porque seu foco era medir o comportamento.

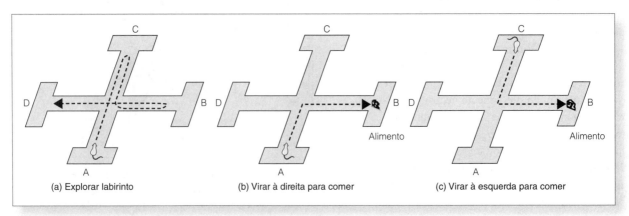

▶ Figura 1.7 Labirinto usado por Tolman. (a) O rato inicialmente explora o labirinto. (b) O rato aprende a virar à direita para obter alimento em B quando começa em A. (c) Quando colocado em C, o rato vira à esquerda para alcançar o alimento em B. Nesse experimento, precauções são tomadas para evitar que o rato saiba onde está o alimento com base em pistas como cheiro.

Na realidade, no entanto, ele foi um dos primeiros psicólogos cognitivos, porque usava o comportamento para inferir processos mentais.

Em um de seus experimentos, Tolman (1938) colocava um rato em um labirinto como o da Figura 1.7. Inicialmente, o rato explorava o labirinto, subindo e descendo em cada um dos becos (Figura 1.7a). Após esse período inicial de exploração, o rato era colocado no ponto A e o alimento era colocado no ponto B, e o rato rapidamente aprendia a virar à direita no cruzamento para obter o alimento. Isso é exatamente o que os behavioristas preveriam, porque virar à direita era recompensado com alimento (Figura 1.7b). No entanto, quando Tolman (depois de tomar precauções para ter certeza de que o rato não poderia determinar a localização do alimento com base no cheiro) colocava o rato no ponto C, algo interessante aconteceu. O rato virava à esquerda no cruzamento para alcançar o alimento no ponto B (Figura 1.7c). A explicação de Tolman para esse resultado foi que, quando o rato experimentava inicialmente o labirinto, ele desenvolvia um **mapa cognitivo** — uma concepção dentro da mente do rato do layout do labirinto (Tolman, 1948). Assim, embora o rato já tivesse sido recompensado por virar à direita, o mapa mental dele indicava que ao começar do novo local precisava virar à esquerda para chegar ao alimento. O uso de Tolman da palavra *cognitivo*, e a ideia de que algo diferente de conexões estímulo-resposta poderia estar ocorrendo na mente do rato, colocou-o fora do behaviorismo convencional.

Outros pesquisadores estavam cientes do trabalho de Tolman, mas, para a maioria dos psicólogos norte-americanos na década de 1940, era difícil aceitar o uso do termo *cognitivo* porque violava a ideia dos behavioristas de que processos internos, como pensamentos ou mapas na cabeça, não eram tópicos aceitáveis para estudar. Somente cerca de uma década depois que Tolman introduziu a ideia dos mapas cognitivos é que ocorreram avanços que levaram ao ressurgimento da mente na psicologia. Ironicamente, um desses desenvolvimentos foi a publicação, em 1957, de um livro de B. F. Skinner intitulado *Verbal Behavior* (Comportamento Verbal).

Nesse livro, Skinner argumentava que as crianças aprendem a linguagem por meio do condicionamento operante. De acordo com essa ideia, as crianças imitam a fala que ouvem e repetem a fala correta porque é recompensada. No entanto, em 1959, Noam Chomsky, linguista do Massachusetts Institute of Technology, publicou uma crítica contundente do livro de Skinner, na qual apontou que as crianças falam muitas frases que nunca foram recompensadas pelos pais ("Eu te odeio, mamãe", por exemplo), e que, durante o curso normal do desenvolvimento da linguagem, passam por uma fase em que usam gramática incorreta, como "o menino bateu na bola", embora essa gramática incorreta nunca possa ter sido reforçada.

Chomsky via o desenvolvimento da linguagem como determinado não por imitação ou reforço, mas por um programa biológico inato que se aplica a todas as culturas. A ideia de Chomsky de que a linguagem é um produto de como a mente é construída, em vez de um resultado de reforço, levou os psicólogos a reconsiderar a ideia de que a linguagem e outros comportamentos complexos, como solução de problemas e raciocínio, podem ser explicados pelo condicionamento operante. Em vez disso, eles começaram a perceber que, para compreender comportamentos cognitivos complexos, é necessário não apenas medir o comportamento observável, mas também considerar o que esse comportamento informa sobre como a mente funciona.

 ## O renascimento do estudo da mente

A década de 1950 é geralmente reconhecida como o início da revolução cognitiva — uma mudança na psicologia do foco do behaviorista nas relações estímulo-resposta para uma abordagem cujo principal impulso era compreender o funcionamento da mente. Mesmo antes da crítica de Chomsky ao livro de Skinner, outros eventos estavam acontecendo que sinalizavam uma mudança do foco apenas no comportamento para o estudo de como a mente funciona. Porém, antes de descrevermos os eventos que iniciaram a revolução cognitiva, vamos considerar a seguinte pergunta: O que é uma revolução — e especificamente uma revolução científica? Uma resposta a essa pergunta pode ser encontrada no livro do filósofo Thomas Kuhn (1962) *A Estrutura das Revoluções Científicas*.

Paradigmas e mudanças de paradigma

Kuhn definiu uma **revolução científica** como uma mudança de um paradigma para outro, em que um **paradigma** é um sistema de ideias que dominam a ciência em determinado momento (Dyson, 2012). Uma revolução científica, portanto, envolve uma **mudança de paradigma**.

Um exemplo de uma mudança de paradigma na ciência é a mudança que ocorreu na física no início do século 20, com a introdução da teoria da relatividade e da teoria quântica. Antes do século 20, a física clássica, fundada por Isaac Newton (1642-1727), havia feito um grande progresso para descrever coisas como os objetos são afetados por forças (as leis do movimento de Newton) e a natureza dos campos elétricos (as leis de Maxwell, que descreveram o eletromagnetismo). Os princípios da física clássica, entretanto, não descreviam adequadamente os fenômenos subatômicos e a relação entre o tempo e o movimento. Por exemplo, a física clássica concebia o fluxo do tempo como uma constante absoluta, que era a mesma para todos. No entanto, em 1905, Albert Einstein, um jovem escriturário no escritório de patentes de Berna, Suíça, publicou sua teoria da relatividade, que propunha que a medição do espaço e do tempo são afetadas pelo movimento de um observador, então os relógios funcionam mais devagar quando se aproximam da velocidade da luz. Ele também propôs que há uma equivalência de massa e energia, conforme expresso em sua famosa equação $E = mc^2$ (energia é igual a massa vezes a velocidade da luz ao quadrado). A teoria da relatividade de Einstein, junto à recém-introduzida teoria quântica, que explicou o comportamento das partículas subatômicas, marcou o início da física moderna.

Assim como a mudança de paradigma da física clássica para a física moderna forneceu uma nova maneira de ver o mundo físico, a mudança de paradigma do behaviorismo para a abordagem cognitiva forneceu uma nova maneira de olhar o comportamento. Durante o reinado do behaviorismo, o comportamento era considerado um fim em si mesmo. A psicologia foi dominada por experimentos que estudavam como o comportamento é afetado por recompensas e punições. Algumas descobertas valiosas resultaram dessa pesquisa, incluindo terapias psicológicas chamadas "terapias comportamentais", que ainda estão em uso hoje. Porém o paradigma behaviorista não permitia nenhuma consideração do papel da mente na criação do comportamento, então, na década de 1950, o novo paradigma cognitivo começou a emergir. Não podemos marcar o início desse novo paradigma com a publicação de um único artigo, como a proposta da teoria da relatividade de Einstein (1905), mas podemos notar uma série de eventos, que somados culminaram em um novo caminho para estudar psicologia. Um desses eventos foi a introdução de uma nova tecnologia que sugeria uma nova maneira de descrever o funcionamento da mente. Essa nova tecnologia foi o computador digital.

Introdução do computador digital

Os primeiros computadores digitais, desenvolvidos no fim dos anos 1940, eram máquinas enormes que ocupavam prédios inteiros, mas em 1954 a IBM lançou um computador que estava disponível para o público em geral. Esses computadores ainda eram extremamente grandes em comparação com os laptops de hoje, mas encontraram seu caminho para laboratórios de pesquisa universitários, onde eram usados para analisar dados e, o mais importante para nossos propósitos, para sugerir um novo jeito de pensar sobre a mente.

Fluxograma para computadores Uma das características dos computadores que chamaram a atenção dos psicólogos na década de 1950 foi que processavam as informações em etapas, como ilustrado na **Figura 1.8a**. Nesse diagrama, as informações primeiro são recebidas por um "processador de entrada". Então são armazenadas em uma "unidade de memória" antes de serem processadas por uma "unidade aritmética", que daí cria a saída do computador. Valendo-se dessa abordagem de estágios como inspiração, alguns psicólogos propuseram a **abordagem de processamento de informações** para estudar a mente — uma abordagem que rastreia sequências de operações mentais envolvidas na cognição. De acordo com a abordagem de processamento de informações, a operação da mente pode ser descrita como ocorrendo em vários estágios. A aplicação dessa abordagem de estágios à mente levou os psicólogos a fazer novas perguntas e a estruturar suas respostas a essas perguntas de novas maneiras. Um dos primeiros experimentos influenciados por essa nova maneira de pensar sobre a mente envolvia estudar a perfeição com que as pessoas são capazes de focar a atenção em algumas informações quando outras informações são apresentadas ao mesmo tempo.

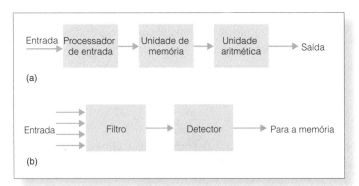

▶ **Figura 1.8** (a) Fluxograma para um computador antigo. (b) Fluxograma para o modelo do filtro de atenção de Broadbent. O diagrama mostra muitas mensagens que entram em um "filtro", que seleciona a mensagem à qual a pessoa está percebendo para processamento adicional por um detector e, então, transfere para a memória de curto prazo. Descreveremos esse diagrama em mais detalhes no Capítulo 4.

Fluxograma para a mente A partir da década de 1950, vários pesquisadores estavam interessados em descrever como a mente pode lidar com as informações recebidas. Uma pergunta que eles estavam interessados em responder advinha da ideia de William James de que, quando decidimos cuidar de uma coisa, devemos nos afastar de outras. Adotando essa ideia como ponto de partida, o psicólogo britânico Colin Cherry (1953) apresentou aos participantes duas mensagens auditivas, uma para a orelha esquerda e outra para a orelha direita, e solicitou que focalizassem a atenção em uma das mensagens (a mensagem estimulada) e ignorassem a outra (a mensagem não estimulada). Por exemplo, o participante poderia ser instruído a responder à mensagem na orelha esquerda que começava com "Enquanto Susan dirigia em seu novo carro...", ao mesmo tempo que recebia, mas não respondia, a mensagem na orelha direita "A psicologia cognitiva, que é o estudo dos processos mentais...".

O resultado desse experimento, descrito em detalhes ao discutir a atenção no Capítulo 4, foi que, quando as pessoas se concentravam na mensagem estimulada, elas conseguiam ouvir os sons da mensagem não estimulada, mas não estavam cientes do conteúdo dessa mensagem. O resultado levou outro psicólogo britânico, Donald Broadbent (1958), a propor o primeiro fluxograma da mente (Figura 1.8b). O fluxograma representa o que Broadbent acreditava acontecer na mente de uma pessoa ao direcionar a atenção para um estímulo no ambiente. Aplicado ao experimento de atenção de Cherry, "estimulação" seria os sons das mensagens percebidas e não percebidas; o "filtro" permite a passagem da mensagem percebida e filtra a mensagem não percebida; e o "detector" registra as informações que passam pelo filtro.

Aplicado à sua experiência ao conversar com um amigo em uma festa barulhenta, o filtro permite ouvir a conversa do seu amigo e filtra todas as outras conversas e ruídos. Assim, embora você possa estar ciente de que há outras pessoas falando, você não está ciente das informações detalhadas, como o que as outras pessoas estão falando.

O fluxograma de Broadbent forneceu um método de análise para o funcionamento da mente no que se refere a uma sequência de estágios de processamento e propôs um modelo que poderia ser testado por outros experimentos. Veremos muito outros fluxogramas como esse ao longo do livro porque se tornaram uma das formas padrão de descrever o funcionamento da mente. No entanto, os psicólogos britânicos Cherry e Broadbent não foram os únicos pesquisadores que descobriram novas maneiras de estudar a mente. Quase na mesma época nos Estados Unidos, pesquisadores organizaram duas conferências que, seguindo o exemplo dos computadores, concebiam a mente como um processador de informações.

Conferências sobre inteligência artificial e teoria da informação

No início dos anos 1950, John McCarthy, jovem professor de matemática no Dartmouth College, teve uma ideia. Seria possível, pensou McCarthy, programar computadores para simular o funcionamento da mente humana? Em vez de simplesmente fazer a pergunta, McCarthy decidiu organizar uma conferência em Dartmouth no verão de 1956 para apresentar um fórum para os pesquisadores discutirem como os computadores poderiam ser programados para executar um comportamento inteligente. O título da conferência, *Projeto de pesquisa de verão sobre inteligência artificial*, foi o primeiro uso do termo **inteligência artificial**. McCarthy definiu a abordagem da inteligência artificial como "fazer uma máquina comportar-se de modo que seriam chamadas inteligentes se um ser humano se comportasse dessa forma" (McCarthy et al., 1955).

Pesquisadores de várias disciplinas diferentes — psicólogos, matemáticos, cientistas da computação, linguistas e especialistas na teoria da informação — participaram da conferência, que durou dez semanas. Várias pessoas compareceram à maior parte da conferência, outras entravam e saíam, mas talvez os dois participantes mais importantes — Herb Simon e Alan Newell, do Carnegie Institute of Technology — quase não participaram (Boden, 2006). A razão pela qual eles não estavam lá é por estarem ocupados em Pittsburgh tentando criar a máquina de inteligência artificial que McCarthy havia imaginado. O objetivo de Simon e Newell era criar um programa de computador que pudesse gerar evidências para problemas de lógica — algo que até então só havia sido alcançado por humanos.

Newell e Simon conseguiram criar o programa, que chamaram *teórico da lógica*, a tempo de demonstrá-lo na conferência. O que eles expuseram foi revolucionário porque o programa teórico da lógica foi capaz de produzir evidências dos teoremas matemáticos que envolvem princípios da lógica. O programa, embora primitivo em comparação com os programas modernos de inteligência artificial, era uma "máquina pensante" real porque realizava mais do que simplesmente processamento de números — usava processos de raciocínio semelhantes àqueles humanos para resolver problemas.

Pouco depois da conferência de Dartmouth, em setembro do mesmo ano, outra conferência importante foi realizada, o *Simpósio do Instituto de Tecnologia de Massachusetts sobre Teoria da Informação*. A conferência forneceu outra oportunidade para Newell e Simon demonstrarem o programa teórico da lógica, e os participantes também ouviram George Miller, psicólogo de Harvard, apresentar uma versão de um artigo, "The Magical Number Seven, Plus or Minus Two", que acabara de ser publicado (Miller, 1956). Nesse artigo, Miller apresentou a ideia de que há limites para a capacidade de um ser humano de processar informações — que a capacidade da mente humana é limitada a cerca de sete itens (por exemplo, o comprimento de um número de telefone).

Como veremos ao discutir essa ideia no Capítulo 5, existem maneiras de aumentar nossa capacidade de assimilar e lembrar informações (por exemplo, temos poucas dificuldades de adicionar um código de área aos sete dígitos de muitos números de telefone). No entanto, o princípio básico de Miller de que há limites para a quantidade de informações que podemos assimilar e lembrar foi uma ideia importante, que, você pode perceber, era semelhante à ideia que estava sendo levantada pelo modelo do filtro de Broadbent quase na mesma época.

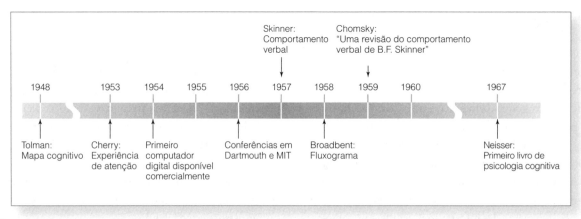

> Figura 1.9 Linha do tempo mostrando eventos associados ao declínio da influência do behaviorismo (acima da linha) e eventos que levaram ao desenvolvimento da abordagem do processamento de informações à psicologia cognitiva (abaixo da linha).

A "revolução" cognitiva demorou um pouco

Os eventos que descrevemos — o experimento de Cherry, o modelo de filtro de Broadbent e as duas conferências em 1956 — representaram o início de uma mudança na psicologia do behaviorismo para o estudo da mente. Embora tenhamos chamado essa mudança de *revolução cognitiva*, é importante observar que a mudança do behaviorismo de Skinner para a abordagem cognitiva, que foi realmente revolucionária, ocorreu ao longo de um período. Os cientistas que participaram das conferências em 1956 não tinham ideia de que essas conferências seriam, anos mais tarde, vistas como eventos históricos no nascimento de uma nova maneira de pensar sobre a mente ou que os historiadores científicos algum dia chamariam "o aniversário da ciência cognitiva" de 1956 (Bechtel et al., 1998; Miller, 2003; Neisser, 1988). Na verdade, mesmo anos após essas conferências, um livro didático sobre a história da psicologia não fazia menção à abordagem cognitiva (Misiak e Sexton, 1966), e somente em 1967 Ulrich Neisser publicou um compêndio com o título *Cognitive Psychology* (Neisser, 1967). A Figura 1.9 mostra uma linha do tempo de alguns dos eventos que levaram ao estabelecimento do campo da psicologia cognitiva.

O livro de Neisser, que cunhou o termo *psicologia cognitiva* e enfatizou a abordagem do processamento de informações para estudar a mente é, em certo sentido, o avô do livro que você está lendo agora. Como frequentemente acontece, cada geração sucessiva cria maneiras de abordar os problemas, e a psicologia cognitiva não é exceção. Desde as conferências de 1956 e o livro de 1967, muitos experimentos foram realizados, novas teorias foram propostas e novas técnicas foram desenvolvidas; como resultado, a psicologia cognitiva e a abordagem do processamento de informações para estudar a mente se tornaram uma das abordagens dominantes na psicologia.

▶ A evolução da psicologia cognitiva

Descrevemos os eventos das décadas de 1950 e 1960 como a revolução cognitiva. No entanto, é importante perceber que, embora a revolução tenha tornado aceitável o estudo da mente, o campo da psicologia cognitiva continuou a evoluir nas décadas que se seguiram. Uma maneira de avaliar como a psicologia cognitiva evoluiu dos anos 1950 e 1960 até hoje é examinar o conteúdo do livro de Neisser (1967).

O que Neisser escreveu

Podemos avaliar onde a psicologia cognitiva estava na década de 1960 examinando o primeiro livro sobre psicologia cognitiva, *Cognitive Psychology* de Ulrich Neisser *(1967)*. O objetivo deste livro, como Neisser afirma no Capítulo 1, é "fornecer uma avaliação útil e atual do estado da arte existente". Dado esse propósito, é instrutivo considerar o índice do livro.

A maior parte do livro é dedicada à visão e à audição. Existem descrições de como as informações são assimiladas pela visão e mantidas na memória por curtos períodos, e como as pessoas procuram informações visuais e usam essas informações para ver padrões simples. A maior parte da discussão é sobre a assimilação de informações e a retenção dessas informações na mente por breves períodos, como por quanto tempo as pessoas conseguem lembrar sons como sequências de números. No entanto, somente na p. 279 do livro de 305 páginas que Neisser considera "processos mentais superiores" como pensamento, solução de problemas e lembrança de longo prazo. A razão pela qual Neisser dá a esses processos tratamento escasso é que em 1967 não sabíamos muito sobre os processos mentais superiores.

Outra lacuna do escopo é a quase completa ausência da fisiologia. Neisser diz que "não tenho dúvidas de que o comportamento e a consciência humanos dependem inteiramente da atividade do cérebro e dos processos relacionados" (p. 5), mas então ele argumenta que está interessado em como a mente funciona, mas não nos mecanismos fisiológicos por trás desse funcionamento.

Essas duas lacunas no livro de Neisser destacam quais são os temas centrais da psicologia cognitiva atual. Um desses temas é o estudo dos processos mentais superiores e o outro é o estudo da fisiologia dos processos mentais.

Estudando processos mentais superiores

Um grande passo em direção ao estudo dos processos mentais superiores foi o modelo de memória de Richard Atkinson e Richard Shiffrin (1968), introduzido um ano após a publicação do livro de Neisser. O modelo, mostrado na Figura 1.10, retrata o fluxo de informações no sistema de memória passando por três estágios. *A memória sensorial* armazena as informações recebidas por uma fração de segundo e, em seguida, envia a maioria dessas informações para a *memória de curto prazo*, que tem capacidade limitada e armazena as informações por segundos (como um endereço que você está tentando lembrar até que possa anotá-lo). A seta curva representa o processo de treinamento, que ocorre quando repetimos algo, como um número de telefone, para não esquecer. A seta mais escura indica que algumas informações na memória de curto prazo podem ser transferidas para a *memória de longo prazo*, um sistema de alta capacidade que pode armazenar as informações por longos períodos (como sua memória do que você fez fim de semana passado, ou as capitais dos estados). A seta mais clara indica que algumas das informações na memória de longo prazo podem retornar à memória de curto prazo. A seta mais clara, que representa o que acontece quando lembramos algo que foi armazenado na memória de longo prazo, baseia-se na ideia de que lembrar algo envolve retorná-lo à memória de curto prazo.

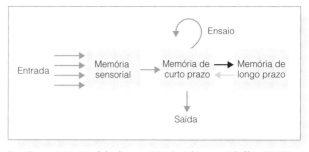

► Figura 1.10 Modelo de memória de Atkinson e Shiffrin (1968).

Distinguindo entre os diferentes componentes do processo de memória, esse modelo abriu o caminho para o estudo de cada parte separadamente. E, depois que os pesquisadores descobriram mais detalhes sobre o que ocorria dentro de cada uma das caixas do modelo, eles foram capazes de subdividir essas caixas em unidades menores, que então puderam ser estudadas em mais detalhes. Por exemplo, Endel Tulving (1972, 1985), um dos primeiros pesquisadores de memória mais proeminentes, propôs que a memória de longo prazo é subdividida em três componentes (Figura 1.11). *Memória episódica* é a memória de eventos em sua vida (como o que você fez no fim de semana passado). *Memória semântica* é a memória para fatos (como as capitais dos estados). *Memória de procedimento* é a memória para ações físicas (como andar de bicicleta ou tocar piano). A subdivisão da caixa da memória de longo prazo em tipos de memória de longo prazo adicionou detalhes ao modelo que forneceram a base para pesquisas sobre como cada um desses componentes funciona. Como veremos nos capítulos deste livro, o estudo dos processos mentais superiores se estendeu a áreas além da memória. À medida que lê este livro, você verá como os pesquisadores muitas vezes subdividiam os processos cognitivos em unidades menores para criar uma imagem mais detalhada de como esses processos funcionam.

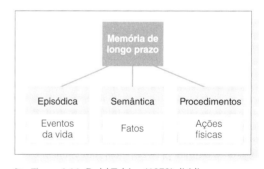

► Figura 1.11 Endel Tulving (1972) dividiu a memória de longo prazo em três componentes.

Estudando a fisiologia da cognição

Enquanto os pesquisadores trabalhavam para entender a memória e outras funções cognitivas fazendo experimentos comportamentais, algo mais acontecia. Pesquisas fisiológicas, que veremos no Capítulo 2 faziam avanços desde os anos de 1800, forneciam insights importantes sobre a atividade "nos bastidores" do sistema nervoso que cria a mente.

Duas técnicas fisiológicas dominavam as primeiras pesquisas fisiológicas sobre a mente. **Neuropsicologia**, o estudo do comportamento de pessoas com lesões cerebrais, forneceu insights sobre o funcionamento de diferentes partes do cérebro desde o século 19. **Eletrofisiologia**, que mede as respostas elétricas do sistema nervoso, tornou possível ouvir a atividade de neurônios individuais. A maioria das pesquisas sobre eletrofisiologia foi realizada em animais. Como veremos no Capítulo 2, tanto a neuropsicologia como a eletrofisiologia forneceram insights importantes sobre a base fisiológica da mente.

No entanto, talvez o avanço fisiológico mais significativo só tenha ocorrido uma década depois do livro de Neisser, quando a técnica de **imageamento cerebral** foi introduzida. Um procedimento chamado *tomografia por emissão de pósitrons* (PET, na sigla em inglês), que foi introduzido em 1976, tornou possível ver quais áreas do cérebro humano são ativadas durante a atividade cognitiva (Hoffman et al., 1976; Ter-Pogossian et al., 1975). Uma desvantagem dessa técnica era o alto custo e envolvia a injeção de marcadores radioativos na corrente sanguínea de uma pessoa. A PET foi, portanto, substituída pela *ressonância magnética funcional* (fMRI), que não envolvia marcadores radioativos e que fornecia melhor resolução (Ogawa et al., 1990). A Figura 1.12 mostra o resultado de uma varredura por fMRI.

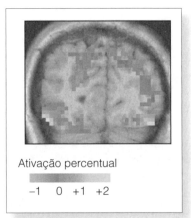

> **Figura 1.12** Registro da ativação cerebral determinado com fMRI. As cores indicam os locais de aumentos e diminuições na atividade cerebral. Vermelho e amarelo indicam aumentos na atividade provocados pela percepção de fotos de faces. Azul e verde indicam diminuições. Consulte esta imagem em cores, no suplemento colorido, ao final do livro. Os detalhes desse procedimento serão descritos no Capítulo 2.
>
> (Fonte: Ishai, A., Ungerleider, L. G., Martin, A., e Haxby, J. V. (2000). The Representation of Objects in the Human Occipital and Temporal Cortex. *Journal of Cognitive Neuroscience*, 12, 36-51.)

A introdução da fMRI nos leva de volta à ideia das revoluções. A ideia de Thomas Kuhn da mudança de paradigma baseava-se no conceito de que uma revolução científica envolve uma mudança em como as pessoas pensam sobre um tema. Esse foi claramente o caso na mudança do paradigma comportamental para o paradigma cognitivo. No entanto, há outro tipo de mudança além do pensamento: uma mudança em como as pessoas *fazem* ciência (Dyson, 2012; Galison, 1997). Essa mudança, que depende de novos avanços tecnológicos, é o que aconteceu com a introdução da fMRI. *Neuroimage*, uma revista dedicada exclusivamente a relatar pesquisas sobre neuroimagem, foi fundada em 1992 (Toga, 1992), seguida pela *Human Brain Mapping* em 1993 (Fox, 1993). Desde seu ponto de partida no início da década de 1990, o número de artigos sobre fMRI publicados em todas as revistas aumentou constantemente. Na verdade, estima-se que cerca de 40 mil artigos sobre fMRI foram publicados até 2015 (Eklund et al., 2016).

Existem limitações para pesquisas com fMRI, portanto, outras técnicas de varredura também foram desenvolvidas. No entanto, não há dúvida de que a tendência iniciada com a introdução da fMRI em 1990 provocou uma revolução própria na psicologia cognitiva, que, como veremos no Capítulo 2, levou a um grande aumento no nosso conhecimento de como o cérebro funciona.

Novas perspectivas de comportamento

Portanto, como a psicologia cognitiva evoluiu desde o "relatório de progresso" de Neisser de 1967? Como já mencionamos, a psicologia cognitiva atual envolve fluxograma da mente mais sofisticado, uma consideração de processos mentais superiores e também uma grande quantidade de pesquisas fisiológicas.

Além de desenvolver mais pesquisas sobre processos de nível superior e fisiologia sobre os quais pouco sabíamos em 1967, os pesquisadores começaram a fazer pesquisas fora do laboratório. A maioria das pesquisas iniciais era feita em laboratórios, com os participantes sentados em um lugar olhando para estímulos instantâneos, como no experimento do tempo de reação de Donders. No entanto, ficou claro que, para entender completamente a mente, precisamos também estudar o que acontece quando uma pessoa está se movendo pelo ambiente e agindo nele. A psicologia cognitiva moderna, portanto, apresenta uma quantidade cada vez maior de pesquisas sobre cognição em situações do "mundo real".

Os pesquisadores também perceberam que os seres humanos não são "lousas em branco" que simplesmente aceitam e armazenam informações, assim eles começaram a fazer experimentos que demonstravam a importância do conhecimento para a cognição. Por exemplo, considere a imagem na **Figura 1.13**, que foi utilizada por Stephen Palmer (1975) para ilustrar como nosso conhecimento sobre o ambiente pode influenciar nossa percepção. Palmer primeiro apresentou uma cena de contexto, como a cena da cozinha à esquerda, e então mostrou brevemente uma das imagens-alvo à direita. Quando Palmer

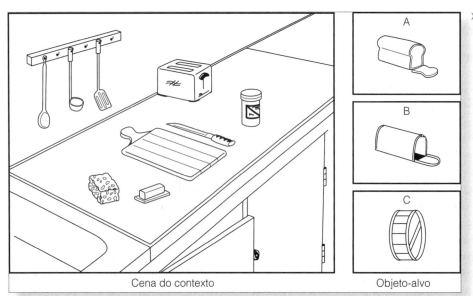

> **Figura 1.13** Estímulos utilizados no experimento de Palmer (1975). A cena à esquerda é apresentada primeiro e, em seguida, um dos objetos à direita pisca brevemente. Os participantes nesse experimento foram mais precisos na identificação do pão. Isso indica que o conhecimento deles do que costuma ser encontrado em cozinhas influenciou o desempenho.

solicitava que os observadores identificassem o objeto na imagem-alvo, eles identificavam corretamente um objeto-alvo como uma fatia de pão (o que é apropriado para a cena da cozinha) 80% das vezes, mas identificavam corretamente a caixa de correio ou o tambor (dois objetos que não se encaixam na cena) apenas 40% das vezes. Aparentemente, os observadores da pesquisa de Palmer estavam usando seu conhecimento dos objetos que, provavelmente, podem ser encontrados em cozinhas para ajudá-los a perceber a fatia de pão que brilhava de relance. Claro, o conhecimento não é apenas um efeito interessante a ser demonstrado em um experimento de percepção; é fundamental para a maior parte do nosso processamento cognitivo. Veremos evidências da importância desse conhecimento na cognição porque aparece em todos os capítulos!

À medida que lê este livro, você encontrará uma ampla gama de perspectivas e abordagens. Veremos como pesquisas fisiológicas adicionam outra dimensão à nossa compreensão da mente; como a psicologia cognitiva é estudada em laboratórios e ambientes do mundo real; e como o conhecimento que uma pessoa traz para uma situação desempenha um papel central na cognição.

▶ Algo a considerar: aprendendo com este livro

Parabéns! Você agora sabe como alguns pesquisadores começaram a fazer experimentos em psicologia cognitiva no século 19, como o estudo da mente foi suprimido em meados do século 20, como o estudo da mente fez um retorno glorioso na década de 1950 e como os atuais psicólogos abordam o estudo da mente. Um dos objetivos deste capítulo — orientá-lo no campo da psicologia cognitiva — foi alcançado.

Outro objetivo deste capítulo é ajudá-lo a tirar o máximo proveito deste livro. Afinal de contas, a psicologia cognitiva é o estudo da mente, e há coisas que foram descobertas sobre a memória que podem ajudá-lo a melhorar suas técnicas de estudo para que você possa tirar o máximo proveito deste livro e do curso que está fazendo. Uma maneira de avaliar como a psicologia cognitiva pode ser aplicada aos estudos é consultar a seção Estudo eficaz do Capítulo 7. Faria sentido folhear este material agora, em vez de esperar. Haverá alguns termos com os quais você pode não estar familiarizado, mas eles não são cruciais para o que você deseja alcançar, que é selecionar algumas dicas que tornarão seu estudo mais eficiente e eficaz. Dois termos que valem a pena conhecer, enquanto você lê essas páginas, são *codificação* — que é o que está acontecendo enquanto você estuda o material — e *recuperação* — o que acontece quando você lembra o material estudado. O segredo é codificar o material durante o estudo de forma que torne mais fácil recuperá-lo posteriormente.

Outra coisa que pode ajudá-lo a aprender com este livro é saber como ele é construído. À medida que lê o livro, você verá que muitas vezes uma ideia ou teoria básica é apresentada e, então, é corroborada por exemplos ou experimentos. Essa maneira de apresentar informações divide a discussão de um determinado tema em uma série de "mini-histórias". Cada história começa com uma ideia ou fenômeno e é seguida por demonstrações do fenômeno e, geralmente, evidências para apoiá-lo. Frequentemente, também há uma conexão entre uma história e a próxima. A razão pela qual os temas são apresentados como mini-histórias é que é mais fácil lembrar vários fatos se forem apresentados como parte de uma história do que se fossem apresentados como fatos separados e dissociados. Portanto, ao ler este livro, tenha em mente que sua principal tarefa é entender as histórias, cada uma das quais é uma premissa básica seguida por evidências de suporte. Pensar no material dessa maneira o tornará mais significativo e, portanto, mais fácil de lembrar.

Mais uma coisa: assim como temas específicos podem ser descritos como uma série de pequenas histórias interconectadas, o campo da psicologia cognitiva como um todo consiste em muitos temas relacionados entre si, mesmo que apareçam em capítulos diferentes. Percepção, atenção, memória e outros processos cognitivos envolvem o mesmo sistema nervoso e, portanto, compartilham muitas das mesmas propriedades. Os princípios compartilhados por muitos processos cognitivos fazem parte da história mais ampla da cognição que se desdobrará à medida que você avança neste livro.

TESTE VOCÊ MESMO 1.1

1. Qual foi o objetivo da história de abertura sobre Sam?
2. Quais são as duas maneiras de definir a mente?
3. Por que podemos afirmar que Donders e Ebbinghaus eram psicólogos cognitivos, embora no século 19 não existisse um campo chamado psicologia cognitiva? Descreva o experimento de Donders e a lógica por trás dele, e os experimentos de memória de Ebbinghaus. O que os experimentos de Donders e Ebbinghaus têm em comum?
4. Quem fundou o primeiro laboratório de psicologia científica? Descreva o método de introspecção analítica que foi utilizado nesse laboratório.
5. Que método William James usou para estudar a mente?
6. Descreva a ascensão do behaviorismo, especialmente a influência de Watson e Skinner. Como o behaviorismo afetou as pesquisas sobre a mente?

7. Como Edward Tolman se desviou do behaviorismo estrito?
8. O que Noam Chomsky afirmou sobre o livro *Verbal Behavior* de Skinner, e que efeito isso teve sobre o behaviorismo?
9. O que é uma revolução científica, de acordo com Thomas Kuhn? Como a revolução cognitiva se assemelha à revolução ocorrida na física no início do século 20?
10. Descreva os eventos que levaram à "revolução cognitiva". Certifique-se de compreender o papel que os computadores digitais e a abordagem do processamento de informações desempenham para levar a psicologia ao estudo da mente.
11. Qual era o estado da psicologia cognitiva em 1967, de acordo com o livro de Neisser?
12. O que são neuropsicologia, eletrofisiologia e imageamento cerebral?
13. Que novas perspectivas sobre o comportamento surgiram com o desenvolvimento da psicologia cognitiva?
14. Quais são as duas sugestões para melhorar sua capacidade de aprender com este livro?

SUMÁRIO DO CAPÍTULO

1. A psicologia cognitiva é o ramo da psicologia que se preocupa com o estudo científico da mente.
2. A mente cria e controla as capacidades mentais como percepção, atenção e memória, e produz representações do mundo que nos permitem funcionar.
3. O trabalho de Donders (tempo de reação simples *versus* tempo de reação de escolha) e Ebbinghaus (a curva de esquecimento para sílabas sem sentido) são exemplos das primeiras pesquisas experimentais sobre a mente.
4. Como o funcionamento da mente não pode ser observado diretamente, seu funcionamento deve ser inferido do que podemos medir, como comportamento ou resposta fisiológica. Esse é um dos princípios básicos da psicologia cognitiva.
5. O primeiro laboratório de psicologia científica, fundado por Wundt em 1879, preocupava-se principalmente com o estudo da mente. O estruturalismo foi a abordagem teórica dominante nesse laboratório, e a introspecção analítica foi um dos principais métodos usados para coletar dados.
6. William James, nos Estados Unidos, utilizava observações da própria mente como a base para seu livro, *Princípios de Psicologia*.
7. Nas primeiras décadas do século 20, John Watson fundou o behaviorismo, em parte em reação ao estruturalismo e ao método de introspecção analítica. Seus procedimentos baseavam-se no condicionamento clássico. O princípio central do behaviorismo era que a psicologia era estudada de maneira adequada pela medição do comportamento observável e que os processos mentais invisíveis não eram tópicos válidos para o estudo da psicologia.
8. A partir das décadas de 1930 e 1940, o trabalho de B. F. Skinner sobre o condicionamento operante garantiu que o behaviorismo fosse a força dominante na psicologia durante os anos de 1950.
9. Edward Tolman se autodenominava behaviorista, mas estudou processos cognitivos que estavam fora da corrente principal do behaviorismo.
10. A revolução cognitiva envolvia uma mudança de paradigma quanto a como os cientistas pensavam sobre a psicologia e, especificamente, sobre a mente.
11. Na década de 1950, uma série de eventos ocorreram que levaram ao que foi chamado revolução cognitiva: um declínio na influência do behaviorismo e um ressurgimento do estudo da mente. Esses eventos incluíam: (a) a crítica de Chomsky ao livro *Verbal Behavior* de Skinner; (b) a introdução de computadores digitais e a ideia de que a mente processa as informações em etapas, como um computador; (c) os experimentos de atenção de Cherry e a introdução do fluxograma de Broadbent para descrever os processos envolvidos na atenção; e (d) conferências interdisciplinares em Dartmouth e no Massachusetts Institute of Technology.
12. Mesmo após a mudança na psicologia que tornou o estudo da mente aceitável, nossa compreensão da mente era limitada, como indicado pelo sumário do livro de Neisser (1967). Avanços notáveis na psicologia cognitiva nas décadas seguintes ao livro de Neisser foram: (1) desenvolvimento de modelos mais sofisticados; (2) pesquisas com foco nas bases fisiológicas da cognição; (3) preocupação com a cognição no mundo real e (4) o papel do conhecimento na cognição.
13. Duas coisas que podem ajudar no aprendizado do material deste livro são ler as dicas de estudo no Capítulo 7, que são baseadas em alguns aspectos que conhecemos sobre pesquisas de memória, e perceber que o livro é construído como uma história, com ideias ou princípios básicos seguidos de evidências de suporte.

PENSE NISSO

1. O que você acha que são os "tópicos em alta" da psicologia cognitiva, com base no que você viu ou ouviu na mídia? Dica: Procure histórias como as seguintes: "Cientistas procuram encontrar a cura para a perda de memória"; "Réu diz que não consegue lembrar o que aconteceu".

2. A ideia de que temos algo chamado "a mente" que é responsável por nossos pensamentos e comportamentos se reflete nas muitas maneiras como a palavra *mente* pode ser usada. Alguns exemplos do uso da *mente* na linguagem cotidiana foram citados no início do capítulo. Verifique quantos outros exemplos você consegue imaginar que ilustram os diferentes usos da palavra mente – e decida a relevância de cada um para o que você estudará em psicologia cognitiva (como indicado pelo Sumário deste livro).

3. A ideia de que o funcionamento da mente pode ser descrito como ocorrendo em vários estágios foi o princípio central da abordagem do processamento de informações, que foi um dos resultados da revolução cognitiva que começou na década de 1950. Como pode o experimento do tempo de reação de Donders dos anos de 1800 ser conceitualizado em termos da abordagem do processamento de informações?

4. Donders comparou os resultados de seus experimentos de tempo de reação simples e de escolha para inferir quanto tempo levava, quando dada uma escolha, para tomar a decisão de qual botão pressionar. Mas e quanto a outros tipos de decisões? Projete um experimento para determinar o tempo que leva para tomar uma decisão mais complexa. Em seguida, relacione esse experimento ao diagrama na Figura 1.2.

TERMOS-CHAVE

Abordagem do processamento de informações **12**
Behaviorismo **9**
Cognição **5**
Condicionamento clássico **9**
Condicionamento operante **10**
Curva de economia **8**
Economia **7**
Eletrofisiologia **15**
Estruturalismo **6**
Imageamento cerebral **15**
Inteligência artificial **13**
Introspecção analítica **7**
Mapa cognitivo **11**
Mente **5**
Mudança de paradigma **11**
Neuropsicologia **15**
Paradigma **11**
Psicologia cognitiva **5**
Revolução científica **11**
Revolução cognitiva **14**
Tempo de reação **6**
Tempo de reação de escolha **6**
Tempo de reação simples **6**

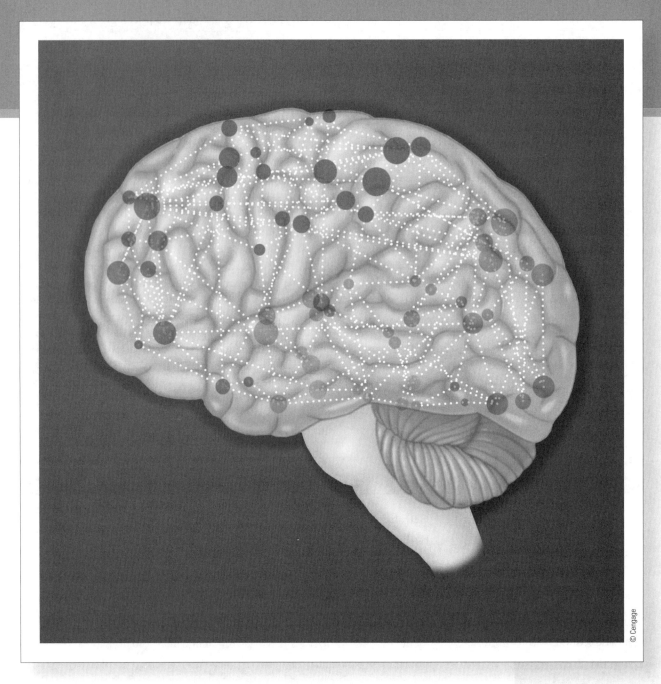

Para entendermos completamente a cognição, precisamos entender o cérebro. Como veremos neste capítulo, o cérebro foi estudado em níveis que variam de neurônios individuais a redes complexas que interconectam áreas em todo o cérebro. Esta imagem representa, de maneira simplificada, a complexidade das interconexões entre os diferentes locais do cérebro. Essas interconexões são determinadas por conexões físicas criadas pelos neurônios e pelas funções específicas que o cérebro executa em um determinado momento. O cérebro, portanto, não é apenas extremamente complexo, mas também seu funcionamento é mutável e dinâmico, de acordo com a natureza dinâmica das cognições que ele cria.

Neurociência cognitiva 2

Níveis de análise

Neurônios: princípios básicos
Primeiras concepções dos neurônios
Os sinais que percorrem os neurônios
> Método: registro de neurônio único

Representação por disparo neural
A história da cognição e representação neural: uma apresentação prévia
Detectores de características
Neurônios responsivos a estímulos complexos
Codificação sensorial
> TESTE VOCÊ MESMO 2.1

Representação localizada
Localização determinada pela neuropsicologia
Localização determinada pelo registro de neurônios
Localização demonstrada por imageamento cerebral
> Método: demonstrando uma dupla dissociação
> Método: imageamento cerebral
Analisando fotos
Assistindo a filmes

Representação distribuída
Analisando uma face
Lembrando
Produção e compreensão da linguagem

Redes neurais
Conectividade estrutural
Conectividade funcional
> Método: conectividade funcional em estado de repouso

A dinâmica da cognição
A rede de modo padrão

Algo a considerar: a tecnologia determina as perguntas que podemos fazer
> TESTE VOCÊ MESMO 2.2

SUMÁRIO DO CAPÍTULO
PENSE NISSO
TERMOS-CHAVE

ALGUMAS PERGUNTAS QUE VAMOS CONSIDERAR

▶ O que é neurociência cognitiva e por que é necessária?

▶ Como as informações são transmitidas de um local para outro no sistema nervoso?

▶ Como as coisas no ambiente, como faces e lugares, são representadas no cérebro?

▶ O que são redes neurais, e que papel desempenham na cognição?

Como discutido no Capítulo 1, pesquisas sobre a mente passaram por um rolo compressor e tiveram um início promissor nos anos 1800 com as primeiras pesquisas de Donders e Ebbinghaus, apenas para serem solapadas pelo behaviorismo de Watson no início dos anos 1900 e pelo condicionamento operante de Skinner nos anos 1930. Por fim, nas décadas de 1950 e 1960, mentes mais claras decidiram que era importante retornar ao estudo da mente e começaram a fazer experimentos baseados no modelo de processamento de informações inspirado pelos computadores digitais.

No entanto, exatamente quando essa revolução cognitiva estava começando, algo a mais estava acontecendo que teria um grande impacto sobre nossa compreensão da mente. Na década de 1950, começaram a aparecer vários trabalhos de pesquisa envolvendo o registro de impulsos nervosos de neurônios individuais. Como veremos, pesquisas que estudam a relação entre a resposta neural e a cognição começaram muito antes da década de 1950, mas os avanços tecnológicos levaram a um grande aumento das pesquisas fisiológicas, iniciando quase ao mesmo tempo que a revolução cognitiva acontecia.

Neste capítulo, abordamos a história da **neurociência cognitiva** — o estudo da base fisiológica da cognição. Começamos discutindo a ideia dos "níveis de análise", que é o nosso fundamento lógico por trás do estudo da fisiologia da mente, e então voltamos no tempo até o século 19 e início do século 20 para analisar as primeiras pesquisas que prepararam o terreno para descobertas incríveis que seriam feitas a partir dos anos 1950.

▶ Níveis de análise

Níveis de análise referem-se à ideia de que um tema pode ser estudado de várias maneiras diferentes, com cada abordagem contribuindo com uma dimensão própria para nossa compreensão. Para entender o que significa, vamos considerar um tema fora do reino da psicologia cognitiva: entender o automóvel.

Nosso ponto de partida para esse problema pode ser o teste drive de um carro. Nós poderíamos determinar a aceleração, frenagem, quão bem ele faz as curvas e quilômetros por litro de gasolina. Depois de medir essas coisas, que vêm sob o título de "desempenho", saberemos muito sobre o carro específico que estamos testando. No entanto, para aprender mais, podemos considerar outro nível de análise: o que acontece sob o capô. Isso envolveria examinar os mecanismos responsáveis pelo desempenho do carro: o motor e os sistemas de freio e direção. Por exemplo, podemos descrever o carro como movido por um motor de combustão interna de 250 HP de quatro cilindros e tendo suspensão independente e freios a disco.

No entanto, podemos analisar ainda mais detalhadamente a operação do carro considerando outro nível de análise projetado para nos ajudar a entender como o motor do carro funciona. Uma abordagem seria analisar o que acontece dentro de um cilindro. Ao fazer isso, vemos que, quando o gás vaporizado entra no cilindro e é aceso pela vela de ignição, ocorre uma explosão que empurra o cilindro para baixo e envia energia para o virabrequim e, então, para as rodas. Claramente, considerar o automóvel valendo-se dos diferentes níveis de direção, descrever o motor e observar o que acontece dentro de um cilindro fornecem mais informações sobre carros do que simplesmente medir o desempenho dele.

Aplicando essa ideia dos níveis de análise à cognição, podemos considerar a medição do comportamento como análoga à medição do desempenho do carro, e a medição dos processos fisiológicos por trás do comportamento como análogos ao que aprendemos olhando sob o capô. E, assim como podemos estudar o que acontece sob o capô de um carro em diferentes níveis, podemos estudar a fisiologia da cognição em níveis que variam de todo o cérebro, às estruturas dentro do cérebro, às substâncias químicas que produzem sinais elétricos dentro dessas estruturas.

Considere, por exemplo, uma situação em que Gil esteja conversando com Mary no parque (Figura 2.1a) e, alguns dias mais tarde, ele passe pelo parque e lembre-se do que ela estava vestindo e sobre o que conversaram (Figura 2.1b). Isso é uma descrição comportamental simples de ter uma experiência e, posteriormente, ter uma memória dessa experiência.

Porém, o que acontece no nível fisiológico? Durante a experiência inicial, na qual Gil percebe Mary enquanto fala com ela, ocorrem processos químicos nos olhos e orelhas de Gil, que produzem sinais elétricos nos neurônios (que descreveremos em breve); estruturas cerebrais individuais são ativadas e, em seguida, várias estruturas cerebrais são ativadas, todas levando à percepção de Gil sobre Mary e o que está acontecendo enquanto conversam (Figura 2.1a).

Enquanto isso, outras coisas acontecem, tanto durante a conversa de Gil com Mary como depois que a conversa termina. Os sinais elétricos gerados enquanto Gil está falando com Mary desencadeiam processos químicos e elétricos que resultam no armazenamento das experiências de Gil no cérebro. Assim, quando Gil passa pelo parque alguns dias depois, outra sequência de eventos fisiológicos é desencadeada que recupera as informações que foram armazenadas anteriormente, o que permite que ele se lembre da conversa com Mary (Figura 2.2b).

Percorremos um longo caminho para apresentar uma ideia, mas é uma importante. Para compreender totalmente qualquer fenômeno, seja como um carro opera ou como

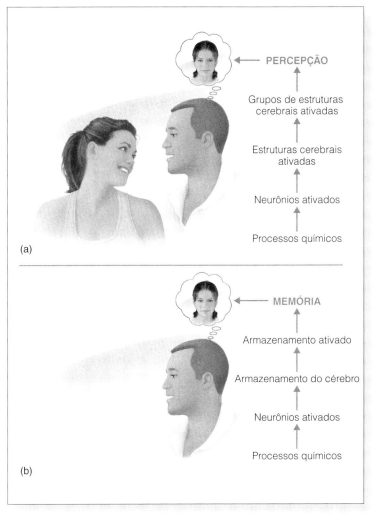

► Figura 2.1 Níveis fisiológicos de análise. (a) Gil percebe Mary e os arredores enquanto fala com ela. Os processos fisiológicos envolvidos na percepção de Gil podem ser descritos em níveis que variam de reações químicas a neurônios individuais, a estruturas no cérebro, a grupos de estruturas no cérebro. (b) Mais tarde, Gil lembra-se do encontro com Mary. Os processos fisiológicos envolvidos na lembrança também podem ser descritos em diferentes níveis de análise.

as pessoas lembram-se de experiências anteriores, é necessário estudá-lo em diferentes níveis de análise. Neste livro, descreveremos pesquisas sobre cognição tanto nos níveis comportamentais como fisiológicos. Começamos nossa descrição da fisiologia considerando um dos blocos básicos de construção do sistema nervoso: o neurônio.

► Neurônios: princípios básicos

Como é possível que a estrutura de 1,5 kg chamada cérebro pudesse ser o centro da mente? O cérebro parece ser um tecido estático. Ao contrário do coração, ele não possui partes móveis. Ao contrário dos pulmões, não se expande nem se contrai. E, quando observado a olho nu, o cérebro parece quase sólido. Acontece que para entender a relação entre o cérebro e a mente — e especificamente para entender a base fisiológica de tudo que percebemos, lembramos e pensamos — é necessário olhar dentro do cérebro e observar as pequenas unidades chamadas **neurônios** que criam e transmitem informações sobre o que experimentamos e conhecemos.

Primeiras concepções dos neurônios

Por muitos anos, a natureza do tecido cerebral era um mistério. Analisar a parte interna do cérebro a olho nu não fornece nenhuma indicação de que seja composto de bilhões de unidades menores. Porém, no século 19, os anatomistas aplicaram

24 Psicologia cognitiva

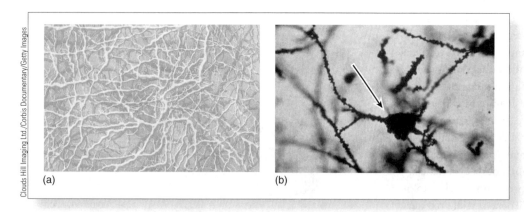

► Figura 2.2 (a) A teoria da rede nervosa propôs que os sinais poderiam ser transmitidos pela rede em todas as direções. (b) Uma parte do cérebro em que se utilizou coloração de Golgi mostra as formas de alguns neurônios.
A seta aponta para o corpo celular de um neurônio. As linhas finas são dendritos ou axônios (ver Figura 2.3).

corantes especiais ao tecido cerebral, o que aumentou o contraste entre os diferentes tipos de tecido dentro do cérebro. Quando eles visualizaram esse tecido colorido em um microscópio, eles viram uma rede que chamaram de **rede nervosa** (**Figura 2.2a**). Considerava-se que essa rede era contínua, como um sistema de rodovias em que uma rua se conecta diretamente a outra, mas sem placas de pare ou semáforos. Quando visualizada dessa maneira, a rede nervosa fornecia uma via complexa para a condução de sinais ininterruptos ao longo da rede.

Uma razão para descrever a microestrutura do cérebro como uma rede continuamente interconectada era que as técnicas de coloração e os microscópios utilizados durante aquele período não podiam distinguir pequenos detalhes, e sem esses detalhes a rede nervosa parecia ser contínua. Entretanto, na década de 1870, o anatomista italiano Camillo Golgi (1843-1926) desenvolveu uma técnica de coloração na qual uma fina fatia do tecido cerebral era imersa em uma solução de nitrato de prata. Essa técnica produzia imagens como aquela na **Figura 2.2b**, nas quais menos de 1% das células eram coradas, de modo que se destacassem do restante do tecido. (Se todas as células tivessem sido coradas, seria difícil distinguir uma célula da outra porque as células estão muito compactadas.) Além disso, as células coradas eram completamente tingidas, de modo que era possível visualizar sua estrutura.

Enquanto isso, o fisiologista espanhol Ramon y Cajal (1852-1934) utilizava duas técnicas para investigar a natureza da rede nervosa. Primeiro, ele utilizou a coloração de Golgi, que corava apenas algumas das células em uma fatia do tecido cerebral. Segundo, ele decidiu estudar o tecido do cérebro de animais recém-nascidos, porque a densidade das células no cérebro de recém-nascidos é pequena em comparação com a densidade do cérebro de adultos. Essa propriedade do cérebro de recém-nascidos, combinada com o fato de que a coloração de Golgi afeta menos de 1% dos neurônios, tornou possível para Cajal ver claramente que a rede nervosa não era contínua, mas, em vez disso, composta de unidades individuais conectadas entre si (Kandel, 2006). A descoberta de Cajal de que unidades individuais chamadas neurônios eram os blocos básicos de construção do cérebro foi o aspecto principal da **doutrina dos neurônios** — a ideia de que células individuais transmitem sinais no sistema nervoso, e que essas células não são contínuas em relação a outras células como proposto pela teoria da rede nervosa.

A **Figura 2.3a** mostra as partes básicas de um neurônio. O **corpo celular** é o centro metabólico do neurônio; contém mecanismos para manter a célula viva. A função dos **dendritos** que se ramificam do corpo celular é receber sinais de outros neurônios. **Axônios** (também chamados **fibras nervosas**) geralmente são processos longos que transmitem sinais para outros neurônios. A **Figura 2.3b** mostra um neurônio com um receptor que recebe estímulos do ambiente — pressão, nesse exemplo.

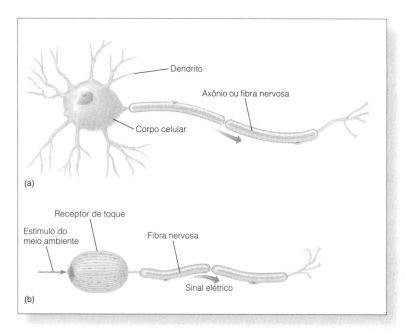

► Figura 2.3 (a) Componentes básicos de um neurônio no córtex. (b) Um neurônio com um receptor especializado no local do corpo celular. Esse receptor responde à pressão na pele.

Portanto, o neurônio tem uma extremidade receptora e outra transmissora, e seu papel, como visualizado por Cajal, era transmitir sinais.

Cajal também chegou a algumas outras conclusões sobre os neurônios: (1) Há uma pequena lacuna entre a extremidade do axônio de um neurônio e os dendritos ou corpo celular de outro neurônio. Essa lacuna é chamada **sinapse** (Figura 2.4). (2) Os neurônios não estão conectados indiscriminadamente a outros neurônios, mas formam conexões apenas com neurônios específicos. Isso forma grupos de neurônios interconectados, que juntos formam **circuitos neurais**. (3) Além dos neurônios no cérebro, existem também neurônios especializados em selecionar informações do ambiente, como os neurônios nos olhos, nas orelhas e na pele. Esses neurônios, chamados **receptores** (Figura 2.3b), são semelhantes aos neurônios do cérebro pelo fato de que têm um axônio, mas têm receptores especializados que selecionam as informações do ambiente.

A ideia de Cajal sobre neurônios individuais que se comunicam com outros neurônios para formar circuitos neurais foi um enorme avanço na compreensão de como o sistema nervoso funciona. Os conceitos introduzidos por Cajal — neurônios individuais, sinapses e circuitos neurais — são princípios básicos que hoje são utilizados

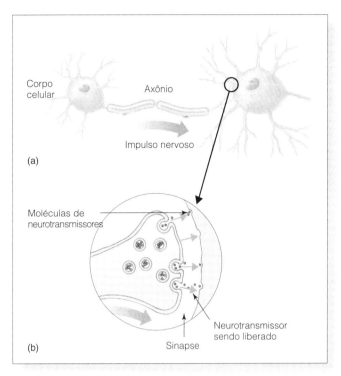

▶ Figura 2.4 (a) Neurônio em sinapse no corpo celular de outro neurônio. (b) Ampliação da sinapse mostrando o espaço entre a extremidade de um neurônio e o corpo celular do neurônio seguinte, e o neurotransmissor sendo liberado.

para explicar como o cérebro cria cognições. Essas descobertas renderam a Cajal o Prêmio Nobel em 1906, e hoje ele é reconhecido como "a pessoa que tornou possível o estudo celular da vida mental" (Kandel, 2006, p. 61).

Os sinais que percorrem os neurônios

Cajal conseguiu descrever a estrutura dos neurônios individuais e como relacionam-se com outros neurônios, e ele sabia que esses neurônios transmitiam sinais. Entretanto, a determinação da natureza exata desses sinais teve de esperar o desenvolvimento de amplificadores eletrônicos potentes o suficiente para tornar visíveis os sinais elétricos extremamente pequenos gerados pelo neurônio. Na década de 1920, Edgar Adrian conseguiu registrar sinais elétricos de neurônios sensoriais individuais, um feito pelo qual recebeu o Prêmio Nobel em 1932 (Adrian, 1928, 1932).

Quando o axônio, ou fibra nervosa, está em repouso, o medidor registra uma diferença de potencial entre as pontas dos dois eletrodos de -70 milivolts (um milivolt é $1/1000$ de um volt), conforme mostrado à direita na Figura 2.5a. Esse valor, que permanece o mesmo desde que não haja sinais no neurônio, chama-se **potencial de repouso**. Em outras palavras, a parte interna do neurônio tem uma carga 70 mV mais negativa do que a parte externa, e essa diferença continua enquanto o neurônio está em repouso.

MÉTODO   Registro de neurônio único

Adrian registrou sinais elétricos de neurônios individuais usando **microeletrodos** — pequenas hastes de vidro oco preenchidas com uma solução de sal condutiva que pode captar sinais elétricos na ponta do eletrodo e conduzir esses sinais de volta a um dispositivo de registro. Os fisiologistas atuais usam microeletrodos de metal.

A **Figura 2.5** mostra uma configuração típica usada para o registro de um neurônio individual. Existem dois eletrodos: um **eletrodo de registro**, mostrado com a ponta de registro dentro do neurônio,[1] e um **eletrodo de referência**, localizado a alguma distância para não ser afetado pelos sinais elétricos. A diferença de carga entre os eletrodos de registro e referência é alimentada em um computador e exibida em sua tela.

---

[1] Na prática, a maioria dos registros é obtida com a ponta do eletrodo posicionada fora do neurônio porque é tecnicamente difícil inserir eletrodos no neurônio, especialmente se ele for pequeno. No entanto, se a ponta do eletrodo estiver perto o suficiente do neurônio, o eletrodo pode captar os sinais gerados pelo neurônio.

Figura 2.5 Registrando um potencial de ação à medida que ele se desloca por um axônio. (a) Quando o nervo está em repouso, há uma diferença de carga, chamada *potencial* em repouso, de −70 milivolts (mV) entre a parte interna e externa do axônio. A diferença de carga entre os eletrodos de registro e de referência é alimentada em um computador e exibida em um monitor de computador. Essa diferença de carga é exibida à direita. (b) À medida que o impulso nervoso, indicado pela faixa mais escura, passa pelo eletrodo, a parte interna da fibra perto do eletrodo torna-se mais positiva. (c) À medida que o impulso nervoso passa pelo eletrodo, a carga na fibra se torna mais negativa. (d) Com o tempo o neurônio retorna ao estado em repouso.

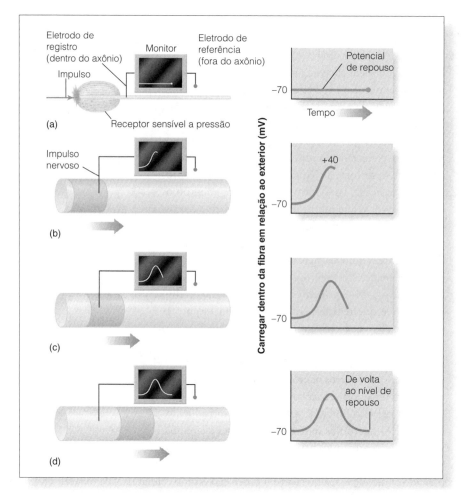

A **Figura 2.5b** mostra o que acontece quando o receptor do neurônio é estimulado de modo que um **impulso nervoso** é transmitido até o axônio. Conforme o impulso passa pelo eletrodo de registro, a carga dentro do axônio sobe para +40 milivolts, em comparação com o exterior. Conforme o impulso continua além do eletrodo, a carga dentro da fibra inverte o curso e começa a se tornar negativa novamente (**Figura 2.5c**), até retornar ao potencial de repouso (**Figura 2.5d**). Esse impulso, chamado **potencial de ação**, dura cerca de 1 milissegundo (1/1000 de segundo).

A **Figura 2.6a** mostra os potenciais de ação em uma escala de tempo compactada. Cada linha vertical representa um potencial de ação e a série de linhas indica que vários potenciais de ação estão percorrendo o eletrodo. A **Figura 2.6b** mostra um dos potenciais de ação em uma escala de tempo expandida, como na Figura 2.5. Existem outros sinais elétricos no sistema nervoso, mas vamos nos concentrar aqui no potencial de ação porque é o mecanismo pelo qual as informações são transmitidas por todo o sistema nervoso.

Além de registrar os potenciais de ação de neurônios individuais, Adrian também fez outras descobertas. Ele descobriu que cada potencial de ação percorre todo o axônio sem alterar sua altura ou forma. Essa propriedade torna os potenciais de ação ideais para enviar sinais ao longo de uma distância, porque significa que, depois que um potencial de ação é iniciado em uma extremidade de um axônio, o sinal ainda terá o mesmo tamanho quando alcança a outra extremidade.

Quase ao mesmo tempo que Adrian registrava neurônios individuais, outros pesquisadores demonstravam que, quando os sinais alcançam a sinapse na extremidade do axônio, uma substância química chamada **neurotransmissor** é liberada. Esse neurotransmissor

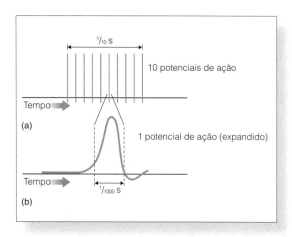

Figura 2.6 (a) Uma série de potenciais de ação exibidos em uma escala de tempo faz com que cada potencial de ação apareça como uma linha fina. (b) Mudar a escala de tempo revela a forma de um dos potenciais de ação.

possibilita que o sinal seja transmitido ao longo da lacuna que separa a extremidade do axônio do dendrito ou corpo celular de outro neurônio (ver Figura 2.4b).

Embora todas essas descobertas sobre a natureza dos neurônios e os sinais que os percorrem tenham sido extremamente importantes (e deram uma série de prêmios Nobel para seus descobridores), nosso principal interesse não é como os axônios transmitem sinais, mas como esses sinais contribuem para o funcionamento da mente. Até agora, nossa descrição de como os sinais são transmitidos é análoga à descrição de como a internet transmite sinais elétricos, sem descrever como os sinais são transformados em palavras e imagens que as pessoas podem entender. Adrian tinha plena consciência de que era importante ir além da simples descrição dos sinais nervosos, assim ele fez uma série de experimentos para relacionar os sinais nervosos aos estímulos do ambiente e, portanto, à experiência das pessoas.

Adrian estudou a relação entre o disparo nervoso e a experiência sensorial medindo como o disparo de um neurônio a partir de um receptor na pele mudava à medida que ele aplicava mais pressão à pele. O que ele descobriu foi que a forma e a altura do potencial de ação permaneciam as mesmas à medida que ele aumentava a pressão, mas a *taxa* de disparo nervosa, ou seja, o número de potenciais de ação que percorriam o axônio por segundo — aumentava (**Figura 2.7**). A partir desse resultado, Adrian traçou uma conexão entre o disparo nervoso e a experiência. Ele descreve essa conexão em seu livro *The Basis of Sensation* (1928) afirmando que, se os impulsos nervosos "estão agrupados, a sensação é intensa; se eles estão separados por longos intervalos, a sensação é correspondentemente fraca".

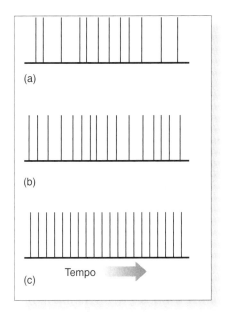

▶ Figura 2.7 Potenciais de ação registrados a partir de um axônio em resposta a três níveis de estimulação de pressão na pele: (a) leve, (b) médio e (c) forte. O aumento da intensidade do estímulo provoca um aumento na taxa de disparo do nervo.

O que Adrian está afirmando é que os sinais elétricos estão *representando* a intensidade do estímulo, assim a pressão que gera os sinais elétricos "agrupados" parece mais forte do que a pressão que gera os sinais separados por intervalos longos. Experimentos posteriores demonstraram resultados semelhantes para a visão. Apresentar luz de alta intensidade gera uma alta taxa de disparo nervosa e a luz parece brilhante; apresentar luz de intensidade mais baixa gera uma taxa mais baixa de disparo nervoso e a luz parece mais fraca. Portanto, a taxa de disparo neural está relacionada à intensidade da estimulação que, por sua vez, está relacionada à magnitude de uma experiência, como sentir pressão na pele ou experimentar o brilho de uma luz.

Indo além da ideia de Adrian de que a magnitude da experiência está relacionada à taxa de disparo nervosa, podemos perguntar, como é a *qualidade* da experiência representada no disparo neural? Para os sentidos, qualidade *através dos sentidos* refere-se à experiência diferente associada a cada um dos sentidos — percepção de luz para visão, som para audição, cheiros para olfato, e assim por diante. Também podemos perguntar sobre a qualidade *dentro de um sentido específico*, como para a visão: cor, movimento, forma de um objeto ou a identidade da face de uma pessoa.

Uma maneira de responder à pergunta de como os potenciais de ação determinam qualidades diferentes é propor que os potenciais de ação para cada qualidade podem parecer diferentes. Entretanto, Adrian descartou essa possibilidade determinando que todos os potenciais de ação têm basicamente a mesma altura e forma. Se todos os impulsos nervosos são basicamente os mesmos, quer sejam causados ao ver um carro de bombeiros vermelho ou ao lembrar o que você fez na semana passada, como esses impulsos podem representar qualidades diferentes? A resposta curta a essa pergunta é que diferentes qualidades dos estímulos, e também diferentes aspectos da experiência, ativam diferentes neurônios e áreas do cérebro. Discutimos a resposta longa a essa pergunta na próxima seção adotando a ideia da representação, que introduzimos no Capítulo 1.

▶ Representação por disparo neural

No Capítulo 1, definimos a mente como *um sistema que cria representações do mundo para que possamos agir dentro dele para alcançar nossos objetivos* (p. 5). A palavra-chave nesta definição é *representações*, porque significa que tudo o que experimentamos é o resultado de algo que *representa* essa experiência. Colocando isso em termos neurais, o **princípio da representação neural** afirma que tudo que uma pessoa experimenta baseia-se em representações no sistema nervoso dela. A pesquisa pioneira de Adrian sobre como os impulsos nervosos representam a intensidade de um estímulo, em que ele relacionou o disparo nervoso intenso à sensação de maior pressão, marca o início das pesquisas sobre a representação neural. Agora avançamos até a década de 1960 para descrever as primeiras pesquisas que envolviam o registro de neurônios individuais no cérebro.

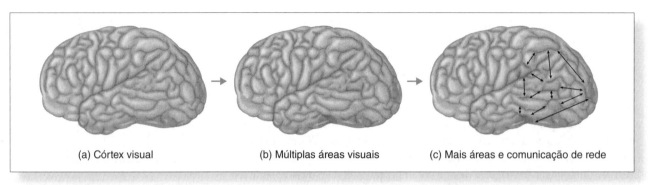

► **Figura 2.8** (a) Os primeiros trabalhos sobre representação neural e cognição concentraram-se no registro de neurônios individuais no córtex visual, onde os sinais chegam primeiro ao córtex. (b) Os pesquisadores então começaram a explorar outros locais do cérebro e descobriram que a estimulação visual causa atividade que é distribuída por muitas áreas do córtex. (c) O trabalho recente concentrou-se em observar como essas áreas distribuídas são conectadas por redes neurais e como a atividade flui nessas redes. Observe que, com exceção da área visual em (a), as localizações das áreas nessa figura não representam as localizações das áreas reais. São apenas para fins ilustrativos. Veja esta imagem em cores, no suplemento colorido, no final do livro.

A história da cognição e representação neural: uma apresentação prévia

Na década de 1960, os pesquisadores começaram a se concentrar no registro de neurônios individuais na área de recepção visual primária, o lugar onde os sinais do olho alcançam o córtex pela primeira vez (**Figura 2.8a**). A pergunta feita nesses experimentos era "o que causa o disparo desse neurônio?". A visão dominava as pesquisas iniciais porque os estímulos podiam ser facilmente controlados pela criação de padrões de claro e escuro em uma tela e porque muito já se sabia sobre a visão.

No entanto, à medida que as pesquisas avançavam, os pesquisadores começaram a registrar neurônios em áreas fora da área visual primária e descobriram dois fatos importantes: (1) Muitos neurônios em níveis mais altos do sistema visual disparam para estímulos complexos como padrões geométricos e faces; e (2) um estímulo específico causa um disparo neural que é distribuído por muitas áreas do córtex (**Figura 2.8b**). A visão, ao que parece, não é criada apenas na área de recepção visual primária, mas em muitas áreas diferentes. Pesquisas posteriores, indo além da visão, encontraram resultados semelhantes para outras cognições. Por exemplo, descobriu-se que a memória não é determinada por uma única "área de memória", porque há uma série de áreas envolvidas na criação de memórias e na lembrança delas mais tarde. Em suma, tornou-se óbvio que grandes áreas do cérebro estão envolvidas na criação da cognição.

Como ficou claro que entender a representação neural envolve lançar uma ampla rede ao longo do cérebro, muitos pesquisadores começaram a considerar como diferentes áreas estão conectadas entre si. A ideia de sinais neurais transmitidos entre muitos destinos em um cérebro interconectado levou à concepção atual do cérebro como contendo um vasto sistema de rodovias que pode ser descrito em termos de "redes neurais" (**Figura 2.8c**). Vamos agora preencher os detalhes, começando com a descoberta dos detectores de recursos neurais.

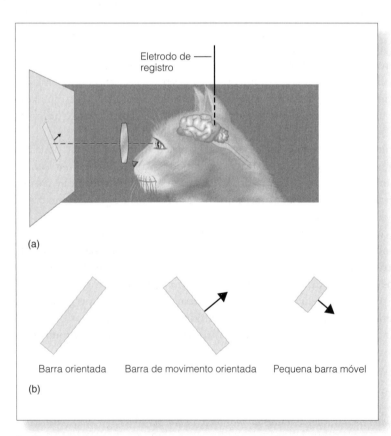

► **Figura 2.9** (a) Um experimento no qual sinais elétricos são registrados a partir do sistema visual de um gato anestesiado que está visualizando os estímulos apresentados na tela. A lente na frente do olho do gato garante que as imagens na tela focalizem a retina do gato. O eletrodo de registro não é mostrado. (b) Alguns dos tipos de estímulos que fazem com que os neurônios do córtex visual do gato sejam desencadeados.

Detectores de características

Uma possível resposta à pergunta "como os impulsos nervosos podem representar qualidades diferentes?" é que talvez existam neurônios que só são disparados contra qualidades específicas dos estímulos. As primeiras pesquisas encontraram algumas evidências disso (Hartline, 1940; Kuffler, 1953), mas a ideia de neurônios que respondem a qualidades específicas foi trazida à tona por uma série de artigos de David Hubel e Thorsten Wiesel, o que renderia a eles o Prêmio Nobel em 1981.

Na década de 1960, Hubel e Wiesel começaram uma série de experimentos em que apresentavam estímulos visuais a gatos, como mostra na Figura 2.9a, e determinavam quais estímulos faziam com que neurônios específicos disparassem. Eles descobriram que cada neurônio na área visual do córtex respondia a um tipo específico de estimulação apresentada a uma pequena área da retina. A Figura 2.9b mostra alguns dos estímulos que causaram o disparo de neurônios dentro e perto do córtex visual (Hubel, 1982; Hubel e Wiesel, 1959, 1961, 1965). Eles chamaram esses neurônios de **detectores de características** (*feature detectors*) porque respondiam a características de estímulos específicos, como orientação, movimento e duração.

A ideia de que os detectores de características estão conectados à percepção foi corroborada por muitos experimentos diferentes. Um desses experimentos envolveu um fenômeno chamado **plasticidade dependente da experiência**, em que a estrutura do cérebro é alterada pela experiência. Por exemplo, quando um gatinho nasce, o córtex visual contém detectores de características que respondem a obstáculos direcionados (ver Figura 2.9). Normalmente, o córtex visual do gatinho contém neurônios que respondem a todas as direções, variando de horizontal, inclinado a vertical, e quando o gatinho se transforma em gato, o gato tem neurônios que podem responder a todas as direções.

No entanto, o que aconteceria se os gatinhos fossem criados em um ambiente que consistisse apenas em direções verticais? Colin Blakemore e Graham Cooper (1970) responderam a essa pergunta criando gatinhos em um espaço no qual apenas listras verticais pretas e brancas eram exibidas nas paredes (Figura 2.10a). Depois de serem criados nesse ambiente vertical, os gatinhos rebatiam um bastão vertical em movimento, mas ignoravam os objetos horizontais. A base dessa falta de resposta a objetos horizontais tornou-se clara quando o registro de neurônios no cérebro dos gatinhos revelou que o córtex visual tinha sido remodelado para conter neurônios que respondiam principalmente às direções verticais e não tinha neurônios que respondiam às direções horizontais (Figura 2.10b). Da mesma forma, os gatinhos criados em um ambiente consistindo apenas em direções horizontais acabaram com um córtex visual que continha neurônios que respondiam principalmente a objetos horizontais (Figura 2.10c). Assim, os cérebros dos gatinhos foram moldados para responder melhor ao ambiente ao qual eram expostos.

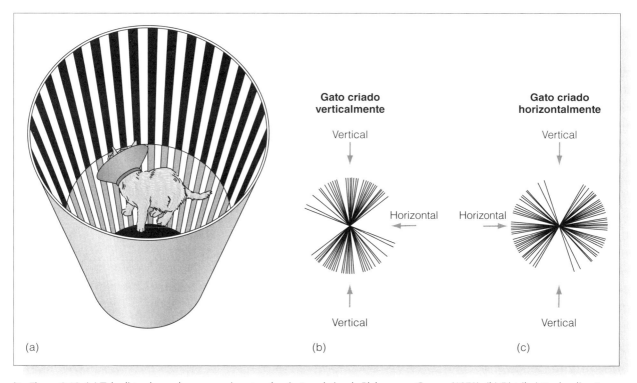

➤ Figura 2.10 (a) Tubo listrado usado nos experimentos de criação seletiva de Blakemore e Cooper (1970). (b) Distribuição das direções que causaram disparos máximos para 72 células de um gato criado em um ambiente de listras verticais e (c) para 52 células de um gato criado em um ambiente de listras horizontais.

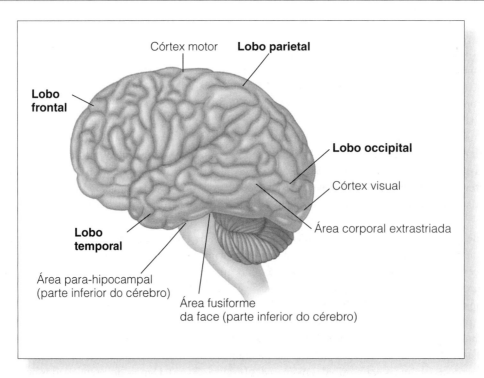

> Figura 2.11 Algumas das estruturas do cérebro humano às quais nos referiremos neste capítulo. Os ponteiros indicam os locais dessas áreas, cada uma delas se estendendo ao longo de uma área do córtex.

O experimento de Blakemore e Cooper é importante porque é uma das primeiras demonstrações da plasticidade dependente de experiência. O resultado também tem uma mensagem significativa sobre a representação neural: quando o córtex de um gatinho continha predominantemente neurônios sensíveis na direção vertical, o gatinho só *percebia* as direções verticais, e um resultado semelhante ocorria para direções horizontais. Esse resultado corrobora a ideia de que a percepção é determinada por neurônios que são disparados contra qualidades específicas de um estímulo (direção, nesse caso).

O conhecimento de que os neurônios no sistema visual desencadeiam tipos específicos de estímulos levou à ideia de que cada um dos milhares de neurônios que são disparados quando olhamos para uma árvore são disparados contra diferentes características da árvore. Alguns neurônios disparam contra o tronco direcionado verticalmente, outros contra os ramos direcionados de maneira variada, e alguns contra combinações mais complexas de uma série de características. A ideia de que a árvore é representada pela resposta combinada de muitos detectores de características é semelhante à construção de objetos combinando blocos de construção como peças Legos. Porém é importante perceber que o córtex visual é um estágio inicial do processamento visual e que a visão depende dos sinais que são enviados do córtex visual para outras áreas do cérebro.

A **Figura 2.11** indica a localização do **córtex visual** no cérebro humano, bem como áreas adicionais que estão envolvidas na visão e algumas outras áreas que discutiremos mais tarde. As áreas de visão são parte de uma vasta rede de áreas que constituem cerca de 30% do córtex (Felleman e Van Essen, 1991). Algumas dessas áreas visuais recebem sinais diretamente do córtex visual. Outros fazem parte de uma sequência de neurônios interconectados, alguns dos quais estão bem distantes do córtex visual. Seguindo a pesquisa pioneira de Hubel e Wiesel, outros pesquisadores que começaram a explorar esses níveis "mais elevados" da via visual descobriram neurônios que respondem a estímulos mais complexos do que linhas orientadas.

> Figura 2.12 Algumas das formas usadas por Gross et al. (1972) para estudar as respostas dos neurônios no lobo temporal do córtex de macacos. As formas são organizadas em ordem de capacidade para fazer o neurônio disparar, de nenhum (1) a pouco (2 e 3) a máximo (6). (Fonte: baseado em Gross et al., 1972.)

Neurônios responsivos a estímulos complexos

Como os estímulos complexos são representados pelo disparo de neurônios no cérebro? Uma resposta a essa pergunta começou a surgir no laboratório de Charles Gross. Os experimentos de Gross, nos quais ele registrou a partir de neurônios únicos no **lobo temporal** do macaco (Figura 2.11), exigiram muita resistência dos pesquisadores, porque os experimentos normalmente duravam três ou quatro dias. Nessas experiências, cujos resultados foram relatados em artigos já clássicos em 1969 e 1972 (Gross et al., 1969, 1972), a equipe de pesquisa de Gross apresentou uma variedade de estímulos diferentes a macacos anestesiados. Em uma tela de projeção como a mostrada na Figura 2.9a, eles apresentaram linhas, quadrados e círculos. Alguns estímulos foram claros e outros escuros.

A descoberta de que os neurônios no lobo temporal respondem a estímulos complexos surgiu alguns dias em um de seus experimentos, quando eles encontraram um neurônio que se recusava a responder a qualquer um dos estímulos padrão, como linhas orientadas, círculos ou quadrados. Nada funcionou, até que um dos experimentadores apontou para algo na sala, projetando a sombra de sua mão na tela. Quando essa sombra de mão causou uma explosão de tiros, os pesquisadores sabiam que estavam no caminho certo e começaram a testar o neurônio com uma variedade de estímulos, incluindo recortes da mão de um macaco. Depois de muitos testes, eles determinaram que esse neurônio respondia melhor à forma de uma mão com os dedos apontando para cima (estímulos no canto superior direito na Figura 2.12) (Rocha-Miranda, 2011; ver também Gross, 2002). Depois de expandir os tipos de estímulos apresentados, eles também encontraram alguns neurônios que respondiam melhor às faces. Pesquisadores posteriores ampliaram esses resultados e forneceram muitos exemplos de neurônios que respondem a faces, mas não respondem a outros tipos de estímulos (Perrett et al., 1982; Rolls, 1981) (Figura 2.13).

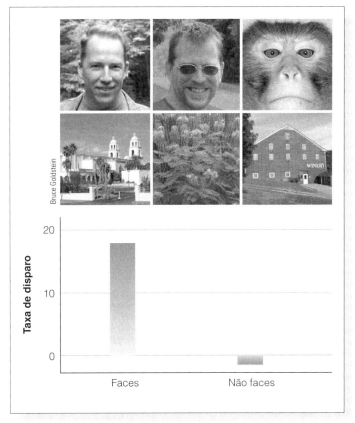

► Figura 2.13 Taxa de disparo, em impulsos nervosos por segundo, de um neurônio no lobo temporal do macaco que responde a estímulos faciais, mas não a estímulos não faciais.

(Fonte: baseado em E. T. Rolls e M. J. Tovee, 1995.)

Vamos parar por um momento e considerar os resultados que apresentamos até agora. Vimos que os neurônios no córtex visual respondem a estímulos simples como obstáculos direcionados, os neurônios no lobo temporal respondem a estímulos geométricos complexos e os neurônios em outra área do lobo temporal respondem a faces. O que está acontecendo é que os neurônios no córtex visual que respondem a estímulos relativamente simples enviam seus axônios para níveis mais altos do sistema visual, onde os sinais de muitos neurônios se combinam e interagem; neurônios nesse nível mais alto, que respondem a estímulos mais complexos, como objetos geométricos, enviam sinais para áreas ainda mais altas, combinando e interagindo ainda mais e criando neurônios que respondem a estímulos ainda mais complexos como faces. Essa progressão de áreas mais baixas a áreas mais alta do cérebro é chamada **processamento hierárquico**.

O processamento hierárquico resolve o problema da representação neural? As áreas mais altas do sistema visual contêm neurônios especializados para responder apenas a um objeto específico, de modo que esse objeto seja representado pelo disparo desse tipo de neurônio especializado? Como veremos, provavelmente não é o caso, porque é provável que a representação neural envolva vários neurônios trabalhando juntos.

Codificação sensorial

O problema da representação neural para os sentidos foi chamado **problema da codificação sensorial**, em que o **código sensorial** se refere a como os neurônios representam várias características do ambiente. A ideia de que um objeto poderia ser representado pelo disparo de um neurônio especializado que responde apenas a esse objeto é chamada **codificação de especificidade**. Isso é ilustrado na Figura 2.14a, que mostra como vários neurônios respondem a três faces diferentes. Apenas o

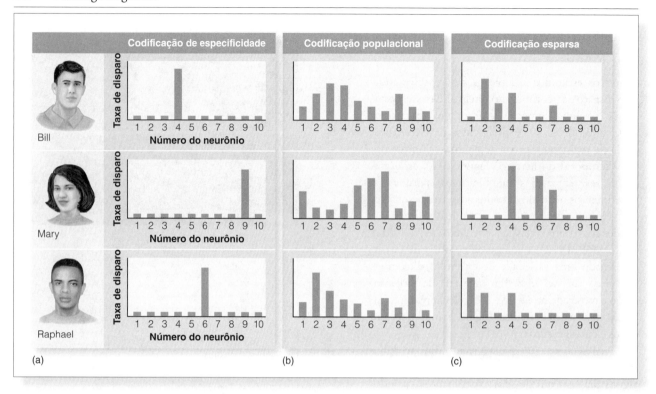

> Figura 2.14 Três tipos de codificação: (a) Codificação de especificidade. É mostrada a resposta de 10 neurônios diferentes a cada face à esquerda. Cada face causa o disparo de um neurônio diferente. (b) Codificação populacional. A identidade da face é indicada pelo padrão de disparo de um grande número de neurônios. (c) Codificação esparsa. A identidade da face é indicada pelo padrão de disparo de um pequeno grupo de neurônios.

neurônio 4 responde à face de Bill, apenas o neurônio 9 responde à face de Mary e apenas o neurônio 6 responde à face de Raphael. Observe também que o neurônio especializado em responder apenas a Bill, que podemos chamar "neurônio de Bill", não responde a Mary ou Raphael. Além disso, outras faces ou tipos de objetos não afetariam esse neurônio. Dispara apenas contra a face de Bill.

Ainda que a ideia de codificação de especificidade seja objetiva, é improvável que seja correta. Embora existam neurônios que respondem a faces, esses neurônios geralmente respondem a várias faces diferentes (não apenas a de Bill). Existem muitas faces e outros objetos diferentes (e cores, sabores, cheiros e sons) no mundo para que um neurônio separado se especialize em cada objeto. Uma alternativa à ideia da codificação de especificidade é que vários neurônios estão envolvidos na representação de um objeto.

Codificação populacional é a representação de um objeto particular pelo padrão de disparo de um grande número de neurônios (Figura 2.14b). De acordo com essa ideia, as faces de Bill, Mary e Raphael são cada uma representadas por um padrão diferente. Uma vantagem da codificação populacional é que um grande número de estímulos pode ser representado, porque grandes grupos de neurônios podem criar um grande número de padrões diferentes. Existem boas evidências para a codificação populacional nos sentidos e também para outras funções cognitivas. No entanto, para algumas funções, um grande número de neurônios não é necessário.

A **codificação esparsa** ocorre quando um objeto específico é representado por um padrão de disparo de apenas um pequeno grupo de neurônios, com a maioria dos neurônios permanecendo em repouso. Como mostrado na Figura 2.14c, a codificação esparsa representaria a face de Bill pelo padrão de disparo de alguns neurônios (neurônios 2, 3, 4 e 7). A face de Mary seria sinalizada pelo padrão de disparo de alguns neurônios diferentes (neurônios 4, 6 e 7), mas possivelmente com alguma sobreposição com os neurônios que representam Bill, e a face de Raphael teria ainda outro padrão (neurônios 1, 2, e 4). Observe que um determinado neurônio pode responder a mais de um estímulo. Por exemplo, o neurônio 4 responde a todas as três faces, embora mais fortemente à de Mary.

Recentemente, neurônios foram descobertos durante o registro do lobo temporal de pacientes submetidos à cirurgia cerebral contra epilepsia. (Estimular e registrar neurônios é um procedimento comum antes e durante uma cirurgia cerebral, porque torna possível determinar a estrutura exata do cérebro de uma pessoa em particular.) Esses neurônios responderam a estímulos muito específicos. Entretanto, os pesquisadores que descobriram esse neurônio (assim como outros neurônios que responderam a outras pessoas) apontam que eles tinham apenas 30 minutos para fazer o registro a partir desses neurônios, e que se mais tempo estivesse disponível, é provável que eles teriam descoberto outras faces que provocariam o disparo desse neurônio. Dada a probabilidade de que até mesmo esses neurônios especiais disparem contra mais de um estímulo, Quiroga e colaboradores (2008) sugeriram que seus neurônios são provavelmente um exemplo da codificação esparsa.

Há também outras evidências de que o código para representar objetos no sistema visual, tons no sistema auditivo e odores no sistema olfativo pode envolver o padrão de atividade em um número relativamente pequeno de neurônios, como sugere a codificação esparsa (Olshausen e Field, 2004).

As memórias também são representadas pelo disparo dos neurônios, mas há uma diferença entre a representação das percepções e a representação das memórias. O disparo neural associado à experiência de uma percepção está conectado ao que acontece quando um estímulo está presente. O disparo associado à memória está conectado a informações sobre o passado que foram armazenadas no cérebro. Sabemos menos sobre a forma real dessas informações armazenadas para a memória, mas é provável que os princípios básicos da codificação populacional e esparsa também operem para a memória, com memórias específicas sendo representadas por padrões específicos das informações armazenadas que resultam em um padrão particular do disparo nervoso quando experimentamos a memória.

Afirmar que neurônios específicos e grupos de neurônios contêm informações para percepção, memória e outras funções cognitivas é o primeiro passo para compreender a representação. O próximo passo envolve analisar a organização: como diferentes tipos de neurônios e funções são organizados dentro do cérebro.

TESTE VOCÊ MESMO 2.1

1. Descreva a ideia dos níveis de análise.
2. Como os primeiros pesquisadores descreveram o cérebro em termos de uma rede nervosa? Como a ideia de neurônios individuais difere da ideia de uma rede nervosa?
3. Descreva a pesquisa que levou Cajal a propor o princípio do neurônio.
4. Descreva a estrutura de um neurônio. Descreva a sinapse e os circuitos neurais.
5. Como os potenciais de ação são registrados a partir de um neurônio? Com que esses sinais se parecem, e qual é a relação entre os potenciais de ação e a intensidade do estímulo?
6. Como a pergunta sobre como diferentes percepções podem ser representadas pelos neurônios foi respondida? Considere pesquisas envolvendo registros de neurônios individuais e ideias sobre codificação sensorial.
7. Como a representação neural da memória difere da representação neural da percepção? Qual é a semelhança?

▶ Representação localizada

Um dos princípios básicos da organização do cérebro é a **localização da função** — funções específicas são atendidas por áreas específicas do cérebro. Muitas funções cognitivas são atendidas pelo **córtex cerebral**, que é uma camada de tecido com cerca de 3 mm de espessura que cobre o cérebro (Fischl e Dale, 2000). O córtex é o revestimento enrugado que vemos ao analisar um cérebro intacto (Figura 2.11). Outras funções são atendidas por **áreas subcorticais** localizadas abaixo do córtex. As primeiras evidências da localização da função vieram da **neuropsicologia** — o estudo do comportamento de pessoas com lesões cerebrais.

Localização determinada pela neuropsicologia

No início de 1800, um princípio aceito da função cerebral era a **equipotencialidade cortical**, a ideia de que o cérebro funcionava como um todo indivisível em oposição a áreas especializadas (Flourens, 1824; Pearce, 2009). No entanto, em 1861, Paul Broca publicou um trabalho baseado em seu estudo de pacientes que sofreram lesões cerebrais decorrentes de derrames que causavam interrupção do suprimento de sangue ao cérebro. Esses derrames causavam lesões a uma área do lobo frontal que passou a ser chamada **área de Broca** (Figura 2.15).

Um dos pacientes de Broca era conhecido como *Tan*, porque a palavra *tan* era a única palavra que ele conseguia pronunciar. Outros pacientes com lesão no lobo frontal poderiam pronunciar mais palavras, mas a fala deles era lenta e difícil e muitas vezes apresentava uma estrutura confusa de frases. Eis um exemplo da fala de um paciente atual, que está tentando descrever quando sofreu um acidente vascular cerebral, ocorrido quando ele estava em uma banheira de hidromassagem:

> Tudo bem... Uh... pancada e... uh... eu... uh... o cara... ba... ba... ba... banheira e... e a... dois dias quando uh... ho... uh... ho... hospital e uh... am... am... ambulância... (Dick et al., 2001, p. 760)

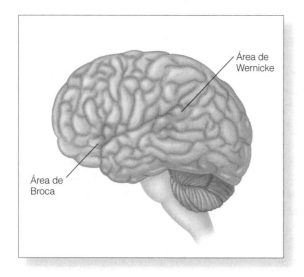

Figura 2.15 A área de Broca, no lobo frontal, e a área de Wernicke, no lobo temporal, foram identificadas nas primeiras pesquisas como especializadas para a produção e a compreensão da linguagem, respectivamente.

Pacientes com esse problema — fala lenta, difícil e não gramatical causada por lesões na área de Broca — são diagnosticados como tendo **afasia de Broca**. O fato de que lesões em uma área específica do cérebro causaram um déficit comportamental específico era uma evidência contundente contra a ideia da equipotencialidade e para a ideia da localização da função.

Dezoito anos depois que Broca relatou os pacientes com lesões no lobo frontal, Carl Wernicke (1879) descreveu vários pacientes que tiveram lesão em uma área no lobo temporal que passou a ser chamada **área de Wernicke**. Os pacientes de Wernicke produziam fala fluente e gramaticalmente correta, mas tendiam a ser incoerentes. Eis um exemplo atual da fala de um paciente com **afasia de Wernicke**:

> De repente, teve um esforço e todo o esforço foi com ele. Até pisou na minha buzina. Eles os tiraram da terra, você sabe. Eles fazem meus nove favoritos a cortados e agora estou sendo afetado pelo uh stam de fortificação da minha anulação que agora é para sempre. (Dick et al., 2001, p. 761)

Pacientes como esse não apenas produzem uma fala sem sentido, mas são incapazes de compreender a fala de outras pessoas. O principal problema deles é a incapacidade de corresponder as palavras aos significados, sendo a característica definidora da afasia de Wernicke a ausência de gramática normal (Traxler, 2012).

As observações de Broca e Wernicke mostraram que diferentes aspectos da linguagem — produção da linguagem e compreensão da linguagem — eram atendidos por diferentes áreas do cérebro. Como veremos mais adiante neste capítulo, pesquisas atuais mostraram que a separação estrita das funções da linguagem em diferentes áreas era uma simplificação exagerada. No entanto, as observações de Broca e Wernicke no século 19 prepararam o terreno para pesquisas posteriores que confirmaram a ideia da localização da função.

Outras evidências para a localização da função vieram de estudos sobre o efeito da lesão cerebral em tempos de guerra. Estudos com soldados japoneses na guerra russo-japonesa de 1904-1905 e com soldados aliados na Primeira Guerra Mundial mostraram que lesões no **lobo occipital** do cérebro, onde o córtex visual está localizado (Figura 2.11), resultaram em cegueira, e que havia uma conexão entre a área do lobo occipital que foi danificada e o local no espaço visual onde a pessoa era cega (Glickstein e Whitteridge, 1987; Holmes e Lister, 1916; Lanska, 2009). Por exemplo, lesões na parte esquerda do lobo occipital causaram uma área de cegueira na parte superior direita do espaço visual.

Como observado anteriormente, outras áreas do cérebro também foram associadas a funções específicas. O córtex auditivo, que recebe sinais das orelhas, está no *lobo temporal* superior e é responsável pela audição. O córtex somatossensorial, que recebe sinais da pele, está no **lobo parietal** e é responsável pelas percepções de toque, pressão e dor. O **lobo frontal** recebe sinais de todos os sentidos e é responsável pela coordenação dos sentidos, bem como pelas funções cognitivas superiores, como pensamento e solução de problemas.

Outro efeito das lesões cerebrais no funcionamento visual, relatado em pacientes com lesões no lobo temporal no lado inferior direito do cérebro, é a **prosopagnosia** — uma incapacidade de reconhecer faces. Em um tipo de prosopagnosia, as pessoas podem afirmar que uma face é uma face, mas não conseguem reconhecer de quem é essa face, mesmo de pessoas que conhecem bem, como amigos e familiares. Em alguns casos, as pessoas com prosopagnosia se olham no espelho e, vendo sua própria imagem, se perguntam quem é o estranho que está olhando para elas (Burton et al., 1991; Hecaen e Angelergues, 1962; Parkin, 1996).

Um dos objetivos da pesquisa em neuropsicologia que estamos descrevendo é determinar se uma área específica do cérebro é especializada para atender uma função cognitiva específica. Embora possa ser tentador concluir, com base em um único caso de prosopagnosia, que a área do cérebro danificada no lobo temporal inferior é responsável pelo reconhecimento de faces, pesquisadores atuais perceberam que, para chegar a conclusões mais definitivas sobre a função de uma área específica, é necessário testar vários pacientes diferentes com lesões em diferentes áreas do cérebro a fim de demonstrar uma *dupla dissociação*.

MÉTODO   Demonstrando uma dupla dissociação

Uma **dupla dissociação** ocorre se lesões em uma área do cérebro fazem com que a função A esteja ausente enquanto a função B está presente, e lesões em outra área fazem com que a função B esteja ausente enquanto a função A está presente. Para demonstrar uma dupla dissociação, é necessário encontrar duas pessoas com lesão cerebral que atendam às condições acima.

As dissociações duplas foram demonstradas para reconhecimento facial e de objetos, encontrando pacientes com lesões cerebrais que não conseguem reconhecer faces (função A), mas que conseguem reconhecer objetos (função B), e outros pacientes, com lesões cerebrais em uma área diferente, que não conseguem reconhecer objetos (função B), mas que conseguem reconhecer faces (função A) (McNeal e Warrington, 1993; Moscovitch et al., 1997). A importância de demonstrar uma dupla dissociação é que permite concluir que as funções A e B são atendidas por mecanismos diferentes, que operam independentemente um do outro.

Os resultados dos estudos sobre neuropsicologia descritos anteriormente indicam que o reconhecimento facial é atendido por uma área do lobo temporal e que essa função é separada dos mecanismos associados ao reconhecimento de outros tipos de objetos, que é atendido por outra área do lobo temporal. Pesquisas neuropsicológicas também identificaram áreas que são importantes para a percepção do movimento e para as diferentes funções da memória, do pensamento e da linguagem, como veremos mais adiante neste livro.

Localização determinada pelo registro de neurônios

Outra ferramenta para demonstrar a localização da função é o registro de neurônios individuais. Inúmeros estudos, principalmente com animais, usaram o registro de um único neurônio para demonstrar a localização da função. Por exemplo, Doris Tsao e colaboradores (2006) descobriram que 97% dos neurônios em uma pequena área na parte inferior do lobo temporal de um macaco respondiam a imagens das faces, mas não a imagens de outros tipos de objetos. Essa "área da face", como se constatou, está localizada próxima à área em seres humanos associada à prosopagnosia. A ideia de que nossa percepção de faces está associada a uma área específica do cérebro também é corroborada por pesquisas que utilizam a técnica de **imageamento cerebral** (ver Capítulo 1, p. 15), o que torna possível determinar quais áreas do cérebro dos humanos são ativadas por diferentes cognições.

Localização demonstrada por imageamento cerebral

Observamos no Capítulo 1 que os avanços tecnológicos que provocam uma mudança em como a ciência é feita podem ser chamados de revolução. Com base nisso, pode-se argumentar que a introdução das técnicas de tomografia por emissão de pósitrons (PET) para varredura do cérebro em 1976 e a ressonância magnética funcional (fMRI) em 1990 marcaram o início da "revolução da imagem".

Como veremos ao longo deste livro, a varredura do cérebro, e especialmente a fMRI, desempenhou um papel importante na compreensão da base fisiológica da cognição. Aqui, consideramos o que pesquisas com fMRI informam sobre a localização da função no cérebro. Começamos descrevendo o princípio básico por trás da fMRI.

MÉTODO   Imageamento cerebral

As **imagens por ressonância magnética funcional (fMRI)** tiram vantagem do fato de que a atividade neural faz com que o cérebro absorva mais oxigênio, que se liga às moléculas de hemoglobina no sangue. Esse oxigênio extra aumenta as propriedades magnéticas da hemoglobina, portanto, quando um campo magnético é apresentado ao cérebro, essas moléculas de hemoglobina mais oxigenadas respondem mais fortemente ao campo magnético e provocam um aumento no sinal da fMRI.

A configuração de um experimento por fMRI é mostrada na Figura 2.16a, com a cabeça da pessoa no scanner. Quando uma pessoa se envolve em uma tarefa cognitiva, como perceber uma imagem, a atividade do cérebro é determinada. A atividade é registrada em pequenas áreas em forma de cubo do cérebro com cerca de 2 ou 3 mm em um lado. **Voxels** não são estruturas cerebrais, mas simplesmente pequenas unidades de análise criadas pelo scanner fMRI. Uma maneira de pensar sobre voxels é que eles são como os pequenos pixels quadrados que compõem as fotografias ou as imagens digitais na tela do computador, mas, como o cérebro é tridimensional, os voxels são pequenos cubos em vez de pequenos quadrados. A **Figura 2.16b** mostra o resultado de uma varredura por fMRI. Aumentos ou diminuições da atividade cerebral associada à atividade cognitiva são indicados por cores, com cores específicas indicando a quantidade de ativação.

É importante enfatizar que essas áreas coloridas não aparecem durante a varredura cerebral. Elas são determinadas por um procedimento que envolve levar em consideração como o cérebro responde quando a pessoa não está envolvida em uma tarefa e a mudança na atividade desencadeada pela tarefa. Procedimentos estatísticos complexos são usados para determinar a **fMRI relacionada a tarefas** — a mudança na atividade cerebral que pode ser ligada especificamente à tarefa. Os resultados desses cálculos para cada voxel são exibidos como padrões de ativação coloridos, como o na **Figura 2.16b**.

Muitos dos experimentos com imagens cerebrais que forneceram evidências para a localização das funções envolveram a determinação de quais áreas do cérebro eram ativadas quando as pessoas observavam imagens de diferentes objetos.

Analisando fotos   Já vimos como pesquisas em neuropsicologia e o registro de um neurônio individual identificaram as áreas que estão envolvidas na percepção de faces. Uma área da face também foi identificada solicitando que as pessoas em um scanner cerebral visualizassem fotos de faces. Essa área, chamada **área fusiforme da face (AFF)** porque está no giro fusiforme

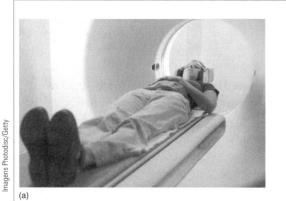
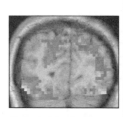

▶ Figura 2.16 (a) Pessoa em um scanner cerebral. (b) Registro por fMRI. As cores indicam os locais de aumentos e diminuições na atividade cerebral. Vermelho e amarelo indicam aumento na atividade cerebral; azul e verde indicam diminuições. Veja esta imagem em cores, no suplemento colorido, no final do livro.
(Fonte: parte b de Ishai et al., 2000.)

na parte inferior do lobo temporal (Kanwisher et al., 1997), é a mesma parte do cérebro que é danificada nos casos de prosopagnosia (Figura 2.11).

Evidências adicionais para a localização da função vêm de experimentos com fMRI que mostraram que a percepção de imagens que representam cenas internas e externas, como aquelas mostradas na **Figura 2.17a**, ativa a **área do local para-hipocampal (ALH)** (Aguirre et al., 1998; Epstein et al., 1999). Aparentemente, o importante nessa área são as informações sobre a estrutura espacial, porque ocorre maior ativação ao visualizar fotos tanto de quartos vazios quanto de quartos completamente mobiliados (Kanwisher, 2003). Outra área especializada, a **área do corpo extraestriado (ACE)**, é ativada por imagens de corpos e partes de corpos (mas não por faces), como mostrado na **Figura 2.17b** (Downing et al., 2001).

Assistindo a filmes   Nossa experiência usual, na vida cotidiana, envolve ver cenas que contêm vários objetos diferentes, alguns dos quais em movimento. Portanto, Alex Huth e colaboradores (2012) realizaram um experimento com fMRI usando estímulos semelhantes ao que vemos no ambiente, solicitando

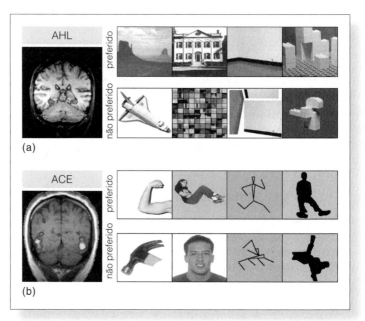

▶ Figura 2.17 (a) A área do local para-hipocampal (ALH) é ativada por locais (linha na parte superior), mas não por outros estímulos (linha na parte inferior). (b) A área do corpo extraestriado (ACE) é ativada por corpos (parte superior), mas não por outros estímulos (parte inferior).
(Fonte: Chalupa e Werner, 2003.)

▶ Figura 2.18 Quatro quadros dos filmes vistos pelos participantes no experimento de Huth et al. (2012). As palavras à direita indicam categorias que aparecem nos quadros (s = substantivo, v = verbo). (Huth et al., 2012)

Clipe de filme	Rótulos	Clipe de filme	Rótulos
	montanha.s deserto.s céu.s nuvem.s arbusto.s		cidade.s rodovia.s arranha-céu.s tráfico.s céu.s
	mulher.s falar.v gesticular.v livro.s		búfalo.s andar.v grama.s córrego.s

que os participantes assistissem a clipes de filmes. Os participantes no experimento de Huth assistiram a 2 horas de clipes de filme em scanner cerebral. Para analisar como os voxels nos cérebros desses participantes respondiam a diferentes objetos e ações nos filmes, Huth criou uma lista de 1.705 diferentes objetos e categorias de ação e determinou quais categorias estavam presentes em cada cena do filme.

A Figura 2.18 mostra quatro cenas e as categorias associadas a elas. Ao determinar como cada voxel respondeu a cada cena e, em seguida, analisar os resultados usando um procedimento estatístico complexo, Huth foi capaz de determinar a quais tipos de estímulos cada voxel respondeu. Por exemplo, um voxel respondeu bem quando ruas, edifícios, estradas, interiores e veículos estavam presentes.

A Figura 2.19 mostra os tipos de estímulos que fazem com que voxels na superfície do cérebro respondam. Objetos e ações semelhantes estão localizados próximos uns dos outros no cérebro. A razão de haver duas áreas para humanos e duas para animais é que cada área representa características relacionadas a seres humanos ou animais. Por exemplo, a área denominada "Humanos" no fundo do cérebro (que, na verdade, está na parte inferior do cérebro) corresponde à área fusiforme da face (Figura 2.11), que responde a todos os aspectos das faces. A área rotulada como "Humanos" na parte superior do cérebro

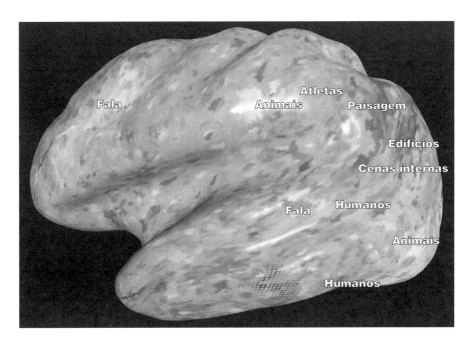

▶ Figura 2.19 Os resultados do experimento de Huth et al. (2012), mostrando locais no cérebro onde as categorias indicadas têm maior probabilidade de ativar o cérebro Veja esta imagem, em cores, no suplemento colorido, ao final do livro.
(Fonte: cortesia de Alex Huth.)

38   Psicologia cognitiva

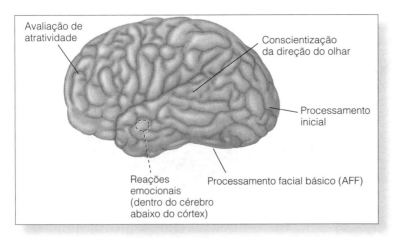

▶ Figura 2.20 Áreas do cérebro que são ativadas por diferentes aspectos das faces.
(Fontes: adaptado de Ishai, 2008; com base em dados de Calder et al., 2007; Gobbini e Haxby, 2007; Grill-Spector et al., 2004; Haxby et al., 2000; Ishai et al., 2004.)

responde especificamente a expressões faciais. As áreas rotuladas "Fala" correspondem às áreas de Broca e Wernicke.

Os resultados na Figura 2.19 apresentam um paradoxo interessante. Por um lado, os resultados confirmam a pesquisa anterior que identificou áreas específicas do cérebro responsáveis pela percepção de tipos específicos de estímulos como faces, lugares e corpos. Por outro, esses novos resultados revelam um mapa que se estende por uma grande área do córtex. Como veremos agora, embora haja muitas evidências para a localização da função, precisamos considerar o cérebro como um todo para compreender a base fisiológica da cognição.

▶ Representação distribuída

Vamos considerar o mapa de Huth das categorias no cérebro na Figura 2.19, que mostra que existem dois locais para "Humanos". A explicação — que diferentes áreas respondem a diferentes características dos seres humanos — ilustra um princípio central da cognição: a maior parte de nossa experiência é **multidimensional**. Isto é, mesmo experiências simples envolvem combinações de qualidades diferentes. Considere, por exemplo, olhar para a face de uma pessoa.

Analisando uma face

Olhar para uma face desencadeia respostas a muitos aspectos diferentes dela. Portanto, além de identificar um objeto como uma face ("isso é uma face"), também respondemos aos seguintes aspectos adicionais das faces: (1) aspectos emocionais

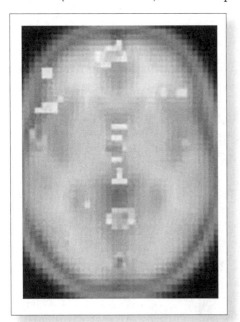

▶ Figura 2.21 Cérebro mostrando áreas ativadas por memórias episódicas e semânticas. Amarelo = episódica. Azul = semântica. Veja esta imagem em cores, no suplemento colorido, no final do livro.
(Fonte: de Levine et al., 2004.)

("ela está sorrindo, portanto, provavelmente está feliz", "olhar para a face dele me deixa feliz"); (2) para onde alguém está olhando ("ela está olhando para mim"); (3) como partes da face se movem ("posso entendê-lo melhor observando seus lábios se movendo"); (4) atratividade de uma face ("ele tem uma face bonita"); e (5) se a face é familiar ("lembro dela de algum lugar"). Essa resposta multidimensional a faces se reflete nas respostas neurais distribuídas por todo o córtex (Figura 2.20).

O fato de olhar para uma face ativa muitas áreas do cérebro, ao que denominamos **representação distribuída**. As cognições, sejam elas percepções ao olhar para algo, ou processos como lembrar ou pensar, ativam várias áreas do cérebro, às vezes amplamente separadas. Vamos examinar dois exemplos adicionais da representação neural distribuída.

Lembrando

Memórias são complexas. Algumas memórias, chamadas memórias de curto prazo, têm duração rápida, apenas cerca de 10 a 15 segundos, a menos que sejam repetidas indefinidamente, como ao lembrar um número de telefone que você se esqueceu de armazenar no celular. Outras memórias são mais longas, como a memória de algo que você fez na semana passada ou mesmo anos atrás. Como veremos no Capítulo 5, há evidências de que as memórias de curto e longo prazo são atendidas por diferentes áreas do cérebro (Curtis e D'Esposito, 2003; Harrison e Tong, 2009).

No entanto, as memórias também diferem de outra maneira. *Memórias episódicas* são memórias de eventos na vida de uma pessoa, como lembrar o que você fez ontem. *Memórias semânticas* são memórias de fatos, como saber que a capital da Califórnia é Sacramento. A Figura 2.21 mostra os resultados de um experimento de varredura cerebral, que indica que pensar sobre memórias episódicas e semânticas ativa diferentes áreas do cérebro (Levine et al., 2004.).

Veremos nos Capítulos 5 a 7 que algumas áreas do cérebro desempenham papéis importantes na formação de novas memórias e na recuperação de antigas, mas também há evidências de que a lembrança ativa áreas em todo o cérebro. As memórias podem ser visuais (imaginar um lugar que você visita com frequência), auditivas (lembrar uma música favorita) ou olfativas (cheiros que desencadeiam memórias de um lugar familiar). As memórias geralmente têm componentes emocionais, tanto bons como ruins (pensar em alguém de quem você sente falta). A maioria das memórias são combinações de muitos desses componentes, cada um dos quais ativa diferentes áreas do cérebro. As memórias, portanto, criam uma sinfonia da atividade neural em todo o cérebro.

Produção e compreensão da linguagem

Quando contamos a história sobre Broca e Wernicke, focalizamos como as descrições deles das duas áreas do cérebro — uma para produzir a fala, a outra para compreender a fala — forneceram o ímpeto para a ideia das funções localizadas. No entanto, ao contar essa história, deixamos algo de fora: além de propor uma área para a compreensão da fala, Wernicke também sugeriu que a linguagem vai além de regiões isoladas e inclui conexões entre elas, e também com outras áreas (Ross, 2010).

Acontece que a proposta de conectividade de Wernicke permaneceu em segundo plano depois de ter sido apresentada, em favor da ideia da função cerebral localizada, e apenas no século 20 é que suas ideias sobre conectividade se tornaram conhecidas, e outros pesquisadores mostraram que explicar a fisiologia da linguagem envolvia mais do que apenas duas áreas distintas e localizadas da linguagem (Geshwind, 1964; Ross, 2010).

Pesquisadores atuais mostraram que lesões nas áreas fora das áreas de Broca e Wernicke podem causar problemas na produção e compreensão da linguagem (Ross, 2010). Também há evidências de que funções não linguísticas estão associadas a partes da área de Broca (Federencko et al., 2012) e que o processamento da gramática de frases ocorre em todo o sistema de linguagem (Blank et al., 2016). Resultados como esse levaram a um quadro muito mais complexo de como a linguagem é processada.

A Figura 2.22 mostra um diagrama atual das vias da linguagem. Nesse diagrama, o sistema de linguagem é organizado em dois conjuntos de vias: um fio cinza, que está envolvido com o processamento de sons, produção da fala e pronúncia de palavras, e o outro (fio branco), que está envolvido na compreensão de palavras. Ambos os conjuntos de vias também estão envolvidos na compreensão de frases (Gierhan, 2013). Esse diagrama representa os resultados de "pesquisas em andamento", porque ainda há muito a ser aprendido sobre como a linguagem é representada no cérebro. No entanto, não há dúvida de que a representação da linguagem está distribuída por muitas áreas.

Uma coisa que os exemplos da percepção de faces, lembranças e linguagem têm em comum é que envolvem experiências que ativam várias áreas cerebrais distintas, e há evidências de que muitas dessas áreas estão ligadas por conexões neurais diretas ou por fazerem parte de algumas estruturas interconectadas. Isso nos leva a uma nova maneira importante de compreender a fisiologia da cognição que envolve *redes neurais*.

▶ Redes neurais

Redes neurais são áreas interconectadas do cérebro que podem se comunicar entre si (Bassett e Sporns, 2017). A ideia das redes neurais é uma extensão lógica da ideia do processamento distribuído porque faz sentido que, se muitas áreas estão envolvidas em um tipo particular de cognição, elas podem estar conectadas.

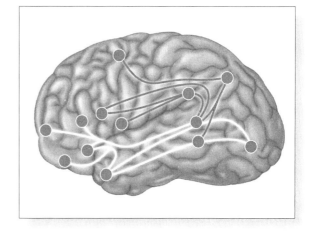

▶ Figura 2.22 Vias que foram relatadas como envolvidas no processamento da linguagem. Este diagrama baseia-se nos resultados de um grande número de estudos. Funções específicas foram associadas a cada uma das vias, mas o quadro geral pode ser resumido observando que as vias em fio cinza estão envolvidas no processamento de sons, produção da fala e palavras, e as vias em fio branco estão envolvidas na compreensão de palavras, com ambos os conjuntos de vias envolvidos na compreensão de frases. (Fonte: Gierhan, 2013.)

À medida que contamos a história de como os pesquisadores estão descobrindo as propriedades das redes neurais, apresentaremos quatro princípios:

1. Existem vias estruturais complexas chamadas *redes* que formam a estrada de informação do cérebro.
2. Dentro dessas vias estruturais, há vias funcionais que desempenham diferentes funções.
3. Essas redes operam dinamicamente, refletindo a natureza dinâmica da cognição.
4. Há um estado de repouso da atividade cerebral, portanto, partes do cérebro estão ativas o tempo todo, mesmo quando não há atividade cognitiva.

Começamos considerando como as redes neurais foram descritas estruturalmente.

Conectividade estrutural

Conectividade estrutural é o "diagrama de conexão" do cérebro criado por axônios nervosos que conectam diferentes áreas do cérebro. Os primeiros pesquisadores determinavam essas conexões usando técnicas neuroanatômicas clássicas em que fatias do tecido cerebral eram coradas para destacar os axônios, o que permitia visualizar as vias neurais com um microscópio. No entanto, recentemente, novas técnicas foram desenvolvidas que tornam possível um mapeamento mais extenso das conexões do cérebro.

Uma dessas técnicas, chamada **Track-Weighted Imaging (TWI)**, baseia-se na detecção de como a água se difunde ao longo do comprimento das fibras nervosas. A Figura 2.23 mostra os tratos nervosos determinados por esta técnica (Calamante, 2013). Veja esta imagem em cores, no suplemento colorido, ao final do livro. Novas técnicas como essa estão constantemente sendo desenvolvidas para determinar com mais precisão como as áreas do cérebro se comunicam (Bressler e Menon, 2010; Sporns, 2015).

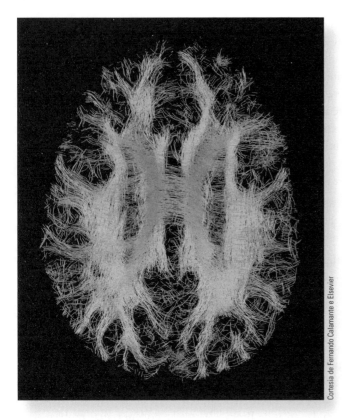

▶ Figura 2.23 O conectoma. Tratos nervosos no cérebro humano determinados por imagens ponderadas. Esta imagem está disponível em cores, no suplemento colorido, ao final do livro.
(Fonte: Calamante et al., 2013)

Imagens das vias do cérebro obtidas por essas novas técnicas levaram à criação do termo **conectoma** para indicar a "descrição estrutural da rede de elementos e conexões que formam o cérebro humano" (Sporns et al., 2005), ou mais simplesmente, o "diagrama de conexões" dos neurônios no cérebro (Baronchelli et al., 2013).

Determinar o diagrama de conexões do cérebro é um passo importante para entender como as diferentes áreas do cérebro se comunicam, porque a comunicação depende das conexões estruturais. Curiosamente, mapas da conectividade estrutural do cérebro foram recentemente comparados a "impressões digitais" que são diferentes para cada pessoa, então pode-se argumentar que a conectividade do cérebro nos torna quem somos (Finn et al., 2015; Seung, 2012; Yeh et al., 2016). No entanto, para entender completamente como a rede estrutural do cérebro nos torna quem somos, ou como ela ajuda a criar cognição, é necessário determinar como grupos de neurônios dentro do conectoma formam conexões *funcionais* que estão relacionadas a tipos específicos da cognição.

Conectividade funcional

Imagine a rede viária de uma grande cidade. Em um conjunto de rodovias, os carros fluem em direção ao shopping center fora da cidade, enquanto outras rodovias canalizam os carros em direção ao distrito financeiro e comercial da cidade. Um grupo de pessoas está utilizando as rodovias para chegar a lugares a fim de fazer compras. Outro grupo está usando as rodovias para chegar ao trabalho ou para fazer negócios. Assim como diferentes partes da rede viária da cidade estão envolvidas na realização de diferentes objetivos, diferentes partes da rede neural do cérebro estão envolvidas na execução de diferentes tarefas cognitivas ou motoras.

Como é possível determinar quais partes de uma rede neural estão envolvidas em diferentes funções? Uma maneira de responder a essa pergunta é medindo a **conectividade funcional**, com a conectividade funcional sendo determinada pela extensão em que a atividade neural em duas áreas do cérebro está correlacionada (Harmelech e Malach, 2013; Pessoa, 2014). Se as respostas de duas áreas do cérebro estão correlacionadas entre si, isso significa que elas estão funcionalmente conectadas.

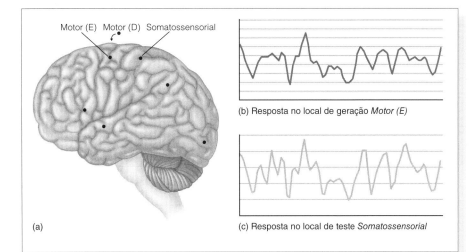

> Figura 2.24 (a) Hemisfério esquerdo do cérebro, mostrando o local de geração *Motor (E)* no córtex motor esquerdo, e alguns locais de teste, cada um indicado por um ponto. O local de teste *Motor (D)* é no córtex motor direito no outro lado do cérebro de *Motor (E)*. O local de teste *Somatossensorial* é no córtex somatossensorial, que está envolvido na percepção do toque. (b) Resposta da fMRI em estado de repouso do local de geração *Motor (E)*. (c) Resposta da fMRI em estado de repouso do local de teste *Somatossensorial*. As respostas em (b) e (c) têm 4 segundos de duração.
(Fonte: cortesia de Ying-Hui Chou)

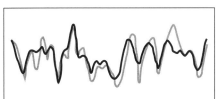
Resposta de geração (preto) e resposta de teste no local de teste *Somatossensorial* (cinza)
Correlação = 0,86

Resposta de geração (preto) e resposta de teste em outro local de teste (cinza)
Correlação = 0,04

> Figura 2.25 Resposta de geração sobreposta (em preto) e resposta no local de teste (em cinza). (a) Resposta no local de teste *Somatossensorial*, que está altamente correlacionada com a resposta da geração (correlação = 0,86). (b) Resposta de outro local de teste, que está mal correlacionada com a resposta de geração (correlação = 0,04).
(Fonte: as respostas são cortesia de Yin-Hui Chou)

MÉTODO Conectividade funcional em estado de repouso

A conectividade funcional em estado de repouso é medida como a seguir:

1. Use a fMRI relacionada à tarefa para determinar a localização do cérebro associada à realização de uma tarefa específica. Por exemplo, o movimento do dedo causa uma resposta da fMRI no local marcado *Motor (D)* na Figura 2.24a. Esse local chama-se **local de geração**.

2. Meça a *fMRI em estado de repouso* no local de geração. A fMRI em estado de repouso do local de geração, mostrada na Figura 2.24b, chama-se **resposta da série temporal** porque indica como a resposta muda ao longo do tempo.

3. Meça a fMRI em estado de repouso em outro local, o qual é chamado **local de teste**. A resposta do local de teste *somatossensorial*, que está localizada em uma área do cérebro responsável pela detecção do toque, é mostrada na Figura 2.24c.

4. Calcule a correlação entre as respostas do local de teste e geração. A correlação é calculada usando um procedimento matemático complexo que compara as respostas de geração e de teste em um grande número de locais ao longo do eixo de tempo horizontal. A Figura 2.25a mostra a resposta no *local de teste somatossensorial* superposto na resposta de geração. A correspondência entre essas respostas resulta em alta correlação, o que indica alta conectividade funcional. A Figura 2.25b mostra a resposta de geração e a resposta em outro local de teste. A correspondência ruim entre essas duas respostas resulta em uma correlação baixa, o que indica conectividade funcional ruim ou nenhuma.

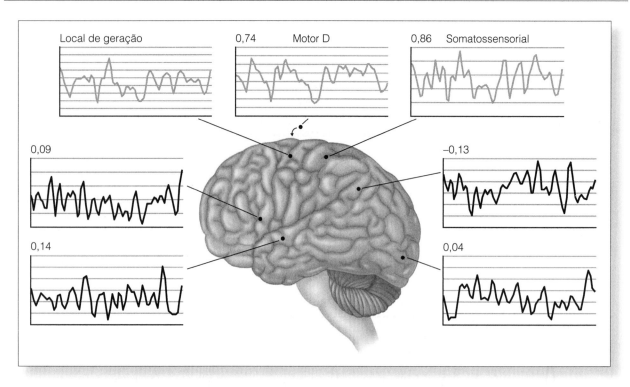

▶ **Figura 2.26** Respostas da fMRI em estado de repouso para os locais de teste de geração *Motor (E)*, *Motor (D)*, *Somatossensorial* e cinco locais de teste em outras partes do cérebro. Os números indicam correlações entre a resposta no local de geração e cada resposta no local de teste. As respostas *motoras (E)* e *somatossensoriais* foram selecionadas porque têm altas correlações, o que indica alta conectividade funcional com a do local de geração. Os outros locais têm correlações baixas, portanto, não estão funcionalmente conectados ao local de geração. (As respostas são cortesia de Ying-Hui Chou.)

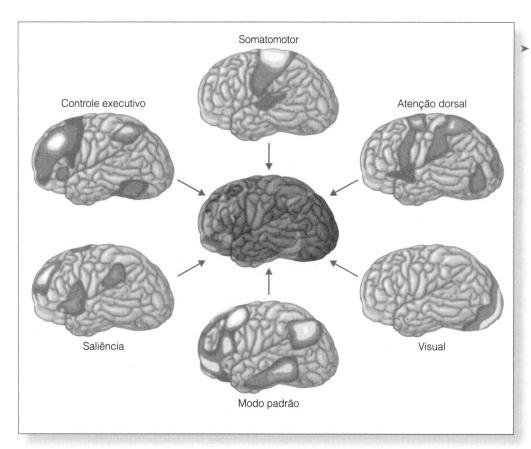

▶ **Figura 2.27** Seis redes principais do cérebro determinadas pelo procedimento de fMRI em estado de repouso. Observe que todas essas redes aumentam a atividade durante uma tarefa e diminuem a atividade quando em repouso, *exceto* o modo de rede padrão, que diminui a atividade durante uma tarefa e aumenta a atividade quando não há tarefa. Ver na Tabela 2.1 descrições breves dessas redes.

(Fonte: de Zabelina e Andrews-Hanna, 2016.)

TABELA 2.1 Seis redes funcionais comuns determinadas por fMRI em estado de repouso

Rede	Função
Visual	Visão; percepção visual
Somatomotor	Movimento e toque
Atenção dorsal	Atenção a estímulos visuais e locais espaciais
Controle executivo	Tarefas cognitivas de nível superior envolvidas na memória de trabalho (ver Capítulo 5) e direcionamento da atenção durante tarefas
Saliência	Participação em eventos relevantes para a sobrevivência no ambiente
Modo padrão	Divagação da mente e atividade cognitiva relacionada à história de vida pessoal, funções sociais e monitoramento de estados emocionais internos

Fontes: de Barch, 2013; Bressler e Menon, 2010; Raichle, 2011; Zabelina e Andrews-Hanna, 2016. Observe que também existem outras redes, incluindo redes envolvidas na audição, memória e linguagem.

Um método para determinar se a resposta de duas áreas está correlacionada baseia-se na **fMRI em estado de repouso** — a resposta da fMRI medida enquanto uma pessoa está em repouso (isto é, não está realizando uma tarefa cognitiva). O procedimento para medir a **conectividade funcional em estado de repouso** foi introduzido por Bharat da Biswal e colaboradores (1995).

A Figura 2.26 mostra a série temporal para o local de geração e uma série de locais de teste, e as correlações entre os locais de geração e teste. Os locais de teste, *somatossensorial* e *motor (D)*, estão altamente correlacionados com a resposta de geração e, portanto, têm alta conectividade funcional com o local de geração. É uma evidência de que essas estruturas fazem parte de uma rede funcional. Todos os outros locais têm correlações baixas, portanto, não são parte da rede.

A conectividade medida por fMRI em estado de repouso tornou-se um dos principais métodos para determinar a conectividade funcional. A Figura 2.27 mostra as redes determinadas para algumas funções diferentes usando esse procedimento. A Tabela 2.1 resume as funções dessas redes.

Existem também outras maneiras de determinar a conectividade funcional. Por exemplo, a conectividade funcional pode ser determinada medindo a fMRI relacionada a tarefas nos locais de geração e teste e determinando as correlações entre as duas respostas, como fizemos para a fMRI em estado de repouso. É importante observar que afirmar que duas áreas estão *funcionalmente conectadas* não necessariamente significa que elas *se comunicam* diretamente por vias neurais. Por exemplo, a resposta de duas áreas pode estar altamente correlacionada porque ambas recebem estímulos de outra área. Conectividade funcional e conectividade estrutural não são, portanto, a mesma coisa, mas estão relacionadas, assim regiões com alta conectividade estrutural frequentemente mostram alto nível de conectividade funcional (Poldrack et al., 2015; van den Heuvel e Pol, 2010).

As imagens na Figura 2.27 mostram que o mapa estrutural geral do cérebro é dividido em mapas funcionais menores, assim diferentes cognições ativam diferentes grupos de neurônios. No entanto, para realmente entender o que acontece durante a cognição, precisamos ir além da simples identificação das áreas que desempenham funções diferentes. Precisamos considerar a *dinâmica* da cognição.

A dinâmica da cognição

Para entender o que queremos dizer com dinâmica da cognição, vamos retornar à nossa analogia entre o mapa estrutural do cérebro e o sistema viário de uma cidade grande. Imagine subir em um helicóptero e sobrevoar a cidade para poder observar os padrões do fluxo de tráfego em vários momentos do dia. Ao voar sobre a cidade, você percebe como esse fluxo muda quando o sistema viário atende a funções diferentes. Na hora do rush matinal, quando a função é levar as pessoas ao trabalho, há grande fluxo dos subúrbios em direção à cidade pelas principais rodovias. A hora do rush noturno inverte o fluxo nas principais rodovias, conforme as pessoas dirigem-se para casa, e o fluxo também pode aumentar nas ruas suburbanas um pouco mais tarde. Durante o dia, o fluxo de tráfego pode ser mais intenso nas áreas comerciais; e antes e depois de eventos especiais, como uma partida de futebol no fim de semana, o fluxo será intenso nas ruas que vão de e para o estádio.

A ideia desse exemplo é que, assim como o fluxo de tráfego na cidade muda dependendo das condições, o fluxo de atividades dentro e através das redes funcionais no cérebro também muda, dependendo das condições. Por exemplo, vamos considerar o que acontece quando uma pessoa olha para uma xícara de café em uma mesa. Olhar para a xícara provoca atividade na rede funcional visual, conforme a pessoa percebe as várias qualidades da xícara. Enquanto isso, a rede atencional também pode ser ativada, conforme a pessoa focaliza a atenção na xícara, e então a rede motora é ativada à medida que a pessoa tenta pegar a xícara, apanha e levanta-a para beber. Portanto, mesmo uma experiência cotidiana simples, como olhar e pegar uma xícara de café, envolve alternância e compartilhamento rápidos de informações entre algumas redes funcionais diferentes (van den Heuvel e Pol, 2010).

Além dessa alternância rápida entre as redes, as mudanças na conectividade também podem ocorrer mais lentamente. Por exemplo, a conectividade funcional muda nas redes de memória da manhã para a noite à medida que as memórias são acumuladas durante o dia e são fortalecidas à noite (Shannon et al., 2013). A ocorrência de mudanças na conectividade também foi relatada em resposta a ingerir alimento ou beber café, com algumas redes sendo fortalecidas e outras enfraquecidas quando uma pessoa que havia jejuado durante um dia voltou a comer e beber (Poldrack et al., 2015; ver também McMenamin et al., 2014, para o efeito da ansiedade sobre as redes). As redes funcionais não são, portanto, simplesmente diagramas estáticos, mas envolvem atividades em constante mudança dentro e entre as redes (Mattar et al., 2015).

Muitas das ideias sobre redes e conectividade que descrevemos baseiam-se em pesquisas recentes que seguem de maneira lógica a ideia da representação distribuída. Afinal de contas, se as funções são representadas por estruturas em várias áreas diferentes do cérebro, faz sentido que elas possam se comunicar umas com as outras. No entanto, no processo de descoberta de ideias sobre como as redes funcionam, uma descoberta, feita nas últimas duas décadas, foi extremamente inesperada. Descobriu-se que uma rede que respondia não quando as pessoas estavam envolvidas em tarefas — mas quando não estavam! Essa rede é chamada *rede de modo padrão*.

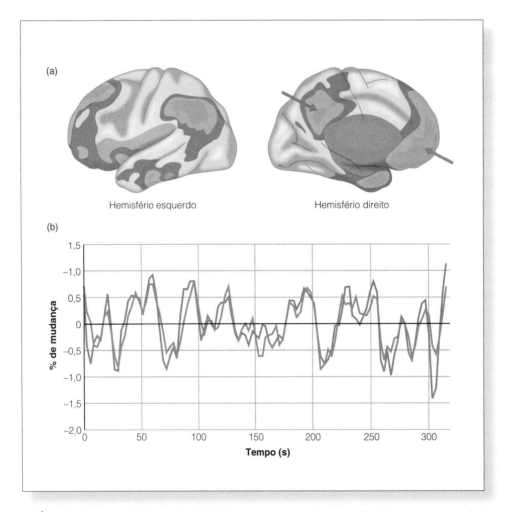

➤ Figura 2.28 (a) Áreas do cérebro que diminuem a atividade durante a execução de uma tarefa. (b) Atividade no estado de repouso em dois pontos no hemisfério direito, indicada pelas setas acima. O fato de a atividade no estado em repouso estar correlacionada indica que essas áreas estão funcionalmente conectadas. Todas essas áreas, juntas, são chamadas *rede de modo padrão*. Veja esta imagem em cores, no suplemento colorido, ao final do livro.

(Fonte: de Raichle, 2015.)

A rede de modo padrão

A **rede de modo padrão (RMP)**, mostrada na parte inferior da Figura 2.27, é uma rede de estruturas que responde quando uma pessoa não está envolvida em tarefas específicas. A história por trás da descoberta dessa rede começa com um artigo de Gordon Shulman e colaboradores (1997), que observaram alguns estudos anteriores de fMRI em que a apresentação de uma tarefa provocava uma *diminuição* na atividade em algumas áreas do cérebro, e interrupção da tarefa provocava um aumento na atividade nas mesmas áreas. Isso era diferente do resultado normal, no qual a apresentação de uma tarefa está associada a um aumento na atividade e a interrupção da tarefa está associada a uma diminuição na atividade.

Seguindo essa observação, Marcus Raichle e colaboradores (2001), em um artigo intitulado "A Default Mode of Brain Function", propuseram que as áreas que diminuem a atividade durante as tarefas representam um "modo padrão" da função cerebral — isto é, um modo de funcionamento do cérebro que ocorre quando está em repouso.

Para tornar as coisas ainda mais interessantes, pesquisas usando o método de conectividade funcional em estado de repouso indicaram que áreas nos lobos frontal e parietal que diminuem a atividade durante as tarefas (Figura 2.28a) correlacionaram-se com a atividade em estado de repouso (Figura 2.28b) (Greicius et al., 2003). Essas áreas são, portanto, parte de uma rede funcional, que é identificada como a rede de modo padrão (RMP) na Figura 2.27.

Há muita especulação e pesquisa sobre o propósito da RMP. Uma observação interessante é que, quando a RMP está ativa, a mente das pessoas tende a divagar (Killingsworth e Gilbert, 2010; Smallwood e Schooler, 2015). Provavelmente, isso é algo que você experimentou. Um minuto você está dirigindo pela rodovia, prestando muita atenção a como você está dirigindo, mas então, mesmo sem perceber, descobre que sua mente está vagando em pensamentos sobre o que fará mais tarde ou como lidar com alguma preocupação contínua. O que aconteceu? Seu cérebro alternou de redes relacionadas a tarefas envolvidas no ato de dirigir para sua rede de modo padrão. Como você pode esperar, a mente vagando durante o ato de dirigir, bem como durante outras tarefas, não necessariamente é uma coisa boa para o desempenho. Essa ideia é confirmada por um grande corpo de pesquisas que mostra que a mente divagando diminui o desempenho em tarefas que requerem bastante atenção (Lerner, 2015; Moneyham e Schooler, 2013; Smallwood, 2011).

No entanto, a RMP deve ter um propósito além de criar uma divagação da mente que o distraia de seu trabalho! Afinal de contas, é uma das maiores redes do cérebro e é responsável por grande parte da atividade do cérebro quando está em repouso. Em alguns dos capítulos a seguir, vamos considerar evidências que mostram que a RMP está envolvida em processos que vão desde a atenção à memória até a criatividade.

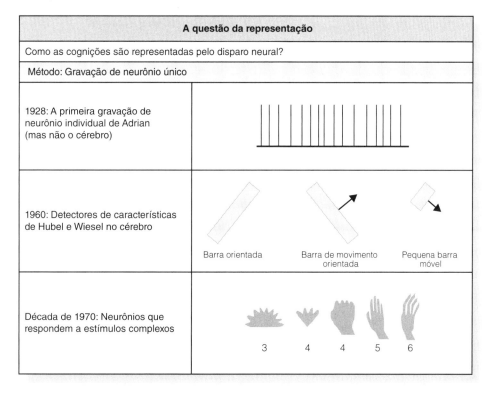

▶ Figura 2.29 Tecnologia envolvida em pesquisas que estudam como as cognições são representadas pelo disparo neural. Os avanços tecnológicos tornaram possível registrar a partir do cérebro e estudar como os neurônios respondem a estímulos mais complexos.

▶ Algo a considerar: a tecnologia determina as perguntas que podemos fazer

Abordamos muitos campos neste capítulo, desde as primeiras pesquisas neuropsicológicas sobre como o dano cerebral afeta a linguagem até como neurônios individuais respondem a estímulos visuais, até como cognições multidimensionais são representadas pela atividade dinâmica em redes neurais interconectadas.

Quando consideramos todos os métodos que descrevemos, podemos ver que as perguntas que os pesquisadores fizeram dependiam da tecnologia disponível. Considere, por exemplo, *A questão de representação*: "Como as cognições são representadas pelo disparo neural?" (Figura 2.29). O primeiro passo para responder a essa pergunta foi a introdução da técnica de registro de neurônios individuais em 1928. No entanto, só mais tarde essa questão foi respondida, no início da década de 1950, quando eletrodos e amplificadores mais avançados possibilitaram o registro de neurônios individuais no cérebro. Assim que isso se tornou possível, os pesquisadores foram capazes de deixar de perguntar "como os neurônios respondem a um flash de luz?" a "como os neurônios respondem a formas complexas?".

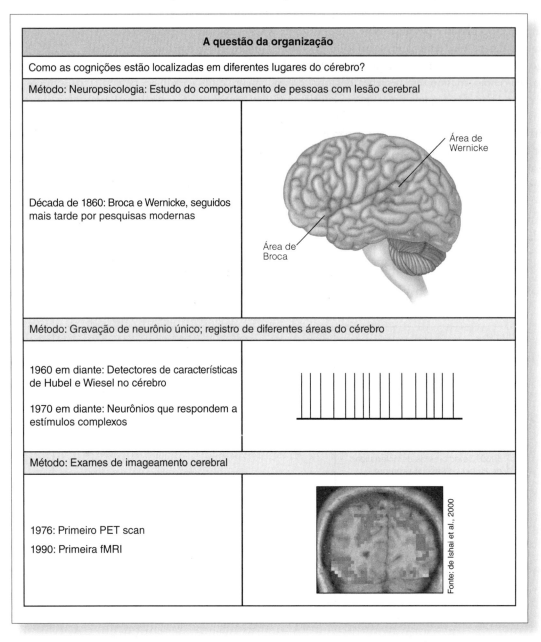

▶ Figura 2.30 Tecnologia envolvida em pesquisas que estudam como as cognições estão localizadas em diferentes áreas do cérebro. Três métodos diferentes foram utilizados: neuropsicologia (1860 em diante); registro de neurônio individual (anos 1960 em diante); e imageamento cerebral (a partir de 1976 com PET, ganhando força em 1990, com a introdução de fMRI).

A busca para determinar como os neurônios respondem a diferentes tipos de estímulos visuais teve um efeito adicional. Isso levou os pesquisadores a começar a registrar neurônios em áreas do cérebro fora do córtex visual. Essas incursões a outras áreas do cérebro, como o córtex temporal, revelaram que até metade do cérebro é ativada por estímulos visuais (Van Essen,

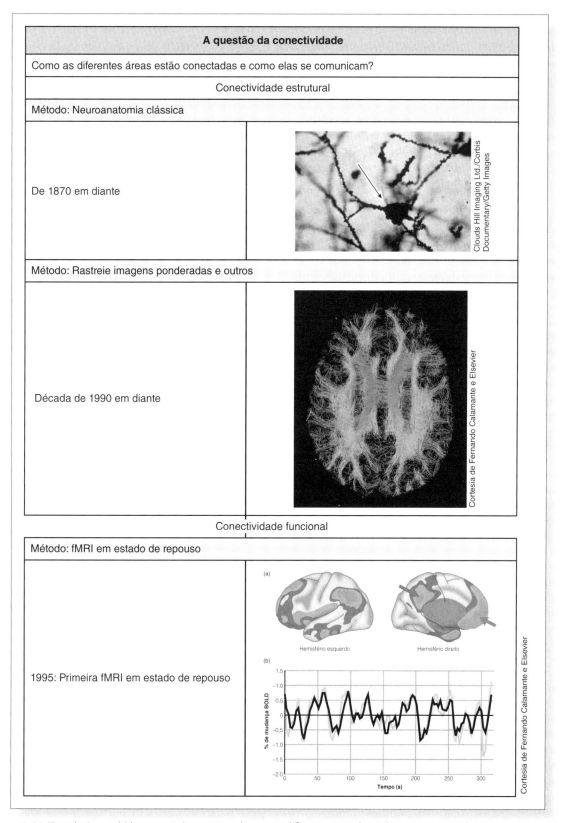

▶ Figura 2.31 Tecnologia envolvida em pesquisas que estudam como diferentes áreas do cérebro estão conectadas e como se comunicam. A conectividade estrutural foi estudada nos anos de 1800 utilizando técnicas neuroanatômicas e, a partir da década de 1990, usando imagens do cérebro. O estudo da conectividade funcional decolou com a introdução do método fMRI em estado de repouso em 1995.

2004). Pesquisas posteriores mostraram que outras funções cognitivas, como audição, dor, memória e linguagem, ativam várias áreas do cérebro.

A descoberta de que estímulos podem ativar uma grande área do cérebro nos leva à *questão da organização*: "Como as cognições estão localizadas em diferentes áreas do cérebro?" (Figura 2.30). Essa pergunta foi estudada pela primeira vez em humanos nos anos de 1800 por Broca e Wernicke em pesquisas em pacientes com lesões cerebrais e então em animais nas décadas de 1960 e 1970 usando registro de neurônio individual. Embora muito tenha sido aprendido sobre a organização do cérebro usando essas técnicas, pesquisas sobre a organização do cérebro humano decolaram quando a tecnologia de varredura cerebral foi introduzida — primeira PET em 1976 e então fMRI em 1990, o que tornou possível mapear padrões da atividade cerebral em humanos.

No entanto, apenas determinar quais áreas do cérebro eram ativadas não foi suficiente para os pesquisadores. Eles queriam ir além da determinação de mapas estáticos para estudar a comunicação dinâmica, e então colocaram a *questão da comunicação*: "Como as diferentes áreas do cérebro estão conectadas e como elas se comunicam?" (Figura 2.31). A ideia de que os neurônios formam circuitos remonta aos primeiros experimentos de anatomia do século 19, que, como os registros de um neurônio individual, eram realizados em animais. Porém a introdução de imagens cerebrais e outras tecnologias tornaram possível começar a determinar a conectividade estrutural (o "roteiro" do cérebro) e a conectividade funcional (o "padrão de tráfego" do cérebro).

Os eventos que descrevemos mostram que a tecnologia determinou não apenas o que pode ser aprendido sobre o funcionamento do cérebro, mas também os tipos de comportamento que podem ser estudados. As primeiras pesquisas envolviam comportamentos simples — a capacidade de perceber um flash de luz, uma linha direcionada ou uma forma geométrica. Mesmo mais tarde, quando os pesquisadores começaram a apresentar objetos mais complexos como faces, em geral eles eram apresentados como imagens em flashes rápidos. No entanto, pesquisas atuais envolvem estímulos mais naturalistas, como eventos retratados em filmes. E talvez mais importante, embora as primeiras pesquisas tenham focalizado principalmente estímulos visuais, pesquisas atuais expandiram-se para incluir comportamentos cognitivos que vão desde lembrar o passado e imaginar o futuro até compreender frases e tomar decisões.

Entretanto, antes de nos deixarmos levar pelas maravilhas da tecnologia, não percamos de vista o fato de que embora possa ser interessante entender como os neurônios funcionam, onde as estruturas cerebrais estão localizadas ou como os neurônios se comunicam em redes, os psicólogos não estão realmente interessados em estudar fisiologia por si só. Eles estão interessados em determinar a relação entre mecanismos fisiológicos e experiências, pensamentos e ações.

A abordagem neste livro, portanto, baseia-se na ideia de que a melhor maneira de explicar a cognição é realizando experimentos comportamentais e fisiológicos. À medida que lê este livro, você encontrará muitos exemplos de situações em que os resultados de experimentos comportamentais e fisiológicos foram usados em conjunto para fornecer uma compreensão mais profunda da mente do que seria fornecida por qualquer um deles isoladamente.

TESTE VOCÊ MESMO 2.2

1. O que é localização da função? Descreva como a localização foi demonstrada pela neuropsicologia e registro de neurônios. Certifique-se de compreender o princípio das dissociações duplas.
2. Descreva os princípios básicos por trás da imagem por ressonância magnética funcional.
3. Descreva evidências de imagens cerebrais para localização da função. Descreva experimentos que envolveram ver fotos e filmes. O que cada tipo de experimento informa sobre a localização da função?
4. O que é representação distribuída? Como a representação distribuída está relacionada à natureza multidimensional da experiência? Como o processamento distribuído é ilustrado pela maneira como o cérebro responde ao olhar para faces, a recordações e linguagem?
5. O que é uma rede neural?
6. O que é conectividade estrutural? Como é medida?
7. O que é conectividade funcional? Como é medida e quais são algumas redes que foram determinadas usando essa técnica?
8. O que significa dizer que o funcionamento das redes cerebrais é dinâmico?
9. Qual é a rede de modo padrão? Como é diferente de outras redes?
10. Descreva a conexão entre os avanços da tecnologia e pesquisas sobre a fisiologia da cognição.

SUMÁRIO DO CAPÍTULO

1. A neurociência cognitiva é o estudo da base fisiológica da cognição. Adotar uma abordagem de níveis de análise para o estudo da mente envolve pesquisas nos níveis comportamental e fisiológico.

2. A pesquisa de Ramon y Cajal resultou no abandono da teoria da rede neural em favor da doutrina dos neurônios, que afirma que células individuais chamadas *neurônios* transmitem sinais no sistema nervoso.

3. Os sinais podem ser registrados a partir de neurônios usando microeletrodos. Edgar Adrian, que registrou os primeiros sinais de neurônios individuais, determinou que os potenciais de ação permanecem do mesmo tamanho à medida que percorrem um axônio e que o aumento da intensidade do estímulo aumenta a taxa de disparo nervoso.

4. O princípio da representação neural afirma que tudo o que uma pessoa experimenta baseia-se não no contato direto com os estímulos, mas em representações no sistema nervoso da pessoa.

5. A representação por neurônios pode ser explicada considerando os detectores de características, neurônios que respondem a estímulos complexos e como os neurônios estão envolvidos na codificação de especificidade, codificação populacional e codificação esparsa.

6. A ideia de localização da função na percepção é corroborada pela existência de uma área receptora primária distinta para cada sentido, pelos efeitos da lesão cerebral na percepção (por exemplo, prosopagnosia), pelo registro de neurônios individuais e dos resultados de experimentos de imagem cerebral.

7. Imagens cerebrais medem a ativação do cérebro avaliando o fluxo sanguíneo no cérebro. Ressonância magnética funcional (fMRI) é amplamente utilizada para determinar a ativação do cérebro durante o funcionamento cognitivo. Experimentos com imagens cerebrais mediram a resposta a imagens estáticas para identificar áreas no cérebro humano que respondem melhor a faces, lugares e corpos, e a resposta a filmes para criar um mapa cerebral indicando os tipos de estímulo que ativam diferentes áreas do cérebro.

8. A ideia do processamento distribuído é que funções específicas são processadas por várias áreas diferentes do cérebro. Uma razão para a ativação de muitas áreas é a natureza multidimensional da experiência. Esse princípio é ilustrado pela natureza multidimensional de ver uma face, lembrar e produzir e compreender a linguagem.

9. Redes neurais são grupos de neurônios ou estruturas que estão formalmente conectados e também relacionados de maneira funcional.

10. A conectividade estrutural define o sistema viário neural do cérebro. Foi medida usando imagens de faixa ponderada.

11. A conectividade funcional ocorre quando diferentes áreas têm respostas correlacionadas temporalmente. A medição por fMRI em estado de repouso surgiu como um modo de medir a conectividade funcional, mas a conectividade funcional também pode ser medida por fMRI relacionada a tarefas.

12. Algumas redes funcionais diferentes, como redes visuais, auditivas, de saliência, funções executivas e motoras, foram determinadas usando fMRI em repouso.

13. Uma descrição completa das redes deve incluir os aspectos dinâmicos da atividade da rede.

14. O modo de rede padrão é diferente de outras redes porque sua atividade diminui quando uma pessoa está envolvida em uma tarefa, mas aumenta quando o cérebro está em repouso. A função da RMP ainda está sendo estudada, mas sugeriu-se que pode desempenhar papéis importantes em vários processos cognitivos, que discutiremos mais adiante neste livro.

15. O progresso na compreensão da fisiologia da cognição depende dos avanços da tecnologia. Isso é demonstrado considerando a conexão entre a tecnologia e a resposta a três perguntas básicas: a pergunta sobre representação, a pergunta sobre organização e a pergunta sobre comunicação.

PENSE NISSO

1. Alguns psicólogos cognitivos chamam o cérebro de computador da mente. No que os computadores são bons e o cérebro não? Como você acha que o cérebro e os computadores podem ser comparados em termos de complexidade? Que vantagem o cérebro tem sobre um computador?

2. As pessoas geralmente acham que estão experimentando o ambiente de maneira direta, especialmente quando se trata de experiências sensoriais, como ver, ouvir ou sentir a textura de uma superfície. Mas nosso conhecimento de como o sistema nervoso funciona indica que esse não é o caso. Por que um fisiologista afirmaria que todas as nossas experiências são indiretas?

3. Quando a atividade cerebral é medida em um scanner de fMRI, a cabeça da pessoa é cercada por uma série de ímãs e deve ser mantida perfeitamente imóvel. Além disso, o funcionamento da máquina é muito ruidoso. Como essas características dos scanners cerebrais limitam os tipos de comportamento que podem ser estudados por meio da varredura cerebral?

4. Argumentou-se que nunca seremos capazes de compreender totalmente como o cérebro funciona, porque fazer isso envolve o uso do cérebro para estudá-lo. O que você acha desse argumento?

TERMOS-CHAVE

Afasia de Broca 34
Afasia de Wernicke 34
Área de Broca 33
Área de Wernicke 34
Área do corpo extraestriado (ACE) 36
Área do local para-hipocampal (ALH) 36
Área fusiforme da face (AFF) 36
Axônios 24
Circuitos neurais 25
Codificação de especificidade 31
Codificação esparsa 32
Codificação populacional 32
Código sensorial 31
Conectividade estrutural 40
Conectividade funcional 40
Conectividade funcional em estado de repouso 43
Conectoma 40
Corpo celular 24
Córtex cerebral 33
Córtex visual 30

Dendritos 24
Detectores de características 29
Dupla dissociação 35
Doutrina dos neurônios 24
Eletrodo de referência 25
Eletrodo de registro 25
Equipotencialidade cortical 33
Fibras nervosas 24
fMRI em estado de repouso 43
fMRI relacionada a tarefas 36
Imageamento cerebral 35
Imagens por ressonância magnética funcional (fMRI) 35
Impulso nervoso 26
Lobo frontal 34
Lobo occipital 34
Lobo parietal 34
Lobo temporal 31
Local de geração 40
Local de teste 40
Localização da função 33
Microeletrodos 25

Multidimensional 38
Neurociência cognitiva 22
Neurônios 23
Neuropsicologia 33
Neurotransmissor 26
Níveis de análise 22
Plasticidade dependente da experiência 29
Potencial de ação 26
Potencial de repouso 25
Princípio da representação neural 27
Processamento hierárquico 31
Prosopagnosia 34
Receptores 25
Rede de modo padrão (RMP) 45
Rede nervosa 24
Redes neurais 39
Representação distribuída 38
Resposta de série temporal 41
Sinapse 25
Track-Weighted Imaging (TWI) 40
Voxels 35

Você pode ter tido poucas dificuldades para perceber a imagem como uma escada, sem estar ciente dos processos complexos que levaram à sua percepção. Entre as proezas perceptivas que você realizou estavam dizer a diferença entre o corrimão e a sombra na parede, ao perceber que metade das barras verticais do corrimão está à sombra e a outra metade à luz do sol (não são duas cores diferentes), e que o "objeto" mais escuro à esquerda provavelmente é parte de uma porta. Pode ter demorado um pouco mais para decidir que a sombra na parede era projetada não pelo corrimão que você pode ver, mas por outro corrimão no andar de cima. Um dos temas deste capítulo é que, embora a percepção geralmente seja fácil, é criada por processos complexos que geralmente funcionam sem você estar ciente.

Percepção

3

A natureza da percepção
Algumas características básicas de percepção
Um ser humano percebe objetos e uma cena
Um sistema de visão por computador percebe objetos e uma cena
➤ Demonstração: quebra-cabeça perceptivo em uma cena

Por que é tão difícil projetar uma máquina perceptiva?
O estímulo nos receptores é ambíguo
Objetos podem estar ocultos ou desfocados
Objetos parecem diferentes de diferentes pontos de vista
Cenas contêm informações de alto nível

Informações para percepção humana
Percebendo objetos
Ouvindo palavras em uma sentença
➤ TESTE VOCÊ MESMO 3.1

Concepções da percepção de objetos
Teoria da inferência inconsciente de Helmholtz
Os princípios da Gestalt da organização
　Boa continuação
　Prägnanz
　Similaridade
Levando em consideração as regularidades do ambiente
　Regularidades físicas
　Regularidades semânticas
　➤ Demonstração: visualizando cenas e objetos

Inferência bayesiana
Comparando as quatro abordagens
➤ TESTE VOCÊ MESMO 3.2

Neurônios e conhecimento sobre o ambiente
Neurônios que respondem a objetos horizontais e verticais
Plasticidade dependente da experiência

Percepção e ação: comportamento
O movimento facilita a percepção
A interação entre percepção e ação

Percepção e ação: fisiologia
Fluxos "o quê" e "onde"
➤ Método: ablação do cérebro
Fluxos de percepção e ação
Neurônios-espelho

Algo a considerar: conhecimento, inferência e previsão
➤ TESTE VOCÊ MESMO 3.3

SUMÁRIO DO CAPÍTULO
PENSE NISSO
TERMOS-CHAVE

ALGUMAS PERGUNTAS QUE VAMOS CONSIDERAR

- Por que duas pessoas podem ter percepções diferentes em resposta ao mesmo estímulo?
- Como a percepção depende do conhecimento de uma pessoa sobre as características do ambiente?
- Como o cérebro se torna sintonizado para responder melhor a estímulos que provavelmente vão aparecer no ambiente?
- Qual é a conexão entre percepção e ação?

Crystal começa sua corrida ao longo da praia assim que o sol nasce sobre o oceano. Ela adora essa hora do dia, porque a temperatura é amena e a névoa que sobe da areia cria um efeito místico. Olha em direção à praia e observa algo a cerca de 1.000 metros de distância que no dia anterior não estava lá. "Que pedaço de madeira flutuante interessante", pensa ela, embora seja difícil vê-lo por causa da névoa e luz fraca (Figura 3.1a). À medida que se aproxima do objeto, começa a duvidar de sua percepção inicial, e assim como ela se pergunta se não seria madeira carregada pela água, nota que, na verdade, é o velho guarda-sol que estava sob o posto de salva-vidas no dia anterior (Figura 3.1b). "A madeira carregada pela água transformou-se em um guarda-chuva, bem diante dos meus olhos", ela pensa.

Continuando pela praia, ela passa por uma corda enrolada que parece abandonada (Figura 3.1c). Ela para a fim de verificar. Ao pegar uma das pontas, ela vira a corda e vê que, como suspeitava, é um fio contínuo. No entanto, precisa continuar correndo, porque deve encontrar uma amiga na Beach Java, uma cafeteria bem perto da praia. Mais tarde, sentada na cafeteria, ela conta à amiga sobre o pedaço de madeira mágica carregado pela água que se transformou em um guarda-chuva.

▶ A natureza da percepção

Definimos **percepção** como experiências resultantes da estimulação dos sentidos. Para entender como essas experiências são criadas, vamos voltar à Crystal na praia.

Algumas características básicas de percepção

As experiências de Crystal demonstram vários aspectos sobre a percepção. A experiência dela de ver o que achava ser madeira flutuante e que se transforma em um guarda-chuva ilustra como as percepções podem mudar com base em informações adicionais (a visão de Crystal melhorou à medida que se aproximava do guarda-chuva) e como a percepção pode envolver um processo semelhante ao raciocínio ou solução de problemas (Crystal descobriu no que o objeto parcialmente se baseava

▶ Figura 3.1 (a) Inicialmente, Crystal pensa que vê um grande pedaço de madeira flutuante bem longe na praia. (b) Com o tempo ela percebe que está olhando para um guarda-chuva. (c) No caminho para a praia, ela passa por uma corda enrolada.

na lembrança de ter visto o guarda-chuva no dia anterior). (Outro exemplo de uma percepção inicialmente errônea seguida por uma correção é a famosa frase da cultura pop, "É um pássaro. É um avião. É o super-homem!"). A suposição de Crystal de que a corda enrolada era contínua mostra como a percepção pode basear-se em uma regra perceptiva (*quando os objetos se sobrepõem, aquele que está embaixo geralmente continua atrás daquele que está em cima*), que pode se basear na experiência passada da pessoa.

A experiência de Crystal também demonstra como chegar a uma percepção pode envolver um *processo*. Crystal levou algum tempo para perceber que o que pensava ser madeira flutuante era, na verdade, um guarda-chuva, assim é possível descrever a percepção dela como envolvendo um processo de "raciocínio". Na maioria dos casos, a percepção ocorre tão rapidamente e sem esforço que parece ser automática. No entanto, como veremos neste capítulo, a percepção está longe de ser automática. Ela envolve processos complexos e, geralmente, invisíveis que se assemelham ao raciocínio, embora ocorram muito mais rapidamente do que a percepção de Crystal de que a madeira flutuante era na verdade um guarda-chuva.

Por fim, a experiência de Crystal também ilustra como a percepção ocorre em conjunto com a ação. Crystal está correndo e percebendo ao mesmo tempo; mais tarde, na cafeteria, ela alcança facilmente a xícara de café, um processo que envolve a coordenação de ver a xícara de café, determinar a localização, alcançá-la fisicamente e agarrar a alça. Esse aspecto das experiências de Crystal é o que acontece na percepção cotidiana. Normalmente estamos nos movendo e, mesmo quando estamos simplesmente sentados em um lugar assistindo a TV, um filme ou um evento esportivo, nossos olhos estão constantemente em movimento enquanto mudamos nossa atenção de uma coisa para outra a fim de perceber o que está acontecendo. Também pegamos e selecionamos coisas muitas vezes ao dia, seja uma xícara de café, um telefone ou este livro. A percepção, portanto, é mais do que apenas "ver" ou "ouvir". É fundamental para nossa capacidade de organizar as ações que ocorrem quando interagimos com o ambiente.

É importante reconhecer que, embora a percepção crie uma imagem de nosso ambiente e ajude a agir dentro dele, também desempenha um papel central na cognição em geral. Quando consideramos que a percepção é essencial para criar memórias, adquirir conhecimentos, resolver problemas, comunicar-se com outras pessoas, reconhecer alguém que você conheceu na semana passada e responder a perguntas em um exame de psicologia cognitiva, fica claro que a percepção é a porta de entrada para todas as outras cognições que vamos descrever neste livro.

O objetivo deste capítulo é explicar os mecanismos responsáveis pela percepção. Para começar, passamos da experiência de Crystal na praia e no café para o que acontece quando percebemos uma cena metropolitana: Pittsburgh vista do terraço do PNC Park, casa dos Pittsburgh Pirates.

Um ser humano percebe objetos e uma cena

Sentado no terraço do PNC Park, Roger avista a cidade (Figura 3.2). Ele vê um conjunto com cerca de dez edifícios à esquerda e pode facilmente distinguir um do outro. Olhando para a frente, ele vê um pequeno edifício na frente de um maior, e não tem problemas para dizer que são dois edifícios distintos. Olhando para baixo em direção ao rio, ele percebe uma faixa amarela horizontal acima da arquibancada direita do campo. É óbvio para ele que isso não faz parte do estádio, mas está localizado do outro lado do rio.

Todas as percepções de Roger vêm de modo natural e requerem pouco esforço. No entanto, quando analisamos atentamente a cena, torna-se aparente que apresenta muitos "quebra-cabeças". A demonstração a seguir aponta alguns deles.

Embora possa ter sido fácil responder às perguntas, provavelmente foi um pouco mais desafiador indicar qual era o seu "raciocínio". Por exemplo, como você sabia que a área escura em A é uma sombra? Pode ser um prédio de cor escura que está à frente de um prédio de cor clara. Com base em que você pode ter decidido que o edifício D estende-se por trás do edifício A? Afinal de contas, poderia simplesmente terminar exatamente onde A começa. Poderíamos fazer perguntas semelhantes sobre tudo nessa cena porque, como veremos, um determinado padrão de formas pode ser criado por uma ampla variedade de objetos.

Uma das mensagens dessa demonstração é que, para determinar o que está "lá fora", é necessário ir além do padrão de claro e escuro que uma cena cria na retina — a estrutura que reveste a parte de trás do olho e contém os receptores para a visão. Uma maneira de avaliar a importância desse processo de "ir além" é considerar a dificuldade de programar até mesmo os computadores mais poderosos para realizar tarefas perceptivas que os humanos realizam com facilidade.

Um sistema de visão por computador percebe objetos e uma cena

Um computador que pode perceber é um sonho que remonta aos primeiros filmes e ficção científica. Como os filmes podem inventar coisas, foi fácil mostrar os androides R2-D2 e C3PO conversando no planeta deserto Tatooine no *Star Wars* original (1977). Mesmo que o C3PO tenha falado mais (o R2D2 predominantemente bipava), ambos podiam aparentemente navegar pelo ambiente com facilidade e reconhecer objetos ao longo do caminho.

56   Psicologia cognitiva

▶ Figura 3.2 É fácil dizer que há vários edifícios diferentes à esquerda e que bem à frente há um edifício retangular baixo em frente a um edifício mais alto. Também é possível dizer que a faixa amarela horizontal acima das arquibancadas está do outro lado do rio. Essas percepções são fáceis para os humanos, mas seriam bastante difíceis para um sistema de visão por computador. As letras à esquerda indicam as áreas referidas no quadro Demonstração, a seguir. Esta figura está disponível, em cores, no suplemento colorido, ao final do livro.

DEMONSTRAÇÃO   Quebra-cabeça perceptivo em uma cena

As perguntas a seguir referem-se às áreas rotuladas na Figura 3.2. A tarefa é responder a cada pergunta e indicar o raciocínio por trás de cada resposta:

Qual é a área escura em A?

As superfícies em B e C estão voltadas para a mesma direção ou para direções diferentes?

As áreas B e C estão no mesmo edifício ou em edifícios diferentes?

O edifício em D estende-se atrás do edifício em A?

No entanto, projetar um sistema de visão por computador que possa realmente perceber o ambiente e reconhecer objetos e cenas é mais complicado do que produzir um filme de *Guerra nas Estrelas*. Na década de 1950, quando os computadores digitais se tornaram disponíveis para os pesquisadores, pensava-se que talvez fosse necessária uma década para projetar um sistema de visão por máquina que rivalizasse com a visão humana. Porém, os primeiros sistemas eram primitivos e levavam minutos para calcular e identificar objetos isolados simples que uma criança poderia nomear em segundos. Perceber objetos e cenas era, os pesquisadores perceberam, coisa de ficção científica.

Somente em 1987 foi fundado o *International Journal of Computer Vision*, a primeira revista dedicada exclusivamente à visão computacional. Os artigos das primeiras edições discutiam tópicos como interpretar desenhos de linha de objetos curvos (Malik, 1987) e a maneira de determinar a estrutura tridimensional de uma cena com base em um filme do movimento ao longo da cena (Bolles et al., 1987). Esses artigos e outros na revista tiveram de recorrer a fórmulas matemáticas complexas para resolver problemas de percepção fáceis para os humanos.

Avance para 13 de março de 2004. Treze veículos robóticos estão alinhados no deserto de Mojave na Califórnia para o Grande Desafio da Agência de Projetos de Pesquisa Avançada de Defesa (DARPA). A tarefa era dirigir 150 milhas do ponto de partida até Las Vegas, usando apenas coordenadas de GPS para definir o curso e a visão computacional para evitar obstáculos. O melhor desempenho foi alcançado por um veículo inscrito pela Carnegie-Mellon University, que percorreu apenas 7,3 milhas antes de parar.

No entanto, o progresso continuou ao longo da próxima década, com milhares de pesquisadores e investimentos multimilionários, até agora, quando carros sem motorista não são mais uma novidade. Enquanto escrevo, uma frota de veículos da Uber sem motoristas está se orientando nas ruas sinuosas de Pittsburgh, San Francisco e outras cidades (**Figura 3.3**).

Uma mensagem da história anterior é que, embora as atuais realizações dos sistemas de visão por computador sejam impressionantes, acabou sendo extremamente difícil criar os sistemas que tornassem possíveis os carros sem motorista. Entretanto, por mais impressionantes que sejam os carros sem motorista, os sistemas de visão por computador ainda cometem erros ao nomear objetos. Por exemplo, a **Figura 3.4** mostra três objetos que um computador identificou como uma bola de tênis.

Em outra área da pesquisa de visão computacional, foram criados programas que podem descrever imagens de cenas reais. Por exemplo, um computador identificou com precisão uma cena semelhante à da **Figura 3.5** como "um grande avião em uma pista de decolagem".

▶ Figura 3.3 Carro sem motorista nas ruas de San Francisco.

▶ Figura 3.4 Mesmo programas de visão computacional que são capazes de reconhecer objetos com bastante precisão cometem erros, como objetos confusos que compartilham características. Neste exemplo, a tampa da lente e a parte superior do bule são classificadas erroneamente como "bola de tênis". (Fonte: com base em K. Simonyan et al., 2012.)

▶ Figura 3.5 Imagem semelhante àquela que um programa de visão por computador identificou como "um grande avião parado em uma pista de decolagem".

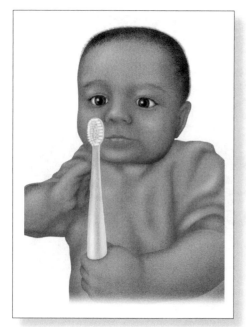

Figura 3.6 Imagem semelhante àquela que um programa de visão por computador identificou como "menino segurando um taco de beisebol".

No entanto, erros ainda ocorrem, como quando uma imagem semelhante à da Figura 3.6 foi identificada como "um menino segurando um taco de beisebol" (Fei-Fei, 2015). O problema do computador é que não possui o enorme depósito de informações sobre o mundo que os humanos começam a acumular assim que nascem. Se um computador nunca viu uma escova de dentes, ele irá identificá-la como algo com um formato semelhante. E, embora a resposta do computador à imagem do avião seja precisa, está além das capacidades do computador reconhecer que isso é uma imagem de aviões em exibição, talvez em um show aéreo, e que as pessoas não são passageiros, mas estão visitando o espetáculo aéreo. Portanto, por um lado, percorremos um longo caminho desde as primeiras tentativas na década de 1950 para projetar sistemas de visão computacional, mas, até hoje, os humanos ainda têm uma percepção superior aos computadores. Na próxima seção, vamos considerar alguns dos motivos pelos quais a percepção é tão difícil para os computadores dominarem.

▶ Por que é tão difícil projetar uma máquina perceptiva?

Vamos agora descrever algumas das dificuldades envolvidas no projeto de uma "máquina perceptiva". Lembre-se de que, embora os problemas que descrevemos representem dificuldades para os computadores, os humanos resolvem-nos facilmente.

O estímulo nos receptores é ambíguo

Ao olhar para a página deste livro, a imagem projetada pelas bordas da página na retina é ambígua. Pode parecer estranho dizer que, como (1) a forma retangular da página é óbvia, e (2) uma vez que conhecemos a forma da página e a distância em relação aos olhos, determinar a imagem dela na retina é um problema de geometria simples o que, como mostrado na Figura 3.7, pode ser resolvido estendendo "raios" dos cantos da página até o olho. Esta figura está disponível, em cores, no suplemento colorido, ao final do livro.

Entretanto, o sistema perceptivo não está preocupado em determinar a imagem de um objeto na retina. *Começa* com a imagem na retina e seu trabalho é determinar qual objeto "lá fora" criou a imagem. A tarefa de determinar o objeto responsável

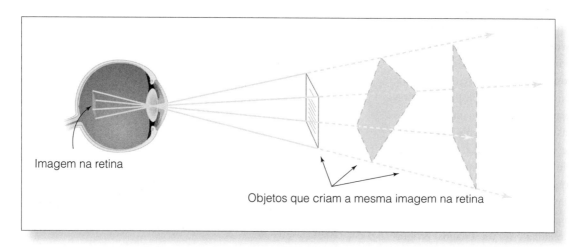

▶ Figura 3.7 A projeção do livro na retina pode ser determinada estendendo os raios (linhas sólidas) do livro para o olho. O princípio por trás do problema de projeção inversa é ilustrado pela extensão dos raios do olho para além do livro (linhas tracejadas). Ao fazermos isso, podemos ver que a imagem criada pelo livro pode ser produzida por um número infinito de objetos, entre eles o trapézio inclinado e o grande retângulo mostrado aqui. É por isso que dizemos que a imagem na retina é ambígua. Esta figura está disponível, em cores, no suplemento colorido, ao final do livro.

por uma imagem específica na retina chama-se **problema de projeção inversa**, porque envolve começar com a imagem na retina e estender os raios para fora do olho. Quando fazemos isso, como mostrado ao estender as linhas na Figura 3.7 para fora do olho, vemos que a imagem na retina criada pela página retangular também pode ter sido criada por vários outros objetos, incluindo um trapézio inclinado, um retângulo muito maior, e um número infinito de outros objetos, localizados em distâncias diferentes. Ao considerar que uma determinada imagem na retina pode ser criada por muitos objetos diferentes no ambiente, é fácil ver por que afirmamos que a imagem na retina é ambígua. Esta figura está disponível, em cores, no suplemento colorido, ao final do livro. No entanto, os seres humanos normalmente resolvem o problema de projeção inversa facilmente, embora ainda represente sérios desafios aos sistemas de visão por computador.

Objetos podem estar ocultos ou desfocados

Às vezes, os objetos estão ocultos ou desfocados. Procure o lápis e os óculos na Figura 3.8 antes de continuar lendo. Embora possa exigir um pouco de pesquisa, as pessoas podem encontrar o lápis no primeiro plano e a armação dos óculos projetando-se de trás do computador ao lado da imagem, embora apenas uma pequena parte desses objetos seja visível. As pessoas também percebem facilmente o livro, a tesoura e o papel como objetos inteiros, embora estejam parcialmente ocultos por outros objetos.

Esse problema de objetos ocultos ocorre sempre que um objeto obscurece parte de outro objeto. Isso ocorre com frequência no ambiente, mas as pessoas entendem facilmente que a parte de um objeto que está oculta continua existindo e são capazes de usar seu conhecimento do ambiente para determinar o que provavelmente está presente.

▶ Figura 3.8 Uma parte da bagunça na mesa do autor. Você consegue localizar o lápis escondido (fácil) e os óculos do autor (difícil)?

As pessoas também são capazes de reconhecer objetos que não têm foco nítido, como as faces na Figura 3.9. Veja quantas dessas pessoas você consegue identificar e então consulte as respostas na p. 82. Apesar da natureza desfocada dessas imagens, as pessoas frequentemente conseguem identificar a maioria delas, enquanto o desempenho dos computadores é ruim nessa tarefa (Sinha, 2002).

▶ Figura 3.9 Quem são essas pessoas? Ver as respostas na p. 82.
(Fonte: baseado em Sinha, 2002.)

▶ Figura 3.10 Sua capacidade de reconhecer cada uma dessas visualizações como da mesma cadeira é um exemplo de invariância do ponto de vista.

Objetos parecem diferentes de diferentes pontos de vista

Outro problema que qualquer máquina perceptiva enfrenta é que os objetos são frequentemente vistos de ângulos diferentes, assim as imagens mudam continuamente, como na Figura 3.10. A capacidade das pessoas de reconhecer um objeto mesmo quando ele é visto de diferentes pontos de vista chama-se **invariância do ponto de vista**. Os sistemas de visão por computador podem alcançar a invariância do ponto de vista apenas por um processo laborioso que envolve cálculos complexos projetados para determinar quais pontos em um objeto correspondem em diferentes visões (Vedaldi, Ling e Soatto, 2010).

Cenas contêm informações de alto nível

Mover de objetos para cenas adiciona outro nível de complexidade. Não apenas há muitos objetos em uma cena, mas eles podem fornecer informações sobre a cena que requerem algum raciocínio para serem descobertos. Considere, por exemplo, a imagem do avião na Figura 3.5. Qual é a base para decidir que os aviões, provavelmente, estão em uma exibição em um espetáculo aéreo? Uma resposta é saber que o avião à direita é um avião militar de aparência mais antiga que, provavelmente, não está mais em serviço. Também sabemos que as pessoas não são passageiros esperando para embarcar, porque estão andando sobre a grama e não carregam bagagens. Pistas como essa, embora óbvias para uma pessoa, precisariam ser programadas em um computador.

As dificuldades enfrentadas por qualquer máquina perceptiva ilustram que o processo da percepção é mais complexo do que parece. Nossa tarefa, portanto, ao descrever a percepção é explicar esse processo, focando em como nossa máquina perceptiva humana funciona. Começamos considerando duas informações usadas pelo sistema perceptivo humano: (1) energia ambiental que estimula os receptores e (2) o conhecimento e as expectativas que o observador traz à situação.

▶ Informações para percepção humana

A percepção é construída sobre uma base de informações do ambiente. Olhar para algo cria uma imagem na retina. Essa imagem gera sinais elétricos que são transmitidos ao longo da retina e, em seguida, para a área de recepção visual do cérebro. Essa sequência de eventos do olho ao cérebro chama-se **processamento de baixo para cima** (*bottom-up*), porque começa na "base" ou no início do sistema, quando a energia ambiental estimula os receptores.

No entanto, a percepção envolve informações além da base fornecida pela ativação dos receptores e processamento de baixo para cima. A percepção também envolve fatores como o conhecimento que uma pessoa tem do ambiente e as expectativas que as pessoas trazem para a situação perceptiva. Por exemplo, lembra-se do experimento descrito no Capítulo 1, que mostrou que as pessoas identificam um objeto que pisca rapidamente em uma cena de cozinha com mais precisão quando esse objeto se encaixa na cena (Figura 1.13)? Esse conhecimento que temos do ambiente é a base do **processamento de cima para baixo** (*top-down*) — processamento que se origina no cérebro no "topo" do sistema perceptivo. É esse conhecimento que permite às pessoas identificarem rapidamente objetos e cenas, e também irem além da mera identificação de objetos para determinar a história por trás de uma cena. Agora consideraremos dois exemplos adicionais do processamento de cima para baixo: perceber objetos e ouvir palavras em uma frase.

Percebendo objetos

Um exemplo do processamento de cima para baixo, ilustrado na **Figura 3.11**, é chamado as "múltiplas personalidades de mancha", porque embora todas as manchas sejam idênticas, elas são percebidas como objetos diferentes dependendo da direção e do contexto em que são vistas (Oliva e Torralba, 2007). A mancha parece ser um objeto em uma mesa em (b), um sapato em uma pessoa se curvando em (c) e um carro e uma pessoa atravessando a rua em (d). Percebemos a mancha como objetos diferentes por causa de nosso conhecimento dos tipos de objetos que podem ser encontrados em diferentes tipos de cenas. A vantagem humana em relação aos computadores deve-se, portanto, em parte, ao conhecimento adicional de cima para baixo disponível para os humanos.

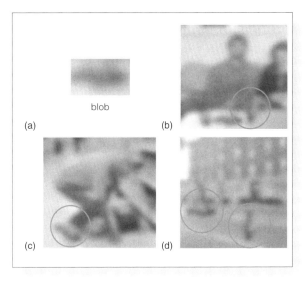

▶ Figura 3.11 "Múltiplas personalidades de uma mancha." O que esperamos ver em diferentes contextos influencia nossa interpretação da identidade da "mancha" dentro dos círculos.

(Fonte: adaptado de A. Oliva e A. Torralba, 2007.)

Ouvindo palavras em uma sentença

Um exemplo de como o processamento de cima para baixo influencia a percepção da fala ocorre para mim enquanto estou sentado em um restaurante ouvindo pessoas falando espanhol na mesa ao lado. Infelizmente, não entendo o que elas estão dizendo porque não entendo espanhol. Para mim, o diálogo soa como uma sequência de sons ininterrupta, exceto para pausas ocasionais e quando uma palavra familiar como *gracias* aparece. Minha percepção reflete o fato de que o sinal sonoro físico para a fala geralmente é contínuo e, quando há interrupções no som, elas não necessariamente ocorrem entre as palavras. Podemos ver isso na **Figura 3.12** comparando o local onde cada palavra na frase começa com o padrão do sinal sonoro.

A capacidade de afirmar quando uma palavra em uma conversa termina e a próxima começa é um fenômeno chamado **segmentação da fala**. O fato de um ouvinte familiarizado apenas com o idioma inglês e outro familiarizado com o idioma espanhol poder receber estímulos sonoros idênticos, mas experimentar percepções diferentes, significa que a experiência de cada ouvinte com o idioma (ou a falta dele!) influencia sua percepção. O sinal sonoro contínuo entra nas orelhas e dispara sinais que são enviados para as áreas da fala do cérebro (processamento de baixo para cima); se um ouvinte entende o idioma, seu conhecimento desse idioma cria a percepção de palavras individuais (processamento de cima para baixo).

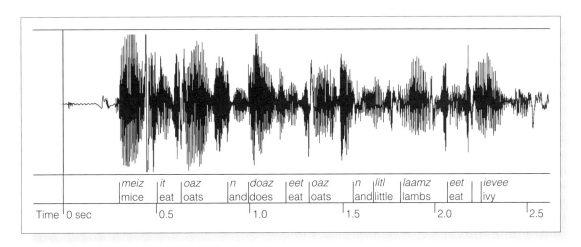

▶ Figura 3.12 Energia sonora para a frase "Camundongos comem aveia e comem aveia e cordeirinhos comem hera". As palavras em itálico logo abaixo do registro de som indicam como essa frase foi pronunciada pelo falante. As linhas verticais ao lado das palavras indicam onde cada palavra começa. Observe que é difícil ou impossível dizer pelo registro do som onde uma palavra termina e a próxima começa.

(Fonte: sinal de fala cortesia de Peter Howell.)

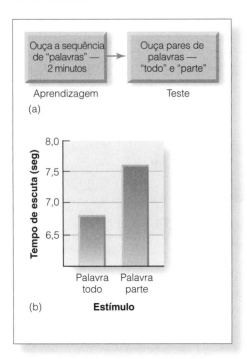

▶ Figura 3.13 (a) Projeto do experimento de Saffran e colaboradores (1996), no qual bebês ouviam uma sequência contínua de sílabas sem sentido e eram então testados para ver quais sons eles percebiam como pertencentes entre si (b). Os resultados indicam que os bebês ouviam por mais tempo os estímulos da "palavra parcial".

Embora a segmentação seja auxiliada pelo conhecimento do significado das palavras, os ouvintes também usam outras informações para alcançar a segmentação. À medida que aprendemos um idioma, aprendemos mais do que o significado das palavras. Sem perceber, estamos aprendendo **probabilidades transicionais** — a probabilidade de que um som siga outro dentro de uma palavra. Por exemplo, considere as palavras *pretty baby*. Em inglês, é provável que *pre* e *ty* estarão na mesma palavra (*pretty*), mas menos provável que *ty* e *ba* estarão na mesma palavra (*pretty baby*).

Cada idioma tem probabilidades transicionais para sons diferentes, e o processo de aprendizado sobre probabilidades transicionais e sobre outras características da linguagem chama-se **aprendizagem estatística**. Pesquisas mostraram que bebês a partir dos 8 meses de idade são capazes do aprendizado estatístico.

Jennifer Saffran e colaboradores (1996) realizaram um experimento inicial que demonstrou o aprendizado estatístico em bebês. A Figura 3.13a mostra o projeto desse experimento. Durante a fase de aprendizagem do experimento, os bebês ouviam quatro "palavras" sem sentido, como *bidaku, padoti, golabu* e *tupiro*, que foram combinadas em ordem aleatória para criar 2 minutos de som contínuo. Um exemplo da parte de uma sequência criada pela combinação dessas palavras é *bidak u**padoti**golabu**tupiro**padoti**bidaku*... Nessa sequência, uma palavra sim outra não é impressa em negrito para ajudá-lo a selecionar as palavras. Entretanto, quando os bebês ouviam essas sequências, todas as palavras eram pronunciadas na mesma entonação, e não havia pausas entre as palavras para indicar onde uma palavra terminava e a seguinte começava.

As probabilidades transicionais entre duas sílabas que apareceram *dentro* de uma palavra sempre eram 1,0. Por exemplo, para a palavra *bidaku*, quando /bi/ foi apresentada, /da/ sempre a seguiu. Da mesma forma, quando /da/ foi apresentada, /ku/ sempre a seguiu. Em outras palavras, esses três sons sempre ocorriam juntos e na mesma ordem para formar a palavra *bidaku*.

As probabilidades transicionais entre o *final* de uma palavra e o *começo* de outra eram apenas 0,33. Por exemplo, havia 33% de probabilidade de que o último som, /ku/ de *bidaku*, fosse seguido pelo primeiro som, /pa/, de *padoti*, uma probabilidade de 33% de que seria seguido por /tu/ de *tupiro* e uma probabilidade de 33% de que seria seguido por /go/ de *golabu*.

Se os bebês do experimento de Saffran fossem sensíveis a probabilidades transicionais, eles perceberiam estímulos como *bidaku* ou *padoti* como palavras, porque as três sílabas nessas palavras estão conectadas por probabilidades transicionais de 1,0. Em comparação, estímulos como *tibida* (o final de *padoti* mais o início de *bidaku*) não seriam percebidos como palavras, porque as probabilidades transicionais eram muito menores.

Para de fato determinar se os bebês perceberam estímulos como *bidaku* e *padoti* como palavras, testaram-se os bebês por meio da apresentação com pares de estímulos de três sílabas. Alguns dos estímulos eram "palavras" apresentadas anteriormente, como *padoti*. Esses eram os estímulos de "palavra inteira". Os outros estímulos foram criados a partir do final de uma palavra e início de outra, como *tibida*. Esses eram os estímulos de "palavra parcial".

A previsão era de que os bebês escolheriam ouvir os estímulos de palavra parcial por mais tempo do que os estímulos de palavra inteira. Essa previsão baseou-se em pesquisas anteriores que mostraram que bebês tendem a perder o interesse em estímulos que se repetem e, assim, se tornam familiares, mas prestam mais atenção a novos estímulos que eles não experimentaram antes. Assim, se os bebês percebessem os estímulos da palavra inteira como palavras que eram repetidas continuamente durante a sessão de aprendizagem de 2 minutos, eles prestariam menos atenção a esses estímulos familiares do que aos estímulos de palavra parcial mais recentes que não perceberam como palavras.

Saffran mediu por quanto tempo os bebês ouviam cada som apresentando uma luz piscante ao lado do alto-falante de onde o som se originava. Quando a luz atraía a atenção do bebê, o som começava e continuava até o bebê desviar o olhar. Assim, os bebês controlavam a duração que ouviam cada som controlando por quanto tempo olhavam para a luz. A Figura 3.13b mostra que os bebês ouviam, como previsto, por mais tempo os estímulos de palavra parcial. Valendo-se desses resultados, podemos concluir que a capacidade de usar probabilidades transicionais para segmentar sons em palavras começa em uma idade precoce.

Os exemplos de como o contexto afeta nossa percepção da mancha e como o conhecimento das estatísticas da fala afeta nossa capacidade de criar palavras baseando-se em um fluxo de fala contínuo ilustram que o processamento de cima para baixo com base no conhecimento que trazemos para uma situação desempenha um papel importante na percepção.

Vimos que a percepção depende de duas informações: de baixo para cima (informações que estimulam os receptores) e de cima para baixo (informações baseadas no conhecimento). Exatamente como o sistema perceptivo usa essas informações é entendido de maneiras diferentes por pessoas diferentes. Descreveremos agora quatro abordagens importantes para a percepção de objetos, que nos levarão a uma jornada que começa no século 19 e termina com as concepções atuais da percepção de objeto.

TESTE VOCÊ MESMO 3.1

1. O que a corrida de Crystal na praia ilustra sobre a percepção? Liste pelo menos três características diferentes da percepção. Por que a importância da percepção vai além da identificação de objetos?
2. Dê alguns exemplos, com base na demonstração do "quebra-cabeça perceptual" e visão computacional, para mostrar que determinar o que está lá fora exige ir além do padrão de claro e escuro dos receptores.
3. O que nossa descrição das capacidades de visão por computador a partir da década de 1950 diz sobre a dificuldade de projetar sistemas de visão por computador?
4. Descreva quatro razões pelas quais é difícil projetar uma máquina perceptiva.
5. O que é o processamento de baixo para cima? Processamento de cima para baixo? Descreva como os seguintes itens indicam que a percepção envolve mais do que o processamento de baixo para cima: (a) múltiplas personalidades de um blob e (b) ouvir palavras individuais em uma frase.
6. Descreva o experimento de Saffran, que mostrou que bebês a partir dos 8 meses de idade são sensíveis às probabilidades transicionais.

▶ Concepções da percepção de objetos

Uma ideia inicial sobre como as pessoas usam informações foi proposta pelo físico e fisiologista do século 19 Hermann von Helmholtz (1866/1911).

Teoria da inferência inconsciente de Helmholtz

Hermann von Helmholtz (1821-1894) foi um físico que fez contribuições importantes para áreas tão diversas quanto termodinâmica, fisiologia nervosa, percepção visual e estética. Ele também inventou o oftalmoscópio, cujas versões ainda são usadas hoje para permitir que os médicos examinem os vasos sanguíneos dentro do olho.

Uma das contribuições de Helmholtz para a percepção baseou-se em sua compreensão de que a imagem na retina é ambígua. Vimos que a ambiguidade significa que um determinado padrão de estimulação na retina pode ser causado por grande número de objetos no ambiente (ver Figura 3.7). Por exemplo, o que o padrão de estimulação na Figura 3.14a representa? Para a maioria das pessoas, esse padrão na retina resulta na percepção de um retângulo mais claro na frente de um retângulo mais escuro, como mostrado na Figura 3.14b. Porém, como indica a Figura 3.14c, essa exibição também pode ter sido causada por uma forma mais escura de quatro lados posicionada atrás ou ao lado do retângulo mais claro.

A pergunta de Helmholtz era, como o sistema perceptivo "decide" que esse padrão na retina foi criado por retângulos sobrepostos? A resposta dele foi o **princípio da probabilidade**, que afirma que percebemos o objeto com *maior probabilidade* de ter causado o padrão de estímulos que recebemos. Esse julgamento do que é mais provável ocorre, de acordo com Helmholtz, por um processo chamado **inferência inconsciente**, em que nossas percepções são o resultado de suposições inconscientes,

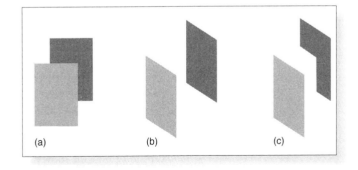

▶ Figura 3.14 A exibição em (a) é geralmente interpretada como (b) um retângulo mais claro na frente de um retângulo mais escuro. Poderia, entretanto, ser (c) um retângulo mais claro e uma figura mais escura de quatro lados apropriadamente posicionada.

> **Figura 3.15** De acordo com o estruturalismo, uma série de sensações (representadas pelos pontos) somam-se para criar nossa percepção da face.

> **Figura 3.16** As condições para a criação de movimento aparente. (a) Uma luz pisca, seguida por (b) um curto período de escuridão, seguido por (c) outra luz piscando em uma posição diferente. A percepção resultante, simbolizada em (d), é uma luz movendo-se da esquerda para a direita. O movimento é visto entre as duas luzes, embora haja apenas escuridão no espaço entre elas.

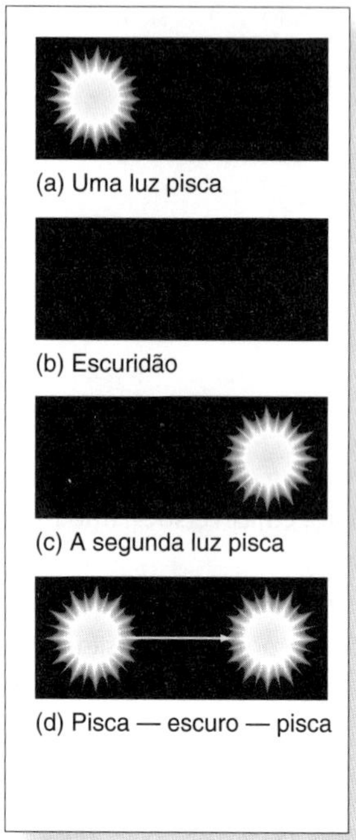

ou inferências, que fazemos sobre o ambiente. Assim, *inferimos* que é provável que a Figura 3.14a seja um retângulo abrangendo outro retângulo por causa das experiências que tivemos em situações semelhantes no passado.

A descrição de Helmholtz do processo de percepção lembra o processo envolvido na resolução de um problema. Para a percepção, o problema é definir qual objeto causou determinado padrão de estimulação, e esse problema é resolvido por um processo no qual o sistema perceptivo aplica o conhecimento do observador do ambiente para inferir o que o objeto pode ser.

Uma característica importante da proposta de Helmholtz é que esse processo de perceber o que, provavelmente, causou o padrão na retina acontece de maneira rápida e inconsciente. Essas suposições inconscientes, baseadas no princípio da probabilidade, resultam em percepções que parecem "instantâneas", embora sejam o resultado de um processo rápido. Assim, embora você pudesse ter sido capaz de resolver os quebra-cabeças perceptuais na cena na Figura 3.2 sem muito esforço, essa capacidade, de acordo com Helm, holtz, é o resultado dos processos dos quais não estamos cientes. (Ver em Rock, 1983, uma versão mais recente dessa ideia.)

Os princípios da Gestalt da organização

Vamos agora considerar uma abordagem à percepção proposta por um grupo chamado **psicólogos da Gestalt** cerca de 30 anos depois que Helmholtz propôs sua teoria da inferência inconsciente. O objetivo da abordagem da Gestalt era o mesmo de Helmholtz — explicar como percebemos os objetos — mas eles abordavam o problema de uma maneira diferente.

A abordagem da Gestalt à percepção originou-se, em parte, como uma reação ao estruturalismo de Wilhelm Wundt (ver p. 6). Lembre-se do Capítulo 1 de que Wundt propôs que nossa experiência geral poderia ser compreendida combinando elementos básicos da experiência chamados *sensações*. De acordo com essa ideia, nossa percepção da face na Figura 3.15 é criada pela adição de muitas sensações, representadas como pontos nessa figura.

Os psicólogos da Gestalt rejeitavam a ideia de que as percepções eram formadas pela "soma" de sensações. Uma das origens da ideia da Gestalt de que as percepções não poderiam ser explicadas pela soma de pequenas sensações foi atribuída à experiência do psicólogo Max Wertheimer, que durante as férias em 1911 fez uma viagem de trem pela Alemanha (Boring, 1942). Quando ele desceu do trem para esticar as pernas em Frankfurt, comprou um estroboscópio de um vendedor de brinquedos na plataforma. O estroboscópio, um dispositivo mecânico que criava uma ilusão de movimento alternando rapidamente duas imagens ligeiramente diferentes, fez Wertheimer se perguntar como a ideia estruturalista de que a experiência é criada a partir de sensações poderia explicar a ilusão do movimento que ele observou.

A Figura 3.16 diagrama o princípio por trás da ilusão de movimento criada pelo estroboscópio, que é chamada **movimento aparente** porque, embora o movimento seja percebido, nada está realmente se movendo. Existem três componentes para estímulos que criam movimento aparente: (1) Uma luz acende e apaga (Figura 3.16a); (2) há um período de escuridão, que dura uma fração de segundo (Figura 3.16b); e (3) a segunda luz acende e apaga (Figura 3.16c). Fisicamente, portanto, há duas luzes piscando, acesas e apagadas, separadas por um período de escuridão. No entanto, não vemos a escuridão porque nosso sistema perceptivo adiciona algo durante o período de escuridão — a percepção de uma luz movendo-se pelo espaço entre as luzes intermitentes (Figura 3.16d). Os exemplos atuais do movimento aparente são placas eletrônicas que exibem anúncios ou manchetes de notícias e filmes em movimento. A percepção do movimento nessas telas é tão convincente que é difícil imaginar que sejam feitas de luzes estáticas acendendo e apagando (para as manchetes) ou imagens estáticas piscando uma após a outra (para os filmes).

▶ Figura 3.17 Algumas formas pretas e brancas que se transformam perceptualmente em um dálmata. (Ver na p. 82 um esboço do dálmata.)

Wertheimer tirou duas conclusões do fenômeno do movimento aparente. A primeira delas foi de que o movimento aparente não pode ser explicado por sensações, porque não há nada no espaço escuro entre as luzes intermitentes. A segunda conclusão tornou-se um dos princípios básicos da psicologia da Gestalt: *O todo é diferente da soma de suas partes*. Essa conclusão decorre do fato de que o sistema perceptivo cria a percepção do movimento a partir de imagens estáticas. Essa ideia de que o todo é diferente da soma de suas partes levou os psicólogos da Gestalt a propor uma série de **princípios da organização perceptual** para explicar como os elementos são agrupados para criar objetos maiores. Por exemplo, na **Figura 3.17**, algumas das áreas pretas são agrupadas para formar um dálmata e outras são vistas como sombras no fundo. Descreveremos alguns dos princípios da Gestalt, começando com um que nos leva de volta à corrida de Crystal ao longo da praia.

Boa continuação   O **princípio da boa continuação** afirma o seguinte: *pontos que, quando conectados, resultam em linhas retas ou curvas suaves são vistos como pertencentes entre si, e as linhas tendem a ser vistas de forma a seguir o caminho mais suave. Além disso, os objetos que são sobrepostos por outros objetos são percebidos como continuando atrás do objeto sobreposto*. Assim, quando Crystal viu a corda enrolada na Figura 3.1c, ela não se surpreendeu quando pegou uma das pontas da corda e a girou, descobriu-se que era um fio contínuo (**Figura 3.18**). A razão pela qual isso não a surpreendeu é que, embora houvesse muitos lugares onde uma parte da corda sobrepunha-se a outra, ela não percebeu que a corda consistia em várias partes distintas; em vez disso, percebeu a corda como contínua. (Considere também seus cadarços!)

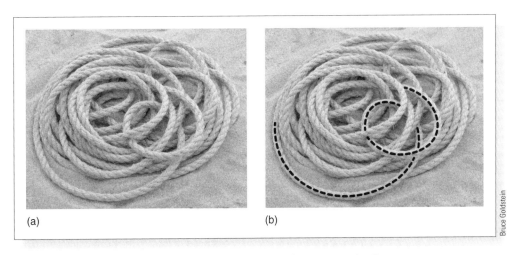

▶ Figura 3.18 (a) Corda na praia. (b) Boa continuação ajuda a perceber a corda como um único fio.

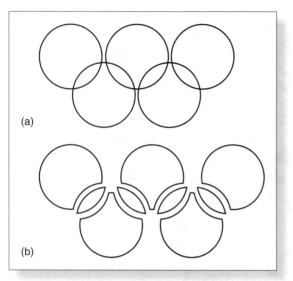

▶ Figura 3.19 O símbolo olímpico é percebido como cinco círculos (a), não como as nove formas em (b).

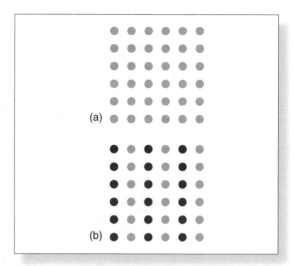

▶ Figura 3.20 (a) Esse padrão de pontos é percebido como linhas horizontais, colunas verticais ou ambas. (b) Esse padrão de pontos é percebido como colunas verticais. Esta figura está disponível em cores, no suplemento colorido, ao final do livro.

▶ Figura 3.21 Essa fotografia, Waves, de Wilma Hurskainen, foi tirada no exato momento em que a borda da água branca se alinhou com a área branca na roupa da mulher. A similaridade das cores e brilhos causa o agrupamento; áreas do vestido com cores diferentes são agrupadas perceptivamente com as mesmas cores na cena. Observe também como a borda frontal da água cria agrupamentos por meio da boa continuação ao longo do vestido da mulher.
(Fonte: cortesia de Wilma Hurskainen.)

Prägnanz Prägnanz, traduzido literalmente do alemão, significa "boa figura". A **lei de Prägnanz**, também chamada **princípio da boa figura** ou **princípio da simplicidade**, afirma: *cada padrão de estímulo é visto de forma que a estrutura resultante seja o mais simples possível.* O conhecido símbolo olímpico na **Figura 3.19a** é um exemplo da lei da simplicidade em ação. Vemos essa exibição como cinco círculos e não como um número maior de formas mais complexas, como as mostradas na vista "explodida" do símbolo olímpico na **Figura 3.19b**. (A lei da boa continuação também contribui para perceber os cinco círculos. Você consegue ver por que isso acontece?)

Similaridade A maioria das pessoas percebe a **Figura 3.20a** como linhas horizontais de círculos, colunas verticais de círculos ou ambos. No entanto, quando mudamos a cor de algumas das colunas, como na **Figura 3.20b**, a maioria das pessoas percebe as colunas verticais de círculos. Essa percepção ilustra o **princípio da similaridade**: *coisas semelhantes parecem estar agrupadas.* Um exemplo notável de agrupamento por similaridade da cor é mostrado na **Figura 3.21**. O agrupamento também pode ocorrer devido à similaridade do tamanho, forma ou direção.

Existem muitos outros princípios da organização, propostos pelos primeiros psicólogos da Gestalt (Helson, 1933), bem como por psicólogos atuais (Palmer, 1992; Palmer e Rock, 1994), mas a mensagem principal, para nossa discussão, é que os psicólogos da Gestalt entenderam que a percepção baseia-se em mais do que apenas o padrão de claro e escuro na retina. Na concepção deles, a percepção é determinada por princípios organizacionais específicos.

Entretanto, de onde vêm esses princípios organizacionais? Max Wertheimer (1912) descreve esses princípios como "leis intrínsecas", o que implica que são incorporadas ao sistema. A ideia de que os princípios estão "embutidos" é consistente com a ideia dos psicólogos da Gestalt de que, embora a experiência de uma pessoa possa *influenciar* a percepção, o papel da experiência é secundário em comparação com os princípios perceptivos (ver também Koffka, 1935). A ideia de que a experiência desempenha apenas um papel secundário na percepção difere do princípio da probabilidade de Helmholtz, que propõe que nosso conhecimento do ambiente permite determinar o que é mais provável de ter criado o padrão na retina e também difere das abordagens atuais para a percepção de objetos, que propõem que nossa experiência com o ambiente é um componente central do processo de percepção.

Levando em consideração as regularidades do ambiente

Os psicólogos perceptivos modernos levam a experiência em consideração observando que certas características do ambiente ocorrem com frequência. Por exemplo, o azul está associado ao céu aberto, as paisagens costumam ser verdes e suaves e as verticais e horizontais são frequentemente associadas a edifícios. Essas características que ocorrem com frequência são chamadas **regularidades do ambiente**. Existem dois tipos de regularidades: *regularidades físicas* e *regularidades semânticas*.

Regularidades físicas **Regularidades físicas** são propriedades físicas do ambiente que ocorrem regularmente. Por exemplo, existem mais direções verticais e horizontais no ambiente do que direções oblíquas (em ângulo). Isso ocorre em ambientes feitos pelo homem (por exemplo, edifícios contêm muitas horizontais e verticais) e também em ambientes naturais (é mais provável que árvores e plantas sejam verticais ou horizontais do que inclinadas) (Coppola et al., 1998) (Figura 3.22). Portanto, não é coincidência que as pessoas consigam perceber bordas verticais e horizontais mais facilmente do que outras direções, um efeito chamado **efeito oblíquo** (Appelle, 1972; Campbell et al., 1966; Orban et al., 1984). Outro exemplo de uma regularidade física é que, quando um objeto cobre parcialmente outro, o contorno do objeto parcialmente coberto se projeta do outro lado, como ocorre para a corda na Figura 3.18.

Outra regularidade física é ilustrada pela Figura 3.23a, que mostra reentrâncias criadas por pessoas caminhando na areia. No entanto, virar essa imagem de cabeça para baixo, como na Figura 3.23b, transforma as reentrâncias em montículos arredondados. Nossa percepção nessas duas situações foi explicada pela **suposição de luz vinda de cima**: normalmente, supomos que a luz vem de cima, porque a luz no ambiente, incluindo o Sol e a maior parte da luz artificial, geralmente vem de cima (Kleffner e Ramachandran, 1992). A Figura 3.23c mostra como a luz que vem de cima e da esquerda ilumina uma reentrância, deixando uma sombra à esquerda. A Figura 3.23d mostra como a mesma luz ilumina uma saliência, deixando uma sombra à direita. Nossa percepção das formas iluminadas é influenciada pelo modo como são sombreadas, combinado com a suposição do cérebro de que a luz vem de cima.

Uma das razões pelas quais os humanos são capazes de perceber e reconhecer objetos e cenas muito melhor do que robôs orientados por computador é

▶ Figura 3.22 Nessas duas cenas da natureza, as direções horizontal e vertical são mais comuns do que as oblíquas. Essas cenas são exemplos especiais, escolhidas por causa da grande proporção de verticais. Entretanto, fotos selecionadas aleatoriamente de cenas naturais também contêm mais direções horizontais e verticais do que direções oblíquas. Isso também ocorre para edifícios e objetos feitos pelo homem.

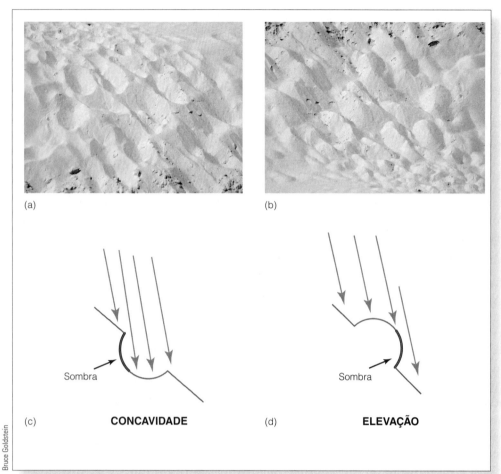

Figura 3.23 (a) Reentrâncias feitas por pessoas caminhando na areia. (b) Virar a imagem de cabeça para baixo transforma as reentrâncias em montículos arredondados. (c) Como a luz de cima e à esquerda ilumina uma reentrância, provocando uma sombra à esquerda. (d) A mesma luz iluminando uma saliência provoca uma sombra à direita.

que nosso sistema está adaptado para responder às características físicas do nosso ambiente, como as direções dos objetos e da luz. No entanto, essa adaptação vai além das características físicas. Também ocorre porque, como vimos ao discutir as múltiplas personalidades de uma mancha (p. 65), aprendemos quais tipos de objetos normalmente ocorrem em tipos específicos de cenas.

Regularidades semânticas   Na linguagem, *semântica* refere-se aos significados de palavras ou frases. Aplicada a cenas perceptivas, a *semântica* refere-se ao significado de uma cena. Esse significado geralmente está relacionado ao que acontece em uma cena. Por exemplo, a preparação de alimentos, cozinhar e talvez comer ocorrem na cozinha; esperar, comprar passagens, despachar bagagens e passar pelos controles de segurança acontecem nos aeroportos. **Regularidades semânticas** são as características associadas às funções executadas em diferentes tipos de cenas.

Uma maneira de mostrar que as pessoas estão cientes das regularidades semânticas é simplesmente pedir que elas imaginem um tipo particular de cena ou objeto, como na demonstração a seguir.

A maioria das pessoas que cresceram na sociedade moderna tem pouca dificuldade para visualizar um escritório ou a seção de roupas de uma loja de departamentos. O que é importante sobre essa habilidade, para nossos propósitos, é que parte dessa visualização envolve detalhes nessas cenas. A maior parte das pessoas vê um escritório composto de uma escrivaninha com um computador sobre ela, estantes de livros e uma cadeira. A cena da loja de departamentos contém prateleiras de roupas, um vestiário e talvez uma caixa registradora. O que você viu ao visualizar o microscópio ou o leão? Muitas pessoas relatam ter visto não apenas um único objeto, mas um objeto dentro de um ambiente. Talvez você tenha percebido o microscópio na bancada de um laboratório ou em um laboratório e o leão em uma floresta, em uma savana, ou em um zoológico. O objetivo dessa demonstração é que nossas visualizações contêm informações baseadas em nosso conhecimento de diferentes tipos de cenas. Esse conhecimento do que uma determinada cena contém normalmente é chamado **esquema de cena**, e as expectativas criadas por esquemas de cena contribuem para nossa capacidade de perceber objetos e cenas. Por exemplo, o experimento de Palmer (1975) (Figura 1.13), no qual as pessoas identificaram o pão, que se encaixava na cena da cozinha, mais rápido do que a caixa de correio, que não se encaixava na cena, é um exemplo do funcionamento dos esquemas da cena

DEMONSTRAÇÃO Visualizando cenas e objetos

A tarefa nessa demonstração é simples. Feche os olhos e visualize ou simplesmente pense nas seguintes cenas e objetos:

1. Um escritório
2. A seção de roupas de uma loja de departamentos
3. Um microscópio
4. Um leão

das pessoas para "cozinha." Associado a isso, como você acha que seus esquemas de cena para "aeroporto" podem contribuir para a interpretação do que está acontecendo na cena na Figura 3.5?

Embora as pessoas façam uso de regularidades no ambiente para ajudá-las a perceber, muitas vezes elas desconhecem as informações específicas que estão usando. Esse aspecto da percepção é semelhante àquilo que ocorre quando usamos a linguagem. Mesmo que não estejamos cientes das probabilidades transicionais na linguagem, nós as utilizamos para ajudar a perceber as palavras em uma frase. Ainda que não possamos pensar sobre regularidades em cenas visuais, nós as usamos para ajudar a perceber as cenas e os objetos nas cenas.

Inferência bayesiana

Duas das ideias que descrevemos — (1) a ideia de Helmholtz de que resolvemos a ambiguidade da imagem da retina inferindo o que é mais provável, dada a situação, e (2) a ideia de que regularidades no ambiente fornecem informações que podemos usar para resolver ambiguidades — são o ponto de partida para nossa última abordagem à percepção de objetos: *inferência bayesiana* (Geisler, 2008, 2011; Kersten et al., 2004; Yuille e Kersten, 2006).

A **inferência bayesiana** foi nomeada em homenagem a Thomas Bayes (1701-1761), que propôs que nossa estimativa da probabilidade de um resultado é determinada por dois fatores: (1) a **probabilidade prévia**, ou simplesmente a **prévia**, que é nossa crença inicial sobre a probabilidade de um resultado, e (2) a extensão em que a evidência disponível é consistente com o resultado. Esse segundo fator chama-se **probabilidade** do resultado.

Para ilustrar a inferência bayesiana, vamos primeiro considerar a Figura 3.24a, que mostra os *antecedentes* de Mary para três tipos de problemas de saúde. Mary acredita que é provável a ocorrência de um resfriado ou azia, mas é improvável que tenha uma doença pulmonar. Com esses antecedentes em mente (junto a muitas outras crenças sobre questões relacionadas à saúde), Mary percebe que seu amigo Charles está com uma tosse forte. Ela acha que três causas possíveis podem ser resfriado, azia ou doença pulmonar. Examinando as possíveis causas, ela faz algumas pesquisas e descobre que a tosse costuma estar associada a resfriados ou doenças pulmonares, mas não está associada à azia (Figura 3.24b). Essa informação adicional, que é a *probabilidade*, é combinada com a *anterior* de Mary para produzir a conclusão de que Charles, provavelmente, está resfriado (Figura 3.24c) (Tenenbaum et al., 2011). Na prática, a inferência bayesiana envolve um procedimento matemático em que

▶ Figura 3.24 Esses gráficos apresentam probabilidades hipotéticas para ilustrar o princípio por trás da inferência bayesiana. (a) As crenças de Mary sobre a frequência relativa de resfriados, doenças pulmonares e azia. Essas crenças são seus *antecedentes*. (b) Outros dados indicam que resfriados e doenças pulmonares estão associados à tosse, mas a azia não. Esses dados contribuem para a *probabilidade*. (c) Considerando os antecedentes e a probabilidade em conjunto resulta na conclusão de que a tosse de Charles é provavelmente causada por um resfriado.

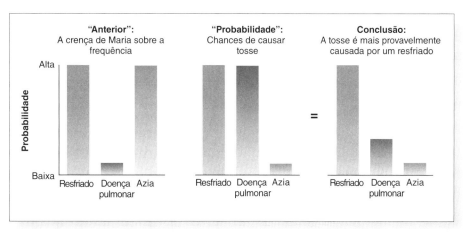

o anterior é multiplicado pela probabilidade para determinar a probabilidade do resultado. Assim, as pessoas começam com uma informação prévia e, então, usam evidências adicionais para atualizar a anterior e chegar a uma conclusão (Körding e Wolpert, 2006).

Aplicando essa ideia à percepção de objetos, vamos retornar ao problema de projeção inversa da Figura 3.7. Lembre-se de que o problema de projeção inversa ocorre porque um grande número de objetos possíveis pode estar associado a uma determinada imagem na retina. Portanto, o problema é como determinar o que está "lá fora" que gera uma imagem retiniana específica. Felizmente, não precisamos confiar apenas na imagem retiniana, porque chegamos à maioria das situações perceptivas com probabilidades anteriores com base nas nossas experiências passadas.

Um dos *antecedentes* que você tem na mente é que os livros são retangulares. Portanto, ao olhar para um livro na mesa, sua crença inicial é que é provável que o livro seja retangular. A *probabilidade* de o livro ser retangular é fornecida por evidências adicionais, como a imagem retiniana do livro, combinada com sua percepção da distância do livro e o ângulo em que você o visualiza. Se essas evidências adicionais são consistentes com a informação anterior de que o livro é retangular, a probabilidade é alta e a percepção "retangular" é reforçada. Testes adicionais, alterando o ângulo de visão e a distância, podem fortalecer ainda mais a conclusão de que a forma é um retângulo. Observe que você não está necessariamente ciente desse processo de teste — ele ocorre automática e rapidamente. O importante nesse processo é que, embora a imagem retiniana ainda seja o ponto de partida para perceber a forma do livro, adicionar as crenças anteriores da pessoa reduz as possíveis formas que podem estar provocando essa imagem.

O que a inferência bayesiana faz é reafirmar a ideia de Helmholtz — que percebemos o que é mais provável de ter criado o estímulo que recebemos — em termos de probabilidades. Nem sempre é fácil especificar essas probabilidades, especialmente ao considerar percepções complexas. Entretanto, como a inferência bayesiana fornece um procedimento específico para determinar o que pode estar lá fora, os pesquisadores a utilizam para desenvolver sistemas de visão computacional que podem aplicar o conhecimento sobre o ambiente para converter com mais precisão o padrão de estimulação em seus sensores em conclusões sobre o ambiente (ver também Goldreich e Tong, 2013, para um exemplo de como a inferência bayesiana tem sido aplicada à percepção tátil).

Comparando as quatro abordagens

Agora que descrevemos quatro concepções da percepção de objetos (inferência inconsciente de Helmholtz, as leis gestálticas da organização, regularidades no ambiente e inferência bayesiana), eis uma pergunta: Qual delas é diferente das outras três?* Depois de encontrar a resposta, olhe para o final da página.

As abordagens de Helmholtz, regularidades e inferência bayesiana têm em comum a ideia de que usamos dados sobre o ambiente, coletados por meio de nossas experiências anteriores perceptivas, para determinar o que está lá fora. O processamento de cima para baixo é, portanto, uma parte importante dessas abordagens.

Os psicólogos gestálticos, por outro lado, enfatizavam a ideia de que os princípios da organização são intrínsecos. Eles reconheceram que a percepção é afetada pela experiência, mas argumentavam que princípios intrínsecos podem substituir a experiência, atribuindo assim ao processamento de baixo para cima um papel central na percepção. O psicólogo gestáltico Max Wertheimer (1912) forneceu o seguinte exemplo para ilustrar como os princípios intrínsecos podem substituir a experiência: a maioria das pessoas reconhece a **Figura 3.25a** como W e M com base na experiência anterior com essas letras. No entanto, quando as letras são organizadas como na **Figura 3.25b**, a maioria das pessoas vê duas colunas mais um padrão entre elas. As verticais, que são criadas pelo princípio da boa continuação, são a percepção dominante e substituem os efeitos da experiência anterior que tivemos com as letras W e M.

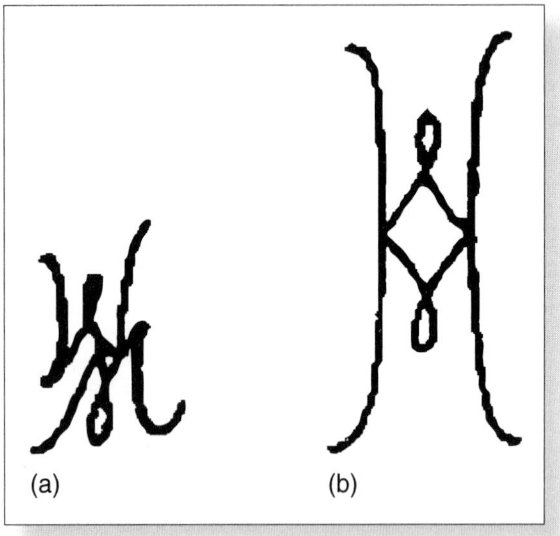

Embora os psicólogos gestálticos não enfatizassem a experiência, usando argumentos como o anterior, os psicólogos

▶ Figura 3.25 (a) W no topo de M. (b) Quando combinado, um novo padrão emerge, substituindo as letras significativas.

(Fonte: de M. Wertheimer, 1912.)

*Resposta: a abordagem da Gestalt.

> Figura 3.26 Uma ocorrência comum no ambiente: objetos (as pernas dos homens) estão parcialmente escondidos por outro objeto (as tábuas cinzas). Nesse exemplo, as pernas dos homens continuam em linha reta e têm a mesma cor acima e abaixo das tábuas, assim é muito provável que continuem atrás das tábuas.

atuais apontam que as leis da organização podem, de fato, ser criadas pela experiência. Por exemplo, é possível que o princípio da boa continuação tenha sido determinado pela experiência com o ambiente. Considere a cena na Figura 3.26. Depois de anos de experiência visualizando objetos parcialmente cobertos por outros objetos, sabemos que, quando duas partes visíveis de um objeto (como as pernas dos homens) têm a mesma cor (princípio da similaridade) e estão "alinhadas" (princípio da boa continuação), elas pertencem ao mesmo objeto e estendem-se por trás de tudo o que o bloqueiam. Assim, uma maneira de analisar os princípios da Gestalt é que eles descrevem as características funcionais do sistema perceptivo humano, *que por acaso são determinadas, pelo menos, parcialmente, pela experiência*. Na próxima seção, discutiremos as evidências fisiológicas de que experimentar certos estímulos repetidamente pode realmente moldar como os neurônios respondem.

TESTE VOCÊ MESMO 3.2

1. Descreva a teoria da inferência inconsciente de Helmholtz. O que é o princípio da probabilidade?
2. Descreva a abordagem da Gestalt da percepção, enfocando os princípios da organização. Como esses princípios se originam, de acordo com os psicólogos da Gestalt?
3. O que são regularidades do ambiente, e como elas influenciam a percepção? Faça a distinção entre regularidades físicas e regularidades semânticas. O que é um esquema de cena?
4. Descreva a inferência bayesiana em termos de como ela explicaria o exemplo da "tosse" e o problema de projeção inversa.
5. Como a abordagem da Gestalt difere das outras três? Como os psicólogos modernos explicam a relação entre a experiência e os princípios da organização?

▶ Neurônios e conhecimento sobre o ambiente

Vamos agora prosseguir com a ideia de que a experiência pode moldar como os neurônios respondem. Nosso ponto de partida é a descoberta de que há mais neurônios no córtex visual animal e humano que respondem a direções horizontais e verticais do que a direções oblíquas (inclinadas).

Neurônios que respondem a objetos horizontais e verticais

Quando descrevemos as regularidades físicas no ambiente, mencionamos que horizontais e verticais são características comuns do ambiente (Figura 3.22), e experimentos comportamentais mostraram que as pessoas são mais sensíveis a essas direções do que a outras direções que não são tão comuns (o *efeito oblíquo*; ver p. 67). Não é coincidência, portanto, que quando os pesquisadores registraram a atividade de neurônios individuais no córtex visual de macacos e furões, eles encontraram mais neurônios que respondem melhor a horizontais e verticais do que neurônios que respondem melhor a direções oblíquas (Coppola et al., 1998; DeValois et al., 1982). Evidências de experimentos de varredura cerebral sugerem que isso também ocorre em humanos (Furmanski e Engel, 2000).

Por que existem mais neurônios que respondem a horizontais e verticais? Uma resposta possível baseia-se na **teoria da seleção natural**, que afirma que as características que aumentam a capacidade de um animal de sobreviver e, portanto, de se reproduzir, serão passadas para as gerações futuras. Por meio do processo de evolução, organismos cujos sistemas visuais continham neurônios que disparavam contra coisas importantes no ambiente (como verticais e horizontais, que ocorrem com frequência na floresta, por exemplo) teriam maior probabilidade de sobreviver e transmitir uma capacidade aprimorada de detectar verticais e horizontais do que um organismo com um sistema visual que não contém esses neurônios especializados. Por meio desse processo evolutivo, o sistema visual pode ter sido moldado para conter neurônios que respondem a coisas que são frequentemente encontradas no ambiente.

Embora não haja dúvidas de que o funcionamento perceptivo foi moldado pela evolução, também há muitas evidências de que o *aprendizado* pode moldar as propriedades de resposta dos neurônios por meio do processo de *plasticidade dependente da experiência* que apresentamos no Capítulo 2.

Plasticidade dependente da experiência

No Capítulo 2, descrevemos o experimento de Blakemore e Cooper (1970) no qual eles mostraram que a criação de gatos em ambientes horizontais ou verticais pode fazer com que os neurônios no córtex do gato disparem preferencialmente contra estímulos horizontais ou verticais. Essa moldagem da resposta neural pela experiência, chamada *plasticidade dependente da experiência*, fornece evidências de que a experiência pode moldar o sistema nervoso.

A plasticidade dependente da experiência também foi demonstrada em humanos usando a técnica de imagem do cérebro por fMRI (ver Método: imageamento cerebral, p. 35). O ponto de partida para essa pesquisa é a descoberta de que há uma área no lobo temporal chamada área fusiforme da face (AFF) que contém muitos neurônios que respondem melhor a faces (ver Capítulo 2, p. 36). Isabel Gauthier e colaboradores (1999) mostraram que a plasticidade dependente da experiência pode desempenhar um papel na determinação da resposta desses neurônios a faces medindo o nível de atividade na AFF em resposta a faces e também a objetos chamados *greebles* (**Figura 3.27a**). Greebles são famílias de "seres" gerados por computador que têm a mesma configuração básica, mas diferem quanto às formas de suas partes (assim como as faces). O par de barras à esquerda na **Figura 3.27b** mostra que, para "novatos em greebles" (pessoas que tiveram pouca experiência para perceber greebles), as faces provocam mais atividade na AFF do que greebles.

Gauthier, então, deu aos voluntários treinamento extensivo ao longo de um período de quatro dias no "reconhecimento de greebles". Essas sessões de treinamento, que exigiam que cada greeble fosse rotulado com um nome específico, transformaram os participantes em "especialistas em greeble". As barras à direita na Figura 3.27b mostram que, após o treinamento, a AFF respondeu quase tão bem a greebles como a faces. Aparentemente, a AFF contém neurônios que respondem não apenas a faces, mas também a outros objetos complexos. Os objetos específicos aos quais os neurônios respondem melhor são estabelecidos pela experiência com os objetos. Na verdade, Gauthier também mostrou que os neurônios na AFF de pessoas que são especialistas em reconhecer carros e pássaros respondem bem não apenas a faces humanas, mas a carros (para os especialistas em carros) e a pássaros (para os especialistas em pássaros) (Gauthier et al., 2000). Assim como a criação de gatos em um ambiente vertical aumentou o número de neurônios que responderam às verticais, treinar seres humanos para reconhecer

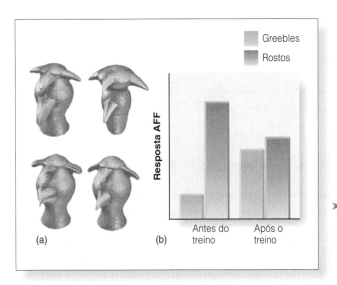

▶ Figura 3.27 (a) Estímulos greeble usados por Gauthier. Os participantes foram treinados para nomear cada greeble diferente. (b) Magnitude das respostas da AFF a faces e greebles antes e depois do treinamento com greebles.
(Fonte: baseado em I. Gauthier et al., 1999.)

greebles, carros ou pássaros faz com que a AFF responda mais fortemente a esses objetos. Esses resultados corroboram a ideia de que os neurônios na AFF respondem fortemente a faces porque temos uma vida inteira de experiência em perceber faces.

Essas demonstrações de plasticidade dependente da experiência em gatinhos e seres humanos mostram que o funcionamento do cérebro pode ser "ajustado" para operar melhor em um ambiente específico. Assim, a exposição contínua a coisas que ocorrem regularmente no ambiente pode fazer com que os neurônios adaptem-se para responder melhor a essas regularidades. Visto dessa forma, não é absurdo dizer que os neurônios podem refletir o conhecimento sobre as propriedades do ambiente.

Percorremos um longo caminho do pensamento sobre percepção como algo que acontece automaticamente em resposta à ativação dos receptores sensoriais. Vimos que percepção é o resultado de uma interação entre as informações de baixo para cima, que fluem dos receptores ao cérebro, e as informações de cima para baixo, que geralmente envolvem conhecimento sobre o ambiente ou expectativas relacionadas à situação.

Neste ponto na nossa descrição da percepção, como você responderia à pergunta: "Qual é o propósito da percepção?". Uma resposta possível é que o propósito da percepção é criar consciência do que está acontecendo no ambiente, como quando vemos objetos em cenas ou percebemos palavras em uma conversa. Porém fica óbvio que essa resposta não vai longe o suficiente, quando perguntamos, *por que* é importante sermos capazes de experimentar objetos em cenas e palavras em conversas?

A resposta a essa pergunta é que um propósito importante da percepção é permitir interagir com o ambiente. A palavra-chave aqui é *interagir*, porque interação implica ação. Começamos a agir quando selecionamos algo, quando caminhamos pelo campus, quando interagimos com alguém com quem estamos conversando. Interações como essas são essenciais para realizar o que queremos alcançar e, muitas vezes, são essenciais para nossa própria sobrevivência. Terminamos este capítulo discutindo a conexão entre percepção e ação, primeiro considerando o comportamento e depois a fisiologia.

▶ Percepção e ação: comportamento

A abordagem à percepção que descrevemos até agora poderia ser chamada abordagem "sentar em uma cadeira" ao estudo da percepção, porque a maioria das situações que descrevemos podem ocorrer quando uma pessoa se senta em uma cadeira vendo vários estímulos. Na verdade, provavelmente é isso que você faz ao ler este livro — ler palavras, olhar para fotos, fazer "demonstrações", tudo enquanto está sentado quieto. Vamos agora considerar como o movimento ajuda a perceber, e como a ação e a percepção interagem.

O movimento facilita a percepção

Embora o movimento adicione complexidade à percepção que não existe quando estamos sentados em um lugar, o movimento também ajuda a perceber objetos no ambiente com mais precisão. Uma das razões pelas quais isso ocorre é que o movimento revela aspectos dos objetos que não são aparentes de um único ponto de vista. Por exemplo, considere o "cavalo" na Figura 3.28. De um ponto de vista, esse objeto se parece com uma escultura de metal de um cavalo relativamente normal (Figura 3.28a). Entretanto, andar ao redor do cavalo revela que ele não é tão normal quanto parecia inicialmente (Figuras 3.28b e 3.28c). Portanto, ver um objeto de diferentes pontos de vista forneceu informações adicionais que resultam em uma percepção mais precisa, especialmente para objetos fora do comum, como o cavalo distorcido.

▶ Figura 3.28 Três exibições de um "cavalo". Mover um objeto pode revelar sua forma real.

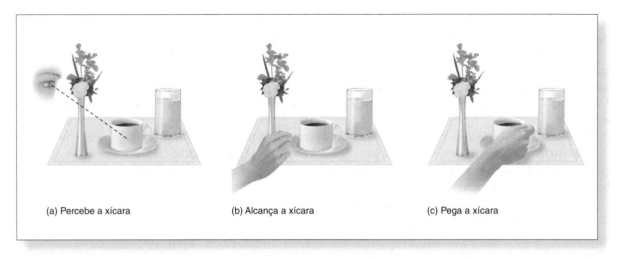

> Figura 3.29 Pegando uma xícara de café: (a) perceber e reconhecer a xícara; (b) alcançá-la; (c) agarrá-la e pegá-la. Essa ação envolve a coordenação entre a percepção e a ação que é executada por dois fluxos separados no cérebro, conforme descrito neste livro.

A interação entre percepção e ação

Nossa preocupação com o movimento vai além de observar que nos ajuda a perceber objetos, revelando informações adicionais sobre eles. O movimento também é importante por causa da coordenação que ocorre continuamente entre percepção dos estímulos e ação em relação a esses estímulos. Considere, por exemplo, o que acontece quando Crystal, descansando na cafeteria após sua corrida, estende a mão para pegar a xícara de café (Figura 3.29). Ela primeiro identifica a xícara de café entre as flores e outros objetos na mesa (Figura 3.29a). Assim que a xícara de café é percebida, ela estende a mão para pegá-la, levando em consideração a localização na mesa (Figura 3.29b). Ao estender a mão, evitando as flores, ela posiciona os dedos para pegar a xícara, levando em consideração sua percepção da alça da xícara (Figura 3.29c); então ela levanta a xícara com a força adequada, considerando a estimativa que ela tem do peso com base naquilo que acha que a xícara contém. Essa ação simples requer perceber continuamente a posição da xícara, e da mão e dos dedos em relação à xícara e ajustar as ações para pegar a xícara com precisão e, em seguida, pegá-la sem derramar café (Goodale, 2010). Tudo isso só para pegar uma xícara de café! O que é incrível nessa sequência é que acontece quase automaticamente, sem muito esforço. Mas, como tudo o mais sobre percepção, essa facilidade e aparente simplicidade são alcançadas com a ajuda de mecanismos subjacentes complexos. Vamos agora descrever a fisiologia por trás desses mecanismos.

▶ Percepção e ação: fisiologia

Os psicólogos há muito reconheceram a estreita conexão entre perceber objetos e interagir com eles, mas os detalhes dessa associação entre percepção e ação tornaram-se mais claros como resultado da pesquisa fisiológica iniciada na década de 1980. A pesquisa mostrou que existem dois fluxos de processamento no cérebro — um envolvido na percepção de objetos e o outro envolvido na localização e ação em relação a esses objetos. Essa pesquisa fisiológica envolve dois métodos: *ablação cerebral* — o estudo do efeito da remoção de partes do cérebro em animais, e *neuropsicologia* — o estudo do comportamento de pessoas com lesão cerebral, que descrevemos no Capítulo 2. Os dois métodos demonstram como o estudo do funcionamento de animais e humanos com lesões cerebrais pode revelar princípios importantes sobre o funcionamento do cérebro normal (intacto).

Fluxos "o quê" e "onde"

Em um experimento clássico, Leslie Ungerleider e Mortimer Mishkin (1982) estudaram como a remoção de parte do cérebro de um macaco afetava sua capacidade de identificar um objeto e determinar a localização do objeto. Esse experimento usou uma técnica chamada **ablação cerebral** — remover parte do cérebro.

Ungerleider e Mishkin apresentaram aos macacos duas tarefas: (1) um problema de discriminação de objetos e (2) um problema de discriminação de pontos de referência. No problema de **discriminação de objetos**, um macaco via um objeto, como um sólido retangular, e então era apresentado a uma tarefa com duas opções como a mostrada em Figura 3.30a, que incluía o "objeto-alvo" (o sólido retangular) e outro estímulo, como o sólido triangular. Se o macaco afastasse o objeto-alvo, ele recebia a recompensa alimentar que estava escondida em um espaço sob o objeto. O **problema de discriminação de**

MÉTODO Ablação do cérebro

O objetivo de um experimento de ablação cerebral é determinar a função de uma área específica do cérebro. Isso é feito determinando-se primeiro a capacidade de um animal testando-o de modo comportamental. A maioria dos experimentos de ablação que estudam a percepção utiliza macacos por causa da semelhança do sistema visual dos macacos com o dos seres humanos e porque os macacos podem ser treinados para demonstrar capacidades perceptivas como acuidade, visão de cores, percepção de profundidade e percepção de objetos.

Depois que a percepção do animal foi medida, uma área particular do cérebro é ablacionada (removida ou destruída), seja por cirurgia ou pela injeção de uma substância química na área a ser removida. Idealmente, uma área específica é removida e o restante do cérebro permanece intacto. Após a ablação, testa-se o macaco para determinar quais capacidades perceptivas permanecem e quais foram afetadas pela ablação. A ablação também é chamada *lesão*.

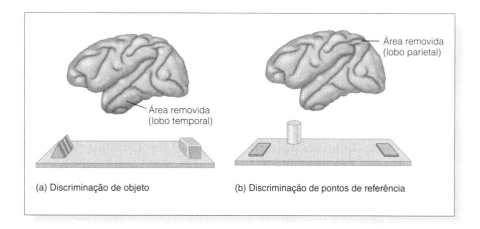

▶ Figura 3.30 Os dois tipos de tarefas de discriminação usadas por Ungerleider e Mishkin. (a) Discriminação de objeto: escolha a forma correta. Lesionar o lobo temporal torna essa tarefa difícil. (b) Discriminação de pontos de referência: escolha o alimento mais próximo do cilindro. Lesionar o lobo parietal torna essa tarefa difícil.
(Fonte: adaptado de M. Mishkin et al., 1983.)

pontos de referência é mostrado na **Figura 3.30b**. Aqui, o cilindro alto é o ponto de referência, o que indica o poço alimentar que contém comida. O macaco recebia alimento se colocasse a tampa do poço de comida mais perto do cilindro alto.

Na parte de ablação do experimento, parte do lobo temporal era removida em alguns macacos. Testes comportamentais mostraram que o problema de discriminação de objetos se tornava muito difícil para os macacos quando os lobos temporais eram removidos. Esse resultado indica que a via neural que alcança os lobos temporais é responsável por determinar a identidade de um objeto. Ungerleider e Mishkin, portanto, chamaram a via que vai do córtex estriado ao lobo temporal **via "o quê"** (**Figura 3.31**).

Outros macacos, em que os lobos parietais foram removidos, tinham dificuldade para resolver o **problema de discriminação dos pontos de referência**. Esse resultado indica que a via que leva ao lobo parietal é responsável por determinar a localização de um objeto. Ungerleider e Mishkin, portanto, chamaram a via que vai do córtex estriado ao lobo parietal de **via "onde"** (Figura 3.31).

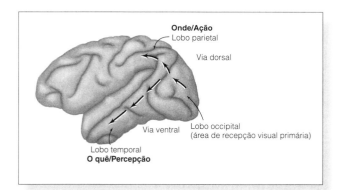

▶ Figura 3.31 O córtex do macaco, mostrando a via o quê, ou percepção, do lobo occipital ao lobo temporal, e a via onde, ou ação, do lobo occipital para o lobo parietal. Esta figura está disponível, em cores, no suplemento colorido, ao final do livro.
(Fonte: adaptado de M. Mishkin et al., 1983.)

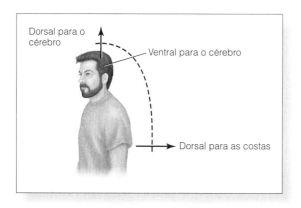

▶ Figura 3.32 *Dorsal* refere-se à superfície posterior de um organismo. Em animais eretos, como os seres humanos, dorsal refere-se à parte de trás do corpo *e* ao topo da cabeça, como indicado pelas setas e pela linha tracejada curva. Ventral é o oposto de dorsal.

As vias *o quê* e *onde* também são chamadas **via ventral** (o quê) e **via dorsal** (onde), porque a parte inferior do cérebro, onde o lobo temporal está localizado, é a parte ventral do cérebro, e a parte superior do cérebro, onde o lobo parietal está localizado, é a parte dorsal do cérebro. O termo *dorsal* refere-se às costas ou à superfície superior de um organismo; assim, a barbatana dorsal de um tubarão ou golfinho é a barbatana do dorso que se projeta para fora da água. A Figura 3.32 mostra que, para animais que andam eretos, como os humanos, a parte dorsal do cérebro é a parte superior do cérebro. (Imagine uma pessoa com uma barbatana dorsal se projetando no topo da cabeça!) *Ventral* é o oposto de dorsal, portanto, refere-se à parte inferior do cérebro.

Aplicando essa ideia das vias *o quê* e *onde* ao nosso exemplo de uma pessoa pegando uma xícara de café, a via *o quê* estaria envolvida na percepção inicial da xícara e a via *onde* na determinação de sua localização — informações importantes se vamos realizar a ação de alcançar a xícara. Na próxima seção, discutimos outra abordagem fisiológica ao estudo da percepção e ação descrevendo como o estudo do comportamento de uma pessoa com lesão cerebral fornece mais informações sobre o que acontece no cérebro quando uma pessoa alcança um objeto.

Fluxos de percepção e ação

Milner e Melvyn Goodale (1995) usaram a abordagem neuropsicológica (estudar o comportamento de pessoas com lesão cerebral) para revelar dois fluxos, um envolvendo o lobo temporal e outro envolvendo o lobo parietal. Os pesquisadores estudaram D. F., uma mulher de 34 anos que sofreu lesões no lobo temporal decorrente de envenenamento por monóxido de carbono causado por vazamento de gás em sua casa. Um resultado da lesão cerebral foi revelado quando solicitou que D. F. girasse um cartão em sua mão para corresponder às diferentes direções de uma abertura (**Figura 3.33a**). Ela não conseguiu fazer, como mostrado no círculo à esquerda na **Figura 3.33b**. Cada linha no círculo indica como D. F. ajustava a direção do cartão. O desempenho perfeito de correspondência seria indicado por uma linha vertical para cada tentativa, mas as respostas de D. F. foram muito dispersas. O círculo à direita mostra o desempenho preciso dos controles normais.

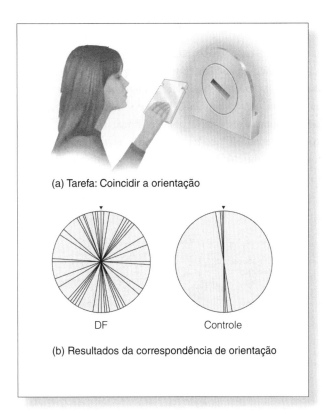

▶ Figura 3.33 (a) Tarefa de orientação de D. F. Várias direções diferentes foram apresentadas. A tarefa de D. F. era girar o cartão para corresponder a cada direção. (b) Resultados da tarefa de direção. As correspondências corretas são indicadas por linhas verticais.
(Fonte: baseado em A. D. Milner e M. A. Goodale, 1995.)

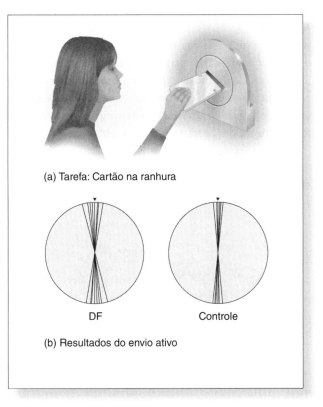

▶ Figura 3.34 (a) Tarefa de "envio" de D. F. Várias direções diferentes foram apresentadas. A tarefa de D. F. era "enviar" o cartão pela fenda. (b) Resultados da tarefa de envio. As direções corretas são indicadas por linhas verticais.
(Baseado em A. D. Milner e M. A. Goodale, 1995.)

Como D. F. tinha problemas para girar um cartão para corresponder com a direção da abertura, pareceria razoável que ela também tivesse problemas para *colocar* o cartão na abertura porque para isso ela teria de virá-lo de modo a alinhá-lo com a abertura. No entanto, quando solicitou que D. F. "endereçasse" o cartão para a abertura (Figura 3.34a), ela conseguia fazer isso, como indicado pelos resultados na Figura 3.34b. Embora D. F. não conseguisse girar o cartão para corresponder com a direção da abertura, *assim que ela começava a mover o cartão em direção à abertura*, era capaz de girá-lo para corresponder com a direção da abertura. Portanto, o desempenho de D. F. era ruim na tarefa de correspondência de direção estática, mas era bom assim que a *ação* foi envolvida (Murphy, Racicot e Goodale, 1996). Milner e Goodale interpretaram o comportamento de D. F. demonstrando que existe um mecanismo para julgar a direção e outro para coordenar visão e ação.

Com base nesses resultados, Milner e Goodale sugeriram que a via do córtex visual para o lobo temporal (que foi lesionado no cérebro de D. F.) fosse chamada **via perceptiva** e a via do córtex visual para o lóbulo parietal (que estava intacto no cérebro de D. F.) fosse chamada **via de ação** (também chamada *via "como"* porque está associada a como a pessoa age). A via perceptiva corresponde à via *o quê* que descrevemos em conjunto com os experimentos com macacos, e a via de ação corresponde à via *onde*. Assim, alguns pesquisadores se referem às vias *o quê* e *onde* e alguns às vias de *percepção* e *ação*. Seja qual for a terminologia, a pesquisa mostra que percepção e ação são processadas em duas vias distintas no cérebro.

Com nosso conhecimento de que percepção e ação envolvem dois mecanismos distintos, podemos adicionar notações fisiológicas à nossa descrição de pegar a xícara de café (Figura 3.29) como a seguir: O primeiro passo é identificar a xícara de café entre o vaso de flores e o copo de suco de laranja na mesa (via perceptiva ou *o quê*). Uma vez que a xícara de café é percebida, alcançamos a xícara (*ação* ou *via onde*), levando em consideração sua localização à mesa. À medida que procuramos, evitando as flores e o suco de laranja, posicionamos os dedos para pegar a xícara (*via de ação*), levando em consideração nossa percepção da alça da xícara (via perceptiva), e levantamos a xícara com a quantidade certa de força (*via de ação*), levando em consideração nossa estimativa do peso com base na nossa percepção de quanto líquido está na xícara (*via perceptiva*).

Assim, mesmo uma ação simples como pegar uma xícara de café envolve várias áreas do cérebro, que coordenam a atividade para criar percepções e comportamentos. Uma coordenação semelhante entre diferentes áreas do cérebro também ocorre para o sentido da audição, então ouvir alguém chamar seu nome e virar-se para ver quem é ativa duas vias distintas no sistema auditivo — uma que permite ouvir e identificar o som (a via *o quê* auditiva) e outra que ajuda a localizar de onde vem o som (a via *onde* auditiva) (Lomber e Malhotra, 2008).

A descoberta de diferentes vias perceptivas, determinar o local e agir ilustra como o estudo da fisiologia da percepção ajudou a ampliar nossa concepção para muito além da antiga abordagem de "sentar na cadeira". Outra descoberta fisiológica que estendeu nossa concepção da percepção visual para além de simplesmente "ver" é a descoberta de neurônios-espelho.

Neurônios-espelho

Em 1992, G. di Pellegrino e colaboradores pesquisavam como os neurônios no córtex pré-motor do macaco (Figura 3.35a) disparavam enquanto o macaco realizava uma ação como pegar um pedaço de comida. A Figura 3.35b mostra como um neurônio respondia quando o macaco pegava a comida de uma bandeja — um resultado que os pesquisadores esperavam. No entanto, como às vezes acontece na ciência, eles observaram algo que não esperavam. Quando um dos pesquisadores selecionava um pouco de comida enquanto o macaco estava observando, o mesmo neurônio era disparado (Figura 3.35c).

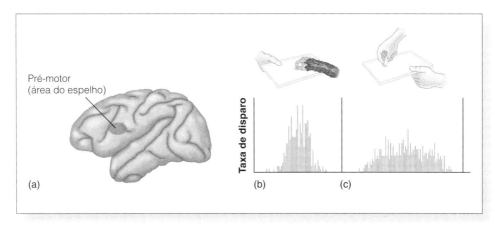

▶ Figura 3.35 (a) Localização do córtex pré-motor do macaco. (b) Respostas de um neurônio-espelho quando o macaco pega o alimento em uma bandeja e (c) quando o macaco observa o pesquisador pegar o alimento.
(Fonte: Rizzolatti et al., 2000.)

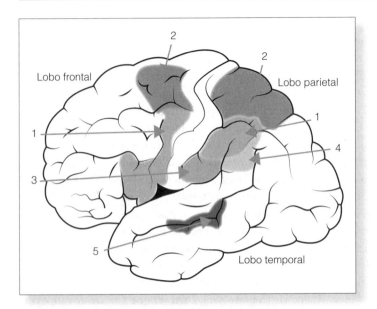

▶ Figura 3.36 Áreas corticais no cérebro humano associadas ao sistema de neurônios-espelho. Os números indicam o tipo de ações processadas em cada região. 1. movimento direcionado a objetos; 2. movimentos de alcance; 3. uso de ferramenta; 4. movimentos não direcionados a objetos; 5. movimentos dos membros superiores. Esta figura está disponível, em cores, no suplemento colorido, ao final do livro.

(Fonte: adaptado de Cattaneo e Rizzolatti, 2009.)

O inesperado foi que os neurônios que eram disparados contra a observação do pesquisador selecionando o alimento eram os mesmos disparados antes, quando o macaco selecionava o alimento.

Essa observação inicial, seguida de muitos experimentos adicionais, levou à descoberta dos **neurônios-espelho** — neurônios que respondem quando um macaco observa alguém pegando um objeto como comida em uma bandeja e quando o próprio macaco pega a comida (Gallese et al., 1996; Rizzolatti et al., 2006; Rizzolatti e Sinigaglia, 2016). Eles são chamados neurônios-espelho porque a resposta do neurônio à observação do pesquisador pegando um objeto é semelhante à resposta que ocorreria se o macaco estivesse realizando a mesma ação. Embora possamos pensar que o macaco esteja respondendo à expectativa de receber comida, o tipo de objeto fez pouca diferença. Os neurônios responderam igualmente bem quando o macaco observava o pesquisador pegar um objeto que não era comida.

Nesse ponto, você deve estar se perguntando se os neurônios-espelho estão presentes no cérebro humano. Algumas pesquisas com humanos sugerem que nosso cérebro contém neurônios-espelho. Por exemplo, pesquisadores que usaram eletrodos para registrar a atividade cerebral em pessoas com epilepsia a fim de determinar qual parte do cérebro gerava as convulsões, registraram a atividade de neurônios com as mesmas propriedades de espelho identificadas em macacos (Mukamel et al., 2010). Trabalho adicional realizado usando fMRI em pessoas neurologicamente normais sugeriu ainda que esses neurônios estão distribuídos por todo o cérebro em uma rede que foi chamada **sistema de neurônios-espelho** (**Figura 3.36**) (Caspers et al., 2010; Cattaneo e Rizzolatti, 2009; Molenbergs et al., 2012).

Qual é o propósito desses neurônios-espelho? Uma sugestão é que eles estão envolvidos na determinação do *objetivo* ou *intenção* por trás de uma ação. Para entender o que isso significa, vamos voltar à Crystal procurando a xícara de café. Ela pode estar procurando a xícara por uma série de razões. Talvez ela pretenda beber um pouco de café, mas, se notarmos que a xícara está vazia, podemos decidir que ela vai levá-la de volta ao balcão da cafeteria para enchê-la novamente, ou se soubermos que ela nunca bebe mais de uma xícara, podemos decidir que ela vai colocá-la na bandeja de xícaras usadas. Assim, várias intenções diferentes podem estar associadas à percepção da mesma ação.

Qual é a evidência de que a resposta dos neurônios-espelho pode ser influenciada por diferentes intenções? Mario Iacoboni e colaboradores (2005) realizaram um experimento no qual mediram a atividade cerebral dos participantes enquanto assistiam a clipes de curta-metragem. Havia três versões do filme, todas mostrando o mesmo movimento de uma mão pegando uma xícara, mas em contextos diferentes. A versão 1 mostrava uma mão estendida para pegar uma xícara cheia de café em uma mesa bem posta, com comida em um prato. A versão 2 mostrava o mesmo movimento, mas a xícara estava em uma mesa bagunçada, a comida foi ingerida e a xícara estava vazia. A versão 3 mostrava a mão pegando uma xícara isolada. Iacoboni levantou a hipótese de que a visualização do clipe de filme 1 levaria o espectador a inferir que a pessoa pegando a xícara pretende beber nela, que a visualização do clipe levaria o espectador a inferir que a pessoa está limpando e que a visualização do clipe não levaria a nenhuma inferência particular.

Quando Iacoboni comparou a atividade cerebral da visualização dos dois filmes-alvo com a atividade do filme não alvo, ele descobriu que os filmes-alvo provocavam maior atividade do que o filme não alvo em áreas do cérebro conhecidas por terem propriedades de neurônios-espelho. A quantidade de atividade era menor para o filme intencional, maior para o filme sobre limpeza e maior para o filme sobre beber. Com base no aumento da atividade para os dois filmes intencionais, Iacoboni concluiu que a área dos neurônios-espelho está envolvida na compreensão das intenções por trás das ações mostradas nos filmes. Ele raciocinou que, se os neurônios-espelho estivessem apenas sinalizando a ação de pegar a xícara, uma resposta semelhante ocorreria independentemente de haver ou não um contexto em torno da xícara. Os neurônios-espelho, de acordo com

Iacoboni, codificam o "porquê" das ações e respondem de maneira diferente a intenções diferentes (ver também em Fogassi et al., 2005 um experimento semelhante em um macaco).

Se, de fato, os neurônios-espelho sinalizam as intenções, como fazem isso? Uma possibilidade é que a resposta desses neurônios seja determinada pela sequência de atividades motoras que podem *ocorrer* em certo contexto (Fogassi et al., 2005; Gallese, 2007). Por exemplo, quando uma pessoa pega uma xícara com a intenção de beber, a próxima ação esperada seria levar a xícara à boca e, em seguida, beber um pouco de café. No entanto, se a intenção é limpeza, a ação esperada pode ser colocar a xícara na pia. De acordo com essa ideia, os neurônios-espelho que respondem a diferentes intenções respondem à ação que está acontecendo *mais* a sequência de ações que provavelmente se seguirá, dado o contexto.

Quando considerado dessa maneira, o funcionamento dos neurônios-espelho compartilha algo com a percepção em geral. Lembre-se do princípio da probabilidade de Helmholtz — percebemos o objeto com *maior probabilidade* de ter causado o padrão dos estímulos que recebemos. No caso de neurônios-espelho, o disparo do neurônio pode basear-se na sequência das ações que têm *maior probabilidade* de ocorrer em um determinado contexto. Nos dois casos, o resultado — seja a percepção ou o disparo de um neurônio espelho — depende do conhecimento que trazemos para uma situação particular.

As funções exatas dos neurônios-espelho em humanos ainda estão sendo debatidas, com alguns pesquisadores atribuindo aos neurônios-espelho um lugar central na determinação das intenções (Caggiano et al., 2011; Gazzola et al., 2007; Kilner, 2011; Rizzolatti e Sinigaglia, 2016) e outros questionando essa ideia (Cook et al., 2014; Hickock, 2009). No entanto, seja qual for o papel exato dos neurônios-espelho em humanos, não há dúvida de que existe algum mecanismo que vai além do papel da percepção de fornecer informações que nos permitem agir, para outro papel — inferir por que outras pessoas fazem o que fazem.

▶ Algo a considerar: conhecimento, inferência e previsão

"Os cérebros, argumentou-se recentemente, são essencialmente máquinas de previsão" (Clark, 2013).

Dois termos que apareceram ao longo deste capítulo são *conhecimento* e *inferência*. O conhecimento foi a base da teoria da inferência inconsciente de Helmholtz e a base do princípio da probabilidade. A inferência depende do conhecimento. Por exemplo, vimos como a inferência baseada no conhecimento ajuda a resolver a ambiguidade da imagem retiniana e como o conhecimento das probabilidades transicionais ajuda a inferir onde termina uma palavra em uma conversa e outra começa. O conhecimento e as inferências a seguir são a base do processamento de cima para baixo (p. 60).

Outra maneira de pensar sobre conhecimento e inferência é em termos de *previsão*. Afinal de contas, quando afirmamos que uma determinada imagem retiniana é provocada por um livro (Figura 3.7), estamos fazendo uma previsão do que provavelmente está lá fora. Quando afirmamos que uma forma apresentada brevemente em uma bancada de cozinha é provavelmente uma fatia de pão (Figura 1.13), estamos fazendo uma previsão com base no que provavelmente estará em uma bancada de cozinha. Estamos fazendo previsões constantemente sobre o que está lá fora, o que é a base da afirmação de que "cérebros... são essencialmente máquinas de previsão" no início desta seção (Clark, 2013).

Uma dica de que a previsão vai além de simplesmente ver é fornecida pela **ilusão de tamanho-peso**: quando mostramos a uma pessoa dois objetos semelhantes, como dois cubos, que têm o mesmo peso, mas tamanhos diferentes, o maior parece mais leve quando são levantados juntos. Uma explicação disso é que prevemos que objetos maiores são mais pesados do que objetos menores, porque objetos do mesmo tipo normalmente tornam-se mais pesados à medida que o tamanho deles aumenta (Buckingham et al., 2016; Plaisier e Smeets, 2015). Ficamos, portanto, surpresos quando o maior é mais leve do que o previsto. Assim como a percepção é guiada por previsões, também são as ações associadas a percepções.

Acontece que a previsão é um princípio central que opera em toda a cognição. Eis uma prévia de algumas das previsões que encontraremos nos capítulos a seguir:

- ▶ Capítulo 4 (Atenção) — Guias de predição para os quais direcionamos os olhos ao fazer a varredura de uma cena.
- ▶ Capítulo 7 (Memória) — Nossa capacidade de prever o que pode acontecer no futuro baseia-se em nossa capacidade de lembrar eventos do passado.
- ▶ Capítulo 11 (Linguagem) — A previsão não apenas ajuda a perceber palavras individuais no fluxo da fala, como vimos neste capítulo, mas também ajuda a compreender os significados das frases, acompanhar conversas e entender histórias.
- ▶ Capítulo 13 (Pensamento) — As pessoas às vezes usam "regras práticas" chamadas heurísticas para fazer previsões que ajudam a tomar decisões ou determinar soluções para problemas.

Embora a ideia de previsão não seja nada nova, tendo sido proposta por Helmholtz no século 19, tornou-se um tema importante em várias áreas diferentes da cognição.

TESTE VOCÊ MESMO 3.3

1. O que é o efeito oblíquo? Descreva como esse efeito pode ser causado pela evolução e pela experiência.
2. Descreva a interação entre perceber e agir, fornecendo um exemplo específico da percepção cotidiana.
3. Descreva o experimento de Ungerleider e Mishkin. Como eles usaram o procedimento de ablação do cérebro para demonstrar os fluxos *o quê* e *onde* no córtex?
4. Descreva como os testes que Milner e Goodale fizeram em D. F. demonstraram as vias para correlacionar direção e combinar visão e ação. Descreva a via da percepção e a via da ação. Como essas vias correspondem aos fluxos *o quê* e *onde* de Ungerleider e Mishkin?
5. Descreva como as vias de percepção e ação desempenham um papel em uma ação, como pegar uma xícara de café.
6. O que são neurônios-espelho? O que alguns pesquisadores propuseram sobre como os neurônios-espelho podem conectar percepção e ação?
7. Qual é a conexão entre conhecimento, inferência e previsão?

SUMÁRIO DO CAPÍTULO

1. O exemplo de Crystal correndo na praia e tomando café posteriormente ilustra como a percepção pode mudar com base em novas informações, como a percepção pode basear-se em princípios relacionados a experiências passadas, como a percepção é um processo e como a percepção e a ação estão conectadas.

2. Podemos facilmente descrever a relação entre partes de uma cena urbana, mas muitas vezes é desafiador indicar o raciocínio que levou à descrição. Isso ilustra a necessidade de ir além do padrão de claro e escuro em uma cena para descrever o processo da percepção.

3. As tentativas de programar computadores para reconhecer objetos mostraram como é difícil programar computadores para perceber em um nível comparável ao dos humanos. Algumas das dificuldades que os computadores enfrentam são: (1) o estímulo nos receptores é ambíguo, como demonstrado pelo problema de projeção inversa; (2) os objetos em uma cena podem estar ocultos ou desfocados; (3) os objetos parecem diferentes de diferentes pontos de vista; e (4) as cenas contêm informações de alto nível.

4. A percepção começa com o processamento de baixo para cima, que envolve a estimulação dos receptores, criando sinais elétricos que alcançam a área de recepção visual do cérebro. A percepção também envolve o processamento de cima para baixo, que está associado ao conhecimento armazenado no cérebro.

5. Exemplos do processamento de cima para baixo são as personalidades múltiplas de uma mancha e como o conhecimento de um idioma torna possível perceber palavras individuais. O experimento de Saffran mostrou que bebês de 8 meses de idade são sensíveis a probabilidades transicionais na linguagem.

6. A ideia de que a percepção depende do conhecimento foi proposta pela teoria da inferência inconsciente de Helmholtz.

7. A abordagem gestáltica à percepção propôs uma série de leis da organização perceptual, que se baseavam em como os estímulos geralmente ocorrem no ambiente.

8. As regularidades do ambiente são características do ambiente que ocorrem com frequência. Levamos regularidades físicas e regularidades semânticas em consideração ao perceber.

9. A inferência bayesiana é um procedimento matemático para determinar o que provavelmente está "lá fora"; leva em consideração as crenças anteriores de uma pessoa sobre um resultado perceptivo e a probabilidade desse resultado com base em evidências adicionais.

10. Das quatro abordagens à percepção de objetos — inferência inconsciente, Gestalt, regularidades e bayesiana — a abordagem gestáltica depende mais do processamento de baixo para cima do que as outras. Psicólogos modernos sugeriram uma conexão entre os princípios da Gestalt e as experiências anteriores.

11. Um dos princípios básicos do funcionamento do cérebro é que ele contém alguns neurônios que respondem melhor a coisas que ocorrem regularmente no ambiente.

12. A plasticidade dependente da experiência é um dos mecanismos responsáveis pela criação de neurônios ajustados para responder a coisas específicas no ambiente. Os experimentos em que a atividade cerebral das pessoas foi mensurada à medida que aprenderam sobre greebles corroboram essa ideia. Isso também foi ilustrado no experimento descrito no Capítulo 2, no qual os gatinhos foram criados em ambientes verticais ou horizontais.

13. Perceber e agir estão interligados. O movimento de um observador em relação a um objeto fornece informações sobre o objeto. Além disso, há uma coordenação constante entre perceber um objeto (como uma xícara) e agir em direção ao objeto (como pegar a xícara).

14. Pesquisas envolvendo ablação cerebral em macacos e estudos neuropsicológicos do comportamento de pessoas com lesões cerebrais revelaram duas vias de processamento no córtex — uma via do lobo occipital ao lobo temporal responsável pela percepção de objetos e uma via do lobo occipital ao lobo parietal responsável por controlar as ações em relação aos objetos. Essas vias funcionam em conjunto para coordenar a percepção e a ação.

15. Os neurônios-espelho são neurônios que disparam quando um macaco ou pessoa realiza uma ação, como pegar um pouco de comida, e ao observar a mesma ação sendo executada por outra pessoa. Foi proposto que uma função dos neurônios-espelho é fornecer informações sobre os objetivos ou intenções por trás das ações de outras pessoas.

16. Previsão, que está intimamente relacionada ao conhecimento e à inferência, é um mecanismo que está envolvido na percepção, atenção, compreensão da linguagem, realização de previsões sobre eventos futuros e pensamento.

PENSE NISSO

1. Descreva uma situação em que você inicialmente achou ter visto ou ouvido algo, mas então entendeu que sua percepção inicial estava errada. (Dois exemplos: perceber mal um objeto em condições de baixa visibilidade; ouvir mal a letra de uma música.) Quais eram as funções do processamento de baixo para cima e de cima para baixo nessa situação de primeiro ter uma percepção incorreta e depois entender o que realmente estava lá?

2. Observe a imagem na Figura 3.37. É a mão de um gigante preparando-se para pegar um cavalo, uma mão de tamanho normal pegando um minúsculo cavalo de plástico ou outra coisa? Explique, com base em algumas das coisas que levamos em consideração além da imagem que esta cena cria na retina, por que é improvável que essa imagem mostre uma mão gigante ou um pequeno cavalo. Como sua resposta se relaciona ao processamento de cima para baixo?

3. Na seção sobre plasticidade dependente da experiência, afirmou-se que os neurônios podem refletir o conhecimento sobre as propriedades do ambiente. Seria válido sugerir que a resposta desses neurônios representa um processamento de cima para baixo? Sim ou não? Por quê?

4. Tente observar o mundo como se não existisse processamento de cima para baixo. Por exemplo, sem a ajuda do processamento de cima para baixo, ver a placa do banheiro de um restaurante.

▶ Figura 3.37 Uma mão gigante está prestes a pegar o cavalo?

TERMOS-CHAVE

Ablação cerebral 74
Aprendizagem estatística 62
Discriminação de objetos 74
Efeito oblíquo 67
Esquema de cena 68
Ilusão de tamanho-peso 79
Inferência bayesiana 69
Inferência inconsciente 63
Invariância do ponto de vista 60
Lei de Prägnanz 66
Movimento aparente 64
Neurônios-espelho 78
Percepção 54
Prévia 69
Princípio da boa continuação 65

Princípio da boa figura 66
Princípio da probabilidade 63
Princípio da similaridade 66
Princípio da simplicidade 66
Princípios da organização perceptual 65
Probabilidade 69
Probabilidade prévia 69
Probabilidades transicionais 62
Problema de discriminação de pontos de referência 75
Problema de projeção inversa 59
Processamento de baixo para cima (*bottom-up*) 60
Processamento de cima para baixo (*top-down*) 60

Psicólogos da Gestalt 64
Regularidades do ambiente 67
Regularidades físicas 67
Regularidades semânticas 68
Segmentação da fala 61
Sistema de neurônios-espelho 78
Suposição de luz vinda de cima 67
Teoria da seleção natural 72
Via de ação 77
Via dorsal 76
Via "onde" 75
Via "o quê" 75
Via perceptiva 77
Via ventral 76

Respostas à **Figura 3.9**
Faces da esquerda para a direita: Will Smith, Taylor Swift, Barack Obama, Hillary Clinton, Jackie Chan, Ben Affleck, Oprah Winfrey

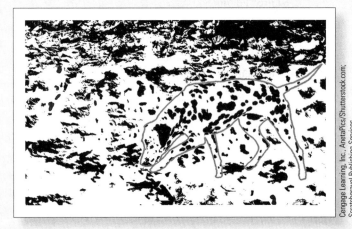

Resposta à Figura 3.17, o dálmata.

É um dia chuvoso em Barcelona, e o fotógrafo, olhando de uma janela lá em cima, congela os guarda-chuvas de três pessoas que atravessam a rua. Ao olhar para esta foto, os guarda-chuvas ou as linhas brancas da faixa de pedestres, provavelmente, chamaram a sua atenção primeiro. No entanto, se você estivesse observando essa cena enquanto acontecia, o movimento também teria influenciado sua atenção. Você poderia ter focalizado como os guarda-chuvas moviam-se em relação uns aos outros, ou poderia ter acompanhado o movimento de um dos guarda-chuvas, por causa da cor, direção ou velocidade do movimento. Sempre que você abre os olhos e observa uma cena, a atenção é um dos principais processos que determinam o que experimenta e o que tira dessa experiência. Esta imagem está disponível, em cores, no suplemento colorido, ao final do livro.

Atenção

4

Atenção como processamento de informações
Modelo de filtro de atenção de Broadbent
Modificando o modelo de Broadbent: mais modelos de seleção antecipada
Um modelo de seleção tardia

Capacidade de processamento e carga perceptual
➤ Demonstração: o efeito Stroop

➤ TESTE VOCÊ MESMO 4.1

Direcionando a atenção ao varrer uma cena
Varrer uma cena com movimentos oculares
Escaneamento com base na saliência do estímulo
Escaneamento com base em fatores cognitivos
Escaneamento com base em demandas de tarefas

Resultados da atenção
➤ Método: estímulos precedentes

A atenção melhora nossa capacidade de responder a uma localização
A atenção melhora nossa capacidade de responder a objetos
A atenção afeta a percepção
A atenção afeta a resposta fisiológica
   A atenção a locais aumenta a atividade em áreas específicas do cérebro
   A atenção muda a representação dos objetos ao longo do córtex

➤ TESTE VOCÊ MESMO 4.2

Atenção dividida: podemos responder a mais de uma coisa de cada vez?
A atenção dividida pode ser alcançada com a prática: processamento automático
A atenção dividida torna-se mais difícil quando as tarefas são mais difíceis

Distrações
Distrações por celulares ao dirigir
Distrações por causa da internet
   ➤ Método: amostragem de experiência
Distração causada pela divagação da mente

O que acontece quando não respondemos?
Cegueira desatencional
Surdez desatencional
Detecção de alterações
   ➤ Demonstração: detecção de alterações
E a experiência diária?

Atenção e experimentando um mundo coerente
Teoria da integração de características
Evidência para a teoria da integração de características
   Conjunções ilusórias
   Pesquisa visual
   ➤ Demonstração: procurando conjunções

Algo a considerar: redes atencionais

➤ TESTE VOCÊ MESMO 4.3

SUMÁRIO DO CAPÍTULO
PENSE NISSO
TERMOS-CHAVE

ALGUMAS PERGUNTAS QUE VAMOS CONSIDERAR

▶ É possível direcionar a atenção apenas para uma única coisa, mesmo quando há muitas outras coisas acontecendo simultaneamente?

▶ Em que situações podemos prestar atenção a mais de uma coisa ao mesmo tempo?

▶ O que pesquisas sobre atenção informam em relação ao efeito de falar ao celular quando dirigimos um carro?

▶ É verdade que não prestamos atenção a uma grande fração das coisas que acontecem no ambiente?

Roger, sentado na biblioteca, está tentando fazer a lição de matemática quando algumas pessoas na mesa ao lado começam a falar. Ele se irrita porque as pessoas não devem falar na biblioteca, mas está tão concentrado nos problemas matemáticos que isso não o distrai (**Figura 4.1a**). Porém, um pouco mais tarde, quando decide fazer uma pausa na lição de matemática e jogar um jogo fácil no celular, ele acha a conversa deles uma distração (**Figura 4.1b**). "Interessante", pensa ele. "A conversa deles não me incomodava quando eu estava resolvendo os problemas de matemática."

Decidindo parar de resistir a ouvir a conversa, Roger começa a escutar conscientemente enquanto continua a jogar no celular (**Figura 4.1c**). No entanto, assim que ele começa a perceber o que o casal está falando, a atenção dele é capturada por um ruído alto e comoção do outro lado da sala, onde parece que um carrinho de livros virou, espalhando-os pelo chão. Quando ele percebe que uma pessoa parece chateada e outras estão recolhendo os livros, ele olha de uma pessoa a outra e decide que não conhece nenhuma delas (**Figura 4.1d**).

As experiências de Roger ilustram diferentes aspectos da **atenção** — a capacidade de focalizar estímulos ou locais específicos. A tentativa dele de se concentrar na lição de matemática e ignorar as pessoas falando é um exemplo da **atenção seletiva** — cuidar de uma coisa e ignorar outras. Como a conversa na biblioteca interferiu no jogo do

▶ **Figura 4.1** As aventuras de Roger com atenção. (a) Atenção seletiva: resolver problemas de matemática sem se distrair com a conversa das pessoas. (b) Distração: brincar com um jogo, mas se distrair com as pessoas falando. (c) Atenção dividida: jogar e ouvir a conversa. (d) Captura e varredura atencionais: um ruído atrai a atenção e ele faz uma varredura da cena para descobrir o que está acontecendo.

celular é um exemplo de **distração** — um estímulo interferindo no processamento de outro estímulo. Quando Roger decide ouvir a conversa enquanto joga, ele mostra **atenção dividida** — prestar atenção a mais de uma coisa ao mesmo tempo. Mais tarde, sua escuta é interrompida pelo barulho do carrinho de livros virado, um exemplo da **captura atencional** — uma mudança rápida da atenção geralmente causada por um estímulo como ruído alto, luz intensa ou movimento repentino. Por fim, a tentativa de Roger de identificar as pessoas na biblioteca, olhando da face de uma pessoa a outra, é exemplo da **varredura visual** — movimentos dos olhos de um local ou objeto para outro.

Com todos esses diferentes aspectos da atenção em mente, vamos retornar à definição de atenção de William James (1890), que apresentamos no Capítulo 1:

> Milhões de itens... estão presentes nos meus sentidos que nunca entram adequadamente na minha experiência. Por quê? Porque não são interessantes para mim. Minha experiência é o que concordo em me preocupar... Todo mundo sabe o que é atenção. É a tomada de posse pela mente, de forma clara e vívida, de um dos que parecem ser vários objetos ou linhas de pensamento simultaneamente possíveis... Implica afastar-se de algumas coisas para lidar de maneira eficaz com outras.

Embora essa definição seja considerada clássica, e certamente capture uma característica central da atenção — afastar-se de algumas coisas para lidar efetivamente com outras — podemos agora ver que não captura a diversidade dos fenômenos que estão associados à atenção. Atenção, ao que parece, não é uma única coisa. Existem muitos aspectos diferentes da atenção, que foram estudados usando diferentes abordagens.

Este capítulo, portanto, consiste em várias seções, cada uma delas sobre um aspecto diferente da atenção. Começamos com um pouco de história, porque as primeiras pesquisas sobre a atenção ajudaram a estabelecer a abordagem do processamento de informações à cognição, que se tornou o foco central do novo campo da psicologia cognitiva.

▶ Atenção como processamento de informações

Pesquisas atuais sobre a atenção começaram na década de 1950 com a introdução do modelo de filtro de atenção de Broadbent.

Modelo de filtro de atenção de Broadbent

O **modelo de filtro de atenção** de Broadbent, que apresentamos no Capítulo 1, foi projetado para explicar os resultados de um experimento realizado por Colin Cherry (1953). Cherry estudava a atenção usando uma técnica chamada **escuta dicótica**, em que *dicótica* refere-se à apresentação de diferentes estímulos para as orelhas direita e esquerda. A tarefa do participante nesse experimento é focalizar a mensagem em uma orelha, chamada orelha atenta, e repetir o que está ouvindo em voz alta. Esse procedimento de repetir as palavras à medida que são ouvidas chama-se **sombreamento** (Figura 4.2).

Cherry descobriu que, embora os participantes pudessem facilmente acompanhar uma mensagem falada apresentada à orelha atenta e pudessem dizer se a mensagem desatenta era falada por um homem ou uma mulher, eles não conseguiam relatar o que estava sendo dito na orelha desatenta. Outros experimentos de escuta dicótica confirmaram que as pessoas não estão cientes da maioria das informações apresentadas à orelha desatenta. Por exemplo, Neville Moray (1959) mostrou que os participantes desconheciam uma palavra que havia sido repetida 35 vezes na orelha desatenta. A capacidade de focalizar um estímulo e filtrar outros estímulos chama-se **efeito coquetel**, porque em festas barulhentas as pessoas conseguem concentrar-se no que uma pessoa está dizendo, mesmo que haja muitas conversas acontecendo ao mesmo tempo.

Com base em resultados como esses, Donald Broadbent (1958) criou um modelo de atenção projetado para explicar como é possível focalizar uma única mensagem e por que a informação não é extraída de outra mensagem. Esse modelo,

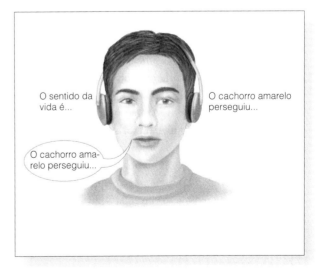

▶ Figura 4.2 No procedimento sombreado, que envolve escuta dicótica, uma pessoa repete em voz alta as palavras que acabou de ouvir. Isso assegura que os participantes concentrem a atenção na mensagem atenta.

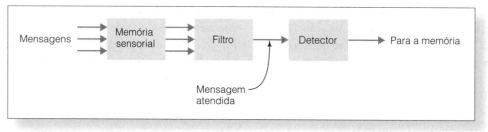

> Figura 4.3 Fluxograma do modelo de filtro de atenção de Broadbent.

que introduziu o fluxograma na psicologia cognitiva (ver p. 12), propôs que as informações passam pelos seguintes estágios (Figura 4.3):

> A *memória sensorial* contém todas as informações recebidas por uma fração de segundo e, em seguida, transfere todas elas para o filtro. (Discutiremos a memória sensorial no Capítulo 5.)

> O **filtro** identifica a mensagem atenta com base nas características físicas — coisas como tom de voz do locutor, tom, velocidade de fala e sotaque — e permite que apenas essa mensagem atenta passe para o detector na próxima fase. Todas as outras mensagens são filtradas.

> O **detector** processa as informações da mensagem atenta para determinar as características de nível superior da mensagem, como o significado. Como apenas as informações importantes e atentas passam pelo filtro, o detector processa todas as informações que entram nele.

> A saída do detector é enviada para a *memória de curto prazo*, que armazena informações por 10 a 15 segundos e também transfere informações para a *memória de longo prazo*, que pode conter informações indefinidamente. Descreveremos a memória de curto e longo prazo nos Capítulos 5–8.

O modelo de Broadbent chama-se **modelo de seleção antecipada** porque o filtro elimina as informações desatentas logo no início do fluxo de informações.

Modificando o modelo de Broadbent: mais modelos de seleção antecipada

A beleza do modelo de filtro de atenção de Broadbent era que fornecia previsões testáveis sobre a atenção seletiva, o que estimulou pesquisas adicionais. Uma previsão é que, depois que todas as mensagens desatentas são filtradas, não devemos estar cientes das informações nas mensagens desatentas. Para testar essa ideia, Neville Moray (1959) realizou um experimento de escuta, dicótica em que os participantes foram instruídos a sombrear a mensagem apresentada a uma orelha e ignorar a mensagem apresentada à outra orelha. No entanto, quando Moray apresentou o nome do ouvinte à orelha desatenta, cerca de um terço dos participantes o detectou (ver também Wood e Cowan, 1995).

Os participantes de Moray reconheciam seus nomes, embora, de acordo com a teoria de Broadbent, o filtro deva deixar passar apenas uma mensagem, com base em suas características físicas. Claramente, o nome da pessoa não foi filtrado e, mais importante, foi analisado o suficiente para determinar seu significado. Você pode ter tido uma experiência semelhante à demonstração de laboratório de Moray se, ao falar com alguém em uma sala barulhenta, de repente ouviu outra pessoa dizer seu nome.

Seguindo o exemplo de Moray, outros pesquisadores mostraram que as informações apresentadas ao ouvido desatento são processadas o suficiente para fornecer ao ouvinte alguma consciência de seu significado. Por exemplo, J. A. Gray e A. I. Wedderburn (1960), como estudantes de graduação na Universidade de Oxford, realizaram o experimento a seguir, às vezes chamado experimento "Querida Tia Jane". Como no experimento da escuta dicótica de Cherry, os participantes foram instruídos a acompanhar a mensagem apresentada a uma orelha. Como podemos ver na **Figura 4.4**, a orelha atenta (sombreada) recebia a mensagem "Prezada 7 Jane" e a orelha desatenta recebia a mensagem "9 Tia 6." No entanto, em vez de relatar a mensagem "Prezada 7 Jane" que era apresentada à orelha atenta, os participantes relataram ter ouvido "Prezada Tia Jane".

Alternar no canal desatento para dizer "tia" significa que a atenção do participante saltou de uma orelha a outra e, então, novamente. Isso ocorria porque eles estavam levando em consideração o significado das palavras. (Um exemplo do processamento de cima para baixo!)

Por causa de resultados como esses, Anne Treisman (1964) propôs uma modificação do modelo de Broadbent. Treisman propôs que a seleção ocorre em dois estágios e substituiu o filtro de Broadbent por um **atenuador** (**Figura 4.5**). O atenuador analisa a mensagem de entrada referente a (1) suas características físicas — seja aguda ou grave, rápida ou lenta; (2) sua linguagem — como a mensagem se agrupa em sílabas ou palavras; e (3) seu significado — como as sequências de palavras criam frases significativas. Observe que o atenuador representa um processo e não é identificado por uma estrutura cerebral específica.

A ideia de Treisman de que as informações selecionadas no canal são semelhantes àquelas propostas por Broadbent, mas no **modelo de atenuação da atenção** de Treisman a linguagem e o significado também podem ser usados para distinguir as mensagens. Entretanto, Treisman propôs que a análise da mensagem procede apenas na medida do necessário para identificar a mensagem atenta. Por exemplo, se há duas mensagens, uma em uma voz masculina e uma em uma voz feminina, então a análise no nível físico (que Broadbent enfatizava) é adequada para distinguir a voz masculina grave da voz feminina aguda. Se, porém, as vozes são semelhantes, pode ser necessário usar o significado para distinguir as duas mensagens.

De acordo com o modelo de Treisman, depois que as mensagens atentas e desatentas eram identificadas, ambas as mensagens passavam pelo atenuador, mas a mensagem atenta emerge com força total e as mensagens não atentas são atenuadas — ainda estão presentes, mas são mais fracas do que a mensagem atenta. Como pelo menos parte da mensagem desatenta passa pelo atenuador, o modelo de Treisman foi chamado modelo de "filtro com vazamento".

A saída final do sistema é determinada na segunda etapa, quando a mensagem é analisada pelo mecanismo de dicionário. O **mecanismo de dicionário** contém palavras, armazenadas na memória, cada uma das quais tem um limiar para ser ativada (**Figura 4.6**). Um limiar é a menor intensidade de sinal que mal pode ser detectada. Assim, uma palavra com um limiar baixo pode ser detectada mesmo quando apresentada de maneira branda ou obscurecida por outras palavras.

De acordo com Treisman, palavras que são comuns ou especialmente importantes, como o nome ouvinte, têm limiares baixos, assim mesmo um sinal fraco no canal desatento pode ativar essa palavra, e ouvimos nosso nome no outro lado da sala. Palavras incomuns ou palavras sem importância para o ouvinte têm limiares mais altos, portanto, é necessário o sinal forte da mensagem atendida para ativar essas palavras. Portanto, de acordo com Treisman, a mensagem atenta é transmitida, além de algumas partes das mensagens desatentas mais fracas.

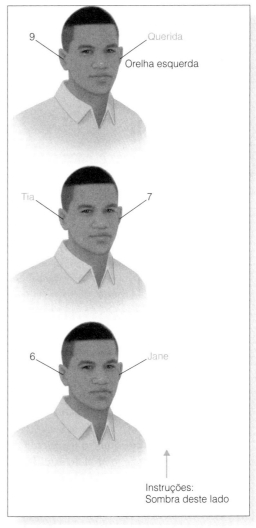

➤ Figura 4.4 No experimento de Gray e Wedderburn (1960) "Querida Tia Jane", os participantes foram instruídos a sombrear a mensagem apresentada à orelha esquerda. No entanto, eles relataram ter ouvido a mensagem "Querida Tia Jane", que começa na orelha esquerda, salta para a direita e então volta para a orelha esquerda.

Salvo indicação em contrário, todos os itens © Cengage.

A pesquisa que descrevemos até agora foi extremamente importante, não apenas porque definiu alguns dos fenômenos básicos da atenção, mas também porque demonstrou como um aspecto da cognição pode ser conceituado como um problema de processamento de informações, no qual as informações do ambiente passam por vários estágios de processamento. Como o modelo de Broadbent, o de Treisman chama-se modelo de seleção antecipada porque propõe um filtro que opera em um estágio inicial do fluxo de informações. Outros modelos propõem que a seleção pode ocorrer mais tarde.

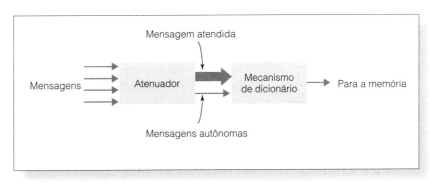

➤ Figura 4.5 Fluxograma para o modelo de atenuação de Treisman da atenção seletiva.

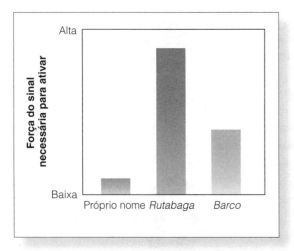

> Figura 4.6 O mecanismo de dicionário do modelo de atenuação da atenção seletiva de Treisman contém palavras, cada uma das quais tem um limiar para serem detectadas. Esse gráfico mostra os limiares que podem existir para três palavras. O nome da pessoa tem um limiar baixo, por isso será facilmente detectado. Os limiares para as palavras *rutabaga* e *barco* são mais altos, porque são menos usadas ou são menos importantes para esse ouvinte em particular.

Um modelo de seleção tardia

Outras teorias foram propostas para levar em conta os resultados de experimentos que mostram que as mensagens podem ser selecionadas em um estágio posterior de processamento, com base principalmente no significado delas. Por exemplo, em um experimento de Donald MacKay (1973), um participante ouvia uma frase ambígua, como "Eles estavam jogando pedras no banco", que poderia ser interpretada de mais de uma maneira. (Neste exemplo, "banco" pode se referir a um local para sentar ou a uma instituição financeira.) Essas frases ambíguas foram apresentadas à orelha atenta, enquanto palavras tendenciosas eram apresentadas a outra orelha, a desatenta. Por exemplo, quando o participante sombreava "Eles estavam jogando pedras no banco", a palavra "praça" ou a palavra "dinheiro" era apresentada à orelha desatenta.

Depois de ouvir uma série de frases ambíguas, os participantes recebiam pares de frases, como "Eles jogaram pedras na praça ontem" e "Eles jogaram pedras na associação de poupança e empréstimo ontem", e foi pedido que indicassem quais dessas duas frases tinha o significado mais próximo de uma das frases que tinham ouvido anteriormente. MacKay descobriu que o significado da palavra tendenciosa afetava a escolha dos participantes. Por exemplo, se a palavra tendenciosa fosse "dinheiro", era mais provável que os participantes escolhessem a segunda frase. Isso ocorria mesmo que os participantes relatassem não estar cientes das palavras tendenciosas que haviam sido apresentadas à orelha desatenta.

MacKay propôs que, como o significado da palavra *banco* ou *dinheiro* afetava os julgamentos dos participantes, a palavra precisa ser processada até o nível do significado, embora tenha sido desatenta. Resultados como esse levaram MacKay e outros teóricos a desenvolver **modelos de seleção tardia da atenção**, que propunham que a maioria das informações recebidas é processada até o nível de significado antes que a mensagem a ser processada posteriormente seja selecionada (Deutsch e Deutsch, 1963; Norman, 1968).

A pesquisa sobre atenção que estamos descrevendo focalizava quando a atenção seletiva ocorre (cedo ou tarde) e quais informações são usadas para a seleção (características físicas ou significado). No entanto, à medida que a pesquisa sobre atenção seletiva avançava, os pesquisadores perceberam que não há uma resposta para o que foi chamado controvérsia "antecipada-tardia". A seleção antecipada pode ser demonstrada em algumas condições e a seleção tardia em outras, dependendo da tarefa do observador e do tipo de estímulo apresentado. Assim, os pesquisadores começaram a focalizar como compreender os diversos fatores que controlam a atenção.

Isso nos leva de volta à experiência de Roger na biblioteca. Lembre-se de que ele era capaz de ignorar as pessoas conversando enquanto fazia a lição de matemática, mas se distraiu com a conversa quando estava jogando o jogo fácil no celular. A ideia de que a capacidade de atender seletivamente a uma tarefa pode depender tanto do estímulo de distração como da natureza da tarefa que foi estudada por Nilli Lavie (2010), que introduziu os conceitos de *capacidade de processamento* e *carga perceptual*.

▶ Capacidade de processamento e carga perceptual

Como as pessoas ignoram estímulos que distraem quando tentam concentrar a atenção em uma tarefa? Lavie responde a essa pergunta considerando dois fatores: (1) **capacidade de processamento**, que se refere à quantidade de informações que as pessoas podem manipular e define um limite quanto à capacidade delas de processar as informações recebidas; e (2) **carga perceptual**, que está relacionada à dificuldade de uma tarefa. Algumas tarefas, especialmente as fáceis e bem praticadas, têm cargas perceptuais baixas; essas **tarefas de baixa carga** usam apenas uma pequena quantidade da capacidade de processamento da pessoa. Tarefas que são difíceis e talvez não tão bem praticadas são **tarefas de alta carga** e usam mais da capacidade de processamento de uma pessoa.

Sophie Forster e Lavie (2008) estudaram o papel da capacidade de processamento e da carga perceptiva na determinação da distração apresentando telas como a na **Figura 4.7a**. A tarefa dos participantes era responder o mais rápido possível quando identificassem um alvo, X ou N. Os participantes pressionavam uma tecla se viram o X e outra tecla se viram o N. Essa tarefa é

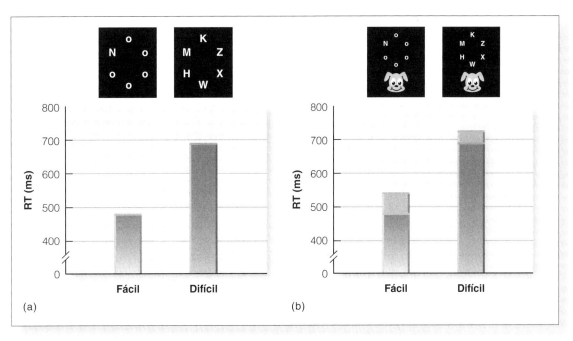

> Figura 4.7 A tarefa no experimento de Forster e Lavie (2008) era indicar a identidade de um alvo (X ou N) o mais rápido possível em telas como as mostradas aqui. (a) O tempo de reação para a condição fácil como a tela à esquerda, em que o alvo é acompanhado por pequenos os, é mais rápido do que o tempo de reação para a condição difícil, em que o alvo é acompanhado por outras letras. (b) Exibir um personagem de desenho animado que distraía perto da tela aumenta o tempo de reação para a tarefa fácil mais do que para a difícil. O aumento para cada tarefa é indicado pelas extensões em cinza mais claro das barras.
>
> (Fonte: Adaptado de S. Forster e N. Lavie, Falha ao ignorar distratores totalmente irrelevantes: The role of load, *Journal of Experimental Psychology: Applied*, 14, 73-83, 2008.)

fácil para telas como aquela à esquerda na Figura 4.7a, em que o alvo é circundado por apenas um tipo de letra, como os pequenos os. No entanto, a tarefa torna-se mais difícil quando o alvo está circundado por letras diferentes, como na tela à direita. Essa diferença se reflete nos tempos de reação, com a tarefa difícil resultando em tempos de reação mais longos do que a tarefa fácil. No entanto, quando um estímulo irrelevante para a tarefa — como o personagem de desenho animado não relacionado mostrado na Figura 4.7b — é exibido abaixo da tela, a resposta torna-se mais lenta para a tarefa fácil do que para a difícil.

Lavie explica os resultados como os na Figura 4.7b com base em sua **teoria da carga de atenção**, diagramada na Figura 4.8, na qual o círculo representa a capacidade de processamento da pessoa e o sombreamento representa a parte que é usada por uma tarefa. A Figura 4.8a mostra que com a tarefa de baixa carga ainda há capacidade de processamento restante. Isso significa que recursos estão disponíveis para processar o estímulo irrelevante para a tarefa (como o personagem de desenho animado) e, embora a pessoa tenha sido instruída a não prestar atenção ao estímulo irrelevante para a tarefa, ela é processada e diminui a velocidade de resposta.

A Figura 4.8b mostra uma situação em que toda a capacidade de processamento de uma pessoa está sendo usada para uma tarefa de alta carga, como a tarefa difícil no experimento. Quando isso ocorre, não há recursos para o processamento de outros estímulos, portanto, estímulos irrelevantes

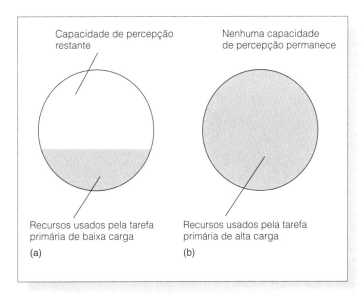

> Figura 4.8 A teoria da carga de atenção: (a) Tarefas de baixa carga que usam poucos recursos cognitivos podem disponibilizar recursos para o processamento de estímulos irrelevantes de tarefas desatentas, enquanto (b) tarefas de alta carga que usam todos os recursos cognitivos de uma pessoa não deixam nenhum recurso para o processamento de estímulos irrelevantes de tarefas desatentas.

não podem ser processados e têm pouco efeito no desempenho da tarefa. Portanto, se você estiver realizando uma tarefa difícil e de alta carga, nenhuma capacidade de processamento permanece e é menos provável que você se distraia (como Roger descobriu ao se concentrar nos problemas matemáticos difíceis). No entanto, se você está realizando uma tarefa fácil e de baixa carga, a capacidade de processamento remanescente está disponível para processar estímulos irrelevantes da tarefa (como Roger descobriu ao se distrair com o jogo fácil no celular).

A capacidade de ignorar estímulos irrelevantes para a tarefa é uma função não apenas da carga da tarefa que você está tentando realizar, mas também da força do estímulo irrelevante para a tarefa. Por exemplo, embora Roger pudesse ignorar a conversa na biblioteca enquanto se concentrava nos problemas matemáticos difíceis, uma sirene alta, indicando incêndio,

DEMONSTRAÇÃO O efeito Stroop

Observe a **Figura 4.9**. A tarefa é nomear, o mais rápido possível, a cor da tinta usada para imprimir cada uma das formas. Por exemplo, começando no canto superior esquerdo e ao longo da diagonal, você diria "vermelho, azul..." etc. Cronometre quanto tempo você levou (ou peça a um amigo para fazer isso) e determine quantos segundos leva para identificar as cores de todas as formas. Em seguida, repita a mesma tarefa para a **Figura 4.10**, lembrando que sua tarefa é especificar a cor da tinta, não o nome da cor que está escrito por extenso. As figuras estão disponíveis em cores, no suplemento colorido, ao final do livro.

➤ Figura 4.9 Nomeie a cor da tinta usada para imprimir essas formas. Esta figura está disponível, em cores, no suplemento colorido, ao final do livro.

➤ Figura 4.10 Nomeie a cor da tinta usada para imprimir essas palavras. Esta figura está disponível, em cores, no suplemento colorido, ao final do livro.

provavelmente atrairia sua atenção. Um exemplo de uma situação em que estímulos irrelevantes para a tarefa são difíceis de ignorar é fornecido pelo *efeito Stroop*, descrito na demonstração a seguir.

Se você achou mais difícil nomear as cores das palavras do que as cores das formas, então estava experimentando o **efeito Stroop**, que foi descrito pela primeira vez por J. R. Stroop em 1935. Esse efeito ocorre porque os nomes das palavras provocam uma resposta conflitante e, portanto, uma resposta lenta ao alvo — a cor da tinta. No efeito Stroop, os estímulos irrelevantes para a tarefa são extremamente poderosos, porque a leitura de palavras é altamente praticada e tornou-se tão automática que é difícil não lê-las (Stroop, p. 1935).

As abordagens à atenção que descrevemos até agora — os primeiros modelos de processamento de informações e a abordagem de carga de Lavie — referem-se à capacidade de focar a atenção em uma imagem ou tarefa específica. No entanto, na experiência cotidiana, frequentemente desviamos a atenção de um lugar para outro, seja movendo os olhos ou mudando a atenção "na mente" sem mover os olhos. Discutimos essas mudanças a seguir.

TESTE VOCÊ MESMO 4.1

1. Dê exemplos de situações que ilustrem o seguinte: atenção seletiva, distração, atenção dividida, captura atencional e varredura.
2. Como o procedimento de escuta dicótica foi usado para determinar como as pessoas podem se concentrar na mensagem atenta e quanta informação pode ser obtida da mensagem desatenta? Qual é o efeito do coquetel e o que ele demonstra?
3. Descreva o modelo de atenção seletiva de Broadbent. Por que é chamado modelo de seleção antecipada?
4. Quais foram os resultados dos experimentos de Moray (palavras na orelha desatenta) e de Gray e Wedderburn ("Querida Tia Jane")? Por que os resultados desses experimentos são difíceis de explicar com base no modelo de filtro de atenção de Broadbent?
5. Descreva o modelo de atenuação de Treisman. Primeiro, indique por que propôs a teoria, então como ela modificou o modelo de Broadbent para explicar alguns resultados que esse modelo não conseguiu explicar.
6. Descreva a experiência do "banco" de MacKay. Por que esse resultado fornece evidências para a seleção tardia?
7. Descreva o experimento de Forster e Lavie sobre como a capacidade de processamento e a carga perceptual determinam a distração. Qual é a teoria da carga de atenção?
8. Qual é o efeito Stroop? O que ele ilustra sobre estímulos irrelevantes para a tarefa?

▶ Direcionando a atenção ao varrer uma cena

Atenção, de acordo com William James, envolve "afastar-se de algumas coisas para lidar efetivamente com outras". Pense no que isso significa quando aplicado a situações cotidianas. Existem muitas "coisas" por aí que são objetos potenciais de nossa atenção, mas prestamos atenção em algumas coisas e ignoramos outras. Como podemos fazer isso e como direcionar a atenção afeta nossa experiência? Começamos considerando como podemos direcionar nossa atenção movendo os olhos para ver um lugar após o outro.

Varrer uma cena com movimentos oculares

Verifique quantas pessoas você pode identificar na **Figura 4.11** em um minuto. Agora!

Ao fazer essa tarefa, você provavelmente percebeu que precisava fazer uma varredura da cena, verificando cada face por vez, para identificá-la. A varredura é necessária porque uma boa visão dos detalhes só ocorre para coisas que você está olhando diretamente.

Outra maneira de experimentar o fato de que é necessário olhar diretamente para as coisas que queremos ver em detalhes é olhar para a palavra no final desta linha e, sem mover os olhos, verificar quantas palavras você consegue ler à esquerda. Se fizer isso sem trapacear (resista ao impulso de olhar para a esquerda!), você descobrirá que, embora possa ler a palavra para a qual está olhando, você só poderá ler algumas das palavras que estão mais longe da lateral.

94 Psicologia cognitiva

➤ **Figura 4.11** Quantas pessoas você consegue identificar nesta foto em 1 minuto?

Ambas as tarefas ilustram a diferença entre visão central e visão periférica. *Visão central* é a área para a qual você está olhando. *Visão periférica* é tudo o que está ao redor. Devido à forma como a retina é construída, os objetos na visão central estão em uma pequena área chamada *fóvea*, que tem uma visão dos detalhes muito melhor do que a retina periférica, na qual o restante da cena acontece. Portanto, ao fazer uma varredura da cena na Figura 4.11, você tem por alvo a fóvea em

➤ **Figura 4.12** Via de varredura de uma pessoa visualizando uma imagem livremente. As fixações são indicadas pelos pontos amarelos e os movimentos dos olhos pelas linhas em vermelho. Observe que essa pessoa olhava preferencialmente para áreas da imagem como as estátuas, mas ignorava áreas como água, pedras e edifícios. Esta figura está disponível, em cores, no suplemento colorido, ao final do livro.

uma face após a outra. Sempre que você fazia uma breve pausa em uma das faces, você realizava uma **fixação**. Ao mover o olho para observar outra face, você realizava um **movimento sacádico dos olhos** — um movimento rápido e espasmódico de uma fixação para a próxima.

Não é surpreendente que você movesse os olhos de um lugar para outro, porque você estava tentando identificar o maior número possível de pessoas. Porém pode surpreendê-lo saber que, mesmo ao visualizar livremente um objeto ou cena sem procurar nada em particular, você move os olhos cerca de três vezes por segundo. Esta varredura rápida é mostrada na Figura 4.12, que é um padrão de fixações (pontos) separadas por movimentos oculares sacádicos (linhas) que ocorreram à medida que um participante visualizava a imagem da fonte. Desviar a atenção de um lugar para outro movendo os olhos chama-se **atenção explícita** porque podemos ver as alterações atencionais observando para onde os olhos estão olhando.

▶ Figura 4.13 A camisa de cor mais escura é visualmente saliente porque é evidente e contrasta com os arredores.

Consideraremos agora dois fatores que determinam como as pessoas desviam a atenção movendo os olhos: de baixo para cima, com base principalmente nas características físicas do estímulo; e de cima para baixo, com base em fatores cognitivos como o conhecimento do observador sobre cenas e experiências anteriores com estímulos específicos.

Escaneamento com base na saliência do estímulo

A atenção pode ser influenciada pela **saliência do estímulo** — as propriedades físicas do estímulo, como cor, contraste ou movimento. Capturar a atenção pela saliência do estímulo é um processo de baixo para cima porque depende exclusivamente do padrão de claro e escuro, cor e contraste em um estímulo (Ptak, 2012). Por exemplo, a tarefa de encontrar as pessoas loiras na Figura. 4.11 envolveria o processamento de baixo para cima porque exige responder à propriedade física da cor, sem considerar o significado da imagem (Parkhurst et al., 2002). Determinar como a saliência influencia a varredura de uma cena normalmente envolve a análise de características como cor, direção e intensidade em cada local da cena e, em seguida, combinar esses valores para criar um **mapa de saliência** da cena (Itti e Koch, 2000; Parkhurst et al., 2002; Torralba et al., 2006). Por exemplo, a pessoa de camisa de cor mais escura na Figura 4.13 obteria notas altas para saliência, tanto pelo brilho da cor como porque contrasta com a extensão do branco, que tem menor saliência porque é homogênea.

Experimentos nos quais os olhos das pessoas foram rastreados à medida que observavam fotos descobriram que as primeiras fixações são mais prováveis em áreas de alta saliência. No entanto, após as primeiras fixações, a varredura começa a ser influenciada por processos de cima para baixo, ou cognitivos, que dependem de coisas como objetivos e expectativas dos observadores determinados por suas experiências anteriores na observação do ambiente (Parkhurst et al., 2002).

Escaneamento com base em fatores cognitivos

Uma maneira de mostrar que o local para onde olhamos não é determinado apenas pela saliência do estímulo é verificando os movimentos dos olhos do participante olhando para a cena na Figura 4.12. Esta figura está disponível, em cores, no suplemento colorido, ao final do livro. Observe que a pessoa nunca olha para a água azul brilhante, embora seja saliente devido a brilho, cor e posição perto da frente da cena. A pessoa também ignorou as rochas e colunas e várias outras características arquitetônicas proeminentes. Em vez disso, a pessoa se concentrou nos aspectos da fonte que poderiam ser mais interessantes, como as estátuas. Porém, é importante notar que apenas porque essa pessoa olhou para as estátuas, não significa que todo mundo olharia. Assim como existem grandes variações entre as pessoas, há variações em como as pessoas fazem a varredura das cenas (Castelhano e Henderson, 2008; Noton e Stark, 1971). Assim, outra pessoa, que possa estar interessada na arquitetura dos edifícios, pode olhar menos para as estátuas e mais para as janelas e as colunas do edifício.

▶ **Figura 4.14** Estímulos usados por Võ e Henderson (2009). Os observadores passaram mais tempo olhando para a impressora em (b) do que para a panela em (a), mostrada dentro dos retângulos brancos (que não eram visíveis aos observadores).

(Fonte: M. L.-H.Võ e J. M. Henderson, Does gravity matter? Effects of semantic and syntactic inconsistencies on the allocation of attention during scene perception, *Journal of Vision*, 9, 3:24, 1-15, Figura 1.)

Esse exemplo ilustra o processamento de cima para baixo, porque a varredura é influenciada pelas preferências que uma pessoa traz para a situação. O processamento de cima para baixo também entra em jogo quando a varredura é influenciada por **esquemas de cena** — o conhecimento de um observador sobre o que está contido em cenas típicas (ver regularidades do ambiente, p. 67). Assim, quando Melissa Võ e John Henderson (2009) mostravam imagens como aquelas na **Figura 4.14**, os observadores olharam por mais tempo para a impressora na **Figura 4.14b** do que para a panela na **Figura 4.14a** porque é menos provável que uma impressora seja encontrada em uma cozinha. As pessoas olham por mais tempo para coisas que parecem fora do lugar em uma cena porque a atenção é afetada pelo conhecimento do que geralmente é encontrado na cena.

Outro exemplo de como os fatores cognitivos baseados no conhecimento do ambiente influenciam a varredura é um experimento de Hiroyuki Shinoda e colaboradores (2001) em que mediram as fixações dos observadores e testaram sua capacidade de detectar sinais de trânsito enquanto dirigiam em um ambiente gerado por computador em um simulador de direção. Eles descobriram que os observadores tinham maior probabilidade de detectar sinais para parar posicionados em cruzamentos do que aqueles posicionados no meio de um quarteirão, e que 45% das fixações dos observadores ocorreram perto de cruzamentos. Nesse exemplo, os observadores estão aprendendo sobre as regularidades no ambiente (sinais para parar geralmente estão nas esquinas) para determinar quando e onde procurar sinais para parar.

Escaneamento com base em demandas de tarefas

Os exemplos na última seção demonstram que o conhecimento de várias características do ambiente pode influenciar como as pessoas direcionam a atenção. No entanto, o último exemplo, no qual os participantes dirigiram em um ambiente gerado por computador, foi diferente dos demais. A diferença é que, em vez de olhar fotos de cenas paradas, os participantes interagiam com o ambiente. Esse tipo de situação, em que as pessoas desviam a atenção de um lugar para outro enquanto fazem coisas, ocorre quando elas se movem no ambiente, como no exemplo da direção, e quando as pessoas realizam tarefas específicas.

Como muitas tarefas requerem atenção a diferentes locais à medida que a tarefa se desenrola, não surpreende que o momento em que as pessoas olham para locais específicos seja determinado pela sequência de ações envolvidas na tarefa. Considere, por exemplo, o padrão de movimento dos olhos na **Figura 4.15**, que foi medido quando uma pessoa fazia um sanduíche de pasta de amendoim. O processo de preparar o sanduíche começa com o movimento de uma fatia de pão do pacote (A) ao prato (B). Observe que essa operação é acompanhada por um movimento dos olhos do pacote ao prato. O observador então olha para o pote de pasta de amendoim um pouco antes de levantá-lo e olha para a tampa antes de removê-la (C). A atenção então se volta para a faca, que é pega e usada para passar e espalhar a pasta de amendoim no pão (Land e Hayhoe, 2001).

A principal descoberta dessas medições, e também de outro experimento no qual os movimentos dos olhos foram medidos enquanto uma pessoa preparava chá (Land et al., 1999), é que os movimentos dos olhos dela eram determinados principalmente pela tarefa. A pessoa se fixava em alguns objetos ou áreas irrelevantes para a tarefa, e os movimentos e as fixações dos olhos estavam intimamente ligados à ação que a pessoa estava prestes a realizar. Além disso, o movimento dos olhos geralmente precede uma ação motora por uma fração de segundo, como quando a pessoa primeiro se fixou no pote de pasta de amendoim e depois estendeu a mão para pegá-lo. Isso é um exemplo da estratégia *"just in time"* — os movimentos oculares ocorrem pouco antes de precisarmos das informações que eles fornecerão (Hayhoe e Ballard, 2005; Tatler et al., 2011).

Os exemplos que descrevemos em relação à varredura com base em fatores cognitivos e demandas de tarefas têm algo em comum: todos fornecem evidências de que a varredura é influenciada pelas *previsões* das pessoas (Henderson, 2017). A varredura antecipa o que uma pessoa fará a seguir à medida que prepara um sanduíche de pasta de amendoim e geleia; a varredura antecipa que a probabilidade de os sinais para parar é maior quando estão localizados nos cruzamentos; e pausar a varredura para olhar por mais tempo para um objeto inesperado ocorre quando as expectativas de uma pessoa são violadas, como quando uma impressora aparece inesperadamente em uma cozinha.

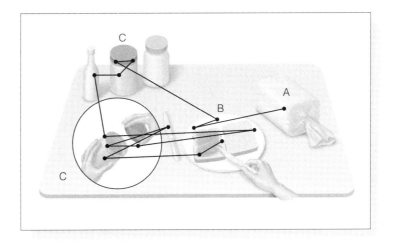

➤ Figura 4.15 Sequência de fixações de uma pessoa preparando um sanduíche de pasta de amendoim. A primeira fixação está na fatia de pão.

(Fonte: Adaptado de M. F. Land, N. Mennie e J. Rusted, The roles of vision and eye movements in the control of activities of daily living, *Perception*, 28, 11, 1311–1328. Copyright © 1999 de Pion Ltd, London. Reproduzido com permissão. www.pion.co.uk e www.envplan.com.)

▶ Resultados da atenção

O que ganhamos participando? Com base na última seção, que descreveu a *atenção evidente* associada aos movimentos dos olhos, podemos responder a essa pergunta afirmando que desviar a atenção ao mover os olhos permite ver os locais de interesse com mais clareza. Isso é extremamente importante, porque coloca as coisas em que estamos interessados em primeiro lugar, onde são fáceis de ver.

No entanto, alguns pesquisadores abordaram a atenção não medindo fatores que influenciam os movimentos dos olhos, mas considerando o que acontece quando desviamos a atenção sem fazer movimentos oculares. Desviar a atenção enquanto mantemos os olhos imóveis chama-se **atenção dissimulada**, porque a mudança de atenção não pode ser vista observando a pessoa. Esse tipo de atenção envolve desviar a atenção "com a mente", como você faria ao prestar atenção a algo em relação à lateral e continuar olhando para a frente. (Isso também foi descrito como "olhar com o canto do olho".)

Uma razão pela qual alguns pesquisadores estudaram a atenção evidente é que é uma maneira de estudar o que acontece na mente sem a interferência dos movimentos dos olhos. Agora consideraremos pesquisas sobre a atenção evidente, que

MÉTODO   Estímulos precedentes

O princípio geral por trás de um experimento por meio de *estímulo precedente* é determinar se a apresentação de uma sugestão indicando onde um estímulo de teste aparecerá aumenta o processamento do estímulo-alvo. Os participantes do experimento de Posner e colaboradores (1978) mantinham os olhos fixos durante todo o experimento, sempre olhando para o + na tela na Figura 4.16, então Posner media dissimuladamente a atenção.

Os participantes primeiro viam uma dica de seta (como mostrado no painel à esquerda) indicando para qual lado da tela eles deveriam direcionar a atenção. Na Figura 4.16a, a seta indica que eles devem direcionar a atenção à direita (olhando fixamente para o +). A tarefa era pressionar uma tecla o mais rápido possível quando um quadrado-alvo fosse apresentado ao lado (como mostrado no painel à direita). A tentativa mostrada na Figura 4.16a é uma tentativa válida porque o quadrado-alvo aparece no lado indicado pela seta de dica. Em 80% das tentativas, a seta de dica direcionava a atenção dos participantes para o lado onde o quadrado-alvo aparecia. No entanto, em 20% das tentativas, a seta direcionava a atenção do participante para longe de onde o alvo deveria aparecer (Figura 4.16b). Esses eram os ensaios inválidos. Em ambos os testes válidos e inválidos, a tarefa do participante era a mesma — pressionar a tecla o mais rápido possível quando o quadrado-alvo aparecesse.

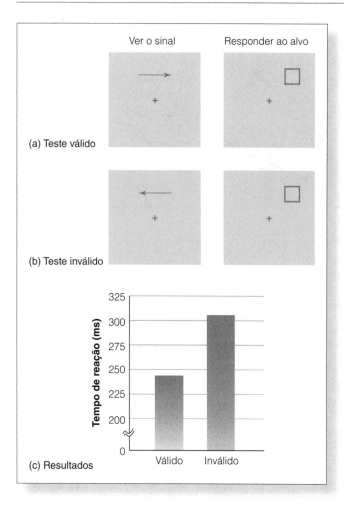

▶ Figura 4.16 Procedimento para (a) tentativas válidas e (b) tentativas inválidas no experimento por meio de estímulo precedente de Posner et al. (1978); (c) os resultados do experimento. O tempo médio de reação foi de 245 ms para tentativas válidas, mas 305 ms para tentativas inválidas.
(Fonte: M. I. Posner, M. J. Nissen e W. C. Ogden, Modes of perceiving and processing information. Copyright © 1978 de Taylor e Francis Group LLC–Books.)

mostra como desviar a atenção "na mente" pode afetar a rapidez com que podemos responder a locais e a objetos, e como percebemos os objetos.

A atenção melhora nossa capacidade de responder a uma localização

Em uma série clássica de estudos, Michael Posner e colaboradores (1978) perguntaram se prestar atenção a um local melhora a capacidade de uma pessoa para responder aos estímulos apresentados aí. Para responder a essa pergunta, Posner usou um procedimento chamado *estímulos precedentes (precueing)* ou "dicas visuais".

Os resultados desse experimento, mostrados na **Figura 4.16c**, indicam que os participantes reagiam ao quadrado mais rapidamente quando focalizavam a atenção ao local onde o sinal aparecia. Posner interpretou esse resultado como uma demonstração de que o processamento de informações é mais eficaz no local para o qual a atenção é direcionada. Esse resultado e outros semelhantes deram origem à ideia de que a atenção é como um holofote ou uma teleobjetiva que melhora o processamento quando direcionada a um determinado local (Marino e Scholl, 2005).

A atenção melhora nossa capacidade de responder a objetos

Além de estarmos atentos secretamente aos locais, como no experimento de Posner, também podemos estar atentos secretamente a objetos específicos. Agora consideraremos alguns experimentos que mostram que (1) a atenção pode aprimorar nossa resposta a objetos e (2) quando a atenção é direcionada para um lugar em um objeto, o efeito intensificador dessa atenção espalha-se para outros lugares no objeto.

Considere, por exemplo, o experimento diagramado na **Figura 4.17** (Egly et al., 1994). Enquanto os participantes mantinham os olhos no +, uma extremidade do retângulo era brevemente destacada (**Figura 4.17a**). Isso era o sinal de sugestão que indicava onde um alvo, um quadrado escuro (**Figura 4.17b**), provavelmente apareceria. Nesse exemplo, a sugestão indica que o alvo provavelmente aparecerá na posição A, na parte superior do retângulo à direita e o alvo é, de fato, apresentado em A. (As letras usadas para ilustrar as posições em nossa descrição não apareciam no experimento real.)

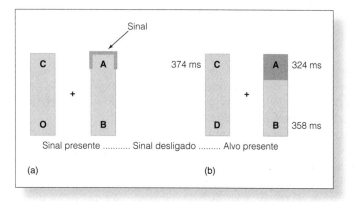

▶ Figura 4.17 No experimento de Egly e colaboradores (1994), (a) um sinal de sugestão aparece em um lugar na tela, então a sugestão é desativada e (b) um alvo é exibido em um de quatro locais possíveis, A, B, C ou D. A tarefa dos participantes era pressionar um botão quando o alvo fosse apresentado em qualquer lugar da tela. Os números são tempos de reação em ms para as posições A, B e C quando o sinal de sugestão apareceu na posição A.

A tarefa dos participantes era pressionar um botão quando o alvo fosse apresentado em qualquer lugar da tela. Os números indicam os tempos de reação, em milissegundos, para três locais-alvo quando o sinal de sugestão era apresentado em A. Sem surpreender, os participantes responderam mais rapidamente quando o alvo era apresentado em A, onde a sugestão foi exibida. No entanto, o resultado mais interessante é que os participantes respondiam mais rapidamente quando o alvo era apresentado em B (tempo de reação = 358 ms) do que quando o alvo era apresentado em C (tempo de reação = 374 ms). Por que isso ocorre? Não pode ser porque B está mais perto de A do que C, porque B e C estão exatamente à mesma distância de A. Em vez disso, a vantagem de B ocorre porque está localizado dentro do objeto que recebia a atenção do participante. Estar atento a A, onde a sugestão foi apresentada, causa o efeito máximo em A, mas o efeito dessa atenção se espalha por todo o objeto, de modo que também ocorre algum aprimoramento em B. A resposta mais rápida que ocorre quando o aprimoramento se espalha dentro de um objeto chama-se **vantagem do mesmo objeto** (Marino e Scholl, 2005; ver também Driver e Baylis, 1989, 1998; Katzner et al., 2009; Lavie e Driver, 1996; e Malcolm e Shomstein, 2015 para mais demonstrações de como a atenção se espalha pelos objetos).

A atenção afeta a percepção

Voltando à citação de James no início do capítulo, vamos focalizar sua descrição da atenção a objetos como "tomar posse pela mente *em forma clara e vívida*." A frase *em forma clara e vívida* sugere que prestar atenção a um objeto o torna mais claro e vívido — isto é, a atenção afeta a percepção. Mais de cem anos após a sugestão de James, muitos experimentos mostraram que objetos atentos são percebidos como maiores e mais rápidos, e mais ricamente coloridos e têm melhor contraste do que objetos desatentos (Anton-Erxleben et al., 2009; Carrasco et al., 2004; Fuller e Carrasco, 2006; Turatto et al., 2007). A atenção, portanto, não apenas nos faz responder mais rapidamente a locais e objetos, mas também afeta como percebemos o objeto (Carrasco, 2011).

A atenção afeta a resposta fisiológica

A atenção tem vários efeitos diferentes no cérebro. Um dos efeitos é aumentar a atividade nas áreas do cérebro que representam o local atento.

A atenção a locais aumenta a atividade em áreas específicas do cérebro   O que acontece no cérebro quando as pessoas desviam a atenção a locais diferentes enquanto mantêm os olhos fixos? Ritobrato Datta e Edgar DeYoe (2009) responderam a essa pergunta medindo a atividade cerebral usando fMRI enquanto os participantes mantinham os olhos fixos no centro da tela na **Figura 4.18** e desviavam a atenção a diferentes locais na tela.

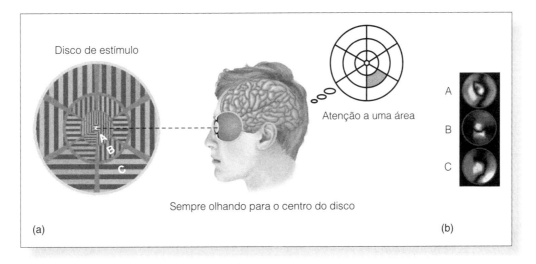

▶ Figura 4.18 (a) Os participantes no experimento de Datta e DeYoe (2009) direcionavam a atenção para diferentes áreas dessa tela circular, enquanto mantinham os olhos fixos no centro da tela. (b) Ativação do cérebro que ocorria quando os participantes prestavam atenção às áreas indicadas pelas letras no disco de estímulo. O centro de cada círculo é o local no cérebro que corresponde ao centro do estímulo. O "ponto quente" amarelo é a área do cérebro que é ativada ao máximo pela atenção. Esta figura está disponível em cores, no suplemento colorido, ao final do livro.

(Fonte: De R. Datta e E. A. DeYoe, I know where you are secretly attending! The topography of human visual attention revealed with fMRI, *Vision Research*, 49, 1037-1044, 2009.)

As cores nos círculos na **Figura 4.18b** indicam a área do cérebro que foi ativada quando o participante direcionou a atenção a diferentes locais indicados pelas letras no estímulo na Figura 4.18a. Observe que o "ponto ativo" amarelo, que é o local de maior ativação, se move para fora do centro e também se torna maior à medida que a atenção é direcionada para mais longe do centro. Coletando dados sobre a ativação do cérebro para todos os locais no estímulo, Datta e DeYoe criaram "mapas de atenção" que mostram como direcionar a atenção para uma área específica do espaço ativa uma área específica do cérebro. Veja esta imagem em cores, no suplemento colorido, ao final do livro.

O que torna esse experimento ainda mais interessante é que, depois que os mapas de atenção foram determinados para um dado participante, foi solicitado a esse participante que direcionasse a atenção para um lugar "secreto", desconhecido para os pesquisadores. Com base na localização do "ponto ativo" amarelo resultante no cérebro, os pesquisadores foram capazes de prever, com 100% de precisão, o local "secreto" para onde o participante prestava atenção.

A atenção muda a representação dos objetos ao longo do córtex O experimento do "ponto ativo" de Datta e DeYoe é uma demonstração elegante de como a atenção direcionada a um local específico resulta em mais atividade em um local do córtex. Entretanto, e quanto a uma situação em que as pessoas possam estar direcionando a atenção para vários locais diferentes à medida que procuram algo em um ambiente naturalista? Tolga Cukur e colaboradores (2013) consideraram essa pergunta determinando como a atenção afeta a maneira como diferentes tipos de objetos são representados no cérebro como um todo.

O ponto de partida para o experimento de Cukur foi o mapa cerebral de Alex Huth (2012), que descrevemos no Capítulo 2 (ver Figura 2.20). O mapa de Huth ilustra como diferentes categorias de objetos e ações são representadas por atividades distribuídas por uma grande área do cérebro. Huth determinou esse mapa fazendo com que os participantes assistissem a filmes em um tomógrafo e usando fMRI para determinar a atividade cerebral quando coisas diferentes apareciam na tela (ver Figura 2.19).

Cukur fez a mesma coisa que Huth (eles trabalhavam no mesmo laboratório e estavam envolvidos nos dois artigos), mas em vez de permitir que os observadores assistissem passivamente aos filmes, ele atribuiu a eles uma tarefa que envolvia a busca por "humanos" ou "veículos". Um terceiro grupo assistia passivamente aos filmes, como no experimento de Huth. A **Figura 4.19** mostra o que aconteceu diagramando como um único voxel no cérebro respondia a diferentes tipos de estímulos sob duas condições de pesquisa diferentes. Observe em (a) que, quando o observador está procurando "humanos" no filme, o voxel responde bem a "pessoa", ligeiramente a "animal" e dificilmente a "edifício" e "veículo". Entretanto, em (b), quando o observador está procurando "veículo", a sintonia do voxel alterna para que agora responda bem a "veículo", ligeiramente a "edifício", mas não a "pessoa" ou "animal".

Analisando os dados de dezenas de milhares de voxels no cérebro, Cukur criou os mapas cerebrais inteiros mostrados na **Figura 4.20**. As cores indicam a sintonia com diferentes categorias. A diferença mais óbvia entre o cérebro em busca de pessoas e o cérebro em busca de veículos ocorre na parte superior do cérebro, nessa visão. Observe que na condição pessoa há mais amarelos e verdes, que representam pessoas ou coisas relacionadas a pessoas, como partes do corpo, animais, grupos e conversas. Porém, na condição veículos, as cores mudam para vermelhos, que representam veículos ou coisas relacionadas a veículos, como movimento, estrada e dispositivos Veja a **Figura 4.20** em cores, no suplemento colorido, ao final do livro.

Uma característica importante desses mapas cerebrais é que a busca por uma categoria específica muda em resposta à categoria e a coisas adicionais relacionadas a essa categoria, portanto, procurar pessoas também afeta a resposta a grupos e

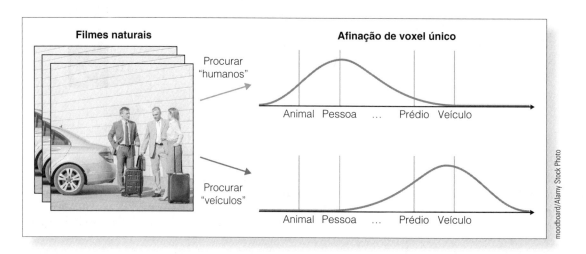

▶ Figura 4.19 Como o ajuste de um único voxel é afetado pela atenção a (a) humanos e (b) veículos.

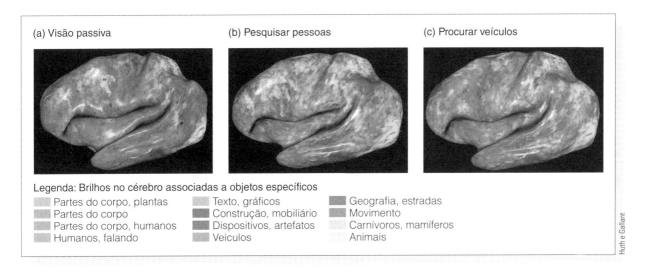

> Figura 4.20 O mapa das categorias das alterações cerebrais para a exibição de um filme. As cores indicam ativação causada por diferentes categorias de estímulos. (a) A visão passiva indica ativação quando não está procurando nada. (b) A procura por pessoas causa a ativação indicada por amarelo e verde, que representam pessoas e coisas relacionadas a pessoas. (c) A procura por veículos causa ativação indicada por vermelhos, que representam veículos e coisas relacionadas a veículos. Esta figura está disponível, em cores, no suplemento colorido, ao final do livro.

roupas. Cukur chama esse efeito **distorção atencional** — o mapa das categorias no cérebro muda, assim mais espaço é atribuído às categorias que estão sendo pesquisadas, e esse efeito ocorre até quando a categoria atenta não está presente no filme. Por exemplo, quando uma pessoa está à procura de veículos, o cérebro torna-se "distorcido" ou "sintonizado" para que grandes áreas respondam melhor a veículos e coisas relacionadas a veículos. Então, quando um veículo, uma estrada ou um movimento aparece em uma cena, ocorre uma grande resposta. Outras coisas, que a pessoa não está procurando no momento, causariam respostas menores.

TESTE VOCÊ MESMO 4.2

1. Qual é a diferença entre visão central e visão periférica? Como essa diferença está relacionada com atenção evidente, fixações e movimentos dos olhos?
2. O que é a saliência do estímulo? Como ela se relaciona com a atenção?
3. Descreva alguns exemplos de como a atenção é determinada por fatores cognitivos. Qual é o papel dos esquemas de cena?
4. Descreva o experimento da pasta de amendoim. O que o resultado informa sobre a relação entre demandas de tarefas e atenção?
5. O que é atenção oculta? Descreva o procedimento de estímulo precedente usado por Posner. O que o resultado do experimento de Posner indica sobre o efeito da atenção no processamento de informações?
6. Descreva o experimento por estímulo precedente de Egly. Qual é a vantagem do mesmo objeto, e como isso foi demonstrado pelo experimento de Egly?
7. Quais são os três resultados da atenção medidos pelo comportamento?
8. Descreva como Data e DeYoe mostraram que a atenção a um local afeta a atividade do cérebro.
9. Descreva o experimento de Cukur, que mostrou como a atenção muda a representação de objetos no córtex.

▶ Atenção dividida: podemos responder a mais de uma coisa de cada vez?

Nossa ênfase até agora é a atenção como um mecanismo para nos concentrarmos em uma coisa de cada vez. Vimos que às vezes incorporamos informações de um estímulo irrelevante para a tarefa, mesmo quando estamos tentando ignorar estímulos irrelevantes, como no experimento de Forster e Lavie e na tarefa de Stroop. No entanto, e se você quiser distribuir propositalmente a atenção entre algumas tarefas? É possível prestar atenção a mais de uma coisa ao mesmo tempo? Embora possa ser tentador responder "não", com base na dificuldade de ouvir duas conversas ao mesmo tempo, há muitas situações em que a atenção dividida — a distribuição da atenção entre duas ou mais tarefas — pode ocorrer, como quando Roger conseguiu

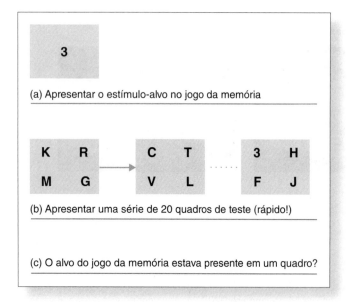

> Figura 4.21 Amostra de estímulos para o experimento de Schneider e Shiffrin (1977). Nesse experimento, há um estímulo-alvo no conjunto de memória (o 3) e quatro estímulos em cada quadro. O alvo aparece no último quadro nesse exemplo.
>
> (Fonte: R. M. Shiffrin e W. Schneider, Controlled and automatic human information processing: Perceptual learning automatic human attending, and a general theory, *Psychological Review* 84, 127–190, 1977.)

começar a jogar o game no celular e ouvir a conversa próxima. Além disso, as pessoas podem simultaneamente dirigir, conversar, ouvir música e pensar sobre o que farão mais tarde nesse dia (embora isso possa não ser válido para condições de direção difíceis). Como veremos, a capacidade de dividir a atenção depende de vários fatores, incluindo a prática e a dificuldade da tarefa.

A atenção dividida pode ser alcançada com a prática: processamento automático

Os experimentos de Walter Schneider e Richard Shiffrin (1977) envolveram a atenção dividida porque exigiam que o participante realizasse duas tarefas simultaneamente: (1) reter informações sobre os estímulos-alvo na memória e (2) prestar atenção a uma série de estímulos "distratores" para determinar se um dos estímulos-alvo está presente entre esses estímulos distratores. A Figura 4.21 ilustra o procedimento. O participante viu um conjunto de memórias como o na Figura 4.21a, consistindo em um a quatro caracteres chamados estímulos-alvo. Depois do conjunto de memória veio uma rápida apresentação de 20 "quadros de teste", cada um contendo distratores (Figura 4.21b). Na metade das tentativas, um dos quadros continha um estímulo-alvo do conjunto de memória. Um novo conjunto de memória foi apresentado em cada teste, de modo que os alvos mudaram entre um teste e outro, seguido por novos quadros de teste. Nesse exemplo, há um estímulo-alvo no conjunto de memória, há quatro estímulos em cada quadro e o estímulo-alvo 3 aparece em um dos quadros.

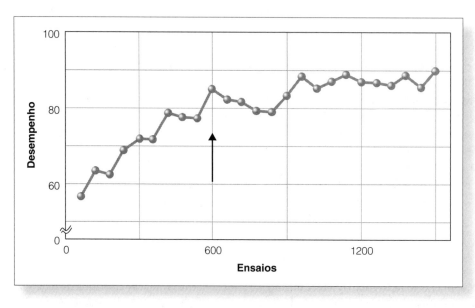

> Figura 4.22 Melhoria no desempenho com a prática no experimento de Schneider e Shiffrin (1977). A seta indica o ponto em que os participantes relataram que a tarefa havia se tornado automática. Isso é o resultado de experimentos em que havia quatro estímulos-alvo no conjunto de memória e dois estímulos em cada quadro de teste.
>
> (Fonte: R. M. Shiffrin e W. Schneider, Controlled and automatic human information processing: Perceptual learning, automatic attending, and a general theory, *Psychological review*, 84, 127–190, 1977.)

No início do experimento, o desempenho dos participantes estava apenas 55% correto; foram necessárias 900 tentativas para que o desempenho alcançasse 90% (Figura 4.22). Os participantes relataram que nas primeiras 600 tentativas, eles tiveram de repetir os itens-alvo em cada conjunto de memória para lembrá-los. (Embora os alvos fossem sempre números e letras distratores, lembre-se de que os alvos e os distratores reais mudaram entre uma tentativa e outra.) No entanto, os participantes relataram que, após cerca de 600 tentativas, a tarefa tornou-se automática: os quadros apareciam e os participantes respondiam sem pensar conscientemente sobre isso. Eles fariam isso mesmo quando até quatro alvos fossem apresentados.

O que isso significa, de acordo com Schneider e Shiffrin, é que a prática possibilitou aos participantes dividir a atenção para lidar com todos os itens-alvo e de teste simultaneamente. Além disso, as muitas tentativas da prática resultaram em **processamento automático**, um tipo de processamento que ocorre (1) sem intenção (acontece automaticamente sem a intenção da pessoa) e (2) a um custo de apenas alguns dos recursos cognitivos de uma pessoa.

As experiências da vida real estão repletas de exemplos de processamento automático porque há muitas coisas que praticamos há anos. Por exemplo, você já se perguntou, depois de sair de casa, se havia trancado a porta e depois voltado para descobrir que sim? Para muitas pessoas, trancar a porta tornou-se uma resposta tão automática que fazem sem prestar atenção. Outro exemplo do processamento automático (que às vezes é assustador) ocorre quando você dirigiu para algum lugar e não consegue lembrar-se da viagem quando chega ao seu destino. Em muitos casos, envolve estar "perdido em pensamentos" sobre outra coisa, mas dirigir tornou-se tão automático que parece cuidar de si mesmo (pelo menos até que ocorra uma "situação" de tráfego, como construção viária ou outro carro fechando-o). Por fim, você pode executar muitas habilidades motoras, como digitação ou mensagens de texto, automaticamente, sem atenção. Tente prestar atenção ao que seus dedos fazem ao digitar e observe o que acontece com seu desempenho. Os pianistas de concerto relataram que, se começarem a prestar atenção aos dedos enquanto tocam, a performance desmorona.

A atenção dividida torna-se mais difícil quando as tarefas são mais difíceis

O que o experimento de Schneider e Shiffrin mostra é que a atenção dividida é possível para algumas tarefas bem praticadas. No entanto, em outros experimentos, eles descobriram que se a dificuldade da tarefa é maior — usando letras para alvos e distratores e alterando alvos e distratores em cada tentativa para que um alvo em uma tentativa possa ser um distrator em outra — então o processamento automático não é possível mesmo com a prática (ver também Schneider e Chein, 2003).

Um exemplo de atenção dividida que se torna difícil quando a tarefa é dificultada demais é fornecido ao dirigir. Você pode achar fácil dirigir e falar ao mesmo tempo se o tráfego está tranquilo em uma estrada conhecida. No entanto, se o tráfego aumenta, você vê uma placa piscando "Construção à frente" e a estrada de repente torna-se sulcada, você pode ter de interromper uma conversa ou desligar o rádio para que possa dedicar todos os seus recursos cognitivos à direção. Devido à importância de dirigir em nossa sociedade e ao fenômeno recente de pessoas falando ao celular e enviando mensagens de texto enquanto dirigem, os pesquisadores começaram a investigar as consequências de tentar dividir a atenção entre dirigir e outras atividades que distraem.

Distrações

O ambiente está cheio de distrações — coisas que desviam nossa atenção de algo que estamos fazendo. Uma fonte de distrações que se espalhou nas últimas décadas são celulares, tablets e computadores, e uma das consequências mais perigosas dessa fonte de distração ocorre durante a direção.

Distrações por celulares ao dirigir

Dirigir apresenta um paradoxo: em muitos casos, somos tão bons nisso que podemos operar no "piloto automático", como ao dirigir em uma estrada reta com trânsito leve. No entanto, em outros casos, dirigir pode se tornar muito exigente, como observado antes, quando o tráfego aumenta ou perigos se apresentam repentinamente. É nesse último caso que as distrações que resultam em uma diminuição da atenção ao dirigir são particularmente perigosas.

A gravidade da desatenção do motorista foi verificada por um projeto de pesquisa denominado 100-Car Naturalistic Driving Study (Dingus et al., 2006). Nesse estudo, gravadores de vídeo em cem veículos criaram registros do que os motoristas faziam e a visão das janelas dianteiras e traseiras. Essas gravações documentaram 82 acidentes e 771 quase acidentes em mais de 3 milhões de quilômetros de condução. Em 80% dos acidentes e 67% dos quase acidentes, o motorista estava desatento de alguma forma 3 segundos antes. Um homem continuou olhando para baixo e para a direita, aparentemente remexendo em papéis em uma situação de direção sem saída, até que ele bateu em um SUV. Uma mulher comendo um hambúrguer abaixou a cabeça sob o painel antes de bater no carro à frente. Uma das atividades que mais distraem era pressionar botões em um celular ou dispositivo semelhante. Mais de 22% dos quase acidentes envolveram esse tipo de distração, e é provável

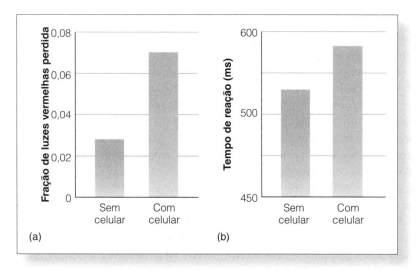

> Figura 4.23 Resultado do experimento com celulares de Strayer e Johnston (2001). Quando os participantes falavam ao celular, eles (a) não percebiam mais luzes vermelhas e (b) demoravam mais para pisar no freio.

que esse número seja maior agora por causa do aumento do uso de celulares desde esse estudo.

Em um experimento laboratorial sobre os efeitos dos celulares, David Strayer e William Johnston (2001) deram aos participantes uma tarefa de simulação de direção que exigia que eles acionassem os freios o mais rápido possível em resposta a uma luz vermelha. Realizar essa tarefa ao falar ao celular fazia com que os participantes não percebessem duas vezes mais luzes vermelhas do que quando não estavam falando ao telefone (Figura 4.23a) e também aumentava o tempo que levavam para acionar os freios (Figura 4.23b). Talvez a descoberta mais importante desse experimento seja que a mesma diminuição do desempenho ocorria independentemente de os participantes usarem um dispositivo de viva-voz ou um dispositivo portátil.

Levando em consideração resultados como esses, além de muitos outros experimentos sobre os efeitos dos celulares na direção, Strayer e colaboradores (2013) concluíram que falar ao telefone usa recursos mentais que, de outra forma, seriam utilizados para dirigir o carro (ver também Haigney e Westerman, 2001; Lamble et al., 1999; Spence e Read, 2003; Violanti, 1998). Essa conclusão de que o problema representado pelo uso do celular durante a direção está relacionado ao uso de recursos mentais é importante. O problema não é dirigir com uma das mãos. É dirigir com menos recursos mentais disponíveis para se concentrar na direção.

No entanto, embora pesquisas mostrem claramente que dirigir falando ao celular é perigoso, muitas pessoas acreditam que isso não se aplica a elas. Por exemplo, em resposta a uma tarefa escolar, um de meus alunos escreveu: "Não acredito que minha maneira de dirigir seja afetada quando falo ao telefone... Minha geração aprendeu a dirigir quando os celulares já estavam disponíveis. Eu tinha um antes de começar a dirigir, então, enquanto aprendia a dirigir, também aprendi simultaneamente a falar ao telefone e a dirigir". Pensar assim pode ser a razão pela qual 27% dos adultos relatam que às vezes mandam mensagens de texto enquanto dirigem, mesmo diante de evidências contundentes de que é perigoso (Seiler, 2015; Wiederhold). Por exemplo, um estudo do Virginia Tech Transportation Institute descobriu que os motoristas de caminhão que enviam mensagens de texto enquanto dirigem tinham 23 vezes mais probabilidade de causar um acidente ou quase acidente do que os caminhoneiros que não enviavam mensagens de texto (Olson et al., 2009). Por causa de resultados como esses, que indicam que enviar mensagens de texto é ainda mais perigoso do que falar ao celular, a maioria dos estados norte-americanos agora tem leis contra o envio de mensagens de texto durante a condução.

A mensagem principal aqui é que qualquer coisa que distraia a atenção pode prejudicar o desempenho da direção. E os celulares não são o único dispositivo que distrai encontrado em carros. Novos modelos de carros apresentam telas pequenas que podem exibir os mesmos aplicativos que estão no seu celular. Alguns aplicativos ativados por voz permitem que os motoristas façam reservas de filmes ou jantares, enviem e recebam mensagens de texto ou e-mails e publiquem no Facebook. A Ford chama seu sistema de "sistema de infoentretenimento". Entretanto, um estudo recente da AAA Foundation for Traffic Safety, *Measuring Cognitive Distraction in the Automobile*, indica que talvez muita informação e entretenimento não sejam uma coisa boa. O estudo descobriu que as atividades ativadas por voz eram mais distrativas e, portanto, potencialmente mais perigosas, do que viva-voz ou comando por voz de celulares. O estudo conclui que "só porque uma nova tecnologia não tira os olhos da estrada não a torna segura para ser usada com o veículo em movimento" (Strayer et al., 2013).

Distrações por causa da internet

Não há dúvida de que distrações ao dirigir provocadas pelo uso de celular afeta a capacidade de dirigir com segurança. No entanto, os celulares e a internet em geral também podem ter efeitos negativos sobre muitos outros aspectos do comportamento.

Muitas pesquisas documentaram o alto uso de celulares e da internet. Por exemplo, 92% dos estudantes universitários relatam que enviaram mensagens de texto, navegaram na web, enviaram fotos ou visitaram redes sociais durante as aulas (Tindall e Bohlander, 2012). Ao verificar as contas de telefone de estudantes universitários (com a permissão deles!), Judith

MÉTODO Amostragem de experiência

A **amostragem de experiência** foi desenvolvida para responder à pergunta, "Qual porcentagem do tempo durante o dia as pessoas estão envolvidas em um comportamento específico?". Uma maneira de responder a essa pergunta é usar um aplicativo de celular que envia mensagens de texto às pessoas em horários aleatórios durante o dia, fazendo perguntas. Por exemplo, para determinar a frequência de uso da internet, a pergunta pode ser "você estava na internet?". Perguntas adicionais também podem ser inseridas, como "Em que tipo de atividade on-line você estava envolvido?", com opções como "rede social", "e-mail" e "navegação". Quando Moreno e colaboradores (2012) enviaram aos alunos sondagens de mensagens de texto em momentos aleatórios seis vezes por dia, eles descobriram que 28% das sondagens chegavam quando o aluno estava no celular ou na internet.

Gold e colaboradores (2015) determinaram que esses estudantes enviam uma média de 58 mensagens de texto por dia, e Rosen e colaboradores (2013) mostraram que, durante uma sessão de estudo de 15 minutos, os alunos ficaram em média menos de 6 minutos na tarefa antes de interromper o estudo para se alongar, assistir a TV, acessar sites ou usar tecnologia como mensagens de texto ou o Facebook.

Outro método para determinar comportamentos diários contínuos, como mensagens de texto, é *amostragem de experiência.*

Com que frequência você verifica o celular? Se você verifica o celular constantemente, uma explicação do seu comportamento envolve o **condicionamento operante**, um tipo de aprendizado denominado pelo behaviorista B. F. Skinner (1938) (p. 10), no qual o comportamento é controlado por recompensas (chamadas reforços) que seguem os comportamentos. Um princípio básico do condicionamento operante é que a melhor maneira de garantir que um comportamento continue é reforçando-o intermitentemente. Portanto, ao verificar se há uma mensagem no celular e ela não está lá, bem, sempre há uma chance de que esteja lá na próxima vez. E, quando por fim aparece, você foi reforçado de forma intermitente, o que fortalece o comportamento futuro de cliques no telefone. A dependência de algumas pessoas quanto a celulares é capturada no seguinte adesivo, comercializado pela Ephemera, Inc: "Depois de um longo fim de semana sem celular, você aprende o que é realmente importante na vida. Seu celular." (Ver Bosker, 2016, para informações adicionais sobre como os celulares são programados para mantê-lo clicando.)

A alternância constante entre uma atividade e outra foi descrita como "atenção parcial contínua" (Rose, 2010), e é aqui que reside o problema, porque, como vimos para condução, a distração de uma tarefa prejudica o desempenho. Não é surpreendente, portanto, que as pessoas que enviam mais mensagens tendem a ter notas mais baixas (Barks et al., 2011; Kuznekoff et al., 2015; Kuznekoff e Titsworth, 2013; Lister-Landman et al., 2015), e em casos extremos, algumas pessoas "viciam-se" na internet, onde o vício é definido como ocorrendo quando o uso da internet afeta negativamente uma série de áreas da vida de uma pessoa (por exemplo, social, acadêmica, emocional e familiar) (Shek et al., 2016).

Qual é a solução? Segundo Steven Pinker (2010), dado que o computador e a internet vieram para ficar, "a solução não é lamentar a tecnologia, mas desenvolver estratégias de autocontrole, como fazemos com todas as outras tentações da vida". Parece um bom conselho, mas às vezes é difícil resistir a tentações poderosas. Um exemplo, para algumas pessoas, é o chocolate. Outro é verificar o celular. Porém, mesmo que você seja capaz de resistir a chocolate e celular, existe outra distração que é difícil de resistir: a distração que ocorre quando sua mente divaga.

Distração causada pela divagação da mente

Voltemos a Roger, que, no início do capítulo, estava sentado na biblioteca pensando em como resolver alguns problemas matemáticos. Mesmo que ele seja capaz de ignorar as pessoas conversando ao seu lado, ele de repente percebe que sua mente afastou-se dos problemas de matemática para pensar sobre o que ele fará mais tarde, e então há o problema do que dar à sua namorada no aniversário dela, e então... Mas espere! O que aconteceu com o problema de matemática? A mente de Roger sofreu uma emboscada pela **divagação da mente** — pensamentos vindos de dentro — que também foi chamada *devaneio* (Singer, 1975; Smallwood e Schooler, 2015) (Figura 4.24).

Uma das propriedades da divagação da mente é que ela é extremamente prevalente. Matthew Killingsworth e Daniel Gilbert (2010) usaram a técnica de amostragem de experiência para entrar em contato com as pessoas em intervalos aleatórios durante o dia e perguntar: "O que vocês estão fazendo agora?". A divagação mental ocorreu em 47% das vezes e ocorria quando as pessoas estavam envolvidas em uma ampla variedade de atividades (Tabela 4.1). Portanto, a divagação mental é extremamente prevalente e, como mostrado em outros estudos, é uma distração o suficiente para interromper uma tarefa em andamento (Mooneyham e Schooler, 2013). Um exemplo de perturbação por divagação mental é o que acontece durante a leitura, quando de repente você percebe que não tem ideia do que acabou de ler porque está pensando em outra coisa. Esse fenômeno,

▶ Figura 4.24 De acordo com Killingsworth e Gilberts (2010), as pessoas divagam mentalmente cerca de metade do tempo quando estão acordadas. Aqui, Roger deveria focalizar a solução de problemas matemáticos, mas parece estar se distraindo com outros temas. (Fonte: Killingsworth e Gilberts, 2010.)

chamado *leitura desatenta* ou *leitura desconcentrada*, é um exemplo de como a divagação mental diminui o desempenho (Smallwood, 2011).

Outra propriedade da divagação mental é que geralmente está associada à atividade na rede de modo padrão (RMP). Lembre-se, do Capítulo 2 (p. 45), de que a RMP é ativada quando uma pessoa não está envolvida em uma tarefa. Isso parece contradizer os exemplos anteriores, quando a divagação mental ocorre durante tarefas como resolver problemas matemáticos ou ler. Entretanto, lembre-se de que, depois que a mente de uma pessoa começa a divagar, ela não está mais direcionando a atenção para uma tarefa. A divagação mental é um grande problema se você precisa manter o foco. No entanto, como veremos mais adiante neste livro, quando consideramos a memória, solução de problemas e criatividade, a divagação mental também traz benefícios, como ajudar a planejar o futuro e aumentar a criatividade.

Tabela 4.1 Atividades durante as quais ocorre a divagação mental, em ordem de frequência.

As atividades mais frequentes são listadas primeiro, começando no canto superior esquerdo.		
Trabalhar	Ler	Brincar
Falar/conversar	Fazer compras, anotar recados	Exercícios
Usar um computador		Andar
Deslocar-se, viajar	Ler	Ouvir música
Assistir a televisão	Fazer serviço de casa	Fazer amor
Relaxar	Cuidados pessoais/autocuidado	Ouvir rádio
Descansar/dormir		Rezar, meditar
Comer	Cuidar das crianças	

Fonte: De Killingsworth e Gilbert, 2010.

O que acontece quando não respondemos?

Uma coisa que deve ficar clara levando-se em conta nossa discussão até agora é que a atenção é um recurso precioso, mas limitado. Podemos estar atentos a algumas coisas, mas não a todas. Dividir a atenção é possível, mas difícil, e existem forças lá fora no mundo tentando fazer com que não prestemos atenção ao que supostamente deveríamos estar atentos. (Sinta-se à vontade para fazer uma pausa aqui para verificar se há mensagens no celular, mas não se distraia por muito tempo, porque ainda há mais nesta história.)

Existem muitas maneiras de mostrar que há limites para nossa capacidade de estarmos atentos, e podemos demonstrar ao analisar o que acontece quando não estamos atentos ao lugar certo na hora certa. Se prestamos atenção a algumas coisas em uma cena, inevitavelmente não percebemos outras. Isso é dramaticamente ilustrado por um trágico acidente que ocorreu em uma piscina em Iowa, descrito a seguir por Lyndsey Lanagan-Leitzel e colaboradores (2015):

> Em 14 de julho de 2010, aproximadamente 175 adolescentes desfrutavam de um dia nadando em uma piscina local em Pella, Iowa, como parte de um acampamento da Fellowship of Christian Athletes realizado no Central College. Quando chegou a hora de embarcar nos ônibus para retornar aos aposentos, descobriu-se que dois meninos estavam desaparecidos. Uma busca de 15 minutos culminou em uma descoberta trágica — os corpos dos dois meninos (com idades entre 14 e 15 anos) foram encontrados imóveis no fundo da piscina. As tentativas de reanimá-los falharam. (Belz, 2010)

O que foi particularmente surpreendente sobre esses afogamentos é que, embora pelo menos 10 salva-vidas e 20 conselheiros do acampamento estivessem observando os nadadores, ninguém estava ciente dos afogamentos deles. De acordo com Lanagan-Leitzel, embora afogamentos fatais em piscinas com salva-vidas sejam raros, há razões que envolvem os limites da nossa capacidade de estarmos atentos que podem explicar por que isso aconteceu.

Considere a tarefa do salva-vidas. Eles estão essencialmente realizando uma tarefa de varredura visual em que o trabalho deles é detectar um evento raro (alguém se afogando) em meio a muitos distratores de aparência semelhante (meninos brincando em uma piscina). Aparentemente, não é incomum que as pessoas se afoguem sem brincadeiras em excesso e muitas vezes não gritam por socorro porque focalizam a energia e atenção tentando respirar. Há outras razões pelas quais às vezes é difícil identificar alguém que está se afogando em uma piscina lotada, mas a mensagem, para nós, é que é possível estar muito atentos e ainda assim não perceber as coisas acontecendo. Um exemplo, chamado *cegueira desatencional* ilustra como podemos não perceber as coisas, mesmo que estejam claramente visíveis.

Cegueira desatencional

Cegueira desatencional ocorre quando as pessoas não têm consciência dos estímulos claramente visíveis se não estiverem direcionando a atenção para eles (Mack e Rock, 1998). Por exemplo, Cartwright-Finch e Nilli Lavie (2107) pediram que os participantes visualizassem o estímulo cruzado mostrado na Figura 4.25. A cruz foi apresentada durante cinco tentativas,

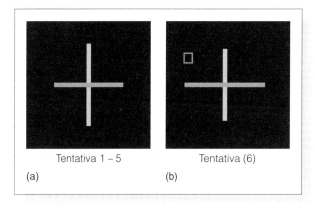

> Figura 4.25 Experimento de cegueira desatencional. (a) A exibição da cruz é apresentada durante cinco tentativas. Em cada tentativa, um braço da cruz é ligeiramente mais longo que o outro. A tarefa do participante é indicar qual braço (horizontal ou vertical) é mais longo. (b) Na sexta tentativa, os participantes realizam a mesma tarefa, mas um pequeno quadrado ou outro objeto geométrico é incluído na exibição. Após a sexta tentativa, pergunta-se aos participantes se viram algo diferente do que antes.

(Fonte: Adaptado de N. Lavie, Attention, distraction, and cognitive control under load, *Current Directions in Psychological Science*, 19, 143–148, 2010.)

e a tarefa do observador era indicar qual braço da cruz brevemente mostrada era mais longo, o horizontal ou o vertical. Essa é uma tarefa difícil porque os braços eram ligeiramente diferentes em termos do comprimento, a cruz era exibida rapidamente e o braço mais longo mudava entre uma tentativa e outra. Na sexta tentativa, um pequeno contorno de um quadrado foi adicionado à exibição (Figura 4.25b). Imediatamente após a sexta tentativa, perguntou-se aos participantes se notaram se algo havia aparecido na tela que não tinham visto antes. Dos 20 participantes, apenas 2 relataram ter visto o quadrado. Em outras palavras, a maioria dos participantes ficou "cega" para o pequeno quadrado, embora estivesse localizado bem ao lado da cruz.

Essa demonstração da cegueira desatencional usou um estímulo de teste geométrico rapidamente piscando. No entanto, Daniel Simons e Christopher Chabris (1999) mostraram que a atenção pode afetar a percepção em uma cena dinâmica solicitando que os observadores assistissem a um curta-metragem que mostrava duas "equipes" de três jogadores cada.

Uma equipe, vestida de branco, passava uma bola de basquete, e a outra "defendia" a equipe seguindo-a e erguendo os braços como se fosse um jogo de basquete (Figura 4.26). Os observadores foram instruídos a contar o número de passes, uma tarefa que direcionava a atenção para a equipe de branco. Após cerca de 45 segundos, um dos dois eventos ocorreu: Uma mulher carregando um guarda-chuva ou uma pessoa fantasiada de gorila percorria o "jogo", um evento que durava 5 segundos.

Depois de ver o vídeo, perguntou-se aos observadores se tinham visto algo incomum acontecer ou se tinham visto algo além dos seis jogadores. Quase metade dos observadores — 46% — não relatou ter visto a mulher ou o gorila. Esse experimento demonstra que, quando os observadores prestam atenção a uma sequência de eventos, eles podem deixar de notar outro evento, mesmo quando está bem na frente deles (ver também Goldstein e Fink, 1981; Neisser e Becklen, 1975).

> Figura 4.26 Quadro do filme mostrado por Simons e Chabris em que uma pessoa fantasiada de gorila caminha pelo jogo de basquete.

(Fonte: D. J. Simons e C. F. Chabris, Gorillas in our midst: Sustained inattentional blindness for dynamic events, *Perception*, 28, 1059–1074, 1999. Pion Limited, Londres. Figura fornecida por Daniel Simons.)

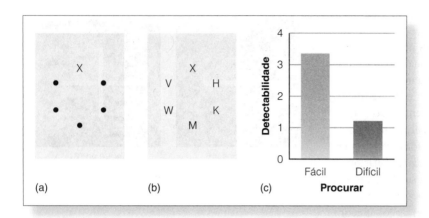

▶ **Figura 4.27** Experiência de surdez desatencional de Raveh e Lavie (2015). (a) Estímulos para tarefa de pesquisa fácil. Encontre o X. (b) Estímulos para a tarefa de pesquisa difícil. (c) Resultado, mostrando detectabilidade para um tom apresentado durante as tarefas de pesquisa fáceis e difíceis. A alta detectabilidade durante a tarefa de busca fácil significa que o tom era mais fácil de detectar.

(Fonte: baseado em Raveh e Lavie, 2015.)

Surdez desatencional

A ideia de que a desatenção pode fazer com que não percebamos estímulos visuais foi estendida à audição. Dana Raveh e Nilli Lavie (2015) pediram que os participantes realizassem uma tarefa de pesquisa visual, em que a **pesquisa visual** envolve varrer uma cena para encontrar um objeto específico. Eles apresentaram uma tarefa de pesquisa visual fácil, como a da Figura 4.27a, ou uma tarefa difícil, como a da Figura 4.27b. Os participantes também foram solicitados a indicar se ouviram um tom que foi apresentado durante a exibição visual em cerca de um quinto das tentativas. Os resultados, mostrados na Figura 4.27c, indicam que era mais difícil detectar o tom quando envolvido na tarefa de pesquisa visual difícil. Essa situação, em que focalizar uma tarefa visual difícil resulta em deficiência auditiva, é um exemplo da **surdez desatencional**.

O resultado é significativo porque mostra que os efeitos da desatenção podem ocorrer na visão e audição e também porque mostra como a *Teoria da carga de atenção* de Lavie (ver p. 91) pode ser aplicada para explicar os efeitos da desatenção. Raveh e Lavie mostraram que envolver-se em uma tarefa de alta carga aumenta a probabilidade de não perceber outros estímulos. Analisando novamente os exemplos da cegueira desatencional na visão, podemos ver que as tarefas envolvidas — detectar uma ligeira diferença no comprimento da linha (ver Figura 4.25) ou contar passes de basquete (Figura 4.26) — envolvem atenção altamente direcionada, então não surpreende que os participantes não tenham percebido o pequeno quadrado ou o gorila.

Detecção de alterações

Os pesquisadores também demonstraram como a falta de atenção pode afetar a percepção usando um procedimento chamado **detecção de alterações**, em que uma imagem é apresentada seguida por outra imagem, e a tarefa é determinar qual é a diferença entre elas. Para avaliar como funciona, leia a Demonstração "Detecção de alterações", a seguir, antes de continuar a leitura.

Você conseguiu ver o que era diferente na segunda foto (Figura 4.29)? As pessoas costumam ter dificuldade em detectar a alteração, embora seja óbvia quando você sabe para onde olhar. (Tente novamente, prestando atenção ao sinal próximo à parte inferior esquerda da imagem.) Ronald Rensink e colaboradores (1997) realizaram um experimento semelhante em que apresentaram uma imagem, seguida de um campo em branco, seguida pela mesma imagem, mas com um item faltando, seguida por um campo em branco. Essa sequência foi repetida até que os observadores pudessem determinar o que havia de diferente nas duas imagens. Rensink descobriu que a sequência precisava ser repetida várias vezes antes que a diferença fosse detectada. Essa dificuldade para detectar alterações nas cenas chama-se **cegueira para alterações** (Rensink, 2002).

A frequência com que ocorre a cegueira para alterações pode ser surpreendente. Por exemplo, em um estudo (Grimes, 1996), 100% dos observadores não conseguiram detectar um aumento de um quarto no tamanho de um edifício, 92% não conseguiram detectar uma redução de um terço em um bando de pássaros, 58% falharam em detectar uma alteração no maiô de uma modelo de rosa brilhante para verde brilhante, 50% não perceberam que dois cowboys trocaram a cabeça e 25% não perceberam uma rotação de 180 graus do castelo da cinderela na Disneylândia!

Se acha que é difícil acreditar nisso, você pode refletir sobre a própria capacidade de detectar alterações ao assistir a filmes. A cegueira para alterações ocorre regularmente em filmes populares, nos quais algum aspecto da cena, que deveria

DEMONSTRAÇÃO Detecção de alterações

Depois de terminar de ler essas instruções, olhe para a imagem na Figura 4.28 por um momento; em seguida, veja se você pode determinar o que é diferente na Figura 4.29. Faça isso agora.

permanecer o mesmo, muda de uma cena para a outra. No *Mágico de Oz* (1939), o cabelo de Dorothy (Judy Garland) muda de comprimento várias vezes de curto para longo e vice-versa. Em *Uma Linda Mulher* (1990), Vivian (Julia Roberts) começou a pegar um croissant para o café da manhã que de repente transformou-se em uma panqueca. Em uma cena em *Harry Potter e a Pedra Filosofal* (2001), Harry (Daniel Radcliff) muda repentinamente de onde está sentado durante uma conversa no Salão Principal. Essas alterações nos filmes, chamadas **erros de continuidade**, estão bem documentadas na internet (pesquise "erros de continuidade em filmes").

Por que ocorre a cegueira para alterações? A resposta é que, ao olhar para uma cena em uma imagem estática ou para a ação em andamento em um filme, nossa atenção geralmente não está direcionada para o lugar onde a alteração ocorre.

E a experiência diária?

Todos os experimentos que descrevemos — os experimentos da cegueira desatencional nos quais uma tarefa que distrai impedia que as pessoas percebessem um estímulo de teste; o experimento da surdez desatencional, no qual focalizar uma tarefa visual resulta em deficiência auditiva; e os experimentos da cegueira para alterações, nos quais pequenas, mas facilmente visíveis, mudanças nas imagens não são percebidas — demonstram que a atenção desempenha um papel importante na percepção. Isso tem implicações para a percepção na nossa experiência cotidiana, porque há um grande número de estímulos presentes no ambiente, e somos capazes de prestar atenção apenas a uma pequena fração desses estímulos em qualquer momento. O que significa que constantemente não percebemos coisas no ambiente.

➤ Figura 4.28 Estímulo para a demonstração de detecção de alterações. Esta imagem está disponível, em cores, no suplemento colorido, ao final do livro.

➤ Figura 4.29 Estímulo para a demonstração de detecção de alterações Esta imagem está disponível, em cores, no suplemento colorido, ao final do livro.

Antes de decidir que nosso sistema perceptivo é irremediavelmente falho por sua incapacidade de detectar grandes porções do nosso ambiente, considere o fato de que nós (e outros animais) de alguma forma sobrevivemos, tão claramente que nosso sistema perceptual está fazendo seu trabalho bem o suficiente para cuidar da maioria das exigências perceptuais impostas pela vida cotidiana. Na verdade, argumentou-se que o fato de que nosso sistema perceptual se concentra apenas em uma pequena parte do ambiente é uma de suas características mais adaptativas, porque ao focalizar o que é importante, nosso sistema perceptual está fazendo uso ótimo dos nossos recursos de processamento limitados.

Além disso, mesmo quando estamos nos concentrando no que é importante no momento, nosso sistema perceptivo tem um sistema de alerta que responde a movimentos ou estímulos intensos, o que nos faz mudar rapidamente nossa atenção para coisas que podem sinalizar perigo, como um animal de carga, um pedestre em rota de colisão conosco, um flash de luz intensa ou um ruído alto. Depois que nossa atenção mudou, podemos avaliar o que acontece em nosso novo centro de atenção e decidir se precisamos agir.

Também é importante perceber que não precisamos estar cientes de todos os detalhes do que está acontecendo ao nosso redor. Ao caminhar por uma calçada lotada, você precisa saber onde as outras pessoas estão para evitar colisões, mas não precisa saber se determinada pessoa está usando óculos ou que outra está vestindo uma camisa azul. Você também não precisa verificar continuamente os detalhes do que está acontecendo ao seu redor porque, valendo-se de sua experiência anterior, você tem esquemas de cena para ruas da cidade, estradas rurais ou a estrutura do campus que permitem que você "preencha" o que está ao seu redor sem prestar muita atenção (ver Capítulo 3, p. 74).

O que tudo isso significa é que nossos sistemas perceptuais são geralmente bem adaptados para incorporar as informações de que precisamos para sobreviver, embora só possamos incorporar uma pequena proporção das informações que estão disponíveis. No entanto, antes de decidir que a combinação da atenção direcionada, sinais de alerta paralelos e preenchimento por esquemas permite realizar proezas da atenção dividida, como dirigir e enviar mensagens de texto, lembre-se de que dirigir, enviar mensagens de texto e celulares são adições recentes ao ambiente que não estavam presentes quando o sistema perceptivo humano evoluiu. Assim, por mais adaptável que seja nosso sistema perceptivo, nosso mundo moderno muitas vezes nos coloca em situações com as quais não fomos projetados para lidar e que, como vimos antes, podem resultar em um para-lama amassado ou pior.

▶ Atenção e experimentando um mundo coerente

Vimos que a atenção é um determinante importante do que percebemos. A atenção traz coisas à nossa consciência e pode aumentar nossa capacidade de perceber e responder. Agora consideramos ainda outra função da atenção, que não é óbvia em nossa experiência cotidiana. Essa função da atenção é ajudar a criar **vinculação** — o processo pelo qual características como cor, forma, movimento e localização são combinadas para criar nossa percepção de um objeto coerente.

Podemos entender por que a vinculação é necessária considerando um evento diário: você está sentado em um banco no parque, apreciando as cores das folhas do outono, quando de repente uma bola vermelha passa na frente do seu campo de visão, seguida de perto por uma criança correndo atrás da bola. Quando a bola rola, vários tipos diferentes de células disparam em seu cérebro. As células sensíveis ao formato redondo da bola disparam no córtex temporal, as células sensíveis ao movimento disparam em uma área especializada para movimento e as células sensíveis à profundidade e à cor disparam em outras áreas. No entanto, embora a forma, o movimento, a profundidade e a cor da bola causem disparos em diferentes áreas do córtex, você não percebe a bola como forma, movimento, profundidade e percepções de cor distintas. Você experimenta uma percepção integrada de uma bola, com todas as características da bola conectadas para criar a percepção coerente de uma "bola vermelha rolando". A pergunta de como as características individuais de um objeto se conectam, o que é chamado **problema da vinculação**, foi abordada pela teoria da integração de características de Anne Treisman (1986, 1988, 1999).

Teoria da integração de características

De acordo com a **teoria de integração de características** (TIC), a primeira etapa no processamento de objetos é o **estágio pré-atencional** (a primeira caixa no fluxograma na Figura 4.30). Como o próprio nome indica, o estágio pré-atencional ocorre *antes* de direcionarmos a atenção para um objeto. Como a atenção não está envolvida, os pesquisadores argumentam que esse estágio é automático, inconsciente e fácil. Nesse estágio, as características dos objetos são analisadas de modo independente em áreas distintas do cérebro e ainda não estão associadas a um objeto específico. Por exemplo, durante o estágio pré-atencional o sistema visual de uma pessoa observando uma bola vermelha rolando processaria as qualidades da vermelhidão (cor), arredondamento (forma) e movimentação para a direita (movimento) de maneira distinta. No próximo estágio do processamento, chamado **estágio de atenção focada**, a atenção é direcionada para um objeto e as características independentes são combinadas, fazendo com que o observador se torne consciente da bola vermelha rolando.

Nesse processo de duas etapas, você pode pensar nas características visuais como componentes de um "alfabeto visual". No início do processo, as informações sobre cada um desses componentes existem de modo independente entre si, assim como as peças com letras em um jogo de palavras cruzadas existem como unidades individuais quando as peças são espalhadas

▶ Figura 4.30 Etapas da teoria de integração de características de Treisman. Os objetos são analisados de acordo com suas características no estágio pré-atencional, e as características são posteriormente combinadas com o auxílio da atenção.

no início do jogo. No entanto, assim como os blocos individuais das palavras cruzadas são combinadas para formar palavras, as características individuais combinam-se para formar percepções dos objetos inteiros.

A ideia de que um objeto é automaticamente dividido em características pode parecer contra-intuitivo porque sempre vemos objetos inteiros, não objetos que foram divididos em características individuais. A razão de não estarmos cientes desse processo de análise de características é que ele ocorre no início do processo perceptivo, antes de nos tornarmos conscientes do objeto. Assim, ao ver este livro, você está consciente da forma retangular, mas não está ciente de que antes de ver essa forma retangular, seu sistema perceptivo analisou o livro em termos de características individuais, como linhas com direções diferentes.

Evidência para a teoria da integração de características

Para fornecer alguma evidência perceptual de que os objetos são, de fato, analisados no que se refere a características, Anne Treisman e Hilary Schmidt (1982) fizeram um experimento que envolvia um efeito perceptivo chamado *conjunções ilusórias* em que um objeto pode assumir as propriedades de outro objeto.

Conjunções ilusórias   Treisman e Schmidt apresentaram telas como a da **Figura 4.31**, na qual quatro objetos são flanqueados por dois números pretos. Fizeram essa exibição em uma tela por um quinto de segundo, seguido por um campo de mascaramento de pontos aleatórios projetado para eliminar qualquer percepção residual que pudesse permanecer depois que os estímulos fossem desativados. Os participantes foram instruídos a relatar os números pretos primeiro e depois relatar o que viam em cada um dos quatro locais onde as formas estavam. Assim, os participantes tiveram de dividir a atenção em duas tarefas: identificar os números e identificar as formas. Ao dividir a atenção dos participantes, Treisman e Schmidt reduziram a capacidade deles de direcionar a atenção para as formas.

Então, o que os participantes relataram ter visto? Curiosamente, em cerca de um quinto das tentativas, os participantes relataram ter visto formas que eram compostas de uma combinação de características de dois estímulos diferentes. Por exemplo, após serem apresentados à imagem da Figura 4.31, em que o pequeno triângulo é vermelho e o pequeno círculo é verde, eles conseguiram relatar que viram um pequeno círculo vermelho e um pequeno triângulo verde. Esta figura está disponível, em cores, no suplemento colorido, ao final do livro. Essas combinações das características de diferentes estímulos são chamadas **conjunções ilusórias**. Podem ocorrer conjunções ilusórias mesmo se os estímulos diferirem muito no que refere a forma e tamanho. Por exemplo, um pequeno círculo azul e um grande quadrado verde podem ser vistos como um grande quadrado azul e um pequeno círculo verde.

Ainda que as conjunções ilusórias sejam geralmente demonstradas em experimentos de laboratório, também podem ocorrer em outras situações. Em uma demonstração para estudantes a fim de ilustrar que os observadores às vezes cometem erros no depoimento de testemunhas oculares, pedi a um homem vestindo uma camisa verde que interrompesse a aula, pegasse uma bolsa amarela que estava sobre uma mesa (o dono da bolsa estava na demonstração) e saísse correndo da sala. Isso aconteceu tão rapidamente que surpreendeu os estudantes na aula, cuja tarefa era descrever o que havia acontecido como testemunhas oculares de um "crime". Curiosamente, um dos alunos relatou que um homem vestindo camisa amarela pegou uma bolsa verde da mesa! A troca das cores desses objetos é um exemplo das conjunções ilusórias (Treisman, 2005).

Segundo Treisman, as conjunções ilusórias ocorrem porque no estágio pré-atencional, cada característica existe independentemente das outras. Ou seja, características como "vermelhidão", "curvatura" ou "linha inclinada" não estão, nesse estágio inicial do

▶ Figura 4.31 Estímulos para experimento de conjunção ilusória. Ver detalhes no texto. Esta figura está disponível, em cores, no suplemento colorido, ao final do livro.

(Fonte: A. Treisman e H. Schmidt, Illusory conjunctions in the perception of objects, *Cognitive Psychology*, 14, 107-141, 1982.)

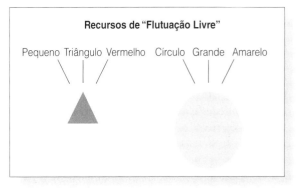

▶ Figura 4.32 Ilustração da ideia de que no estágio pré-atencional as características de um objeto "flutuam livremente". Como não estão conectadas a um objeto específico, podem potencialmente se tornar associadas a qualquer objeto em uma exibição. Quando isso acontece, uma conjunção ilusória é criada. Esta figura está disponível, em cores, no suplemento colorido, ao final do livro.

(Fonte: A. Treisman e H. Schmidt, Illusory conjunctions in the perception of objects, *Cognitive Psychology*, 14, 107-141, 1982.)

processamento, associadas a um objeto específico. Elas são, nas palavras de Treisman (1986), "flutuação livre", como mostrado na Figura 4.32, e podem, portanto, ser combinados incorretamente se houver mais de um objeto, especialmente em situações de laboratório quando os estímulos piscam/aparecem/brilham brevemente são seguidos por um campo de mascaramento.

Quando descrevo esse processo em aula, alguns alunos não se convencem. Um aluno disse, "Acho que, quando as pessoas olham para um objeto, elas não o dividem em partes. Elas apenas veem o que veem". Para convencer esses alunos (e muitos outros que, no início do curso, não se sentem à vontade com a ideia de que a percepção às vezes envolve processos rápidos dos quais não temos conhecimento), descrevo o caso de R. M., um paciente que teve lesão no lóbulo parietal que resultou em uma doença chamada **síndrome de Balint**. Uma característica crucial da síndrome de Balint é a incapacidade de focar a atenção em objetos individuais.

Segundo a teoria da integração de características, a falta de atenção direcionada tornaria difícil que R. M. combinasse as características corretamente, e foi exatamente o que aconteceu. Quando R. M. viu duas letras diferentes de cores diferentes, como um T vermelho e um O azul, ele relatou conjunções ilusórias como "T azul" em 23% das tentativas, mesmo quando ele conseguia ver as letras por longos 10 segundos (Friedman-Hill et al., 1995; Robertson et al., 1997). O caso de R. M. ilustra como um colapso no cérebro pode revelar processos que não são óbvios quando o cérebro está funcionando normalmente.

A abordagem à análise de características envolve principalmente o processamento de baixo para cima, porque o conhecimento costuma não estar envolvido. Em algumas situações, porém, o processamento de cima para baixo pode entrar em ação. Por exemplo, quando Treisman e Schmidt (1982) fizeram um experimento de conjunção ilusória usando estímulos como os na Figura 4.33 e pediram que os participantes identificassem os objetos, ocorreram as conjunções ilusórias usuais; o triângulo laranja, por exemplo, às vezes seria percebido como preto. No entanto, quando ela disse aos participantes que eles estavam vendo uma cenoura, um lago e um pneu, as conjunções ilusórias eram menos prováveis de ocorrer e os participantes eram mais propensos a perceber a "cenoura" triangular como laranja. Nessa situação, o conhecimento dos participantes das cores usuais dos objetos influenciou a capacidade deles de combinar corretamente as características de cada objeto. Na nossa experiência cotidiana, na qual frequentemente percebemos objetos familiares, o processamento de cima para baixo se combina com a análise das características para nos ajudar a perceber as coisas com precisão.

▶ Figura 4.33 Estímulos usados para mostrar que o processamento de cima para baixo pode reduzir as conjunções ilusórias. Esta figura está disponível, em cores, no suplemento colorido, ao final do livro.

(Fonte: A. Treisman e H. Schmidt, Illusory conjunctions in the perception of objects, *Cognitive Psychology*, 14, 107-141, 1982.)

Pesquisa visual   Outra abordagem para estudar o papel da atenção na vinculação usou um tipo de tarefa de pesquisa visual chamada **pesquisa de conjunção**.

As pesquisas de conjunção são úteis para estudar a vinculação porque encontrar o alvo em uma pesquisa de conjunção envolve a varredura de uma tela para focalizar a atenção em um local específico. Para testar a ideia de que a atenção a um local é necessária para uma pesquisa de conjunção, vários pesquisadores testaram R. M., o paciente de Balint, e descobriram que ele não consegue encontrar o alvo quando uma pesquisa de conjunção é necessária (Robertson et al., 1997). É o que esperaríamos por causa da dificuldade de R. M. de direcionar a atenção. R. M. pode, no entanto, encontrar alvos quando apenas uma pesquisa de características é necessária, como na Figura 4.34a, porque a atenção em um local não é necessária para esse

DEMONSTRAÇÃO   Procurando conjunções

Podemos entender o que é uma pesquisa de conjunção descrevendo primeiro outro tipo de pesquisa chamada pesquisa de características. Antes de continuar lendo, encontre a linha horizontal na Figura 4.34a. Essa é uma pesquisa de características porque você pode encontrar o alvo procurando uma única característica — "horizontal". Agora encontre a linha horizontal verde na Figura 4.34b. Essa é uma pesquisa de conjunção porque você teve de pesquisar uma combinação (ou conjunção) de duas ou mais características no mesmo estímulo — "horizontal" e "verde". Na Figura 4.34b, não é possível focalizar apenas o verde porque há linhas verdes verticais, e não é possível focalizar apenas a horizontal porque há linhas vermelhas horizontais. Foi necessário procurar a conjunção da horizontal e do verde.

tipo de pesquisa. Experimentos de varredura visual, tanto em R. M. como em observadores normais, fornecem evidências que corroboram a ideia de que a atenção é um componente essencial do mecanismo que cria nossa percepção de objetos valendo-se de uma série de características diferentes (Wolfe, 2012).

▶ Algo a considerar: redes atencionais

Vimos como a atenção pode afetar a resposta no cérebro aumentando a atividade em um local (p. 98) ou expandindo a área dedicada a um tipo específico de objetos (p. 98).

No entanto, precisamos dar um passo além para entender completamente a conexão entre atenção e cérebro. Precisamos ver como o cérebro é configurado para que a atenção funcione. Para fazer isso, consideramos as redes neurais que transmitem sinais ao longo de muitas áreas do cérebro, que apresentamos no Capítulo 2 (ver p. 39).

Pesquisas em neuroimagem revelaram que existem redes neurais para atenção associadas a diferentes funções. Considere, por exemplo, como a atenção é direcionada ao varrer uma cena (p. 93). Vimos que a atenção é determinada pela saliência do estímulo — propriedades físicas dos estímulos — e por funções de cima para baixo de nível superior, como esquemas de cena, como quando um objeto incomum aparece em uma cena, ou demandas de tarefa, como no exemplo de preparar um sanduíche de pasta de amendoim e geleia. Experimentos com imagens em que os participantes realizavam tarefas envolvendo saliência ou envolvendo processos de cima para baixo revelaram duas redes diferentes: a **rede atencional ventral**, que controla a atenção com base na saliência, e a **rede atencional dorsal**, que controla a atenção com base em processos de cima para baixo (Figura 4.35).

Identificar diferentes redes para diferentes funções foi um grande passo para entender como o cérebro controla a atenção. Entretanto, os pesquisadores foram além da simples identificação de redes para examinar a dinâmica de como as informações fluem nessas redes. Lembre-se do passeio de helicóptero que fizemos no Capítulo 2 para observar o fluxo do tráfego em uma rede viária de uma cidade, que representava uma rede neural. Observamos que o fluxo de tráfego mudava com base nas alterações das condições. Por exemplo, o fluxo de tráfego em direção ao estádio aumentava no fim de semana do grande jogo de futebol. Da mesma forma, o fluxo nos sistemas de atenção muda dependendo se a atenção está sendo controlada pela saliência do estímulo ou por fatores de cima para baixo, com mais fluxo na rede ventral para controle por saliência e mais na rede dorsal quando o fluxo é controlado por fatores de cima para baixo.

No entanto, para compreender totalmente a natureza dinâmica da atenção, precisamos dar um passo adiante. Tarefas diferentes não mudam apenas a atividade entre uma via e outra. Elas também alteram a **conectividade eficaz** entre as diferentes áreas de uma rede. Conectividade eficaz refere-se à facilidade com que a atividade pode viajar ao longo de determinada via.

Podemos ilustrar a conectividade eficaz voltando ao nosso exemplo de rede viária, em que observamos que o fluxo do tráfego é direcionado mais para o estádio no dia do jogo de futebol. Às vezes, quando ocorrem situações como essa, os encarregados de regular o trânsito na cidade abrem mais pistas em direção ao estádio antes do jogo, e depois abrem mais pistas na direção oposta. Em outras palavras, o sistema viário básico permanece o mesmo, mas o fluxo é menos intenso em certas direções, dependendo das condições.

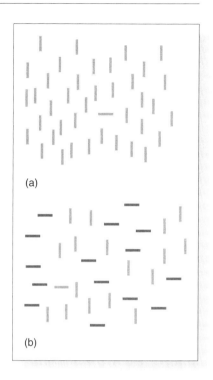

▶ Figura 4.34 Encontre a linha horizontal em (a) e então a linha horizontal verde em (b). Qual tarefa demorou mais? Esta figura está disponível, em cores, no suplemento colorido, ao final do livro.

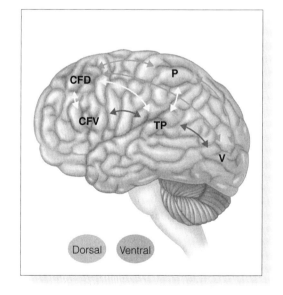

▶ Figura 4.35 Estruturas principais nas duas redes atencionais. V = córtex visual. Rede atencional dorsal: P = córtex parietal; CFD = córtex frontal dorsal; rede atencional ventral: junção TP = dos lobos temporais e parietais; CFV = córtex frontal ventral. Esta imagem está disponível, em cores, no suplemento colorido, ao final do livro.

(Fonte: com base em Vossel et al., 2014, Figura 1.)

Isso é exatamente o que acontece com a atenção quando a conectividade eficaz entre diferentes estruturas em uma rede muda com base nas condições. Como essa conectividade eficaz muda? Um mecanismo que foi sugerido, **sincronização**, é ilustrado pelos resultados de um experimento feito por Conrado Bosman e colaboradores (2012) no qual eles registraram uma resposta chamada *potencial de campo local* (PCL) do córtex de um macaco. PCLs, que são registrados por pequenos eletrodos de disco inseridos na superfície do cérebro, gravam sinais de milhares de neurônios próximos ao eletrodo. As respostas do PCL foram registradas a partir de um eletrodo em A no cérebro, de onde chegam os sinais do estímulo visual. Os sinais também são registrados a partir de um eletrodo em B no cérebro, que está conectado a A e, portanto, recebe sinais de A (Figura 4.36a).

Bosman descobriu que o estímulo visual provocava uma resposta PCL em A no córtex e também em B, porque A envia sinais para B. Ele também descobriu que, quando o macaco não estava prestando atenção ao estímulo visual, as respostas registradas de A e B não estavam sincronizadas (Figura 4.36b). No entanto, quando o macaco focaliza a atenção no estímulo visual, os sinais de A e B tornam-se sincronizados (Figura 4.36c). Levantou-se a hipótese de que uma sincronização como essa resulta em uma comunicação mais eficaz entre as duas áreas (ver Bosman et al., 2012; Buschman e Kastner, 2015).

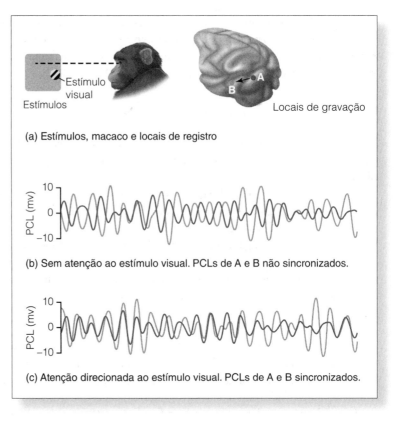

▶ Figura 4.36 Demonstração de Bosman et al. (2012) da sincronização causada pela atenção. (a) O macaco está olhando para o ponto de fixação na tela. Os potenciais de campo locais estão sendo registrados nas localizações A e B no córtex, que estão conectadas. (b) Quando o macaco não está prestando atenção ao estímulo visual, as respostas do PCL de A e B não são sincronizadas. (c) Quando o macaco direciona a atenção para o estímulo visual, as respostas do PCL de A e B tornam-se sincronizadas. Esta figura está disponível, em cores, no suplemento colorido, ao final do livro.
(Fonte: Figura cortesia de Pascal Fries e Conrado Bosman.)

Além das redes atencionais ventral e dorsal, outra rede, chamada **rede atencional executiva**, foi proposta. Essa rede é extremamente complexa e pode envolver duas redes distintas (Petersen e Posner, 2012). Em vez de listar todas as estruturas envolvidas, vamos nos concentrar no que a rede atencional executiva faz.

A rede atencional executiva é responsável pelas funções executivas. As **funções executivas** incluem uma variedade de processos que envolvem controlar a atenção e lidar com respostas conflitantes. Um exemplo é o efeito de Stroop (ver p. 92), no qual a tarefa envolve focalizar a cor da tinta e ignorar a cor soletrada pelas palavras. No entanto, a atenção executiva também se estende à vida real, sempre que há conflito entre os diferentes cursos de ação possíveis.

Lidar com conflitos na vida cotidiana tem vários nomes, incluindo **controle cognitivo**, **controle inibitório** e **força de vontade**. Você provavelmente pode pensar em situações em que se deparou com uma tentação difícil de resistir. Nesse caso, seu sistema de atenção executiva precisou lidar com a situação. Como afirmada no título da música "Should I Stay or Should I Go," do grupo punk de rock britânico The Clash, decisões e tentações fazem parte da vida. No próximo capítulo, veremos que existem conexões entre atenção, controle cognitivo e um tipo de memória chamado memória de trabalho.

A história que contamos nos dois últimos capítulos trata da interação com as coisas no ambiente. Percebemos objetos visualmente, ouvimos sons, sentimos cheiros ou alguém nos tocando e, em alguns casos, prestamos atenção a algumas dessas coisas mais do que a outras. Tanto a percepção como a atenção suportam nossa capacidade de entender o ambiente e agir nele. Entretanto, para nos levar além de experiências imediatas, precisamos ser capazes de armazenar parte do que está acontecendo conosco para que possamos nos lembrar mais tarde. Essa função é alcançada pelo processo de memória, que não apenas nos ajuda a sobreviver, mas também determina nossa identidade como pessoa. Isso é tão importante que dedicaremos os próximos quatro capítulos para discutir o processo da memória. Como veremos, muitas das coisas que introduzimos na nossa discussão sobre percepção e atenção — o princípio da representação, a importância do conhecimento adquirido com a experiência, como usamos inferência e predição e nossa interação ativa com ideias e coisas — são fundamentais para nossa compreensão da memória.

TESTE VOCÊ MESMO 4.3

1. Descreva o experimento de Schneider e Shiffrin que demonstrou o processamento automático. Forneça alguns exemplos da vida real do processamento automático. Quando o processamento automático não é possível?
2. Que conclusões podem ser tiradas dos resultados de experimentos que testam a capacidade de dirigir falando ao celular?
3. Qual é a evidência de que celulares podem afetar o desempenho em outras situações além de dirigir?
4. Como um princípio do condicionamento operante pode explicar por que algumas pessoas checam seus celulares com tanta frequência?
5. O que é a mente divagante e como afeta a capacidade de direcionar a atenção para tarefas? Que rede cerebral está associada à divagação da mente?
6. Descreva a seguinte evidência de que a atenção às vezes é necessária para a percepção: o experimento da cegueira desatencional; o experimento do "passe no basquete"; os experimentos de detecção de alterações.
7. O que é surdez desatencional, e o que o experimento sobre surdez desatencional descrito no livro informa sobre a relação entre a teoria da carga e os efeitos da desatenção?
8. Por que podemos dizer que não precisamos estar cientes de todos os detalhes do que está acontecendo ao nosso redor?
9. O que é ligação, e por que é necessária? Qual é o problema de associação?
10. Descreva a teoria da integração de características de Treisman. O que a teoria procura explicar sobre a percepção de objetos? Quais são os estágios da teoria, e em que ponto a atenção é envolvida?
11. O que são conjunções ilusórias, e o que demonstram sobre a análise de características? Como os experimentos de conjunção ilusória corroboraram o papel da atenção na análise de características? Como os experimentos com pacientes com síndrome de Balint corroboram a teoria da integração de características?
12. O que é uma pesquisa de características? Uma pesquisa de conjunção? Que tipo de pesquisa o paciente de Balint achou difícil? O que isso informa sobre o papel da atenção na integração de características?
13. Descreva como a atenção é controlada por diferentes tipos de redes atencionais. Certifique-se de compreender as funções da rede atencional dorsal, rede atencional ventral e rede atencional executiva, e os princípios de conectividade e sincronização eficazes.

SUMÁRIO DO CAPÍTULO

1. Atenção seletiva, a habilidade de focar uma mensagem e ignorar todas as outras, foi demonstrada usando o procedimento de escuta dicótica.

2. Vários modelos foram propostos para explicar o processo de atenção seletiva. O modelo do filtro de Broadbent propõe que a mensagem atenta seja separada do sinal de entrada no início da análise do sinal. O modelo de Treisman propõe a distinção tardia e adiciona um mecanismo de dicionário para explicar como a mensagem desatenta às vezes pode passar. Os modelos de seleção tardia propõem que a seleção só ocorre depois que as mensagens são processadas o suficiente para determinar seu significado.

3. Lavie propõe que nossa habilidade de ignorar estímulos distrativos pode ser explicada considerando a capacidade de processamento e a carga perceptiva. Sua teoria da carga de atenção afirma que a distração é menos provável para tarefas de alta carga porque nenhuma capacidade permanece para processar potenciais estímulos distrativos.

4. O efeito Stroop demonstra como um poderoso estímulo irrelevante para a tarefa, como palavras significativas que resultam em uma resposta que compete com a tarefa do observador, pode capturar a atenção.

5. A atenção explícita desloca a atenção provocando movimentos oculares. A atenção explícita é determinada por processos de baixo para cima, como a saliência do estímulo, e por processos de cima para baixo, como esquemas de cena e demandas de tarefas, que influenciam como os movimentos oculares são direcionados para partes de uma cena.

6. A atenção implícita desloca a atenção sem fazer movimentos oculares. A atenção visual pode ser direcionada para diferentes lugares em uma cena, mesmo sem movimentos oculares. O efeito da atenção implícita foi demonstrado por experimentos de estímulo precedente, que mostraram que a atenção implícita a um local aumenta o processamento nesse local.

7. O experimento de Egly demonstra que a resposta é mais rápida para locais indicados em um objeto e que esse efeito se propaga por todo o objeto — um efeito chamado vantagem do mesmo objeto.

8. Experimentos mostraram que objetos desatentos são percebidos como maiores, mais rápidos, com cores mais ricas e com maior contraste do que objetos atentos.

9. A atenção implícita a um local causa aumento da atividade no local do cérebro que corresponde a esse local.

10. A atenção a categorias específicas de objetos, como pessoas ou carros, aumenta a área do cérebro dedicada à categoria atenta. Isso chama-se distorção atencional.

11. A atenção dividida é possível para tarefas fáceis ou para tarefas difíceis altamente praticadas. O processamento automático é possível nessas situações, mas não é possível para tarefas muito difíceis.

12. A desatenção do motorista é uma das principais causas de acidentes automobilísticos. Há uma grande quantidade de evidências de que o uso de celulares ao dirigir está associado ao aumento de acidentes de trânsito e à diminuição do desempenho em tarefas relacionadas a dirigir. Dispositivos de viva-voz e ativados por voz são tão distrativos quanto os dispositivos portáteis.

13. O uso de celulares e da internet em geral aumentou muito recentemente. Uma explicação para a verificação frequente de celulares envolve os princípios do condicionamento operante.

14. A distração causada pelos celulares e internet foi associada a notas mais baixas e, em casos extremos, a efeitos negativos em muitas áreas da vida de uma pessoa.

15. A divagação mental é muito prevalente e foi associada à interrupção de tarefas em andamento que requerem atenção direcionada. A distração mental está associada à atividade da rede de modo padrão.

16. Experimentos de cegueira desatencional fornecem evidências de que, sem atenção, podemos deixar de perceber coisas que estão claramente visíveis no campo de visão.

17. A surdez desatencional pode ocorrer quando a atenção a uma tarefa de pesquisa visual de alta carga prejudica a capacidade de detectar sons.

18. A cegueira para mudanças é a incapacidade de detectar alterações em uma cena. É outro exemplo de como a desatenção pode afetar a percepção.

19. Embora a cegueira e a surdez desatencionais e a cegueira para mudanças indiquem que não percebemos tudo o que está acontecendo, nosso sistema perceptivo está bem adaptado para sobrevivência. Podemos ser alertados sobre possíveis perigos pelo movimento, e o sistema perceptivo faz uso ótimo dos recursos limitados de processamento direcionando a atenção.

20. Vinculação é o processo pelo qual as características do objeto são combinadas para criar a percepção de um objeto coerente. A teoria da integração de características explica como a vinculação ocorre propondo dois estágios de processamento: processamento pré--atencional e atenção focada. A ideia básica é que

os objetos são analisados quanto a características e que é necessária atenção para combinar essas características a fim de criar a percepção de um objeto. Conjunção ilusória, pesquisa visual e experimentos de neuropsicologia corroboram a teoria da integração de características.

21. Várias redes neurais estão envolvidas no controle da atenção. A rede atencional ventral controla a atenção com base na saliência. A rede atencional dorsal controla a atenção com base nos processos de cima para baixo. A rede atencional executiva controla a atenção que envolve lidar com respostas conflitantes. O mecanismo de sincronização ajuda a alcançar conectividade eficaz entre diferentes áreas em uma rede.

PENSE NISSO

1. Escolha dois itens da lista a seguir e decida a dificuldade de realizar ambos ao mesmo tempo. Algumas coisas são difíceis de fazer simultaneamente devido às limitações físicas. Por exemplo, é extremamente perigoso digitar no computador e dirigir ao mesmo tempo. Outras coisas são difíceis de realizar simultaneamente devido às limitações cognitivas. Para cada par de atividades que você escolher, decida por que seria fácil ou difícil realizá-las simultaneamente. Certifique-se de levar em consideração a ideia da carga cognitiva.

    Dirigir um carro
    Ler um livro por prazer
    Resolver problemas de matemática
    Conversar com um amigo
    Pensar sobre o amanhã
    Escalar
    Falar ao celular
    Empinar pipa
    Caminhar na floresta
    Ouvir uma história
    Escrever um artigo para a aula
    Dançar

2. Encontre alguém que esteja disposto a participar de um breve "exercício de observação". Oculte uma imagem (de preferência uma que contenha vários objetos ou detalhes) com um pedaço de papel e diga à pessoa que você vai exibir a imagem e que a tarefa é relatar tudo o que veem. Em seguida, exiba a imagem bem brevemente (menos de um segundo) e peça que a pessoa escreva ou conte o que viu. Então repita o procedimento, aumentando a exposição da imagem para alguns segundos a fim de que a pessoa possa direcionar a atenção para diferentes partes da imagem. Talvez tente uma terceira vez, permitindo ainda mais tempo para observar a imagem. Levando-se em conta as respostas da pessoa, o que você pode concluir sobre o papel da atenção para determinar a respeito do que as pessoas estão cientes no ambiente?

3. Os livros de arte sobre composição frequentemente afirmam que é possível organizar os elementos em uma pintura de tal forma que controla tanto o que uma pessoa visualiza em uma imagem como a ordem em que a pessoa olha para as coisas. O que os resultados de pesquisas sobre atenção visual têm a dizer sobre essa ideia?

4. Como a atenção envolvida na execução de ações no ambiente difere da atenção envolvida na varredura de uma imagem para buscar detalhes, como no "exercício de observação" no problema 2?

5. Ao sentar-se em um estádio para assistir a um jogo de futebol, muita coisa acontece no jogo, arquibancadas e laterais. Que coisas você pode observar que envolvem atenção a objetos e quais envolvem atenção a locais?

6. Enquanto o *quarterback* dá um passo para trás a fim de fazer um passe, a linha ofensiva bloqueia a defesa, então o *quarterback* tem bastante tempo para verificar o que está acontecendo no campo e fazer um lançamento para um receptor aberto. Mais tarde no jogo, dois atacantes de 300 libras passam pelo *quarterback*. Enquanto corre por segurança, ele não consegue ver o receptor aberto no campo e, em vez disso, faz um lançamento em direção a outro receptor que é quase interceptado. Como essas duas situações podem estar relacionadas a como a atenção seletiva é afetada pela carga de tarefa?

7. Dadas as evidências crescentes de que falar ao celular (mesmo sem usar as mãos) ao dirigir aumenta as probabilidades de ocorrer um acidente, pode-se argumentar que leis deveriam ser aprovadas tornando qualquer uso de celulares ilegal ao dirigir. (Atualmente, a maioria dos estados tem leis contra o envio de mensagens de texto ao dirigir.) Qual seria sua reação se isso ocorresse? Por quê?

TERMOS-CHAVE

Atenção 86
Atenção dissimulada 97
Atenção dividida 87
Atenção explícita 95
Atenuador 88
Capacidade de processamento 90
Captura atencional 87
Carga perceptual 90
Cegueira desatencional 107
Cegueira para alterações 108
Condicionamento operante 105
Conectividade eficaz 113
Conjunções ilusórias 111
Controle cognitivo 114
Controle inibitório 114
Detecção de alterações 108
Detector 88
Distorção atencional 101
Divagação da mente 105

Efeito coquetel 87
Efeito Stroop 93
Erros de continuidade 109
Escuta dicótica 87
Esquemas de cena 96
Estágio de atenção focada 110
Estágio pré-atencional 110
Estímulo precedente 98
Filtro 88
Fixação 95
Força de vontade 114
Funções executivas 114
Mapa de saliência 95
Mecanismo de dicionário 89
Modelo de atenuação da atenção 89
Modelo de filtro de atenção 87
Modelo de seleção antecipada 88
Movimento sacádico dos olhos 95
Pesquisa de conjunção 112

Problema da vinculação 110
Processamento automático 102, 103
Rede atencional executiva 114
Rede atencional dorsal 113
Rede atencional ventral 113
Saliência do estímulo 95
Sincronização 114
Síndrome de Balint 112
Sombreamento 87
Surdez desatencional 108
Tarefas de baixa carga 90
Tarefas de carga alta 90
Teoria da carga de atenção 91
Teoria de integração de características 110
Vantagem do mesmo objeto 99
Varredura visual 87
Vinculação 110

O que o futebol tem a ver com a memória? Quase tudo o que fazemos depende da memória, e o futebol não é exceção. A memória envolve reter informações na mente por curtos períodos de tempo (memória de curto prazo ou de trabalho) e também armazenar informações por períodos longos (memória de longo prazo). Uma tarefa crucial para um jogador de futebol é usar a memória de longo prazo para lembrar todas as jogadas do manual. Então, quando a jogada é chamada no amontoado, eles precisam recuperar essa jogada de todas as jogadas armazenadas na memória de longo prazo. Essa jogada, e a contagem de snaps, que indica quando a bola será posta em jogo, é armazenada na memória de curto prazo e, à medida que a jogada se desenrola, cada jogador desempenha seu papel — bloquear, executar uma rota de passe, fazer um handoff — cada um dos quais, além das habilidades específicas envolvidas, faz parte dos "talentos do futebol" tão bem praticados, acontece sem pensar nos processos de memória que os tornaram possíveis.

Memória de curto prazo e memória de trabalho

5

O modelo modal de memória

Memória sensorial
A trilha dos fogos de artifício e o obturador do projetor

Experimento de Sperling: medindo a capacidade e a duração do armazenamento sensorial

Armazenamento de curto prazo
➤ Método: recordação

Qual é a duração da memória de curto prazo?

Quantos *itens* podem ser mantidos na memória de curto prazo?

    Intervalo de dígitos
    ➤ Demonstração: intervalo de dígitos

    Detecção de alterações
    ➤ Método: detecção de alterações

    Associação em blocos
    ➤ Demonstração: lembrando letras

Quantas *informações* podem ser armazenadas na memória de curto prazo?

➤ TESTE VOCÊ MESMO 5.1

Memória de trabalho: manipulando informações
    ➤ Demonstração: lendo texto e lembrando números

O circuito fonológico
    Efeito da similaridade fonológica
    Efeito da extensão de palavras
    Supressão articulatória

O esboço visuoespacial
    ➤ Demonstração: supressão articulatória
    ➤ Demonstração: comparando objetos
    ➤ Demonstração: relembrando padrões visuais
    ➤ Demonstração: retendo um estímulo espacial na mente

O executivo central

Um componente adicionado: o buffer episódico

Memória de trabalho e o cérebro
O efeito da lesão no córtex pré-frontal

Neurônios pré-frontais que contêm informações

A dinâmica neural da memória de trabalho

Algo a considerar: por que mais memória de trabalho é melhor?
    ➤ Método: potencial relacionado a eventos

➤ TESTE VOCÊ MESMO 5.2

SUMÁRIO DO CAPÍTULO
PENSE NISSO
TERMOS-CHAVE

ALGUMAS PERGUNTAS QUE VAMOS CONSIDERAR

▶ Por que podemos lembrar um número de telefone por tempo suficiente para fazer uma chamada, mas depois o esquecemos quase imediatamente?

▶ Como a memória está envolvida em processos como resolver um problema de matemática?

▶ Usamos o mesmo sistema de memória para lembrar coisas que vimos e coisas que ouvimos?

Muito foi escrito sobre a memória — as vantagens de ter boa memória, as armadilhas de esquecer ou, no pior dos casos, perder a capacidade de lembrar — que dificilmente parecerá necessário ler um livro didático de psicologia cognitiva para entender o que é a memória. No entanto, como veremos nos próximos quatro capítulos, "memória" não é apenas uma coisa. Memória, assim como a atenção, vem em muitas formas. Um dos objetivos deste capítulo e do próximo é apresentar os diferentes tipos de memória, descrevendo as propriedades de cada tipo e os mecanismos responsáveis por elas. Vamos começar com duas definições de memória:

> ▶ **Memória** é o processo envolvido na retenção, recuperação e uso de informações sobre estímulos, imagens, eventos, ideias e habilidades depois que as informações iniciais não estão mais presentes.
>
> ▶ A memória está ativa sempre que algum experimento passado afeta como pensamos ou nos comportamos agora ou no futuro (Joordens, 2011).

Valendo-se dessas definições, fica claro que a memória tem a ver com o passado que afeta o presente e, possivelmente, o futuro. No entanto, embora essas definições estejam corretas, precisamos considerar as várias maneiras como o passado pode afetar o presente para realmente entender o que é a memória. Ao fazer isso, veremos que existem muitos tipos diferentes de memória. Com desculpas à poetisa inglesa Elizabeth Barrett Browning, cujo famoso poema para o marido começa "Como eu te amo, deixe-me contar os caminhos", vamos considerar uma mulher que chamaremos Christine à medida que ela descreve incidentes de sua vida que ilustram uma pergunta relacionada: "Como faço para *lembrar* de ti, deixe-me contar os caminhos" (ver **Figura 5.1**).

▶ Figura 5.1 Cinco tipos de memória descritos por Christine. Ver no texto os detalhes.

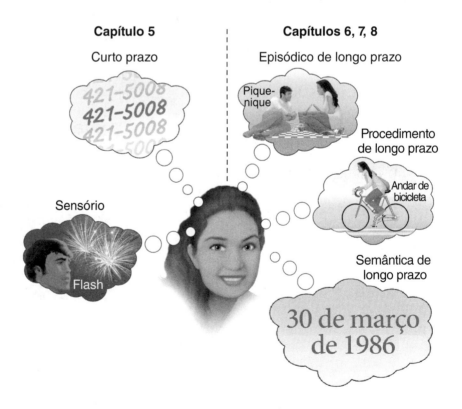

Minha primeira lembrança de você foi breve e dramática. Era 4 de julho e todos estavam olhando para o céu para ver os fogos de artifício. Porém o que vi foi seu rosto — iluminado apenas por um momento por um flash, e então veio a escuridão. Entretanto, mesmo na escuridão, mantive sua imagem em minha mente por um momento.

Quando algo é apresentado brevemente, como uma face iluminada por um flash, a percepção continua por uma fração de segundo no escuro. Essa breve persistência da imagem, que é uma das coisas que torna possível a percepção de filmes, chama-se *memória sensorial*.

Felizmente, tive a presença de espírito para "acidentalmente" encontrá-lo mais tarde para que pudéssemos trocar números de telefone. Infelizmente, eu não estava com meu celular ou algo para escrever, então tive de ficar repetindo seu número indefinidamente até que pudesse anotá-lo.

As informações que permanecem em nossa memória por breves períodos, cerca de 10 a 15 segundos se não as repetirmos indefinidamente como Christine fez, são *memória de curto prazo* ou *memória de trabalho*.

E o resto é história, porque tenho inúmeras lembranças de todas as coisas que fizemos. Lembro-me especialmente daquele dia frio de outono, quando fomos andar de bicicleta até aquele lugar na floresta onde fizemos um piquenique.

A *memória de longo prazo* é responsável por armazenar informações por longos períodos — que podem se estender de minutos a toda a vida. Memórias de longo prazo de *experimentos* do passado, como o piquenique, são *memórias episódicas*. A capacidade de andar de bicicleta, ou de fazer qualquer outra coisa que envolva a coordenação muscular, é um tipo de memória de longo prazo chamada *memória de procedimento*.

Devo admitir, porém, que por mais que me lembre de muitas coisas que fizemos, tenho dificuldade em lembrar o endereço do primeiro apartamento em que moramos, embora, para minha sorte, eu me lembre do seu aniversário.

Outro tipo de memória de longo prazo é a *memória semântica* — memórias de fatos como um endereço ou um aniversário ou os nomes de objetos diferentes ("isso é uma bicicleta").

Vamos descrever a memória sensorial e a memória de curto prazo neste capítulo, comparar a memória de curto e longo prazo no início do Capítulo 6 e, em seguida, passar o restante do Capítulo 6 mais os Capítulos 7 e 8 na memória de longo prazo. Veremos que, embora as pessoas muitas vezes usem erroneamente o termo "memória de curto prazo" para se referir à memória para eventos que aconteceram minutos, horas ou mesmo dias atrás, na verdade é muito mais breve. No Capítulo 6, notaremos que esse equívoco sobre a duração da memória de curto prazo reflete-se em como a perda de memória é descrita nos filmes. Muitas vezes, as pessoas também subestimam a importância da memória de curto prazo. Quando peço que os alunos criem uma lista dos "dez principais itens" para o que eles usam a memória, a maioria dos itens vem sob o título de memória de longo prazo. Os quatro itens principais nessa lista são:

Material para exames
A programação diária deles
Nomes
Rotas para lugares

A lista elaborada por você pode ser diferente, mas os itens da memória de curto prazo raramente fazem parte dela, especialmente porque a internet e celulares tornam menos necessário repetir os números de telefone indefinidamente para mantê-los vivos na memória. Então, qual é o propósito da memória sensorial e de curto prazo?

A memória sensorial é importante quando vamos ao cinema (mais sobre isso em breve), mas a principal razão para discutir a memória sensorial é demonstrar um procedimento engenhoso para medir quanta informação podemos receber imediatamente, e quanto dessa informação permanece metade de um segundo mais tarde.

O propósito da memória de curto prazo será mais claro à medida que descrevermos suas características, mas pare por um momento e responda a esta pergunta: Do que você está ciente agora? Algum material que você está lendo sobre memória? Seu entorno? Ruído de fundo? Seja qual for sua resposta, você está descrevendo o que está na memória de curto prazo. Tudo o que você sabe ou pensa a cada momento permanece na memória de curto prazo. Daqui a 30 segundos, suas antigas memórias de curto prazo podem ter desaparecido, mas as novas assumirão o controle. A lista de "tarefas a fazer" na memória de longo prazo pode ser importante, mas, à medida que faz cada uma das coisas dela, você está constantemente usando a memória de curto prazo. Como veremos neste capítulo, a memória de curto prazo pode ser de curta duração, mas tem grande importância.

Começamos nossa descrição da memória sensorial e de curto prazo descrevendo um modelo de memória precoce e influente chamado *modelo modal*, que coloca a memória sensorial e de curto prazo no início do processo de memória.

▶ O modelo modal de memória

Lembre-se do modelo do filtro de atenção de Donald Broadbent (1958), que apresentou o fluxograma que ajudou a introduzir a abordagem ao processamento de informações para a cognição (Capítulo 1 e Capítulo 4). Dez anos depois que Broadbent apresentou seu fluxograma para a atenção, Richard Atkinson e Richard Shiffrin (1968) apresentaram o fluxograma para memória mostrado na Figura 5.2, que se chama **modelo modal de memória**. Esse modelo propôs três tipos de memória:

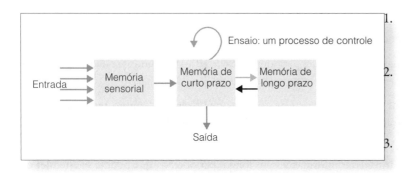

1. *Memória sensorial* é um estágio inicial que mantém todas as informações recebidas por segundos ou frações de segundo.
2. A *memória de curto prazo* (MCP) armazena cinco a sete itens por cerca de 15 a 20 segundos. Descreveremos as características da MCP neste capítulo.
3. A *memória de longo prazo* (MLP) pode armazenar uma grande quantidade de informações por anos ou mesmo décadas. A MLP é descrita nos capítulos 6, 7 e 8.

▶ Figura 5.2 Fluxograma para o modelo modal de memória de Atkinson e Shiffrin (1968). Esse modelo, descrito no livro, chama-se modelo modal porque contém características de muitos dos modelos de memória que foram propostos na década de 1960.

Os tipos de memória listados acima, cada um indicado por uma caixa no modelo, são chamados **recursos estruturais** do modelo. Como veremos, as caixas de memória de curto prazo e memória de longo prazo nesse diagrama foram expandidas por pesquisadores posteriores, que modificaram o modelo para distinguir entre os diferentes tipos de memórias de curto e longo prazo. Entretanto, por enquanto, tomamos esse modelo modal mais simples como nosso ponto de partida porque ilustra princípios importantes sobre como diferentes tipos de memória operam e interagem.

Atkinson e Shiffrin também propuseram **processos de controle**, que são processos dinâmicos associados a recursos estruturais que podem ser controlados pela pessoa e podem diferir entre uma tarefa e outra. Um exemplo de um processo de controle que opera na memória de curto prazo é o **ensaio** — repetir um estímulo indefinidamente, como você pode repetir um número de telefone para memorizá-lo depois de procurá-lo na internet. O ensaio é simbolizado pela seta curva na Figura 5.2. Outros exemplos dos processos de controle são (1) estratégias que você pode usar para ajudar a tornar um estímulo mais memorável, como relacionar os dígitos em um número de telefone a uma data familiar na história e (2) estratégias de atenção que ajudam a se concentrar nas informações que são particularmente importantes ou interessantes.

Para ilustrar como os recursos estruturais e os processos de controle operam, vamos considerar o que acontece quando Rachel procura o número da Pizzaria do Mineo na internet (Figura 5.3). Quando ela olha para a tela pela primeira vez, todas as informações que entram em seus olhos são registradas na memória sensorial (Figura 5.3a). Rachel usa o processo de controle da atenção seletiva para focalizar o número de Mineo, de modo que o número entre em sua memória de curto prazo (Figura 5.3b), e ela usa o processo de controle do ensaio para mantê-lo lá (Figura 5.3c).

Rachel sabe que vai querer usar o número novamente mais tarde, então ela decide que, além de armazenar o número no celular, ela vai memorizar o número para que ele também seja armazenado em sua mente. O processo que ela usa para memorizar o número, que envolve processos de controle que discutiremos no Capítulo 6, transfere o número para a memória de longo prazo, onde é armazenado (Figura 5.3d). O processo de armazenamento do número na memória de longo prazo chama-se *codificação*. Alguns dias depois, quando o desejo de Rachel por pizza reaparece, ela se lembra do número. Esse processo de lembrar informações que são armazenadas na memória de longo prazo chama-se *recuperação* (Figura 5.3e).

Uma coisa que é aparente no nosso exemplo é que os componentes da memória não agem isoladamente. Assim, o número de telefone é primeiro armazenado na MCP de Rachel, mas, como as informações são facilmente perdidas da MCP (como quando você esquece um número de telefone), Rachel transfere o número de telefone para a MLP (seta mais grossa), onde é mantido até que ela precise dele mais tarde. Quando ela então lembra-se do número de telefone mais tarde, ele é devolvido à MCP (seta mais fina), e Rachel toma conhecimento do número do telefone. Vamos agora considerar cada componente do modelo, começando com a memória sensorial.

CAPÍTULO 5   Memória de curto prazo e memória de trabalho   125

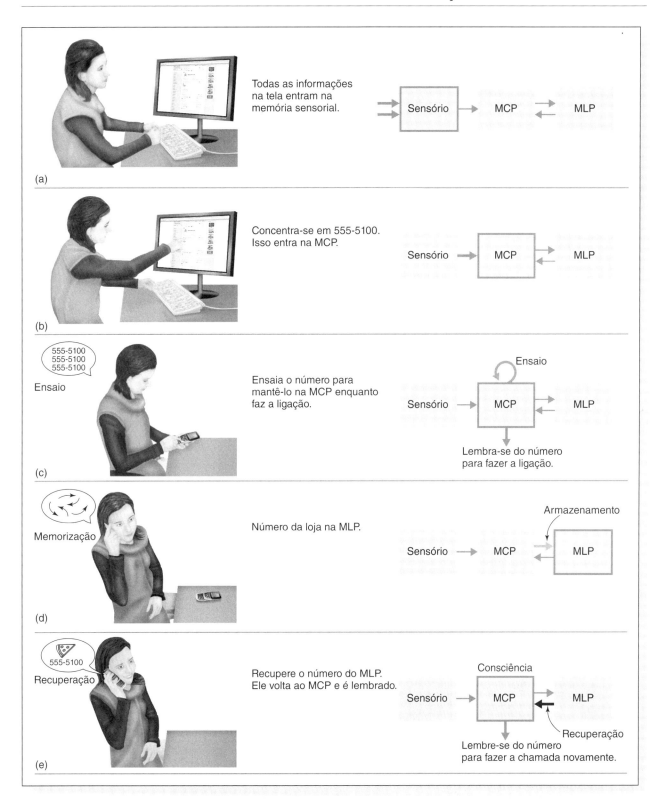

▶ Figura 5.3 O que acontece em diferentes partes da memória de Rachel enquanto ela (a, b) procura o número de telefone, (c) liga para a pizzaria e (d) memoriza o número. Poucos dias depois, (e) ela recupera o número da memória de longo prazo para pedir pizza novamente. As partes do modelo modal destacadas com fio em volta dos quadros indicam quais processos são ativados para cada ação que Rachel executa.

Memória sensorial

Memória sensorial é a retenção, por breves períodos de tempo, dos efeitos da estimulação sensorial. Podemos demonstrar essa breve retenção dos efeitos da estimulação visual com dois exemplos conhecidos: a trilha deixada por fogos de artifício e o experimento de assistir a um filme.

A trilha dos fogos de artifício e o obturador do projetor

Está escuro no 4 de julho e você coloca um fósforo na ponta de um fogo de artifício. À medida que as faíscas começam a irradiar da ponta, você movimenta o fogo de artifício de um lado para outro no ar, criando uma trilha de luz (**Figura 5.4a**). Embora pareça que essa trilha seja criada pela luz deixada pelo fogo de artifício à medida que o agita no ar, na verdade, não há luz ao longo dessa trilha. A trilha iluminada é uma criação da sua mente, que retém a percepção da luz do fogo de artifício por uma fração de segundo (**Figura 5.4b**). Essa retenção da percepção da luz em sua mente chama-se *persistência da visão*.

A **persistência da visão** é a percepção contínua de um estímulo visual, mesmo depois de não estar mais presente. Essa persistência dura apenas uma fração de segundo, então não é óbvia no experimento cotidiano quando os objetos estão presentes por longos períodos. Entretanto, a persistência do efeito de visão é perceptível para estímulos breves, como os fogos de artifício em movimento ou imagens que piscam rapidamente na sala de cinema.

Ao assistir a um filme, você pode ver as ações se movendo suavemente pela tela, mas o que é realmente projetado é bem diferente. Primeiro, um único quadro de filme é posicionado na frente da lente do projetor e, quando o obturador do projetor abre e fecha, a imagem no quadro de filme pisca na tela. Quando o obturador fecha, o filme passa para o próximo quadro e, durante esse tempo, a tela fica escura. Depois que o próximo quadro está na frente da lente, o obturador abre e fecha novamente, piscando a próxima imagem na tela. Esse processo é repetido rapidamente, 24 vezes por segundo, com 24 imagens estáticas piscando na tela a cada segundo e cada imagem seguida por um breve período de escuridão (ver **Tabela 5.1**). (Observe que alguns cineastas agora começam a usar velocidades de reprodução mais altas, como em *O Hobbit: uma jornada inesperada* (2012) de Peter Jackson, filmado a 48 quadros por segundo, e *A longa caminhada de Billy Lynn* (2016) de Ang Lee, filmado a 120 quadros por segundo.) Uma pessoa assistindo ao filme não vê os intervalos escuros entre as imagens porque a persistência da visão preenche a escuridão retendo a imagem do quadro anterior.

Experimento de Sperling: medindo a capacidade e a duração do armazenamento sensorial

A persistência do efeito de visão que adiciona um rastro à nossa percepção de faíscas em movimento e preenche os espaços escuros entre os quadros de um filme é conhecida desde os primeiros dias da psicologia (Boring, 1942). No entanto, George Sperling (1960) perguntou-se quanta *informação* as pessoas podem receber de estímulos apresentados brevemente. Ele determinou esse dado em um experimento famoso no qual mostrou uma série de letras, como a na **Figura 5.5a**, na tela por 50

▶ Figura 5.4 (a) Uma faísca pode provocar um rastro de luz quando é movida rapidamente. (b) Essa trilha ocorre porque a percepção da luz é retida de modo breve na mente.

CAPÍTULO 5   Memória de curto prazo e memória de trabalho   127

TABELA 5.1   Persistência da visão em filmes*

O que acontece?	O que está na tela?	O que você percebe?
O quadro 1 do filme é projetado.	Imagem 1	Imagem 1
O obturador se fecha e o filme passa para o próximo quadro.	Escuridão	Figura 1 (persistência da visão)
O obturador se abre e o quadro 2 do filme é projetado.	Imagem 2	Imagem 2

*A sequência indicada aqui é para filmes projetados com película tradicional. Tecnologias mais recentes de filmes digitais baseiam-se em informações armazenadas em discos.

milissegundos (50/1.000 de segundos) e pediu que os participantes relatassem o maior número possível de letras. Essa parte do experimento usou o **método de relatório completo**; isto é, os participantes eram solicitados a relatar o máximo de letras possível de toda a exibição de 12 letras. Dada essa tarefa, eles foram capazes de relatar uma média de 4,5 das 12 cartas.

Nesse ponto, Sperling poderia ter concluído que, como a exposição foi breve, os participantes viram apenas uma média de 4,5 das 12 letras. No entanto, alguns dos participantes do experimento de Sperling relataram que tinham visto todas as letras, mas que sua percepção havia se desvanecido rapidamente enquanto eles relatavam as letras, então, no momento em que relataram 4 ou 5 letras, eles não conseguiam mais ver ou lembrar as outras letras.

Sperling raciocinou que, se os participantes não conseguiam relatar a exibição de 12 letras por causa do desvanecimento, talvez se saíssem melhor se fossem informados a relatar apenas as letras em uma única linha de 4 letras. Sperling desenvolveu o **método de relatório parcial** para testar essa ideia. Os participantes viam a tela com 12 letras por 50 ms, como antes, mas, imediatamente após o flash, eles ouviam um tom que indicava qual linha da matriz reportar. Um tom agudo indicava a linha superior; um tom médio indicava a linha do meio; e um tom baixo indicava a linha inferior (Figura 5.5b).

Como os tons foram apresentados imediatamente *após* as letras serem desativadas, a atenção do participante foi direcionada não para as letras reais, que não estavam mais presentes, mas para qualquer traço que permaneceu na mente do participante depois que as letras foram desativadas. Quando os participantes direcionaram a atenção para uma das linhas, eles relataram corretamente uma média de aproximadamente 3,3 (82%) das 4 letras nessa linha. Como isso ocorreu independentemente da linha que eles estavam relatando, Sperling concluiu que, imediatamente após a exibição de 12 letras, os participantes viram uma média de 82% de todas as letras, mas não foram capazes de relatar todas essas letras porque elas desapareceram rapidamente enquanto as letras iniciais estavam sendo relatadas.

Sperling então fez um experimento adicional para determinar o curso de tempo desse desaparecimento. Para esse experimento, Sperling desenvolveu um **método de relatório parcial atrasado** no qual as letras eram ativadas e desativadas e o tom de sinalização era apresentado após um pequeno atraso (Figura 5.5c). O resultado dos experimentos de relatório parcial tardio foi que, quando os tons de sinalização estavam atrasados por 1 segundo após o flash, os participantes foram capazes de reportar apenas um pouco mais de 1 letra em sequência. A Figura 5.6 representa esse resultado, mostrando a porcentagem de letras disponíveis para os participantes de toda a exibição como uma função do tempo após a apresentação da exibição. Esse gráfico indica que, imediatamente após um estímulo ser apresentado, todo ou a maior parte do estímulo está disponível para percepção. Essa é a memória sensorial. Então, ao longo do próximo segundo, a memória sensorial desaparece.

Sperling concluiu a partir desses resultados que uma **memória** sensorial de curta duração registra todas ou a maioria das informações que alcançam nossos receptores visuais, mas que essas informações decaem em menos de 1 segundo. Essa breve memória sensorial para estímulos visuais, chamada **memória icônica** ou **ícone visual** (ícone significa "imagem"), corresponde ao estágio do modelo modal de Atkinson e Shiffrin da memória sensorial. Outra pesquisa usando estímulos auditivos mostrou que os sons também persistem na mente. Essa persistência do som, chamada **memória ecoica**, dura alguns segundos após a apresentação do estímulo inicial (Darwin et al., 1972). Um exemplo de memória ecoica é quando você ouve alguém dizer algo, mas não entende a princípio e diz "o quê?". No entanto, mesmo antes que a pessoa possa repetir o que foi dito, você "ouve" em sua mente. Se isso aconteceu com você, experimentou a memória ecoica. Na próxima seção, consideramos o segundo estágio do modelo modal, a memória de curto prazo, que também armazena informações brevemente, mas por muito mais tempo do que a memória sensorial.

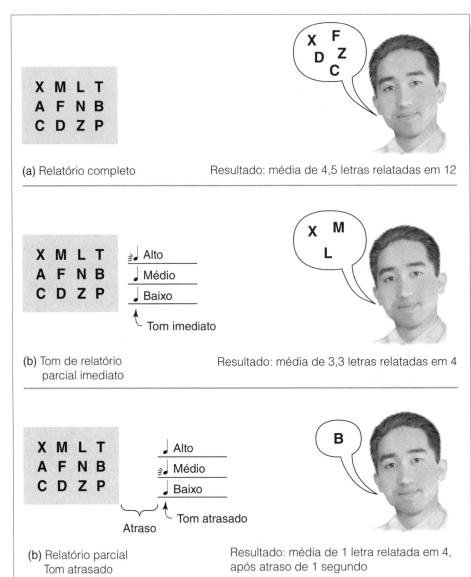

Figura 5.5 Procedimento para três dos experimentos de Sperling (1960). (a) Método de relatório completo: a pessoa via todas as 12 letras de uma vez por 50 ms e informava tantas quantas conseguia lembrar. (b) Relatório parcial: a pessoa via todas as 12 letras, como antes, mas imediatamente depois que elas eram desativadas, um tom indicava qual linha a pessoa deveria relatar. (c) Relatório parcial atrasado: igual a (b), mas com um pequeno atraso entre o desaparecimento das letras e a apresentação do tom.

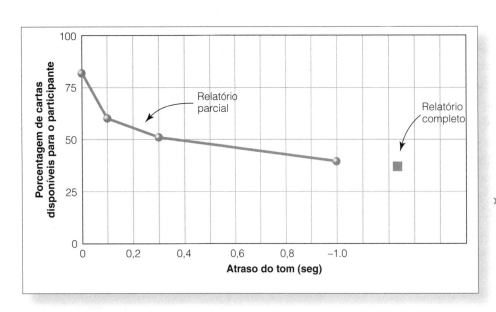

Figura 5.6 Resultados dos experimentos de relatório parcial de Sperling (1960). A diminuição do desempenho se deve ao rápido declínio da memória icônica (memória sensorial no modelo modal).

Armazenamento de curto prazo

Vimos na seção anterior que, embora a memória sensorial desapareça rapidamente, os participantes do experimento de Sperling conseguiam relatar algumas das letras. Essas letras são a parte dos estímulos que passaram para a memória de curto prazo no fluxograma na Figura 5.2. **Memória de curto prazo (MCP)** é o sistema envolvido no armazenamento de pequenas quantidades de informações por um breve período (Baddeley et al., 2009). Portanto, tudo em que você está pensando agora, ou lembra-se do que acabou de ler, permanece na memória de curto prazo. Como veremos a seguir, muitas dessas informações são com o tempo perdidas e apenas algumas delas chegam ao armazenamento mais permanente da memória de longo prazo (MLP).

Devido à breve duração da MCP, é fácil minimizar sua importância em comparação à MLP, mas, como veremos, a MCP é responsável por grande parte da nossa vida mental. Tudo o que pensamos ou sabemos em um determinado momento envolve a MCP porque a memória de curto prazo é nossa janela para o presente. (Lembre-se da Figura 5.3e de que Rachel deu-se conta do número de telefone da pizzaria transferindo-o da MLP, onde estava armazenado, de volta à MCP.) Vamos agora descrever algumas pesquisas iniciais sobre a MCP que se concentraram em responder às duas perguntas a seguir: (1) Qual é a duração da MCP? (2) Qual é a capacidade da MCP? Essas perguntas foram respondidas em experimentos que usaram o método de *recordação* para testar a memória.

> **MÉTODO** Recordação
>
> A maioria dos experimentos que vamos descrever neste capítulo envolvem **recordação**, em que os participantes são apresentados a estímulos e então, após um atraso, são solicitados a relatar o maior número possível de estímulos. O desempenho da memória pode ser medido como uma porcentagem dos estímulos que são lembrados. (Por exemplo, estudar uma lista de dez palavras e então relembrar três delas é 30% de recordação.) As respostas dos participantes também podem ser analisadas para determinar se existe um padrão para como os itens são recordados. (Por exemplo, se os participantes recebem uma lista que consiste em tipos de frutas e modelos de carros, sua recordação pode ser analisada para determinar se eles agruparam carros e frutas à medida que recordavam esses itens.) A recordação também está envolvida quando uma pessoa é solicitada a relembrar eventos da vida, como se formar no ensino médio, ou recordar fatos que aprenderam, como a capital de Nebraska.

Qual é a duração da memória de curto prazo?

Um dos principais equívocos sobre a memória de curto prazo é que ela dura um tempo relativamente longo. Não é incomum que as pessoas se refiram a eventos que lembram de alguns dias ou semanas atrás como sendo lembrados a partir de uma memória de curto prazo. No entanto, a memória de curto prazo, como concebida pelos psicólogos cognitivos, dura 15 a 20 segundos ou menos. O que foi demonstrado por John Brown (1958), na Inglaterra, e Lloyd Peterson e Margaret Peterson (1959), nos Estados Unidos, que usaram o método de recordação para determinar a duração da MCP. Peterson e Peterson mostraram aos participantes três letras, como FZL ou BHM, seguidas de um número, como 403. Os participantes foram instruídos a começar a contagem de trás para a frente de três a partir desse número. Isso foi feito para evitar que os participantes ensaiassem as letras. Após intervalos de 3 a 18 segundos, os participantes foram solicitados a relembrar as três letras. Eles lembravam corretamente cerca de 80% dos grupos de três letras quando a contagem durava apenas 3 segundos, mas lembravam de apenas 12% dos grupos após contar por 18 segundos. Resultados como esse levaram à conclusão de que a duração efetiva da MCP (quando impede-se o ensaio, como ocorreu na contagem de trás para a frente) é cerca de 15 a 20 segundos ou menos (Zhang e Luck, 2009).

Quantos *itens* podem ser mantidos na memória de curto prazo?

Não apenas as informações são perdidas rapidamente da MCP, mas há um limite para a quantidade de informações que pode ser armazenada aí. Como veremos, as estimativas de quantos itens podem ser armazenados na MCP variam de quatro a nove.

Intervalo de dígitos   Uma medida da capacidade da MCP é fornecida pelo **intervalo de dígitos** — o número de dígitos que uma pessoa pode lembrar. É possível determinar o intervalo dos dígitos fazendo a seguinte demonstração.

DEMONSTRAÇÃO Intervalo de dígitos

Usando um cartão ou folha de papel, cubra todos os números abaixo. Mova o cartão para baixo para revelar a primeira sequência de números. Leia o primeiro conjunto de números uma vez, cubra-o e anote os números na ordem correta. Em seguida, mova o cartão para a próxima sequência e repita esse procedimento até começar a cometer erros. A sequência mais longa que você consegue reproduzir sem erros é o intervalo de dígitos.

2 1 4 9

3 9 6 7 8

6 4 9 7 8 4

7 3 8 2 0 1 5

8 4 2 6 4 1 3 2

4 8 2 3 9 2 8 0 7

5 8 5 2 9 8 4 6 3 7

Se conseguiu lembrar o intervalo de dígitos mais longo, você tem um intervalo de dígitos de 10 ou talvez mais.

De acordo com medidas do intervalo de dígitos, a capacidade média da MCP é cerca de cinco a nove itens — aproximadamente o comprimento de um número de telefone. Essa ideia de que o limite da MCP está em algum lugar entre cinco e nove foi sugerida por George Miller (1956), que resumiu as evidências desse limite em seu artigo "The Magical Number Seven, Plus or Minus Two", descrito no Capítulo 1.

Detecção de alterações   Medidas mais recentes de capacidade da MCP estabeleceram o limite em cerca de quatro itens (Cowan, 2001). Essa conclusão baseia-se nos resultados de experimentos como o de Steven Luck e Edward Vogel (1997), que mediram a capacidade da MCP usando um procedimento chamado **detecção de alterações**.

MÉTODO Detecção de alterações

Seguindo a demonstração "Detecção de alterações" no Capítulo 4 (p. 108), descrevemos experimentos nos quais duas imagens de uma cena eram exibidas uma após a outra e a tarefa dos participantes era determinar o que havia mudado entre a primeira e a segunda imagens. A conclusão desses experimentos foi que as pessoas geralmente não percebem as alterações em uma cena.

A detecção de alterações também tem sido usada com estímulos mais simples para determinar quanta informação uma pessoa pode reter de um estímulo momentâneo. Um exemplo da detecção de alterações é mostrado na Figura 5.7, que mostra estímulos como os usados no experimento de Luck e Vogel. A exibição à esquerda piscava por 100 ms, seguido por 900 ms de escuridão e, em seguida, a nova exibição à direita. A tarefa do participante era indicar se a segunda exibição era igual ou diferente da primeira. (Observe que a cor de um dos quadrados muda na segunda tela.) Essa tarefa é fácil se o número de itens estiver dentro da capacidade da MCP (Figura 5.7a), mas se torna mais difícil quando o número de itens torna-se maior do que a capacidade da MCP (Figura 5.7b). Esta figura está disponível, em cores, no suplemento colorido, ao final do livro.

O resultado do experimento de Luck e Vogel, mostrado na Figura 5, indica que o desempenho era quase perfeito quando havia um a três quadrados nas matrizes, mas esse desempenho começou a diminuir quando havia quatro ou mais quadrados. Luck e Vogel concluíram, valendo-se desse resultado, que os participantes eram capazes de reter cerca de quatro itens na memória de curto prazo. Outros experimentos, usando materiais verbais, chegaram à mesma conclusão (Cowan, 2001).

Essas estimativas de quatro ou cinco vezes para nove itens definiram limites bastante baixos para a capacidade da MCP. Se nossa capacidade de reter itens na memória é tão limitada, como é possível armazenar muito mais itens na memória em algumas situações, como quando as palavras são organizadas em uma frase? A resposta a essa pergunta foi proposta por George Miller, que introduziu a ideia de *associação em blocos* em seu artigo "Seven, Plus or Minus Two".

Associação em blocos   Miller (1956) introduziu o conceito de **associação em blocos** (*chunking*, em inglês) para descrever o fato de que pequenas unidades (como palavras) podem ser combinadas em unidades significativas maiores, como frases, ou unidades ainda maiores, como frases, parágrafos ou histórias. Considere, por exemplo, tentar lembrar as seguintes palavras: macaco, criança, descontroladamente, zoológico, pulou, cidade, cauda-anelada, pequena. Quantas unidades existem nessa lista? Existem oito palavras, mas, se as agruparmos de forma diferente, elas podem formar os seguintes quatro pares: macaco de cauda-anelada, pulou descontroladamente, criança pequena, zoológico da cidade. Podemos dar um passo adiante, organizando esses grupos de palavras em uma frase: O macaco de cauda-anelada saltou descontroladamente buscando a criança pequena no zoológico da cidade.

Definiu-se um **bloco** como uma coleção de elementos fortemente associados entre si, mas fracamente associados a elementos em outros blocos (Cowan, 2001; Gobet et al., 2001). Em nosso exemplo, a palavra *cauda-anelada* está fortemente associada à palavra *macaco*, mas não está tão fortemente associada a outras palavras, como *criança* ou *cidade*.

Assim, a associação em blocos no que se refere ao significado aumenta nossa capacidade de reter informações na MCP. Podemos lembrar uma sequência de cinco a oito palavras dissociadas, mas organizar as palavras para formar uma frase significativa de modo que as palavras se tornem mais fortemente associadas entre si aumenta a extensão da memória para 20 palavras ou mais (Butterworth et al., 1990). A associação em blocos de uma série de letras é ilustrada pela Demonstração: Lembrando letras, na página seguinte.

Ainda que a segunda lista tenha as mesmas letras do primeiro grupo, seria mais fácil lembrar se você percebesse que essa sequência consiste nos nomes de quatro organizações familiares. Assim você pode criar quatro blocos, cada um deles significativo e, portanto, fácil de lembrar.

K. Anders Ericsson e colaboradores (1980) demonstraram um efeito da associação em blocos, mostrando como um estudante universitário com capacidade de memória média foi capaz de realizar façanhas de memória incríveis. Solicitou-se ao participante, S. F., que repetisse sequências de dígitos aleatórios que foram lidas

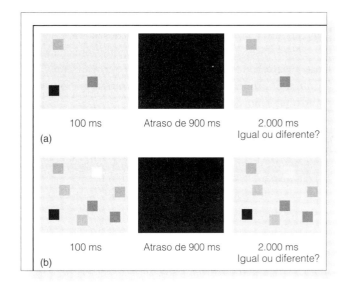

> Figura 5.7 (a) Estímulos usados por Luck e Vogel (1997). O participante vê a primeira tela e indica se a segunda tela é igual ou diferente. Nesse exemplo, a cor de um dos quadrados é alterada na segunda tela. (b) Estímulos de Luck e Vogel mostrando maior número de itens. Esta figura está disponível, em cores, no suplemento colorido, ao final do livro.
>
> (Fonte: adaptado de E. K. Vogel, A. W. McCollough e M. G. Machizawa, Neural measures reveal individual differences in controlling access to working memory, *Nature*, 438, 500-503, 2005.)

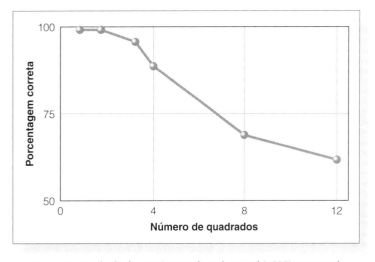

> Figura 5.8 Resultado do experimento de Luck e Vogel (1997), mostrando que o desempenho começava diminuir quando havia quatro quadrados na tela.
>
> (Fonte: adaptado de E. K. Vogel, A. W. McCollough e M. G. Machizawa, Neural measures reveal individual differences in controlling access to working memory, *Nature*, 438, 500–503, 2005.)

para ele. Mesmo que S. F. tivesse um intervalo de memória típica de 7 dígitos, após treinamento extensivo (230 sessões de uma hora), ele foi capaz de repetir sequências de até 79 dígitos sem erros. Como ele fez isso? S. F. usou a associação em blocos para recodificar os dígitos em unidades maiores que formavam sequências significativas. S. F. era corredor, então algumas das sequências eram tempos de corrida. Por exemplo, 3.492 tornou-se "3 minutos e 49 pontos e 2 segundos, próximo ao recorde mundial em milhas". Ele também usou outras maneiras de criar significado, então 893 se tornou "89 ponto 3, homem muito velho". Esse exemplo ilustra uma interação entre a MCP e a MLP, porque S. F. criou alguns dos blocos com base em seu conhecimento dos tempos de corrida armazenados na MLP.

A associação em blocos permite que o sistema da MCP de capacidade limitada lide com a grande quantidade de informações envolvidas em muitas das tarefas que realizamos todos os dias, como agrupar letras em palavras enquanto você lê isso, lembrar os primeiros três números de centrais telefônicas familiares como uma unidade e transformar longas conversas em unidades menores de significado.

DEMONSTRAÇÃO Lembrando letras

Leia a sequência de letras abaixo a uma taxa de aproximadamente uma letra a cada segundo; em seguida, cubra as letras e anote o maior número que puder, na ordem correta.

B C I F C N C A S I B B

Qual foi seu desempenho? Essa tarefa não é fácil, porque envolve lembrar uma série de 12 letras individuais, que é maior do que o intervalo normal de letras de 5 a 9.

Agora tente lembrar a seguinte sequência de letras na ordem:

C I A F B I N B C B S

Como seu desempenho nessa lista se compara ao acima?

Quantas *informações* podem ser armazenadas na memória de curto prazo?

A ideia de que a capacidade da memória de curto prazo pode ser especificada como uma série de itens, como descrito na seção anterior, tem gerado muitas pesquisas. Contudo, alguns pesquisadores sugeriram que, em vez de descrever a capacidade da memória em termos do "número de itens", deve ser descrita em relação à "quantidade de informações". Quando se referem a objetos visuais, as informações foram definidas como características visuais ou detalhes do objeto que são armazenados na memória (Alvarez e Cavanagh, 2004).

Podemos entender o raciocínio por trás da ideia de que a informação é importante, considerando o armazenamento de fotos em uma unidade flash de computador. O número de fotos que podem ser armazenadas depende do tamanho da unidade *e* do tamanho das fotos. Menos fotos grandes, que possuem arquivos que contêm mais detalhes, podem ser armazenadas porque ocupam mais espaço na memória.

Com essa ideia em mente, George Alvarez e Patrick Cavanagh (2004) fizeram um experimento usando o procedimento de detecção de alterações de Luck e Vogel. Mas, além de quadrados coloridos, eles também usaram objetos mais complexos como os da **Figura 5.9a**. Por exemplo, para os cubos sombreados, que eram os estímulos mais complexos, um participante veria uma exibição contendo uma série de cubos diferentes, seguido por um intervalo em branco, seguido por uma exibição que era igual à primeira ou no qual um dos cubos era diferente. A tarefa do participante era indicar se as duas exibições eram iguais ou diferentes.

O resultado, mostrado na **Figura 5.9b**, foi que a capacidade dos participantes de fazer o mesmo/diferente julgamento dependia da complexidade dos estímulos. A capacidade de memória para os quadrados coloridos foi 4,4, mas a capacidade para os cubos foi apenas 1,6. Com base nesse resultado, Alvarez e Cavanagh concluíram que, quanto maior a quantidade de informações em uma imagem, menos itens podem ser mantidos na memória visual de curto prazo. Esta figura está disponível, em cores, no suplemento colorido, ao final do livro.

A capacidade da memória de curto prazo deve ser medida em relação ao "número de itens" (Awh et al., 2007; Fukuda et al., 2010; Luck e Vogel, 1997) ou à "quantidade de informações detalhadas"? (Alvarez e Cavanagh, 2004; Bays e Husain, 2008; Brady et al., 2011). Existem experimentos que defendem ambas as ideias, e a discussão entre os pesquisadores continua. No entanto, há um consenso de que, considerando itens ou informações, existem limites para a quantidade de informações que podemos armazenar na memória de curto prazo.

Nossa discussão sobre a MCP até agora focalizou duas propriedades: por quanto *tempo* as informações são mantidas na MCP e *quantas* informações podem ser mantidas na MCP. Considerando a MCP dessa maneira, podemos compará-la a um recipiente como um balde vazando que pode conter certa quantidade de água por um período limitado. Contudo, à medida que as pesquisas sobre a MCP avançavam, tornou-se aparente que o conceito da MCP como apresentado no modelo modal era muito estreito para explicar muitos resultados das pesquisas. O problema era que a MCP era descrita principalmente como um mecanismo de armazenamento de curto prazo. Como veremos a seguir, ocorre mais coisas na memória de curto

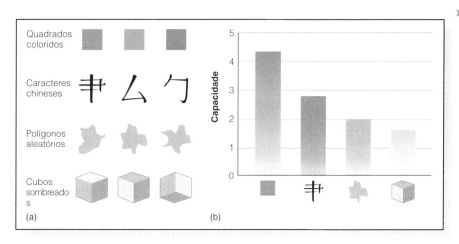

> Figura 5.9 (a) Alguns dos estímulos usados no experimento de detecção de alterações de Alvarez e Cavanagh (2004). Os estímulos variam de baixa informação (quadrados coloridos) a alta informação (cubos). Nos experimentos reais, havia seis objetos diferentes em cada conjunto. (b) Resultados mostrando o número médio de objetos que podem ser lembrados para cada tipo de estímulo. Esta figura está disponível, em cores, no suplemento colorido, ao final do livro.
> (Fonte: adaptado de G. A. Alvarez e P. Cavanagh, The capacity of visual short-term memory is set both by visual information load and by number of objects, *Psychological Science*, 15, 106-111, 2004.)

prazo do que o armazenamento. As informações não apenas permanecem na MCP; podem ser manipuladas a serviço de processos mentais como computação, aprendizagem e raciocínio.

TESTE VOCÊ MESMO 5.1

1. O capítulo começou com as descrições de Christine de cinco tipos diferentes de memória. Que tipos são esses? Quais são de curta duração? De longa duração? Por que a memória de curto prazo é importante?
2. Descreva o modelo modal de memória de Atkinson e Shiffrin tanto em termos de sua estrutura (as caixas conectadas por setas) quanto dos processos de controle. Em seguida, descreva como cada parte do modelo entra em ação quando você decide pedir pizza, mas não consegue lembrar o número de telefone da pizzaria.
3. Descreva a memória sensorial e o experimento de Sperling, no qual ele exibiu brevemente uma série de letras para medir a capacidade e a duração da memória sensorial.
4. Como Peterson e Peterson mediram a duração da MCP? Qual é a duração aproximada da MCP?
5. Qual é o intervalo de dígitos? O que isso indica sobre a capacidade da MCP?
6. Descreva o experimento de detecção de mudanças de Luck e Vogel. Qual é a capacidade da MCP de acordo com os resultados deste experimento?
7. O que é fragmentação? O que a explica?
8. Quais foram as duas propostas feitas sobre como a capacidade da memória de curto prazo deve ser medida? Descreva o experimento de Alvarez e Cavanagh e sua conclusão.

▶ Memória de trabalho: manipulando informações

Memória de trabalho, que foi apresentada em um artigo de Baddeley e Hitch (1974), é definida como "um sistema de capacidade limitada para armazenamento temporário *e manipulação de informações para tarefas complexas como compreensão, aprendizagem e raciocínio.*" A parte em itálico dessa definição é o que torna a memória de trabalho diferente da concepção do antigo modelo modal da memória de curto prazo.

A memória de curto prazo está preocupada principalmente com o armazenamento de informações por um breve período de tempo (por exemplo, lembrar um número de telefone), enquanto a memória de trabalho está preocupada com a *manipulação das informações* que ocorre durante a cognição complexa (por exemplo, lembrar números ao ler um parágrafo). Podemos entender a ideia de que a memória de trabalho está envolvida na manipulação das informações considerando alguns exemplos. Primeiro, vamos ouvir uma conversa de Rachel com a pizzaria:

Rachel: "Eu gostaria de pedir uma pizza grande com brócolis e cogumelos".

Resposta: "Sinto muito, mas estamos sem cogumelos. Você quer substituir por espinafre?".

Rachel conseguiu entender a resposta da pizzaria retendo a primeira frase, "Sinto muito, mas estamos sem cogumelos", em sua memória enquanto ouvia a segunda frase e, em seguida, estabelecendo a conexão entre as duas. Se ela tivesse se lembrado apenas de "Você quer substituir por espinafre?", ela não saberia se estava sendo substituído pelo brócolis ou pelos cogumelos. Nesse exemplo, a memória de curto prazo de Rachel é utilizada não apenas para armazenar informações, mas também para processos ativos como a compreensão de conversas.

Outro exemplo de um processo ativo ocorre quando resolvemos até mesmo problemas matemáticos simples, como "Multiplicar 43 vezes 6 mentalmente". Pare por um momento e tente fazer enquanto está ciente do que faz em sua cabeça.

Uma maneira de resolver esse problema é assim:

Visualizar: 43×6.

Multiplicar $3 \times 6 = 18$.

Manter o 8 na memória, e transportar o 1 até o 4.

Multiplicar $6 \times 4 = 24$.

Somar o 1 transportado até o 24.

Colocar o resultado, 25, próximo ao 8.

A resposta é 258.

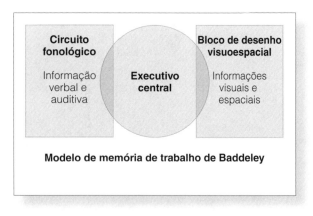

▶ Figura 5.10 Diagrama dos três componentes principais do modelo de memória de trabalho de Baddeley e Hitch (1974; Baddeley, 2000): o circuito fonológico, o esboço visuoespacial, e o executivo central.

É fácil ver que esse cálculo envolve tanto armazenamento (manter o 8 na memória, lembrar o 6 e 4 para a próxima etapa de multiplicação) quanto processos ativos (transportar o 1, multiplicar o 6×4) ao mesmo tempo. Se apenas o armazenamento estivesse envolvido, o problema não poderia ser resolvido. Existem outras maneiras de realizar esse cálculo, mas qualquer método que você escolher envolve *reter* informações na memória e *processar* as informações.

O fato de que a MCP e o modelo modal não consideram os processos dinâmico ao longo do tempo é o que levou Baddeley e Hitch a propor que o nome *memória funcional,* em vez de *memória de curto prazo,* seja usado para o processo da memória de curto prazo. Os pesquisadores atuais costumam usar os dois termos, memória de curto prazo e memória de trabalho, quando se referem ao processo da memória de curta duração, mas o entendimento é que a função desse processo, seja como for chamado, vai além do armazenamento.

Voltando a Baddeley, uma das coisas que ele percebeu foi que sob certas condições é possível realizar duas tarefas simultaneamente, como ilustrado na demonstração a seguir.

DEMONSTRAÇÃO   Lendo texto e lembrando números

Eis quatro números: 7, 1, 4 e 9. Lembre-se deles, oculte-os e leia o trecho a seguir, mantendo os números na mente.

> Baddeley raciocinou que, se a MCP tivesse uma capacidade de armazenamento limitada aproximadamente do tamanho de um número de telefone, preencher a capacidade de armazenamento dificultaria a realização de outras tarefas que dependem da MCP. No entanto, ele descobriu que os participantes podiam reter uma pequena sequência de números na memória enquanto realizavam outra tarefa, como ler ou até mesmo resolver um problema simples de palavras. Qual é seu desempenho nessa tarefa? Quais são os números? Qual é a essência do que você acabou de ler?

De acordo com o modelo modal de Atkinson e Shiffrin, só seria possível realizar uma dessas tarefas, que deveria ocupar toda a MCP. Entretanto, quando Baddeley fez experimentos envolvendo tarefas semelhantes às da demonstração anterior, ele descobriu que os participantes eram capazes de ler e lembrar simultaneamente números.

Que tipo de modelo pode levar em consideração tanto (1) os processos dinâmicos envolvidos nas cognições como compreender a linguagem e resolver problemas matemáticos, e (2) o fato de que as pessoas podem realizar duas tarefas simultaneamente? Baddeley concluiu que a memória de trabalho deve ser dinâmica e também consistir em vários componentes que podem funcionar de modo distinto. Ele propôs três componentes: o *circuito fonológico,* o *esboço visuoespacial* e o *executivo central* (Figura 5.10).

O **circuito fonológico** consiste em dois componentes: o **armazenamento fonológico**, que tem uma capacidade limitada e retém informações por apenas alguns segundos, e o **processo de ensaio articulatório**, que é responsável pelo ensaio que pode evitar que os itens no armazenamento fonológico se deteriorem. O circuito fonológico retém informações verbais e auditivas. Assim, ao tentar lembrar um número de telefone ou o nome de uma pessoa, ou entender sobre o que o professor de psicologia cognitiva está falando, você usa o circuito fonológico.

O **esboço visuoespacial** contém informações visuais e espaciais. Ao formar uma imagem na mente ou realizar tarefas como resolver um quebra-cabeça ou encontrar as rotas no campus, você está usando o esboço visuoespacial. Como podemos ver no diagrama, o circuito fonológico e o esboço visuoespacial estão conectados ao executivo central.

O **executivo central** é onde ocorre o principal funcionamento da memória de trabalho. O executivo central extrai informações da memória de longo prazo e coordena a atividade do circuito fonológico e esboço visuoespacial, focalizando partes específicas de uma tarefa e decidindo como dividir a atenção entre as diferentes tarefas. O executivo central é, portanto, o "guarda de trânsito" do sistema da memória de trabalho.

Para entender essa função de "guarda de trânsito", imagine que você está dirigindo em uma cidade estranha, um amigo está no banco do passageiro lendo as instruções para chegar a um restaurante e o rádio do carro está transmitindo notícias. O circuito fonológico está tomando as direções verbais; o esboço está ajudando a visualizar um mapa das ruas que levam ao restaurante; e o executivo central está coordenando e combinando essas duas informações (Figura 5.11). Além disso, o executivo central pode ajudá-lo a ignorar as mensagens do rádio para que você possa concentrar a atenção nas instruções.

Descreveremos agora alguns fenômenos que ilustram como o circuito fonológico lida com a linguagem, como o esboço visuoespacial contém informações visuais e espaciais e como o executivo central usa a atenção para coordenar entre os dois.

O circuito fonológico

Descreveremos três fenômenos que corroboram a ideia de um sistema especializado para a linguagem: o efeito da similaridade fonológica, o efeito da extensão de palavras e a supressão articulatória.

Efeito da similaridade fonológica   O **efeito da similaridade fonológica** é a confusão de letras ou palavras que soam semelhantes. Em uma das primeiras demonstrações desse efeito, R. Conrad (1964) mostrou uma série de letras-alvo em uma tela e instruiu os participantes a escrever as letras na ordem em que foram apresentadas. Ele descobriu que, quando os participantes cometiam erros, era mais provável que eles identificassem erroneamente a letra-alvo como outra letra que *soava* como o alvo. Por exemplo, na língua inglesa, "F" costumava ser identificada incorretamente como "S" ou "X", duas letras que soam semelhantes a "F", mas não eram confundidas com letras como "E", que *parecia* o alvo. Assim, embora os participantes *vissem* as letras, os erros que cometiam baseavam-se nos *sons* das letras.

Esse resultado se ajusta ao nosso experimento comum com números de telefone. Contudo, nosso contato com eles seja muitas vezes visual, em geral nos lembramos deles repetindo o som indefinidamente, em vez de visualizar com que os números na tela do computador se pareçam (ver também Wickelgren, 1965). Na terminologia atual, o resultado de Conrad seria descrito como uma demonstração do efeito da similaridade fonológica, que ocorre quando as palavras são processadas na parte do armazenamento fonológico do circuito fonológico.

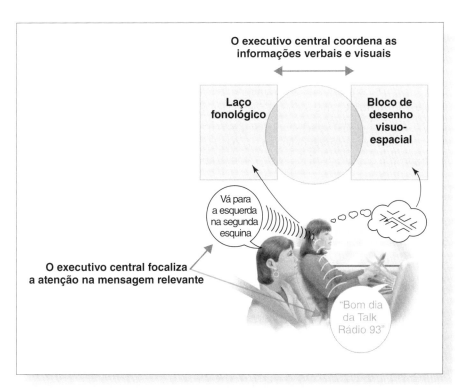

▶ Figura 5.11 Tarefas processadas pelo circuito fonológico (ouvir direções, ouvir rádio) e o esboço visuoespacial (visualizar a rota) são coordenadas pelo executivo central. O executivo central também ajuda o motorista a ignorar as mensagens do rádio para que a atenção possa ser direcionada para ouvir as instruções.

Efeito da extensão de palavras O **efeito da extensão de palavras** ocorre quando a memória para listas de palavras é melhor para palavras curtas do que para palavras longas. Assim, o efeito da extensão de palavras prevê que mais palavras serão lembradas da Lista 1 (abaixo) do que da Lista 2.

Lista 1: besta, ouro, avó, golfe, rio, mancar, pó, luar
Lista 2: álcool, propriedade, amplificador, oficial, galeria, mosquito, orquestra, pedreiro

Cada lista contém oito palavras, mas, de acordo com o efeito da extensão de palavras, a segunda lista será mais difícil de lembrar porque leva mais tempo para pronunciar e ensaiar palavras mais longas e produzi-las durante a recordação (Baddeley et al., 1984). (Observe, no entanto, que alguns pesquisadores propuseram que o efeito da extensão de palavras não ocorre sob algumas condições; Jalbert et al., 2011; Lovatt et al., 2000, 2002.)

Em outro estudo da memória para material verbal, Baddeley e colaboradores (1975) descobriram que as pessoas são capazes de lembrar o número de itens que podem pronunciar em cerca de 1,5-2,0 segundos (ver também Schweickert e Boruff, 1986). Tente contar em voz alta, o mais rápido que puder, por 2 segundos. De acordo com Baddeley, o número de palavras que você pode falar deve ser próximo ao intervalo de dígitos.

Supressão articulatória Outra maneira de estudar o funcionamento do circuito fonológico é determinando o que acontece quando seu funcionamento é interrompido. Isso ocorre quando uma pessoa é impedida de ensaiar itens a serem lembrados pela repetição de um som irrelevante, como "a, a, a..." (Baddeley, 2000; Baddeley et al., 1984; Murray, 1968).

Essa repetição de um som irrelevante resulta em um fenômeno chamado **supressão articulatória**, que reduz a memória porque a fala interfere no ensaio. A demonstração a seguir, baseada em um experimento de Baddeley e colaboradores (1984), ilustra o efeito da supressão articulatória.

Baddeley e colaboradores (1984) descobriram que repetir "a, a, a..." não apenas reduz a capacidade de lembrar uma lista de palavras, mas também elimina o efeito da extensão de palavras (**Figura 5.12a**). De acordo com o efeito da extensão de palavras, uma lista de palavras monossilábicas deve ser mais fácil de lembrar do que uma lista de palavras mais longas porque as palavras mais curtas deixam mais espaço no circuito fonológico para o ensaio. No entanto, eliminar o ensaio falando "a, a, a..." remove essa vantagem para palavras curtas, de modo que tanto palavras curtas como longas são perdidas do armazenamento fonológico (**Figura 5.12b**).

O esboço visuoespacial

O esboço visuoespacial lida com informações visuais e espaciais e, portanto, está envolvido no processo da **imagética visual** — a criação de imagens visuais na mente na ausência de um estímulo visual físico. A demonstração na próxima página ilustra um experimento de imagem visual inicial de Roger Shepard e Jacqueline Metzler (1971).

Quando Shepard e Metzler mediram o tempo de reação dos participantes para decidir se os pares de objetos eram iguais ou diferentes, eles obtiveram a relação mostrada na **Figura 5.14** para objetos que eram iguais. A partir dessa função, podemos ver que, quando uma forma era girada 40 graus em comparação com a outra forma (como na Figura 5.13a), demorava 2 segundos para decidir que um par tinha a mesma forma. Porém, para uma diferença maior causada por uma rotação de 140 graus (como na Figura 5.13b), demorava 4 segundos. Com base nessa descoberta de que os tempos de reação eram mais longos para diferenças maiores de direção, Shepard e Metzler inferiram que os participantes estavam resolvendo o problema girando a imagem de um dos objetos em suas mentes, um fenômeno denominado **rotação mental**. Essa rotação mental é um exemplo do funcionamento do esboço visuoespacial porque envolve a rotação visual através do espaço.

DEMONSTRAÇÃO Supressão articulatória

Tarefa 1: Leia a lista a seguir. Em seguida, vire-se e lembre-se de quantas palavras puder.

lava-louças, beija-flor, engenharia, hospital, sem-teto, raciocínio

Tarefa 2: Leia a lista a seguir enquanto repete "a, a, a..." em voz alta. Em seguida, vire-se e lembre-se de quantas palavras puder.

automóvel, apartamento, basquete, matemática, ginásio, catolicismo

A supressão articulatória torna mais difícil lembrar a segunda lista porque repetir "a, a, a..." sobrecarrega o circuito fonológico, responsável por reter as informações verbais e auditivas.

DEMONSTRAÇÃO Comparando objetos

Observe as duas imagens na **Figura 5.13a** e decida, o mais rápido possível, se elas representam duas visualizações diferentes do mesmo objeto ("mesmo") ou dois objetos diferentes ("diferente"). Também faça a mesma avaliação para os dois objetos na **Figura 5.13b**.

Outra demonstração do uso da representação visual é um experimento de Sergio Della Sala e colaboradores (1999), no qual os participantes recebiam uma tarefa como aquela na demonstração "Relembrando padrões visuais".

Nessa demonstração, os padrões são difíceis de codificar verbalmente, portanto, a conclusão do padrão depende da memória visual. Della Sala apresentou aos participantes padrões que variavam de pequeno (uma matriz 2×2 com 2 quadrados sombreados) a grande (uma matriz 5×6 com 15 quadrados sombreados), com metade dos quadrados sombreados em cada padrão. Ele descobriu que os participantes eram capazes de completar padrões consistindo em uma média de 9 quadrados sombreados antes de cometer erros.

O fato de ser possível lembrar os padrões na matriz de Della Sala ilustra o funcionamento da imagiologia visual. Contudo, como os participantes poderiam lembrar os padrões consistindo em uma média de 9 quadrados? Esse número está na extremidade superior do intervalo de Miller de 5 a 9 e está muito acima da estimativa mais baixa de quatro itens para MCP do experimento de Luck e Vogel (Figura 5.8). Uma possível resposta a essa pergunta é que quadrados individuais podem ser combinados em subpadrões — uma forma de associação em blocos que pode aumentar o número de quadrados lembrados.

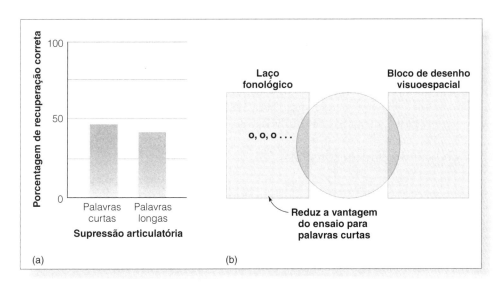

▶ Figura 5.12 (a) Dizer "a, a, a..." elimina o efeito da extensão de palavras, assim há pouca diferença no desempenho para palavras curtas e longas (Baddeley et al., 1984). (b) Dizer "a, a, a..." provoca esse efeito reduzindo o ensaio no circuito fonológico.

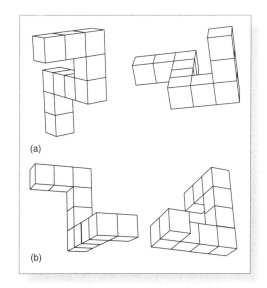

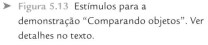

▶ Figura 5.13 Estímulos para a demonstração "Comparando objetos". Ver detalhes no texto.

(Fonte: baseado em R. N. Shepard e J. Metzler, Mental rotation of three-dimensional objects, *Science*, 171, Figuras 1a e b, 701-703, 1971.)

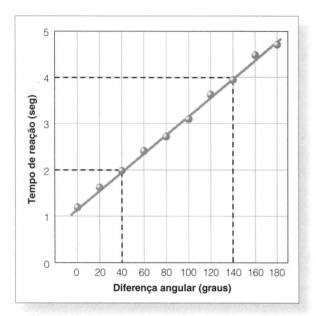

➤ **Figura 5.14** Resultados do experimento de rotação mental de Shepard e Metzler (1971).

(Fonte: baseado em R. N. Shepard e J. Metzler, Mental rotation of three-dimensional objects, *Science*, 171, Figuras 1a e b, 701–703, 1971.)

➤ **Figura 5.15** Padrão de testagem para teste de recordação visual. Depois de olhar por 3 segundos, vire a página.

Assim como o funcionamento do circuito fonológico é interrompido por interferência (supressão articulatória, ver p. 139), o mesmo ocorre com o esboço visuoespacial. Lee Brooks (1968) realizou alguns experimentos nos quais demonstrou como a interferência pode afetar o funcionamento do esboço visuoespacial. A demonstração "Retendo um estímulo espacial na mente" baseia-se em uma das tarefas de Brooks.

Qual era mais fácil, *apontar* para "fora" ou "dentro" ou *dizer* "fora" ou "dentro"? A maioria das pessoas acha que a tarefa de apontar é mais difícil. A razão é que manter a imagem da letra e apontar são tarefas visuoespaciais, de modo que o esboço visuoespacial torna-se sobrecarregado. Em comparação, dizer "fora" ou "dentro" é uma tarefa articulatória que é realizada pelo circuito fonológico, portanto, falar não interfere na visualização de F.

DEMONSTRAÇÃO   Relembrando padrões visuais

Observe o padrão na Figura 5.15 por 3 segundos. Em seguida, vire a página e indique qual dos quadrados na Figura 5.17 precisa ser preenchido para duplicar esse padrão.

DEMONSTRAÇÃO   Retendo um estímulo espacial na mente

Essa demonstração envolve a visualização de um grande "F" como o na Figura 5.16, que tem dois tipos de cantos, "cantos externos" e "cantos internos", dois dos quais são rotulados.

Tarefa 1: Oculte a Figura 5.16 e, enquanto visualiza F na mente, comece no canto superior esquerdo (aquele marcado com o) e, movendo-se mentalmente em torno do contorno do F no sentido horário (sem olhar para a figura!), *aponte* para "fora" na Tabela 5.2 para um canto externo e "dentro" para um canto interno. Mova sua resposta um nível abaixo na Tabela 5.2 para cada novo canto.

Tarefa 2: visualize o F novamente, mas dessa vez, à medida que se move mentalmente em torno do contorno do F no sentido horário, *diga* "Fora" se o canto é um canto externo ou "Dentro" se é um canto interno.

O executivo central

O executivo central é o componente que faz a memória de trabalho "funcionar", porque é o centro de controle do sistema de memória de trabalho. Sua missão não é armazenar informações, mas coordenar como as informações são usadas pelo circuito fonológico e esboço visuoespacial (Baddeley, 1996).

Baddeley descreve o executivo central como um *controlador da atenção*. Ele determina como a atenção está focada em uma tarefa específica, como ela divide-se entre duas tarefas e como é alternada entre as tarefas. O executivo central está, portanto, relacionado à *atenção executiva*, que apresentamos no Capítulo 4, e é essencial em situações em que uma pessoa tenta dirigir e usar o celular simultaneamente. Neste exemplo, o executivo coordenaria os processos do circuito fonológico (falar ao telefone, entender a conversa) e processos de esboço (visualizar pontos de referência e o layout das ruas, navegar no carro).

Uma das maneiras como o executivo central tem sido estudado é avaliando o comportamento de pacientes com lesão cerebral. Como veremos mais adiante neste capítulo, o lobo frontal desempenha um papel central na memória de trabalho. Não surpreende, portanto, que pacientes com lesão no lobo frontal tenham problemas para controlar a atenção. Um comportamento típico de pacientes com lesão no lobo frontal é **perseveração** — executar repetidamente a mesma ação ou pensamento, mesmo sem alcançar o objetivo desejado.

Considere, por exemplo, um problema que pode ser facilmente resolvido seguindo uma regra específica ("selecione o objeto vermelho"). Uma pessoa com lesão no lobo frontal pode responder corretamente em cada tentativa, desde que a regra permaneça a mesma. Entretanto, quando a regra é trocada ("agora selecione o objeto azul"), a pessoa continua seguindo a regra antiga, mesmo quando recebe feedback de que sua resposta agora está incorreta. Essa perseveração representa um colapso na capacidade do executivo central de controlar a atenção.

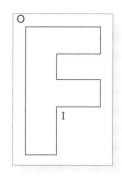

▶ Figura 5.16 Estímulo "F" para demonstração de como reter um estímulo espacial na mente ilustrando os cantos externos (O) e internos (I). Leia as instruções no livro e, em seguida, oculte o F. (Fonte: de Brooks, 1968)

Um componente adicionado: o buffer episódico

Vimos que o modelo de três componentes de Baddeley pode explicar resultados como o efeito da similaridade fonológica, o efeito da extensão de palavras, supressão articulatória, rotação mental e como a interferência afeta a operação do esboço visuoespacial. Entretanto, pesquisas mostraram que há algumas coisas que o modelo não consegue explicar. Uma dessas coisas é que a memória de trabalho pode conter mais do que seria esperado com base apenas no circuito fonológico ou esboço visuoespacial. Por exemplo, as pessoas podem lembrar frases longas que consistem em até 15 a 20 palavras. A capacidade de fazer isso está relacionada ao conceito de associação em blocos, no qual as unidades significativas são agrupadas, e também está relacionada à memória de longo prazo, que está envolvida no conhecimento dos significados das palavras na frase e em relacionar partes da frase entre si com base nas regras gramaticais.

Essas ideias não são novas. Há muito se sabe que é possível aumentar a capacidade da memória de trabalho por meio de associação em blocos e que há um intercâmbio de informações entre a memória de trabalho e a memória de longo prazo. No entanto, Baddeley decidiu que era necessário propor um componente adicional da memória de trabalho para lidar com essas capacidades. Esse novo componente, que ele chamou **buffer episódico**, é mostrado no novo modelo de Baddeley da memória de trabalho na Figura 5.18. O buffer episódico pode armazenar informações (fornecendo assim capacidade extra) e é conectado à MLP (possibilitando assim o intercâmbio entre a memória de trabalho e a MLP). Observe que esse modelo também mostra que o esboço visuoespacial e o circuito fonológico estão vinculados à memória de longo prazo.

A proposta do buffer episódico representa mais um passo na evolução do modelo de Baddeley, que estimula a pesquisa sobre memória de trabalho há mais de 40 anos, desde sua primeira proposição. Se o funcionamento exato do buffer episódico parece um pouco vago, é porque se trata de um "trabalho em andamento". Mesmo Baddeley (Baddeley et al., 2009) afirma que "o conceito de um buffer episódico ainda está em um estágio muito inicial de desenvolvimento". A principal "mensagem a incorporar" sobre o buffer episódico é que representa uma maneira de aumentar a capacidade de Buffer e comunicar-se com a MLP.

TABELA 5.2 Uso para demonstração

Canto	Ponto	
1	FORA	DENTRO
2	FORA	DENTRO
3	FORA	DENTRO
4	FORA	DENTRO
5	FORA	DENTRO
6	FORA	DENTRO
7	FORA	DENTRO
8	FORA	DENTRO
9	FORA	DENTRO
10	FORA	DENTRO

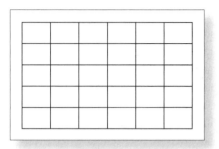

> Figura 5.17 Matriz de respostas para o teste de recordação visual. Coloque uma marca em cada quadrado que foi escurecido no padrão que você acabou de analisar.

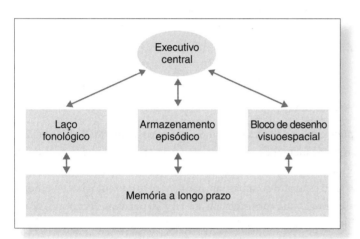

> Figura 5.18 Modelo revisado da memória de trabalho de Baddeley, que contém os três componentes originais mais o buffer episódico.

Memória de trabalho e o cérebro

A história das pesquisas sobre a memória de trabalho e o cérebro foi dominada por uma estrutura: o córtex pré-frontal (CPF) (ver **Figura 5.19**). Descreveremos primeiro essa ligação entre a memória de trabalho e o CPF e, em seguida, consideraremos a pesquisa que expandiu o "mapa cerebral" da memória de trabalho para incluir muitas áreas adicionais.

O efeito da lesão no córtex pré-frontal

O exemplo clássico de lesões no CPF que causam alterações no comportamento é o caso de Phineas Gage e a barra de ferro (**Figura 5.20a**). A cena se passa em uma ferrovia em Vermont em 13 de setembro de 1848, na qual Gage chefiava uma equipe de trabalho que estava explodindo uma rocha de um projeto de construção de ferrovia. Infelizmente para Gage, ele cometeu um erro fatídico quando colocou uma barra de ferro de quase um metro de comprimento, de 2,5 cm de diâmetro e pesando seis quilos em um buraco contendo pólvora, e uma faísca inesperada acendeu a pólvora e fez com que a barra de ferro atingisse o lado esquerdo da face e perfurasse a cabeça (**Figura 5.20b**), causando lesões no lobo frontal (Ratiu et al., 2004).

O incrível é que Gage sobreviveu, mas relatórios da época observaram que o acidente havia alterado a personalidade de Gage de um cidadão honesto para uma pessoa com baixo controle de impulsos, pouca capacidade de planejamento e habilidades sociais deficientes. Aparentemente, há alguma incerteza quanto à precisão dessas descrições iniciais do comportamento de Gage (Macmillan, 2002). Entretanto, relatos sobre Gage, precisos ou não, deram origem à ideia de que os lobos frontais estão envolvidos em uma variedade de funções mentais, incluindo personalidade e planejamento.

Ainda que o acidente e a recuperação espetacular de Gage tenham chamado a atenção das pessoas para os lobos frontais, nosso conhecimento atual sobre o lobo frontal veio de estudos de casos neuropsicológicos modernos e experimentos comportamentais e neurofisiológicos controlados. Observamos que lesões no lobo frontal causam problemas no controle da atenção, que é uma função importante do executivo central.

Um exemplo de pesquisas com animais que exploraram o efeito de lesões no lobo frontal sobre a memória em macacos testados usou a **tarefa de resposta tardia**, que exigia que um macaco retivesse informações na memória de trabalho durante um período de atraso (Goldman-Rakic, 1990, 1992). **Figura 5.21** mostra a configuração dessa tarefa. O macaco vê uma recompensa alimentar em um dos dois pratos de comida. Os dois pratos são então cobertos, uma tela é abaixada e, em seguida, há um atraso antes que a tela seja levantada novamente. Quando a tela é levantada, o macaco deve lembrar em qual prato havia comida e abrir a tampa do prato correto com alimentos para obter uma recompensa. É possível treinar macacos para realizar essa tarefa. No entanto, se o CPF é removido, o desempenho deles cai ao nível do acaso e, portanto, selecionam o prato correto com o alimento apenas cerca de metade das vezes.

Esse resultado corrobora a ideia de que o CPF é importante para armazenar informações por breves períodos de tempo. Na verdade, sugeriu-se que uma razão pela qual podemos descrever o comportamento da memória em bebês muito pequenos como "fora da vista, longe da mente" (quando um objeto que o bebê pode ver é então ocultado, o bebê se comporta como se o objeto não mais existisse) é que o córtex frontal e o pré-frontal só se desenvolvem adequadamente aproximadamente aos 8 meses de idade (Goldman-Rakic, 1992).

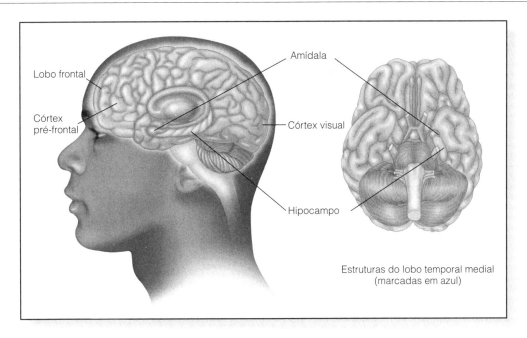

▶ Figura 5.19 Seção transversal do cérebro mostrando algumas estruturas-chave envolvidas na memória. A discussão da memória de trabalho concentra-se no córtex pré-frontal e córtex visual. O hipocampo, amídala e córtex frontal serão discutidos nos Capítulos 6 e 7. Veja esta figura em cores, no suplemento colorido, ao final do livro.

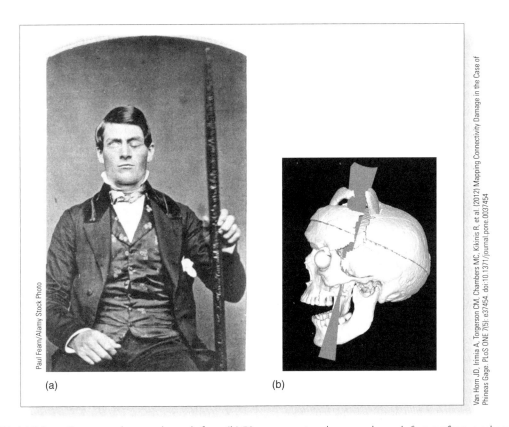

▶ Figura 5.20 (a) Phineas Gage posando com a barra de ferro. (b) Diagrama mostrando como a barra de ferro perfurou a cabeça de Gage.

Neurônios pré-frontais que contêm informações

Uma característica importante da memória é que ela envolve *atraso* ou *espera*. Algo acontece, seguido de um atraso, que é breve para a memória de trabalho; então, se a memória é bem-sucedida, a pessoa lembra o que aconteceu. Pesquisadores, portanto, procuraram mecanismos fisiológicos que armazenam informações sobre os eventos depois que eles terminam.

> Figura 5.21 A tarefa de resposta atrasada sendo aplicada a um macaco.

Shintaro Funahashi e colaboradores (1989) realizaram um experimento no qual registraram neurônios no CPF de um macaco enquanto o macaco realizava uma tarefa com retardo da resposta. O macaco primeiro olhava constantemente para um ponto de fixação, X, enquanto um quadrado era exibido em uma posição na tela (Figura 5.22a). Nesse exemplo, o quadrado era exibido no canto superior esquerdo (em outras tentativas, o quadrado era exibido em diferentes posições na tela). Isso provocou uma pequena resposta no neurônio.

Depois que o quadrado foi mostrado, havia um atraso de alguns segundos. Os registros do disparo nervoso na Figura 5.22b mostram que o neurônio estava disparando durante esse atraso. Esse disparo é o registro neural da memória de trabalho do macaco para a posição do quadrado. Após o atraso, a fixação X foi disparada. Foi um sinal para o macaco mover os olhos para onde o quadrado havia sido exibido (Figura 5.22c). A capacidade do macaco dessa ação fornece evidências comportamentais de que, de fato, ele se lembrava da localização do quadrado.

O principal resultado desse experimento foi que Funahashi encontrou neurônios que respondiam apenas quando o quadrado era exibido em um *local específico* e que esses neurônios *continuaram respondendo durante o atraso*. Por exemplo, alguns neurônios respondiam apenas quando o quadrado era exibido no canto superior direito e, em seguida, durante o retardo; outros neurônios respondiam apenas quando o quadrado era apresentado em outras posições na tela e então durante o atraso. O disparo desses neurônios indica que um objeto foi apresentado em um determinado local, e essa informação sobre a localização do objeto permanece disponível enquanto esses neurônios continuarem disparando (ver também Funahashi, 2006).

A dinâmica neural da memória de trabalho

A ideia de que as informações podem ser retidas na memória de trabalho pela atividade neural que continua em um intervalo de tempo, como na Figura 5.22b, ajusta-se à ideia de que o disparo neural transmite informações no sistema nervoso. Contudo, alguns pesquisadores propuseram que as informações podem ser retidas durante o atraso por um mecanismo que não envolve disparos contínuos.

Uma ideia, proposta por Mark Stokes (2015), é que as alterações das informações podem ser armazenadas por curto prazo nas redes neurais, como mostrado na Figura 5.23. A Figura 5.23a mostra o *estado de atividade*, no qual a informação a ser lembrada faz com que vários neurônios, indicados pelos círculos escuros, disparem brevemente. Esse disparo não continua, mas causa o *estado sináptico*, mostrado na Figura 5.23b, na qual uma série de conexões entre neurônios, indicadas pelas linhas mais escuras, são fortalecidas. Essas alterações na conectividade, que Stokes chama **memória de trabalho silenciosa**, duram apenas alguns segundos, mas é suficiente para a memória de trabalho. Por fim, quando a memória é recuperada, a memória é indicada pelo padrão de disparo na rede, mostrado pelos círculos escuros na Figura 5.23c.

Assim, no modelo de Stokes, a informação é retida na memória não por um disparo contínuo dos nervos, mas por uma breve mudança na conectividade dos neurônios em uma rede. Outros pesquisadores propuseram outras formas de armazenar informações na memória de trabalho que não requerem disparo neural contínuo (Lundquist et al., 2016; Murray et al., 2017). Esses modelos baseiam-se em experimentos e cálculos muito complexos para serem descritos aqui, e todos são especulativos. Contudo, a ideia de que informações podem ser armazenadas no sistema nervoso por meio de alterações nas conexões nas redes neurais é um dos temas "quentes" das pesquisas atuais sobre os mecanismos neurais da memória (Kaldy e Sigala, 2017).

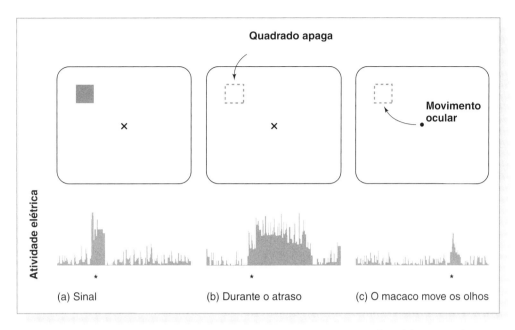

> Figura 5.22 Resultados de um experimento que mostra a resposta dos neurônios no córtex pré-frontal do macaco durante uma tarefa atencional. A resposta neural é indicada por um asterisco (*). (a) Um quadrado com uma dica é exibido em uma posição específica, fazendo com que o neurônio responda. (b) O quadrado é disparado, mas o neurônio continua a responder durante o atraso. (c) A fixação X é disparada, e o macaco demonstra sua memória para a localização do quadrado movendo os olhos para onde o quadrado estava.
> (Fonte: adaptado de S. Funahashi, C. J. Bruce e PS Goldman-Rakic, Mnemonic coding of visual space in the primata dorsolateral prefrontal cortex, *Journal of Neurophysiology*, 6, 331-349, 1989.)

Outra ideia atual sobre a memória de trabalho é que ela envolve processos fisiológicos que vão além do CPF. Não é difícil ver por que a memória de trabalho envolveria áreas do cérebro além dos lobos frontais. Basta olhar anteriormente para a mulher dirigindo o carro na Figura 5.11, que está usando o executivo central para alternar a atenção entre uma coisa e outra, o que envolve capacidades visuais, à medida que ela imagina o traçado viário, e capacidades verbais, à medida que escuta instruções do companheiro. A memória de trabalho, portanto, envolve uma interação entre várias áreas do cérebro. Essa interação é simbolizada pela interação entre as áreas do cérebro na Figura 5.24, que representa uma rede baseada em pesquisas de um grande número de experimentos (Curtis e D'Esposito, 2003; Ericsson et al., 2015; Lee e Baker, 2016; Riley e Constantinidis, 2016). A ideia de que várias áreas do cérebro estão envolvidas na memória de trabalho é um exemplo da representação distribuída, que discutimos no Capítulo 2 (p. 38).

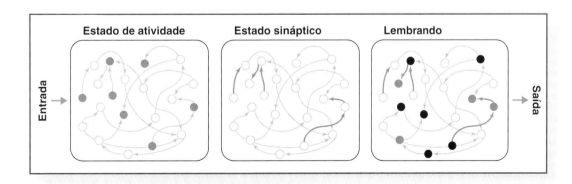

> Figura 5.23 Diagrama mostrando a proposta de Stokes (2015) de que as informações podem ser armazenadas na memória de trabalho por meio de alterações na conectividade de uma rede neural. (a) Estado de atividade, mostrando que alguns neurônios na rede (círculos azuis) são ativados pelo estímulo recebido. (b) Estado sináptico, mostrando conexões que foram fortalecidas entre os neurônios na rede (linhas azuis). (c) Atividade associada à memória. Veja esta figura em cores, no suplemento colorido, ao final do livro.
> (Fonte: Stokes, M. G., 'Activity-silent' working memory in prefrontal cortex: a dynamic coding framework. *Trends in Cognitive Sciences*, 19 (7), 394-405. Figura 2a, topo, 2015.)

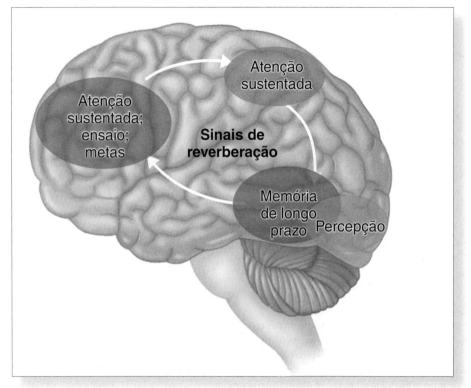

Figura 5.24 Mapa mostrando algumas das áreas do cérebro que estão envolvidas na memória de trabalho. Essa versão simplificada das estruturas da memória de trabalho proposta por Ericsson et al. (2015) indica não apenas que várias áreas estão associadas à memória de trabalho, mas também que se comunicam entre si.

Fonte: Ericsson et al., Neurocognitive architecture of working memory, *Neuron* 88, 33-46. Figura 10d, p. 35, 2015.)

▶ Algo a considerar: por que mais memória de trabalho é melhor?

A memória de trabalho é igual em pessoas diferentes? A resposta a essa pergunta — que existem diferenças individuais na capacidade da memória de trabalho das pessoas — não deve surpreender. Afinal de contas, as pessoas diferem quanto a capacidades físicas, e é uma observação comum que algumas pessoas têm melhor memória do que outras. No entanto, o interesse dos pesquisadores pelas diferenças individuais na memória de trabalho vai além de simplesmente demonstrar que existem diferenças para demonstrar como as diferenças na memória de trabalho influenciam o funcionamento cognitivo e o comportamento.

Meredyth Daneman e Patricia Carpenter (1980) realizaram um dos primeiros experimentos sobre diferenças individuais na capacidade da memória de trabalho, desenvolvendo um teste para a capacidade da memória de trabalho e determinando como as diferenças individuais estavam relacionadas à compreensão da leitura. O teste que desenvolveram, o **teste de amplitude de leitura**, exigia que os participantes lessem uma série de frases de 13 a 16 palavras, como estas:

(1) *Quando finalmente os olhos se abriram, não havia nenhum vislumbre de força, nenhuma sombra do ângulo.*
(2) *O táxi virou na Michigan Avenue onde eles tinham uma visão clara do lago.*

Cada frase era vista brevemente à medida que era lida, então a próxima frase era apresentada. Imediatamente após a leitura da última frase, o participante foi solicitado a lembrar a última palavra de cada frase na ordem em que ocorreram. A **amplitude de leitura** dos participantes era o número de sentenças que eles conseguiam ler e, em seguida, lembrar corretamente todas as últimas palavras.

A amplitude de leitura dos participantes variava de 2 a 5, e o tamanho da amplitude de leitura estava altamente correlacionado ao desempenho deles em uma série de tarefas de compreensão de leitura e pontuação verbal no Scholastic Assessment Test (SAT). Daneman e Carpenter concluíram que a capacidade da memória de trabalho é uma fonte crucial das diferenças individuais na compreensão de leitura. Outra pesquisa mostrou que maior capacidade de memória de trabalho está relacionada a melhor desempenho acadêmico (Best e Miller, 2010; Best et al., 2011), melhor chance de se formar no ensino médio (Fitzpatrick et al., 2015), capacidade de controlar emoções (Schmeichel et al., 2008) e maior criatividade (De Dreu et al., 2012).

Entretanto, e as diferenças na capacidade da memória de trabalho que resulta nesses resultados? Edmund Vogel e colaboradores (2005) focalizaram um componente da memória de trabalho: o controle da atenção pelo executivo central. Eles primeiro dividiram os participantes em dois grupos com base no desempenho em um teste de memória de trabalho. Os participantes no *grupo de alta capacidade* conseguiram reter vários itens na memória de trabalho; os participantes do *grupo de baixa capacidade* conseguiram reter menos itens na memória de trabalho.

Testaram-se os participantes usando o procedimento de detecção de alterações (ver Método: detecção de alterações, p. 130). A **Figura 5.25a** mostra a sequência de estímulos: (1) eles primeiro viam uma sugestão indicando se deveriam direcionar a atenção para os retângulos vermelhos à esquerda ou para os retângulos vermelhos à direita das telas que se seguiram. (2) Eles, então, viam uma exibição da memória por um décimo de segundo seguido por (3) uma breve tela em branco e daí (4) uma exibição de teste. A tarefa era indicar se os retângulos vermelhos marcados na exibição de teste tinham direções iguais ou diferentes daqueles na exibição da memória. Enquanto faziam essa avaliação, uma resposta do cérebro chamada *potencial relacionado a eventos* (PRE) era medida, que indicava quanto espaço era usado na memória de trabalho enquanto realizavam a tarefa.

O gráfico na **Figura 5.25b** mostra o tamanho do PRE para a barra vermelha exibida apenas para os grupos de memória de trabalho alta e baixa. Isso não é um resultado particularmente interessante, porque o tamanho do PRE é quase o mesmo para os dois grupos. Contudo, Vogel também analisou outra situação em que adicionou algumas barras azuis extras, como mostrado na **Figura 5.25c**. Essas barras não eram relevantes para a tarefa do participante, assim o objetivo era distrair a atenção dele. Se o executivo central estivesse realizando seu trabalho, essas barras extras não teriam nenhum efeito, porque a atenção permaneceria direcionada para as barras vermelhas. Os resultados na **Figura 5.25d** mostram que adicionar barras azuis causou um aumento na resposta do grupo de alta capacidade, mas provocou um aumento maior na resposta do grupo de baixa capacidade. Veja a Figura 5.25 em cores, no suplemento colorido, ao final do livro.

O fato de que a adição das barras azuis só teve um pequeno efeito na resposta do grupo de alta capacidade significa que esses participantes eram muito eficientes em ignorar os distratores, portanto, os estímulos azuis irrelevantes não ocupavam muito espaço na memória de trabalho. Como a alocação da atenção é uma função do executivo central, significa que o executivo central funcionava bem para esses participantes.

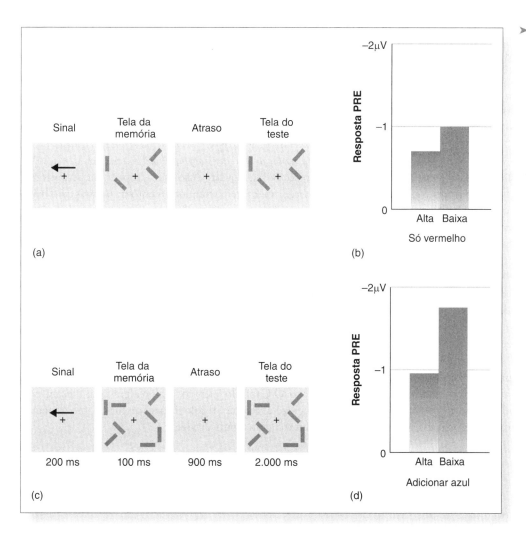

▶ Figura 5.25
(a) Sequência para a tarefa de Vogel et al. (2005). A flecha nesse exemplo instrui o participante a prestar atenção ao lado esquerdo da memória e às telas de teste. A tarefa é indicar se os retângulos vermelhos no lado atento são iguais ou diferentes nas duas telas. (b) Resposta do PRE para participantes de baixa e alta capacidade para a tarefa na parte (a). (c) Exibição com barras azuis adicionadas. Essas barras são adicionadas para distrair os participantes, que deveriam focalizar os retângulos vermelhos. (d) Resposta do PRE para a tarefa na parte (c). Esta figura está disponível, em cores, no suplemento colorido, ao final do livro.
(Fonte: com base em E. K. Vogel, A. W. McCollough e M. G. Machizawa, Neural measures reveal individual differences in controlling access to working memory, *Nature*, 438, 500-503, 2005.

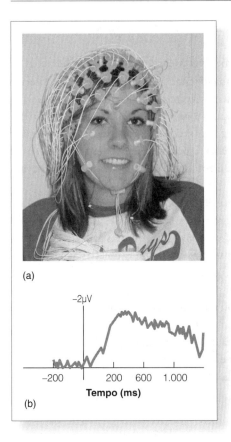

> Figura 5.26 (a) Uma pessoa usando eletrodos para registrar o potencial relacionado a eventos (PRE). (b) Um PRE registrado à medida que um participante visualiza os estímulos.
> (Fonte: cortesia de Natasha Tokowicz.)

MÉTODO Potencial relacionado a eventos

O **potencial relacionado a eventos (PRE)** é registrado com pequenos eletrodos de disco colocados no couro cabeludo de uma pessoa, como mostrado na **Figura 5.26a**. Cada eletrodo capta sinais de grupos de neurônios que disparam juntos. O potencial relacionado a eventos mostrado na **Figura 5.26b** foi registrado enquanto uma pessoa fazia um julgamento no experimento de Vogel. Essa resposta foi mostrada em outros experimentos como relacionada ao número de itens inseridos na memória de trabalho, portanto, uma resposta do PRE maior indica quanta capacidade foi usada.

O fato de que a adição das duas barras azuis causou um grande aumento na resposta do grupo de baixa capacidade significa que esses participantes não foram capazes de ignorar os estímulos azuis irrelevantes, assim as barras azuis ocupavam espaço na memória de trabalho. O executivo central desses participantes não está funcionando tão eficientemente quanto os executivos centrais dos participantes de alta capacidade. Vogel e colaboradores concluíram valendo-se desses resultados que os executivos centrais de algumas pessoas são melhores para alocar atenção do que os de outras.

Outros experimentos deram um passo além e perguntaram se os participantes de alta capacidade tiveram um desempenho melhor porque são melhores em "sintonizar" os estímulos importantes ou melhor em "desligar" os estímulos distratores irrelevantes. A conclusão desses experimentos geralmente é que os participantes de alta capacidade são melhores em desativar os distratores (Gaspar et al., 2016).

A importância de ser capaz de ignorar estímulos que distraem destaca a conexão entre a memória de trabalho e o *controle cognitivo*, que apresentamos no Capítulo 4. O controle cognitivo foi descrito como *um conjunto de funções, que permite às pessoas regular o comportamento e as características atentivas, e resistir à tentação de ceder aos impulsos* (Fitzpatrick et al., 2015; Garon et al., 2008). Pessoas com baixo controle cognitivo distraem-se mais facilmente e são mais propensas a permitir que essas distrações interfiram no comportamento contínuo. Outra forma de descrever o comportamento de pessoas com baixo controle cognitivo é dizer que elas têm dificuldade em lidar com a tentação. Sem surpreender, as diferenças individuais no controle cognitivo estão intimamente relacionadas às diferenças individuais na memória de trabalho (Friedman et al., 2011; Hofmann et al., 2012; Kotabe e Hofmann, 2015).

Voltando e analisando este capítulo do início, podemos ver que percorremos um longo caminho desde o modelo modal de memória de Atkinson e Shiffrin (1968). A beleza desse modelo foi que dividir o processo da memória em diferentes estágios com diferentes propriedades levou os pesquisadores a direcionar a atenção para descobrir como cada estágio funciona. A história que se desenrolou desde que o modelo modal foi introduzido envolvia experimentos comportamentais (que levaram a propor mais estágios, como no modelo de Baddeley na Figura 5.18) e experimentos fisiológicos (que consideraram como breves memórias são armazenadas no sistema nervoso).

Este capítulo foi um "aquecimento" para o que está por vir. O Capítulo 6 continua a ideia dos estágios da memória e descreve pesquisas que ampliam a caixa de memória de longo prazo do modelo modal. Veremos como essas pesquisas fizeram uma distinção entre vários tipos diferentes de memória de longo prazo. O Capítulo 7, então, analisa alguns dos mecanismos envolvidos na entrada e saída de informações da memória de longo prazo e retorna à fisiologia para discutir como os neurônios podem armazenar informações por períodos que variam de minutos a um tempo de vida.

TESTE VOCÊ MESMO 5.2

1. Descreva duas descobertas que levaram Baddeley a começar a considerar alternativas ao modelo modal.
2. Quais são as diferenças entre MCP e memória de trabalho?
3. Descreva o modelo de três componentes da memória de trabalho de Baddeley.
4. Descreva o efeito da similaridade fonológica, o efeito da extensão de palavras e o efeito da supressão articulatória. O que esses efeitos indicam sobre o circuito fonológico?
5. Descreva o esboço visuoespacial, a tarefa de rotação mental de Shepard e Metzler, a tarefa de padrão visual de Della Sala e a tarefa "F" de Brooks. Você precisa entender o que cada tarefa indica sobre o esboço visuoespacial.
6. O que é o executivo central? O que acontece quando a função executiva é perdida devido a danos no lobo frontal?
7. O que é o buffer episódico? Por que foi proposto e quais são suas funções?
8. Qual é a conexão entre Phineas Gage e o córtex frontal?
9. A fisiologia da memória de trabalho foi estudada (1) determinando como a remoção do CPF em macacos afeta a memória e (2) registrando as respostas neurais dos macacos. O que esses estudos nos ensinaram sobre a memória de trabalho e o cérebro?
10. Como o modelo de memória de trabalho de Stokes se afasta da ideia de que deve haver atividade neural contínua durante o atraso entre a apresentação de um estímulo e sua lembrança?
11. Descreva como Daneman e Carpenter descobriram a relação entre a capacidade da memória de trabalho, a compreensão de leitura e as pontuações SAT verbais.
12. Descreva o experimento de Vogel que mediu o potencial relacionado a eventos em participantes com memória de trabalho de alta capacidade e naqueles com memória de trabalho de baixa capacidade enquanto realizavam uma tarefa de detecção de alterações. O que o resultado desse experimento indica sobre como o executivo central alocava atenção nesses dois tipos de participantes?
13. Os participantes com memória de trabalho de alta capacidade têm melhor desempenho porque são melhores em "sintonizar" os estímulos relevantes ou em "desligar" os distratores?
14. O que é autocontrole e por que esperaríamos que estivesse relacionado à memória de trabalho?

SUMÁRIO DO CAPÍTULO

1. Memória é o processo envolvido em reter, recuperar e usar informações sobre estímulos, imagens, eventos, ideias e habilidades depois que as informações originais não estão mais presentes. Cinco tipos diferentes de memória são sensorial, de curto prazo, episódica, semântica e de procedimento.

2. O modelo modal de memória de Atkinson e Shiffrin consiste em três características estruturais: memória sensorial, memória de curto prazo e memória de longo prazo. Outra característica do modelo são os processos de controle como estratégias de ensaio e atencionais.

3. Sperling usou dois métodos, relatório completo e relatório parcial, para determinar a capacidade e o curso de tempo da memória sensorial visual. A duração da memória sensorial visual (memória icônica) é inferior a 1 segundo, e a duração da memória sensorial auditiva (memória ecoica) é cerca de 2-4 segundos.

4. A memória de curto prazo é nossa janela para o presente. Brown, Peterson e Peterson determinaram que a duração da MCP é cerca de 15 a 20 segundos.

5. Intervalos de dígitos é uma medida da capacidade da memória de curto prazo. De acordo com o artigo clássico de George Miller "Seven, Plus or Minus Two", a capacidade da MCP é de cinco a nove itens. Segundo experimentos mais recentes, a capacidade é cerca de quatro itens. A quantidade de informações retidas na MCP pode ser expandida por associação em blocos, em que pequenas unidades são combinadas em unidades maiores e mais significativas. O desempenho da memória do corredor S. F. fornece um exemplo da associação em blocos.

6. Sugeriu-se que, em vez de descrever a capacidade da memória de curto prazo em relação ao número de itens, deveria ser descrita em relação à quantidade de informações. Um experimento feito por Alvarez e Cavanagh, usando estímulos que variam do simples ao complexo, corrobora essa ideia.

7. Baddeley revisou o componente de memória de curto prazo do modelo modal para lidar com processos dinâmicos que se desenrolam ao longo do tempo e não podem ser explicados por um único processo de curto prazo. Nesse novo modelo, a memória de trabalho substitui a MCP.

8. A memória de trabalho é um sistema de capacidade limitada para armazenamento e manipulação de informações em tarefas complexas. Consiste em três componentes: o circuito fonológico, que retém informações auditivas ou verbais; o esboço visuoespacial, que retém informações visuais e espaciais; e o executivo central, que coordena a ação do circuito fonológico e do esboço visuoespacial.

9. Os efeitos a seguir podem ser explicados no que se refere ao funcionamento do circuito fonológico: (a) efeito da similaridade fonológica, (b) efeito da extensão de palavras e (c) supressão articulatória.

10. O experimento de rotação mental de Shepard e Metzler ilustra a imagética visual, que é uma das funções do esboço visuoespacial. A tarefa de evocação visual de Della Sala usou imagética para estimar a capacidade da memória de trabalho. O experimento "F" de Brooks mostrou que duas tarefas podem ser realizadas simultaneamente se uma envolver o esboço visuoespacial e a outra envolver o circuito fonológico. O desempenho diminui se um componente da memória de trabalho é chamado para lidar com duas tarefas simultaneamente.

11. O executivo central coordena como as informações são utilizadas pelo circuito fonológico e esboço visuoespacial; pode ser considerado um controlador da atenção. Pacientes com lesão no lobo frontal têm dificuldade para controlar a atenção, como ilustrado pelo fenômeno da perseveração.

12. O modelo de memória de trabalho foi atualizado para incluir um componente adicional chamado buffer episódico, que ajuda a conectar a memória de trabalho à MLP e que tem capacidade maior e pode reter informações por mais tempo do que o circuito fonológico ou o esboço visuoespacial.

13. O acidente de Phineas Gage chamou a atenção das pessoas para algumas possíveis funções do córtex pré-frontal.

14. Os comportamentos que dependem da memória de trabalho podem ser interrompidos por danos no córtex pré-frontal. O que foi demonstrado testando macacos na tarefa de resposta atrasada.

15. Existem neurônios no córtex pré-frontal que disparam contra a apresentação de um estímulo e continuam disparando enquanto esse estímulo é mantido na memória.

16. Pesquisas atuais sobre a fisiologia da memória de trabalho introduziu a ideia de que (a) a informação pode estar contida em padrões da conectividade neural e (b) a memória de trabalho envolve muitas áreas do cérebro.

17. Daneman e Carpenter desenvolveram um teste para medir a capacidade da memória de trabalho, chamado teste de amplitude de leitura. Usando esse teste para determinar as diferenças individuais na capacidade da memória de trabalho, eles descobriram que a memória de trabalho de alta capacidade está associada a melhor compreensão de leitura e pontuações mais altas no SAT. Outra pesquisa confirmou e ampliou essas descobertas.

18. Vogel e colaboradores usaram o PRE para demonstrar diferenças em como o executivo central funciona para participantes com memória de trabalho de alta e baixa

capacidade e concluíram que há diferenças quanto à capacidade das pessoas de alocar atenção. Outros experimentos mostraram que pessoas com memória operacional de alta capacidade são melhores em "desligar" os distratores do que pessoas com memória operacional de baixa capacidade.

19. Existe uma relação entre a capacidade da memória de trabalho e o controle cognitivo, que está envolvido e lidar com tentação.

PENSE NISSO

1. Analise o seguinte em termos de como os vários estágios do modelo modal são ativados, usando o experimento do pedido de pizza de Rachel na Figura 5.3 como um guia: (1) ouvir uma palestra em sala de aula, fazer anotações e revisá-las mais tarde, ao estudar para um exame; (2) assistir a uma cena em um filme de James Bond em que Bond captura a agente inimiga com quem havia dormido na noite anterior.

2. Adam acabou de testar uma mulher com lesão cerebral, e está tendo dificuldade para entender os resultados. Ela não consegue lembrar nenhuma palavra de uma lista quando é testada imediatamente após ouvir as palavras, mas sua memória melhora quando ela é testada após um atraso. Curiosamente, quando a própria mulher lê a lista, ela se lembra bem no início, então, nesse caso, o atraso não é necessário. Você pode explicar essas observações usando o modelo modal? O modelo de memória de trabalho? Você consegue pensar em um novo modelo que possa explicar esse resultado melhor do que esses dois?

TERMOS-CHAVE

Amplitude de leitura 144
Armazenamento fonológico 134
Associação em blocos 131
Bloco 131
Buffer episódico 139
Circuito fonológico 134
Decaem 127
Detecção de alterações 130
Efeito de extensão das palavras 136
Efeito da similaridade fonológica 135
Ensaio 124
Esboço visuoespacial 135

Executivo central 135
Ícone visual 127
Imagética visual 136
Intervalo de dígitos 129
Memória 122, 127
Memória de curto prazo (MCP) 129
Memória de trabalho 133
Memória de trabalho silenciosa 142
Memória ecoica 127
Memória icônica 127
Memória sensorial 126
Método de relatório completo 127

Método de relatório parcial 127
Método de relatório parcial atrasado 127
Modelo modal de memória 124
Perseveração 139
Persistência da visão 126
Processo de ensaio articulatório 134
Processos de controle 124
Recursos estruturais 124
Rotação mental 136
Supressão articulatória 136
Tarefa de resposta tardia 140
Teste de amplitude de leitura 144

Nossas memórias registram muitas coisas diferentes. Este capítulo faz uma distinção entre memória episódica — memórias que nos permitem "reviver" em nossa mente eventos que ocorreram em nossas vidas — e memória semântica — memórias para fatos que não dependem da lembrança de eventos específicos. Essas mulheres podem ser capazes de "reviver", anos depois, a experiência de tirar uma "selfie", bem como a ocasião que as aproximou. É a memória episódica. Contudo, mesmo que esquecessem de tirar a selfie e o que aconteceu naquele dia em particular, provavelmente ainda se lembrariam uma da outra, junto a características específicas de cada pessoa. É a memória semântica. Veremos que a memória episódica e a memória semântica se complementam e interagem para criar a riqueza de nossas vidas.

Memória de longo prazo: estrutura

6

Comparando processos de memória de curto prazo e de longo prazo

Curva de posição serial

Codificação na memória de curto e longo prazo

    Codificação visual na memória de curto e longo prazo

    Codificação auditiva na memória de curto e longo prazo

    Codificação semântica na memória de curto prazo: o experimento de Wickens

    Codificação semântica na memória de longo prazo: o experimento de Sachs

    ➤ Método: medindo a memória de reconhecimento

    ➤ Demonstração: lendo um trecho

Comparando a codificação na memória de curto e longo prazo

Localizando a memória no cérebro

    Neuropsicologia

    Imagens do cérebro

➤ TESTE VOCÊ MESMO 6.1

Memória episódica e memória semântica

Distinções entre memória episódica e memória semântica

    Diferenças na experiência

    Evidências neuropsicológicas

    Imagens do cérebro

Interações entre memória episódica e semântica

    O conhecimento afeta a experiência

    A memória autobiográfica tem componentes semânticos e episódicos

O que acontece com as memórias episódicas e semânticas com o passar do tempo?

    ➤ Método: procedimento lembrar/saber

De volta para o futuro

➤ TESTE VOCÊ MESMO 6.2

Memória de procedimento, pré-ativação e condicionamento

Memória de procedimento

    A natureza implícita da memória de procedimento

    ➤ Demonstração: desenho em espelho

    Memória de procedimento e atenção

    Uma conexão entre a memória de procedimento e a memória semântica

Pré-ativação

    ➤ Método: evitando a lembrança explícita em um experimento de preparação

Condicionamento clássico

Algo a considerar: perda de memória em filmes

➤ TESTE VOCÊ MESMO 6.3

SUMÁRIO DO CAPÍTULO
PENSE NISSO
TERMOS-CHAVE

ALGUMAS PERGUNTAS QUE VAMOS CONSIDERAR

- Como lesões no cérebro afetam a capacidade de lembrar o que aconteceu no passado e a capacidade de formar novas memórias de experiências em andamento?

- Em que as memórias de experiências pessoais, como o que você teve no verão passado, diferem das memórias de fatos, como a capital do seu estado?

- Como os diferentes tipos de memória interagem em nossa experiência cotidiana?

- Como a perda de memória foi retratada em filmes conhecidos?

As memórias de Christine, do Capítulo 5, variavam de curta duração (um rosto piscando rapidamente, um número de telefone que desaparece rapidamente) a mais duradouras (um piquenique memorável, a data do aniversário de uma pessoa, como andar de bicicleta) (Figura 5.1, p. 122). O tema deste capítulo é "divisão e interação".

Divisão refere-se à distinção entre diferentes tipos de memória. Introduzimos essa ideia no Capítulo 5 quando dividimos a memória de Christine em *curto prazo* e *longo prazo* e posteriormente dividimos a memória de longo prazo em *memória episódica* (memória para experiências específicas do passado); *memória semântica* (memória para fatos); e *memória de procedimento* (memória de como realizar ações físicas).

Distinguir entre diferentes tipos de memória é útil porque divide a memória em componentes menores e mais fáceis de estudar. No entanto, essa divisão deve basear-se em diferenças reais entre os componentes. Assim, um de nossos objetivos será considerar evidências de que esses diferentes componentes são baseados em mecanismos diferentes. Faremos isso considerando os resultados de (1) experimentos comportamentais, (2) estudos neuropsicológicos dos efeitos de lesões cerebrais na memória e (3) experimentos com imagens do cérebro. *Interação* refere-se ao fato de que os diferentes tipos de memória podem interagir e compartilhar mecanismos. Começamos revisitando a memória de curto prazo e de longo prazo.

▶ Comparando processos de memória de curto prazo e de longo prazo

Memória de longo prazo (MLP) é o sistema responsável por armazenar informações por períodos longos de tempo. Uma maneira de descrever a MLP é como um "arquivo" das informações sobre eventos passados em nossas vidas e o conhecimento que aprendemos. O que é particularmente surpreendente sobre esse armazenamento é que se estende desde alguns momentos atrás até o tanto quanto podemos nos lembrar.

O longo período de tempo da MLP é ilustrado na Figura 6.1, que mostra o que um aluno que acabou de se sentar na aula pode lembrar sobre eventos que ocorreram em vários momentos no passado. A primeira lembrança dele — de que acabou de se sentar — seria em sua memória de trabalho/curto prazo (MCP/MT) porque isso aconteceu

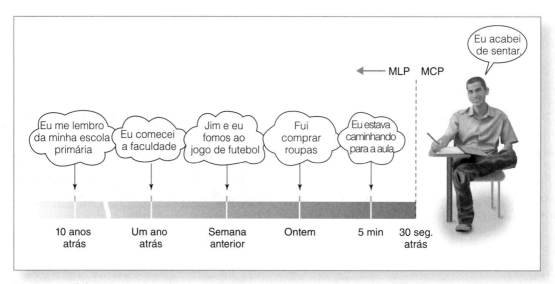

▶ Figura 6.1 Memória de longo prazo abrange um período que se estende aproximadamente 30 segundos atrás de suas memórias mais precoces. Assim, todas as memórias desse aluno, exceto a memória "acabei de sentar" e tudo o que o aluno estava ensaiando, seriam classificadas como memórias de longo prazo.

nos últimos 30 segundos. Entretanto, tudo antes disso — de sua memória recente de que 5 minutos atrás ele estava indo para a aula, a uma memória de dez anos durante o ensino básico que ele frequentou — é parte da memória de longo prazo.

Vamos começar comparando os dois tipos de memória em cada lado da linha que separa a memória de curto prazo da memória de longo prazo. Como esses dois tipos de memória são semelhantes e como são diferentes?

Nosso ponto de partida para comparar a MLP e a MCP/MT nos leva de volta à nossa discussão sobre a MCP, quando observamos que um dos problemas com a MCP é que a maioria das pesquisas enfatiza a função de armazenamento — quantas informações ele pode reter e por quanto tempo. O que levou à proposta da memória de trabalho, com ênfase nos processos dinâmicos que são necessários para explicar cognições complexas, como compreender a linguagem, resolver problemas e tomar decisões.

Uma situação semelhante existe para a MLP. Ainda que reter informações sobre o passado seja uma característica importante da MLP, também precisamos entender como essas informações são utilizadas. Podemos fazer isso ao focalizar os aspectos dinâmicos de como a MLP opera, incluindo como interage com a memória de trabalho para criar nossa experiência contínua.

Considere, por exemplo, o que acontece quando Cindy, amiga de Tony, diz: "Jim e eu vimos o novo filme de James Bond ontem à noite" (Figura 6.2). Como a memória de trabalho de Tony está retendo o texto exato dessa afirmação na mente, ele está simultaneamente acessando o significado das palavras a partir da MLP, o que o ajuda a entender o significado de cada uma das palavras que compõem a frase.

A MLP de Tony também contém muitas informações adicionais sobre filmes, James Bond e Cindy. Ainda que Tony possa não pensar conscientemente sobre todas essas informações (afinal de contas, ele precisa prestar atenção na próxima coisa que Cindy vai falar), está tudo lá na MLP e contribui para sua compreensão do que ele está ouvindo e sua interpretação do que pode significar. Portanto, a MLP fornece um arquivo ao qual podemos nos referir quando queremos lembrar eventos do passado e uma riqueza de informações básicas que estamos constantemente consultando à medida que usamos a memória de trabalho para fazer contato com o que está acontecendo em um determinado momento.

A interação entre o que está acontecendo no presente e as informações do passado, que descrevemos na interação entre Tony e Cindy, baseia-se na distinção entre MCP/MT e MLP. A partir da década de 1960, muitas pesquisas foram realizadas com o objetivo de distinguir entre processos de curto e longo prazo. Ao descrever esses experimentos, identificaremos o processo de curto prazo como memória de curto prazo (MCP) para os primeiros experimentos que utilizaram esse termo e como memória de trabalho (MT) para experimentos mais recentes que focalizaram a memória de trabalho. Um experimento clássico realizado por B. B. Murdock Jr. (1962) estudou a distinção entre MCP e MLP medindo uma função chamada *curva de posição serial*.

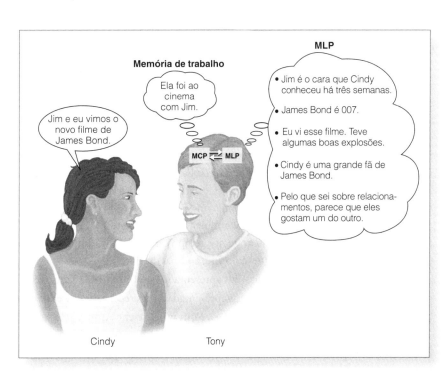

► Figura 6.2 A memória de trabalho de Tony, que está lidando com o presente, e a MLP, que contém conhecimento relevante para o que está acontecendo, funcionam em conjunto à medida que Cindy diz algo.

Curva de posição serial

Uma **curva de posição serial** é criada apresentando uma lista de palavras a um participante, uma após a outra. Depois da última palavra, o participante escreve todas as palavras de que se lembra, em qualquer ordem. A curva de posição serial na **Figura 6.3**, que representa a porcentagem de um grupo de participantes que recordava cada palavra *versus* a posição na lista, indica que a memória é melhor para palavras no início e no fim da lista do que palavras no meio (Murdoch, 1962).

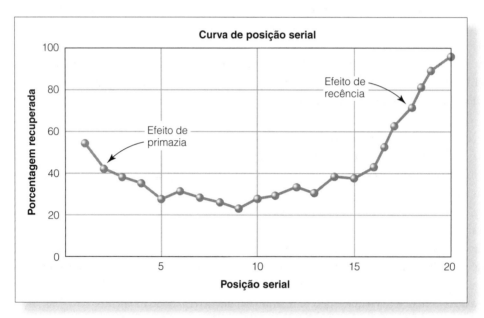

▶ Figura 6.3 Curva de posição serial (Murdoch, 1962). Observe que a memória é melhor para palavras apresentadas no início da lista (efeito de primazia) e no fim (efeito de recência).

(Fonte: B. B. Murdock, Jr., The serial position effect in free recall, *Journal of Experimental Psychology*, 64, 482-488.)

A descoberta de que os participantes são mais propensos a lembrar palavras apresentadas no início de uma sequência chama-se **efeito de primazia**. Uma possível explicação do efeito de primazia é que os participantes tiveram tempo para ensaiar as palavras no início da sequência e transferi-las para a MLP. De acordo com essa explicação, os participantes começam a ensaiar a primeira palavra logo após ser apresentada; como nenhuma outra palavra foi apresentada, a primeira palavra recebe 100% da atenção do participante. Quando a segunda palavra é apresentada, a atenção se propaga ao longo de duas palavras, e assim por diante; à medida que palavras adicionais são apresentadas, menos ensaio é possível para palavras posteriores.

Dewey Rundus (1971) testou a ideia de que o efeito de primazia ocorre porque os participantes têm mais tempo para ensaiar as palavras no início da lista. Ele primeiro apresentou uma lista de 20 palavras a uma taxa de 1 palavra a cada 5 segundos e, depois que a última palavra foi apresentada, ele pediu que os participantes anotassem todas as palavras que conseguissem lembrar. A curva de posição serial resultante, que é a curva vermelha na **Figura 6.4**, mostra o mesmo efeito de primazia da curva de Murdoch na Figura 6.3. Contudo, Rundus deu uma guinada nesse experimento, apresentando outra lista e pedindo que os participantes repetissem as palavras em voz alta durante os intervalos de 5 segundos entre as palavras. Os participantes não foram informados quais palavras repetir da lista — apenas que eles deveriam repetir as palavras durante os intervalos de 5 segundos entre as palavras. A curva azul tracejada, que indica quantas vezes cada palavra foi repetida, tem uma semelhança impressionante com a primeira metade da curva de posição serial. As palavras apresentadas no início da lista eram mais ensaiadas, e também tinham maior probabilidade de serem lembradas mais tarde. Esse resultado corrobora a ideia de que o efeito de primazia está relacionado ao maior tempo de ensaio disponível para palavras no início da lista. A Figura 6.4 está disponível, em cores, no suplemento colorido, ao final do livro.

A melhor memória para os estímulos apresentados no fim de uma sequência chama-se **efeito de recência.** A explicação para o efeito de recência é que as palavras apresentadas mais recentemente continuam na MCP e, portanto, são fáceis de lembrar pelos participantes. Para testar essa ideia, Murray Glanzer e Anita Cunitz (1966) primeiro criaram uma curva de posição serial da maneira usual (curva vermelha na **Figura 6.5**). Então, em outro experimento, eles pediram que os participantes que relembrassem as palavras após terem contado regressivamente por 30 segundos, logo após ouvir a última palavra da lista. A

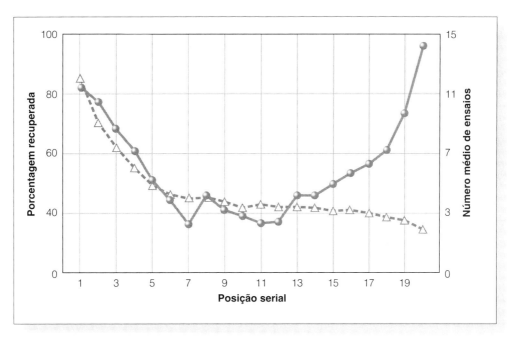

▶ Figura 6.4 Resultados da experiência de Rundus (1971). A linha vermelha sólida é a curva de posição serial usual. A linha azul tracejada indica quantas vezes os participantes ensaiaram (falaram em voz alta) cada palavra na lista. Observe como a curva de ensaio corresponde à parte inicial da curva de posição serial. Esta figura está disponível, em cores, no suplemento colorido, ao final do livro.

(Fonte: D. Rundus, Analysis of rehearsal processes in free recall, *Journal of Experimental Psychology*, 89, 63-77, Figura 1, 1971.)

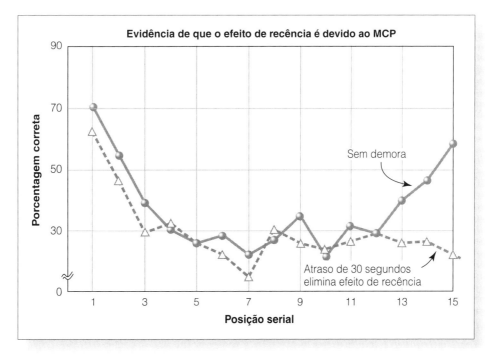

▶ Figura 6.5 Resultados da experiência de Glanzer e Cunitz (1966). A curva de posição serial tem um efeito de recência normal quando o teste de memória é imediato (linha vermelha sólida), mas nenhum efeito de recência ocorre se o teste de memória atrasar 30 segundos (linha azul tracejada). Esta figura está disponível, em cores, no suplemento colorido, ao final do livro.

(Fonte: M. Glanzer e A. R. Cunitz, Two storage mechanisms in free recall, *Journal of Verbal Learning and Verbal Behavior*, 5, 351-360, Figuras 1 e 2. Copyright © 1966 Elsevier Ltd. Republicado com permissão.)

Tabela 6.1 Experimentos de posição serial

Figura	Procedimento	Ilustra
Figura 6.3	O participante começa a recordar imediatamente após ouvir a lista de palavras.	Efeito de primazia e efeito de recência.
Figura 6.4	A lista é apresentada e o participante repete as palavras em voz alta em intervalos de 5 segundos entre as palavras.	As palavras no início da lista são repetidas mais, portanto, é bem provável que entrem na MLP.
Figura 6.5	O participante começa a recordar após uma contagem regressiva de 30 segundos.	O efeito de recência é eliminado porque impede-se o ensaio.

Figura 6.5 está disponível, em cores, no suplemento colorido, ao final do livro. Essa contagem impedia o ensaio e permitia que as informações não fossem armazenadas na MCP. O resultado, mostrado na curva tracejada azul na Figura 6.5, foi o que preveríamos: o atraso causado pela contagem eliminou o efeito de recência. Glanzer e Cunitz concluíram, portanto, que o efeito de recência deve-se ao armazenamento de itens apresentados recentemente na MCP. Os resultados da posição serial nas Figuras 6.3, 6.4 e 6.5 estão resumidos na Tabela 6.1.

Codificação na memória de curto e longo prazo

Também podemos distinguir entre MCP e MLP comparando como as informações são *codificadas* pelos dois sistemas. Codificação refere-se ao modo como os estímulos são representados. Por exemplo, como discutido no Capítulo 2, o rosto de uma pessoa pode ser representado pelo padrão de disparo de vários neurônios (ver p. 33). Determinar como um estímulo é representado pelo disparo de neurônios é uma *abordagem fisiológica à codificação*.

Nesta seção, faremos uma *abordagem mental à codificação* perguntando como um estímulo ou experiência é representado na mente. Para comparar como as informações são representadas na mente nos sistemas da MCP e MLP, descrevemos a codificação visual (codificação na mente na forma de uma imagem visual), codificação auditiva (codificação na mente na forma de um som) e codificação semântica (codificação na mente em termos de significado) tanto na MCP como na MLP.

Codificação visual na memória de curto e longo prazo Você provavelmente usou a codificação visual na demonstração "Relembrando padrões visuais" (Capítulo 5), na qual solicitou-se que lembrasse o padrão visual na Figura 5.15. Essa é a codificação visual na MCP se você lembrou-se do padrão, representando-o visualmente na mente. Também usamos a codificação visual na MLP ao visualizar uma pessoa ou lugar do passado. Por exemplo, se você está lembrando-se do rosto do professor do quinto ano, utiliza a codificação visual.

Codificação auditiva na memória de curto e longo prazo A codificação auditiva na MCP é ilustrada pela demonstração de Conrad do efeito da similaridade fonológica, que mostrou que as pessoas muitas vezes identificam erroneamente as letras-alvo como outra letra que soa como o alvo (confundir "F" e "V" ou "P" e "B", por exemplo, que não são semelhantes, mas têm sons parecidos). A codificação auditiva ocorre na MLP ao "tocar" uma música em sua mente.

Codificação semântica na memória de curto prazo: o experimento de Wickens Um experimento de Delos Wickens e colaboradores (1976) fornece um exemplo da codificação semântica na MCP. A Figura 6.6 mostra o projeto experimental. Em cada tentativa, os participantes

▶ Figura 6.6 Estímulos para o experimento feito por Wickens et al. (1976). (a) Os participantes no grupo Frutas recebem os nomes de três frutas em cada teste. Após cada apresentação, os sujeitos fizeram uma contagem regressiva de 15 segundos e então relembraram os nomes das frutas. (b) Os participantes no grupo Profissões recebem os nomes de três profissões nos testes 1, 2 e 3, e com os nomes de três frutas no teste 4. Eles também fizeram uma contagem regressiva de 15 segundos antes de relembrar os nomes em cada teste.

(Fonte: baseado em D. D. Wickens, R. E. Dalezman e F. T. Eggemeier, Multiple encoding of word Attributes in memory, *Memory e Cognition*, 4, 307–310, 1976.)

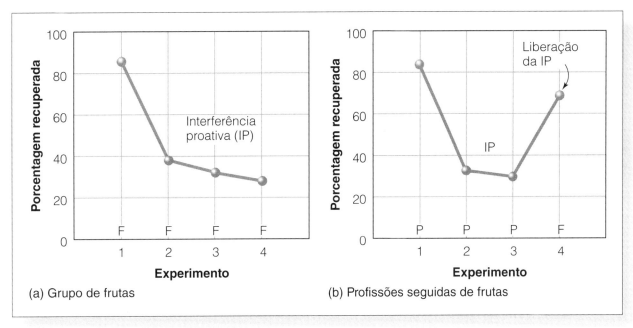

> Figura 6.7 Resultados do experimento feito por Wickens et al. da interferência proativa (1976). (a) O grupo Frutas apresentou desempenho reduzido nos testes 2, 3 e 4, causado ao menos parcialmente pela interferência proativa (indicada por pontos azuis). (b) O grupo Profissões mostrou desempenho reduzido de forma semelhante nos testes 2 e 3. O aumento do desempenho no teste 4 representa uma liberação da interferência proativa porque os nomes das frutas, em vez das profissões, foram apresentados no teste 4. Esta figura está disponível, em cores, no suplemento colorido, ao final do livro.
(Fonte: baseado em D. D. Wickens, R. E. Dalezman e F. T. Eggemeier, Multiple encoding of word Attributes in memory, *Memory e Cognition*, 4, 307-310, 1976.)

viam palavras relacionadas a (a) frutas (o "grupo frutas") ou (b) profissões (o "grupo profissões"). Os participantes de cada grupo ouviam três palavras (por exemplo, *banana, pêssego, maçã* para o grupo Frutas), contavam de modo regressivo por 15 segundos e, em seguida, tentavam lembrar as três palavras. Eles faziam isso durante um total de quatro tentativas, com palavras diferentes apresentadas em cada tentativa. Como os participantes lembravam as palavras logo após ouvi-las, eles estavam usando a MCP.

A ideia básica por trás desse experimento era criar **interferência proativa** — a diminuição na memória que ocorre quando informações aprendidas anteriormente interferem no aprendizado de novas informações — apresentando palavras da mesma *categoria* em uma série de tentativas. Por exemplo, para o grupo Frutas, *banana, pêssego* e *maçã* eram apresentados no experimento 1, e *ameixa, damasco* e *limão* eram apresentados na tentativa 2. A interferência proativa é ilustrada pela queda do desempenho em cada tentativa, mostrada pelos pontos de dados azuis na Figura 6.7a, que está disponível em cores, no suplemento colorido ao final do livro.

Evidências de que essa interferência para o grupo Frutas pode ser atribuída aos *significados* das palavras (todas as palavras eram frutas) são fornecidas pelos resultados para o grupo Profissões mostrado na Figura 6.7b. Quanto ao grupo Frutas, o desempenho é alto na tentativa 1 e então cai nas tentativas 2 e 3 porque todas as palavras são nomes de profissões. Contudo, na tentativa 4, os nomes das frutas são apresentados. Como essas palavras são de uma categoria diferente, a interferência proativa que se acumulou à medida que as profissões foram sendo apresentadas está ausente e o desempenho aumenta na tentativa 4. Esse aumento do desempenho chama-se **liberação de interferência proativa**.

O que a liberação de interferência proativa informa sobre a codificação na MCP? O segredo para responder a essa pergunta é perceber que a liberação da interferência proativa que ocorre no experimento de Wickens depende das *categorias* (frutas e profissões) das palavras. Como inserir palavras nas categorias envolve os *significados* das palavras, e como os participantes estavam relembrando as palavras 15 segundos depois de ouvi-las, representa um efeito da codificação semântica na MCP.

Codificação semântica na memória de longo prazo: o experimento de Sachs   Uma pesquisa feita por Jacqueline Sachs (1967) demonstrou a codificação semântica na MLP. Sachs pediu que os participantes ouvissem uma gravação de um trecho e, em seguida, media a *memória de reconhecimento* para determinar se eles lembravam-se do texto exato das frases no trecho ou apenas o significado geral dele.

MÉTODO   Medindo a memória de reconhecimento

Memória de reconhecimento é a identificação de um estímulo que foi encontrado anteriormente. O procedimento para medir a memória de reconhecimento é apresentar um estímulo durante um período de estudo e, posteriormente, apresentar o mesmo estímulo junto com outros que não foram apresentados. Por exemplo, no período de estudo, pode ser apresentada uma lista de palavras que inclui a palavra *casa*. Posteriormente, no teste, uma série de palavras é apresentada que inclui *casa* além de algumas outras palavras que não foram apresentadas, como *mesa* e *dinheiro*. A tarefa do participante é responder "Sim" se a palavra foi apresentada anteriormente (a palavra *casa* nesse exemplo) e "Não" se não foi apresentada (as palavras *tabela* e *dinheiro*). Observe que esse método é diferente do teste para *recordação* (ver Método: recordação, Capítulo 5, p. 129). Em um teste de recordação, a pessoa deve *produzir* o item a ser relembrado. Um exemplo do teste de recordação é uma pergunta do exame para preencher os espaços em branco. Em comparação, um exemplo de reconhecimento é um exame de múltipla escolha, no qual a tarefa é escolher a resposta correta entre uma série de alternativas. A maneira como Sachs aplicou o reconhecimento ao estudo da codificação na MLP é ilustrada na próxima demonstração.

DEMONSTRAÇÃO   Lendo um trecho

Leia o trecho a seguir:

> Existe uma história interessante sobre o telescópio. Na Holanda, um homem chamado Lippershey era fabricante de óculos. Um dia seus filhos estavam brincando com algumas lentes. Eles descobriram que as coisas pareciam muito próximas se duas lentes fossem mantidas a cerca de 30 centímetros uma da outra. Lippershey começou a experimentar, e sua "luneta" atraiu muita atenção. Ele enviou uma carta sobre o acontecido para Galileu, o grande cientista italiano. Galileu imediatamente percebeu a importância da descoberta e começou a construir o próprio instrumento.

Agora oculte o trecho e indique qual das seguintes frases é idêntica a uma frase no trecho e quais foram alteradas.

> Ele enviou uma carta sobre o acontecido para Galileu, o grande cientista italiano.
> Galileu, o grande cientista italiano, enviou uma carta a ele sobre a luneta.
> Uma carta sobre a luneta foi enviada a Galileu, o grande cientista italiano.
> Ele enviou a Galileu, o grande cientista italiano, uma carta sobre o acontecido.

Qual frase você escolheu? A frase (1) é a resposta correta porque é a única que é idêntica àquela no trecho. A tarefa dos participantes do experimento de Sachs era mais difícil, porque eles ouviam um trecho duas ou três vezes mais longo, então havia mais material para lembrar e existia um atraso maior entre ouvir a frase e ser solicitado a lembrar dela. Muitos dos participantes do experimento de Sachs identificavam corretamente a frase (1) como sendo idêntica e sabiam que a frase (2) tinha sido alterada. No entanto, várias pessoas identificavam as frases (3) e (4) como correspondendo a uma no trecho, embora o texto fosse diferente. Esses participantes aparentemente se lembravam do significado da frase, mas não do texto exato. A descoberta de que palavras específicas são esquecidas, mas o significado geral pode ser lembrado por muito tempo, foi confirmada em muitos experimentos. Essa descrição no que se refere a significado é um exemplo da codificação semântica na MLP.

Comparando a codificação na memória de curto e longo prazo

Vimos que as informações podem ser representadas tanto na MCP como na MLP em termos da visão (codificação visual), audição (codificação auditiva) e significado (codificação semântica) (**Tabela 6.2**). O tipo de codificação que ocorre em uma situação particular depende muito da tarefa. Considere, por exemplo, a tarefa de lembrar um número de telefone que você acabou de ouvir. Uma maneira de manter o número na memória é repeti-lo indefinidamente — um exemplo de codificação auditiva. É menos provável que você lembre o número em relação à imagem visual ou significado do número de telefone. Devido à natureza de muitas tarefas na MCP, a codificação auditiva é o tipo predominante de codificação na MCP.

Agora considere outro exemplo. Você terminou de ler uma história de aventura na semana passada e agora lembra o que leu. É improvável que você lembre com que as palavras se pareciam enquanto as lia, mas é mais provável que se lembre do que aconteceu na história. Lembrar o que aconteceu é codificação semântica, que geralmente ocorre na MLP. Se, ao lembrar

Tabela 6.2   Exemplos de codificação na memória de curto e longo prazo

Codificação	Memória de curto prazo	Memória de longo prazo
Visual	Reter uma imagem na mente para reproduzir um padrão visual que acabou de ser visto (Della Sala et al., 1999.)	Visualizar com que o Lincoln Memorial, em Washington, D.C., se parecia quando você o viu no verão passado
Auditiva	Representar os sons das letras na mente logo após ouvi-las (Conrad, 1964)	Repetir uma música que você já ouviu muitas vezes antes, indefinidamente em sua mente
Semântica	Inserir palavras em uma tarefa da MCP em categorias com base em seu significado (Wickens et al., 1976)	Relembrar o enredo geral de um romance que você leu na semana passada (Sachs)

a história, você evocasse imagens de alguns dos lugares que imaginou ao ler a história (ou talvez viu, se o livro incluísse ilustrações), seria um exemplo da codificação visual na MLP. Geralmente, a codificação semântica é a forma mais provável de codificação para tarefas na MLP.

Localizando a memória no cérebro

No fim do Capítulo 5, vimos que o córtex pré-frontal e outras áreas estão envolvidas na memória de trabalho (Figura 5.19, p. 141). Nosso objetivo nesta seção é descrever alguns experimentos que comparam onde MCP e MLP são representadas no cérebro. Veremos que há evidências de que MCP e MLP são separadas no cérebro, mas também algumas evidências de sobreposição. A evidência mais forte de separação é fornecida por estudos neuropsicológicos.

Neuropsicologia   Em 1953, Henry Molaison (conhecido como paciente HM até sua morte aos 82 anos em 2008) foi submetido a um procedimento experimental projetado para eliminar suas crises epilépticas graves. O procedimento, que envolveu a remoção **hipocampo** (ver Figura 5.19) de HM de dos dois lados do cérebro, conseguiu diminuir as crises, mas teve o efeito indesejado de eliminar sua capacidade de formar novas memórias de longo prazo (Corkin, 2002; Scoville e Milner, 1957).

A memória de curto prazo de HM permaneceu intacta, assim ele conseguia lembrar o que acabara de acontecer, mas não conseguia transferir nenhuma dessas informações para a memória de longo prazo. Um resultado dessa incapacidade de formar novas memórias de longo prazo foi que, embora a psicóloga Brenda Milner tenha testado várias vezes ao longo de muitas décadas, HM sempre reagia à chegada dela ao quarto como se a estivesse encontrando-a pela primeira vez. O caso de HM, embora trágico para ele pessoalmente, levou à compreensão do papel do hipocampo na formação de novas memórias de longo prazo. Além disso, o fato de que sua memória de curto prazo permaneceu intacta sugeriu que as memórias de curto e longo prazo são atendidas por regiões cerebrais distintas (ver também Suddendorf et al., 2009; Wearing, 2005 uma descrição de outro caso de lesão no hipocampo que causa perda da capacidade de formar memórias de longo prazo).

Também há pessoas com um problema oposto ao de HM — isto é, elas têm uma MLP normal, mas MCP baixa. Um exemplo é o paciente KF, que sofreu lesões no lobo parietal em um acidente de moto. A baixa MCP de KF era indicada por um intervalo de dígitos reduzido — o número de dígitos que ele conseguia se lembrar (ver Capítulo 5, p. 130; Shallice e Warrington, 1970). Ainda que o intervalo típico esteja entre cinco e nove dígitos, KF tinha um intervalo de dois dígitos; além disso, o efeito de recência em sua curva de posição serial, que está associada à MCP, era menor. Ainda que a MCP de KF tivesse sido significativamente prejudicada, ele apresentava uma MLP funcionando, como indicado pela sua capacidade de formar e manter novas memórias dos eventos em sua vida.

O que é especial sobre esses casos juntos é que, como a MCP de HM estava intacta, mas não era capaz de formar novas memórias de longo prazo e KF tinha o problema oposto (MLP intacta, mas MCP deficiente), eles estabelecem uma dupla dissociação (ver Método: demonstrando uma dupla dissociação, p. 35) entre MCP e MLP (Tabela 6.3). Essas evidências corroboram a ideia de que MCP e MLP são provocadas por mecanismos diferentes, que podem agir de maneira independente.

A combinação das evidências neuropsicológicas e os resultados de experimentos comportamentais como os de medição da curva de posição serial, bem como a proposta do modelo modal em que MCP e MLP são representadas por caixas distintas, corrobora a ideia da separação da MCP e MLP. No entanto, alguns experimentos recentes com imagens do cérebro mostram que essa separação não é tão óbvia.

Tabela 6.3 Uma dupla dissociação para memória de curto e longo prazo

Paciente	Memória de curto prazo	Memória de longo prazo
HM	OK	Deficiente
KF	Deficiente	OK

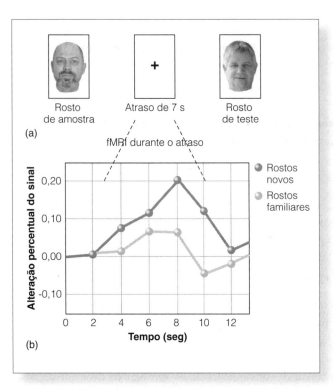

▶ Figura 6.8 (a) Apresentação dos estímulos para o experimento de Ranganath e D'Esposito (2001). (b) A resposta de fMRI do hipocampo aumenta durante o atraso para novas faces, mas só aumenta ligeiramente para faces que as pessoas já viram antes.
(Fonte: com base em C. Ranganath e M. D'Esposito, Medial temporal lobe activity associated with active maintenance of novel information, *Neuron*, 31, 865-873, 2001.)

Imagens do cérebro Charan Ranganath e Mark D'Esposito (2001) perguntaram se o hipocampo, que é crucial para formar novas memórias de longo prazo, também pode desempenhar um papel na retenção de informações por curtos períodos de tempo. A **Figura 6.8a** mostra a sequência de estímulos apresentados aos participantes enquanto uma varredura dos cérebros era feita. Uma face de amostra foi apresentada por 1 segundo, seguido por um período de atraso de 7 segundos. Em seguida, uma face de teste foi apresentada, e a tarefa do participante era decidir se correspondia com a face amostral. Os participantes foram colocados em duas situações. Na situação "face nova", eles viam cada face pela primeira vez. Na situação "face familiar", eles viam faces que haviam visualizado antes do experimento.

Os resultados, mostrados na **Figura 6.8b**, indicam que a atividade no hipocampo aumenta à medida que os participantes retêm novas faces na memória durante o atraso de 7 segundos, mas a atividade muda apenas ligeiramente para as faces familiares. Com base nesse resultado, Ranganath e D'Esposito concluíram que o hipocampo está envolvido na manutenção de novas informações na memória durante pequenos atrasos. Resultados como esses, além dos resultados de muitos outros experimentos, mostram que o hipocampo e outras estruturas do lobo temporal medial, antes consideradas envolvidas apenas na MLP, também desempenham algum papel na MCP (Cashdollar et al., 2009; Jonides et al., 2008; Nichols et al., 2006; Ranganath e Blumenfeld, 2005; Rose et al., 2012).

TESTE VOCÊ MESMO 6.1

1. Descreva como as diferenças entre MCP e MLP foram determinadas medindo curvas de posição serial.
2. Quais são alguns exemplos de codificação visual, auditiva e semântica para MCP e MLP?
3. Descreva como os experimentos de Wickens e Sachs fornecem evidências para a codificação semântica em MCP e MLP. O que podemos concluir sobre as semelhanças e diferenças em MCP e MLP com base em como a codificação ocorre em ambas?
4. Quais são as conclusões sobre a distinção entre MCP e MLP de estudos de neuropsicologia envolvendo HM e KF?
5. O que experimentos mais recentes, como o de Ranganath e D'Esposito, indicam sobre a distinção entre os mecanismos cerebrais que atendem à MCP e à MLP?

Levando esses novos resultados em consideração, muitos pesquisadores concluíram que, embora haja boas evidências para a distinção da memória de curto prazo e memória de longo prazo, também há evidências de que essas funções não são tão distintas como se pensava antes, especialmente para tarefas envolvendo novos estímulos. Como agora mudamos nosso foco para considerar apenas a memória de longo prazo, vamos nos concentrar primeiro na memória episódica e semântica de longo prazo.

 Memória episódica e memória semântica

Agora estamos prontos para deixar para trás a memória de curto prazo e perguntar por que a memória episódica (memória para experiências) e a memória semântica (memória para fatos) são consideradas dois tipos diferentes de memória. Essa pergunta foi respondida levando-se em conta (1) o tipo de *experiência* associado a memórias episódicas e semânticas, (2) como lesões cerebrais afetam cada uma, e (3) as respostas de fMRI para cada uma.

Distinções entre memória episódica e memória semântica

Quando dizemos que a memória episódica é a memória para experiências e que a memória semântica é a memória para fatos, estamos distinguindo entre dois tipos de memória com base nas *informações* lembradas. Endel Tulving (1985), que primeiro propôs que as memórias episódicas e semânticas lidavam com diferentes tipos de informação, também sugeriu que a memória episódica e a semântica podem ser diferenciadas com base no tipo de *experiência* associado a cada uma (ver também Gardiner, 2001; Wheeler et al., 1997).

Diferenças na experiência   De acordo com Tulving, a propriedade definidora da experiência da memória episódica é que envolve **viagem mental no tempo** — a experiência de viajar de volta no tempo para se reconectar com eventos que aconteceram no passado. Por exemplo, posso viajar 20 anos atrás em minha mente para lembrar de quando cheguei ao topo de uma montanha perto da costa da Califórnia e de ver o oceano Pacífico lá embaixo, à medida que se estendia ao longe. Lembro de sentar no carro, ver o oceano e dizer, "Uau!" para minha esposa, que estava sentada a meu lado. Também lembro de algumas emoções que estava sentindo e de outros detalhes, como o interior do meu carro, o sol refletido na água e a expectativa do que veríamos na descida da montanha. Em suma, quando me lembro desse incidente, sinto como se estivesse *revivendo-o*. Tulving descreve essa experiência de viagem no tempo mental/memória episódica como *autoconhecimento* ou *lembrança*.

Em comparação com a propriedade da viagem no tempo mental da memória episódica, a experiência da memória semântica envolve o acesso ao conhecimento sobre o mundo que não precisa estar vinculado à lembrança de uma experiência pessoal. Esse conhecimento pode ser coisas como fatos, vocabulário, números e conceitos. Quando *experimentamos* memória semântica, não estamos viajando de volta a um evento específico de nosso passado, mas estamos acessando coisas com as quais estamos familiarizados e conhecemos. Por exemplo, conheço muitos fatos sobre o oceano Pacífico — onde está localizado, que é grande, que, se você viajar para o oeste saindo de San Francisco, acabará no Japão —, mas não consigo lembrar exatamente quando aprendi essas coisas. As várias coisas que conheço sobre o oceano Pacífico são memórias semânticas. Tulving descreve a experiência da memória semântica como *conhecer*, com a ideia de que conhecer não envolve uma viagem mental no tempo.

Evidências neuropsicológicas   Assim como evidências neuropsicológicas foram utilizadas para distinguir entre MCP e MLP, também foram usadas para diferenciar entre memória episódica e semântica. Consideramos primeiro o caso de KC, que aos 30 anos saiu de uma rampa de saída de uma rodovia com sua motocicleta e sofreu graves lesões no hipocampo e nas estruturas vizinhas (Rosenbaum et al., 2005). Como resultado dessa lesão, KC perdeu a memória episódica — ele não pode mais reviver nenhum dos eventos de seu passado. Ele sabe, porém, que certas coisas aconteceram, o que corresponderia à memória semântica. Ele está ciente do fato de que o irmão morreu há dois anos, mas não se lembra de nada sobre experiências pessoais, por exemplo, como ele ouviu sobre a morte do irmão ou o que vivenciou no funeral. KC também lembra fatos como onde os talheres estão localizados na cozinha e a diferença entre um *strike* e um *spare* no boliche. Assim, KC perdeu a parte episódica da memória, mas a memória semântica está praticamente intacta. (Ver também em Palombo et al., 2015 mais histórias de casos de pessoas que não têm memória episódica, mas têm boa memória semântica.)

Uma pessoa cuja lesão cerebral resultou em sintomas opostos aos experimentados por KC é LP, uma mulher italiana que tinha saúde normal até sofrer um ataque de encefalite aos 44 anos (DeRenzi et al., 1987). Os primeiros sinais de problema eram dores de cabeça e febre, seguidas de alucinações que duraram cinco dias. Quando ela voltou para casa após ser internada por 6 semanas no hospital, ela tinha dificuldades para reconhecer pessoas conhecidas; tinha problemas para fazer compras porque não conseguia lembrar o significado das palavras na lista de compras ou onde as coisas estavam na loja; e não

Tabela 6.4 Uma dupla dissociação para memória semântica e episódica

Paciente	Memória semântica	Memória episódica
KC	OK	Ruim
LP	Ruim	OK

conseguia mais reconhecer pessoas famosas ou recordar fatos como a identidade de Beethoven ou o fato de que a Itália estava envolvida na Segunda Guerra Mundial. Todas essas são memórias semânticas.

Apesar desse grave comprometimento da memória para informações semânticas, ela ainda era capaz de lembrar eventos na sua vida. Conseguia lembrar o que tinha feito durante o dia e coisas que aconteceram semanas ou meses antes. Assim, embora tivesse perdido as memórias semânticas, ela ainda era capaz de formar novas memórias episódicas. A Tabela 6.4 resume os dois casos que descrevemos. Esses casos, tomados em conjunto, demonstram uma dupla dissociação entre memória episódica e semântica, o que corrobora a ideia de que a memória para esses dois tipos diferentes de informação provavelmente envolve mecanismos diferentes.

Ainda que a dupla dissociação mostrada na Tabela 6.4 corrobore a ideia de mecanismos distintos para a memória semântica e episódica, a interpretação dos resultados dos estudos de pacientes com lesões cerebrais é frequentemente difícil porque a extensão da lesão cerebral frequentemente difere entre um paciente e outro. Além disso, o método de teste de pacientes pode diferir em diferentes estudos. É importante, portanto, complementar os resultados da pesquisa neuropsicológica com outros tipos de evidências. Essas evidências adicionais são fornecidas por experimentos de imagens do cérebro. (Ver em Squire e Zola-Morgan, 1998, e Tulving e Markowitsch, 1998, uma discussão mais aprofundada da neuropsicologia da memória episódica e semântica.)

Imagens do cérebro Brian Levine e colaboradores (2004) fizeram um experimento com imagens do cérebro em que os participantes mantinham diários em fitas de áudio descrevendo eventos pessoais do dia a dia (exemplo: "Foi a última noite da nossa aula de dança de salsa... As pessoas dançavam todos os diferentes estilos de salsa...") e fatos extraídos do conhecimento semântico delas ("Em 1947, havia 5 mil japoneses canadenses morando em Toronto"). Quando os participantes mais tarde ouviram essas descrições gravadas em áudio enquanto passavam por uma varredura de fMRI, as gravações dos eventos cotidianos provocaram memórias autobiográficas episódicas detalhadas (as pessoas lembravam suas experiências), enquanto as outras gravações simplesmente lembravam os fatos semânticos que elas tinham vivenciado.

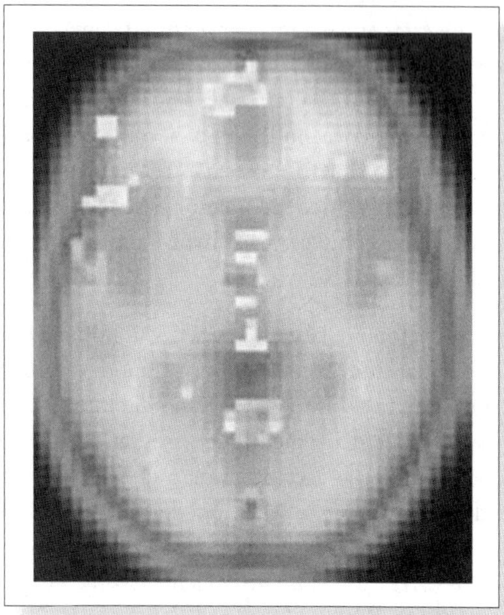

A Figura 6.9 mostra a ativação do cérebro em um corte transversal. As áreas amarelas representam as regiões do cérebro associadas a memórias episódicas; as áreas azuis representam as regiões cerebrais associadas ao conhecimento semântico e factual (pessoal e não pessoal). Esses resultados e outros indicam que, embora possa haver sobreposição entre a ativação causada por memórias episódicas e semânticas, também existem diferenças importantes (ver também Cabeza e Nyberg, 2000; Duzel et al., 1999; Nyberg et al., 1996). A Figura 6.9 está disponível em cores, no suplemento colorido, ao final do livro.

O fato de que podemos fazer distinções entre memória episódica e semântica não significa, entretanto, que elas funcionem de maneira totalmente distinta entre si. De acordo com o tema deste capítulo da *divisão e interação*, veremos agora que existe uma grande interação entre esses dois sistemas.

▶ Figura 6.9 Cérebro mostrando áreas ativadas por memórias episódicas e semânticas. As áreas amarelas representam regiões do cérebro associadas a memórias episódicas; as áreas azuis representam regiões associadas a memórias semânticas. Esta figura está disponível, em cores, no suplemento colorido, ao final do livro. (Fonte: Levine et al., 2004.)

Tabela 6.5 Tipos de memória de longo prazo

Tipo	Definição	Exemplo
Episódica	Memória para experiências pessoais específicas, envolvendo viagem mental no tempo, de volta no tempo para alcançar a sensação de reviver a experiência.	Lembro-me de ir tomar um café no Le Buzz ontem de manhã e conversar com Gil e Mary sobre a viagem de bicicleta deles.
Semântica	Memória para fatos.	Há um Starbucks próximo ao Le Buzz.
Autobiográfica	Memórias das pessoas para experiências das próprias vidas. Essas memórias têm componentes episódicos (eventos específicos revividos) e componentes semânticos (fatos relacionados a esses eventos). Esses componentes semânticos da memória autobiográfica são *memórias semânticas pessoais*.	Conheci Gil e Mary no Le Buzz ontem de manhã. Sentamos na nossa mesa favorita perto da janela, o que muitas vezes é difícil de conseguir de manhã quando a cafeteria está movimentada.

Interações entre memória episódica e semântica

Na vida real, as memórias episódicas e semânticas costumam estar interligadas. Dois exemplos são (1) como o conhecimento (semântico) afeta a experiência (episódica) e (2) a composição da memória autobiográfica.

O conhecimento afeta a experiência   Trazemos um vasto acervo de conhecimento conosco à medida que temos experiências das quais nos lembraremos mais tarde. Por exemplo, recentemente estava assistindo a uma partida de beisebol com um amigo britânico que nunca tinha ido a um jogo de beisebol, então o conhecimento dele limitava-se ao princípio básico de que o objetivo do jogo é acertar a bola, correr até as bases e pontuar. Enquanto assistíamos à partida juntos, logo percebi que sabia muitas coisas sobre o jogo que admitia como naturais. A certa altura da partida, quando havia um jogador na primeira base e outro eliminado, previ a possibilidade de que uma bola no solo resultasse em uma dupla eliminação. Então, quando o batedor fazia um lançamento para o jogador da terceira base, eu imediatamente olhava para o jogador da segunda base, para onde aquele na terceira base tinha jogado a bola para uma eliminação, e então para a primeira base, para onde o jogador na segunda base lançou para uma eliminação. Enquanto isso, a reação do meu amigo britânico foi "o que aconteceu?". Claramente, meu conhecimento do jogo influenciou aquilo em que eu prestava atenção e como experimentei o jogo. Nosso conhecimento (memória semântica) orienta nossa experiência e isso, por sua vez, influencia as memórias episódicas que decorrem dessa experiência.

A memória autobiográfica tem componentes semânticos e episódicos   A interação entre a memória episódica e a semântica também ocorre quando consideramos a **memória autobiográfica** — memória para experiências específicas de nossas vidas, que pode incluir componentes episódicos e semânticos. Por exemplo, considere a seguinte memória autobiográfica: "Quando conheci Gil e Mary na cafeteria Le Buzz ontem, a gente sentou-se à nossa mesa favorita, que fica perto da janela, mas que é difícil de conseguir pela manhã quando Le Buzz está movimentado".

Observe que essa descrição contém componentes episódicos (conhecer Gil e Mary ontem é uma experiência específica) e componentes semânticos (Le Buzz é uma cafeteria; a mesa perto da janela é nossa favorita; é difícil conseguir essa mesa pela manhã são todos fatos). Os componentes semânticos dessa descrição são chamados **memórias semânticas pessoais** porque são fatos associados a experiências pessoais (Renoult et al., 2012). A Tabela 6.5 resume as características das memórias episódicas, semânticas e autobiográficas.

Outra interação entre memória episódica e semântica foi demonstrada em um experimento feito por Robyn Westmacott e Morris Moscovitch (2003), que mostrou que o conhecimento das pessoas sobre personalidades públicas, como atores, cantores e políticos, pode incluir componentes semânticos e episódicos. Por exemplo, se você conhece alguns fatos sobre Oprah Winfrey e que ela tinha um programa de televisão, seu conhecimento seria principalmente semântico. No entanto, se você consegue se lembrar de assistir a alguns de seus programas de televisão, ou, melhor ainda, estava na plateia do estúdio durante um dos programas, sua memória para Oprah Winfrey teria componentes episódicos.

Westmacott e Moscovitch chamam memórias semânticas envolvendo episódios pessoais *autobiograficamente significativas* de memórias semânticas. Ao testar a capacidade das pessoas para lembrar nomes de personalidades públicas, eles descobriram que a recordação era melhor para nomes de pessoas com maior significado autobiográfico. Assim, seria mais provável que você lembrasse o nome de um cantor popular (informação semântica) se tivesse assistido a um de seus shows (experiência episódica) do que se você apenas soubesse que o cantor é uma pessoa famosa.

Isso significa que as experiências relacionadas às memórias episódicas podem auxiliar a acessar memórias semânticas. Curiosamente, quando Westmacott e colaboradores (2003) realizaram o mesmo experimento em pessoas com danos cerebrais que tinham perdido a memória episódica, não havia memória aprimorada para nomes autobiograficamente significativos. Assim, quando a memória episódica está presente, a memória semântica para "fatos" (como o nome de uma pessoa) é aprimorada. Contudo, quando a memória episódica está ausente, essa vantagem criada por fatos pessoalmente relevantes desaparece — outro exemplo da interconectividade entre a memória episódica e a semântica.

Essa conexão entre a memória episódica e a semântica torna-se ainda mais interessante quando perguntamos o que acontece com as memórias de longo prazo com o passar do tempo. Lembre-se de que a MCP dura apenas cerca de 15 segundos (a menos que as informações sejam mantidas lá por meio de ensaio), assim os eventos que lembramos de uma hora, um dia ou um ano atrás são todos lembrados da MLP. No entanto, como veremos agora, nem todas as memórias de longo prazo são criadas da mesma maneira. É mais provável que lembremos os detalhes de algo que aconteceu ontem do que de algo que aconteceu há um ano, e podemos mais tarde esquecer algo que aconteceu ontem enquanto ainda lembramos o que aconteceu um ano atrás!

O que acontece com as memórias episódicas e semânticas com o passar do tempo?

Um procedimento para determinar o que ocorre com a memória com o passar do tempo é apresentar estímulos e, depois de algum tempo, pedir que um participante relembre os estímulos, como nos experimentos da curva de posição serial (p. 154) ou experimentos de reconhecimento nos quais os participantes são solicitados a reconhecer uma frase de um trecho que leram (p. 158). O resultado típico desses experimentos é que os participantes esquecem alguns dos estímulos, com o esquecimento aumentando em intervalos de tempo mais longos. No entanto, ao considerar o processo de esquecimento em mais detalhes, veremos que o esquecimento nem sempre é um processo do tipo "tudo ou nada". Por exemplo, considere a seguinte situação: um amigo apresenta Roger para você na cafeteria na segunda-feira, e vocês conversam brevemente. Então, no final da semana, você vê Roger do outro lado da rua. Algumas reações possíveis ao ver Roger são:

Essa pessoa parece familiar. Qual é o nome dele e onde o conheci?
Eis o Roger. Onde eu o conheci?
Eis o Roger, que conheci no café na segunda-feira passada. Lembro-me de conversar com ele sobre futebol.

> **MÉTODO** Procedimento lembrar/saber
>
> No procedimento lembrar/conhecer, os participantes são apresentados a um estímulo que encontraram antes e são solicitados a responder com (1) *lembrar* se o estímulo é familiar e eles também lembram as circunstâncias sob as quais eles inicialmente o encontraram; (2) *conhecer* se o estímulo parece familiar, mas eles não se lembram de tê-lo experimentado antes; ou (3) *não sei* se eles não se lembram do estímulo. O procedimento é utilizado em experimentos de laboratório em que os participantes são solicitados a lembrar listas de estímulos, e também é usado para medir a memória das pessoas para eventos reais do passado. Esse procedimento é importante porque distingue entre os componentes episódicos da memória (indicados por uma resposta *lembrar*) e os componentes semânticos (indicados por uma resposta *saber*).

É claro que existem diferentes graus de esquecimento e lembrança. Os primeiros dois exemplos ilustram a *familiaridade* — a pessoa parece familiar e você consegue lembrar o nome dela, mas não consegue lembrar nenhum detalhe sobre experiências específicas envolvendo essa pessoa. O último exemplo ilustra a *recordação (recollection)* — lembrar experiências específicas relacionadas à pessoa. A familiaridade está associada à memória semântica porque não está associada às circunstâncias em que o conhecimento foi adquirido. A lembrança está associada à memória episódica porque inclui detalhes sobre o que acontecia quando o conhecimento foi adquirido, além da consciência do evento de como foi experimentado no passado. Essas duas maneiras de lembrar foram medidas usando o **procedimento lembrar/saber**.

Raluca Petrican e colaboradores (2010) determinaram como a memória das pessoas para eventos públicos muda ao longo do tempo apresentando descrições de eventos que aconteceram em um período de 50 anos para adultos mais velhos (idade média = 63 anos) e pedindo que respondessem com *recordações* se eles tiveram uma experiência pessoal associada ao evento ou se lembravam de ter visto detalhes sobre o evento na TV ou no jornal. Eles deveriam responder *sei* se estavam familiarizados com o evento, mas não conseguiam lembrar nenhuma experiência pessoal ou detalhes relacionados à cobertura pela mídia do evento. Se não conseguissem lembrar o evento, eles deveriam responder *não sei*.

Os resultados desse experimento são mostrados na Figura 6.10, que indica a memória para eventos públicos que aconteceram nos últimos 10 anos, e memória para eventos que aconteceram 40 a 50 anos antes. (Atrasos intermediários também foram testados no experimento. Estamos nos concentrando nos extremos.) Como seria de se esperar, o esquecimento completo aumentava com o tempo (barras vermelhas). Contudo, o resultado interessante é que *lembrar* as respostas diminuíram muito mais do que *saber* as respostas, o que significa que as memórias para eventos há 40 a 50 anos perderam boa parte da característica episódica. Este resultado ilustra a **semanticização das memórias remotas** — perda dos detalhes episódicos para memórias de eventos antigos A Figura 6.10 está disponível, em cores, no suplemento colorido, ao final do livro.

Essa perda dos detalhes episódicos foi demonstrada tanto para eventos antigos como no experimento de Petrican, e também por períodos tão curtos quanto uma semana (Addis et al., 2008; D'Argembeau e Van der Linden, 2004; Johnson et al., 1988; Viskontas et al., 2009). Essa semanticização de curto prazo faz sentido quando consideramos experiências pessoais. Você provavelmente se lembra dos detalhes do que fez hoje cedo ou ontem, mas menos detalhes sobre o que aconteceu há uma semana (a menos que o que aconteceu há uma semana tenha sido particularmente importante).

Outra maneira de avaliar a semanticização de memórias remotas é considerar como você adquiriu o conhecimento que compõe suas memórias semânticas. Quando estava no sexto ano, você pode ter aprendido que o poder legislativo do governo dos Estados Unidos (EUA) consiste no Senado e na Câmara dos Deputados. Logo depois de saber esse fato, você pode ter achado fácil lembrar o que estava acontecendo na aula, incluindo com que a sala de aula se parecia, o que o professor falava etc. A lembrança de todos esses detalhes sobre as circunstâncias da aprendizagem vem sob o título de memória episódica. Os fatos sobre como funciona o governo são a memória semântica.

Muitos anos depois, na faculdade, sua memória semântica sobre a estrutura do governo dos EUA permanece, mas os detalhes episódicos sobre o que estava acontecendo no dia específico em que você soube que as informações, provavelmente, desapareceram. Assim, o conhecimento que constitui suas memórias semânticas é inicialmente obtido por meio de experiências pessoais que são a base das memórias episódicas, mas sua memória para essas experiências muitas vezes se desvanece, e apenas a memória semântica permanece.

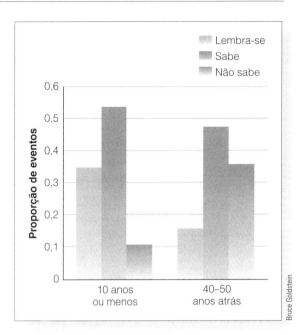

▶ Figura 6.10 Resultados do experimento lembrar/saber que testou a memória de participantes mais velhos para eventos durante um período de 50 anos. Esta figura está disponível, em cores, no suplemento colorido, ao final do livro.

(Fonte: baseado em R. Petrican, N. Gopie, L. Leach, T. W. Chow, B. Richards e M. Moscovitch, Recollection and familiarity for public events in neurologically intact older adults and two brain-damaged patients. *Neuropsychologia*, 48, 945-960, 2010.)

▶ De volta para o futuro

Normalmente pensamos na memória no que se refere a retomar eventos ou fatos do passado. Contudo, que tal imaginar o que pode acontecer no futuro? Existe uma conexão entre os dois? A frase de William Shakespeare, "O que é passado é prólogo", de *A tempestade*, traça uma conexão direta entre o passado, o presente e talvez o futuro. Steve Jobs, um dos fundadores da Apple Computer, comenta sobre a conexão observando, "Você não pode conectar os pontos olhando para a frente; você só pode conectá-los olhando para trás; então você tem de confiar que os pontos se conectarão de alguma forma no futuro" (Jobs, 2005).

Estender os pontos para o futuro tornou-se um tema importante das pesquisas sobre memória. Essa pesquisa não pergunta como podemos *prever* o futuro, mas pergunta como podemos criar cenários possíveis *sobre* o futuro. A razão pela qual tornou-se um tópico de pesquisas é que há evidências de uma conexão entre a capacidade de lembrar o passado e a capacidade de imaginar o futuro. Evidências dessa conexão são fornecidas por pacientes que perderam a memória episódica como resultado de lesão cerebral. K. C., o motociclista que descrevemos anteriormente como tendo perdido a memória episódica por causa de um ferimento na cabeça, era incapaz de usar a imaginação para descrever eventos pessoais que poderiam acontecer no futuro (Tulving, 1985). Outro paciente, D. B., que tinha dificuldade de lembrar eventos passados por causa de lesão no hipocampo, também tinha dificuldade para imaginar eventos futuros. A incapacidade dele de imaginar eventos futuros restringia-se a coisas que poderiam acontecer pessoalmente; ele ainda conseguia imaginar outros eventos futuros, como o que

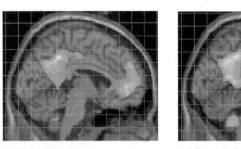
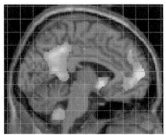

(a) Eventos passados   (b) Eventos futuros

▶ Figura 6.11 Ativação do cérebro causada por (a) pensar sobre eventos passados e (b) imaginar eventos futuros. Esta figura está disponível, em cores, no suplemento colorido, ao final do livro. (Fonte: Addis et al., 2007.)

(a) Perspectiva de primeira pessoa

(b) Perspectiva de terceira pessoa

▶ Figura 6.12 Duas maneiras de lembrar visualmente um evento: (a) Perspectiva de primeira pessoa. O evento é lembrado como teria sido visto pela pessoa que realiza a lembrança. (b) Perspectiva de terceira pessoa. O evento é lembrado como seria visto por um observador externo analisando o evento. Nessa visão de terceira pessoa, a pessoa que está lembrando é a mulher de preto.

poderia acontecer na política ou outros eventos atuais (Addis et al., 2007; Hassabis et al., 2007; Klein et al., 2002).

Essas evidências comportamentais de uma ligação entre a capacidade de lembrar o passado e a capacidade de imaginar o que pode acontecer no futuro levou Donna Rose Addis e colaboradores (2007) a procurar uma ligação fisiológica usando fMRI para determinar como o cérebro é ativado relembrando o passado e imaginando o futuro. A ativação do cérebro foi medida enquanto participantes neurologicamente normais pensavam silenciosamente sobre eventos do passado ou eventos que poderiam acontecer no futuro. Os resultados indicaram que todas as regiões do cérebro que estavam ativas ao pensar no passado também estavam ativas ao pensar no futuro (Figura 6.11). Esses resultados sugerem que mecanismos neurais semelhantes estão envolvidos na lembrança do passado e previsão do futuro (Addis et al., 2007, 2009; Schacter e Addis, 2009). Com base nesses resultados, Schacter e Addis (2007, 2009) propuseram a **hipótese de simulação episódica construtiva**, que afirma que as memórias episódicas são extraídas e recombinadas para construir simulações de eventos futuros.

A ideia de que há uma conexão entre imaginar o passado e prever o futuro também é corroborado por um experimento feito por Eleanor McDermott e colaboradores (2016), em que os participantes eram convidados a lembrar um evento do passado ou a imaginar um evento semelhante que poderia acontecer no futuro. Os participantes também foram instruídos a descrever o que estavam vendo à medida que lembravam ou imaginavam, e para perceber se essas observações eram de uma perspectiva de primeira pessoa (o que eles veriam se fossem participantes do evento, como na Figura 6.12a) ou de uma perspectiva de terceira pessoa (o que eles veriam se fossem um observador externo assistindo ao evento acontecer, como na Figura 6.12b). Quando comparados dessa maneira, havia maior probabilidade de que ambos os eventos lembrados e imaginados fossem "vistos" de uma perspectiva de terceira pessoa, embora existissem um pouco menos percepções de terceira pessoa para o passado lembrado (71%) do que para o futuro imaginado (78%).

McDermott também observou o ponto de vista visual dos relatórios dos participantes. Esses resultados, na Figura 6.13, mostram que existem algumas diferenças, com mais respostas abaixo do nível dos olhos e menos respostas ao nível dos olhos para a situação futura imaginada. No entanto, as respostas acima do nível dos olhos e as distâncias eram as mesmas. Com base na sobreposição entre os

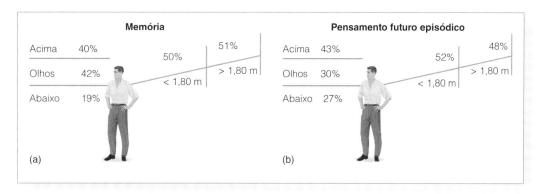

▶ Figura 6.13 Pontos de vista para perspectivas de terceira pessoa para (a) memória de um evento passado; (b) imaginar um possível evento futuro. Os números em vermelho indicam porcentagens de visualizações acima do nível dos olhos, no nível dos olhos e abaixo do nível dos olhos. Os números em laranja indicam porcentagens de visualizações que estavam a menos ou mais de 90 cm de distância. Esta figura está disponível, em cores, no suplemento colorido, ao final do livro.
(Fonte: McDermott et al., 2016, Fig. 3, p. 248.)

resultados para memórias e futuros imaginários, McDermott concluiu que é provável que processos comuns estejam envolvidos nas duas situações. A Figura 6.13 está disponível em cores, no suplemento colorido, ao final do livro.

Por que é importante conseguir imaginar o futuro? Uma resposta a essa pergunta é que, quando o futuro se torna o presente, precisamos ser capazes de agir com eficácia. Considerado dessa maneira, ser capaz de imaginar o futuro torna-se muito importante e, de fato, Donna Rose Addis e colaboradores (2007) sugeriram que talvez o principal papel do sistema de memória episódica não seja lembrar o passado, mas capacitar as pessoas para simular possíveis cenários futuros para ajudar a antecipar as necessidades futuras e orientar o comportamento futuro. Isso que pode ser útil, por exemplo, na decisão de abordar ou evitar uma situação particular, ambas as quais podem ter implicações para lidar efetivamente com o ambiente e, talvez, até mesmo para a sobrevivência (Addis et al., 2007; Schacter, 2012).

A ideia de que simular o futuro pode ser um processo adaptativo nos remete ao fenômeno da divagação mental, que discutimos no Capítulo 2 e no Capítulo 4. Vimos que a divagação mental está associada à ativação da rede de modo padrão (RMP), que se torna ativa quando uma pessoa não focaliza uma tarefa específica e é extremamente prevalente, ocorrendo quase metade das vezes durante as horas de vigília. Também observamos que a divagação mental pode provocar diminuições no desempenho de tarefas que requerem atenção direcionada, mas a divagação mental provavelmente também tem efeitos positivos.

TESTE VOCÊ MESMO 6.2

1. Como a memória episódica e a semântica foram distinguidas uma da outra? Considere as duas definições e a ideia de Tulving da viagem mental no tempo.
2. Descreva evidências neuropsicológicas para uma dupla dissociação entre memória episódica e semântica.
3. Descreva a experiência do "diário" de Levine. O que os resultados das imagens do cérebro indicam sobre a memória episódica e semântica?
4. Descreva como o conhecimento (semântico) pode afetar a experiência (episódica).
5. O que é memória autobiográfica? Como a definição da memória autobiográfica incorpora memória episódica e semântica?
6. Descreva como o significado pessoal pode tornar as memórias semânticas mais fáceis de lembrar. O que acontece com o "efeito de significado pessoal" em pessoas que perderam as memórias episódicas devido a lesões cerebrais?
7. Descreva o que acontece com a memória ao longo do tempo. O que é a semanticização da memória episódica?
8. O que é o procedimento lembrar/saber? Como distingue entre memórias episódicas e semânticas? Como é usado para medir como a memória muda com o tempo?
9. Descreva a seguinte evidência que indica sobreposição entre a memória episódica do passado e a capacidade de imaginar eventos futuros: (1) memória das pessoas que perderam a memória episódica; (2) evidências de imagens do cérebro.
10. O que é a hipótese de simulação episódica construtiva? Descreva o experimento de McDermott, no qual ela comparou as perspectivas e os pontos de vista que as pessoas assumem ao lembrar o passado e imaginar o futuro.
11. Que papel Addis e colaboradores sugerem para a memória episódica?

Um indício de um papel positivo para a divagação mental é que, quando ocorre a divagação mental, as pessoas têm mais probabilidade de pensar no futuro do que no passado ou no presente (Baird et al., 2011). Isso levou alguns pesquisadores a sugerir que uma das razões pelas quais a mente divaga é para ajudar as pessoas a planejar o futuro, ajudando a criar simulações do futuro a partir de nossas memórias episódicas. E para tornar, ainda mais interessante, essa história sobre divagação mental, a atividade RMP e o planejamento do futuro, pesquisas recentes mostraram que danos à RMP podem causar problemas na recuperação de memórias autobiográficas (Philippi et al., 2015), que, como visto nos casos de KC e DB, está associado a problemas para imaginar eventos futuros.

▶ Memória de procedimento, pré-ativação e condicionamento

A **Figura 6.14** é um diagrama dos diferentes tipos de memória de longo prazo. Até agora, focalizamos os dois tipos de memória mostrados à esquerda, episódica e semântica, que se enquadram no título *memória explícita*. **Memórias explícitas** são memórias das quais temos conhecimento. Isso pode parecer uma afirmação estranha, porque não estaríamos cientes de todas as nossas memórias? Contamos a alguém sobre nossas férias ou damos direções a um viajante perdido, e não apenas estamos cientes de nossas memórias (episódicas para descrever as férias; semânticas para conhecer as direções), mas também estamos alertando outra pessoa sobre nossas memórias.

Contudo, existem, de fato, memórias das quais não temos conhecimento, chamadas **memórias implícitas**, mostradas à direita do diagrama. A memória implícita ocorre quando o aprendizado por meio de experiência não é acompanhado por uma lembrança consciente. Por exemplo, fazemos muitas coisas sem sermos capazes de explicar como as fazemos. Essas habilidades vêm sob o título de *memórias procedurais*.

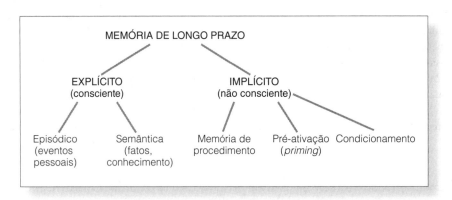

▶ Figura 6.14 A memória de longo prazo pode ser dividida em memória explícita e memória implícita. Também podemos distinguir entre dois tipos de memória explícita, episódica e semântica. Existem vários tipos diferentes de memória implícita. Três dos tipos principais são memória de procedimento, pré-ativação e condicionamento.

Memória de procedimento

Memória de procedimento também é chamada **memória para habilidades** porque é a memória para fazer coisas que geralmente envolvem habilidades aprendidas.

A natureza implícita da memória de procedimento   A natureza implícita da memória de procedimento foi demonstrada em pacientes como L. S. J., uma violinista habilidosa que sofreu perda da memória episódica devido a danos no hipocampo causados por encefalite, mas que ainda conseguia tocar violino (Valtonen et al., 2014). Pacientes amnésicos também podem dominar novas habilidades, embora não se lembrem de nenhuma prática que levou a esse domínio. Por exemplo, H. M., cuja amnésia foi causada pela remoção do hipocampo (ver p. 159), praticava uma tarefa chamada *desenho-espelho*, que envolve copiar uma imagem vista em um espelho (**Figura 6.15**). Você pode apreciar essa tarefa fazendo a demonstração adiante.

Depois de vários dias de prática, H. M. tornou-se muito bom em desenhar a partir do espelho, mas, como sua capacidade de formar memórias de longo prazo estava prejudicada, ele sempre achava que estava praticando o desenho no espelho pela primeira vez. A capacidade de H. M. de desenhar a estrela no espelho, embora não se lembrasse de ter feito isso antes, ilustra a natureza implícita da memória de procedimento. Outro exemplo da prática que melhora o desempenho sem nenhuma

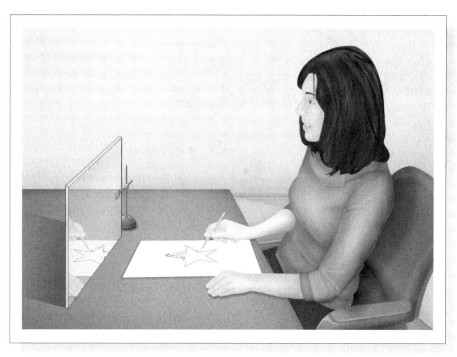

> Figura 6.15 Desenho em espelho. A tarefa é traçar o contorno da estrela e, ao mesmo tempo, olhar para a imagem no espelho.

DEMONSTRAÇÃO Desenho em espelho

Desenhe uma estrela como a na **Figura 6.15** em um pedaço de papel. Coloque um espelho ou alguma outra superfície reflexiva (algumas telas de celular funcionam) a cerca de 1 ou 2 polegadas da estrela, de modo que o reflexo da estrela seja visível. Então, enquanto olha para o reflexo, trace o contorno da estrela no papel (não é justo olhar para o desenho real no papel!). Você provavelmente descobrirá que a tarefa é difícil no início, mas se torna mais fácil com a prática.

lembrança da prática é a violinista L. S. J., mencionada antes, cujo desempenho melhorou à medida que ela praticava uma nova peça musical, mas que não tinha memória de ter praticado a peça (Gregory et al., 2016; Valtonen et al., 2014).

K. C. fornece outro exemplo de uma pessoa que não consegue formar novas memórias de longo prazo, mas que ainda pode aprender novas habilidades. Após o acidente de motocicleta, ele aprendeu a classificar e empilhar livros na biblioteca. Mesmo que ele não se lembre de ter aprendido a fazer isso, ainda consegue, e seu desempenho melhora com a prática. O fato de que as pessoas com amnésia podem reter habilidades do passado e aprender novas levou a uma abordagem para reabilitar pacientes com amnésia, ensinando a eles tarefas, como classificar correspondências ou realizar tarefas repetitivas baseadas em computador, nas quais eles podem se tornar especialistas, mesmo que não se lembrem do treinamento (Bolognani et al., 2000; Clare e Jones, 2008).

Nossos exemplos de memórias implícitas até agora incluíram habilidades motoras que envolvem movimento e ação muscular. Você também desenvolveu muitas habilidades puramente cognitivas que se qualificam como memória de procedimento. Considere, por exemplo, sua capacidade de manter uma conversa. Ainda que você possa não ser capaz de descrever as regras gramaticais, isso não o impede de manter uma conversa gramaticalmente correta. Começando quando somos crianças, aprendemos a aplicar as regras da gramática, sem necessariamente sermos capazes de enunciar as regras (embora mais tarde, quando somos mais velhos, possamos estudá-las).

Memória de procedimento e atenção O principal efeito das memórias procedurais é que permitem realizar atos habilidosos sem pensar sobre o que estamos fazendo. Por exemplo, considere o que acontece quando uma pessoa está aprendendo a tocar piano. Ela pode começar prestando muita atenção aos dedos tocando as teclas, tendo o cuidado de tocar a nota correta na sequência correta. Contudo, depois de se tornar uma pianista experiente, sua melhor estratégia é simplesmente tocar, sem prestar atenção aos dedos. Na verdade, como observamos no Capítulo 4, os pianistas concertistas relatam que, quando

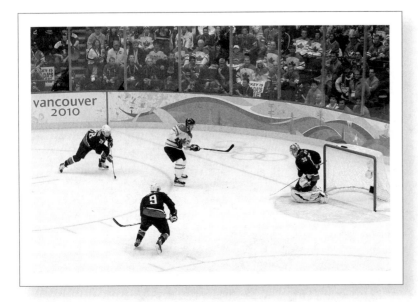

➤ Figura 6.16 Sidney Crosby, de branco, marcando o gol da vitória do Canadá nas Olimpíadas de 2010.

se conscientizam de como movem os dedos ao tocar um trecho difícil, não conseguem mais tocar o trecho.

Resultado interessante do fato de que memórias procedurais bem aprendidas não requerem atenção é um efeito chamado **amnésia induzida por especialista**. Funciona assim: um especialista, que é extremamente bem treinado em uma habilidade particular, executa a ação. É tão bem praticada que acontece automaticamente, quase como os dedos de um pianista concertista se movem quase que magicamente pelas teclas. O resultado dessa ação automática é que, quando perguntados sobre o que eles faziam para realizar uma ação habilidosa, o especialista muitas vezes não tinha ideia.

Um exemplo da amnésia induzida por especialista em esportes aconteceu quando o jogador de hóquei Sidney Crosby era entrevistado no gelo por um repórter da rede de hóquei TSN imediatamente após seu gol na prorrogação, que ganhou a Medalha de Ouro Olímpica do Canadá em 2010 para hóquei masculino no gelo (**Figura 6.16**). O repórter perguntou a Crosby: "Sid, se conseguir, apenas mostre como você marcou esse gol". A resposta de Crosby: "Eu realmente não me lembro. Foi apenas uma tacada — acho que daqui. É tudo de que realmente me lembro. Acho que foi de 5 buracos,* mas, para ser honesto, realmente não vi". É provável que os mais de 16 milhões de canadenses que assistiram ao gol de Crosby pudessem descrever o que ele fez com muito mais detalhes do que Crosby, que, por estar "no automático" durante a jogada que resultou no gol, não tinha certeza do que aconteceu exatamente.

Uma conexão entre a memória de procedimento e a memória semântica   Antes de deixar a memória de procedimento, vamos voltar à nossa violinista L. S. J. As primeiras pesquisas sobre L. S. J. observaram que ela não apenas perdeu a capacidade de lembrar eventos passados em sua vida, mas também perdeu seu conhecimento do mundo. Mesmo sendo uma artista profissional (além de violinista), ela não conseguia identificar artistas que pintaram obras de arte famosas como *Noite estrelada* de Van Gogh. Quando mostradas 62 pinturas bem famosas, pessoas com conhecimento artístico em um grupo de controle nomearam 71% das pinturas corretamente, mas L. S. J. nomeou apenas 2% corretamente (Gregory et al., 2014).

O que isso tem a ver com a memória de procedimento? Acontece que testes adicionais de L. S. J. revelaram um resultado interessante: embora tivesse perdido a maior parte do conhecimento do mundo, ela era capaz de responder a perguntas relacionadas a coisas que envolviam a memória de procedimento. Por exemplo, ela conseguia responder a perguntas como "Quando você pinta aquarela, como você remove o excesso de tinta?" ou "Qual é a diferença entre um pincel de acrílico e um pincel de aquarela?". O mesmo resultado também ocorria quando L. S. J. era perguntada sobre música ("Quais instrumentos geralmente compõem uma orquestra de cordas?"), direção ("Quantos lados uma placa de pare tem?") e aviação — ela era piloto especialista além de ser musicista e artista! ("Qual é a configuração do trem de pouso para o Piper Cub?"). O fato de L. S. J. lembrar fatos sobre como fazer as coisas demonstra uma ligação entre a memória semântica e a memória envolvendo habilidades motoras como pintar, tocar música, dirigir e pilotar avião.

O que essa ligação entre memória de procedimento e semântica lembra? No início deste capítulo, discutimos as interações entre as memórias semântica e episódica. É mais provável que você lembre do nome de um cantor popular (informação semântica) se tiver assistido a um dos shows dele (experiência episódica) (p. 163). Da mesma forma, o caso de L. S. J. mostra como o conhecimento sobre diferentes campos (informação semântica) está conectado à capacidade de executar várias habilidades (memória de procedimento). Ainda que possamos desenhar diagramas como a Figura 6.14, que diferenciam diferentes tipos de memória, também é importante perceber que esses tipos de memória interagem entre si.

---

* No hóquei, "5 buracos" é o nome do espaço entre as pernas do goleiro. Portanto, dizer que a tacada foi de 5 buracos significa que Crosby pensou que sua tacada passou entre as pernas do goleiro.

Pré-ativação

Pré-ativação (*priming*) ocorre quando a apresentação de um estímulo (o estímulo de pré-ativação) altera como uma pessoa responde a outro estímulo (o estímulo de teste). Um tipo de pré-ativação, a **pré-ativação de repetição**, ocorre quando o estímulo de teste é o mesmo ou se parece com o estímulo de pré-ativação. Por exemplo, ver a palavra *pássaro* pode fazer com que você responda mais rapidamente a uma apresentação posterior da palavra *pássaro* do que a uma palavra que você não viu, mesmo que não se lembre de ter visto *pássaro* antes. A pré-ativação de repetição chama-se memória implícita porque o efeito de pré-ativação pode ocorrer mesmo que os participantes não lembrem a apresentação original dos estímulos de pré-ativação.

Uma maneira de garantir que uma pessoa não se lembra da apresentação do estímulo de pré-ativação é testar pacientes com amnésia. Peter Graf e colaboradores (1985) fizeram isso testando três grupos de participantes: (1) pacientes com uma doença chamada síndrome de Korsakoff, que está associada ao abuso de álcool e elimina a capacidade de formar novas memórias de longo prazo; (2) pacientes sem amnésia que passaram por tratamento contra alcoolismo; e (3) pacientes sem amnésia e sem histórico de alcoolismo.

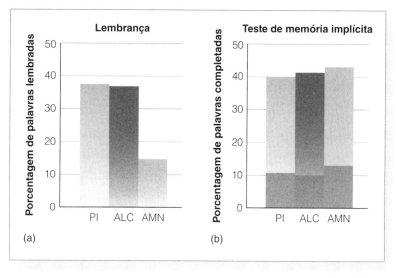

► Figura 6.17 No experimento feito por Graf et al. (1985), (a) pacientes amnésicos (AMN) se saíram mal no teste de recordação em comparação com os pacientes internados (PI) e os controles com alcoolismo (ALC). (b) Pacientes amnésicos se saíram tão bem quanto os outros pacientes no teste de memória implícita (completando trechos de palavras de três letras). As áreas cinzas em cada barra indicam o desempenho em palavras que os participantes não tinham visto antes.
(Fonte: P. Graf, A. P. Shimamura e L. R. Squire, Priming across modalities and priming across category levels: extending the domain of preserved function in amnesia, *Journal of Experimental Psychology*: Learning, Memory, and Cognition, 11, 386-396, 1985.)

A tarefa dos participantes era ler uma lista de dez palavras e avaliar o quanto gostaram de cada palavra (1 = gosto extremamente; 5 = não gosto extremamente). Isso levou os participantes a se concentrar na classificação das palavras, em vez de memorizá-las. Imediatamente após classificar as palavras, os participantes foram testados de uma das duas maneiras: (1) um teste de memória explícita, em que solicitou-se que relembrassem as palavras que leram; ou (2) um teste de conclusão de palavras, que é um teste de memória implícita. O teste de conclusão de palavras continha as três primeiras letras das dez palavras que os participantes haviam visto antes, mais as três primeiras letras das dez palavras que não haviam visto antes. Por exemplo, as três letras *tab*_ _ _ podem ser completadas para criar a palavra *tabela*. Os participantes receberam fragmentos de três letras e foram solicitados a adicionar algumas letras para criar a primeira palavra que veio à mente.

Os resultados do experimento de lembrança, visto na Figura 6.17a, mostram que os pacientes amnésicos (aqueles com a síndrome de Korsakoff) lembravam menos palavras do que os dois grupos de controle. Essa lembrança ruim confirma a memória explícita ruim associada à amnésia. Contudo, os resultados do teste de conclusão de palavras, mostrando a porcentagem de palavras pré-ativadas que foram criadas (Figura 6.17b), indicam que os pacientes com amnésia tinham um bom desempenho igual ao dos controles. Esse melhor desempenho para palavras apresentadas anteriormente é um exemplo da pré-ativação. O que é notável nesses resultados é que os pacientes com a síndrome de Korsakoff tinham um desempenho tão bom quanto os dois grupos não amnésicos, embora tivessem memória ruim como medida no teste de evocação.

Ainda que a memória explícita ruim de pacientes com amnésia signifique que eles não lembram a apresentação do estímulo de pré-ativação, como podemos ter certeza de que um participante com memória normal não lembra o estímulo de pré-ativação ao responder ao estímulo de teste? Afinal de contas, se apresentarmos a palavra *pássaro* e depois medirmos a rapidez com que uma pessoa reage a outra apresentação da palavra *pássaro*, isso não poderia acontecer porque a pessoa lembra-se da primeira vez que *pássaro* foi apresentado? Se a pessoa lembrou-se da apresentação inicial de *pássaro*, então seria um exemplo de memória explícita, não de memória implícita. Os pesquisadores usaram vários métodos para reduzir as chances de uma pessoa em um experimento de pré-ativação lembrar a apresentação original do estímulo de pré-ativação.

Ao discutir a pré-ativação de repetição em sala de aula, um aluno perguntou se sempre somos pré-ativados na vida cotidiana. Essa é uma boa pergunta, e a resposta é que é provável que a pré-ativação de repetição ocorra na nossa experiência cotidiana, embora possamos não estar cientes dela. Um exemplo de uma situação em que a memória implícita pode afetar nosso comportamento sem que percebamos é quando somos expostos a anúncios publicitários que exaltam as virtudes de

> **MÉTODO** Evitando a lembrança explícita em um experimento de preparação
>
> Uma maneira de minimizar as chances de que uma pessoa com memória normal lembrará a apresentação do estímulo de pré-ativação é apresentar esse estímulo em uma tarefa que não pareça ser uma tarefa de memória. Por exemplo, se os estímulos de pré-ativação são nomes de animais, os participantes podem ser apresentados aos nomes e solicitados a indicar se cada animal teria mais de 60 centímetros de altura. Essa tarefa faz com que o participante se concentre na tarefa de estimar a altura e o distrai de tentar lembrar os nomes dos animais.
>
> Além de disfarçar a finalidade do estímulo durante a parte de preparação do experimento, os pesquisadores também usam procedimentos de teste que não se referem à memória, como na tarefa de completar palavras no experimento de Graf. Voltando aos resultados desse experimento, observe que o desempenho na tarefa de completar palavras para os participantes sem amnésia é o mesmo que o desempenho dos pacientes com a síndrome de Korsakoff. Seria de se esperar que, se os participantes sem amnésia tivessem lembrado as apresentações iniciais, seu desempenho seria melhor do que aquele de pacientes com a síndrome de Korsakoff (Roediger et al., 1994).
>
> Outra maneira de criar uma tarefa que não será reconhecida como envolvendo um teste de memória é medir com que precisão ou rapidez o participante responde a um estímulo. Por exemplo, os participantes podem ser testados apresentando uma lista de palavras e pedindo que eles pressionem uma tecla sempre que virem uma palavra com quatro letras. A pré-ativação seria indicada por uma resposta mais rápida ou exata a palavras de quatro letras que correspondiam aos estímulos de pré-ativação que os participantes haviam visto anteriormente. A principal característica desse teste é velocidade. Exigir uma resposta rápida diminui as chances de os participantes dedicarem tempo para lembrar conscientemente se viram a palavra anteriormente.
>
> Usando métodos como esses, os pesquisadores demonstraram memória implícita não apenas em pacientes amnésicos, mas também em participantes normais (Graf et al., 1982; Roediger, 1990; Roediger et al., 1994; Schacter, 1987).

um produto ou talvez apenas apresentem o nome dele. Ainda que possamos acreditar que não somos afetados por alguns anúncios, eles podem ter um efeito apenas porque somos expostos a eles.

Essa ideia é corroborada pelos resultados de um experimento de T. J. Perfect e C. Askew (1994), que pediram que os participantes lessem artigos em uma revista. Cada página impressa era confrontada com um anúncio, mas os participantes não foram instruídos a prestar atenção aos anúncios. Quando mais tarde foram solicitados a avaliar uma série de anúncios em várias dimensões, como quão atrativos, apelativos, distintos e memoráveis esses anúncios eram, eles atribuíram notas mais altas àqueles aos quais tinham sido expostos do que a outros anúncios que nunca viram. Esse resultado se qualifica como um efeito da memória implícita porque quando os participantes foram solicitados a indicar quais anúncios foram apresentados no início do experimento, eles reconheceram apenas uma média de 2,8 dos 25 anúncios iniciais. Esse resultado está relacionado ao **efeito da publicidade**, no qual os participantes são mais propensos a avaliar enunciados que leram ou ouviram antes como verdadeiros, simplesmente porque foram expostos a eles antes. Esse efeito pode ocorrer mesmo quando a pessoa é informada de que os enunciados são falsos quando os leram ou ouviram pela primeira vez (Begg et al., 1992). O efeito da publicidade envolve memória implícita porque pode operar mesmo quando as pessoas não estão cientes de que ouviram ou viram um enunciado antes, e podem até mesmo ter pensado que era falso quando o ouviram pela primeira vez. Isso está relacionado ao efeito da verdade ilusória, que é discutido no Capítulo 8 (p. 223).

Condicionamento clássico

O **condicionamento clássico** ocorre quando os dois estímulos a seguir são correlacionados: (1) um estímulo neutro que inicialmente não resulta em uma resposta e (2) um estímulo de condicionamento (mais comumente chamado de estímulo incondicionado) que resulta em uma resposta (ver p. 10). Um exemplo do condicionamento clássico de laboratório é apresentar um tom a uma pessoa seguido de um sopro de ar no olho que a faz piscar. O tom inicialmente não causa um piscar de olhos, mas depois de uma série de correlações com o sopro de ar, a pessoa pisca em resposta ao tom. Essa é uma memória implícita porque pode ocorrer mesmo que a pessoa tenha se esquecido da combinação original entre o tom e o sopro de ar.

O condicionamento na vida real costuma estar ligado a reações emocionais. Lembro-me, por exemplo, do mau pressentimento que tive quando, enquanto dirigia por uma estrada rural, vi as luzes vermelhas de um carro da polícia piscando no espelho retrovisor. Não fiquei feliz em receber uma multa por excesso de velocidade, mas o incidente forneceu um exemplo do condicionamento clássico, porque quando passei por aquele local na estrada mais tarde, revivi as emoções que foram desencadeadas pelas luzes piscando do carro da polícia. Esse exemplo ilustra o condicionamento clássico das emoções, mas não demonstra a memória implícita, porque eu estava ciente do que provocava minha resposta condicionada.

Um exemplo do condicionamento clássico que causa memória implícita é fornecido por uma situação que descrevemos anteriormente, na qual você encontra alguém que parece familiar, mas não consegue lembrar como o conhece. Você já passou por essa experiência e também se sentiu positiva ou negativamente pela pessoa, sem saber por quê? Nesse caso, sua reação emocional foi um exemplo de memória implícita.

Agora que descrevemos como os psicólogos cognitivos distinguiram entre diferentes tipos de memória, encerraremos este capítulo considerando como a memória foi descrita por outro grupo — as pessoas que fazem filmes.

 Algo a considerar: perda de memória em filmes

Em 18 de setembro de 1993, Kim e Krickett Carpenter, que haviam se casado apenas dez semanas antes, envolveram-se em um acidente de carro. O ferimento na cabeça de Krickett apagou a memória de seu romance com seu marido, Kim, e a fez pensar que ele era um completo estranho. O filme de 2012 *The Vow (Para Sempre)*, que se baseia no livro que Kim e Krickett escreveram descrevendo suas vidas após o acidente automobilístico, analisa com precisão a perda de memória porque é baseado em um caso real. Entretanto, esse filme é a exceção. A precisão da maioria dos filmes que descrevem a perda de memória varia de representações que lembram tipos de perda de memória que, na verdade, acontecem para tipos completamente ficcionais da perda de memória que nunca ocorreram. Às vezes, mesmo quando a perda de memória em um filme lembra casos reais, é descrita usando terminologia incorreta. Descreveremos alguns exemplos da perda de memória baseada em fatos, perda de memória ficcional e o uso de terminologia incorreta em filmes.

Em alguns filmes, os personagens perdem a memória de tudo do passado, incluindo sua identidade, mas são capazes de formar novas memórias. Isso foi o que aconteceu a Jason Bourne, o personagem interpretado por Matt Damon em *The Bourne Identity* (2002) e outros filmes na série Bourne. Em *The Bourne Identity*, Bourne inconsciente e gravemente ferido é retirado da água por um barco de pesca. Ao recuperar a consciência, ele não tem nenhuma memória de sua identidade. À medida que busca sua identidade anterior, ele percebe que as pessoas querem matá-lo, mas, por causa de sua perda de memória, ele não sabe por quê. Ainda que Bourne tenha perdido as memórias episódicas de seu passado, a memória semântica dele parece estar intacta e, o mais interessante de tudo, ele não perdeu nenhuma de suas memórias procedurais de seu treinamento como agente da CIA, incluindo maneiras de ser superar, fugir e eliminar os adversários.

A situação de Bourne está relacionada a uma doença rara chamada *fuga psicogênica*. Os sintomas dessa doença incluem viagens para longe de onde a pessoa mora e falta de memória sobre o passado, especialmente informações pessoais como nome, relacionamentos, local de residência e profissão. Nos poucos casos relatados, uma pessoa desaparece de sua situação normal de vida, muitas vezes viaja para muito longe e assume uma nova identidade não relacionada à anterior (Coons e Milstein, 1992; Loewenstein, 1991).

Vários outros filmes giram em torno de um personagem central que perde a identidade ou assume uma nova. Em *Who Am I?* (*Quem Sou Eu?*, 1998), Jackie Chan interpreta um soldado ultrassecreto que perde a memória em um acidente de helicóptero, desencadeando uma busca para recuperar a identidade dele. Em *Dead Again* (*Voltar a Morrer*, 1991), uma mulher misteriosa interpretada por Emma Thompson não consegue lembrar nada sobre sua vida. Em *The Long Kiss Goodnight* (*Despertar de um Pesadelo*, 1996), Geena Davis interpreta uma dona de casa suburbana que começa a lembrar eventos de sua vida anterior como agente secreto após sofrer um golpe contra a cabeça.

Em outros filmes, o personagem principal tem dificuldade em formar novas memórias. Por exemplo, Lenny, o personagem interpretado por Guy Pearce em *Memento* (*Amnésia*, 2000), continuamente se esquece do que acabou de acontecer com ele. Essa situação baseia-se em casos como o de H. M., que não conseguiu formar novas memórias e, portanto, só era capaz de lembrar 1 ou 2 minutos atuais de sua vida. O problema de Lenny aparentemente não é tão debilitante como nos casos da vida real, porque ele é capaz de funcionar no mundo exterior, embora com alguma dificuldade. Para compensar sua incapacidade de formar novas memórias, Lenny registra suas experiências com uma câmera Polaroid e tatua fatos importantes no corpo.

O uso de terminologia em filmes que não é a mesma utilizada por psicólogos é ilustrado em *Memento*, em que o problema de Lenny é identificado como perda da memória de curto prazo. O que reflete uma crença comum (pelo menos entre aqueles que não fizeram um curso de psicologia cognitiva) de que esquecer coisas que aconteceram nos últimos minutos ou horas é um colapso na memória de curto prazo. Os psicólogos cognitivos, ao contrário, identificam a memória de curto prazo como a memória do que aconteceu nos últimos 15 ou 20 a 30 segundos (ou mais, se os eventos são ensaiados). De acordo com essa definição, a memória de curto prazo de Lenny era boa, porque ele conseguia lembrar o que acabara de acontecer com ele. Seu problema era que ele não conseguia formar novas memórias de longo prazo, então, como H. M., ele conseguia se lembrar do presente imediato, mas se esquecia de tudo o que havia acontecido alguns minutos antes.

▶ Figura 6.18 Dory, o peixe que se esquece em *Procurando Nemo* e *Procurando Dory*. Dory acha que tem problema com a memória de curto prazo, mas seu verdadeiro problema é que ela não consegue formar novas memórias de longo prazo.

Outro personagem de filme que tem problemas para criar novas memórias de longo prazo é Dory o peixe esquecido nos filmes de animação *Finding Nemo* (*Procurando Nemo*) e *Finding Dory* (*Procurando Dory*), que tem a voz de Ellen DeGeneres (**Figura 6.18**). Os sintomas de Dory são semelhantes aos de H. M. Ela não consegue formar novas memórias de longo prazo, assim ela só tem memórias de curto prazo, que duram apenas 20 a 30 segundos. Contudo, o diagnóstico de Dory sobre seu transtorno comete o mesmo erro que filmes como *Memento* cometem quando ela diz, "sofro de perda de memória de curto prazo. Esqueço as coisas quase instantaneamente".

Ainda que alguns filmes, como os já mencionados, sejam baseados, pelo menos vagamente, em distúrbios reais de memória, alguns vão mais longe e transformam-se em ficção. Douglas Quaid, o personagem interpretado por Arnold Schwarzenegger em *Total Recall* (*O Vingador do Futuro*, 1990), vive em um mundo futuro no qual é possível implantar memórias. Quaid comete o erro de implantar uma memória artificial de um feriado em Marte, o que desencadeia uma série de eventos assustadores.

O reverso de *criar* memórias específicas é seletivamente *esquecer* eventos específicos. Isso ocorre ocasionalmente, como quando as memórias de eventos particularmente traumáticos são perdidas (embora às vezes aconteça o contrário, assim os eventos traumáticos destacam-se na memória; Porter e Birt, 2001). Contudo, os personagens de *Eternal Sunshine of the Spotless Mind* (*Brilho Eterno de uma Mente sem Lembranças*, 2004) levam a ideia do esquecimento seletivo ao extremo, submetendo de maneira deliberada um procedimento de alta tecnologia para eliminar seletivamente a memória de um relacionamento anterior. Primeiro a memória do ex-namorado de Clementine (interpretada por Kate Winslet), Joel (interpretado por Jim Carrey), é apagada. Quando Joel descobre que ela fez isso, ele decide que Clementine seja apagada de sua memória passando pelo mesmo procedimento. O resultado desse procedimento, que não irei revelar caso você queira ver o filme, é instigante e divertido!

50 First Dates (*A Minha Namorada Tem Amnésia*, 2004) é um exemplo de filme sobre memória baseado em uma situação criada pela imaginação do cineasta. Lucy, interpretada por Drew Barrymore, lembra o que está acontecendo com ela em um determinado dia (assim suas memórias de curto e longo prazo permanecem bem durante o dia), mas todas as manhãs ela tem um caso de amnésia, que apagava a memória do que aconteceu no dia anterior. O fato de sua memória "zerar" todas as manhãs parece não incomodar Henry, interpretado por Adam Sandler, que se apaixona por ela. O problema de Henry é que, como Lucy acorda todas as manhãs sem nenhuma memória do dia anterior, ela não se lembra dele, daí o título *A Minha Namorada Tem Amnésia*.

Quando o filme foi lançado em 2004, não havia casos conhecidos de qualquer pessoa com distúrbio de memória em que a memória de um dia desaparecesse durante uma noite de sono. Entretanto, um relatório recente documenta o caso de F. L., uma mulher de 51 anos que foi tratada por causa de traumatismo craniano decorrente de acidente automobilístico; depois de voltar para casa, ela relatou que, toda vez que acordava, não tinha lembranças do dia anterior, assim como Lucy em *50 First Dates* (Smith et al., 2010)! No entanto, testes em laboratório revelaram algo interessante: F. L. tinha bom desempenho quanto a materiais que aprendia no mesmo dia e não exibia nenhuma memória para o material que ela sabia ter sido apresentado no dia anterior. Contudo, se, sem o conhecimento de F. L., o material aprendido no dia anterior foi misturado com o

TESTE VOCÊ MESMO 6.3

1. Faça a distinção entre memória explícita e memória implícita.
2. O que é memória de procedimento? Descreva o experimento de desenho no espelho e outros exemplos do capítulo. Por que a memória de procedimento é considerada uma forma de memória implícita?
3. O que experimentos recentes estudando a L. S. J. informam sobre as conexões entre a memória de procedimento e a memória semântica?
4. O que é amnésia induzida por especialista e como relaciona-se com uma propriedade importante da memória de procedimento?
5. O que é pré-ativação? Pré-ativação por repetição? Descreva o experimento de Graf, incluindo os resultados e como corroboram a ideia de que a pré-ativação é uma forma de memória implícita.
6. Que precauções são tomadas para garantir que as pessoas com memória normal não usem a memória episódica em um experimento projetado para testar a memória implícita?
7. Descreva a experiência do anúncio de Perfect e Askew. Qual é o efeito da publicidade e por que ele pode ser considerado uma forma de pré-ativação?
8. O que é o condicionamento clássico? Por que é uma forma de memória implícita?
9. Descreva como a perda de memória é retratada nos filmes. Qual é a precisão dessas representações?

novo material, ela foi capaz de se lembrar do material antigo. Com base em vários outros testes, os pesquisadores concluíram que F. L. não estava intencionalmente fingindo ter amnésia, mas sugeriram que seus sintomas poderiam ter sido influenciados pelo seu conhecimento de como a amnésia foi descrita em *50 First Dates*, que tinha sido lançado 15 meses antes de F. L. relatar os sintomas — um exemplo interessante, se verdadeiro, de um filme que imita a vida!

SUMÁRIO DO CAPÍTULO

1. Este capítulo é sobre *divisão* — a distinção entre diferentes tipos de memória — e *interação* — como os diferentes tipos de memória interagem.
2. A memória de longo prazo é um "arquivo" de informações sobre experiências passadas em nossas vidas e conhecimentos que aprendemos. A MLP se coordena com a memória de trabalho para ajudar a criar nossa experiência contínua.
3. Os efeitos de primazia e recência que ocorrem na curva de posição serial foram associados à memória de longo prazo e à memória de curto prazo, respectivamente.
4. A codificação visual e auditiva pode ocorrer tanto na MCP como na MLP.
5. A codificação semântica foi demonstrada na MCP por Wickens, mostrando a liberação da interferência proativa.
6. A codificação semântica foi demonstrada na MLP por Sachs, usando um procedimento de memória de reconhecimento.
7. A codificação auditiva é o tipo de codificação predominante na MCP. A codificação semântica é o tipo predominante na MLP.
8. Estudos neuropsicológicos demonstraram uma dupla dissociação entre a MCP e a MLP, que corrobora a ideia de que a MCP e a MLP são causadas por diferentes mecanismos independentes.
9. O hipocampo é importante para formar novas memórias de longo prazo. Experimentos com imagens do cérebro mostraram que o hipocampo também está envolvido na retenção de novas informações ao longo de atrasos curtos.
10. De acordo com Tulving, a propriedade definidora da experiência da memória episódica é que envolve uma viagem no tempo mental (autoconhecimento ou lembrança). A experiência da memória semântica (conhecimento) não envolve uma viagem mental no tempo.
11. As seguintes evidências corroboram a ideia de que a memória episódica e semântica envolvem mecanismos diferentes: (1) dupla dissociação da memória episódica e semântica em pacientes com lesão cerebral; (2) imagens do cérebro, que indicam que áreas sobrepostas, mas diferentes, são ativadas por memórias episódicas e semânticas.

12. Ainda que as memórias episódicas e semânticas sejam atendidas por mecanismos diferentes, estão conectadas das seguintes maneiras: (1) conhecimento (memória semântica) pode influenciar a natureza das experiências que se tornam memórias episódicas. (2) memórias autobiográficas incluem componentes episódicos e semânticos.

13. Memórias semânticas pessoais são memórias semânticas associadas a experiências pessoais. Essas experiências pessoais podem melhorar a recordação das informações semânticas, exceto em pessoas que perderam as memórias episódicas devido a lesões cerebrais.

14. O procedimento lembrar/saber baseia-se na ideia de que a lembrança está associada à memória episódica, e a familiaridade está associada à memória semântica.

15. Com o tempo, as memórias perdem sua natureza episódica. Isso chama-se semanticização das memórias remotas.

16. Existe uma conexão entre a capacidade de lembrar o passado e a capacidade de imaginar o futuro. Isso foi demonstrado tanto em experimentos neuropsicológicos como de imagens do cérebro e levou à proposta de que uma função da memória episódica é ajudar a antecipar as necessidades futuras e orientar o comportamento futuro, os quais podem ser importantes para a sobrevivência.

17. Memórias explícitas, como as memórias episódicas e semânticas, são memórias das quais temos consciência. A memória implícita ocorre quando o aprendizado por meio de experiência não é acompanhado por uma lembrança consciente. Memória de procedimento, pré-ativação e condicionamento clássico envolvem a memória implícita.

18. A memória de procedimento, também chamada memória para habilidades, foi estudada em pacientes com amnésia. Eles são capazes de aprender novas habilidades, embora não se lembrem de tê-las aprendido. A memória de procedimento é um componente comum de muitas das habilidades que aprendemos. Um resultado do caráter automático das memórias procedurais é a amnésia induzida por especialistas.

19. Há evidências, com base em testes em uma mulher com lesão cerebral, de que existe uma conexão entre a memória de procedimento e as memórias semânticas relacionadas às habilidades motoras.

20. A pré-ativação ocorre quando a apresentação de um estímulo afeta a resposta de uma pessoa ao mesmo estímulo ou a um estímulo relacionado quando é apresentado posteriormente. A natureza implícita da pré-ativação foi demonstrada tanto em pacientes com amnésia como em participantes sem amnésia. A pré-ativação não é apenas um fenômeno de laboratório, mas também ocorre na vida real. O efeito da publicidade é um exemplo da memória implícita da vida real.

21. O condicionamento clássico ocorre quando um estímulo neutro é correlacionado a um estímulo que provoca uma resposta, de tal modo que o estímulo neutro provoca a resposta. Emoções classicamente condicionadas ocorrem na experiência cotidiana.

22. A perda de memória foi retratada em filmes de várias maneiras, algumas das quais têm pelo menos uma semelhança com casos reais de amnésia, e algumas das quais são situações totalmente fictícias.

PENSE NISSO

1. O que você se lembra dos últimos 5 minutos? Quanto do que lembra está na MCP enquanto você está se lembrando? Alguma dessas memórias estiveram alguma vez na MLP?

2. Nem todas as memórias de longo prazo são semelhantes. Há uma diferença entre lembrar o que você fez há 10 minutos, 1 ano atrás e 10 anos atrás, mesmo que todas essas memórias sejam chamadas "memórias de longo prazo". Como você expandiria a pesquisa descrita no capítulo para demonstrar as propriedades dessas diferentes memórias de longo prazo?

3. Informações falsas apresentadas repetidamente nas redes sociais às vezes são aceitas como factuais. Como esse fenômeno, que tem sido chamado de "fake news", está relacionado ao efeito da publicidade?

4. Você consegue lembrar como aprendeu a amarrar os sapatos? Como esse processo é semelhante à maneira de aprender a tocar piano descrito no livro?

5. Veja filmes como *Memento, 50 First Dates*, ou outros que retratam a perda de memória. (Pesquise na internet "filmes amnésia" para encontrar filmes além dos mencionados no livro.) Descreva os tipos de perda de memória retratados nesses filmes e compare os problemas dos personagens com os casos de perda de memória descritos neste capítulo. Determine com que precisão as representações da perda de memória em filmes refletem a perda de memória que ocorre em casos reais de trauma ou lesão cerebral. Talvez seja necessário fazer alguma pesquisa adicional sobre perda de memória para responder a essa pergunta.

TERMOS-CHAVE

Amnésia induzida por especialista **170**

Codificação **156**

Condicionamento clássico **172**

Curva de posição serial **154**

Efeito da publicidade **172**

Efeito de primazia **154**

Efeito de recência **154**

Hipocampo **159**

Hipótese de simulação episódica construtiva **166**

Interferência proativa **157**

Liberação de interferência proativa **157**

Memória autobiográfica **163**

Memória de longo prazo (MLP) **152**

Memória de reconhecimento **158**

Memória para habilidades **168**

Memória de procedimento **168**

Memórias explícitas **168**

Memórias implícitas **168**

Memórias semânticas pessoais **163**

Pré-ativação de repetição **171**

Pré-ativação (*priming*) **171**

Procedimento lembrar/saber **164**

Semanticização das memórias remotas **165**

Viagem mental no tempo **161**

Esta aluna está empenhada em uma atividade crucial para seu sucesso na faculdade — estudar — que envolve incorporar informações e ser capaz de lembrá-las mais tarde. Este capítulo descreve a codificação — como inserir informações na memória — e a recuperação — como removê-las mais tarde. A codificação e a recuperação podem ser descritas no que se refere a processos psicológicos e fisiológicos. Pesquisas a respeito desses processos resultaram em observações sobre como estudar com mais eficácia.

MLP: codificação, recuperação e consolidação

7

Codificação: inserindo informações na memória de longo prazo

Teoria dos níveis de processamento

Formando imagens visuais

Vinculando palavras com você mesmo

Gerando informações

➤ Demonstração: lembrando uma lista

Organizando informações

Relacionando palavras ao valor de sobrevivência

Prática de recuperação

➤ TESTE VOCÊ MESMO 7.1

Estudo eficaz

Elabore

Gere e teste

Organize

Faça pausas

Evite "ilusões da aprendizagem"

Seja um anotador "ativo"

Recuperação: removendo informações da memória

Dicas de recuperação

➤ Método: recordação com dicas

Condições de correspondência de codificação e recuperação

Especificidade de codificação

Aprendizagem dependente de estado

Correspondendo a tarefa cognitiva

➤ TESTE VOCÊ MESMO 7.2

Consolidação: estabelecendo memórias

Consolidação sináptica: experiência causa mudanças na sinapse

Consolidação de sistemas: o hipocampo e o córtex

O modelo padrão de consolidação

O modelo de consolidação de múltiplos traços

➤ Método: análise do padrão multivoxel (APMX)

Consolidação e sono: melhorando a memória

Reconsolidação: a dinâmica da memória

Reconsolidação: um famoso experimento com camundongo

Reconsolidação em humanos

Um resultado prático da pesquisa de reconsolidação

Algo a considerar: explicações alternativas na psicologia cognitiva

➤ TESTE VOCÊ MESMO 7.3

SUMÁRIO DO CAPÍTULO
PENSE NISSO
TERMOS-CHAVE

ALGUMAS PERGUNTAS QUE VAMOS CONSIDERAR

▸ Qual é a melhor maneira de armazenar informações na memória de longo prazo?

▸ Como os resultados de pesquisas sobre a memória podem ser usados para criar técnicas de estudo mais eficazes?

▸ Quais são algumas técnicas que podemos usar para ajudar a remover informações da memória de longo prazo quando precisamos?

▸ Como é possível que uma vida inteira de experiências e conhecimento acumulado possa ser armazenada em neurônios?

Você pode ter ouvido a frase "viver o momento". Talvez seja um bom conselho quando aplicado à maneira de lidar com a vida, porque isso significa estar consciente do momento presente sem mergulhar no passado ou estar preocupado ou ansioso com o futuro.

No entanto, mesmo que essa prescrição possa funcionar como uma forma de aproveitar melhor a vida diária, a realidade é que viver apenas o momento não é realmente viver, como ilustrado por casos como o de H. M. (p. 159), que não conseguia lembrar nada que tinha acontecido mais de 30 a 60 segundos em seu passado. Ele estava literalmente vivendo apenas o momento e, portanto, era incapaz de funcionar de modo independente.

Ainda que H. M. possa ser um exemplo extremo, o fato é que, mesmo quando você "vive o momento", esse momento é influenciado pelo que aconteceu no passado e talvez até mesmo por sua expectativa do que vai acontecer no futuro. Nosso conhecimento do passado, ao que parece, é essencial para nossa sobrevivência. Utilizamos o conhecimento do passado imediato (o que acabou de acontecer) e o conhecimento acumulado ao longo de anos de experiência para lidar com o ambiente (encontrar o caminho, cumprir compromissos, evitar situações perigosas); relacionamentos (saber coisas sobre outras pessoas); trabalho e escola (fatos e procedimentos necessários para ter sucesso em profissões ou ao fazer exames); e antecipando e planejando o futuro.

Neste capítulo, continuamos nossa discussão sobre a memória de longo prazo (MLP), focalizando a maneira de inserir informações na MLP e como removê-las. Vamos nos concentrar em dois processos: **codificação** (o processo de aquisição de informações e transferência para a MLP) e **recuperação** (incorporar informações à consciência, transferindo-as da MLP para a memória de trabalho).

Introduzimos a codificação no Capítulo 5, ao descrever como Rachel armazenava um número de telefone na MLP ao pedir pizza. Observe que o termo *codificação* é semelhante ao termo *codificar* que discutimos em relação a MCP e MLP no Capítulo 6. Alguns autores usam esses termos alternadamente. Usamos o termo *codificação* para nos referirmos à *forma* como as informações são representadas. Por exemplo, uma palavra pode ser codificada visualmente por seu som ou significado. Usaremos o termo *codificação* para nos referirmos ao *processo* usado para obter informações no MLP. Por exemplo, uma palavra pode ser codificada repetindo-a indefinidamente, pensando em outras palavras que rimam com ela ou usando-a em uma frase. Uma das principais mensagens deste capítulo é que alguns métodos de codificação são mais eficazes do que outros.

Você pode entender a importância da recuperação imaginando que acabou de estudar para um exame e tem certeza de ter codificado o material que, provavelmente, estará no exame na MLP. Contudo, o momento da verdade ocorre quando você está no exame e precisa lembrar algumas dessas informações para responder a uma pergunta. Não importa quantas informações tenha codificado, isso não o ajudará a se sair bem no exame, a menos que você possa recuperá-las e, curiosamente, um dos principais fatores que determinam se pode recuperar informações da MLP é a maneira como essas informações foram codificadas quando as aprendeu. Na próxima seção, vamos focalizar como as informações são codificadas na MLP. Em seguida, consideraremos a recuperação e como relaciona-se com a codificação.

Codificação: inserindo informações na memória de longo prazo

Existem várias maneiras de inserir informações na memória de longo prazo, algumas das quais são mais eficazes do que outras. Um exemplo é fornecido por diferentes maneiras de ensaiar informações. Considere, por exemplo, manter um número de telefone na memória, repetindo-o indefinidamente. Se você fizer isso sem nenhuma consideração do significado ou estabelecendo conexões com outras informações, você está se envolvendo no **ensaio de manutenção**. Normalmente, esse tipo de ensaio resulta em pouca ou nenhuma codificação e, portanto, memória insuficiente, assim você não se lembra do número quando quer ligar novamente mais tarde.

No entanto, e se, em vez de repetir o número de telefone sem pensar, você encontra uma maneira de relacioná-lo com algo significativo. Acontece que os primeiros três números são iguais ao seu número de telefone e os últimos quatro são do ano em que você nasceu! Por mais coincidência que seja, esse dado fornece um exemplo de capacidade de lembrar o número considerando o significado ou estabelecendo conexões com outras informações. Ao fazer isso, você envolve-se no **ensaio elaborativo**, que resulta em melhor memória do que o ensaio de manutenção.

Esse contraste entre o ensaio de manutenção e o ensaio elaborativo é um exemplo de como a codificação pode influenciar a capacidade de recuperar memórias. Agora discutiremos vários outros exemplos, muitos dos quais mostram que melhor memória está associada à codificação baseada no significado e estabelecimento de conexões.

Teoria dos níveis de processamento

Uma ideia inicial relacionando o tipo de codificação à recuperação, proposta por Fergus Craik e Robert Lockhart (1972), chama-se **teoria dos níveis de processamento**. De acordo com a teoria dos níveis de processamento, a memória depende da **profundidade do processamento** que um item recebe. A profundidade de processamento distingue entre *processamento superficial* e *processamento profundo*. O **processamento superficial** envolve pouca atenção ao significado, como quando um número de telefone é repetido várias vezes ou a atenção é direcionada para as características físicas de uma palavra, como se está impressa em letras minúsculas ou maiúsculas. **Processamento profundo** envolve atenção cuidadosa e ensaio elaborativo que enfoca o significado de um item e sua relação com outra coisa. De acordo com a teoria dos níveis de processamento, o processamento profundo resulta em melhor memória do que o processamento superficial (Craik, 2002).

Em um experimento de teste de memória seguindo diferentes níveis de processamento, Craik e Endel Tulving (1975) apresentaram palavras aos participantes e fizeram três tipos diferentes de perguntas:

1. Uma pergunta sobre as características físicas da palavra. Por exemplo, os participantes veem a palavra *pássaro* e pergunta-se a eles se está impressa em letras maiúsculas (**Figura 7.1a**).
2. Uma pergunta sobre rima. Por exemplo, os participantes veem a palavra *trem* e pergunta-se a eles se ela rima com a palavra *entrem*.
3. Uma pergunta do tipo preencher os espaços em branco. Por exemplo, os participantes veem a palavra *carro* e pergunta-se a eles se ela se encaixa na frase "Ele viu um _____ na rua".

Os três tipos de perguntas foram elaborados para criar diferentes níveis de processamento: (1) características físicas = processamento superficial; (2) rima = processamento profundo; (3) preencher os espaços em branco = processamento mais profundo. Depois que os participantes responderam a esses três tipos de perguntas, eles fizeram um teste de memória para ver se lembravam bem das palavras. Os resultados, mostrados na **Figura 7.1b**, indicam que o processamento mais profundo está associado a melhor memória.

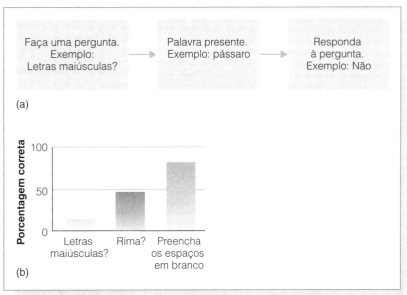

▶ **Figura 7.1** (a) Sequência de eventos no experimento de Craik e Tulving (1975). (b) Resultados desse experimento. O processamento mais profundo (pergunta do tipo preencher espaços em branco) está associado a melhor memória.

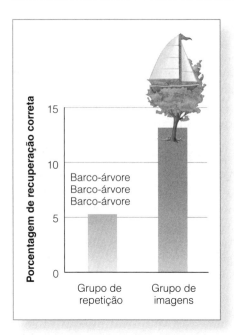

Figura 7.2 Resultados do experimento de Bower e Winzenz (1970). Os participantes do grupo repetição falaram pares de palavras outra vez. Os participantes do grupo de imagens formavam imagens representando os pares.

A ideia básica por trás da teoria dos níveis de processamento — que a recuperação da memória é afetada pelo modo como os itens são codificados — levou a muitas pesquisas que demonstraram essa relação. Por exemplo, pesquisas quase ao mesmo tempo que teoria dos níveis de processamento propostos mostraram que formar imagens pode melhorar a memória de pares de palavras.

Formando imagens visuais

Gordon Bower e David Winzenz (1970) decidiram testar se o uso de imagens visuais — gerar imagens na mente para conectar palavras visualmente — pode melhorar a memória. Eles usaram um procedimento chamado **aprendizagem por associação de pares**, no qual uma lista de pares de palavras é apresentada. Posteriormente, é apresentada a primeira palavra de cada par, e a tarefa do participante é lembrar a palavra com a qual foi correspondida.

Bower e Winzenz apresentaram uma lista de 15 pares de substantivos, como *barco-árvore,* para os participantes por 5 segundos cada. Um grupo foi instruído a repetir silenciosamente os pares à medida que eram apresentados, e outro grupo foi instruído a formar uma imagem mental na qual os dois itens interagissem. Quando os participantes receberam mais tarde a primeira palavra e foram solicitados a lembrar a segunda para cada par, os que criaram imagens lembraram mais de duas vezes mais palavras do que os participantes que acabaram de repetir os pares de palavras (**Figura 7.2**).

Vinculando palavras com você mesmo

Outro exemplo de como a memória é aprimorada pela codificação é o **efeito de autorreferência**: a memória é melhor se você é solicitado a relacionar uma palavra a si mesmo. Eric Leshikar e colaboradores (2015) demonstraram o efeito de autorreferência fazendo com que os participantes na fase de estudo do experimento analisassem uma série de adjetivos apresentados em uma tela por cerca de 3 segundos cada. Exemplos dos adjetivos são *leal, feliz, cultural, falador, preguiçoso* e *conformista*. Havia duas situações, a *situação própria*, em que os participantes indicavam se o adjetivo os descrevia (sim ou não) e a *situação comum*, na qual os participantes indicaram se a palavra era comumente usada (sim ou não).

Em um teste de reconhecimento que veio logo após a fase de estudo, os participantes foram apresentados a palavras da fase de estudo além das palavras que não foram apresentadas e foram orientados a indicar se eles lembravam as palavras anteriores. Os resultados, apresentados na **Figura 7.3**, mostram que a memória era melhor para a situação própria do que para a situação comum.

Por que os participantes têm mais probabilidade de lembrar as palavras que se conectam com eles? Uma possível explicação é que as palavras tornam-se vinculadas a algo que os participantes conhecem bem — a si próprios. Geralmente, as declarações que resultam em representações mais ricas e detalhadas na mente de uma pessoa resultam em melhor memória (ver também Rogers et al., 1977; Sui e Humphreys, 2015).

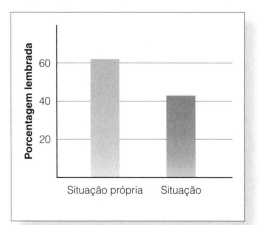

Figura 7.3 Resultados do experimento de autorreferência de Leshikar et al. (2015). O reconhecimento era melhor para palavras que os participantes associavam a si mesmos.

Gerando informações

Gerar material por si mesmo, em vez de recebê-lo passivamente, aprimora o aprendizado e a retenção. Norman Slameka e Peter Graf (1978) demonstraram esse efeito chamado **efeito de geração**, fazendo com que os participantes estudassem uma lista de pares de palavras de duas maneiras diferentes:

DEMONSTRAÇÃO Lembrando uma lista

Prepare papel e caneta. Leia as palavras a seguir, oculte-as e anote o maior número possível delas.

maçã, mesa, sapato, sofá, ameixa, cadeira, cereja, casaco, abajur, calça, uva, chapéu, melão, mesa, luvas

PARE! Oculte as palavras e anote aquelas de que você se lembra, antes de continuar a ler.

1. *Grupo leitura*: Leia estes pares de palavras relacionadas: coroa do rei; sela de cavalo; jogo de futebol etc.
2. *Grupo gerar*: Preencha o espaço em branco com uma palavra que esteja relacionada à primeira palavra: coroa–r _____; sela–ca _____; jogo–fu _____ etc.

Depois de ler os pares de palavras (grupo leitura) ou gerar a lista de pares de palavras com base na palavra e nas primeiras duas letras da segunda palavra (grupo gerar) os participantes foram apresentados à primeira palavra em cada par e foram instruídos a indicar a palavra nele. Os participantes que *geraram* a segunda palavra em cada par foram capazes de reproduzir 28% mais pares de palavras do que os participantes que acabaram de *ler* os pares de palavras. Você pode imaginar que essa descoberta tem algumas implicações importantes para estudar para exames. Voltaremos a essa ideia na próxima seção.

Organizando informações

Pastas na área de trabalho do seu computador, catálogos de bibliotecas computadorizadas e guias que separam diferentes assuntos no notebook são todos projetados para organizar informações para que possam ser acessadas com mais eficiência. O sistema de memória também usa organização para acessar informações. Isso foi demonstrado de várias maneiras.

Analise a lista que você criou e observe se itens semelhantes (por exemplo, *maçã, ameixa, cereja; sapato, casaco, calças*) estão agrupados. Se estiverem, o resultado é semelhante ao resultado de uma pesquisa que mostra que os participantes organizam espontaneamente os itens à medida que os lembram (Jenkins e Russel, 1952). Uma razão desse resultado é que lembrar palavras em uma categoria particular pode funcionar como uma **dica de recuperação** – uma palavra ou outro estímulo que ajuda uma pessoa a lembrar as informações armazenadas na memória. Nesse caso, uma palavra em uma categoria específica, como fruta, funciona como uma dica de recuperação para outras palavras nessa categoria. Assim, lembrar a palavra *maçã* é uma dica de recuperação para outras frutas, como *uva* ou *ameixa* e, portanto, cria uma lista de recordações que é mais organizada do que a lista inicial que você leu.

Se as palavras apresentadas aleatoriamente tornam-se organizadas na mente, o que acontece quando as palavras são apresentadas de forma organizada durante a codificação? Gordon Brewer e colaboradores (1969) responderam a essa pergunta apresentando o material a ser aprendido em uma "árvore organizacional", que organizava uma série de palavras de acordo com categorias. Por exemplo, uma árvore organizava os nomes de diferentes minerais agrupando pedras preciosas, metais raros etc. (Figura 7.4).

Um grupo de participantes estudou quatro árvores distintas para minerais, animais, roupas e transporte durante 1 minuto cada e foi então solicitado a lembrar quantas palavras conseguiam recordar de todas as quatro árvores. No teste de recordação, os participantes tendiam a organizar as respostas da mesma forma como as árvores eram organizadas, primeiro dizendo "minerais", depois "metais", então "comum" etc. Os participantes desse grupo recordavam uma média de 73 palavras de todas as quatro árvores.

Outro grupo de participantes também viu quatro árvores, mas as palavras eram aleatórias, de tal modo que cada árvore continha uma variedade aleatória de minerais, animais, roupas e transporte. Esses participantes foram capazes de lembrar apenas 21 palavras de todas as quatro árvores. Assim, organizar o material a ser lembrado resulta em uma recordação substancialmente melhor. Talvez isso seja algo a ter em mente ao criar materiais de estudo para um exame. Você pode, por exemplo, achar útil organizar o material que está estudando para o exame de psicologia cognitiva em árvores como na Figura 7.5.

Se apresentar o material de forma organizada melhora a memória, podemos esperar que *impedir* que a organização aconteça *reduz* a capacidade de lembrar. Esse efeito foi ilustrado por John Bransford e Marcia Johnson (1972), que pediram que os participantes lessem o trecho a seguir:

> Se os balões estourassem, o som não conseguiria ser transmitido, pois tudo estaria muito longe da base correta. Uma janela fechada também evitaria que o som fosse transmitido, uma vez que a maioria dos edifícios tende a estar bem isolada. Como toda a operação depende do fluxo constante de eletricidade, uma quebra no meio do fio também causaria problemas. Claro, a pessoa poderia gritar, mas a voz humana não é alta o suficiente para ser transmitida tão

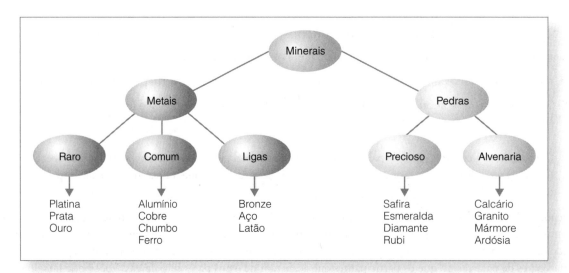

> Figura 7.4 A "árvore" organizada para minerais utilizada no experimento de Bower et al. (1969) sobre o efeito da organização na memória.
> (Fonte: G. H. Bower et al., Hierarchical retrieval schemes in recall of categorized word lists, *Journal of Verbal Learning and Verbal Behavior*, 8, 323–343, 8, 323-343, Figura 1. Copyright © 1969 Elsevier Ltd. Republicado com permissão.)

longe. Um problema adicional é que a corda do instrumento pode quebrar. Então não haveria acompanhamento para a mensagem. É claro que a melhor situação envolveria menos distância. Então, haveria menos problemas potenciais. Com o contato face a face, o menor número de coisas pode dar errado (p. 719).

Sobre o que era tudo isso? Ainda que cada frase faça sentido, provavelmente foi difícil imaginar o que estava acontecendo, com base no trecho. Os participantes do experimento de Bransford e Johnson não apenas acharam difícil imaginar o que estava acontecendo, como também extremamente difícil *lembrar* esse trecho.

Para dar sentido a esse trecho, veja a **Figura 7.6** e então releia o trecho. Ao fazer isso, o trecho faz mais sentido. Os participantes do experimento de Bransford e Johnson (1972) que viram essa imagem *antes* de ler o trecho lembravam o trecho duas vezes mais do que os participantes que não viram a imagem ou que os participantes que viram a imagem *depois* que leram o trecho. O segredo aqui é organização. A imagem fornece uma estrutura mental que ajuda o leitor a vincular uma frase à próxima para criar uma história significativa. A organização resultante torna esse trecho mais fácil de compreender e muito mais fácil de lembrar mais tarde. Esse exemplo ilustra mais uma vez que a capacidade de lembrar o material depende de como esse material é programado na mente.

Relacionando palavras ao valor de sobrevivência

James Nairne (2010) propõe que podemos entender como a memória funciona considerando sua função, porque, por meio do processo da evolução, a memória foi moldada para aumentar a capacidade de sobrevivência, principalmente em situações

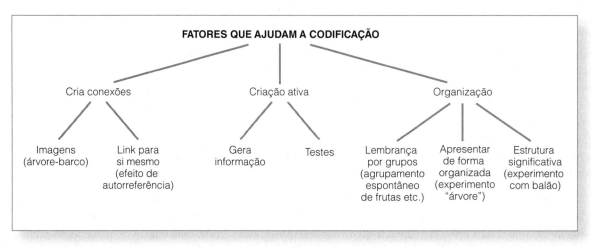

> Figura 7.5 Uma árvore organizada para parte do material sobre codificação apresentado nesta seção do capítulo.

vivenciadas por nossos ancestrais, que se depararam com desafios básicos de sobrevivência como encontrar comida e fugir de predadores. Em um experimento projetado para testar essa ideia, Nairne pediu que os participantes imaginassem que estavam presos nas pastagens de um país estrangeiro, sem nenhum material básico de sobrevivência. À medida que imaginavam, eles receberam uma lista de palavras. A tarefa deles era classificar cada palavra com base em sua relevância para encontrar suprimentos de comida e água e fornecer proteção contra predadores.

Mais tarde, os participantes receberam um teste de memória surpresa que mostrava que realizar essa tarefa de "sobrevivência" durante a leitura das palavras resultava em melhor memória do que outros procedimentos de codificação elaborados que descrevemos, como formar imagens visuais, vincular palavras a você mesmo ou gerar informações. Com base nesse resultado, Nairne concluiu que o "processamento de sobrevivência" é uma ferramenta poderosa para codificar itens na memória.

Outros pesquisadores, no entanto, mostraram que a memória também é aprimorada ao relacionar palavras a situações que nossos ancestrais não vivenciaram, como ser atacado por zumbis, seja nas pastagens ou em uma cidade moderna (Soderstrom e McCabe, 2011), ou planejar uma próxima viagem de acampamento (Klein et al., 2010, 2011). Por causa de resultados como esses, alguns pesquisadores questionam a ideia de que nossos sistemas de memória são ajustados para responder à situação de sobrevivência enfrentada por nossos ancestrais. Não há dúvida, porém, de que as situações que envolvem sobrevivência podem melhorar a memória.

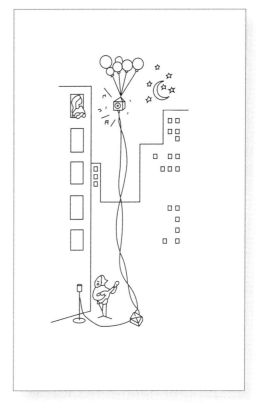

▶ Figura 7.6 Figura usada por Bransford e Johnson (1972) para ilustrar o efeito da organização na memória.

Prática de recuperação

Todos os exemplos anteriores mostraram que a maneira como o material é *estudado* pode afetar a memória do material, com processamento elaborativo resultando em melhor memória. Contudo a elaboração que resulta em melhor memória também pode ser alcançada *testando* a memória ou, dito de outra forma, praticando a *recuperação da memória*.

O **efeito da prática de recuperação** foi demonstrado em um experimento feito por Jeffrey Karpicke e Henry Roediger (2008). Nesse experimento, os participantes estudaram uma lista de 40 pares de palavras suaíli-inglês, como *mashua*-barco, e então viram uma das palavras em cada par e foram solicitados a lembrar a outra palavra.

O projeto do experimento é mostrado na Tabela 7.1. Havia três grupos. Na fase "Primeiro estudo e teste" do experimento (Coluna 1), todos os três grupos estudaram todos os pares e, em seguida, foram testados em todos os pares. Quando testados, eles recordavam alguns pares e não lembravam outros. Na fase "repetição das sessões de estudo e teste" do experimento (Coluna 2), os três grupos tiveram diferentes experiências de estudo e teste.

TABELA 7.1 Projeto e resultados do experimento de Karpicke e Roediger (2008)

	Primeiro estudo e teste		Repetição das sessões de estudo e teste		Teste depois de uma semana (% de corretos)
	ESTUDO	TESTE	ESTUDO	TESTE	
Grupo 1	Todos os pares	Todos os pares	Todos os pares	Todos os pares	81
Grupo 2 (menos estudo)	Todos os pares	Todos os pares	Apenas pares NÃO lembrados em testes anteriores	Todos os pares	81
Grupo 3 (menos testes)	Todos os pares	Todos os pares	Todos os pares	Apenas pares NÃO lembrados em testes anteriores	36

O Grupo 1 continuou o procedimento inicial. Em cada sessão de estudo e teste, eles analisaram todos os pares e foram testados em todos os pares até o desempenho alcançar 100%. Para o Grupo 2, a parte da análise da sequência estudo-teste foi alterada. Depois que um par foi relembrado corretamente em um teste, ele não mais foi *estudado* nas sessões seguintes de estudo. Entretanto, todos os pares foram testados durante cada sessão de teste até o desempenho alcançar 100%. Esse grupo, portanto, *estudou* menos dos pares à medida que o experimento avançava. Para o Grupo 3, a parte do teste da sequência estudo-teste foi alterada. Uma vez que um par foi recuperado corretamente, ele não foi mais *testado* durante as próximas sessões de teste. Esse grupo foi, portanto, *testado* em menos dos pares à medida que o experimento avançava.

Quando testados uma semana depois, os Grupos 1 e 2 recordaram 81% dos pares, mas o Grupo 3 recordou apenas 36% dos pares. Esse resultado mostra que *ser testado* é importante para o aprendizado porque, quando o teste foi interrompido para o Grupo 3, depois que os itens foram relembrados corretamente, o desempenho diminuiu. Em comparação, os resultados do Grupo 2 mostram que a interrupção dos estudos não afetou o desempenho. O desempenho aprimorado devido à prática de recuperação chama-se **efeito do teste**. Foi demonstrado em um grande número de experimentos, tanto em laboratório como em salas de aula (Karpicke et al., 2009). Por exemplo, o teste resultou em melhor desempenho do que a releitura para o desempenho de alunos do oitavo ano em um teste de história (Carpenter et al., 2009) e para o desempenho de alunos universitários em um exame em um curso sobre cérebro e comportamento (McDaniel et al., 2007).

Os exemplos mencionados das diferentes situações que auxiliam na codificação fornecem uma mensagem importante para alunos estudando para exames: ao estudar, use técnicas que resultem em processamento elaborativo e continue testando a si próprio, mesmo depois que o material é "aprendido", porque o teste fornece uma maneira de elaborar o material.

> ### TESTE VOCÊ MESMO 7.1
> 1. O que é codificação? Recuperação? Por que cada uma é necessária para uma memória bem-sucedida?
> 2. Qual é a diferença entre ensaio elaborativo e ensaio de manutenção em termos de (a) procedimentos associados a cada tipo de ensaio e (b) sua eficácia para criar memórias de longo prazo?
> 3. O que é teoria dos níveis de processamento? Certifique-se de compreender a profundidade do processamento, processamento superficial e processamento profundo. O que a teoria dos níveis de processamento afirmariam sobre a diferença entre ensaio de manutenção e ensaio elaborativo?
> 4. Forneça exemplos de como a memória para uma palavra pode ser aumentada (a) formando imagens visuais, (b) associando palavras a si mesmo, (c) gerando a palavra durante a aquisição, (d) organizando informações, (e) classificando a palavra em termos de sobrevivência e (f) praticando a recuperação. O que esses procedimentos têm em comum?
> 5. O que é o efeito do teste?
> 6. O que os resultados dos procedimentos na pergunta 5 indicam sobre a relação entre codificação e recuperação?

▶ Estudo eficaz

Como você estuda? Os alunos desenvolveram inúmeras técnicas, que variam de acordo com o tipo de material a ser estudado e o que funciona para um determinado aluno. Quando os alunos são solicitados a descrever suas técnicas de estudo, as mais populares são destacar o material no texto ou fazer anotações (Bell e Limber, 2010; Gurung et al., 2010) e reler o texto ou as notas (Carrier, 2003; Karpicke et al., 2009; Wissman et al., 2012). Infelizmente, em geral as pesquisas revelaram que essas técnicas populares não são muito eficazes (Dunlosky et al., 2013). Aparentemente, os alunos usam o destaque e a releitura porque são fáceis de utilizar e porque não conhecem métodos mais eficazes. Descreveremos uma série de materiais de aprendizagem que se mostrou eficaz. Mesmo que você ache que destacar e reler funcione, também é possível usar uma ou mais das técnicas a seguir na próxima vez que estudar.

Elabore

Um processo que ajuda a transferir o material que você está lendo para a memória de longo prazo é a elaboração — pensar sobre o que está sendo lido e atribuir significado relacionando-o a outras coisas que você conhece. Isso se torna mais fácil à medida que você aprende mais, porque o que aprendeu cria uma estrutura na qual inserir novas informações.

Técnicas baseadas em associação, como criar imagens que conectam duas coisas, como na Figura 7.2, muitas vezes se mostram úteis para aprender palavras ou definições individuais. Por exemplo, há um efeito de memória chamado *interferência proativa*, que ocorre quando informações aprendidas anteriormente interferem na aprendizagem de novas informações.

O efeito da interferência proativa é ilustrado pelo que pode acontecer quando o aprendizado de palavras do vocabulário em francês torna mais difícil aprender uma lista de palavras em espanhol um pouco mais tarde. Como você pode se lembrar do termo *interferência proativa*? Minha solução foi pensar em um jogador de futebol "pro" esmagando tudo em seu caminho enquanto avança no tempo, para me lembrar que a interferência proativa é o passado influenciando o presente. Não preciso mais dessa imagem para lembrar o que a interferência proativa é, mas foi útil quando aprendi esse conceito pela primeira vez.

Gere e teste

Os resultados de pesquisas sobre o efeito de geração (p. 182) indicam que conceber situações nas quais você assume um papel ativo na criação de material é uma maneira poderosa de alcançar uma codificação forte e uma boa recuperação de longo prazo. E pesquisas sobre a prática de recuperação e o efeito do teste (p. 185) indicam que se testar repetidamente no material que você está estudando rende dividendos na melhoria da memória.

Testar é, na verdade, uma forma de geração, porque requer envolvimento ativo com o material. Se você fosse se testar, como obteria as perguntas do teste? Uma maneira seria usar as perguntas que às vezes são fornecidas no livro ou um guia de estudo, como as perguntas "Teste você mesmo" deste livro. Outra maneira é você mesmo imaginar as perguntas. Como imaginar as perguntas envolve compromisso ativo com o material, fortalece a codificação do material. Pesquisas mostraram que os alunos que leram um texto com a ideia de *imaginar* perguntas se saíram tão bem em um exame quanto os que leram um texto com a ideia de *responder* perguntas mais tarde, e dois grupos se saíram melhor do que um grupo de alunos que não criou ou respondeu perguntas (Frase, 1975).

Pesquisas mostraram que muitos alunos acreditam que revisar o material é mais eficaz do que se testar nele, mas, quando eles se testam, geralmente é para determinar como estão se saindo, não como uma ferramenta para aumentar o aprendizado (Kornell e Son, 2009). Acontece que o autoteste realiza duas coisas: indica o que você sabe *e* aumenta sua capacidade de lembrar o que sabe mais tarde.

Organize

O objetivo de organizar o material é criar uma estrutura que ajude a relacionar algumas informações a outras para tornar o material mais significativo e, portanto, fortalecer a codificação. A organização pode ser alcançada criando "árvores", como na Figura 7.5, ou esboços ou listas que agrupam fatos ou princípios semelhantes.

A organização também ajuda a reduzir a carga na memória. Podemos ilustrar isso analisando um exemplo perceptivo. Se você vê o padrão preto e branco na Figura 3.17 como áreas pretas e brancas não relacionadas, é extremamente difícil descrever o que é. Contudo, depois de ver esse padrão como um dálmata, ele se tornará significativo e, portanto, muito mais fácil de descrever e lembrar (Wiseman e Neisser, 1974). A organização está relacionada ao fenômeno de associação em blocos (*chunking*) que discutimos no Capítulo 5. A associação em blocos de pequenos elementos em blocos de elementos maiores e mais significativos aumenta a memória. Organizar o material é uma maneira de alcançar essa meta.

Faça pausas

Dizer "Faça pausas" é outra maneira de dizer "Estude seguindo uma série de sessões de estudo mais curtas, em vez de tentar aprender tudo de uma vez" ou "Não se precipite". Existem boas razões para dizer essas coisas. Pesquisas mostram que a memória é melhor quando o estudo é dividido em algumas sessões curtas, com intervalos entre elas, do que quando é concentrada em uma sessão longa, mesmo que o tempo total de estudo seja o mesmo. Essa vantagem de sessões de estudo curtas chama-se **efeito de espaçamento** (Reder e Anderson, 1982; Smith e Rothkopf, 1984).

Outro ângulo sobre as pausas é fornecido por pesquisas que mostram que o desempenho da memória é aprimorado se o sono seguir o aprendizado (p. 200). Ainda que dormir para evitar estudar provavelmente não seja uma boa ideia, dormir logo depois de estudar pode melhorar um processo chamado consolidação (que discutiremos mais adiante neste capítulo) e que resulta em memórias mais fortes.

Evite "ilusões da aprendizagem"

Uma das conclusões de pesquisas sobre memória básica e pesquisas sobre técnicas de estudo específicas é que algumas técnicas de estudo preferidas pelos alunos podem *parecer* mais eficazes do que realmente são. Por exemplo, uma razão para a popularidade da releitura como uma técnica de estudo é que pode criar a ilusão de que o aprendizado está ocorrendo. Isso acontece porque ler e reler o material resulta em maior *fluência* — ou seja, a repetição torna a leitura cada vez mais fácil. Porém, embora essa facilidade aprimorada de leitura crie a ilusão de que o material está sendo aprendido, o aumento da fluência não se traduz necessariamente em melhor memória para o material.

Outro mecanismo que cria a ilusão de aprendizagem é o *efeito de familiaridade*. A releitura faz com que o material se torne familiar; portanto, ao se deparar com ele uma segunda ou terceira vez, há uma tendência de interpretar essa familiaridade como uma indicação de que você conhece o material. Infelizmente, reconhecer o material que está bem na sua frente não significa necessariamente que será capaz de lembrá-lo mais tarde.

Por fim, tome cuidado com destaques. Uma pesquisa de Sarah Peterson (1992) descobriu que 82% dos alunos destacam o material de estudo, e a maioria deles faz isso enquanto estão lendo o material pela primeira vez. O problema com destaques é que parece um processamento elaborativo (você está desempenhando um papel ativo ao ler destacando pontos importantes), mas muitas vezes se torna um comportamento automático que envolve mover a mão, mas com pouco pensamento profundo sobre o material.

Quando Peterson comparou a compreensão para um grupo de alunos que utilizava destaques e um grupo que não os utilizava, ela não encontrou nenhuma diferença entre o desempenho dos dois grupos quando foram testados sobre o material. Usar destaques pode ser um bom primeiro passo para algumas pessoas, mas normalmente é importante voltar àquilo que você destacou utilizando técnicas como ensaio elaborativo ou geração de perguntas a fim de inserir essas informações na memória.

Seja um anotador "ativo"

As sugestões de estudo anteriores são sobre como estudar o material do curso, o que normalmente significa estudar um livro-texto, leituras do curso e notas de aula. Além de seguir essas sugestões, outra maneira de melhorar o aprendizado do curso é pensar em como você fará suas anotações de aula. Você faz anotações escrevendo à mão ou digitando no laptop?

A maioria dos alunos relata que fazem anotações em laptops (Fried, 2008; Kay e Lauricella, 2011). Quando perguntados por que fazem isso, em geral a resposta é que digitar as anotações no laptop é mais eficiente e que eles podem fazer anotações mais completas (Kay e Lauricella, 2011). Muitos professores, no entanto, acham que fazer anotações no laptop não é uma boa ideia porque o laptop cria a tentação de se envolver em atividades que distraem, como navegar pela web ou enviar mensagens de texto ou e-mails. No entanto, além desse argumento de distração contra laptops, há outro argumento contra fazer anotações usando computadores: fazer anotações em computadores pode resultar em um processamento mais superficial do material e, portanto, desempenho inferior nos exames.

O suporte empírico para essa ideia foi fornecido por Pam Mueller e Daniel Oppenheimer (2014) em um artigo intitulado "The Pen is Mightier Than the Keyboard: Advantages of Longhand Over Laptop Note Taking". Eles realizaram alguns experimentos nos quais os alunos ouviam palestras e faziam anotações à mão ou usando os laptops. Aqueles que utilizavam o laptop faziam mais anotações, porque laptops tornam o processo mais fácil e rápido do que fazer anotações à mão. Além disso, havia duas outras diferenças. As anotações usando laptops continham mais transcrição de palavra por palavra da palestra, e os alunos do grupo do laptop tiveram um desempenho pior do que o grupo que fazia anotações à mão quando testados sobre o material da palestra.

Por que aqueles que fazem anotações usando laptops tiveram um desempenho pior no exame? Responder a essa pergunta nos leva de volta ao princípio de que a memória para o material depende de como ele é codificado e, especificamente, que a geração do material por você mesmo resulta em um processamento mais profundo e, portanto, em uma memória melhor. De acordo com Mueller e Oppenheimer, o processamento superficial associado à simples transcrição do que o professor está falando desfavorece a aprendizagem. Em contraste, é mais provável que fazer anotações escritas à mão envolva a síntese e o resumo da aula, o que resulta em uma codificação mais profunda e melhor aprendizagem. A mensagem essencial do artigo de Mueller e Oppenheimer é que fazer anotações que "ativam" e "envolvem" é melhor do que "transcrição sem sentido".

Adam Putnam e colaboradores (2016), em um artigo intitulado "Optimizing Learning in College: tips from Cognitive Psychology", fazem muitas sugestões valiosas sobre maneiras de ser bem-sucedido em cursos universitários. Duas de suas sugestões, baseadas nos resultados de Mueller e Oppenheimer, são que, nos cursos teóricos, (1) "deixe o laptop em casa" para evitar a distração da internet e mídia social, e (2) "escreva suas anotações em vez de digitá-las", porque a escrita à mão incentiva um processamento mais reflexivo e profundo. Obviamente, Mueller e Oppenheimer são apenas uma fonte, portanto, antes de parar de fazer anotações no computador, é melhor esperar os resultados de mais pesquisas. No entanto, seja qual for o mecanismo que você usa para fazer anotações, faça o possível para que as anotações sejam escritas com suas próprias palavras, sem simplesmente copiar o que o palestrante está falando.

A mensagem de todas essas dicas de estudo é que existem maneiras de melhorar a aprendizagem, seguindo as dicas dos resultados de pesquisas em psicologia cognitiva. O artigo de Putnam e colaboradores (2016) fornece um resumo conciso das conclusões baseadas em pesquisas sobre estudar, e um artigo de John Dunlosky e colaboradores (2013) fornece uma discussão mais aprofundada, que termina concluindo que o teste de prática (ver a seção "Gere e teste") e a prática distribuída (consulte a seção "Faça pausas") são as duas técnicas de estudo mais eficazes.

Recuperação: removendo informações da memória

Já vimos como a recuperação pode fortalecer a memória. Contudo, como podemos aumentar a probabilidade de que algo será recuperado? O processo de recuperação é extremamente importante porque muitas de nossas falhas de memória são falhas de recuperação — a informação está "lá", mas não podemos extraí-las. Por exemplo, você estudou muito para um exame, mas não consegue encontrar uma resposta ao fazer o exame, apenas para lembrá-la mais tarde após o término do exame. Ou você inesperadamente depara-se com alguém que você conheceu anteriormente e não consegue lembrar o nome da pessoa, mas de repente você se recorda ao conversar (ou, pior, depois que a pessoa partiu). Nos dois exemplos, você tem as informações de que precisa, mas não pode recuperá-las quando precisa delas.

Dicas de recuperação

Ao discutir como lembrar a palavra *maçã* pode funcionar como uma dica de recuperação para *uva* (p. 183), definimos *dicas de recuperação* como palavras ou outros estímulos que ajudam a lembrar as informações armazenadas na memória. Como agora vamos considerar essas sugestões em mais detalhes, veremos que elas podem ser fornecidas por várias fontes diferentes.

Uma experiência que tive ao me preparar para sair de casa para ir para uma aula ilustra como a *localização* pode funcionar como uma dica de recuperação. Enquanto estava no meu escritório em casa, fiz uma anotação mental para ter certeza de levar o DVD sobre amnésia para a escola para minhas aulas sobre psicologia cognitiva. Pouco depois, ao sair de casa, tive a sensação incômoda de que estava esquecendo algo, mas não conseguia lembrar o que era. Não foi a primeira vez que tive esse problema, então sabia exatamente o que fazer. Voltei ao escritório e, assim que cheguei lá, lembrei que precisava levar o DVD. Voltar ao lugar onde inicialmente havia pensado em pegar o DVD ajudou a recuperar meu pensamento inicial. Meu escritório foi uma dica de recuperação para lembrar o que eu precisava levar para a aula.

Você pode ter tido experiências semelhantes nas quais voltar a um determinado lugar estimulou memórias associadas a esse lugar. A descrição a seguir de um dos meus alunos ilustra a recuperação de memórias de experiências de infância:

> Quando eu tinha 8 anos, meus dois avós faleceram. A casa deles foi vendida, e esse capítulo da minha vida foi encerrado. Desde então, consigo lembrar coisas gerais sobre estar lá quando criança, mas não dos detalhes. Um dia decidi fazer um passeio. Fui até a antiga casa dos meus avós, dei a volta no beco e estacionei. Enquanto estava sentada lá e olhava para a casa, a coisa mais incrível aconteceu. Experimentei uma lembrança vívida. De repente, eu tinha 8 anos novamente. Eu conseguia me ver no quintal, aprendendo a andar de bicicleta pela primeira vez. Eu conseguia ver o interior da casa. Lembrei-me exatamente de como era cada detalhe. Eu consegui até lembrar o cheiro distinto. Tantas vezes tentei me lembrar dessas coisas, mas nunca tão vividamente me lembrei desses detalhes (Ângela Paidousis).

A experiência em meu escritório e a experiência de Ângela fora da casa dos avós são exemplos de dicas de recuperação que são fornecidas voltando ao local onde as memórias foram inicialmente formadas. Muitas outras coisas, além da localização, podem fornecer dicas de recuperação. Ouvir uma música em particular pode trazer de volta memórias de eventos nos quais você não pensava há anos. Ou considere o cheiro. Certa vez, senti o cheiro de mofo, como o da escada da casa dos meus avós, e fui imediatamente transportado de volta muitas décadas para a experiência de subir essas escadas quando era criança. O funcionamento das dicas de recuperação também foi demonstrado em laboratório usando uma técnica chamada *lembranças com dicas*.

MÉTODO   Recordação com dicas

Podemos distinguir dois tipos de procedimentos de recordação. Na **recordação livre**, um participante é simplesmente solicitado a recordar os estímulos. Esses estímulos podem ser palavras apresentadas anteriormente pelo pesquisador ou eventos experenciados anteriormente na vida do participante. Vimos como isso foi usado em muitos experimentos, como o experimento da curva de posição serial (p. 154). Na **recordação com dicas**, o participante recebe dicas de recuperação para auxiliar na recordação dos estímulos experimentados anteriormente. Essas dicas normalmente são palavras ou frases. Por exemplo, Endel Tulving e Zena Pearlstone (1966) fizeram um experimento em que apresentavam aos participantes uma lista de palavras a lembrar. As palavras eram tiradas de categorias específicas, como pássaros (*pombo, pardal*), móveis (*cadeira, cômoda*) e profissões (*engenheiro, advogado*), embora as categorias não tenham sido especificamente indicadas na lista original. Para o teste de memória, os participantes do grupo com recordação livre eram solicitados a anotar o maior número possível de palavras. Os participantes do grupo com recordação com sugestões também foram solicitados a lembrar as palavras, mas receberam os nomes das categorias, como "pássaros", "móveis" e "profissões".

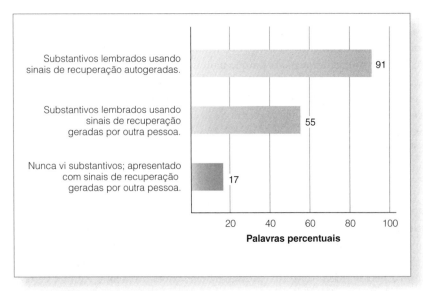

► **Figura 7.7** Resultados do experimento feito por Mantyla (1986). A memória era melhor quando as dicas de recuperação eram criadas pelo participante (barra no canto superior), e não tão boa quando as dicas de recuperação eram criadas por outra pessoa (barra no meio). Participantes de controle que tentavam adivinhar as palavras com base em dicas de recuperação geradas por outra pessoa se saíram mal (barra no canto inferior).

Os resultados do experimento feito por Tulving e Pearlstone demonstram que as dicas de recuperação auxiliam a memória. Os participantes do grupo de recordação livre lembravam de 40% das palavras, enquanto os participantes do grupo de recordação guiada, que haviam recebido os nomes das categorias, lembravam 75% das palavras.

Uma das demonstrações mais impressionantes do poder das dicas de recuperação foi fornecida por Timo Mantyla (1986), que apresentou aos participantes uma lista de 504 substantivos, como *banana, liberdade* e *árvore*. Durante essa fase de estudo, os participantes foram instruídos a escrever três palavras associadas a cada substantivo. Por exemplo, três palavras para *banana* podem ser *amarelo, cachos* e *comestível*. Na fase de teste do experimento, eram exibidas aos participantes as três palavras que geraram (dicas de recuperação autogeradas) para metade dos substantivos, ou com três palavras que outra pessoa gerou (dicas de recuperação geradas por outra pessoa) para a outra metade dos substantivos. A tarefa deles era lembrar o substantivo que haviam visto durante a fase de estudo.

Os resultados indicaram que, quando as dicas de recuperação autogeradas foram apresentadas, os participantes lembravam 91% das palavras (barra na parte superior na Figura 7.7), mas, quando foram apresentadas dicas de recuperação geradas por outra pessoa, os participantes lembravam apenas 55% das palavras (segunda barra na Figura 7.7).

Você pode pensar que seria possível adivinhar *banana* a partir de três propriedades como *amarelo, cachos* e *comestível*, mesmo que nunca tenha sido apresentado à palavra *banana*. No entanto, quando Mantyla comandou outro grupo de controle no qual apresentou as palavras relacionadas a sugestões geradas por outra pessoa a participantes que nunca tinham visto os 504 substantivos, esses participantes foram capazes de determinar apenas 17% dos substantivos. Os resultados desse experimento demonstram que as dicas de recuperação (as três palavras) fornecem informações extremamente eficazes para recuperar memórias, mas que *as dicas de recuperação são significativamente mais eficazes quando são criadas pela pessoa cuja memória está sendo testada*. (Ver também Wagenaar, 1986, que descreve um estudo no qual Wagenaar foi capaz de lembrar quase todas as 2.400 entradas do diário que ele manteve durante um período de 6 anos usando dicas de recuperação.)

Condições de correspondência de codificação e recuperação

As dicas de recuperação nos dois experimentos que acabamos de descrever foram "dicas" verbais — nomes de categorias como "móveis" no experimento de Tulving e Pearlstone e descrições de três palavras criadas pelos participantes no experimento de Mantyla. No entanto, também vimos outro tipo de "dica" que pode ajudar na recuperação: voltar a um local específico, como à casa dos avós de Ângela ou ao meu escritório.

Vamos considerar o que aconteceu no exemplo do escritório, no qual precisei retornar ao meu escritório para recuperar meu pensamento sobre levar um DVD para a aula. O segredo para me lembrar do DVD é que recuperei o pensamento "Levar o DVD", voltando ao local onde inicialmente codifiquei esse pensamento. Esse exemplo ilustra o seguinte princípio básico: *Pode-se aumentar a recuperação combinando as situações na recuperação com as situações que existiam na codificação.*

Descreveremos agora três situações específicas nas quais a recuperação é aumentada correspondendo as situações na recuperação com as situações na codificação. Essas diferentes maneiras de alcançar correspondência são (1) especificidade da codificação — corresponder o *contexto* em que a codificação e a recuperação ocorrem; (2) aprendizagem dependente do estado — corresponder o *humor interno* presente durante a codificação e a recuperação; e (3) processamento apropriado para transferência — corresponder a *tarefa* envolvida na codificação e recuperação.

Especificidade de codificação   O princípio da **especificidade de codificação** afirma que codificamos informações junto ao contexto. Por exemplo, Ângela codificou muitas experiências no contexto da casa dos avós. Quando ela restabeleceu esse contexto voltando para casa muitos anos depois, ela lembrou muitas dessas experiências.

Um experimento clássico que demonstra a especificidade da codificação é o "experimento com mergulhadores" de D. R. Godden e Alan Baddeley (1975). Nesse experimento, um grupo de participantes usava equipamento de mergulho e estudava uma lista de palavras debaixo d'água, e outro grupo estudava as palavras em terra (Figura 7.8a). Esses grupos foram então divididos de forma que metade dos participantes nos grupos em terra e água fossem testados quanto a recordações em terra e a outra metade fossem testados debaixo d'água. Os resultados, indicados pelos números, mostram que a melhor recordação acontecia quando a codificação e a recuperação ocorriam no mesmo local. A Figura 7.8 está disponível, em cores, no suplemento colorido, ao final do livro.

Os resultados do estudo com mergulhadores, e muitos outros, sugerem que uma boa estratégia para fazer o teste seria estudar em um ambiente semelhante ao ambiente em que você será testado. Embora não signifique que você necessariamente tenha de fazer todo o seu estudo na sala de aula onde realizará o exame, você pode querer repetir em sua situação de estudo algumas das condições que existirão durante o exame.

A conclusão sobre estudar é corroborada por um experimento de Harry Grant e colaboradores (1998), usando o design na Figura 7.8b. Os participantes leem um artigo sobre psicoimunologia usando fones de ouvido. Os participantes na situação "silencioso"

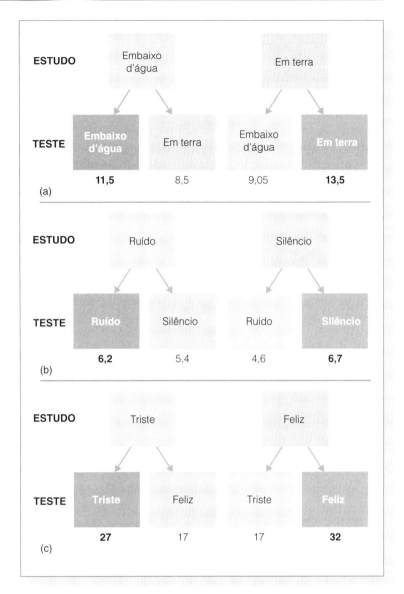

▶ Figura 7.8 Projeto e resultados para (a) o experimento com "mergulhadores" de Godden e Baddeley (1975); (b) experimento de "estudo" de Grant et al. (1998); (c) o experimento de "humor" de Eich e Metcalfe (1989). Os resultados de cada situação de teste são indicados pelo número diretamente sob essa situação. As cores correspondentes (verde-claro a verde-escuro e laranja-claro a laranja-escuro) indicam situações nas quais as condições de estudo e teste se correlacionavam. Esta figura está disponível, em cores, no suplemento colorido, ao final do livro.

não ouviram nada nos fones de ouvido. Os participantes na situação "ruído" ouviram uma fita de ruídos de fundo gravada durante a hora do almoço em um refeitório universitário (que foram orientados a ignorar). Metade dos participantes de cada grupo recebeu um teste de resposta curta no artigo na situação de silêncio, e a outra metade foi testada na situação de ruído.

Os resultados, mostrados na Figura 7.8b, indicam que os participantes se saíram melhor quando a situação de teste correspondia à situação de estudo. Como seu próximo exame de psicologia cognitiva será realizado em situações de silêncio, pode fazer sentido estudar em situações de silêncio. (Curiosamente, vários dos meus alunos relatam que ter estímulos externos, como música ou televisão, ajuda-os a estudar. Essa ideia viola claramente o princípio da especificidade de codificação. Você consegue pensar em alguns motivos pelos quais os alunos podem afirmar isso?)

Aprendizagem dependente de estado   Outro exemplo de como corresponder as situações de codificação e recuperação pode influenciar a memória é a **aprendizagem dependente de estado** — aprendizagem que está associada a um determinado *estado interno*, como humor ou estado de consciência. De acordo com o princípio da aprendizagem dependente de estado, a memória será melhor quando o estado interno de uma pessoa (humor ou consciência) durante a recuperação corresponde ao estado interno da pessoa durante a codificação. Por exemplo, Eric Eich e Janet Metcalfe (1989) demonstraram que a memória é melhor quando o humor de uma pessoa durante a recuperação corresponde ao humor durante a codificação. Eles fizeram isso pedindo que os participantes tivessem pensamentos positivos ao ouvir uma música "alegre" ou agradável, ou pensamentos deprimentes ao ouvir uma música "melancólica" ou triste (Figura 7.8c). Os participantes avaliavam o humor enquanto ouviam a música, e a parte da codificação do experimento começava quando a avaliação deles alcançava "muito agradável" ou "muito desagradável". Depois que isso ocorria, em geral em 15 a 20 minutos, os participantes estudavam listas de palavras enquanto seu humor era positivo ou negativo.

Após o término da sessão de estudo, os participantes foram orientados a retornar em 2 dias (embora aqueles no grupo triste tenham permanecido no laboratório por mais tempo, comendo biscoitos e conversando com o pesquisador enquanto uma música alegre tocava no fundo, assim eles não sairiam do laboratório de mau humor). Dois dias depois, os participantes voltaram, e o mesmo procedimento foi usado para colocá-los em um humor positivo ou negativo. Quando alcançavam esse humor, eles recebiam um teste de memória para as palavras que haviam estudado 2 dias antes. Os resultados, mostrados na Figura 7.8c, indicam que eles se saíram melhor quando o humor na recuperação correspondia ao humor durante a codificação (ver também Eich, 1995).

As duas maneiras de corresponder codificação e recuperação que descrevemos até agora envolvem correlacionar a situação física (especificidade da codificação) ou um sentimento interno (aprendizagem dependente de estado). Nosso próximo exemplo envolve a correspondência do tipo de *tarefa cognitiva* na codificação e recuperação.

Correspondendo a tarefa cognitiva: processamento apropriado para transferência   Donald Dewar e colaboradores (1977) fizeram um experimento que mostrou que a recuperação é melhor se as mesmas tarefas cognitivas estão envolvidas durante a codificação e a recuperação. O procedimento para o experimento foi o seguinte:

Parte I. Codificação

Os participantes ouviam uma frase com uma palavra substituída por "em branco" e 2 segundos depois ouviam uma palavra-alvo. Havia duas situações de codificação. Na *situação de significado*, a tarefa era responder "sim" ou "não" com base no *significado* da palavra quando ela preenchia o espaço em branco. Na *situação de rima*, os participantes respondiam "sim" ou "não" com base no *som* da palavra. Eis alguns exemplos:

Situação de significado
    1. Frase: O _____ tinha um motor prateado.
        Palavra-alvo: *trem*   Resposta correta: "sim"
    2. Frase: O _____ andou pela rua.
        Palavra-alvo: *edifício*   Resposta correta: "não"

Situação de rima
    1. Frase: _____ rima com ontem.
        Palavra-alvo: *trem*   Resposta correta: "sim"
    2. Frase: _____ rima com carro.
        Palavra-alvo: *edifício*   Resposta correta: "não"

O importante sobre esses dois grupos de participantes é que eles foram solicitados a *processar* as palavras de maneira diferente. Em um dos casos, eles tinham de focalizar o significado da palavra para responder à pergunta e, no outro caso, eles focalizavam o som da palavra.

Parte II. Recuperação

A pergunta em que Morris estava interessado era como a capacidade dos participantes para recuperar as palavras-alvo seria afetada pela maneira como eles processavam as palavras durante a parte de codificação do experimento. Havia várias situações diferentes nessa parte do experimento, mas vamos nos concentrar no que aconteceu quando os participantes foram solicitados a processar palavras em termos dos sons.

Os participantes do grupo significado e do grupo rima foram apresentados a uma série de palavras de teste, uma por uma. Algumas das palavras de teste rimavam com palavras-alvo apresentadas durante a codificação; outras não. A tarefa deles era responder "sim" se a palavra de teste rimasse com uma das palavras-alvo e "não" se não rimasse. Nos exemplos a seguir, observe que as palavras de teste sempre eram diferentes da palavra-alvo.

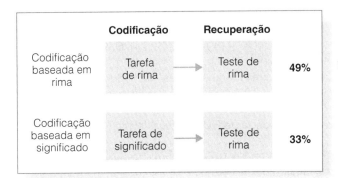

Figura 7.9 Projeto e resultados para o experimento de Morris et al. (1977). Os participantes que realizavam uma tarefa de codificação baseada em rima se saíram melhor no teste de rima do que os participantes que realizavam uma tarefa de codificação baseada em significado. Esse resultado não seria previsto pela teoria dos níveis de processamento, mas é previsto pelo princípio de que uma melhor recuperação ocorre se as tarefas de codificação e recuperação são correlacionadas.

Palavra de teste: *ontem*   Resposta: "sim" (porque rima com a palavra-alvo apresentada anteriormente *trem*)
Palavra de teste: *rua*   Resposta: "não" (porque não rima com nenhuma das palavras-alvo apresentadas durante a codificação)

O principal resultado desse experimento foi que o desempenho de recuperação dos participantes dependia de a tarefa de recuperação corresponder à tarefa de codificação. Como mostrado na Figura 7.9, os participantes que se concentraram na rima durante a codificação lembravam mais palavras no teste de rima do que os participantes que focalizaram o significado. Portanto, os participantes que focalizaram o *som* da palavra durante a primeira parte do experimento se saíram melhor quando o teste envolvia focalizar o som. Esse resultado — melhor desempenho quando o *tipo de processamento* corresponde na codificação e recuperação — chama-se **processamento apropriado para transferência**.

O processamento apropriado para transferência é similar à especificidade da codificação e ao aprendizado dependente do estado porque demonstra que as situações de correlação durante a codificação e a recuperação melhoram o desempenho. Contudo, além disso, o resultado desse experimento tem implicações importantes para a teoria dos níveis de processamento discutidos anteriormente. Lembre-se de que a ideia principal por trás da teoria dos níveis de processamento é que um processamento mais profundo leva a uma codificação melhor e, portanto, a uma melhor recuperação. A teoria dos níveis de processamento preveem que os participantes que estão no grupo significado durante a codificação experimentariam um processamento "mais profundo", portanto, eles devem ter melhor desempenho. Em vez disso, o grupo rima teve melhor desempenho. Assim, além de mostrar que correlacionar as tarefas de codificação e recuperação é importante, o experimento de Morris demonstra que o processamento mais profundo na codificação nem sempre resulta em melhor recuperação, como proposto pela teoria dos níveis de processamento.

Nossa abordagem à codificação e recuperação até agora focalizou experimentos comportamentais que consideram como as situações de codificação e recuperação afetam a memória. No entanto, há outra abordagem ao estudo da codificação e recuperação que se concentra na fisiologia. No restante deste capítulo, examinaremos os "bastidores" da memória para considerar como as alterações fisiológicas que ocorrem durante a codificação influenciam nossa capacidade de recuperar a memória para uma experiência posterior.

TESTE VOCÊ MESMO 7.2

1. Descreva as cinco maneiras a seguir de melhorar a eficácia do estudo: (1) detalhar; (2) gerar e testar; (3) organizar; (4) fazer pausas; (5) evitar "ilusões de aprendizagem". Como cada técnica se relaciona às descobertas sobre codificação e recuperação?
2. O que significa ser aprendiz "ativo"? Como essa pergunta está relacionada à diferença entre fazer anotações à mão e fazer anotações em um laptop?
3. As dicas de recuperação são uma maneira poderosa de aumentar a probabilidade de lembrarmos algo. Por que podemos dizer que o desempenho da memória é melhor quando usamos uma palavra em uma frase, criamos uma imagem ou a relacionamos com nós mesmos, que são técnicas que envolvem dicas de recuperação?
4. O que é recordação com sugestões? Compare-a com a recordação livre.

5. Descreva o experimento de recordação com sugestões feito por Tulving e Pearlstone e o experimento de Mantyla, no qual ele apresentou 600 palavras aos participantes. Qual foi o procedimento e qual foi o resultado de cada experimento, e o que cada um informa sobre a recuperação?

6. O que é especificidade de codificação? Descreva o experimento com "mergulhadores" de Baddeley e Godden e o experimento de estudo de Grant. O que cada um ilustra sobre a especificidade da codificação? Sobre a recordação com sugestões?

7. O que é aprendizagem dependente do estado? Descreva a experiência de Eich e Metcalf sobre humor e memória.

8. Descreva o experimento de processamento apropriado para transferência feito por Morris. Que aspecto da codificação e recuperação Morris estava estudando? Que implicações os resultados desse experimento têm para correlacionar codificação e recuperação? Para a teoria dos níveis de processamento?

▶ Consolidação: estabelecendo memórias

As memórias têm história. Logo após a ocorrência de um evento ou aprendizado, lembramos muitos detalhes do que aconteceu ou do que aprendemos. No entanto, com o passar do tempo e o acúmulo de experiências adicionais, algumas dessas memórias são perdidas, algumas mudam de caráter e outras podem acabar sendo diferentes do que realmente aconteceu.

Outra observação sobre a memória é que, embora cada experiência crie o potencial para uma nova memória, novas memórias são frágeis e, portanto, podem ser interrompidas. Isso foi demonstrado experimentalmente pelos psicólogos alemães Georg Muller e Alfons Pilzecker (1900; ver também Dewar et al., 2007), que fizeram um experimento no qual dois grupos de participantes aprendiam listas de sílabas sem sentido. O grupo "imediato" aprendia uma lista e, em seguida, aprendia imediatamente uma segunda lista. O grupo "atraso" aprendia a primeira lista e então esperava 6 minutos antes de aprender a segunda lista (**Figura 7.10**). Quando a recordação da primeira lista era medida, os participantes do grupo atraso lembravam 48% das sílabas, mas os participantes do grupo imediato (sem atraso) lembravam apenas 28%. Aparentemente, a apresentação imediata da segunda lista ao grupo "nenhum atraso" interrompia a formação de uma memória estável para a primeira lista. Com base nesse resultado, Muller e Pilzecker propuseram o termo **consolidação**, que é definido como *o processo que transforma novas memórias a partir de um estado frágil, em que podem ser interrompidas, em um estado mais permanente, no qual são resistentes à interrupção.*

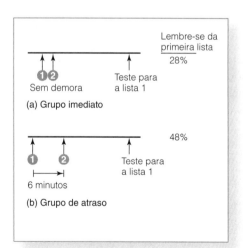

➤ **Figura 7.10** Procedimento para o experimento de Muller e Pilzecker. (a) Na situação imediata (sem atraso), os participantes usavam a primeira lista (1) e então aprendiam imediatamente a segunda lista (2). (b) Na situação de atraso, a segunda lista era aprendida após um atraso de 6 minutos. Os números à direita indicam a porcentagem de itens da primeira lista recuperados quando a memória dessa lista foi testada posteriormente.

Nos mais de cem anos desde o experimento pioneiro de Muller e Pilzecker, os pesquisadores descobriram muito sobre os mecanismos responsáveis pela consolidação e distinguiram dois tipos, baseados em mecanismos que envolvem sinapses e circuitos neurais. Lembre-se do Capítulo 2 que sinapses são os pequenos espaços entre a extremidade de um neurônio e o corpo celular ou dendrito de outro neurônio (ver Figura 2.4), e que, quando os sinais chegam à extremidade de um neurônio, eles fazem com que os neurotransmissores sejam liberados no próximo neurônio. Os circuitos neurais são grupos interconectados de neurônios. **Consolidação sináptica**, que ocorre em minutos ou horas, envolve mudanças estruturais nas sinapses. **Consolidação de sistemas**, que ocorre ao longo de meses ou mesmo anos, envolve a reorganização gradual dos circuitos neurais dentro do cérebro (Nader e Pilzecker, 2010).

O fato de a consolidação sináptica ser relativamente rápida e a consolidação de sistemas mais lenta não significa que devemos pensar nelas como dois estágios de um processo que ocorre um após o outro, como a memória de curto prazo e a memória de longo prazo no modelo modal de memória (Figura 5.2, p. 124). É mais correto pensar que elas ocorrem juntas, como mostrado na **Figura 7.11**, mas em velocidades diferentes e em níveis diferentes do sistema nervoso. Quando algo acontece, um processo é desencadeado que provoca alterações na sinapse. Enquanto isso, começa um processo de longo prazo que envolve a reorganização dos circuitos neurais. Assim, a consolidação sináptica e de sistemas são processos que ocorrem simultaneamente — um que funciona rapidamente, no nível da sinapse, e outro que funciona mais lentamente, no nível dos circuitos neurais.

Consolidação sináptica: experiência causa mudanças na sinapse

De acordo com uma ideia proposta pelo psicólogo canadense Donald Hebb (1948), aprendizagem e memória são representados no cérebro por alterações fisiológicas que ocorrem na sinapse. Vamos supor que uma experiência particular faça com que os impulsos nervosos percorram o axônio do neurônio A na Figura 7.12a, e quando esses impulsos alcançam a sinapse, o neurotransmissor é liberado no neurônio B. A ideia de Hebb era que a atividade repetida pode fortalecer a sinapse, causando alterações estruturais, maior liberação do transmissor e maior disparo

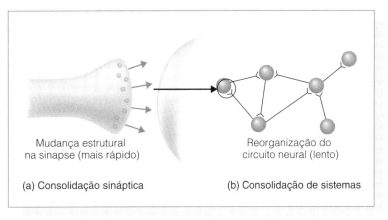

> Figura 7.11 Consolidação sináptica e de sistemas. (a) A consolidação sináptica envolve alterações nas sinapses. (b) A consolidação de sistemas envolve a reorganização das conexões neurais e ocorre em um período de tempo mais longo.

(Figuras 7.12b e 7.12c). Hebb também propôs que as alterações que ocorrem nas centenas ou milhares de sinapses que são ativadas quase ao mesmo tempo por uma experiência particular fornecem um registro neural da experiência. Por exemplo, sua experiência da última véspera de ano-novo, de acordo com essa ideia, é representada pelo padrão de alterações estruturais que ocorrem em muitas sinapses.

A proposta de Hebb de que as alterações sinápticas fornecem um registro das experiências tornou-se o ponto de partida para as pesquisas atuais sobre a fisiologia da memória. Os pesquisadores que seguiram a proposta de Hebb determinaram que a atividade na sinapse causa uma sequência de reações químicas, que resultam na síntese de novas proteínas que provocam alterações estruturais na sinapse, como as mostradas na Figura 7.12c (Chklovskii et al., 2004; Kida et al., 2002).

Um dos resultados das alterações estruturais na sinapse é o fortalecimento da transmissão sináptica. Esse fortalecimento resulta em um fenômeno chamado **potenciação de longo prazo (PLP)** — disparo aprimorado dos neurônios após estimulação repetida (Bliss e Lomo, 1973; Bliss et al., 2003; Kandel, 2001). A potenciação de longo prazo é ilustrada pelos registros de disparo na Figura 7.12. A primeira vez que o neurônio A é estimulado, o neurônio B dispara lentamente (Figura 7.12a).

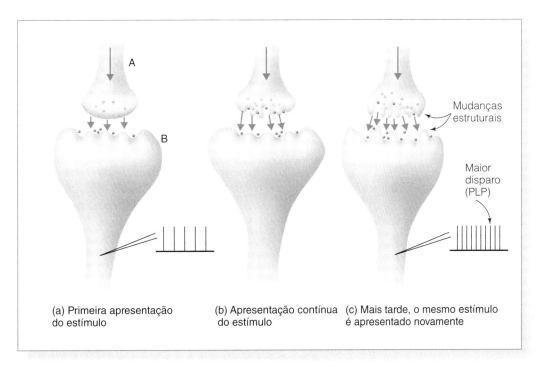

> Figura 7.12 O que acontece em uma sinapse quando (a) um estímulo é apresentado pela primeira vez. O registro próximo ao eletrodo indica a taxa de disparo registrada do axônio do neurônio B. (b) À medida que o estímulo é repetido, alterações estruturais começam a ocorrer. (c) Após muitas repetições, conexões mais complexas desenvolveram-se entre os dois neurônios, o que causa aumento na taxa de disparo, embora o estímulo seja o mesmo que foi apresentado em (a).

Na entanto, após a estimulação repetida (Figura 7.12b), o neurônio B dispara muito mais rapidamente contra o mesmo estímulo (Figura 7.12c).

Resultados como esses indicam como as experiências podem causar mudanças na sinapse. Memórias de uma experiência causam alterações em muitos milhares de sinapses, e uma experiência específica é provavelmente representada pelo padrão de disparo ao longo desse grupo de neurônios. A ideia de memórias sendo representadas por um padrão de disparo é semelhante à ideia da codificação populacional que introduzimos no Capítulo 2 (ver p. 32).

As primeiras pesquisas, inspiradas no trabalho pioneiro de Hebb sobre o papel da sinapse na memória, focalizaram a consolidação sináptica. Pesquisas mais recentes concentram-se na consolidação de sistemas, investigando o papel do hipocampo e das áreas corticais na formação de memórias.

Consolidação de sistemas: o hipocampo e o córtex

O caso de H. M., que perdeu a capacidade de formar novas memórias depois que o hipocampo foi removido (Capítulo 6, p. 159), indica a importância do hipocampo na formação de novas memórias. Assim que ficou claro que o hipocampo é essencial para a formação de novas memórias, os pesquisadores começaram a determinar exatamente como o hipocampo responde aos estímulos e como participa do processo de consolidação dos sistemas. Um dos resultados dessa pesquisa foi a proposição de diferentes modelos que focalizam o papel do hipocampo na memória.

O modelo padrão de consolidação   O **modelo padrão de consolidação** propõe que a memória se desenrola de acordo com a sequência de etapas mostrada na **Figura 7.13**, em que o hipocampo, mostrado em vermelho, está envolvido na codificação de novas memórias e estabelece conexões com as áreas corticais superiores (setas azuis na **Figura 7.13a**). No entanto, com o passar do tempo, as conexões entre o hipocampo e as áreas corticais enfraquecem (setas azuis tracejadas na **Figura 7.13b**), e as conexões entre as áreas corticais se fortalecem (setas verdes sólidas), até que, por fim, o hipocampo (HC) não mais envolvido está nessas memórias (**Figura 7.13c**). A Figura 7.13 está disponível em cores, no suplemento colorido, ao final do livro.

Segundo esse modelo, a participação do hipocampo é crucial durante os estágios iniciais da memória, pois ele repete a atividade neural associada a uma memória e envia essa informação ao córtex. Esse processo, chamado **reativação**, ajuda a formar conexões diretas entre as várias áreas corticais. Essa maneira de pensar sobre a interação entre o hipocampo e o córtex retrata o hipocampo agindo como uma "cola" que une as representações da memória de diferentes áreas corticais, mas que então torna-se desnecessária depois que as representações corticais são formadas.

Esse modelo padrão baseava-se parcialmente em observações de perda de memória causada por trauma ou lesão. É bem conhecido que traumatismo craniano, como pode ser vivenciado por um jogador de futebol americano que leva uma pancada forte ao correr pelo campo, pode causar perda de memória. Assim, como o jogador está sentado no banco após o impacto, ele pode não estar ciente do que aconteceu durante os segundos ou minutos antes de ser atingido. Essa perda de memória

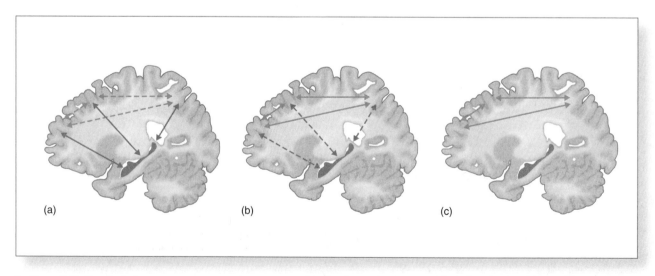

▶ **Figura 7.13** Sequência de eventos que ocorrem durante a consolidação, de acordo com o modelo padrão de consolidação. (a) As conexões entre o córtex e o hipocampo (azul) são inicialmente fortes e as conexões entre as áreas corticais são fracas (tracejado em verde). A atividade entre o hipocampo e o córtex chama-se reativação. (b) Conforme o tempo passa, as conexões entre o hipocampo e o córtex enfraquecem (tracejado em azul) e as conexões entre as áreas corticais se tornam mais fortes (verde). (c) Com o tempo, apenas conexões intercorticais permanecem. Esta figura está disponível, em cores, no suplemento colorido, ao final do livro. (Fonte: de Maguire, 2014.)

para eventos que ocorreram antes da lesão, chamada **amnésia retrógrada**, pode se estender por minutos, horas ou até anos, dependendo da natureza da lesão,

A Figura 7.14 ilustra uma característica da amnésia retrógrada chamada **amnésia graduada** — a amnésia tende a ser mais grave para eventos que aconteceram imediatamente antes da lesão e se tornar menos grave durante eventos anteriores. A diminuição gradual da amnésia corresponde, de acordo com o modelo padrão, com as alterações nas conexões entre o hipocampo e as áreas corticais mostrados nas Figuras 7.13b e 7.13c; conforme o tempo passa após um evento, a representação cortical se torna mais forte.

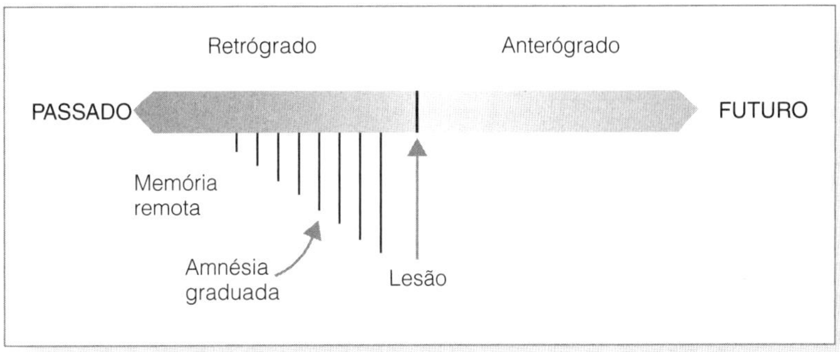

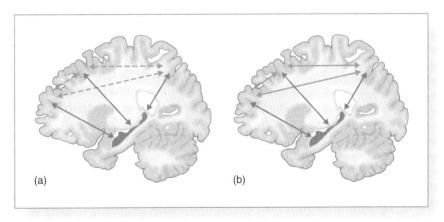

▶ Figura 7.14 Amnésia anterógrada é a amnésia para eventos que ocorrem após uma lesão (a incapacidade de formar novas memórias). A amnésia retrógrada é a amnésia para eventos que aconteceram antes da lesão (a incapacidade de lembrar informações do passado). As linhas verticais, que simbolizam a quantidade da amnésia retrógrada, indicam que a amnésia é mais grave para eventos ou aprendizagem que estavam mais próximos no tempo que levaram à lesão. Essa é a natureza gradativa da amnésia retrógrada.

A maioria dos pesquisadores aceita que tanto o hipocampo como o córtex estão envolvidos na consolidação. Há, porém, alguma discordância sobre se o hipocampo é importante apenas no início da consolidação, como ilustrado na Figura 7.13, ou se o hipocampo continua a ser importante, mesmo para memórias remotas. Uma alternativa ao modelo padrão, chamada *modelo de múltiplos traços*, propõe um papel contínuo para o hipocampo, mesmo para memórias remotas.

O modelo de consolidação de múltiplos traços O **modelo de consolidação de múltiplos traços** propõe que no início da consolidação, o hipocampo se comunica com as áreas corticais, como na Figura 7.15a. No entanto, em comparação com o modelo padrão, o modelo de múltiplos traços propõe que o hipocampo permanece se comunicando ativamente com as áreas corticais, mesmo para memórias remotas, como na Figura 7.15b (Nadel e Moskovitch, 1997). Esta figura está disponível, em cores, no suplemento colorido, ao final do livro.

Evidências para essa ideia vêm de experimentos como aquele feito por Asaf Gilboa e colaboradores (2004), que evocavam memórias episódicas recentes e remotas mostrando aos participantes fotos deles próprios envolvidos em várias atividades que foram medidas em momentos variando de muito recente a um passado distante, quando tinham 5 anos de idade. Os resultados desse experimento mostraram que o hipocampo era ativado durante a recuperação de memórias episódicas recentes e remotas.

Contudo, não significa que o hipocampo está envolvido em todos os aspectos da recuperação da memória. Indre Viskontas e colaboradores (2009) demonstraram que a resposta do hipocampo pode mudar ao longo do tempo. Esses pesquisadores solicitavam que os participantes visualizassem pares de estímulos, como o crocodilo e a vela na Figura 7.16a, enquanto realizavam fMRI em um scanner. Os participantes foram instruídos a imaginar os itens de cada par interagindo entre si. Então, 10 minutos depois e 1 semana mais tarde, os participantes viam os pares iniciais mais alguns outros que não tinham visto e foram instruídos a responder a cada par de uma de três maneiras: (1) *lembro* (R), significando "Lembro ter visto o par quando foi apresentado inicialmente"; (2) *sei* (K), significando "O par definitivamente parece familiar, mas não me lembro quando o vi inicialmente"; ou (3) *não*, significando "Não me lembro ou não conheço os estímulos". Como vimos no Capítulo 6, ao descrever o procedimento

▶ Figura 7.15 Sequência de eventos que ocorrem durante a consolidação, de acordo com o modelo de consolidação de múltiplos traços. (a) Como com o modelo padrão, as conexões entre o hipocampo e o córtex são inicialmente fortes (azul) e as conexões intercorticais são fracas (linhas tracejadas verdes). (b) Com o passar do tempo, as conexões intercorticais se fortalecem (verde) e as conexões hipocampo-corticais permanecem. Esta figura está disponível, em cores, no suplemento colorido, ao final do livro. (Fonte: de Maguire, 2014.)

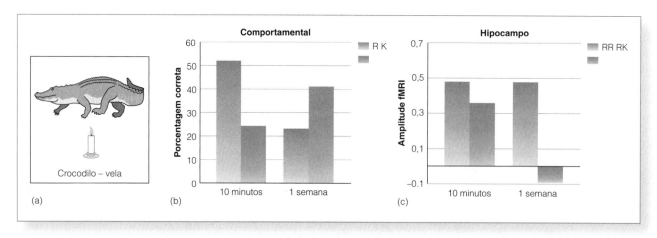

▶ Figura 7.16 Estímulo e resultados para experimento feito por Viskontas et al. (2009). (a) As pessoas viam pares de imagens como essa durante a varredura. (b) Quando solicitadas a lembrar os pares, a resposta lembrar, que corresponde à memória episódica, era alta em 10 minutos, mas diminuía após 1 semana. (c) A atividade do hipocampo permaneceu a mesma para as imagens que eram lembradas tanto em 10 minutos como em 1 semana (RR), mas diminuía para as imagens para as quais a resposta lembrar estava ausente em 1 semana (RK).

(Fonte: adaptado de I. V. Viskontas, V. A. Carr, S. A. Engel e B. J. Kowlton, The neural correlates of recollection: hippocampal activation declines as episodic memory fades, *Hippocampus*, 19, 265-272, Figuras 1, 3 e 6, 2009.)

lembrar/saber (ver Método, p. 164), respostas para *lembrar* indicam memória episódica e respostas para *saber* indicam memória semântica.

Os resultados comportamentais, mostrados na Figura 7.37b, demonstram que havia mais respostas para *lembrar* (episódicas) do que respostas para *saber* (semânticas) após 10 minutos, mas que apenas metade das respostas para *lembrar* permaneceu após 1 semana. Isso é exatamente o que esperaríamos de outras pesquisas que mostram que as memórias perdem o caráter episódico com o tempo, que descrevemos no Capítulo 6 (p. 165) como a semanticização de memórias remotas.

No entanto, o que acontece no cérebro à medida que as memórias episódicas estão sendo perdidas? Viskontas determinou a resposta do hipocampo para pares aos quais os participantes responderam *lembrar* tanto em 10 minutos como em 1 semana (pares de RR) e para pares aos quais os participantes responderam *lembrar* em 10 minutos, mas *saber* em 1 semana (pares de RK). Os resultados, na Figura 7.16c, são impressionantes: a resposta do hipocampo permaneceu alta para os pares de RR (aquelas que permaneceram episódicas em 1 semana), mas caiu para quase zero para os pares de RK (aquelas que perderam o caráter episódico em 1 semana). Isso corrobora a ideia de que a resposta do hipocampo muda ao longo do tempo, mas apenas para estímulos que perderam o caráter episódico.

Viskontas descobriu que a resposta do hipocampo está conectada a memórias episódicas, que ainda estão presentes uma semana depois de aprender pares de imagens. Contudo, e quanto às memórias autobiográficas que retêm o caráter

---

MÉTODO Análise do padrão multivoxel (APMX)

O procedimento para a maioria dos experimentos de fMRI é apresentar uma tarefa ao participante e determinar a atividade dos voxels no cérebro (ver Método: imageamento cerebral, no Capítulo 2, p. 35). Um exemplo do resultado desse experimento é mostrado na Figura 2.18 (p. 37), que indica as áreas do cérebro que mostram maior ativação para locais e corpos.

A **análise do padrão multivoxel (APMX)** vai além de apenas determinar quais áreas são ativadas. Ela determina o padrão de ativação do voxel em várias estruturas. Por exemplo, os dados hipotéticos na Figura 7.17 mostram como 7 voxels podem responder à percepção de uma maçã e uma pera. Observe que os padrões são ligeiramente diferentes.

A primeira etapa em um experimento de APMX é treinar um **classificador**, um programa de computador projetado para reconhecer padrões da atividade dos voxels. O classificador é treinado fazendo com que uma pessoa olhe para maçãs e peras e alimentando os padrões de voxel para cada objeto no classificador (Figura 7.18a). Isso é repetido durante muitos testes para que o classificador possa aprender qual padrão combina com cada objeto. Depois que o classificador é treinado, ele está pronto para ser colocado à prova. A pergunta é: O classificador pode dizer qual objeto foi apresentado com base no padrão de voxels que é ativado (Figura 7.18b)? Como o APMX é uma técnica relativamente nova, essas previsões muitas vezes não são perfeitas, mas estão muito acima do acaso.

episódico mesmo depois de muitos anos? Heidi Bonnici e colaboradores (2012) responderam a essa pergunta fazendo com que os participantes relembrassem eventos recentes em suas vidas, que ocorreram 2 semanas antes, e eventos remotos, que ocorreram 10 anos antes. Eles foram instruídos a relatar apenas eventos de que se lembraram de maneira muito clara e vívida, então, ao lembrar, eles sentiram como se estivessem revivendo o evento. Essas instruções foram dadas para garantir que os participantes relembrassem memórias episódicas ricas.

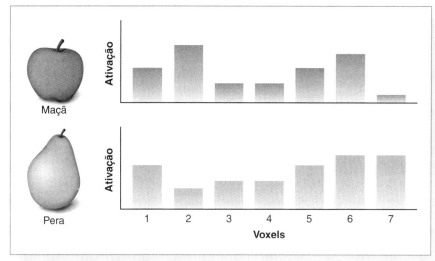

▶ Figura 7.17 Padrão hipotético de ativação para 7 voxels gerados olhando para uma maçã ou pera.

Uma semana depois, os participantes, agora no scanner cerebral, foram solicitados a relembrar três de suas memórias recentes e três de suas memórias remotas. O cérebro deles foi escaneado à medida que eles relembravam cada memória, e depois foram solicitados a classificar a vivacidade da memória em uma escala de 1 a 5, onde 5 é a mais vívida. As respostas de fMRI associadas às memórias mais vívidas (classificações de 4 ou 5) foram então analisadas usando a técnica da *análise de padrão multivoxel*.

Bonnici e colaboradores apresentaram ao classificador uma tarefa mais difícil do que identificar maçãs ou peras. Eles treinaram o classificador para determinar os padrões voxel quando os participantes relembravam cada uma das seis memórias (três recentes e três remotas). Eles descobriram que o classificador era capaz de prever quais memórias recentes *e* quais memórias remotas estavam sendo relembradas com base na atividade do hipocampo, além do córtex pré-frontal e outras estruturas corticais. Esse resultado indica que a recordação das memórias ativa algumas estruturas e, o mais importante para os propósitos do modelo de múltiplos traços, o hipocampo é ativado, mesmo para memórias remotas.

Para tornar este resultado ainda mais interessante, Bonnici descobriu que (1) informações adicionais sobre memórias remotas em comparação com memórias recentes estavam contidas no córtex pré-frontal e (2) informações sobre memórias recentes e remotas estavam representadas por todo o hipocampo, com o hipocampo posterior contendo mais informações sobre as memórias remotas

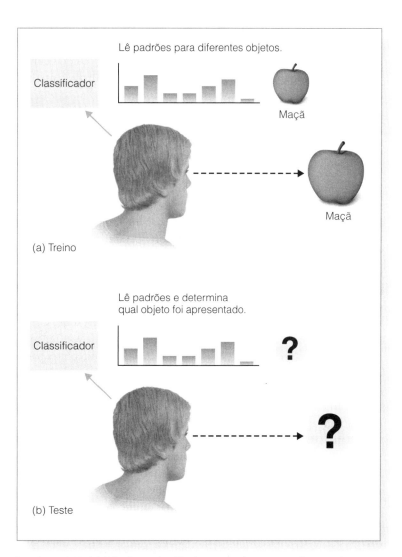

▶ Figura 7.18 (a) Primeiro, o classificador é treinado para reconhecer padrões associados a diferentes objetos (nesse exemplo) ou diferentes memórias relembradas (no experimento de Bonnici). (b) Em seguida, o classificador tenta determinar qual objeto (ou memória) está presente com base no padrão de ativação dos voxels.

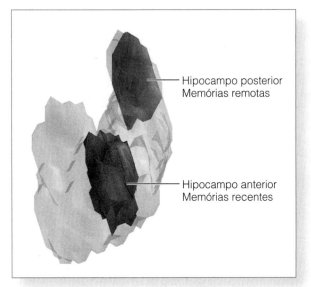

Figura 7.19 Representação tridimensional do hipocampo, mostrando a localização dos voxels associados a memórias autobiográficas recentes (em azul) e memórias autobiográficas remotas (em vermelho), conforme determinado por Bonnici et al., 2012, usando AFMV. Esta figura está disponível, em cores, no suplemento colorido, ao final do livro.
(Fonte: Bonnici et al., *Journal of Neuroscience* 32(47), 16982-16991, Fig. 4, p. 16978, figura inferior esquerda apenas, 2012.)

(**Figura 7.19**). A Figura 7.19 está disponível, em cores, no suplemento colorido, ao final do livro. Tomados em conjunto, esses resultados mostram que as memórias remotas são ricamente representadas no córtex, conforme proposto pelos modelos padrão e de múltiplos traços, e que as memórias recentes e remotas também são representadas no hipocampo, como proposto pelo modelo de múltiplos traços. Além de pesquisas sobre diferentes modelos de consolidação, outra área ativa de pesquisa diz respeito à relação entre consolidação e sono.

Consolidação e sono: melhorando a memória

Hamlet diz, em seu solilóquio "Ser ou não ser", "Dormir, porventura sonhar". Contudo, os pesquisadores da memória podem modificar essa afirmação para ser lida "Dormir, porventura consolidar a memória". Não tão poético quanto a afirmação de Hamlet, talvez, mas pesquisas recentes corroboram a ideia de que, embora o processo de reativação associado à consolidação possa começar assim que a memória é formada, ele é particularmente forte durante o sono.

Steffan Gais e colaboradores (2006) testaram a ideia de que o sono aumenta a consolidação, fazendo com que alunos do ensino médio aprendessem uma lista de 24 pares de palavras do vocabulário inglês-alemão. O grupo "sono" estudou as palavras e adormeceu em 3 horas. O grupo "acordado" estudou as palavras e permaneceu acordado por 10 horas antes de ter uma noite de sono. Os dois grupos foram testados em 24 a 36 horas após o estudo das listas de vocabulário. (O experimento real envolveu vários grupos "sono" e "acordado" diferentes para controlar a hora do dia e outros fatores que não vamos considerar aqui.) Os resultados do experimento, mostrados na **Figura 7.20**, indicam que os alunos no grupo sono esqueceram muito menos material do que os alunos no grupo acordado. Por que dormir logo após o aprendizado melhora a memória? Uma das razões é que dormir elimina estímulos ambientais que podem interferir na consolidação. Outra razão é que a consolidação parece aumentar durante o sono. (Ver em Maurer et al., 2015 e Mazza et al., 2016 algumas pesquisas recentes que demonstram o aprendizado aprimorado devido à consolidação da memória dependente do sono.)

Curiosamente, não apenas há evidências de que a consolidação é aprimorada durante o sono, mas também há evidências de que é provável que algumas memórias são mais consolidadas do que outras. Isso foi demonstrado em um experimento feito por Ines Wilhelm e colaboradores (2011) em que os participantes aprenderam uma tarefa e foram informados de que seriam testados na tarefa mais tarde ou que seriam testados em uma tarefa diferente mais tarde. Depois de uma noite de sono, os participantes de ambos os grupos foram testados na tarefa para determinar se o que eles *esperavam* tinha algum efeito na consolidação. (Em alguns

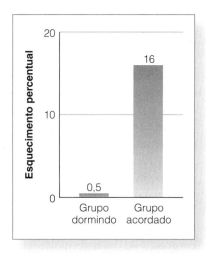

Figura 7.20 Resultados do experimento de Gais et al. (2006) em que a memória para pares de palavras foi testada em dois grupos. O grupo sono foi dormir pouco depois de aprender uma lista de pares de palavras. O grupo acordado permaneceu acordado por um bom tempo depois de aprender os pares de palavras. Os dois grupos dormiram antes do teste, então eles estavam igualmente descansados antes de serem testados, mas o desempenho do grupo do sono foi melhor.

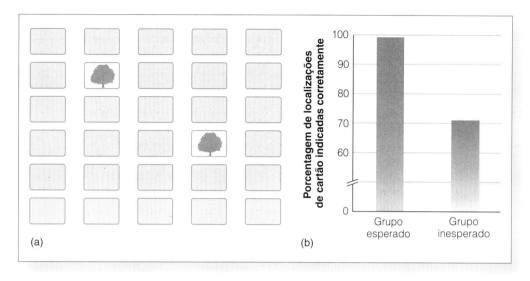

▶ Figura 7.21 Estímulos e resultados para o experimento de Wilhelm et al. (2011). (a) A tarefa do participante era lembrar onde cada par de imagens estava localizado. Um par é mostrado virado ao contrário aqui. (b) Depois de dormir, o desempenho do grupo que esperava ser testado na tarefa foi melhor do que o desempenho do grupo que não esperava ser testado. Isso ilustra a consolidação preferencial para o material que os participantes esperavam que fosse testado. Esta figura está disponível, em cores, no suplemento colorido, ao final do livro.

(Fonte: de I. Wilhelm, S. Diekelmann, I. Molzow, A. Ayoub, M. Molle e J. Born, Sleep selectively enhances memory expected to be of future relevance, *Journal of Neuroscience*, 31, 1563-1569, Figura 3a, 2011.)

experimentos, alguns participantes foram testados após permanecerem acordados. A memória dos participantes desses grupos era pior do que a dos grupos do sono, como era de esperar pelos resultados de experimentos como o de Gais, descrito anteriormente. Vamos nos concentrar aqui no que aconteceu com os participantes que dormiram.)

Uma das tarefas do experimento de Wilhelm era uma tarefa de memória usando um cartão semelhante ao jogo de concentração. Os participantes veriam uma série de "cartões" na tela do computador, com dois virados para cima a fim de revelar um par de imagens (Figura 7.21a). Os participantes viam cada par de cartões duas vezes e aprendiam os locais praticando. Um cartão seria "virado para cima" na tela, e eles indicavam onde achavam que o cartão correspondente estava localizado. Depois de receber a resposta correta, eles continuaram praticando até conseguirem responder corretamente 60% das vezes. Após o treinamento, eles foram informados de que seriam testados nessa tarefa 9 horas mais tarde (o *grupo esperado*) ou que seriam testados em outra tarefa (o *grupo inesperado*).

O desempenho da memória após injetar sono, mostrado na Figura 7.21b, indica que o grupo esperado teve um desempenho significativamente melhor do que o grupo inesperado. Assim, embora os dois grupos tivessem tido o mesmo treinamento e recebido a mesma quantidade de sono, a memória para a tarefa era mais forte se os participantes esperassem que seriam testados. Resultados como esse sugerem que, quando dormimos após a aprendizagem, as memórias que são mais importantes têm maior probabilidade de serem fortalecidas pela consolidação (ver também Fischer e Born, 2009; Payne et al., 2008, 2012; Rauchs et al., 2011; Saletin, et al., 2011; van Dongen et al., 2012). Esta figura está disponível, em cores, no suplemento colorido, ao final do livro. Assim, dormimos, talvez, para consolidar seletivamente as memórias de coisas que podem ser mais úteis de serem lembradas mais tarde!

Percorremos um longo caminho desde a demonstração da consolidação de Muller e Pilzecker. Contudo, há mais uma reviravolta nessa história, que envolve retornar à nossa definição original da consolidação. Consolidação, de acordo com nossa definição, é *o processo que transforma novas memórias de um estado frágil, no qual podem ser interrompidas, em um estado mais permanente, no qual são resistentes à interrupção* (p. 194). Essa definição implica que, uma vez consolidadas, as memórias se tornam mais permanentes. Acontece que essa ideia de memórias verdadeiramente permanentes foi questionada por pesquisas que mostram que recuperar uma memória pode fazer com que essa memória se torne frágil, assim como era quando foi formada pela primeira vez.

▶ Reconsolidação: a dinâmica da memória

Considere a seguinte situação: você está visitando a casa de sua infância. Dirigir pelas estradas que levam à casa de seus pais parece quase automático, porque o trajeto está fortemente gravado em sua memória. No entanto, ao entrar em uma rua que fazia parte da sua antiga rota, você se surpreende ao descobrir que agora é um beco sem saída. As obras que aconteceram enquanto você estava fora bloquearam o antigo trajeto. Com o tempo, descobre uma nova rota para chegar ao destino e — essa é a parte importante — você *atualiza a memória* para formar um novo mapa da rota para a casa de seus pais (Bailey e Balsam, 2013).

Esse exemplo da atualização de memória não é único. Acontece o tempo todo. Estamos constantemente aprendendo coisas novas e modificando as informações armazenadas na memória para lidar com novas circunstâncias. Assim, embora seja útil ser capaz de lembrar o passado, também é útil ser capaz de se adaptar a novas situações. Pesquisas recentes, primeiro com camundongos e depois com humanos, sugeriram um possível mecanismo para atualizar memórias chamado *reconsolidação*.

Reconsolidação: um famoso experimento com camundongo

Reconsolidação é a ideia de que, quando uma memória é recuperada (lembrada), torna-se frágil, como era quando foi inicialmente formada, e quando está nesse estado frágil, precisa ser consolidada novamente — um processo chamado *reconsolidação*. Isso é importante porque quando a memória tornou-se frágil novamente, e antes de ser reconsolidada, pode ser modificada ou eliminada. Segundo essa ideia, recuperar uma memória não apenas coloca-nos em contato com algo que aconteceu no passado, mas também abre a porta para modificar ou esquecer a memória original.

A possibilidade de as memórias recuperadas se tornarem frágeis foi demonstrada em um experimento feito por Karim Nader e colaboradores com camundongos (2000a, 2000b), que tornou-se famoso por demonstrar, pela primeira vez, que

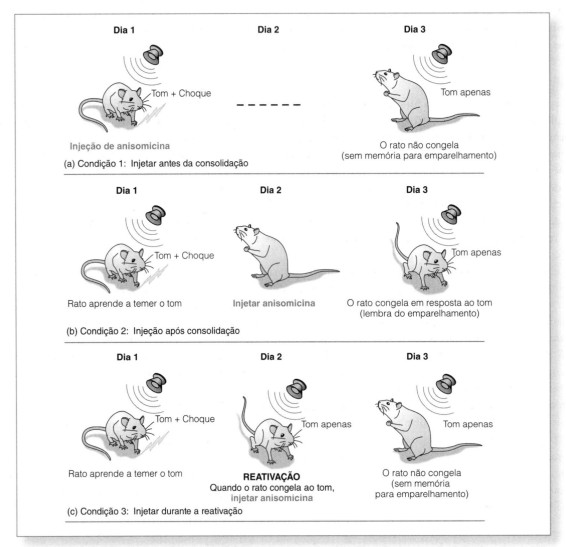

▶ **Figura 7.22** O experimento de Nader et al. (2000a) sobre como a injeção de anisomicina afeta o condicionamento ao medo. (a) A anisomicina é injetada no dia 1, antes da consolidação, de modo que a memória para o par tom-choque não se forme. (b) A anisomicina é injetada no dia 2, após a consolidação, então a memória para o pareamento tom-choque permanece. (c) A anisomicina é injetada após a reativação no dia 2, então a memória para o pareamento tom-choque é eliminada. Esta figura está disponível, em cores, no suplemento colorido, ao final do livro.

a reativação uma memória pode abri-la para alteração. Nader usou o condicionamento clássico (ver Capítulo 6, p. 172) para criar uma resposta de medo no camundongo de "congelamento" (imobilidade) à apresentação de um tom. O que foi alcançado correspondendo o tom com um choque. Ainda que o tom inicialmente não tenha causado nenhuma resposta no camundongo, correlacionando-o ao choque fazia com que o tom assumisse as propriedades do choque, de modo que ele congelava no local quando o tom era apresentado individualmente. Assim, nesse experimento, a memória para o correlação entre tom e choque é indicada quando o camundongo congela ao tom.

O projeto do experimento é mostrado na Figura 7.22. Em cada uma das três situações, o camundongo recebe uma correlação de tom e choque e injeta-se nele *anisomicina*, um antibiótico que inibe a síntese de proteínas e, portanto, evita alterações nas sinapses que são responsáveis pela formação de novas memórias. O segredo dessa experiência é *quando* a anisomicina é injetada. Se injetada antes de a consolidação ocorrer, elimina a memória, mas, se é injetada após a consolidação, não tem efeito.

Na situação 1, o camundongo recebe o emparelhamento do tom e choque no dia 1, o que o faz congelar. Contudo, a anisomicina é injetada imediatamente, antes de a consolidação ocorrer (Figura 7.22a). A razão de a droga ter impedido a consolidação é indicada pelo fato de que, quando o tom é apresentado no dia 3, o camundongo não congela com o tom. Isto é, ele se comporta como se nunca tivesse recebido o emparelhamento tom-choque.

Na situação 2, o camundongo recebe o emparelhamento do tom e choque no dia 1, como antes, mas só recebe anisomicina no dia 2, após a consolidação ter ocorrido. Assim, quando o tom é apresentado no dia 3, o camundongo recorda o pareamento tom-choque, como indicado pelo fato de que ele congela ao tom (Figura 7.22b).

A situação 3 é crucial porque é nela que a droga no dia 2 acontece (que não teve efeito na situação 2), o que pode eliminar a memória do pareamento tom-choque. Essa situação é criada apresentando o tom no dia 2 para reativar a memória do camundongo para o emparelhamento tom-choque. O camundongo congela (indicando que a memória ocorreu) e então a anisomicina é injetada. Como a memória foi reativada pela apresentação do tom, a anisomicina agora tem efeito. O que é indicado pelo fato de que o camundongo não congela quando o tom é apresentado no dia 3.

Esse resultado mostra que, quando uma memória é reativada, torna-se frágil, assim como imediatamente após sua formação, e a droga pode impedir a reconsolidação. Portanto, assim como a memória original é frágil *até que seja consolidada pela primeira vez*, uma memória reativada torna-se frágil *até que seja reconsolidada*. Vista dessa maneira, a memória se torna suscetível a ser alterada ou interrompida toda vez que é recuperada. Você pode pensar que não é uma coisa boa. Afinal de contas, colocar a memória em risco de ser interrompida toda vez que a usa não parece particularmente útil.

No exemplo de direção no início desta seção, porém, podemos perceber que ser capaz de atualizar a memória pode ser útil. Na verdade, a atualização pode ser crucial para a sobrevivência. Considere, por exemplo, uma versão animal de nosso exemplo de dirigir: uma tâmia volta ao local da fonte alimentícia e descobre que o alimento foi movido para um novo local próximo. Voltar ao local inicial reativa a memória original, novas informações sobre a mudança do local atualizam a memória e a memória atualizada é então reconsolidada.

Reconsolidação em humanos

Depois que Nader demonstrou que as memórias reativadas se tornam frágeis e sujeitas a alterações, outros pesquisadores confirmaram essa descoberta, e alguns pesquisadores buscaram evidências desse fenômeno em humanos. Almut Hupbach e colaboradores (2007) forneceram evidências para o efeito da reativação em humanos usando o seguinte procedimento em um experimento que envolvia dois grupos: o grupo com recordação e o grupo sem recordação.

Na segunda-feira, o grupo com recordação foi apresentado a 20 objetos, como uma xícara, um relógio e um martelo. Esses objetos foram tirados pelo pesquisador, um objeto por vez, de uma bolsa e colocados em uma cesta azul (Figura 7.23a). Os participantes foram solicitados a nomear cada objeto e prestar bastante atenção para que pudessem lembrar de cada um mais tarde. Depois que todos os objetos foram colocados na cesta, os participantes foram solicitados a relembrar o maior número possível de objetos. Esse procedimento foi repetido até que os participantes pudessem listar 17 dos 20 objetos. Essa lista de objetos recuperados foi chamada Lista A.

Na quarta-feira, esses participantes encontraram-se com o mesmo pesquisador na mesma sala. A cesta azul estava presente, e o pesquisador *pediu que participantes se lembrassem do procedimento de teste da segunda-feira* (Figura 7.23b). Não foram solicitados a recordar os itens na Lista A — apenas lembrar o procedimento da segunda-feira. Eles foram então apresentados a um novo conjunto de 20 objetos que foram colocados em uma mesa em vez de na cesta azul. Eles foram instruídos a estudar os objetos e então foram testados sobre eles, como antes. Essa lista de objetos foi chamada Lista B. Por fim, na sexta-feira, os participantes voltaram para a mesma sala e o mesmo pesquisador pediu que eles recordassem o maior número possível de objetos da Lista A (Figura 7.23c). A Figura 7.23 está disponível, em cores, no suplemento colorido, ao final do livro. Os resultados

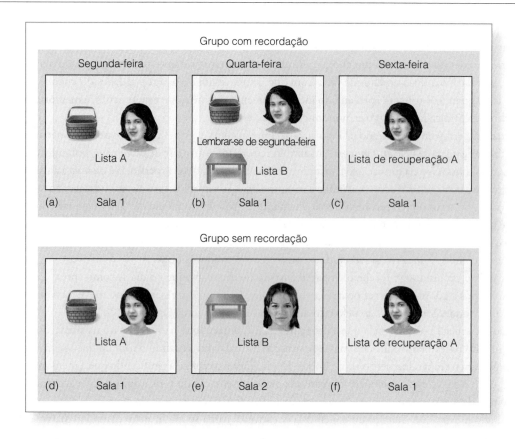

> Figura 7.23 Projeto do experimento feito por Hupbach et al. (2007). *Grupo com recordação*: (a) Segunda-feira: um pesquisador, mostrado aqui, exibe aos participantes 20 objetos um por um e coloca-os em uma cesta azul. Os participantes então recordam esses objetos, criando a Lista A. (b) Quarta-feira: os participantes lembram o procedimento de segunda-feira e são apresentados a 20 novos objetos em uma mesa. Eles aprendem esses objetos, o que cria a Lista B. (c) Sexta-feira: os participantes são solicitados a relembrar todos os objetos da Lista A. *Grupo sem recordação* (d) Segunda-feira: mesmo procedimento que (a). (e) Quarta-feira: os participantes veem e são testados em novos objetos (Lista B) em uma sala diferente por um pesquisador diferente e a cesta azul não está presente. Isso cria um novo contexto. (f) Sexta-feira: os participantes são solicitados a relembrar a Lista A na sala inicial com o pesquisador inicial. Esta figura está disponível, em cores, no suplemento colorido, ao final do livro.

do teste de recordação da sexta-feira para o grupo lembrança são mostrados no par de barras à esquerda na Figura 7.24. Os participantes recordaram 36% dos objetos da Lista A, mas também se lembraram erroneamente de 24% dos objetos da Lista B.

O procedimento para o grupo com recordação foi o mesmo na segunda-feira (Figura 7.23d), mas, na quarta-feira, eles se encontraram com um outro pesquisador em uma sala diferente, sem a cesta azul. Eles *não foram solicitados a não recordar o teste na segunda-feira*; eles apenas viram os 20 novos objetos e foram testados em relação a eles (Figura 7.23e). Por fim, na sexta-feira, eles foram testados em relação à Lista A na primeira sala em que estiveram (Figura 7.23f). Os resultados do teste de recordação na sexta-feira para o grupo sem recordação são mostrados pelo par de barras à direita na Figura 7.24. Os participantes recordaram 45% dos objetos da Lista A e recordaram erroneamente apenas 5% dos objetos da Lista B.

De acordo com Hupbach, quando o grupo com recordação voltou à sessão de treinamento inicial da Lista A na quarta-feira, isso tornou a Lista A vulnerável a alterações (Figura 7.23b). Como os participantes aprendiam imediatamente a Lista B, alguns desses novos objetos foram integrados à memória para a Lista A. É por isso que eles lembravam erroneamente 24% dos objetos da Lista B na sexta-feira quando a tarefa deles era apenas recordar a Lista A. Outra maneira de expressar essa ideia é afirmar que o grupo com recordação reativava a memória para a Lista A e "abria a porta" para os objetos da Lista B serem adicionados à memória dos participantes para essa lista. Assim, a memória inicial não foi eliminada, mas foi alterada. Essa ideia de que as memórias podem ser alteradas levou a aplicações práticas projetadas para tratar distúrbios como transtorno de estresse pós-traumático (TEPT), um distúrbio que ocorre quando, após uma experiência traumática, uma pessoa tem "flashbacks" da experiência, muitas vezes acompanhados por ansiedade extrema e sintomas físicos.

Um resultado prático da pesquisa de reconsolidação

Alain Brunet e colaboradores (2008) testaram a ideia de que a reativação de uma memória seguida de reconsolidação pode ajudar a aliviar os sintomas de TEPT. O método básico envolvido é reativar a memória da pessoa para o evento traumático e, em seguida, administrar o medicamento *propranolol*. Esse medicamento bloqueia a ativação dos receptores do hormônio do estresse na amídala, uma parte do cérebro importante para determinar os componentes emocionais da memória. Esse procedimento pode ser equivalente à administração da anisomicina no dia 2 na situação 3 do experimento de Nader (Figura 7.22c).

Brunet testou dois grupos. Um grupo de pacientes com TEPT ouvia uma gravação de 30 segundos descrevendo as circunstâncias de sua experiência traumática e recebia propranolol. Outro grupo ouvia a gravação descrevendo sua experiência, mas recebia placebo, que não tinha ingredientes ativos.

Uma semana depois, os dois grupos foram instruídos a imaginar sua experiência traumática enquanto ouviam novamente a gravação de 30 segundos. Para determinar a reação ao imaginar essa experiência, Brunet mediu a pressão arterial e a condutância da pele. Ele descobriu que o grupo sob propranolol experimentava aumentos muito menores na frequência cardíaca e na condutância da pele do que o grupo sob placebo. Aparentemente, apresentar o propranolol quando a memória foi reativada uma semana antes bloqueava a resposta ao estresse na amídala e reduzia a reação emocional associada à lembrança do trauma. Brunet usou esse procedimento para tratar pacientes com TEPT, e muitos dos pacientes relatam reduções significativas dos sintomas, mesmo meses após o tratamento. (Ver em Kindt et al., 2009, e Schiller et al., 2010, outras demonstrações do uso da reconsolidação para eliminar as respostas de medo em seres humanos.)

Pesquisas sobre a reconsolidação e as potenciais aplicações estão engatinhando, mas, pelo que os pesquisadores aprenderam até agora, parece que nossa memória não é estática ou fixa. Em vez disso, é um "trabalho em andamento" que está constantemente sendo construída e remodelada em resposta a novas situações de aprendizagem e mudança. Descreveremos esse aspecto da memória em detalhes no próximo capítulo ao discutimos as propriedades criativas e construtivas da memória.

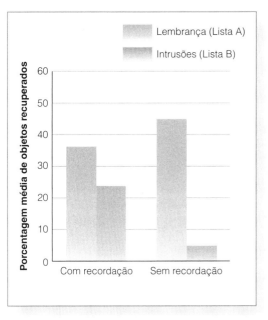

▶ Figura 7.24 Resultados do experimento de Hupbach et al. (2007). Hupbach explica as maiores intrusões que ocorreram para o grupo com recordação como sendo causadas pela reativação e reconsolidação das memórias.

(Fonte: baseado em A. Hupbach, R. Gomez, O. Hardt e L. Nadel, Reconsolidation of episodic memories: a subtle reminder triggers integration of new information, *Learning and Memory*, 14, 47-53, 2007.)

▶ Algo a considerar: explicações alternativas na psicologia cognitiva

Vimos como Nader conseguiu eliminar a memória de um camundongo reativando a memória e injetando uma substância química que impede a síntese de proteínas. Também descrevemos o experimento de Hupbach, no qual ela usou um procedimento comportamental para demonstrar como a memória pode ser alterada. Ambos os resultados foram explicados pela proposição de que o bloqueio da reconsolidação pode abrir a porta para modificar ou eliminar uma memória reativada.

No entanto, Per Sederberg e colaboradores (2011) propuseram outra explicação para os resultados de Hupbach com base no **modelo de contexto temporal (MCT)**, que não envolve reconsolidação. De acordo com o MCT, para o grupo com recordação, a Lista A está associada a um contexto na segunda-feira, que inclui o pesquisador 1 e a cesta azul. Então, na quarta-feira, esse contexto é reafirmado, porque o mesmo pesquisador e a cesta azul estão presentes, e o participante também é solicitado a lembrar o procedimento de teste da segunda-feira. Então, quando a Lista B é aprendida no contexto da Lista A, os itens da Lista B são associados ao contexto da Lista A. Por causa dessa associação, os participantes recordam incorretamente alguns itens da Lista B quando são testados na sexta-feira. Esse resultado não ocorre para o grupo sem recordação, porque a Lista B nunca está associada ao contexto da Lista A.

Essas duas explicações interpretam os resultados de Hupbach de maneiras diferentes. A hipótese da reconsolidação focaliza mecanismos de rearmazenamento que alteram uma memória existente inserindo novo material. O modelo de contexto temporal focaliza o contexto em que a aprendizagem e a recuperação ocorrem e supõe que contextos antigos podem ser associados a novas memórias, sem alterar o conteúdo das memórias existentes. Quando sugerido em relação ao contexto antigo, tanto a memória existente como a nova serão recordadas. Assim, a explicação da reconsolidação propõe que o que está armazenado sobre a memória antiga mudou, enquanto a explicação do MCT propõe que considerar o armazenamento é desnecessário porque o resultado de Hupbach pode ser explicado por meio de associações contextuais.

Estamos diante de um enigma. Dois mecanismos foram propostos, cada um dos quais pode estar correto. Como escolher? A resposta é que atualmente é difícil escolher, porque o funcionamento da mente, como sabemos desde os primeiros experimentos de Donders em 1868, não pode ser determinado diretamente, mas deve ser inferido dos resultados de experimentos comportamentais ou fisiológicos. Pesquisas continuam para determinar qual explicação é a correta.

TESTE VOCÊ MESMO 7.3

1. Como Muller e Pilzecker demonstraram a consolidação?
2. O que é consolidação sináptica? E consolidação de sistemas? Como elas se relacionam?
3. Descreva como o modelo padrão de consolidação explica a consolidação de sistemas. Quais são algumas evidências para o modelo padrão?
4. Descreva o modelo de consolidação de múltiplos traços e algumas evidências desse modelo. Certifique-se de compreender os experimentos de Viskontis e Bonnicci.
5. Descreva a conexão entre sono e consolidação. Certifique-se de entender os experimentos de Gais e Wilhelm.
6. O que é reconsolidação? Descreva como o experimento com camundongos feito por Nader e o experimento com humanos feito por Hupbach fornecem evidências de que as memórias podem ser alteradas interferindo na reconsolidação.
7. Quais são as implicações práticas dos resultados dos experimentos que demonstram a reconsolidação?
8. Descreva as duas interpretações que foram propostas para explicar os resultados de Hupbach. Por que foi difícil determinar qual explicação é a correta?

SUMÁRIO DO CAPÍTULO

1. Codificação é o processo de adquirir informações e transferi-las para a MLP. Recuperação é a transferência de informações da MLP para a memória de trabalho.

2. Alguns mecanismos de codificação são mais eficazes do que outros na transferência de informações para a MLP. O ensaio de manutenção ajuda a manter as informações na MCP, mas não é uma forma eficaz de transferir informações para a MLP. O ensaio elaborativo é a melhor maneira de estabelecer memórias de longo prazo.

3. A teoria dos níveis de processamento afirma que a memória depende de como a informação é codificada ou programada na mente. De acordo com essa teoria, o processamento superficial não é tão eficaz quanto o processamento elaborativo profundo. Um experimento feito por Craik e Tulving mostrou que a memória era melhor após o processamento profundo do que após o processamento superficial.

4. A evidência de que a codificação influencia a recuperação inclui pesquisas que analisam o efeito de (1) formar imagens visuais, (2) vincular palavras a você mesmo, (3) gerar informações (o efeito de geração), (4) organizar informações, (5) relacionar palavras a valores de sobrevivência e (6) praticar recuperação (o efeito da prática de recuperação ou o efeito do teste).

5. Cinco princípios sobre memória que podem ser aplicados ao estudo são (1) detalhar, (2) gerar e testar, (3) organizar, (4) fazer pausas e (5) evitar "ilusões de aprendizagem".

6. Há evidências de que fazer anotações à mão resulta em melhor desempenho em testes do que fazer anotações em um laptop. Isso pode ser explicado por uma codificação mais profunda para as anotações manuscritas.

7. A recuperação de memórias de longo prazo é auxiliada por dicas de recuperação. Isso foi determinado por experimentos de recordação com sugestões e experimentos nos quais os participantes criaram dicas de recuperação que mais tarde os ajudaram a recuperar memórias.

8. A recuperação pode ser aumentada correlacionando as situações na recuperação com as situações que existiam na codificação. Isso é ilustrado pela especificidade da codificação, aprendizado dependente do estado e tipo de processamento correspondente (processamento apropriado para transferência).

9. O princípio da especificidade de codificação afirma que aprendemos as informações junto ao contexto. O experimento com mergulhadores feito por Godden e Baddeley e o experimento de estudo de Grant ilustram a eficácia da codificação e da recuperação de informações nas mesmas situações.

10. De acordo com o princípio da aprendizagem dependente de estado, a memória de uma pessoa será melhor quando seu estado interno durante

a recuperação corresponder ao estado durante a codificação. O experimento de humor de Eich corrobora essa ideia.

11. Tipos correspondentes de processamento referem-se à descoberta de que o desempenho da memória é aprimorado quando o tipo de codificação que ocorre durante a aquisição corresponde ao tipo de recuperação que ocorre durante um teste de memória. Os resultados de um experimento feito por Morris corroboram essa ideia, que é chamada processamento apropriado para transferência.

12. A consolidação é o processo que transforma novas memórias de um estado frágil em um estado mais permanente. Muller e Pilzecker realizaram um experimento inicial que ilustrou como a memória diminui quando a consolidação é interrompida.

13. A consolidação sináptica envolve alterações estruturais nas sinapses. A consolidação de sistemas envolve a reorganização gradual de circuitos neurais.

14. Hebb introduziu a ideia de que a formação de memórias está associada a alterações estruturais na sinapse. Essas alterações estruturais são então convertidas em maior disparo nervoso, como indicado pela potenciação de longo prazo.

15. O modelo padrão da consolidação propõe que a recuperação da memória depende do hipocampo durante a consolidação, mas que, após a consolidação ser concluída, a recuperação envolve o córtex com o hipocampo não mais envolvido.

16. O modelo de traços múltiplos afirma que o hipocampo está envolvido tanto quando as memórias estão sendo estabelecidas como durante a recuperação das memórias episódicas remotas.

17. Há evidências que corroboram o modelo padrão, mas pesquisas recentes indicam que a recuperação das memórias episódicas pode envolver o hipocampo, o que corrobora o modelo de traços múltiplos.

18. A consolidação é facilitada pelo sono. Também há evidências de que o material que as pessoas esperam que sejam solicitadas a lembrar mais tarde tem mais probabilidade de se consolidar durante o sono.

19. Pesquisas recentes indicam que as memórias podem se tornar suscetíveis a interrupções quando são reativadas por meio de recuperação. Após a reativação, essas memórias devem ser reconsolidadas.

20. Há evidências da utilidade da terapia de reconsolidação no tratamento de distúrbios como transtorno de estresse pós-traumático.

21. Duas explicações foram propostas para elucidar os resultados dos experimentos de Hupbach em que as memórias humanas foram reativadas. Uma explicação envolve a reconsolidação, a outra envolve a consideração do contexto em que a aprendizagem ocorre.

PENSE NISSO

1. Descreva uma experiência em que dicas de recuperação levaram-no a lembrar algo. Essas experiências podem incluir retornar a um lugar onde sua memória foi inicialmente formada, estar em algum lugar que o lembre de uma experiência que você teve no passado, pedir que outra pessoa forneça uma "dica" para ajudá-lo a se lembrar de algo, ou ler sobre algo que desencadeia uma memória.

2. Como você estuda? Quais técnicas de estudo que você usa devem ser eficazes, de acordo com os resultados de pesquisas sobre memória? Como você pode melhorar suas técnicas de estudo levando em consideração os resultados de pesquisas sobre memória? (Ver também o Prefácio para os alunos, p. xxii.)

TERMOS-CHAVE

Amnésia graduada **197**
Amnésia retrógrada **197**
Análise do padrão multivoxel (APMX) **198**
Aprendizagem dependente de estado **191**
Aprendizagem por associação de pares **182**
Classificador **198**
Codificação **180**
Consolidação **194**
Consolidação de sistemas **194**
Consolidação sináptica **194**
Dica de recuperação **183**
Efeito de autorreferência **182**
Efeito de geração **182**
Efeito de espaçamento **187**
Efeito do teste **186**
Ensaio de manutenção **181**
Ensaio elaborativo **181**
Especificidade de codificação **191**
Modelo de contexto temporal (MCT) **205**
Modelo de consolidação de múltiplos traços **197**
Modelo de contexto temporal **205**
Modelo padrão de consolidação **196**
Potenciação de longo prazo (PLP) **195**
Processamento apropriado para transferência **193**
Processamento profundo **181**
Processamento superficial **181**
Profundidade do processamento **181**
Reativação **196**
Reconsolidação **202**
Recordação com dicas **189**
Recordação livre **189**
Recuperação **180**
Teoria dos níveis de processamento **181**

Estas torres de luz evocam a memória do ataque terrorista ao World Trade Center em 11 de setembro de 2001. Essa data está gravada na consciência norte-americana e os eventos daquele dia estão gravados na memória de muitas pessoas. Este capítulo considera as pesquisas sobre a memória para eventos excepcionais, como o 11 de setembro, bem como a memória para eventos cotidianos mais rotineiros. Essas pesquisas mostram que nossas memórias não são como fotografias, precisas e imutáveis, porém são mais como "trabalhos em andamento", afetados não apenas pelo evento a ser lembrado, mas também pelo conhecimento armazenado e coisas que acontecem após o evento.

Memória do dia a dia e erros de memória

8

A jornada até agora

Memória autobiográfica: o que aconteceu na minha vida
A natureza multidimensional da memória autobiográfica
Memória ao longo da vida

Memória para eventos "excepcionais"
Memória e emoção
Memórias em flash
    Brown e Kulik propõem o termo "memória em flash"
    ➤ Método: recordação repetida
    As memórias em flash são diferentes de outras memórias?
➤ TESTE VOCÊ MESMO 8.1

A natureza construtiva da memória
Erros de monitoramento da fonte
O efeito da verdade ilusória
Como o conhecimento do mundo real afeta a memória
    O experimento "Guerra dos Fantasmas" de Bartlett
    Fazendo inferências
    ➤ Demonstração: lendo sentenças
    Esquemas e roteiros
    ➤ Demonstração: memória para uma lista
    Lembranças e reconhecimento falsos
Como é ter uma memória "excepcional"?
➤ TESTE VOCÊ MESMO 8.2

O efeito da desinformação
    ➤ Método: apresentação de informações enganosas pós-evento

Criando memórias para eventos na vida das pessoas
Criando memórias da infância
Implicações legais de pesquisas sobre falsas memórias

Por que as pessoas erram na identificação como uma testemunha ocular?
Erros de identificação de testemunhas oculares
Erros associados a percepção e atenção
Erros de identificação devido à familiaridade
Erros devido a sugestões
O que está sendo feito para melhorar a declaração de uma testemunha ocular?
    Procedimentos de alinhamento de suspeitos para identificação
    Técnicas de entrevista
    Eliciando falsas confissões

Algo a considerar: memórias autobiográficas eliciadas por música e odores
➤ TESTE VOCÊ MESMO 8.3
    ➤ Demonstração: lendo sentenças (continuação)

SUMÁRIO DO CAPÍTULO
PENSE NISSO
TERMOS-CHAVE

ALGUMAS PERGUNTAS QUE VAMOS CONSIDERAR

- Que tipo de eventos de nossas vidas temos mais probabilidade de lembrar?

- Existe algo especial sobre a memória para eventos extraordinários como os ataques terroristas de 11 de setembro?

- Quais propriedades do sistema de memória a tornam altamente funcional e também sujeita a erros?

- Por que o testemunho ocular é frequentemente citado como a causa de convicções errôneas?

- Por que alguém confessaria um crime que não cometeu?

O quê? Outro capítulo sobre memória? Sim, outro capítulo, porque ainda há mais a explicar, principalmente sobre como a memória funciona na vida cotidiana. Contudo, antes de embarcar neste capítulo final sobre memória, vamos analisar como chegamos aqui e o que ainda precisa ser explicado.

▶ A jornada até agora

Começamos nossa investigação da memória no Capítulo 5 perguntando o que é a memória e o que faz, e descrevendo o modelo de processamento de informações da memória de Atkinson e Shiffrin, que propuseram três tipos de memória (sensorial, de curto prazo e de longo prazo) (Figura 5.2). Ainda que primitivo em comparação com os conceitos atuais da memória, esse modelo capturou a ideia de que a memória é um processo que se desenrola em etapas. Isso foi importante não apenas porque começou a identificar o que acontece com as informações até se tornarem uma memória ou serem esquecidas, mas também porque forneceu uma maneira de focalizar diferentes estágios do processo da memória.

O modelo original de memória em três estágios levou à ideia de que a memória é um processo dinâmico que envolve não apenas o armazenamento, mas também a manipulação de informações. Retratar a memória como um sistema de processamento de informações dinâmico forneceu um bom ponto de partida para a compreensão, descrita no Capítulo 6, de que lembrar a viagem que você fez no verão passado e que Lady Gaga é uma cantora famosa que usa roupas extravagantes são atendidos por diferentes sistemas — memória episódica e memória semântica, respectivamente, que funcionam de modo distinto, mas que também interagem. No final do Capítulo 6, você provavelmente percebeu que a cognição — e certamente a memória — trata da interconexão entre estruturas e processos.

No entanto, depois de descrever como a memória lida com diferentes informações, permanecia outra pergunta: Quais *processos* estão envolvidos na (a) transferência de informações recebidas para a memória e (b) recuperação dessas informações quando queremos lembrá-las? Ao discutirmos essas perguntas no Capítulo 7, descrevemos os mecanismos neurais responsáveis pelo processo de consolidação, o que fortalece as memórias, tornando-as mais permanentes.

Contudo, como às vezes acontece quando você conta uma história, há uma reviravolta no que parece ser um enredo previsível, e o experimento com camundongos descrito no fim do Capítulo 7 mostrou que as memórias que inicialmente se pensava estar firmemente consolidadas podem se tornar frágeis e mutáveis. E, apenas para tornar essa reviravolta na história mais interessante, acontece que, quando as memórias estabelecidas são lembradas, elas passam por um processo chamado *reconsolidação* durante o qual podem ser alteradas.

Entretanto, algumas pessoas podem ficar tentadas a afirmar, em resposta a essa descrição de memórias outrora sólida que se torna frágil, que pesquisas laboratoriais com camundongos em que essa descoberta se baseia podem não se traduzir em memórias da vida real em seres humanos. Afinal de contas, eles podem dizer, nossa experiência ensina que muitas vezes lembramos as coisas com precisão. Essa ideia de que as memórias geralmente são precisas é consistente com a conclusão de uma pesquisa nacional em que 63% das pessoas concordaram com a afirmação "A memória humana funciona como uma câmera de vídeo, registrando com precisão os eventos que vemos e ouvimos para que possamos revisar e interpretá-los mais tarde". Na mesma pesquisa, 48% concordaram que "depois de vivenciar um evento e formar uma memória dele, essa memória não muda" (Simons e Chabris, 2011). Assim, uma proporção substancial das pessoas acredita que as memórias são registradas com precisão, como se por uma câmera de vídeo, e que, uma vez registrada, a memória não muda.

Como veremos neste capítulo, essas visões são errôneas. Em primeiro lugar, tudo o que acontece não é necessariamente registrado com precisão e, mesmo que seja, há uma boa chance de que o que você lembra pode não refletir com precisão o que realmente aconteceu.

Contudo, o mais importante sobre este capítulo não é apenas que demonstra os limites à nossa capacidade de lembrar, mas também que ilustra uma propriedade básica da memória: as memórias são criadas por um processo de construção, no qual o que realmente aconteceu, outras coisas que aconteceram depois e nosso conhecimento geral sobre como as coisas geralmente acontecem são combinados para criar nossa memória de um evento.

Ilustraremos esse processo de construção mudando nosso foco de experimentos nos quais os participantes são solicitados a lembrar listas de palavras ou trechos curtos a experimentos nos quais os participantes são solicitados a lembrar eventos que ocorreram em suas vidas.

▶ Memória autobiográfica: o que aconteceu na minha vida

Memória autobiográfica é a memória para experiências específicas de nossa vida, que podem incluir componentes episódicos e semânticos (ver Capítulo 6, p. 163). Por exemplo, uma memória autobiográfica de uma festa de aniversário da infância pode incluir imagens do bolo, pessoas na festa e brincadeiras (memória episódica); também pode incluir o conhecimento sobre a data da festa, onde sua família morava na época e seu conhecimento geral sobre o que costuma acontecer nas festas de aniversário (memória semântica) (Cabeza e St. Jacques, 2007). Duas características importantes das memórias autobiográficas são (1) multidimensionais e (2) lembramos alguns eventos em nossas vidas melhor do que outros.

A natureza multidimensional da memória autobiográfica

Pense em um momento memorável em sua vida — um evento envolvendo outras pessoas ou uma experiência memorável solitária. Qualquer que seja a experiência que você lembra, é certo que há muitos componentes na sua memória: visual — o que você vê quando se transporta de volta no tempo; auditivo — o que as pessoas estão falando ou outros sons no ambiente; e talvez cheiros, sabores e percepções táteis também. Contudo, as memórias vão além da visão, audição, tato, paladar e olfato. Também têm componentes espaciais, porque os eventos geralmente ocorrem em um ambiente tridimensional. E, talvez o mais importante de tudo, as memórias frequentemente envolvem pensamentos e emoções, tanto positivos como negativos.

Tudo isso é uma maneira de dizer que as memórias são multidimensionais, com cada dimensão desempenhando um papel próprio, muitas vezes importante, na memória. A importância dos componentes individuais é ilustrada pela descoberta de que pacientes que perderam a capacidade de reconhecer ou visualizar objetos, devido a lesões na área visual do córtex, podem experimentar perda de memória autobiográfica (Greenberg e Rubin, 2003). O que pode ter ocorrido porque os estímulos visuais não estavam disponíveis para funcionar como pistas de recuperação para as memórias. Contudo, mesmo as memórias não baseadas em informações visuais são perdidas nesses pacientes. Aparentemente, a experiência visual desempenha um papel importante na memória autobiográfica. (Parece razoável que, para pessoas cegas, a experiência auditiva possa assumir esse papel.)

Um estudo de varredura cerebral que ilustra a diferença entre a memória autobiográfica e a memória de laboratório foi feito por Roberto Cabeza

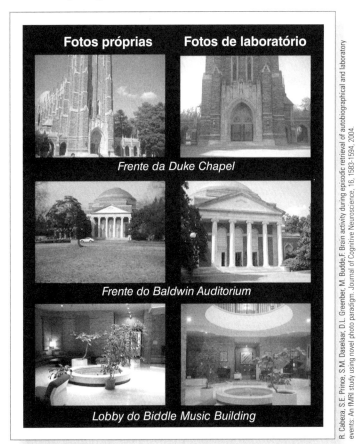

▶ Figura 8.1 Fotografias do experimento feito por Cabeza e colaboradores (2004). As fotos próprias foram tiradas pelo participante; as fotos de laboratório foram feitas por outra pessoa. (Fonte: Cabeza et al., 2004.)

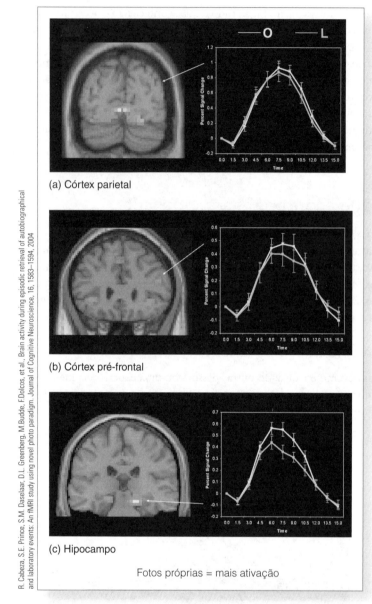

> Figura 8.2 (a) Resposta de fMRI de uma área no córtex parietal mostrando o curso do tempo e a amplitude da resposta causada por fotos próprias (em amarelo) e fotos de laboratório (em azul) no teste de memória. O gráfico à direita indica que a ativação é a mesma para as fotos próprias e fotos de laboratório. A resposta às fotos próprias é maior no (b) córtex pré-frontal e (c) no hipocampo. Esta figura está disponível, em cores, no suplemento colorido, ao final do livro. (Fonte: Cabeza et al., 2004.)

e colaboradores (2004). Cabeza mediu a ativação cerebral causada por dois conjuntos de fotografias de estímulo — um conjunto que o participante tirou e outro que foi tirado por outra pessoa (Figura 8.1). Chamaremos as fotos tiradas pelo participante de fotos próprias, e aquelas tiradas por outra pessoas de fotos de laboratório.

As fotos foram criadas fornecendo câmeras digitais a 12 alunos da Duke University e instruindo que eles tirassem fotos de 40 locais específicos no campus em um período de dez dias. Depois de tirar as fotos, os participantes viram as fotos próprias e uma foto de laboratório de cada local. Poucos dias mais tarde, eles viram as fotos próprias e as fotos de laboratório que haviam visto antes junto a algumas novas fotos de laboratório que nunca tinham visto. À medida que os participantes indicavam se cada estímulo era uma foto própria, uma foto de laboratório que já tinham visto ou uma nova foto de laboratório, a atividade cerebral era medida em um scanner de fMRI.

As varreduras cerebrais mostraram que as fotos próprias e as fotos de laboratório ativaram muitas das mesmas estruturas no cérebro, principalmente aquelas como o lobo temporal medial (LTM) que estão associadas à memória episódica, bem como uma área do córtex parietal envolvida no processamento de cenas (Figura 8.2a). No entanto, além disso, as fotos próprias provocaram mais ativação no córtex pré-frontal, que está associado ao processamento de informações sobre o eu (Figura 8.2b), e no hipocampo, que está envolvido em recordações (memória associada à "viagem mental no tempo") (Figura 8.2c) A Figura 8.2 está disponível, em cores, no suplemento colorido, ao final do livro.

Assim, as fotos de um determinado local que as pessoas tiraram para si mesmas suscitaram memórias presumivelmente associadas ao ato de tirar a foto e, portanto, ativaram uma rede mais ampla de áreas do cérebro do que as fotos do mesmo local tiradas por outra pessoa. Essa ativação reflete a riqueza de vivenciar memórias autobiográficas. Outros estudos também descobriram que as memórias autobiográficas podem provocar emoções, o que ativa outra área do cérebro (que descreveremos em breve) chamada amídala (ver Figura 5.19, p. 141).

Memória ao longo da vida

O que determina quais eventos específicos da vida lembraremos anos mais tarde? Marcos pessoais como formar-se na faculdade ou receber uma proposta de casamento se destacam, assim como eventos altamente emocionais como sobreviver a um acidente automobilístico (Pillemer, 1998). Os eventos que se tornam partes significativas da vida de uma pessoa tendem a ser bem lembrados. Por exemplo, sair para jantar com alguém pela primeira vez pode se destacar se você acabar tendo um relacionamento de longo prazo com essa pessoa, mas o mesmo jantar romântico pode ser muito menos memorável se você nunca mais ver a pessoa.

Um resultado particularmente interessante ocorre quando os participantes com mais de 40 anos são solicitados a lembrar eventos em suas vidas. Como mostrado na **Figura 8.3** para uma pessoa de 55 anos, os eventos são lembrados por todos os anos entre 5 e 55 anos, mas a memória é melhor para eventos recentes e para eventos que ocorrem entre as idades de cerca de 10 e 30 (Conway, 1996; Rubin et al., 1998). A memória aprimorada para a adolescência e o início da idade adulta encontrada em pessoas com mais de 40 anos chama-se **saliência da reminiscência**.

Por que a adolescência e início da idade adulta são épocas especiais para codificar memórias? Descreveremos três hipóteses, todas baseadas na ideia de que eventos especiais da vida acontecem durante a adolescência e início da idade adulta. A **hipótese da autoimagem** propõe que a memória é aprimorada para eventos que ocorrem quando a autoimagem de uma pessoa ou identidade de vida está sendo formada (Rathbone et al., 2008). Essa ideia baseia-se nos resultados de um experimento em que os participantes com idade média de 54 anos criaram afirmações "Eu sou", como "Eu sou mãe" ou "Eu sou psicólogo", que sentiram que as definiam como uma pessoa. Quando indicaram o momento em que cada afirmação havia se tornado uma parte significativa de sua identidade, a idade média que atribuíram à origem dessas afirmações foi 25, que está dentro do intervalo do saliência da reminiscência. Quando os participantes também listaram eventos relacionados a cada afirmação (como "dei à luz ao meu primeiro filho" ou "comecei a me formar em psicologia"), a maioria dos eventos ocorria durante o intervalo de tempo associado à saliência da reminiscência. O desenvolvimento da autoimagem, portanto, traz consigo inúmeros eventos memoráveis, a maioria dos quais acontece durante a adolescência ou início da idade adulta.

Outra explicação para a saliência da reminiscência, chamada **hipótese cognitiva**, propõe que períodos de mudança rápida que são seguidos por estabilidade causam codificação mais forte das memórias. A adolescência e o início da idade adulta se enquadram nessa descrição porque as rápidas mudanças, como se afastar da escola, casar e começar uma carreira, que ocorrem durante esses períodos, são acompanhadas pela relativa estabilidade da vida adulta. Uma maneira de testar essa hipótese é encontrar pessoas que passaram por mudanças rápidas em suas vidas, ocorridas posteriormente à adolescência ou idade adulta. A hipótese cognitiva prediz que a saliência da reminiscência deve ocorrer mais tarde para essas pessoas. Para testar

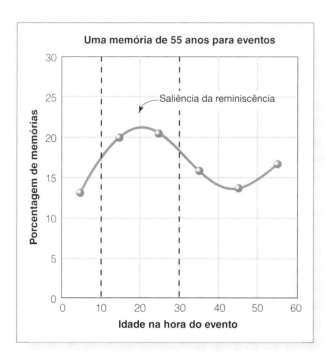

▶ Figura 8.3 Porcentagem das memórias de diferentes idades relembradas por uma pessoa de 55 anos, mostrando a saliência da reminiscência, que ocorre para eventos experimentados entre cerca de 10 e 30 anos de idade (linhas tracejadas).

(Fonte: R. W. Schrauf e D. C. Rubin, Bilingual autobiographical memory in older adult immigrants: a test of cognitive explanations of the reminiscence bump and the linguistic encoding of memories, *Journal of Memory and Language*, 39, 437-457. Copyright © 1998 Elsevier Ltd. Republicado com permissão.)

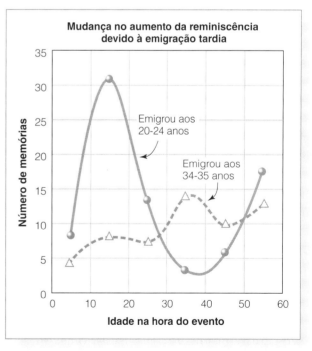

▶ Figura 8.4 A saliência da reminiscência para pessoas que emigraram aos 34 ou 35 anos mudou para idades mais avançadas, em comparação com a saliência para pessoas que emigraram entre 20 e 24 anos de idade.

(Fonte: R. W. Schrauf e D. C. Rubin, Bilingual autobiographical memory in older adult immigrants: a test of cognitive explanations of the reminiscence bump and the linguistic encoding of memories, *Journal of Memory and Language*, 39, 437-457. Copyright © 1998 Elsevier Ltd. Republicado com permissão.)

Tabela 8.1 Explicações para a saliência da reminiscência

Explicação	Característica básica
Autoimagem	Período ao assumir a autoimagem da pessoa
Cognitiva	A codificação é melhor durante períodos de mudança rápida
Roteiro de vida cultural	Recordação da estrutura das expectativas culturalmente compartilhadas

essa ideia, Robert Schrauf e David Rubin (1998) determinaram as recordações das pessoas que emigraram para os Estados Unidos aproximadamente aos 20 ou 30 anos de idade. A Figura 8.4, que mostra as curvas de memória para dois grupos de imigrantes, indica que a saliência da reminiscência ocorre na idade normal para pessoas que emigraram entre 20 e 24 anos, mas muda para mais tarde para aqueles que emigraram aos 34 ou 35 anos, exatamente como hipótese cognitiva prévia.

Observe que a saliência da reminiscência normal não está presente para as pessoas que emigraram mais tarde. Schrauf e Rubin explicam isso observando que a emigração tardia elimina o período estável que geralmente ocorre durante o início da idade adulta. Como o início da idade adulta não é seguido por um período estável, não ocorre a saliência da reminiscência, como previsto pela hipótese cognitiva.

Por fim, a **hipótese do roteiro da vida cultural** distingue entre a história de vida de uma pessoa, composta de todos os eventos que ocorreram na vida de uma pessoa, e um **roteiro da vida cultural**, que são os eventos culturalmente esperados que ocorrem em um determinado momento da vida. Por exemplo, quando Dorthe Berntsen e David Rubin (2004) pediram que as pessoas listassem quando eventos importantes na vida de uma pessoa típica geralmente ocorrem, algumas das respostas mais comuns foram apaixonar-se (16 anos), faculdade (22 anos), casamento (27 anos) e ter filhos (28 anos). Curiosamente, um grande número dos eventos mais comumente mencionados ocorre durante o período associado à saliência da reminiscência. Isso não significa que eventos na vida de uma pessoa específica sempre ocorrem nesses momentos, mas, de acordo com a hipótese do roteiro da vida cultural, os eventos na história de vida de uma pessoa se tornam mais fáceis de lembrar quando se encaixam no roteiro da vida cultural para a cultura dessa pessoa.

Relacionado à hipótese do roteiro da vida cultural há um fenômeno que Jonathan Koppel e Dorthe Berntsen (2014) chamam **viés da juventude** — a tendência de que os eventos públicos mais notáveis na vida de uma pessoa sejam percebidos como ocorrendo quando a pessoa é jovem. Eles chegaram a essa conclusão pedindo que as pessoas imaginassem um bebê típico de sua própria cultura e gênero, e fazendo a seguinte pergunta: "... ao longo da vida dessa pessoa muitos eventos públicos importantes acontecerão, tanto nacional quanto internacionalmente, como guerras, mortes de personalidades públicas e eventos esportivos. Qual é a idade mais provável que você acha que essa pessoa terá quando o que ela considera ser o evento público *mais* importante da vida acontecer?".

Como mostrado na Figura 8.5, a maioria das respostas indicou que a pessoa perceberia que os eventos públicos mais importantes ocorrem antes dos 30 anos. Curiosamente, esse resultado ocorreu ao pesquisar jovens e idosos, e as curvas atingem o pico entre os adolescentes e aqueles na faixa de 20 anos de idade, assim como a saliência da reminiscência.

A saliência da reminiscência é um bom exemplo de fenômeno que gerou algumas explicações, muitas delas plausíveis e corroboradas por evidências. Não surpreende que os fatores cruciais propostos por cada explicação — formação da autoidentidade, mudanças rápidas seguidas de estabilidade e eventos culturalmente esperados — ocorram durante a saliência da reminiscência, porque é isso que eles estão tentando explicar. É provável que cada um dos mecanismos que descrevemos contribua de alguma forma para a criação da saliência da reminiscência. (Ver Tabela 8.1.)

 ## Memória para eventos "excepcionais"

Fica claro que alguns eventos na vida de uma pessoa têm maior probabilidade de serem lembrados do que outros. Uma característica da maioria dos eventos memoráveis é que são significativos e importantes para a pessoa e, em alguns casos, estão associados a emoções. Por exemplo, pense em algumas das coisas memoráveis que você lembra do seu primeiro ano na faculdade. Quando os alunos das turmas mais avançadas foram solicitados a relembrar eventos de seu primeiro ano de faculdade, muitos dos eventos que se destacaram estavam associados a emoções fortes (Pillemer, 1998; Pillemer et al., 1996; Talarico, 2009).

Memória e emoção

Emoções e memória estão interconectadas. As emoções são frequentemente associadas a eventos "especiais", como o início ou término de relacionamentos ou eventos vividos por muitas pessoas simultaneamente, como os ataques terroristas de 11 de setembro. A ideia de que as emoções estão associadas a melhor memória tem algum suporte. Em um experimento sobre a associação entre emoção e memória aprimorada, Kevin LaBar e Elizabeth Phelps (1998) testaram a capacidade dos participantes de lembrar palavras estimulantes (por exemplo, palavrões e palavras sexualmente explícitas) e palavras neutras (como *rua* e *loja*) e observaram melhor memória para as palavras estimulantes (Figura 8.6a). Em outro estudo, Florin Dolcos e colaboradores (2005) testaram a capacidade dos participantes de reconhecer imagens emocionais e neutras após um atraso de um ano e observaram melhor memória para as imagens emocionais (Figura 8.6b).

Quando analisamos o que está acontecendo fisiologicamente, uma estrutura se destaca: a **amídala** (ver Figura 5.19, p. 141). A importância da amídala foi demonstrada de várias maneiras. Por exemplo, no experimento feito por Dolcos e colaboradores descrito acima, varreduras cerebrais usando fMRI à medida que as pessoas se lembravam revelaram que a atividade da amídala era maior para as imagens emocionais (ver também Cahill et al., 1996; Hamann et al., 1999).

A conexão entre as emoções e a amídala também foi demonstrada testando um paciente, B. P., que havia sofrido lesões na amídala. Quando os participantes sem danos cerebrais assistiram a uma apresentação de slides sobre um menino e sua mãe em que o menino é ferido no meio da história, esses participantes

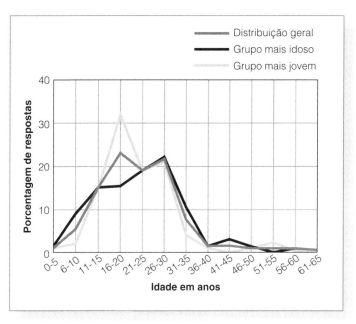

► Figura 8.5 Resultados do experimento do "viés da juventude" feito por Koppel e Berntsen (2014), no qual os participantes eram solicitados a indicar quantos anos uma pessoa hipotética teria quando o que eles consideram ser o evento público mais importante de suas vidas ocorre. Observe que a distribuição das respostas é semelhante tanto para os participantes mais jovens como para os participantes mais velhos.
(Fonte: Koppel e Berntsen, *Quarterly Journal of Experimental Psychology*, 67 (3), Figura 1. p. 420, 2014.)

tinham melhor memória para a parte emocional da história (quando o menino é ferido). A memória de B. P. era a mesma dos participantes sem danos cerebrais durante a primeira parte da história, mas não foi aprimorada para a parte emocional (Cahill et al., 1995). Parece, portanto, que as emoções podem desencadear mecanismos na amídala que ajudam a lembrar eventos associados às emoções.

A emoção também foi associada à melhor consolidação da memória, o processo que fortalece a memória para uma experiência e ocorre minutos ou horas após a experiência (ver Capítulo 7, p. 194-199) (LaBar e Cabeza, 2006; Tambini et al., 2017). A conexão entre emoção e consolidação foi inicialmente sugerida por pesquisas com animais, principalmente

com camundongos, que mostraram que estimulantes do sistema nervoso central administrados logo após o treinamento em uma tarefa podem melhorar a memória para a tarefa. A pesquisa determinou então que hormônios como o estimulante cortisol são liberados durante e após estímulos emocionais como aqueles usados na tarefa de teste. Essas duas descobertas levaram à conclusão de que os hormônios do estresse liberados após uma experiência emocional aumentam a consolidação da memória para essa experiência (McGaugh, 1983; Roozendaal e McGaugh, 2011).

Larry Cahill e colaboradores (2003) realizaram um experimento que demonstrou esse efeito em humanos. Eles mostraram aos participantes imagens neutras e emocionalmente estimulantes; em seguida, alguns participantes (o grupo com estresse) tiraram os braços da água gelada, o que causa a liberação de cortisol, e outros participantes (o grupo sem estresse) mergulharam os braços em água morna, o que é uma situação não estressante que não causa liberação de cortisol. Quando solicitados

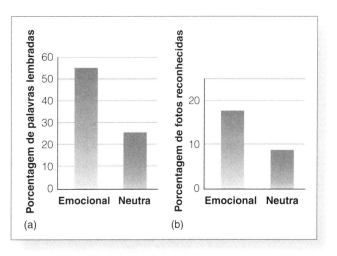

► Figura 8.6 (a) Porcentagem de palavras emocionais e neutras lembradas imediatamente após a leitura de uma lista de palavras. (b) Porcentagem de imagens emocionais e neutras reconhecidas um ano após a exibição das imagens.
(Fonte: parte a: LaBar e Phelps, 1998; parte b: Dolcos et al., 2005.)

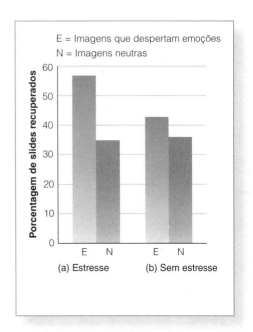

Figura 8.7 (a) A recordação para imagens emocionais é melhor do que para imagens neutras quando os participantes são expostos a estresse. (b) Não há diferença significativa entre a recordação emocional e neutra na situação sem estresse. Esse resultado foi relacionado à consolidação aprimorada da memória para as imagens emocionais. (Fonte: Cahill et al., 2003.)

a descrever as imagens uma semana depois, os participantes que foram expostos ao estresse lembraram mais das imagens emocionalmente estimulantes do que das imagens neutras (Figura 8.7a). Não houve diferença significativa entre a imagem neutra e a emocionalmente estimulante para o grupo sem estresse (Figura 8.7b).

O que é particularmente interessante nesses resultados é que o cortisol aumenta a memória para as imagens emocionais, mas não para as imagens neutras. Resultados como esses levaram à conclusão de que a ativação hormonal que ocorre após o despertar de experiências emocionais aumenta a consolidação da memória em seres humanos (ver também Phelps e Sharot, 2008). Essa maior consolidação associada à emoção também foi relacionada a um aumento da atividade na amídala (Ritchey et al., 2008). Como veremos na próxima seção, há uma ligação entre emoção e memória para eventos altamente memoráveis, como os ataques terroristas de 11 de setembro, que causam memórias que foram chamadas *memórias em flash*.

Memórias em flash

Diversas pessoas têm memória de quando souberam dos ataques terroristas de 11 de setembro de 2001. Pesquisas sobre memórias para eventos públicos como esse, que foram vivenciados por um grande número de pessoas, muitas vezes pedem a elas que lembrem onde estavam e como souberam do evento pela primeira vez. Lembro-me de entrar no escritório do departamento de psicologia e uma secretária dizer que alguém havia utilizado um avião para explodir o World Trade Center. Na época, imaginei um pequeno avião particular que havia saído do curso, mas pouco depois, quando liguei para minha esposa, ela contou que a primeira torre do World Trade Center acabara de desabar. Pouco depois, na minha aula de psicologia cognitiva, os alunos e eu discutimos o que sabíamos sobre a situação e decidimos cancelar a aula do dia.

Brown e Kulik propõem o termo "memória em flash"   As memórias que descrevi de como ouvi sobre o ataque de 11 de setembro e as pessoas e os eventos diretamente associados à descoberta do ataque ainda estão vivas em minha mente há mais de 16 anos. Há algo de especial em memórias como essa que estão associadas a eventos inesperados e com grande carga emocional? De acordo com Roger Brown e James Kulik (1977), há. Eles propuseram que as memórias das circunstâncias em torno da aprendizagem sobre eventos como o 11 de setembro são especiais. A proposta baseava-se em um evento anterior, ocorrido em 22 de novembro de 1963. O presidente John F. Kennedy estava em um carro aberto, acenando para as pessoas enquanto a carreata passava por um desfile em Dallas, Texas. Quando o carro passava pelo prédio do Texas School Book Depository, três tiros foram disparados. O presidente Kennedy desabou. A carreata parou e Kennedy foi levado às pressas para o hospital. Pouco depois, a notícia espalhou-se pelo mundo: o presidente Kennedy foi assassinado.

Ao referirem-se ao dia do assassinato do presidente Kennedy, Brown e Kulik afirmaram que, "por um instante, toda a nação e talvez grande parte do mundo parou para tirar uma foto". Essa descrição, que comparou o processo de formação de uma memória a tirar uma fotografia, levou-os a cunhar o termo **memória em flash** como uma referência à memória de uma pessoa para as circunstâncias que envolvem eventos chocantes e altamente carregados. É importante enfatizar que o termo *memória em flash* se refere à memória para as circunstâncias que envolvem como uma pessoa *ouviu falar de* um evento, não da memória *para o próprio evento*. Assim, uma memória em flash para o 11 de setembro seria a memória de onde uma pessoa estava e o que fazia ao tomar conhecimento do ataque terrorista. Portanto, as memórias em flash atribuem importância a eventos que, de outra forma, não seriam excepcionais. Por exemplo, embora tenha conversado com a secretária do departamento de psicologia centenas de vezes ao longo dos anos, a única vez que isso se destacou foi quando ela me disse que um avião havia colidido contra o World Trade Center.

Brown e Kulik argumentaram que há algo especial sobre os mecanismos responsáveis pelas memórias em flash. Não apenas elas ocorrem em circunstâncias altamente emocionais, mas são lembradas por longos períodos de tempo e são especialmente vívidas e detalhadas. Brown e Kulik descreveram o mecanismo responsável por essas memórias vívidas e detalhadas como um mecanismo "Now Print", como se essas memórias fossem uma fotografia que resiste à perda de cores.

Memórias em flash não são como fotografias   A ideia de Brown e Kulik de que as memórias em flash são como uma fotografia baseava-se na descoberta de que as pessoas eram capazes de descrever com alguns detalhes o que estavam fazendo ao ouvir falar de eventos altamente emocionais, como os assassinatos de John F. Kennedy e Martin Luther King Jr. Contudo, o procedimento que Brown e Kulik usaram era falho porque os participantes não foram perguntados sobre o que eles lembravam até anos após os eventos terem ocorrido. O problema com esse procedimento é que não havia como determinar se as memórias relatadas eram precisas. A única maneira de verificar a precisão é comparar a memória da pessoa com o que realmente aconteceu ou com os relatos de memória coletados logo após o evento. A técnica de comparar memórias posteriores com memórias coletadas logo após o evento chama-se recordação repetida.

MÉTODO   Recordação repetida

A ideia por trás da recordação repetida é determinar se a memória muda com o tempo, testando os participantes várias vezes após um evento. A memória da pessoa é medida imediatamente após um estímulo ser apresentado ou algo acontecer. Mesmo que haja alguma possibilidade de erros ou omissões imediatamente após o evento, esse relatório é considerado a representação mais precisa do que aconteceu e é usado como um parâmetro. Dias, meses ou anos depois, quando os participantes são solicitados a lembrar o que aconteceu, seus relatórios são comparados a esse parâmetro. O uso de um parâmetro fornece uma maneira de verificar a consistência dos relatórios posteriores.

Ao longo dos anos, desde a proposta "Now Print" de Brown e Kulik, pesquisas usando a tarefa de recordação repetida mostraram que as memórias em flash não são como fotografias. Ao contrário das fotografias, que permanecem as mesmas por muitos anos, as memórias das pessoas sobre como ouviram sobre eventos em flash mudam com o tempo. Na verdade, uma das principais descobertas das pesquisas sobre memórias em flash é que, embora as pessoas relatem que as memórias em torno dos eventos em flash são especialmente vívidas, muitas vezes são imprecisas ou necessitam de detalhes. Por exemplo, Ulric Neisser e Nicole McAuliffe (1992) fizeram um estudo no qual perguntaram aos participantes como haviam ouvido falar da explosão do ônibus espacial *Challenger*. Em 1986, os lançamentos espaciais ainda eram considerados especiais e muitas vezes bastante esperados. O voo da *Challenger* era especial porque um dos astronautas era a professora de ensino médio de New Hampshire, Christa McAuliffe, que foi o primeiro membro do projeto Professor no Espaço da Nasa. A decolagem do Cabo Canaveral em 28 de janeiro de 1986 parecia rotina. No entanto, 77 segundos após a decolagem, a Challenger se separou e despencou no oceano, matando a tripulação de sete astronautas (Figura 8.8). Os participantes do experimento de Neisser e Harsch preencheram um questionário um dia após a explosão e, em seguida, preencheram o mesmo questionário dois anos e meio a três anos depois. A resposta de uma participante, um dia após a explosão, indicava que ela tinha ouvido falar sobre o acontecido na aula:

> Estava na minha aula de religião e algumas pessoas entraram e começaram a falar sobre [isso]. Não conhecia nenhum detalhe, exceto que havia explodido e todos os alunos da professora estavam assistindo, o que eu achei muito triste. Então, depois da aula, fui para meu quarto e assisti ao programa de TV falando a respeito, e obtive todos os detalhes.

Dois anos e meio mais tarde, a memória dela mudou para o seguinte:

> Quando ouvi pela primeira vez sobre a explosão, estava sentada no dormitório de calouros com minha colega de quarto, assistindo à TV. Veio como um flash de notícias, e nós duas ficamos totalmente chocadas. Fiquei muito chateada e subi para falar com um amigo e, então, liguei para meus pais.

▶ A Figura 8.8   Neisser e Harsch (1992) estudaram as memórias das pessoas no dia em que ouviram sobre a explosão do ônibus espacial *Challenger*.

Respostas como essas, nas quais os participantes primeiro relataram ter ouvido sobre a explosão em um lugar, como uma sala de aula, e depois lembraram que tinham ouvido falar pela primeira vez na TV, eram comuns. Logo após a explosão, apenas 21% dos participantes indicaram que tinham ouvido falar sobre a explosão pela primeira vez na TV, mas, dois anos e meio depois, 45% dos participantes relataram que tinham ouvido falar pela primeira vez na TV. As razões para o aumento das memórias relacionadas à TV podem ser que as reportagens da TV se tornam mais memoráveis por meio da repetição e que a TV é uma importante fonte de notícias. Assim, a memória para ouvir sobre a explosão da *Challenger* tinha uma propriedade que também é característica da memória para eventos menos dramáticos do cotidiano: foi afetada pelas experiências das pessoas após o evento (as pessoas podem ter visto os relatos da explosão) e seus conhecimentos gerais (as pessoas costumam ouvir pela primeira vez as notícias importantes na TV).

A ideia de que a memória pode ser afetada pelo que acontece após um evento é a base de Ulric Neisser e colaboradores (1996) da **hipótese do ensaio narrativo**, que afirma que podemos lembrar eventos como os que aconteceram em 11 de setembro não por causa de um mecanismo especial, mas porque ensaiamos esses eventos depois que ocorrem.

A hipótese do ensaio narrativo faz sentido ao considerar os eventos que se seguiram ao 11 de setembro. Fotos dos aviões colidindo contra o World Trade Center foram repetidas indefinidamente na TV, e o evento e suas consequências foram cobertos extensivamente por meses depois na mídia. Neisser argumenta que, se o ensaio é a razão para nossas memórias de eventos significativos, então a analogia da memória em flash é enganosa.

Lembre-se de que a memória com a qual estamos preocupados são as características em torno de como as pessoas ouviram falar do 11 de setembro pela primeira vez, mas boa parte do ensaio associado a esse evento é o ensaio para eventos que ocorreram depois de ouvir sobre ele. Assistir a replays na TV dos aviões colidindo contra as torres, por exemplo, pode fazer com que as pessoas se concentrem mais nessas imagens do que em quem contou sobre o evento ou onde estavam e, com o tempo podem vir a acreditar que ouviram inicialmente sobre o evento na TV, como ocorreu no estudo da *Challenger*.

Uma indicação do poder da TV em "capturar" a memória das pessoas é fornecida pelos resultados de um estudo de James Ost e colaboradores (2002), que abordava pessoas em um shopping center inglês e perguntava se estariam dispostas a participar de um estudo examinando a precisão com que as pessoas conseguem lembrar eventos trágicos. O evento-alvo envolvia a princesa Diana e seu companheiro Dodi Fayed, cujas mortes em um acidente de carro em Paris em 31 de agosto de 1997 foram amplamente noticiadas na televisão britânica. Os participantes foram convidados a responder à seguinte afirmação: "Você viu a gravação em vídeo que os paparazzi fizeram do acidente de carro em que Diana, a princesa de Gales, e Dodi Fayed perderam a vida?". Das 45 pessoas que responderam a essa pergunta, 20 disseram ter visto o filme. Contudo, era impossível, porque esse tipo de filme não existe. O acidente de carro foi noticiado na TV, mas na verdade não foi exibido. A extensa cobertura da mídia desse evento aparentemente fez com que algumas pessoas lembrassem algo — ver o filme — que de fato não ocorreu.

As memórias em flash são diferentes de outras memórias?   O grande número de respostas imprecisas no estudo da *Challenger* sugere que talvez as memórias que deveriam ser em flash se deteriorem como as memórias normais. Na verdade, muitos pesquisadores da memória em flash têm dúvidas de que essas memórias são muito diferentes das memórias regulares (Schmolck et al., 2000). Essa conclusão é corroborada por um experimento no qual perguntou-se a um grupo de estudantes universitários sobre o 12 de setembro de 2001, um dia após os ataques terroristas envolvendo o World Trade Center, o Pentágono e o voo 93 na Pensilvânia (Talarico e Rubin, 2003). Algumas dessas perguntas eram sobre os ataques terroristas ("Quando você ouviu a notícia pela primeira vez?"). Outras foram perguntas semelhantes sobre um evento cotidiano na vida da pessoa que ocorreu nos dias imediatamente anteriores aos ataques. Depois de escolher o evento do dia a dia, o participante criava uma descrição de duas ou três palavras que poderia funcionar como uma dica para esse evento no futuro. Alguns participantes foram testados novamente uma semana depois, cerca de seis semanas mais tarde e cerca de 32 semanas depois, fazendo as mesmas perguntas sobre o ataque e os eventos diários.

Um resultado desse experimento foi que os participantes lembravam menos detalhes e cometiam mais erros em intervalos mais longos após os eventos, com pouca diferença entre os resultados para as memórias em flash e cotidianas (**Figura 8.9a**). Assim, os detalhes desaparecem para as memórias em flash, da mesma forma que para as memórias cotidianas. Então, por que as pessoas acham que as memórias em flash são especiais? Os resultados mostrados nas **Figuras 8.9b** e **8.9c** podem conter a resposta. As memórias das pessoas para eventos em flash permanecem *mais vívidas* do que as memórias do dia a dia (Figura 8.9b) e as pessoas *acreditam* que as memórias em flash permanecem precisas, enquanto as memórias cotidianas não (Figura 8.9c).

Assim, podemos dizer que as memórias em flash são especiais (vívidas; passíveis de serem lembradas) e comuns (podem não ser precisas) ao mesmo tempo. Outra maneira de destacar a especialidade de memórias em flash é que as pessoas *se* lembram delas, mesmo que de forma imprecisa — ao passo que eventos menos notáveis têm menos probabilidade de serem lembrados.

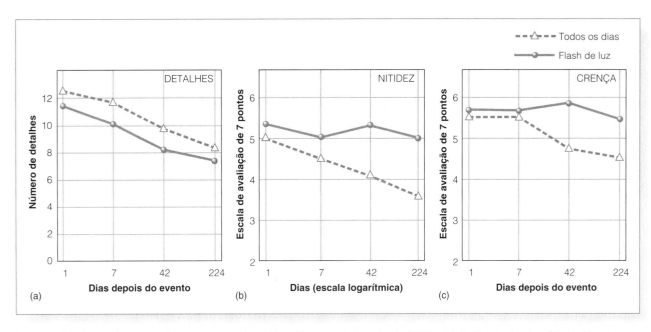

▶ Figura 8.9 Resultados do experimento de memória em flash feito por Talarico e Rubin (2003): (a) detalhes lembrados; (b) classificações de vivacidade; e (c) crença na exatidão. Os detalhes lembrados diminuíram tanto para memórias em flash como do dia a dia. A crença na precisão e vivacidade também diminuiu para as memórias do dia a dia, mas permaneceu alta para as memórias em flash.

(Fonte: J. M. Talarico e D. C. Rubin, Confidence, not consistency, characterizes flashbulb memories, *Psychological Science*, 14, 455-461, Figuras 1 e 2. Copyright © 2003 American Psychological Society. Reproduzido com permissão).

Pesquisadores sobre memória ainda estão discutindo o mecanismo exato responsável pela memória dos eventos em flash (Berntsen, 2009; Luminet e Curci, 2009; Talarico e Rubin, 2009). No entanto, qualquer que seja o mecanismo envolvido, um resultado importante da pesquisa sobre memória em flash é que ela revelou que o que as pessoas acham que lembram com precisão pode, na verdade, não ser exato. A ideia de que a memória das pessoas para um evento pode ser determinada por fatores além da experiência real do evento levou muitos pesquisadores a propor que o que as pessoas lembram é uma "construção" que se baseia no que realmente aconteceu mais influências adicionais. Discutiremos essa ideia na próxima seção.

TESTE VOCÊ MESMO 8.1

1. Como as pessoas em uma pesquisa nacional responderam à afirmação de que memória funciona como uma câmera de vídeo? Qual foi precisão da resposta deles?
2. O que é memória autobiográfica? O que significa dizer que inclui componentes episódicos e semânticos?
3. O que significa dizer que memórias autobiográficas são multidimensionais? Como o experimento fotográfico de Cabeza forneceu evidências para essa ideia?
4. Que tipos de eventos costumam ser os mais memoráveis? Como seria um enredo de "eventos lembrados" *versus* "idade" para uma pessoa de 50 anos? Que teorias foram propostas para explicar o pico que ocorre nessa função?
5. Qual é a evidência de que eventos com carga emocional são mais fáceis de lembrar do que eventos não emocionais? Descreva o papel da amídala na memória emocional, incluindo varredura do cérebro (fMRI) e evidências neuropsicológicas (paciente B. P.) ligando a amídala e a memória, e o experimento que mostra que a emoção aprimora a consolidação.
6. Qual é o viés da juventude, e a qual explicação da saliência da reminiscência está associada?
7. Por que Brown e Kulik chamam memória para eventos públicos e emocionais, como o assassinato do presidente Kennedy, de "memórias em flash"? O termo em flash que eles utilizaram *está* correto?
8. Descreva os resultados dos experimentos de recordação repetidos. O que esses resultados indicam sobre a proposta "Now Print" de Brown e Kulik para memórias em flash?
9. O que é a hipótese do ensaio narrativo? Como o resultado do estudo sobre a princesa Diana está relacionado ao efeito da cobertura pela mídia sobre a memória?
10. De que forma as memórias em flash diferem de outras memórias autobiográficas e de que maneira são semelhantes? Quais são algumas hipóteses que explicam essas diferenças?

A natureza construtiva da memória

Vimos que lembramos certas coisas melhor do que outras por causa do significado especial ou em razão do momento quando aconteceram em nossas vidas. No entanto, também vimos que o que as pessoas lembram pode não corresponder ao que realmente aconteceu. Quando as pessoas relatam memórias de eventos passados, elas podem não apenas omitir coisas, mas também distorcer ou mudar coisas que aconteceram e, em alguns casos, até relatar coisas que nunca aconteceram.

Essas características da memória refletem a **natureza construtiva da memória** — o que as pessoas relatam como memórias são construídas com base no que realmente aconteceu além de fatores adicionais, como conhecimento, experiências e expectativas da pessoa. Um aspecto da natureza construtiva da memória é ilustrado pelo fenômeno de *monitoramento da fonte*.

Erros de monitoramento da fonte

Imagine que há um filme que você mal pode esperar para ver porque ouviu que é muito bom. Contudo, ao tentar lembrar o que inicialmente o animou sobre o filme, você não tem certeza. Teria sido a crítica que você leu on-line? Aquela conversa que você teve com um amigo? O outdoor que você viu na estrada? Você consegue se lembrar da *fonte* inicial que o interessou pelo filme? Esse é o problema do **monitoramento da fonte** — o processo de determinar as origens das nossas memórias, conhecimento ou crenças (Johnson et al., 1993). Ao pesquisar sobre a memória na primeira vez que ouviu falar do filme, se você decidiu que foi a crítica que leu on-line mas na verdade ouviu falar sobre ele pela primeira vez por um amigo, você teria cometido um **erro de monitoramento da fonte** — identificação incorreta da fonte de uma memória.

Erros de monitoramento da fonte também são chamados **atribuições incorretas de fontes** porque a memória foi atribuída à fonte errada. O monitoramento da fonte fornece um exemplo da natureza construtiva da memória porque quando lembramos algo, recuperamos a memória ("Lembro que fiquei interessado em ver esse filme") e então determinamos de onde veio essa memória ("Foi aquela crítica que li on-line") (Mitchell e Johnson, 2000).

Erros de monitoramento da fonte são comuns e muitas vezes não temos conhecimento deles. Talvez tenha tido a experiência de lembrar que uma pessoa contou a você sobre algo, mas depois percebeu que tinha ouvido falar sobre isso de outra pessoa — ou a experiência de alegar que você disse algo que apenas tinha pensado ("Chegarei em casa tarde para o jantar") (Henkel, 2004). Na campanha presidencial de 1984, o presidente Ronald Reagan, concorrendo à reeleição, relatou repetidamente uma história sobre um ato heroico de um piloto dos EUA, apenas para revelar mais tarde que essa história era quase idêntica a uma cena de um filme de guerra dos anos 1940, *Uma Asa e uma Prece* (Johnson, 2006; Rogin, 1987). Aparentemente, a fonte da memória relatada pelo presidente era o filme, em vez de um evento real.

Alguns dos exemplos mais sensacionais de erros de monitoramento da fonte são casos de **criptomnésia**, plágio inconsciente do trabalho de outros. Por exemplo, o Beatle George Harrison foi processado por se apropriar da melodia da música "He's So Fine" (originalmente gravada pelo grupo dos anos 1960, os Chiffons) para sua música "My Sweet Lord". Ainda que Harrison tenha afirmado que usou a música inconscientemente, ele foi processado com sucesso pelo editor da música original. O problema de Harrison era que ele pensava que era a fonte da melodia, quando a fonte real era outra pessoa.

Um experimento feito por Larry Jacoby e colaboradores (1989) intitulado "Becoming Famous Overnight" demonstrou uma conexão entre erros de monitoramento da fonte e familiaridade, testando a capacidade dos participantes de distinguir entre nomes famosos e não famosos. Na parte de aquisição do experimento, Jacoby pediu que os participantes lessem alguns nomes não famosos inventados, como Sebastian Weissdorf e Valerie Marsh (**Figura 8.10**). Para o grupo de teste imediato, os participantes foram testados imediatamente após verem a lista de nomes não famosos. Eles foram instruídos a selecionar os nomes das pessoas famosas de uma lista contendo (1) os nomes não famosos que tinham acabado de ver, (2) novos nomes não famosos que nunca tinham visto antes e (3) nomes famosos, como Minnie Pearl (um cantor *country*) ou Roger Bannister (a primeira pessoa a correr 1 milha em 4 minutos), que muitas pessoas podem ter reconhecido em 1988, quando o experimento foi realizado. Pouco antes desse teste, os participantes foram lembrados de que todos os nomes que haviam visto na primeira parte do experimento não eram de pessoas famosas. Como o teste foi realizado logo após os participantes terem visto a primeira lista dos nomes não famosos, eles identificaram corretamente a maioria dos nomes não famosos (como Sebastian Weissdorf e Valerie Marsh) como não famosos.

O resultado interessante ocorria para os participantes no grupo de teste atrasado, que foram testados 24 horas após verem os nomes pela primeira vez e, como para o outro grupo, foram informados de que os nomes que haviam visto na primeira parte do experimento não eram de pessoas famosas. Quando testados após esse atraso, os participantes tinham mais probabilidade de identificar os nomes antigos não famosos como sendo de pessoas famosas. Portanto, esperar 24 horas antes do teste aumentou a probabilidade de que Sebastian Weissdorf fosse rotulado como famoso.

Como Sebastian Weissdorf se tornou famoso da noite para o dia? Para responder a essa pergunta, coloque-se no lugar de um dos participantes do experimento de Jacoby. Já se passaram 24 horas desde que você viu a primeira lista dos nomes não famosos, e agora você precisa decidir se Sebastian Weissdorf é ou não famoso. Como você decide? Sebastian Weissdorf

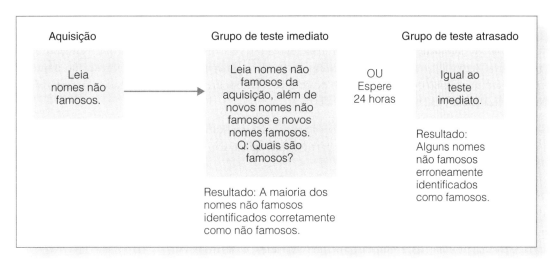

> Figura 8.10 Projeto do experimento "Becoming Famous Overnight" de Jacoby et al. (1989).

não surge como alguém que você conhece, mas o nome é familiar. Você se pergunta: "Por que esse nome é familiar?". Isso é um problema de monitoramento da fonte, porque para responder a essa pergunta você precisa determinar a fonte de sua familiaridade. Você conhece o nome Sebastian Weissdorf porque o viu 24 horas antes ou porque é o nome de uma pessoa famosa? Aparentemente, alguns dos participantes do experimento feito por Jacoby decidiram que a familiaridade era causada pela fama, assim o até então desconhecido Sebastian Weissdorf se tornou famoso!

Mais adiante neste capítulo, ao discutir algumas das questões envolvidas na determinação da precisão do depoimento de testemunhas oculares, veremos que as situações que criam uma sensação de familiaridade podem levar a erros de monitoramento da fonte, como identificar a pessoa errada como tendo estado no cena de um crime. Outra demonstração da familiaridade que resulta em erros é o *efeito da verdade ilusória*.

O efeito da verdade ilusória

A frase a seguir é verdadeira ou falsa? "Quimiossíntese é o nome do processo pelo qual as plantas produzem energia." Se você respondeu "falso", estava certo. ("Fotossíntese" é o processo real.) No entanto, uma maneira de aumentar as chances de dizer incorretamente que a afirmação sobre quimiossíntese é verdadeira é fazer com que a leia uma vez e então novamente. A maior probabilidade de avaliar uma afirmação como verdadeira após apresentação repetida chama-se **efeito da verdade ilusória** (Begg et al., 1992).

Lisa Fazio e colaboradores (2015) apresentaram declarações verdadeiras e falsas aos participantes e, em seguida, pediu que eles avaliassem se elas eram *interessantes*. Então, na segunda parte do experimento, eles pediram que os participantes indicassem se as afirmações que haviam lido anteriormente, além de algumas novas afirmações, eram verdadeiras ou falsas. Os resultados mostraram que as novas afirmações corretas foram classificadas como "verdadeiras" em 56% das vezes, mas as afirmações repetidas que estavam corretas foram classificadas como verdadeiras em 62% das vezes. Resultados semelhantes ocorreram para afirmações incorretas. A repetição aumentava a verdade percebida, mesmo que a pessoa soubesse a resposta correta. Portanto, a leitura de uma afirmação incorreta como "Sári é o nome da saia preguedada curta usada pelos escoceses" aumentava a convicção posterior dos participantes de que era verdadeira, mesmo que eles pudessem responder corretamente à pergunta "Qual é o nome da saia preguedada curta usada pelos escoceses?" (Resposta: um *kilt*.)

Por que a repetição aumenta a veracidade percebida? Uma resposta proposta por Fazio é que a **fluência** — a facilidade com que uma afirmação pode ser lembrada — influencia os julgamentos das pessoas. Isso é semelhante à ideia de que a *familiaridade* fez Sebastian Weissdorf ser percebido como famoso no experimento de Jacoby. Portanto, o conhecimento armazenado na memória é importante (os participantes de Fazio eram mais propensos a classificar afirmações verdadeiras como verdadeiras), mas a fluência ou familiaridade também podem afetar os julgamentos. O efeito da verdade ilusória está relacionado ao efeito da publicidade discutido no Capítulo 6, porque ambos são causados pela repetição.

Como o conhecimento do mundo real afeta a memória

Os efeitos de criar familiaridade no monitoramento da fonte ilustram como fatores além do que realmente aconteceu podem afetar a memória. Agora descreveremos mais exemplos, focalizando como nosso conhecimento do mundo pode afetar a memória. Um estudo clássico que ilustra o efeito do conhecimento sobre a memória foi realizado antes da Primeira Guerra Mundial e publicado em 1932 por Frederick Bartlett.

O experimento "Guerra dos Fantasmas" de Bartlett   Neste estudo clássico, que foi um dos primeiros a sugerir que a memória era construtiva, Bartlett solicitou aos participantes que lessem o seguinte conto do folclore indígena canadense.

A guerra dos fantasmas

Uma noite, dois jovens de Egulac desceram ao rio para caçar focas e, enquanto eles estavam lá, o rio ficou nublado e calmo. Então eles ouviram gritos de guerra, e pensaram: "Talvez seja uma festa de guerreiros." Eles escaparam para a costa e esconderam-se atrás de um tronco. Agora as canoas subiam, e eles ouviam o barulho dos remos e viam uma canoa aproximando-se deles. Havia cinco homens na canoa, e eles disseram:

"O que você acha? Queremos levá-los conosco. Vamos subir o rio para guerrear contra o povo."

Um dos jovens disse: "Não tenho flechas". "As flechas estão na canoa", disseram eles. "Eu não vou com vocês. Eu posso ser morto. Meus parentes não sabem onde estou. Porém vocês", disse ele, virando-se para o outro, "podem ir com eles".

Então um dos rapazes foi, mas o outro voltou para casa. E os guerreiros continuaram rio acima até uma cidade do outro lado de Kalama. As pessoas desceram até o rio e começaram a lutar, e muitos foram mortos. No entanto, logo o jovem ouviu um dos guerreiros dizer: "Rápido, vamos para casa; aquele índio foi atingido." Agora ele pensava: "Oh, eles são fantasmas." Ele não se sentiu mal, mas disseram que ele havia levado um tiro.

Assim as canoas voltaram a Egulac, e o jovem desembarcou em sua casa e acendeu uma fogueira. E ele contou a todo mundo e disse: "Eis que acompanhei os fantasmas, e lutamos. Muitos de nossos companheiros foram mortos e muitos dos que nos atacaram foram mortos. Disseram que fui atingido, e não me senti mal".

Ele contou tudo e então ficou quieto. Quando o sol nasceu, ele caiu. Algo preto saiu de sua boca. Seu rosto se contorceu. As pessoas pulavam e choravam. Ele estava morto. (Bartlett, 1932, p. 65)

Depois que os participantes leram esse conto, Bartlett pediu que eles o recordassem com a maior precisão possível. Ele então usou a técnica da **reprodução repetida**, na qual os participantes tentavam lembrar o conto em intervalos cada vez maiores depois de o terem lido pela primeira vez. Isso é semelhante à técnica da recordação repetida usada nos experimentos de memória em flash (ver Método: recordação repetida, p. 219).

Uma razão pela qual o experimento de Bartlett é considerado importante é porque ele foi um dos primeiros a usar a técnica da reprodução repetida. Contudo, a principal razão pela qual o experimento da "Guerra dos Fantasmas" é considerado importante é a natureza dos erros que os participantes de Bartlett cometeram. Mais tarde, após a leitura do conto, as reproduções da maioria dos participantes eram mais curtas do que a inicial e continham muitas omissões e imprecisões. No entanto, o que foi mais significativo sobre os contos lembrados é que eles tendiam a refletir a própria cultura do participante. O conto original, que veio do folclore canadense, foi transformado por muitos dos participantes de Bartlett para torná-lo mais consistente com a cultura da Inglaterra eduardiana, à qual pertenciam. Por exemplo, um participante lembrou os dois homens que estavam caçando focas como envolvidos em uma expedição à vela, as "canoas" como "barcos" e o homem que se juntou ao grupo de guerreiros como um lutador do qual qualquer bom inglês se orgulharia — ignorando suas feridas, ele continuou lutando e conquistou a admiração dos nativos.

Uma maneira de pensar sobre o que aconteceu no experimento de Bartlett é que os participantes criaram suas memórias a partir de duas fontes. Uma fonte era o conto original e a outra era o que eles conheciam sobre contos semelhantes em sua própria cultura. Com o passar do tempo, os participantes usaram informações de ambas as fontes, de modo que suas reproduções se tornaram mais parecidas com o que acontecia na Inglaterra eduardiana. Essa ideia de que as memórias podem consistir em detalhes de várias fontes está relacionada ao monitoramento da fonte, discutido anteriormente.

Fazendo inferências   Os relatos sobre a memória podem ser influenciados por inferências que as pessoas fazem com base em suas experiências e conhecimento. Nesta seção, vamos considerar essa ideia em mais detalhes. Porém, primeiro, faça esta demonstração.

CAPÍTULO 8 Memória do dia a dia e erros de memória

DEMONSTRAÇÃO Lendo sentenças

Para essa demonstração, leia as frases a seguir, fazendo uma pausa por alguns segundos após cada uma.

1. O boneco de neve das crianças desapareceu quando a temperatura atingiu 27 graus.
2. A prateleira frágil enfraqueceu com o peso dos livros.
3. O professor distraído não tinha as chaves do carro.
4. O campeão de caratê golpeou o bloco de concreto.
5. O novo bebê ficou acordado a noite toda.

Agora que você leu as sentenças, vá para *Demonstração: lendo sentenças (continuação)* na p. 240 e siga as instruções.

Como suas respostas do exercício de preencher os espaços em branco na p. 240 comparam-se às palavras que você leu inicialmente na demonstração? William Brewer (1977) e Kathleen McDermott e Jason Chan (2006) apresentaram aos participantes uma tarefa semelhante, envolvendo muito mais frases do que você leu, e descobriram que erros ocorriam em cerca de um terço das frases. Para as frases acima, os erros mais comuns foram: (1) *desaparecido* tornou-se *derretido*; (2) *enfraquecido* tornou-se *colapsado*; (3) *não tinha* tornou-se *perdido*; (4) golpeado tornou-se *quebrado* ou *estraçalhado*; e (5) *ficou acordado* tornou-se *chorou*.

Essas alterações nas palavras ilustram um processo chamado **inferência pragmática**, que ocorre quando a leitura de uma frase leva uma pessoa a esperar algo que não está explicitamente declarado ou implícito pela frase (Brewer, 1977). Essas inferências são baseadas no conhecimento obtido por meio da experiência. Assim, embora ler que um bebê ficou acordado a noite toda não inclua nenhuma informação sobre chorar, o conhecimento sobre bebês pode levar a pessoa a inferir que o bebê estivesse chorando (Chan e McDermott, 2006).

Eis o cenário usado em outro experimento de memória, que foi projetado especificamente para extrair inferências com base nas experiências anteriores dos participantes (Freedman e Freedman, 1984):

Em um jogo de beisebol, o placar está empatado em 1 a 1. A equipe da casa tem corredores na primeira e terceira bases, com um eliminado. Uma bola no chão é rebatida para o shortstop. O shortstop lança para a segunda base, tentando um jogo duplo. O corredor que estava na terceira base marca, assim agora é 2–1 a favor do time da casa.

Depois de ouvir uma história semelhante a essa, os participantes foram solicitados a indicar se a frase "O rebatedor estava seguro no início" fazia parte do trecho. Analisando a história, podemos ver que essa frase nunca foi apresentada, e a maioria dos participantes que não conheciam muito sobre beisebol respondeu corretamente. No entanto, os participantes que conheciam as regras do beisebol eram mais propensos a dizer que a frase havia sido apresentada. Eles baseavam esse julgamento no conhecimento de que, se o corredor na terceira base havia marcado, então a jogada dupla deve ter falhado, o que significa que o rebatedor chegou com segurança à primeira base. Conhecimento, nesse exemplo, resultou em uma inferência correta sobre o que provavelmente aconteceu na partida, mas uma inferência incorreta sobre a frase que foi apresentada no trecho.

Esquemas e roteiros Os exemplos anteriores ilustram como os relatórios da memória das pessoas podem ser influenciados pelo conhecimento. Um **esquema** é o conhecimento de uma pessoa sobre algum aspecto do ambiente. Por exemplo, o esquema do banco de uma pessoa pode incluir como os bancos se parecem de fora, a fileira de caixas dentro do banco e os serviços que este oferece. Desenvolvemos esquemas por meio de nossas experiências em diferentes situações, como fazer um depósito no banco, ir a um jogo de futebol ou ouvir palestras em uma sala de aula.

Em um experimento que estudou como a memória é influenciada pelos esquemas das pessoas, aquelas que chegaram a participar de um experimento de psicologia foram convidadas a esperar em um escritório (**Figura 8.11**) enquanto o pesquisador marcava "para se certificar de que o participante da hora anterior havia concluído o experimento". Após 35 segundos, os participantes eram chamados a outra sala e informados de que o objetivo do experimento era testar a memória em relação ao escritório e que a tarefa era anotar o que tinham visto enquanto estavam sentados no escritório (Brewer e Treyens, 1981). Os participantes responderam anotando muitas das coisas que lembravam ter visto, mas também incluíram algumas coisas que não estavam lá, mas que se encaixam em "esquema de escritório". Por exemplo, embora não houvesse livros no escritório, 30% dos participantes relataram ter visto livros. Assim, as informações nos esquemas podem fornecer um guia para fazer inferências sobre o que lembramos. Nesse exemplo particular, a inferência acabou por estar errada.

Outros exemplos de como esquemas podem levar a decisões errôneas em experimentos de memória envolveram um tipo de esquema denominado roteiro. Um **roteiro** é nossa concepção da *sequência de ações* que geralmente ocorre durante uma

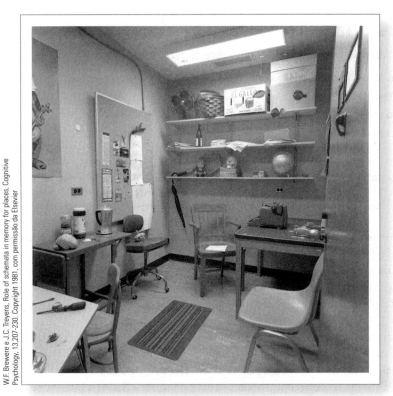

▶ **Figura 8.11** Escritório onde os participantes do experimento de Brewer e Treyens (1981) esperaram antes de serem testados quanto às memórias para o que estava presente no escritório.

experiência particular. Por exemplo, o roteiro da sua cafeteria pode ser esperar na fila, pedir uma bebida e um bolo para o barista, receber o bolo, pagar e esperar perto do ponto de "coleta" por sua bebida.

Roteiros podem influenciar nossa memória criando expectativas sobre o que geralmente acontece em uma situação específica. Para testar a influência dos roteiros, Gordon Bower e colaboradores (1979) fizeram um experimento no qual os participantes eram solicitados a lembrar de trechos curtos como o seguinte.

O dentista

Bill teve uma forte dor de dente. Parecia uma eternidade antes de ele finalmente chegar ao consultório do dentista. Bill olhou em volta para os vários pôsteres dentários na parede. Por fim, o higienista dental verificou e radiografou os dentes. Ele se perguntou o que o dentista estava fazendo. O dentista disse que Bill tinha muitas cáries. Assim que marcou outra consulta, ele saiu do consultório do dentista (Bower et al., 1979, p. 190).

Os participantes liam alguns trechos como esse, todos sobre atividades familiares, como ir ao dentista, nadar ou ir a uma festa. Após um período de atraso, os participantes recebiam os títulos das histórias que leram e eram orientados a escrever o que lembravam de cada história com a maior precisão possível. Os participantes criavam histórias que incluíam muito material que se correlacionava com as histórias originais, mas também incluíam material que não foi apresentado na história original, mas era parte do roteiro da atividade descrita. Por exemplo, para a história do dentista, alguns participantes relatavam ter lido que "Bill foi falar com a recepcionista do dentista". Essa afirmação faz parte do roteiro da "ida ao dentista" da maioria das pessoas, mas não foi incluída na história original. Assim, o conhecimento do roteiro do dentista fez com que os participantes acrescentassem informações que não foram apresentadas inicialmente. Outro exemplo da conexão entre conhecimento e memória é fornecido pela demonstração a seguir.

DEMONSTRAÇÃO Memória para uma lista

Leia a lista a seguir a uma taxa de cerca de um item por segundo; em seguida, oculte a lista e escreva o maior número de palavras possível. Para que essa demonstração funcione, é importante ocultar as palavras e anotar aquelas que você lembra antes da leitura após a demonstração.

cama, descanso, acordado, cansado, sonho
acordar, noite, cobertor, cochilar, letargia
ronco, travesseiro, sossego, bocejo, sono

Lembranças e reconhecimento falsos A demonstração que você acabou de fazer baseava-se em experimentos de James Deese (1959) e Henry Roediger e Kathleen Parker (1995), que foram projetados para ilustrar a falsa recordação de itens que não tinham sido apresentados. A sua lista de palavras lembradas inclui alguma palavra que não está na lista anterior? Quando apresento essa lista para meus alunos, sempre há um número significativo deles que relatam que lembram a palavra "dormir". Lembrar-se de dormir é uma memória falsa porque não está na lista. Essa memória falsa ocorre porque as pessoas associam dormir com outras palavras na lista. Isso é semelhante ao efeito dos esquemas, nos quais as pessoas criam memórias falsas para móveis de escritório que não estão presentes porque associam esses móveis ao que normalmente é encontrado em escritórios. Mais uma vez, os processos construtivos criaram um erro na memória.

O mais importante a tirar de todos esses exemplos é que as memórias falsas surgem do mesmo processo construtivo que produz as memórias verdadeiras. Assim, a construção pode causar erros de memória, ao mesmo tempo que fornece a criatividade que permite fazer coisas como entender a linguagem, resolver problemas e tomar decisões. Essa criatividade também ajuda a "preencher os espaços em branco" quando há informações incompletas. Por exemplo, quando uma pessoa diz "fomos ao jogo", você tem uma ideia muito boa de várias coisas que aconteceram além do jogo (cachorro-quente ou outra comida de estádio provavelmente estava envolvida, por exemplo) com base na sua experiência de ir a um jogo de bola.

Como é ter uma memória "excepcional"?

"OK", você pode dizer, "o processo de construção pode ajudar a fazer muitas coisas úteis, mas certamente parece causar problemas quando aplicado à memória. Não seria ótimo ter uma memória tão excepcional que a construção não seria necessária?".

Acontece que algumas pessoas têm uma memória tão boa que cometem poucos erros. Uma dessas pessoas era o especialista russo em memória Shereshevskii (S.), cuja memória excepcional permitiu que ele ganhasse a vida demonstrando seus poderes de memória no palco. Depois de estudar extensivamente S., a psicóloga russa Alexandria Luria (1968) concluiu que a memória de S. era "praticamente ilimitada" (embora Wilding e Valentine, 1997, tenham apontado que S. às vezes cometia erros). No entanto, Luria também relatou alguns problemas: Quando S. realizou um feito de memória, ele teve dificuldade de esquecer o que acabara de lembrar. Sua mente era como um quadro-negro em que tudo o que acontecia estava escrito e não poderia ser apagado. Muitas coisas passam por nossas mentes brevemente e então não precisamos delas novamente; infelizmente para S. essas coisas permaneceram lá mesmo quando ele quis que desaparecessem. Ele também não era bom em raciocínios que envolviam fazer inferências ou "preencher os espaços em branco" com base em informações parciais. Fazemos isso com tanta frequência que consideramos normal, mas a habilidade de S. de registrar grandes quantidades de informações, e a incapacidade de apagá-las, pode ter prejudicado sua capacidade para fazer isso.

Recentemente, novos casos de memória impressionante foram relatados; eles são descritos como casos de **memória autobiográfica altamente superior** (LePort et al., 2012). Um, uma mulher que chamaremos A. J., enviou o seguinte e-mail para o pesquisador de memória da UCLA, James McGaugh:

> Tenho 34 anos e desde os 11 tenho essa incrível capacidade de relembrar meu passado... Posso selecionar uma data entre 1974 e hoje e dizer em que dia cai, o que eu estava fazendo naquele dia e se algo de grande importância... ocorreu nesse dia, posso descrever isso para você também... Sempre que vejo uma data piscando na televisão (ou em qualquer outro lugar), eu automaticamente volto àquele dia e me lembro onde estava, o que estava fazendo, em que dia caiu... continuamente. É ininterrupto, incontrolável e totalmente desgastante... Eu vivo minha vida inteira na minha cabeça todos os dias e isso me deixa louca!!! (Parker et al., 2006).

A. J. descreve suas memórias como acontecendo de modo automático e sem seu controle consciente. Ao receber uma data, ela iria, em segundos, relatar experiências pessoais e também eventos especiais que ocorreram naquele dia, e essas lembranças provaram ser precisas quando comparadas a um diário de eventos diários que A. J. vinha mantendo por 24 anos (Parker et al., 2006).

A excelente memória de A. J. para experiências pessoais diferia da de S. no sentido de que o conteúdo que ela não conseguia apagar não era números ou nomes de apresentações da memória, mas os detalhes de sua vida pessoal. Isso era positivo (relembrar eventos felizes) e negativo (relembrar eventos infelizes ou perturbadores). Contudo, essa memória era útil para ela em outras áreas além de lembrar eventos da vida? Aparentemente, não conseguia aplicar seus poderes para ajudá-la a lembrar do material para os exames, já que era uma aluna típica. E os testes revelaram que o desempenho dela em testes que envolviam organizar o material era ruim, pensar de modo abstrato e trabalhar com conceitos — habilidades que são importantes para pensar criativamente. Após a descoberta de A. J., um estudo com dez participantes adicionais confirmou os incríveis poderes dela de recordação da memória autobiográfica, mas eles também tiveram desempenho semelhante ao dos participantes de controle normais na maioria dos testes de memória de laboratório padrão. Sua habilidade, portanto, parece ser especializada em lembrar memórias autobiográficas (LaPort et al., 2012).

O que os casos de S. e A. J. ilustram é que não é necessariamente uma vantagem poder lembrar tudo; na verdade, os mecanismos que resultam em poderes superiores da memória podem trabalhar contra os processos construtivos que são uma característica importante não apenas da memória, mas de nossa capacidade de pensar criativamente. Além disso, armazenar tudo o que é experimentado é uma forma ineficiente de um sistema funcionar porque armazenamento excessivo pode sobrecarregar o sistema. Para evitar essa "sobrecarga", nosso sistema de memória é projetado para lembrar seletivamente coisas que são particularmente importantes para nós ou que ocorrem com frequência em nosso ambiente (Anderson e Schooler, 1991).

Ainda que o sistema resultante não registre tudo o que experimentamos, ele funcionou bem o suficiente para permitir que os humanos sobrevivessem como espécie.

> ### TESTE VOCÊ MESMO 8.2
>
> 6. Os erros de monitoramento da fonte fornecem um exemplo da natureza construtiva da memória. Descreva o que são erros de monitoramento da fonte e por que eles são considerados "construtivos".
> 7. Descreva o experimento "Becoming Famous Overnight". O que esse experimento sugere sobre uma das causas dos erros de monitoramento da fonte?
> 8. Descreva o efeito da verdade ilusória. Por que ele ocorre?
> 9. Descreva os seguintes exemplos de como os erros de memória podem ocorrer devido ao conhecimento do mundo de uma pessoa: (1) o experimento "Guerra dos Fantasmas" de Bartlett; (2) fazer inferências (inferência pragmática; experimento com beisebol); (3) esquemas e roteiros (experimento de escritório; experimento de dentista); (4) recordação e reconhecimento falsos (experimento de "sono").
> 10. Quais são as evidências de estudos de casos clínicos de que a "supermemória" pode ter algumas desvantagens? Quais são algumas das vantagens da memória construtiva?

▶ O efeito da desinformação

Vimos que nosso sistema de memória está sujeito a erros por vários motivos. Esta seção continua esse tema, à medida que analisamos o **efeito da desinformação** — informações enganosas apresentadas após uma pessoa testemunhar um evento podem mudar como ela descreve o evento mais tarde. Essas informações enganosas são chamadas **informações enganosas pós-eventos (IEP)**.

> ### MÉTODO Apresentação de informações enganosas pós-evento
>
> O procedimento usual em um experimento em que IEP são apresentadas é primeiro exibir o estímulo a ser lembrado. Por exemplo, esse estímulo pode ser uma lista de palavras ou um filme de um evento. As IEP são então apresentadas a um grupo de participantes antes de testar a memória deles e não são apresentadas a um grupo de controle. IEP são frequentemente apresentadas de uma maneira que parece natural, então não ocorre aos participantes que eles estão sendo enganados. No entanto, mesmo quando os participantes são informados de que as informações pós-evento podem estar incorretas, apresentar essas informações ainda pode afetar os relatórios de memória deles. O efeito das IEP é determinado comparando os relatos sobre memória dos participantes que receberam essas informações enganosas com os relatos sobre memória dos participantes que não as receberam.

Um experimento feito por Elizabeth Loftus e colaboradores (1978) ilustra um procedimento IEP típico. Os participantes viam uma série de slides em que um carro para em um semáforo, para e depois vira à esquerda e atropela um pedestre. Alguns dos participantes respondiam a algumas perguntas, incluindo as como: "Outro carro ultrapassou o Ford vermelho enquanto ele estava parado no sinal para parar?". Para outro grupo de participantes (o grupo IEP), as palavras "sinal dê preferência" substituíram o "sinal de parar" na pergunta. Os participantes viam as fotos da apresentação de slides e algumas fotos que eles nunca tinham visto. Aqueles no grupo IEP tinham mais probabilidade de afirmar que tinham visto a foto do carro parado no sinal dê preferência (que, na verdade, eles nunca tinham visto) do que os participantes que não haviam sido expostos a IEP. Essa alternância da memória causada pela IEP demonstra o efeito da desinformação.

A apresentação da IEP pode alterar não apenas o que os participantes relatam que viram, mas suas conclusões sobre outras características da situação. Por exemplo, Loftus e Steven Palmer (1974) mostraram aos participantes filmes de um acidente automobilístico (Figura 8.12) e então perguntaram (1) "Qual era a velocidade dos carros quando colidiram?" ou (2) "Qual era a velocidade dos carros quando bateram?". Mesmo que os dois grupos tenham visto o mesmo evento, a velocidade média estimada pelos participantes que ouviram a palavra "colidiram" era de 10 quilômetros por hora, enquanto as estimativas dos participantes que ouviram "bateram" eram em média 54 quilômetros por hora. Ainda mais interessante para o estudo da memória são as respostas dos participantes à pergunta "Você viu algum vidro quebrado?" que Loftus perguntou uma semana depois de terem visto o filme. Ainda que não houvesse vidro quebrado no filme, 32% dos participantes que ouviram

> Figura 8.12 Os participantes do experimento de Loftus e Palmer (1974) viram um filme de um acidente de carro, com cenas semelhantes à imagem mostrada aqui, e foram então perguntados sobre o acidente.

"colidiram" antes de estimar a velocidade relataram ter visto vidro quebrado, enquanto apenas 14% dos participantes que ouviram "bateram" relataram ter visto vidro quebrado (ver Loftus, 1993a, 1998).

Uma explicação para o efeito da desinformação baseia-se na ideia de monitoramento da fonte. Do ponto de vista do monitoramento da fonte, uma pessoa conclui incorretamente que a fonte da memória para o evento incorreto (sinal dê preferência) era a apresentação de slides, embora a fonte real fosse a afirmação do pesquisador após a apresentação de slides.

O experimento a seguir de Stephen Lindsay (1990) investigou o monitoramento da fonte e a IEP perguntando se os participantes expostos a IEP realmente acreditam que viram algo que foi apenas sugerido a eles. Os participantes do experimento feito por Lindsay primeiro viam uma sequência de slides mostrando um técnico de manutenção roubando dinheiro e um computador (Figura 8.13). Essa apresentação de slides foi narrada por uma mulher, que simplesmente descrevia o que estava acontecendo enquanto os slides eram exibidos. Os participantes foram então divididos em dois grupos.

Os participantes da *situação difícil* ouviram uma narrativa enganosa logo após ver a apresentação dos slides. Essa narrativa foi lida pela mesma mulher que havia descrito a apresentação de slides. Por exemplo, quando os participantes assistiam à apresentação de slides, eles viam o café Folgers, mas a narrativa enganosa informava que o café era Maxwell House. Dois dias mais tarde, os participantes voltaram ao laboratório para um teste de memória na apresentação de slides. Pouco antes do teste, eles foram informados de que havia erros na história da narrativa que ouviram logo após a apresentação de slides e que deveriam ignorar as informações na história ao fazer o teste de memória.

Os participantes da *situação fácil* também ouviram a história enganosa, mas foi adiada por dois dias após a apresentação dos slides, sendo apresentada pouco antes de fazerem o teste de memória. Além disso, a história foi lida por um homem. Assim como no grupo da situação difícil, esses participantes também foram instruídos a ignorar as informações apresentadas na narrativa enganosa.

O procedimento para a situação difícil facilitava a confusão entre a narrativa enganosa e a apresentação de slides narrada, porque ocorreram uma após a outra e foram ambas lidas pela mulher. Os resultados indicaram que 27% das respostas dos participantes na situação difícil correspondiam às informações incorretas apresentadas na narrativa enganosa. No entanto, na situação fácil, foi fácil distinguir entre a narrativa enganosa e a apresentação de slides porque ocorreram com dois dias de intervalo e foram lidos por diferentes narradores. Apenas 13% das respostas dos participantes na situação fácil correspondiam à narrativa enganosa. Os erros de monitoramento da fonte (incluindo informações da narrativa enganosa) eram, portanto, maiores na situação em que era mais difícil afirmar a diferença entre as informações exibidas na apresentação de slides e a narrativa enganosa.

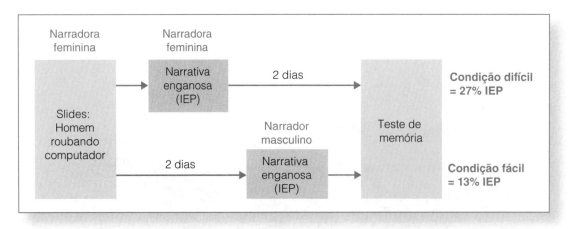

> Figura 8.13 Projeto experimental e resultados para o experimento feito por Lindsay e colaboradores (1990).

Os experimentos que acabamos de descrever mostram que a sugestão de um pesquisador pode influenciar os relatórios de memória das pessoas sobre eventos recém-apresentados (filme de Loftus sobre "acidente de carro"; apresentação de slides de Loftus sobre um roubo). Contudo, algumas das demonstrações mais impressionantes do efeito da sugestão do pesquisador são situações em que a sugestão faz com que as pessoas "lembrem" eventos que ocorreram no início de suas vidas, mesmo que estes nunca tenham acontecido.

▶ Criando memórias para eventos na vida das pessoas

Vários experimentos demonstraram como a sugestão pode influenciar a memória de eventos da infância.

Criando memórias da infância

Imagine que uma pessoa está em um experimento em que é informada sobre eventos que aconteceram em sua infância. O pesquisador fornece breves descrições dos eventos que aconteceram para a pessoa há muito tempo e pede a ela que detalhe cada evento. Não surpreende que a pessoa reconheça os eventos porque as descrições foram fornecidas aos pesquisadores pelos pais da pessoa. A pessoa, portanto, é capaz de descrever o que lembra sobre o evento e, às vezes, também fornecer detalhes adicionais.

No entanto, de repente, a pessoa fica desconsertada porque o pesquisador descreveu um evento que ela não lembra. Por exemplo, eis uma conversa que ocorreu em um experimento feito por Ira Hyman Jr. e colaboradores (1995), em que um evento fictício — que nunca aconteceu — foi apresentado pelo pesquisador (E) ao participante (P):

E: Aos 6 anos, você compareceu a uma recepção de casamento e, enquanto corria com outras crianças, deparou-se com uma mesa e virou um recipiente de ponche sobre um dos pais da noiva.

P: Não faço ideia. Nunca ouvi isso antes. 6 anos?

E: Uh-huh.

P: Nenhuma sugestão.

E: Você pode pensar em algum detalhe?

P: Seis anos de idade; estaríamos em Spokane, hum, absolutamente não.

E: OK.

Contudo, em uma segunda entrevista que ocorreu dois dias depois, o participante respondeu como a seguir:

E: O próximo foi quando você tinha 6 anos e estava participando de um casamento.

P: O casamento foi do meu melhor amigo em Spokane, T____. Seu irmão, o mais velho, estava se casando, e foi aqui em P____, Washington, porque é de onde sua família era, e era no verão ou na primavera porque estava muito quente lá fora, e estava exatamente na água. Foi um casamento ao ar livre, e acho que estávamos correndo e derrubando algo como o recipiente de ponche ou algo assim e, hum, criou uma grande bagunça e é claro que gritaram por causa disso.

E: Você se lembra de mais alguma coisa?

P: Não.

E: OK.

O mais interessante sobre a resposta desse participante é que ele não lembrou o casamento na primeira vez, mas lembrou na segunda vez. Aparentemente, ouvir sobre o evento e depois esperar fez com que o evento emergisse como uma falsa memória. Isso pode ser explicado pela familiaridade. Quando perguntado sobre o casamento pela segunda vez, a familiaridade do participante em relação ao casamento desde a primeira exposição levou-o a aceitar o casamento como tendo realmente acontecido.

Em outro experimento sobre memória na infância, Kimberley Wade e colaboradores (2002) exibiram aos participantes fotografias obtidas de familiares que mostravam o participante envolvido em vários eventos, como festas de aniversário ou férias quando tinham 4 a 8 anos de idade. Eles também viam uma fotografia criada no Photoshop que os mostrava em um evento que nunca aconteceu — um passeio de balão de ar quente (Figura 8.14). A foto foi mostrada a eles e solicitados a descrever o que lembravam sobre o evento. Se não conseguissem lembrar o evento, eles deveriam fechar os olhos e se imaginar participando dele.

Os participantes lembravam facilmente os eventos reais, mas inicialmente não se lembravam de ter feito o passeio de balão de ar quente. Depois de imaginar o evento em suas mentes e de perguntas adicionais, no entanto, 35% dos participantes "lembravam-se" do passeio de balão, e depois de mais duas entrevistas, 50% dos participantes descreveram essa experiência do passeio de balão. Esse resultado é semelhante ao experimento descrito anteriormente em que os participantes foram informados de que haviam virado um recipiente de ponche em uma recepção de casamento. Esses estudos, e muitos outros, mostraram que as pessoas podem ser levadas a acreditar que experimentaram algo na infância que nunca realmente aconteceu (ver Nash et al., 2017; Scorbia et al., 2017).

Implicações legais de pesquisas sobre falsas memórias

Na década de 1990, alguns ensaios amplamente divulgados relataram que mulheres que estavam sendo tratadas por terapeutas experimentavam um retorno do que foi chamado **memória da infância reprimida** — memórias que foram extintas da consciência da pessoa. A hipótese proposta por alguns terapeutas é que essa memória reprimida da infância pode causar problemas psicológicos e que a maneira de tratar o problema do paciente é fazer com que recupere a memória reprimida. Isso foi realizado usando várias técnicas — hipnose, imagens guiadas, sugestão forte — projetadas para "trazer a memória de volta."

Um desses casos envolveu Holly, de 19 anos, que durante a terapia para um transtorno alimentar recebeu uma sugestão do terapeuta de que seu transtorno pode ter sido causado por abuso sexual. Depois de outras sessões de terapia, que incluíram sugestões adicionais do terapeuta, Holly se convenceu de que o pai dela a havia estuprado repetidamente quando ela era criança. As acusações de Holly fizeram com que seu pai perdesse o emprego de executivo de $ 400 mil por ano, a reputação, os amigos e o contato com as três filhas.

Romona processou os terapeutas de Holly por má prática, acusando-os de implantar memórias na mente da filha. No julgamento, Elizabeth Loftus e outros psicólogos cognitivos descreveram pesquisas sobre o efeito da desinformação e

➤ Figura 8.14 Como o estímulo para o experimento de Wade e colaboradores (2002) com balão de ar quente foi criado. A imagem à esquerda foi editada no Photoshop para o balão a fim de que parecesse que a criança e o pai foram passear de balão.

implantação de memórias falsas para demonstrar como a sugestão pode criar memórias falsas para eventos antigos que nunca realmente aconteceram (Loftus, 1993b). Romona venceu o processo de $ 500 mil contra os terapeutas. Como resultado desse caso, que destacou como a memória pode ser influenciada por sugestões, várias condenações criminais baseadas em evidências de "memória recuperada" foram revertidas.

As questões levantadas por casos como o de Gary Romona são complicadas e perturbadoras. O abuso sexual infantil é um problema sério, que não deve ser minimizado. No entanto, também é importante ter certeza de que as acusações são baseadas em informações precisas. De acordo com um artigo da American Psychological Association (APA), "Working Group on Investigation of Memories of Childhood Abuse", (1) a maioria das pessoas que sofreram abuso sexual quando crianças lembram-se de tudo ou de parte do que aconteceu; (2) é possível que memórias de abuso que foram esquecidas por muito tempo sejam lembradas; e (3) também é possível construir pseudomemórias convincentes para eventos que nunca ocorreram. O que é necessário, sugere a APA e outros pesquisadores, é instruir terapeutas e pessoas no sistema de justiça criminal sobre os resultados dessas pesquisas e fazer com estejam cientes da relação, às vezes tênue, entre o que é lembrado e o que realmente aconteceu (Howe, 2013; Lindsay e Hyman, 2017; Nash et al., 2017).

▶ Por que as pessoas erram na identificação como uma testemunha ocular?

Continuando nosso tema de como pesquisas sobre a memória cruzam-se com o sistema de justiça criminal, agora consideramos a questão do **testemunho ocular** — o depoimento de alguém que testemunhou um crime. O depoimento de testemunhas oculares é, aos olhos dos membros do júri, uma fonte de evidências extremamente importante, porque é fornecido por pessoas que estavam presentes na cena do crime e que supõe-se que estejam fazendo o melhor possível para relatar com precisão o que viram.

A aceitação do depoimento de uma testemunha ocular baseia-se em duas suposições: (1) a testemunha ocular foi capaz de ver claramente o que aconteceu; e (2) a testemunha ocular conseguiu lembrar suas observações e convertê-las em uma descrição precisa do criminoso e do que aconteceu. A pergunta então é, qual é a precisão das descrições e caracterizações feitas pelas testemunhas? Qual você acha que é a resposta a essa pergunta, com base no que sabe sobre percepção, atenção e memória? A resposta é que as descrições feitas por testemunhas muitas vezes não são muito precisas, a menos que sejam realizadas em situações ideais. Infelizmente, "situações ideais" nem sempre ocorrem, e há muitas evidências de que várias pessoas inocentes foram condenadas com base na identificação errônea feita por uma testemunha ocular.

Erros de identificação de testemunhas oculares

Nos Estados Unidos, 300 pessoas por dia tornam-se réus criminais com base em depoimentos de testemunhas oculares (Goldstein et al., 1989). Infelizmente, há muitos casos em que erros de depoimentos de testemunhas oculares resultaram na condenação de pessoas inocentes. Em 2014, o uso de evidências de DNA inocentou 349 pessoas nos Estados Unidos que haviam sido condenadas injustamente por crimes e cumpriram em média 13 anos de prisão (Innocence Project, 2012; Time Special Edition, 2017). Setenta e cinco por cento dessas convicções envolveram depoimentos de testemunhas oculares (Quinlivan et al., 2010; Scheck et al., 2000).

Para dar uma face humana ao problema das condenações injustas devido ao testemunho falho de uma testemunha ocular, considere o caso de David Webb, que foi condenado a até 50 anos de prisão por estupro, tentativa de estupro e tentativa de roubo com base no depoimento de uma testemunha ocular. Depois de cumprir dez meses, ele foi solto depois que outro homem confessou os crimes. Charles Clark foi preso por assassinato em 1938 com base no depoimento de uma testemunha ocular que, 30 anos depois, foi considerado incorreto. Ele foi solto em 1968 (Loftus, 1979). Ronald Cotton foi condenado por estuprar Jennifer Thompson em 1984 com base no testemunho dela de que estava extremamente certa de que ele era o homem que a havia a estuprado. Mesmo depois que Cotton foi inocentado por evidências de DNA que implicavam outro homem, Thompson ainda "lembrava-se" de Cotton como sendo o agressor. Cotton foi solto após cumprir dez anos (Wells e Quinlivan, 2009).

O que é perturbador sobre esses exemplos não é apenas que ocorreram, mas que sugerem que muitas outras pessoas inocentes estão atualmente cumprindo pena por crimes que não cometeram. Muitos desses erros judiciais e outros, alguns dos quais sem dúvida nunca serão descobertos, baseiam-se na suposição, feita por júri e juízes, de que as pessoas veem e relatam as coisas com precisão.

Essa suposição sobre a veracidade do testemunho baseia-se na concepção popular de que a memória funciona como uma câmera ou gravador de vídeo, como demonstrado pelos resultados da pesquisa nacional descrita no início deste capítulo (p. 212). Os jurados levam esses equívocos sobre a precisão da memória ao tribunal, e muitos juízes e policiais também compartilham esses equívocos sobre a memória (Benton et al., 2006; Howe, 2013). Portanto, o primeiro problema é que os jurados não entendem os fatos básicos sobre a memória. Outro problema é que as observações nas quais as testemunhas baseiam seus depoimentos costumam ser feitas em condições nada ideais que ocorrem na cena do crime e, posteriormente, quando estão conversando com a polícia. Agora vamos considerar outras situações que podem criar erros.

Erros associados a percepção e atenção

Os relatórios das testemunhas serão, é claro, imprecisos se a testemunha não perceber o que aconteceu em primeiro lugar. Há amplas evidências de que as identificações são difíceis, mesmo quando os participantes de experimentos de laboratório foram instruídos a prestar muita atenção ao que está acontecendo. Alguns experimentos apresentavam aos participantes filmes de crimes reais ou encenados e, em seguida, solicitavam que escolhessem o criminoso em um painel com fotos (fotografias de várias faces, uma das quais poderia ser o criminoso). Em um estudo, os participantes assistiam a uma fita de vídeo de segurança em que um atirador estava visível por 8 segundos e então foram solicitados a escolher o pistoleiro nas fotos. Cada participante selecionava alguém que achava ser o pistoleiro, mesmo que a foto dele não estivesse incluída no painel de fotos (Wells e Bradfield, 1998; ver também Kneller et al., 2001).

Estudos como esse mostram como é difícil identificar com precisão alguém após assistir a uma fita de vídeo de um crime e como é forte a tendência a selecionar alguém. Contudo, as coisas tornam-se ainda mais complicadas quando consideramos algumas das coisas que acontecem durante crimes reais. As emoções geralmente ficam intensas durante o cometimento de um crime, e pode afetar o que a pessoa presta atenção e o que lembra mais tarde.

Em um estudo com **foco em armas**, a tendência de direcionar a atenção para uma arma que resulta no estreitamento da atenção, Claudia Stanny e Thomas Johnson (2000) determinaram a precisão com que os participantes lembravam os detalhes de um crime simulado filmado. Eles descobriram que os participantes eram mais propensos a relembrar detalhes do criminoso, da vítima e da arma na situação "sem disparos" (uma arma estava presente, mas não foi disparada) do que na situação de "tiro" (a arma foi disparada; Figura 8.15). Aparentemente, a presença de uma arma que foi disparada distraia a atenção para outras coisas que estavam acontecendo (ver também Tooley et al., 1987).

Erros de identificação devido à familiaridade

Os crimes não envolvem apenas um criminoso e uma vítima, mas muitas vezes incluem observadores inocentes (alguns dos quais, como veremos, podem nem estar perto da cena do crime). Esses observadores adicionam outra dimensão ao depoimento das testemunhas oculares porque há uma probabilidade de que um observador possa ser identificado erroneamente como um criminoso por causa da familiaridade com algum outro contexto. Em um caso de identificação incorreta, um agente de passagens em uma estação ferroviária foi assaltado e posteriormente identificou um marinheiro como o ladrão. Para a sorte do marinheiro, ele conseguiu provar que estava em outro lugar na hora do crime. Quando perguntado por que identificou o marinheiro, o agente de passagens respondeu que ele parecia familiar. O marinheiro parecia familiar não por ser o ladrão, mas porque morava

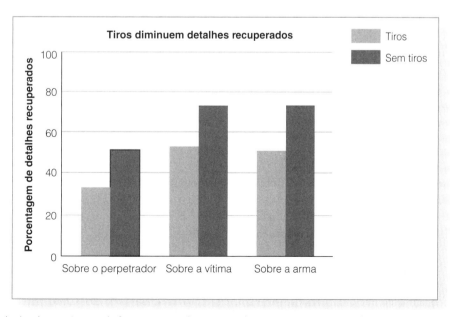

▶ Figura 8.15 Resultados do experimento de foco em armas de Stanny e Johnson (2000). A presença de uma arma que foi disparada está associada a uma diminuição da memória sobre o criminoso, a vítima e a arma.

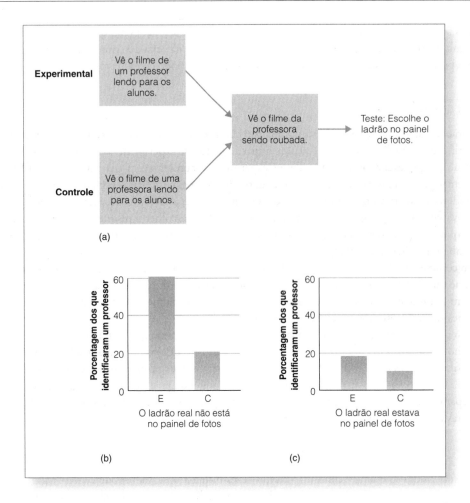

Figura 8.16 (a) Projeto do experimento de Ross et al. (1994) sobre o efeito da familiaridade no depoimento de uma testemunha ocular. (b) Quando o ladrão real não estava no painel de fotos, os participantes no grupo experimental identificaram erroneamente o professor como o ladrão 60% das vezes. (c) Quando o ladrão real estava no painel de fotos, o professor foi identificado 18% das vezes.

perto da estação ferroviária e havia comprado passagens do agente em várias ocasiões. Isso foi um exemplo de erro de monitoramento da fonte. O agente de passagens achou que a fonte de sua familiaridade com o marinheiro foi vê-lo durante o assalto; na verdade, a fonte de sua familiaridade foi vê-lo quando ele comprava as passagens. O marinheiro foi transformado de um comprador de passagens em um assaltante por causa de um erro de monitoramento da fonte (Ross et al., 1994).

A **Figura 8.16a** mostra o projeto de um experimento de laboratório sobre familiaridade e testemunho ocular (Ross et al., 1994). Os participantes do grupo experimental viam um filme de um professor lendo para os alunos; os participantes do grupo de controle viam um filme de uma professora lendo para os alunos. Os participantes dos dois grupos viam um filme da professora sendo assaltada e foram solicitados a selecionar o ladrão em um painel com fotos. As fotos não incluíam o ladrão real, mas incluíam o professor, que se parecia com o ladrão. Os resultados indicam que os participantes do grupo experimental que viram o professor lendo para os alunos tinham três vezes mais probabilidade de escolher o professor do que os participantes do grupo de controle (**Figura 8.16 b**). Mesmo quando a face real do ladrão foi incluída no painel com fotos, 18% dos participantes no grupo experimental selecionaram o professor, em comparação com 10% no grupo de controle (**Figura 8.16c**). Isso é outro exemplo de como a familiaridade pode resultar em erros de memória (ver p. 223 e p. 231).

Erros devido a sugestões

Pelo que sabemos sobre o efeito da desinformação, é óbvio que um policial ao perguntar a uma testemunha "Você viu o carro branco?" pode influenciar o depoimento posterior da testemunha sobre o que ela viu. No entanto, a sugestionabilidade também pode operar em um nível mais sutil. Considere a seguinte situação: uma testemunha de um crime está olhando através de uma janela unilateral para uma fila de seis homens em uma plataforma. O policial diz, "Qual desses homens fez isso?". O que há de errado com essa pergunta?

O problema com a pergunta do policial é que ela implica que o criminoso está na fila de suspeitos. Essa sugestão aumenta a probabilidade de que a testemunha selecione alguém, talvez usando este tipo de raciocínio: "Bem, o cara com barba se parece mais com o ladrão do que qualquer outro homem, então provavelmente seja ele". Claro, parecer-se com o ladrão e realmente ser o ladrão podem ser duas coisas diferentes, então o resultado pode ser a identificação de um homem inocente. A melhor maneira de apresentar a tarefa é informar à testemunha que o suspeito do crime pode ou não estar na fila.

Eis outra situação, tirada de uma transcrição de um caso criminal real, em que a sugestão pode ter desempenhado um papel,

Testemunha ocular de um crime ao ver uma fila de suspeitos: "Oh meu Deus... Não sei... É um desses dois... mas não sei... Oh, cara... o sujeito um pouco mais alto que o número dois... É um desses dois, mas não tenho certeza".

Testemunha ocular 30 minutos mais tarde, ainda vendo a fila de suspeitos e tendo dificuldade para tomar uma decisão: "Não tenho certeza... o número dois?".

Policial administrando a fila: "OK".

Meses depois... no julgamento: "Você tinha certeza de que era o número dois? Não foi um talvez?".

Resposta da testemunha ocular: "Não havia talvez sobre isso... Eu estava absolutamente certa" (Wells e Bradfield, 1998).

O problema com esse cenário é que a resposta "OK" do policial pode ter influenciado a testemunha a pensar que ela havia identificado corretamente o suspeito. Assim, a resposta inicialmente incerta da testemunha transforma-se em uma resposta "absolutamente certa". Em um artigo intitulado "Good, You Identified the Suspect", Gary Wells e Amy Bradfield (1998) fizeram com que os participantes assistissem a um vídeo de um crime real e, em seguida, pediram que identificassem o criminoso em um painel com fotos que não continha uma foto do criminoso (Figura 8.17).

Todos os participantes selecionaram uma das fotos e, após essa seleção, as testemunhas receberam feedback de confirmação do pesquisador ("Bom, você identificou o suspeito"), nenhum feedback ou feedback negativo ("Na verdade, o suspeito era o número —"). Pouco tempo depois, os participantes foram questionados sobre o quão confiantes estavam em sua identificação. Os resultados, mostrados na parte inferior da figura, indicam que os participantes que receberam o feedback de confirmação tinham mais confiança na sua seleção.

Wells e Bradfield chamam de aumento na confiança devido ao feedback de confirmação após fazer uma identificação de **efeito de feedback pós-identificação**. Esse efeito cria um problema sério no sistema de justiça criminal, porque os jurados são fortemente influenciados pela confiança das testemunhas oculares em seus julgamentos. Assim, julgamentos falhos de testemunhas oculares podem resultar na escolha da pessoa errada, e o efeito de feedback pós-identificação pode aumentar a confiança das testemunhas de que fizeram o julgamento correto (Douglass et al., 2010; Luus e Wells, 1994; Quinlivan et al., 2010; Wells e Quinlivan, 2009).

O fato de que as memórias se tornam mais suscetíveis a sugestões durante o questionamento significa que todo cuidado deve ser tomado para evitar fazer sugestões à testemunha. Frequentemente, isso não ocorre, mas alguns passos foram seguidos para ajudar a melhorar a situação.

O que está sendo feito para melhorar a declaração de uma testemunha ocular?

O primeiro passo para corrigir o problema do testemunho impreciso de uma testemunha ocular é reconhecer que o problema existe. Isso foi alcançado, em grande parte, por meio dos esforços dos pesquisadores sobre memória, advogados e investigadores para pessoas condenadas injustamente. O próximo passo é propor soluções específicas. Psicólogos cognitivos deram sugestões sobre os procedimentos de identificação de suspeitos e entrevista.

Procedimentos de alinhamento de suspeitos para identificação O alinhamento de suspeitos para identificação é notório por produzir falsas identificações. Eis outras recomendações feitas:

Recomendação 1: Ao pedir a uma testemunha que selecione o criminoso em uma fila, informe a testemunha que o criminoso pode não estar na fila específica que ela está vendo. É importante porque quando uma testemunha supõe que o criminoso está na fila, aumenta

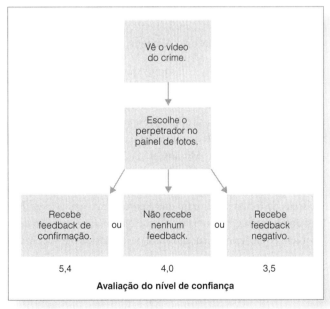

▶ Figura 8.17 Projeto e resultados do experimento "Good, You Identified the Suspect" de Wells e Bradfield (1998). O tipo de feedback do pesquisador influenciou a segurança dos participantes durante a identificação, com o feedback de confirmação resultando em maior segurança.

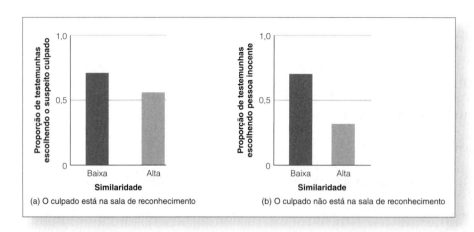

> Figura 8.18 Resultados do experimento de Lindsay e Wells (1980), mostrando que (a) quando o criminoso estava na fila de suspeitos, aumentar a similaridade diminuía a identificação do criminoso, mas (b) quando o criminoso não estava na lista de suspeitos, aumentar a semelhança provocou uma diminuição ainda maior na identificação incorreta de pessoas inocentes.

a probabilidade de que uma pessoa inocente que se pareça com o criminoso seja selecionada. Em um experimento, dizer aos participantes que o criminoso pode não estar presente em uma fila causou uma redução de 42% nas identificações falsas de pessoas inocentes (Malpass e Devine, 1981).

Recomendação 2: Ao criar um grupo para identificação de suspeitos, utilizar "materiais de reforço" que são semelhantes ao suspeito. Quando R. C. L. Lindsay e Gary Wells (1980) solicitaram aos participantes que vissem uma fita da cena de um crime e então foram testados usando suspeitos de alta e baixa similaridade, eles obtiveram os resultados mostrados na Figura 8.18. Quando o criminoso estava na fila, aumentar a similaridade diminuía a identificação do criminoso, de 0,71 para 0,58 (Figura 8.18a). Contudo, quando o criminoso não estava no grupo de suspeitos, o aumento da similaridade causou uma grande diminuição na identificação incorreta de uma pessoa inocente, de 0,70 para 0,31 (Figura 8.18b). Assim, o aumento da semelhança resulta na identificação perdida de alguns suspeitos culpados, mas reduz substancialmente a identificação errônea de pessoas inocentes, sobretudo quando o criminoso não está na fila (ver também Charman et al., 2011).

Recomendação 3: Use um administrador de alinhamento de suspeitos "cego" — alguém que não sabe quem é o suspeito. Isso reduz a probabilidade de que as expectativas da pessoa que administra o alinhamento de suspeitos influenciem o resultado.

Recomendação 4: Peça às testemunhas que avaliem sua confiança imediatamente — enquanto fazem a identificação. A pesquisa mostra que a alta confiança medida no momento da identificação está associada a identificações mais precisas (Wixted et al., 2015), mas que a confiança no momento do julgamento não é um indicador confiável da precisão da testemunha ocular (National Academy of Sciences, 2014).[1]

Técnicas de entrevista   Já vimos que fazer sugestões à testemunha ("Bom, você identificou o suspeito") pode causar erros. Para evitar esse problema, psicólogos cognitivos desenvolveram um procedimento de entrevista chamado **entrevista cognitiva**, que envolve deixar a testemunha falar com um mínimo de interrupção e também usa técnicas que ajudam as testemunhas a recriar a situação presente na cena do crime fazendo com que elas se colocassem de volta à cena e recriassem coisas como as emoções que estavam sentindo, para onde estavam olhando e com que a cena pode se parecer quando vista de diferentes perspectivas (Memon et al., 2010).

Uma característica importante da técnica de entrevista cognitiva é que diminui a probabilidade de qualquer estímulo sugestivo por parte da pessoa que realiza a entrevista. As comparações dos resultados das entrevistas cognitivas com os interrogatórios policiais de rotina mostraram que a entrevista cognitiva resulta em um grande aumento nos relatos de detalhes corretos. Uma desvantagem da entrevista cognitiva é que leva mais tempo do que os procedimentos de entrevista padrão. Para lidar com esse problema, versões mais curtas foram desenvolvidas (Fisher et al., 2013; Geiselman et al., 1986; Memon et al., 2010).

---

[1] Na última edição deste livro, uma recomendação adicional foi listada: usar alinhamentos sequenciais (onde a testemunha vê as fotografias dos suspeitos uma a uma) em vez do alinhamento simultâneo mais tradicional (quando todas as pessoas no alinhamento são visualizadas juntas). Essa recomendação baseava-se em pesquisas que mostraram que a apresentação sequencial diminui a probabilidade de identificar erroneamente uma pessoa inocente quando o criminoso não está presente. No entanto, outros experimentos levaram à conclusão de que não está claro se o procedimento sequencial é, de fato, melhor (National Academy of Sciences, 2014; Wells, 2015).

Eliciando falsas confissões

Vimos que sugestões podem influenciar a precisão do que uma testemunha relata como tendo acontecido na cena de um crime. No entanto, vamos dar um passo adiante e perguntar se sugestões podem influenciar como alguém que é suspeito de cometer um crime pode responder ao interrogatório do crime. Vamos começar com um experimento de laboratório.

Robert Nash e Kimberley Wade (2009) filmaram os participantes enquanto eles jogavam um jogo de azar computadorizado. Os participantes foram informados de que, em um teste no qual eles ganhavam a aposta, uma marca verde apareceria na tela e eles deveriam tirar dinheiro do banco, mas, quando perdessem, uma cruz vermelha apareceria e eles deveriam devolver o dinheiro ao banco. Depois de os participantes terem jogado o jogo, eles assistiram a um vídeo adulterado no qual a marca verde foi substituída pela cruz vermelha para fazer com que parecessem estar trapaceando, pegando dinheiro quando deveriam estar dando-o ao banco. Quando confrontados com a "evidência" do vídeo, alguns participantes expressaram surpresa, mas todos confessaram ter trapaceado. Em outro grupo, que foi informado de que havia um vídeo deles trapaceando (mas que não viram o vídeo), 73% dos participantes confessaram.

Falsas confissões como essa também foram demonstradas em outros experimentos, incluindo um de Julia Shaw e Stephen Porter (2015) em que os alunos participantes foram levados a acreditar que haviam cometido um crime que envolvia contato com a polícia. Como o experimento no qual os participantes foram apresentados a eventos verdadeiros que aconteceram na infância, além de um evento falso como derrubar um recipiente de ponche em uma recepção de casamento (p. 230), os participantes do experimento feito por Shaw e Porter foram apresentados a um evento verdadeiro que ocorreu quando tinham entre 11 e 14 anos de idade, e um evento falso que não haviam vivenciado. O evento falso envolvia a prática de um crime como agressão, agressão com arma ou furto, que resultou no contato com a polícia.

Ao serem apresentados pela primeira vez com informações sobre os eventos verdadeiros e falsos, os participantes relataram que lembravam o evento verdadeiro, mas não se lembravam de cometer um crime. Para induzir a criação de falsas memórias para cometer um crime, o entrevistador usava pressão social (afirmações como, "a maioria das pessoas consegue recuperar memórias perdidas se tentarem o suficiente") e fornecia instruções para um procedimento de imagens guiadas para visualizar o crime, que os participantes foram instruídos a praticar todas as noites em casa.

Quando entrevistados uma e duas semanas depois, 70% dos participantes relataram que, de fato, lembravam do evento falso, e muitos relataram detalhes como descrições dos policiais. Assim, os participantes acabaram acreditando que cometeram um crime e puderam fornecer detalhes sobre o evento, mesmo que nunca tenha acontecido.

Contudo, uma coisa é admitir ter trapaceado ou cometido um crime em um experimento de laboratório, e outra é admitir um crime real, que pode colocá-lo na prisão. Flashback de uma noite de primavera em 1989, quando uma mulher branca de 28 anos foi brutalmente estuprada e quase assassinada enquanto corria pelo Central Park em Nova York. Quando cinco adolescentes negros e hispânicos foram apresentados como suspeitos e interrogados, todos os cinco acabaram confessando o crime. Os meninos ficaram conhecidos como "Os Cinco do Central Park", e o caso gerou muita publicidade. Embora a polícia não tenha apresentado nenhuma evidência física ligando os meninos ao crime, eles foram considerados culpados com base em suas confissões (que haviam se retratado logo após serem libertados do interrogatório). Eles acabaram passando 41 anos na prisão. O único problema era que os meninos eram inocentes.

Mais tarde, um estuprador e assassino condenado, que cumpria pena de prisão perpétua, confessou o crime — uma confissão que foi apoiada por evidências de DNA encontradas na cena do crime. Os Cinco do Central Park tiveram suas condenações anuladas e, em 2003, receberam $ 41 milhões em compensação da cidade de Nova York.

Entretanto, você pode dizer, por que alguém confessaria um crime que não cometeu, e, ainda mais perplexo, por que cinco pessoas confessariam um crime que não cometeram? A resposta a essa pergunta começa a surgir quando nos lembramos dos experimentos de "falsa confissão" de laboratório que descrevemos anteriormente. Nesses experimentos, os participantes confessaram após sugestões bastante suaves do pesquisador, e alguns deles realmente chegaram a acreditar que eram "culpados".

No entanto, as confissões dos Cinco do Central Park ocorreram após 14 a 30 horas de interrogatório agressivo, no qual os meninos foram apresentados a provas falsas indicando que eram culpados. De acordo com Saul Kassin, que estudou confissões falsas por mais de 35 anos, a maioria das confissões falsas envolve evidências falsas apresentadas ao suspeito pela polícia (Nesterack, 2014). Em resposta à pesquisa de Kassin e outros, o Departamento de Justiça norte-americano agora exige que os interrogatórios sejam gravados. Além disso, Kassin argumenta que a polícia deve ser proibida de apresentar evidências falsas aos suspeitos. Essa recomendação ainda precisa ser implementada (ver Kassin et al., 2010; Kassin, 2012, 2015).

Algo a considerar: memórias autobiográficas eliciadas por música e odores

Caminhando, sem pensar em nada específico, você entra em um restaurante quando — Bam! — do nada, uma música tocando ao fundo transporta-o de volta a um show que você assistiu há mais de dez anos e também traz de volta memórias sobre o que estava acontecendo em sua vida quando a música era popular. Contudo, além de apenas provocar uma memória autobiográfica, a música também desperta emoções. Às vezes, as memórias eliciadas pela música criam um sentimento chamado **nostalgia**, em que nostalgia é definida como uma memória que envolve uma emoção sentimental pelo passado (Barrett et al., 2010). Memórias provocadas ao ouvir música são chamadas **memórias autobiográficas eliciadas por música** (MAEMs).

Essas MAEMs são frequentemente experienciadas como sendo *memórias involuntárias*, porque ocorrem como uma resposta automática a um estímulo (Berntsen e Rubin, 2008). Isso contrasta com as memórias que requerem um processo de recuperação consciente, como pode ocorrer se você for solicitado a pensar em sua memória mais antiga ou a lembrar o que aconteceu no dia em que você chegou à faculdade (Jack e Hayne, 2007; Janata et al., 2007).

O poder das experiências sensoriais para provocar memórias autobiográficas ficou famoso na literatura pela descrição de Marcel Proust (1922-1960), em seu romance *Em Busca do Tempo Perdido*, de uma experiência após comer um pequeno biscoito de limão chamado madeleine:

> A vista do pequeno biscoito não me recordara coisa alguma antes que o tivesse provado [...] E logo que reconheci o gosto do pedaço da madeleine mergulhado no chá que me dava minha tia [...] logo a velha casa cinzenta que dava para a rua, onde estava o quarto dela, veio como um cenário de teatro se colar ao pequeno pavilhão, que dava para o jardim, construído pela família nos fundos [...] e com a casa a [...] a praça para onde me mandavam antes do almoço, as ruas aonde eu ia correr, os caminhos por onde se passeava quando fazia bom tempo.

A descrição de Proust de como o gosto e o olfato desbloquearam memórias nas quais ele não pensava há anos, agora chama-se **efeito Proust**, não é uma experiência incomum, e também foi observada em laboratório. Rachel Herz e Jonathan Schooler (2002) fizeram com que os participantes descrevessem uma memória pessoal associada a itens como lápis de cera Crayola, loção bronzeadora Coppertone e talco para bebês Johnson. Depois de descrever a memória associada aos objetos, eles foram apresentados a um objeto na forma visual (uma fotografia colorida) ou na forma de odor (cheirar o odor do objeto) e foram solicitados a pensar sobre o evento que haviam descrito e avaliá-lo em algumas escalas. O resultado foi que os participantes que sentiram o odor classificaram suas memórias como mais emocionais do que os participantes que viram a foto. Eles também tinham uma sensação mais forte do que o grupo visual de "ser trazido de volta" ao momento em que a memória ocorreu (ver também Chu e Downes, 2002; Larsson e Willander, 2009; Reid et al., 2015; Toffolo et al., 2012).

Alta emocionalidade e detalhes também foram observados nas memórias autobiográficas provocadas pela música. Por exemplo, Amy Belfi e colaboradores (2016) demonstraram que a música evoca memórias autobiográficas vívidas. Seus participantes ouviram trechos musicais de canções populares de quando tinham 15 a 30 anos ou viram fotos de rostos de pessoas famosas que eram populares durante essa faixa etária. Essa faixa foi selecionada porque corresponde à saliência da reminiscência, que é quando as memórias autobiográficas são mais prováveis (ver p. 213).

Para canções e imagens que os participantes classificaram como "autobiográficas", as memórias que eles descreveram tendiam a ser mais vívidas e detalhadas que aquelas provocadas pela música do que para as memórias provocadas por faces (**Figura 8.19**). Além de evocar memórias detalhadas, MAEMs tendem a suscitar emoções fortes (El Haj et al., 2012; Janeta et Fig. al., 2007).

O poder da música para evocar memórias também foi demonstrado em pessoas com deficiências de memória causadas pela doença de Alzheimer. Mohamad El Haj e colaboradores (2013) pediram que participantes de controle saudáveis e participantes com Alzheimer respondessem à instrução "descreva em detalhes um evento em sua vida" após (a) 2 minutos de silêncio ou (b) 2 minutos ouvindo música que eles haviam escolhido. Os controles saudáveis foram capazes de descrever memórias autobiográficas igualmente bem em ambas as situações,

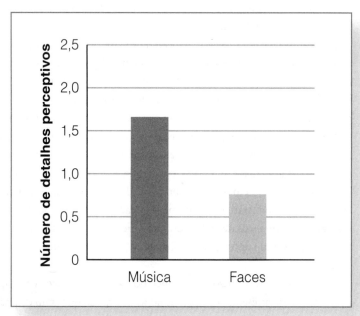

▶ **Figura 8.19** O número médio de detalhes perceptivos nas memórias relatadas por participantes de Belfi et al. (2016) para memórias provocadas ao ouvir músicas e memórias provocadas ao olhar para fotos de rostos. (Fonte: Belfi et al., *Memory*, 24 (7), Figura 3, p. 984, 2016.)

mas a memória dos pacientes com Alzheimer foi melhor depois de ouvir a música (Figura 8.20).

A capacidade da música de provocar memórias autobiográficas em pacientes com Alzheimer inspirou o filme *Alive Inside* (*Vivo por Dentro*, dirigido por Rossato-Bennett, 2014), que ganhou o prêmio do público no Festival de Cinema de Sundance de 2014. O filme documenta o trabalho de uma organização sem fins lucrativos chamada Music & Memory (musicandmemory.org), que distribuía iPods a centenas de instituições de longa permanência para uso por pacientes com Alzheimer. Em uma cena memorável, Henry, que sofre de demência grave, é mostrado imóvel e indiferente às perguntas e ao que está acontecendo ao seu redor (Figura 8.21a). No entanto, quando o terapeuta coloca fones de ouvido em Henry e liga a música, ele ganha vida. Começa a se mover ao ritmo. Canta com a música. E, o mais importante de tudo, as memórias que tinham sido bloqueadas por causa da demência de Henry são liberadas, e ele consegue falar sobre algumas coisas de que se lembra de seu passado (Figura 8.21b).

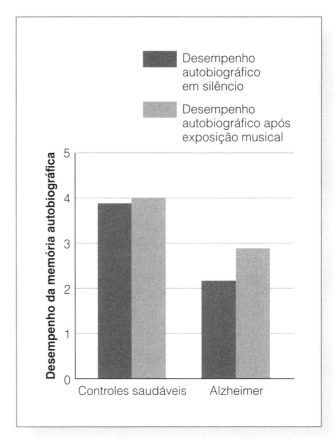

▶ Figura 8.20 Os resultados do experimento feito por El Haj et al. (2013), que mostravam que os participantes de controle normais (par de barras à esquerda) tinham melhor memória autobiográfica do que os pacientes com Alzheimer (par de barras à direita), e que a memória autobiográfica dos pacientes com Alzheimer era aprimorada ao ouvir música que era significativa para eles.
(Fonte: El Haj et al., *Journal of Neurolinguistics*, 26, Fig. 1, p. 696, 2013.)

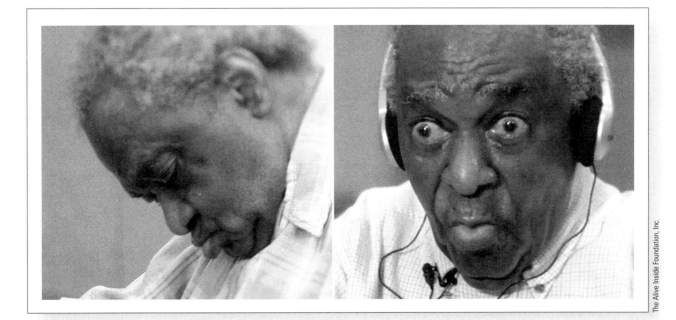

▶ Figura 8.21 Imagens estáticas do filme *Vivo por Dentro*. (a) Henry em seu estado normal não responsivo. (b) Henry ouvindo e cantando junto com uma música que era significativa para ele. Ouvir música também aprimorou a capacidade de Henry de falar com os cuidadores.

TESTE VOCÊ MESMO 8.3

1. Descreva experimentos que mostram que a memória pode ser afetada pela sugestão, o que levou à proposição do efeito da desinformação.
2. Descreva o experimento de Lindsay envolvendo o roubo de um técnico de manutenção. O que esse experimento sugere sobre uma das causas do efeito da desinformação?
3. Como foi demonstrado que a sugestão pode influenciar as memórias das pessoas sobre eventos da primeira infância?
4. Descreva a ideia da memória da infância reprimida. Como isso levou a processos judiciais? O que o "relatório oficial" da American Psychological Association diz sobre memórias reprimidas?
5. Qual é a evidência, tanto da "vida real" como de experimentos laboratoriais, de que o testemunho ocular nem sempre é preciso? Descreva como os seguintes fatores demonstraram levar a erros no depoimento de testemunhas oculares: foco em armas, familiaridade, perguntas importantes, feedback de um policial e questionamento pós-evento.
6. Que procedimentos os psicólogos cognitivos propuseram para aumentar a precisão de (a) alinhamento de suspeitos e (b) técnicas de entrevista?
7. Descreva dois experimentos laboratoriais que provocaram falsas confissões dos participantes.
8. Descreva o caso dos "Cinco do Central Park". Que implicações esse caso tem para os procedimentos de interrogatório criminal?
9. Descreva exemplos de como o odor e a música podem melhorar as memórias autobiográficas. Como as memórias autobiográficas aprimoradas pela música foram usadas em pacientes com Alzheimer?

DEMONSTRAÇÃO Lendo sentenças (continuação)

As frases abaixo são aquelas que você leu na demonstração na p. 225, mas com uma ou duas palavras ausentes. Sem olhar para as frases iniciais, preencha os espaços em branco com as palavras que estavam nas frases que você leu inicialmente.

A prateleira frágil _____ com o peso dos livros.
O boneco de neve das crianças _____ quando a temperatura atingiu 27 graus.
O professor distraído _____ as chaves do carro.
O novo bebê _____ a noite toda.
O campeão de caratê _____ o bloco de concreto.

Depois de fazer isso, volte à p. 225 e leia o texto que segue a demonstração.

SUMÁRIO DO CAPÍTULO

1. Uma pesquisa nacional mostrou que uma proporção substancial de pessoas tem concepções errôneas sobre a natureza da memória.

2. A memória autobiográfica foi definida como memória para experiências específicas de nossa vida. Consiste em componentes episódicos e semânticos.

3. A natureza multidimensional da memória autobiográfica foi estudada mostrando que as pessoas que perderam a memória visual devido a danos cerebrais experimentam perda de memória autobiográfica. Também corroborando a natureza multidimensional da memória autobiográfica é o experimento de Cabeza, que mostrou que o cérebro de uma pessoa é mais amplamente ativado ao ver as fotos tiradas pela própria pessoa do que ao ver as fotos tiradas por outra pessoa.

4. Quando as pessoas são solicitadas a lembrar eventos ao longo da vida, os pontos de transição são particularmente memoráveis. Além disso, pessoas com mais de 40 anos de idade tendem a ter boa memória para eventos que vivenciaram da adolescência ao início da idade adulta. Isso chama-se *saliência da reminiscência*.

5. As seguintes hipóteses foram propostas para explicar a saliência da reminiscência: (1) autoimagem, (2) cognitiva e (3) roteiro de vida cultural.

6. As emoções costumam estar associadas a eventos que são facilmente lembrados. A amídala é uma estrutura-chave

para as memórias emocionais, e a emoção foi associada a uma consolidação aprimorada da memória.

7. Brown e Kulik propuseram o termo *memória em flash* como uma referência à memória de uma pessoa para as circunstâncias ao ouvir eventos chocantes e altamente carregados. Eles propuseram que essas memórias em flash são vívidas e detalhadas, como fotografias.

8. Vários experimentos indicam que não é preciso igualar memórias em flash a fotografias porque, com o passar do tempo, as pessoas cometem muitos erros ao relatar memórias em flash. Estudos sobre memórias ao ouvir a explosão da *Challenger* mostraram que as respostas das pessoas se tornaram mais imprecisas com o passar do tempo após o evento.

9. O estudo de Talarico e Rubin da memória das pessoas quando ouviram sobre o ataque terrorista de 11 de setembro indica que os erros de memória aumentaram com o tempo, assim como para outras memórias, mas que as memórias de 11 de setembro eram mais vívidas e as pessoas permaneceram mais seguras quanto à precisão de suas memórias do 11 de setembro.

10. A hipótese do ensaio narrativo propõe que a memória aprimorada para eventos significativos pode ser causado por ensaio. Esse ensaio costuma estar vinculado à cobertura televisiva, como ilustrado pelos resultados do estudo sobre a princesa Diana.

11. De acordo com a abordagem construtiva à memória, inicialmente proposta por Bartlett com base em seu experimento "Guerra dos Fantasmas", o que as pessoas relatam como memórias são construídas com base no que realmente aconteceu além de fatores adicionais como conhecimento, experiências e expectativas da pessoa.

12. O monitoramento da fonte é o processo para determinar as origens de nossas memórias, conhecimento ou convicções. Um erro de monitoramento da fonte ocorre quando a fonte de uma memória é identificada incorretamente. A criptomnésia (plágio inconsciente) é um exemplo do erro de monitoramento da fonte.

13. Os resultados do experimento "Becoming Famous Overnight" de Jacoby mostram como a familiaridade pode levar a um erro de monitoramento da fonte.

14. O efeito da verdade ilusória ocorre quando a repetição aumenta a verdade percebida de uma afirmação.

15. O conhecimento geral do mundo pode causar erros de memória. Isso é ilustrado pelo experimento "Guerra dos Fantasmas", de Bartlett, inferência pragmática, esquemas e roteiros, e recordação e reconhecimento falsos.

16. Nosso conhecimento sobre o que está envolvido em uma experiência particular é um esquema para essa experiência. O experimento em que os participantes foram solicitados a lembrar o que havia em um escritório ilustra como os esquemas podem causar erros nos relatórios de memória.

17. Um *roteiro* é um tipo de esquema que envolve nossa concepção da sequência de ações que geralmente ocorrem durante uma experiência particular. O "experimento do dentista", no qual um participante é solicitado a lembrar um parágrafo sobre ir ao dentista, ilustra como roteiros podem resultar em erros de memória.

18. O experimento no qual as pessoas foram solicitadas a recordar uma lista de palavras relacionadas ao sono ilustra como nosso conhecimento sobre coisas que pertencem umas às outras (por exemplo, *sono* pertence à *cama*) pode resultar em palavras informativas que não estavam na lista inicial.

19. Embora muitas vezes as pessoas pensem que seria uma vantagem ter uma memória fotográfica, os casos de S. e A. J. mostram que pode não ser uma vantagem ser capaz de lembrar tudo perfeitamente. O fato de nosso sistema de memória não armazenar tudo pode até contribuir para o valor de sobrevivência do sistema.

20. Experimentos de memória nos quais informações enganosas pós-evento (IEP) são apresentadas aos participantes indicam que a memória pode ser influenciada por sugestão. Um exemplo é o experimento do acidente de trânsito de Loftus. Erros de monitoramento da fonte foram propostos para explicar os erros causados por informações enganosas após o evento. O experimento de Lindsay fornece suporte para a explicação do monitoramento da fonte.

21. Um experimento de Hyman, no qual ele criou memórias falsas para uma festa, mostrou que é possível criar memórias falsas para eventos iniciais na vida de uma pessoa. Memórias falsas podem estar envolvidas em alguns casos de "memórias recuperadas" de abuso infantil.

22. Há muitas evidências de que pessoas inocentes foram condenadas por crimes devido a erros do depoimento de testemunhas oculares. Algumas das razões para erros no depoimento de testemunhas oculares são (1) não prestar atenção a todos os detalhes relevantes por causa da situação emocional durante um crime (o foco em armas é um exemplo desse efeito atencional); (2) erros devido à familiaridade, que podem resultar na identificação incorreta de uma pessoa inocente devido a um erro de monitoramento da fonte; (3) erros devido a sugestões durante o interrogatório sobre um crime; e (4) aumento da confiança devido ao feedback pós-evento (o efeito de feedback pós-identificação).

23. Psicólogos cognitivos sugeriram várias maneiras de diminuir os erros no depoimento de testemunhas oculares. Essas sugestões concentram-se em melhorar os

procedimentos para conduzir alinhamento de suspeitos e entrevistar testemunhas.

24. Confissões falsas foram obtidas de participantes em experimentos de laboratório e em casos criminais reais. Confissões falsas em casos criminais são frequentemente associadas a fortes sugestões combinadas com procedimentos de interrogatório severos.

25. Memórias autobiográficas podem ser provocadas por odores e música. Essas memórias autobiográficas rápidas, muitas vezes involuntárias, costumam ser mais emocionais e vívidas do que as memórias criadas por um processo cuidadoso de recuperação.

26. Música é utilizada para ajudar os pacientes com Alzheimer a recuperar as memórias autobiográficas.

PENSE NISSO

1. O que você lembra sobre o que fez no feriado importante mais recente (ação de graças, natal, ano-novo etc.) ou no seu aniversário? O que você lembra sobre o que fez no mesmo dia um ano antes? Como essas memórias diferem em termos de (a) dificuldade de lembrar, (b) quantos detalhes você pode lembrar e (c) a precisão da sua memória? (Como você saberia se sua resposta à parte C está correta?)

2. Há um grande número de relatos de pessoas injustamente presas por causa de erros no depoimento de testemunhas oculares, com mais casos sendo relatados a cada dia, com base em evidências de DNA. Dada essa situação, como você reagiria à proposta de que o testemunho ocular não seja mais admitido como prova nos tribunais?

3. Entreviste pessoas de diferentes idades sobre o que elas lembram de suas vidas. Como seus resultados se encaixam nos resultados de experimentos de memória autobiográfica, especialmente no que diz respeito à ideia de uma saliência da reminiscência em pessoas mais velhas?

TERMOS-CHAVE

Amídala **217**
Atribuições incorretas de fontes **222**
Criptomnésia **222**
Efeito da desinformação **228**
Efeito da verdade ilusória **223**
Efeito de feedback pós-identificação **235**
Efeito Proust **238**
Entrevista cognitiva **236**
Erro de monitoramento da fonte **222**
Esquema **225**
Fluência **223**

Foco em armas **233**
Hipótese cognitiva **215**
Hipótese da autoimagem **215**
Hipótese do ensaio narrativo **220**
Hipótese do roteiro da vida cultural **216**
Inferência pragmática **225**
Informações enganosas pós-evento (IEP) **228**
Memória autobiográfica **213**
Memória autobiográfica altamente superior **227**
Memória da infância reprimida **231**

Memória em flash **218**
Memórias autobiográficas eliciadas por música (MAEMs) **238**
Monitoramento da fonte **222**
Natureza construtiva da memória **222**
Nostalgia **238**
Reprodução repetida **224**
Roteiro **225**
Roteiro da vida cultural **216**
Saliência da reminiscência **215**
Testemunho ocular **232**
Viés da juventude **216**

Esta cena, que ocorreu uma manhã quando o sol estava nascendo em Veneza, pode não ser algo que você está acostumado a ver. Contudo, você é capaz de entendê-la, devido ao seu vasto conhecimento das categorias. Algumas das categorias que pode identificar nessa cena são pessoas, lâmpadas, edifícios, estátuas, pavimentação de calçada, luz do sol e sombras. Este capítulo descreve como as pessoas inserem coisas em categorias específicas, o que indica encaixar algo em uma categoria e como as coisas na mesma categoria podem ser diferentes. Por exemplo, prédios altos que alinham a calçada à esquerda e a pequena estrutura sob a qual homens e mulheres caminham podem ser classificados como "prédios", embora sejam muito diferentes. As pessoas são todas "humanas", mas algumas são do sexo masculino e outras do sexo feminino. Como veremos, o estudo da categorização foi abordado de várias maneiras diferentes, variando da realização de experimentos comportamentais à criação de modelos de rede e pesquisa fisiológica.

Conhecimento conceitual 9

Propriedades básicas dos conceitos e das categorias

Como os objetos são inseridos nas categorias?

Por que as definições não funcionam para categorias?

A abordagem de protótipo: encontrando o caso médio

　Objetos prototípicos têm grande semelhança de família
　▶ Demonstração: semelhança de família
　Afirmações sobre objetos prototípicos são verificadas rapidamente
　▶ Método: técnica de verificação de sentenças
　Objetos prototípicos são nomeados primeiro
　Objetos prototípicos são mais afetados pela pré-ativação

A abordagem exemplar: pensando em exemplos

Qual abordagem funciona melhor: protótipos ou exemplares?

Existe um nível psicologicamente "básico" das categorias?

Abordagem de Rosch: o que há de especial nas categorias de nível básico?

　▶ Demonstração: listando características comuns

Como o conhecimento pode afetar a categorização

　▶ Demonstração: nomeando coisas

▶ TESTE VOCÊ MESMO 9.1

Modelos de rede da categorização

Representando relacionamentos entre categorias: redes semânticas

Introdução a redes semânticas: modelo hierárquico de Collins e Quillian

　▶ Método: tarefa de decisão lexical

Críticas ao modelo de Collins e Quillian

A abordagem conexionista

O que é um modelo conexionista?

Como os conceitos são representados em uma rede conexionista?

　Representando um canário
　Treinar uma rede

▶ TESTE VOCÊ MESMO 9.2

Como os conceitos são representados no cérebro

Quatro propostas sobre como os conceitos são representados no cérebro

Hipótese sensório-funcional

A abordagem de múltiplos fatores

A abordagem da categoria semântica

A abordagem corporificada

Resumindo as abordagens

Algo a considerar: o modelo centro e raios

　▶ Método: estimulação magnética transcraniana (EMT)

▶ TESTE VOCÊ MESMO 9.3

SUMÁRIO DO CAPÍTULO
PENSE NISSO
TERMOS-CHAVE

ALGUMAS PERGUNTAS QUE VAMOS CONSIDERAR

- Por que é difícil decidir se um objeto específico pertence a uma categoria específica, como "cadeira", examinando a definição?
- Como as propriedades de vários objetos são "arquivadas" na mente?
- Como as informações sobre as diferentes categorias são armazenadas no cérebro?

No que você pensa quando pensa sobre conhecimento? Fatos que você precisa saber para o exame de psicologia cognitiva? Os nomes das pessoas que você conhece? A localização difícil de encontrar o restaurante favorito? O que é um buraco negro? A lista do que você conhece é vasta, porque sabe muitas coisas. Essa forma de pensar sobre o conhecimento é consistente com as definições de conhecimento do dicionário, como as seguintes:

> Familiaridade com fatos, verdades ou princípios, valendo-se do estudo ou da investigação.
>
> — **Dictionary.com**

> Familiaridade, consciência ou compreensão de alguém ou algo, como fatos, informações, descrições ou habilidades, que são adquiridas por meio da experiência ou formação educacional percebendo, descobrindo ou aprendendo.
>
> — **Wikipedia**

Definições como essas capturam a ideia do senso comum que a maioria das pessoas tem conhecimento. É, em resumo, o que sabemos. No entanto, como indicado pelo título deste capítulo, discutiremos uma concepção mais restrita do conhecimento, que os psicólogos cognitivos chamam **conhecimento conceitual** — o conhecimento que permite reconhecer objetos e eventos e fazer inferências sobre suas propriedades.

O conhecimento conceitual envolve responder a perguntas como:

- Ao encontrar um novo item ou evento no mundo, como podemos saber que tipo de coisa é?
- Como podemos saber quais itens em nosso ambiente são cavalos, bicicletas, árvores, lagos, jornais?
- Como podemos diferenciar golfinhos de tubarões ou planetas de estrelas? O que torna um limão um limão?
- Quais são os vários tipos de "coisas" no mundo? (Rogers e Cox, 2015).

Respondemos a perguntas como essas o tempo todo, geralmente sem perceber. Por exemplo, imagine que você se encontre em uma cidade desconhecida, onde nunca esteve antes. Ao caminhar pela rua, percebe que muitas coisas não são exatamente iguais àquelas que você encontraria se estivesse em sua própria cidade. De outro modo, existem muitas coisas que parecem familiares. Carros passam, há prédios em cada lado da rua e um posto de gasolina na esquina, e um gato atravessa a rua correndo e chega em segurança ao outro lado. Felizmente, você sabe muito sobre carros, edifícios, postos de gasolina e gatos, então não tem problema para entender o que está acontecendo.

Este capítulo trata do conhecimento conceitual que permite reconhecer e compreender os objetos na cena da rua e do mundo. Esse conhecimento existe na forma de *conceitos*. **Conceitos** foram definidos de várias maneiras, incluindo "a representação mental de uma classe ou indivíduo" (Smith, 1989) e "categorias de objetos, eventos e ideias abstratas" (Kiefer e Pulvermüller, 2012). Para expressar de modo concreto, podemos dizer que o conceito "gato" é a resposta à pergunta "O que é um gato?". Se sua resposta é que um gato é um animal peludo, mia, que pode ser acariciado, se movimenta e pega camundongos, você terá descrito alguns aspectos do conceito "gato" (Kiefer e Pulvermüller, 2012).

Como nos interessamos pelo conhecimento do mundo, precisamos ir além de gatos! Quando começamos a expandir nosso escopo para cães, automóveis, abridores de lata, rabanetes e rosas, as coisas começam a se tornar mais complicadas e mais interessantes, porque a pergunta então se torna "Como todas essas coisas são organizadas na mente?". Uma maneira de organizar os conceitos é no que se refere a *categorias*.

Uma **categoria** inclui todos os exemplos possíveis de um conceito específico. Assim, a categoria "gatos" inclui gatos malhados, gatos siameses, gatos persas, gatos selvagens, leopardos etc. Vistos dessa forma, os conceitos fornecem as regras para a criação de categorias. Assim, a representação mental para "gato" afetaria quais animais que colocamos na categoria "gato". Como os conceitos fornecem regras para a classificação de objetos em categorias, os conceitos e as categorias são frequentemente discutidos juntos, e uma grande quantidade de pesquisas concentrou-se no processo de **categorização** — o processo pelo qual as coisas são colocadas em categorias.

A categorização é algo que fazemos sempre que colocamos um objeto em uma categoria e, depois que atribuímos um objeto a uma categoria, sabemos muito sobre ele. Por exemplo, ser capaz de dizer que o animal peludo do outro lado da rua é um "gato" fornece uma grande quantidade de informações sobre ele (**Figura 9.1**). Portanto, as categorias são chamadas "indicadores do conhecimento" (Yamauchi e Markman, 2000). Depois de saber que algo está em uma categoria, seja "gato", "posto de gasolina" ou "pintura impressionista", você pode concentrar sua energia para especificar o que é especial sobre esse objeto em particular (ver Solomon et al., 1999).

A categorização não apenas ajuda a entender o que acontece no ambiente, porém também desempenha um papel essencial para que possamos agir. Por exemplo, para espalhar geleia no pão, você deve reconhecer o pote de geleia, o pão e a faca; perceber as propriedades relevantes (o pão é macio, a menos que seja tostado; as facas são rígidas e a geleia é pegajosa); e saber segurar o cabo da faca com a empunhadura certa para retirar a geleia do pote (Lambon Ralph et al., 2017).

Ser capaz de inserir coisas em categorias também pode ajudar a entender comportamentos que, de outra forma, poderíamos achar desconcertantes. Por exemplo, se vemos um homem com o lado esquerdo da face pintada de preto e o lado direito pintado de dourado, podemos nos perguntar o que está acontecendo. No entanto, quando notamos que a pessoa está se dirigindo ao estádio de futebol e é domingo à tarde, podemos categorizar a pessoa como um "torcedor do Pittsburgh Steelers". Inseri-lo nessa categoria explica a face pintada e talvez outros comportamentos estranhos que são normais em um dia de jogo em Pittsburgh (Solomon et al., 1999).

Esses vários usos das categorias atestam sua importância na vida cotidiana. Não é exagero dizer que, se não existissem categorias, teríamos muita dificuldade em lidar com o mundo. Considere o que significaria se cada vez que visse um objeto

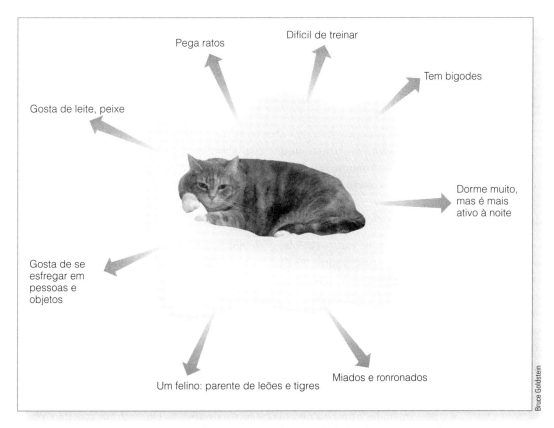

▶ Figura 9.1 Saber que algo está em uma categoria fornece uma grande quantidade de informações a respeito.

diferente, você não conhecesse nada sobre ele, exceto o que poderia descobrir investigando-o individualmente. Obviamente, a vida se tornaria extremamente complicada se não pudéssemos contar com o conhecimento que é fornecido pelas categorias.

Sim, as categorias são importantes. No entanto, o que precisamos saber para entender categorias? A resposta a essa pergunta não é óbvia, porque rotineiramente categorizamos as coisas, então parece um processo automático. É óbvio que há um *gato* sentado em uma *cadeira*, do outro lado do *quarto* — *gato*, *cadeira* e *quarto* sendo categorias diferentes. Essas coisas, e milhares de outras, são tão fáceis de categorizar que parece não haver problema a resolver.

Contudo, como acontece com outras habilidades cognitivas, só porque é fácil, não significa que seja simples. A categorização se torna mais difícil se você depara-se com algo desconhecido. "O que é aquilo ali? Um tamanduá? Muito estranho." Ou as coisas tornam-se ainda mais difíceis quando uma pessoa sofre lesão cerebral que dificulta identificar diferentes objetos ou saber para que são usados. Depois que entendemos que existem situações em que a categorização é difícil, as coisas se tornam mais interessantes, porque reconhecer e compreender essas dificuldades é o primeiro passo para descobrir os mecanismos da categorização.

Este capítulo considera, em três seções principais, as dificuldades da categorização e os mecanismos envolvidos na categorização cotidiana. Cada uma das três seções conta uma história que envolve uma abordagem diferente à categorização. Primeiro, na seção "Propriedades básicas dos conceitos e das categorias", discutimos uma *abordagem comportamental* que se originou com uma série de experimentos iniciados na década de 1970, que ajudaram a entender como inserimos objetos em diferentes categorias e que mostraram que "nem todos os objetos são criados iguais." Na segunda seção, "Modelos de rede da categorização", consideramos a *abordagem de rede* à categorização que começou na década de 1960, inspirada pelo campo emergente da ciência da computação, que criou modelos de computador de como as categorias são representadas na mente. Na terceira seção, "Como as categorias são representadas no cérebro", adotamos uma *abordagem fisiológica*, que analisa a relação entre as categorias e o cérebro. Veremos que cada abordagem fornece uma perspectiva própria sobre a categorização, e que todos as três juntas fornecem uma explicação mais completa da categorização do que qualquer abordagem isolada.

Propriedades básicas dos conceitos e das categorias

Consideramos as seguintes perguntas sobre as propriedades básicas das categorias:

➤ Como diferentes objetos, eventos ou ideias são atribuídos a uma categoria específica?
➤ Como as categorias podem ser definidas?
➤ Por que dizemos que "nem todas as coisas nas categorias são criadas iguais"?

▶ Como os objetos são inseridos nas categorias?

Uma abordagem consagrada pelo tempo para determinar as características de um objeto é consultar sua definição. Começamos descrevendo como psicólogos cognitivos mostraram que essa "abordagem definicional" para classificar objetos em categorias não funciona. Em seguida, discutimos outra abordagem, que se baseia na determinação da similaridade de um objeto em relação a outros objetos em uma categoria.

Por que as definições não funcionam para categorias?

De acordo com a **abordagem definicional da categorização**, podemos decidir se algo é membro de uma categoria determinando se um objeto atende à definição da categoria. As definições funcionam bem para algumas coisas, como objetos geométricos. Portanto, definir um quadrado como "uma figura plana com quatro lados iguais, com todos os ângulos internos iguais" funciona. Contudo, para a maioria dos objetos naturais (como pássaros, árvores e plantas) e muitos objetos feitos pelo homem (como cadeiras), as definições não funcionam tão bem.

O problema é que nem todos os membros das categorias cotidianas têm as mesmas características. Portanto, embora o que dicionários definam uma cadeira como "uma peça de mobiliário que consiste em um assento, pernas, encosto e, muitas vezes, braços, projetada para acomodar uma pessoa" possa parecer razoável, existem objetos que chamamos "cadeiras" que não atendem essa definição. Por exemplo, embora os objetos nas **Figuras 9.2a** e **9.2b** fossem classificados como cadeiras por essa definição, aqueles nas **Figuras 9.2c** e **9.2d** não são. A maioria das cadeiras pode ter pernas e encosto, como especificado na definição, mas a maioria das pessoas ainda chamaria a mobília em forma de disco na Figura 9.2 de cadeira, e poderia ir mais longe e afirmar que a formação rochosa na Figura 9.2d está sendo usada como uma cadeira.

Figura 9.2 Objetos diferentes, todas as "cadeiras" possíveis.

O filósofo Ludwig Wittgenstein (1953) notou esse problema com definições e ofereceu uma solução:

Considere, por exemplo, os procedimentos que chamamos "jogos". Quero dizer jogos de tabuleiro, jogos de cartas, jogos com bola, jogos olímpicos etc. Pois, se olhar para eles, você não verá algo em comum a todos, mas sim semelhanças, relacionamentos e toda uma série deles nessa definição. Não consigo pensar em nenhuma expressão melhor para caracterizar essas similaridades do que "semelhanças de família".

Wittgenstein propôs a ideia de **semelhança de família** para lidar com o problema de que as definições muitas vezes não incluem todos os membros de uma categoria. A semelhança de família refere-se à ideia de que as coisas em uma categoria específica se parecem de várias maneiras. Assim, em vez de estabelecer critérios claros e distintos que todos os membros de uma categoria devem atender, a abordagem da semelhança de família permite alguma variação em uma categoria. Cadeiras podem ter muitos tamanhos e formas diferentes e podem ser feitas de materiais diferentes, mas cada cadeira se assemelha a outras cadeiras de alguma maneira. Analisando a associação da categoria desse modo, podemos ver que a cadeira na Figura 9.2a e a cadeira na Figura 9.2c têm em comum o fato de oferecerem um lugar para sentar, uma maneira de apoiar as costas de uma pessoa e talvez um lugar para descansar os braços enquanto está sentado.

Em uma série de experimentos iniciados na década de 1970, Eleanor Rosch e colaboradores usaram a ideia da semelhança de família como ponto de partida para experimentos que investigavam a natureza básica das categorias. Uma das primeiras ideias a emergir desses experimentos é a ideia de protótipos.

A abordagem de protótipo: encontrando o caso médio

De acordo com a **abordagem de protótipo para categorização**, a associação em uma categoria é determinada comparando o objeto a um protótipo que representa a categoria. Um **protótipo** é um membro "típico" da categoria.

O que é um membro típico de uma categoria? Eleanor Rosch (1973) propôs que o protótipo "típico" baseia-se na média dos membros de uma categoria que são comumente experimentados. Por exemplo, o protótipo para a categoria "pássaros" pode basear-se em alguns dos pássaros que comumente vemos, como pardais, tordos e gaios-azuis, mas não necessariamente se parece exatamente com nenhum deles. Portanto, o protótipo não é um membro real da categoria, mas uma representação "média" da categoria (**Figura 9.3**).

Claro, nem todos os pássaros se parecem com tordos, gaios-azuis ou pardais. Corujas, urubus e pinguins também são pássaros. Rosch descreve essas variações nas categorias como representando diferenças na **tipicidade**. Alta tipicidade significa que um membro da categoria se parece muito com o protótipo da categoria (é como um membro "típico" da categoria). Baixa tipicidade significa que o membro da categoria não se parece muito com um membro típico da categoria. Rosch (1975a) quantificou essa ideia apresentando aos participantes um título da categoria, como "pássaro" ou "mobília", e uma lista de cerca de 50 membros da categoria. A tarefa dos participantes era avaliar até que ponto cada membro representava o título da categoria em uma escala de 7 pontos, com uma classificação de 1 significando que o membro é um bom exemplo do que é a categoria e uma classificação de 7 significando que o membro se encaixa mal na categoria ou não é membro.

Os resultados para alguns dos objetos em duas categorias diferentes são mostrados na **Figura 9.4**. A classificação de 1,18 para o pardal reflete o fato de que a maioria das pessoas considera um pardal um bom exemplo de pássaro (**Figura 9.4a**). As classificações de 4,53 para pinguins e 6,15 para morcegos refletem o fato de que pinguins e morcegos não são considerados bons exemplos de pássaros. Da mesma forma, cadeira e sofá (avaliação = 1,04) são considerados exemplos muito bons de móveis, mas espelho (4,39) e telefone (6,68) são exemplos ruins (**Figura 9.4b**). A ideia de que um pardal é um exemplo melhor de "pássaro" do que um pinguim ou um morcego não é muito surpreendente. Contudo, Rosch foi além desse resultado óbvio, realizando uma série de experimentos que demonstraram diferenças entre bons e maus exemplos de uma categoria.

Objetos prototípicos têm grande semelhança de família   Como exemplos bons e ruins de uma categoria se comparam a outros itens dentro da categoria? A demonstração a seguir baseia-se em um experimento feito por Rosch e Carolyn Mervis (1975).

Se você respondeu como os participantes no experimento de Rosch e Mervis, você atribuiu muitas das mesmas características à cadeira e ao sofá. Por exemplo, cadeiras e sofás compartilham as características de que possuem pernas, encosto, você se senta neles, podem ter almofadas etc. Quando as características de um item possuem uma grande quantidade de sobreposição com as características de muitos outros itens em uma categoria, isso significa que a semelhança de família desses itens é alta. No entanto, quando consideramos espelho e telefone, descobrimos que há muito menos sobreposição, embora ambos tenham sido classificados por Rosch e Mervis como "mobiliário" (Figura 9.4b). Pouca sobreposição com outros membros de

---

DEMONSTRAÇÃO Semelhança de família

As instruções de Rosch e Mervis (1975) foram: para cada um dos objetos comuns a seguir, listar o máximo de características e atributos possível para que você sinta que são comuns a esses objetos. Por exemplo, as características comuns para bicicletas são duas rodas, pedais, guidão, você anda nelas, elas não usam combustível etc. Reserve um minuto para anotar as características de cada um dos seguintes itens:

1. cadeira   3. sofá
2. espelho   4. telefone

▶ **Figura 9.3** Três pássaros reais — um pardal, um tordo e um gaio-azul — e um pássaro "protótipo" que é a representação média da categoria "pássaros".

uma categoria significa que a semelhança de família é baixa.

Rosch e Mervis concluíram valendo-se dos resultados que existe uma forte relação entre semelhança de família e prototipicidade. Assim, bons exemplos da categoria "mobiliário", como cadeira e sofá, compartilham muitos atributos com outros membros dessa categoria; exemplos fracos, como espelho e telefone, não compartilham. Além da conexão entre prototipicidade e semelhança de família, os pesquisadores determinaram algumas outras conexões entre prototipicidade e comportamento.

Afirmações sobre objetos prototípicos são verificadas rapidamente   Edward Smith e colaboradores (1974) usaram um procedimento chamado **técnica de verificação de sentenças** para determinar a rapidez com que as pessoas poderiam responder a perguntas sobre a categoria de um objeto.

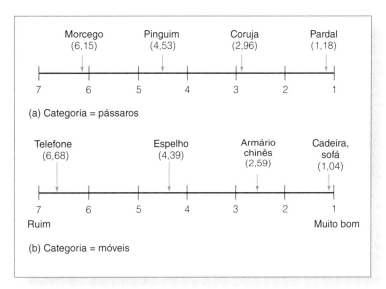

➤ Figura 9.4 Resultados do experimento de Rosch (1975a), em que os participantes julgavam objetos em uma escala de 1 (bom exemplo de uma categoria) a 7 (exemplo ruim): (a) avaliações para pássaros; (b) avaliações para móveis.

MÉTODO   Técnica de verificação de sentenças

O procedimento para a técnica de verificação de sentenças é simples. Os participantes são apresentados a afirmações e são solicitados a responder "sim" se acharem que a afirmação é verdadeira e "não" se acharem que não é. Tente você mesmo nas afirmações a seguir:

Uma maçã é uma fruta.

Uma romã é uma fruta.

Quando Smith e colaboradores (1974) usaram essa técnica, eles descobriram que os participantes respondiam mais rápido a objetos com alta prototipicidade (como maçã para a categoria "fruta") do que para objetos com baixa prototipicidade (como romã; **Figura 9.5**). Essa capacidade de julgar objetos altamente prototípicos mais rapidamente chama-se **efeito da tipicidade**.

Objetos prototípicos são nomeados primeiro   Quando os participantes são solicitados a listar o maior número possível de objetos em uma categoria, eles tendem a listar os membros mais prototípicos da categoria primeiro (Mervis et al., 1976). Assim, para "pássaros", pardal seria nomeado antes de pinguim.

Objetos prototípicos são mais afetados pela pré-ativação   A **pré-ativação** ocorre quando a apresentação de um estímulo facilita a resposta a um estímulo que normalmente ocorre logo a seguir no tempo (ver

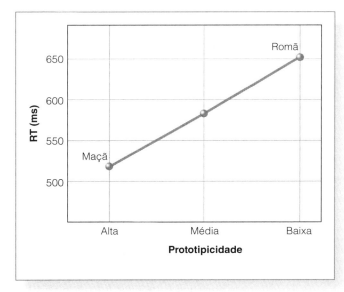

➤ Figura 9.5 Resultados do experimento de verificação de sentenças de E. E. Smith et al. (1974). O tempo de reação (TR) foi mais rápido para objetos com classificação mais alta na prototipicidade.

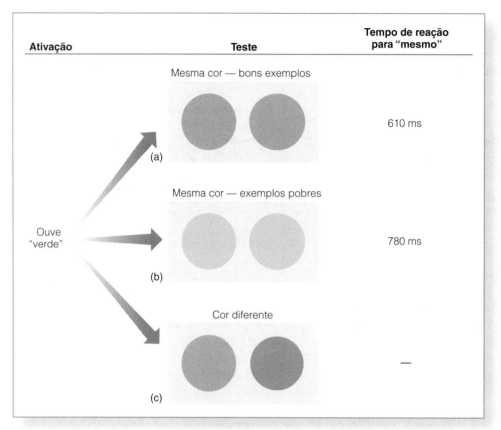

> Figura 9.6 Procedimento para o experimento de pré-ativação de Rosch (1975b). Os resultados para as situações em que as cores de teste eram iguais são mostrados à direita. (a) O protótipo "verde" da pessoa combina com o verde bom, mas (b) é uma correspondência ruim para o verde-claro; (c) mostra a situação em que as cores eram diferentes. Esta imagem está disponível, em cores, no suplemento colorido, ao final do livro.

Capítulo 6). Rosch (1975b) demonstrou que os membros prototípicos de uma categoria são mais afetados por um estímulo de pré-ativação do que os membros não prototípicos. O procedimento para o experimento de Rosch é mostrado na Figura 9.6. Esta imagem está disponível, em cores, no suplemento colorido, ao final do livro. Os participantes ouviam a pré-ativação pela primeira vez, que era o nome de uma cor, como "verde". Dois segundos depois, eles viam um par de cores lado a lado e indicavam, pressionando uma tecla o mais rápido possível, se as duas cores eram iguais ou diferentes.

As cores lado a lado que os participantes viam depois de ouvir a pré-ativação eram correlacionadas de três maneiras diferentes: (1) as cores eram as mesmas e eram bons exemplos da categoria (vermelhos primários, azuis, verdes etc.; Figura 9.6a); (2) as cores eram iguais, mas eram exemplos ruins da categoria (versões menos brilhantes das cores boas, como azul-claro, verde-claro etc.; Figura 9.6b); (3) as cores eram diferentes, com as duas cores se originando de categorias diferentes (por exemplo, correlacionar vermelho com azul; Figura 9.6c).

O resultado mais importante ocorreu para os dois grupos "mesmo". Nessa situação, a pré-ativação resultava em julgamentos "iguais" mais rápidos para as cores prototípicas (boas) (tempo de reação, TR = 610 ms) do que para as cores não prototípicas (ruins) (TR = 780 ms). Assim, quando os participantes ouviam a palavra *verde*, eles julgavam duas manchas de verde primário como sendo o mesmo mais rapidamente do que duas manchas de verde-claro.

Rosch explica esse resultado da seguinte maneira: quando os participantes ouvem a palavra *verde*, eles imaginam um verde "bom" (altamente prototípico) (Figura 9.7a). O princípio por trás da pré-ativação é que ela facilitará a resposta dos participantes a um estímulo se ele contiver algumas das informações necessárias para responder ao estímulo. Isso aparentemente ocorre quando os verdes bons são apresentados no teste (Figura 9.7b), mas não quando os verdes ruins são apresentados (Figura 9.7c). Assim, os resultados dos experimentos de pré-ativação corroboram a ideia de que os participantes criam imagens dos protótipos em resposta aos nomes das cores. A Tabela 9.1 resume as várias maneiras como a prototipicidade afeta o comportamento.

A abordagem do protótipo à categorização, e em particular a pesquisa pioneira de Rosch, representou um grande avanço quanto à abordagem definicional porque forneceu uma abundância de evidências experimentais de que todos os itens dentro de uma categoria não são iguais. Outra abordagem à categorização, chamada *abordagem exemplar*, também leva em consideração a grande variação entre os itens que pertencem a uma categoria específica.

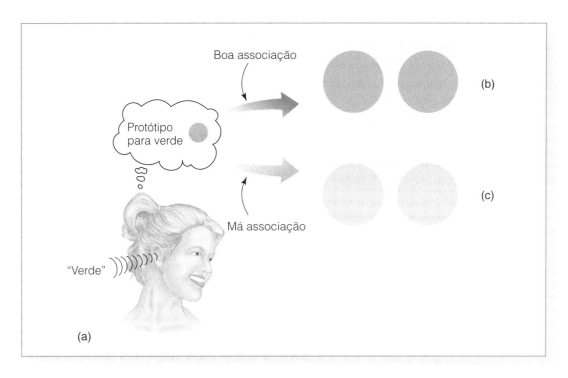

> Figura 9.7 Como Rosch explica a descoberta de que a pré-ativação resultou nos "mesmos" julgamentos mais rápidos para cores prototípicas do que para cores não prototípicas. Esta figura está disponível em cores, no suplemento colorido, ao final do livro.

Tabela 9.1 Alguns efeitos da prototipicidade

Efeito	Descrição	Resultado experimental
Semelhança de família	Coisas em uma categoria se parecem de várias maneiras.	Avaliações mais altas para itens de alto protótipo quando as pessoas avaliam como "bom" um membro da categoria (Rosch, 1975a).
Tipicidade	As pessoas reagem rapidamente aos membros de uma categoria que são "típicos" da categoria.	Tempo de reação mais rápido para afirmações como "O _____ é um pássaro" para itens de alta prototipagem (como tordo) do que para itens de baixa prototipagem (como avestruz) (Smith et al., 1974).
Nomeação	As pessoas são mais propensas a listar alguns objetos do que outros quando solicitadas a nomeá-los em uma categoria.	Itens de alta prototipagem são nomeados primeiro quando as pessoas listam exemplos de uma categoria (Mervis et al., 1976).
Pré-ativação	A apresentação de um estímulo afeta as respostas a um estímulo que se segue.	Julgamentos mais rápidos da mesma cor diferente para itens de alta prototipagem (Rosch, 1975b).

A abordagem exemplar: pensando em exemplos

A **abordagem exemplar da categorização**, assim como a abordagem de protótipo, envolve determinar se um objeto é semelhante a outros objetos. No entanto, enquanto o padrão para a abordagem de protótipo é um único membro "médio" da categoria, o padrão da abordagem exemplar envolve muitos exemplos, cada um chamado exemplar. **Exemplares** são membros reais da categoria que uma pessoa encontrou no passado. Assim, se uma pessoa encontrou pardais, tordos e gaios-azuis no passado, cada um deles seria um exemplo da categoria "pássaros".

A abordagem exemplar pode explicar muitos dos resultados de Rosch, que foram usados para corroborar a abordagem do protótipo. Por exemplo, a abordagem exemplar explica o efeito da tipicidade (em que os tempos de reação na tarefa de verificação de sentenças são mais rápidos para exemplos melhores de uma categoria do que para exemplos ruins) propondo que os objetos que são mais semelhantes a exemplares são classificados mais rapidamente. Assim, um pardal é semelhante a muitos exemplares de pássaros, por isso é classificado mais rápido do que um pinguim, que é semelhante a poucos exemplares de pássaros. Isso é basicamente o mesmo que a ideia da semelhança de família, descrita para protótipos, que afirma que objetos "melhores" terão maior semelhança de família.

Qual abordagem funciona melhor: protótipos ou exemplares?

Qual abordagem — protótipos ou exemplares — fornece uma descrição melhor de como as pessoas usam as categorias? Uma vantagem da abordagem exemplar é que, usando exemplos reais, ela pode levar em consideração mais facilmente casos atípicos, como pássaros que não voam. Em vez de comparar um pinguim a um pássaro "normal", lembramos que existem alguns pássaros que não voam. Essa capacidade de levar em consideração casos individuais significa que a abordagem exemplar não descarta informações que possam ser úteis posteriormente. Assim, pinguins, avestruzes e outras aves que não são típicas podem ser representadas como exemplares, em vez de se perderem na média geral que cria um protótipo. A abordagem exemplar também pode lidar mais facilmente com categorias variáveis, como jogos. Ainda que seja difícil imaginar o que o protótipo pode ser para uma categoria que contém futebol, jogos de computador, paciência, jogo de bolinhas de gude e golfe, a abordagem exemplar requer apenas que lembremos alguns desses exemplos variados.

Alguns pesquisadores concluíram que as pessoas podem usar ambas as abordagens. Foi proposto que, à medida que aprendemos inicialmente uma categoria, podemos calcular a média de exemplares em um protótipo; então, mais tarde na aprendizagem, algumas das informações exemplares tornam-se mais fortes (Keri et al., 2002; Malt, 1989). Portanto, no início da aprendizagem, seríamos ineficientes em levar em consideração "exceções" como avestruzes ou pinguins, mas posteriormente, exemplares para esses casos seriam adicionados à categoria. Em geral, sabemos o que são gatos — o protótipo — mas conhecemos melhor nosso próprio gato específico — um exemplo (Minda e Smith, 2001; Smith e Minda, 2000). Uma pesquisa recente considerando as virtudes tanto de protótipos como de exemplares termina com a seguinte conclusão: "Os dois tipos de informação funcionam juntos para produzir nosso rico estoque de conhecimento conceitual, permitindo que cada tipo de conhecimento explique as tarefas que são mais adequadas para ele" (Murphy, 2016).

 ## Existe um nível psicologicamente "básico" das categorias?

Ao considerar as abordagens de protótipos e exemplares, usamos exemplos de categorias como "mobília", que contém membros como camas, cadeiras e mesas. No entanto, como podemos ver na **Figura 9.8a**, a categoria "cadeiras" pode conter categorias menores como cadeiras de cozinha e cadeiras de sala de jantar. Esse tipo de organização, em que categorias maiores e mais gerais são divididas em categorias menores e mais específicas, criando vários níveis de categorias, chama-se **organização hierárquica**.

Uma pergunta que os psicólogos cognitivos fizeram sobre essa organização é se existe um nível "básico" que é mais psicologicamente básico ou importante do que os outros níveis. A pesquisa que vamos descrever indica que, embora seja possível demonstrar que existe um nível básico de categorias com propriedades psicológicas especiais, o nível básico pode não ser o mesmo para todo mundo. Começamos descrevendo a pesquisa de Rosch, em que ela introduziu a ideia de categorias de nível básico.

Abordagem de Rosch: o que há de especial nas categorias de nível básico?

A pesquisa de Rosch começa com a observação de que existem diferentes níveis de categorias, variando de geral (como "móveis") a específicos (como "mesa de cozinha"), como mostrado na Figura 9.8, e que, quando as pessoas usam categorias, elas tendem a se concentrar em um desses níveis. Ela distinguiu três níveis de categorias: (1) o **nível superior**, que chamaremos **nível global** (por exemplo, "móveis"); (2) o **nível básico** (por exemplo, "mesa"); e (3) o **nível subordinado**, que chamaremos **nível específico** (por exemplo, "mesa de cozinha"). A demonstração "Listando características comuns" ilustra algumas características dos diferentes níveis.

Se você respondeu como os participantes do experimento de Rosch e colaboradores (1976), que receberam a mesma tarefa, você listou apenas algumas características que eram comuns a todos os móveis, mas muitas características que eram compartilhadas por todas as mesas e por todas as mesas da cozinha. Os participantes do experimento de Rosch listavam uma média de 3 características comuns para a categoria de nível global "móveis", 9 para categorias de nível básico, como "mesa" e 10,3 para as categorias de nível específico, como "mesa de cozinha" (**Figura 9.9**).

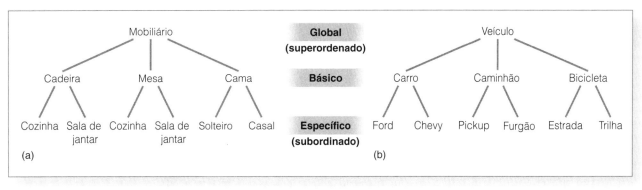

> Figura 9.8 Níveis das categorias para (a) móveis e (b) veículos. Rosch forneceu evidências para a ideia de que o nível básico é "psicologicamente privilegiado".

DEMONSTRAÇÃO Listando características comuns

Essa demonstração é uma repetição da tarefa que você fez na demonstração sobre semelhança de família na p. 250, mas com categorias diferentes. Para as categorias a seguir, liste o maior número possível de características que seriam comuns a todos ou à maioria dos objetos na categoria. Por exemplo, para "mesa", você pode listar "tem pernas".

1. móveis
2. mesa
3. mesa de cozinha

Rosch propôs que o nível básico é psicologicamente especial porque acima dele (para o global) resulta em uma grande perda de informações (9 características no nível básico *versus* 3 no nível global) e abaixo dele (para o específico) resulta em pouco ganho de informações (9 características *versus* 103). Eis outra demonstração que é relevante para a ideia de um nível básico.

Que nomes você atribuiu a cada objeto? Quando Rosch e colaboradores (1976) fizeram um experimento semelhante, descobriram que as pessoas tendiam a escolher um nome no nível básico. Eles disseram *guitarra* (nível básico) em vez de *instrumento musical* (global) ou *guitarra de rock* (específico), *peixe* em vez de *animal* ou *truta* e *calças* em vez de *roupas* ou *jeans*.

Em outro experimento, Rosch e colaboradores mostraram aos participantes um rótulo de categoria, como *carro* ou *veículo* e, em seguida, após um breve atraso, apresentaram uma imagem. A tarefa dos participantes era indicar, o mais rápido possível, se a imagem fazia parte da categoria. Os resultados mostraram que eles realizavam essa tarefa mais rapidamente para categorias de nível básico (como carro) do que para categorias de nível global (como veículo). Assim, eles respondiam "sim" mais rapidamente quando a imagem de um automóvel fosse precedida pela palavra *carro* do que quando a imagem fosse precedida pela palavra *veículo*.

Como o conhecimento pode afetar a categorização?

Os experimentos de Rosch, realizados com universitários, mostraram que existe um nível de categoria, que ela chamou "básico", que reflete a experiência cotidiana dos universitários. Isso foi demonstrado por muitos pesquisadores além de Rosch. Assim, quando J. D. Coley e colaboradores (1997) pediram que alunos de graduação da Northwestern University nomeassem, o mais especificamente possível, 44 plantas diferentes em uma caminhada pelo campus, 75% das respostas usavam rótulos como "árvore", em vez de rótulos mais específicos como "carvalho".

NÍVEL	EXEMPLO	NÚMERO DE RECURSOS COMUNS
Global	Mobiliário	3
Básico	Mesa	9
Específico	Mesa da cozinha	10,3

Perde muita informação.
Obtém só um pouco de informação.

> Figura 9.9 Níveis de categoria, exemplos de cada nível e número médio de características comuns listadas pelos participantes no experimento de Rosch et al. (1976).

DEMONSTRAÇÃO Nomeando coisas

Analise a **Figura 9.10** e, o mais rápido possível, anote ou diga uma palavra que identifique cada imagem.

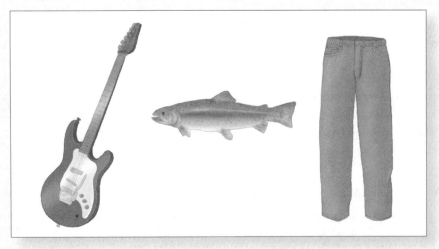

> Figura 9.10 Estímulos para a demonstração, Nomeando coisas.

Contudo, em vez de pedir que os alunos de graduação nomeassem plantas, e se Coley tivesse levado um grupo de horticultores pelo campus? Você acha que eles teriam dito "árvore" ou "carvalho"? Um experimento de James Tanaka e Marjorie Taylor (1991) fez uma pergunta semelhante sobre pássaros. Eles pediram que leigos e especialistas em pássaros nomeassem imagens de objetos. Havia objetos de muitas categorias diferentes (ferramentas, roupas, flores etc.), mas Tanaka e Taylor estavam interessados em como os participantes respondiam às quatro imagens de pássaros.

Os resultados (**Figura 9.11**) mostram que os especialistas respondiam especificando as espécies de pássaros (tordo, pardal, gaio ou cardeal), mas os leigos respondiam dizendo "pássaro". Aparentemente, os especialistas aprenderam a prestar atenção nas características das aves que os leigos desconheciam. Assim, para entender completamente como as pessoas categorizam objetos, precisamos considerar não apenas as propriedades dos objetos, mas também o aprendizado e a experiência das pessoas que percebem esses objetos (ver também Johnson e Mervis, 1997).

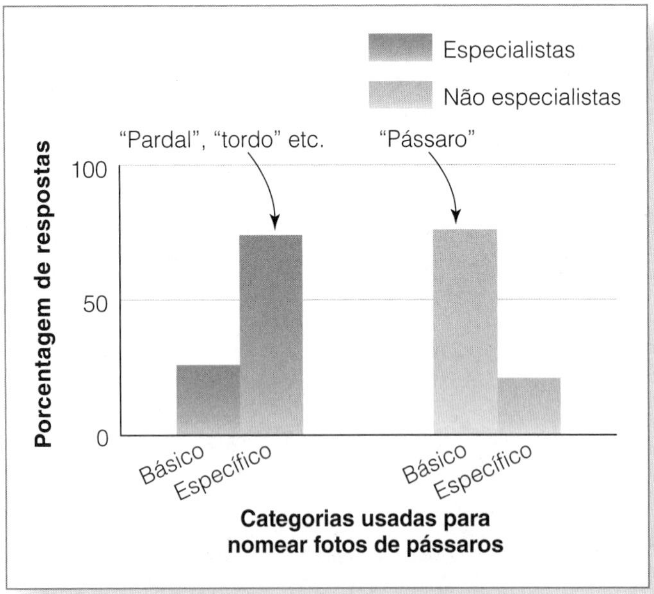

Levando-se em conta o resultado do experimento com pássaros de Tanaka, podemos supor que um horticultor caminhando pelo campus provavelmente rotularia as plantas de forma mais específica do que as pessoas que tinham pouco conhecimento específico sobre plantas. Na verdade, os membros da cultura Itzaj da Guatemala, que vivem em contato próximo com o ambiente natural, chamam a árvore carvalho de "carvalho", não de "árvore" (Coley et al., 1997).

Portanto, o nível que é "especial" — significando que as pessoas tendem a se concentrar nele — não é o mesmo para todo mundo. Geralmente, as pessoas com mais conhecimento e familiaridade com uma categoria específica tendem a focalizar as informações mais específicas que Rosch associou ao nível específico. Esse resultado não surpreende, porque nossa capacidade de categorizar é aprendida com a experiência e depende de quais objetos normalmente encontramos e a quais características desses objetos prestamos atenção.

> Figura 9.11 Resultados do experimento "especialista" de Tanaka e Taylor (1991). Especialistas (par de barras à esquerda) usavam categorias mais específicas para nomear pássaros, enquanto os não especialistas (par de barras à direita) usavam categorias mais básicas.

TESTE VOCÊ MESMO 9.1

1. Por que o uso de categorias é tão importante para o nosso funcionamento do dia a dia?
2. Descreva a abordagem definicional das categorias. Por que ela inicialmente parece ser uma boa maneira de pensar sobre categorias, mas então se torna problemática ao considerar os tipos de objetos que podem constituir uma categoria?
3. O que é a abordagem de protótipo? Que experimentos Rosch fez que demonstraram conexões entre prototipicidade e comportamento?
4. O que é a abordagem exemplar para categorização? Como ela difere da abordagem de protótipo e como as duas abordagens podem funcionar juntas?
5. O que significa dizer que existem diferentes níveis dentro de uma categoria? Que argumentos Rosch apresentou para corroborar a ideia de que um desses níveis é "básico"? Como a pesquisa sobre categorização por especialistas levou a modificações nas ideias de Rosch sobre qual categoria é "básica"?

Modelos de rede da categorização

Consideramos as seguintes perguntas sobre a abordagem de rede à categorização:

➤ Como uma abordagem de rede precoce, chamada abordagem de rede semântica, utilizava redes de conceitos conectados para explicar como esses conceitos são organizados na mente?

➤ Como uma abordagem de rede mais atual chamada conexionismo descreve como as redes podem ser "treinadas" para reconhecer objetos específicos?

▶ Representando relacionamentos entre categorias: redes semânticas

Vimos que as categorias podem ser organizadas em uma hierarquia de níveis, de global (na parte superior) a específico (na parte inferior). Nesta seção, nossa principal preocupação é explicar uma abordagem a categorias que focaliza como as categorias ou conceitos são organizados na mente. A abordagem que vamos descrever, chamada **abordagem de rede semântica**, propõe que os conceitos sejam organizados em redes.

Introdução a redes semânticas: modelo hierárquico de Collins e Quillian

Um dos primeiros modelos de rede semântica baseava-se no trabalho pioneiro de Ross Quillian (1969), cujo objetivo era desenvolver um modelo computacional da memória humana. Descreveremos a abordagem de Quillian analisando uma versão simplificada de seu modelo proposto por Allan Collins e Quillian (1969).

A Figura 9.12 mostra a rede de Collins e Quillian. A rede consiste em nós conectados por elos. Cada nó representa uma categoria ou conceito, e os conceitos são inseridos na rede para que os conceitos relacionados sejam conectados. Além disso, várias propriedades são indicadas para cada conceito.

Os links que conectam os conceitos indicam como relacionam-se entre si na mente. Assim, o modelo mostrado na Figura 9.12 indica que há uma associação na mente entre *canário* e *pássaro*, e entre *pássaro* e *animal* (indicado pelos travessões ao longo dos links na Figura 9.12). É um **modelo hierárquico** porque consiste em níveis organizados de tal modo que conceitos mais específicos, como "canário" e "salmão", estão na parte inferior e os conceitos mais gerais em níveis mais altos.

Podemos ilustrar como essa rede funciona, e como propõe que o conhecimento sobre os conceitos é organizado na mente, considerando como iríamos recuperar as propriedades dos canários da rede. Começamos inserindo a rede no nó do conceito para "canário". Nesse nó, obtemos as informações de que um canário pode cantar e é amarelo. Para acessar informações adicionais sobre "canário", nós nos movemos para cima no link e descobrimos que um canário é um pássaro e que um pássaro tem asas, pode voar e tem penas. Subindo para outro nível, descobrimos que um canário também é um animal, que tem pele e pode se mover, e finalmente alcançamos o nível dos seres vivos, que informa que pode crescer e estar vivo.

Você pode se perguntar por que temos que passar de "canário" a "pássaro" para descobrir que um canário pode voar. Essa informação poderia ter sido inserida no nó canário, e então a saberíamos imediatamente. No entanto, Collins e Quillian propuseram que incluir "pode voar" no nó para cada pássaro (canário, tordo, abutre etc.) era ineficiente e ocuparia muito espaço de armazenamento. Assim, em vez de indicar as propriedades "pode voar" e "tem penas" para cada tipo de pássaro, essas propriedades são inseridas no nó para "pássaro" porque essa propriedade é válida para a maioria dos pássaros. Essa maneira de armazenar propriedades compartilhadas apenas uma vez em um nó de nível superior chama-se **economia cognitiva**.

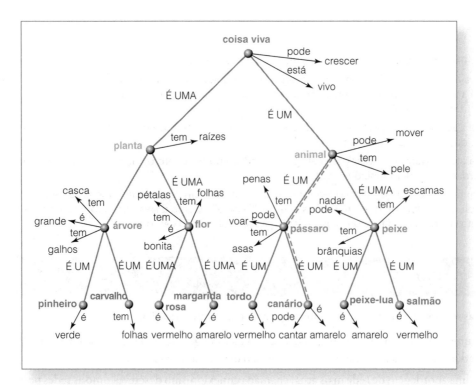

> **Figura 9.12** Rede semântica de Collins e Quillian (1969). Conceitos específicos são indicados em cores. As propriedades dos conceitos são indicadas nos nós de cada conceito. Propriedades adicionais de um conceito podem ser determinadas movendo-se para cima na rede, ao longo das linhas que conectam os conceitos. Por exemplo, passar de "canário" para "pássaro" indica que canários têm penas e asas e podem voar. As linhas tracejadas indicam a distância na rede do canário ao pássaro e do pássaro ao animal. Esta figura está disponível em cores, no suplemento colorido, ao final do livro. (Fonte: adaptado de T. T. Rogers e J. L. McClelland, 2004.)

Ainda que a economia cognitiva torne a rede mais eficiente, cria um problema porque nem todos os pássaros voam. Para lidar com esse problema e, ao mesmo tempo, obter as vantagens da economia cognitiva, Collins e Quillian adicionaram exceções nos nós inferiores. Por exemplo, o nó para "avestruz", que não é mostrado nessa rede, indicaria a propriedade "não pode voar".

Como os elementos dessa rede semântica correspondem ao funcionamento real do cérebro? As ligações e os nós que descrevemos não necessariamente correspondem a fibras nervosas ou locais específicos no cérebro. O modelo de Collins e Quillian não pretende espelhar a fisiologia, mas indicar como os conceitos e suas propriedades são associados na mente e fazer previsões sobre como recuperamos propriedades associadas a um conceito.

Pondo de lado qualquer conexão possível entre as redes semânticas e a fisiologia real, podemos perguntar qual é a precisão dessas previsões do modelo. Uma previsão é que o tempo que uma pessoa leva para recuperar informações sobre um conceito deve ser determinado pela distância que deve ser percorrida na rede. Assim, o modelo prevê que ao usar a técnica de verificação de sentenças, em que os participantes são solicitados a responder "sim" ou "não" a afirmações sobre conceitos (ver Método: técnica de verificação de sentenças, p. 251), deve demorar

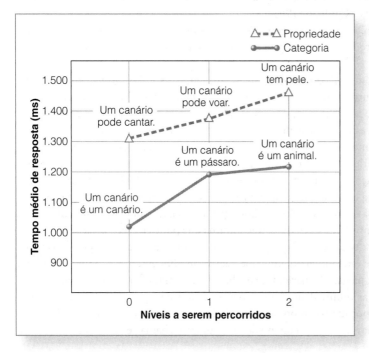

> **Figura 9.13** Resultados do experimento de Collins e Quillian (1969) que mediu os tempos de reação a afirmações que envolviam percorrer distâncias diferentes na rede. Distâncias maiores estão associadas a tempos de reação mais longos, ao verificar declarações tanto sobre as propriedades dos canários (parte superior) como sobre as categorias das quais o canário é membro (parte inferior). (Fonte: A. M. Collins et al., 1969.)

mais tempo para responder "sim" à afirmação "Um canário é um animal" do que a "Um canário é um pássaro". Essa previsão vem do fato, indicado pelas linhas tracejadas na Figura 9.12, de que é necessário percorrer os dois links para ir de "canário" a "animal", mas apenas um para chegar a "pássaro".

Collins e Quillian (1969) testaram essa previsão medindo o tempo de reação a algumas afirmações diferentes e obtiveram os resultados mostrados na **Figura 9.13**. Como previsto, as afirmações que exigiam um percurso maior para "canário" resultavam em tempos de reação mais longos.

Outra propriedade da teoria, que leva a previsões adicionais, é a propagação da ativação. **Propagação da ativação** é a atividade que se difunde ao longo de qualquer link conectado a um nó ativado. Por exemplo, mover-se pela rede de "tordo" a "pássaro" ativa o nó em "pássaro" e o link que usamos para ir de tordo a pássaro, como indicado pela seta cinza na **Figura 9.14**.

Contudo, de acordo com a ideia da propagação da ativação, essa ativação também se difunde para outros nós na rede, como indicado pelas linhas tracejadas. Assim, a ativação da via canário a pássaro ativa conceitos adicionais que estão conectados a "pássaro", como "animal" e outros tipos de pássaros. O resultado dessa propagação da ativação é que os conceitos adicionais que recebem essa ativação são "pré-ativados" e, portanto, podem ser recuperados mais facilmente da memória.

A ideia de que a propagação da ativação pode influenciar a pré-ativação foi estudada por David Meyer e Roger Schvaneveldt (1971) em um artigo publicado logo após a proposta do modelo de Collins e Quillian. Eles usaram um método chamado *tarefa de decisão lexical*.

Meyer e Schvaneveldt usaram uma variação da tarefa de decisão lexical, apresentando aos participantes pares de palavras, uma acima da outra, como mostrado abaixo:

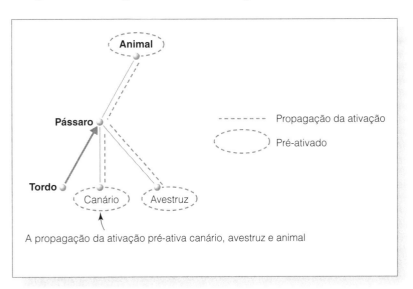

▶ Figura 9.14 Como a ativação pode se propagar por uma rede à medida que uma pessoa pesquisa de "tordo" a "pássaro" (seta). As linhas tracejadas indicam a ativação que se propaga a partir do nó pássaro ativado. Os conceitos nos círculos, que foram pré-ativados, são mais fáceis de recuperar da memória por causa da propagação da ativação.

Par 1	Par 2	Par 3	Par 4
Financiar	Manchar	Cadeira	Pão
Engolir	Vestido	Dinheiro	Trigo

MÉTODO Tarefa de decisão lexical

Na **tarefa de decisão lexical**, os participantes leem estímulos, alguns dos quais são palavras e outros não são palavras. A tarefa deles é indicar o mais rápido possível se cada entrada é uma palavra ou não. Por exemplo, a resposta correta para *bloog* seria "não" e para *bloat* seria "sim".

A tarefa dos participantes era pressionar, o mais rápido possível, a tecla "sim" quando ambos os itens eram palavras ou a tecla "não" quando pelo menos um item do par era uma não palavra. Assim, os pares 1 e 2 exigiam uma resposta "não" e os pares 3 e 4 exigiam uma resposta "sim".

A variável-chave nesse experimento era a associação entre os pares de palavras reais. Em alguns testes, as palavras estavam intimamente associadas (como pão e trigo), e em alguns testes, estavam fracamente associadas (cadeira e dinheiro). O resultado, mostrado na **Figura 9.15**, foi que o tempo de reação era mais rápido quando as duas palavras estavam associadas. Meyer e Schvaneveldt propuseram que isso pode ter ocorrido porque recuperar uma palavra da memória desencadeava uma propagação da ativação para outros locais próximos em uma rede. Como mais ativação propagaria-se para palavras que estavam relacionadas, a resposta às palavras relacionadas era mais rápida do que a resposta às palavras não relacionadas.

▶ **Figura 9.15** Resultados do experimento de Meyer e Schvaneveldt (1971). Os participantes responderam mais rápido para palavras que estavam mais intimamente associadas (barra esquerda).

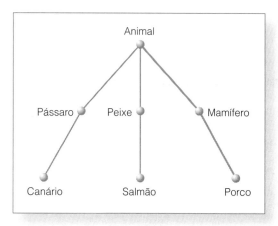

▶ **Figura 9.16** Rede semântica que mostra que "porco" está mais próximo de "mamífero" do que de "animal".

Críticas ao modelo de Collins e Quillian

Ainda que o modelo de Collins e Quillian tivesse sido corroborado pelos resultados de alguns experimentos, como o experimento do tempo de reação (Figura 9.13) e o de pré-ativação de Meyer e Schvaneveldt, não demorou muito para que outros pesquisadores questionassem a teoria. Eles apontaram que a teoria não conseguia explicar o efeito da tipicidade, no qual os tempos de reação para afirmações sobre um objeto são mais rápidos para membros mais típicos de uma categoria do que para membros menos típicos (Rips et al., 1973). Assim, a afirmação "Um canário é um pássaro" é verificada mais rapidamente do que "Um avestruz é um pássaro", mas o modelo prevê tempos de reação igualmente rápidos porque "canário" e "avestruz" estão ambos a um nó de "pássaro".

Os pesquisadores também questionaram o conceito de economia cognitiva por causa da evidência de que as pessoas podem, de fato, armazenar propriedades específicas dos conceitos (como "tem asas" para "canário") exatamente no nó desse conceito (Conrad, 1972). Além disso, Lance Rips e colaboradores (1973) obtiveram resultados de verificação de sentenças como o seguinte:

Um porco é um mamífero. TR = 1,476 ms
Um porco é um animal. TR = 1,268 ms

"Porco é um animal" é verificado mais rapidamente, mas, como podemos ver na rede na **Figura 9.16**, o modelo de Collins e Quillian prevê que "Porco é um mamífero" deve ser verificado mais rapidamente porque uma conexão leva diretamente de "porco" para "mamífero", mas precisamos percorrer um link além do nó "mamífero" para chegar a "animal". Resultados de verificação de sentenças como esses, além de outras críticas à teoria, levaram os pesquisadores a buscar maneiras alternativas de usar redes para descrever como os conceitos são organizados (Glass e Holyoak, 1975; Murphy et al., 2012) e, por fim, na década de 1980, à proposta de uma nova abordagem a redes, denominada *conexionismo*.

▶ A abordagem conexionista

A crítica às redes semânticas, combinada com avanços na compreensão de como a informação é representada no cérebro, levou ao surgimento de uma nova abordagem para explicar como o conhecimento é representado na mente. Em dois volumes, ambos intitulados *Parallel Distributed Processing: Explorations in the Microstructure of Cognition* (McClelland e Rumelhart, 1986; Rumelhart e McClelland, 1986), James McClelland e David Rumelhart propuseram uma nova abordagem chamada *conexionismo*. Essa abordagem é defendida por muitos pesquisadores porque (1) é inspirada em como a informação é representada no cérebro; e (2) pode explicar algumas descobertas, incluindo como os conceitos são aprendidos e como lesões cerebrais afetam o conhecimento das pessoas sobre os conceitos.

O que é um modelo conexionista?

Conexionismo é uma abordagem para criar modelos de computador a fim de representar processos cognitivos. Vamos focalizar os modelos conexionistas projetados para representar conceitos. Esses modelos também são chamados modelos de **processamento paralelo distribuído** (**PPD**) porque, como veremos mais adiante, eles propõem que os conceitos são representados por atividades distribuídas em uma rede.

Um exemplo de uma **rede conexionista** simples é mostrado na **Figura 9.17**. Os círculos são **unidades**. Essas unidades são inspiradas nos neurônios encontrados no cérebro. Como veremos, os conceitos e suas propriedades são representados na rede pelo padrão de atividade ao longo dessas unidades.

As linhas são conexões que transferem informações entre as unidades e são aproximadamente equivalentes aos axônios no cérebro. Como os neurônios, algumas unidades podem ser ativadas por estímulos do ambiente, e outras podem ser ativadas por sinais recebidos de outras unidades. As unidades ativadas por estímulos do ambiente (ou estímulos apresentados pelo pesquisador) são **unidades de entrada**. Na rede simples ilustrada aqui, as unidades de entrada enviam sinais para **unidades ocultas**, que enviam sinais para as **unidades de saída**.

Uma característica adicional de uma rede conexionista são os pesos de conexão. Um **peso de conexão** determina como os sinais enviados de uma unidade aumentam ou diminuem a atividade da próxima unidade. Esses pesos correspondem ao que acontece em uma sinapse que transmite sinais de um neurônio para outro (Figura 2.4, p. 25). No Capítulo 7, vimos que algumas sinapses podem transmitir sinais com mais força do que outras e, portanto, causar uma alta taxa de disparos no próximo neurônio (Figura 7.12, p. 195). Outras sinapses podem causar uma diminuição na taxa de disparos do próximo neurônio. Os pesos de conexão em uma rede conexionista funcionam da mesma maneira. Pesos de conexão altos resultam em uma forte tendência de estimular a próxima unidade, pesos mais baixos causam menos estimulação e pesos negativos podem diminuir a estimulação ou inibir a ativação da unidade receptora. A ativação de unidades em uma rede, portanto, depende de duas coisas: (1) o sinal que se origina nas unidades de entrada e (2) os pesos de conexão por toda a rede.

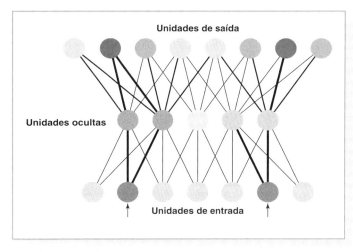

▶ Figura 9.17 Uma rede de processamento paralelo distribuído (PPD) mostrando unidades de entrada, unidades ocultas e unidades de saída. Os estímulos de entrada, indicados pelas setas, ativam as unidades de entrada e os sinais viajam pela rede, ativando as unidades ocultas e de saída. A atividade das unidades é indicada pelo sombreamento, com o sombreamento mais escuro e linhas conectoras mais pesadas indicando mais atividade. Os padrões da atividade que ocorrem nas unidades ocultas e de saída são determinados pela atividade inicial das unidades de entrada e pelos pesos de conexão que determinam com que intensidade uma unidade será ativada pela atividade de entrada. Pesos de conexão não são mostrados nesta figura. Esta figura está disponível, em cores, no suplemento colorido, ao final do livro.

Na rede da Figura 9.17, duas das unidades de entrada estão recebendo estímulos. A ativação de cada uma das unidades ocultas e de saída é indicada pelo sombreamento, com sombreamento mais escuro indicando mais ativação. Essas diferenças na ativação, e o padrão da atividade que criam, são responsáveis por um princípio básico do conexionismo: um estímulo apresentado às unidades de entrada é representado pelo *padrão da atividade* que é *distribuído pelas outras unidades*. Se isso soa familiar, é porque é semelhante às representações distribuídas no cérebro que descrevemos nos Capítulos 2 (p. 38) e 5 (p. 143). Agora que usamos a rede simples na Figura 9.17, vamos considerar como alguns conceitos específicos são representados na rede conexionista mais complexa mostrada na **Figura 9.18**.

Como os conceitos são representados em uma rede conexionista?

O modelo da Figura 9.18 foi descrito por James McClelland e Timothy Rogers (2003) para mostrar como diferentes conceitos e suas propriedades podem ser representados em uma rede conexionista. Ainda que esse modelo seja mais complexo do que o da Figura 9.17, ele tem componentes semelhantes: unidades, conexões e pesos de conexão (embora os pesos de conexão não sejam mostrados).

Representando um canário   Vamos primeiro comparar esse modelo com o modelo hierárquico de Collins e Quillian na Figura 9.12. A primeira coisa a observar é que os dois modelos lidam com os mesmos conceitos. Conceitos específicos, como "canário" e "salmão", mostrados em azul na Figura 9.12, são representados na extremidade esquerda como itens de conceito na Figura 9.18. Observe também que as propriedades dos conceitos são indicadas em ambas as redes pelas seguintes quatro afirmações de relação: "é um" (um canário é um pássaro); "é" (um canário é amarelo); "pode" (um canário pode voar); e "tem" (um canário tem asas). No entanto, enquanto a rede hierárquica na Figura 9.12 representa essas propriedades nos nós da rede, as redes conexionistas indicam essas propriedades por atividade nas unidades de atributos na extrema direita, e também pelo padrão da atividade na representação e unidades ocultas no meio do rede.

262 Psicologia cognitiva

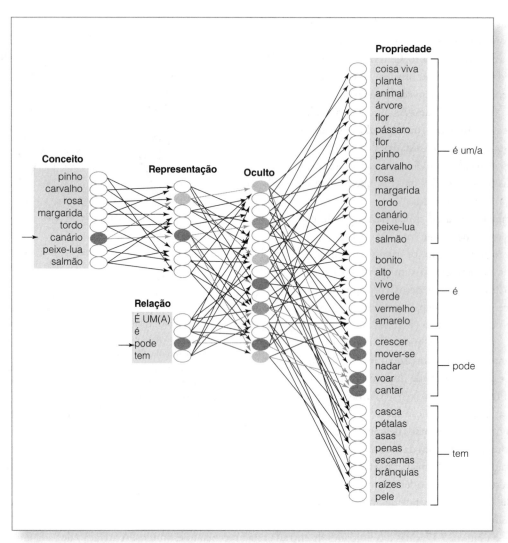

▶ **Figura 9.18** Uma rede conexionista. A ativação de uma unidade de item ("canário") e de uma unidade de relação (*pode*) faz com que a atividade percorra a rede que com o tempo resulta na ativação das unidades da propriedade *crescer, mover, voar* e *cantar*, associado a "canário pode". O sombreamento indica a atividade das unidades, com o sombreamento mais escuro indicando mais atividade. Observe que apenas algumas das unidades e conexões que seriam ativadas por "canário" e *pode* são mostradas como estando ativadas. Na rede real, muito mais unidades e conexões seriam ativadas.
(Fonte: T. T. Rogers e J. L. McClelland, 2004.)

A Figura 9.18 mostra que, quando ativamos o conceito "canário" e uma unidade de relação, *pode*, a ativação se propaga ao longo das conexões de "canário" e *pode* de tal modo que parte das unidades de representação são ativadas e algumas das unidades ocultas são ativadas. Os pesos de conexão, que não são mostrados, fazem com que algumas unidades sejam ativadas fortemente e outras mais fracamente, conforme indicado pelo sombreado das unidades. Se a rede estiver funcionando corretamente, esta ativação nas unidades ocultas ativa as unidades de propriedade *crescer, mover, voar* e *cantar*. O importante de toda essa atividade é que o conceito "canário" é representado pelo padrão de atividade de todas as unidades na rede.

Treinar uma rede De acordo com a descrição anterior, a resposta "Um canário pode..." é representada na rede pela ativação das unidades das propriedades mais o padrão de ativação da representação da rede e unidades ocultas. Contudo, de acordo com o conexionismo, essa rede teve de ser treinada para chegar a esse resultado.

Podemos avaliar a necessidade de treinamento considerando a **Figura 9.19**, que indica como a rede pode ter respondido antes de o treinamento ocorrer. Na rede não treinada, estimulando as unidades canário e *pode* envia a atividade para o restante da rede, com o efeito dessa ativação dependendo dos pesos de conexão entre as unidades.

Vamos supor que em nossa rede não treinada, todos os pesos de conexão sejam 1,0. Como os pesos de conexão são os mesmos, a atividade se propaga pela rede e os nós das propriedades como flor, pinho e casca, que não têm nada a ver com canários, são ativados. Para que a rede funcione adequadamente, os pesos de conexão devem ser ajustados de forma que a ativação da unidade do conceito "canário" e da unidade da relação *pode* ative apenas as unidades das propriedades *crescer, mover, voar* e *cantar*. Esse ajuste dos pesos é obtido por meio de um processo de aprendizagem. O processo de aprendizagem ocorre quando as respostas erradas nas unidades das propriedades fazem com que um **sinal de erro** seja enviado de volta pela rede, por um processo chamado **propagação reversa** (uma vez que os sinais são enviados *para trás* na rede a partir das unidades de propriedade). Os sinais de erro que são enviados de volta para as unidades ocultas e as unidades de representação fornecem informações sobre como os pesos de conexão devem ser ajustados para que as unidades de propriedade corretas sejam ativadas.

Para explicar a ideia por trás da ativação e propagação reversa, vamos considerar um exemplo comportamental. Uma criança está observando um tordo em um galho de árvore quando, de repente, ele voa para longe. Essa observação simples, que fortalece a associação entre "tordo" e *pode voar*, envolveria ativação. Contudo, se a criança visse um canário e dissesse "tordo", o pai da criança poderia corrigi-la e dizer "isso é um canário" e "tordos têm peitos vermelhos". A informação fornecida pelo pai é semelhante à ideia de feedback fornecido pela propagação reversa.

Assim, o aprendizado de uma criança sobre conceitos começa com poucas informações e algumas ideias incorretas, que são lentamente modificadas em resposta à observação do ambiente e ao feedback de outras pessoas. Da mesma forma, o aprendizado da rede conexionista sobre conceitos começa com pesos de conexão incorretos que resultam na ativação mostrada na Figura 9.19, que são modificados lentamente em resposta a sinais de erro para criar a rede funcionando corretamente na Figura 9.18.

Embora essa rede "instruída" possa funcionar bem com canários, o que acontece quando um tordo passa voando e pousa no galho de um pinheiro? Para ser útil, essa rede precisa representar não apenas canários, mas também tordos e pinheiros.

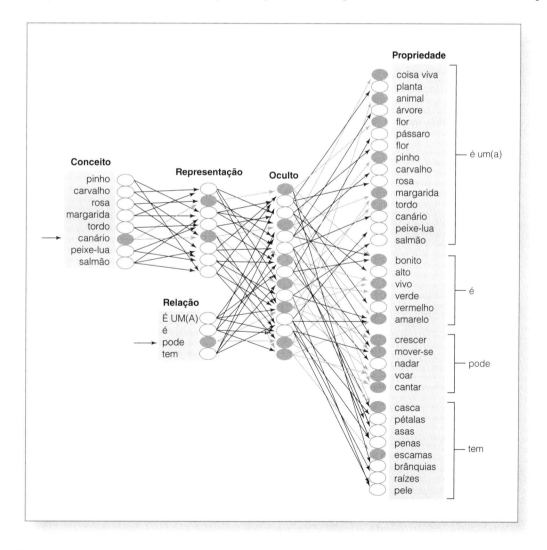

▶ Figura 9.19 Como a rede conexionista na Figura 9.18 pode responder antes do treinamento, quando todos os pesos de conexão são 1,0. Ver detalhes no texto.

Assim, para criar uma rede que pode representar muitos conceitos diferentes, a rede não é treinada apenas para "canário". Em vez disso, as apresentações de "canário" são intercaladas com apresentações de "tordo", "pinheiro" e assim por diante, com pequenas alterações nos pesos de conexão feitas após cada apresentação.

Podemos avaliar como esse processo de aprendizagem ocorre ao longo de muitas tentativas analisando os resultados de uma simulação por computador (McClelland e Rogers, 2003). A rede na Figura 9.18 foi apresentada com uma série de conceitos e afirmações de relação diferentes, um após o outro, e a atividade das unidades e os pesos de conexão entre as unidades foram calculados pelo computador. A Figura 9.20 indica a ativação das oito unidades de representação em resposta aos conceitos "canário", "rosa" e "margarida". No início do processo, o pesquisador definiu os pesos de conexão para que a atividade fosse aproximadamente a mesma em cada unidade (testes de aprendizagem = 0). Isso corresponde à ativação inicialmente fraca e indiferenciada que discutimos antes.

À medida que o aprendizado avançava, com cada conceito sendo apresentado um após o outro e o computador mudando os pesos ligeiramente após cada tentativa em resposta aos sinais de erro, os padrões foram ajustados, então, no Teste 250, os padrões para "canário" e "margarida" começam parecer diferentes. No Teste 2.500, é fácil dizer a diferença entre os padrões para "canário" e "margarida", enquanto as duas flores, "margarida" e "rosa", têm padrões semelhantes, mas ligeiramente diferentes.

Embora nossa descrição tenha sido baseada em uma rede conexionista específica, a maioria das redes tem propriedades semelhantes. As redes conexionistas são criadas por um processo de aprendizagem que molda as redes de forma que as informações sobre cada conceito estejam contidas no padrão distribuído da atividade ao longo de várias unidades.

Observe como essa operação da rede conexionista é diferente da operação da rede hierárquica de Collins e Quillian, na qual os conceitos e suas propriedades são representados pela ativação dos diferentes nós. A representação em uma rede conexionista é muito mais complexa, envolvendo muito mais unidades para cada conceito, mas também é muito mais parecida com o que acontece no cérebro.

Devido à semelhança entre as redes conexionistas e o cérebro, e ao fato de que as redes conexionistas foram desenvolvidas para simular o funcionamento cognitivo normal para processos como processamento de linguagem, memória e desenvolvimento cognitivo (Rogers e McClelland, 2004; Seidenberg e Zevin, 2006), muitos pesquisadores acreditam que a ideia de que o conhecimento é representado por atividades distribuídas é muito promissora. Os resultados a seguir também corroboram a ideia do conexionismo:

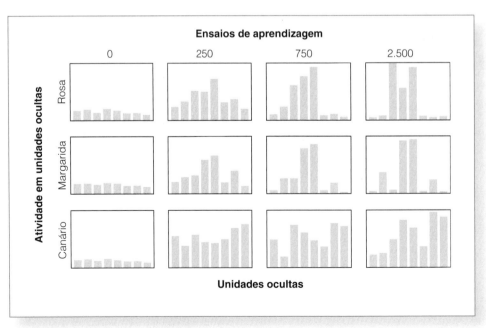

▶ Figura 9.20 Aprendizagem em uma rede conexionista. As barras representam a atividade nas oito unidades de representação. Observe como o padrão de ativação muda à medida que a aprendizagem avança.

(Fonte: adaptado de J. L. McClelland e T. T. Rogers, 2003.)

1. *O funcionamento das redes conexionistas não é totalmente interrompido por danos.* Como as informações na rede são distribuídas por muitas unidades, danos ao sistema não interrompem completamente sua operação. Essa propriedade, em que a interrupção do desempenho ocorre apenas gradualmente à medida que partes do sistema são danificadas, chama-se **degradação elegante**. É semelhante ao que costuma acontecer em casos reais de lesão cerebral, em que essa lesão só provoca perda parcial do funcionamento. Alguns pesquisadores sugeriram que estudar a maneira como as redes respondem a danos pode sugerir estratégias para a reabilitação de pacientes humanos (Farah et al., 1993; Hinton e Shallice, 1991; Olson e Humphreys, 1997; Plaut, 1996).
2. *As redes conexionistas podem explicar a generalização da aprendizagem.* Como conceitos semelhantes têm padrões semelhantes, treinar um sistema para reconhecer as propriedades de um conceito (como "canário") também fornece informações sobre outros conceitos relacionados (como "tordo" ou "pardal"). Isso é semelhante à maneira como realmente aprendemos os conceitos, porque aprender sobre canários permite prever propriedades de diferentes tipos de pássaros que nunca vimos (ver McClelland et al., 1995).

Embora pesquisas ativas sobre o conexionismo continue em muitos laboratórios, alguns pesquisadores apontam que há limites para o que as redes conexionistas podem explicar. Qualquer que seja o veredicto final sobre o conexionismo, essa abordagem estimulou muitas pesquisas, algumas das quais aumentaram nossa compreensão tanto da cognição normal quanto em como os danos cerebrais afetam a cognição. Na próxima seção, vamos nos concentrar ainda mais diretamente no cérebro, considerando pesquisas neuropsicológicas e imagens cerebrais sobre como os conceitos são representados no cérebro.

TESTE VOCÊ MESMO 9.2

1. Qual é a ideia básica por trás da abordagem da rede semântica de Collins e Quillian? Qual é o objetivo dessa abordagem, e como a rede criada por Collins e Quillian alcançou esse objetivo?
2. Quais são as evidências a favor e contra o modelo de Collins e Quillian?
3. O que é uma rede conexionista? Descreva como uma rede conexionista aprende, considerando especificamente o que acontece com os pesos de conexão.
4. Como as informações são representadas em uma rede conexionista diferem de como são representadas em uma rede semântica?
5. Como as redes conexionistas são afetadas por danos? Como isso é semelhante ao que acontece em casos de lesão cerebral?
6. Como as redes conexionistas explicam a generalização da aprendizagem?

Como os conceitos são representados no cérebro

Consideramos as seguintes perguntas sobre como as categorias são representadas no cérebro:

➤ O que os resultados de pesquisas neuropsicológicas informam sobre onde as diferentes categorias são representadas no cérebro?

➤ Como essas pesquisas neuropsicológicas levaram a vários modelos diferentes que explicam como as categorias são organizadas no cérebro?

➤ O que pesquisas de imagens cerebrais informam sobre como e onde as diferentes categorias são representadas no cérebro?

Tabela 9.2 A hipótese sensório-funcional

Informação relevante	Relevante para...	Déficit na capacidade de processar informações relevantes causa...
Sensório	Coisas vivas (Exemplo: um tigre tem listras)	Problemas para identificar coisas vivas
Funcional	Artefatos (Exemplo: um martelo bate pregos)	Problemas para identificar artefatos

▶ Quatro propostas sobre como os conceitos são representados no cérebro

As primeiras pesquisas sobre como os conceitos são representados no cérebro baseavam-se no estudo de pacientes cujas lesões cerebrais os levaram a perder a capacidade de compreender tipos específicos dos conceitos. Essas pesquisas levaram à proposta da hipótese sensório-funcional.

Hipótese sensório-funcional

Em um dos artigos clássicos da neuropsicologia, Elizabeth Warrington e Tim Shallice (1984) relataram quatro pacientes que sofreram perda de memória decorrente de encefalite. Esses pacientes tinham **comprometimento da memória específica para categorias** — um comprometimento no qual eles haviam perdido a capacidade de identificar um tipo de objeto, mas retinham a capacidade de identificar outros tipos de objetos. Especificamente, esses pacientes eram capazes de identificar não animais, como móveis e ferramentas, bem como frutas e vegetais, mas tinham capacidade prejudicada para identificar animais (**Figura 9.21**). (À medida que discutimos os vários casos a seguir, usaremos o termo *artefatos* para nos referirmos a coisas inanimadas, que incluiriam móveis e ferramentas.)

Para explicar por que esse comprometimento seletivo ocorreu, Warrington e Shallice avaliaram as propriedades que as pessoas usam para distinguir entre artefatos e coisas vivas. Eles notaram que a distinção das coisas vivas depende da percepção de suas características sensoriais. Por exemplo, distinguir entre um tigre e um leopardo depende da percepção de listras e manchas. Em comparação, artefatos têm mais probabilidade de serem distinguidos por sua função. Por exemplo, uma chave de fenda, um cinzel e martelo são ferramentas, mas são usados para diferentes propósitos (girar parafusos, entalhar e bater pregos) (**Tabela 9.2**).

A observação de que coisas vivas são distinguidas por propriedades sensoriais e artefatos por funções levou à **hipótese sensório-funcional (SF)**, que afirma que nossa capacidade de diferenciar coisas vivas e artefatos depende de um sistema de memória que distingue atributos sensoriais e um sistema que distingue funções.

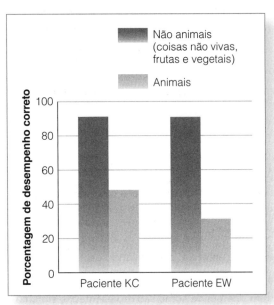

▶ **Figura 9.21** Desempenho em uma tarefa de nomeação para os pacientes K. C. e E. W., ambos com comprometimento de memória específico à categoria. Eles eram capazes de nomear corretamente imagens de coisas inanimadas (como carro e mesa) e frutas e vegetais (como tomate e pera), mas tinham um desempenho ruim quando solicitados a nomear imagens de animais. Esta figura está disponível, em cores, no suplemento colorido, ao final do livro.
(Fonte: B. Z. Mahon e A. Caramazza, 2009.)

Embora a hipótese SF explicasse o comportamento dos pacientes de Warrington e Shallice, além de dezenas de outros pacientes, os pesquisadores começaram a descrever casos que não podiam ser explicados por essa hipótese. Por exemplo, Matthew Lambon Ralph e colaboradores (1998) estudaram uma paciente que apresentava déficit sensorial — ela teve desempenho ruim em testes perceptuais — embora fosse melhor em identificar animais do que artefatos, o que é o oposto do que a hipótese SF prevê. Além disso, existem pacientes que são capazes de identificar dispositivos mecânicos, mesmo que tenham desempenho ruim para outros tipos de artefatos. Por exemplo, Hoffman e Lambon Ralph descrevem pacientes que têm compreensão insuficiente de pequenos artefatos como ferramentas, mas melhor conhecimento de artefatos maiores, como veículos (Cappa et al., 1998; Hillis et al., 1990; Warrington e McCarthy, 1987). Assim, "artefatos" não são uma categoria homogênea única como a hipótese SF levantou. Resultados como esses levaram vários pesquisadores a concluir que muitos efeitos da lesão cerebral não podem ser explicados pela simples distinção entre sensorial e funcional (Hoffman e Lambon, 2013).

Tabela 9.3 Estímulos de exemplo e perguntas usadas na experiência de Hoffman e Lambon Ralph (2013)

A. Alguns dos 160 itens apresentados aos participantes

Mamífero	Máquina	Roupas
Bicho de estimação	Veículo	Arma
Pássaro	Móveis	Ferramenta
Porta	Peixes	Frutas

B. Pergunta para os participantes

Quanto você associa (insira o item da lista acima) a um determinado ...

Cor	Paladar
Forma visual	Cheiro
Movimento	Tátil (toque)
Som	Ação realizada (na qual você interage com o objeto)

A abordagem de múltiplos fatores

A ideia da representação distribuída é uma característica central da **abordagem de múltiplos fatores**, que levou à busca de fatores além dos sensoriais e funcionais que determinam como os conceitos são divididos dentro de uma categoria. Podemos apreciar essa abordagem, fazendo a seguinte pergunta: suponha que comecemos com um grande número de itens selecionados de listas de diferentes tipos de animais, plantas e artefatos. Se quisesse organizá-los em termos da semelhança entre si, como você faria isso? Você pode organizá-los por forma, mas itens como lápis, chave de fenda, dedo de uma pessoa e salsicha podem ser agrupados. Ou, considerando apenas a cor, podemos acabar agrupando pinheiros, duendes e Caco, o Sapo. Embora seja verdade que membros de categorias específicas compartilham atributos perceptuais semelhantes, também é claro que precisamos usar mais do que apenas uma ou duas características ao agrupar objetos em termos de similaridade.

Pegando essa ideia como o ponto de partida, os pesquisadores selecionaram algumas características diferentes e pediram que os participantes avaliassem um grande número de itens em relação a essas características. Essa era a ideia por trás de um experimento feito por Paul Hoffman e Matthew Lambon Ralph (2013), que utilizaram 160 itens como os mostrados na Tabela 9.3a. A tarefa dos participantes era avaliar cada item nas características mostradas na Tabela 9.3b. Por exemplo, para o conceito "porta", seria perguntado ao participante: "Quanto você associa porta a uma cor específica (ou forma, ou movimento etc.)?". Os participantes atribuíram uma classificação de 7 para "muito fortemente" a 1 para "nem um pouco".

Os resultados, mostrados na Figura 9.22, indicam que animais foram mais associados a movimento e cor em comparação com os artefatos, e os artefatos foram mais associados às ações realizadas (ações associadas ao uso ou interação com um objeto). Esse resultado está de acordo com a hipótese SF, mas, quando Hoffman e Lambon Ralph analisaram os agrupamentos mais de perto, eles encontraram alguns resultados interessantes. Dispositivos mecânicos como máquinas, veículos e instrumentos musicais sobrepostos tanto com artefatos (envolvendo ações realizadas) como animais (envolvendo som e movimento). Por exemplo, instrumentos musicais são associados a ações específicas (como você usa-os para tocar), o que acontece com artefatos e também estão associados a propriedades sensoriais (a forma visual e os sons que criam), o que acontece com os animais. Assim, instrumentos musicais e alguns dispositivos mecânicos ocupam um meio-termo entre artefatos e coisas vivas, porque podem envolver tanto o conhecimento da ação como os atributos sensoriais.

Outro fator que os pesquisadores propuseram para diferenciar entre animais e artefatos é *crowding*, que se refere ao fato de que os animais tendem a compartilhar muitas propriedades (como olhos, pernas e a capacidade de se mover). Em comparação, artefatos como carros e barcos compartilham menos propriedades, exceto que ambos são veículos (Figura 9.23) (Rogers e Cox, 2015; Tyler e Moss 2001). Isso levou algumas pesquisas a propor que os pacientes que parecem ter deficiências específicas à categoria, como dificuldade para reconhecer coisas vivas, mas não artefatos, na verdade não têm nenhuma deficiência específica à categoria. Eles propõem que esses pacientes têm dificuldade em reconhecer coisas vivas porque para eles é difícil distinguir entre os itens que compartilham características semelhantes. De acordo com essa ideia, como animais tendem a ser mais semelhantes do que artefatos, esses pacientes acham animais mais difíceis de reconhecer (Cree e McRae, 2003; Lambon Ralph et al., 2007).

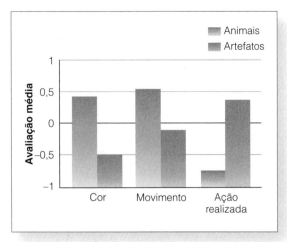

► **Figura 9.22** Como os participantes classificavam animais e artefatos quanto a cor, movimento e ações realizadas. Os animais têm melhor avaliação em termos de cor e movimento; artefatos têm melhor avaliação nas ações realizadas.

(Fonte: com base em dados em Hoffman e M. A. Lambon Ralph, 2013.)

A abordagem da categoria semântica

A **abordagem da categoria semântica** propõe que existem circuitos neurais específicos no cérebro para algumas categorias específicas. De acordo com Bradford Mahon e Alfonso Caramazza (2011), existe um número limitado de categorias que são inatamente determinadas por causa da sua importância para a sobrevivência. Essa ideia baseia-se na pesquisa que descrevemos no Capítulo 2, que identificou as áreas do cérebro que respondem a tipos específicos de estímulos, como faces, lugares e corpos. Além disso, descrevemos um experimento feito por Alex Huth e colaboradores (2012), que resultou no mapa na Figura 2.20 (p. 38), mostrando onde diferentes categorias são representadas no córtex. Este "mapa de categorias" foi determinado medindo as respostas de fMRI enquanto os participantes assistiam a filmes e determinando como os voxels individuais respondiam aos objetos nos filmes. Mas as categorias semânticas entram em jogo não apenas quando analisamos uma cena, mas também quando ouvimos alguém falando. Compreender a linguagem falada envolve não apenas conhecer as categorias concretas como coisas vivas, comida e lugares, mas os conceitos abstratos como sentimentos, valores e pensamentos.

Para criar um mapa baseado na linguagem falada, Huth e colaboradores (2016) usaram um procedimento semelhante ao do experimento anterior, mas em vez pedir que os participantes assistissem a filmes, eles pediram que ouvissem mais de duas horas de histórias da transmissão da *The Moth Radio Hour* (themoth.org) durante uma varredura cerebral. A **Figura 9.24a** mostra um mapa que se estende por uma grande área do córtex, que indica onde palavras específicas ativam o córtex. A **Figura 9.24b** aumenta o zoom para tornar algumas das palavras mais fáceis de ler. A **Figura 9.25** mostra o córtex codificado por cores para indicar onde diferentes categorias das palavras ativam o córtex. Por exemplo, a área clara na parte de trás do cérebro é ativada por palavras associadas à violência. As palavras que ativaram um único voxel nessa área estão indicadas à direita. As Figuras 9.24 e 9.25 estão disponíveis em cores, no suplemento colorido, ao final do livro. Outro voxel, que é ativado por palavras associadas a qualidades visuais, é mostrado na área verde perto do topo do cérebro. Um aspecto interessante dos resultados de Huth é que os mapas eram muito semelhantes para cada um dos sete participantes.

Embora a abordagem da categoria semântica concentre-se em áreas do cérebro que são especializadas para responder a tipos específicos de estímulos, ela também enfatiza que a resposta do cérebro a itens de uma categoria específica é distribuída

► **Figura 9.23** Alguns animais e veículos. Observe que os animais são mais semelhantes entre si do que os veículos. Essa maior semelhança dos animais chama-se *crowding*.

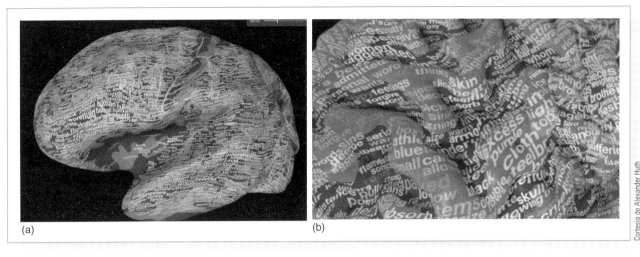

> Figura 9.24 Resultados do experimento de Huth et al. (2016) em que os participantes ouviam histórias em um scanner. (a) Palavras que ativaram diferentes locais no córtex. (b) Ampliação de uma área menor do córtex. Observe que uma área específica geralmente responde a várias palavras diferentes, como indicado na Figura 9.25. Esta figura está disponível em cores, no suplemento colorido, ao final do livro.

por várias áreas corticais diferentes (Mahon et al., 2007; Mahon e Caramazza, 2011). Portanto, a identificação de faces pode basear-se na atividade na área facial no lobo temporal (ver Capítulo 2, p. 36), mas também depende da atividade em áreas que respondem a emoções, expressões faciais, para onde a face está olhando e a atratividade da face (ver p. 37).

Da mesma forma, a resposta a um martelo ativa áreas visuais que respondem à forma e cor do martelo, mas também causa atividade em áreas que respondem à maneira como o martelo é usado e aos movimentos típicos de um martelo. Essa ideia de que alguns objetos, como martelos, causam atividade em áreas do cérebro associadas a ações, nos leva à abordagem corporificada a seguir.

A abordagem corporificada

A **abordagem corporificada** afirma que nosso conhecimento dos conceitos baseia-se na reativação dos processos sensoriais e motores que ocorrem quando interagimos com o objeto. De acordo com essa ideia, quando uma pessoa usa um martelo, áreas sensoriais são ativadas em resposta a tamanho, forma e cor do martelo e, além disso, são ativadas áreas motoras que estão envolvidas na realização de ações relacionadas ao uso de um martelo. Quando vemos um martelo ou lemos a palavra *martelo* posteriormente, essas áreas sensoriais e motoras são reativadas, e é essa informação que representa o martelo (Barsalou, 2008).

Podemos entender a base da abordagem corporificada voltando ao Capítulo 3, onde descrevemos como a percepção e a ação interagem, como quando Crystal esticou o braço ao longo da mesa para pegar uma xícara de café (p. 74). A mensagem importante por trás desse exemplo foi que mesmo ações simples envolvem uma interação de vaivém entre as vias no cérebro envolvidas na percepção e as vias envolvidas na ação (ver Figura 3.31) (Almeida et al., 2014).

Também no Capítulo 3, vimos como neurônios-espelho no córtex pré-frontal disparam tanto quando um macaco realiza uma ação como quando o macaco vê o pesquisador realizando a mesma ação (revisão das p. 77-79; Figura 3.35). O que os neurônios-espelho têm a ver com conceitos? A ligação entre a percepção (um neurônio dispara ao observar o pesquisador pegar a comida) e as áreas motoras (o mesmo neurônio dispara quando o macaco pega a comida) é central para a proposta da abordagem corporificada de que pensar em conceitos causa ativação das áreas perceptuais e motoras associadas a esses conceitos. A evidência dessa ligação entre as respostas perceptuais e motoras no cérebro humano é fornecida por um experimento de Olaf Hauk e colaboradores (2004), que mediu a atividade cerebral dos participantes usando fMRI em duas situações: (1) à medida que os participantes moviam o pé direito ou esquerdo, o dedo indicador esquerdo ou direito ou a língua; (2) à medida que os participantes liam "palavras de ação", como *chutar* (ação do pé), *pegar* (ação do dedo ou da mão) ou *lamber* (ação da língua).

Os resultados mostram áreas do córtex ativadas pelos movimentos reais (Figura 9.26a) e pela leitura das palavras de ação (Figura 9.26b). A ativação é mais extensa para os movimentos reais, mas a ativação causada pela leitura das palavras ocorre aproximadamente nas mesmas áreas do cérebro. Por exemplo, palavras para pernas e movimentos das pernas provocam atividade perto da linha central do cérebro, enquanto palavras para braço e movimentos dos dedos provocam atividade mais longe da linha central. Essa correspondência entre palavras relacionadas a partes específicas do corpo e a localização da atividade cerebral chama-se **somatotopia semântica**.

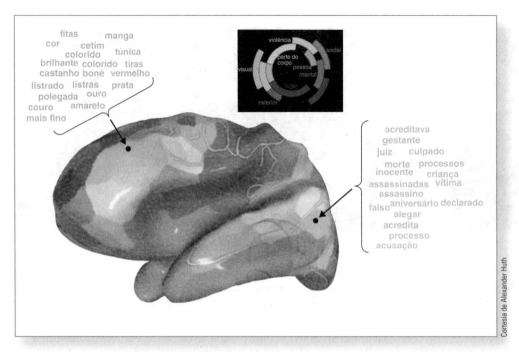

▶ Figura 9.25 Mais resultados do experimento feito por Huth et al. (2016). As cores no córtex indicam onde diferentes categorias das palavras causavam ativação, como indicado na legenda no canto superior direito. As palavras em rosa ativavam um voxel que respondia a palavras relacionadas à violência. As palavras em verde ativavam um voxel que respondia às qualidades visuais. Esta figura está disponível, em cores, no suplemento colorido, ao final do livro.

Embora haja evidências convincentes ligando conceitos e ativação de áreas motoras no cérebro, alguns pesquisadores perguntam se a abordagem corporificada oferece uma explicação completa de como o cérebro processa conceitos (Almeida et al., 2013; Chatterjee, 2010; Dravida et al., 2013; Goldinger et al., 2016). Por exemplo, Frank Garcea e colaboradores (2013) testaram o paciente A. A., que sofreu um derrame que afetou sua capacidade de produzir ações associadas a vários objetos. Assim, quando A. A. foi solicitado a usar movimentos das mãos para indicar como ele usaria objetos como martelo, tesoura e espanador, ele foi prejudicado em comparação com os participantes normais de controle na produção dessas ações. De acordo com a abordagem corporificada, uma pessoa com problemas para produzir as ações associadas a objetos deve ter dificuldade para reconhecer os objetos. Contudo, A. A. conseguia identificar imagens dos objetos. Garcea e colaboradores concluíram a partir desse resultado que a capacidade de representar a atividade motora associada às ações não é necessária para reconhecer objetos, como a abordagem corporificada preveria.

Outra crítica à abordagem corporificada é que não é bem apropriada para explicar nosso conhecimento de conceitos abstratos como "democracia" ou "verdade". Entretanto, os proponentes da abordagem corporificada ofereceram explicações em resposta a essas críticas (que não discutiremos aqui; ver Barsalou, 2005; Chatterjee, 2010).

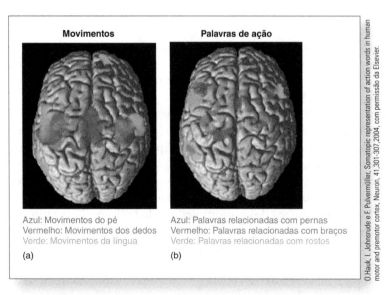

▶ Figura 9.26 Resultados de Hauk et al. (2004). As áreas coloridas indicam as regiões do cérebro ativadas por (a) movimentos do pé, dos dedos e da língua; (b) palavras para perna, braço e rosto. Esta figura está disponível, em cores, no suplemento colorido, ao final do livro.
(Fonte: Hauk et al., 2004.)

Reumindo as abordagens

Nosso levantamento de como os conceitos são representados no cérebro começou com a abordagem sensório-funcional, com base em estudos neuropsicológicos iniciados na década de 1980. No entanto, assim que se tornou claro que as coisas eram mais complexas do que a distinção entre sensorial e funcional, a pesquisa levou a diferentes direções que resultaram em hipóteses mais complexas.

Uma coisa com a qual todas as abordagens concordam é que as informações sobre os conceitos estão distribuídas ao longo de muitas estruturas no cérebro, com cada abordagem enfatizando diferentes informações. A abordagem de múltiplos fatores enfatiza a função de várias características e propriedades diferentes. A abordagem específica a categorias enfatiza áreas especializadas do cérebro e as redes que conectam essas áreas, e a abordagem corporificada enfatiza a atividade provocada pelas propriedades sensoriais e motoras dos objetos. É provável que, à medida que pesquisas sobre os conceitos do cérebro continuam, a resposta final vai conter elementos de cada uma dessas abordagens (Goldstone et al., 2012).

▶ Algo a considerar: o modelo centro e raios

As ideias que discutimos sobre como os conceitos são representados no cérebro baseiam-se predominantemente em pacientes com comprometimento da memória específico a uma categoria. Entretanto, existe outro tipo de problema, chamado **demência semântica**, que causa perda geral do conhecimento para todos os conceitos. Pacientes com demência semântica tendem a ser igualmente deficientes na identificação de coisas vivas e artefatos (Patterson et al., 2007).

A natureza generalizada dos déficits experimentados por pacientes com demência semântica, juntamente com a descoberta de que o **lobo temporal anterior (LTA)** (área roxa na Figura 9.27a) em geral está danificado nesses pacientes, levou alguns pesquisadores a propor o **modelo centro e raios** (*hub and spoke*) para o conhecimento semântico. De acordo com esse modelo, áreas do cérebro associadas a funções específicas são conectadas ao LTA, que funciona como um eixo que integra as informações dessas áreas. Essas funções, indicadas na Figura 9.27a, incluem valência — que é fraca *versus* forte (em amarelo); fala (em rosa); auditivo (em vermelho); práxis — que se refere a envolver a manipulação (azul escuro); funcionalidade (em azul-claro); e visual (em verde).

A evidência que corrobora a ideia de um eixo com raios é que danos a uma das áreas especializadas do cérebro (os raios) podem causar déficits específicos, como a incapacidade de identificar artefatos, mas danos ao LTA (o centro) causam déficits gerais, como na demência semântica (Lambon Ralph et al., 2017; Patterson et al., 2007). Essa diferença entre as funções na forma de roda de bicicleta também foi demonstrada em participantes sem danos cerebrais usando uma técnica chamada **estimulação magnética transcraniana (EMT)**.

Gorana Pobric e colaboradores (2010) apresentaram imagens de coisas vivas e artefatos aos participantes e mediram o tempo de resposta para nomear cada imagem. Eles então repetiram esse procedimento enquanto a EMT era aplicada ao LTA ou a uma área no lobo intraparietal (LIP) que normalmente é ativada quando uma pessoa manipula um objeto. A Figura 9.27b indica que a inativação parietal (parte superior) desacelerou os tempos de reação para objetos feitos pelo homem, mas não para objetos vivos, enquanto a inativação do LTA (parte inferior) provocou o mesmo efeito tanto para objetos feitos pelo homem como para objetos vivos. A Figura 9.27c indica que a ativação parietal provocou uma grande desaceleração no tempo de reação para objetos altamente manipuláveis (como algumas ferramentas), mas não para objetos não manipuláveis (como mobília), enquanto a inativação do LTA afetou os dois tipos de objetos igualmente. Esse resultado — um efeito geral da estimulação dos "raios" (LTA), mas um efeito mais específico de estimular uma área que estaria associada a um dos "centros" (córtex parietal) — corrobora a ideia de um eixo com funções gerais e raios com funções mais específicas (Jefferies, 2013; Lambon-Ralph et al., 2017).

A maioria dos pesquisadores concorda que o LTA desempenha um papel na integração de informações de diferentes áreas. No entanto, também foi sugerido que outras estruturas podem ser "eixos", ou que a maneira mais importante como os conceitos são representados não é por meio de "eixos", mas pelo padrão das conexões formadas entre os "raios" (Pulvermüller, 2013). Assim, como observado no final da última seção, pesquisas sobre como os conceitos são representados no cérebro ainda são um "trabalho em andamento".

272 Psicologia cognitiva

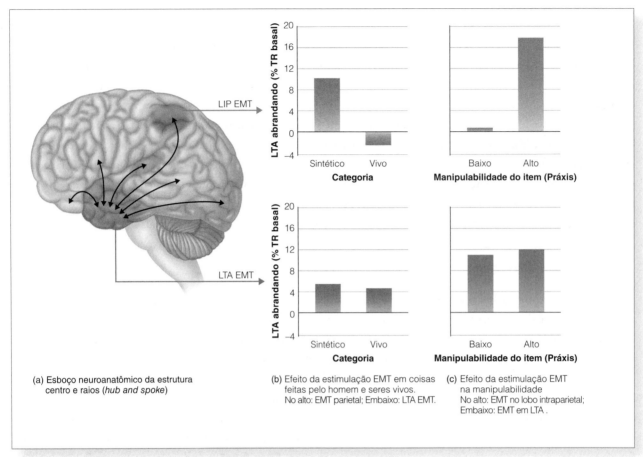

➤ Figura 9.27 (a) O modelo centro e raios (*hub and spoke*) propõe que áreas do cérebro especializadas para diferentes funções estão ligadas ao lobo temporal anterior (em roxo), que integra as informações de áreas que desempenham as seguintes funções: valência (amarelo); fala (rosa); auditivo (vermelho); práxis (azul-escuro); funcionalidade (azul-claro); visual (verde). A área em azul-escuro está no córtex parietal. (b) Efeito da estimulação EMT em objetos feitos pelo homem *versus* coisas vivas. Parte superior: estimulação lobo intraparietal causa mais desaceleração do TR em objetos feitos pelo homem do que em coisas vivas. Parte inferior: estimulação LTA causa o mesmo efeito em ambos. (c) Efeito da estimulação EMT em objetos de baixa e alta capacidade de manipulação. No alto: estimulação lobo intraparietal (LIP) causa mais desaceleração do TR para objetos de alta manipulabilidade em comparação àqueles com baixa. Parte inferior: a estimulação LTA causa o mesmo efeito em ambos. Esta figura está disponível, em cores, no suplemento colorido, ao final do livro.
(Fonte: adaptado de Lambon Ralph et al., 2017. Figura complementar 5. Com base em dados de Pobric et al., 2013.)

MÉTODO Estimulação magnética transcraniana (EMT)

É possível interromper temporariamente o funcionamento de uma área particular do cérebro humano aplicando um campo magnético pulsante usando uma bobina estimulante colocada sobre o crânio da pessoa (**Figura 9.28**). Uma série de pulsos apresentados a uma área específica do cérebro por segundos ou minutos interfere temporariamente no funcionamento do cérebro nessa área. Se um determinado comportamento é interrompido pelos pulsos, os pesquisadores concluem que a área interrompida do cérebro está envolvida nesse comportamento.

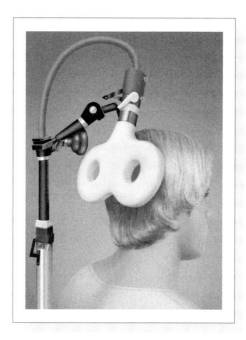

> Figura 9.28 Aparelho de EMT posicionado para gerar um campo magnético na cabeça de uma pessoa. O aparelho nessa posição estimula o lobo occipital.

TESTE VOCÊ MESMO 9.3

1. Qual é a hipótese sensório-funcional da categorização do cérebro? Descreva a evidência neuropsicológica que corrobora essa hipótese.
2. Descreva evidências neuropsicológicas que não podem ser explicadas pela hipótese SF.
3. O que é a abordagem de múltiplos fatores? Como pesquisas com participantes sem lesões cerebrais corroboraram essa abordagem?
4. O que é *crowding*?
5. O que é a abordagem da categoria semântica? O que os resultados do experimento com imagens de Huth, em que os cérebros dos participantes foram escaneados enquanto ouviam histórias, indicam sobre como os conceitos são representados no cérebro?
6. O que é a abordagem corporificada?
7. O que são neurônios-espelho e como eles se relacionam com a abordagem corporificada?
8. Descreva o experimento com imagens cerebrais feito por Hauk que corrobora a abordagem corporificada e o estudo da neuropsicologia de Garcea que argumenta contra a abordagem corporificada.
9. O que é o modelo *hub and spoke*? Onde está o *hub*?
10. Como os resultados dos experimentos de estimulação magnética transcraniana fornecem evidências para o modelo *hub and spoke*?

SUMÁRIO DO CAPÍTULO

1. A memória semântica é nossa memória para fatos e conhecimentos.
2. As categorias são "indicadores para o conhecimento". Depois de saber que algo está em uma categoria, você entende muitas coisas gerais sobre isso e pode concentrar sua energia para especificar o que é especial sobre esse objeto em particular.
3. A abordagem definicional à categorização não funciona porque a maioria das categorias contém membros que não estão em conformidade com a definição. O filósofo Wittgenstein propôs a ideia de semelhanças de família para lidar com o fato de que as definições não incluem todos os membros de uma categoria.

4. A ideia por trás da abordagem prototípica à categorização é que decidimos se um objeto pertence a uma categoria, determinando se ele é semelhante a um representante padrão da categoria, chamado protótipo. Um protótipo é formado pela média dos membros da categoria que uma pessoa encontrou no passado.

5. *Prototipicidade* é um termo usado para descrever como um objeto se assemelha ao protótipo de uma categoria particular.

6. O seguinte é verdadeiro para objetos altamente prototípicos: (a) têm grande semelhança de família; (b) afirmações sobre eles são verificadas rapidamente; (c) são nomeados primeiro; e (d) são mais afetados pela pré-ativação.

7. A abordagem exemplar à categorização envolve determinar se um objeto é semelhante a um exemplar. Um exemplar é um membro real de uma categoria que uma pessoa encontrou no passado.

8. Uma vantagem da abordagem exemplar é que ela não descarta informações sobre casos atípicos dentro de uma categoria, como pinguim na categoria "pássaro". A abordagem exemplar também pode lidar mais facilmente com categorias que contêm membros amplamente variados, como jogos.

9. Pesquisadores concluíram que as pessoas usam as duas abordagens à categorização. Protótipos podem ser mais relevantes à medida que as pessoas aprendem inicialmente sobre as categorias; mais tarde, as informações exemplares podem se tornar mais importantes.

10. O tipo de organização em que categorias maiores e mais gerais são divididas em categorias menores e mais específicas chama-se organização hierárquica. Os experimentos de Rosch indicam que um nível básico de categorias (como violão, em oposição a instrumento musical ou guitarra de rock) é um nível "básico" da categorização que reflete a experiência cotidiana das pessoas.

11. Experimentos em que especialistas foram testados mostram que o nível básico da categorização pode depender do grau de especialização de uma pessoa.

12. A abordagem de rede semântica propõe que os conceitos sejam dispostos em redes que representam como os conceitos são organizados na mente. O modelo de Collins e Quillian é uma rede que consiste em nós conectados por conexões. Conceitos e propriedades dos conceitos estão localizados nos nós. As propriedades válidas para a maioria dos membros de um conceito são armazenadas em nós de nível superior. Isso chama-se economia cognitiva.

13. O modelo de Collins e Quillian é corroborado pelos resultados de experimentos usando a técnica de verificação de sentenças. A característica de propagação da ativação do modelo é corroborada por experimentos por meio de pré-ativação.

14. O modelo de Collins e Quillian foi criticado por vários motivos: ele não consegue explicar o efeito da tipicidade, a ideia da economia cognitiva nem sempre é válida e não consegue explicar todos os resultados dos experimentos de verificação de sentenças.

15. A abordagem conexionista propõe que os conceitos sejam representados em redes que consistem em unidades de entrada, unidades ocultas e unidades de saída, e que a informação sobre os conceitos seja representada nessas redes por uma ativação distribuída dessas unidades. Essa abordagem também é chamada abordagem de processamento paralelo distribuído (PPD).

16. As redes conexionistas aprendem o padrão distribuído correto para um determinado conceito por meio de um processo de aprendizagem gradual que envolve o ajuste dos pesos que determinam como a ativação é transferida de uma unidade para outra.

17. As redes conexionistas têm uma série de características que permitem reproduzir muitos aspectos da formação do conceito humano.

18. Quatro abordagens para explicar como os conceitos são representados no cérebro são a hipótese sensório-funcional, a abordagem da categoria semântica, a abordagem de múltiplos fatores e a abordagem corporificada.

19. O modelo *hub and spoke* propõe que diferentes funções no cérebro sejam integradas pelo lobo temporal anterior (LTA).

PENSE NISSO

1. Neste capítulo, vimos como as redes podem ser construídas para vincular diferentes níveis dos conceitos. No Capítulo 7, vimos como as redes podem ser construídas para organizar o conhecimento sobre um determinado tema (ver Figura 7.5). Crie uma rede que represente o material deste capítulo agrupando as coisas que estão relacionadas. Como essa rede é semelhante ou diferente da rede semântica na Figura 9.12? Sua rede é hierárquica? Que informações ela contém sobre cada conceito?

2. Faça uma pesquisa para determinar a concepção das pessoas sobre membros "típicos" das várias categorias. Por exemplo, peça que várias nomeiem, o mais rápido possível, três "pássaros" ou "veículos" ou "bebidas" típicos. O que os resultados dessa pesquisa mostram sobre qual nível é "básico" para diferentes pessoas? O que os resultados informam sobre a variabilidade da concepção de diferentes pessoas das categorias?

3. Tente pedir que várias pessoas nomeiem os objetos retratados na Figura 9.10. Rosch, que realizou seu experimento no início dos anos 1970, descobriu que as respostas mais comuns eram violão, peixe e calças. Observe se as respostas que você recebe são iguais ou diferentes das respostas relatadas por Rosch. Se são diferentes, explique por que você acha que isso pode ter ocorrido.

TERMOS-CHAVE

Abordagem corporificada 269
Abordagem da categoria semântica 268
Abordagem definicional da categorização 248
Abordagem de múltiplos fatores 267
Abordagem de protótipo para categorização 249
Abordagem de rede semântica 257
Abordagem exemplar da categorização 253
Categoria 247
Categorização 247
Comprometimento da memória específica para categorias 266
Conceitos 246
Conexionismo 260
Conhecimento conceitual 246
Crowding 267

Degradação elegante 265
Demência semântica 271
Economia cognitiva 257
Efeito da tipicidade 251
Estimulação magnética transcraniana (EMT) 271
Exemplares 253
Hipótese sensório-funcional (SF) 266
Lobo temporal anterior (LTA) 271
Modelo centro e raios 271
Modelo hierárquico 257
Nível básico 254
Nível específico 254
Nível global 254
Nível subordinado 254
Nível superior 254
Organização hierárquica 254

Peso de conexão 261
Pré-ativação 251
Processamento paralelo distribuído (PPD) 260
Propagação da ativação 259
Propagação reversa 263
Protótipo 249
Rede conexionista 260
Semelhança de família 249
Sinal de erro 263
Somatotopia semântica 269
Tarefa de decisão lexical 259
Técnica de verificação de sentenças 251
Tipicidade 250
Unidades de entrada 261
Unidades de saída 261
Unidades ocultas 261

"Imagética visual" ocorre quando uma pessoa vê mentalmente algo que não está fisicamente presente. Essa imagem simboliza a descoberta de que, embora a percepção visual e a imagética visual compartilhem muitas propriedades, as experiências associadas com imagens visuais podem ser menos detalhadas e mais frágeis do que as experiências associadas à percepção visual.

Imagética visual

10

Imagética na história da psicologia
Ideias iniciais sobre imagética

Imagética e a revolução cognitiva

➤ Método: aprendizagem por associação em pares

Imagética e percepção: compartilham os mesmos mecanismos?
Experimentos de varredura mental de Kosslyn

➤ Método/Demonstração: varredura mental

O debate sobre imagens: imagens são espaciais ou proposicionais?

Comparando imagética e percepção

    Tamanho no campo visual

    Interações entre imagética e percepção

➤ TESTE VOCÊ MESMO 10.1

Imagética e o cérebro
Neurônios imagéticos no cérebro humano

Imageamento cerebral

➤ Método: registro de neurônios individuais em humanos

Análise de padrão multivoxel

Estimulação magnética transcraniana

Estudos de casos neuropsicológicos

    A remoção de parte do córtex visual diminui o tamanho da imagem

    Problemas de percepção são acompanhados de problemas de imagética

    Dissociações entre imagética e percepção

Conclusões do debate sobre imagética

Uso da imagética para aprimorar a memória
Inserindo imagens em locais

➤ Demonstração: método dos loci

Associando imagens a palavras

Algo a considerar: diferenças individuais na imagética visual

➤ TESTE VOCÊ MESMO 10.2

SUMÁRIO DO CAPÍTULO

PENSE NISSO

TERMOS-CHAVE

ALGUMAS PERGUNTAS QUE VAMOS CONSIDERAR

- Como as "imagens em sua mente" criadas ao imaginar um objeto se comparam à experiência que você tem quando vê o objeto real?
- Como lesões cerebrais afetam a capacidade de formar imagens visuais?
- Como podemos usar imagética visual para melhorar a memória?
- Como as pessoas diferem quanto à capacidade de criar imagens visuais?

Para a tarefa de percepção, Responda as seguintes perguntas:

➤ Quantas janelas há na frente da casa ou apartamento onde você mora?
➤ Como os móveis estão dispostos no seu quarto?
➤ As orelhas de um elefante são arredondadas ou pontudas?
➤ O verde da grama é mais escuro ou mais claro do que o verde do pinheiro?

Como você respondeu a essas perguntas? Se experimentou imagens visuais ao responder a essas perguntas, você vivenciou **imagética visual** — ver na ausência de um estímulo visual (Hegarty, 2010). **Imagética mental**, um termo mais amplo que se refere à capacidade de recriar o mundo sensorial na ausência de estímulos físicos, é utilizada para incluir todos os sentidos. As pessoas têm a capacidade de imaginar sabores, cheiros e experiências táteis. A maioria das pessoas pode imaginar melodias de canções conhecidas mentalmente, então não surpreende que músicos frequentemente relatem fortes imagens auditivas e que a habilidade de imaginar melodias tenha desempenhado um papel importante na composição musical. Paul McCartney diz que a inspiração da canção "Yesterday" veio como uma imagem mental quando acordou com a música na mente. Outro exemplo de imagens auditivas são os regentes de orquestra que usam uma técnica chamada "audição interna" para praticar sem suas orquestras, imaginando uma partitura musical em suas mentes. Ao fazer isso, eles imaginam não apenas os sons dos vários instrumentos, mas também os locais em relação ao pódio.

Assim como as imagens auditivas têm desempenhado um papel importante no processo criativo musical, imagens visuais resultaram em observações científicas e aplicações práticas. Um dos relatos mais famosos de como imagens visuais levaram à descoberta científica é a história contada pelo químico alemão do século 19, Friedrich August Kekule. Ele disse que a estrutura do benzeno lhe ocorreu em um sonho em que viu uma corrente serpentiforme que formava um círculo que lembrava uma serpente, com a cabeça engolindo a cauda. Essa imagem visual deu a Kekule a percepção de que os átomos de carbono que compõem a molécula de benzeno estão dispostos na forma de um anel.

Um exemplo mais recente de imagens visuais que levam à descoberta científica é a descrição de Albert Einstein de como ele desenvolveu a teoria da relatividade ao se imaginar viajando ao lado de um feixe de luz (Intons-Peterson, 1993). Em um nível mais atlético, muitos competidores nas Olimpíadas usam imagens mentais para visualizar competições de esqui downhill, movimentos de snowboard, curvas de trenó e corridas de patinação de velocidade (Clarey, 2014).

Uma mensagem desses exemplos é que a imagética fornece uma maneira de pensar que adiciona outra dimensão às técnicas verbais geralmente associadas ao pensamento. Porém, o mais importante sobre a imagética é que ela está associada não apenas a descobertas feitas por pessoas famosas, mas também à experiência cotidiana da maioria das pessoas. Neste capítulo, vamos nos concentrar nas imagens visuais, porque a maioria das pesquisas sobre imagens baseou-se nesse tipo de imagética. Descreveremos as características básicas das imagens visuais e como elas se relacionam com outros processos cognitivos como pensamento, memória e percepção. Essa conexão entre imagética e cognição em geral é um tema importante na história da psicologia, começando nos primeiros dias da psicologia científica no século 19.

Imagética na história da psicologia

Podemos reconstituir a história da imagética desde o primeiro laboratório de psicologia, fundado por Wilhelm Wundt (ver Capítulo 1, p. 6-8).

Ideias iniciais sobre imagética

Wundt propôs que as imagens eram um dos três elementos básicos da consciência junto a sensações e sentimentos. Ele também propôs que, como as imagens acompanham o pensamento, estudar imagens era uma maneira de estudar o pensamento. Essa ideia de uma ligação entre imagética e pensamento deu origem ao **debate do pensamento sem imagens**, com alguns psicólogos adotando a ideia de Aristóteles de que "o pensamento é impossível sem uma imagem" e outros alegando que o pensamento pode ocorrer sem imagens.

A evidência que corrobora a ideia de que a imagética não é necessária para o pensamento foi a observação de Francis Galton (1883) de que pessoas que tinham muita dificuldade para formar imagens visuais, mas ainda eram bem capazes de pensar (ver também em Richardson, 1994, relatos mais atuais das diferenças da imagética entre as pessoas). Outros argumentos a favor e contra a ideia de que as imagens são necessárias para o pensamento foram propostos no fim dos anos de 1800 e início de 1900, mas esses argumentos a favor e contra terminaram quando o behaviorismo derrubou a imagética de seu lugar central na psicologia (Watson, 1913; ver Capítulo 1, p. 6-8). Os behavioristas rotularam o estudo da imagética como improdutivo porque as imagens visuais são invisíveis para todo mundo, exceto para a pessoa que as experimenta. O fundador do behaviorismo, John Watson, descreveu imagens como "sem comprovação" e "mitológicas" (1928) e, portanto, não merecedoras de estudo. O domínio do behaviorismo dos anos de 1920 aos anos de 1950 empurrou o estudo da imagética para fora da psicologia convencional. No entanto, essa situação mudou quando o estudo da cognição renasceu na década de 1950.

Imagética e a revolução cognitiva

A história da psicologia cognitiva que descrevemos no Capítulo 1 relata eventos nas décadas de 1950 e 1960 que vieram a ser conhecidos como a revolução cognitiva. Um dos segredos para o sucesso dessa "revolução" foi que os psicólogos cognitivos desenvolveram maneiras de medir o comportamento que poderiam ser usados para inferir processos cognitivos. Um exemplo de um método que associava comportamento e cognição é o trabalho de Alan Paivio (1963) sobre memória. Paivio mostrou que era mais fácil lembrar nomes concretos, como caminhão ou árvore, que podem ser imaginados do que lembrar nomes abstratos, como verdade ou justiça, que são difíceis de imaginar. Uma técnica que Paivio usou foi a aprendizagem por associação em pares.

> **MÉTODO** Aprendizagem por associação em pares
>
> Em um experimento de **aprendizagem por associação em pares**, os participantes recebem pares de palavras, como chapéu–barco ou casa–carro, durante um período de estudo. Eles então recebem, durante o período de teste, a primeira palavra de cada par. A tarefa é recordar a palavra que foi correlacionada com o par durante o período de estudo. Assim, se vissem a palavra barco, a resposta correta seria chapéu.

Para explicar a descoberta de que a memória para pares de substantivos concretos é melhor do que a memória para pares de substantivos abstratos, Paivio (1963, 1965) propôs a **hipótese da associação conceitual**. De acordo com essa hipótese, substantivos concretos criam imagens nas quais outras palavras podem "se encaixar". Por exemplo, se apresentar o par barco–chapéu cria a imagem de um barco, a apresentação da palavra barco mais tarde trará de volta a imagem do barco, que fornece alguns lugares onde os participantes podem colocar o chapéu em suas mentes (ver em Paivio, 2006, uma atualização de suas ideias sobre memória).

Enquanto Paivio inferiu processos cognitivos medindo a memória, Roger Shepard e Jacqueline Metzler (1971) inferiram processos cognitivos usando **cronometria mental**, determinando a quantidade de tempo necessária para realizar várias tarefas cognitivas. No experimento de Shepard e Metzler, que descrevemos no Capítulo 5 (ver p. 136), os participantes viam imagens como aquelas na **Figura 10.1**. A tarefa deles era indicar, o mais rápido possível, se as duas imagens eram do mesmo objeto ou de objetos diferentes. Esse experimento mostrou que o tempo que levou para decidir que duas visualizações eram do mesmo objeto estava diretamente relacionado à diferença entre os ângulos das duas visualizações (ver Figura 5.14, p. 138). Esse resultado foi interpretado como mostrando que os participantes estavam girando mentalmente uma das visualizações para ver se correspondia com a outra.

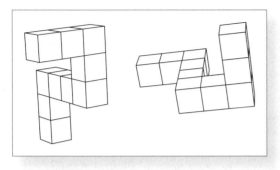

> Figura 10.1 Estímulos para o experimento de rotação mental de Shepard e Metzler (1971).
> (Fonte: Shepard e Metzler, 1971.)

A importância desse experimento era que foi um dos primeiros a aplicar métodos quantitativos ao estudo de imagens e sugerir que imagética e percepção podem compartilhar os mesmos mecanismos. (As referências a "mecanismos" incluem mecanismos mentais, como maneiras de manipular imagens mentais e perceptivas na mente, e mecanismos cerebrais, como quais estruturas estão envolvidas na criação de imagens perceptivas e mentais.)

Vamos agora descrever pesquisas que ilustram semelhanças entre imagética e percepção, e também a possibilidade de que há uma diferença básica entre como imagética e percepção são representadas na mente. Como veremos, essas comparações envolveram um grande número de experimentos comportamentais e fisiológicos, que demonstram semelhanças e diferenças entre imagética e percepção.

▶ Imagética e percepção: compartilham os mesmos mecanismos?

A ideia de que imagética e percepção podem compartilhar os mesmos mecanismos baseia-se na observação de que, embora as imagens mentais difiram da percepção por não serem tão vívidas ou duradouras, a imagética compartilha muitas propriedades com a percepção. Os resultados de Shepard e Metzler mostraram que as imagens mentais e perceptivas envolvem a representação espacial do estímulo. Isto é, a experiência espacial tanto para imagens como para percepção corresponde à estrutura do estímulo real. A ideia, de que existe uma correspondência espacial entre imagética e percepção, é corroborada por uma série de experimentos de Stephen Kosslyn envolvendo uma tarefa chamada **varredura mental**, na qual os participantes criam imagens mentais e então as imaginam.

Experimentos de varredura mental de Kosslyn

Stephen Kosslyn realizou pesquisas suficientes sobre imagética para preencher três livros (Kosslyn, 1980, 1994; Kosslyn et al., 2006) e propôs algumas teorias influentes da imagética com base em paralelos entre imagética e percepção. Em um de seus primeiros experimentos, Kosslyn (1973) pediu que os participantes memorizassem uma imagem de um objeto, como o barco na Figura 10.2, e então criassem mentalmente uma imagem desse objeto e focalizassem uma parte do barco, como a âncora. Eles foram então solicitados a procurar outra parte do barco, como o motor, e pressionar o botão "verdadeiro" quando encontrassem essa parte ou o botão "falso" quando não conseguissem encontrá-la.

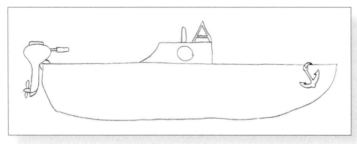

> Figura 10.2 Estímulo para o experimento de varredura de imagem feito por Kosslyn (1973).

Kosslyn raciocinou que, se a imagética, como a percepção, é espacial, os participantes levariam mais tempo para encontrar as partes mais distantes do ponto de foco inicial porque fariam uma varredura ao longo da imagem do objeto. Na verdade foi o que aconteceu, e Kosslyn interpretou isso como evidência da natureza espacial da imagética. Mas, como costuma acontecer na ciência, outro pesquisador propôs uma explicação diferente. Glen Lea (1975) propôs que, à medida que os participantes faziam a varredura, eles podem ter encontrado outras partes interessantes, como a cabine, e essa distração pode ter aumentado o tempo de reação.

Para responder a essa preocupação, Kosslyn e colaboradores (1978) fizeram outro experimento de varredura, dessa vez pedindo que os participantes fizessem uma varredura entre dois lugares em um mapa. Antes de ler sobre o experimento de Kosslyn, tente a demonstração "Varredura mental", na próxima página.

Os participantes do experimento de Kosslyn usaram o mesmo procedimento que você utilizou para a demonstração, mas foram orientados a imaginar uma ilha, como a na Figura 10.4a, que continha sete locais diferentes. Ao fazer com que os participantes examinassem cada par possível de locais (um total de 21 viagens), Kosslyn determinou a relação entre o tempo de reação e a distância mostrada na Figura 10.4b. Assim como no experimento do barco, demorou mais para fazer a varredura entre distâncias maiores na imagem, um resultado que corrobora a ideia de que as imagens visuais têm natureza espacial. No entanto, por mais convincentes que os resultados de Kosslyn tenham sido, Zenon Pylyshyn (1973) propôs outra explicação, que deu início ao que foi chamado **debate imagético** — um debate sobre se a imagética baseia-se em mecanismos espaciais, como os envolvidos na percepção, ou em mecanismos relacionados à linguagem, chamados mecanismos proposicionais.

MÉTODO/DEMONSTRAÇÃO   Varredura mental

Imagine um mapa do seu estado que inclui três locais: o lugar onde você mora, uma cidade distante e outra cidade mais próxima, mas não segue uma linha reta conectando sua localização à cidade distante. Por exemplo, para meu estado, imagino Pittsburgh, o lugar onde estou agora; Filadélfia, por todo o estado (ao contrário da ideia de algumas pessoas, Pittsburgh não é um subúrbio da Filadélfia!); e Erie, que está mais perto do que Filadélfia, mas não na mesma direção (Figura 10.3).

Sua tarefa é criar uma imagem mental do seu estado e, começando em sua localização, formar a imagem de uma mancha negra movendo-se em uma linha reta entre sua localização e a cidade mais próxima. Esteja ciente de quanto tempo demorou para chegar a essa cidade. Em seguida, repita o mesmo procedimento para a cidade distante, novamente observando quanto tempo demorou para chegar.

▶ Figura 10.3 Exemplo de um mapa de estado para o método/demonstração de varredura mental. Use seu próprio estado para esse método/demonstração.

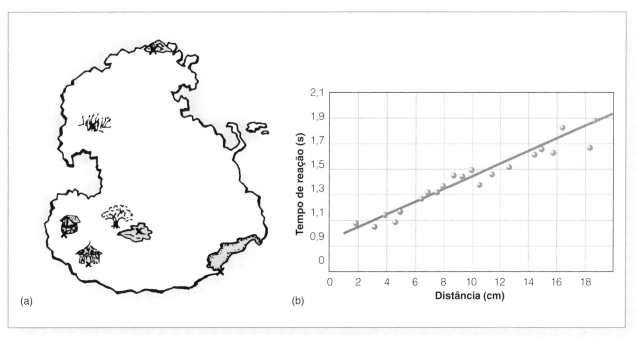

▶ Figura 10.4 (a) Ilha usada no experimento de varredura de imagem feito por Kosslyn et al. (1978). Os participantes viajavam mentalmente entre vários locais da ilha. (b) Resultados da experiência da ilha.
(Fonte: Kosslyn, Ball e Reiser, 1978.)

O debate sobre imagens: imagens são espaciais ou proposicionais?

Grande parte da pesquisa que descrevemos até agora neste livro trata sobre determinar a natureza das representações mentais que estão por trás das diferentes experiências cognitivas. Por exemplo, quando discutimos a memória de curto prazo (MCP) no Capítulo 5, apresentamos evidências de que as informações na MCP costumam ser representadas na forma auditiva, como quando você ensaia um número de telefone que acabou de consultar.

Kosslyn interpretou os resultados de sua pesquisa sobre imagética como corroborando a ideia de que o mecanismo responsável pela imagética envolve **representações espaciais** — representações em que diferentes partes de uma imagem podem ser descritas como correspondendo a locais específicos no espaço. Contudo, Pylyshyn (1973) discordava, afirmando que só porque *experienciamos* as imagens como espaciais, isso não significa que a representação subjacente seja espacial. Afinal de contas, uma coisa que fica clara nas pesquisas sobre psicologia cognitiva é que muitas vezes não temos ciência do que está acontecendo em nossa mente. A experiência espacial das imagens mentais, argumenta Pylyshyn, é um **epifenômeno** — algo que acompanha o mecanismo real, mas na verdade não é parte do mecanismo.

Pylyshyn propôs que, em vez das representações espaciais sugeridas por Kosslyn, o mecanismo subjacente à imagética envolve **representações proposicionais** — nas quais os relacionamentos podem ser reproduzidos por símbolos abstratos,

Figura 10.5 Representações proposicionais e espaciais ou descritivas do "O gato está debaixo da mesa".

como uma equação ou uma afirmação, como "O gato está debaixo da mesa." Em comparação, uma representação espacial envolveria uma estrutura espacial mostrando o gato e a mesa que poderiam ser representados em uma imagem (Figura 10.5). As representações espaciais, como a imagem do gato debaixo da mesa, nas quais partes da representação correspondem a partes do objeto, são chamadas **representações descritivas**.

Podemos compreender melhor a abordagem proposicional voltando à representação descritiva do barco de Kosslyn na Figura 10.2. A Figura 10.6 mostra como a aparência visual desse barco pode ser representada de modo proposicional. As palavras indicam partes do barco, o comprimento das linhas indica as distâncias entre as partes e as palavras entre parênteses indicam as relações espaciais entre as partes. Uma representação como essa preveria que, ao iniciar no motor, deve levar mais tempo para fazer uma varredura e encontrar a âncora do que para encontrar a vigia, porque é necessário percorrer três links para chegar à vigia (linha tracejada) e quatro links para chegar à âncora (linha pontilhada). Esse tipo de explicação propõe que a imagética funciona de maneira semelhante às redes semânticas que descrevemos no Capítulo 9 (ver p. 255).

Discutimos as abordagens espacial e proposicional à imagética porque essas duas explicações fornecem um excelente exemplo de como os dados podem ser interpretados de maneiras diferentes. (Ver Capítulo 7, Algo a considerar: explicações alternativas em psicologia cognitiva, p. 205.) As críticas de Pylyshyn estimularam um grande número de experimentos que ensinaram muito sobre a natureza da imagética (ver também Intons-Peterson, 1983). No entanto, após muitos anos de discussão e experimentação, o peso das evidências corrobora a ideia de que a imagética é atendida por um mecanismo espacial e que ela compartilha mecanismos com a percepção. Veremos agora evidências adicionais que corroboram a ideia da representação espacial.

Comparando imagética e percepção

Começamos descrevendo outro experimento de Kosslyn. Este examina como a imagética é afetada pelo tamanho de um objeto no campo visual de uma pessoa.

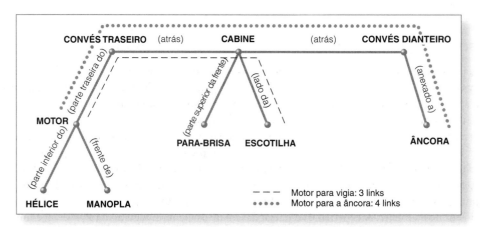

Figura 10.6 Como a aparência visual do barco na Figura 10.2 pode ser representada de modo proposicional. As rotas entre o motor e a vigia (linha tracejada) e o motor e a âncora (linha pontilhada) indicam o número de nós que seriam percorridos entre essas partes do barco. (Fonte: Kosslyn et al., 1995.)

Tamanho no campo visual   Se você observar um automóvel de longe, ele preencherá apenas uma parte do seu campo visual e é difícil ver pequenos detalhes como a maçaneta da porta. À medida que você se aproxima, ele preenche mais do seu campo visual e você consegue perceber detalhes como a maçaneta da porta com mais facilidade (Figura 10.7). Com essas observações sobre a percepção em mente, Kosslyn se perguntou se esse relacionamento entre visão à distância e a capacidade de perceber detalhes também ocorre para imagens mentais.

Para responder a essa pergunta, Kosslyn (1978) pediu que os participantes imaginassem dois animais, como um elefante e um coelho, próximos um do outro e imaginassem que eles estivessem próximos o suficiente para que o animal preenchesse a maior parte do campo visual (Figura 10.8a). Ele então fez perguntas como "O coelho tem bigodes?" e pediu que os participantes encontrassem essa parte do animal mentalmente e respondessem o mais rápido possível. Ao repetir esse procedimento

> Figura 10.7 Aproximar-se de um objeto, como esse carro, tem dois efeitos: (1) O objeto preenche mais do campo visual e (2) os detalhes são mais fáceis de ver.

e pedir que os participantes imaginassem um coelho e uma mosca próximos um do outro, os participantes criaram imagens maiores do coelho, como mostrado na Figura 10.8b. O resultado desses experimentos, mostrados ao lado das ilustrações, foi que os participantes respondiam às perguntas sobre o coelho mais rapidamente quando ele preenchia mais do campo visual.

Além de pedir que os participantes respondessem a detalhes nas imagens visuais, Kosslyn também solicitou que fizessem uma **tarefa de caminhada mental**, na qual deveriam imaginar que estavam caminhando em direção à imagem mental de um animal. A tarefa deles era estimar a distância que eles estavam do animal quando começaram a experimentar um "transbordamento" — quando a imagem preencheu o campo visual ou quando as bordas começaram a ficar indistintas. O resultado foi que os participantes precisavam se aproximar para ver animais pequenos (menos de 30 centímetros de distância para um camundongo) do que para animais maiores (cerca de 3 metros de distância para um elefante), assim como fariam se estivessem caminhando em direção a animais reais. Esse resultado fornece evidências adicionais para a ideia de que as imagens são espaciais, assim como a percepção.

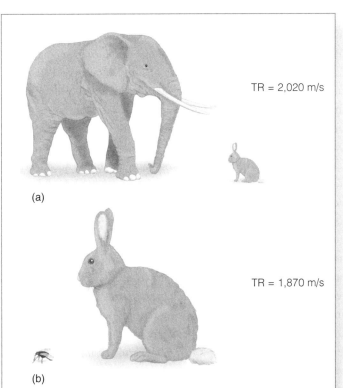

> Figura 10.8 Essas ilustrações representam imagens que os participantes do experimento feito por Kosslyn (1978) criaram, que preencheram diferentes partes do campo visual. (a) Imagine um elefante e um coelho, então o elefante preenche o campo. (b) Imagine um coelho e uma mosca, então o coelho preenche o campo. Os tempos de reação (TR) indicam quanto tempo levou para os participantes responderem às perguntas sobre o coelho.

▶ Figura 10.9 Participante no experimento feito por Perky (1910). Sem o conhecimento dos participantes, Perky projetava imagens indistintas na tela.

Interações entre imagética e percepção Outra maneira de demonstrar conexões entre imagética e percepção é mostrar que elas interagem uma com a outra. O raciocínio básico por trás dessa abordagem é que se a imagética afeta a percepção, ou a percepção afeta a imagética, isso significa que a imagética e a percepção têm acesso aos mesmos mecanismos.

A demonstração clássica da interação entre percepção e imagética data de 1910, quando Cheves Perky realizou o experimento ilustrado na Figura 10.9. Perky pediu que os participantes "projetassem" imagens visuais de objetos comuns em uma tela e, em seguida, descrevessem essas imagens. Sem o conhecimento dos participantes, Perky retroprojetava uma imagem muito indistinta desse objeto na tela. Assim, quando os participantes eram solicitados a criar a imagem de uma banana, Perky projetava uma imagem indistinta de uma banana na tela. Curiosamente, as descrições dos participantes das imagens correspondiam às imagens que Perky estava projetando. Por exemplo, eles descreviam a banana como estando na direção vertical, assim como a imagem projetada. Ainda mais interessante, nenhum dos 24 participantes de Perky percebeu que havia uma imagem real na tela. Eles aparentemente confundiram uma imagem real com uma imagem mental.

Os pesquisadores atuais replicaram o resultado de Perky (ver Craver-Lemley e Reeves, 1992; Segal e Fusella, 1970) e demonstraram interações entre percepção e imagética de várias outras maneiras. Martha Farah (1985) instruiu os participantes a imaginarem a letra H ou a letra T em uma tela (Figura 10.10a). Depois de formarem uma imagem nítida na tela, eles pressionavam um botão que fazia dois quadrados piscarem, um após o outro (Figura 10.10b). Um dos quadrados continha uma letra-alvo, que era um H ou um T. A tarefa dos participantes era indicar se a letra estava no primeiro quadrado ou no segundo. Os resultados, mostrados na Figura 10.11c, indicam que a letra-alvo era detectada com mais precisão quando o participante imaginava a mesma letra em vez de uma letra diferente. Farah interpretou esse resultado como mostrando que percepção e imagética compartilham mecanismos; experimentos posteriores que também demonstraram que a imagética pode afetar a percepção chegaram à mesma conclusão (Kosslyn e Thompson, 2000; Pearson et al., 2008). Na próxima seção, discutiremos evidências fisiológicas para conexões entre imagética e percepção.

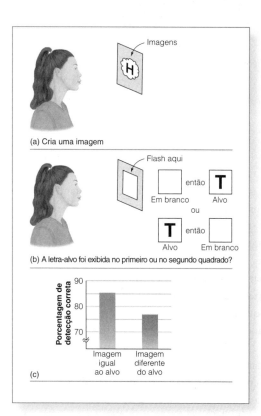

▶ Figura 10.10 Procedimento para o experimento de visualização de letras feito por Farah (1985). (a) O participante imagina uma letra H ou T na tela. (b) Em seguida, dois quadrados piscam, um após o outro, na mesma tela. Como mostrado à direita, a letra-alvo pode estar no primeiro quadrado ou no segundo. A tarefa dos participantes é determinar se a letra do teste piscou no primeiro ou segundo quadrado. (c) Resultados que mostram que a precisão foi maior quando a letra em (b) era a mesma que havia sido imaginada em (a).

(Fonte: Farah, 1985.)

TESTE VOCÊ MESMO **10.1**

1. Imagens são apenas um "fenômeno de laboratório" ou ocorrem na vida real?
2. Crie uma lista dos eventos importantes na história do estudo da imagética na psicologia, do debate do pensamento sem imagens dos anos de 1800 aos estudos da imagética que ocorreram no início da revolução cognitiva nas décadas de 1960 e 1970.
3. Como Kosslyn usou a técnica de varredura mental (nos experimentos do barco e da ilha) para demonstrar semelhanças entre percepção e imagética?
4. O que é o debate sobre imagética? Descreva as explicações espaciais (ou descritivas) e proposicionais do mecanismo subjacente à imagética. Como a explicação proposicional interpreta os resultados dos experimentos de varredura de imagens do barco e da ilha feito por Kosslyn?
5. Descreva experimentos feitos por Kosslyn, Perky e Farah que demonstram as interações entre imagética e percepção.

▶ Imagética e o cérebro

À medida que analisamos alguns tipos de experimentos fisiológicos, veremos que muitas evidências apontam para uma conexão entre imagética e percepção, mas a sobreposição não é perfeita. Começamos analisando os resultados de pesquisas que mediram a resposta do cérebro a imagens e, em seguida, discutiremos como lesões cerebrais afetam a capacidade de formar imagens visuais.

Neurônios imagéticos no cérebro humano

Estudos em que a atividade é registrada de neurônios individuais ligado humanos são raros, mas foram realizados em situações em que os pacientes estão sendo preparados para uma cirurgia cerebral.

Gabriel Kreiman e colaboradores (2000) foram capazes de estudar pacientes em que foram implantados eletrodos em várias áreas do lobo temporal medial, que inclui o hipocampo e a amídala (ver Figura 5.19, p. 141). Kreiman encontrou neurônios que respondiam a alguns objetos, mas não a outros. Por exemplo, os registros na **Figura 10.11a** mostram a resposta de um neurônio que respondia a uma imagem de uma bola de beisebol, mas não respondia a uma imagem de uma face. Além disso, a **Figura 10.11b** mostra que esse neurônio disparava da mesma maneira quando a pessoa fechava os olhos e imaginava uma bola de beisebol (disparo bom) ou uma face (nenhum disparo). Kreiman chamou esses neurônios de **neurônios imagéticos**.

A descoberta dos neurônios imagéticos por Kreiman é importante, porque demonstra um possível mecanismo fisiológico para imagética e porque esses neurônios respondem da mesma maneira a perceber um objeto e imaginá-lo, portanto, corroborando a ideia de um relacionamento estreito entre percepção e imagética. Entretanto, a maioria das pesquisas com humanos envolvia não o registro de neurônios individuais, mas imagens cerebrais que medem a atividade cerebral à medida que os participantes percebem objetos e criam imagens visuais desses objetos (ver Método: imageamento cerebral, Capítulo 2, p. 35-36).

Imageamento cerebral

Um dos primeiros estudos sobre imagética usando imagens cerebrais foi realizado por Samuel Le Bihan e colaboradores (1993), que demonstraram que tanto a percepção como a imagética ativam o córtex visual. A **Figura 10.12** mostra como a atividade no córtex estriado aumentou quando uma pessoa observava apresentações de estímulos visuais reais (marcados como "Percepção") e quando a pessoa imaginava o estímulo ("Imagética"). Em

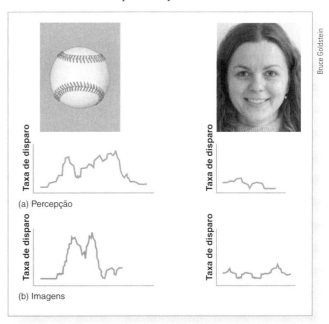

▶ Figura 10.11 Respostas de neurônios individuais no lobo temporal medial de uma pessoa que (a) respondem à percepção de uma bola de beisebol, mas não a uma face, e (b) respondem quando imaginam uma bola de beisebol, mas não quando imaginam uma face.

(Fonte: Kreiman, Koch e Fried, 2000.)

MÉTODO Registro de neurônios individuais em humanos

A grande maioria dos registros de neurônios individuais foi realizada em animais. Contudo, em alguns experimentos, respostas de neurônios individuais foram registradas em humanos. Nesses experimentos, os participantes eram pacientes com epilepsia intratável que não podia ser controlada por drogas. Para esses pacientes, uma possível cura é fornecida pela cirurgia que remove a pequena área do cérebro chamada *foco epiléptico*, onde as convulsões se originam.

Para determinar a localização desse foco, eletrodos são implantados nos cérebros desses pacientes e, em seguida, monitorados por um período de alguns dias, na esperança de que as convulsões espontâneas ajudem a identificar a localização do foco (Fried et al., 1999). Como os eletrodos são implantados, é possível, com o consentimento do paciente, registrar a atividade causada por ações cognitivas como perceber, imaginar e lembrar. Esses experimentos possibilitam não apenas registrar as respostas neurais aos estímulos, como é feito rotineiramente em experimentos com animais, mas também estudar como esses neurônios respondem quando os pacientes realizam atividades cognitivas, como imaginar e lembrar.

outro experimento com imagens cerebrais, solicitando que os participantes pensassem sobre perguntas que envolviam imagética — por exemplo, "O verde das árvores é mais escuro do que o verde da grama?" — gerava uma resposta mais intensa no córtex visual do que fazer perguntas não imagéticas, como "A intensidade da corrente elétrica é medida em amperes?" (Goldenberg et al., 1989).

Outro experimento com imagens, feito por Stephen Kosslyn e colaboradores (1995), fez uso de como o córtex visual é organizado como um **mapa topográfico**, em que locais específicos em um estímulo visual causam atividade em locais específicos no córtex visual, e pontos próximos uns dos outros no estímulo causam atividade em locais próximos uns dos outros no córtex. Pesquisas sobre o mapa topográfico do córtex visual indicam que olhar para um objeto pequeno causa atividade na parte posterior do córtex visual, como mostrado pela área verde na **Figura 10.13a**, e olhar para objetos maiores faz a atividade se propagar em direção à frente do córtex visual, como indicado pela área vermelha. A Figura 10.13 está disponível, em cores, no suplemento colorido, ao final do livro.

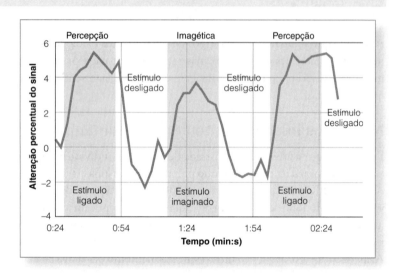

➤ Figura 10.12 Resultados do estudo de Le Bihan et al. (1993) medindo a atividade cerebral usando fMRI. A atividade aumenta para a apresentação de um estímulo visual (área sombreada marcada como "Estímulo ligado") e também aumenta quando os participantes estão imaginando o estímulo (área marcada como "Estímulo imaginado"). Em contraste, a atividade é baixa quando não há estímulo real ou imaginário.
(Fonte: de Le Bihan et al., 1993.)

O que aconteceria, Kosslyn se perguntou, se os participantes criassem imagens mentais de tamanhos diferentes? Para responder a essa pergunta, os participantes foram instruídos a criar imagens visuais pequenas, médias e grandes enquanto

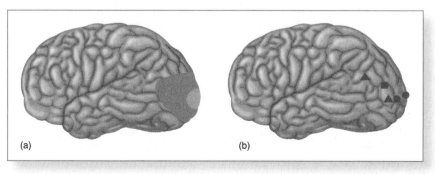

➤ Figura 10.13 (a) Olhar para um pequeno objeto causa atividade na parte posterior do córtex visual (verde). Objetos maiores fazem com que a atividade se propague (vermelho). (b) Resultados do experimento de Kosslyn et al. (1995). Os símbolos indicam o local mais ativado causado pela imagética: imagem pequena (círculo); imagem média (quadrado); imagem grande (triângulo). Esta figura está disponível, em cores, no suplemento colorido, ao final do livro.

(Fonte: Kosslyn et al., 1995.)

estavam em um scanner cerebral. O resultado, indicado pelos símbolos na **Figura 10.13b**, é que, quando os participantes criaram imagens visuais pequenas, a atividade centralizava perto da parte posterior do cérebro (círculos), mas, à medida que o tamanho da imagem mental aumentava, a ativação movia-se em direção à região frontal do córtex visual (quadrados e triângulos), assim como faz para a percepção. (Observe que um dos triângulos representando as imagens grandes está próximo à parte posterior do córtex visual. Kosslyn sugere que isso pode ter sido causado pela ativação por detalhes internos da imagem maior.) Assim, tanto a imagética como a percepção resultam na ativação do cérebro topograficamente organizada.

Outra abordagem ao estudo da imagética e do cérebro é determinar se há sobreposição entre as áreas cerebrais ativadas pela percepção de um objeto e aquelas ativadas pela criação de uma imagem mental do objeto. Esses experimentos demonstraram uma sobreposição entre áreas ativadas pela percepção e pela imagética, mas também encontraram diferenças. Por exemplo, Giorgio Ganis e colaboradores (2004) usaram fMRI para medir a ativação em duas situações, percepção e imagética. Para a situação de percepção, os participantes observavam o desenho de um objeto, como a árvore na **Figura 10.14**. Para a situação de imagética, os participantes eram orientados a pensar em uma imagem que haviam estudado antes, quando ouvissem um tom. Para ambas as tarefas de percepção e imagética, os participantes tinham de responder a uma pergunta como "A largura do objeto é maior do que a altura?"

Os resultados do experimento feito por Ganis são mostrados na **Figura 10.15**, que mostra a ativação em três locais diferentes no cérebro. A **Figura 10.15a** mostra que percepção e imagética ativam as mesmas áreas no lobo frontal. A **Figura 10.15b** mostra o mesmo resultado na região mais posterior do cérebro. Entretanto, a **Figura 10.15c**, que mostra a ativação do córtex visual no lobo occipital na parte posterior do cérebro, indica que a percepção ativa muito mais dessa área do cérebro do que imagens. Essa maior atividade para percepção não surpreende porque o córtex visual é onde os sinais da retina alcançam primeiro o córtex. Portanto, há uma sobreposição quase completa da ativação causada pela percepção e imagética na parte frontal do cérebro, mas alguma diferença perto da parte posterior do cérebro.

Outros experimentos também concluíram que existem semelhanças, mas também algumas diferenças entre a ativação do cérebro para

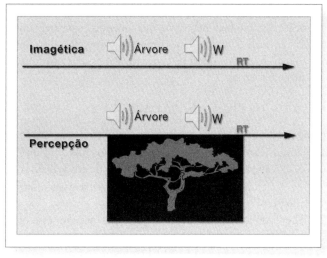

➤ Figura 10.14 Procedimento para o experimento de Ganis et al. (2004). Um ensaio começa com o nome de um objeto que foi previamente estudado, nesse caso "árvore". Na situação imagética, os participantes fechavam os olhos e precisavam imaginar a árvore. Na situação de percepção, os participantes viam uma imagem tênue do objeto. Os participantes então ouviam as instruções. O W nesse exemplo significa que eles deveriam julgar se o objeto era "mais largo do que alto". (Fonte: Ganis, Thompson e Kosslyn, 2004.)

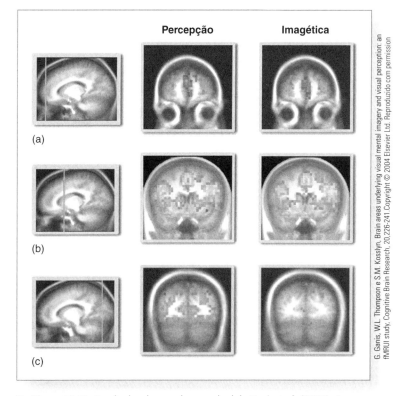

➤ Figura 10.15 Resultados da varredura cerebral de Ganis et al. (2004). As linhas verticais ao longo dos cérebros na coluna do canto esquerdo indicam onde a atividade estava sendo registrada. As colunas rotuladas "Percepção" e "Imagética" indicam respostas nas situações de percepção e imagética. (a) Respostas das áreas no lobo frontal. Percepção e imagética causam a mesma ativação. (b) Respostas mais na parte posterior do cérebro. A ativação também é a mesma nessa área. (c) Respostas da parte posterior do cérebro, incluindo a área visual primária. Há muito mais ativação nessa área na situação de percepção. Esta figura está disponível, em cores, no suplemento colorido, ao final do livro. (Fonte: Ganis, Thompson e Kosslyn, 2004.)

percepção e imagética. Por exemplo, um experimento com fMRI feito por Amir Amedi e colaboradores (2005) mostrou sobreposição, mas também descobriu que, quando os participantes utilizavam imagética visual, a resposta de algumas áreas associadas a estímulos não visuais, como audição e tato, diminuía. Amedi sugere que a razão disso pode ser que imagens visuais são mais frágeis do que a percepção real, e essa desativação ajuda a acalmar as atividades irrelevantes que podem interferir na imagem mental.

Análise de padrão multivoxel

Outra maneira como imagens cerebrais foram aplicadas ao estudo de possíveis ligações entre imagética e percepção é a análise de padrão multivoxel (APMV), que apresentamos no Capítulo 7 (p. 198). Lembre-se de que o procedimento na APMX é treinar um classificador para associar um padrão de ativação de voxel a estímulos específicos, como a maçã e a pera na Figura 7.17 (p. 199), e então apresentar um estímulo e ver se o classificador pode identificá-lo, com base no padrão de atividade do voxel criado pelo estímulo.

Matthew Johnson e Marcia Johnson (2014) usaram esse procedimento para estudar a relação entre imagética e percepção treinando um classificador apresentando quatro tipos diferentes de cenas — praia, deserto, campo ou casa — a uma pessoa em um scanner (Figura 1.16a). Depois que o classificador foi treinado nesses estímulos perceptuais, era hora do teste. A atividade do voxel foi registrada à medida que um participante visualizava uma imagem (por exemplo, a cena da praia), e o classificador previu, a partir de duas possibilidades (digamos, a cena da praia ou a casa), qual imagem a pessoa estava percebendo (Figura 10.16 b).

O resultado foi que o classificador previu a imagem correta em 63% das tentativas, o que está acima da precisão do acaso (em que o desempenho do acaso é 50%). Esse "treino sobre percepção, teste de percepção" mostrou que o classificador conseguia usar as informações que aprendeu durante o treinamento sobre percepção para prever o que o participante estava vendo. No entanto, e se o classificador treinado em percepção fosse solicitado a indicar qual das duas cenas o participante estava *imaginando*? (Figura 10.16c).

O resultado de experimentos em que a atividade do voxel foi mensurada à medida que os participantes imaginavam uma das cenas foi de 55% de precisão — não tão bom quanto prever o que a pessoa estava percebendo, mas mesmo assim acima

Meça os padrões de voxel para quatro cenas diferentes
(a) Classificador de trem em 4 cenas

Apresenta cena 1   O classificador prevê qual dos dois está sendo percebido
(b) Teste de percepção

Imagina cena 1   O classificador prevê qual dos dois está sendo imaginado
(c) Teste imagético

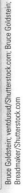

▶ Figura 10.16 Procedimento para o experimento de análise de padrão multivoxel de Johnson e Johnson (2014). (a) Calibra-se o classificador medindo o padrão de ativação do voxel em quatro imagens. (b) Teste de percepção. Uma das imagens é apresentada ao participante, e o classificador calibrado pela percepção determina, a partir do padrão de ativação do voxel, qual das duas imagens possíveis foi apresentada. (c) Teste imagético. O participante é convidado a imaginar uma das imagens, e o classificador calibrado pela percepção determina qual das duas imagens possíveis estava sendo imaginada.

do acaso. Claramente, ainda há muito trabalho a ser feito antes que os classificadores possam prever com precisão o que uma pessoa está percebendo ou imaginando, mas identificar com precisão acima do acaso o que uma pessoa está imaginando com base na atividade coletada quando a pessoa estava percebendo é impressionante, e outros pesquisadores relataram resultados semelhantes (Albers et al., 2013; Cichy et al., 2012; Horikawa e Kamitani, 2017; Naselaris et al., 2015).

Estimulação magnética transcraniana

Outra técnica usada para investigar as conexões entre percepção e imagética envolve a estimulação magnética transcraniana (EMT), que descrevemos no Capítulo 9 (ver Método: estimulação magnética transcraniana (EMT), p. 272).

Stephen Kosslyn e colaboradores (1999) aplicaram estimulação magnética transcraniana no córtex visual enquanto os participantes realizavam uma tarefa de percepção ou imagética. Para a tarefa de percepção, os participantes viam brevemente uma tela como a na **Figura 10.17** e eram solicitados a fazer um julgamento sobre as listras em dois dos quadrantes. Por exemplo, eles poderiam ser solicitados a indicar se as listras no quadrante 3 eram mais longas do que as listras no quadrante 2. A tarefa de imagética era a mesma, mas, em vez de realmente olhar para as listras enquanto respondiam às perguntas, os participantes fechavam os olhos e baseavam seus julgamentos na imagem mental da tela.

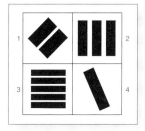

▶ Figura 10.17 Estímulos de barra usados para o experimento de Kosslyn et al. (1999). Os participantes criavam imagens visuais de telas como essa e respondiam a perguntas sobre as listras.

Kosslyn mediu o tempo de reação dos participantes para fazer o julgamento, durante a estimulação magnética transcraniana estava sendo aplicada à área visual do cérebro e também durante uma situação de controle quando a estimulação era direcionada para outra parte do cérebro. Os resultados indicaram que a estimulação fez com que os participantes respondessem mais lentamente, e que esse efeito de desaceleração ocorria tanto para a percepção como para a imagética. Com base nesses resultados, Kosslyn concluiu que a atividade cerebral no córtex visual desempenha um papel causal tanto na percepção quanto na imagética.

Estudos de casos neuropsicológicos

Como podemos usar estudos de pessoas com lesões cerebrais para nos ajudar a entender a imagética? Uma abordagem é determinar como lesões cerebrais afetam a imagética. Outra abordagem é determinar como as lesões cerebrais afetam tanto a imagética como a percepção, e observar se ambas são afetadas da mesma maneira.

A remoção de parte do córtex visual diminui o tamanho da imagem   A paciente M. G. S. era uma jovem que estava prestes a ter parte do lobo occipital direito removido como tratamento para um caso grave de epilepsia. Antes da cirurgia, Martha Farah e colaboradores (1993) fizeram com que M. G. S. realizasse a tarefa de caminhada mental que descrevemos anteriormente, na qual ela se imaginava caminhando em direção a um animal e estimava a proximidade dela quando a imagem começou a preencher seu campo visual. A **Figura 10.18** mostra que, antes da cirurgia, M. G. S. achava que estava a cerca de 450 cm de um cavalo imaginário antes de a imagem transbordar. Contudo, quando Farah pediu que ela repetisse a tarefa depois de o lobo occipital direito ter sido removido, a distância aumentou para 1.000 cm. Isso ocorreu porque a remoção de parte do córtex visual reduzia o tamanho do campo de visão dela, então o cavalo preenchia o campo quando ela estava mais longe. Esse resultado corrobora a ideia de que o córtex visual é importante para a imagética.

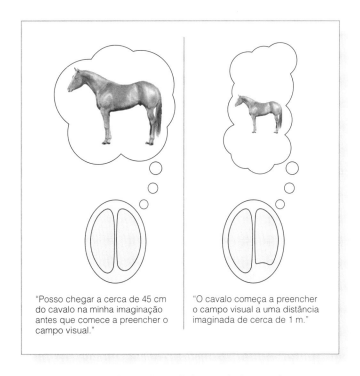

▶ Figura 10.18 Resultados da tarefa de caminhada mental para a paciente M. G. S. À esquerda: antes da cirurgia, ela conseguia "caminhar" mentalmente até 450 cm antes que a imagem do cavalo preenchesse seu campo visual. À direita: após a remoção do lobo occipital direito, o tamanho do campo visual foi reduzido e ela só conseguia se aproximar mentalmente de até 1.000 cm do cavalo antes que ele preenchesse o campo visual.

(Fonte: Farah, 2000.)

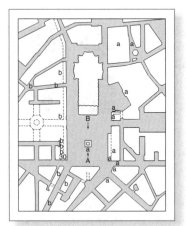

> Figura 10.19 Piazza del Duomo em Milão. Quando o paciente de Bisiach e Luzzatti (1978) se imaginou em A, ele conseguia nomear objetos indicados por as. Quando ele se imaginava em B, ele conseguia nomear objetos indicados por bs.

(Fonte: Bisiach e Luzzatti, 1978.)

Problemas de percepção são acompanhados de problemas de imagética Um grande número de casos foi estudado em que um paciente com lesão cerebral tem um problema de percepção e também um problema semelhante para criar imagens. Por exemplo, pessoas que perderam a capacidade de ver em cores devido a lesões cerebrais também são incapazes de criar cores por meio imagético (DeRenzi e Spinnler, 1967; DeVreese, 1991).

Lesões nos lobos parietais podem causar uma condição chamada **negligência unilateral**, na qual o paciente ignora objetos em uma metade do campo visual, até o ponto de fazer a barba em apenas um lado da face ou ingerir apenas a comida em um lado do prato. Edoardo Bisiach e Claudio Luzzatti (1978) testaram imagens de um paciente com negligência unilateral solicitando que ele descrevesse as coisas que via ao se imaginar parado em uma das extremidades da Piazza del Duomo em Milão, um lugar que ele já conhecia antes da lesão no cérebro (**Figura 10.19**).

As respostas do paciente mostraram que ele negligenciava o lado esquerdo da imagem mental, assim como negligenciava o lado esquerdo das percepções. Portanto, quando ele imaginava estar parado em A, ele negligenciava o lado esquerdo e nomeava apenas os objetos à direita (as letras "a" minúsculas). Quando ele imaginava estar parado em B, ele continuava a negligenciar o lado esquerdo, novamente nomeando apenas os objetos à direita (as letras "b" minúsculas).

A correspondência entre a fisiologia das imagens mentais e a fisiologia da percepção, como demonstrado por varreduras cerebrais em participantes normais e os efeitos de lesões cerebrais em participantes com negligência, corrobora a ideia de que a imagética mental e a percepção compartilham mecanismos fisiológicos. Entretanto, nem todos os resultados fisiológicos corroboram uma correspondência um a um entre imagética e percepção.

Dissociações entre imagética e percepção No Capítulo 2, descrevemos dissociações entre diferentes tipos de percepção, em que algumas pessoas com lesões cerebrais eram incapazes de reconhecer faces, mas conseguiam reconhecer objetos, e outras pessoas tinham o problema oposto (ver Método: Demonstrando uma dupla dissociação, Capítulo 2). Também foram relatados casos de dissociações entre imagética e percepção. Por exemplo, Cecilia Guariglia e colaboradores (1993) estudaram um paciente cuja lesão cerebral teve pouco efeito na capacidade de perceber, mas causava negligência nas imagens mentais (as imagens mentais dele limitavam-se a apenas um dos lados, como no caso do homem imaginando a praça em Milão).

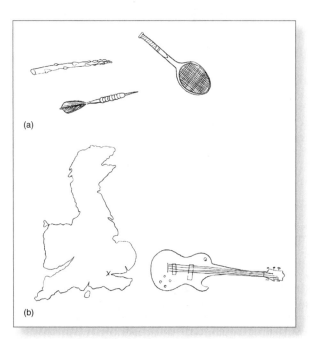

> Figura 10.20 (a) Imagens incorretamente rotuladas por C. K., que tinha agnosia visual. (b) Desenhos a partir da memória de C. K.

(Fonte: Behrmann et al., 1994.)

Outro caso de percepção normal, mas com imagética prejudicada, é o caso de R. M., que sofreu lesões nos lobos occipital e parietal (Farah et al., 1988). R. M. era capaz de reconhecer objetos e desenhar imagens precisas dos objetos que foram colocados diante dele. Mas ele não era capaz de desenhar objetos a partir da memória, uma tarefa que requer imagética. Ele também tinha problemas para responder a perguntas que dependem de imagens, como verificar se a frase "uma toranja é maior que uma laranja" está correta.

Dissociações também foram relatadas com o resultado oposto, de tal modo que a percepção é comprometida, mas a imagética permanece relativamente normal. Por exemplo, Marlene Behrmann e colaboradores (1994) estudaram C. K., estudante de pós-graduação de 33 anos que foi atropelado por um carro enquanto corria. C. K. sofria de agnosia visual, a incapacidade de reconhecer objetos visualmente. Assim, ele rotulava as imagens na **Figura 10.20a** como um "espanador" (o dardo), uma "máscara de esgrimista" (a raquete de tênis) e um "galho de rosa com espinhos" (os aspargos) Esses resultados mostram que C. K. conseguia reconhecer partes dos objetos, mas não conseguia integrá-los em um todo significativo. Mas, apesar de sua incapacidade para nomear imagens dos objetos, C. K. era capaz de desenhar objetos a partir da memória, uma tarefa que depende da imagética (**Figura 10.20b**). Curiosamente, quando ele via seus próprios desenhos depois de um

Tabela 10.1   Dissociações entre percepção e imagética

Caso	Percepção	Imagens
Guariglia (1993)	OK	Negligenciadas (imagem limitada a um dos lados).
Farah et al. (1993) (R. M.)	OK. Reconhece objetos e pode fazer desenhos.	Pobre. Não consigo desenhar de memória ou responder a perguntas com base em imagens.
Behrmann et al. (1994) (C. K.)	Pobre. Agnosia visual, portanto, não pode reconhecer objetos.	OK. Pode desenhar objetos de memória.

tempo suficiente para que se esquecesse da experiência real do desenho, ele era incapaz de identificar os objetos que havia desenhado.

Essas dissociações neuropsicológicas, em que a percepção é normal, mas as imagens são ruins (paciente de Guariglia e M. R.), ou a percepção é ruim, mas as imagens são normais (C. K.), apresentam um paradoxo. Por um lado, evidências de uma dupla dissociação entre imagética e percepção (Tabela 10.1) são geralmente interpretadas para significar que as duas funções são atendidas por mecanismos diferentes (ver Capítulo 2). No entanto, essa conclusão contradiz as outras evidências que apresentamos que mostram que imagética e percepção compartilham mecanismos.

Esse aparente paradoxo destaca a dificuldade da interpretação dos resultados neuropsicológicos. Por um lado, o dano em casos específicos varia muito entre os indivíduos e geralmente não se restringe às bordas entre as áreas nos diagramas anatômicos. Além disso, é importante ter em mente que muitas das pesquisas que apresentam evidências de uma sobreposição entre percepção e imagética também reconhecem que a sobreposição é apenas parcial.

Conclusões do debate sobre imagética

O debate sobre imagética fornece um excelente exemplo de uma situação em que uma controvérsia motivou grande quantidade de pesquisas. A maioria dos psicólogos, analisando evidências comportamentais e fisiológicas, concluiu que imagética e percepção estão intimamente relacionadas e compartilham alguns (mas não todos) mecanismos (Pearson e Kosslyn, 2015; mas veja Pylyshyn, 2001, 2003, que discorda).

Figura 10.21 O que é isso, um coelho (voltado para a direita) ou um pato (voltado para a esquerda)?

A ideia dos mecanismos compartilhados decorre de todos os paralelos e interações entre percepção e imagética. A ideia de que nem todos os mecanismos são compartilhados decorre de alguns dos resultados de fMRI, que mostram que a sobreposição entre a ativação do cérebro não é completa; alguns dos resultados neuropsicológicos, que mostram dissociações entre imagens e percepção; e também das diferenças entre a experiência da imagética e percepção. Por exemplo, a percepção ocorre automaticamente quando olhamos para algo, mas a imagética precisa ser gerada com algum esforço. Além disso, a percepção é estável — continua à medida que você observa um estímulo —, mas a imagética é frágil — ela pode desaparecer sem esforço contínuo.

Outro exemplo da diferença entre imagética e percepção é que é mais difícil manipular imagens mentais do que imagens criadas de modo perceptual. Isso foi demonstrado por Deborah Chalmers e Daniel Reisberg (1985), que pediram que os participantes criassem imagens mentais de figuras ambíguas como a na Figura 10.21, que pode ser vista como um coelho ou um pato. Perceptivelmente, é bastante fácil "alternar" entre essas duas percepções. Entretanto, Chalmers e Reisberg descobriram que os participantes que tinham uma imagem mental dessa figura eram incapazes de alternar entre uma percepção e outra.

Outra pesquisa mostrou que as pessoas podem manipular imagens mentais mais simples. Por exemplo, Ronald Finke e colaboradores (1989) mostraram que quando os participantes seguiram as instruções para imaginar uma letra D maiúscula e, em seguida, girá-la 90 graus para a esquerda e colocar uma letra J maiúscula na parte inferior, eles relataram ter visto um guarda-chuva. Além disso, Fred Mast e Adderly (2002) mostraram que pessoas que eram boas em imagética eram capazes de girar imagens mentais de figuras ambíguas se recebessem informações extras, como desenhos das partes das imagens parcialmente giradas. Portanto, os experimentos de manipulação de imagens levam à mesma conclusão de todos os outros experimentos que descrevemos: imagética e percepção têm muitas características em comum, mas também existem diferenças entre elas.

Uso da imagética para aprimorar a memória

Fica claro que as imagens podem desempenhar um papel importante na memória. Porém como você pode aproveitar o poder das imagens para ajudá-lo a lembrar melhor as coisas? No Capítulo 7, vimos que a codificação é auxiliada pela formação de conexões com outras informações e descrevemos um experimento (Bower e Winzenz, 1970) em que os participantes que criavam imagens com base em duas palavras emparelhadas (como barco e árvore) lembraram mais que o dobro de palavras como participantes que apenas repetiam as palavras (ver Figura 7.2, p. 182). Outro princípio da memória que descrevemos no Capítulo 7 foi que a organização melhora a codificação. A mente tende a organizar de modo espontâneo informações que inicialmente estão desorganizadas, e apresentar informações organizadas melhora o desempenho da memória. Vamos agora descrever um método baseado nesses princípios, que envolve inserir imagens em locais.

Inserindo imagens em locais

O poder das imagens para melhorar a memória está ligado à capacidade de criar locais organizados em que as memórias de itens específicos podem ser inseridas. Um exemplo da função organizacional da imagética da história antiga é fornecido por uma lenda sobre o poeta grego Simônides. Segundo a lenda, há 2.500 anos Simônides fez um discurso em um banquete e, logo depois de sair do banquete, o telhado do salão desabou, matando a maioria das pessoas que estavam ali. Para agravar essa tragédia, muitos dos corpos foram mutilados de forma tão grave que não puderam ser identificados. No entanto, Simônides percebeu que, ao olhar para a plateia durante seu discurso, ele criou uma imagem mental de onde cada pessoa estava sentada à mesa do banquete. Com base nessa imagem da localização das pessoas ao redor da mesa, ele foi capaz de determinar quem havia morrido.

O que é importante nesse exemplo um tanto grotesco é que Simônides percebeu que a técnica que ele havia usado para ajudá-lo a lembrar quem estava no banquete poderia ser usada para lembrar outras coisas também. Ele descobriu que conseguia lembrar as coisas imaginando um espaço físico, como a mesa de banquete, e inserindo, em sua mente, itens a serem lembrados nas cadeiras ao redor da mesa. Essa façanha da organização mental permitiu-lhe mais tarde "ler em voz alta" os itens, fazendo uma varredura mental dos locais ao redor da mesa, assim como havia feito para identificar os corpos das pessoas. Simônides havia inventado o que agora é chamado **método dos loci** — um método em que as coisas a serem lembradas são inseridas em locais diferentes em uma imagem mental de uma estrutura espacial. A demonstração na página seguinte ilustra como usar o método dos loci para lembrar algo de sua própria experiência.

Inserir imagens em locais pode ajudar a recuperar memórias posteriormente. Por exemplo, para me ajudar a lembrar de uma consulta no dentista no final do dia, eu poderia inserir visualmente um enorme par de dentes na sala de estar. Para me lembrar de ir à academia e malhar, eu poderia imaginar uma esteira na escada que leva da sala de estar ao segundo andar e para representar o programa de TV *This Is Us* que eu quero assistir mais tarde hoje à noite, eu poderia imaginar um dos personagens do show sentado no patamar do topo da escada.

Associando imagens a palavras

A **técnica da palavra-cavilha** (*pegword*) envolve imagens, como no método dos loci, mas em vez de visualizar itens em locais diferentes, você os associa a palavras concretas. O primeiro passo é criar uma lista de substantivos, como estes: um–jejum; dois–arroz; três–inglês; quatro–teatro; cinco–vinco. É fácil lembrar essas palavras na ordem porque foram criadas rimando-as com os números. Além disso, a rima fornece uma dica de recuperação (ver p. 189) que ajuda a lembrar cada palavra. A próxima etapa é correlacionar cada uma das coisas a serem lembradas com uma palavra-chave, criando uma imagem vívida do item a ser lembrado junto ao objeto representado pela palavra.

A **Figura 10.22** mostra uma imagem que criei para a consulta ao dentista. Para os outros itens que queria lembrar, poderia imaginar um tênis elíptico dentro de um sapato e a palavra US em uma árvore. A beleza desse sistema é que ele permite identificar imediatamente um item com base em sua ordem na lista. Então, se eu quiser identificar a terceira coisa que preciso fazer hoje, vou direto para a árvore, o que se traduz na minha imagem da palavra US pendurada em uma árvore, e isso me lembra de assistir ao programa *This is Us* na TV.

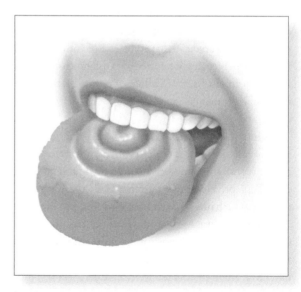

▶ **Figura 10.22** Uma imagem usada pelo autor para lembrar uma consulta ao dentista, usando a técnica da palavra-cavilha.

Técnicas de imagética como as que acabamos de descrever são frequentemente a base por trás de livros que afirmam fornecer a chave para melhorar a memória (ver Crook e Adderly, 1998; Lorayne e Lucas, 1996; Treadeau, 1997). Embora esses livros forneçam técnicas baseadas em imagética que funcionam, as pessoas que os compram na esperança de descobrir uma maneira fácil de desenvolver a "memória fotográfica" costumam ficar desapontadas. Ainda que as técnicas de imagética funcionem, elas não fornecem melhorias fáceis e "mágicas" para a memória, mas requerem muita prática e perseverança (Schacter, 2001).

DEMONSTRAÇÃO Método dos loci

Escolha um local com um layout espacial que você conhece bem, como os cômodos da sua casa ou apartamento, ou os prédios do campus da faculdade. Em seguida, selecione cinco a sete coisas que você quer lembrar — eventos do passado ou coisas que você precisa fazer mais tarde hoje. Crie uma imagem representando cada evento e insira cada imagem em um local na casa ou no campus. Se você precisa lembrar os eventos em uma ordem específica, decida a rota que você seguiria ao caminhar pela casa ou campus, e insira as imagens que representam cada evento ao longo da rota da caminhada para que sejam encontradas na ordem correta. Depois de fazer isso, refaça a rota mentalmente, e veja se encontrar as imagens ajuda a lembrar os eventos. Para realmente testar esse método, tente "caminhar" mentalmente seguindo essa rota daqui a algumas horas.

▶ Algo a considerar: diferenças individuais na imagética visual

As pessoas diferem quanto à maneira como percebem as coisas e como conseguem manter a atenção, lembrar coisas e resolver problemas. Portanto, não surpreende que também existem diferenças entre as pessoas em termos de imagens. Uma pessoa pode lembrar uma festa de aniversário ao ver um bolo de aniversário com velas cintilando na mesa. No entanto, outra pessoa pode lembrar a festa mais em termos de onde as pessoas estavam e do layout do ambiente (Sheldon et al., 2017).

A ideia de que as pessoas diferem quanto à imaginação foi sugerida no século 19 por Francis Galton, que observou que existem "diferentes graus de vivacidade com os quais diferentes pessoas têm a faculdade de recordar cenas familiares sob a forma de imagens mentais" (Galton, 1880, p. 306). Pesquisadores atuais confirmaram a ideia de Galton sobre as diferenças na maneira como as pessoas imaginam e adicionaram detalhes importantes à história.

Maria Kozhevnikov e colaboradores (2005) realizaram um experimento em que apresentaram pela primeira vez um questionário projetado para determinar a preferência dos participantes quanto ao uso de imagens em comparação com estratégias lógico-verbais ao resolver problemas. Esse questionário envolvia a solução de diversos tipos de problemas e a indicação das estratégias utilizadas para resolvê-los. Kozhevnikov classificou os participantes como visualizadores ou verbalizadores, assim esse resultado inicial indica que algumas pessoas usam imagens para resolver problemas e outras não. Descreveremos os resultados dos experimentos de Kozhevnikov, enfocando os visualizadores.

Os visualizadores receberam testes projetados para medir dois tipos de imagética: imagética espacial e imagética de objetos. **Imagética espacial** refere-se à capacidade de criar imagens de relações espaciais, como o layout de um jardim. **Imagética de objeto** refere-se à capacidade de criar imagens de detalhes visuais, características ou objetos, como uma roseira com rosas vermelhas brilhantes no jardim (Sheldon et al., 2017).

O **teste de dobra de papel (TDP)** foi projetado para medir imagens espaciais. Os participantes viam um pedaço de papel sendo dobrado e, em seguida, perfurado por um lápis (Figura 10.23a). A tarefa deles era escolher entre cinco opções com que o papel se pareceria quando desdobrado (Figura 10.23b).

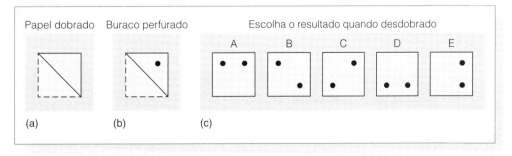

▶ Figura 10.23 Uma tentativa do teste de dobradura de papel. (a) Um pedaço de papel é dobrado e então perfurado por um lápis para criar um buraco. (b) A tarefa do participante é determinar com qual das cinco alternativas o papel se parece quando desdobrado.

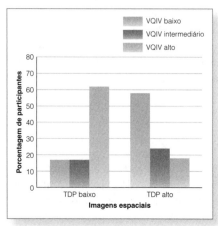

> Figura 10.24 Resultados do questionário da vivacidade de imagética visual (QVIV) para participantes do experimento de Kozhevnikov et al. (2005) que foram classificados como imagética espacial baixa e alta com base nos resultados do teste de dobra de papel (TDP).
>
> (Fonte: Kozhevnikov, Kosslyn e Shephard, 2005.)

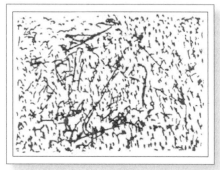

> Figura 10.25 Um dos estímulos da imagem degradada usado por Kozhevnikov et al. (2005). O que o desenho de linha oculto representa?
>
> (Fonte: Kozhevnikov, Kosslyn e Shephard, 2005.)

O **questionário da vivacidade da imagética visual (QVIV)** foi projetado para medir imagens de objetos. Os participantes avaliavam, em uma escala de 5 pontos, a vivacidade das imagens mentais que foram solicitados a criar. Um item típico: "O sol está nascendo acima do horizonte em um céu nebuloso".

Os resultados dos testes, mostrados na Figura 10.24, demonstram as diferenças entre os participantes com uma pontuação baixa no TDP (imagética espacial baixa) e os participantes com uma pontuação alta (imagética espacial alta). Sessenta e dois por cento dos visualizadores com imagens espaciais baixas tinham pontuações altas no QVIV, o que significa que tinham imagética de objetos alta, enquanto 51% do visualizadores com imagética espacial alta apresentaram pontuações baixas no QVIV, o que significa que tinham imagética de objetos baixa.

Em outro experimento, os participantes foram apresentados à *tarefa de imagens degradadas* e a uma *tarefa de rotação mental*. A **tarefa de imagens degradadas** consistia em uma série de desenhos de linha degradados como o na Figura 10.25. Você pode determinar o que é? (Ver na Figura 10.27, p. 295, a resposta.) A **tarefa de rotação mental** exigia que os participantes julgassem se as imagens como aquelas na Figura 10.1 (p. 280) eram duas visualizações do mesmo objeto ou objetos de imagem espelhada. Que tipo de visualizador de imagens você acha que se saiu melhor em cada tarefa?

A resposta: Os visualizadores de imagens espaciais se saíram melhor na tarefa de rotação mental, e aqueles que visualizaram imagens de objetos se saíram melhor na tarefa das imagens degradadas, fornecendo assim evidências adicionais para distinguir entre visualizadores de imagens espaciais e de objetos.

Em um estudo projetado para determinar o desempenho dos participantes quanto aos diferentes níveis da imagética espacial em problemas de física, Kozhevnikov e colaboradores (2007) apresentaram a imagem na Figura 10.26 com o seguinte texto e perguntas para um grupo de alunos que não tinha feito nenhum curso de física no ensino médio ou na faculdade.

Problema do quadro de referência

Uma pequena bola de metal está sendo sustentada por um ímã preso a um poste de um vagão de trem. Um copo está no carrinho diretamente abaixo da bola. O vagão se move a uma velocidade constante, como mostrado pela seta na figura. Suponha que a bola se desprenda do ímã enquanto o vagão está em movimento. O observador A está no vagão, e o observador B está na estrada,

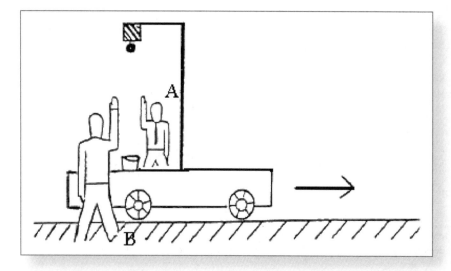

> Figura 10.26 Imagem para o problema do quadro de referência apresentado no experimento de Kozhevnikov et al. (2007).
>
> (Fonte: Kozhevnikov, Motes e Hegarty, 2007.)

em frente à coluna do vagão no momento do lançamento da bola.

Qual dos relatórios descritos abaixo corresponde à visão do observador A da bola em queda:

(a) A bola em queda move-se diretamente para baixo.
(b) A bola em queda move-se para a frente.
(c) A bola em queda move-se para trás.

Qual dos relatórios descritos a seguir corresponde à visão do observador B da bola em queda:

(a) A bola em queda move-se diretamente para baixo.
(b) A bola em queda move-se para a frente.
(c) A bola em queda move-se para trás.

Alerta de *spoiler*! Responda antes de continuar lendo.

Resposta: O observador A está no carrinho, movendo-se junto com a bola, então ele verá a bola movendo-se diretamente para dentro do copo. Como o observador B está parado do lado de fora do carrinho, ele verá a bola caindo se mover para baixo e para a frente antes de cair no copo.

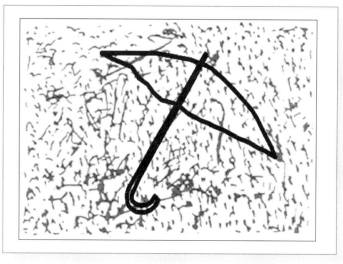

▶ Figura 10.27 Resposta ao problema da imagem degradada na Figura 10.25.

(Fonte: Kozhevnikov, Kosslyn e Shephard, 2005.)

Metade dos alunos respondeu corretamente que o observador A veria a bola se mover direto para dentro do copo. Concentrando-se nos alunos que responderam corretamente para o observador A, Kozhevnikov e colaboradores (2007) descobriram que 70% dos alunos que eram visualizadores de imagens espaciais altas responderam corretamente que o observador B veria a bola se movendo para baixo e para a frente, mas apenas 18% daqueles que visualizaram imagens espaciais baixas apresentaram a resposta correta. A partir desses resultados, e dos resultados de problemas de física adicionais, Kozhevnikov concluiu que a capacidade espacial está relacionada à solução de muitos tipos de problemas de física.

Os resultados de experimentos como os anteriores confirmam a ideia de Galton de que a experiência das pessoas com imagens visuais varia, e agora sabemos que as pessoas que são boas em imagética muitas vezes são boas em um tipo de imagética — espacial ou de objeto —, mas não tão boas no outro tipo. E, sim, também existem algumas pessoas que são boas em ambas!

TESTE VOCÊ MESMO 10.2

1. Descreva como os experimentos usando as seguintes técnicas fisiológicas forneceram evidências dos paralelos entre imagética e percepção: (a) registro de neurônios individuais no cérebro humano; (b) imagens cerebrais; (c) análise de padrão multivoxel; (d) desativação de parte do cérebro; e (e) neuropsicologia
2. Quais são algumas diferenças entre imagética e percepção? Qual foi a conclusão da maioria dos psicólogos sobre a conexão entre imagética e percepção?
3. Em que situações imagens melhoram a memória? Descreva técnicas que usam imagens como uma ferramenta para melhorar a memória. Qual é o princípio básico subjacente a essas técnicas?
4. Qual é a evidência para diferenças individuais nas imagens? Qual é a diferença entre visualizadores espaciais e visualizadores de objetos?

SUMÁRIO DO CAPÍTULO

1. A imagética mental é experimentar uma impressão sensorial na ausência de estimulação sensorial. Imagética visual é "ver" na ausência de um estímulo visual. A imagética desempenha um papel importante no processo criativo e como uma maneira de pensar, além das técnicas puramente verbais.

2. As primeiras ideias sobre imagética incluíam o debate do pensamento sem imagens e o trabalho de Galton com imagens visuais, mas pesquisas sobre imagética foram interrompidas durante a era behaviorista. Pesquisas sobre imagens foram retomadas na década de 1960 com o advento da revolução cognitiva.

3. Os experimentos de varredura mental de Kosslyn sugeriram que a imagética compartilha os mesmos mecanismos que a percepção (isto é, cria uma representação expressiva na mente da pessoa), mas esses resultados e outros foram contestados por Pylyshyn, que afirmou que a imagética baseia-se em um mecanismo relacionado à linguagem (isto é, cria uma representação proposicional na mente de uma pessoa).

4. Os experimentos a seguir demonstraram paralelos entre imagética e percepção: (a) tamanho no campo visual (tarefa de passeio visual); (b) interação entre percepção e imagética (experimento de Perky em 1910; experimento de Farah no qual os participantes imaginavam H ou T); e (c) experimentos fisiológicos.

5. Paralelos entre percepção e imagética foram demonstrados fisiologicamente pelos seguintes métodos: (a) registro de neurônios individuais (neurônios imagéticos); (b) imagens cerebrais (demonstrando ativação sobreposta no cérebro); (c) análise de padrão multivoxel; (d) experimentos de estimulação magnética transcraniana (comparando o efeito da inativação do cérebro na percepção e imagética); e (e) estudos de casos neuropsicológicos (a remoção do córtex visual afeta o tamanho da imagem; negligência unilateral).

6. Há também evidências fisiológicas para diferenças entre imagética e percepção. Essas evidências incluem (a) diferenças nas áreas do cérebro ativadas e (b) lesões cerebrais que causam dissociações entre percepção e imagética.

7. A maioria dos psicólogos, levando em consideração todas as evidências acima, concluiu que a imagética está intimamente relacionada à percepção e compartilha alguns (mas não todos) mecanismos.

8. O uso da imagética pode melhorar a memória de várias maneiras: (a) visualização de imagens interagentes; (b) organização usando o método dos loci; e (c) associação de itens com substantivos usando a técnica da palavra-cavilha.

9. Existe uma variabilidade na capacidade das pessoas de usar imagética e no que experimentam ao criar imagens. Algumas pessoas preferem usar o raciocínio lógico-verbal para resolver problemas, e outras se sentem mais à vontade usando imagens. Entre as pessoas que são "imagéticas", existem aquelas que usam imagens espaciais e aquelas que usam imagens de objetos. Kozhevnikov descobriu que alunos que usam alta imagética espacial tendem a ter melhor desempenho em problemas de física.

PENSE NISSO

1. Olhe para um objeto por um minuto; em seguida, desvie o olhar, crie uma imagem mental dele e desenhe um esboço do objeto com base na sua imagem mental. Então desenhe um esboço do mesmo objeto enquanto olha para ele. Que informações sobre o objeto no desenho imagético foram omitidas, em comparação com o esboço que você fez enquanto olhava para o objeto?

2. Escreva uma descrição de um objeto à medida que você olha para ele. Então compare a descrição escrita com as informações que você pode obter olhando para o objeto ou para uma imagem do objeto. É verdade que "uma imagem vale mais que mil palavras"? Como sua comparação das representações escritas e visuais se relaciona com a discussão das representações proposicionais *versus* descritivas neste capítulo?

3. Tente usar uma das técnicas descritas no final deste capítulo para criar imagens que representam coisas que você terá de fazer mais tarde hoje ou na próxima semana. Então, depois de algum tempo (entre uma hora e alguns dias), verifique se você pode recuperar as memórias para essas imagens e se você pode lembrar o que elas representam.

TERMOS-CHAVE

Aprendizagem por associação em pares 279
Cronometria mental 279
Debate do pensamento sem imagens 279
Debate imagético 280
Epifenômeno 281
Hipótese da associação conceitual 279
Imagética espacial 293

Imagética mental 278
Imagética visual 278
Mapa topográfico 286
Método dos loci 292
Negligência unilateral 290
Neurônios imagéticos 285
Questionário da vivacidade da imagética visual (QVIV) 294
Representações descritivas 282

Representações espaciais 281
Representações proposicionais 281
Tarefa de caminhada mental 283
Tarefa de imagens degradadas 294
Tarefa de rotação mental 294
Técnica da palavra-cavilha 292
Teste de dobra de papel (TDP) 293
Varredura mental 280

É claro que há comunicação acontecendo entre o pai e o filho. Não podemos afirmar o que estão falando, mas sabemos que estão usando a linguagem. Como veremos, não apenas a linguagem é utilizada por todos os seres humanos, mas o estudo de como as pessoas usam e entendem a linguagem ensina muito sobre como a mente funciona.

Linguagem 11

O que é linguagem?
A criatividade da linguagem humana

A necessidade universal de se comunicar por meio da linguagem

Estudando a linguagem

Compreendendo palavras: algumas complicações
Nem todas as palavras são criadas da mesma maneira: diferenças na frequência

A pronúncia das palavras é variável

Não há silêncio entre palavras na conversa normal

Compreendendo palavras ambíguas
Acessando vários significados

➤ Método: pré-ativação lexical

A frequência influencia quais significados são ativados

➤ TESTE VOCÊ MESMO 11.1

Compreendendo sentenças
Análise: fazendo sentido das sentenças

O modelo de sentenças labirinto

A abordagem baseada em restrições à análise

    Influência do significado das palavras

    Influência do contexto da história

    Influência do contexto da cena

    Influência da carga de memória e experiência prévia com a linguagem

Previsão, previsão, previsão...

➤ TESTE VOCÊ MESMO 11.2

Compreendendo textos e histórias
Fazendo inferências

Modelos de situação

Conversas
O contrato dado–novo

Base comum: levando a outra pessoa em consideração

Estabelecendo uma base comum

Coordenação sintática

➤ Método: pré-ativação sintática

Algo a considerar: música e linguagem
Música e linguagem: semelhanças e diferenças

Expectativas na música e linguagem

Música e linguagem se sobrepõem no cérebro?

➤ TESTE VOCÊ MESMO 11.3

SUMÁRIO DO CAPÍTULO
PENSE NISSO
TERMOS-CHAVE

ALGUMAS PERGUNTAS QUE VAMOS CONSIDERAR

▸ Como entendemos palavras individuais, e como as palavras são combinadas para criar sentenças?

▸ Como podemos entender sentenças que têm mais do que um significado?

▸ Como entendemos histórias?

▸ Quais são as conexões entre linguagem e música?

Este capítulo conta uma história que começa em como percebemos e entendemos as palavras; em seguida, discute como sequências de palavras criam sentenças significativas; e termina analisando como usamos a linguagem para nos comunicar em textos, histórias e conversas.

Ao longo dessa história, encontraremos os temas recorrentes de como os leitores e ouvintes usam inferência e previsão para criar significado. Este capítulo, portanto, segue os passos dos capítulos anteriores que discutiram o papel da inferência e previsão na cognição. Por exemplo, no Capítulo 3, Percepção, descrevemos a teoria da inferência inconsciente de Helmholtz, que propôs que para lidar com a ambiguidade do estímulo visual (ver p. 58), inconscientemente inferimos qual de uma série de alternativas possíveis é mais provável de ser o que está "lá fora" no ambiente.

Também vimos como, à medida que examinamos uma cena fazendo uma série de movimentos dos olhos, esses movimentos oculares são parcialmente guiados por nosso conhecimento de onde objetos importantes podem estar na cena (p. 96). E no Capítulo 6, Memória de longo prazo: estrutura, vimos como as memórias de experiências passadas são usadas para prever o que pode ocorrer no futuro (p. 165).

Você pode se perguntar como a inferência e a previsão estão envolvidas na linguagem. Veremos que algumas coisas que podemos considerar simples, como entender as palavras em uma conversa, na verdade apresentam desafios que devem ser resolvidos incorporando o conhecimento das experiências passadas à linguagem. E há então as construções chamadas sentenças, que são criadas por sequências de palavras, uma após a outra. Ainda que você possa pensar que entender uma sentença é apenas uma questão de somar os significados das palavras, verá que os significados das palavras são apenas o começo, porque a ordem das palavras também importa, algumas das palavras podem ter múltiplos significados e duas sentenças idênticas podem ter significados diferentes. Assim como todos os outros tipos de cognição que analisamos até agora se mostraram mais complicados do que possa ser pensado, o mesmo vale para a linguagem. Costumamos usar inferência e previsão para entender a linguagem, assim como estamos fazendo agora ao ler isto, provavelmente sem perceber.

▶ O que é linguagem?

A seguinte definição da linguagem captura a ideia de que a capacidade de encadear sons e palavras abre a porta para um mundo da comunicação: **Linguagem** é *um sistema de comunicação que usa sons ou símbolos para que possamos expressar nossos sentimentos, pensamentos, ideias e experiências.*

No entanto, essa definição não vai longe o suficiente, porque pode incluir algumas formas da comunicação animal. Gatos "miam" quando o pote de comida está vazio; macacos têm um repertório de "chamadas" que representam coisas como "perigo" ou "saudação"; abelhas executam uma "dança do requebrado" na colmeia que indica a localização das flores. Contudo, por mais impressionante que seja a comunicação animal, é muito mais rígida do que a linguagem humana. Os animais usam um número limitado de sons ou gestos para comunicar um número limitado de coisas que são importantes para a sobrevivência. Em contraste, seres humanos usam uma grande variedade de sinais, que podem ser combinados de inúmeras maneiras. Uma das propriedades da linguagem humana é, portanto, a criatividade.

A criatividade da linguagem humana

A linguagem humana fornece uma maneira de organizar uma sequência de sinais — sons para a linguagem falada, letras e palavras escritas para a linguagem escrita e sinais físicos para a linguagem de sinais — para transmitir, de uma pessoa para outra, coisas que vão de o simples e comum ("meu carro está ali") a mensagens que talvez nunca tenham sido escritas ou ditas anteriormente em toda a história do mundo ("minha viagem com Zelda, minha prima da Califórnia que perdeu o emprego em fevereiro, foi no Dia da Marmota").

A linguagem possibilita a criação de sentenças novas e únicas porque tem uma estrutura hierárquica e é regida por regras. A **natureza hierárquica da linguagem** significa que ela consiste em uma série de pequenos componentes que podem ser combinados para formar unidades maiores. Por exemplo, palavras podem ser combinadas para criar sentenças, que por sua vez podem criar expressões, que podem se tornar componentes de uma história. A **natureza da linguagem baseada em regras** significa que esses componentes podem ser organizados de certas maneiras ("O que meu gato está dizendo?". É permitido em inglês), mas não de outras ("Gato, o que eu disse?" não é). Essas duas propriedades — uma estrutura hierárquica e regras — conferem aos humanos a capacidade de ir muito além das chamadas e sinais fixos dos animais para comunicar tudo o que queremos expressar.

A necessidade universal de se comunicar por meio da linguagem

Ainda que as pessoas "falem" consigo mesmas, como quando Hamlet se perguntou: "Ser ou não ser", ou quando você sonha acordado na sala de aula, a linguagem é usada principalmente para comunicação, seja para conversar com outra pessoa ou ler o que alguém escreveu. Essa necessidade de comunicação usando a linguagem chama-se "universal" porque ocorre onde quer que haja pessoas. Por exemplo, considere o seguinte:

➤ A necessidade das pessoas de se comunicarem é tão poderosa que, quando as crianças surdas se encontram em um ambiente onde ninguém fala ou usa a linguagem de sinais, elas próprias inventam uma linguagem de sinais (Goldin-Meadow, 1982).

➤ Todos os humanos com capacidades normais desenvolvem uma linguagem e aprendem a seguir suas regras complexas, embora geralmente não estejam cientes dessas regras. Embora muitas pessoas achem o estudo da gramática muito difícil, elas não têm problemas para usar a linguagem.

➤ A linguagem é universal entre as culturas. Existem mais de 5 mil idiomas diferentes e não há uma única cultura sem idioma. Quando os exploradores europeus pisaram pela primeira vez na Nova Guiné nos anos 1500, as pessoas que eles descobriram, que haviam estado isoladas do resto do mundo por eras, haviam desenvolvido mais de 750 línguas, muitas delas bastante diversas umas das outras.

➤ O desenvolvimento da linguagem é semelhante entre as culturas. Não importa a cultura ou o idioma em particular, as crianças geralmente começam a balbuciar por volta dos 7 meses, algumas palavras significativas aparecem no primeiro aniversário e as primeiras múltiplas expressões ocorrem por volta dos 2 anos (Levelt, 2001).

➤ Mesmo que um grande número de idiomas sejam muito diferentes entre si, podemos descrevê-los como "únicos, mas iguais". Eles são únicos pelo fato de que utilizam palavras e sons diferentes e podem usar diferentes regras para combinar essas palavras (embora muitos idiomas usem regras semelhantes). Eles são iguais no sentido de que todos os idiomas têm palavras que desempenham as funções dos substantivos e verbos, e todos os idiomas incluem um sistema para tornar as coisas negativas, fazer perguntas e se referir ao passado e ao presente.

Estudando a linguagem

A linguagem fascinou pensadores por milhares de anos, remontando aos antigos filósofos gregos Sócrates, Platão e Aristóteles (350-450 a.C.) e antes. O estudo científico moderno da linguagem remonta aos trabalhos de Paul Broca (1861) e Carl Wernicke (1874). O estudo de Broca de pacientes com lesão cerebral levou à proposta de que uma área do lobo frontal (a área de Broca) é responsável pela produção da linguagem. Wernicke propôs que uma área no lobo temporal (a área de Wernicke) é responsável pela compreensão. Descrevemos as observações de Broca e Wernicke no Capítulo 2 (ver p. 34) e também observamos que pesquisas atuais mostram que a situação é um pouco mais complicada do que apenas duas áreas da linguagem no cérebro (ver p. 39).

Neste capítulo, não focalizaremos a conexão entre a linguagem e o cérebro, mas pesquisas comportamentais sobre os mecanismos cognitivos da linguagem. Retomamos a história das pesquisas comportamentais sobre a linguagem na década de 1950, quando o behaviorismo ainda era a abordagem dominante na psicologia (ver p. 9). Em 1957, B. F. Skinner, o principal proponente do behaviorismo, publicou um livro chamado *Comportamento Verbal,* no qual ele propôs que a linguagem é aprendida por meio de reforço. De acordo com essa ideia, assim como as crianças aprendem o comportamento apropriado por meio de recompensas para comportamento "bom" e são punidas por comportamento "mau", as crianças aprendem a linguagem sendo recompensadas por usar a linguagem correta e punidas (ou não recompensadas) por usar uma linguagem incorreta.

No mesmo ano, o linguista Noam Chomsky (1957) publicou um livro intitulado *Estruturas Sintáticas,* em que ele propôs que a linguagem humana é codificada nos genes. Segundo essa ideia, assim como os humanos são geneticamente programados para andar, também são programados para adquirir e usar a linguagem. Chomsky concluiu que, apesar das grandes variações que existem entre os idiomas, a base subjacente de todos os idiomas é similar. Mais importante para nossos propósitos, Chomsky via o estudo da linguagem como uma maneira de analisar as propriedades da mente e, portanto, discordava da ideia behaviorista de que a mente não é um tema válido de estudo para a psicologia.

O desacordo de Chomsky com o behaviorismo o levou a publicar uma crítica contundente ao *Comportamento Verbal* de Skinner em 1959. Nessa crítica, ele apresentou argumentos contra a ideia behaviorista de que a linguagem pode ser explicada em termos de reforços e sem referência à mente. Um dos argumentos mais persuasivos de Chomsky foi que, à medida que as crianças aprendem a linguagem, elas produzem sentenças que nunca ouviram e que nunca foram reforçadas. (Um exemplo clássico de uma sentença que foi criada por muitas crianças e que provavelmente não foi ensinada ou reforçada pelos pais é "Eu te odeio, mamãe".) A crítica de Chomsky ao behaviorismo foi um evento importante na revolução cognitiva e começou a mudar o foco da jovem disciplina da **psicolinguística**, o campo preocupado com o estudo psicológico da linguagem.

O objetivo da psicolinguística é descobrir os processos psicológicos pelos quais os humanos adquirem e processam a linguagem (Clark e Van der Wege, 2002; Gleason e Ratner, 1998; Miller, 1965). As quatro principais preocupações da psicolinguística são:

1. Compreensão. Como as pessoas entendem a linguagem falada e escrita? Isso inclui como as pessoas processam os sons da linguagem; como entendem palavras, sentenças e histórias expressas por escrito, fala ou linguagem de sinais; e como as pessoas conversam umas com as outras.
2. Representação. Como a linguagem é representada na mente? Isso inclui como as pessoas agrupam palavras em sentenças para criar expressões significativas e como estabelecem conexões entre diferentes partes de uma história.
3. Produção da fala. Como as pessoas produzem a linguagem? Isso inclui os processos físicos e mentais da produção da fala que ocorrem quando uma pessoa cria a fala.
4. Aquisição. Como as pessoas aprendem um idioma? Isso inclui não apenas como as crianças aprendem um idioma, mas também como as pessoas aprendem outros idiomas, quando crianças ou mais tarde na vida.

Devido ao vasto escopo da psicolinguística, vamos restringir nossa atenção às duas primeiras dessas preocupações, descrevendo pesquisas sobre compreensão e representação, que juntas explicam como entendemos a linguagem. O plano é começar com palavras, então analisar como as palavras são combinadas para criar sentenças e, então, como as sentenças criam "histórias" que lemos, ouvimos ou produzimos ao conversar com outras pessoas.

 ## Compreendendo palavras: algumas complicações

Começamos nossa discussão sobre palavras definindo alguns termos. Nosso **léxico** são todas as palavras que conhecemos, que também são chamadas "dicionário mental". **Semântica** é o significado da linguagem. Isso é importante para palavras, porque cada palavra tem um ou mais significados. O significado das palavras chama-se **semântica lexical**. Nosso objetivo nesta seção é analisar como o significado das palavras é determinado. Você pode achar que determinar o significado de uma palavra é simples: apenas o pesquisamos em nosso léxico. No entanto, determinar o significado da palavra é mais complicado do que uma única "pesquisa". Agora consideraremos alguns fatores que apresentam desafios para perceber e compreender palavras.

Nem todas as palavras são criadas da mesma maneira: diferenças na frequência

Algumas palavras ocorrem com mais frequência do que outras em um determinado idioma. Por exemplo, em inglês, *home* ocorre 547 vezes por milhão de palavras e *hike* ocorre apenas 4 vezes por milhão de palavras. A frequência com que uma palavra aparece em um idioma chama-se **frequência de palavras**, e o **efeito da frequência de palavras** refere-se ao fato de que respondemos mais rapidamente a palavras de alta frequência como *home* do que palavras de baixa frequência como *hike*. A razão pela qual isso é importante é porque a frequência de uma palavra influencia o modo como a processamos.

Uma maneira de ilustrar as diferenças de processamento entre palavras de alta e baixa frequência é usar uma **tarefa de decisão lexical** na qual a tarefa é decidir o mais rápido possível se as sequências de letras são palavras ou não palavras. Tente isso com as quatro palavras a seguir: *devaneio, desesperadamente, história, garvola*. Observe que havia duas palavras reais, *devaneio*, que é uma palavra de baixa frequência, e *história*, que é uma palavra de alta frequência. Pesquisas usando a tarefa de decisão lexical demonstraram respostas mais lentas a palavras de baixa frequência (Carrol, 2004; ver também no Capítulo 9,

p. 259, uma descrição de outra maneira como a tarefa de decisão lexical é utilizada).

A resposta mais lenta para palavras de baixa frequência também foi demonstrada medindo os movimentos dos olhos das pessoas durante a leitura. Keith Rayner e Susan Duffy (1986) mediram os movimentos oculares dos participantes e as durações das fixações que ocorrem quando o olho faz uma pausa em um determinado local (ver Capítulo 4), enquanto eles liam sentenças que continham palavras de alta frequência ou uma palavra-alvo de baixa frequência, em que frequência se refere ao número de vezes em que uma palavra ocorre no uso normal da linguagem. As frequências médias foram 5,1 vezes por milhão para as palavras de baixa frequência e 122,3 vezes por milhão para as palavras de alta frequência. Por exemplo, a palavra-alvo de baixa frequência na sentença "A valsa lenta capturou sua atenção" é *valsa* e substituindo *valsa* pela palavra de alta frequência *música* cria a sentença "A *música lenta* capturou sua atenção". A duração da primeira fixação nas palavras, mostrada na **Figura 11.1a**, foi 37 milissegundos mais longa para palavras de baixa frequência em comparação com palavras de alta frequência. (Às vezes, uma palavra pode ser fixada mais de uma vez, como quando a pessoa lê uma palavra e, em seguida, olha para ela em resposta ao que a pessoa leu mais adiante na sentença.) A **Figura 11.1b** mostra que a duração total do olhar — a soma de todas as fixações feitas em uma palavra, foi 87 milissegundos mais longa para palavras de baixa frequência do que para palavras de alta frequência. Uma razão dessas fixações mais longas nas palavras de baixa frequência

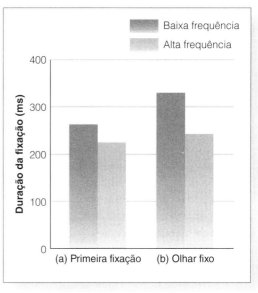

▶ Figura 11.1 Durações de fixação em palavras de baixa e alta frequência nas sentenças medidas por Rayner e Duffy (1986). (a) Durações da primeira fixação; (b) Duração total do olhar. Em ambos os casos, os tempos de fixação são mais longos para palavras de baixa frequência.

(Fonte: com base em dados de Rayner e Duffy, 1986, Tabela 2, p. 195.)

poderia ser que os leitores precisavam de mais tempo para acessar o significado das palavras de baixa frequência. O efeito da frequência de palavras, portanto, demonstra como nossa experiência anterior com palavras influencia nossa capacidade de acessar o significado delas.

A pronúncia das palavras é variável

Outro problema que torna o entendimento das palavras um desafio é que nem todos pronunciam as palavras da mesma maneira. As pessoas falam com sotaques diferentes e em velocidades diferentes e, o mais importante, as pessoas costumam ter uma abordagem descontraída ao pronunciar as palavras quando estão falando de maneira natural. Por exemplo, se você estivesse conversando com um amigo, como diria "Você foi à aula hoje"? Você diria "Você foi" ou "Você foi pra aula"? Você tem suas próprias maneiras de produzir várias palavras e fonemas, e outras pessoas têm as deles. Por exemplo, a análise de como na verdade as pessoas falam determinou que existem 50 maneiras diferentes de pronunciar a palavra *a* (Waldrop, 1988).

Então, como lidamos com isso? Uma maneira é usar o contexto no qual a palavra aparece. O fato de que o contexto ajuda é ilustrado pelo que acontece ao ouvir uma palavra fora do contexto. Irwin Pollack e J. M. Pickett (1964) mostraram que as palavras são mais difíceis de entender quando tiradas do contexto e apresentadas sozinhas, registrando as conversas dos participantes que estavam sentados em uma sala esperando o início do experimento. Quando os participantes foram então apresentados a gravações de palavras isoladas retiradas das próprias conversas, eles conseguiram identificar apenas metade das palavras, embora estivessem ouvindo suas próprias vozes! O fato de que as pessoas nesse experimento foram capazes de identificar palavras enquanto falavam umas com as outras, mas não conseguiram identificar as mesmas palavras quando estas estavam isoladas, ilustra que a capacidade deles para perceber palavras em conversas é auxiliada pelo contexto fornecido pelas palavras e sentenças que compõem a conversa.

Não há silêncio entre palavras na conversa normal

O fato de os sons da fala serem mais fáceis de entender quando os ouvimos falados em uma sentença é particularmente surpreendente quando consideramos que, ao contrário das palavras que você está lendo agora separadas por espaços, as palavras faladas em uma sentença geralmente não são separadas pelo silêncio. Não é o que esperaríamos, porque quando ouvimos alguém falar, geralmente ouvimos as palavras individuais e, às vezes, pode parecer que há silêncios que separam uma palavra da outra. No entanto, lembre-se da nossa discussão no Capítulo 3 (p. 61) em que observamos que um registro da energia física produzida pela fala conversacional revela que muitas vezes não há interrupções físicas entre as palavras no sinal da fala ou que pausas podem ocorrer no meio das palavras (ver Figura 3.12).

No Capítulo 3, descrevemos um experimento feito por Jennifer Saffran e colaboradores (2008), que mostrou que os bebês são sensíveis a regularidades estatísticas no sinal da fala — a maneira como diferentes sons se sucedem em um determinado idioma e como o conhecimento dessas regularidades ajuda os bebês a alcançar a **segmentação da fala** — a percepção de palavras individuais, embora muitas vezes não haja pausas entre as palavras (ver p. 61).

Usamos as propriedades estatísticas da linguagem o tempo todo, sem perceber. Por exemplo, aprendemos que certos sons têm maior probabilidade de seguirem uns aos outros numa palavra, e outros têm mais probabilidade de se sucederem em palavras diferentes. Considere as palavras *bonito bebê*. Em inglês, é provável que *pre* e *ty* sucedam um ao outro na mesma palavra (*pre-ty*) e que *ty* e *ba* serão separados em duas palavras diferentes (pre*tty ba*by).

Outra coisa que ajuda na segmentação da fala é nosso conhecimento do significado das palavras. No Capítulo 3, apontamos que, quando ouvimos um idioma estrangeiro desconhecido, muitas vezes é difícil distinguir uma palavra da seguinte, mas, se conhecemos um idioma, as palavras individuais se destacam (ver p. 61). Essa observação ilustra que conhecer o significado das palavras ajuda a percebê-las. Talvez você já tenha tido a experiência de ouvir palavras individuais que por acaso você conhece em um idioma estrangeiro que parecem "surgir" do que parece ser um fluxo contínuo de fala.

Outro exemplo de como o significado é responsável por organizar os sons em palavras é fornecido por estas duas sentenças:

A mãe de Jamie disse, "Seja uma big girl e coma os vegetais".

A coisa que Big Earl mais amava no mundo era seu carro.

"Big girl" e "Big Earl" são pronunciados da mesma forma, então ouvi-los de forma diferente depende do significado geral da sentença em que essas palavras aparecem. Esse exemplo é semelhante ao conhecido "Eu grito, você grita, todos nós gritamos por sorvete" que muitas pessoas aprendem quando crianças. Os estímulos sonoros para "eu grito" e "sorvete" são idênticos, portanto, as diferentes organizações devem ser alcançadas pelo sentido da sentença em que essas palavras aparecem.

Portanto, nossa capacidade de ouvir e compreender as palavras faladas é afetada por (1) frequência com que encontramos uma palavra no passado; (2) contexto em que as palavras aparecem; (3) nosso conhecimento das regularidades estatísticas de nossa linguagem; e (4) nosso conhecimento do significado das palavras. Há uma mensagem importante aqui — todas essas coisas envolvem conhecimento obtido por meio de aprendizagem/experiência com a linguagem. Soa familiar? Sim, isso dá continuidade ao tema da importância do conhecimento que vimos ao longo deste capítulo ao analisar como entendemos sentenças, histórias e conversas. No entanto, ainda não concluímos nossa discussão sobre palavras porque, apenas para tornar as coisas mais interessantes, muitas palavras têm múltiplos significados.

▶ Compreendendo palavras ambíguas

As palavras geralmente podem ter mais de um significado, uma situação chamada **ambiguidade lexical**. Por exemplo, a palavra *bug* pode se referir a um inseto, um dispositivo de escuta oculto ou para irritar alguém, entre outras coisas. Quando palavras ambíguas aparecem em uma sentença, geralmente usamos o contexto da sentença para determinar qual definição se aplica. Por exemplo, se Susan diz: "Minha mãe está me irritando", podemos ter certeza de que *bug* refere-se ao fato de que a mãe de Susan a está irritando, ao contrário de insetos ou instalação de um dispositivo de escuta oculto no quarto dela (embora talvez seja necessário mais contexto para descartar totalmente essa última possibilidade).

Acessando vários significados

Os exemplos de *bug* indicam que o contexto geralmente elimina a ambiguidade tão rapidamente que não temos conhecimento de sua existência. Contudo, pesquisas mostraram que algo interessante acontece na mente logo depois que uma palavra é ouvida. Michael Tanenhaus e colaboradores (1979) mostraram que as pessoas acessam rapidamente vários significados das palavras ambíguas antes de o efeito do contexto assumir o controle. Eles fizeram isso apresentando aos participantes uma pré-ativação em fita de sentenças curtas, como *She held the rose* (Ela segurou a rosa), em que a palavra-alvo *rose* é um substantivo que se refere a uma flor, ou *They all rose* (Todos levantaram-se), no qual *rose* é um verbo que se refere a pessoas em pé (em inglês, They all **rose**).

Tanenhaus e colaboradores queriam determinar quais significados de *rosa* ocorriam na mente de uma pessoa para cada uma dessas sentenças. Para fazer isso, eles utilizaram um procedimento chamado *pré-ativação lexical*.

Tanenhaus e colaboradores mediram a pré-ativação lexical usando duas situações: (1) a situação substantivo-substantivo: uma palavra é apresentada como um substantivo seguido por um estímulo de investigação de substantivo; e (2) a situação verbo-substantivo: uma palavra é apresentada como um verbo seguido por um estímulo de investigação de substantivo. Por exemplo, na situação 1, os participantes ouviriam uma sentença como *She held a rose* (*Ela segurou uma rosa*), na qual *rose* é um substantivo

MÉTODO Pré-ativação lexical

Lembre-se do Capítulo 6 (p. 171) de que a pré-ativação ocorre ao ver um estímulo e torna mais fácil responder a esse estímulo quando é apresentado novamente. Isso chama-se *pré-ativação de repetição*, porque a pré-ativação ocorre quando a mesma palavra é repetida. O princípio básico por trás da pré-ativação é que a primeira apresentação de um estímulo ativa uma representação do estímulo, e uma pessoa pode responder mais rapidamente se essa ativação ainda estiver presente quando o estímulo for apresentado mais uma vez.

Pré-ativação lexical é a pré-ativação que envolve o significado das palavras. A pré-ativação lexical ocorre quando uma palavra é seguida por outra palavra com significado semelhante. Por exemplo, apresentar a palavra *rose* e depois a palavra *flor* pode fazer com que uma pessoa responda mais rapidamente à palavra *flor* porque os significados de *rose* e *flor* estão relacionados. Esse efeito de pré-ativação não ocorre, entretanto, se a palavra *nuvem* é apresentada antes de *flor* porque seus significados não estão relacionados. A presença de um efeito de pré-ativação lexical, portanto, indica se duas palavras, como *rose* e *flor*, têm significados semelhantes na mente de uma pessoa.

(um tipo de flor), seguida imediatamente pela palavra de investigação: *flower*, ou *flor*. A tarefa era ler a palavra de investigação o mais rápido possível. O tempo decorrido entre o final da sentença e o início da fala do participante é o tempo de reação.

Para determinar se a apresentação da palavra *rose* causou uma resposta mais rápida à *flor*, uma situação de controle foi executada na qual uma sentença como *She held a post* (*Ela manteve uma postagem*) foi seguida pela mesma palavra de investigação, *flor*. Como o significado de *post* não está relacionado àquele de *flor*, não esperaríamos a pré-ativação, e foi isso que aconteceu. Como mostrado na barra à esquerda na Figura 11.2a, a palavra *rose*, usada como uma flor, resultou em uma resposta 37 milissegundos mais rápida para a palavra *flor* do que na situação de controle. Isso é o que esperaríamos, porque *rose*, a flor, está relacionada ao significado da palavra *flor*.

Os resultados de Tanenhaus tornam-se mais significativos quando consideramos a situação 2, quando a sentença era *They all rose*, em que *rose* é um verbo ("Todos se levantaram") e a palavra de investigação ainda era *flower*. O controle para essa sentença foi *They all touched*, ou *Todos eles tocaram*. O resultado, mostrado na barra à direita na Figura 11.3a, mostra que a pré-ativação ocorria também nessa situação. Mesmo que *rose* tenha sido apresentado como um verbo, ainda causou uma resposta mais rápida para flor!

Isso quer dizer que o significado de "flor" para *rose* é ativado imediatamente após ouvir *rose*, se usado como substantivo ou verbo. Tanenhaus também mostrou que o significado do verbo *rose* é ativado quer seja usado como substantivo ou verbo, e concluiu a partir desses resultados que todos os significados de uma palavra ambígua são ativados imediatamente após a palavra ser ouvida.

Para tornar as coisas ainda mais interessantes, quando Tanenhaus executou o mesmo experimento, mas adicionou um atraso de 200 ms entre o final das sentenças e a palavra de investigação, o resultado mudou. Como mostrado na Figura 11.2b, a pré-ativação ainda ocorre para a situação 1 — *rose* o substantivo corresponde à *flor* — mas não ocorre mais para a situação 2 — rose, o verbo, não se correlaciona com *flor*. O que representa é que, em 200 milissegundos após ouvir a palavra *rose* como um verbo, o significado de flor da *rose* desaparece. Assim, o contexto fornecido por uma sentença ajuda a determinar o significado de uma palavra, mas o contexto exerce uma influência após um pequeno atraso durante o qual outros significados de uma palavra são acessados brevemente (ver também em Swinney, 1979, um resultado semelhante, e em Lucas, 1999, informações adicionais sobre como o contexto afeta o significado das palavras).

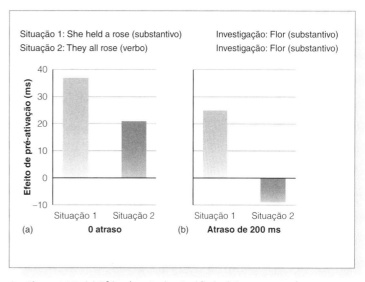

▶ Figura 11.2 (a) Efeito de pré-ativação (diminuição no tempo de resposta em comparação com a situação de controle) no retardo zero entre a palavra e a investigação. Situação 1: substantivo (exemplo: she held a rose) seguida pela investigação do substantivo (flor). Situação 2: verbo (they all rose) seguido pela investigação do substantivo (flor). (b) Efeito de pré-ativação para as mesmas situações com atraso de 200 ms.

(Fonte: com base em dados de Tanenhaus et al., 1979).

A frequência influencia quais significados são ativados

Ainda que o contexto ajude a determinar o significado apropriado das palavras em uma sentença, há outro fator em ação: a frequência com que diferentes significados ocorrem, com os significados que ocorrem com mais frequência sendo mais prováveis. Como Matthew Traxler (2012) coloca, "Muitas palavras têm múltiplos significados, mas nem todos esses significados foram criados da mesma maneira". Por exemplo, considere a palavra *praça*. O significado mais frequente de *praça* é um lugar público, enquanto um significado menos frequente é o de soldado. A frequência relativa dos significados das palavras ambíguas é descrita em termos de **dominância do significado**. Palavras como *praça*, em que um significado (lugar público) ocorre com mais frequência do que o outro (soldado), é um exemplo da **dominância tendenciosa**. Palavras como *manga*, em que um significado (fruta) e o outro (parte de uma roupa) são igualmente prováveis, é um exemplo da **dominância equilibrada**.

A diferença entre a dominância tendenciosa e equilibrada influencia como as pessoas acessam os significados das palavras à medida que as leem. Isso foi demonstrado em experimentos em que pesquisadores medem os movimentos dos olhos enquanto os participantes leem sentenças e observam o tempo de fixação para uma palavra ambígua e também para uma palavra de controle com apenas um significado que substitui a palavra ambígua na sentença. Considere a sentença a seguir, em que a palavra ambígua *manga* possui dominância equilibrada.

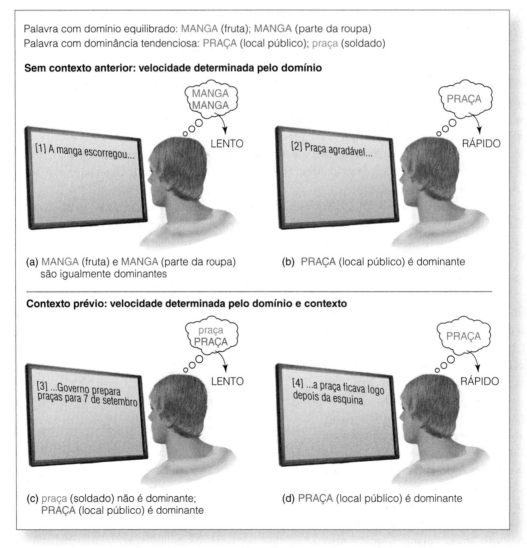

▶ Figura 11.3 O acesso ao significado de palavras ambíguas durante a leitura de uma sentença é determinado pela dominância da palavra e pelo contexto criado pela sentença. Se não há contexto anterior: (a) a competição entre significados igualmente prováveis de uma palavra com dominância equilibrada resulta em acesso lento; (b) a ativação apenas do significado mais frequente de uma palavra com dominância enviesada resulta em acesso rápido. Se há contexto antes de uma palavra com dominância tendenciosa: (c) a ativação dos significados menos frequentes e mais frequentes resulta em acesso lento; (d) a ativação apenas do significado mais frequente resulta em acesso rápido. Ver exemplos no texto.

A *manga* escorregou à noite. (palavra de controle: *fruta*)

Quando uma pessoa lê a palavra manga, ambos os significados de *manga* são ativados, porque manga (parte da roupa) e manga (fruta) são igualmente prováveis. Como os dois significados competem pela ativação, a pessoa olha por mais tempo para *manga* do que para a palavra de controle *fruta*, que tem apenas um significado como substantivo. Por fim, quando o leitor chega ao final da sentença, o significado se torna claro (Duffy et al., 1988; Rayner e Frazier, 1989; Traxler, 2012) (Figura 11.3a).

No entanto, considere o seguinte, com a palavra ambígua *praça:*

Praça agradável. (palavra de controle: *parque*)

Nesse caso, as pessoas liam a palavra ambígua tendenciosa *praça* tão rapidamente quanto a palavra de controle, porque apenas o significado dominante de *praça* (parque) é ativado, e o significado de *praça* como um local da cidade é acessado rapidamente (Figura 11.3b).

Contudo, a frequência do significado não é o único fator que determina a acessibilidade do significado de uma palavra. O contexto também pode desempenhar um papel. Considere, por exemplo, a seguinte sentença, na qual o contexto adicionado antes da palavra ambígua praça (local, parque) indica o significado menos frequente de praça:

O governo prepara praças para 7 de setembro e seu desfile. (palavra de controle: soldado).

Nesse caso, quando a pessoa chega à palavra *praça*, o significado menos frequente é ativado com maior força por causa do contexto anterior, e o significado mais frequente de praça é ativado também. Assim, nesse exemplo, como na primeira sentença que continha a palavra manga, dois significados são ativados, então a pessoa olha mais para praça (Figura 11.3c).

Por fim, considere a sentença a seguir, na qual o contexto indica o significado mais frequente de praça.

Então, a praça fica logo depois da esquina (palavra de controle: esquina).

Neste exemplo, apenas o significado dominante de *praça* é ativado, então *praça* é lida rapidamente (Figura 11.3d).

Vimos neste capítulo que o processo de acessar o significado de uma palavra é complicado e é influenciado por vários fatores. Primeiro, a frequência de uma palavra determina quanto tempo leva para processar seu significado. Segundo, se uma palavra tem mais de um significado, o contexto da sentença influencia o significado que acessamos. Por fim, nossa capacidade de acessar o significado correto de uma palavra depende da frequência dela e, para palavras com mais de um significado, de uma combinação de dominância de significado e contexto. Portanto, simplesmente identificar, reconhecer e conhecer o significado de palavras individuais é um feito complexo e impressionante. Entretanto, exceto em situações raras em que as palavras operam sozinhas — como em exclamações como *Pare*! ou *Espere*! — palavras são usadas com outras palavras para formar sentenças e, como veremos a seguir, as sentenças adicionam outro nível de complexidade à compreensão da linguagem.

TESTE VOCÊ MESMO 11.1

1. Qual é a natureza hierárquica da linguagem? A natureza da linguagem baseada em regras?
2. Por que a necessidade de se comunicar foi chamada universal?
3. Que eventos estão associados ao início do estudo moderno da linguagem na década de 1950?
4. O que é psicolinguística? Quais são suas preocupações e qual parte da psicolinguística este capítulo focaliza?
5. O que é semântica? O léxico?
6. Como a frequência de palavras afeta nosso processamento de palavras? Descreva o experimento do movimento ocular que ilustra um efeito da frequência de palavras.
7. Qual é a evidência de que o contexto ajuda as pessoas a lidar com a variabilidade da pronúncia das palavras?
8. O que é segmentação da fala e por que é um problema? Quais são alguns dos fatores que ajudam a alcançar a segmentação da fala?
9. O que é ambiguidade lexical? Descreva o experimento que usou pré-ativação lexical para mostrar que (a) todos os múltiplos significados de uma palavra são acessados imediatamente após a palavra ser ouvida; e (b) o contexto determina o significado apropriado de uma palavra ambígua dentro de cerca de 200 ms.
10. O que significa dominância? Dominância tendenciosa? Dominância equilibrada?
11. Como a frequência e o contexto se associam para determinar o significado correto das palavras ambíguas?

Compreendendo sentenças

Ao analisar palavras, vimos como sentenças criam contexto, o que torna possível (1) lidar com a variabilidade da pronúncia das palavras, (2) perceber palavras individuais em um fluxo contínuo de fala e (3) determinar os significados de palavras ambíguas. Contudo, agora vamos além de apenas discutir como as sentenças ajudam a entender as palavras, perguntando como a combinação de palavras em sentenças cria significado.

Para entender como determinamos o significado de uma sentença, precisamos considerar a **sintaxe** — a estrutura de uma sentença — e o estudo da sintaxe envolve descobrir pistas que os idiomas fornecem que mostram como as palavras em uma sentença se relacionam entre si (Traxler, 2012). Para começar, vamos pensar no que acontece quando ouvimos uma sentença. A fala se desenrola ao longo do tempo, com uma palavra após a outra. Esse processo sequencial é central para a compreensão das sentenças, porque uma maneira de pensar sobre sentenças é o desdobramento do significado ao longo do tempo.

Que processos mentais ocorrem quando uma pessoa ouve uma sentença? Uma maneira simples de responder a essa pergunta seria imaginar o significado como sendo criado pela adição dos significados de cada palavra à medida que ocorrem. No entanto essa ideia é problemática quando consideramos que algumas palavras têm mais de um significado e também que uma sequência de palavras pode ter mais de um significado. O segredo para determinar como sequências de palavras criam significado é considerar como o significado é criado agrupando palavras em sentenças — um processo denominado **análise**.

Análise: fazendo sentido das sentenças

Compreender o significado de uma sentença é um feito de pirotecnia mental que envolve entender cada palavra à medida que ela ocorre (algumas das quais podem ser ambíguas) e converter palavras em sentenças (**Figura 11.4**). Para introduzirmos a análise, vamos analisar algumas sentenças. Considere, por exemplo, uma sentença que começa:

Depois que a pianista tocou...

O que você acha que vem a seguir? Algumas possibilidades são:

a. ... ela deixou o palco.
b. ... ela se curvou para o público.
c. ... a multidão aplaudiu freneticamente.

Todas essas possibilidades, que criam sentenças fáceis de entender e que fazem sentido, envolvem agrupar as palavras da seguinte forma: [Depois que o músico tocou piano] [a multidão aplaudia freneticamente]. Mas e se a sentença continuasse afirmando

d. ... foi empurrado para fora do palco.

Ler a sentença terminada em (d) como um todo, *Depois que o músico tocou o piano foi empurrado para fora do palco*, pode pegá-lo de surpresa porque o agrupamento de [Depois que o músico tocou o piano] não está correto. O agrupamento correto é [Depois que o músico tocou] [o piano foi empurrado para fora do palco]. Quando escrita, adicionar uma vírgula torna a análise correta dessa sentença clara: *depois que o músico tocou, o piano foi empurrado para fora do palco*.

Sentenças como essa, que começam aparentando significar uma coisa, mas acabam significando outra, são chamadas **sentenças labirinto** que induzem a erro. Sentenças que induzem a erro ilustram a **ambiguidade temporária**, porque primeiro uma organização é adotada e então — quando o erro é percebido — a pessoa muda para a organização correta.

▶ Figura 11.4 Análise é o processo que ocorre quando uma pessoa ouve ou lê uma sequência de palavras (*Palavras em*) e agrupa essas palavras em sentenças na mente (*Sentença analisada na mente*). A maneira como as palavras são agrupadas nesse exemplo indica que a pessoa interpretou a sentença para significar que o músico tocou piano e, em seguida, deixou o palco.

O modelo de sentenças labirinto

Pesquisadores da linguagem usaram sentenças com ambiguidade temporária para ajudar a entender os mecanismos que operam durante a análise. Uma das primeiras propostas para explicar análise e, em particular, sentenças que induzem a erro, chama-se **modelo labirinto**. Essa abordagem, proposta por Lynn Frazier (1979, 1987), afirma que, à medida que as pessoas leem uma sentença, a maneira como agrupam palavras em sentenças é regulada por um alguns mecanismos de processamento chamados **heurística**. Como veremos ao discutir raciocínio e tomada de decisão, heurística é uma regra que pode ser aplicada rapidamente para tomar uma decisão. As decisões envolvidas na análise são decisões sobre a estrutura de uma sentença à medida que ela expande-se no tempo.

Heurísticas têm duas propriedades: do lado positivo, elas são rápidas, o que é importante para a linguagem, que ocorre em cerca de 200 palavras por minuto (Traxler, 2012). Do lado negativo, às vezes resultam na decisão errada. Essas propriedades se tornam aparentes em uma sentença como *Depois que o músico tocou, o piano foi empurrado para fora do palco*, na qual a análise inicial da sentença acabou se revelando incorreta. O modelo de sentenças que induzem a erro propõe que, quando isso acontece, reconsideramos a análise inicial e fazemos as correções apropriadas.

O modelo de sentenças que induzem a erro especifica não apenas que as regras estão envolvidas na análise, mas também que essas regras baseiam-se na sintaxe — a característica estrutural da linguagem. Vamos nos concentrar em um desses princípios baseados na sintaxe que se chama aposição local. O princípio da **aposição local** afirma que, quando uma pessoa encontra uma nova palavra, o mecanismo de análise da pessoa supõe que essa palavra é parte da sentença atual, de modo que cada nova palavra é adicionada à sentença atual o quanto possível (Frazier, 1987).

Voltemos à sentença sobre o músico para ver como isso funciona. A pessoa começa a ler a sentença:

Depois que o músico tocou...

Até agora, todas as palavras estão na mesma sentença. No entanto, o que acontece quando chegamos às palavras *o piano*? De acordo com a aposição local, o mecanismo de análise pressupõe que *o piano* é parte da sentença atual, assim a sentença agora se torna

Depois que o músico tocou piano...

Até agora tudo bem. Mas, quando chegamos a *foi*, a aposição local adiciona isso à sentença para criar

Depois que o músico tocou piano foi...

E então, quando *empurrado* é adicionado para criar uma sentença ainda mais longa, torna-se óbvio que algo está errado. A aposição local nos desviou (para sentenças que induzem a erro!) adicionando muitas palavras à primeira sentença. Precisamos reconsiderar, levando em consideração o significado da sentença, e reanalisar a sentença para que "o piano" não seja adicionado à primeira sentença. Em vez disso, torna-se parte da segunda sentença para criar o agrupamento

[Depois que o músico tocou] [o piano foi empurrado para fora do palco].

O modelo de sentenças que induzem a erro gerou muitas pesquisas, o que resultou no suporte para o modelo (Frazier, 1987). Entretanto, alguns pesquisadores questionaram a proposta de que regras sintáticas como a aposição local operam sozinhas para determinar a análise até que se torne óbvio que uma correção é necessária (Altmann et al., 1992; Tanenhaus e Trueswell, 1995). Esses pesquisadores forneceram evidências para mostrar que fatores além da sintaxe podem influenciar a análise desde o início.

A abordagem baseada em restrições à análise

A ideia de que informações, além da sintaxe, participam do processamento à medida que uma pessoa lê ou ouve uma sentença, chama-se **abordagem baseada em restrições à análise**. Ao considerar alguns exemplos que mostram como a análise pode ser influenciada por fatores além da sintaxe, encontraremos um tema que introduzimos no início do capítulo: informação contida nas palavras de uma sentença, e no contexto em que uma sentença ocorre, é usada para fazer *previsões* sobre como a sentença deve ser analisada (Kuperberg e Jaeger, 2015).

Influência do significado das palavras Eis duas sentenças que ilustram como o significado das palavras em uma sentença pode influenciar a análise desde o início. Elas diferem o quão difíceis são de descobrir por causa dos significados das segundas palavras em cada sentença.

1. O réu examinado pelo advogado não estava claro.
2. As evidências examinadas pelo advogado não estavam claras.

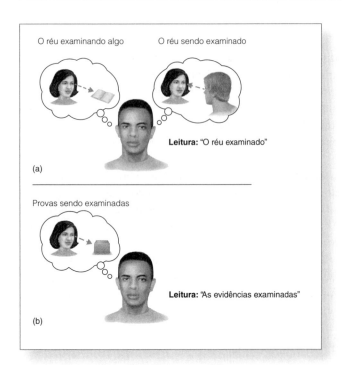

Figura 11.5 (a) Duas previsões possíveis que podem ser feitas depois de ler ou ouvir *O réu examinou* na sentença. (1) O réu vai examinar algo (parte superior) ou ser examinado por outra pessoa (parte inferior). (b) A única leitura possível de *As evidências examinadas* na sentença (2) é que as evidências são examinadas por alguém. A possibilidade de que a evidência fosse examinar algo é altamente improvável.

Qual foi mais fácil de entender enquanto você lia? O processo que ocorre à medida que a sentença (1) se desenrola é ilustrado na Figura 11.5a. Depois de ler *O réu examinado*, duas possibilidades se apresentam: (1) o réu poderia estar examinando algo ou (2) o réu poderia estar sendo examinado por outra pessoa. Só depois de ler o restante da sentença *pelo advogado* é que é possível determinar definitivamente que o réu está sendo examinado.

Em contraste, apenas uma possibilidade se apresenta depois de ler *As evidências examinadas* na sentença (2) porque é improvável que as evidências façam qualquer exame. (Figura 11.5b).

Eis mais dois exemplos:

1. O cachorro enterrado na areia estava escondido.
2. O tesouro enterrado na areia estava escondido.

Qual deles tem maior probabilidade de levar inicialmente à conclusão errada e por quê?

Influência do contexto da história Considere a seguinte sentença proposta por Thomas Bever (1970), que foi chamada de sentença labirinto mais famosa devido à confusão que causa:

The horse raced past the barn fell
[O cavalo que passou correndo pelo celeiro caiu/caído]

Uau! O que está acontecendo aqui? Para muitas pessoas, está tudo bem até que cheguem a *fell*. Os leitores costumam ficar confusos e podem até falar que a sentença não é gramaticalmente correta. Porém, vamos analisar a sentença no contexto da seguinte história:

Havia dois jóqueis que decidiram apostar uma corrida de cavalos. Em uma delas, o cavalo corria pelo caminho que passava pelo jardim. Na outra, o cavalo corria pelo caminho que passava pelo celeiro. O cavalo que passou correndo pelo celeiro caiu.

Claro, a confusão poderia ter sido evitada simplesmente afirmando que o cavalo *que* passou correndo pelo celeiro caiu, mas mesmo sem essas palavras úteis, o contexto vence e interpretamos a sentença corretamente!

Influência do contexto da cena A análise de uma sentença é influenciada não apenas pelo contexto fornecido pelas histórias, mas também pelo contexto fornecido pelas cenas. Para investigar como a observação de objetos em uma cena pode influenciar como interpretamos uma sentença, Michael Tanenhaus e colaboradores (1995) desenvolveram uma técnica chamada **paradigma do mundo visual**, que envolve determinar como as informações em uma cena podem influenciar a maneira de uma sentença ser processada. Os movimentos oculares dos participantes foram medidos quando viam objetos em uma mesa, como na Figura 11.6a. Conforme os participantes olhavam para essa tela, eles eram instruídos a executar as seguintes instruções:

Colocar a maçã sobre a toalha na caixa.

Quando os participantes ouviam a sentença *Coloque a maçã*, eles moviam os olhos para a maçã e, ao ouvir *sobre a toalha*, olhavam para a outra toalha (Figura 11.6b). Eles faziam isso porque, neste ponto da sentença, presumiam que a instrução era para colocar a maçã sobre a outra toalha. Então, quando ouviam *na caixa*, percebiam que estavam olhando para o lugar errado e rapidamente mudavam a direção dos olhos para a caixa.

A razão pela qual os participantes olhavam primeiro para o lugar errado era que a sentença é ambígua. Primeiro parece que *sobre a toalha* significa onde a maçã deve *ser colocada*, mas então torna-se claro que *sobre a toalha* refere-se ao local onde a maçã *está localizada*. Quando a ambiguidade foi removida alterando a sentença para *Mova a maçã que está sobre a toalha para a caixa*, os participantes imediatamente direcionavam a atenção para a caixa. A Figura 11.6c mostra o resultado. Quando

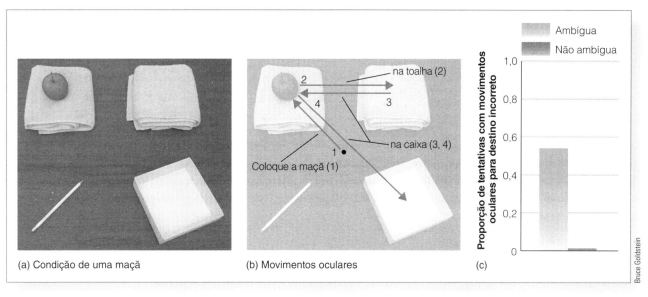

▶ Figura 11.6 (a) Cena de uma maçã semelhante à vista pelos participantes de Tanenhaus et al. (1995). (b) Movimentos oculares feitos durante a compreensão da tarefa. (c) Proporção de tentativas nas quais os movimentos dos olhos foram direcionados para a toalha à direita da sentença ambígua. (Coloque a maçã na toalha na caixa) e a sentença inequívoca (Coloque a maçã que está na toalha na caixa).

a sentença era ambígua, os participantes olhavam para a outra toalha em 55% das tentativas; quando não era ambígua, os participantes não olhavam para a outra toalha.

Tanenhaus também usou outra situação em que apresentou a tela com duas maçãs como a na Figura 11.7a. Como há duas maçãs, os participantes interpretavam *sobre a toalha* como uma indicação de *qual* maçã eles deveriam mover, e então olhavam para a maçã e então para a caixa (Figura 11.7b). A Figura 11.7c mostra que os participantes olhavam para a outra toalha em apenas cerca de 10% das tentativas tanto par *coloque a maçã na toalha* (a sentença ambígua) como para *coloque a maçã que está sobre a toalha* (a sentença não ambígua) ao olhar para essa tela. O fato de os padrões de movimento dos olhos serem os mesmos para as sentenças ambíguas e não ambíguas significa que, nesse contexto, os participantes não foram levados a sentenças que induzem a erros.

O resultado importante desse estudo é que os movimentos oculares dos participantes ocorrem durante a leitura da sentença e são influenciados pelo conteúdo da cena. Tanenhaus, portanto, mostrou que os participantes levam em consideração não apenas as informações fornecidas pela estrutura sintática da sentença, mas também pelo que Tanenhaus chama

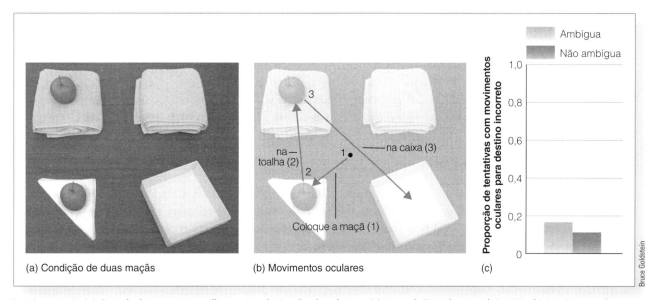

▶ Figura 11.7 (a) Cena de duas maçãs semelhantes àquela visualizada pelos participantes de Tanenhaus et al. (1995). (b) Movimentos dos olhos ao entender a tarefa. (c) Proporção de tentativas em que movimentos oculares foram direcionados para a toalha à direita da sentença ambígua (coloque a maçã na toalha na caixa) e a sentença inequívoca (coloque a maçã que está na toalha na caixa).

informações não linguísticas — nesse caso, informações fornecidas pela cena. Esse resultado vai contra à ideia proposta pelo modelo de sentenças que induzem a erro de que as regras sintáticas são o único aspecto levado em consideração quando uma sentença está se desdobrando inicialmente.

Influência da carga de memória e experiência prévia com a linguagem   Considere estas duas sentenças:

1. O senador que avistou o jornalista gritou.
2. O senador que o jornalista avistou gritou.

Essas sentenças têm as mesmas palavras, mas são organizadas de maneira diferente para criar construções diferentes. A sentença (2) é mais difícil de entender, conforme indicado por pesquisas que mostram que os leitores passam mais tempo olhando para a parte da sentença após *quem* em sentenças com estruturas como a sentença (2) (Traxler et al., 2002).

Para entender por que a sentença (2) é mais difícil de entender, precisamos dividir essas sentenças em orações. A sentença (1) tem duas orações:

Oração principal: O senador gritou.

Oração incorporada: O senador avistou o jornalista.

A oração incorporada tem esse nome porque *quem avistou o jornalista* está dentro da oração principal. O senador é sujeito tanto da oração principal como da oração incorporada. Essa construção chama-se **construção relativa ao sujeito**.

A sentença [2] também contém duas orações:

Oração principal: O senador gritou.

Oração incorporada: O jornalista avistou o senador.

Nesse caso, o senador é o sujeito da oração principal, como antes, e também é substituído por *quem* na oração subordinada, mas é o objeto nessa oração. O senador é o objeto porque é o alvo que foi avistado. (O jornalista é o sujeito dessa oração, porque foi ele que avistou.) Essa construção chama-se **construção relativa ao objeto**.

Uma razão pela qual a construção relativa ao objeto é mais difícil de entender é porque exige mais da memória do leitor. Na sentença [1], descobrimos quem foi que "avistou" imediatamente. Foi o senador. Mas na sentença [2] "avistou" está perto do final da sentença, então precisamos manter a parte inicial da sentença na memória até descobrirmos que foi o repórter que "avistou". Essa carga de memória mais alta desacelera o processamento.

A segunda razão pela qual a construção relativa ao objeto é mais difícil de entender é que é mais complicada, porque enquanto o senador é o sujeito nas orações principal e embutida na sentença [1], é o sujeito da oração principal e o objeto da oração subordinada na sentença [2]. Essa construção mais complexa não apenas torna a construção relativa ao objeto mais difícil de processar, mas pode ser a razão de ser menos predominante no idioma inglês. As construções relativas ao sujeito respondem por 65% das construções de orações relativas (Reali e Christiansen, 2007), e ser mais predominante tem um efeito importante — temos mais exposição às construções relativas ao sujeito, portanto, temos mais prática para entender essas construções. Na verdade, aprendemos a esperar que, em sentenças desse tipo, pronomes como *quem*, *que* ou *qual* são geralmente seguidos por um verbo (*avistou* na sentença 1). Portanto, quando o pronome não é seguido por um verbo, como na sentença 2, temos de reconsiderar e nos adaptar à construção diferente. Isso soa familiar? Conforme vimos em exemplos como *o réu examinou* e *o cavalo correu*, fazer previsões durante uma sentença que se revelaram erradas desacelera o processamento da sentença.

Previsão, previsão, previsão...

Os exemplos que consideramos até agora — o réu sendo examinado, o cavalo caindo, a maçã sobre a toalha e o senador gritando — todos têm algo em comum. Eles ilustram como as pessoas fazem previsões sobre o que pode acontecer a seguir em uma sentença. Prevemos que *The defendant examined* significa que o réu examinou algo, mas, em vez disso, descobrimos que o réu está *sendo* examinado! Ops! Essa previsão incorreta resultou em uma sentença que induz a erro. Da mesma forma, prevemos que *The horse raced* dirá algo sobre como o cavalo correu (*The horse raced faster than it ever had before*), mas, em vez disso, descobrimos que *raced* refere-se a qual cavalo estava correndo. Prevemos que a solicitação é colocar a maçã na outra toalha, mas acontece que é o contrário.

No entanto, embora previsões incorretas possam temporariamente nos desviar do caminho, na maioria das vezes a previsão é nossa amiga. Estamos constantemente fazendo previsões sobre o que pode acontecer a seguir em uma sentença e, na maioria das vezes, essas previsões estão corretas. Essas previsões corretas ajudam a lidar com o ritmo acelerado da linguagem. E a previsão torna-se ainda mais importante quando a linguagem degrada-se, como em uma conexão telefônica ruim, ou é ouvida em um ambiente barulhento, ou quando tentamos entender alguém com sotaque estrangeiro.

Gerry Altmann e Yuki Kamide (1999) fizeram um experimento que mostrava que os participantes faziam previsões ao ler uma sentença medindo os movimentos dos olhos. A Figura 11.8 mostra uma imagem semelhante àquela do experimento. Os participantes ouviam *O menino moverá o bolo* ou *O menino comerá o bolo* ao ver essa cena. Para as duas sentenças, *bolo* é o objeto-alvo.

Os participantes foram instruídos a indicar se a sentença lida poderia ser aplicada às imagens. Para Altmann e Kamide não era importante como respondiam nessa tarefa. Para eles o importante era como os participantes processavam as informações à medida que ouviam as sentenças.

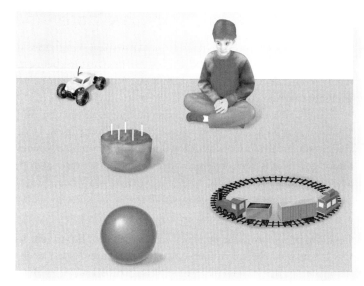

➤ Figura 11.8 Uma imagem semelhante a uma usada no experimento de Altman e Kamide (1999) em que mediram os movimentos dos olhos que ocorriam enquanto os participantes ouviam uma sentença enquanto olhavam para a figura.

Vamos considerar o que pode acontecer à medida que as sentenças se desenrolam: Primeiro, *O menino moverá...* O que você acha que o menino vai mover? A resposta não é muito clara, porque o menino poderia mover o carro, o trem, a bola ou mesmo o bolo. Agora considere *O menino comerá...* Essa é fácil. O menino comerá o bolo.

A medição dos movimentos dos olhos dos participantes enquanto ouviam essas sentenças indicava que os movimentos dos olhos eram direcionados para o objeto-alvo (*bolo* nesse exemplo) ocorriam 127 ms *após* ouvir a palavra *bolo* para as sentenças *mover* e 87 ms *antes* de ouvir a palavra *bolo* para sentenças *comer*. Assim, ouvir a palavra *comer* faz com que o participante comece a olhar para o bolo antes mesmo de ouvir a palavra. *Comer* leva à previsão de que *bolo* será a próxima palavra.

É provável que esse tipo de previsão ocorra constantemente à medida que ouvimos ou lemos sentenças. Como veremos nas próximas seções, as previsões também desempenham um papel importante na compreensão de histórias e conversas.

TESTE VOCÊ MESMO 11.2

1. O que é sintaxe?
2. O que é análise? O que são sentenças que induzem a erros?
3. Descreva o modelo de análise de sentenças que induzem a erros. Certifique-se de entender o que é uma heurística e o princípio da aposição local.
4. Descreva a abordagem baseada em restrições à análise. Como ela difere da abordagem de sentenças que induzem a erros?
5. Descreva as seguintes linhas de evidência que corroboram a abordagem baseada em restrições à análise:
   ➤ Como os significados das palavras em uma sentença afetam a análise.
   ➤ Como o contexto da história afeta a análise.
   ➤ Como o contexto da cena afeta o processamento. Certifique-se de entender o paradigma do mundo visual.
   ➤ Como a carga da memória e as previsões baseadas no conhecimento da estrutura da linguagem afetam a análise. Certifique-se de compreender a diferença entre as construções relativas ao sujeito e relativas ao objeto e porque as construções relativas ao objeto são mais difíceis de entender.
6. Como sentenças que induzem a erros podem ser relacionadas à previsão?
7. Como a previsão é importante para a compreensão das sentenças?

Compreendendo textos e histórias

Assim como as sentenças são mais do que a soma dos significados de palavras individuais, as histórias são mais do que a soma dos significados de sentenças individuais. Em uma história bem escrita, as sentenças em uma parte da história estão relacionadas a sentenças em outras partes da história. A tarefa do leitor é usar essas relações entre as sentenças para criar uma história coerente e compreensível.

Uma parte importante do processo de criação de uma história coerente é fazer **inferências** — determinar o que o texto significa, usando nosso conhecimento para ir além das informações fornecidas pelo texto. Vimos como a inferência inconsciente está envolvida na percepção (Capítulo 3), e quando descrevemos a natureza construtiva da memória no Capítulo 8, vimos que muitas vezes fazemos inferências, muitas vezes sem perceber, à medida que recuperamos memórias do que já aconteceu no passado.

Fazendo inferências

Uma das primeiras demonstrações da inferência na linguagem foi um experimento de John Bransford e Marcia Johnson (1973), no qual eles solicitaram que os participantes lessem trechos e então os testaram para determinar do que se lembravam. Um dos trechos que os participantes do experimento de Bransford e Johnson leram era

John tentava consertar a gaiola de passarinho. Ele estava batendo o prego quando seu pai saiu para observar e ajudá-lo a fazer o trabalho.

Depois de ler esse trecho, os participantes provavelmente indicaram que já tinham visto a seguinte passagem: "John estava usando um martelo para consertar a casa de passarinho quando seu pai saiu para observar e ajudá-lo a fazer o trabalho". Eles frequentemente relataram ter visto esse trecho, embora nunca tivessem lido que John usava um martelo, porque inferiram que John utilizava um martelo pela informação de que ele estava batendo o prego. As pessoas usam um processo criativo semelhante para fazer vários tipos diferentes de inferências ao ler um texto.

Uma das funções da inferência é estabelecer conexões entre as partes de uma história. Esse processo normalmente é ilustrado com trechos de textos narrativos. **Narrativa** refere-se a textos nos quais há uma história que avança de um evento para outro, embora as histórias também possam incluir flashbacks de eventos que aconteceram antes. Uma propriedade importante de qualquer narrativa é a **coerência** — a representação do texto na mente de uma pessoa que estabelece relações claras entre partes do texto e entre partes do texto e o tema principal da história. A coerência pode ser criada por vários tipos diferentes de inferência. Considere a sentença a seguir:

Riffifi, o famoso poodle, venceu a exposição canina. Ela já venceu as últimas três competições em que participou.

A que *ela* se refere? Se escolheu Riffifi, você está usando **inferência anafórica** — inferência que envolve supor que *ela* na segunda sentença refere-se a Riffifi. No exemplo anterior "John e a gaiola de passarinhos", saber que *Ele* na segunda sentença se refere a John é outro exemplo de inferência anafórica.

Normalmente temos poucos problemas para fazer inferências anafóricas por causa da maneira como as informações são apresentadas em sentenças e da nossa capacidade de fazer uso do conhecimento que trazemos para a situação. Contudo, a seguinte citação de uma entrevista do *New York Times* com o ex-campeão dos pesos pesados George Foreman (também conhecido por emprestar seu nome a uma linha popular de churrasqueiras) coloca nossa capacidade de criar inferências anafóricas em teste.

... adoraríamos ... passar alguns dias no nosso rancho... Levo as crianças para passear e pescamos... E então, é claro, nós os grelhamos. (Stevens, 2002)

Apenas pela estrutura das sentenças, podemos concluir que as crianças foram grelhadas, mas sabemos que as chances são muito boas de que os peixes tenham sido grelhados, não os filhos de George Foreman! Os leitores são capazes de criar inferências anafóricas mesmo em situações adversas porque adicionam informações de seu conhecimento do mundo às informações fornecidas no texto.

Eis outra oportunidade de usar seus poderes de inferência. O que você imagina ao ler a sentença, "William Shakespeare escreveu Hamlet enquanto estava sentado em sua escrivaninha"? É provável que, pelo que você conhece da época em que Shakespeare viveu, ele provavelmente usava uma caneta de pena (não um laptop!) e que a escrivaninha era de madeira. Isso é um exemplo de **inferência de instrumento**. Da mesma forma, inferir do trecho sobre John e a casa de passarinho que ele está usando um martelo para bater nos pregos seria uma inferência de instrumento.

Eis outra:

Sharon tomou aspirina. Sua dor de cabeça sumiu.

Você provavelmente deduziu que *sua* se referia à Sharon, mas o que fez com que sua dor de cabeça sumisse? Em nenhuma parte das duas sentenças essa pergunta é respondida, *a menos que* você se envolva em **inferência causal**, na qual você infere que os eventos descritos em uma oração ou sentença foram causados por eventos que ocorreram em uma sentença anterior, e inferir que tomar aspirina fez sua dor de cabeça passar (Goldman et al., 1999; Graesser et al., 1994; Singer et al., 1992; van den Broek, 1994). No entanto, o que é possível concluir das duas sentenças a seguir?

Sharon tomou banho. Sua dor de cabeça sumiu.

Você pode concluir, a partir do fato de que a sentença da dor de cabeça segue diretamente a sentença do banho, que o banho tinha algo a ver com a eliminação da dor de cabeça de Sharon. No entanto, a conexão causal entre o banho e a dor de cabeça é mais fraca do que a conexão entre a aspirina e a dor de cabeça no primeiro par de sentenças. Estabelecer a conexão entre banho e dor de cabeça requer mais trabalho do leitor. Podemos inferir que o banho relaxou Sharon, ou talvez que hábito de cantar no banho fosse terapêutico. Ou podemos decidir que na verdade não há muita conexão entre as duas sentenças. Voltando à nossa discussão sobre como as informações nas histórias podem ajudar a análise, também podemos imaginar que se estivéssemos lendo uma história sobre Sharon, que anteriormente descreveu como Sharon adorava tomar banho porque isso eliminava a tensão, então seria mais provável dar crédito ao banho por eliminar a dor de cabeça.

As inferências estabelecem conexões que são essenciais para criar coerência nos textos, e gerar essas inferências pode envolver a criatividade do leitor. Portanto, ler um texto envolve mais do que apenas entender palavras ou sentenças. É um processo dinâmico que envolve a transformação das palavras, sentenças e sequências de sentenças em uma história significativa. Às vezes isso é fácil, às vezes mais difícil, dependendo da habilidade e intenção do leitor e do escritor (Goldman et al., 1999; Graesser et al., 1994; van den Broek, 1994).

Até agora descrevemos o processo de compreensão de texto no que se refere a como as pessoas usam o conhecimento para inferir conexões entre diferentes partes de uma história. Outra abordagem para entender como as pessoas compreendem histórias é considerar a natureza da representação mental que as pessoas formam ao ler uma história.

Modelos de situação

O que temos em mente quando dizemos que as pessoas formam representações mentais ao ler uma história? Uma maneira de responder a essa pergunta é pensar sobre o que acontece na mente à medida que você lê. Por exemplo, *o corredor saltou sobre o obstáculo* provavelmente traz a imagem de um corredor em uma pista, saltando um obstáculo. Essa imagem vai além das informações sobre sentenças, expressões ou parágrafos; em vez disso, é uma representação da situação em termos de pessoas, objetos, locais e eventos descritos na história (Barsalou, 2008, 2009; Graesser e Wiemer-Hastings, 1999; Zwaan, 1999).

Essa abordagem à maneira como entendemos sentenças propõe que, à medida que as pessoas leem ou ouvem uma história, elas criam um **modelo de situação**, que simula as características perceptuais e motoras (movimento) dos objetos e ações em uma história. Essa ideia foi testada solicitando aos participantes ler uma sentença que descreve uma situação envolvendo um objeto e, em seguida, indicar o mais rápido possível se uma imagem mostra o objeto mencionado na sentença. Por exemplo, considere as duas sentenças a seguir.

1. Ele martelou o prego na parede.
2. Ele martelou o prego no chão.

Na **Figura 11.9a**, o prego na horizontal corresponde à direção que seria esperada para a sentença (1) e o prego na vertical corresponde à direção da sentença (2). Robert Stanfield e Rolf Zwaan (2001) apresentaram essas sentenças, seguidas por uma imagem correspondente ou não correspondente. Como ambas as figuras mostram pregos e a tarefa era indicar se a figura mostra o objeto mencionado na sentença, a resposta correta era "sim" independentemente do prego apresentado. No entanto, os participantes responderam "sim" mais rapidamente quando a direção da sentença correspondia à situação descrita na imagem (**Figura 11.10a**).

As imagens para outro experimento, envolvendo a forma do objeto, são mostradas na **Figura 11.9b**. As sentenças para essas fotos são

1. O guarda-florestal viu a águia no céu.
2. O guarda-florestal viu a águia no ninho.

Nesse experimento, feito por Zwaan e colaboradores (2002), a imagem de uma águia com as asas estendidas provocou uma resposta mais rápida quando seguia a sentença (1) do que quando seguia a sentença (2). Mais uma vez, os tempos de reação eram mais rápidos quando a imagem correspondia à situação descrita na sentença. Esse resultado, mostrado na **Figura 11.10b**, corresponde àquele do experimento de direção e ambos os experimentos corroboram a ideia de que os participantes criavam percepções que combinavam com a situação à medida que liam as sentenças.

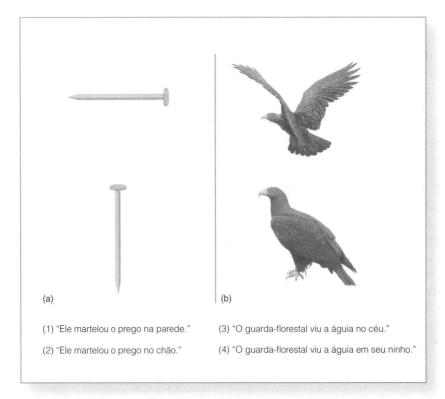

▶ **Figura 11.9** Estímulos semelhantes aos usados em (a) experimento "orientação" de Stanfield e Zwaan (2001) e (b) Zwaan et al. (2002) experimento "forma". Os participantes ouviam sentenças e eram então solicitados a indicar se a imagem era o objeto mencionado na sentença

Outro estudo que demonstra como as situações são representadas na mente foi realizado por Ross Metusalem e colaboradores (2012), que estavam interessados em como nosso conhecimento sobre uma situação é ativado na mente ao ler uma história. Metusalem mediu o potencial relacionado a eventos (PRE), que apresentamos no Capítulo 5 enquanto os participantes liam uma história. O PRE possui vários componentes diferentes. Um desses componentes é chamado onda N400 porque é uma resposta negativa que ocorre cerca de 400 ms após uma palavra ser ouvida ou lida. Uma das características da resposta da N400 é que a resposta é maior quando uma palavra em uma sentença é inesperada. Isso é mostrado na **Figura 11.11**. O registro em azul mostra a resposta da N400 para *comer* na sentença *O gato não vai comer*. No entanto, se a sentença for alterada para *O gato não vai assar*, então a palavra inesperada *assar* provoca uma resposta maior.

Metusalem registrou o PRE enquanto os participantes liam cenários como:

Cenário de concerto

A banda era muito popular e Joe tinha certeza de que os ingressos para o espetáculo se esgotariam. Surpreendentemente, ele conseguiu uma cadeira na frente do palco. Ele não pôde acreditar que estava tão perto ao ver o grupo entrar no (palco/guitarra/celeiro) e começar a tocar.

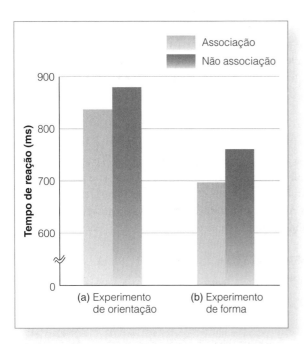

▶ **Figura 11.10** Resultados dos experimentos de Stanfield e Zwaan (2001) e Zwaan et al. (2002). Os participantes respondiam "sim" mais rapidamente ao experimento "orientação", em (a), e ao experimento "forma", em (b), que era mais consistente com a sentença.

Três versões diferentes de cada cenário foram criadas, usando cada uma das palavras mostradas entre parênteses. Cada participante lia uma versão de cada cenário.

Se você estivesse lendo esse cenário, qual palavra você diria que seguiria "ele viu o grupo entrar no..."? *Palco* é a escolha óbvia, por isso foi chamada condição "esperada". *Guitarra* não se encaixa no trecho, mas como está relacionada a shows e bandas, é chamada palavra "relacionada a eventos". *Celeiro* não se encaixa no trecho e também não está relacionado ao tema, por isso chama-se palavra "não relacionada ao evento".

A **Figura 11.12** mostra os PREs médios registrados à medida que os participantes liam as palavras-alvo. *Palco* era a palavra esperada, portanto, há apenas uma pequena resposta da N400 para essa palavra. O resultado interessante é a resposta às outras duas palavras. *Celeiro* causa uma grande N400, porque não está relacionado ao trecho. *Guitarra*, que também não se encaixa no trecho, mas está relacionada a "concertos", gera uma N400 menor do que *celeiro*.

Esperaríamos que *palco* gerasse pouca ou nenhuma resposta da N400, porque se encaixa no significado da sentença. No entanto, o fato de que *guitarra* gera uma N400 menor de que *celeiro* significa que essa palavra é pelo menos ligeiramente ativada pelo cenário do concerto. De acordo com Metusalem, nosso conhecimento sobre diferentes situações é continuamente acessado conforme lemos uma história, e se *guitarra* é ativada, também é provável que outras palavras relacionadas a concertos, como *bateria*, *vocalista*, *multidões* e *cerveja* (dependendo da sua experiência em concertos), também seriam ativadas.

A ideia de que muitas coisas associadas a um determinado cenário são ativadas está conectada à ideia de que criamos um modelo de situação enquanto lemos. O que os resultados do PRE mostram é que, conforme lemos, modelos da situação são ativados e incluem muitos detalhes com base no que sabemos sobre situações particulares (ver também Kuperberg, 2013; Paczynski e Kuperberg, 2012). Além de sugerir que acessamos constantemente nosso conhecimento do mundo à medida que lemos ou ouvimos uma história, resultados como esses também indicam que acessamos esse conhecimento rapidamente, em frações de segundo depois de ler uma palavra específica.

Outro aspecto da abordagem do modelo de situação é a ideia de que um leitor ou ouvinte simula as características motoras dos objetos em uma história. De acordo com essa ideia, uma história que envolve movimento resultará na simulação desse movimento à medida que a pessoa entende a história. Por exemplo, ler uma história sobre uma bicicleta provoca não apenas a percepção de com que uma bicicleta se parece, mas também as propriedades associadas ao movimento, como a maneira como uma bicicleta é impulsionada (pedalando) e o esforço físico envolvido para andar de bicicleta em diferentes situações (subir e descer colinas, correr). Isso corresponde à ideia introduzida no Capítulo 9 de que o conhecimento sobre uma categoria vai além de simplesmente identificar um objeto típico nessa categoria: também inclui várias propriedades do objeto, como a maneira de o objeto ser usado, o que realiza e, às vezes, mesmo as respostas emocionais que provoca. Essa maneira de analisar a resposta do leitor adiciona uma riqueza aos acontecimentos em uma história que vai além da simples compreensão do que está acontecendo (Barsalou, 2008; Fischer e Zwaan, 2008).

Vimos no Capítulo 9 (p. 269) como Olaf Hauk e colaboradores (2004) determinaram a conexão entre movimento, palavras

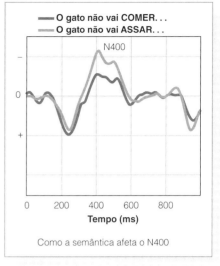

▶ Figura 11.11 A onda N400 do PRE é afetada pelo significado da palavra. Torna-se maior (linha vermelha) quando o significado da palavra não se ajusta ao restante da sentença. Esta figura está disponível, em cores, no suplemento colorido, ao final do livro.
(Fonte: Osterhout et al., 1997.)

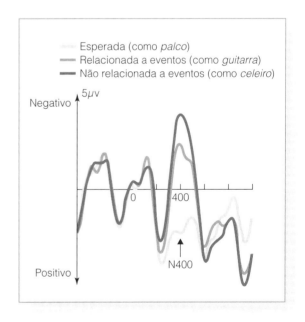

▶ Figura 11.12 Resultados do experimento de Metusalem et al. (2012) para o cenário de concerto. O principal resultado é que a resposta N400 a uma palavra relacionada a evento como *guitarra* (curva vermelha) é menor do que a resposta a uma palavra não relacionada a um evento como *celeiro* (curva azul). Isso sugere que, embora *guitarra* não se encaixe na sentença, o conhecimento da pessoa de que guitarras estão associadas a shows é ativado. Esta figura está disponível, em cores, no suplemento colorido, ao final do livro.

de ação e ativação do cérebro medindo a atividade cerebral usando fMRI em duas situações: (1) à medida que os participantes moviam o pé direito ou esquerdo, o dedo indicador esquerdo ou direito ou a língua; (2) à medida que os participantes liam "palavras de ação", como *chutar* (ação do pé), *pegar* (ação do dedo ou da mão) ou *lamber* (ação da língua).

Os resultados de Hauk mostram áreas do córtex ativadas pelos movimentos reais (Figura 9.26a, p. 270) e pela leitura das palavras de ação (Figura 9.26b). A ativação é mais extensa para os movimentos reais, mas a ativação causada pela leitura das palavras ocorre aproximadamente nas mesmas áreas do cérebro. Por exemplo, palavras pernas e movimentos das pernas provocam atividade perto da linha central do cérebro, enquanto as palavras braços e movimentos dos dedos provocam atividade mais longe da linha central. Essa conexão entre palavras de ação e ativação de áreas de ação no cérebro sugere um mecanismo fisiológico que pode estar relacionado à criação de modelos de situação à medida que uma pessoa lê uma história.

A conclusão geral de pesquisas sobre como as pessoas compreendem histórias é que entender um texto ou uma história é um processo criativo e dinâmico. Entender histórias envolve compreender sentenças determinando como as palavras são organizadas em sentenças; em seguida, determinar as relações entre as sentenças, muitas vezes usando inferência para vincular sentenças em uma parte de uma história a sentenças em outra parte; e, finalmente, simulações ou criação de representações mentais que envolvem propriedades perceptuais e motoras de objetos e eventos na história. Como veremos agora, um processo criativo e dinâmico também ocorre quando duas ou mais pessoas estão conversando.

 ## Conversas

Ainda que a linguagem possa ser produzida por uma única pessoa falando sozinha, como quando uma pessoa recita um monólogo ou faz um discurso, a forma mais comum de produção da linguagem é a conversação — duas ou mais pessoas conversando. A conversação, ou diálogo, fornece outro exemplo de uma habilidade cognitiva que parece simples, mas contém complexidades subjacentes.

Conversar geralmente é fácil, sobretudo se você conhece a pessoa com quem está conversando e já conversou com ela antes. No entanto, às vezes conversas podem se tornar mais difíceis, especialmente se você estiver conversando com alguém pela primeira vez. Por que deveria ser assim? Uma resposta é que, ao falar com outra pessoa, ajuda se você tiver ciência do que a outra pessoa conhece sobre o assunto que estão discutindo. Mesmo quando duas pessoas trazem conhecimentos semelhantes para uma conversa, ajuda se os falantes tomarem medidas para orientar seus ouvintes durante a conversa. Uma maneira de alcançar isso é seguir o *contrato dado–novo*.

O contrato dado–novo

O **contrato dado–novo** (*given–new contract*) afirma que um falante deve construir sentenças de modo que incluam duas informações: (1) informações fornecidas — informações que o ouvinte já conhece; e (2) novas informações — informações que o ouvinte está ouvindo pela primeira vez (Haviland e Duffy, 1974). Por exemplo, considere as duas sentenças a seguir.

Sentença 1. Ed ganhou um crocodilo de aniversário.

Informações fornecidas (*da conversa anterior*): Ed fez aniversário.

Novas informações: Ele ganhou um crocodilo.

Sentença 2. O crocodilo era seu presente favorito.

Informações fornecidas (*pela sentença [1]*): Ed ganhou um crocodilo.

Novas informações: Era seu presente favorito.

Observe como as novas informações na primeira sentença se tornam as informações fornecidas na segunda sentença.

Susan Haviland e Herbert Clark (1974) demonstraram as consequências de não seguir o contrato dado–novo, apresentando pares de sentenças e pedindo que participantes pressionassem um botão quando pensassem que haviam entendido a segunda sentença em cada par. Eles descobriram que demorava mais para os participantes compreenderem a segunda sentença nos pares como este:

Verificamos os suprimentos do piquenique.
A cerveja estava quente.

O que levou para compreender a segunda sentença em pares como este:

Tiramos a cerveja do porta-malas.
A cerveja estava quente.

O motivo de levar mais tempo para compreender a segunda sentença do primeiro par é que a informação dada (de que havia suprimentos para piquenique) não menciona cerveja. Assim, o leitor ou ouvinte precisa fazer uma inferência de que a cerveja estava entre os suprimentos do piquenique. Essa inferência não é exigida no segundo par porque a primeira sentença inclui a informação de que há cerveja no porta-malas.

A ideia do dado básico e do novo captura a natureza colaborativa das conversas. Herbert Clark (1996) vê a colaboração como central para a compreensão da linguagem. Descrevendo a linguagem como "uma forma de ação conjunta", Clark propõe que compreender essa ação conjunta envolve considerar não apenas fornecer informações novas e dadas, mas também levar em consideração o conhecimento, as crenças e as suposições que a outra pessoa traz para a conversa, um processo chamado estabelecimento de *base comum* (Isaacs e Clark, 1987).

Base comum: levando a outra pessoa em consideração

Base comum é o conhecimento mental e as crenças compartilhadas entre as partes da conversa (Brown-Schmidt e Hanna, 2011). A palavra-chave nessa definição é *compartilhado*. Quando duas pessoas estão conversando, cada uma pode ter alguma ideia do que a outra sabe sobre o que estão discutindo e, à medida que a conversa continua, a quantidade de informações compartilhadas aumenta. O que é especialmente importante sobre esse compartilhamento de informações é que cada pessoa não está apenas acumulando informações sobre o tema em questão (como saber na nossa discussão que o *dado–novo* era a cerveja no porta-malas), mas também acumulando informações sobre o que a outra pessoa sabe. Afinal, conversar é sobre você *e* a outra pessoa, e as conversas serão mais tranquilas se você souber o máximo possível sobre a outra pessoa.

Um exemplo de como ter uma conversa bem-sucedida depende da compreensão do que a outra pessoa sabe é como os médicos que se comunicam bem com os pacientes geralmente presumem que seus pacientes têm conhecimento limitado de fisiologia e terminologia médica. Levando isso em consideração, esses médicos usam terminologia leiga, como ataque cardíaco em vez de infarto do miocárdio. Porém, se o médico perceber que o paciente também é médico, ele sabe que é permitido o uso da terminologia médica (Issacs e Clark, 1987).

Estabelecendo uma base comum

Indo além de saber quanto conhecimento as pessoas trazem para uma conversa, muitas pesquisas sobre bases comuns consideram como as pessoas estabelecem bases comuns *durante* uma conversa. Uma forma de estudar isso é analisar transcrições de conversas. O exemplo a seguir é uma conversa entre três alunos que estão tentando lembrar uma cena do filme *O Segredo de Roan Inish* (Brennan et al., 2010):

Leah: Hum... então ele será punido ou algo assim?

Dale: O que foi aquilo, uma coroa de flores ou...

Leah: Sim, era algo quase castanho —

Adam: Sim, era algum tipo de palha ou algo assim

Leah: mhm

Dale: Em volta do pescoço

Leah: Para que todos soubessem o que ele fazia ou algo assim?

Adam: Coroa de palha

Dale: Sim

Uma coisa que essa conversa revela é que as pessoas geralmente falam não em sentenças inteiras, mas em fragmentos. Também ilustra como uma conversa se desenrola de maneira ordenada, à medida que a conversa reconstrói os eventos sobre os quais as pessoas estão falando. No final, chega-se a uma conclusão que todos compartilham.

Outra maneira de estudar como uma base comum é estabelecida é por meio da **tarefa de comunicação referencial**, uma tarefa na qual duas pessoas estão trocando informações em uma conversa, quando essas informações envolvem *referência* — identificar algo ao nomeá-lo ou descrevê-lo (Yule, 1997). Um exemplo de uma tarefa de comunicação referencial é fornecido por um experimento de P. Stellman e Susan Brennan (1993; descrito em Brennan et al., 2010) em que dois parceiros, A (o diretor) e B (o matcher), tinham conjuntos idênticos de 12 cartas com fotos de objetos geométricos abstratos. A organizava os cartões em uma ordem específica. A tarefa de B era organizar os cartões na mesma ordem. Como B não conseguia ver os cartões de A, ele tinha de determinar a identidade de cada cartão por meio de conversa. Eis um exemplo de uma conversa que resultou no entendimento de B sobre a identidade de uma das cartas de A.

Teste 1:

A: E aí garoto, essa aqui, vai lá, parece que no canto superior direito há um quadrado que parece diagonal

B: Uh huh

A: E há também quase outra forma de retângulo, o — como um triângulo, em ângulo e na parte inferior é ah, não sei o que é, em forma de vidro

B: Tudo bem, acho que entendi

A: É quase como uma pessoa de uma forma estranha

B: Sim, como um monge orando ou algo assim

A: Certo, sim, bom, ótimo

B: Tudo bem, entendi. (passam para a próxima carta)

Depois que todos os cartões são identificados e colocados na ordem correta, A reorganiza os cartões e os parceiros repetem a tarefa mais duas vezes. Os testes 2 e 3, mostrados abaixo, indicam que as conversas para esses testes são muito mais breves:

Teste 2:
B: 9 é aquele monge orando
A: Sim (passam para o próximo cartão)

Teste 3:
A: O número 4 é o monge
B: Ok (eles passam para o próximo cartão)

Isso significa que os parceiros estabeleceram uma base comum. Eles sabem o que cada um sabe e podem se referir aos cartões pelos nomes que criaram. A **Figura 11.13** mostra outro dos objetos geométricos usados nessa tarefa (não o objeto "monge") e os nomes descritivos estabelecidos por 13 pares A–B diferentes. É claro que não importa como o objeto é chamado, apenas que ambos os parceiros tenham as mesmas informações sobre o objeto. E, uma vez que uma base comum é estabelecida, as conversas fluem muito mais tranquilamente.

O processo de criação de uma base comum resulta em **entrainment** — sincronização entre os dois parceiros. Nesse exemplo, a sincronização ocorre na nomenclatura dos objetos nos cartões. No entanto, o entrainment também ocorre de outras maneiras. Parceiros de conversação podem estabelecer gestos semelhantes, velocidade de fala, posições corporais e, às vezes, pronúncia (Brennan et al., 2010). Agora veremos como os parceiros de conversação podem terminar coordenando suas construções gramaticais — um efeito chamado **coordenação sintática**.

Coordenação sintática

Quando duas pessoas trocam afirmações em uma conversa, é comum que usem construções gramaticais semelhantes. Kathryn Bock (1990) fornece o seguinte exemplo, tirado de uma conversa gravada entre um ladrão de banco e o guarda penitenciário, que foi interceptada por um operador de rádio amador enquanto o ladrão removia o equivalente a $ 1 milhão de um cofre de um banco na Inglaterra.

▶ Figura 11.13 Uma imagem abstrata usada por Stellman e Brennan (1993) para estudar bases comuns. Cada descrição foi proposta por um par diferente de participantes em uma tarefa de comunicação referencial.

(Fonte: de Brannan, Galati e Kuhlen, 2010. Originalmente de Stellmann e Brennan, 1993.)

Ladrão: "... *você precisa ouvir e testemunhar para perceber como é ruim.*"

Guarda: "*Você precisa estar exatamente* na mesma posição que eu, amigo, *para entender como me sinto*". (Schenkein, 1980, p. 22).

Bock adicionou itálico para ilustrar como o guarda penitenciário copiou a forma da afirmação do assaltante. Essa cópia da forma reflete um fenômeno chamado **pré-ativação sintática** — ouvir uma instrução com uma construção sintática específica aumenta as chances de que uma sentença seja produzida com a mesma construção. A

MÉTODO Pré-ativação sintática

Em um experimento de pré-ativação sintática, duas pessoas se envolvem em uma conversa, e o pesquisador determina se uma construção gramatical específica usada por uma pessoa faz com que a outra pessoa use a mesma construção. No experimento de Branigan, os participantes foram informados de que o experimento era sobre como as pessoas se comunicam quando não podem se ver. Elas achavam que estavam trabalhando com outro participante que estava do outro lado de uma tela (a pessoa à esquerda na Figura 11.14a). Na realidade, a pessoa A, à esquerda, estava trabalhando com o pesquisador, e a pessoa B, à direita, era o participante no experimento.

A pessoa A começou o experimento fazendo uma afirmação de pré-ativação, conforme mostrado à esquerda na Figura 11.14a. A afirmação foi feita em uma das seguintes formas:

A menina deu o livro ao menino.
ou
A menina deu ao menino o livro.

O participante respondia localizando, entre os cartões dispostos sobre a mesa, o cartão que correspondia à afirmação do cúmplice, conforme mostrado à direita na Figura 11.14a. Esta tarefa serviu para realizar a pré-ativação sintática. Isso ocorre porque na próxima fase do experimento é pedido ao participante (direita) que escolha uma das cartas livremente e que a descreva ao pesquisador. A escolha, conforme a Figura 11.14b, mostra que o participante escolheu também uma figura na qual uma pessoa oferece algo para outra. Nitidamente, a tarefa anterior interferiu na tarefa seguinte.

pré-ativação sintática é importante porque pode levar as pessoas a coordenar a forma gramatical de suas afirmações durante uma conversa. Holly Branigan e colaboradores (2000) ilustraram a pré-ativação sintática usando o procedimento a seguir para estabelecer um intercâmbio entre duas pessoas.

Branigan descobriu que, em 78% dos testes, a forma da descrição de B correspondia à forma da afirmação de pré-ativação de A. Isso corrobora a ideia de que os falantes são sensíveis ao comportamento linguístico de outros falantes e ajustam seus comportamentos para corresponder. Essa coordenação da forma sintática entre os falantes reduz a carga computacional envolvida na criação de uma conversa porque é mais fácil copiar a forma da sentença de outra pessoa do que criar sua própria forma do zero.

Vamos resumir o que dissemos sobre conversas: conversas são dinâmicas e rápidas, mas vários processos as tornam mais fáceis. Do lado semântico, as pessoas levam em consideração o conhecimento de outras pessoas e ajudam a estabelecer uma base comum se necessário. No lado sintático, as pessoas coordenam ou alinham a forma sintática de suas afirmações. Isso torna mais fácil falar e libera recursos para lidar com a tarefa de alternar entre entender e produzir mensagens que é a marca registrada de conversas bem-sucedidas.

No entanto, essa discussão ilustra apenas algumas coisas sobre conversas e a base comum. Há muitas coisas acontecendo. Pense no que uma pessoa deve fazer para manter uma conversa. Primeiro, a pessoa precisa planejar o que vai dizer, ao mesmo tempo que absorve a opinião da outra pessoa e faz o que for necessário para entendê-la. Parte da compreensão do que a outra pessoa quer dizer envolve a **teoria da mente**, a capacidade de entender o que os outros sentem, pensam ou acreditam (Corballis, 2017) e também a capacidade de interpretar e reagir aos gestos, expressões faciais, tom de voz e outras coisas da pessoa que fornecem pistas para o significado (Brennan et al., 2010; Horton e Brennan, 2016). Por fim, apenas para tornar as coisas ainda mais interessantes, cada pessoa em uma conversa deve antecipar quando é apropriado entrar na conversa, um processo denominado "fazer turnos" (Garrod e Pickering, 2015; Levinson, 2016). Assim, a comunicação por conversação vai além de simplesmente analisar sequências de palavras ou de sentenças. Também envolve todas as complexidades inerentes às interações sociais, mas, de alguma forma, somos capazes de fazer isso, muitas vezes sem esforço.

 Algo a considerar: música e linguagem

Diana Deutsch (2010) conta a história de uma experiência que teve ao testar loops gravados para uma palestra sobre música e cérebro. Enquanto ela estava fazendo alguma coisa, com a sentença gravada "às vezes eu me comporto de maneira estranha" repetindo-se continuamente no fundo, ela se surpreendeu de repente ao ouvir uma mulher estranha cantando. Depois de determinar que ninguém mais estava lá, ela percebeu que estava ouvindo sua própria voz no loop da fita, mas as palavras repetidas na fita haviam se transformado em canções em sua mente. Deutsch descobriu que outras pessoas também experimentaram esse modo de falar como um efeito da música e concluiu que há uma conexão estreita entre música e fala.

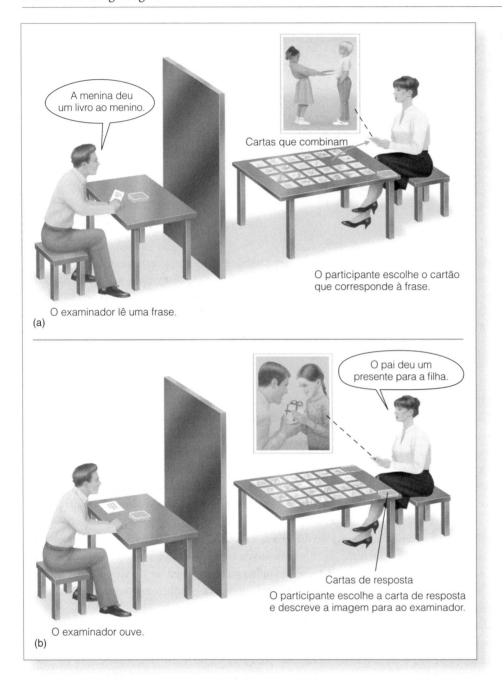

Figura 11.14 O experimento de Branigan et al. (2000). (a) O sujeito (à direita) escolhe, entre os cartões dispostos na mesa, um cartão com uma imagem que corresponde à afirmação lida pelo examinador (à esquerda). (b) O participante então pega um cartão da pilha de cartões de resposta e descreve a imagem no cartão de resposta para o examinador. Essa é a parte principal do experimento, porque a pergunta é se o participante à direita corresponderá à construção sintática usada pelo examinador à esquerda.

Música e linguagem: semelhanças e diferenças

As conexões entre música e linguagem vão além de cantar e falar e alcançam a linguagem em geral. A emoção é um jogador central em ambas. A música é chamada "linguagem das emoções" e as pessoas costumam afirmar que a emoção é uma das principais razões pelas quais ouvem música. A emoção na linguagem é frequentemente criada pela **prosódia** — o padrão de entonação e ritmo na linguagem falada (Banziger e Scherer, 2005; Heffner e Koffka Duncker Beeman Dunbar, 2015). Oradores e atores criam emoções variando o tom da voz e a cadência das palavras, falando suavemente para expressar ternura ou em voz alta para enfatizar um ponto ou capturar a atenção do público.

Contudo, a emoção também ilustra a diferença entre música e linguagem. A música cria emoção por meio de sons que em si não têm significado. No entanto, ouvir a trilha sonora de um filme não deixa dúvidas de que esses sons sem sentido podem criar sentido, com emoções logo atrás (Boltz, 2004). A linguagem, por outro lado, cria emoções usando palavras significativas, então as emoções provocadas por *Eu te odeio* e *Eu te amo* são causadas diretamente pelo significado das palavras *odiar* e *amar*. Recentemente, a introdução de **emojis** — pictogramas como os na **Figura 11.15** forneceram outra forma de indicar emoções na linguagem escrita (Evans, 2017). O emoji no canto direito, chamado "rosto com lágrimas de alegria", foi eleito a "Palavra do ano" de 2015 pelo Oxford English Dictionary.

Uma semelhança importante entre música e linguagem é que ambas combinam elementos — tons para música e palavras para linguagem — para criar sequências estruturadas. Essas sequências são organizadas em sentenças e são regidas pela sintaxe — regras para organizar esses componentes (Deutsch, 2010). No entanto, é óbvio que existem diferenças entre criar sentenças em resposta à música instrumental e criar sentenças ao ler um livro ou conversar. Embora música e linguagem se desenvolvam com o tempo e tenham sintaxe, as regras para associar notas e palavras são muito diferentes. Notas são combinadas com base no som, com alguns sons combinando melhor do que outros. No entanto, as palavras são combinadas com base em significados. Não há análogos para substantivos e verbos na música, e não há "quem fez o quê a quem" na música (Patel, 2013).

▶ Figura 11.15 Exemplos de emojis que, como as palavras, são usados para indicar emoções na linguagem. O emoji à direita, "rosto com lágrimas de alegria", foi eleito a Palavra do Ano pelo Oxford English Dictionary. Embora palavras e imagens possam *indicar* emoções para alguém que ouve ou lê a linguagem, os sons *eliciam* emoções em uma pessoa que está ouvindo música.

Mais itens poderiam ser adicionados às listas de "semelhanças" e "diferenças", mas a mensagem geral é que, embora existam diferenças importantes nos resultados e mecanismos associados à música e à linguagem, também são semelhantes em muitos aspectos. Exploraremos duas dessas áreas da sobreposição em mais detalhes: expectativas e mecanismos cerebrais.

Expectativas na música e linguagem

Discutimos o papel das expectativas na linguagem descrevendo como os leitores e ouvintes estão constantemente fazendo previsões sobre o que pode vir a seguir à medida que uma sentença se desenrola. Uma situação semelhante existe na música.

Para ilustrar a expectativa na música, vamos considerar como as notas de uma melodia são organizadas em torno da

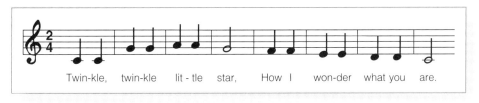

▶ Figura 11.16 A primeira melodia de ""*Twinkle, twinkle, little star*"
(Fonte: de Goldstein, *Sensation and Perception* 10e, Figura 12.24, p. 305.)

nota associada à tonalidade da composição, que chama-se **tônica** (Krumhansl, 1985). Por exemplo, Dó é a tônica para a tonalidade de Dó e sua escala associada: Dó, Ré, Mi, Fá, Sol, Lá, Si, Dó. A organização dos tons em torno de uma tônica cria uma estrutura dentro da qual o ouvinte gera expectativas sobre o que pode vir a seguir. Uma expectativa comum é que uma música que começa com a tônica termine na tônica. Este efeito, chamado **retorno à tônica**, ocorre em "Twinkle, Twinkle, Little Star", que começa e termina em um Dó no exemplo na Figura 11.16. Para ilustrar isso, tente cantar a primeira linha de "Twinkle, Twinkle, Little Star" mas pare em "you", pouco antes de a música voltar à tônica. O efeito da pausa pouco antes do final da sentença, o que pode ser chamado violação da sintaxe musical, é inquietante e nos faz ansiar pela nota final que nos trará de volta à tônica.

Outra violação da sintaxe musical ocorre quando uma nota ou acorde improvável é inserido e não parece "se encaixar" na tonalidade da melodia. Aniruddh Patel e colaboradores (1998) pediram que os participantes ouvissem uma sentença musical como a na Figura 11.17, que continha um acorde-alvo, indicado pela seta acima da música. Havia três alvos diferentes: (1) um acorde "no tom", que se enquadra na peça, mostrado na pauta musical; (2) um acorde "tom próximo", que não se enquadrou bem; e (3) um acorde "tom distante" que se enquadra de modo ainda menos satisfatório. Na parte comportamental do experimento, os ouvintes julgaram a sentença como aceitável 80% das vezes, quando continha o acorde no tom; 49% quando continha o acorde tom próximo; e 28% quando continha o acorde de tom distante. Uma maneira de declarar esse resultado é que os ouvintes julgavam como cada versão era "gramaticalmente correta".

Na parte fisiológica do experimento, Patel usou o potencial relacionado a eventos (PRE) para medir a resposta do cérebro a violações de sintaxe. Quando discutimos o PRE relativo ao experimento "Cenário de concerto" na p. 316, vimos que o componente N400 do PRE tornou-se maior em resposta a palavras que não se encaixavam em uma sentença, como *assar* em *Os gatos não vão assar*. Patel se concentrou em outro componente do PRE, denominado P600, porque é uma resposta

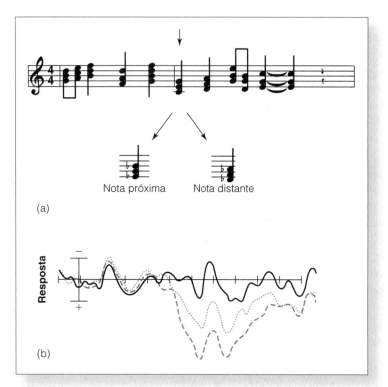

▶ **Figura 11.17** (a) A sentença musical ouvida pelos participantes do experimento de Patel e colaboradores (1998). A localização do acorde-alvo é indicada pela seta apontando para baixo. O acorde na pauta de música é o acorde "no tom". Os outros dois acordes foram inseridos nessa posição para as situações "nota próxima" e "nota distante". (b) Respostas de PRE ao acorde-alvo. No tom sólido =; tom próximo pontilhado =; tom distante tracejado =.

(Fonte: de Goldstein, *Sensation and Perception*, 10e, Fig. 12.28.)

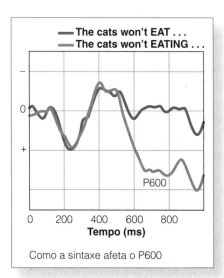

▶ **Figura 11.18** A onda P600 do PRE é afetada pela gramática. Ela se torna maior (linha vermelha) quando uma forma gramaticalmente incorreta é usada. Esta figura está disponível, em cores, no suplemento colorido, ao final do livro.

(Fonte: Osterhout et al., 1997.)

positiva que ocorre 600 ms após o início de uma palavra. Uma das propriedades do P600 é que ele se torna maior em resposta a violações de sintaxe. Por exemplo, a curva mais clara na **Figura 11.18** mostra a resposta que ocorre após a palavra *eat* na sentença *The cats won't eat* (curva mais clara). A resposta a essa palavra gramaticalmente correta não mostra nenhuma resposta P600. No entanto, a curva mais escura, provocada pela palavra *eating*, que está gramaticalmente incorreta na sentença *The cats won't eating*, tem uma grande resposta P600.

Patel mediu grandes respostas P600 quando os participantes ouviam sentenças que continham violações gramaticais, como no exemplo na Figura 11.18. Ele então mediu a resposta PRE para cada um dos três alvos musicais na Figura 11.17. A Figura 11.17b mostra que não há resposta P600 quando a sentença continha o acorde no tom (gravação em preto), mas que há respostas P600 para os outros dois acordes, com a resposta maior para o acorde mais fora do tom (gravação em tracejado mais escuro). Patel concluiu desse resultado que a música, assim como a linguagem, tem uma sintaxe que influencia como reagimos a ela. Outros estudos seguindo o de Patel também descobriram que respostas elétricas como P600 ocorrem para violações de sintaxe musical (Koelsch, 2005; Koelsch et al,, 2000; Maess et al., 2001; Vuust et al., 2009).

Analisando a ideia da sintaxe musical em um contexto mais amplo, podemos supor que conforme ouvimos música, estamos nos concentrando nas notas que ouvimos, enquanto (sem pensar a respeito) temos expectativas sobre o que acontecerá em seguida. Você pode demonstrar sua capacidade de prever o que vai acontecer ouvindo uma música, de preferência instrumental e não muito rápida. Enquanto ouve, tente adivinhar quais notas ou sentenças virão em seguida. Isso é mais fácil para algumas composições, como aquelas com temas repetidos, mas mesmo quando não há repetição, o que vem em seguida geralmente não é uma surpresa. O que é particularmente interessante sobre esse exercício é que ele costuma funcionar mesmo para a música que você ouve pela primeira vez. Assim como nossa percepção das cenas visuais que vemos pela primeira vez é influenciada por nossas experiências anteriores na percepção do ambiente, nossa percepção da música que ouvimos pela primeira vez pode ser influenciada por nossa história musical.

Música e linguagem se sobrepõem no cérebro?

A demonstração de Patel das respostas elétricas semelhantes a violações da sintaxe musical e da sintaxe da linguagem mostra que tanto a música como a linguagem envolvem processos semelhantes. No entanto, não podemos afirmar, com base apenas nessa descoberta, que a música e a linguagem envolvem áreas do cérebro que se sobrepõem.

As primeiras pesquisas sobre os mecanismos cerebrais da música e linguagem envolveram o estudo de pacientes com lesões cerebrais decorrente de acidente vascular cerebral. Patel e colaboradores (2008) estudaram um grupo de pacientes com AVC que tinham **afasia de Broca** — dificuldade em compreender sentenças com sintaxe complexa (ver p. 34). Esses pacientes e um grupo de controle receberam (1) uma tarefa de linguagem que envolvia a compreensão de sentenças sintaticamente complexas; e (2) uma tarefa musical que envolvia detectar os acordes fora de tom em uma sequência de acordes. Os resultados desses testes, mostrados na **Figura 11.19**, indicam que os pacientes tinham desempenho muito ruim na tarefa de linguagem em comparação com os controles (par de barras à direita), e que os pacientes também tinham desempenho pior no tarefa de música (par de barras à esquerda). Duas coisas que são dignas de nota sobre esses resultados são que (1) há uma conexão entre desempenho ruim na tarefa de linguagem e desempenho ruim na tarefa musical, o que sugere uma conexão entre os dois; e (2) os déficits na tarefa musical para pacientes com afasia eram pequenos em comparação com os déficits nas tarefas de linguagem. Esses resultados corroboram uma conexão entre os mecanismos cerebrais envolvidos na música e na linguagem, mas não necessariamente uma conexão forte.

Outros estudos neuropsicológicos forneceram evidências de que diferentes mecanismos cerebrais estão envolvidos na música e na linguagem. Por exemplo, pacientes que nascem com problemas de percepção musical — um distúrbio chamado **amusia congênita** — têm problemas em tarefas como discriminar melodias simples ou reconhecer melodias comuns. No entanto, esses indivíduos costumam ter habilidades normais de linguagem (Patel, 2013).

Também foram observados casos que demonstram diferenças na direção oposta. Robert Slevc e colaboradores (2016) testaram uma mulher de 64 anos que tinha afasia de Broca causada por AVC. Ela tinha dificuldade para compreender sentenças complexas e muita dificuldade para agrupar palavras a fim de formar pensamentos significativos. Mesmo assim, ela era capaz de detectar acordes fora do tom em sequências como as apresentadas por Patel (Figura 11.16a). Pesquisas neuropsicológicas, portanto, fornecem evidências para mecanismos cerebrais distintos para música e linguagem (ver também Peretz e Hyde, 2003).

Os mecanismos cerebrais também foram estudados por meio de neuroimagem. Alguns desses estudos mostraram que diferentes áreas estão envolvidas na música e linguagem (Fedorenko et al., 2012). Outros estudos mostraram que música e linguagem ativam áreas sobrepostas do cérebro. Por exemplo, a área de Broca, envolvida na sintaxe da linguagem, também é ativada pela música (Fitch e Martins, 2014; Koelsch, 2005, 2011; Peretz e Zatorre, 2005).

Também foi sugerido que, mesmo que neuroimagens identifiquem uma área que é ativada tanto pela música como pela linguagem, isso não significa necessariamente que a música e a linguagem ativam os mesmos neurônios nessa área. Há evidências de que a ativação por meio de música e linguagem pode ocorrer dentro de uma área, mas envolve diferentes redes neurais (**Figura 11.20**) (Peretz et al., 2015).

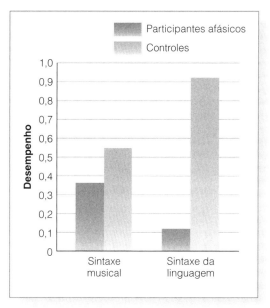

▶ Figura 11.19 Desempenho em tarefas de sintaxe de linguagem e tarefas de sintaxe musical para participantes afásicos e participantes de controle. (Fonte: de Patel et al., 2008.)

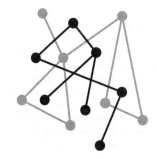

▶ Figura 11.20 Ilustração da ideia de que duas habilidades diferentes, como linguagem e música, podem ativar a mesma estrutura no cérebro (indicada pelo círculo), mas quando observada de perto, cada habilidade pode ativar diferentes redes (em mais claro ou mais escuro) dentro da estrutura. Os pequenos círculos representam neurônios e as linhas representam conexões.

A conclusão de todos esses estudos — tanto comportamentais como fisiológicos — é que, embora haja evidências da distinção entre música e linguagem no cérebro, especialmente de estudos neuropsicológicos, também há evidências de sobreposição entre música e linguagem, principalmente estudos comportamentais e de varredura do cérebro. Assim, parece que música e linguagem estão relacionadas, mas a sobreposição não é completa, como seria de esperar ao considerar a diferença entre ler o livro de psicologia cognitiva e ouvir a música favorita. Claramente, nosso conhecimento da relação entre música e linguagem ainda é um "trabalho em andamento", que, à medida que continua, aumentará nossa compreensão tanto da música como da linguagem.

TESTE VOCÊ MESMO 11.3

1. O que o experimento de "consertar a casa de passarinho" indica sobre inferência?
2. O que é coerência? Descreva os diferentes tipos de inferência que ajudam a alcançar a coerência.
3. Qual é a suposição por trás de um modelo de situação? Descreva o que as seguintes evidências informam sobre essa abordagem à compreensão de histórias: (a) tempos de reação para imagens que correspondem ou não às direções ou formas dos objetos em uma história; (b) ativação cerebral para palavras de ação em comparação com a ação real; (c) previsões baseadas na situação.
4. Qual é o contrato dado–novo?
5. O que é uma base comum? Como é estabelecida em uma conversa?
6. O que o experimento da "imagem abstrata" informa sobre como uma base comum é estabelecida?
7. Depois que uma base comum é estabelecida, o que acontece?
8. O que é coordenação sintática? Descreva o experimento de pré-ativação sintática que foi usado para demonstrar a coordenação sintática.
9. Quais são algumas semelhanças e diferenças entre música e linguagem?
10. O que é tônica? O que o retorno à tônica diz sobre a expectativa na música?
11. Descreva o experimento de Patel no qual ele mediu a resposta P600 do PRE a violações sintáticas. O que esse resultado diz sobre as conexões entre música e linguagem?
12. Quais são as evidências a favor e contra a ideia de que a música e a linguagem ativam áreas sobrepostas do cérebro?
13. Se música e linguagem ativam a mesma área do cérebro, podemos dizer com certeza que compartilham mecanismos neurais?

SUMÁRIO DO CAPÍTULO

1. A linguagem é um sistema de comunicação que usa sons ou símbolos que permitem expressar nossos sentimentos, pensamentos, ideias e experiências. É hierárquico e baseado em regras.

2. Pesquisas atuais em psicologia da linguagem floresceram nas décadas de 1950 e 1960, com o advento da revolução cognitiva. Um dos eventos centrais da revolução cognitiva foi a crítica de Chomsky à análise comportamental da linguagem de Skinner.

3. Todas as palavras que uma pessoa conhece são seu *léxico*. *Semântica* é o significado da linguagem.

4. A capacidade de compreender palavras em uma sentença é influenciada pela frequência de palavras. Isso foi demonstrado usando a tarefa de decisão lexical e medindo os movimentos dos olhos.

5. A pronúncia das palavras é variável, o que pode dificultar a percepção das palavras quando ouvidas fora do contexto.

6. Frequentemente, não há pausas entre as palavras durante a fala normal, o que dá origem ao problema da segmentação da fala. A experiência anterior com palavras, o contexto da palavra, as propriedades estatísticas da linguagem e o conhecimento do significado das palavras ajudam a resolver esse problema.

7. *Ambiguidade lexical* refere-se ao fato de que uma palavra pode ter mais de um significado. Tanenhaus usou a técnica de pré-ativação lexical para mostrar que (1) múltiplos significados das palavras ambíguas são acessados imediatamente após serem ouvidos, e (2) o significado "correto" para o contexto da sentença é identificado dentro de 200 ms.

8. A frequência relativa dos significados de palavras ambíguas é descrita em termos da dominância do significado. Algumas palavras apresentam dominância tendenciosa, outras apresentam dominância equilibrada. O tipo de dominância, combinado com o contexto da palavra, influencia qual significado é acessado.

9. Sintaxe é a estrutura de uma sentença. Análise é o processo pelo qual as palavras de uma sentença são agrupadas em sentenças. O agrupamento em sentenças é um fator determinante do significado de uma sentença. Esse processo foi estudado usando sentenças que induzem a erro que ilustram o efeito da ambiguidade temporária.

10. Dois mecanismos propostos para explicar a análise são (1) o modelo de sentenças que induzem a erros e (2) a abordagem baseada em restrições. O modelo de sentenças que induzem a erros enfatiza como os princípios sintáticos, como aposição local, determinam como uma sentença é analisada. A abordagem baseada em restrições afirma que semântica, sintaxe e outros fatores operam simultaneamente para determinar a análise. A abordagem baseada em restrições é corroborada pela (a) maneira como palavras com diferentes significados afetam a interpretação de uma

sentença, (b) como o contexto da história influencia a análise, (c) como o contexto da cena, estudado usando o paradigma do mundo visual, influencia a análise e (d) como o efeito da carga de memória e a experiência anterior com a linguagem influenciam a compreensibilidade.

11. A coerência permite entender histórias. A coerência é amplamente determinada pela inferência. Três tipos principais de inferência são anafóricas, instrumentais e causais.

12. A abordagem do modelo de situação à compreensão de texto afirma que as pessoas representam a situação em uma história em termos de pessoas, objetos, locais e eventos que estão sendo descritos na história.

13. As medições da atividade cerebral demonstraram como áreas semelhantes do córtex são ativadas pela leitura de palavras de ação e por movimentos reais.

14. Os experimentos que medem a resposta de PRE aos trechos mostram que muitas coisas associadas ao trecho são ativadas enquanto ele é lido.

15. Conversas, que envolvem dar e receber entre duas ou mais pessoas, são facilitadas por procedimentos que envolvem a cooperação entre os participantes de uma conversa. Esses procedimentos incluem o contrato dado–novo e o estabelecimento de uma base comum.

16. Estabelecer uma base comum foi estudado analisando transcrições das conversas. À medida que uma base comum é estabelecida, as conversas se tornam mais eficientes.

17. O processo de criação de uma base comum resulta em entrainment — sincronização entre as pessoas na conversa. Uma demonstração do entrainment é fornecida pela coordenação sintática — como as construções gramaticais das pessoas se tornam coordenadas.

18. Música e linguagem são semelhantes de várias maneiras. Existe uma relação estreita entre canção e fala, música e linguagem causam emoção e ambas consistem em sequências organizadas.

19. Existem diferenças importantes entre música e linguagem. Criam emoções de maneiras diferentes, e as regras para associar tons e palavras são diferentes. A diferença mais importante é baseada no fato de que as palavras têm significados.

20. A expectativa ocorre tanto na música como na linguagem. Esses efeitos paralelos foram demonstrados por experimentos usando o PRE para avaliar o efeito das violações sintáticas na música e linguagem.

21. Há evidências de separação e sobreposição da música e linguagem no cérebro.

PENSE NISSO

1. Como as ideias de coerência e conexão se aplicam a alguns dos filmes que você viu recentemente? Você descobriu que alguns filmes são fáceis de entender, enquanto outros são mais difíceis? Nos filmes que são fáceis de entender, uma coisa parece suceder a outra, enquanto nos mais difíceis algumas coisas parecem ficar de fora? Qual é a diferença no "trabalho mental" necessário para determinar o que está acontecendo nesses dois tipos de filmes? (Você também pode aplicar esse tipo de análise aos livros que leu.)

2. A próxima vez que você puder escutar uma conversa, observe como o dar e receber entre os participantes segue (ou não segue) o contrato dado–novo. Além disso, observe como as pessoas mudam de assunto e como isso afeta o fluxo da conversa. Por fim, veja se você pode encontrar alguma evidência de pré-ativação sintática. Uma forma de "bisbilhotar" é participar de uma conversa que inclua pelo menos duas outras pessoas. Mas não se esqueça de dizer algo de vez em quando!

3. Uma das coisas interessantes sobre idiomas é o uso de "figuras de linguagem", que as pessoas que conhecem o idioma entendem, mas os falantes não nativos costumam achar desconcertantes. Um exemplo é a sentença "Ele trouxe tudo, exceto a pia da cozinha". Você consegue pensar em outros exemplos? Se você fala um idioma além do inglês, você consegue identificar figuras de linguagem nesse idioma que possam ser confusas para quem fala inglês?

4. Manchetes de jornais costumam ser boas fontes de sentenças ambíguas. Por exemplo, considere as seguintes manchetes reais: "Bebedores de leite estão se transformando em pó", "Chefia do Iraque busca armas", "Fazendeiro Bill morre em casa" e "Esquadrão ajuda vítimas de mordida de cachorro". Veja se consegue encontrar exemplos de manchetes ambíguas no jornal e tente descobrir o que torna as manchetes ambíguas.

5. As pessoas costumam dizer coisas de forma indireta, mas os ouvintes muitas vezes ainda podem entender o que elas significam. Veja se você consegue detectar essas afirmações indiretas em uma conversa normal. (Exemplos: "Você quer virar à esquerda aqui?" para significar "Acho que você deve virar à esquerda aqui"; "Está frio aqui?" para significar "Por favor, feche a janela.")

6. É uma observação comum que as pessoas ficam mais irritadas com conversas via telefone celular próximas do que com conversas entre duas pessoas que estão fisicamente presentes. Por que você acha que isso ocorre? (Ver em Emberson et al., 2010, uma resposta.)

TERMOS-CHAVE

Abordagem baseada em restrições à análise 309
Afasia de Broca 325
Ambiguidade lexical 304
Ambiguidade temporária 308
Amusia congênita 325
Análise 308
Aposição local 309
Base comum 319
Coerência 314
Construção relativa ao objeto 312
Construção relativa ao sujeito 312
Contrato dado-novo 318
Coordenação sintática 320
Dominância do significado 306
Dominância equilibrada 306
Dominância tendenciosa 306
Efeito da frequência de palavras 302
Emojis 322
Entrainment 320
Frequência de palavras 302
Heurística 309
Inferência anafórica 314
Inferência causal 315
Inferência de instrumento 314
Inferências 314
Léxico 302
Linguagem 300
Modelo de situação 315
Modelo labirinto 309
Narrativa 314
Natureza da linguagem baseada em regras 301
Natureza hierárquica da linguagem 301
Paradigma do mundo visual 310
Pré-ativação sintática 320
Prosódia 321
Psicolinguística 302
Retorno à tônica 323
Segmentação da fala 304
Semântica 302
Semântica lexical 302
Sentenças labirinto 308
Sintaxe 308
Tarefa de comunicação referencial 319
Tarefa de decisão lexical 302
Teoria da mente 321
Tônica 323

As pessoas resolvem problemas de muitas maneiras diferentes. Veremos que às vezes resolver um problema envolve palavras difíceis e análise metodológica, enquanto outras vezes as soluções para os problemas podem parecer acontecer em um lampejo de percepção. Também veremos que, às vezes, deixar sua mente "descansar", talvez para vaguear ou devanear, como essa mulher pode estar fazendo enquanto está sentada perto do canal, pode desempenhar um papel importante para levar a soluções criativas aos problemas.

Solução de problemas e criatividade

12

O que é um problema?

A abordagem gestáltica
Representação de um problema na mente

A ideia do insight

➤ Demonstração: dois problemas de insight

Fixação funcional e cenário mental

➤ Demonstração: o problema da vela

A abordagem do processamento de informações
Abordagem de Newell e Simon

➤ Demonstração: o problema da Torre de Hanoi

A importância de como um problema é declarado

➤ Demonstração: o problema do tabuleiro de damas mutilado

➤ Método: protocolo de pensar em voz alta (protocolo *think-aloud*)

➤ TESTE VOCÊ MESMO 12.1

Usando analogias para resolver problemas
Transferência analógica

➤ Demonstração: problema da radiação de Duncker

Codificação analógica

Analogia no mundo real

➤ Método: pesquisa de solução de problemas *in vivo*

Como os especialistas resolvem problemas
Diferenças entre como especialistas e leigos resolvem problemas

Especialistas possuem mais conhecimento sobre suas áreas

O conhecimento dos especialistas é organizado de maneira diferente do que o dos principiantes

Especialistas passam mais tempo analisando problemas

Expertise só é uma vantagem na especialidade do conhecedor

Resolução criativa de problemas
O que é criatividade?

Criatividade prática

Gerando ideias

➤ Demonstração: criando um objeto

Criatividade e o cérebro
Abrindo a mente para pensar "fora da caixa"

➤ Método: estimulação transcraniana por corrente contínua

"Preparação" cerebral para insight e solução analítica de problemas

Redes associadas à criatividade

Rede de modo padrão

Rede de controle executivo

Algo a considerar: conectado para criar – coisas que as pessoas criativas fazem de maneira diferente
Sonhando acordado

Solidão

Atenção focada

➤ TESTE VOCÊ MESMO 12.2

SUMÁRIO DO CAPÍTULO
PENSE NISSO
TERMOS-CHAVE

ALGUMAS PERGUNTAS QUE VAMOS CONSIDERAR

▸ O que torna alguns problemas difíceis?

▸ Como as analogias podem ser usadas para ajudar a resolver problemas?

▸ Como especialistas em uma área resolvem problemas de maneira diferente dos leigos?

▸ Quais são algumas das coisas que as pessoas criativas fazem de maneira diferente das não criativas?

O que se segue é uma história sobre o físico Richard Feynman, que recebeu o Prêmio Nobel de Física por seu trabalho em fissão nuclear e dinâmica quântica e que tinha a reputação de gênio científico.

Um físico que trabalhava no Instituto de Tecnologia da Califórnia na década de 1950 tem problemas para decifrar algumas das anotações de Feynman. Ele pergunta a Murray Gell-Mann, ganhador do Prêmio Nobel e colaborador ocasional de Feynman, "O que são os métodos de Feynman?" Gell-Mann se inclina timidamente contra o quadro de giz e responde: "O método de Dick é. Você anota o problema. Você pensa muito". [Gell-Mann fecha os olhos e pressiona as articulações dos dedos periodicamente na testa.] "Então você anota a resposta." (Adaptado de Gleick, 1992, p. 315.)

Essa é uma maneira divertida de descrever o gênio de Feynman, mas deixa sem resposta a pergunta do que realmente acontecia em sua mente enquanto ele pensava "muito intensamente". Embora possamos não saber a resposta a essa pergunta para Feynman, pesquisa sobre solução de problemas forneceu algumas respostas para as pessoas em geral. Neste capítulo, exploraremos algumas das maneiras como os psicólogos cognitivos descreveram os processos mentais envolvidos na solução de problemas e na criatividade. Começamos focalizando os problemas.

▸ O que é um problema?

Que problemas você teve de resolver recentemente? Quando faço essa pergunta aos alunos da minha turma de psicologia cognitiva, obtenho respostas como: problemas para os cursos de matemática, química ou física; entregar tarefas de redação a tempo; lidar com colegas de quarto, amigos e relacionamentos em geral; decidir quais cursos fazer, qual carreira seguir; decidir fazer pós-graduação ou procurar emprego; como pagar um carro novo. Muitas dessas coisas se encaixam na seguinte definição: um **problema** ocorre quando há um obstáculo entre um estado presente e um objetivo e não é imediatamente óbvio como contornar o obstáculo (Duncker, 1945; Lovett, 2002). Assim, um problema, como definido por psicólogos, é uma situação em que você precisa alcançar um objetivo e a solução não é imediatamente óbvia.

Começamos considerando a abordagem dos psicólogos gestálticos, que introduziram o estudo da solução de problemas na psicologia na década de 1920.

▸ A abordagem gestáltica

Apresentamos os psicólogos gestálticos no Capítulo 3, descrevendo as leis da organização perceptual (p. 65). Os psicólogos gestálticos estavam interessados não apenas na percepção, mas também na aprendizagem, solução de problemas e mesmo atitudes e crenças (Koffka, 1935). Contudo, mesmo considerando outras áreas da psicologia, eles ainda adotaram uma abordagem perceptiva. A solução de problemas, para os psicólogos gestálticos, era sobre (1) como as pessoas representam um problema na mente e (2) como resolver um problema envolve uma reorganização ou reestruturação dessa representação.

Representação de um problema na mente

O que significa dizer que um problema é "representado" na mente? Uma maneira de responder a essa pergunta é começar explicando como os problemas são apresentados. Considere, por exemplo, um jogo de palavras cruzadas (**Figura 12.1**). Esse tipo de problema é representado na página por um diagrama e dicas sobre como preencher os quadrados abertos. A maneira como esse problema é representado na mente provavelmente é diversa para pessoas diferentes, mas é provável que difira quanto à maneira como é representado na página. Por exemplo, à medida que as pessoas tentam resolver esse problema, elas podem optar por representar apenas uma pequena parte do quebra-cabeça de cada vez. Algumas pessoas podem se concentrar em preencher as palavras horizontais e, em seguida, usar essas palavras para ajudar a determinar as palavras verticais. Outros podem escolher um canto do quebra-cabeça e pesquisar mentalmente verticais e horizontais que se encaixam. Cada uma dessas maneiras de resolver o problema envolve uma maneira diferente de representá-lo na mente.

Uma das ideias centrais da abordagem gestáltica é que o sucesso na solução de um problema é influenciado pela maneira como ele é representado na mente da pessoa. Essa ideia — de que a solução de um problema depende de como ele é representado — é ilustrada pelo problema na Figura 12.2. Esse problema, que foi colocado pelo psicólogo gestáltico Wolfgang Kohler (1929), pede para determinar o comprimento do segmento marcado x se o raio do círculo tem um comprimento r. Tente esse problema antes de ler o próximo parágrafo.

Uma maneira de descrever como esse problema é representado na página é "um círculo com linhas finas verticais e horizontais que dividem o círculo em quatro partes, e linhas mais escuras que criam um pequeno triângulo no quadrante superior esquerdo". O segredo para resolver esse problema é alterar a última parte da representação para "um pequeno retângulo no quadrante superior esquerdo, com x sendo a diagonal entre os cantos". Depois de ser x reconhecido como a diagonal do retângulo, a representação pode ser reorganizada criando a outra diagonal do retângulo (Figura 12.3). Depois que percebemos que a diagonal é o raio do círculo e que ambas as diagonais de um retângulo têm o mesmo comprimento, podemos concluir que o comprimento de x é igual ao comprimento do raio, r.

O importante nessa solução é que não requer equações matemáticas. Em vez disso, a solução é obtida primeiro percebendo o objeto e, em seguida, representando-o de uma maneira diferente. Os psicólogos gestálticos chamaram o processo de mudança da representação do problema da **reestruturação**.

A ideia do insight

Além de identificar a reestruturação como importante na solução de problemas, os psicólogos gestálticos também observaram que a reestruturação costuma ser o resultado de um processo denominado insight (Weisberg e Alba, 1981). **Insight** foi definido como qualquer compreensão, realização ou solução de problema repentina que envolve uma reorganização da representação mental de uma pessoa de um estímulo, situação ou evento para produzir uma interpretação que inicialmente não era óbvia (adaptado de Kounios e Beeman, 2014). Essa definição contém as ideias centrais por trás da abordagem gestáltica. "Reorganização da representação mental de uma pessoa" corresponde à reestruturação, e "compreensão repentina" corresponde à ênfase da Gestalt na realização repentina da solução do problema (Dunbar, 1998).

Essa propriedade de realização repentina do insight é ilustrada por um experimento feito por Janet Metcalfe e David Wiebe (1987) projetado para distinguir entre problemas de insight e problemas de não insight. Eles levantaram a hipótese de que deve haver uma diferença em como os participantes acham que estão avançando para uma solução nos problemas de insight *versus* problemas de não insight. Eles previram que os participantes trabalhando em um problema de insight, no qual a resposta aparece repentinamente, não deveriam ser muito bons para prever se estavam próximos a uma solução. Os participantes trabalhando em um problema de não insight, que envolve um processo mais metódico, têm mais probabilidade de conhecer quando estão se aproximando da solução.

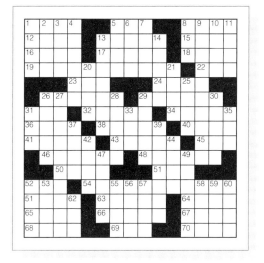

▶ Figura 12.1 Isso é uma imagem de como as palavras cruzadas são representadas na página. Além disso, existem dicas para preencher as palavras horizontais e verticais.

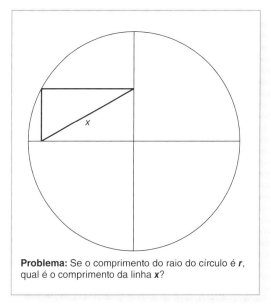

▶ Figura 12.2 Problema do círculo. Ver na Figura 12.3, p. 334, a solução.

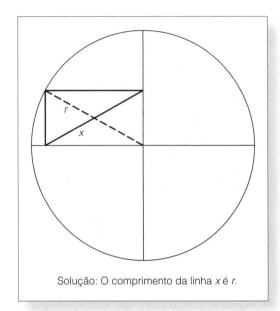

Figura 12.3 Resolução para o problema do círculo. Observe que o comprimento de x é igual ao raio, r, porque x e r são diagonais do retângulo.

Para testar essa hipótese, Metcalfe e Wiebe deram aos participantes problemas de insight, como na demonstração a seguir, e problemas de não insight, e pediram que fizessem julgamentos de "calor" a cada 15 segundos enquanto trabalhavam nos problemas. Avaliações mais próximas de "quente" (7 em uma escala de 7 pontos) indicavam que eles acreditavam que estavam se aproximando de uma solução; classificações mais próximas de "frio" (1 na escala) indicavam que eles achavam que estavam longe de uma solução. Eis dois exemplos dos problemas de insight que Metcalfe e Wiebe utilizaram.

Para problemas de não insight, Metcalfe e Wiebe usaram problemas de álgebra como os seguintes, que foram selecionados de um texto de matemática do Ensino Médio. Esses problemas também são chamados **problemas de base analítica** porque são resolvidos por um processo de análise sistemática, muitas vezes usando técnicas baseadas em experiências anteriores.

Resolva para x: $(1/5)x + 10 = 25$
Fator $16y^2 - 40yz + 25z^2$

Os resultados do experimento são mostrados na Figura 12.5, que indica as classificações "quentes" para todos os participantes durante o minuto imediatamente antes de resolverem os dois tipos de problemas.

Para os problemas de *insight* (linha sólida), as classificações quentes começavam em 2 e não mudaram muito, até que, de repente, saltaram de 3 para 7 no final. Assim, 15 segundos antes da solução, a classificação mediana era relativamente fria 3 para os problemas de insight, o que significa que, neste ponto, os participantes não achavam que estavam perto de uma solução. Em comparação, para os problemas de álgebra (linha tracejada), as avaliações começaram em 3 e então aumentaram

DEMONSTRAÇÃO Dois problemas de insight

Problema do triângulo O triângulo mostrado na Figura 12.4a aponta para o topo da página. Mostre como você pode mover três dos pontos para fazer o triângulo apontar para a parte inferior da página. (Para a resposta, ver a Figura 12.31 na p. 362.)

Conforme você trabalha neste problema, veja se consegue monitorar seu progresso. Você se sente como se estivesse fazendo um progresso constante em direção a uma solução até que por fim tudo contribui para a resposta, ou como se você não estivesse realmente fazendo muito progresso, mas de repente vivencia a solução como uma experiência "Aha!"? Depois de tentar o problema do triângulo, tente o seguinte problema e monitore seu progresso da mesma maneira.

Problema de corrente Uma mulher tem quatro pedaços de corrente. Cada pedaço é composto de três elos, conforme mostrado na Figura 12.4b. Ela quer juntar os pedaços em um único laço fechado de corrente. Custa 2 centavos para abrir um elo e 3 centavos para fechar um elo. Ela só tem 15 centavos. Como ela faz isso? (Para a resposta, ver Figura 12.32 na p. 362.)

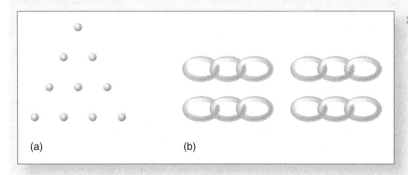

Figura 12.4 (a) Problema do triângulo e (b) problema da corrente para a demonstração de "Dois problemas de insight". Ver na p. 362 as soluções.

gradualmente até que o problema fosse resolvido. Assim, Metcalfe e Wiebe demonstraram que as soluções para problemas que foram chamados de problemas de insight, de fato, ocorrem repentinamente, como medido pelos relatos das pessoas sobre a proximidade que acham que estão a uma solução.

O atual debate dos pesquisadores é se o processo envolvido na solução de problemas de insight sempre difere do processo envolvido na solução analítica de problemas sem insight. Por exemplo, Jessica Fleck e Robert Weisberg (2013) apresentaram evidências, que não discutiremos aqui, corroborando a ideia de que resolver um problema de insight (que envolve uma experiência "Aha!") pode envolver processos analíticos (ver também Weisberg, 2015). Quaisquer que sejam os mecanismos envolvidos, não há dúvida de que as pessoas muitas vezes experimentam realizações súbitas "perspicazes" das resoluções de problemas (Bowden et al., 2005; Kounios et al., 2008).

Fixação funcional e cenário mental

Além de destacar o fenômeno do insight, psicólogos gestálticos também descreveram vários obstáculos para a solução de problemas. Um dos maiores obstáculos para a solução de problemas, de acordo com os psicólogos gestálticos, é a **fixação** — a tendência das pessoas de focalizar uma característica específica do problema que impede que elas cheguem a uma solução. Um tipo de fixação que pode funcionar contra a resolução de um problema, focaliza funções ou usos conhecidos de um objeto, chama-se **fixidez funcional** (Jansson e Smith, 1991).

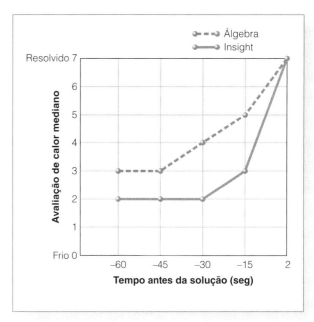

▶ Figura 12.5 Resultados do experimento de Metcalfe e Wiebe (1987) mostrando os julgamentos dos participantes sobre o quão perto eles estavam de resolver problemas de insight e álgebra durante o minuto imediatamente antes de resolver o problema.

(Fonte: baseado em J. Metcalfe e D. Wiebe, 1987.)

DEMONSTRAÇÃO O problema da vela

Você está em uma sala com um quadro de cortiça vertical montado na parede. Você recebe os materiais mostrados na **Figura 12.6** — algumas velas, fósforos em uma caixa de fósforos e algumas tachas. Sua tarefa é montar uma vela no quadro de cortiça para que queime sem pingar cera no chão. Tente descobrir como você resolveria esse problema antes de continuar lendo; em seguida, verifique sua resposta na **Figura 12.7** na p. 336.

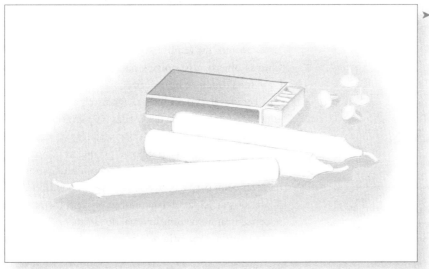

▶ Figura 12.6 Objetos para o problema da vela de Duncker (1945).
(Fonte: baseado em K. Duncker, 1945.)

▶ Figura 12.7 Solução para o problema da vela.

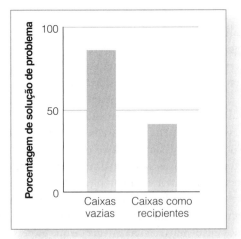

▶ Figura 12.8 Resultados da replicação de Adamson (1952) do problema da vela de Duncker.
(Fonte: baseado em R. E. Adamson, 1952.)

Um exemplo da fixidez funcional é fornecido pelo **problema da vela**, que foi descrito pela primeira vez por Karl Ducker (1945). Em seu experimento, ele pediu que os participantes usassem vários objetos para concluir uma tarefa. A demonstração a seguir pede que você tente resolver o problema de Duncker imaginando que você tem os objetos especificados.

A solução para o problema ocorre quando a pessoa percebe que a caixa de fósforos pode ser usada como um suporte em vez de um recipiente. Quando Duncker realizou esse experimento, ele apresentou a um grupo de participantes pequenas caixas de papelão contendo os materiais (velas, tachas e fósforos) e apresentou a outro grupo os mesmos materiais, mas fora das caixas, de modo que as caixas estavam vazias. Ao comparar o desempenho dos dois grupos, ele descobriu que o grupo que recebeu as caixas como recipientes achou o problema mais difícil do que o grupo que recebeu as caixas vazias. Robert Luchins (1952) repetiu a experiência de Duncker e obteve o mesmo resultado: os participantes que foram apresentados a caixas vazias tinham duas vezes mais probabilidade de resolver o problema do que os participantes que foram apresentados a caixas que estavam sendo usadas como recipientes (Figura 12.8).

O fato de ver as caixas como recipientes inibiu o uso delas como suportes é um exemplo da fixidez funcional. Outra demonstração da fixidez funcional é fornecida pelo **problema das duas cordas** de Maier (1931) em que a tarefa dos participantes era amarrar duas cordas que pairavam do teto. Isso foi difícil porque as cordas estavam tão distantes entre si que era impossível alcançar uma delas e, ao mesmo tempo, segurar a outra (Figura 12.9). Outros objetos disponíveis para resolver esse problema eram uma cadeira e um alicate.

Para resolver o problema, os participantes precisavam amarrar o alicate a uma das cordas para criar um pêndulo, que poderia então ser colocado ao alcance da pessoa. Isso é um exemplo da fixidez funcional porque as pessoas geralmente pensam em usar um alicate como uma ferramenta, não como um peso na extremidade de um pêndulo. Assim, 37 dos 60 participantes não resolveram o problema porque se concentraram na função usual do alicate.

Quando a maioria dos participantes não conseguia resolver o problema em 10 minutos, Maier fornecia uma "dica" ao colocar a corda em movimento esbarrando

▶ Figura 12.9 Problema das duas cordas de Maier (1931). Por mais que o participante tente, ele não consegue segurar a segunda corda. Como ele pode amarrar as duas cordas? (Nota: apenas usar a cadeira não funciona!)
(Fonte: baseado em N. R. F. Maier, 1931.)

"acidentalmente" nela. Assim que os participantes viam a corda se mover, 23 dos 37 que não haviam resolvido o problema o resolviam em 60 segundos. Ver a corda balançando de um lado para o outro levou à ideia de que o alicate poderia ser usado como um peso para criar um pêndulo. Em termos da Gestalt, a resolução do problema ocorria quando os participantes reestruturavam sua representação de como chegar à solução (fazer as cordas balançarem de um lado para o outro) e mudaram sua representação da função do alicate (ele pode ser usado como um peso para criar um pêndulo).

Tanto o problema da vela como o problema das duas cordas eram difíceis por causa das ideias preconcebidas que as pessoas têm sobre o uso dos objetos. Essas ideias preconcebidas são um tipo de **conjunto mental**, uma noção preconcebida sobre como abordar um problema, que é determinada pela experiência de uma pessoa sobre o que funcionou no passado. Nesses experimentos, o conjunto mental foi criado pelo conhecimento das pessoas sobre os usos frequentes dos objetos.

Os psicólogos gestálticos também mostraram como o conjunto mental pode surgir da situação criada à medida que uma pessoa resolve um problema. Um exemplo é fornecido pelo problema do jarro de água de Luchins no qual os participantes foram informados de que a tarefa era descobrir no papel como obter um volume necessário de água, dados três jarros vazios para as medidas. Luchins (1942) apresentou o primeiro exemplo aos participantes, em que os três jarros tinham as seguintes capacidades: A = 21 quartos de galão, B = 127 quartos de galão, C = 3 quartos de galão, e o volume desejado era 100 quartos de galão. Esse é o problema 1 na **Figura 12.10a**. Depois de dar aos participantes algum tempo para resolver o problema, Luchins forneceu a seguinte solução:

1. Encha o jarro B com 127 quartos de galão e despeje de B para encher A, então 21 quartos de galão são subtraídos de B. Isso deixa 106 quartos de galão em B (**Figura 12.10b**).
2. Despeje do jarro B para encher o jarro C, então 3 quartos de galão são subtraídos de B, sobrando 103 quartos de galão (**Figura 12.10c**).
3. Despeje do jarro B novamente em C, então mais 3 quartos de galão são subtraídos, deixando 100 quartos de galão (**Figura 12.10d**).

Capacidades (quartos = 0,95 L)

Problema	Jarro A	Jarro B	Jarro C	Quantidade desejada
1	21	127	3	100
2	14	163	25	99
3	18	43	10	5
4	9	42	6	21
5	20	59	4	31
6	20	50	3	24
7	15	39	3	18
8	28	59	3	25

(a)

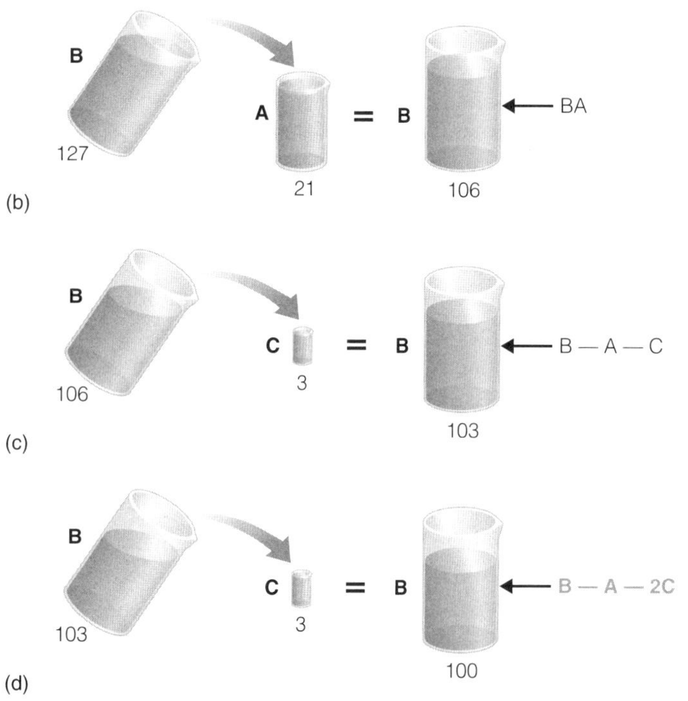

(b)

(c)

(d)

▶ Figura 12.10 (a) O problema do jarro de água de Luchins (1942). Cada problema especifica as capacidades dos jarros A, B e C e uma quantidade final desejada. A tarefa é descobrir como usar os jarros com essas capacidades para medir a quantidade desejada. (b) O primeiro passo para resolver o Problema 1; (c) o segundo passo; (d) o terceiro passo. Todos os outros problemas podem ser resolvidos usando o mesmo padrão de derramamento, indicado pela equação *Quantidade desejada* = B− A− 2C, mas existem maneiras mais eficientes de resolver os Problemas 7 e 8.

(Fonte: baseado em A. S. Luchins, 1942.)

A resolução para o Problema 1 pode ser afirmada como *Quantidade desejada* = B − A − 2C. Depois de demonstrar como resolver o Problema 1 (mas sem mencionar essa fórmula), Luchins pediu que os participantes resolvessem os Problemas 2-8, todos os quais poderiam ser resolvidos aplicando a mesma fórmula. (Algumas descrições do experimento de Luchins afirmam que os participantes receberam jarros de água de diferentes capacidades e foram solicitados a medir as quantidades especificadas. Se fosse esse o caso, os participantes teriam de ser muito fortes, já que o jarro A, com 127 quartos de galão de água, pesaria mais de 113 quilogramas! Felizmente para os participantes, eles apenas foram solicitados a resolver o problema no papel.)

Luchins esteva interessado em como os participantes resolveriam os Problemas 7 e 8, que poderiam ser solucionados pela fórmula B − A − 2C, mas que também poderiam ser resolvidos de forma mais simples como a seguir:

Problema 7: Quantidade desejada = A + C (encher A e C e despejar em B).
Problema 8: Quantidade desejada = A − C (encher A e despejar em C).

A pergunta que Luchins fez foi: Como os participantes resolverão os Problemas 7 e 8 com e sem o modelo mental? Ele determinou isso trabalhando em dois grupos:

Grupo do modelo mental: Usando o procedimento descrito acima, ele apresentou o Problema 1 primeiro como uma demonstração, depois pediu que os participantes resolvessem os Problemas 2-8, começando com o Problema 2. Isso estabeleceu um modelo mental para usar o procedimento B − A − 2C.

Grupo sem o modelo mental: Os participantes acabaram de resolver os Problemas 7 e 8, começando com 7. Nesse caso, os participantes não foram expostos ao procedimento B − A − 2C.

O resultado foi que apenas 23% dos participantes no *grupo do modelo mental* usavam as resoluções mais simples para os Problemas 7 e 8, mas todos os participantes no *grupo sem modelo mental* utilizavam as soluções mais simples. Assim, o modelo mental pode influenciar a solução de problemas tanto por causa de ideias preconcebidas sobre as funções de um objeto (problemas da vela e das duas cordas) como por causa de ideias preconcebidas sobre a maneira de resolver um problema (problema do jarro de água).

Entre 1920 e 1950, os psicólogos gestálticos descreveram vários problemas ilustrando como o modelo mental pode influenciar a solução de problemas e como a resolução de um problema frequentemente envolve a criação de uma nova representação. Essa ideia de que a solução de problemas depende de como o problema é representado na mente é uma das contribuições duradouras da psicologia gestáltica. Pesquisas atuais adotaram essa ideia como um ponto de partida para a abordagem do processamento de informações ao estudo da solução de problemas.

▶ A abordagem do processamento de informações

Em nossa descrição sobre a história da psicologia cognitiva no Capítulo 1, observamos que em 1956 houve duas conferências importantes, uma no Massachusetts Institute of Technology e outra na Dartmouth University, que reuniu pesquisadores de várias disciplinas para discutir novas maneiras de estudar a mente. Nas duas conferências, Alan Newell e Herbert Simon descreveram seu programa de computador "Logic Theorist" que foi projetado para simular a solução de problemas humanos. Isso marcou o início de um programa de pesquisas que descreveu a solução de problemas como um processo que envolve pesquisa. Isto é, em vez de considerar apenas a estrutura inicial de um problema e então a nova estrutura alcançada quando o problema é resolvido, Newell e Simon descreveram a solução de problemas como uma busca que ocorre entre a colocação do problema e sua resolução.

A ideia da solução de problemas como uma busca faz parte da nossa linguagem. As pessoas geralmente falam sobre problemas em termos de "buscar uma maneira de alcançar um estado do objetivo", "contornar bloqueios viários", "chegar a um beco sem saída" e "abordar um problema de um ângulo diferente" (Lakoff e Turner, 1989). Apresentaremos a abordagem de Newell e Simon descrevendo o **problema da Torre de Hanoi**.

Abordagem de Newell e Simon

Newell e Simon (1972) viam os problemas em termos de um **estado inicial** — situações no início do problema — e um **estado do objetivo** — a resolução do problema. A Figura 12.11a mostra o estado inicial do problema da Torre de Hanoi como três argolas empilhadas no pino esquerdo, e o estado do objetivo à medida que essas argolas são empilhadas no pino direito. Além de especificar estados inicial e final de um problema, Newell e Simon também introduziram a ideia de **operadores** — ações que levam o problema de um estado para outro. Para o problema da Torre de Hanoi, os operadores estão movendo a argola para outro pino. As regras na demonstração especificam quais ações são permitidas e quais não são (ver Figura 12.11b). Tente resolver o problema seguindo as instruções na demonstração.

Isso foi chamado de problema da Torre de Hanoi por causa de uma lenda de que há monges em um mosteiro perto de Hanoi que estão trabalhando no problema. A versão deles, porém, é muito mais complexa do que a nossa, com 64 argolas no pino 1. Segundo a lenda, o mundo acabará quando o problema for resolvido. Felizmente, isso levará cerca de um trilhão

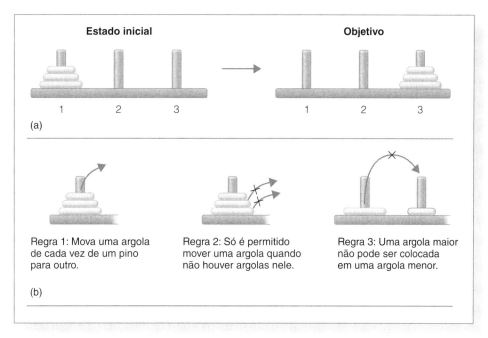

► Figura 12.11 (a) O estado inicial e o estado do objetivo para o problema da Torre de Hanoi. (b) As regras para as ações permitidas para resolver o problema.

(Fonte: baseado em K. Kotovsky, J. R. Hayes e H. A. Simon, 1985)

de anos para ser alcançado, mesmo que os monges façam um movimento a cada segundo e cada movimento esteja correto (Raphael, 1976).

Ao tentar resolver o problema, você pode intuir possíveis algumas maneiras de mover as argolas para alcançar o objetivo. Newell e Simon concebiam a solução de problemas como envolvendo uma sequência de escolhas de etapas, com cada ação criando um **estado intermediário**. Assim, um problema começa com um estado inicial, continua por vários estados intermediários e, por fim, atinge o estado do objetivo. O estado inicial, o estado do objetivo e todos os estados intermediários possíveis para um problema específico constituem o **espaço do problema**. (Ver na Tabela 12.1 um resumo dos termos usados por Newell e Simon.)

Tabela 12.1   Termos-chave para a abordagem de Newell-Simon à solução de problemas

Termo	Descrição	Exemplo da Torre de Hanoi
Estado inicial	Situações no início de um problema	Todos as três argolas estão no pino à esquerda.
Estado do objetivo	Resolução para o problema	Todos as três argolas estão no pino à direita.
Estado intermediário	Situações após cada passo são criadas para resolver um problema	Depois que a menor argola é movida para o pino à direita, as duas argolas maiores ficam no pino à esquerda e a menor fica à direita.
Operadores	Ações que levam o problema de um estado para outro. Operadores geralmente são regidos por regras	Regra: uma argola maior não pode ser colocada em uma menor.
Espaço do problema	Todos os estados possíveis que podem ocorrer ao resolver um problema	Ver Figura 12.12.
Análise meios-fim	Uma forma de resolver um problema em que o objetivo é reduzir a diferença entre os estados inicial e de objetivo	Estabeleça subobjetivos, cada um deles levando à solução mais próxima do estado do objetivo.
Subobjetivos	Pequenos objetivos que ajudam a criar estados intermediários que estão mais próximos do objetivo. Ocasionalmente, um subobjetivo pode parecer aumentar a distância até o estado do objetivo, mas a longo prazo pode resultar no caminho mais curto para o objetivo.	Subobjetivo 4: Para liberar a argola média, você precisa mover a argola pequena do pino no meio de volta para o pino à esquerda.

DEMONSTRAÇÃO O problema da Torre de Hanoi

Mova as argolas do pino à esquerda para o pino à direita, conforme mostrado na Figura 12.11a, seguindo estas regras:

1. As argolas são movidas uma de cada vez de um pino para outro.
2. Uma argola só pode ser movida quando não houver outras argolas sobre ela.
3. Uma argola maior nunca pode ser colocada em cima de uma argola menor.

Ao tentar resolver esse problema, conte o número de movimentos necessários para ir do estado inicial ao de objetivo.

O espaço do problema da Torre de Hanoi é mostrado na **Figura 12.12**. O estado inicial está marcado como 1 e o estado do objetivo está marcado como 8. Todas as outras configurações possíveis das argolas nos pinos são estados intermediários. Existem várias maneiras de passar do estado inicial para o estado do objetivo. Uma possibilidade, indicada pelas linhas vermelhas, envolve fazer 14 movimentos. A melhor resolução, indicada pelas linhas verdes, requer apenas sete movimentos.

Dadas todas as maneiras possíveis de alcançar o objetivo, como podemos decidir que movimentos fazer, especialmente no início? É importante perceber que aquele resolvendo um problema não tem uma imagem do espaço do problema, como aquele na Figura 12.12, ao tentar resolver o problema. De acordo com Newell e Simon, a pessoa precisa pesquisar o espaço do problema para encontrar uma solução, e eles propuseram que uma forma de direcionar a pesquisa é usar uma estratégia chamada **análise meios-fim**. O objetivo principal da análise meios-fim é reduzir a diferença entre os estados inicial e objetivo. Isso é alcançado criando **subobjetivos** — estados intermediários que estão mais próximos do objetivo. A Figura 12.12 está disponível, em cores, no suplemento colorido ao final do livro.

Nosso objetivo geral, ao aplicar a análise meios-fim ao problema da Torre de Hanoi é reduzir o tamanho da diferença entre os estados inicial e objetivo. Um objetivo inicial seria mover a argola grande que está à esquerda para o pino à direita. No

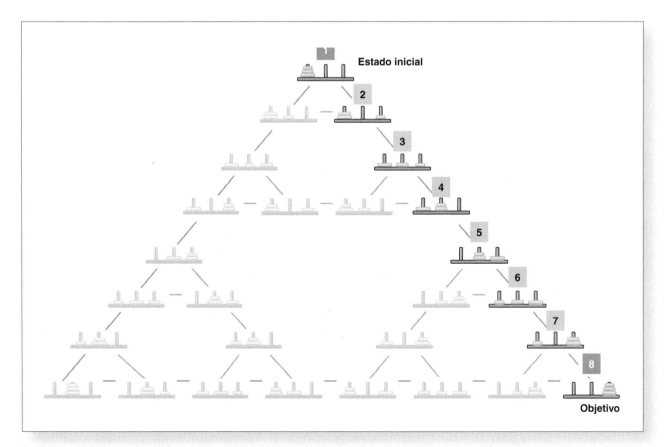

▶ Figura 12.12 Espaço do problema para o problema da Torre de Hanoi. As linhas verdes indicam o caminho mais curto entre o estado inicial (1) e o estado do objetivo (8). As linhas vermelhas indicam um caminho mais longo. Esta figura está disponível, em cores, no suplemento colorido, ao final do livro.

(Fonte: baseado em Dunbar, 1998.)

entanto, se devemos obedecer às regras, não podemos fazer isso em um único passo, porque só podemos mover uma argola por vez e não podemos mover uma argola se outra argola estiver em cima dela. Para resolver o problema, portanto, definimos uma série de **subobjetivos**, alguns dos quais podem envolver alguns movimentos:

Subobjetivo 1: Liberar a argola grande para que possamos movê-la para o pino 3. Fazer isso (a) removendo a argola pequena e colocando-a no terceiro pino (Figura 12.13a; esse é o estado 2 no espaço do problema na Figura 12.12). (b) Remover a argola média e colocá-la no segundo pino (Figura 12.13b; estado 3 no espaço do problema). Isso conclui o subobjetivo de liberar a argola grande.

Subobjetivo 2: Liberar o terceiro pino para que possamos colocar a argola grande nele. Fazer isso movendo a argola pequena para a média (Figura 12.13c; estado 4 no espaço do problema).

Subobjetivo 3: Mover a argola grande para o pino 3 (Figura 12.13d; estado 5 no espaço do problema).

Subobjetivo 4: Liberar a argola média.

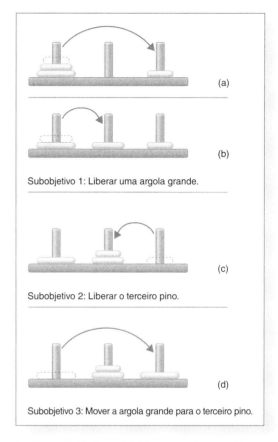

Subobjetivo 1: Liberar uma argola grande.

Subobjetivo 2: Liberar o terceiro pino.

Subobjetivo 3: Mover a argola grande para o terceiro pino.

▶ Figura 12.13 Passos iniciais para resolver o problema da Torre de Hanoi, mostrando como o problema pode ser dividido em subobjetivos.
(Fonte: baseado em K. Kotovsky, J. R. Hayes e H. A. Simon, 1985.)

Agora que alcançamos o estado 5 no espaço do problema, vamos parar e decidir como alcançar o subobjetivo 4, liberar a argola média. Podemos mover a pequena argola para o pino 3 ou para o pino 1. Essas duas opções possíveis ilustram que, para encontrar o caminho mais curto para o objetivo, precisamos olhar ligeiramente à frente. Ao fazer isso, vemos que não devemos mover a argola pequena para o pino 3, embora isso pareça reduzir a diferença entre o estado inicial e o objetivo. Mover para o pino 3 é o movimento errado, porque isso bloquearia o movimento da argola média até lá, que seria nosso próximo subobjetivo. Assim, movemos a argola de volta para o pino 1 (estado 6), o que torna possível mover a argola média para o pino 3 (estado 7), e quase resolvemos o problema! Esse procedimento de definir subobjetivos e olhar ligeiramente à frente em geral resulta em uma resolução eficiente para um problema.

Por que o problema da Torre de Hanoi é importante? Uma razão é que ele ilustra a **análise meios-fins**, com sua definição de subobjetivos, e essa abordagem pode ser aplicada a situações da vida real. Por exemplo, recentemente tive que planejar uma viagem de Pittsburgh a Copenhagen. Lembre-se de que, na terminologia de Newell e Simon, um operador é a ação para ir de um estado a outro. O operador para ir de Pittsburgh a Copenhagen é pegar um avião, e há duas regras que regem esse operador:

▶ Figura 12.14 Duas rotas possíveis de Pittsburgh a Copenhagen. A rota por Paris (linha preta) reduz imediatamente a distância até Copenhague, mas não atende às regras do problema. A rota por Atlanta (linha tracejada) envolve alguns recuos, mas funciona porque atende às regras.

1. Se não há voo direto (não há!), é importante que haja tempo suficiente entre os voos para assegurar que os passageiros e as bagagens possam fazer a transferência do primeiro para o segundo voo.
2. O custo dos voos tem que estar dentro do meu orçamento.

Meu primeiro subobjetivo foi tentar reduzir a distância entre mim e Copenhague. Uma maneira de alcançar isso foi pegar um voo de Pittsburgh a Paris e, em seguida, fazer a transferência para um voo para Copenhague (**Figura 12.14**). Contudo o cronograma dos aviões mostrava que havia apenas 70 minutos entre os voos, o que violava a regra 1, e esperar por um voo posterior para Copenhague aumentava a tarifa, o que violava a regra 2. O fracasso da ideia de ir de Pittsburgh a Paris me levou a criar um novo subobjetivo: encontrar um voo para uma cidade com alguns voos de conexão de baixo custo para Copenhague. Por fim, concluí que voar de Pittsburgh para Atlanta atendia esse subobjetivo. Então o problema foi resolvido. Observe que a resolução envolveu definir um subobjetivo que inicialmente era viajar para longe de Copenhague. Assim como para o subobjetivo 4 no exemplo da Torre de Hanoi, em que era necessário mover uma argola para longe do pino certo para então colocá-lo aí, tive primeiro que voar para longe de Copenhague a fim de me posicionar para alcançar meu objetivo.

Uma das principais contribuições da abordagem de Newell e Simon para solução de problemas é que ela forneceu uma maneira de especificar os caminhos possíveis entre o estado inicial e o estado do objetivo. Eles também demonstraram como as pessoas resolvem alguns problemas de maneira gradual, usando subobjetivos. No entanto, uma pesquisa mostrou que a solução de problemas envolve mais do que especificar o espaço do problema e subobjetivos. Como veremos na próxima seção, essa pesquisa mostrou que dois problemas com o mesmo espaço de problema podem variar muito em termos das dificuldades.

A importância de como um problema é declarado

A maneira como um problema é declarado pode afetar sua dificuldade. Podemos apreciar isso considerando o *problema do tabuleiro de damas mutilado*.

DEMONSTRAÇÃO O problema do tabuleiro de damas mutilado

Um tabuleiro de damas consiste em 64 casas, que podem ser completamente cobertas colocando 32 peças no tabuleiro de tal modo que cada peça cubra duas casas. O **problema do tabuleiro** faz a seguinte pergunta: Se eliminarmos dois cantos do tabuleiro de damas, como mostrado na **Figura 12.15**, podemos agora cobrir as casas restantes com 31 peças? Veja se você pode resolver esse problema antes de continuar lendo. Uma solução seria uma resposta "sim" ou "não", além de uma afirmação da razão por trás de sua resposta.

▶ Figura 12.15 Problema de tabuleiro de damas mutilado. Veja na demonstração as instruções.

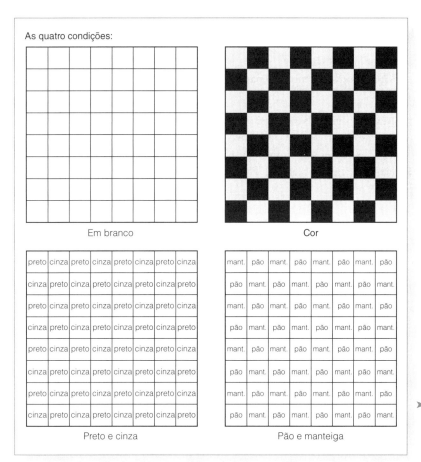

Figura 12.16 Condições no estudo de Kaplan e Simon (1990) do problema do tabuleiro de damas mutilado.
(Fonte: C. A. Kaplan e H. A. Simon, 1990.)

Lembre-se da ideia gestáltica de que adotar a representação correta do problema é o segredo para uma resolução bem-sucedida de problemas. O segredo para resolver o problema do tabuleiro de damas mutilado é entender o princípio de que cada peça cobre dois quadrados e que esses quadrados devem ter cores diferentes, portanto, remover os dois quadrados nos cantos da mesma cor torna impossível resolver o problema. A partir dessa ideia, Craig Kaplan e Herbert Simon (1990) levantaram a hipótese de que as versões do problema do tabuleiro de damas mutilado com maior probabilidade de levar os participantes a entender esse princípio seriam mais fáceis de resolver. Para testar a ideia, eles criaram as quatro versões a seguir do tabuleiro de damas, mostradas na Figura 12.16:

1. Em branco: um tabuleiro com todos os quadrados em branco
2. Cor: quadrados pretos e cinza alternados, como podem aparecer em um tabuleiro de damas normal
3. As palavras *preto* e *cinza* no tabuleiro
4. As palavras *pão* e *manteiga* no tabuleiro

Todas as quatro versões do problema do tabuleiro de damas têm a mesma estrutura do tabuleiro e a mesma solução. A diferença é a informação sobre os tabuleiros (ou a falta de informação sobre o tabuleiro em branco) que pode ser usada para fornecer aos participantes a percepção de que uma peça cobre duas casas e que essas casas devem ser de cores diferentes. Sem surpreender, os participantes que receberam tabuleiros enfatizando a diferença entre as casas adjacentes acharam o problema mais fácil de resolver. A situação pão e manteiga enfatizava mais a diferença, porque pão e manteiga são muito diferentes, mas também estão associados um ao outro. O tabuleiro em branco não tinha nenhuma informação sobre a diferença, porque todas as casas eram iguais.

Os participantes no grupo pão com manteiga resolveram o problema duas vezes mais rápido do que os do grupo do tabuleiro em branco e exigiam menos dicas, que o pesquisador fornecia quando os participantes pareciam estar em um "beco sem saída". O grupo pão com manteiga exigia uma média de 1 dica; o grupo do tabuleiro em branco exigia uma média de 3,14 dicas. O desempenho dos grupos cor e preto e cinza ficou entre os dois. Esse resultado mostra que resolver um problema se torna mais fácil quando são fornecidas informações que ajudam a direcionar as pessoas para a representação correta do problema.

Para alcançar uma melhor compreensão dos processos de pensamento dos participantes enquanto eles resolviam o problema, Kaplan e Simon usaram uma técnica introduzida por Simon chamada *protocolo think-aloud*.

Eis um exemplo das verbalizações do experimento feito por Kaplan e Simon. Esse participante estava na situação pão com manteiga.

Participante: Por tentativa e erro, só consigo encontrar 30 lugares... não sei, talvez outra pessoa tivesse contado os espaços e apenas dito que caberia 31, mas, se você tentar em papel, só caberia 30. (Pausa)

Pesquisador: Continue tentando.

Participante: Talvez tenha a ver com as palavras na página? Não tentei nada disso. Talvez seja isso. OK, peças, hum, as peças só podem caber... tudo bem, as peças podem pular duas casas, e não importa como você coloque, como não podem na diagonal, precisa caber sobre uma manteiga e um pão. E porque você cortou o pão em duas fatias, tem de deixar duas manteigas sobrando para que não... apenas 30, então não vai caber. Essa é a resposta?

MÉTODO Protocolo de pensar em voz alta (protocolo *think-aloud*)

No procedimento do *think-aloud*, os participantes são solicitados a dizer em voz alta o que estão pensando enquanto resolvem um problema. Eles são instruídos a não descrever o que estão fazendo, mas a verbalizar novos pensamentos à medida que ocorrem. Um dos objetivos de um protocolo de pensar em voz alta é determinar a quais informações a pessoa está prestando atenção enquanto resolve um problema. O seguinte é um exemplo das instruções dadas a um participante:

> Nesse experimento, estamos interessados no que você diz a si mesmo ao realizar algumas tarefas que lhe atribuímos. Para fazer isso, pediremos que você fale em voz alta enquanto trabalha nos problemas. O que tenho em mente sobre falar em voz alta é que quero que você diga em voz alta tudo o que diz a si mesmo em silêncio. Apenas aja como se estivesse sozinho na sala falando consigo mesmo. Se você ficar em silêncio por algum tempo, vou lembrá-lo de continuar falando em voz alta. ... Alguma pergunta? Fale em voz alta enquanto resolve o seguinte problema (Ericsson e Simon, 1993).

Observe que a pessoa ficou perplexa no início e, de repente, obteve a resposta após perceber que as palavras *pão* e *manteiga* eram importantes. Registrando os processos de pensamento das pessoas enquanto elas estão resolvendo um problema, o protocolo pensar em voz alta revela uma mudança na forma como uma alguém percebe os elementos do problema. Isso é muito semelhante à ideia de reestruturação dos psicólogos gestálticos. Por exemplo, lembre-se do problema do círculo na Figura 12.2. O segredo para resolver esse problema era perceber que a linha *x* tinha o mesmo comprimento do raio do círculo. Da mesma forma, o segredo para resolver o problema do tabuleiro de damas mutilado é perceber que as casas adjacentes são emparelhadas, porque uma peça sempre cobre duas casas de cores diferentes em um tabuleiro de damas normal. Assim, em termos da Gestalt, poderíamos dizer que a pessoa cria uma representação do problema que o torna mais fácil de resolver.

Kaplan e Simon utilizaram cores e nomes diferentes para ajudar os participantes a perceber que a correlação entre as casas adjacentes é importante. No entanto, isso também foi alcançado de outra maneira — contando a seguinte história, que tem paralelos com o problema do tabuleiro de damas.

O PROBLEMA DO CASAMENTO RUSSO

> Em uma pequena aldeia russa, havia 32 solteiros e 32 solteiras. Por meio de esforços incansáveis, a casamenteira da aldeia conseguiu arranjar 32 casamentos altamente satisfatórios. A aldeia estava orgulhosa e feliz. Então, em uma noite de bebedeira, dois solteiros, em um teste de força, se encheram de pirogues (um típico pastel salgado polonês) e morreram. A casamenteira pode, por meio de alguns arranjos rápidos, chegar a 31 casamentos heterossexuais entre os 62 sobreviventes? (Adaptado de Hayes, 1978, p. 180.)

A resposta a esse problema é óbvia. A perda de dois homens deixa 30 homens e 32 mulheres, tornando impossível arranjar 31 casamentos heterossexuais. Claro, essa é exatamente a situação no problema do tabuleiro de damas mutilado, exceto que, em vez de homens e mulheres serem correlacionados, casas claras e escuras são correlacionadas. As pessoas que leem essa história geralmente conseguem resolver o problema do tabuleiro de damas mutilado se perceberem a conexão entre os casais na história e as casas alternadas no tabuleiro. O processo de perceber conexões entre problemas semelhantes e aplicar a resolução de um problema a outros problemas chama-se *transferência analógica*. Na próxima seção, examinaremos mais de perto como o processo de transferência analógica foi usado na solução de problemas.

TESTE VOCÊ MESMO 12.1

1. Qual é a definição psicológica de um problema?
2. Qual é o princípio básico por trás da abordagem gestáltica à solução de problemas? Descreva como os problemas a seguir ilustram esse princípio e também o que mais eles demonstram sobre a solução de problemas: o problema do círculo; o da vela; o das duas cordas; o do jarro de água. Certifique-se de compreender a fixidez funcional.
3. O que é insight e quais são as evidências de que o insight realmente ocorre quando as pessoas estão resolvendo um problema?
4. Descreva a abordagem de Newell e Simon à solução de problemas, na qual a "pesquisa" desempenha um papel central. Como a análise meios-fim aplicada ao problema da Torre de Hanói ilustra essa abordagem? O que é o protocolo *think-aloud*?
5. Como o experimento do tabuleiro de damas mutilado ilustra que a maneira como um problema é declarado pode afetar a capacidade de uma pessoa de resolvê-lo? Quais são as implicações dessa pesquisa para a abordagem do "espaço do problema" de Newell e Simon?

 ## Usando analogias para resolver problemas

Uma pessoa enfrenta um problema e se pergunta como proceder. Surgem perguntas como "Que movimento devo fazer?" ou "Como devo começar a pensar sobre o problema?". Uma tática que às vezes útil é considerar se outro problema que a pessoa resolveu antes é semelhante ao novo problema e perguntar "Posso aplicar os mesmos métodos para resolver o problema?". Essa técnica de usar uma **analogia** — isto é, utilizar a resolução para um problema semelhante para orientar a solução de um novo problema — chama-se **resolução analógica de problemas**.

Usar o problema do casamento russo para ajudar a resolver o problema do tabuleiro de damas mutilado é um exemplo do uso eficaz da analogia para resolver um problema. Pesquisas sobre a resolução analógica de problemas consideraram algumas das situações em que o uso de analogias para resolver problemas é eficaz ou ineficaz.

Transferência analógica

O ponto de partida para a maioria das pesquisas sobre resolução analógica de problemas foi primeiro determinar como as pessoas transferem a experiência da resolução de um problema para a resolução de outro semelhante. Essa transferência de um problema para outro chama-se **transferência analógica**. Dois termos-chave usados em pesquisas sobre transferência analógica são **problema-alvo**, que é aquele que o participante está tentando resolver, e o **problema fonte**, que é outro problema que compartilha algumas semelhanças com o problema-alvo e que ilustra uma maneira de resolver esse problema.

Para o problema do tabuleiro de damas mutilado, o problema do tabuleiro de damas é o problema-alvo e o problema do casamento russo é o problema fonte. A evidência de que a transferência analógica ocorreu é fornecida quando a apresentação do problema do casamento russo aumenta a capacidade de resolver o do tabuleiro de damas mutilado. Vimos que a transferência analógica ocorre nesse exemplo, porque os participantes prontamente veem que o princípio que regula a resolução do problema do casamento russo é semelhante ao princípio que precisa ser aplicado para resolver o problema do tabuleiro de damas. No entanto, como veremos agora, uma boa transferência analógica nem sempre ocorre.

Um problema que tem sido amplamente utilizado em pesquisas sobre a resolução analógica de problemas é o **problema da radiação** de Karl Duncker.

Se depois de pensar um pouco sobre esse problema, você não encontrou uma resposta adequada, você não está sozinho. Quando Duncker (1945) originalmente propôs esse problema, a maioria dos participantes não conseguiu resolvê-lo, e Mary Gick e Keith Holyoak (1980, 1983) descobriram que apenas 10% dos participantes chegaram à resolução correta, mostrada na Figura 12.17a. A resolução é bombardear o tumor com uma série de raios de baixa intensidade de diferentes direções, o que destrói o tumor sem danificar o tecido por onde os raios passam. A resolução desse problema é na verdade o procedimento usado na radiocirurgia moderna, em que um tumor é bombardeado com 201 feixes de raios gama que se cruzam no tumor (Tarkan, 2003; Figura 12.17b).

Observe como o problema da radiação e sua resolução se encaixam na ideia gestáltica da representação e reestruturação. A representação inicial do problema é um único raio que erradica o tumor, mas também destrói o tecido saudável. A solução reestruturada envolve a divisão de um único raio em muitos raios menores.

DEMONSTRAÇÃO Problema da radiação de Duncker

Tente resolver o seguinte problema: suponha que você seja médico e tenha um paciente com um tumor maligno no estômago. É impossível operá-lo, mas, a menos que o tumor seja destruído, o paciente morrerá. Existe uma espécie de raio que pode ser usado para destruir o tumor. Se o raio atingir o tumor com uma intensidade suficientemente alta, o tumor será destruído. Infelizmente, nessa intensidade, o tecido saudável por onde passa o raio até o tumor também será destruído. Em intensidades mais baixas, o raio é inofensivo para o tecido saudável, mas também não afetará o tumor. Que tipo de procedimento pode ser usado para destruir o tumor e ao mesmo tempo evitar a destruição do tecido saudável (Gick e Holyoak, 1980)?

Depois de confirmar a descoberta de Duncker de que o problema da radiação é extremamente difícil, Gick e Holyoak (1980, 1983) pediram que outro grupo de participantes lesse e memorizasse a história da fortaleza, a seguir, dando-lhes a impressão de que o objetivo era testar a memória para a história.

História da fortaleza

Um pequeno país era governado a partir de uma poderosa fortaleza por um ditador. A fortaleza estava situada no meio do país, cercada por fazendas e aldeias. Muitas estradas levavam à fortaleza ao longo do campo. Um general rebelde prometeu capturar a fortaleza. O general sabia que um ataque de todo o seu exército capturaria a fortaleza. Ele reuniu o exército no início de uma das estradas, pronto para lançar um ataque direto em grande escala. No entanto, o general soube então que o ditador havia plantado minas em cada uma das estradas. As minas foram armadas para que pequenos corpos dos homens pudessem passar por cima delas com segurança, já que o ditador precisava transportar suas tropas e trabalhadores de e para a fortaleza. Entretanto, qualquer grande força detonaria as minas. Isso não apenas explodiria a estrada, mas também destruiria muitas aldeias vizinhas. Portanto, parecia impossível capturar a fortaleza.

No entanto, o general elaborou um plano simples. Ele dividiu o exército em pequenos grupos e despachou cada grupo para o início de uma estrada diferente. Quando tudo estava pronto, ele deu o sinal e cada grupo marchou por uma estrada diferente. Cada grupo prosseguiu pelas estradas até a fortaleza de modo que todo o exército chegasse junto à fortaleza ao mesmo tempo. Dessa forma, o general capturou a fortaleza e derrubou o ditador. (Ver Figura 12.17c.)

A história da fortaleza é análoga ao problema da radiação: a fortaleza do ditador corresponde ao tumor, e os pequenos grupos de soldados enviados por diferentes estradas correspondem aos raios de baixa intensidade que podem ser direcionados ao tumor. Depois que os participantes de Gick e Holyoak leram a história, eles foram orientados a começar a trabalhar no problema da radiação. Trinta por cento das pessoas nesse grupo conseguiram resolver o problema da radiação, uma melhoria em relação aos 10% que resolveram o problema quando apresentado sozinho. No entanto, o que é significativo sobre esse experimento é que 70% dos participantes ainda não conseguiram resolver o problema, mesmo depois de ler uma história de origem análoga. O resultado destaca uma das principais descobertas das pesquisas sobre o uso de analogias como uma ferramenta para a solução de problemas: mesmo quando exposta a problemas fonte análogos, a maioria das pessoas não estabelece a conexão entre o problema fonte e o problema-alvo.

Entretanto, quando os participantes do experimento de Gick e Holyoak foram instruídos a pensar sobre a história que leram, a taxa de sucesso mais do que dobrou, para 75%. Como nenhuma nova informação foi dada sobre a história, aparentemente a informação necessária para reconhecer a analogia estava disponível na memória das pessoas, mas simplesmente não havia sido recuperada (Gentner e Colhoun, 2010). Esses resultados levaram Gick e Holyoak a propor que o processo de resolução analógica de problemas envolve estas três etapas:

1. *Observar* que existe uma relação análoga entre o problema fonte e o problema-alvo. Essa etapa é obviamente crucial para que a resolução analógica de problemas funcione. Entretanto, como vimos, a maioria dos participantes precisa de algum estímulo antes de perceber a conexão entre o problema fonte e o problema-alvo. Gick e Holyoak consideram essa etapa da percepção a mais difícil das três etapas. Vários experimentos mostraram que as histórias fonte mais eficazes são aquelas mais semelhantes ao problema-alvo (Catrambone e Holyoak, 1989; Holyoak e Thagard, 1995). Essa semelhança pode tornar mais fácil perceber a relação analógica entre a história fonte e o problema-alvo e também pode ajudar a alcançar a próxima etapa — mapeamento.
2. *Mapear* a correspondência entre o problema fonte e o problema-alvo. Para usar a história a fim de resolver o problema, o participante precisa mapear as partes correspondentes da história no problema de teste conectando elementos do problema fonte (por exemplo, a fortaleza do ditador) a elementos do problema-alvo (o tumor).

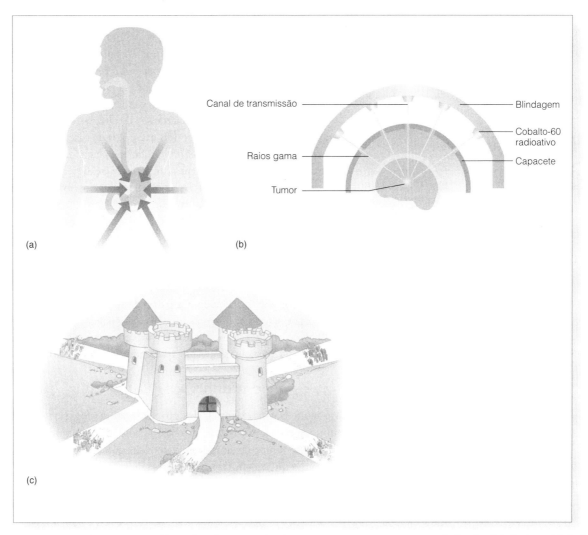

▶ Figura 12.17 (a) Solução para o problema de radiação. Bombardear o tumor, no centro, com uma série de raios de baixa intensidade de diferentes direções, destrói o tumor sem danificar o tecido por onde passa. (b) Radiocirurgia, uma técnica médica moderna para irradiar tumores cerebrais com vários feixes de raios gama, usa o mesmo princípio. A técnica atual usa 201 feixes de raios gama. (c) Como o general resolveu o problema da fortaleza.

3. *Aplicar* o mapeamento para gerar uma resolução paralela ao problema-alvo. Isso envolveria, por exemplo, generalizar desde grupos de soldados os muitos pequenos se aproximando da fortaleza de diferentes direções até a ideia de usar muitos raios mais fracos que incidiriam no tumor de diferentes direções.

Observação e mapeamento são as etapas mais difíceis da resolução analógica de problemas. Uma maneira de ajudar as pessoas a notar semelhanças é por meio de um procedimento de treinamento chamado *codificação analógica*.

Codificação analógica

Codificação analógica é o processo pelo qual dois problemas são comparados e as semelhanças entre eles são determinadas. Um experimento de Dedre Gentner e Susan Goldin-Meadow (2003) ilustrou a codificação analógica ao mostrar que é possível fazer os participantes descobrirem as características de problemas semelhantes, fazendo-os comparar dois casos que ilustram um princípio. O experimento envolvia um problema de negociação. Na primeira parte do experimento, os participantes eram instruídos sobre as estratégias de negociação de *troca* e *contingência*.

A **estratégia de troca** refere-se a uma estratégia de negociação em que uma pessoa diz para outra "eu lhe dou A, se você me der B". Isso é ilustrado por duas irmãs que estão discutindo sobre quem deve receber uma laranja. Com o tempo, elas chegam a uma solução de troca quando percebem que uma quer o suco e a outra quer apenas a casca, então uma pega o suco e a outra a casca. (Esse exemplo é atribuído à consultora de gestão Mary Parker Follet em Gentner e Goldin-Meadow, 2003.)

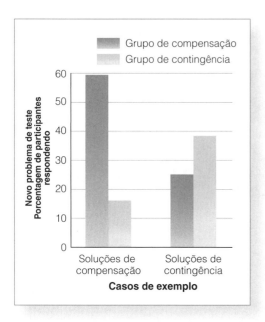

Figura 12.18 Resultados do estudo de Gentner e Goldin-Meadow (2003) sobre estratégias de negociação. No caso de teste, os participantes que compararam os exemplos de compensação estavam mais aptos a encontrar soluções de compensação, ao passo que aqueles que compararam os exemplos de contingência estavam mais aptos a encontrar soluções de contingência.
(Fonte: baseado em D. Gentner e S. Goldin-Meadow, 2003.)

A **estratégia de contingência** refere-se a uma estratégia de negociação em que uma pessoa consegue o que quer se algo mais acontecer. Isso é ilustrado por uma situação em que um autor quer 18% dos direitos autorais, mas o editor quer pagar apenas 12%. A solução contingente seria vincular os direitos autorais às vendas: "Você pode receber 18% se as vendas forem altas, mas menos se as vendas forem baixas".

Depois de se familiarizar com essas estratégias de negociação, um grupo de participantes recebeu dois exemplos de casos, ambos os quais descreveram soluções de troca. A tarefa dos participantes era comparar esses dois casos para chegar a uma negociação bem-sucedida. Outro grupo fez a mesma coisa, mas os exemplos envolviam o princípio de contingência. Então os dois grupos receberam um novo caso, que potencialmente poderia ser resolvido por qualquer um dos princípios de negociação.

Os resultados desse experimento são mostrados na Figura 12.18. Quando apresentados ao novo problema de teste, os participantes tendiam a usar a estratégia de negociação que havia sido enfatizada nos casos de exemplo. Gentner concluiu a partir desses resultados que pedir que as pessoas comparem histórias fonte é uma maneira eficaz de alcançar a codificação analógica porque força-as a prestar atenção às características do problema que aumentam sua capacidade de resolver outros problemas.

Analogia no mundo real

Até agora, nossos exemplos dos problemas de analogia envolveram pesquisas laboratoriais. Mas e quanto ao uso da analogia no mundo real? Muitos exemplos do mundo real de resolução analógica de problemas ilustram o que Kevin Dunbar (2001) chamou de **paradoxo analógico**: embora seja difícil aplicar analogias em pesquisas laboratoriais, as pessoas usam analogias rotineiramente em cenários do mundo real. Dunbar estudou o uso de analogias em cenários do mundo real usando uma técnica chamada *pesquisa de solução de problemas in vivo*.

Quando Dunbar e colaboradores (Dunbar, 1999; Dunbar e Blanchette, 2001) filmaram biólogos moleculares e imunologistas durante reuniões no laboratório, eles descobriram que os pesquisadores usavam analogias de 3 a 15 vezes nesses tipos de reunião de uma hora. Um exemplo de uma analogia em reuniões de laboratório é a afirmação "Se *E. coli* funciona assim, talvez seu gene esteja fazendo a mesma coisa". Da mesma forma, Bo Christensen e Christian Schunn (2007) registraram reuniões de engenheiros de materiais que estavam criando novos produtos plásticos para aplicações médicas. Os engenheiros tentavam descobrir como criar um recipiente que pudesse conter pequenas quantidades de líquido por alguns minutos antes de se desfazer. Christensen e Schunn descobriram que os engenheiros propunham uma analogia a cada 5 minutos. Quando um engenheiro sugeria que o contêiner poderia se parecer com um envelope de papel, o grupo partiu dessa sugestão e acabou propondo uma solução baseada no uso de papel. Assim, as analogias desempenham um papel importante tanto na solução de problemas científicos como no design de novos produtos. Ao discutir a criatividade mais adiante neste capítulo, descreveremos alguns exemplos de como o pensamento analógico levou ao desenvolvimento de produtos úteis.

MÉTODO Pesquisa de solução de problemas *in vivo*

Pesquisa de solução de problemas *in vivo* envolve observar pessoas para determinar como elas resolvem problemas em situações do mundo real (Dunbar, 2002). O método tem sido usado para estudar o uso da analogia em vários ambientes diferentes, incluindo reuniões de laboratório de um grupo de pesquisa universitária e sessões de brainstorming nas quais o objetivo era desenvolver um novo produto. As discussões gravadas durante essas reuniões foram analisadas em busca de afirmações indicando que a analogia está sendo usada para ajudar a resolver um problema. A vantagem da abordagem *in vivo* é que ela captura o pensamento em ambientes naturalísticos. Uma desvantagem é que é demorada e, como acontece com a maioria das pesquisas observacionais, é difícil isolar e controlar variáveis específicas.

Ainda que entendamos alguns dos processos mentais que ocorrem quando uma pessoa trabalha em busca da resolução de um problema, o que realmente acontece ainda não está claro. Porém sabemos que um fator que às vezes pode tornar a solução de problemas mais fácil é prática ou treinamento. Algumas pessoas podem se tornar muito boas em resolver certos tipos de problemas porque se transformam em especialistas em uma área. Agora analisaremos o que significa ser um especialista e como ser um especialista afeta a solução de problemas.

 ## Como os especialistas resolvem problemas

Especialistas são pessoas que dedicando uma grande quantidade de tempo para aprender sobre uma área e praticar e aplicar esse aprendizado tornaram-se reconhecidas como extremamente conhecedoras ou habilidosas nessa área específica. Por exemplo, passando 10.000 a 20.000 horas estudando e jogando damas, alguns jogadores de damas alcançaram o posto de grande mestre (Chase e Simon, 1973a, 1973b). Não surpreende o fato de que os especialistas tendem a ser melhores do que os não especialistas na solução de problemas em suas áreas. Pesquisas sobre a natureza da especialização focalizam a determinação das diferenças entre a maneira como especialistas e não especialistas resolvem problemas.

Diferenças entre como especialistas e leigos resolvem problemas

Especialistas em uma determinada área geralmente resolvem problemas de modo mais rápido com uma taxa de sucesso mais alta do que leigos (aqueles iniciantes ou que não tiveram o treinamento extensivo dos especialistas; Chi et al., 1982; Larkin et al., 1980). No entanto, o que está por trás dessa velocidade mais rápida e maior sucesso? Os especialistas são mais inteligentes do que os leigos? Eles, em geral, são melhores em raciocinar? Eles abordam os problemas de uma maneira diferente? Os psicólogos cognitivos responderam a essas perguntas comparando o desempenho e os métodos de especialistas e leigos, e chegaram às seguintes conclusões.

Especialistas possuem mais conhecimento sobre suas áreas Um experimento de William Chase e Herbert Simon (1973a, 1973b) comparou como um mestre de damas com mais de 10.000 horas de experiência e um iniciante com menos de 100 horas de experiência eram capazes de reproduzir as posições das peças em um tabuleiro de damas depois de analisar um arranjo por 5 segundos. Os resultados mostraram que os especialistas se destacaram nessa tarefa quando as peças de damas estavam organizadas em posições reais do jogo (Figura 12.19a), mas não eram melhores do que os iniciantes quando as peças estavam organizadas aleatoriamente (Figura 12.19b). A razão para o desempenho superior dos especialistas com posições reais é que os mestres de damas armazenavam muitos dos padrões que ocorrem em jogos reais na memória de longo prazo, então eles viam a estrutura das peças de damas não em termos de peças individuais, mas em termos de quatro a seis blocos, cada um composto de um grupo de peças que formavam padrões conhecidos e significativos. Quando as peças estavam dispostas aleatoriamente, os padrões conhecidos eram destruídos, e a vantagem dos mestres de damas desaparecia (ver também DeGroot, 1965; Gobet et al., 2001). Veremos agora que, além do fato de os especialistas possuírem mais conhecimento do que os leigos, os especialistas também organizam esse conhecimento de forma diferente.

O conhecimento dos especialistas é organizado de maneira diferente do que o dos principiantes A diferença na organização entre especialistas e leigos é ilustrada por um experimento de Michelene Chi e colaboradores (1982; ver também Chi et al., 1981). Eles apresentaram 24 problemas de física a um grupo de especialistas (professores de física) e a um grupo de principiantes (alunos no primeiro semestre de física) e pediram que eles classificassem os problemas em grupos com base em suas semelhanças. A Figura 12.20 mostra os diagramas dos problemas que foram agrupados por um especialista e por um principiante. Não precisamos de uma afirmação dos problemas reais para ver nos diagramas que o principiante classificou os problemas com base em características como a semelhança dos objetos no problema. Assim, dois problemas que incluíam planos inclinados foram agrupados, embora os princípios físicos envolvidos nos problemas fossem bastante diferentes.

O especialista, em comparação, classificou os problemas com base nos princípios gerais da física. Ele percebeu dois problemas como semelhantes porque ambos envolviam o princípio da conservação de energia, embora os diagramas indiquem que um problema envolvia uma mola e outro um plano inclinado. Assim, os principiantes categorizaram os problemas com base na aparência dos objetos e os especialistas os categorizaram com base nos princípios subjacentes envolvidos. Acontece que a organização baseada em princípios resulta na solução de problemas mais eficaz, e a habilidade dos especialistas em organizar o conhecimento foi considerada importante não apenas para mestres de damas e professores de física, mas também para especialistas em muitos outros campos (Egan e Schwartz, 1979; Reitman, 1976).

Especialistas passam mais tempo analisando problemas Os especialistas muitas vezes começam com o que parece ser um início lento de um problema, porque passam mais tempo tentando entender o problema, em vez de tentar resolvê-lo imediatamente (Lesgold, 1988). Embora isso possa inicialmente atrasá-los, essa estratégia geralmente compensa em uma abordagem mais eficaz ao problema.

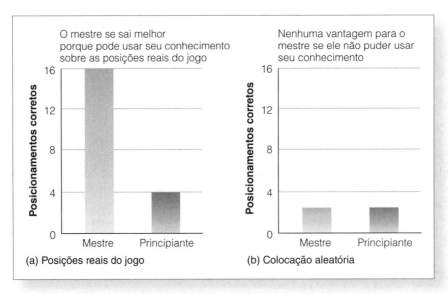

> Figura 12.19 Resultados do experimento de memória para damas de Chase e Simon (1973a, 1973b). (a) O mestre de damas é melhor para reproduzir as posições reais do jogo. (b) O desempenho do mestre cai ao nível do iniciante quando as peças são arranjadas aleatoriamente.
(Fonte: baseado em W. G. Chase e H. A. Simon, 1973.)

Expertise só é uma vantagem na especialidade do conhecedor

Ainda que existam muitas diferenças entre especialistas e principiantes, parece que essas diferenças se mantêm apenas quando os problemas estão dentro da área de um especialista. Quando James Voss e colaboradores (1983) propuseram um problema do mundo real envolvendo a agricultura russa a especialistas em ciência política, especialistas em química e cientistas políticos principiantes, eles descobriram que os cientistas políticos especialistas tinham desempenho melhor e que os químicos especialistas tinham um desempenho tão ruim quanto os cientistas políticos principiantes. Em geral, os especialistas são aqueles apenas em suas próprias áreas e atuam como qualquer pessoa fora dessas áreas (Bedard e Chi, 1992). Isso faz sentido quando lembramos que o desempenho superior dos especialistas ocorre em grande parte porque eles possuem um acervo maior e mais organizado de conhecimento sobre sua área específica.

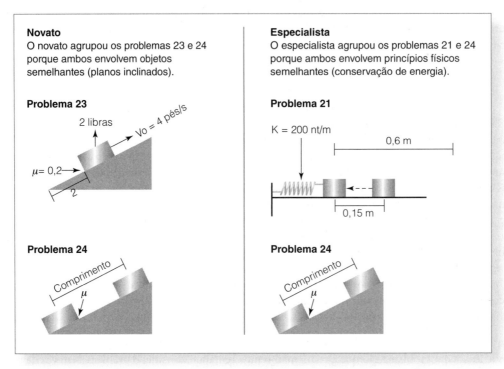

> Figura 12.20 Os tipos de problemas de física agrupados por principiantes (à esquerda) e especialistas (à direita).
(Fonte: baseado em M. T. H. Chi, P. J. Feltovich e R. Glaser, 1981.)

Antes de encerrar nossa discussão sobre especialização, devemos observar que ser um especialista nem sempre é uma vantagem. Uma desvantagem é que conhecer os fatos e as teorias consagrados em um campo pode tornar os especialistas menos abertos a novas maneiras de analisar os problemas. Pode ser por isso que cientistas mais jovens e menos experientes em uma área são frequentemente os responsáveis por descobertas revolucionárias (Kuhn, 1970; Simonton, 1984). Assim, foi sugerido que ser um especialista pode ser uma desvantagem ao enfrentar um problema que requer pensamento flexível — um problema cuja resolução pode envolver a rejeição dos procedimentos usuais em favor de outros procedimentos que normalmente não podem ser usados (Frensch e Sternberg, 1989)

 ## Resolução criativa de problemas

Há uma história sobre um estudante de física que, em resposta à pergunta do exame "Descreva como a altura de um edifício pode ser medida usando um barômetro", escreveu "Prenda o barômetro a uma corda e baixe-o do topo do edifício. O comprimento da corda necessária para baixar o barômetro até o solo indica a altura do edifício". O professor procurava uma resposta que envolvesse a medição da pressão barométrica no solo e na cobertura do prédio, usando os princípios aprendidos em aula. Ele, portanto, deu ao aluno um zero como resposta.

O aluno protestou contra a nota, então o caso foi entregue a outro professor, que pediu ao aluno uma resposta que demonstrasse seu conhecimento de física. A resposta do aluno foi jogar o barômetro do telhado e medir quanto tempo levava para atingir o solo. Ao usar uma fórmula envolvendo a constante gravitacional permitiria determinar a que distância o barômetro caiu. Com mais estímulos por parte do professor em questão, o aluno também sugeriu outra solução: colocar o barômetro sob o sol e medir o comprimento da sombra e o comprimento da sombra do edifício. A altura do edifício pode então ser determinada usando proporções.

Ao ouvir essas respostas, que poderiam resultar em soluções corretas, o professor em questão perguntou ao aluno se ele sabia a resposta que o professor procurava, que envolvia o princípio da pressão barométrica. O aluno respondeu que sim, mas estava cansado de apenas repetir informações para obter uma boa nota. Uma curiosidade dessa história é que o aluno era Niels Bohr, que, após sua carreira universitária, ganhou o Prêmio Nobel de Física (Lubart e Mouchiroud, 2003).

Essa história ilustra que ser excessivamente criativo pode causar problemas. No entanto, também levanta uma pergunta. O aluno estava sendo criativo? A resposta é "sim" se definirmos criatividade como a produção de respostas originais ou a capacidade de encontrar múltiplas soluções para um problema. Contudo, alguns pesquisadores sobre criatividade propuseram definições de criatividade que vão além da originalidade.

O que é criatividade?

Muitos exemplos de criatividade concentram-se no **pensamento divergente** — pensamento que é aberto, envolvendo um grande número de "soluções" potenciais (embora algumas propostas possam funcionar melhor do que outras; ver Guilford, 1956; Ward et al., 1997). James Kaufman (2009), em seu livro *Creativity 101*, observa que o pensamento divergente é a pedra angular da criatividade, mas não é tudo o que a criatividade pode ser. Kaufman propõe que, além de original, uma resposta criativa a um problema deve ser útil (Simonton, 2012). Essa abordagem da criatividade é capturada na definição de criatividade como "qualquer coisa feita por pessoas que seja de alguma forma nova e tenha valor ou utilidade potencial" (Smith et al., 2009). Essa definição funciona bem, especialmente quando se considera a criatividade ao projetar produtos para serem usados pelas pessoas. Não é muito boa para descrever a criatividade envolvida na criação de artes visuais, música ou teatro. Uma pintura de Picasso, uma sinfonia de Beethoven ou uma peça de Shakespeare são criativas? A maioria das pessoas diria que sim, sem nenhuma consideração à "utilidade". (Embora possa ser argumentado que grandes artes visuais, música e teatro são, de fato, úteis, pois atendem às necessidades humanas básicas para a experiência estética.) Para o propósito da nossa discussão, analisaremos alguns exemplos de como alguns produtos práticos foram inventados.

Criatividade prática

Muitos exemplos de como as invenções foram criadas envolvem a resolução analógica de problemas, em que a observação de um fenômeno leva a uma solução nova, original e útil para um problema prático. Um exemplo famoso de uma invenção que resultou da resolução analógica de problemas é a história de George de Mestral, que em 1948 saiu para uma caminhada na natureza com seu cachorro e voltou para casa com sementes de uma planta, conhecida como bardana, presas nas calças e no pelo do cachorro. Para descobrir por que as sementes de bardana grudavam de modo tão persistente, de Mestral examinou-as em um microscópio. O que ele viu foram muitas estruturas em forma de ganchos minúsculos, o que o levou a projetar um prendedor de tecido com muitos ganchos pequenos de um lado e laços macios do outro. Em 1955, ele patenteou seu projeto e chamou-o de velcro!

Um exemplo mais recente de ideia criativa baseada no pensamento analógico é o caso de Jorge Odón, mecânico de automóveis argentino, que projetou um dispositivo para lidar com a situação ameaçadora de um bebê preso no canal vaginal da mãe durante o parto. O início do projeto de Odón pode ser visto em um vídeo no YouTube demonstrando como remover

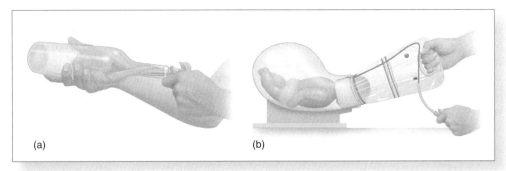

> Figura 12.21 (a) Como tirar a rolha de uma garrafa sem quebrar a garrafa. Um saco é colocado na garrafa e inflado; quando é removido, a cortiça vem junto. (b) O protótipo do dispositivo de Odón para tirar um bebê preso no canal do parto. Para o protótipo, Odón usou uma boneca para o bebê e um recipiente de vidro para representar o útero.

uma rolha que havia sido empurrada para dentro de uma garrafa de vinho (ver Dvorak Uncensored, 2007). O procedimento envolve deslizar um saco plástico para dentro da garrafa e soprar o saco até empurrar a rolha para o lado da garrafa (Figura 12.21a). Quando o saco é puxado, a rolha vem com ele.

O salto do "truque de remover uma rolha de uma garrafa" no YouTube para uma forma de salvar um bebê preso no canal do parto ocorreu a Odón enquanto ele dormia. Ele acordou às 4 horas da manhã com uma ideia para um dispositivo usando o mesmo princípio: encher uma bolsa dentro do útero e puxar a bolsa para fora, trazendo o bebê com ela. O processo de converter essa ideia em um modelo funcional levou anos. Odón começou construindo um protótipo em sua cozinha, usando uma jarra de vidro para o útero, uma boneca para o bebê e uma bolsa de tecido como dispositivo de extração. Por fim, depois de muitos protótipos diferentes e numerosas consultas com obstetras, o dispositivo de Odón nasceu! Uma bolsa plástica dentro de uma manga lubrificada é colocado em volta da cabeça do bebê, a bolsa é inflada e puxada para fora, trazendo o bebê com ela (Figura 12.21b; McNeil, 2013; Venema, 2013).

O dispositivo de Odón foi aprovado pela Organização Mundial de Saúde e tem potencial para salvar bebês em países pobres e reduzir partos cesáreos em países ricos. É um exemplo do pensamento analógico aplicado à solução criativa de problemas que resultou em um produto realmente útil (e também demonstra que assistir a vídeos no YouTube pode ser produtivo!).

Os exemplos do velcro e dispositivo de Odón não apenas ilustram a solução criativa de problemas, mas também demonstram que a maioria das soluções criativas de problemas inclui muito mais do que apenas ter uma ideia. Também envolve um longo período de desenvolvimento por tentativa e erro para transformar a ideia em um dispositivo útil. O dispositivo de Odón levou anos para ser desenvolvido e, embora de Mestral tenha observado a bardana presa nos pelos de seu cachorro em 1948, ele só patenteou o velcro em 1955.

Muitos pesquisadores propuseram a ideia de que a solução criativa de problemas envolve um *processo*. Uma proposta, ilustrada na Figura 12.22, concebe a resolução criativa de problemas como um processo de quatro estágios que começa com a geração do problema e termina com a implementação da solução (Basadur et al., 2000). Como veremos mais tarde, quando discutirmos as redes cerebrais e a criatividade, algumas pesquisas concentraram-se em duas etapas nesse processo, gerar ideias (que corresponde à descoberta do problema) e avaliar a ideia (avaliação e seleção). Se pensarmos na solução de problemas dessa forma, então um dos passos mais importantes é perceber que existe um problema em primeiro lugar, que então leva a ideias, que são avaliadas e então transformadas em um produto (ver também Finke, 1990; Mumford et al., 2012).

> Figura 12.22 Processo de solução de problemas proposto por Basadur et al. (2000). Basadur propõe quatro etapas, cada uma delas dividida em dois processos. Por exemplo, Estágio II, formulação do problema, consiste em duas etapas: definir o problema e encontrar ideias.
> (Fonte: baseado em M. Basadur, M. Runco e L. A. Vega, 2000.)

Outro exemplo de solução de problema que envolveu um longo processo foi a invenção do avião pelos irmãos Wright (Weisberg, 2009). O projeto deles, que culminou em um voo bem-sucedido em Kitty Hawk em dezembro de 1903, foi o culminar de quatro anos de esforços nos quais eles tiveram que se concentrar em como projetar cada componente do avião, com ênfase especial no desenvolvimento de um mecanismo para dirigi-lo.

O exemplo dos irmãos Wright também ilustra que a solução de problemas não consiste apenas em ter uma ideia em um lampejo de insight, embora isso possa acontecer, mas em ter uma base de conhecimento que com o tempo leva a uma solução. Os irmãos Wright foram bem-sucedidos porque o conhecimento que tinham sobre física e mecânica, além da vasta experiência com bicicletas na bicicletaria deles, forneceram a base para suas ideias criativas sobre como associar vários componentes para criar um avião.

Ainda que gerar ideias seja apenas uma parte do processo criativo, ideias são um primeiro passo crucial. Vamos agora considerar como alguns princípios de cognição foram aplicados para entender alguns dos fatores responsáveis pela geração de ideias criativas.

Gerando ideias

Quando Linus Pauling, que ganhou o Prêmio Nobel de Química em 1914, foi perguntado de onde suas ideias vinham, ele respondeu: "Se quer ter boas ideias, você deve ter muitas ideias. A maioria delas estará errada, e o que você tem de aprender é quais jogar fora"(Crick, 1995). Essa resposta enfatiza a importância das ideias para a descoberta científica, bem como a importância do que ocorre depois que as ideias acontecem.

A pergunta "o que leva a ideias?" é difícil de responder porque muitos fatores diferentes estão envolvidos. O exemplo dos irmãos Wright ilustra que ideias dependem de uma base de conhecimento. E de Mestral, que era engenheiro, sabia o suficiente para analisar a bardana grudada nos pelos do cachorro em um microscópio para revelar a estrutura em forma de gancho que deu origem à ideia do velcro.

No entanto, por mais importante que seja o conhecimento, às vezes muito conhecimento pode impedir a resolução criativa de problemas. Observamos no final da seção como o conhecimento que um especialista tem em determinada área pode ser uma desvantagem ao trabalhar em um problema que requer pensar com flexibilidade e rejeitar procedimentos aceitos. Foi exatamente o que aconteceu no caso da invenção de Odón. Embora ele tenha patenteado algumas invenções, eram para dispositivos relacionados a automóveis, como barras de estabilização e suspensões de automóveis. Pode não ser por acaso que um mecânico de automóveis, e não um médico, tenha desenvolvido um dispositivo para parto. Como disse um dos médicos que trabalharam com Odón, "o médico tem um pensamento muito estruturado e o Jorge é uma mente livre, ele pode pensar em coisas novas" (Venema, 2013). Talvez seja uma sorte que Odón não tenha tido conhecimento demais sobre medicina.

O quanto conhecimento em excesso pode ser uma coisa ruim foi demonstrado em um experimento de Steven Smith e colaboradores (1993), que mostraram que fornecer exemplos para as pessoas antes que elas resolvam um problema pode influenciar a natureza de suas soluções. Os participantes do experimento de Smith receberam a tarefa de inventar, esboçar, rotular e descrever brinquedos novos e criativos, ou novas formas de vida que poderiam evoluir em um planeta como a Terra. Três exemplos foram apresentados a um grupo de participantes antes de começarem a trabalhar no problema. Para a tarefa de geração de formas de vida, todos os três exemplos tinham quatro pés uma antena e uma cauda.

Em comparação com as formas de vida criadas por um grupo de controle que não tinha visto nenhum exemplo, os projetos gerados pelo grupo de exemplo incorporaram muito mais características do exemplo (Figura 12.23a). A Figura 12.23b indica a proporção dos projetos que incluíam características do exemplo (antenas, cauda e quatro pés)

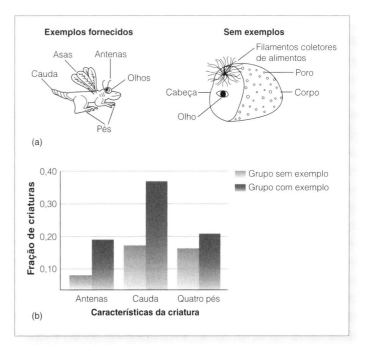

► Figura 12.23 Duas formas de vida criadas pelos participantes do experimento de Smith et al. (1993). (a) Os participantes que receberam exemplos criaram formas de vida que tinham características que foram incluídas nos exemplos. (b) Proporção das formas de vida com antenas, caudas e quatro pés. Os participantes do grupo de exemplo eram mais propensos a incluir essas características.

(Fonte: baseado em S. M. Smith, A. Kerne, E. Koh e J. Shah, 2009.)

> Figura 12.24 Objetos usados por Finke (1990, 1995).
> (Fonte: R. A. Finke, 1995.)

para os dois grupos. O maior uso dessas características pelo grupo de exemplo está relacionado à ideia de fixidez funcional, descrita anteriormente neste capítulo. Às vezes, os preconceitos podem inibir a criatividade (ver Chrysikou e Rodasberg, 2005).

A ideia de que preconcepções podem inibir a criatividade levou Alex Osborn (1953) a propor a técnica de **brainstorming de grupo**. O objetivo dessa técnica é encorajar as pessoas a expressarem livremente ideias que podem ser úteis para resolver um problema específico. As instruções dadas aos participantes em grupos de brainstorming enfatizam que eles devem apenas expressar quaisquer que sejam as ideias que veem à mente, sem criticar as ideias próprias ou aquelas de outros no grupo. A base dessas instruções é aumentar a criatividade abrindo a mente das pessoas para "pensar fora da caixa".

Essa proposta levou ao uso generalizado de brainstorming nas organizações. No entanto, pesquisas mostraram que colocar pessoas em grupos para compartilhar ideias resulta em menos ideias do que somar as ideias geradas pelo mesmo número de pessoas solicitadas a pensar em ideias individualmente (Mullen et al.,1991). Isso ocorre por vários motivos. Nos grupos, algumas pessoas podem dominar a discussão, de forma que outras não possam participar. Além disso, apesar das instruções para expressar qualquer ideia que vem à mente, estar em um grupo pode inibir algumas pessoas de expressarem suas ideias, possivelmente porque têm medo de serem julgadas. As pessoas também podem estar prestando atenção a outras pessoas no grupo, o que as impede de ter ideias próprias. O brainstorming em grupos, portanto, não é uma boa maneira de gerar ideias. O brainstorming individual para gerar ideias, entretanto, pode ser eficaz.

Um método de geração de ideias individuais que funciona foi proposto por Ronald Finke, que desenvolveu uma técnica chamada **cognição criativa** para treinar as pessoas a pensar criativamente. A seguinte demonstração ilustra a técnica de Finke.

Esse exercício segue o padrão de um desenvolvido por Finke (1990, 1995), que selecionou aleatoriamente três das partes do objeto da Figura 12.24 para os participantes. Depois que os participantes criavam um objeto, eles receberiam o nome de uma das categorias de objeto da Tabela 12.2 e tiveram 1 minuto para interpretar o objeto. Por exemplo, se a categoria fosse ferramentas e utensílios, a pessoa deveria interpretar a forma como uma chave de fenda, uma colher ou alguma outra ferramenta ou utensílio. Para fazer isso para sua forma, escolha uma categoria e, em seguida, decida para que seu objeto pode ser usado e descreva como ele funciona. A Figura 12.25 mostra como uma única forma que foi construída com base na semiesfera, arame e gancho pode ser interpretada em termos de cada uma das oito categorias na Tabela 12.2.

Finke chamou essas "invenções" **formas pré-inventivas** porque são ideias que precedem a criação de um produto criativo acabado. Assim como de Mestral levou anos para desenvolver o velcro após sua ideia inicial, as formas pré-inventivas precisam ser desenvolvidas antes de se tornarem "invenções" úteis.

DEMONSTRAÇÃO Criando um objeto

A **Figura 12.24** mostra 15 partes do objeto e seus nomes. Toque na página três vezes sem olhar para os objetos a fim de escolher aleatoriamente três das partes do objeto. Depois de ler essas instruções, reserve 1 minuto para construir um novo objeto usando essas três partes. O objeto deve ter uma aparência interessante e possivelmente útil, mas tente evitar que o objeto corresponda a um objeto familiar e não se preocupe para o que ele pode ser usado. Você pode variar o tamanho, a posição, a direção e o material das partes, desde que não altere a forma básica (exceto para o cabo e o tubo, que podem ser dobrados). Depois de pensar em algo, faça um desenho.

Tabela 12.2 Categorias de objetos em estudos de forma pré-inventiva

Categorias	Exemplos
Móveis	Cadeiras, mesas, abajures
Itens pessoais	Joias, taças
Instrumentos científicos	Dispositivos de medição
Eletrodomésticos	Máquinas de lavar, torradeiras
Transporte	Carros, barcos
Ferramentas e utensílios	Chaves de fenda, colheres
Brinquedos e jogos	Tacos de beisebol, bonecos
Armas	Rifles, mísseis

Fonte: adaptado de. A. Finke, Creative insight and preinventive forms, in R. J. Sternberg e J. E. Davidson (Eds.), *The nature of insight*, p. 280 (Cambridge, MA: MIT Press, 1995).

Finke demonstrou não apenas que você não precisa ser um "inventor" para ser criativo, mas também que muitos dos processos que ocorrem durante a **cognição criativa** são semelhantes aos processos cognitivos de outras áreas da psicologia cognitiva. Por exemplo, Finke descobriu que as pessoas eram mais propensas a inventar usos criativos para objetos pré-inventivos que elas mesmas criaram do que para objetos criados por outras pessoas. Isso ocorria mesmo que os participantes fossem instruídos a não considerar os usos das formas ao criá-las. Esse resultado é semelhante ao efeito de geração que discutimos no Capítulo 7: as pessoas lembram melhor o material quando elas mesmas o geram. Essa vantagem para material autogerado também ocorre para dicas de recuperação.

As pesquisas sobre criatividade que consideramos até agora focalizaram experimentos comportamentais. No entanto, outras pesquisas analisaram o que acontece no cérebro durante o processo criativo.

Criatividade e o cérebro

Muitas abordagens foram adotadas a pesquisas sobre criatividade e cérebro. Descreveremos os experimentos projetados para responder a três perguntas diferentes: (1) A desativação de uma área do cérebro que possa inibir nossa abertura ao pensamento criativo aumentará a criatividade? (2) Existem diferentes estados cerebrais que favorecem a solução de problemas perspicazes *versus* analíticos? (3) Qual é a conexão entre redes cerebrais e criatividade?

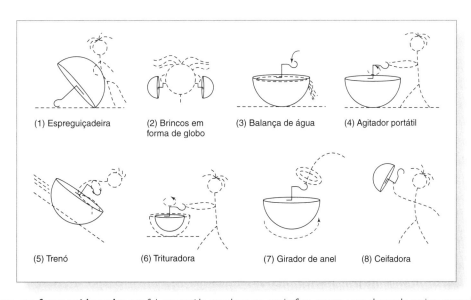

▶ Figura 12.25 Como uma **forma pré-inventiva** que foi construída com base na semiesfera, arame e gancho pode ser interpretada em termos de cada uma das oito categorias na Tabela 12.2. (Fonte: R. A. Finke, 1995.)

Abrindo a mente para pensar "fora da caixa"

Eis um problema, denominado **problema dos nove pontos**: desenhe quatro linhas retas que passam por todos os nove pontos na **Figura 12.26** sem levantar a caneta do papel ou traçar uma linha. Depois de tentar resolver esse problema, veja na **Figura 12.28**, p. 358, a resposta.

Se você resolveu o problema, você é minoria, porque a maioria das pessoas percebe os nove pontos como um quadrado e não considera a possibilidade de estender as linhas para fora do quadrado. Por que esse problema é tão difícil? Uma razão tem a ver com nossa tendência, descrita no Capítulo 3, de perceber elementos individuais como agrupados (ver seção do Capítulo 3, Os princípios da Gestalt da organização, p. 64-67). Assim, quando olhamos para o céu noturno, agrupamos estrelas individuais em constelações. Quando aplicado ao problema dos nove pontos, ao olhar para os nove pontos, vemos um quadrado, portanto, não consideramos a possibilidade de estender as linhas para fora do quadrado.

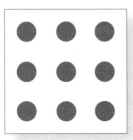

▶ Figura 12.26 Tela para o problema dos nove pontos. Ver no texto as instruções.

Richard Chi e Alan Snyder (2012) consideraram os resultados de experimentos anteriores que mostraram que o lobo temporal anterior esquerdo (LTA; ver Capítulo 9, p. 271) está associado ao agrupamento de informações de nível inferior em padrões significativos, assim como estrelas individuais são agrupadas em constelações, e os nove pontos na Figura 12.26 são agrupados em um quadrado. Chi e Snyder se perguntaram se a desativação do LTA esquerdo poderia abrir o pensamento das pessoas sobre padrões como o problema dos nove pontos. Para testar essa ideia, eles desativaram o LTA esquerdo e ativaram o LTA direito usando **estimulação transcraniana por corrente contínua** enquanto os participantes tentavam resolver o problema dos nove pontos.

> **MÉTODO** Estimulação transcraniana por corrente contínua
>
> É um procedimento para estimular o cérebro em que dois eletrodos são inseridos na cabeça de uma pessoa. Esses eletrodos são conectados a um dispositivo alimentado por bateria que fornece corrente contínua. Um dos eletrodos é o eletrodo catódico, que é carregado negativamente e diminui a excitabilidade dos neurônios sob o eletrodo. O outro é o eletrodo anódico, que é carregado positivamente e aumenta a excitabilidade dos neurônios sob o eletrodo.

Chi e Snyder inseriram um eletrodo catódico no LTA esquerdo, para diminuir a excitabilidade dessa área, e um eletrodo anodal no LTA direito, para aumentar a excitabilidade dessa área. Ao fazer isso, 40% dos participantes conseguiram resolver o problema dos nove pontos. Isso corresponde aos 40% que podem resolver o problema se forem informados de que a solução envolve desenhar linhas fora do quadrado. Assim, desativar uma área do cérebro responsável por interpretar o mundo de certas maneiras pode ajudar a pensar "fora da caixa" (ou "fora do quadrado" nesse caso).

"Preparação" cerebral para insight e solução analítica de problemas

O que acontece no cérebro um pouco antes de resolvermos um problema ou fazermos uma descoberta criativa? A resposta a essa pergunta tem implicações em como o problema é resolvido. Vimos que ter um insight ou momento "aha!" envolve uma compreensão repentina da solução. Em comparação, os problemas que não são de insight geralmente são resolvidos de forma mais gradual, usando um processo analítico que gradualmente se aproxima da resolução (p. 334).

John Kounios e colaboradores (2006), em um artigo intitulado "The Prepared Mind", mostraram que se um problema é resolvido por um processo orientado por insight ou um processo analítico está associado ao estado em que o cérebro se encontra antes de o problema ser apresentado. Inseriram-se nos participantes do experimento eletrodos, conforme mostrado na Figura 5.26, p. 146, que mediu o **eletroencefalograma (EEG)**. O EEG é uma resposta como aquela na **Figura 12.27a**, registrada a partir de milhares de neurônios sob os eletrodos.

O EEG foi medido por dois segundos, seguido pela apresentação de um **problema composto de associação remota**, no qual três palavras são apresentadas, como *pine*, *crab* e *sauce*, e a tarefa é determinar uma palavra que, quando associada a cada uma dessas palavras, forma uma nova palavra ou frase (*pineapple*, *crabapple* e *applesauce*, nesse exemplo). Esse tipo de problema pode ser resolvido tanto por insight quanto analiticamente.

Os participantes resolveram cerca de 50% dos problemas em 30 segundos e, imediatamente após a resolução de cada problema, indicaram se a solução era por meio de insight (56% das soluções) ou sem insight (44%). Os resultados na Figura 12.27

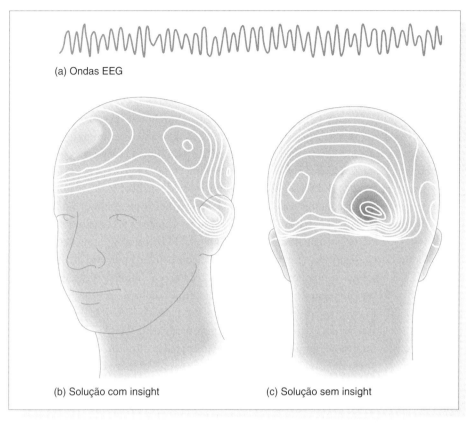

Figura 12.27 (a) Resposta do EEG. Esse registro é cerca de 4 segundos de resposta. (b) A área colorida indica alta ativação do EEG no lobo frontal antes de uma solução de insight. (c) A área colorida indica alta ativação do EEG no lobo occipital antes de uma solução sem insight (analítica). Esta figura está disponível, em cores, no suplemento colorido, ao final do livro.
(Fonte: De Kounios et al., 2006. Adaptado da Figura 2a, p. 884.)

mostram que a atividade EEG aumentava no lobo frontal imediatamente antes das soluções por insight (Figura 12.27b) e aumentava no lobo occipital imediatamente antes das soluções sem insight (Figura 12.27c).

Como essas diferenças na atividade ocorriam *antes* de os participantes terem visto os problemas, Kounios concluiu que "a atividade neural durante um intervalo preparatório antes que os sujeitos vissem os problemas verbais previam quais problemas eles resolveriam posteriormente por meio de... insight autorrelatado". Em outras palavras, o estado do cérebro antes de você começar um problema pode influenciar a abordagem que adota para resolver o problema.

Redes associadas à criatividade

Os experimentos que descrevemos, nos quais uma área do cérebro estava desativada antes de resolver um problema e em que a atividade cerebral foi medida antes de ver um problema, indicam que há uma relação entre o estado do cérebro e a resolução criativa de problemas. Agora continuamos essa história examinando como duas redes cerebrais estão envolvidas na criatividade.

Rede de modo padrão   Quando introduzimos a rede de modo padrão (RMP) no Capítulo 2, observamos que a atividade da RMP diminui quando uma pessoa está envolvida em uma tarefa específica e *aumenta* quando a atenção não está direcionada para uma tarefa. Também vimos que a atividade na RMP está associada a divagações mentais, e que divagações mentais são frequentemente associadas a uma *diminuição* no desempenho de tarefas que requerem atenção direcionada, como ler ou resolver problemas matemáticos (Capítulo 2 e Capítulo 4). Essa conexão entre a RMP e divagação mental, associada com o fato de que as pessoas passam quase metade do tempo divagando (Killingsworth e Gilbert, 2010), levantou uma pergunta: qual é o objetivo da RMP? Será que o propósito dela é criar divagações mentais a fim de interromper nossa capacidade de realizar tarefas importantes? Isso certamente parecia improvável, mas a resposta a essa pergunta teve que aguardar mais pesquisas.

A esperança de um papel positivo para a RMP e a divagação mental apareceu no Capítulo 6, quando vimos que a divagação mental costuma estar envolvida no pensamento sobre o futuro, sugerindo que talvez uma de suas funções seja ajudar a planejar o futuro (p. 165). E agora, à medida que discutimos a divagação mental e a RMP mais uma vez, veremos que há evidências de que a divagação da mente e a RMP desempenham um papel importante no pensamento criativo.

Benjamin Baird e colaboradores (2012) fizeram um experimento que associava divagação mental e criatividade, com base na observação de que quando uma pessoa está trabalhando em um problema, mas não consegue resolvê-lo, a solução

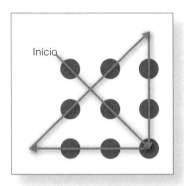

> Figura 12.28 Resolução para o problema dos nove pontos.

às vezes "aparece" depois de colocar o problema de lado. Esse fenômeno foi observado por pensadores científicos, incluindo Albert Einstein, Henri Poincaré e Isaac Newton, que descreveram ter momentos de inspiração quando paravam de pensar sobre um problema que estavam tentando resolver. O fenômeno de obter ideias após uma pausa para trabalhar em um problema chama-se **incubação**.

O experimento de Baird começou com uma tarefa básica, chamada **tarefa de usos alternativos** (**TUA**; também chamada tarefa de usos incomuns), na qual os participantes tinham 2 minutos para pensar em usos incomuns para objetos comuns. Por exemplo, em quantos usos incomuns você consegue pensar para tijolos? (Alguns exemplos: uso como uma arma, um peso de papel, um trampolim, como um peso para uma âncora.)

A tarefa TUA básica foi seguida por um período de incubação de 12 minutos, durante o qual os participantes realizavam uma tarefa difícil, que resultava em baixa taxa de divagação mental, ou uma tarefa fácil, que resultava em uma taxa maior de divagação mental. Quando os participantes repetiram a tarefa TUA para os mesmos objetos que haviam considerado antes, os resultados foram claros: seguindo a tarefa fácil, que foi acompanhada por uma alta taxa de divagação mental, o desempenho nas tarefas TUA repetidas aumentava 40% em comparação com a tarefa básica. Após a tarefa difícil, o desempenho permanecia inalterado. A divagação mental, concluiu Baird, facilita a incubação criativa.

As setas mais claras na **Figura 12.29** indicam as relações entre a divagação mental e a atividade da RMP e entre a divagação mental e a criatividade que discutimos até agora. Porém existe uma conexão entre a atividade da RMP e a criatividade? Naama Mayseless e colaboradores (2015) estudaram essa pergunta apresentando aos participantes uma tarefa baseada na tarefa de usos alternativos. Os participantes de Mayseless receberam um objeto e foram instruídos a propor um uso possível para o objeto que fosse diferente do uso usual, com ênfase em ser original e único. A atividade cerebral dos participantes (fMRI) foi medida em um scanner enquanto eles realizavam a tarefa.

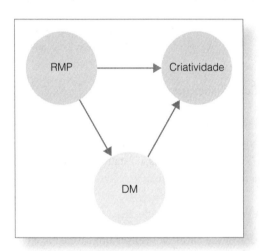

> Figura 12.29 Relações entre divagação mental (DM), atividade da rede de modo padrão (RMP) e criatividade. Ver no texto os detalhes.

A variável-chave nesse experimento foi a originalidade dos usos propostos. Por exemplo, propor "esfaquear" como um uso para um lápis foi classificado como sendo de baixa originalidade, porque várias pessoas propuseram esse uso. No entanto, propor que um lápis pudesse ser "usado como um rolo de massa" foi considerado muito original, porque ninguém mais propôs esse uso.

O resultado desse experimento foi que as classificações de originalidade mais altas estavam associadas a uma maior atividade das estruturas na RMP. Esse resultado permite adicionar a relação mostrada pela seta mais escura na Figura 12.29, entre a atividade da RMP e a criatividade. Essa relação entre a atividade da RMP e a criatividade foi confirmada pelos resultados de alguns experimentos (Beaty et al., 2014; Ellamil et al., 2012). No entanto, a conexão entre as redes cerebrais e a criatividade é mais complexa do que o diagrama na Figura 12.29, porque as redes, além da RMP, também estão envolvidas na criatividade. Uma das redes mais importantes é a rede de controle executivo.

Rede de controle executivo   A **rede de controle executivo** (**RCE**), que está envolvida no direcionamento da atenção enquanto uma pessoa realiza tarefas (ver Capítulo 2), desempenha um papel crucial na criatividade. Um experimento de Melissa Ellamil e colaboradores (2012) sustenta uma ligação entre a RCE e a criatividade. Os participantes realizaram a tarefa criativa de projetar capas de livros enquanto estavam em um scanner que usava fMRI para determinar quais áreas do cérebro eram ativadas. Uma característica importante desse experimento é que os participantes foram instruídos a criar o projeto da capa do livro em duas fases: depois de ler uma descrição do tema do livro, eles foram instruídos a *gerar* ideias para a capa. Então, após uma pequena pausa, eles foram orientados a mudar o pensamento para *avaliar* os projetos que haviam gerado.

Essa sequência — geração seguida de avaliação — costuma ser usada para descrever o processo envolvido na criatividade (ver Figura 12.22). Ellamil descobriu que ambas as regiões da RMP e da RCE eram mais fortemente ativadas durante a avaliação da ideia do que durante a geração. Com base nesse resultado, eles concluíram que a atividade da RMP e da RCE era coordenada durante a avaliação criativa.

Levando a ideia de atividade coordenada um passo além, quando Ellamil mediu a conectividade funcional entre a RMP e a RCE usando o método de fMRI em estado de repouso (ver p. 40-43), ela descobriu que a RMP e a RCE estavam funcionalmente conectadas durante as etapas de geração e avaliação do processo criativo. A conectividade funcional entre a RMP e a RCE também foi determinada por Roger Beaty e colaboradores (2014) medindo a conectividade em pessoas com alto e baixo nível de criatividade, conforme determinado por suas pontuações em uma bateria de testes de criatividade. Como esperado, a conectividade funcional entre a RMP e a RCE era mais forte no grupo de alta criatividade.

A ideia de que as redes RMP e RCE trabalham juntas durante o pensamento criativo é especialmente interessante porque essas duas redes são geralmente consideradas opostas. Como a RCE está envolvida com a regulação da atenção, sua atividade aumenta quando as pessoas estão envolvidas em tarefas que requerem atenção. No entanto, focar a atenção durante as tarefas desativa a RMP. Por outro lado, a atividade da RCE geralmente diminui sob condições nas quais se espera que a RMP esteja ativa.

O que está acontecendo aqui? Como duas redes opostas podem funcionar juntas? Pesquisadores ainda estão trabalhando para responder a essa pergunta. Porém, se deixarmos de lado o fato de que essas redes normalmente respondem de maneiras opostas, a conexão entre divagação mental e criatividade faz sentido ao considerar como a natureza espontânea da divagação mental cria um fluxo de pensamentos e ideias. E também faz sentido que a criatividade muitas vezes exija um "guarda de trânsito", que é onde a RCE entra, orientando o pensamento em direções originais. Por exemplo, a RCE pode desviar a atenção das respostas não originais para a tarefa de usos alternativos (como "construir uma casa" como um uso para "tijolo"), de modo que mais usos originais possam ser explorados. Beaty e colaboradores (2014), que descobriram que a RMP e a RCE estavam mais fortemente conectadas em pessoas altamente criativas, colocaram desta forma: "Maior conectividade funcional... pode corresponder a maior capacidade dos indivíduos criativos de reger a imaginação executando processos de pesquisa complexos, inibindo informações irrelevantes de tarefas e selecionando ideias entre um grande conjunto de alternativas conflitantes". Essa notável cooperação entre uma rede associada à imaginação (RMP) e a outra à atenção (RCE), embora tenham uma relação antagônica entre si, destaca a natureza especial do pensamento criativo (Christoff et al., 2009).

▶ Algo a considerar: conectado para criar – coisas que as pessoas criativas fazem de maneira diferente

Picasso criando uma pintura, Einstein formulando a teoria da relatividade, Charlotte e Emily Brontë escrevendo *Jayne Eyre* (Charlotte) e *O Morro dos Ventos Uivantes* (Emily): O que podemos aprender sobre a criatividade dessas pessoas famosas que podemos aplicar ao nosso próprio processo criativo? Essa é a pergunta que Scott Barry Kaufman e Carolyn Currey fazem em seu livro, *Wired to Create: Unraveling the Mysteries of the Creative Mind* (2015). Este livro de fácil leitura reúne percepções da vida de pessoas criativas e pesquisas atuais sobre psicologia cognitiva para criar as "dez coisas que pessoas altamente criativas fazem de maneira diferente", descritas na Tabela 12.3.

Uma das coisas que torna cada capítulo interessante são as histórias sobre as técnicas específicas que ajudaram pessoas famosas a serem mais criativas. Vemos que atividades como fazer caminhadas, encontrar um lugar para ficar sozinho, se envolver em hobbies fora de sua área e meditar têm sido praticadas por pessoas criativas como Alice Walker, que escreveu *The Color Purple*, os cientistas Charles Darwin e Louis Pasteur, o inovador Steve Jobs e os músicos Yo-Yo Ma e Michael Jackson.

Embora essas histórias sobre pessoas famosas sejam interessantes, o mais importante em cada capítulo é o que informa sobre as coisas que podemos fazer para aprimorar nossa criatividade. Descrevemos brevemente algumas das ideias nos Capítulos 3, 4 e 7.

Sonhando acordado

Sonhar acordado é algo que já discutimos, porque é outro nome para divagação mental. Um dos segredos para usar o sonhar acordado para aumentar a criatividade é saber como aproveitar a força disso. Uma maneira é fazer uma pausa no que você está fazendo e propositalmente deixar sua mente divagar, uma atividade que vimos que está associada à criatividade (Baird et al., 2010). O ato de escolher desligar-se de tarefas externas a fim de buscar um fluxo interno de pensamento que possa ter resultados positivos chama-se **devaneio volitivo** (McMillan et al., 2013).

Kaufman e Gregoire descrevem como algumas pessoas criativas engajavam-se em atividades que podem estimular a divagação mental. Uma das atividades que eles descrevem é tomar banho, que é uma das principais atividades associadas à divagação mental (Killingsworth, 2011). Ou considere caminhar. O filósofo Immanuel Kant fazia uma caminhada de uma hora todos os dias, ao longo de uma rua em Königsberg, Alemanha, que mais tarde foi chamada "Caminhada do Filósofo".

Tabela 12.3 Dez coisas que pessoas altamente criativas fazem de maneira diferente

Capítulo	Característica	Descrição
1	Jogo imaginativo	O envolvimento das crianças em brincadeiras imaginativas permite que vivenciem diferentes tipos de experiência. Levada à idade adulta, essa ludicidade corrobora a inovação.
2	Paixão	Concentrar-se em uma busca específica que a pessoa ama e deseja dedicar sua vida a ela.
3	Sonhar acordado	Divagação mental que ocorre quando a atenção de uma pessoa alterna entre o ambiente externo e os pensamentos gerados internamente, muitas vezes involuntários.
4	Solidão	Reflexão solitária facilitada por estar sozinho para evitar distrações.
5	Intuição	Pensamentos intuitivos, ou insights, provenientes de sistemas inconscientes de processamento de informações. Muitas vezes ocorrem de forma inesperada, embora sejam frequentemente precedidos por atividade mental inconsciente.
6	Abertura baseada em experiências	O impulso para a exploração cognitiva da mente interior e do mundo exterior.
7	Atenção focada	Prestar atenção ao que está acontecendo em nossa mente e no ambiente. Foi associado a alguns tipos de meditação.
8	Sensibilidade	Maior consciência do ambiente e dos processos que ocorrem na mente.
9	Transformar adversidade em vantagem	Criatividade decorrente de perda, sofrimento ou trauma. Os eventos de vida bons e ruins são fontes potenciais de inspiração e motivação.
10	Pensar de maneira diferente	Rejeição das formas tradicionais de pensar. Estar aberto a novos paradigmas (ver p. 11).

Charles Darwin, Henry David Killingsworth, Sigmund Freud e muitos outros costumavam caminhar para ajudá-los a criar, e o filósofo Friedrich Nietzsche afirmou que "todos os pensamentos verdadeiramente grandes são concebidos caminhando" (Nietzsche, 1889).

Pode haver mais do que sonhar acordado durante a caminhada, mas o resultado — maior criatividade — é o que importa. E você não precisa ser famoso para se beneficiar de caminhadas. Marily Oppezzo e Daniel Schwartz (2014) mostraram que caminhar resultava em um aumento de 60% no número de usos propostos na tarefa de usos alternativos (ver p. 359) em um grupo de alunos de graduação que caminhavam em comparação a um grupo que permanecia sentado pela mesma quantidade de tempo.

Ações que você pode realizar:

➤ Fazer uma pausa.
➤ Tomar banho.
➤ Fazer uma caminhada.
➤ Prestar atenção às suas divagações mentais.

Solidão

Na nossa discussão sobre sonhar acordado, vimos que experiências solitárias, como ficar sozinho no chuveiro ou fazer uma caminhada, eram utilizadas como maneiras de aumentar a criatividade. No entanto, a solidão vai além de encontrar maneiras de aprimorar o sonhar acordado. A solidão também pode aprimorar o pensamento analítico que requer atenção direcionada.

Um benefício óbvio da solidão é que pode ajudar a evitar distrações. (Observe que ficar sozinho com o telefone celular não conta como solidão!) Porém Kaufman e Gregoire dizem que "a solidão não é apenas evitar distrações; trata-se de dar à mente o espaço de que ela precisa para refletir, fazer novas conexões e encontrar significado". Embora o capítulo sobre solidão tenha poucas referências a pesquisas psicológicas sobre solidão, ele contém muitos exemplos de como a solidão foi adotada por indivíduos criativos.

Vários escritores relataram tomar medidas para garantir a solidão. Thoreau escreveu *Walden ou A vida nos bosques* (1854) enquanto morou sozinho por mais de dois anos em Walden Pond; a escritora Zadie Smith disse que achava importante ter um espaço de trabalho privado longe de outras pessoas (Smith, 2010); e o escritor Jonathan Franzen escreveu seu romance best-seller *The Connections* em seu estúdio com as cortinas fechadas e as luzes apagadas (Currey, 2013). Contudo, a solidão também funciona para quem não escreve. Steve Wozniack, cofundador da Apple Computer, aconselhava aspirantes a inovadores a "trabalharem sozinhos" (Wozniack e Smith, 2007); o inventor Thomas Edison afirmava que "o melhor pensamento vinha da solidão", e Nikola Tesla, o inventor da corrente alternada, escreveu: "Esteja sozinho, esse é o segredo da invenção; esteja sozinho, é aí que as ideias nascem".

No final do capítulo sobre solidão, Kaufman e Gregoire observam que, com o tempo, as ideias que foram criadas durante a solidão são compartilhadas com outros, e que "o segredo para a criatividade é o equilíbrio entre foco no eu e foco nos outros". Assim, embora a solidão seja uma etapa do processo criativo, também é necessário compartilhar a produção criativa e colaborar com outras pessoas para converter ideias criativas em produtos úteis. Por exemplo, lembre-se do processo envolvido no desenvolvimento feito por Jorge Odón do dispositivo para o parto, no qual converter sua ideia em um dispositivo funcional envolveu muita tentativa e erro e trabalho após consulta prévia com obstetras.

Ações:

➤ Tenha um lugar para ficar sozinho, longe de distrações.

➤ Fique aí o tempo suficiente para dar espaço à sua mente para criar ideias.

Atenção focada

Atenção focada foi descrita como "o processo simples de perceber ativamente coisas novas" e "prestar atenção ao momento presente" (Langer, 2014). Outra definição mais ampla de atenção focada é "prestar atenção propositalmente, ao momento presente, e sem julgar, ao desdobramento da experiência momento a momento". (Kabat-Zinn, 2003,). Um dos modelos de atenção focada é o detetive fictício Sherlock Holmes, que tinha uma habilidade fantástica de resolver casos usando pistas baseadas em sua observação atenta de pequenos detalhes (Konnikova, 2013).

No entanto, se você não é Sherlock Holmes, qual é a melhor maneira de alcançar a atenção focada? Uma via proposta para alcançar a atenção focada é a **meditação**. Contudo, apenas dizer "meditação" não é suficiente, porque existem vários tipos de meditação. Um tipo, que se tornou extremamente prevalente nas últimas décadas, é chamado **meditação de atenção focada (AF)**. O procedimento básico para a meditação AF é focar em uma coisa, como inspirar e expirar, e quando sua mente divaga, como é inevitável, trazer sua atenção de volta para sua respiração (Brewer et al., 2011). O procedimento acalma a mente, e os praticantes experientes frequentemente experimentam uma diminuição nas divagações mentais. Esse procedimento tem sido usado para reduzir o estresse e mostrou benefícios para a saúde e para alterar a estrutura do cérebro de forma positiva (Fox et al., 2014).

Contudo, você pode notar que essa descrição cria um paradoxo. A meditação AF diminui a divagação da mente, o que diminui as distrações (bom), mas também pode diminuir a criatividade (ruim). Como a redução da divagação mental pode causar uma diminuição na criatividade, outro tipo de meditação, chamado **meditação de monitoramento aberto (MA)**, pode ser preferível. A meditação MA, que envolve simplesmente prestar atenção a tudo o que vem à mente e seguir esse pensamento até que algo mais apareça, não diminui a divagação mental (Brewer et al., 2011; Xu et al., 2014).

Lorenza Colzato e colaboradores (2012) compararam AF e MA à divagação mental em um experimento que envolvia três grupos de participantes, um que praticava meditação AF antes de ser apresentado à tarefa de uso alternativo, um que praticava meditação MA e um grupo de controle no qual os participantes visualizam atividades domésticas como oferecer um jantar ou cozinhar. Eles descobriram que ambos os grupos de meditação se saíram melhor na tarefa de usos alternativos do que o grupo de controle, mas que o grupo de meditação MA pensava em mais usos e tinha mais ideias originais do que o grupo de meditação AF (**Figura 12.30**). Além disso, Jian Xu e colaboradores (2014) descobriram que a meditação MA causava maior ativação da RMP do que a meditação AF. Com base em resultados como esses, Kaufman e Gregoire recomendam a meditação MA para aumentar a criatividade.

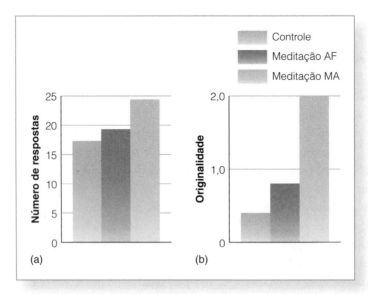

▶ Figura 12.30 Resultados do experimento de Colzato et al. (2012) mostrando o desempenho na tarefa de usos alternativos para o grupo de controle, o grupo de meditação de atenção focada (AF) e o grupo de meditação de monitoramento aberto (MA). (a) Número de utilizações propostas. (b) Originalidade. Originalidade para cada resposta foi pontuada da seguinte forma: Respostas dadas por apenas 5% do grupo 1 ponto; Respostas dadas por apenas 1% do grupo 2 pontos. A pontuação alcançada pelo grupo de meditação MA é, portanto, a pontuação máxima possível.
(Fonte: De Colzato et al., 2010. Com base nos dados da Tabela 1.)

Ação:

▶ Medite regularmente. O monitoramento aberto é melhor para a criatividade.

Todas as maneiras de aumentar a criatividade que descrevemos sugerem passos concretos que qualquer pessoa pode seguir. Para obter mais sugestões, bem como histórias sobre muitas pessoas altamente criativas, consulte o livro de Kaufman e Gregoire. Se você ler este livro, encontrará coisas que discutimos na seção "Redes associadas à criatividade" (p. 357), porque a obra tem muitas referências à rede de modo padrão, que os autores chamam **rede de imaginação**. Kaufman e Gregoire também consideram como a rede de modo padrão e a rede atencional executiva funcionam juntas. Esse material sobre redes, que é mencionado ao longo do livro, é um dos motivos pelos quais o livro é intitulado *Wired to Create*.

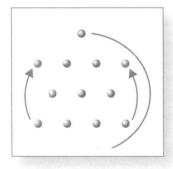

▶ Figura 12.31 Resolução para o problema do triângulo. As setas indicam movimento; círculos coloridos indicam novas posições. Esta figura está disponível, em cores, no suplemento colorido, ao final do livro.

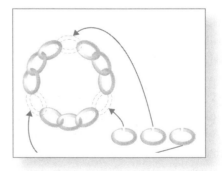

▶ Figura 12.32 Resolução para o problema da cadeia. Todos os elos em uma cadeia são cortados e separados (3 cortes a 2 centavos = 6 centavos). Os elos separados são então usados para conectar as outras três peças e, em seguida, fechados (3 fechamentos a 3 centavos = 9 centavos). Total = 15 centavos.

TESTE VOCÊ MESMO 12.2

1. Qual é a ideia básica por trás da resolução analógica de problemas? O que é o problema de fonte? E o problema-alvo? Quão eficaz é apresentar um problema de fonte e então o problema-alvo, sem indicar que os dois estão relacionados?
2. Descreva o problema de radiação de Duncker. Qual é a solução, e como os pesquisadores usaram esse problema para ilustrar a resolução analógica de problemas?
3. Quais são as três etapas no processo de resolução analógica de problemas? Qual das etapas parece ser a mais difícil de realizar?
4. O que é codificação analógica? Quais são as duas estratégias descritas para ajudar as pessoas a descobrir características semelhantes de problemas?
5. Qual é o paradoxo analógico? Como a solução analógica de problemas foi estudada no mundo real?
6. O que é um especialista? Quais são algumas diferenças entre como especialistas e não especialistas resolvem problemas? Quão bons são os especialistas em resolver problemas fora de seu campo?
7. O que é pensamento divergente? Como isso está relacionado à conectividade? Como a definição de criatividade vai além da originalidade?
8. Descreva a solução analógica de problemas, conforme ilustrado pela invenção do velcro de De Mestral e pela invenção de Odón de um dispositivo de parto.
9. O que significa dizer que a solução de problemas é um processo?
10. Discuta os fatores envolvidos na geração de ideias, incluindo o papel do conhecimento, o uso de brainstorming e a abordagem da cognição criativa.
11. Por que a desativação do lobo temporal anterior esquerdo aumentaria a criatividade? Descreva o experimento de Chi e Snyder.
12. Descreva o experimento de Kounios e colegas de trabalho (2006), que mostrou que diferentes estados cerebrais precedem o insight ou a solução de problemas sem insight.
13. Qual é a evidência de que a rede de modo padrão e a rede de controle executivo estão ambas envolvidas na criatividade? Por que seu envolvimento conjunto na criatividade é chamado de paradoxo?
14. Descreva as ações de sonhar acordado e solidão, praticadas por pessoas altamente criativas.
15. Qual é a diferença entre meditação de atenção focada e meditação de monitoramento aberto? Qual delas demonstrou resultar em maior criatividade?

SUMÁRIO DO CAPÍTULO

1. Um problema ocorre quando há um obstáculo entre um estado presente e uma meta e não é imediatamente óbvio como contornar o obstáculo.

2. Os psicólogos da Gestalt se concentraram em como as pessoas representam um problema em suas mentes. Eles criaram uma série de problemas para ilustrar como a solução de um problema envolve uma reestruturação dessa representação e para demonstrar os fatores que representam obstáculos para a solução do problema.

3. Os psicólogos da Gestalt introduziram a ideia de que a reorganização está associada ao insight — uma compreensão repentina da solução de um problema. O insight foi demonstrado experimentalmente, rastreando o quão perto as pessoas sentem que estão de resolver problemas de insight e os não insight.

4. A fixidez funcional é um obstáculo para a solução de problemas que é ilustrado pelo problema da vela de Duncker e pelo problema das duas cordas de Maier. O conjunto mental produzido pela situação é ilustrado pelo problema do jarro de água de Luchins.

5. Alan Newell e Herbert Simon foram os primeiros defensores da abordagem do processamento de informações para a solução de problemas. Eles viam a solução de problemas como a busca de um espaço de problema para encontrar o caminho entre a declaração do problema (o estado inicial) e a solução para o problema (o estado do objetivo). Essa pesquisa é controlada por operadores e geralmente é realizada pela definição de submetas. O problema da Torre de Hanoi foi usado para ilustrar esse processo.

6. A pesquisa sobre o problema do tabuleiro de damas mutilado também ilustra a importância de como um problema é apresentado.

7. Newell e Simon desenvolveram a técnica de protocolos de pensar em voz alta (*think-aloud*) para estudar o processo de pensamento dos participantes enquanto eles resolvem um problema.

8. A solução analógica de problemas ocorre quando a experiência com um problema de origem previamente resolvido ou uma história de origem é usada para ajudar a resolver um novo problema de destino. Pesquisas envolvendo o problema de radiação de Duncker mostraram que mesmo quando as pessoas são expostas a problemas ou histórias de fontes análogas, a maioria das pessoas não faz a conexão entre o problema ou história de origem e o problema-alvo.

9. O paradoxo analógico é que, embora seja difícil aplicar analogias em pesquisas de laboratório, a solução analógica de problemas é frequentemente usada em cenários do mundo real.

10. Os especialistas são melhores do que os novatos na solução de problemas em suas áreas de especialização. Eles têm mais conhecimento do campo, organizam esse conhecimento com base mais na estrutura profunda do que nas características da superfície e passam mais tempo analisando um problema quando ele é apresentado pela primeira vez.

11. A solução criativa de problemas está associada ao pensamento divergente. Temos apenas uma compreensão limitada dos processos envolvidos na solução criativa de problemas e na criatividade em geral. Os exemplos de George de Mestral e Jorge Odón ilustram como a analogia foi usada para criar invenções prática.

12. A solução criativa de problemas foi descrita como um processo que começa com a geração do problema e termina com a implementação da solução, com ideias acontecendo no meio.

13. A questão do que leva à geração de ideias é complicada. O conhecimento geralmente é essencial para gerar ideias, mas às vezes conhecimento em excesso pode ser uma coisa ruim, conforme ilustrado pelo experimento de Smith, que mostra que fornecer exemplos pode inibir o design criativo.

14. A técnica de brainstorming tem sido proposta como forma de aumentar a criatividade, mas gerar ideias em grupos geralmente não é tão eficaz quanto gerar ideias individualmente e combiná-las. A técnica de cognição criativa foi usada com sucesso para criar designs inovadores.

15. Uma pesquisa recente mostrou que desativar o LTA esquerdo pode aumentar a criatividade; que diferentes estados cerebrais, medidos com o EEG, estão associados à solução de problemas baseada em insights e em análises; e que o modo padrão e as redes de controle executivo trabalham juntos durante o pensamento criativo.

16. O livro de Kaufman e Gregoire *Wired to Create* lista dez coisas que pessoas altamente criativas fazem de maneira diferente.

PENSE NISSO

1. Escolha um problema com o qual você teve que lidar e analise o processo de resolvê-lo em submetas, como é feito na análise meios-fins.

2. Você já passou por uma situação em que estava tentando resolver um problema, mas parou de trabalhar nele porque não conseguiu encontrar a resposta? Então, depois de um tempo, quando você voltou ao problema, obteve a resposta na hora? O que você acha que pode estar por trás desse processo?

3. Em 14 de agosto de 2003, uma falha de energia fez com que milhões de pessoas no nordeste e centro-oeste dos Estados Unidos e no leste do Canadá ficassem sem energia elétrica. Poucos dias depois, quando a eletricidade da maioria das pessoas foi restaurada, os especialistas ainda não sabiam por que a falha de energia havia ocorrido e disseram que levaria semanas para determinar a causa. Imagine que você é membro de uma comissão especial que tem a tarefa de resolver esse problema, ou algum outro problema importante. Como os processos descritos neste capítulo podem ser aplicados para encontrar uma solução? Quais seriam as deficiências desses processos para resolver esse tipo de problema?

4. Pense em alguns exemplos de situações em que você superou a fixidez funcional e encontrou um novo uso para um objeto.

TERMOS-CHAVE

Análise meios-fim 341
Analogia 345
Atenção focada 361
Brainstorming de grupo 354
Codificação analógica 347
Cognição criativa 355
Conjunto mental 337
Devaneio volitivo 359
Eletroencefalograma (EEG) 356
Espaço do problema 339
Especialistas 349
Estado do objetivo 338
Estado inicial 338
Estado intermediário 339
Estimulação transcraniana por corrente contínua 356
Estratégia da contingência 348
Estratégia de troca 347

Fixação 335
Fixidez funcional 335
Formas pré-inventivas 354
Incubação 358
Insight 333
Meditação 361
Meditação de atenção focada (AF) 361
Meditação de monitoramento aberto (MA) 361
Operadores 338
Paradoxo analógico 348
Pensamento divergente 351
Pesquisa de solução de problemas *in vivo* 348
Problema 332, 345
Problema-alvo 345
Problema composto de associação remota 356

Problema da radiação 345
Problema da Torre de Hanoi 338
Problema da vela 336
Problema dos nove pontos 356
Problema do tabuleiro de damas mutilado 342
Problemas de base analítica 334
Protocolo *think-aloud* 344
Rede de controle executivo (RCE) 358
Rede de imaginação 362
Reestruturação 333
Resolução analógica de problemas 345
Sonhar acordado 359
Subobjetivos 341
Tarefa de usos alternativos (TUA) 358
Transferência analógica 345

Eis algo para pensar: um homem é selecionado aleatoriamente na população norte-americana. Esse homem, Robert, usa óculos, fala baixinho e lê muito. É mais provável que Robert seja bibliotecário ou fazendeiro? Essa é uma das questões levantadas em um experimento que discutiremos neste capítulo. A maneira como os participantes respondiam a essa pergunta, além dos resultados de muitos outros experimentos nos quais as pessoas foram solicitadas a fazer julgamentos, ajudou a compreender os processos mentais envolvidos em fazer julgamentos. Este capítulo também analisa os processos mentais envolvidos nos temas intimamente relacionados da tomada de decisão e raciocínio.

Julgamento, decisões e raciocínio
Por Laura Cacciamani e Bruce Goldstein

13

Raciocínio indutivo: fazendo julgamentos com base em observações

➤ Demonstração: qual é mais prevalente?

A heurística da disponibilidade

A heurística da representatividade

  Fazendo julgamentos com base na semelhança
  ➤ Demonstração: julgando ocupações

  Fazendo julgamentos sem considerar a regra da conjunção
  ➤ Demonstração: descrição de uma pessoa

  Presumindo incorretamente que pequenas amostras são representativas
  ➤ Demonstração: nascimentos de homens e mulheres

Atitudes podem afetar o julgamento
  O viés do meu ponto de vista
  O viés de confirmação
Avaliando evidências falsas

➤ TESTE VOCÊ MESMO 13.1

Raciocínio dedutivo: silogismos e lógica

Silogismos categóricos

Modelos mentais do raciocínio dedutivo

Silogismos condicionais

Raciocínio condicional: o problema das quatro cartas de Wason

➤ Demonstração: o problema das quatro cartas de Wason

O que as versões do mundo real da tarefa de Wason nos dizem

➤ TESTE VOCÊ MESMO 13.2

Tomada de decisão: escolhendo entre as alternativas

A abordagem da utilidade para decisões

Como as emoções afetam as decisões
  As pessoas preveem suas emoções com imprecisão
  Emoções incidentais afetam decisões

As decisões podem depender do contexto em que são tomadas

As decisões podem depender de como as escolhas são apresentadas
  ➤ Demonstração: o que você faria?

Neuroeconomia: a base neural da tomada de decisão

Algo a considerar: a abordagem do sistema dual de processamento

Postscript: Donders retorna

➤ TESTE VOCÊ MESMO 13.3

SUMÁRIO DO CAPÍTULO
PENSE NISSO
TERMOS-CHAVE

ALGUMAS PERGUNTAS QUE VAMOS CONSIDERAR

▸ Em que tipo de "armadilhas" de raciocínio as pessoas caem ao fazer julgamentos?

▸ Qual é a evidência de que às vezes as pessoas tomam decisões que não atendem aos seus melhores interesses?

▸ Como as emoções influenciam a tomada de decisão?

▸ Existem duas maneiras de pensar, uma rápida e outra lenta?

No draft de 2007 da National Basketball Association (NBA), havia um jogador de 22 anos, 2m15 com o nome de Marc Evans. De acordo com os modelos matemáticos que preveem o sucesso do jogador, esperava-se que Gasol se saísse muito bem e fosse uma aquisição positiva a qualquer equipe. Contudo, ao ver Gasol sem camisa, os olheiros do Houston Rockets perceberam que ele não se parecia muito com o típico jogador da NBA: parecia fora de forma e não muito musculoso, especialmente quando comparado a outros jogadores. Com base nas experiências anteriores dos olheiros, jogadores com corpos como esses tinham menos probabilidade de ter sucesso. Então, os olheiros acharam que Gasol também não seria um sucesso, e quando o 26º draft do Houston começou, eles ignoraram Gasol — uma decisão tomada com base em um julgamento de sua aparência em vez de seu sucesso matematicamente previsto. Gasol acabou assinando com o Memphis Grizzlies, onde foi muito bem-sucedido, ganhando o prêmio de jogador defensivo do ano da NBA e então por três vezes se tornou parte do All-Star da NBA, e os Houston Rockets ficaram se lamentando (Lewis, 2016).

Embora você possa não recrutar jogadores da NBA diariamente, esse exemplo demonstra o uso de julgamentos, raciocínio e tomada de decisão e mostra como esses processos às vezes podem resultar em erros. No caso de Marc Gasol, o julgamento que o Houston Rockets fez baseava-se na aparência e capacidade atlética dele ("Ele parece fora de forma"). Eles então contaram com o **raciocínio** — o processo de tirar conclusões — para determinar que Gasol não teria sucesso com base em evidências anteriores ("No passado, jogadores que pareciam fora de forma não eram bem-sucedidos"). Isso permitiu que a equipe do Rockets tomasse uma **decisão** — o processo de escolha entre as alternativas — de não contratar Gasol. Nesse caso, o julgamento e raciocínio deles levaram a uma conclusão errônea, que resultou em uma decisão ruim.

Dedicamos muita atenção a Marc Gasol para fazer uma observação: embora possamos distinguir entre fazer julgamentos, raciocinar com base em evidências e tomar decisões, todos estão relacionados. As decisões baseiam-se em julgamentos que fazemos, e a aplicação desses julgamentos pode envolver vários processos de raciocínio. Poderíamos, de fato, ter chamado este capítulo "Pensar", embora isso seja muito geral porque também se aplica ao material em muitos outros capítulos deste livro. Nossa estratégia neste capítulo será descrever julgamentos, raciocínio e tomada de decisão de modo distinto, tendo em mente que eles se sobrepõem e interagem. Veremos também como e por que esses processos às vezes podem resultar em erros, como no caso de Marc Gasol.

▶ Raciocínio indutivo: fazendo julgamentos com base em observações

Estamos constantemente fazendo julgamentos sobre coisas em nosso ambiente, incluindo pessoas, eventos e comportamentos. Um dos principais mecanismos envolvidos ao fazer julgamentos é o **raciocínio indutivo**, que é o processo de tirar conclusões gerais com base em observações e evidências específicas. Uma das características do raciocínio indutivo é que as conclusões a que chegamos são *provavelmente*, mas não *definitivamente*, verdadeiras. Por exemplo, concluir que John preocupa-se com o ambiente com base na observação de que ele está vestindo uma jaqueta do Sierra Club faz sentido. No entanto, também é possível que ele tenha comprado a jaqueta porque gostou do estilo ou da cor, ou que a tenha emprestado do irmão. Assim, as conclusões a que chegamos com base no raciocínio indutivo são sugeridas com vários graus de certeza, mas não decorrem definitivamente das observações. Isso é ilustrado pelos dois argumentos indutivos a seguir.

Observação: Todos os corvos que vi em Pittsburgh são totalmente pretos. Quando visitei meu irmão em Washington, DC, os corvos que vi lá também eram pretos.

Conclusão: Todos os corvos são pretos.

Observação: Desde que me lembro, o sol nasce todas as manhãs aqui em Tucson.

Conclusão: O sol vai nascer em Tucson amanhã.

Observe que há uma certa lógica em cada argumento, mas o segundo argumento é mais convincente do que o primeiro. Lembre-se de que argumentos indutivos levam ao que é *provavelmente* verdadeiro, não ao que é *definitivamente* verdadeiro. Argumentos indutivos fortes resultam em conclusões que são mais prováveis de serem verdadeiras, e argumentos fracos resultam em conclusões que não são tão prováveis de serem verdadeiras. Vários fatores podem contribuir para a força de um argumento indutivo. Entre eles estão:

➤ *Representatividade das observações.* De que modo as observações sobre uma determinada categoria representam todos os membros dessa categoria? Claramente, o exemplo dos corvos sofre de falta de representatividade porque não considera corvos de outras partes do país ou do mundo.

➤ *Número de observações.* O argumento sobre os corvos se torna mais forte adicionando as observações sobre Washington, DC, às observações sobre Pittsburgh. Mas pesquisas adicionais revelam que o corvo encapuzado, encontrado na Europa, é cinza com asas e cauda pretas, e o corvo doméstico, da Ásia, é cinza e preto. Acontece que a conclusão "todos os corvos são pretos" não é verdadeira. Em comparação, a conclusão sobre o nascer do sol em Tucson é extremamente forte porque é corroborada por um grande número de observações.

➤ *Qualidade da evidência.* Evidências mais fortes resultam em conclusões mais fortes. Por exemplo, embora a conclusão "o sol nascerá em Tucson" seja extremamente forte por causa do número de observações, ela se torna ainda mais forte quando consideramos as descrições científicas de como a Terra gira em torno de seu eixo e em torno do sol. Assim, adicionar a observação "medidas científicas da rotação da Terra indicam que cada vez que a Terra gira o Sol parecerá nascer" reforça ainda mais a conclusão.

Ainda que nossos exemplos do raciocínio indutivo tenham sido de natureza "acadêmica", frequentemente usamos o raciocínio indutivo na vida cotidiana, geralmente sem perceber. Por exemplo, Sarah observou em um curso que ela fez com o professor X que ele fazia muitas perguntas de múltipla escolha nos exames. Com base nessa observação específica, Sarah chega à conclusão geral de que todos os exames provavelmente têm questões de múltipla escolha, o que pode ajudá-la a saber o que esperar quando fizer outro curso do professor X. Em outro exemplo, Sam comprou mercadorias da empresa de internet Y antes e obteve um bom serviço, então ele faz mais pedidos com base na previsão de que continuará recebendo um bom serviço. Sempre que fazemos uma previsão sobre o que *acontecerá* com base em nossas observações sobre o que *aconteceu* no passado, usamos o raciocínio indutivo.

Faz sentido fazer previsões e escolhas com base em experiências anteriores, especialmente quando essas experiências são altamente familiares e frequentes, como estudar para um exame ou comprar mercadorias pela internet. Fazemos tantas suposições sobre o mundo com base em experiências passadas que usamos o raciocínio indutivo constantemente, muitas vezes sem perceber. Por exemplo, você fez um teste de estresse da cadeira em que está sentado para ter certeza de que ela não entraria em colapso ao sentar-se nela? Provavelmente não. Você presumiu, com base em sua experiência anterior com cadeiras, que ela não entraria em colapso. Esse tipo de raciocínio indutivo é tão automático que você não percebe que algum tipo de "raciocínio" está acontecendo. Pense como seria demorado se você tivesse que abordar cada experiência como se estivesse vivenciando-a pela primeira vez. O raciocínio indutivo fornece o mecanismo para usar a experiência passada a fim de orientar o comportamento presente.

O exemplo da cadeira mostra que, quando usamos experiências anteriores para orientar o comportamento presente, geralmente usamos atalhos para ajudar a chegar a conclusões rapidamente. Afinal de contas, não temos tempo ou energia para parar e coletar todas as informações de que precisamos para termos 100% de certeza de que todas as conclusões a que chegamos estão corretas. Esses atalhos assumem a forma de **heurística** — "regras básicas" que provavelmente fornecerão a resposta correta a um problema, mas não são infalíveis. Por exemplo, na situação de Marc Gasol descrita no início deste capítulo, os recrutadores contavam com uma heurística para ajudá-los a escolher jogadores de basquete, mas isso não funcionou como planejado.

Discutimos nesta seção como o raciocínio indutivo abrange *observações específicas* e *conclusões gerais*; heurísticas fornecem atalhos para ajudar a generalizar de experiências específicas a julgamentos e conclusões mais amplos. As pessoas usam algumas heurísticas ao raciocinar que geralmente levam à conclusão correta, mas, o que é mais importante, às vezes não. Vamos agora descrever duas dessas heurísticas: a *heurística da disponibilidade* e a *heurística da representatividade*.

A heurística da disponibilidade

A demonstração a seguir apresenta a heurística da disponibilidade.

Nossos comportamentos e julgamentos são frequentemente orientados por aquilo que lembramos do passado. A **heurística da disponibilidade** afirma que eventos que vêm à mente com mais facilidade são julgados como mais prováveis do que eventos que são menos facilmente lembrados (Tversky e Kahneman, 1973). Considere, por exemplo, os problemas apresentados na demonstração. Quando os participantes foram solicitados a julgar se há mais palavras com *r* na primeira ou terceira posição, 70% responderam que mais palavras começam com *r*, embora na realidade três vezes mais palavras têm *r* na terceira posição (Tversky e Kahneman, 1973; e também ver Gigerenzer e Todd, 1999).

A Tabela 13.1 mostra os resultados de um experimento no qual os participantes foram solicitados a avaliar a prevalência relativa de várias causas de morte (Lichtenstein et al., 1978). Para cada par, a causa de morte mais provável é listada na coluna à esquerda. O número entre parênteses indica a frequência relativa da causa mais provável em comparação com a causa menos provável. Por exemplo, 20 vezes mais pessoas morrem de homicídio do que de apendicite. O número à direita indica a porcentagem de participantes que escolheram a alternativa menos provável. Por exemplo, 9% dos participantes achavam que era mais provável que uma pessoa morresse de apendicite do que de homicídio. Nesse caso, portanto, uma grande maioria das pessoas, 91%, considerou corretamente o homicídio como a causa de mais mortes. No entanto, para as outras causas de morte, uma proporção substancial de participantes julgou mal sua probabilidade relativa. Nesses casos, um grande número de erros estava associado a causas divulgadas pela mídia. Por exemplo, 58% achavam que mais mortes eram causadas por tornados do que por asma, quando, na realidade, 20 vezes mais pessoas morrem de asma do que de tornados. Particularmente impressionante é a descoberta de que 41% dos participantes achavam que botulismo causava mais mortes do que asma, embora 920 vezes mais pessoas morram de asma.

Tabela 13.1 Causas de morte

Mais provável	Menos provável	Porcentagem de participantes escolhendo com menos probabilidade
Homicídio (20)	Apendicite	9
Afogamento (5)	Colisão do trem automático	34
Asma (920)	Botulismo	41
Asma (20)	Tornado	58
Apendicite (2)	Gravidez	83

(Fonte: adaptado de S. Lichtenstein, P. Slovic, B. Fischoff, M. Layman, e B. Combs, frequência julgada de eventos letais, *Journal of Experimental Psychology: Human Learning and Memory, 44*, 551-578, 1978).

DEMONSTRAÇÃO Qual é mais prevalente?

Responda as seguintes questões:

➤ Quais são mais prevalentes em inglês, palavras que começam com a letra *r* ou palavras em que *r* é a terceira letra?

➤ Algumas possíveis causas de morte estão listadas abaixo em pares. Em cada par, qual causa de morte você considera ser mais provável para as pessoas nos Estados Unidos? Ou seja, se você escolhesse aleatoriamente alguém nos Estados Unidos, essa pessoa teria maior probabilidade de morrer no ano que vem pela causa A ou pela causa B?

Causa A	Causa B
Homicídio	Apendicite
Colisão do trem automático	Afogamento
Botulismo	Asma
Asma	Tornado
Apendicite	Gravidez

A explicação para esses erros de julgamento parece ligada à disponibilidade. Ao tentar pensar em palavras que começam com *r* ou que têm *r* na terceira posição, é muito mais fácil pensar em palavras que começam com *r* (*rodar, revés, real*) do que palavras que têm *r* na terceira posição (*marco, carro, arranjo*). Quando as pessoas morrem por botulismo ou em um tornado, isso é notícia de primeira página, enquanto as mortes por asma não são tão divulgadas e, portanto, passam praticamente despercebidas pelo público em geral (Lichtenstein et al., 1978).

Esses exemplos ilustram como a heurística da disponibilidade pode induzir a uma conclusão errada quando eventos que ocorrem com menos frequência se destacam em nossa memória. A heurística da disponibilidade nem sempre leva a erros; existem muitas situações em que os eventos que mais facilmente vêm à mente, na verdade, *realmente* ocorrem com frequência. Por exemplo, você pode saber por observações anteriores que, quando está nublado e há um certo cheiro no ar, é provável que chova. Você já fez essas observações muitas vezes, então, graças à heurística da disponibilidade, a conclusão "vai chover" facilmente vem à mente e agora você sabe que deve levar o guarda-chuva. Como outro exemplo, você deve ter notado que é mais provável que seu chefe atenda a suas solicitações quando estiver de bom humor — outro caso em que a heurística da disponibilidade pode ajudá-lo a chegar a conclusões razoáveis.

Ainda que observar correlações entre eventos possa ser útil, às vezes as pessoas caem na armadilha de criar correlações ilusórias. **Correlações ilusórias** ocorrem quando uma relação entre dois eventos parece existir, mas, na realidade, não há relação ou a relação é muito mais fraca do que se supõe. Correlações ilusórias podem ocorrer quando esperamos que duas coisas estejam relacionadas; por exemplo, você pode fazer uma correlação ilusória entre usar sua camisa da "sorte" e seu time vencer a partida, então agora você sempre usará essa camisa durante os jogos, mesmo que não exista nenhuma relação. Esse exemplo mostra como podemos nos enganar pensando que dois eventos estão relacionados, mesmo quando não estão.

Correlações ilusórias também podem resultar em **estereótipos** — uma generalização supersimplificada sobre um grupo ou classe de pessoas que geralmente focaliza o negativo. Um estereótipo sobre as características de determinado grupo pode levar as pessoas a prestar atenção especial aos comportamentos associados a esse estereótipo, e essa atenção cria uma correlação ilusória que reforça o estereótipo. Por exemplo, uma pessoa que mora em uma área rural pode adotar o estereótipo de que as pessoas que vivem em grandes cidades são rudes. Essa conclusão pode ser baseada em algumas interações com pessoas de grandes cidades, ou talvez imagens da mídia. No entanto, o problema dos estereótipos é que eles podem levar à conclusão de que todas as pessoas em um grupo têm uma qualidade particular, quando isso pode estar longe de ser o caso. Muitas pessoas das grandes cidades podem, de fato, ser bastante amigáveis! Esse fenômeno está relacionado à heurística da disponibilidade porque a atenção seletiva aos comportamentos estereotipados torna esses comportamentos mais "disponíveis" (Chapman e Chapman, 1969; Hamilton, 1981).

A heurística da representatividade

Enquanto a heurística de disponibilidade envolve fazer julgamentos com base na facilidade com que um evento vem à mente, a *heurística da representatividade* envolve fazer julgamentos com base em quanto um evento se assemelha a outros eventos.

Fazendo julgamentos com base na semelhança   Ao fazer julgamentos sobre um evento ou instância, pode ser útil tentar colocar esse evento na mesma categoria de eventos semelhantes sobre os quais sabemos mais. Dessa forma, podemos tirar conclusões com base não apenas no evento em questão, mas com base nas propriedades do grupo maior. Esse atalho é conhecido como **heurística da representatividade**, que afirma que a probabilidade de uma instância ser membro de uma categoria maior depende de como essa instância se assemelha às propriedades que normalmente associamos a essa categoria. Para colocar isso em termos mais concretos, considere a seguinte demonstração.

DEMONSTRAÇÃO   Julgando ocupações

Escolhemos aleatoriamente um homem da população dos Estados Unidos. Esse homem, Robert, usa óculos, fala baixinho e lê muito. É mais provável que Robert seja bibliotecário ou fazendeiro?

Quando Amos Tversky e Daniel Kahneman (1974) apresentaram essa pergunta em um experimento, mais pessoas adivinharam que Robert era um bibliotecário. Aparentemente, a descrição de Robert como usando óculos, falando baixo e lendo muito combinava com a imagem que essas pessoas faziam de um bibliotecário típico (ver correlações ilusórias, acima, e a foto de abertura do capítulo na p. 366). Assim, eles foram influenciados pelo fato de que a descrição de Robert corresponde à sua concepção de como um bibliotecário é. No entanto, eles estavam ignorando outra fonte importante de informação — as taxas básicas de fazendeiros e bibliotecários na população. A **taxa básica** é a proporção relativa de diferentes classes na população. Em 1972, quando esse experimento foi realizado, havia muito mais agricultores do que bibliotecários nos Estados

Unidos, então, se Robert foi escolhido aleatoriamente na população, é muito mais provável que ele fosse um agricultor. (Observe que essa diferença quanto à taxa básica ainda se mantém. Em 2016, de acordo com o US Bureau of Labor Statistics, havia mais de 20 vezes mais fazendeiros do que bibliotecários.)

Uma reação ao problema agricultor-bibliotecário pode ser que talvez os participantes não estivessem cientes das taxas básicas para agricultores e bibliotecários, portanto, não tinham as informações de que precisavam para fazer um julgamento correto. O efeito de conhecer a taxa básica foi demonstrado apresentando aos participantes o seguinte problema:

Em um grupo de 100 pessoas, há 70 advogados e 30 engenheiros. Qual é a probabilidade de que, se uma pessoa do grupo ao ser escolhida ao acaso, seja engenheiro?

Os participantes que receberam esse problema adivinharam corretamente que essa probabilidade era 30% para engenheiro. No entanto, para alguns participantes, a seguinte descrição da pessoa selecionada era adicionada à declaração acima sobre as informações da taxa básica:

Jack é homem de 45 anos. Ele é casado e tem quatro filhos. Em geral, ele é conservador, cuidadoso e ambicioso. Ele não demonstra interesse por questões políticas e sociais e passa a maior parte o tempo livre em seus muitos hobbies, que incluem carpintaria doméstica, navegação e quebra-cabeças matemáticos.

Adicionar essa descrição aumentou muito a probabilidade de que os participantes selecionassem uma pessoa aleatoriamente (Jack, nesse caso) que fosse engenheiro. Aparentemente, quando apenas as informações sobre taxas básicas estão disponíveis, as pessoas usam essas informações para fazer as estimativas. No entanto, quando qualquer informação descritiva também está disponível, as pessoas desconsideram as informações sobre taxa básica disponíveis e isso pode levar a erros de raciocínio. Observe, entretanto, que o tipo certo de informação descritiva pode aumentar a precisão de um julgamento. Por exemplo, se a descrição de Jack também mencionasse que seu último trabalho envolvia determinar as características estruturais de uma ponte, isso aumentaria muito as chances de ele ser, de fato, engenheiro. Assim, assim como é importante prestar atenção às informações da taxa básica, as informações fornecidas pelas descrições também podem ser úteis se forem relevantes para a instância que você está julgando. Quando essas informações estão disponíveis, a aplicação da heurística de representatividade pode ajudar a fazer julgamentos corretos.

Fazendo julgamentos sem considerar a regra da conjunção   A demonstração a seguir ilustra outra característica da heurística da representatividade.

DEMONSTRAÇÃO   Descrição de uma pessoa

Linda tem 31 anos, é solteira, falante e muito inteligente. Ela se formou em filosofia. Quando era estudante, preocupava-se profundamente com questões de discriminação e justiça social, e também participou de manifestações antinucleares. Qual das alternativas a seguir é mais provável?

➤ Linda é caixa de banco.
➤ Linda é caixa de banco e participa do movimento feminista.

A resposta correta a esse problema é que a afirmação 1 tem uma probabilidade maior de ser verdadeira, mas, quando Tversky e Kahneman (1983) colocaram esse problema para os participantes, 85% escolheram a afirmação 2. É fácil ver por que eles fizeram isso. Os participantes foram influenciados pela heurística da representatividade, pois a descrição de Linda se enquadra na ideia de uma feminista típica. No entanto, ao fazer isso, eles violaram a regra da **conjunção** que afirma que a probabilidade de uma conjunção de dois eventos (A e B) não pode ser maior do que a probabilidade dos constituintes simples (A sozinho ou B sozinho). Como há mais caixas de banco (A) do que caixas de banco feministas (A e B), afirmar que Linda é caixa de banco *inclui* a possibilidade de ela ser uma caixa de banco feminista (**Figura 13.1**).

As pessoas tendem a violar a regra da conjunção mesmo quando está claro que a entendem. O culpado é a heurística da representatividade. No exemplo que acabamos de citar, as participantes viam as características de Linda como mais representativas de "caixa de banco feminista" do que de "caixa de banco".

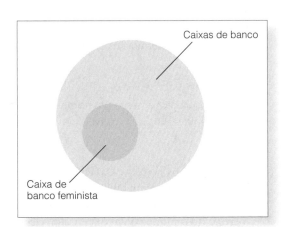

➤ Figura 13.1 Como as caixas de banco feministas são um subconjunto das caixas de banco, é sempre mais provável que alguém seja uma caixa de banco do que uma caixa de banco feminista.

Presumindo incorretamente que pequenas amostras são representativas Ao usar a heurística da representatividade para ajudar a tirar conclusões, as pessoas também podem cometer erros ignorando a importância do tamanho da amostra na qual as observações são baseadas. A seguinte demonstração ilustra o efeito do tamanho da amostra.

DEMONSTRAÇÃO Nascimentos de homens e mulheres

Uma certa cidade é atendida por dois hospitais. No hospital maior, cerca de 45 bebês nascem a cada dia, e no hospital menor, cerca de 15 bebês nascem a cada dia. Como você sabe, cerca de 50% de todos os bebês são meninos. Contudo, a porcentagem exata varia de dia para dia. Às vezes, pode ser superior a 50%, às vezes inferior. Por um período de um ano, cada hospital registrou os dias em que mais de 60% dos bebês nascidos eram meninos. Qual hospital você acha que registrou mais dias assim?

➤ O hospital maior?
➤ O hospital menor?
➤ Aproximadamente o mesmo

Quando essa pergunta foi feita aos participantes em um experimento (Tversky e Kahneman, 1974), 22% escolheram o hospital maior, 22% escolheram o menor e 56% afirmaram que não haveria diferença. O grupo que pensava que não haveria diferença estava presumindo que a taxa de natalidade de homens e mulheres em ambos os hospitais seria representativa da taxa de natalidade geral de homens e mulheres. No entanto, a resposta correta é que haveria mais dias com mais de 60% de nascimentos do sexo masculino no pequeno hospital. (E, se a pergunta fosse sobre meninas, também haveria mais dias com mais de 60% de partos de mulheres no pequeno hospital.)

Podemos entender por que esse é o caso considerando uma regra estatística chamada **lei dos grandes números**, que afirma que, quanto maior o número de indivíduos sorteados aleatoriamente de uma população, mais representativo será o grupo resultante de toda a população. Por outro lado, amostras de pequenos números de indivíduos serão menos representativas da população. Assim, no problema do hospital, é mais provável que a porcentagem de meninos ou meninas nascidos em um determinado dia esteja mais perto de 50% no grande hospital e mais distante de 50% no pequeno hospital. Para esclarecer essa conclusão, imagine que haja um hospital muito pequeno que registra apenas um nascimento por dia. Durante o período de um ano, haverá 365 nascimentos, com cerca de 50% sendo meninos e 50% meninas. No entanto, em qualquer dia, haverá 100% de meninos ou 100% de meninas — porcentagens claramente que não são representativas da população geral. As pessoas costumam presumir que a representatividade é válida para pequenas amostras, e isso pode resultar em erros de raciocínio. Quando há um pequeno número de observações, devemos sempre ser céticos em relação às conclusões tiradas. (Ver em Gigerenzer e Hoffrage, 1995; Gigerenzer e Todd, 1999, perspectivas adicionais sobre como o pensamento estatístico e as heurísticas operam no raciocínio.)

Atitudes podem afetar o julgamento

Até agora, vimos que, no raciocínio indutivo, as heurísticas podem ser usadas para ajudar a fazer julgamentos gerais de maneira rápida e fácil com base em observações específicas. Ainda que esses "atalhos" sejam frequentemente úteis e possam levar a conclusões precisas, as heurísticas também podem resultar em conclusões errôneas, fazendo-nos ignorar algumas evidências. Além das heurísticas, as atitudes que trazemos para a situação também podem influenciar nossos julgamentos.

O viés do meu ponto de vista Charles Lord e colaboradores (1979) demonstraram como as pessoas podem avaliar as evidências de uma forma que influencia suas próprias opiniões e atitudes, um efeito chamado **viés do meu ponto de vista**. (McKenzie, 2004; Stanovich et al., 2013; Taber e Lodge, 2006). Lord usou um questionário para identificar um grupo de participantes a favor da pena capital e outro grupo contra. Cada participante foi então apresentado a descrições de pesquisas sobre a pena de morte. Alguns dos estudos forneciam evidências de que a pena de morte tinha um efeito dissuasor sobre o homicídio; outros forneciam evidências de que a pena de morte não tinha efeito dissuasor.

Quando os participantes reagiam aos estudos, suas respostas refletiram as atitudes que tinham no início do experimento. Por exemplo, um artigo apresentando evidências que corroboravam o efeito dissuasor da pena capital foi classificado como "convincente" pelos proponentes da pena capital e "não convincente" por aqueles contra a pena capital. Aparentemente, as convicções anteriores das pessoas possam ter feito com que elas prestassem atenção a informações que correspondiam às suas convicções e desconsiderassem informações que não correspondiam.

O viés de confirmação O viés do meu ponto de vista é um tipo de **viés de confirmação**, que ocorre quando as pessoas procuram informações que estão de acordo com suas hipóteses e ignoram informações que as refutam. O viés de confirmação é mais amplo do que o viés do meu ponto de vista porque vale para qualquer situação (não apenas para opiniões ou atitudes) em que a informação é favorecida que confirma uma hipótese. Peter C. Wason (1960) demonstrou como o viés de confirmação pode afetar como as pessoas abordam a resolução de um problema, apresentando aos participantes as seguintes instruções:

> Você receberá três números que obedecem a uma regra simples que tenho em mente... O objetivo é descobrir essa regra anotando conjuntos de três números junto a razões da sua escolha. Depois de anotar cada conjunto, direi se os números estão ou não de acordo com a regra. Quando sentir-se bem seguro de que descobriu a regra, anote-a e diga qual é. (p. 131)

Depois que Wason apresentou o primeiro conjunto de números, 2, 4 e 6, os participantes começaram a criar seus próprios conjuntos de três números e, para cada conjunto, receberam feedback de Wason sobre se a série de três números se encaixava na regra dele. Observe que Wason disse aos participantes apenas se os números se encaixavam nessa regra. Os participantes não descobriram se *sua* justificativa para criar os três números estava correta até que se sentiram seguros o suficiente para realmente anunciar a regra. A hipótese inicial mais comum era "aumentar os intervalos de dois". No entanto, como a regra real era "três números em ordem crescente de magnitude", a regra "intervalos crescentes de dois" está incorreta, embora crie sequências que atendem a regra de Wason.

A razão pela qual muitas pessoas estabeleceram uma regra incorreta é porque estavam apenas buscando evidências de que *confirmavam* a hipótese levantada, não evidências de que *a refutava* — ou seja, eram culpados do viés de confirmação. O segredo para determinar a regra correta é superar o viés de confirmação, tentando criar sequências que *não* atendem a hipótese atual da pessoa, mas *atendem* a regra de Wason. Portanto, determinar que a sequência 2, 4, 5 está correta permite rejeitar nossa hipótese dos "intervalos crescentes de dois" e formular uma nova. Os poucos participantes cuja regra estava correta na primeira suposição seguiram a estratégia de testar algumas hipóteses eles mesmos antes de responder, criando sequências que foram projetadas para *desconfirmar* a hipótese atual. Em contraste, os participantes que não conseguiram supor a regra corretamente na primeira tentativa tendiam a continuar criando sequências que *confirmavam* a hipótese atual.

O viés de confirmação age como um par de vendas — vemos o mundo de acordo com as regras que consideramos corretas e nunca somos dissuadidos dessa visão porque buscamos apenas evidências que confirmam nossa regra. Como vimos no experimento de Lord, essas vendas criadas por nossas atitudes podem influenciar nosso julgamento de modo que vão além de como resolvemos um problema.

Avaliando evidências falsas

> "As opiniões verdadeiras só podem prevalecer se os fatos a que se referem são conhecidos; do contrário, ideias falsas são tão eficazes quanto as verdadeiras, se não um pouco mais eficazes."
>
> Walter Lippmann, *Liberty and the News* (1920)

Descrevemos várias maneiras como podemos chegar a conclusões incorretas se há erros no nosso raciocínio. Entretanto, mesmo que nosso raciocínio não contenha erros, *ainda* podemos chegar a conclusões incorretas se os fatos, acima de tudo, estão errados. Nesse ponto, você pode estar se perguntando: "Espere, por que meus fatos estão errados? 'Fatos' não são inerentemente verdadeiros?". Tem havido muita discussão pública recentemente sobre o que é um "fato" e o que não é. Por exemplo, como você sabe que as informações que lê on-line são precisas? Nem sempre é fácil saber. É por isso que é importante avaliar criticamente todas as evidências e informações que você encontra, especialmente se estiver tirando conclusões com base nessas evidências, como costumamos fazer.

Uma iniciativa recente do governo italiano explora maneiras de instruir melhor os jovens sobre como identificar informações falsas na internet (Horowitz, 2017). A iniciativa inclui atualizações curriculares com foco na alfabetização midiática, como reconhecer endereços da web falsificados, verificar a fonte de informações, entrar em contato com especialistas na área e até mesmo mostrar aos outros como identificar uma história falsa — habilidades que são particularmente importantes na Itália, onde as teorias da conspiração são comuns. O programa foi implementado em 8 mil escolas de ensino médio italianas em outubro de 2017, com a esperança de encorajar os alunos a se tornarem consumidores mais críticos de informações e avaliadores de evidências na era digital.

A iniciativa italiana é importante porque pesquisas recentes na área de alfabetização midiática mostraram que as pessoas nem sempre são diligentes na avaliação de evidências e, em vez disso, às vezes confiam em informações imprecisas. Por exemplo, Sam Wineburg e colaboradores (2016) avaliaram a capacidade de alunos do Ensino Médio para avaliar criticamente as informações que encontram on-line. Os alunos viram uma postagem real de um site de compartilhamento de fotos. A postagem consistia em uma foto de margaridas malformadas com a alegação de que as flores tinham "defeitos congênitos nucleares" do desastre nuclear em Fukushima Daiichi no Japão, mas não fornecia fontes ou qualquer outra coisa para apoiar a afirmação. Quando perguntados se a postagem fornecia fortes evidências das condições radioativas perto da usina nuclear, apenas 20% dos alunos disseram "não" e criticaram a postagem. Os 80% restantes dos alunos estavam mais inclinados a acreditar nas evidências, embora nada se soubesse sobre a fonte da foto ou a credibilidade da pessoa que a postou. Acontece que a foto *foi* tirada perto de Fukushima, mas não havia evidências de que a aparência das flores era devido à radiação, o que torna a afirmação da postagem imprecisa.

Por que as pessoas podem acreditar tanto nas informações que leem on-line ou nos jornais, como no estudo de Wineburg? Talvez eles simplesmente não tenham acesso (ou não busquem) aos recursos para saber se as informações são imprecisas, então eles consideram o valor de face, sem avaliá-los adicionalmente. De acordo com essa explicação, se as pessoas *tivessem* os recursos para saber que a informação era imprecisa, então eles não confiariam ou tirariam conclusões a partir disso.

Surpreendentemente, porém, nem sempre é esse o caso. Pesquisas mostraram que as pessoas às vezes confiam em informações que alguém disse que estavam erradas. Um estudo de Nyhan e Reifler (2010) avaliou isso usando uma situação real de notícias de 2003: a percepção equivocada de que o Iraque estava escondendo armas de destruição em massa (ADM) — uma afirmação divulgada pelo governo Bush para justificar a subsequente invasão pelos EUA do Iraque. Os participantes receberam uma notícia simulada sugerindo que havia armas de destruição em massa no Iraque. Um grupo de participantes recebeu uma correção afirmando que, de fato, nenhuma dessas armas jamais havia sido encontrada. Todos os participantes foram então perguntados em que medida concordavam com a seguinte afirmação: "Imediatamente antes da invasão dos EUA, o Iraque tinha um programa ativo de armas de destruição em massa, a capacidade de produzir essas armas e grandes estoques de ADM, mas Saddam Hussein conseguiu ocultar ou destruir essas armas um pouco antes da chegada das tropas norte-americanas".

Os resultados mostraram que entre os participantes que se descreveram como muito liberais, aqueles que receberam a correção eram mais propensos a discordar da afirmação acima do que aqueles que não receberam a correção, indicando que a correção efetivamente reduziu as percepções errôneas sobre ADM. Para os participantes moderados liberais e centristas, a correção não teve efeito nas percepções errôneas sobre ADM; esses participantes ainda acreditavam na percepção equivocada quanto a ADM tanto quanto as pessoas que não receberam a correção. Curiosamente, participantes moderados-conservadores e muito conservadores na verdade tinham *mais* probabilidade de acreditar na percepção equivocada de que o Iraque tinha armas de destruição em massa após saberem que a informação era falsa.

A descoberta de que o apoio de um indivíduo a um ponto de vista específico pode realmente se tornar mais forte quando confrontado com fatos corretivos que se opõem ao seu ponto de vista foi chamado **efeito de tiro pela culatra**. Pode ser por isso que as conversas entre pessoas com pontos de vista fortemente opostos (como na política) às vezes podem parecer contraproducentes — porque, a cada novo fato apresentado por um lado, o outro muitas vezes se apega ainda mais às suas próprias crenças. Devido a essas crenças e preconceitos firmemente mantidos, pode ser difícil avaliar objetivamente as evidências, o que pode levar a erros nas conclusões tiradas dessas evidências.

Vimos agora como o raciocínio indutivo pode levar a conclusões incorretas devido a erros no processo de raciocínio, o efeito das atitudes das pessoas e problemas na avaliação de evidências. A Tabela 13.2 resume essas potenciais fontes de erros no raciocínio indutivo.

TABELA 13.2 Fontes potenciais de erros em julgamentos

Página	Fonte	Descrição	O erro ocorre quando
396	Heurística de disponibilidade	Os eventos que são mais facilmente lembrados são julgados como mais prováveis.	Um evento facilmente lembrado é menos provável.
397	Correlação ilusória	Uma forte correlação entre dois eventos parece existir, mas não existe.	Não há correlação ou é mais fraca do que parece.
398	Heurística da representatividade	A probabilidade de A ser um membro da classe B é determinada por quão bem as propriedades de A se assemelham às propriedades geralmente associadas a B.	A presença de propriedades semelhantes não prevê associação na classe B.
398	Taxa básica	Proporções relativas de diferentes classes da população.	As informações da taxa básica não são levadas em consideração.
399	Regra de conjunção	A probabilidade de conjunção de dois eventos (A e B) não pode ser maior do que a probabilidade de constituintes simples.	Maior probabilidade é atribuída à conjunção.

continua

TABELA 13.2 Fontes potenciais de erros em julgamentos *(continuação)*

Página	Fonte	Descrição	O erro ocorre quando
400	Lei dos números grandes	Quanto maior for o número de indivíduos retirados de uma população, mais representativo será o grupo de toda a população.	Presume-se que um pequeno número de indivíduos representa com precisão toda a população.
401	Viés do meu ponto de vista	Tendência de as pessoas gerarem e avaliarem evidências e testarem suas hipóteses de forma tendenciosa para suas próprias opiniões e atitudes; o viés do meu ponto de vista é um tipo de viés de confirmação.	As pessoas permitem que suas próprias opiniões e atitudes influenciem como avaliam as evidências necessárias para tomar decisões.
401	Viés de confirmação	Procurando seletivamente por informações que estejam de acordo com uma hipótese e negligenciando informações que a contestem.	Há um foco estreito apenas na confirmação de informações.
403	Efeito tiro pela culatra	O apoio de uma pessoa a um determinado ponto de vista se torna mais forte quando apresentado a fatos que se opõem ao seu ponto de vista.	A pessoa mantém suas crenças em face de evidências contraditórias.

Ainda que você possa ter a impressão de que a maioria de nossos julgamentos está errada, isso não é realmente o caso. Por exemplo, vimos que a heurística da disponibilidade e a heurística da representatividade podem ser atalhos úteis e rápidos. Além disso, se entendemos o princípio da taxa básica, a regra da conjunção e a lei dos grandes números, é mais provável que cheguemos a conclusões precisas. Finalmente, estando cientes dos efeitos de nossas próprias preconcepções e crenças, como os vieses do meu lado e de confirmação, podemos tentar evitar os erros que podem surgir delas.

TESTE VOCÊ MESMO 13.1

1. O que é raciocínio indutivo? Que fatores contribuem para a força de um argumento indutivo?
2. Como o raciocínio indutivo está envolvido na experiência cotidiana?
3. Descreva como as seguintes fontes de falsas evidências podem causar erros de raciocínio: heurística de disponibilidade; correlações ilusórias; heurística de representatividade.
4. Como a falha em levar em consideração as taxas básicas pode causar erros de raciocínio? Certifique-se de entender como o experimento de ocupações de julgamento se relaciona com a heurística representativa e as taxas básicas.
5. Qual é a regra da conjunção? Descreva o experimento envolvendo Linda, a caixa do banco, e indique como ele relaciona-se com a heurística de representatividade e a regra de conjunção.
6. Descreva a experiência dos nascimentos masculino e feminino. Como os resultados desse experimento se relacionam com a lei dos grandes números?
7. O que é o viés do meu ponto de vista? Descreva a experiência de Lord sobre as atitudes em relação à pena capital.
8. O que é o viés de confirmação? Descreva o experimento de Wason em sequências de números.
9. Descreva o experimento de Wineburg sobre como as pessoas às vezes falham em avaliar as evidências de forma crítica. O que é o efeito de tiro pela culatra e como pode levar a conclusões incorretas?

▶ Raciocínio dedutivo: silogismos e lógica

Até agora, analisamos o raciocínio indutivo, que é tirar conclusões com base em observações. No **raciocínio dedutivo**, determinamos se uma conclusão *segue uma lógica* com base em afirmações. Para ajudar a entender a diferença entre esses dois tipos de raciocínio, podemos considerar o escopo das informações que estão sendo processadas. O raciocínio indutivo começa com casos *específicos* e generaliza-se para princípios *amplos*. Por exemplo, no caso de Marc Gasol descrito no início do capítulo, os recrutadores da NBA basearam-se em casos específicos de jogadores não musculosos não bem-sucedidos para generalizar o fato de que todos os jogadores não musculosos seriam malsucedidos. Em contraste, o raciocínio dedutivo começa com princípios *amplos* para fazer previsões lógicas sobre casos *específicos*. Por exemplo, poderemos começar com o princípio amplo de que "todos os jogadores da NBA são humanos" e, em seguida, considerar que "Marc Gasol é um jogador da NBA", para concluir logicamente que "Marc Gasol é humano". Vamos agora examinar como a lógica é usada para chegar a conclusões no raciocínio dedutivo.

Silogismos categóricos

O pai do raciocínio dedutivo é Aristóteles, que introduziu a forma básica de raciocínio dedutivo chamada **silogismo**. Um silogismo consiste em duas afirmações amplas, ou **premissas**, seguidas por uma terceira afirmação chamada conclusão. Discutiremos primeiro os **silogismos categóricos**, nos quais as premissas e a conclusão são afirmações que começam com *Todos*, *Nenhum* ou *Alguns*. Um exemplo de silogismo categórico é o seguinte:

Silogismo 1
Premissa 1: Todos os pássaros são animais. (Todos A são B)
Premissa 2: Todos os animais ingerem comida. (Todos B são C)
Conclusão: Portanto, todos os pássaros ingerem comida. (Todos A são C)

Observe que o silogismo é afirmado em termos de pássaros, animais e comida, e A, B e C. Veremos que o formato A, B, C é uma maneira útil de comparar as formas de diferentes silogismos. Analise este silogismo e decida, antes de continuar a ler, se a conclusão vem das duas premissas.

Qual foi sua resposta? Se foi "sim", você estava correto, mas o que significa dizer que a conclusão vem das premissas? A resposta a essa pergunta envolve considerar a diferença entre *validade* e *verdade* nos silogismos.

A palavra *válido* é frequentemente usada em conversa do dia a dia para significar que algo é ou pode ser verdade. Por exemplo, dizer "Susan tem um argumento válido" pode significar que o que Susan está dizendo é verdade, ou possivelmente que seu argumento deve ser considerado ainda mais. No entanto, quando usado em conjunto com silogismos, o termo **validade** tem um significado diferente: um silogismo é válido quando a *forma* do silogismo indica que sua conclusão segue *logicamente* de suas duas premissas. Observe que em nenhum lugar nesse significado diz algo sobre a conclusão ser "verdadeira". Voltaremos a isso mais adiante.

Vamos agora analisar outro silogismo que tem exatamente a mesma forma do primeiro.

Silogismo 2
Todos os pássaros são animais. (Todos A são B)
Todos os animais têm quatro patas. (Todos B são C)
Todos os pássaros têm quatro patas. (Todos A são C)

A partir da notação A, B, C, podemos ver que esse silogismo tem a mesma forma que o Silogismo 1. Como a forma do silogismo é o que determina sua validade, e vimos que o Silogismo 1 é válido podemos, portanto, concluir que a conclusão do Silogismo 2 vem das premissas, portanto também é válida.

Nesse ponto, você pode achar que algo está errado. Como pode o Silogismo 2 ser válido quando é óbvio que a conclusão está errada, porque os pássaros não têm quatro patas? Isso nos leva ao fato de que em nenhuma parte de nossa definição de validade a palavra "verdade" aparece. Validade é sobre se a conclusão *segue logicamente* das premissas com base na forma ou estrutura do silogismo. Se sim, *e* as premissas são verdadeiras, como no Silogismo 1, então a conclusão também será verdadeira. No entanto, se uma ou ambas as premissas não são verdadeiras, a conclusão pode não ser verdadeira, mesmo que o raciocínio do silogismo seja válido. Voltando ao Silogismo 2, vemos que "Todos os animais têm quatro pernas" não é verdade; ou seja, não é consistente com o que sabemos sobre o mundo. Não é por acaso, então, que a conclusão, "Todos os pássaros têm quatro patas", também não é verdadeira, embora o silogismo seja válido.

A diferença entre validade e verdade pode tornar difícil julgar se o raciocínio é "lógico" ou não, porque não só os silogismos válidos podem resultar em conclusões falsas, como no Silogismo 2, mas os silogismos também podem ser inválidos, embora cada uma das premissas e a conclusão possa ser verdadeira. Em outras palavras, um silogismo pode ter validade, mas não ser verdadeiro (como no Silogismo 2) ou pode ser verdadeiro, mas não ser válido, como no Silogismo 3 a seguir, em que cada uma das premissas pode ser verdadeira e a conclusão pode ser verdadeira.

Silogismo 3
Todos os alunos estão cansados. (Todos A são B)
Algumas pessoas cansadas ficam irritadas. (Alguns C são D)
Alguns dos alunos estão irritados. (Alguns A são D)

Talvez você ache que esse silogismo é mais difícil do que os Silogismos 1 e 2 porque duas das afirmações começam com *Algum*. Este silogismo não é válido — a conclusão não segue das duas premissas. Os alunos muitas vezes têm dificuldade para aceitar isso. Afinal de contas, eles provavelmente conhecem alunos cansados e irritáveis (talvez incluindo eles próprios, especialmente na hora do exame), e alunos são pessoas, o que sugere que alguns alunos sejam irritáveis. Uma maneira de avaliar que a conclusão não decorre logicamente das premissas é considerar o Silogismo 4, no qual a formulação é diferente, mas a forma é a mesma.

Silogismo 4
Todos os alunos moram em Tucson. (Todos A são B)
Algumas pessoas que moram em Tucson são milionárias. (Alguns C são D)
Alguns dos alunos são milionários. (Alguns A são D)

Usar essa nova formulação, embora mantendo a mesma forma, torna mais fácil ver que as pessoas na segunda premissa não precisam incluir alunos. Acontece que eu sei, por morar em Tucson, que a maioria dos estudantes não mora na mesma parte da cidade que os milionários. Claro, pode haver alguns alunos milionários no campus, mas não podemos dizer com certeza. Na verdade, é *possível* que nenhum aluno seja milionário.

Uma razão pela qual as pessoas acham que o Silogismo 3 é válido pode ser atribuída ao **viés de crença** — a tendência de pensar que um silogismo é válido se sua conclusão for verossímil. Para o Silogismo 3, a ideia de que alguns alunos são irritáveis é verossímil. No entanto, quando mudamos o texto para criar o Silogismo 4, a nova conclusão, "Alguns dos alunos são milionários", não é tão verossímil. Assim, é menos provável que o viés de crença funcione para o Silogismo 4. O viés de crença também funciona de outra maneira, como no Silogismo 2 válido, no qual uma conclusão inverossímil torna mais provável que o silogismo seja considerado inválido.

A Figura 13.2 mostra os resultados de um experimento no qual os participantes liam silogismos válidos e inválidos que tinham conclusões verossímeis ou inverossímeis (Evans et al., 1983; Morley et al., 2004). A tarefa dos participantes era indicar se a conclusão era válida. O par de barras à esquerda ilustra o viés de crença; quando o silogismo era válido, os participantes aceitavam a conclusão 80% das vezes se fosse verossímil, mas apenas 56% das vezes se fosse inverossímil. Contudo, o resultado mais interessante está à direita, que mostra que silogismos inválidos que tinham conclusões verossímeis eram julgados como válidos 71% das vezes. O viés de crença, portanto, pode fazer com que o raciocínio falho seja aceito como válido, especialmente se a conclusão de um silogismo inválido for verossímil.

Se você decidiu neste ponto que não é fácil julgar a validade de um silogismo, você está certo. Infelizmente, não existe um procedimento fácil para determinar a validade ou falta de validade, especialmente para silogismos complexos. A principal mensagem a tirar de nossa discussão é que "bom raciocínio" e "verdade" não são a mesma coisa, e isso pode ter implicações importantes para exemplos de raciocínio que você possa encontrar. Considere, por exemplo, a seguinte afirmação:

Escute-me. Sei com certeza que todos os membros do Legislativo de Nova York são contra essa nova lei tributária. E também sei que alguns parlamentares que são contra essa lei tributária estão recebendo dinheiro de grupos de interesses especiais. O que isso significa, pelo que posso dizer, é que alguns dos membros do Legislativo de Nova York estão recebendo dinheiro de grupos de interesses especiais.

O que há de errado com esse argumento? Você mesmo pode responder a isso colocando o argumento na forma de silogismo e, em seguida, usando a notação A, B, C, D. Ao fazer isso, você verá que o silogismo resultante tem exatamente a mesma forma do Silogismo 3 e, como no Silogismo 3, ele não se segue logicamente: só porque todos os membros do Legislativo de Nova York são contra o novo imposto, e alguns membros do Legislativo que são contra a nova lei tributária estão recebendo dinheiro de grupos de interesses especiais, isso não significa que alguns membros do Legislativo de Nova York estão recebendo dinheiro de grupos de interesses especiais. Assim, embora os silogismos possam parecer "acadêmicos", as pessoas costumam usar silogismos para "provar" seu ponto de vista, muitas vezes sem perceber que seu raciocínio às vezes é inválido. Portanto, é importante perceber que é fácil cair no viés de crença e que mesmo as conclusões que possam parecer verdadeiras não são necessariamente o resultado de um bom raciocínio.

Agora que discutimos como julgar as conclusões alcançadas pelo raciocínio dedutivo, podemos voltar à primeira parte do capítulo e compará-la aos julgamentos alcançados pelo raciocínio indutivo. No raciocínio indutivo, vimos que as conclusões alcançadas são *provavelmente verdadeiras*, mas não *definitivamente verdadeiras*, porque as conclusões tiradas são baseadas em

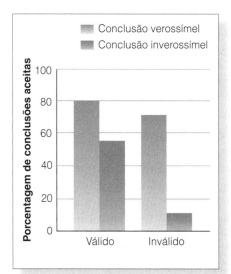

▶ Figura 13.2 Os resultados do experimento de Evans et al. (1983) que demonstrou o efeito do viés de crença no julgamento da validade dos silogismos. O par de barras à esquerda indica que um silogismo válido com uma conclusão inverossímil é menos provável de ser julgado como válido do que um silogismo válido com uma conclusão verossímil. O par de barras certo indica que a tendência de julgar um silogismo inválido como válido é alta se a conclusão for verossímil.

(Fonte: baseado em Evans et al., 1983.)

generalizações de observações específicas que nem sempre são representativas do princípio ou população mais ampla. Por exemplo, nossa conclusão inicial sobre todos os corvos serem pretos, que foi baseada em observações feitas em Pittsburgh e Washington, D.C., se mostrou errada quando expandimos nossas observações para a Europa e a Ásia. No raciocínio dedutivo, as conclusões alcançadas podem ser *definitivamente* verdadeiras, mas *apenas* se ambas as premissas forem definitivamente verdadeiras *e* se a forma do silogismo for válida. Dessa forma, pode haver mais certeza nas conclusões tiradas pelo raciocínio dedutivo do que pelo raciocínio indutivo. No entanto, como vimos nesta seção, julgar a verdade e a validade dos silogismos nem sempre é fácil. Felizmente, como discutiremos a seguir, existem métodos que podemos usar para nos ajudar.

Modelos mentais do raciocínio dedutivo

Para ajudar a julgar a validade dos silogismos, Phillip Johnson-Laird (1999a, 1999b) sugeriu uma abordagem chamada **abordagem do modelo mental**. Para ilustrar o uso de um modelo mental, Johnson-Laird (1995) propôs um problema semelhante a este (tente):

Em uma mesa de sinuca, há uma bola preta diretamente acima da bola branca. A bola verde está à direita da bola branca e há uma bola vermelha entre elas. Se eu me mover para que a bola vermelha permaneça entre mim e a bola preta, a bola branca está no _____ da minha linha de visão.

Como você resolveu esse problema? Johnson-Laird ressalta que o problema pode ser resolvido aplicando regras lógicas, mas que a maioria das pessoas o resolve imaginando como as bolas estão dispostas na mesa de sinuca. A ideia de que as pessoas podem imaginar situações é a base da proposta de Johnson-Laird de que as pessoas usam modelos mentais para resolver problemas de raciocínio dedutivo.

Um **modelo mental** é uma situação específica representada na mente de uma pessoa que pode ser usado para ajudar a determinar a validade dos silogismos no raciocínio dedutivo. O princípio básico por trás dos modelos mentais é que as pessoas criam um modelo, ou uma representação imaginária da situação, para um problema de raciocínio. Elas geram uma conclusão provisória com base nesse modelo e, em seguida, procuram exceções que podem falsificar o modelo. Se encontrarem uma exceção, elas modificam o modelo. Com o tempo, se não conseguirem encontrar mais exceções e o modelo atual corresponde à conclusão, elas podem concluir que o silogismo é válido. Podemos ilustrar como isso funcionaria para um silogismo categórico usando o seguinte exemplo (de Johnson-Laird, 1999b):

Nenhum dos artistas é apicultor.
Todos os apicultores são químicos.
Alguns dos químicos não são artistas.

Para ajudar a criar um modelo baseado nesse silogismo, vamos imaginar que estamos em uma reunião da Sociedade de Artistas, Apicultores e Químicos (a Sociedade AAQ, para abreviar). Sabemos que todas as pessoas que são elegíveis para ser membro devem ser artista, apicultor ou químico, e que também devem obedecer às seguintes regras, que correspondem às duas primeiras premissas do silogismo acima:

Regra 1: nenhum artista pode ser apicultor.
Regra 2: todos os apicultores devem ser químicos.

Nossa tarefa é facilitada porque podemos dizer quais profissões as pessoas têm por meio dos chapéus que usam. Conforme mostrado na **Figura 13.3**, os artistas estão usando boinas, os apicultores estão usando véus de apicultor de proteção e os químicos estão usando chapéus de moléculas. De acordo com as regras, nenhum artista pode ser apicultor, portanto, quem usa boina nunca pode usar véu de apicultor. Além disso, o fato de que todos os apicultores devem ser químicos significa que todos que usam véu de apicultor também devem usar chapéu de molécula.

Ao considerar apenas as duas regras e esses chapéus imaginários, podemos criar um modelo mental das premissas e tentar tirar nossas próprias conclusões sobre o que isso significa para a conexão entre químicos e artistas. Na reunião da AAQ, vamos supor que

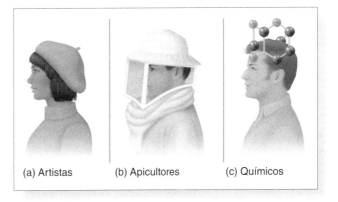

▶ Figura 13.3 Tipos de chapéus usados por artistas, apicultores e químicos que participam da convenção ABC.

▶ Figura 13.4 Diferentes tipos de pessoas que frequentam a convenção ABC, todas usando chapéus que obedecem às regras do silogismo que têm a conclusão "Alguns dos químicos não são artistas". Esse procedimento, que se baseia na abordagem dos modelos mentais do raciocínio, indica o silogismo é válido, pois o caso (c) é um químico que é artista, mas (b) e (d) são químicos que não são artistas.

encontremos Alice e vejamos que ela é artista por causa de sua boina, e também notamos que ela está seguindo a regra 1: nenhum artista pode ser apicultor (Figura 13.4a). Então encontramos Beechem, que está usando uma combinação de véu de apicultor e chapéu de molécula, de acordo com a regra 2: todos os apicultores devem ser químicos (Figura 13.4b). Lembre-se de que a conclusão "alguns dos químicos não são artistas" tem a ver com químicos e artistas. A partir da observação da artista Alice (que não é química) e do químico Beechem (que não é artista), podemos formular nosso primeiro modelo: *nenhum químico é artista*. De acordo com esse modelo, ninguém usando boina (como Alice) deveria usar um chapéu de molécula e ninguém usando chapéu de molécula (como Beechem) também deveria usar uma boina.

No entanto, ainda não terminamos, porque, depois de propor nosso primeiro modelo, precisamos procurar possíveis exceções ao modelo. Especificamente, para falsificar esse modelo, teríamos de encontrar químicos que são artistas, sem quebrar as duas regras. Então, circulamos pela multidão até encontrar o artista Cyart, que é tanto artista como químico, conforme indicado pela boina e chapéu de molécula (Figura 13.4c). Notamos que ele não está violando as duas regras, então agora sabemos que nosso primeiro modelo, "Nenhum químico é artista", não pode ser verdadeiro, e, pensando em Beechem, o apicultor-químico, revisamos nosso modelo para "Alguns dos químicos não são artistas".

Em seguida, procuramos uma exceção que falsifique nosso novo modelo, mas encontramos apenas Clara, que é apenas uma química, o que também é permitido pelas regras (Figura 13.4d). Este caso não refuta nosso novo modelo, e depois de mais pesquisas, não encontramos ninguém na sala cuja existência refutaria a conclusão desse silogismo, então nós a aceitamos. Esse exemplo ilustra o princípio básico por trás da teoria do modelo mental: uma conclusão só é válida se não puder ser refutada por nenhum modelo de premissas.

A teoria do modelo mental é atraente porque pode ser usada para avaliar a validade de um silogismo sem treinamento nas regras da lógica e porque faz previsões que podem ser testadas. Por exemplo, a teoria prevê que silogismos que requerem modelos mais complexos serão mais difíceis de resolver, e essa previsão foi confirmada em experimentos (Buciarelli e Johnson-Laird, 1999).

Existem também outras propostas sobre como as pessoas podem avaliar a validade em silogismos (ver Rips, 1995, 2002), mas não há acordo entre os pesquisadores quanto à abordagem correta. Apresentamos a teoria do modelo mental porque é corroborada pelos resultados de uma série de experimentos e porque é um dos modelos mais fáceis de aplicar e explicar. No entanto, alguns pesquisadores que estão tentando determinar como as pessoas avaliam os silogismos enfrentam desafios. Esses problemas incluem o fato de que as pessoas usam uma variedade de estratégias diferentes de raciocínio e que algumas pessoas são muito melhores na resolução de silogismos do que outras (Buciarelli e Johnson-Laird, 1999). Assim, a pergunta de como as pessoas determinam a validade dos silogismos ainda precisa ser respondida.

No entanto, ainda não terminamos com os silogismos. Além dos silogismos categóricos, que têm premissas e conclusões que começam com *Todos, Alguns* ou *Nenhum*, existe outro tipo de silogismo, denominado *silogismo condicional*, em que a primeira premissa tem a forma "Se ... então".

Silogismos condicionais

Silogismos condicionais têm duas premissas e uma conclusão como silogismos categóricos, mas a primeira premissa tem a forma "Se... então". Esse tipo de raciocínio dedutivo é comum na vida cotidiana. Por exemplo, digamos que você emprestou $ 20 ao seu amigo Steve, mas ele nunca pagou de volta. Conhecendo Steve, você pode dizer a si mesmo que sabia que isso aconteceria. Afirmado na forma de silogismo, seu raciocínio pode ser assim: *se* eu emprestar $ 20 a Steve, *então* não vou recebê-lo de volta. Emprestei $ 20 a Steve. Portanto, não vou receber meus $ 20 de volta. Como nos silogismos categóricos, se ambas as premissas são verdadeiras e o silogismo é válido, então a conclusão é definitivamente verdadeira. No entanto, também como nos silogismos categóricos, avaliar a validade de um silogismo pode ser complicado, dependendo de sua forma e conteúdo, como veremos nos exemplos a seguir.

Há quatro principais tipos de silogismos condicionais, listados na Tabela 13.3 em forma abstrata (usando p e q). Silogismos condicionais normalmente usam as notações p e q em vez de A e B usadas em silogismos categóricos. Para tornar esses silogismos mais fáceis de entender, substituiremos os p e q nos quatro tipos de silogismos na Tabela 13.3 por mais exemplos da vida real.

Tabela 13.3 Quatro silogismos que começam com a mesma primeira premissa
Primeira premissa de todos os silogismos: se p, então q.

Silogismo	Segunda premissa	Conclusão	É válido?	Julgado corretamente?
Silogismo 1: modus ponens	p	Portanto, q	Sim	97%
Silogismo 2: modus tollens	Não q	Portanto, não p	Sim	60%
Silogismo 3	q	Portanto, p	Não	40%
Silogismo 4	Não p	Portanto, não q	Não	40%

Silogismo condicional 1
Se eu estudar, terei uma boa nota.
Eu estudei.
Portanto, terei uma boa nota.

Esta forma de silogismo — chamada de *modus ponens*, que em latim significa (traduzido aproximadamente) "a maneira que afirma afirmando" — é válida: a conclusão segue logicamente das duas premissas. Quando os participantes são solicitados a indicar se a forma p e q desse silogismo é válida, cerca de 97% deles classificam corretamente como válida (ver Tabela 13.3).

Silogismo condicional 2
Se eu estudar, terei uma boa nota.
Não tirei uma boa nota.
Portanto, não estudei.

Válido ou inválido? A resposta é que esse tipo de silogismo, denominado *modus tollens* (para "a maneira que nega negando"), é válido. Essa formula é mais difícil de avaliar; apenas 60% acertam a versão p e q do *modus tollens*.

Silogismo condicional 3
Se eu estudar, terei uma boa nota.
Tirei uma boa nota.
Portanto, eu estudei.

A conclusão nesse silogismo ("Eu estudei") não é válida porque, mesmo que você não tenha estudado, ainda é possível que tenha tirado uma boa nota. Talvez o exame tenha sido fácil, ou talvez você já conhecesse o material. Apenas 40% dos participantes classificam corretamente esse silogismo como inválido. Avaliar a validade desse tipo de silogismo pode ser particularmente difícil, dependendo de seu conteúdo. Para demonstrar isso, considere o seguinte silogismo, que tem a mesma forma, mas conteúdo diferente.

Se eu moro em Tucson, então moro no Arizona.
Eu moro no Arizona.
Portanto, eu moro em Tucson.

É muito mais óbvio que a conclusão desse silogismo não segue das premissas, porque se você mora no Arizona há muitos outros lugares além de Tucson onde poderia morar. Isso mostra que a maneira como um problema ou silogismo é formulado pode influenciar a facilidade de avaliá-lo.

Por fim, vamos considerar o silogismo 4.

Silogismo condicional 4
Se eu estudar, irei tirar uma boa nota.
Eu não estudei.
Portanto, não tirei uma boa nota.

A conclusão desse silogismo (não tirei boa nota) não é válida. Assim como no Silogismo 3, você provavelmente pode pensar em situações que contradizem a conclusão, em que alguém tirou uma boa nota mesmo que não tenha estudado. Mais uma vez, o fato de que esse silogismo é inválido torna-se mais óbvio quando reafirmado em termos de Tucson e Arizona.

Se eu moro em Tucson, então moro no Arizona.
Eu não moro em Tucson.
Portanto, eu não moro no Arizona.

Assim como no Silogismo 3, o fato de que a conclusão (não moro no Arizona) não é válida torna-se mais óbvio quando mudamos o conteúdo. Observe na Tabela 13.3 que apenas 40% dos participantes avaliam corretamente esse silogismo como inválido quando está no formato *p* e *q*. Na próxima seção, descreveremos um problema de raciocínio que corrobora ainda mais a ideia de que a maneira como um silogismo é enunciado pode tornar mais fácil avaliá-lo corretamente.

Raciocínio condicional: o problema das quatro cartas de Wason

Se o raciocínio valendo-se de silogismos condicionais dependesse apenas da aplicação de regras de lógica formal, então não importaria se o silogismo fosse afirmado em termos de símbolos abstratos, como *p* e *q*, ou em termos de exemplos do mundo real, como estudar ou cidades. No entanto, a pesquisa mostra que as pessoas geralmente são melhores em julgar a validade dos silogismos quando exemplos do mundo real são substituídos por símbolos abstratos. À medida que analisamos essa pesquisa, veremos que, como acontece com nossos exemplos de silogismo, alguns exemplos do mundo real são melhores do que outros. Nosso principal objetivo, no entanto, não é simplesmente mostrar que afirmar um problema em termos do mundo real o torna mais fácil, mas considerar como os pesquisadores usaram várias maneiras de declarar um problema para propor mecanismos que explicam *por que* os problemas do mundo real são mais fáceis. Para estudar isso, muitos pesquisadores usaram um problema de raciocínio clássico chamado **problema das quatro cartas de Wason**.

> **DEMONSTRAÇÃO** O problema das quatro cartas de Wason
>
> Quatro cartas são mostradas na **Figura 13.5**. Cada carta tem uma letra de um lado e um número do outro lado. Sua tarefa é indicar quais cartas você precisa virar para testar a seguinte regra:
>
> Se houver uma vogal em um lado da carta, então haverá um número par no outro lado.

Figura 13.5 O problema de quatro cartas do Wason (Wason, 1966). Siga as instruções na demonstração e resolva este problema.
(Fonte: baseado em Wason, 1966.)

Quando Wason (1966) propôs essa tarefa (que chamaremos versão abstrata da tarefa), 53% dos participantes indicaram que o E deve ser virado ao contrário. Podemos ver que isso está correto na Figura 13.6a, que mostra as duas possibilidades que podem resultar de virar o E ao contrário: um número ímpar ou um número par. Os resultados que estão em conformidade com a regra de Wason estão destacados em verde, aqueles que não estão em conformidade estão destacados em vermelho e aqueles que não são abrangidos pela regra não têm cor. Assim, virar o E ao contrário e revelar um número par está em conformidade com a regra, mas revelar um número ímpar não está em conformidade com a regra. Como encontrar um número ímpar do outro lado do E indicaria que a regra não é verdadeira, é necessário virar o E ao contrário para testar a regra. Esta figura está disponível, em cores, no suplemento colorido, ao final do livro.

No entanto, outra carta precisa ser virada ao contrário para testar totalmente a regra. No experimento de Wason, 46% dos participantes indicaram que, além do E, o 4 precisaria ser virado ao contrário. Entretanto, a Figura 13.6b mostra que isso não informa nada, porque a regra não menciona consoantes. Embora não haja nada de errado em encontrar uma vogal do outro lado do 4, isso não fornece nenhuma informação sobre se a regra é verdadeira, a não ser que funciona *nesse caso*. O que procuramos ao testar qualquer regra é um exemplo que *não* funciona. Assim que encontrarmos esse exemplo, podemos concluir que a regra é falsa. Isso é o **princípio da falsificação**: *para testar uma regra, é necessário procurar situações que falsificariam a regra.*

Voltando à Figura 13.6, podemos ver que tudo o que acontece ao virar o K ao contrário não informa nada (é outra consoante irrelevante), mas encontrar uma vogal do outro lado do 7 falsifica a regra. Apenas 4% dos participantes de Wason deram a resposta correta — que a segunda carta que precisa ser virada ao contrário é o 7.

O que as versões do mundo real da tarefa de Wason nos dizem   A tarefa de Wason gerou uma grande quantidade de pesquisas, porque é uma tarefa de raciocínio condicional "Se ... então". Um dos motivos pelos quais os pesquisadores estão interessados nesse problema é que, quando o problema é expresso em termos do mundo real, o desempenho melhora. Por exemplo, Richard Griggs e James Cox (1982) definiram o problema da seguinte forma:

> Quatro cartas são apresentadas na Figura 13.7. Cada carta tem uma idade em um lado e o nome de uma bebida do outro. Imagine que você é um policial que está aplicando a regra "Se uma pessoa está bebendo cerveja, ela deve ter mais de 19 anos". (Os participantes nesse experimento eram da Flórida, onde a idade de permissão para beber era de 19 anos na época.) Qual das cartas na Figura 13.7 deve ser virada para determinar se a regra está sendo seguida?

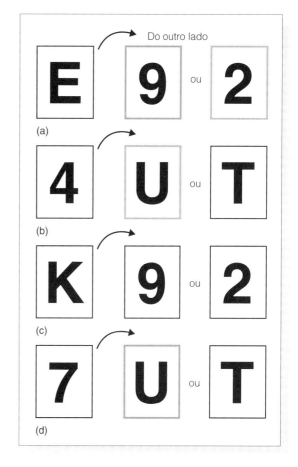

▶ Figura 13.6 Possíveis resultados de virar as cartas no problema de quatro cartas do Wason da Figura 13.5. As bordas vermelhas indicam uma situação em que virar a carta falsifica a afirmação "Se houver uma vogal de um lado, então há um número par do outro lado". As bordas verdes indicam uma situação em que virar a carta confirma a declaração. Nenhuma cor indica que o resultado é irrelevante para a declaração. Para testar o enunciado aplicando o princípio da falsificação, é necessário virar as cartas E e 7. Esta figura está disponível, em cores, no suplemento colorido, ao final do livro.

▶ Figura 13.7 A versão da cerveja/idade para beber do problema das quatro cartas.
(Fonte: baseado em Griggs e Cox, 1982.)

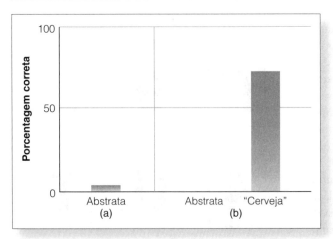

> Figura 13.8 Desempenho em diferentes versões do problema de quatro cartas (a) Versão abstrata (Wason, 1966), mostrada na Figura 13.6. (b) Versão abstrata e versão cerveja/idade para beber (Griggs e Cox, 1982), mostrada na Figura 13.7.
> (Fontes: baseado em Wason, 1996; Griggs e Cox, 1982.)

Essa versão do problema de Wason para cerveja/idade para beber é idêntica à versão abstrata, exceto que os termos cotidianos concretos (cerveja e refrigerante; idades mais jovens e mais velhas) são substituídos por letras e números. Griggs e Cox descobriram que, para essa versão do problema, 73% dos participantes forneceram a resposta correta: É necessário virar ao contrário as cartas "Cerveja" e "16 anos". Em contraposição, nenhum dos participantes respondeu à tarefa abstrata corretamente (Figura 13.8). Por que a tarefa concreta é mais fácil do que a abstrata? De acordo com Griggs e Cox, a versão cerveja/idade para beber da tarefa é mais fácil porque envolve regulamentos com os quais as pessoas estão familiarizadas. Qualquer um que sabe que existe uma idade mínima para beber entende que, se alguém parece ter 16 anos, isso precisa de ser verificado.

Uma explicação semelhante foi proposta por Patricia Cheng e Keith Holyoak (1985), que sugeriram que as pessoas pensam no que se refere a esquemas — o conhecimento sobre as regras que regem seus pensamentos e ações. Um desses esquemas é um **esquema de permissão**, que afirma que, se uma pessoa atender uma condição específica (ser maior de idade para beber), ela poderá realizar uma ação (receber álcool). O esquema de permissão "Se você tem 19 anos, então você bebe cerveja" é algo que a maioria dos participantes nesse experimento aprenderam, assim eles foram capazes de aplicar esse esquema à tarefa da carta.

Essa ideia de que as pessoas aplicam um esquema da vida real como o esquema de permissão à tarefa da carta torna mais fácil entender a diferença entre a versão abstrata da tarefa da carta e a versão do mundo real da cerveja/idade para beber. Na tarefa abstrata, o objetivo é indicar se uma afirmação abstrata sobre letras e números é verdadeira. Contudo na tarefa cerveja/idade para beber, o objetivo é ter certeza de que a pessoa tem permissão para beber álcool. Aparentemente, ativar o esquema de permissão ajuda as pessoas a focalizar a atenção na carta que testaria esse esquema. A atenção dos participantes é atraída para a carta "16 anos" porque eles sabem que "Cerveja" do outro lado violaria a regra de que uma pessoa deve ter 19 anos para beber.

A pesquisa apresentada nesta seção do capítulo mostrou que pode ser mais fácil entender silogismos como a tarefa de Wason quando são afirmados através de situações do mundo real. Uma razão disso pode ser que as pessoas são sensíveis a situações nas quais permissões ou regulamentos estão envolvidos (Cheng e Holyoak, 1985), mas talvez haja algum outro motivo. Na verdade, outros pesquisadores sugeriram explicações alternativas para os resultados da tarefa de Wason do mundo real. Por exemplo, Leda Cosmides e John Tooby (1992) sugeriram que as versões do mundo real são mais fáceis de resolver porque as pessoas estão atentas a trapaceiros. O raciocínio por trás dessa explicação é baseado na ideia de que, do ponto de vista evolutivo, estar ciente da trapaça de outras pessoas é importante para a sobrevivência.

Cada uma dessas explicações — a explicação das permissões e a explicação da trapaça — tem evidências que as apoiam e refutam (Johnson-Laird, 1999b; Manktelow, 1999, 2012). Independentemente da explicação, ficamos com a importante descoberta de que o contexto em que ocorre o raciocínio condicional faz uma grande diferença. Afirmar o problema das quatro cartas no que se refere a situações familiares pode gerar um raciocínio melhor do que afirmações abstratas ou afirmações com as quais as pessoas não podem se identificar. Isso está relacionado à nossa discussão sobre silogismos categóricos, onde vimos que a maneira como o silogismo é afirmado (isto é, em relação a situações familiares do mundo real, em vez de p e q) pode influenciar muito nossa capacidade de avaliá-lo.

TESTE VOCÊ MESMO 13.2

1. O que é raciocínio dedutivo? O que significa dizer que a conclusão de um silogismo é "válida"? Como pode uma conclusão ser válida, mas não verdadeira? É verdade, mas não é válido?
2. O que é um silogismo categórico? Qual é a diferença entre validade e verdade em silogismos categóricos?
3. Qual é o viés de crença? Certifique-se de compreender os resultados mostrados na Figura 13.2.
4. Qual é a abordagem do modelo mental para determinar a validade do raciocínio?

5. O que é um silogismo condicional? Qual dos quatro tipos de silogismos descritos no capítulo são válidos, quais não são válidos, e quão bem as pessoas podem julgar a validade de cada tipo? Como mudar o texto, mantendo a mesma forma, influencia a capacidade de determinar se um silogismo é válido?
6. O que é o problema das quatro cartas do Wason? Por que a carta 7 precisa ser virada para resolvê-lo?
7. O que os resultados de experimentos que usaram versões da vida real do problema de quatro cartas do Wason indicam como o conhecimento dos regulamentos e esquemas de permissão e a consciência da trapaça podem estar envolvidos na solução desse problema? O que podemos concluir de todos os experimentos sobre o problema de Wason?

▶ Tomada de decisão: escolhendo entre as alternativas

Como observado no início do capítulo, tomamos decisões todos os dias, desde as relativamente sem importância (que roupas vestir, que filme ver) até aquelas que podem ter um grande impacto em nossas vidas (que faculdade frequentar, com quem casar, que trabalho escolher). Quando discutimos as heurísticas de disponibilidade e representatividade, usamos exemplos nos quais as pessoas eram solicitadas a fazer julgamentos sobre coisas como causas de morte ou ocupações das pessoas. Ao discutir a tomada de decisão, nossa ênfase será em como as pessoas fazem julgamentos que envolvem escolhas entre diferentes *cursos de ação*. Essas escolhas podem envolver decisões pessoais, como que escola frequentar ou se devo voar ou dirigir até um destino, ou decisões tomadas em conjunto com uma profissão, como "Que campanha publicitária minha empresa deve executar?" ou "Qual jogador de basquete devemos escolher?". Começamos considerando uma das propriedades básicas da tomada de decisão: decisões envolvem benefícios e custos.

A abordagem da utilidade para decisões

Muitas das primeiras teorias sobre a tomada de decisão foram influenciadas pela **teoria da utilidade esperada**, que supõe que as pessoas são basicamente racionais. De acordo com essa teoria, se as pessoas têm todas as informações relevantes, elas tomarão uma decisão que resulta na utilidade máxima esperada, em que **utilidade** se refere aos resultados que alcançam os objetivos de uma pessoa (Manktelow, 1999; Reber, 1995). Os economistas que estudaram a tomada de decisão pensaram na utilidade no que se refere a valor monetário; portanto, o objetivo de uma boa tomada de decisão era fazer escolhas que resultassem no máximo retorno monetário.

Uma das vantagens da abordagem da utilidade é que ela especifica procedimentos que permitem determinar qual escolha resultaria no maior valor monetário. Por exemplo, se conhecemos a probabilidade de ganhar ao jogar em uma máquina caça-níqueis em um cassino e também conhecemos o custo de jogar e o tamanho da recompensa, é possível determinar que, a longo prazo, jogar em caça-níqueis é uma proposição perdedora. No entanto, só porque é possível prever a estratégia ótima não significa que as pessoas seguirão essa estratégia. As pessoas regularmente comportam-se de modo que ignoram a maneira ideal de responder com base em probabilidades. Embora a maioria das pessoas perceba que no longo prazo o cassino ganha, a enorme popularidade do jogo indica que muitas pessoas decidiram frequentar cassinos de qualquer maneira. Observações como essa, bem como os resultados de muitos experimentos, levaram psicólogos a concluir que as pessoas não seguem os procedimentos de tomada de decisão propostos pela teoria da utilidade esperada.

Eis alguns exemplos adicionais de situações em que as decisões das pessoas não maximizam a probabilidade de um bom resultado. Veronica Denes-Raj e Seymour Epstein (1994) ofereceram aos participantes a oportunidade de ganhar até $ 7 recebendo $ 1 sempre que retira uma jujuba vermelha de uma tigela contendo jujubas vermelhas e brancas. Quando dada a escolha entre tirar de uma tigela pequena contendo 1 jujuba vermelha e 9 jujubas brancas (probabilidade de tirar vermelha = 10%;

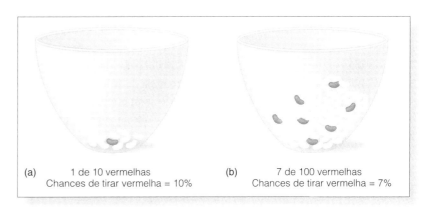

▶ Figura 13.9 Denes-Raj e Epstein (1994) deram aos participantes a escolha entre escolher aleatoriamente uma jujuba de (a) uma tigela com 1 jujuba vermelha e 9 jujubas brancas ou (b) uma tigela com 7 jujubas vermelhas e 93 jujubas brancas (nem todas as jujubas brancas são mostradas nesta imagem). Os participantes recebiam dinheiro se pegassem 1 jujuba vermelha. Esta figura está disponível, em cores, no suplemento colorido, ao final do livro. (Fonte: baseado em Denes-Raj e Epstein, 1994.)

Figura 13.9a) ou de uma tigela maior contendo uma proporção menor de jujubas vermelhas (por exemplo, 7 jujubas vermelhas e 93 jujubas brancas, probabilidade de tirar vermelha = 7%; Figura 13.9b), muitos participantes escolheram a tigela maior com a probabilidade menos favorável. Quando solicitados a explicar, eles relataram que, embora soubessem que as probabilidades eram contra eles, de alguma forma se sentiam como se tivessem uma chance melhor se houvesse mais jujubas vermelhas. Aparentemente, ver mais jujubas vermelhas dominou seu conhecimento de que a probabilidade era menor (eles foram informados de quantas jujubas vermelhas e brancas havia em cada tentativa).

Ainda que decidir em qual tigela selecionar as jujubas não seja uma decisão particularmente importante, a preferência dos participantes pela escolha de probabilidade mais baixa mostra que eles são influenciados por outras considerações além do seu conhecimento das probabilidades. Uma decisão de maior consequência é a decisão na vida real de viajar de carro ou avião. Embora seja bem conhecido que a probabilidade de morrer em um acidente de carro é muito maior do que em um acidente de avião, ocorreu uma diminuição nas viagens aéreas e um aumento no número das viagens de carro após os ataques terroristas de 11 de setembro. De acordo com um cálculo, o número de norte-americanos que perderam a vida na estrada evitando o risco de voar foi maior do que o número total de passageiros mortos nos quatro voos sequestrados (Gigerenzer, 2004).

A ideia de que as pessoas geralmente ignoram as probabilidades ao tomar decisões também é corroborada por uma análise de como os concorrentes respondem no game show de TV *Deal or No Deal*, que estreou nos Estados Unidos em 2005. Nesse programa, é mostrada a um competidor uma lista de 26 quantias em dinheiro, que variam de 1 centavo a 1 milhão de dólares. Cada um desses valores está contido em uma das 26 pastas, que ficam expostas no palco. O jogo começa quando o competidor escolhe uma dessas pastas para ser sua. O competidor tem direito a qualquer quantia de dinheiro contida nessa pasta. O problema, porém, é que o competidor não sabe quanto está na pasta, e a única maneira de descobrir é abrir as 25 pastas restantes, uma por uma, até que a pasta do competidor seja a única que resta (Figura 13.10).

► Figura 13.10 Um ponto de decisão no início de um jogo no programa de televisão *Deal or No Deal*. O anfitrião, Howie Mandel, à direita, acaba de perguntar ao competidor se ele deseja aceitar uma oferta feita pelo banco (Deal) ou continuar o jogo (No Deal). Ao fundo, modelos ficam ao lado de pastas numeradas que ainda não foram abertas. Cada uma dessas pastas contém uma quantia desconhecida de dinheiro. A pasta do concorrente, não mostrada aqui, também contém uma quantia desconhecida de dinheiro.

O competidor indica qual das 25 pastas restantes abrir, uma por uma. Cada vez que o competidor decide sobre um número de pasta, o modelo ao lado dessa pasta a abre e revela quanto dinheiro está dentro. Cada valor em dólar revelado é retirado da lista de 26 valores. Assim, ao olhar para a lista de valores, o competidor pode dizer quais valores estão fora do jogo (os valores em pastas que foram abertas) e quais valores ainda estão no jogo. Um dos valores ainda no jogo estará na pasta do competidor, mas o competidor não sabe qual.

Depois de abrir seis pastas, o competidor recebe uma oferta do banco com base nos 20 prêmios restantes. Nesse ponto, o competidor deve escolher entre pegar o valor garantido oferecido pelo banco (Deal) ou continuar o jogo (No Deal). A única informação que pode ajudar o concorrente a decidir é o valor que o banco está oferecendo e a lista de valores que ainda estão no jogo, um dos quais está na pasta do competidor. Se o competidor rejeitar a oferta inicial do banco, ele abrirá mais pastas e o banco fará uma nova oferta. Sempre que o banco faz uma oferta, o competidor considera a oferta do banco e os valores que ainda estão no jogo e decide se aceita a oferta do banco ou continua o jogo.

Por exemplo, considere a seguinte situação, mostrada na Tabela 13.4, que ocorreu em um jogo real para um competidor que chamaremos competidor X. Os valores na coluna à esquerda são os valores que estavam dentro das 21 pastas que o competidor X havia aberto. Os valores da coluna à direita são os valores das cinco pastas que ainda não foram abertas. Quatro dessas pastas estavam no palco e a única restante pertencia ao competidor X. Com base nesses valores, o banco fez uma oferta de $ 80 mil. Em outras palavras, o competidor X tinha a escolha entre definitivamente receber $ 80 mil ou arriscar-se a receber uma quantia maior listada na coluna à direita. A escolha racional parece ser pegar $ 80 mil, porque havia apenas 1 probabilidade de 5 de ganhar $ 300 mil e todas as outras quantias eram inferiores a $ 80 mil. Infelizmente, o concorrente X não aceitou o acordo, e a próxima pasta aberta continha $ 300 mil, tirando-o do jogo. O competidor X então aceitou a nova oferta do banco de $ 21 mil, encerrando o jogo.

Tabela 13.4   Recompensas por trocar ou não trocar

21 pastas abertas (não estão mais em jogo)		5 pastas restantes (ainda em jogo)
$ 0,01	$ 5.000	$ 100
$ 1	$ 10.000	
$ 5	$ 25.000	$ 400
$ 10	$ 75.000	
$ 25	$ 100.000	$ 1.000
$ 50	$ 200.000	
$ 75	$ 400.000	$ 50.000
$ 200	$ 500.000	
$ 300	$ 750.000	$ 300.000
$ 500	$ 1.000.000	
$ 750		

Thierry Post e colaboradores (2008) analisaram as respostas dos competidores em centenas de jogos e concluíram que as escolhas dos competidores são determinadas não apenas pelas quantias de dinheiro deixadas nas pastas, mas pelo que aconteceu antes de sua decisão. Post descobriu que, se as coisas estão indo bem para o concorrente (eles abriram uma série de pequenas pastas de dinheiro) e o banco começa a oferecer mais e mais, o concorrente provavelmente será cauteloso e aceitará o acordo antecipadamente. Em contraposição, quando os concorrentes estão indo mal (tendo aberto uma série de pastas de grande valor, retirando essas quantias do jogo) e as ofertas do banco diminuem, eles provavelmente correrão mais riscos e continuarão jogando. Post sugere que uma das razões para esse comportamento dos competidores que estão indo mal é que eles querem evitar a sensação negativa de ser perdedor. Eles, portanto, correm mais riscos na esperança de "vencer as adversidades" e ganhar no final. Provavelmente foi isso que aconteceu ao competidor X, com resultados infelizes. O que parece estar acontecendo aqui é que as decisões dos competidores são influenciadas por suas emoções. Descreveremos agora uma série de exemplos de como a tomada de decisão é influenciada pelas emoções e também por outros fatores não considerados pela teoria da utilidade.

Como as emoções afetam as decisões

As qualidades emocionais pessoais têm sido associadas à tomada de decisões. Por exemplo, pessoas ansiosas tendem a evitar tomar decisões que podem potencialmente levar a grandes consequências negativas, uma resposta chamada *aversão a risco* à qual retornaremos em breve (Maner e Schmidt, 2006; Paulus e Yu, 2012). Outro exemplo é a qualidade do otimismo, que muitas vezes é considerada uma qualidade pessoal positiva. No entanto, pessoas otimistas têm maior probabilidade de ignorar informações negativas e se concentrar em informações positivas, fazendo com que baseiem suas decisões em informações incompletas. Muito otimismo pode, portanto, levar a uma tomada de decisão ruim (Izuma e Adolphs, 2011; Sharot et al., 2011). Agora discutiremos a pesquisa que considerou uma série de outras maneiras pelas quais as emoções podem afetar as decisões.

As pessoas preveem suas emoções com imprecisão   Um dos efeitos mais poderosos da emoção na tomada de decisões envolve **emoções esperadas**, emoções que as pessoas *preveem* que sentirão por um determinado resultado. Por exemplo, um concorrente de *Deal or No Deal* pode pensar em uma escolha em relação em como se sentirá ao aceitar a oferta do banco de $ 125.000 (mesmo que possa potencialmente ganhar $ 500.000), como se sentirá se ganhar os $ 500.000, mas também como ele se sentirá mal se não aceitar a oferta do banco e descobrir que há apenas $ 10 em sua pasta.

As emoções esperadas são um dos determinantes da **aversão a risco** — a tendência de evitar correr riscos. Uma das coisas que aumenta a chance de aversão ao risco é a tendência de prever que uma determinada perda terá um impacto maior do que um ganho do mesmo tamanho (Tversky e Taber, 1991). Por exemplo, se as pessoas preveem que seria muito perturbador perder $ 100, mas apenas ligeiramente agradável ganhar $ 100, isso faria com que recusassem uma aposta cujas probabilidades são de 50-50, como jogar uma moeda (ganhe $ 100 para cara; perca $ 100 para coroa). Na verdade, por causa desse efeito, algumas pessoas relutam em fazer uma aposta em que haja 50% de chance de ganhar $ 200 e 50% de chance de perder $ 100, embora, de acordo com a teoria da utilidade, essa seja uma boa aposta (Kermer et al., 2006).

Deborah Kermer e colaboradores (2006) estudaram esse efeito fazendo um experimento que comparou as emoções esperadas das pessoas com suas emoções reais. Eles deram aos participantes $ 5 e instruíram que, com base em cara ou coroa, eles ganhariam $ 5 adicionais ou perderiam $ 3. Os participantes avaliaram sua felicidade antes do início do experimento

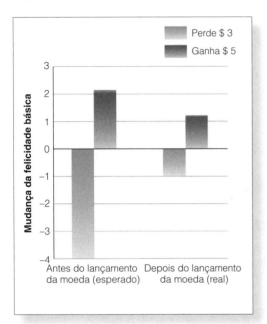

► Figura 13.11 Os resultados dos experimentos de Kermer et al. (2006) mostram que as pessoas superestimam muito o efeito negativo esperado da perda (barra vermelha à esquerda), em comparação com o efeito real da perda (barra vermelha à direita). As barras azuis indicam que as pessoas superestimam apenas ligeiramente o efeito positivo esperado da vitória (barra azul à esquerda), em comparação com o efeito real da vitória (barra azul à direita). Esta figura está disponível, em cores, no suplemento colorido, ao final do livro.

(Fonte: baseado em Kermer et al., 2006.)

e, em seguida, previram como sua felicidade mudaria se ganhassem no cara ou coroa (ganham $ 5, então eles têm $ 10) ou perdem (perdem $ 3, então eles têm $ 2). Os resultados dessas avaliações são indicados pelo par de barras à esquerda na Figura 13.11. Observe que, antes do experimento, os participantes previram que o efeito negativo de perder $ 3 seria maior do que o efeito positivo de ganhar $ 5.

Após o cara e coroa, em que alguns participantes ganhavam e alguns perdiam, eles realizaram uma tarefa de preenchimento por 10 minutos e, em seguida, avaliaram sua felicidade. As barras à direita mostram que o efeito real de perder era substancialmente menor do que o previsto, mas o efeito positivo de ganhar era apenas um pouco menor do que o previsto. Assim, após a aposta, o efeito positivo de ganhar e o efeito negativo de perder acabaram sendo quase iguais.

Por que as pessoas superestimam quais serão seus sentimentos negativos? Um dos motivos é que, ao fazer previsões, eles não levam em consideração os vários mecanismos de enfrentamento que podem usar para lidar com a adversidade. Por exemplo, uma pessoa que não consegue o emprego que queria pode interpretar o fracasso dizendo "O salário não era o que eu realmente queria" ou "Vou encontrar algo melhor". No experimento de Kermer, quando os participantes previram como se sentiriam se perdessem, eles concentraram-se em perder $ 5, mas, depois que o resultado foi determinado, os participantes que realmente perderam se concentraram no fato de que ainda tinham $ 2 restantes.

Os resultados do experimento de Kermer, além de outros, mostram que a incapacidade de prever corretamente o resultado emocional de uma decisão pode levar a uma tomada de decisão ineficiente (Peters et al., 2006; Wilson e Gilbert, 2003). Agora veremos como as emoções que nem mesmo estão relacionadas à tomada de decisão podem afetar a decisão.

Emoções incidentais afetam decisões **Emoções incidentais** são as que não são causadas por ter de tomar uma decisão. Emoções incidentais podem estar relacionadas à disposição geral de uma pessoa (a pessoa é naturalmente feliz, por exemplo), algo que aconteceu no início do dia ou o ambiente geral, como música de fundo sendo tocada em um game show ou os aplausos do público do game show.

Como o fato de você se sentir feliz ou triste, ou estar em um ambiente que causa sentimentos positivos ou negativos, pode afetar suas decisões? Há evidências de que a tomada de decisão é afetada por essas emoções incidentais, embora não estejam diretamente relacionadas à decisão. Por exemplo, em um artigo intitulado "Clouds Make Nerds Look Good", Uri Simonsohn (2007) relata uma análise das decisões de admissão em universidades em que ele descobriu que os atributos acadêmicos dos candidatos eram mais pesados em dias nublados do que em dias ensolarados (atributos não acadêmicos venciam em dias de sol). Em outro estudo, ele descobriu que os futuros alunos que visitam uma universidade com classificação acadêmica alta têm maior probabilidade de se matricular se tiverem visitado o campus em um dia nublado (Simonsohn, 2009).

As decisões podem depender do contexto em que são tomadas

As evidências de que as decisões podem ser influenciadas pelo contexto vêm de experimentos que mostram que adicionar alternativas a serem consideradas como escolhas possíveis pode influenciar as decisões. Por exemplo, em um estudo que perguntou a médicos se eles prescreveriam medicamentos para artrite a um paciente hipotético de 67 anos, 72% optaram por prescrever medicamentos quando a escolha era prescrever um medicamento específico ou não prescrever nada. Porém, quando um segundo medicamento possível foi adicionado, então a escolha passou a ser prescrever medicamento 1, medicamento 2 ou nada, apenas 53% optaram por prescrever um medicamento. Aparentemente, ser confrontado com uma decisão mais difícil pode resultar em nenhuma tomada de decisão (Redelmeier e Shafir, 1995).

Outro exemplo de como o contexto pode afetar a tomada de decisão médica é fornecido por um experimento no qual os médicos foram apresentados a um caso de teste hipotético envolvendo uma possível candidata à cesariana (Shen et al., 2010). A decisão de optar pela cesariana foi tomada em três contextos diferentes: (1) Controle: o caso de teste foi apresentado primeiro. (2) Casos anteriores graves: o caso de teste foi precedido por quatro outros casos em que ocorreram complicações graves que normalmente exigiam cesariana. (3) Casos anteriores não graves: o caso de teste foi precedido por quatro outros casos que eram bastante rotineiros e geralmente não exigem cesariana. Os resultados, na **Figura 13.12**, mostram que um pouco mais da metade dos médicos no controle e em condições graves recomendou um parto cesáreo. Contudo, 75% recomendaram uma cesariana quando o caso de teste foi precedido pelos casos não graves. Aparentemente, o caso de teste foi percebido como mais sério quando precedido por casos simples que não exigem ações especiais. O que isso significa, se esses resultados se traduzirem em uma situação médica real, é que as chances de uma paciente ser submetida a uma cesariana podem ser influenciadas pelas experiências imediatamente anteriores do médico.

Se a descoberta de que as decisões médicas podem depender das experiências imediatamente anteriores do médico é um pouco perturbadora, considere a situação dos prisioneiros que se candidatam aos conselhos de liberdade condicional israelenses. Shai Danziger e colegas (2011) estudaram mais de mil decisões judiciais sobre pedidos de liberdade condicional e descobriram que a probabilidade de uma resposta favorável (liberdade condicional concedida) foi de 65% quando os juízes ouviram um caso logo após um intervalo para refeição, mas caiu para quase zero quando ouvido antes de fazer uma pausa. Essa descoberta de que variáveis estranhas (se o juiz está com fome ou cansado) podem afetar as decisões judiciais dá credibilidade a um ditado cunhado pelo juiz Jerome Frank (1930) de que "Justiça é o que o juiz comeu no café da manhã".

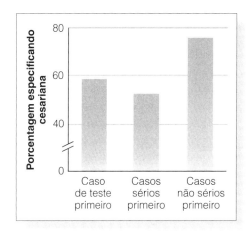

▶ Figura 13.12 O efeito do contexto na tomada de decisão. A probabilidade de que os médicos recomendassem a cesariana era a mesma se o caso de teste fosse apresentado primeiro (condição controle) ou se fosse precedido por quatro casos graves que exigissem cesariana. No entanto, a probabilidade de que os médicos recomendassem uma cesariana era maior se o mesmo caso de teste fosse precedido por quatro casos não graves que não exigissem uma cesariana.
(Fonte: com base em Shen et al., 2010.)

Ainda que você possa não estar tomando decisões médicas ou judiciais importantes, esses exemplos mostram várias maneiras em que o contexto pode afetar as decisões. Para obter um exemplo cotidiano mais identificável, considere a situação de decidir qual câmera comprar em uma loja. Talvez haja dois modelos em exibição: um modelo de $ 170 e um de $ 240, cada um com seu próprio conjunto de recursos. Qual você escolhe? Na verdade, sua decisão de compra pode ser afetada pelo contexto da tela. Simonson e Tversky (1992) mostraram que as decisões eram divididas igualmente entre o modelo de $ 170 e o de $ 240 se essas fossem as únicas opções, mas, se uma terceira opção, ainda mais cara por $ 470 também estivesse em exibição, os participantes eram muito mais propensos a escolher a opção de $ 240 do que a opção de $ 170. Isso mostra que, mesmo para decisões diárias, como o que comprar, o contexto pode desempenhar um papel — talvez algo para se lembrar na próxima vez que você escolher um produto na loja.

As decisões podem depender de como as escolhas são apresentadas

Os julgamentos das pessoas são afetados pela maneira como as escolhas são apresentadas. Por exemplo, tome a decisão de se tornar um potencial doador de órgãos. Ainda que uma pesquisa tenha descoberto que 85% dos norte-americanos aprovam a doação de órgãos, apenas 28% realmente concederam permissão assinando um cartão de doador. Essa assinatura do cartão é chamada de **procedimento de aceitação opcional** porque exige que a pessoa execute uma ação ativa (Johnson e Goldstein, 2003).

A baixa taxa de consentimento norte-americana para doação de órgãos também ocorre em outros países, como Dinamarca (4%), Reino Unido (27%) e Alemanha (12%). Uma coisa que esses países têm em comum é que todos usam um procedimento opcional. No entanto, na França e na Bélgica, a taxa de consentimento é superior a 99%. Esses países usam um **procedimento de recusa obrigatória**, no qual todos são potenciais doadores de órgãos, a menos que solicitem que não seja.

Relacionado à tendência das pessoas de não fazer nada quando confrontadas com a necessidade de optar, está o *viés do status quo* — a tendência de não fazer nada quando confrontado com a tomada de uma decisão. Por exemplo, em alguns estados, os motoristas têm a opção de obter uma apólice de seguro de automóvel cara que protege o direito do motorista de processar e um plano mais barato que restringe o direito de processar. Para os motoristas da Pensilvânia, o plano caro é oferecido por padrão, então os motoristas devem escolher o plano mais barato se quiserem. Contudo, em Nova Jersey, o plano mais barato é oferecido por padrão, então eles têm de escolher o plano mais caro se quiserem. Em ambos os casos, a maioria dos motoristas mantém a opção padrão (Johnson et al., 1993). Essa tendência de permanecer no *status quo* também ocorre quando as pessoas decidem permanecer com seu atual fornecedor de energia elétrica, plano de aposentadoria ou plano de saúde, mesmo quando recebem opções que, em alguns casos, podem ser melhores (Suri et al., 2013).

Os exemplos envolvendo doações de órgãos e apólices de seguro de automóveis estão relacionados à decisão de uma pessoa de mudar. A forma como uma escolha é apresentada também é importante quando uma pessoa é forçada a escolher uma alternativa ou outra. Paul Slovic e colegas de trabalho (2000) mostraram a psicólogos forenses e psiquiatras um histórico de caso de um paciente mental, o Sr. Jones, e pediu que eles julgassem a probabilidade de o paciente cometer um ato de violência dentro de seis meses após receber alta. A variável-chave neste experimento foi a natureza de uma declaração que apresentava informações sobre casos anteriores. Quando foram informados de que "estima-se que 20 em cada 100 pacientes semelhantes ao Sr. Jones cometam um ato de violência", 41% se recusaram a dispensá-lo. No entanto, quando informados de que "estima-se que pacientes semelhantes ao Sr. Jones tenham 20% de chance de cometer um ato de violência", apenas 21% se recusaram a dispensá-lo. Por que ocorreu essa diferença? Uma possibilidade é que a primeira declaração evoque imagens de 20 pessoas sendo espancadas, enquanto a segunda é uma declaração de probabilidade mais abstrata que poderia ser interpretada como significando que há apenas uma pequena chance de que pacientes como o Sr. Jones sejam violentos.

Eis outro exemplo de escolha entre duas alternativas para você se testar.

DEMONSTRAÇÃO O que você faria?

Imagine que os Estados Unidos estejam preparando-se para o surto de uma doença incomum que deve matar 600 pessoas. Dois programas alternativos de combate à doença foram propostos. Suponha que as estimativas científicas exatas das consequências dos programas sejam as seguintes:

Se o Programa A for adotado, 200 pessoas serão salvas.

Se o Programa B for adotado, há uma probabilidade de um terço de que 600 pessoas sejam salvas e de dois terços de que nenhuma pessoa seja salva.

Qual dos dois programas você prefere?

Agora considere as seguintes propostas adicionais para combater a mesma doença:

Se o Programa C for adotado, 400 pessoas morrerão.

Se o Programa D for adotado, há uma probabilidade de um terço de ninguém morrer e uma probabilidade de dois terços de que 600 pessoas morram.

Qual desses dois programas você escolheria?

Quando oferecido o primeiro par de propostas, 72% dos alunos em um experimento de Tversky e Kahneman (1981) escolheram o Programa A e, os demais, o Programa B (Figura 13.13). A escolha do Programa A sugeriu que os participantes estavam usando uma **estratégia de aversão ao risco**. A ideia de salvar 200 vidas com certeza é mais atraente do que a probabilidade de dois terços de que ninguém será salvo. No entanto, quando Tversky e Kahneman apresentaram as descrições dos programas C e D para outro grupo de estudantes, 22% escolheu o Programa C, e 78% o Programa D. O que representa uma **estratégia de tomada de risco** porque a morte certa de 400 pessoas é menos aceitável do que correr o risco de 2 em 3 de que 600 pessoas morram.

Contudo, se olharmos os quatro programas de perto, podemos ver que são pares idênticos (Figura 13.13). Os programas A e C resultam em 200 pessoas vivas e 400 pessoas morrendo. Ainda assim, 72% dos participantes escolheram o Programa A e apenas 22% escolheram o Programa C. Uma situação semelhante ocorre se compararmos os Programas B e D. Ambos levam ao mesmo número de mortes, mas um foi escolhido por 28% dos participantes e o outro por 78%. Esses resultados ilustram o **efeito de enquadramento** — as decisões são influenciadas pelo modo como as escolhas são declaradas ou *enquadradas*. Tversky e Kahneman concluíram que, em geral, quando uma escolha é enquadrada em termos de ganhos (como no segundo problema, que é em relação a salvar vidas), as pessoas usam uma estratégia de aversão ao risco, e quando uma escolha é enquadrada no que se refere a perdas (como no segundo problema, que é expresso por meio de perda de vidas), as pessoas usam uma estratégia de assumir riscos.

Uma das razões pelas quais as decisões das pessoas são afetadas pelo enquadramento é que a forma como um problema é declarado pode destacar algumas características da situação (por exemplo, que as pessoas vão morrer) e diminuir a ênfase de outras (Kahneman, 2003). Não deveria ser uma surpresa que o modo como uma escolha é declarada pode influenciar os processos cognitivos, uma vez que já vimos evidências disso na discussão de silogismos na seção de raciocínio dedutivo deste capítulo, e também no Capítulo 12, onde os resultados de vários experimentos mostraram que a maneira como um problema é declarado pode influenciar nossa capacidade de resolvê-lo (p. 343).

> Figura 13.13 Como o enquadramento afeta a tomada de decisão. Esses gráficos de pizza representam as condições estabelecidas para os programas A, B, C e D no texto. Observe que o número de mortes e probabilidades para os Programas A e B são exatamente iguais aos dos Programas C e D. As porcentagens indicam a porcentagem de participantes que escolheram cada programa quando tiveram escolhas entre A e B ou entre C e D.
> (Fonte: baseado em Tversky e Kahneman, 1981.)

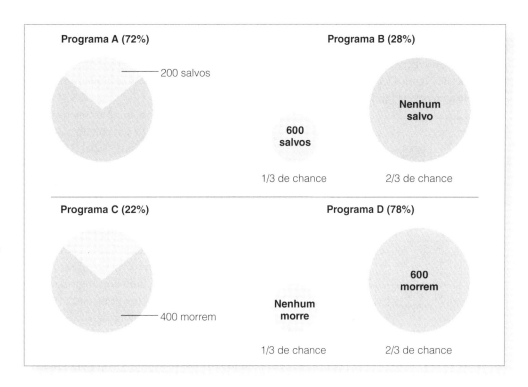

Neuroeconomia: a base neural da tomada de decisão

Uma nova abordagem para estudar a tomada de decisão, chamada **neuroeconomia**, combina pesquisas dos campos da psicologia, neurociência e economia para estudar como a ativação do cérebro está relacionada às decisões que envolvem ganhos ou perdas potenciais (Lee, 2006; Lee e Seo, 2016; Lowenstein et al., 2008; Sanfey et al., 2006). Um resultado dessa abordagem foi a pesquisa que identificou áreas do cérebro que são ativadas quando as pessoas tomam decisões enquanto jogam jogos econômicos. Essa pesquisa mostra que as decisões costumam ser influenciadas pelas emoções e que essas emoções estão associadas à atividade em áreas específicas do cérebro.

Para ilustrarmos a abordagem da neuroeconomia, descreveremos um experimento de Alan Sanfey e colegas de trabalho (2003) no qual a atividade cerebral das pessoas foi medida enquanto jogavam o jogo do ultimato. O **jogo do ultimato** envolve dois jogadores, um designado como o *proponente* e o outro como o *respondedor*. O proponente recebe uma quantia em dinheiro, digamos $ 1,0, e faz uma oferta ao respondedor sobre como esse dinheiro deve ser dividido entre eles. Se o respondente aceitar a oferta, o dinheiro será dividido de acordo com a proposta. Se o respondente rejeitar a oferta, nenhum dos jogadores receberá nada. De qualquer forma, o jogo termina depois que o respondedor toma sua decisão.

De acordo com a teoria da utilidade, o respondente deve sempre aceitar a oferta do proponente, desde que seja maior que zero. Esta é a resposta racional, porque se você aceitar a oferta receberá algo, mas se recusar não receberá nada (lembre-se de que o jogo dura apenas uma tentativa, portanto não há uma segunda chance).

No experimento de Sanfey, os participantes jogaram 20 partidas separadas como respondedor: 10 com 10 parceiros humanos diferentes e 10 com computador. As ofertas feitas por parceiros humanos e de computador foram determinadas pelos experimentadores, com algumas sendo "justas" (divididas igualmente, de modo que o respondedor recebeu $ 5) e outras "injustas" (o respondedor recebeu $ 1, $ 2 ou $ 3). Os resultados das interações dos respondentes com seus parceiros humanos (barras mais escuras na **Figura 13.14**) correspondem aos resultados de outras pesquisas sobre o jogo do ultimato: todos os respondentes aceitam uma oferta de $ 5, a maioria aceita a oferta de $ 3 e metade ou mais rejeita as ofertas de $ 1 ou $ 2.

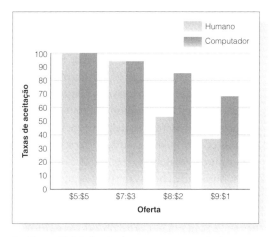

> Figura 13.14 Resultados comportamentais do experimento de Sanfey e colegas de trabalho (2003), mostrando as taxas de aceitação dos respondentes em resposta a diferentes ofertas feitas por parceiros humanos e parceiros de computador. Esta figura está disponível, em cores, no suplemento colorido, ao final do livro.
>
> (Fonte: baseado em Sanfey et al., 2003.)

Por que as pessoas rejeitam ofertas baixas? Quando Sanfey e colegas de trabalho perguntaram aos participantes, muitos explicaram que estavam com raiva porque achavam que as ofertas eram injustas. Consistente com essa explicação, quando os participantes receberam exatamente as mesmas ofertas do computador, mais jogadores aceitaram propostas "injustas" (barras mais claras na Figura 13.14). Aparentemente, é menos provável que as pessoas fiquem com raiva de um computador injusto do que de uma pessoa injusta.

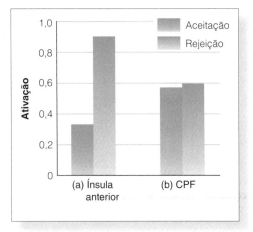

► Figura 13.15 Resposta da ínsula e do córtex pré-frontal (CPF) a ofertas "justas" e "injustas". Esta figura está disponível, em cores, no suplemento colorido, ao final do livro.
(Fonte: baseado em Sanfey et al., 2006.)

Além de testar o comportamento das pessoas, Sanfey e colegas de trabalho usaram fMRI para medir a atividade cerebral dos respondentes enquanto tomavam suas decisões. Os resultados mostraram que a ínsula anterior direita, uma área localizada nas profundezas do cérebro entre os lobos parietal e temporal, foi ativada cerca de três vezes mais fortemente quando os respondentes rejeitaram uma oferta do que quando a aceitaram (Figura 13.15a). Além disso, os participantes com maior ativação para ofertas desleais rejeitaram uma maior proporção das ofertas. O fato de a ínsula ter respondido durante a rejeição não é surpreendente quando consideramos que essa área do cérebro está conectada a estados emocionais negativos, incluindo dor, angústia, fome, raiva e nojo.

E quanto ao córtex pré-frontal (CPF), que desempenha um papel tão importante em comportamentos cognitivos complexos? O CPF também foi ativado pela tarefa de decisão, mas essa ativação foi a mesma para ofertas que foram rejeitadas e ofertas que foram aceitas (Figura 13.15b). Sanfey sugere que a função do CPF pode ser lidar com as demandas cognitivas da tarefa, o que envolve pesar as escolhas para determinar qual é a melhor decisão. Esse processo de tomada de decisão pode ser difícil, pois o instinto emocional é rejeitar ofertas injustas, mas a decisão racional é aceitar todas as ofertas para que pelo menos algum dinheiro possa ser ganho. O CPF pode ajudar a regular esse processo e implementar a melhor decisão com base nos objetivos de cada um. No caso de uma oferta injusta, isso geralmente significa decidir rejeitar a oferta com base no objetivo emocional de punir a injustiça.

Para testar essa hipótese, Knoch e colegas (2006) investigaram o que aconteceria com o processo de tomada de decisão se o CPF não estivesse funcionando. Nesse experimento, os participantes jogaram o jogo do ultimato como respondedores, mas um grupo de participantes teve seu CPF temporariamente desativado por estimulação magnética transcraniana (EMT; consulte p. 272), enquanto outros participantes estavam na condição "simulada" de controle, que parecia e funcionava de maneira indistinguível da EMT, mas não perturbava o funcionamento do CPF. Os participantes de ambos os grupos classificaram as ofertas baixas como igualmente injustas; no entanto, os participantes com seu CPF desativado eram significativamente mais propensos a aceitar essas ofertas injustas (ver também van't Wout et al., 2005). Esta constatação indica que o CPF desempenha um papel importante na implementação da decisão cognitivamente exigente de rejeitar ofertas desleais, de modo que, sem um CPF em funcionamento, as ofertas desleais têm maior probabilidade de serem aceitas. Este estudo adiciona ao estudo de fMRI inicial de Sanfey, fornecendo evidências causais do papel do CPF na tomada de decisão.

O CPF, bem como a ínsula, mostraram estar envolvidos não apenas nas decisões *sociais* — isto é, decisões envolvendo outras pessoas, como no jogo do ultimato —, mas também em decisões individuais, como comprar um modelo específico de câmera na loja. Uma pesquisa de Brian Knutson e colegas de trabalho (2007) descobriu que a ativação do seu cérebro ao ver um produto pode realmente prever se você irá comprá-lo. Os participantes do estudo de Knutson viram fotos de produtos e seus preços enquanto a atividade cerebral era medida usando fMRI. A tarefa dos participantes era decidir posteriormente se comprariam o item.

Consistente com as outras pesquisas descritas nesta seção, o CPF mostrou estar envolvido nesta tarefa de tomada de decisão; especificamente, o aumento da ativação do CPF durante a visualização do produto previu decisões subsequentes de compra desse produto. Curiosamente, a ínsula também previu decisões de compra, mas de uma maneira diferente; a ínsula ficava particularmente ativa quando os participantes viam itens com preços excessivos e essa ativação previa decisões *não* de compra. Isso faz sentido, como você provavelmente pode se lembrar de uma época em que viu um item excessivamente caro na loja que o fez se sentir enojado, irritado ou até mesmo um pouco angustiado — todas emoções negativas que, como vimos no estudo de Sanfey (Figura 13.15a), envolvem a ínsula. A pesquisa de Knutson aumenta nossa compreensão dos correlatos neurais subjacentes desses sentimentos negativos e como eles podem influenciar as decisões diárias.

Ainda que todas essas pesquisas recentes tenham reforçado muito nossa compreensão da base neural da tomada de decisão, ainda há muito que não sabemos. A neuroeconomia é uma área de estudo relativamente nova, e os pesquisadores continuam a procurar ligações entre a ativação do cérebro, ganhos ou perdas potenciais, e outros aspectos da tomada de decisão (Levy e

Glimcher, 2013; Lowenstein et al., 2008; Sanfey et al., 2006). Além disso, a tecnologia de neuroimagem continua a se tornar mais avançada, disponível e poderosa, o que pode ajudar os pesquisadores a chegar a conclusões sobre o que pode estar acontecendo no cérebro.

Algo a considerar: a abordagem do sistema dual de processamento

Uma das coisas que permeiam nossa discussão sobre julgamentos, raciocínios e decisões é que as pessoas cometem erros. Ao fazer julgamentos, somos enganados por heurísticas como disponibilidade ou representatividade. Ao raciocinarmos por silogismo, somos bons em julgar a validade de silogismos simples, mas somos facilmente enganados pelo viés de crença para outros mais complexos. Ao tomar decisões, podemos ser influenciados por emoções, contexto e como as escolhas são apresentadas, mesmo que essas coisas não tenham nada a ver com a decisão e não otimizem os ganhos. Veremos que todos esses erros têm algo em comum, mas primeiro resolva rapidamente o seguinte quebra-cabeça simples em sua cabeça usando sua intuição:

Um taco e uma bola custam $ 1,10.
O taco custa um dólar a mais que a bola.
Quanto custa a bola?

Algum número veio à sua mente? Nesse caso, provavelmente seriam 10 centavos (Frederick, 2005; Kahneman, 2011). Essa resposta, que imediatamente vem à mente, está errada, mas se essa foi a sua resposta você não está sozinho. Mais da metade dos milhares de participantes que tentaram esse problema responderam 10 centavos (Fredrick, 2005). Uma reflexão mais aprofundada indica que a resposta é 5 centavos ($ 1,05 + $ 0,05 = $ 1,10), mas por que 10 centavos vêm à mente para muitas pessoas?

Daniel Kahneman (2011), em seu livro best-seller *Thinking Fast and Slow*, usa o exemplo de bastão e bola para ilustrar a **abordagem de sistema dual** para pensar: a ideia de que há são dois sistemas mentais — um sistema rápido, automático e intuitivo, que Kahneman chama de Sistema 1, que pode ter seduzido você para a resposta de 10 centavos, e um sistema mais lento, mais deliberativo e pensativo chamado Sistema 2, que você teria usado se tivesse pensado sobre o problema com mais cuidado. Outros psicólogos, incluindo Keith Stanovich e Richard West (2000; também Stanovich, 1999, 2011), que originalmente propuseram a ideia de sistemas duais, favorecem os termos processamento do Tipo 1 e processamento do Tipo 2. Usaremos o Sistema 1 e o Sistema 2 para simplificar, mas retornaremos ao processamento do Tipo 1 e do Tipo 2 no final de nossa discussão.

Essa distinção entre dois sistemas ou tipos de processamento propõe que os dois sistemas tenham as seguintes propriedades (Evans e Stanovich, 2013):

Sistema 1	*Sistema 2*
Intuitivo	Reflexivo
Rápido	Devagar
Inconsciente	Consciente
Automático	Controlado

O Sistema 1 está vinculado a muitos dos erros que descrevemos neste capítulo. Por exemplo, o viés de crença nos engana sobre a validade de um silogismo quando levamos em consideração a credibilidade ou falta de credibilidade da conclusão do silogismo. Essa influência da credibilidade é obra do Sistema 1. A evidência de que o Sistema 1 está envolvido no viés de crença é que avaliar silogismos sob a pressão do tempo aumenta o efeito de viés de crença (Evans e Curtis-Holmes, 2005). Os participantes também cometem mais erros no problema "Linda, a caixa do banco" (p. 372) quando são solicitados a responder rapidamente (De Neys, 2006).

O Sistema 1 também pode estar usando as heurísticas de disponibilidade e representatividade para chegar a conclusões rapidamente e sem esforço, e pode não considerar a lei dos grandes números. Na tarefa de quatro cartas do Wason, a versão abstrata envolvendo letras e números está fora da liga do Sistema 1 porque envolve um raciocínio cuidadoso, mas as versões do mundo real (como o exemplo da cerveja e da idade de beber) podem ser facilmente resolvidas pelo Sistema 1 usando intuição (Evans e Stanovich, 2013). O Sistema 1 também pode estar em jogo quando avaliamos rapidamente as evidências que vemos nas notícias; vemos uma história que simplesmente "faz sentido", como no caso das margaridas malformadas produzidas pelo desastre nuclear (Wineburg et al., 2016), e simplesmente a aceitamos sem pensar criticamente sobre sua origem.

Mas o Sistema 2 pode intervir. Dedicar algum tempo para parar e pensar logicamente sobre a situação dá ao Sistema 2 tempo para operar. Quando os participantes recebem instruções que os incentivam a dedicar um tempo para se concentrar na lógica por trás de um silogismo, por exemplo, o Sistema 2 tem maior probabilidade de operar e os erros diminuem (Evans e Stanovich, 2013).

No entanto, antes de condenarmos o Sistema 1 como sendo completamente inepto, precisamos considerar que em nossa vida cotidiana, o Sistema 1 geralmente está comandando o show. Muitas das coisas que fazemos são controladas automaticamente pelo Sistema 1. Percebemos coisas no ambiente, reagimos a um barulho alto, lemos emoções no rosto de alguém ou fazemos uma curva enquanto dirigimos. Todas essas coisas são atendidas pelo Sistema 1. Como vimos quando consideramos a percepção e a atenção, cuidar de algumas coisas automaticamente e sem esforço consciente é uma coisa boa, porque significa que não precisamos monitorar todos os nossos pensamentos e movimentos. Kahneman vê o Sistema 1 como fornecendo informações para o Sistema 2 — a maioria das quais é precisa e é aceita — enquanto o Sistema 2 está ocioso em segundo plano monitorando as informações.

Contudo, quando as coisas ficam difíceis, o Sistema 2 pode assumir. Ainda que o Sistema 1 possa cuidar da direção de rotina, o Sistema 2 assume quando é necessária muita atenção, como ao entrar em uma área de construção ou ultrapassar um grande caminhão a 100 km por hora. O Sistema 2 também é mobilizado quando surge uma pergunta para a qual o Sistema 1 não tem uma resposta. Como diz Kahneman, o Sistema 1 calcula automaticamente 2 + 2 = ? (você não conseguiu evitar dizer 4, certo?), mas não consegue lidar com 27 × 13. Este é um problema para o Sistema 2.

Essa ideia de dois sistemas mentais é importante, porque explica muitos dos erros que cometemos em termos de sistemas ou mecanismos mentais diferentes. É importante notar, porém, que existem muitas variedades de teorias de processo dual, que diferem em detalhes. Além disso, alguns pesquisadores propuseram que dois processos não são necessários e propuseram uma abordagem de sistema único (Evans e Stanovich, 2013; Gigerenzer, 2011; Keren e Schul, 2009; Kruglanski e Gigerenzer, 2011; Osman, 2004).

Para encerrar nossa discussão sobre a abordagem de sistemas duais para o pensamento, vamos retornar à questão da terminologia. Ainda que tenhamos usado a terminologia do Sistema 1 e do Sistema 2 de Kahneman, há um motivo pelo qual muitos pesquisadores preferem usar o processamento do Tipo 1 e o processamento do Tipo 2. Quando falamos sobre dois "sistemas", quase soa como se eles fossem duas pequenas pessoas em sua mente com características diferentes. Na verdade, em seu popular livro sobre processamento duplo, Kahneman diz que você pode ler sobre o Sistema 1 e o Sistema 2 "como um psicodrama com dois personagens". Embora essa ideia seja uma leitura mais interessante, e talvez uma das razões pelas quais o livro seja tão popular (além do talento de Kahneman para relacionar a teoria psicológica à vida cotidiana), é importante perceber que esses dois sistemas são, na verdade, dois diferentes tipos de processamento. Eles não são personagens em sua cabeça, mas são o resultado de um processamento complexo, interconectado e distribuído que é servido por muitas áreas do cérebro e resulta em muitos resultados comportamentais diferentes.

 ## Postscript: Donders retorna

No início deste livro, descrevemos um experimento realizado há mais de 150 anos pelo fisiologista holandês Franciscus Donders. Quando Donders fez seu experimento em 1868, geralmente se pensava que a mente não podia ser estudada, porque as propriedades da mente não podiam ser medidas. Porém Donders desafiou a sabedoria popular ao determinar (1) quanto tempo levava para uma pessoa apertar um botão quando uma única luz piscava e (2) quanto tempo levava para apertar um botão se uma luz piscasse à esquerda e outro botão se uma luz piscasse à direita.

Com base nessas medições simples, Donders concluiu que demorava 1 décimo de segundo para decidir se uma luz era apresentada à direita ou à esquerda. Descrevemos esse experimento para ilustrar o princípio básico de que o funcionamento da mente deve ser inferido com base em observações comportamentais e, em seguida, nos capítulos que se seguiram, descrevemos experimentos muito mais complexo do que o experimento de tempo de reação de Donders e técnicas que Donders nunca poderia ter sonhado.

No entanto, agora que você chegou ao final do livro, vamos nos permitir imaginar algo mágico — Donders tem a chance de visitar um laboratório de psicologia cognitiva do século 21. Quando Donders entra no laboratório, ele fica surpreso com a tecnologia, especialmente os computadores e o scanner cerebral. Contudo, depois de observar esses novos desenvolvimentos, ele se dirige ao diretor do laboratório e diz: "Tecnologia incrível, mas o que realmente quero saber é se você descobriu uma maneira de medir a operação da mente diretamente?". O diretor do laboratório responde: "Bem, não. Medimos o comportamento e a fisiologia e inferimos o que está acontecendo na mente". "Oh", diz Donders, "então a tecnologia mudou, mas, além disso, nada é diferente. Estudar a mente ainda envolve medir indiretamente, fazer hipóteses e inferir". "Isso mesmo", diz o diretor do laboratório, "mas deixe-me contar o que descobrimos desde 1868...".

TESTE VOCÊ MESMO 13.3

1. Qual é o pressuposto básico da abordagem da utilidade esperada para a tomada de decisão? Quais são alguns exemplos de situações em que as pessoas não se comportam para maximizar o resultado como propõe a abordagem da utilidade?
2. Descreva o que o comportamento dos concorrentes em *Deal or No Deal* nos diz sobre o que determina suas decisões.
3. Quais são as emoções esperadas? Descreva como as emoções esperadas estão relacionadas à aversão ao risco. Descreva o experimento de Kermer no qual os participantes avaliaram sua felicidade esperada antes de jogar e sua felicidade real depois que os resultados foram conhecidos.
4. Quais são algumas evidências de que emoções incidentais afetam as decisões? Considere a relação entre o clima e as admissões na universidade.
5. Como o contexto afeta as decisões? Descreva o experimento de prescrição de medicamentos, o experimento de parto cesáreo e o estudo do conselho de liberdade condicional.
6. Como a forma como as escolhas são apresentadas afeta as decisões que as pessoas tomam? Descreva os exemplos de doações de órgãos, apólices de seguro de automóveis e julgamentos sobre a violência de pacientes mentais.
7. Descreva a demonstração "O que você faria?" Certifique-se de compreender o que determina a aversão a riscos e assumi-los, bem como o efeito de enquadramento.
8. O que é neuroeconomia? Descreva o jogo do ultimato de Sanfey e o efeito da EMT. Como o CPF e a ínsula estão envolvidos na tomada de decisões sociais e individuais.
9. Qual é a abordagem de sistemas duais para pensar? Certifique-se de compreender as propriedades do Sistema 1 e do Sistema 2 e como sua operação se relaciona aos vários fenômenos que descrevemos neste capítulo.
10. O que Donders aprenderia se visitasse um moderno laboratório de psicologia cognitiva?

SUMÁRIO DO CAPÍTULO

1. No raciocínio indutivo, as conclusões decorrem não de silogismos construídos logicamente, mas de evidências. As conclusões são *sugeridas* com vários graus de certeza. A força de um argumento indutivo depende da representatividade, do número e da qualidade das observações em que o argumento se baseia.

2. O raciocínio indutivo desempenha um papel importante na vida cotidiana, porque muitas vezes fazemos previsões sobre o que pensamos que acontecerá com base em nossas observações sobre o que aconteceu no passado.

3. A heurística de disponibilidade afirma que eventos que são mais facilmente lembrados são julgados como mais prováveis do que eventos que são menos facilmente lembrados. Essa heurística às vezes pode levar a julgamentos corretos, às vezes não. Os erros devido à heurística de disponibilidade foram demonstrados fazendo as pessoas estimarem a prevalência relativa de várias causas de morte.

4. Correlações e estereótipos ilusórios, que podem levar a conclusões incorretas sobre as relações entre as coisas, estão relacionadas à heurística da disponibilidade, pois chamam a atenção para relações específicas e, portanto, as tornam mais "disponíveis".

5. A heurística de representatividade é baseada na ideia de que as pessoas costumam fazer julgamentos com base em quanto um evento se assemelha a outros eventos. Erros devido a essa heurística foram demonstrados pedindo que os participantes julgassem a ocupação de uma pessoa com base em informações descritivas. Os erros ocorrem quando a heurística de representatividade leva as pessoas a ignorar as informações da taxa básica. Em outras situações, erros de julgamento ocorrem quando as pessoas ignoram a regra da conjunção e a lei dos grandes números.

6. O viés do meu ponto de vista é a tendência das pessoas de gerar e avaliar evidências e testar suas hipóteses de uma forma tendenciosa para suas próprias opiniões e atitudes.

7. O viés de confirmação é a tendência de buscar seletivamente informações que estejam de acordo com uma hipótese e ignorar informações que as contestem. A operação desse viés foi demonstrada pela tarefa de sequência numérica de Wason.

8. O raciocínio é um processo cognitivo no qual as pessoas começam com informações e chegam a conclusões que vão além dessas informações. O raciocínio dedutivo envolve silogismos e pode resultar em conclusões definitivas.

9. Os silogismos categóricos têm duas premissas e uma conclusão que descreve a relação entre duas categorias usando declarações que começam com *Todos*, *Não* ou *Alguns*.

10. Um silogismo é válido se sua conclusão segue logicamente de suas premissas. A validade de um silogismo é determinada por sua forma. Isso é diferente da *verdade*, que é determinada pelo conteúdo das declarações no silogismo e tem a ver em como as declarações correspondem a fatos conhecidos.

11. Os silogismos condicionais têm duas premissas e uma conclusão como silogismos categóricos, mas a primeira premissa tem a forma "Se ... então". As pessoas se saem bem em julgar a validade do silogismo *modus ponens*, mas não tão bem em julgar a validade de outras formas de silogismos condicionais. Mudar a formulação dos silogismos e, ao mesmo tempo, manter a mesma forma pode ajudar as pessoas a determinar a validade.

12. O problema das quatro cartas de Wason foi usado para estudar como as pessoas pensam ao avaliar silogismos condicionais. As pessoas cometem erros na versão abstrata porque não aplicam o princípio da falsificação.

13. Experimentos usando versões do mundo real do problema de Wason, como a versão cerveja/idade para beber, demonstraram que a maneira como um problema é declarado pode influenciar o desempenho das pessoas.

14. A abordagem da utilidade para a tomada de decisão é baseada na ideia de que as pessoas são basicamente racionais, portanto, quando tiverem todas as informações relevantes, elas tomarão decisões que resultarão em resultados que estarão de acordo com seu melhor interesse. As evidências de que as pessoas nem sempre agem de acordo com essa abordagem incluem comportamento de jogo, escolha de dirigir diante de evidências de que é mais perigoso do que voar e o comportamento dos competidores em programas de jogos como *Deal or No Deal*.

15. As emoções podem afetar as decisões. Emoções esperadas são emoções que uma pessoa prevê que acontecerão em resposta ao resultado de uma decisão. Há evidências de que as pessoas nem sempre são precisas ao prever suas emoções. Isso pode levar à aversão ao risco. Um experimento de Kermer demonstra a diferença entre as emoções previstas e as emoções realmente experimentadas depois de tomar uma decisão.

16. Há uma grande quantidade de evidências de que emoções incidentais podem afetar as decisões. Por exemplo, o tempo nublado pode influenciar as admissões nas faculdades.

17. As decisões podem depender do contexto em que são feitas. O número de opções disponíveis, os tipos de tomada de decisão que antecederam essa decisão e a fome ou fadiga podem afetar as decisões.

18. As decisões podem depender de como as escolhas são apresentadas ou *enquadradas*. As evidências incluem as diferenças de comportamento com procedimentos de ser obrigado a adotar uma opção de sim ou não, os resultados do experimento de Slovic envolvendo decisões sobre um paciente mental, e a resposta das pessoas ao problema da doença letal de Tversky e Kahneman. Quando uma escolha é enquadrada em termos de ganhos, as pessoas tendem a usar uma estratégia de aversão ao risco, mas quando a escolha é enquadrada quanto a perdas elas tendem a usar uma estratégia de assumir riscos.

19. A neuroeconomia estuda a tomada de decisão combinando abordagens da psicologia, neurociência e economia. Os resultados de um experimento de neuroeconomia usando o jogo do ultimato mostraram que as emoções das pessoas podem interferir em sua capacidade de tomar decisões racionais. As imagens cerebrais indicam que a ínsula anterior está associada às emoções que ocorrem durante o jogo do ultimato, enquanto o CPF pode estar envolvido nas demandas cognitivas da tarefa. Um experimento de estimulação magnética transcraniana demonstra ainda mais o papel causal do CPF na tomada de decisão.

20. O CPF e a ínsula também estão envolvidos nas decisões de compra. A ativação no CPF prevê decisões de compra de um produto, enquanto a ativação na ínsula prevê decisões de não compra.

21. A abordagem de sistemas duais para o pensamento propõe que existem dois sistemas mentais. O Sistema 1 (ou processamento do Tipo 1) é intuitivo, rápido, inconsciente e automático. O Sistema 2 (ou processamento do Tipo 2) é reflexivo, lento, consciente e controlado. Muitos dos erros de raciocínio discutidos neste capítulo podem ser vinculados ao Sistema 1, embora este sistema também forneça muitas funções valiosas que não envolvem erros. O Sistema 2 assume quando um pensamento mais lento e cuidadoso é necessário.

22. Se Donders voltasse hoje, ele ficaria surpreso com a tecnologia, mas talvez não se surpreendesse que psicólogos cognitivos ainda estudem a mente indiretamente, assim como ele.

PENSE NISSO

1. Assistindo ao noticiário ou lendo o jornal, o que você pode concluir sobre como a heurística de disponibilidade pode influenciar nossas concepções sobre a natureza da vida de diferentes grupos de pessoas (por exemplo, estrelas de cinema; pessoas ricas; várias etnias ou grupos culturais) e quão precisas essas concepções podem realmente ser?

2. A astrologia é popular com muitas pessoas porque elas percebem uma conexão estreita entre as previsões astrológicas e os eventos em suas vidas. Explique os fatores que podem levar a essa percepção, mesmo que não exista de fato uma conexão estreita.

3. Johanna tem a reputação de ser extremamente boa em justificar seu comportamento por um processo que costuma ser chamado de "racionalização". Por exemplo, ela justifica o fato de comer o que quiser dizendo: "Há dez anos, essa comida deveria fazer mal a você, e agora eles estão dizendo que pode até ter alguns efeitos benéficos, então de que adianta ouvir os chamados especialistas em saúde?" ou "Aquele ator de cinema que realmente gostava de carne vermelha viveu até os 95 anos". Analise os argumentos de Johanna afirmando-os como argumentos indutivos ou dedutivos; melhor ainda, faça o mesmo com uma de suas próprias racionalizações.

4. Pense em uma decisão que você tomou recentemente. Pode ser menor, como decidir a que restaurante ir na noite de sábado, ou mais importante, como escolher um apartamento ou decidir qual faculdade estudar. Analise essa decisão, levando em consideração os processos pelos quais você passou para chegar a ela e como você a justificou em sua mente como uma boa decisão.

5. Crie silogismos dedutivos e argumentos indutivos que se apliquem à decisão que você analisou na questão anterior.

6. Descreva uma situação em que você tomou uma decisão errada porque seu julgamento foi obscurecido pela emoção ou algum outro fator.

TERMOS-CHAVE

Abordagem de sistema dual 393
Abordagem do modelo mental 379
Aversão a risco 387
Conjunção 372
Correlações ilusórias 371
Decisão 368
Efeito de enquadramento 390
Efeito de tiro pela culatra 375
Emoções esperadas 387
Emoções incidentais 388
Esquema de permissão 384
Estereótipos 371
Estratégia de aversão ao risco 390
Estratégia de tomada de risco 390

Heurística 369
Heurística da disponibilidade 370
Heurística da representatividade 371
Jogo do ultimato 391
Lei dos grandes números 373
Modelo mental 379
Neuroeconomia 391
Premissas 377
Princípio da falsificação 383
Problema das quatro cartas de Wason 382
Procedimento de aceitação opcional 389
Procedimento de recusa obrigatória 389

Raciocínio 368
Raciocínio dedutivo 376
Raciocínio indutivo 368
Silogismo 377
Silogismos categóricos 377
Silogismos condicionais 381
Taxa básica 371
Teoria da utilidade esperada 385
Utilidade 385
Validade 377
Viés de confirmação 374
Viés de crença 378
Viés do meu ponto de vista 373
Viés do *status quo* 389

Glossário

O número entre parênteses é do capítulo em que o termo aparece pela primeira vez.

Ablação cerebral   Um procedimento no qual uma área específica é removida do cérebro de um animal. Geralmente é feito para determinar a função dessa área, avaliando o efeito no comportamento do animal. *(3)*

Abordagem baseada em restrições à análise   Uma abordagem de análise que propõe que a semântica, a sintaxe e outros fatores operem simultaneamente para determinar a análise. *(11)*

Abordagem corporificada   Proposta de que nosso conhecimento de conceitos é baseado na reativação de processos sensoriais e motores que ocorrem quando interagimos com um objeto. *(9)*

Abordagem da categoria semântica   Uma abordagem para descrever como a informação semântica é representada no cérebro que propõe que existem circuitos neurais específicos para algumas categorias específicas. *(9)*

Abordagem da rede semântica   Uma abordagem para entender como os conceitos são organizados na mente que propõe que os conceitos sejam organizados em redes. *(9)*

Abordagem definicional da categorização   A ideia de que podemos decidir se algo é membro de uma categoria determinando se o objeto atende à definição da categoria. *Ver também* **Semelhança de família**. *(9)*

Abordagem de múltiplos fatores   Procurar descrever como os conceitos são representados no cérebro, pesquisando vários fatores que determinam como os conceitos são divididos dentro de uma categoria. *(9)*

Abordagem de protótipo para categorização   A ideia de que decidimos se algo é membro de uma categoria determinando se é semelhante a uma representação padrão da categoria, chamada de protótipo. *(9)*

Abordagem de sistema dual   A ideia de que existem dois sistemas mentais, um rápido e outro mais lento, que têm capacidades diferentes e servem a funções diferentes. *(13)*

Abordagem do modelo mental   No raciocínio dedutivo, determinar se os silogismos são válidos criando modelos mentais de situações com base nas premissas do silogismo. *(13)*

Abordagem do processamento de informações   A abordagem da psicologia, desenvolvida a partir da década de 1950, na qual a mente é descrita como processando informações por meio de uma sequência de estágios. *(1)*

Abordagem exemplar da categorização   A abordagem de categorização na qual os membros de uma categoria são julgados em relação aos exemplares — exemplos de membros da categoria que a pessoa encontrou no passado. *(9)*

Afasia de Broca   Afecção associada a danos na área de Broca, no lobo frontal, caracterizada por fala complicada e agramatical e dificuldade em compreender alguns tipos de frases. *(2)*

Afasia de Wernicke   Afecção causada por lesão na área de Wernicke, caracterizada por dificuldade de compreensão da linguagem e fala fluente, gramaticalmente correta, mas incoerente. *(2)*

Ambiguidade lexical   Quando uma palavra pode ter mais de um significado. Por exemplo, *bug* em inglês pode significar um inseto, um dispositivo de escuta, incomodar alguém ou um problema em um programa de computador. *(11)*

Ambiguidade temporária   Situação em que o significado de uma frase, com base em suas palavras iniciais, é ambíguo porque vários significados são possíveis, dependendo de como a frase se desdobra. "João foi atrás do táxi correndo" é um exemplo de frase que cria ambiguidade temporária. *(11)*

Amídala   Estrutura subcortical envolvida no processamento de aspectos emocionais da experiência, incluindo memória para eventos emocionais. *(8)*

Amnésia graduada   Quando a amnésia é mais severa para eventos que ocorreram imediatamente antes de uma lesão e se torna menos severa para eventos anteriores e mais remotos. *(7)*

Amnésia induzida por especialista   Amnésia que ocorre porque memórias procedurais bem aprendidas não requerem atenção. *(6)*

Amnésia retrógrada   Perda de memória por algo que aconteceu antes de uma lesão ou evento traumático, como uma concussão. *(7)*

Amostragem de experiência   Um procedimento que foi desenvolvido para responder à pergunta: "Que porcentagem do tempo durante o dia as pessoas estão engajadas em um comportamento específico?". Uma maneira de conseguir isso é fazer com que as pessoas relatem o que estão fazendo quando recebem sinais em horários aleatórios durante o dia. *(4)*

Amusia congênita   Condição, presente no nascimento, em que as pessoas têm problemas com a percepção musical, incluindo tarefas como discriminar melodias simples ou reconhecer melodias comuns. *(11)*

Análise de padrão multivoxel (APMV)   Um procedimento para determinar o *padrão* de ativação de voxel que é provocado por estímulos específicos, dentro de várias estruturas. *(7)*

Análise meios-fim   Uma estratégia de solução de problemas que visa reduzir a diferença entre os estados inicial e objetivo. Isso é obtido através da criação de submetas, estados intermediários que estão mais próximos da meta. *(12)*

Análise   O agrupamento mental de palavras em uma frase em frases. A maneira como uma frase é analisada determina seu significado. *(11)*

Analogia   Fazer uma comparação para mostrar uma semelhança entre duas coisas diferentes. *(12)*

Anterior   A crença inicial de uma pessoa sobre a probabilidade de um resultado. *(3)*

Aposição local   Na análise, quando uma pessoa encontra uma nova palavra, o analisador assume que essa palavra faz parte da frase atual. *(11)*

Aprendizagem dependente de estado   O princípio de que a memória é melhor quando uma pessoa está no mesmo estado para codificação e recuperação. Este princípio está relacionado à especificidade da codificação. *(7)*

Aprendizagem estatística   O processo de aprendizagem sobre probabilidades de transição e sobre outras características da linguagem. O aprendizado estatístico também ocorre para a visão, com base no aprendizado sobre quais tipos de coisas geralmente ocorrem no ambiente. *(3)*

Aprendizagem por associação em pares   Uma tarefa de aprendizagem em que os participantes são apresentados primeiro a pares de palavras, depois uma palavra de cada par é apresentada e a tarefa é relembrar a outra palavra. *(7)*

Área de Broca   Uma área no lobo frontal associada à produção da linguagem. Danos nesta área causam a afasia de Broca. *(2)*

Área do local para-hipocampal (ALH)   Uma área no lobo temporal que contém neurônios que são ativados seletivamente por imagens de cenas internas e externas. *(2)*

Área de Wernicke   Área no lobo temporal associada à compreensão da linguagem. Danos nesta área causam a afasia de Wernicke. *(2)*

Área do corpo extraestriado (ACE)   Uma área do córtex temporal que é ativada por imagens de corpos e partes de corpos, mas não por rostos ou outros objetos. *(2)*

Área fusiforme da face (AFF)   Uma área no lobo temporal que contém muitos neurônios que respondem seletivamente aos rostos. *(2)*

Áreas subcorticais   Áreas do cérebro abaixo do córtex cerebral. Dois exemplos de estruturas subcorticais são a amídala e o hipocampo. *(2)*

Armazenamento fonológico   Componente da alça fonológica da memória de trabalho que contém uma quantidade limitada de informações verbais e auditivas por alguns segundos. *(5)*

Associação em blocos   Combinar unidades pequenas em unidades maiores, como quando palavras individuais são combinadas em uma frase significativa. A associação em blocos (*chunking*) pode ser usada para aumentar a capacidade da memória. *(5)*

Atenção   Concentrando-se em recursos, objetos ou locais específicos ou em certos pensamentos ou atividades. *(4)*

Atenção dividida   A capacidade de prestar atenção ou realizar duas ou mais tarefas diferentes simultaneamente. *(4)*

Atenção explícita   Mudança de atenção movendo os olhos. Contrasta com **Atenção implícita**. *(4)*

Atenção implícita   Ocorre quando a atenção é desviada sem mover os olhos, comumente referido como ver algo "com o canto do olho". Contrasta com **Atenção dividida**. *(4)*

Atenção seletiva   A capacidade de se concentrar em uma mensagem e ignorar todas as outras. *(4)*

Atenuador   No modelo de atenção seletiva de Treisman, o atenuador analisa a mensagem que chega em termos de características físicas, linguagem e significado. As mensagens atendidas passam pelo atenuador com força total e as mensagens não atendidas passam com força reduzida. *(4)*

Ativação de propagação   Atividade que se espalha ao longo de qualquer link em uma rede semântica que está conectada a um nó ativado. *(9)*

Atribuição incorreta da fonte   Ocorre quando a fonte de uma memória é identificada incorretamente. *Ver* **Erro de monitoramento da fonte**. *(8)*

Aversão a risco   A tendência de tomar decisões que evitam riscos. *(13)*

Axônio   Parte do neurônio que transmite sinais do corpo celular para a sinapse no final do axônio. *(2)*

Base comum   Conhecimento, crenças e suposições compartilhadas entre dois falantes. *(11)*

Behaviorismo   A abordagem da psicologia, fundada por John B. Watson, que afirma que o comportamento observável fornece os únicos dados válidos para a psicologia. Uma consequência dessa ideia é que a consciência e os processos mentais não observáveis não são considerados dignos de estudo pelos psicólogos. *(1)*

Bloco   Usado em conexão com a ideia de fragmentação na memória. Um bloco de memória (*chunk*, em inglês) é uma coleção de elementos fortemente associados entre si, mas fracamente associados a elementos em outros blocos. *(5)*

Boa continuação, princípio da   Lei da organização perceptual que estabelece que os pontos que, quando conectados, resultam em linhas retas ou curvas suaves, são vistos como pertencentes um ao outro. Além disso, as linhas tendem a seguir o caminho mais suave. *(3)*

Boa figura, princípio da *Ver* **Prägnanz, lei de**. *(3)*

Brainstorming de grupo Quando as pessoas em um grupo de solução de problemas são encorajadas a expressar quaisquer ideias que venham à mente, sem censura. *(12)*

Buffer episódico Um componente adicionado ao modelo original de memória de trabalho de Baddeley que serve como um armazenamento de "backup" que se comunica com a memória de longo prazo e com os componentes da memória de trabalho. Ele retém informações por mais tempo e tem maior capacidade do que o loop fonológico ou bloco de desenho visuoespacial. *(5)*

Capacidade de processamento A quantidade de entrada de informações que uma pessoa pode manipular. Isso define um limite na capacidade da pessoa de processar informações. *(4)*

Captura atencional Mudança rápida de atenção, geralmente causada por um estímulo como um ruído alto, luz forte ou movimento repentino. *(4)*

Características estruturais (modelos de memória) Tipos de memória indicados por caixas em modelos de memória. No modelo modal, os tipos são memória sensorial, memória de curto prazo e memória de longo prazo. *(5)*

Características estruturais (solução de problemas) O princípio subjacente que governa a solução de um problema — por exemplo, no problema da radiação, a necessidade de alta intensidade para consertar algo cercado por material que poderia ser danificado por alta intensidade. *(12)*

Carga perceptual Relacionada à dificuldade de uma tarefa. Tarefas de baixa carga usam apenas uma pequena quantidade da capacidade de processamento de uma pessoa. Tarefas de alta carga usam mais da capacidade de processamento. *(4)*

Categoria Grupos de objetos que têm relação entre si porque pertencem à mesma classe de objetos, como "casas", "móveis" ou "escolas". *(9)*

Categorização O processo pelo qual os objetos são colocados em categorias. *(9)*

Cegueira desatencional Não perceber algo, mesmo que esteja à vista, geralmente causada pela falta de atenção ao objeto ou ao local onde o objeto está localizado. Consulte também **Cegueira para alterações**. *(4)*

Cegueira para alterações Dificuldade em detectar mudanças em cenas semelhantes, mas ligeiramente diferentes, que são apresentadas uma após a outra. As mudanças são geralmente fáceis de ver quando a atenção é direcionada a elas, mas geralmente não são detectadas na ausência da atenção apropriada. *(4)*

Circuito fonológico Parte da memória de trabalho que contém e processa as informações verbais e auditivas. *Ver também* **Executivo central; Esboço visuoespacial; Memória de trabalho**. *(5)*

Circuito neural Grupo de neurônios interconectados responsáveis pelo processamento neural. *(2)*

Classificador Na análise de padrão multivoxel, o classificador é um programa de computador projetado para reconhecer padrões de atividade de voxel. *(7)*

Codificação A forma como os estímulos são representados na mente. Por exemplo, as informações podem ser representadas em formas visuais, semânticas e fonológicas. *(6)*

Codificação analógica Técnica em que as pessoas comparam dois problemas que ilustram um princípio. Essa técnica foi projetada para ajudar as pessoas a descobrirem características estruturais semelhantes de casos ou problemas. *(12)*

Codificação de especificidade A representação de um estímulo específico pelo disparo de neurônios que respondem apenas a esse estímulo. Um exemplo seria a sinalização da face de uma pessoa pelo disparo de um neurônio que responde apenas à face dessa pessoa. *(2)*

Codificação esparsa Codificação neural baseada no padrão de atividade em pequenos grupos de neurônios. *(2)*

Codificação O processo de adquirir informações e transferi-las para a memória. *(7)*

Codificação populacional Representação neural de um estímulo pelo padrão de disparo de um grande número de neurônios. *(2)*

Código sensorial Como o disparo neural representa várias características do ambiente. *(2)*

Coerência A representação de um texto ou história na mente de um leitor de forma que as informações em uma parte do texto ou história estejam relacionadas às informações em outra parte. *(11)*

Cognição criativa Uma técnica desenvolvida por Finke para treinar as pessoas a pensar criativamente. *(12)*

Comprometimento da memória específica para categorias Resultado de lesão cerebral em que o paciente tem dificuldade em reconhecer objetos em uma categoria específica. *(9)*

Conceito Uma representação mental de uma classe ou indivíduo. Além disso, o significado de objetos, eventos e ideias abstratas. Um exemplo de conceito seria a forma como uma pessoa representa mentalmente "gato" ou "casa". *(9)*

Condicionamento clássico Um procedimento no qual emparelhar um estímulo neutro com um estímulo que elicia uma resposta faz com que o estímulo neutro elicie essa resposta. *(1)*

Condicionamento operante Tipo de condicionamento defendido por B. F. Skinner, que foca em como o comportamento é fortalecido pela apresentação de reforçadores positivos, como comida ou aprovação social, ou retirada de reforçadores negativos, como um choque ou rejeição social. *(1)*

Conectividade eficaz   A facilidade com que a atividade pode viajar ao longo de um determinado caminho entre duas estruturas. *(4)*

Conectividade funcional   Até que ponto as atividades neurais em áreas cerebrais separadas estão correlacionadas entre si. *(2)*

Conectividade funcional em estado de repouso   Um método para determinar a conectividade funcional que envolve determinar a correlação entre a fMRI em estado de repouso em estruturas separadas. *(2)*

Conexionismo   Um modelo de operação mental de rede que propõe que os conceitos sejam representados em redes modeladas a partir de redes neurais. Essa abordagem para descrever a representação mental de conceitos também é chamada de abordagem de processamento paralelo distribuído (PPD). *Ver também* **Rede conexionista**. *(9)*

Conhecimento conceitual   Conhecimento que permite às pessoas reconhecer objetos e eventos e fazer inferências sobre suas propriedades. *(9)*

Conhecimento   Os processos mentais envolvidos na percepção, atenção, memória, linguagem, solução de problemas, raciocínio e tomada de decisão. *(1)*

Conjunções ilusórias   Uma situação, demonstrada em experimentos por Anne Treisman, em que características de diferentes objetos são combinadas de forma inadequada. *(4)*

Conjunto mental   Uma noção pré-concebida sobre como abordar um problema com base na experiência de uma pessoa ou no que funcionou no passado. *(12)*

Consolidação   O processo que transforma novas memórias em um estado em que são mais resistentes a interrupções. *Ver também* **Modelo padrão de consolidação**. *(7)*

Consolidação de sistemas   Um processo de consolidação que envolve a reorganização gradual dos circuitos dentro das regiões do cérebro e ocorre em uma longa escala de tempo, durante semanas, meses ou até anos. *Ver também* **Consolidação; Consolidação sináptica**. *(7)*

Consolidação sináptica   Um processo de consolidação que envolve mudanças estruturais nas sinapses que acontecem rapidamente, ao longo de um período de minutos. *Ver também* **Consolidação; Consolidação de sistemas**. *(7)*

Construção relativa a objeto   Uma construção de frase em que o sujeito da oração principal é o objeto da oração embutida, como nesta frase: *O senador que o repórter avistou gritou.* *(11)*

Construção relativa ao sujeito   Construção de frase em que o sujeito da frase principal é também sujeito da frase subordinada, como na frase, *O senador que avistou o repórter gritou.* *(11)*

Controle cognitivo   Um mecanismo envolvido no tratamento de estímulos conflitantes. Relacionado à função executiva, controle inibitório e força de vontade. *(4)*

Controle inibitório   Um mecanismo envolvido no tratamento de estímulos conflitantes. Relacionado à função executiva, controle cognitivo e força de vontade. *(4)*

Coordenação sintática   Processo pelo qual as pessoas usam construções gramaticais semelhantes durante uma conversa. *(11)*

Corpo celular   Parte de uma célula que contém mecanismos que a mantêm viva. Em alguns neurônios, o corpo celular e os dendritos associados a ele recebem informações de outros neurônios. *(2)*

Correlação ilusória   Uma correlação que parece existir entre dois eventos, quando na realidade não há correlação ou é mais fraca do que se supõe. *(13)*

Córtex cerebral   A camada externa do cérebro com 3 mm de espessura que contém os mecanismos responsáveis pelas funções mentais superiores, como percepção, linguagem, pensamento e solução de problemas. *(2)*

Córtex visual   Área do lobo occipital que recebe sinais dos olhos. *(2)*

Criptomnésia   Plágio inconsciente do trabalho de terceiros. Isso tem sido associado a erros no monitoramento da origem. *(8)*

Cronometria mental   Determinar a quantidade de tempo necessária para realizar uma tarefa cognitiva. *(10)*

Crowding   Os animais tendem a compartilhar muitas propriedades, como olhos, pernas e a capacidade de se mover. Isso é relevante para a abordagem de múltiplos fatores para a representação de conceitos no cérebro. *(9)*

Curva de economia   Gráfico de economia em relação ao tempo após o aprendizado original. *(1)*

Curva de posição serial   Em um experimento de memória em que os participantes são solicitados a relembrar uma lista de palavras, um gráfico da porcentagem de participantes que se lembram de cada palavra em comparação com a posição dessa palavra na lista. *Ver também* **Efeito de primazia; Efeito de recência**. *(6)*

Debate imagético   O debate sobre se as imagens são baseadas em mecanismos espaciais, como aqueles envolvidos na percepção, ou em mecanismos proposicionais relacionados à linguagem. *(10)*

Debate do pensamento sem imagens O debate sobre se o pensamento é possível na ausência de imagens. *(10)*

Decisão Fazer escolhas entre alternativas. *(13)*

Declínio (decair) Processo pelo qual as informações são perdidas da memória com o passar do tempo. *(5)*

Deformação atencional Ocorre quando o mapa de categorias no cérebro muda para dar mais espaço para categorias que estão sendo pesquisadas enquanto uma pessoa assiste a uma cena. *(4)*

Degradação elegante Interrupção do desempenho devido a danos a um sistema que ocorrem apenas gradualmente à medida que partes do sistema são danificadas. Isso ocorre em alguns casos de lesão cerebral e também quando partes de uma rede conexionista são danificadas. *(9)*

Demência semântica Condição em que há perda geral de conhecimento para todos os conceitos. *(9)*

Dendritos Estruturas que se ramificam do corpo celular para receber sinais elétricos de outros neurônios. *(2)*

Detecção de alterações Detectar diferenças entre imagens ou telas que são apresentadas uma após a outra. *(4)*

Detector No modelo de atenção de Broadbent, o detector processa as informações da mensagem atendida para determinar as características de nível superior da mensagem, como seu significado. *(4)*

Detectores de características Neurônios que respondem a características visuais específicas, como orientação, tamanho ou a características mais complexas que compõem os estímulos ambientais. *(2)*

Dica de recuperação Dicas que ajudam a pessoa a se lembrar de informações armazenadas na memória. *(7)*

Discernimento Percepção repentina da solução de um problema. *(12)*

Distração Ocorre quando um estímulo interfere na atenção ou no processamento de outro estímulo. *(4)*

Divagação da mente Pensamentos que vêm de dentro de uma pessoa, muitas vezes de forma não intencional. Nas primeiras pesquisas, isso era chamado de devaneio. *(4)*

Dominância do significado Alguns significados de palavras ocorrem com mais frequência do que outros. *(11)*

Dominância tendenciosa Quando uma palavra tem mais de um significado, e um significado é mais provável. *(11)*

Dominância equilibrada Quando uma palavra tem mais de um significado e todos os significados são igualmente prováveis. *(11)*

Dupla dissociação Uma situação em que uma única dissociação pode ser demonstrada em uma pessoa e o tipo oposto de dissociação única pode ser demonstrado em outra pessoa (ou seja, Pessoa 1: a função A está presente, a função B está danificada; Pessoa 2: a função A está danificada, função B está presente). *(2)*

Economia Medida usada por Ebbinghaus para determinar a magnitude da memória restante do aprendizado inicial. Economias mais altas indicam mais memória. *(1)*

Economia cognitiva Um recurso de alguns modelos de rede semântica em que as propriedades de uma categoria que são compartilhadas por muitos membros de uma categoria são armazenadas em um nó de nível superior na rede. Por exemplo, a propriedade "pode voar" seria armazenada no nó para "pássaro" em vez de no nó para "canário". *(9)*

Efeito coquetel A capacidade de se concentrar em um estímulo enquanto filtra outros estímulos, especialmente em uma festa onde há muitas conversas simultâneas. *(4)*

Efeito da desinformação Informações enganosas apresentadas depois que uma pessoa testemunha um evento que muda a forma como a pessoa descreve esse evento posteriormente. *(8)*

Efeito da extensão de palavras A noção de que é mais difícil lembrar de uma lista de palavras longas do que de uma lista de palavras curtas. *(5)*

Efeito da prática de recuperação A prática da recuperação da memória aumenta a elaboração, o que aumenta o desempenho em tarefas de memória. *(7)*

Efeito de primazia (ou de recência) Em um experimento de memória em que uma lista de palavras é apresentada, memória aprimorada para palavras apresentadas no início da lista. *(6)*

Efeito da publicidade As pessoas são mais propensas a classificar as declarações que leram ou ouviram antes como verdadeiras, apenas por causa da exposição anterior às declarações. *(6)*

Efeito da verdade ilusória Maior probabilidade de avaliar uma afirmação como verdadeira após apresentação repetida. *(8)*

Efeito de autorreferência A memória de uma palavra é melhorada relacionando-a com o self. *(7)*

Efeito de enquadramento As decisões são influenciadas por meio de como as escolhas são declaradas. *(13)*

Efeito de espaçamento A vantagem no desempenho causada por sessões curtas de estudo separadas por pausas nos estudos. *(7)*

Efeito de feedback pós-identificação Um aumento na confiança na recuperação da memória devido ao feedback de confirmação depois de fazer uma identificação, como em uma formação policial. *(8)*

Efeito da frequência de palavras O fenômeno do tempo de leitura mais rápido para palavras de alta frequência do que para palavras de baixa frequência. *(11)*

Efeito de geração A memória para o material é melhor quando uma pessoa gera o material por si mesma, em vez de recebê-lo passivamente. *(7)*

Efeito da similaridade fonológica   Um efeito que ocorre quando letras ou palavras com sons semelhantes são confundidas. Por exemplo, T e P são duas letras de som semelhante que podem ser confundidas. *(5)*

Efeito do teste   Desempenho aprimorado em um teste de memória causado por ser testado no material a ser lembrado. *(7)*

Efeito da tipicidade   A habilidade de julgar a verdade ou falsidade de sentenças envolvendo membros altamente prototípicos de uma categoria mais rapidamente do que sentenças envolvendo membros baixamente prototípicos de uma categoria. *Ver também* **Técnica de verificação de sentenças.** *(9)*

Efeito oblíquo   A descoberta de que as orientações verticais e horizontais podem ser percebidas mais facilmente do que outras orientações (inclinadas). *(3)*

Efeito placebo   Diminuição da dor de um procedimento ou substância que não fornece nenhum ingrediente ativo. *(3)*

Efeito Stroop   Um efeito originalmente estudado por J. R. Stroop, usando uma tarefa em que uma pessoa é instruída a responder a um aspecto de um estímulo, como a cor da tinta em que uma palavra é impressa, e ignorar outro aspecto, como a cor que a palavra designa. O efeito Stroop refere-se ao fato de que as pessoas acham essa tarefa difícil quando, por exemplo, a palavra VERMELHO é impressa em azul. *(4)*

Efeito tiro pela culatra   Ocorre quando o apoio dos indivíduos a um determinado ponto de vista se torna mais forte quando confrontados com fatos corretivos que se opõem ao seu ponto de vista. *(13)*

Eletrofisiologia   Técnicas usadas para medir as respostas elétricas do sistema nervoso. *(1)*

Eletrodo de referência   Usado em conjunto com um eletrodo de registro para medir a diferença de carga entre os dois. Os eletrodos de referência são geralmente colocados onde o sinal elétrico permanece constante, de modo que qualquer mudança na carga entre os eletrodos de registro e de referência reflete os eventos que acontecem perto da ponta do eletrodo de registro. *(2)*

Eletrodo de registro   Quando usado para estudar o funcionamento neural, é uma sonda de vidro ou metal muito fina que pode captar sinais elétricos de neurônios individuais. *(2)*

Eletroencefalograma (EEG)   Uma resposta elétrica registrada no couro cabeludo usando eletrodos de disco. *(12)*

Emoção esperada   Emoção que uma pessoa prevê que sentirá por determinado resultado de uma decisão. *(13)*

Emoções incidentais   Em uma situação de tomada de decisão, emoções não causadas diretamente pelo ato de ter que tomar uma decisão. *(13)*

Emojis   Símbolos usados em comunicação eletrônica e páginas da web que podem indicar emoções e também são usados para representar outras coisas, como objetos, animais, lugares e clima. *(11)*

Ensaio   O processo de repetir um estímulo indefinidamente, geralmente com o propósito de lembrá-lo, que mantém o estímulo ativo na memória de curto prazo. *(5)*

Ensaio de manutenção   Ensaio que envolve repetição sem qualquer consideração de significado ou fazer conexões com outras informações. Compare com **Ensaio elaborativo**. *(7)*

Ensaio elaborativo   Ensaio que envolve pensar sobre o significado de um item a ser lembrado ou fazer conexões entre esse item e o conhecimento anterior. Compare com **Ensaio de manutenção**. *(7)*

Entrainment   Sincronização entre parceiros em uma conversa. Isso pode incluir a taxa de fala de gestos, a posição do corpo, a pronúncia e a estrutura gramatical. *(11)*

Entrevista cognitiva   Um procedimento usado para entrevistar testemunhas da cena do crime que envolve permitir que elas falem com um mínimo de interrupção. Também usa técnicas que ajudam as testemunhas a recriar a situação presente na cena do crime, fazendo-as se colocarem de volta na cena e recriar as emoções que estavam sentindo, para onde estavam olhando e como a cena pode ter aparecido quando vista de diferentes perspectivas. *(8)*

Epifenômeno   Um fenômeno que acompanha um mecanismo, mas não é realmente parte do mecanismo. Um exemplo de epifenômeno são as luzes que piscam em um computador enquanto ele opera. *(10)*

Equipotencialidade cortical   A ideia, popular no início do século 19, de que o cérebro opera como um todo indivisível, em oposição a operar com base em áreas especializadas. *(2)*

Erro de monitoramento da fonte   Identificar erroneamente a fonte de uma memória. *Ver* **Atribuição incorreta da fonte**. *(8)*

Erros de continuidade   No filme, mudanças que ocorrem de uma cena para outra que não combinam, como quando um personagem pega um croissant em uma cena, que se transforma em uma panqueca na próxima. *(4)*

Esboço visuoespacial   Parte da memória de trabalho que contém e processa informações visuais e espaciais. *Ver também* **Executivo central; Circuito fonológico; Memória de trabalho**. *(5)*

Escuta dicótica   O procedimento de apresentar uma mensagem à orelha esquerda e uma mensagem diferente à orelha direita. *(4)*

Espaço do problema   O estado inicial, estado do objetivo e todos os estados intermediários possíveis para um problema específico. *(12)*

Especialista   Pessoa que, ao devotar uma grande quantidade de tempo para aprender sobre um campo e praticar e aplicar esse aprendizado, tornou-se reconhecido como sendo extremamente habilidoso ou conhecedor desse campo. *(12)*

Especificidade de codificação   O princípio de que aprendemos informações junto com seu contexto. Isso significa que a presença do contexto pode levar a uma memória aprimorada para as informações. *(7)*

Esquema   O conhecimento de uma pessoa sobre o que está envolvido em uma experiência particular. *Ver também* **Roteiro**. *(8)*

Esquema de cena   O conhecimento de uma pessoa sobre o que provavelmente está contido em determinada cena. Esse conhecimento pode ajudar a direcionar a atenção para diferentes áreas da cena. Por exemplo, saber o que geralmente acontece em um escritório pode fazer com que uma pessoa olhe na direção da mesa para ver o computador. *(3)*

Esquema de permissão   Um esquema de raciocínio pragmático que afirma que se uma pessoa satisfaz a condição A, então ela pode realizar a ação B. O esquema de permissão foi usado para explicar os resultados do problema das quatro cartas de Wason. *(13)*

Estado do objetivo   Na solução de problemas, a condição que ocorre quando um problema é resolvido. *(12)*

Estado inicial   Na solução de problemas, as condições no início de um problema. *(12)*

Estados intermediários   Na solução de problemas, as várias condições que existem ao longo dos caminhos entre os estados inicial e objetivo. *(12)*

Estágio de atenção focada   O segundo estágio da teoria de integração de recursos de Treisman. De acordo com a teoria, a atenção causa a combinação de características na percepção de um objeto. *(4)*

Estágio pré-atencional   O primeiro estágio da teoria de integração de recursos de Treisman, em que um objeto é analisado em seus recursos. *(4)*

Estereótipo   Uma generalização simplificada demais sobre um grupo ou classe de pessoas que geralmente se concentra em características negativas. *Ver também* **Correlação ilusória**. *(13)*

Estimulação magnética transcraniana (EMT)   Um procedimento no qual pulsos magnéticos são aplicados ao crânio para interromper temporariamente o funcionamento de parte do cérebro. *(9)*

Estímulo precedente   Um procedimento no qual os participantes recebem uma dica que geralmente os ajuda a realizar uma tarefa subsequente. Este procedimento tem sido usado em experimentos de atenção visual em que os participantes são apresentados a uma dica que lhes diz para onde direcionar sua atenção. *(4)*

Estimulação transcraniana por corrente contínua   Um procedimento para estimular o cérebro em que dois eletrodos, que estão conectados a um dispositivo alimentado por bateria que fornece corrente contínua, são colocados na cabeça de uma pessoa. *(12)*

Estratégia de aversão a risco   Uma estratégia de tomada de decisão regida pela ideia de evitar riscos. Frequentemente usada quando um problema é expresso em termos de ganhos. *Ver também* **Estratégia de tomada de risco**. *(13)*

Estratégia de contingência   Uma estratégia de negociação em que uma pessoa consegue o que quer se algo mais acontecer. *(12)*

Estratégia de tomada de risco   Uma estratégia de tomada de decisão pautada pela ideia de correr riscos. Frequentemente usada quando um problema é expresso em termos de perdas. *Ver também* **Estratégia de aversão ao risco**. *(13)*

Estratégia de troca   Uma estratégia de negociação em que uma pessoa diz a outra: "Vou te dar A, se você me der B." *(12)*

Estruturalismo   Uma abordagem da psicologia que explicava a percepção como a soma de pequenas unidades elementares chamadas sensações. *(1)*

Exames de imagem do cérebro   Técnica como a ressonância magnética funcional (fMRI) que resulta em imagens do cérebro que representam a atividade cerebral. Na psicologia cognitiva, a atividade é medida em resposta a tarefas cognitivas específicas. *(2)*

Executivo central   A parte da memória de trabalho que coordena a atividade do circuito fonológico e do bloco de desenho visuoespacial. O "guarda de trânsito" do sistema de memória operacional. *(5)*

Exemplares   Na categorização, são membros de uma categoria que uma pessoa experimentou no passado. *(9)*

Extensão de leitura   Medida usada por Daneman e Carpenter para determinar diferenças individuais na memória de trabalho. É o número de sentenças de 13 a 16 palavras que uma pessoa pode ler e então lembrar corretamente as últimas palavras de todas as sentenças. *(5)*

Fibra nervosa   *Ver* **Axônio**. *(2)*

Filtro   No modelo de atenção de Broadbent, o filtro identifica a mensagem que está sendo atendida com base em suas características físicas — coisas como o tom de voz do locutor, tom, velocidade de fala e sotaque — e permite que apenas essa mensagem atendida passe para o detector na próxima etapa. *(4)*

Fixação   Na percepção e na atenção, uma pausa dos olhos em locais de interesse enquanto observa uma cena. *(4)*

Fixação   Na solução de problemas, a tendência das pessoas de se concentrar em uma característica específica do problema que as impede de chegar a uma solução. Consulte também **Fixidez funcional**. *(12)*

Fixidez funcional   Um efeito que ocorre quando as ideias que uma pessoa tem sobre a função de um objeto inibem a capacidade da pessoa de usar o objeto para uma função diferente. *Ver também* **Fixação** (na solução de problemas). *(12)*

Fluência   A facilidade com que uma declaração pode ser lembrada. *(8)*

fMRI em estado de repouso   A resposta de fMRI registrada quando uma pessoa está em repouso (não envolvida em nenhuma tarefa cognitiva) *(2)*

fMRI relacionada a tarefas   A resposta de fMRI que ocorre em resposta a uma tarefa cognitiva específica. *(2)*

Foco em armas   A tendência das testemunhas oculares de um crime de focalizar a atenção em uma arma, o que causa perda de memória para outras coisas que estão acontecendo. *(8)*

Força de vontade   Um mecanismo envolvido no tratamento de estímulos conflitantes. Relacionado à função executiva, controle inibitório e controle cognitivo. *(4)*

Formas pré-inventivas   Objetos criados no experimento de "cognição criativa" de Finke que precedem a criação de um produto criativo acabado. *(12)*

Frequência de palavras   O uso relativo de palavras em um determinado idioma. Por exemplo, em inglês, *casa* ocorre com maior frequência do que *caminhada*. *(11)*

Funções executivas   Uma série de processos que envolvem controlar a atenção e lidar com respostas conflitantes. *(4)*

Heurística   Uma "regra prática" que fornece uma solução de melhor estimativa para um problema. *(11)*

Heurística da representatividade   A probabilidade de que um evento A venha da classe B pode ser determinada por quão bem A se assemelha às propriedades da classe B. *(13)*

Heurística de disponibilidade   Os eventos que são lembrados com facilidade são considerados mais prováveis do que os eventos que são difíceis de serem lembrados. *(13)*

Hipocampo   Uma estrutura subcortical que é importante para formar memórias de longo prazo e que também desempenha um papel em memórias episódicas remotas e no armazenamento de curto prazo de novas informações. *(6)*

Hipótese cognitiva   Uma explicação para o aumento da reminiscência que afirma que as memórias são melhores para a adolescência e início da idade adulta, porque a codificação é melhor durante períodos de mudanças rápidas que são seguidos por estabilidade. *(8)*

Hipótese de autoimagem   A ideia de que a memória é aprimorada para eventos que ocorrem conforme a autoimagem de uma pessoa ou identidade de vida está sendo formada. Essa é uma das explicações para a saliência da reminiscência. *(8)*

Hipótese da associação conceitual   Uma hipótese, associada à teoria da codificação dupla de Paivio, que afirma que substantivos concretos criam imagens às quais outras palavras podem se associar, o que aumenta a memória para essas palavras. *(10)*

Hipótese de simulação episódica construtiva   A hipótese proposta por Schacter e Addis é que memórias episódicas são extraídas e recombinadas para construir simulações de eventos futuros. *(6)*

Hipótese do ensaio narrativo   A ideia de que nos lembramos melhor de alguns acontecimentos da vida porque os ensaiamos. Essa ideia foi proposta por Neisser como uma explicação para as memórias em "flash". *(8)*

Hipótese do roteiro de vida cultural   A ideia de que eventos na história de vida de uma pessoa se tornam mais fáceis de lembrar quando se encaixam no roteiro de vida cultural para a cultura dessa pessoa. Isso foi citado para explicar a saliência da reminiscência. *(8)*

Hipótese sensório-funcional (SF)   Explicação de como a informação semântica é representada no cérebro que afirma que a capacidade de diferenciar coisas vivas e artefatos depende de um sistema que distingue os atributos sensoriais e outro sistema que distingue a função. *(9)*

Ícone visual   *Ver* **Memória icônica**. *(5)*

Ilusão de tamanho-peso   Quando uma pessoa é apresentada a dois objetos semelhantes que têm o mesmo peso, mas tamanhos diferentes, o maior parece mais leve quando são levantados juntos. *(3)*

Imagem ponderada por trilha (IPT)   Uma técnica para determinar a conectividade no cérebro que se baseia na detecção de como a água se difunde ao longo das fibras nervosas. *(2)*

Imagem por ressonância magnética funcional (fMRI)   Técnica de imagem cerebral que mede como o fluxo sanguíneo muda em resposta à atividade cognitiva. *(2)*

Imagens de objetos   A capacidade de criar imagens de detalhes, recursos ou objetos visuais. *(10)*

Imagética espacial   A capacidade de criar imagens das relações espaciais. *(10)*

Imagética mental   Experimentando uma impressão sensorial na ausência de entrada sensorial. *(10)*

Imagética visual   Um tipo de imagem mental que envolve a visão, na qual uma imagem é experimentada na ausência de um estímulo visual. *(5)*

Impulso nervoso   Uma resposta elétrica que se propaga ao longo do comprimento de um axônio (fibra nervosa). Também chamado de **Potencial de ação**. *(2)*

Incubação   O fenômeno de obter ideias depois de fazer um "intervalo" para trabalhar em um problema. *(12)*

Inferência Na linguagem, o processo pelo qual os leitores criam informações que não estão explicitamente declaradas no texto. *(11)*

Inferência anafórica Uma inferência que conecta um objeto ou pessoa em uma frase a um objeto ou pessoa em outra frase. *Ver também* **Inferência causal; Inferência de instrumento**. *(11)*

Inferência bayesiana A ideia de que nossa estimativa da probabilidade de um resultado é determinada pela probabilidade anterior (nossa crença inicial) e a probabilidade (a extensão em que a evidência disponível é consistente com o resultado). *(3)*

Inferência causal Uma inferência que resulta na conclusão de que os eventos descritos em uma cláusula ou sentença foram causados por eventos que ocorreram em uma cláusula ou sentença anterior. *Ver também* **Inferência anafórica; Inferência de instrumento**. *(11)*

Inferência de instrumento Uma inferência sobre ferramentas ou métodos que ocorre ao ler texto ou ouvir a fala. *Ver também* **Inferência anafórica; Inferência causal**. *(11)*

Inferência inconsciente A ideia de Helmholtz de que algumas de nossas percepções são o resultado de suposições inconscientes que fazemos sobre o meio ambiente. *Ver também* **Princípio da similaridade**. *(3)*

Inferência pragmática A inferência que ocorre ao ler ou ouvir uma declaração leva a pessoa a esperar algo que não está explicitamente declarado ou necessariamente implícito na declaração. *(8)*

Informações enganosas pós-evento (IEP) As informações enganosas que causam o efeito da desinformação. *(8)*

Inteligência artificial A capacidade de um computador de realizar tarefas geralmente associadas à inteligência humana. *(1)*

Interferência proativa Quando as informações aprendidas anteriormente interferem no aprendizado de novas informações. Consulte também **Interferência retroativa**. *(5)*

Interferência retroativa Quando o aprendizado mais recente interfere na memória por algo que aconteceu no passado. *Ver também* **Interferência proativa**. *(5)*

Intervalo de dígitos O número de dígitos que uma pessoa pode lembrar. A amplitude de dígitos é usada como uma medida da capacidade da memória de curto prazo. *(5)*

Introspecção analítica Um procedimento usado pelos primeiros psicólogos em que participantes treinados descreviam suas experiências e processos de pensamento em resposta a estímulos. *(1)*

Invariância do ponto de vista A capacidade de reconhecer um objeto visto de diferentes pontos de vista. *(3)*

Jogo do ultimato Um jogo em que um *proponente* recebe uma quantia em dinheiro e faz uma oferta a um *respondedor* sobre como esse dinheiro deve ser dividido entre eles. O respondedor deve escolher entre aceitar a oferta ou rejeitá-la. Este jogo tem sido usado para estudar as estratégias de tomada de decisão das pessoas. *(13)*

Julgamento Tomar uma decisão ou tirar uma conclusão. *(13)*

Lei dos grandes números Quanto maior o número de indivíduos sorteados aleatoriamente de uma população, mais representativo será o grupo resultante de toda a população. *(13)*

Lembrança Os sujeitos são solicitados a relatar estímulos que viram ou ouviram anteriormente. *(5)*

Léxico O conhecimento de uma pessoa sobre o significado das palavras, como soam e como são usadas em relação a outras palavras. *(11)*

Liberação da interferência proativa Uma situação em que ocorrem condições que eliminam ou reduzem a diminuição no desempenho causada por interferência proativa. *(6)*

Ligação Processo pelo qual recursos, como cor, forma, movimento e localização, são combinados para criar a percepção de um objeto coerente. *(4)*

Linguagem Um sistema de comunicação por meio de sons ou símbolos que nos permite expressar nossos sentimentos, pensamentos, ideias e experiências. *(11)*

Lobo frontal O lóbulo na frente do cérebro que desempenha funções superiores, como linguagem, pensamento, memória e funcionamento motor. *(2)*

Lobo occipital O lóbulo na parte posterior do cérebro que se dedica principalmente a analisar as informações visuais que chegam. *(2)*

Lobo parietal Lóbulo na parte superior do cérebro que contém mecanismos responsáveis pelas sensações causadas pela estimulação da pele e também alguns aspectos da informação visual. *(2)*

Lobo temporal O lóbulo no lado do cérebro que contém mecanismos responsáveis pela linguagem, memória, audição e visão. *(2)*

Lobo temporal anterior (LTA) Área no lobo temporal. Danos ao LTA foram relacionados a déficits semânticos em pacientes com demência e à síndrome de Savant. *(9)*

Local de teste Ao medir a conectividade funcional em estado de repouso, a atividade no local de teste é comparada com a atividade no local de geração para determinar o grau de conectividade funcional entre os dois locais. *(2)*

Localização da função Localização de funções específicas em áreas específicas do cérebro. Por exemplo, foram identificadas áreas especializadas para processar informações envolvidas na percepção do movimento, forma, fala e diferentes aspectos da memória. *(2)*

Localização de geração   A área do cérebro associada à realização de uma tarefa cognitiva ou motora específica que serve como área de referência do método de conectividade funcional em estado de repouso. *(2)*

Mapa cognitivo   Concepção mental de um layout espacial. *(1)*

Mapa de saliência   Mapa de uma cena que indica a saliência do estímulo de áreas e objetos na cena. *(4)*

Mapa topográfico   Cada ponto em um estímulo visual causa atividade em um local específico em uma estrutura do cérebro, como o córtex visual, e pontos próximos uns dos outros no estímulo causam atividade em pontos próximos uns dos outros na estrutura. *(10)*

Meditação   Uma série de práticas diferentes para controlar a mente. Consulte **Meditação da atenção focada (AF)**; **Meditação de monitoramento aberto**. *(12)*

Meditação de atenção focada (AF)   Um tipo de meditação em que o procedimento básico é se concentrar em uma coisa, como inspirar e expirar, e quando sua mente divaga, voltar a atenção para a respiração. *(12)*

Meditação de monitoramento aberto (MA)   Um tipo de meditação que envolve prestar atenção a tudo o que vem à mente e seguir esse pensamento até que algo mais apareça. *(12)*

Memória   Os processos envolvidos na retenção, recuperação e uso de informações sobre estímulos, imagens, eventos, ideias e habilidades depois que as informações originais não estão mais presentes. *(5)*

Memória autobiográfica altamente superior   Capacidade de memória autobiográfica possuída por algumas pessoas que podem se lembrar de experiências pessoais que ocorreram em qualquer dia específico de seu passado. *(8)*

Memória autobiográfica   Memória para eventos específicos da vida de uma pessoa, que pode incluir componentes episódicos e semânticos. *(6)*

Memória de curto prazo (MCP)   Um mecanismo de memória que pode conter uma quantidade limitada de informações por um breve período de tempo, geralmente em torno de 30 segundos, a menos que haja um ensaio (como repetir um número de telefone) para manter as informações na memória de curto prazo. A memória de curto prazo é uma das etapas do modelo modal de memória. *(5)*

Memória de infância reprimida   Memórias que foram eliminadas da consciência de uma pessoa. *(8)*

Memória de longo prazo (MLP)   Um mecanismo de memória que pode conter grandes quantidades de informações por longos períodos de tempo. A memória de longo prazo é uma das etapas do modelo modal de memória. *(6)*

Memória de reconhecimento   Identificar um estímulo que foi encontrado anteriormente. Os estímulos são apresentados durante um período de estudo; posteriormente, os mesmos estímulos mais outros, novos estímulos, são apresentados. A tarefa dos participantes é escolher os estímulos que foram apresentados originalmente. *(6)*

Memória de trabalho   Um sistema de capacidade limitada para armazenamento temporário e manipulação de informações para tarefas complexas como compreensão, aprendizado e raciocínio. *(5)*

Memória de trabalho silenciosa   Mudanças de curto prazo na conectividade da rede neural que foram postuladas como um mecanismo para manter informações na memória de trabalho. *(5)*

Memória ecoica   Memória sensorial breve para estímulos auditivos que dura alguns segundos após a extinção de um estímulo. *(5)*

Memória em flash   Memória para as circunstâncias que envolvem como uma pessoa ouviu falar sobre eventos chocantes e altamente carregados. Tem sido afirmado que essas memórias são particularmente vívidas e precisas. *Ver* **Hipótese do ensaio narrativo** para outro ponto de vista. *(8)*

Memória explícita   Memória que envolve lembranças conscientes de eventos ou fatos que aprendemos no passado. *(6)*

Memória icônica   Breve memória sensorial para estímulos visuais que dura uma fração de segundo depois que um estímulo é extinto. Isso corresponde ao estágio de memória sensorial do modelo modal de memória. *(5)*

Memória implícita   Memória que ocorre quando uma experiência afeta o comportamento de uma pessoa, mesmo que a pessoa não saiba que teve a experiência. *(6)*

Memória para habilidades   Memória para fazer coisas que geralmente envolvem habilidades aprendidas. *Ver* **Memória de procedimento**. *(6)*

Memória de procedimento   Memória de como realizar habilidades altamente praticadas. A memória de procedimento é um tipo de memória implícita porque, embora as pessoas possam realizar um comportamento habilidoso, muitas vezes não conseguem explicar exatamente como são capazes de fazê-lo. *(6)*

Memórias autobiográficas eliciadas por música (MAEMs)   Memórias autobiográficas eliciadas por ouvir música. *(8)*

Memória semântica pessoal   Componentes semânticos de memórias autobiográficas. *(6)*

Memória sensorial   Um breve estágio de memória que contém informações por segundos ou frações de segundo. É o primeiro estágio do modelo modal de memória. *Ver também* **Memória icônica; Persistência da visão.** *(5)*

Mente Sistema que cria representações mentais do mundo e controla as funções mentais, como percepção, atenção, memória, emoções, linguagem, decisão, pensamento e raciocínio. *(1)*

Método de relatório completo Procedimento usado no experimento de Sperling sobre as propriedades do ícone visual, no qual os participantes foram instruídos a relatar todos os estímulos que viram em uma breve apresentação. *Ver também* **Método de relatório parcial; Memória sensorial.** *(5)*

Método de relatório parcial Procedimento usado no experimento de Sperling sobre as propriedades do ícone visual, no qual os participantes foram instruídos a relatar apenas alguns dos estímulos em uma tela apresentada brevemente. Um sinal imediatamente após a tela ter sido apagada indicou qual parte da tela deve ser relatada. *Ver também* **Método de relatório parcial atrasado; Memória sensorial; Método de relatório completo.** *(5)*

Método de relatório parcial atrasado Procedimento usado no experimento de Sperling sobre as propriedades do ícone visual, no qual os participantes foram instruídos a relatar apenas alguns dos estímulos em uma tela apresentada brevemente. Um sinal que foi atrasado por uma fração de segundo, depois que a tela foi apagada, indicava qual parte da tela deveria ser relatada. *Ver também* **Método de relatório parcial; Método de relatório completo.** *(5)*

Método dos loci Um método para lembrar coisas em que as coisas a serem lembradas são colocadas em locais diferentes em uma imagem mental de um layout espacial. Consulte também **Técnica da palavra-cavilha** *(10)*

Microeletrodos Pequenos fios usados para registrar sinais elétricos de neurônios individuais. *(2)*

Modelo de atenuação da atenção O modelo de atenção seletiva de Anne Treisman que propõe que a seleção ocorra em dois estágios. *(4)*

Modelo de consolidação de múltiplos traços A ideia de que o hipocampo está envolvido na recuperação de memórias remotas, especialmente memórias episódicas. Isso contrasta com o modelo padrão de memória, que propõe que o hipocampo está envolvido apenas na recuperação de memórias recentes. *(7)*

Modelo de filtro de atenção Modelo de atenção que propõe um filtro que permite a passagem dos estímulos atendidos e bloqueia alguns ou todos os estímulos não atendidos. *(4)*

Modelo de frases que induzem a erros da análise Um modelo de análise que enfatiza os princípios sintáticos como o principal determinante da análise. *(11)*

Modelo de seleção antecipada Modelo de atenção que explica a atenção seletiva filtrando antecipadamente a mensagem não atendida. No modelo de seleção inicial de Broadbent, a etapa de filtragem ocorre antes que a mensagem seja analisada para determinar seu significado. *(4)*

Modelo de seleção tardia da atenção Um modelo de atenção seletiva que propõe que a seleção de estímulos para processamento final não ocorra até que as informações na mensagem tenham sido analisadas quanto ao significado. *(4)*

Modelo de situação Uma representação mental do que é um texto. *(11)*

Modelo de via direta Modelo de percepção da dor que propõe que os sinais de dor sejam enviados diretamente de receptores para o cérebro. *(3)*

Modelo centro e raios Um modelo de conhecimento semântico que propõe que áreas do cérebro associadas a diferentes funções estejam conectadas ao lobo temporal anterior, que integra as informações dessas áreas. *(9)*

Modelo hierárquico Aplicado à representação do conhecimento, um modelo que consiste em níveis organizados de forma que conceitos mais específicos, como canário ou salmão, estejam na parte inferior e conceitos mais gerais, como pássaro, peixe ou animal, estejam em níveis mais elevados. *(9)*

Modelo mental Uma situação específica representada na mente de uma pessoa. *(13)*

Modelo modal de memória O modelo proposto por Atkinson e Shiffrin que descreve a memória como um mecanismo que envolve o processamento de informações por meio de uma série de estágios, incluindo memória de curto prazo e memória de longo prazo. É chamado de *modelo modal* porque contínha recursos de muitos modelos que estavam sendo propostos na década de 1960. *(5)*

Modelo padrão de consolidação Propõe que a recuperação da memória dependa do hipocampo durante a consolidação, mas que, uma vez que a consolidação seja concluída, a recuperação não dependa mais do hipocampo. *(7)*

Monitoramento da fonte O processo pelo qual as pessoas determinam as origens das memórias, conhecimento ou crenças. Lembrar que você ouviu falar sobre algo de uma pessoa em particular seria um exemplo de monitoramento de fonte. *(8)*

Movimento aparente Uma ilusão de percepção de movimento que ocorre quando estímulos em locais diferentes são disparados um após o outro no tempo apropriado. *(3)*

Movimento sacádico dos olhos Movimentos oculares de um ponto de fixação para outro. *Ver também* **Fixação** (na percepção e na atenção). *(4)*

Mudança de paradigma Uma mudança no pensamento de um paradigma para outro. *(1)*

Multidimensional A natureza multidimensional da cognição se refere ao fato de que mesmo experiências simples envolvem combinações de diferentes qualidades. *(2)*

Narrativa Uma história que avança de um evento para outro. *(11)*

Natureza construtiva da memória O que as pessoas relatam como memórias são construídas com base no que realmente aconteceu com mais fatores adicionais, como expectativas, outros conhecimentos e experiências de vida. *(8)*

Natureza da linguagem baseada em regras A ideia de que existem regras em uma linguagem que especificam as formas permitidas de organizar palavras e frases. *(11)*

Natureza hierárquica da linguagem A ideia de que a linguagem consiste em uma série de pequenos componentes que podem ser combinados para formar unidades maiores. Por exemplo, palavras podem ser combinadas para criar frases, que por sua vez podem criar expressões, que podem se tornar componentes de uma história. *(11)*

Negligência unilateral Um problema causado por dano cerebral, geralmente no lobo parietal direito, no qual o paciente ignora objetos na metade esquerda de seu campo visual. *(10)*

Neurociência cognitiva Campo preocupado com o estudo da base neural da cognição. *(2)*

Neuroeconomia Uma abordagem para estudar a tomada de decisão que combina pesquisas nas áreas de psicologia, neurociência e economia. *(13)*

Neurônio Célula especializada em receber e transmitir informações no sistema nervoso. *(2)*

Neurônios imagéticos Neurônios no cérebro humano estudados por Kreiman, que disparam da mesma forma quando uma pessoa vê a imagem de um objeto e quando uma pessoa cria uma imagem visual do objeto. *(10)*

Neurônios-espelho Neurônios no córtex pré-motor, originalmente descobertos no macaco, que respondem quando um macaco observa outra pessoa (geralmente o experimentador) realizando uma ação e quando o próprio macaco realiza a ação. Também há evidências de neurônios-espelho em humanos. *(3)*

Neuropsicologia O estudo dos efeitos comportamentais dos danos cerebrais em humanos. *(1)*

Neurotransmissor Produto químico que é liberado na sinapse em resposta aos potenciais de ação que chegam. *(2)*

Níveis de análise Um tópico pode ser compreendido estudando-o em vários níveis diferentes de um sistema. *(2)*

Nível básico No esquema de categorização de Rosch, o nível abaixo do nível global (superior) (por exemplo, "mesa" ou "cadeira" para a categoria superior "móveis"). De acordo com Rosch, o nível básico é psicologicamente especial, porque é o nível acima do qual muita informação é perdida e abaixo do qual pouca informação é ganha. *Ver também* **Nível global; Nível específico**. *(9)*

Nível específico No esquema de categorização de Rosch, o nível abaixo do nível básico (por exemplo, "mesa de cozinha" para a categoria básica "mesa"). *Ver também* **Nível básico; Nível global**. *(9)*

Nível global O nível mais alto no esquema de categorização de Rosch (por exemplo, "móveis" ou "veículos"). *Ver também* **Nível básico; Nível específico**. *(9)*

Nível subordinado (específico) O nível de categoria mais específico distinguido por Rosch — por exemplo, "mesa de cozinha". *(9)*

Nível superordenado (global) O nível de categoria mais geral distinguido por Rosch — por exemplo, "móveis". *(9)*

Nostalgia Uma memória que envolve uma afeição sentimental pelo passado. *(8)*

Novo contrato fornecido Em uma conversa, um falante deve construir sentenças de forma que contenham tanto as informações fornecidas (as que o ouvinte já conhece) quanto as novas (as que o ouvinte está ouvindo pela primeira vez). *(11)*

Operadores Na solução de problemas, movimentos permitidos que podem ser feitos em direção à solução de um problema. *(12)*

Organização hierárquica Organização de categorias nas quais as maiores e mais gerais são divididas em menores e mais específicas. Essas categorias menores podem, por sua vez, ser divididas em grupos ainda mais específicos para criar vários níveis. *(9)*

Organização perceptual, princípios da Regras propostas pelos psicólogos da Gestalt para explicar como pequenos elementos de uma cena ou de uma exibição se agrupam perceptivamente para formar unidades maiores. Essas "leis" são descritas como "heurísticas" neste livro. *(3)*

Paradigma Um sistema de ideias que orienta o pensamento em determinado campo. *(1)*

Paradigma do mundo visual Em experimentos sobre processamento de linguagem, determinar como os sujeitos estão processando as informações em uma cena à medida que respondem a instruções específicas relacionadas à cena. *(11)*

Paradoxo analógico As pessoas acham difícil aplicar analogias em ambientes de laboratório, mas usam-nas rotineiramente em ambientes do mundo real. *(12)*

Pensamento divergente Pensamento que é aberto, envolvendo um grande número de soluções potenciais. *(12)*

Percepção Experiência consciente que resulta da estimulação dos sentidos. *(3)*

Perseveração Dificuldade em mudar de um comportamento para outro, o que pode prejudicar a capacidade de uma pessoa de resolver problemas que exigem pensamento flexível. Perseveração é observada em casos em que o córtex pré-frontal foi danificado. *(5)*

Persistência da visão A percepção contínua da luz por uma fração de segundo após o estímulo de luz original ter sido extinto. Perceber um rastro de luz de uma faísca em movimento é causado pela persistência da visão. *Ver também* **Memória icônica**. *(5)*

Peso de conexão Em modelos conexionistas, um peso de conexão determina o grau em que os sinais enviados de uma unidade aumentam ou diminuem a atividade da próxima unidade. *(9)*

Pesquisa de conjunção Procurar entre distrações um alvo que envolve dois ou mais recursos, como "horizontal" e "verde". *(4)*

Pesquisa de características Pesquisar entre os distratores por um item-alvo que envolva a detecção de um recurso, como "horizontal". *(4)*

Pesquisa de solução de problemas *in vivo* Observar as pessoas para determinar como elas resolvem problemas em situações do mundo real. Essa técnica tem sido usada para estudar o uso da analogia em vários ambientes diferentes, incluindo reuniões de laboratório de um grupo de pesquisa universitária e sessões de brainstorming de projeto em um departamento de pesquisa e desenvolvimento industrial. *(12)*

Pesquisa visual Ocorre quando uma pessoa está procurando um estímulo ou objeto entre vários outros estímulos ou objetos. *(4)*

Placebo Uma pílula ou procedimento que os pacientes acreditam fornecer ingredientes ativos (geralmente analgésicos), mas que não contém nenhum ingrediente ativo. *(3)*

Plasticidade dependente da experiência Um mecanismo que faz com que os neurônios de um organismo se desenvolvam para que respondam melhor ao tipo de estimulação ao qual o organismo foi exposto. *(3)*

Plena atenção Prestar atenção propositalmente, no momento presente, e sem julgar, ao desenrolar da experiência momento a momento. *(12)*

Potenciação de longo prazo (PLP) O aumento do disparo que ocorre em um neurônio devido à atividade anterior na sinapse. *(7)*

Potencial de ação Potencial elétrico propagado responsável pela transmissão de informações neurais e pela comunicação entre os neurônios. Os potenciais de ação normalmente viajam pelo axônio de um neurônio. *(2)*

Potencial de repouso Diferença de carga entre o interior e o exterior de uma fibra nervosa quando a fibra está em repouso (nenhum outro sinal elétrico está presente). *(2)*

Potencial relacionado a eventos (PRE) Potencial elétrico, registrado com eletrodos de disco no couro cabeludo de uma pessoa, que reflete a resposta de milhares de neurônios próximos ao eletrodo que disparam juntos. O PRE consiste em uma série de ondas que ocorrem em diferentes atrasos após a apresentação de um estímulo e que podem ser vinculadas a diferentes funções. Por exemplo, a onda N400 ocorre em resposta a uma frase que contém uma palavra que não se ajusta ao significado da frase. *(5)*

Prägnanz, lei de Lei da organização perceptual que afirma que todo padrão de estímulo é visto de forma que a estrutura resultante seja o mais simples possível. Também chamada de *princípio da boa figura* e *princípio da simplicidade*. *(3)*

Pré-ativação de repetição Quando uma apresentação inicial de um estímulo afeta a resposta da pessoa ao mesmo estímulo quando ele é apresentado posteriormente. *(6)*

Pré-ativação lexical Pré-ativação que envolve o significado das palavras. Por exemplo, *rose* estaria relacionada com *flor*, porque seus significados estão relacionados. *(11)*

Pré-ativação sintática Ouvir uma frase com uma construção sintática específica aumenta as chances de que uma frase a seguir seja produzida com a mesma construção. *(11)*

Pré-ativação (*priming*) Uma mudança em resposta a um estímulo causada pela apresentação anterior do mesmo ou de um estímulo semelhante. *Ver também* **Pré-ativação de repetição**. *(6)*

Premissas As duas primeiras declarações em um silogismo. A terceira afirmação é a conclusão. *(13)*

Princípio(s) da boa continuação, boa figura, similaridade, simplicidade *Ver* as entradas invertidas (por exemplo, **Boa continuação, princípio da**). *(3)*

Princípio da probabilidade Parte da teoria da inferência inconsciente de Helmholtz que afirma que percebemos o objeto que é *mais provável* de ter causado o padrão de estímulos que recebemos. *(3)*

Princípio da falsificação O princípio de raciocínio de que para testar uma regra é necessário procurar situações que falsificariam a regra. *(13)*

Princípio da representação neural A ideia de que células individuais chamadas neurônios transmitem sinais no sistema nervoso e que essas células não são contínuas com outras células, conforme proposto pela teoria da rede nervosa. *(2)*

Probabilidade Na inferência bayesiana, até que ponto a evidência disponível é consistente com o resultado. *(3)*

Probabilidade prévia Consulte **Anterior**. *(3)*

Probabilidades transicionais   Na fala, a probabilidade de que um som da fala siga outro dentro de uma palavra. *(3)*

Problema   Uma situação em que existe um obstáculo entre um estado presente e um estado do objetivo e não é imediatamente óbvio como contornar o obstáculo. *(12)*

Problema-alvo   Um problema a ser resolvido. Na solução analógica de problemas, a solução desse problema pode se tornar mais fácil quando o solucionador de problemas é exposto a um problema ou história de origem análoga. *Ver também* **Problema de fonte.** *(12)*

Problema com jarro de água   Um problema, descrito pela primeira vez por Luchins, que ilustra como o conjunto mental pode influenciar as estratégias que as pessoas usam para resolver um problema. *(12)*

Problema composto de associação remota   Um problema em que três palavras são apresentadas e a tarefa é determinar uma palavra que, quando combinada com cada uma dessas palavras, forma uma nova palavra ou frase. *(12)*

Problema da Torre de Hanoi   Um problema envolvendo a movimentação de argolas de um conjunto de pinos para outro. Foi usado para ilustrar o processo envolvido na análise meios-fins. *(12)*

Problema da vela   Um problema, descrito pela primeira vez por Duncker, em que uma pessoa recebe vários objetos e tem a tarefa de montar uma vela na parede para que possa queimar sem pingar cera no chão. Este problema foi usado para estudar a fixidez funcional. *(12)*

Problema de base analítica   Problema que é resolvido por um processo de análise sistemática, geralmente usando técnicas baseadas em experiências anteriores. *(12)*

Problema de codificação sensorial   O problema de determinar a representação neural para os sentidos. *(2)*

Problema de discriminação de objetos   Um problema em que a tarefa é lembrar um objeto com base em sua forma e escolhê-lo quando apresentado a outro objeto após um intervalo de tempo. Associado à pesquisa sobre o fluxo de processamento *o quê*. *(3)*

Problema de discriminação de pontos de referência   Problema em que a tarefa é lembrar a localização de um objeto e escolher essa localização após um atraso. Associado à pesquisa sobre o fluxo de processamento do *onde*. *(3)*

Problema de duas cordas   Um problema descrito pela primeira vez por Maier, no qual uma pessoa recebe a tarefa de prender dois fios que estão muito distantes um do outro para serem alcançados ao mesmo tempo. Esta tarefa foi planejada para ilustrar a operação da fixidez funcional. *(12)*

Problema de fonte   Um problema ou história que é análogo ao problema-alvo e que, portanto, fornece informações que podem levar a uma solução para o problema-alvo. *Ver também* **Resolução analógica de problemas; Problema-alvo.** *(12)*

Problema de vinculação   O problema de explicar como as características individuais de um objeto se unem. *(4)*

Problema dos nove pontos   Um problema envolvendo nove pontos, dispostos em um padrão quadrado, em que a tarefa é desenhar quatro linhas retas que passam por todos os nove pontos sem levantar a caneta do papel ou refazer uma linha. *(12)*

Problema de projeção inversa   Tarefa de determinar o objeto que causou uma determinada imagem na retina. *(3)*

Problema de quatro cartas de Wason   Uma tarefa de raciocínio condicional desenvolvida por Wason que envolve quatro cartas. Várias versões desse problema foram usadas para estudar os mecanismos que determinam os resultados das tarefas de raciocínio condicional. *(13)*

Problema de radiação   Um problema colocado por Duncker que envolve encontrar uma maneira de destruir um tumor por radiação sem danificar outros órgãos do corpo. Esse problema tem sido amplamente usado para estudar o papel da analogia na solução de problemas. *(12)*

Problema do tabuleiro de damas mutilado   Um problema que tem sido usado para estudar como a formulação de um problema influencia a capacidade de uma pessoa de chegar a uma solução. *(12)*

Procedimento de aceitação opcional   Procedimento no qual uma pessoa deve dar um passo ativo para *escolher* um curso de ação — por exemplo, escolher ser um doador de órgãos. *(13)*

Procedimento de exclusão   Procedimento no qual uma pessoa deve dar um passo ativo para *evitar* um curso de ação — por exemplo, escolher não ser um doador de órgãos. *(13)*

Procedimento lembrar/saber   Um procedimento no qual os sujeitos são apresentados a um estímulo que encontraram antes e são solicitados a indicar *Lembro*, se eles se lembrarem das circunstâncias em que o encontraram inicialmente, ou *Sei* se o estímulo parece familiar, mas eles não se lembram de tê-lo experimentado antes. *(6)*

Processamento apropriado para transferência   Quando o tipo de tarefa que ocorre durante a codificação corresponde ao tipo de tarefa que ocorre durante a recuperação. Esse tipo de processamento pode resultar em memória aprimorada. *(7)*

Processamento automático   Processamento que ocorre automaticamente, sem a intenção da pessoa, e que também utiliza poucos recursos cognitivos. O processamento automático está associado a tarefas fáceis ou bem praticadas. *(4)*

Processamento de baixo para cima (*bottom-up*) Processamento que começa com as informações recebidas pelos receptores. Esse tipo de processamento também é chamado de processamento baseado em dados. *(3)*

Processamento de cima para baixo (*bottom-down*) Processamento que envolve o conhecimento ou as expectativas de uma pessoa. Esse tipo de processamento também é chamado de processamento baseado em conhecimento. *(3)*

Processamento paralelo distribuído (PPD) *Ver* **Conexionismo; Rede conexionista.** *(9)*

Processamento hierárquico Processamento que ocorre em uma progressão das áreas inferiores para as superiores do cérebro. *(2)*

Processamento profundo Processamento que envolve atenção ao significado e relacionando um item a outra coisa. O processamento profundo geralmente está associado a ensaios elaborativos. *Ver também* **Profundidade de processamento; Processamento superficial.** *(7)*

Processamento superficial Processamento que envolve repetição com pouca atenção ao significado. O processamento superficial geralmente está associado ao ensaio de manutenção. *Ver também* **Processamento profundo; Profundidade de processamento.** *(7)*

Processo de ensaio articulatório Processo de ensaio envolvido na memória de trabalho que impede que os itens do armazenamento fonológico se deteriorem. *(5)*

Processos de controle No modelo modal de memória de Atkinson e Shiffrin, processos ativos que podem ser controlados pela pessoa e que podem diferir de uma tarefa para outra. O ensaio é um exemplo de processo de controle. *(5)*

Profundidade de processamento A ideia de que o processamento que ocorre como um item está sendo codificado na memória pode ser profunda ou superficial. O processamento profundo envolve atenção ao significado e está associado ao ensaio elaborativo. O processamento superficial envolve repetição com pouca atenção ao significado e está associado ao ensaio de manutenção. *Ver também* **Teoria dos níveis de processamento.** *(7)*

Propagação reversa Um processo pelo qual o aprendizado pode ocorrer em uma rede conexionista, em que um sinal de erro é transmitido de volta pela rede. Este sinal de erro transmitido para trás fornece as informações necessárias para ajustar os pesos na rede, a fim de obter o sinal de saída correto para um estímulo. *(9)*

Prosódia O padrão de entonação e ritmo na linguagem falada. *(11)*

Prosopagnosia Condição causada por dano ao lobo temporal que se caracteriza pela incapacidade de reconhecer faces. *(2)*

Protocolo *think-aloud* Um procedimento no qual os sujeitos são solicitados a dizer em voz alta o que estão pensando enquanto resolvem um problema. Esse procedimento é usado para ajudar a determinar os processos de pensamento das pessoas enquanto estão resolvendo um problema. *(12)*

Protótipo Um padrão usado na categorização que é formado pela média dos membros da categoria que uma pessoa encontrou no passado. *(9)*

Psicolinguística Campo relacionado ao estudo psicológico da linguagem. *(11)*

Psicologia cognitiva Ramo da psicologia preocupado com o estudo científico dos processos mentais envolvidos na percepção, atenção, memória, linguagem, solução de problemas, raciocínio e tomada de decisão. Em suma, a psicologia cognitiva está preocupada com o estudo científico da mente e dos processos mentais. *(1)*

Psicólogos da Gestalt Um grupo de psicólogos que propôs princípios que governam a percepção, como leis de organização e uma abordagem perceptiva para solução de problemas envolvendo reestruturação. *(3)*

Questionário da vivacidade da imagética visual (QVIV) Um teste no qual as pessoas são solicitadas a avaliar a nitidez das imagens mentais que criam. Este teste é projetado para medir a capacidade de imagens de objetos. *(10)*

Raciocínio Processos cognitivos pelos quais as pessoas começam com informações e chegam a conclusões que vão além dessas informações. *Ver também* **Raciocínio dedutivo; Raciocínio indutivo.** *(13)*

Raciocínio dedutivo Raciocínio que envolve silogismos nos quais uma conclusão segue logicamente de premissas. *Ver também* **Raciocínio indutivo.** *(13)*

Raciocínio indutivo Raciocínio em que uma conclusão decorre de uma consideração de evidência. Essa conclusão é declarada como provavelmente verdadeira em vez de definitivamente verdadeira, como pode ser o caso para as conclusões do raciocínio dedutivo. *(13)*

Reativação Um processo que ocorre durante a consolidação da memória, no qual o hipocampo repete a atividade neural associada a uma memória. Durante a reativação, ocorre atividade na rede que conecta o hipocampo e o córtex. Essa atividade resulta na formação de conexões entre as áreas corticais. *(7)*

Receptores Estruturas neurais especializadas que respondem a estímulos ambientais, como luz, estimulação mecânica ou estímulos químicos. *(2)*

Reconsolidação Um processo proposto por Nader e outros que ocorre quando uma memória é recuperada e, assim, reativada. Feito isso, a memória deve ser consolidada novamente, como acontecia no aprendizado inicial. Essa consolidação repetida é a reconsolidação. *(7)*

Recordação com dicas   Um procedimento para testar a memória em que um participante recebe pistas, como palavras ou frases, para ajudar na lembrança de estímulos experimentados anteriormente. Consulte também **Recordação livre**. *(7)*

Recordação livre   Um procedimento de teste de memória em que o participante é solicitado a lembrar de estímulos que foram apresentados anteriormente. *Ver também* **Recordação repetida**. *(7)*

Recordação repetida   Lembrar-se de que é testado imediatamente após um evento e, em seguida, testado novamente várias vezes após o evento. *(8)*

Recuperação   O processo de lembrar informações que foram armazenadas na memória de longo prazo. *(7)*

Rede atencional dorsal   Uma rede que controla a atenção com base no processamento de cima para baixo. *(4)*

Rede conexionista   O tipo de rede proposto pela abordagem conexionista para a representação de conceitos. As redes conexionistas são baseadas em redes neurais, mas não são necessariamente idênticas a elas. Uma das principais propriedades da rede conexionista é que a categoria específica é representada pela atividade que é distribuída por muitas unidades na rede. Isso contrasta com as redes semânticas, nas quais categorias específicas são representadas em nós individuais. *(9)*

Rede de ação executiva   Uma rede complexa envolvida no controle de funções executivas. *(4)*

Rede de atenção ventral   Uma rede que controla a atenção com base na saliência do estímulo. *(4)*

Rede de controle executivo (RCE)   Uma rede cerebral envolvida em direcionar a atenção enquanto uma pessoa realiza tarefas. *(12)*

Rede de imaginação   Kaufman e Grégoire (2015) nomearam a rede de modo padrão (RMP). *(12)*

Rede de modo padrão (RMP)   Rede de estruturas que estão ativas quando uma pessoa não está envolvida em tarefas específicas. *(2)*

Rede nervosa   Uma rede de fibras nervosas continuamente interconectadas (em contraste com as redes neurais, nas quais as fibras são conectadas por sinapses). *(2)*

Redes neurais   Grupos de neurônios ou estruturas que estão conectadas entre si. *(2)*

Reestruturação   O processo de alteração da representação de um problema. De acordo com os psicólogos da Gestalt, a reestruturação é o mecanismo-chave para a solução de problemas. *(12)*

Regra de conjunção   A probabilidade da conjunção de dois eventos (como feminista e caixa de banco) não pode ser maior do que a probabilidade dos constituintes individuais (feminista sozinha ou caixa de banco sozinha). *(13)*

Regularidades físicas   Propriedades físicas do meio ambiente que ocorrem regularmente. Por exemplo, existem mais direções verticais e horizontais no ambiente do que direções oblíquas (em ângulo). *(3)*

Regularidades do ambiente   Características do ambiente que ocorrem com frequência. Por exemplo, o azul está associado ao céu aberto, as paisagens costumam ser verdes e suaves e as verticais e horizontais são frequentemente associadas a edifícios. *(3)*

Regularidades semânticas   Características associadas às funções desempenhadas em diferentes tipos de cenas. Por exemplo, a preparação de alimentos, cozinhar e talvez comer ocorrem na cozinha. *(3)*

Representação descritiva   Corresponde à representação espacial. Chamado porque uma representação espacial pode ser representada por uma imagem. *(10)*

Representação distribuída   Ocorre quando uma cognição específica ativa muitas áreas do cérebro. *(2)*

Representação espacial   Uma representação na qual diferentes partes de uma imagem podem ser descritas como correspondendo a locais específicos no espaço. *Ver também* **Representação descritiva.** *(10)*

Representação neural, princípio da   Tudo o que uma pessoa experimenta é baseado em representações de seu sistema nervoso. *(2)*

Representação proposicional   Uma representação em que as relações são representadas por símbolos, como quando as palavras de uma linguagem representam objetos e as relações entre objetos. *(10)*

Reprodução repetida   Método de medição da memória em que se pede a uma pessoa que reproduza um estímulo em ocasiões repetidas em intervalos cada vez mais longos após a apresentação original do material a ser lembrado. *(8)*

Resolução analógica de problemas   O uso de analogias como auxílio na solução de problemas. Normalmente, é apresentada uma solução para um problema, o problema de origem, que é análoga à solução para outro problema, o problema de destino. *(12)*

Resposta de série temporal   A forma como a resposta de fMRI muda com o tempo. *(2)*

Retorno à tônica   Numa composição musical, voltando à nota tônica que estava no início da composição. *(11)*

Revolução científica   Ocorre quando há uma mudança no pensamento de um paradigma científico para outro. *(1)*

Revolução cognitiva   Uma mudança na psicologia, a partir da década de 1950, da abordagem behaviorista para uma abordagem em que o principal objetivo era explicar o comportamento em termos da mente. Um dos resultados da revolução cognitiva foi a introdução da abordagem de processamento de informações para estudar a mente. *(1)*

Rotação mental   Girar a imagem de um objeto na mente. *(5)*

Roteiro   Um tipo de esquema. A concepção da sequência de ações que descreve uma atividade particular. Por exemplo, a sequência de eventos associados à ida à aula seria um script de "ida à aula". *Ver também* **Esquema**. *(8)*

Roteiro de vida cultural   Eventos de vida que comumente ocorrem em uma cultura particular. *(8)*

Saliência da reminiscência   A descoberta empírica de que pessoas com mais de 40 anos têm memória aprimorada para eventos da adolescência e início da idade adulta, em comparação com outros períodos de suas vidas. *(8)*

Saliência do estímulo   Fatores ascendentes que determinam a atenção aos elementos de uma cena. Os exemplos são cor, contraste e orientação. O significado das imagens, que é um fator de cima para baixo, não contribui para a saliência do estímulo. *Ver também* **Mapa de saliência**. *(4)*

Segmentação da fala   O processo de perceber palavras individuais dentro do fluxo contínuo do sinal de fala. *(3)*

Semântica   Os significados das palavras e frases. Diferenciado de **Sintaxe**. *(11)*

Semântica lexical   O significado das palavras. *(11)*

Semanticização das memórias remotas   Perda de detalhes episódicos para memórias de eventos antigos. *(6)*

Semelhança de família   Ao considerar o processo de categorização, a ideia de que as coisas em uma categoria particular se assemelham de várias maneiras. Essa abordagem pode ser contrastada com a abordagem de definição, que afirma que um objeto pertence a uma categoria apenas quando atende a um conjunto definido de critérios. *(9)*

Sentenças labirinto   Uma frase em que o significado que parece estar implícito no início da frase acaba se revelando incorreto com base em informações apresentadas posteriormente na frase. *(11)*

Silogismo   Uma série de três afirmações: duas premissas seguidas de uma conclusão. A conclusão pode partir de premissas baseadas nas regras da lógica. *Ver também* **Silogismo categórico; Silogismo condicional**. *(13)*

Silogismo categórico   Um silogismo no qual as premissas e a conclusão descrevem a relação entre duas categorias usando declarações que começam com *Todos, Não* ou *Alguns*. *(13)*

Silogismo condicional   Silogismo com duas premissas e uma conclusão, como um silogismo categórico, mas cuja primeira premissa é uma declaração "Se ... então". *(13)*

Similaridade, princípio da   Princípios da organização perceptual que afirma que coisas semelhantes parecem estar agrupadas. *(3)*

Simplicidade, princípio da   *Ver* **Prägnanz, lei de**. *(3)*

Sinal de erro   Durante o aprendizado em uma rede conexionista, a diferença entre o sinal de saída gerado por um estímulo específico e a saída que realmente representa esse estímulo. *(9)*

Sinapse   Espaço entre a extremidade de um axônio e o corpo celular ou dendrito do próximo axônio. *(2)*

Sincronização   Ocorre quando as respostas neurais se tornam sincronizadas no tempo, de modo que as respostas positivas e negativas ocorrem ao mesmo tempo e com amplitudes semelhantes. Foi proposto que a sincronização é um mecanismo responsável pelo aprimoramento da conectividade eficaz e da comunicação aprimorada entre duas áreas que acompanham as mudanças de atenção. *(4)*

Síndrome de Balint   Condição causada por lesão cerebral em que uma pessoa tem dificuldade de focar a atenção em objetos individuais. *(4)*

Sintaxe   As regras para combinar palavras em frases. Diferencia-se de **Semântica**. *(11)*

Sistema de neurônios-espelho   Rede de neurônios no cérebro com propriedades de neurônios-espelho. *(3)*

Somatotopia semântica   Correspondência entre palavras relacionadas a partes específicas do corpo e a localização da atividade cerebral associada a essa parte do corpo. *(9)*

Sombreamento   O procedimento de repetir uma mensagem em voz alta à medida que ela é ouvida. O sombreamento é comumente usado em conjunto com estudos de atenção seletiva que usam o procedimento de escuta dicótica. *(4)*

Sonhar acordado   *Ver* **Divagação da mente**.

Sonhar acordado voluntário   O ato de escolher conscientemente se desligar de tarefas externas para buscar um fluxo interno de pensamento que pode ter resultados positivos. *(12)*

Subobjetivos   Na abordagem da análise meio-fim para a solução de problemas, estados intermediários que movem o processo de solução para mais perto do objetivo. *(12)*

Suposição de luz vinda de cima   A suposição de que a luz vem de cima. Esta é uma heurística que pode influenciar a forma como percebemos objetos tridimensionais que são iluminados. *(3)*

Supressão articulatória   Interferência com o funcionamento do circuito fonológico que ocorre quando uma pessoa repete uma palavra irrelevante como "o" ao realizar uma tarefa que requer o circuito fonológico. *(5)*

Surdez desatencional   Ocorre quando a desatenção faz com que uma pessoa perca um estímulo auditivo. Por exemplo, experimentos mostraram que é mais difícil detectar um tom quando envolvido em uma difícil tarefa de pesquisa visual. *(4)*

Tarefa de alta carga   Uma tarefa que usa a maior parte ou todos os recursos de uma pessoa e, portanto, deixa pouca capacidade para lidar com outras tarefas. *(4)*

Tarefa de baixa carga   Uma tarefa que usa poucos recursos, deixando alguma capacidade para lidar com outras tarefas. *(4)*

Tarefa de caminhada mental   Uma tarefa usada em experimentos de imagens em que os participantes são solicitados a formar uma imagem mental de um objeto e imaginar que estão caminhando em direção a essa imagem mental. *(10)*

Tarefa de comunicação referencial   Tarefa em que duas pessoas trocam informações em uma conversa, quando essas informações envolvem referência — identificar algo nomeando ou descrevendo. *(11)*

Tarefa de decisão lexical   Um procedimento no qual uma pessoa é solicitada a decidir o mais rápido possível se determinado estímulo é uma palavra ou não. *(9)*

Tarefa de imagens degradadas   Uma tarefa em que um desenho de linha é degradado pela omissão de partes do desenho e obscurecendo-o com um padrão de ruído visual. A tarefa da pessoa é identificar o objeto. *(10)*

Tarefa de resposta tardia   Uma tarefa na qual as informações são fornecidas, um atraso é imposto e, em seguida, a memória é testada. Essa tarefa foi usada para estudar a memória de curto prazo, testando a capacidade dos macacos de reter informações sobre a localização de uma recompensa alimentar durante um atraso. *(5)*

Tarefa de rotação mental   Uma tarefa em que uma pessoa julga se duas imagens de objetos geométricos tridimensionais são imagens do mesmo objeto girado no espaço ou imagens de dois objetos espelhados girados no espaço. *(10)*

Tarefa de usos alternativos (TUA)   Uma tarefa usada para avaliar a criatividade, na qual a tarefa da pessoa é pensar em usos incomuns para um objeto. Também chamada de tarefa de usos incomuns. *(12)*

Taxa básica   As proporções relativas de diferentes classes em uma população. A falha em considerar as taxas básicas pode frequentemente levar a erros de raciocínio. *(13)*

Técnica da palavra-cavilha   Um método para lembrar coisas em que as coisas a serem lembradas estão associadas a palavras concretas. *Ver também* **Método dos loci**. *(10)*

Técnica de verificação de sentenças   Uma técnica em que o participante é solicitado a indicar se uma determinada frase é verdadeira ou falsa. Por exemplo, frases como "Uma maçã é uma fruta" foram usadas em estudos sobre categorização. *(9)*

Tempo de reação de escolha   É hora de responder a um de dois ou mais estímulos. Por exemplo, no experimento Donders, os sujeitos tiveram que dar uma resposta a um estímulo e uma resposta diferente a outro estímulo. *(1)*

Tempo de reação   O tempo que leva para reagir a um estímulo. Isso geralmente é determinado medindo o tempo entre a apresentação de um estímulo e a resposta ao estímulo. Exemplos de respostas são apertar um botão, dizer uma palavra, mover os olhos e o aparecimento de uma onda cerebral específica. *(1)*

Tempo de reação simples   Reagir à presença ou ausência de um único estímulo (ao contrário de ter que escolher entre vários estímulos antes de dar uma resposta). *Ver também* **Tempo de reação de escolha**. *(1)*

Teoria da carga de atenção   Proposta de que a capacidade de ignorar estímulos irrelevantes para a tarefa depende da carga da tarefa que a pessoa está realizando. Tarefas de alta carga resultam em menos distração. *(4)*

Teoria da integração de características   Uma abordagem para a percepção do objeto, desenvolvida por Anne Treisman, que propõe uma sequência de estágios em que os recursos são primeiro analisados e, em seguida, combinados para resultar na percepção de um objeto. *(4)*

Teoria da mente   A capacidade de compreender o que os outros pensam, sentem ou acreditam. *(11)*

Teoria da seleção natural   A teoria de Darwin de que as características que aumentam a capacidade de um animal de sobreviver e se reproduzir serão transmitidas às gerações futuras. *(3)*

Teoria da utilidade esperada   A ideia de que as pessoas são basicamente racionais, então, se elas tiverem todas as informações relevantes, elas tomarão uma decisão que resulta no resultado mais benéfico. *(13)*

Teoria dos níveis de processamento   A ideia é de que a memória depende de como a informação é codificada. A memória mais ativa será alcançada quando o processamento for mais profundo do que quando o processamento for superficial. O processamento profundo envolve atenção ao significado e está associado ao ensaio elaborativo. O processamento superficial envolve repetição com pouca atenção ao significado e está associado ao ensaio de manutenção. *(7)*

Teste de dobra de papel (TDP)   Um teste em que um pedaço de papel é dobrado e, em seguida, perfurado por um lápis para criar um buraco. A tarefa é determinar, a partir de uma série de alternativas, onde os furos estarão no pedaço de papel desdobrado. *(10)*

Teste de amplitude de leitura   O teste usado por Daneman e Carpenter para medir a amplitude de leitura. *(5)*

Testemunho ocular Depoimento de testemunhas oculares de um crime sobre o que viram durante a prática do crime. *(8)*

Tônica A chave de uma composição musical. A nota tônica é a primeira nota de uma escala em uma tonalidade particular. *(11)*

Transferência analógica Transferência de experiência na resolução de um problema para a solução de outro problema semelhante. *(12)*

Unidade de dicionário Um componente do modelo de atenuação de atenção de Treisman. Esta unidade de processamento contém palavras armazenadas e limites para ativar as palavras. A unidade de dicionário ajuda a explicar por que às vezes podemos ouvir uma palavra familiar, como nosso nome, em uma mensagem autônoma. *Ver também* **Modelo de atenuação de atenção.** *(4)*

Unidades "Unidades de processamento semelhantes a neurônios" em uma rede conexionista. *Ver também* **Unidades ocultas; Unidades de entrada; Unidades de saída.** *(9)*

Unidades de entrada Unidades em uma rede conexionista que são ativadas por estimulação do ambiente. *Ver também* **Rede conexionista; Unidades ocultas; Unidades de saída.** *(9)*

Unidades de saída Unidades em uma rede conexionista que contém a saída final da rede. *Ver também* **Rede conexionista; Unidades ocultas; Unidades de entrada.** *(9)*

Unidades ocultas Unidades em uma rede conexionista localizadas entre unidades de entrada e unidades de saída. *Ver também* **Rede conexionista; Unidades de entrada; Unidades de saída.** *(9)*

Utilidade Resultados que alcançam os objetivos de uma pessoa; em termos econômicos, o retorno monetário máximo. *(13)*

Validade Qualidade de um silogismo cuja conclusão decorre logicamente de suas premissas. *(13)*

Vantagem do mesmo objeto Ocorre quando o efeito intensificador da atenção se espalha por todo o objeto, de modo que a atenção para um local do objeto resulta em uma facilitação do processamento em outros locais do objeto. *(4)*

Varredura mental Um processo de imagens mentais em que uma pessoa varre uma imagem mental em sua mente. *(10)*

Varredura visual Movimento dos olhos de um local ou objeto para outro. *(4)*

Via de ação Via neural estende-se do lobo occipital ao lobo parietal e está associada ao processamento neural que ocorre quando as pessoas agem. Corresponde ao caminho do *onde*. *(3)*

Via perceptiva Via neural, que se estende do lobo occipital ao lobo temporal, que está associada à percepção ou reconhecimento de objetos. Corresponde à via do *o quê*. *(3)*

Via dorsal Caminho que se estende do córtex visual no lobo occipital ao lobo parietal. Também é conhecida como a via *onde*. *(3)*

Viagem mental no tempo De acordo com Tulving, a propriedade definidora da *experiência* da memória episódica, na qual uma pessoa viaja no tempo em sua mente para reviver eventos que aconteceram no passado. *(6)*

Via "onde" Via neural, que se estende do lobo occipital ao lobo parietal, que está associada ao processamento neural que ocorre quando as pessoas localizam objetos no espaço. Corresponde aproximadamente ao caminho da ação. *(3)*

Via "o quê" Via neural, que se estende do lobo occipital ao lobo temporal, que está associada à percepção ou reconhecimento de objetos. Corresponde à via de percepção. *(3)*

Via ventral Caminho do córtex visual no lobo occipital ao lobo temporal. Também é conhecida como *caminho do quê*. *(3)*

Viés da juventude Tendência para que os eventos públicos mais notáveis na vida de uma pessoa sejam percebidos como ocorrendo quando a pessoa é jovem. *(8)*

Viés de confirmação A tendência de buscar seletivamente informações que estejam de acordo com nossa hipótese e de ignorar informações que as contestem. *(13)*

Viés de crença Tendência a pensar que um silogismo é válido se sua conclusão for crível ou que é inválido se a conclusão não for crível. *(13)*

Viés do meu ponto de vista Tipo de viés de confirmação em que as pessoas geram e testam hipóteses de uma forma tendenciosa para suas próprias opiniões e atitudes. *(13)*

Viés do *status quo* Tendência a não fazer nada ao se deparar com uma decisão. *(13)*

Voxels Pequenas áreas em forma de cubo no cérebro usadas na análise de dados de experimentos de escaneamento do cérebro. *(2)*

Referências bibliográficas

A

Adamson, R. E. (1952). Functional fixedness as related to problem solving. *Journal of Experimental Psychology, 44*, 288-291.

Addis, D. R., Pan, L., Vu, M-A., Laiser, N & Schacter, D. L. (2009). Constructive episodic simulation of the future and the past: Distinct subsystems of a core brain network mediate imagining and remembering. *Neuropsychologia, 47*, 2222-2238.

Addis, D. R., Wong, A. T., & Schacter, D. L. (2007). Remembering the past and imagining the future: Common and distinct neural substrates during event construction and elaboration. *Neuropsychologia, 45*, 1363-1377.

Addis, D. R., Wong, A. T., & Schacter, D. L. (2008). Age-related changes in the episodic simulation of future events. *Psychological Science, 19*, 33-41.

Adrian, E. D. (1928). *The basis of sensation*. New York: Norton.

Adrian, E. D. (1932). *The mechanism of nervous action*. Philadelphia, PA: University of Pennsylvania Press.

Aguirre, G. K., Zarahn, E., & D'Esposito, M. (1998). An area within human ventral cortex sensitive to "building" stimuli: Evidence and implications. *Neuron, 21*, 373-383.

Albers, A. M., Kok, P., Toni, I, Dijkerman, H. C., & de Lange, F. P. (2013). Shared representations for working memory and mental imagery in early visual cortex. *Current Biology, 22*, 1427-1431.

Almeida, J., Fintzi, A. R., & Mahon, B. Z. (2014). Tool manipulation knowledge is retrieved by way of the ventral visual object processing pathway. *Cortex, 49*, 2334-2344.

Altmann, G. T. M., Garnham, A., & Dennis, Y. (1992). Avoiding the garden path: Eye movements in context. *Journal of Memory and Language, 31*, 685-712.

Altmann, G. T. M., & Kamide, Y. (1999). Incremental interpretation at verbs: restricting the domain of subsequent reference. *Cognition, 73*, 247-264.

Alvarez, G. A., & Cavanagh, P. (2004). The capacity of visual short-term memory is set both by visual information load and by number of objects. *Psychological Science, 15*, 106-111.

Amedi, A., Malach, R., & Pascual-Leone, A. (2005). Negative BOLD differentiates visual imagery and perception. *Neuron, 48*, 859-872.

Anderson, J. R., & Schooler, L. J. (1991). Reflections of the environment in memory. *Psychological Science, 2*, 396-408.

Anton-Erxeleben, K., Stephan, V. & Treue, S. (2009). Attention reshapes center-surround receptive field structure in Macaque cortical area MT. *Cerebral Cortex, 19*, 2466-2478.

Appelle, S. (1972). Perception and discrimination as a function of stimulus orientation: The "oblique effect" in man and animals. *Psychological Bulletin, 78*, 266-278.

Arkes, H. R., & Freedman, M. R. (1984). A demonstration of the costs and benefits of expertise in recognition memory. *Memory & Cognition, 12*, 84-89.

Atkinson, R. C., & Shiffrin, R. M. (1968). Human memory: A proposed system and its control processes. In K. W. Spence & J. T. Spence (Eds.), *The psychology of learning and motivation* (Vol. 2, p. 89-195). New York: Academic Press.

Awh, E., Barton, B & Vogel, E. K. (2007). Visual working memory represents a fixed number of items regardless of complexity. *Psychological Science, 18*, 622-628.

B

Baddeley, A. D. (1996). Exploring the central executive. *Quarterly Journal of Experimental Psychology, 49A*, 5-28.

Baddeley, A. D. (2000). Short-term and working memory. In E. Tulving & F. I. M. Craik (Eds.), *The Oxford handbook of memory* (pp. 77-92). New York: Oxford University Press.

Baddeley, A. D., Eysenck, M & Anderson, M. C. (2009). *Memory*. New York: Psychology Press.

Baddeley, A. D & Hitch, G. J. (1974). Working memory. In G. A. Bower (Ed.), *The psychology of learning and motivation* (pp. 47-89). New York: Academic Press.

Baddeley, A. D., Lewis, V. F. J., & Vallar, G. (1984). Exploring the articulatory loop. *Quarterly Journal of Experimental Psychology, 36*, 233-252.

Baddeley, A. D., Thomson, N., & Buchanan, M. (1975). Word length and the structure of short-term memory. *Journal of Verbal Learning and Verbal Behavior, 14*, 575-589.

Bailey, M. R., & Balsam, P. D. (2013). Memory reconsolidation: Time to change your mind. *Current Biology, 23*, R243-R245.

Baird, B., Smallwood, J., Mrazek, M. D., Kam, J. W. Y., Franklin, M. S., & Schooler, J. W. (2012).

Inspired by distraction Mind wandering facilitates creative incubation. *Psychological Science, 23*, 1117–1122.

Baird, B., Smallwood, J., & Schooler, J. W. (2011). Back to the future: Autobiographical planning and the functionality of mind wandering. *Consciousness and Cognition, 20*, 1604–1611.

Banziger, T., & Scherer, K. R. (2005). The role of intonation in emotional expressions. *Speech Communication, 46*, 252–267.

Barch, D. M. (2013). Brain network interactions in health and disease. *Trends in Cognitive Sciences, 17*, 603–605.

Barks, A., Searight, H. R., & Ratwik, S. (2011). Effect of text messaging on academic performance. *Signum Temporis 4*, 4–9.

Baronchelli, A., Ferrer-i-Cancho, R., Pastor-Satorras, R., Chater, N., & Christiansen, M. H. (2013). Networks in cognitive science. *Trends in Cognitive Sciences, 17*, 348–359.

Barrett, F. S., Grimm, K. J., Robins, R. W., Wildschut, T., Sedikides, C., & Janata, P. (2010). Music-evoked nostalgia: Affect, memory, and personality. *Emotion, 10(3)*, 390–403.

Barsalou, L. W. (2005). Continuity of the conceptual system across species. *Trends in Cognitive Sciences, 9*, 309–311.

Barsalou, L. W. (2008). Grounded cognition. *Annual Review of Psychology, 59*, 617–645.

Barsalou, L. W. (2009). Simulation, situated conceptualization and prediction. *Philosophical Transactions of the Royal Society B, 364*, 1281–1289.

Bartlett, F. C. (1932). *Remembering: A study in experimental and social psychology*. Cambridge, UK: Cambridge University Press.

Basadur, M., Runco, M., & Vega, L. A. (2000). Understanding how creative thinking skills, attitudes and behaviors work together: A causal process model. *Journal of Creative Behavior, 34*, 77–100.

Bassett, D. S., & Sporns, O. (2017). Network neuroscience. *Nature Neuroscience, 20*, 353–364.

Baylis, G. C., & Driver, J. (1993). Visual attention and objects: Evidence for hierarchical coding of location. *Journal of Experimental Psychology: Human Perception and Performance, 19*, 451–470.

Bays, P. M., & Husain, M. (2008). Dynamic shifts of limited working memory resources in human vision. *Science, 321*, 851–854.

Beaty, R. E., Benedek, M., Wilkins, R. W., Jauk, E., Fink, A., Silvia, P. J., … Neubauer, A. C. (2014). Creativity and the default network: A functional connectivity analysis of the creative brain at rest. *Neuropsychologia, 64*, 92–98.

Bechtel, W., Abrahamsen, A & Graham, G. (1998). The life of cognitive science. In W. Bechtel & G. Graham (Eds.), *A companion to cognitive science* (pp. 2–104). Oxford, UK: Blackwell.

Bedard, J., & Chi, M. T. H. (1992). Expertise. *Current Directions in Psychological Science, 1*, 135–139.

Beecher, H. K. (1959) *Measurement of subjective responses*. New York: Oxford University Press.

Begg, I. M., Anas, A., & Farinacci, S. (1992). Dissociation of processes in belief: Source recollection, statement familiarity, and the illusion of truth. *Journal of Experimental Psychology: General, 121*, 446–458.

Behrmann, M., Moscovitch, M., & Winocur, G. (1994). Intact visual imagery and impaired visual perception in a patient with visual agnosia. *Journal of Experimental Psychology: Human Perception and Performance, 30*, 1068–1087.

Belfi, A. M., Karlan, B., & Tranel, D. (2016). Music evokes vivid autobiographical memories. *Memory, 24(7)*, 979–989.

Bell, K. E., & Limber, J. E. (2010). Reading skill, textbook marking, and course performance. *Literacy Research and Instruction, 49*, 56–67.

Belz, A. (2010, July 16). Lifeguards, camp staff abound as 2 drown in Pella pool. *Des Moines Register*.

Benton, T. R., Ross, D F, Bradshaw, E., Thomas, W. N & Bradshaw, G. S. (2006). Eyewitness memory is still not common sense: Comparing jurors, judges and law enforcement to eyewitness experts. *Applied Cognitive Psychology, 20*, 115–129.

Berntsen, D. (2009). Flashbulb memory and social identity. In O. Luminet & A. Curci (Eds.), *Flashbulb memories: New issues and new perspectives* (pp. 187–205). Hove, UK: Psychology Press.

Berntsen, D., & Rubin, C. (2004). Cultural life scripts structure recall from autobiographical memory. *Memory & Cognition, 32*, 427–442.

Best, J. R., & Miller, P. H. (2010). A developmental perspective on executive function. *Child Development, 81*, 1641–1660.

Best, J. R., Miller, P. H., & Naglieri, J. A. (2011). Relations between executive function and academic achievement from ages 5 to 17 in a large, representative national sample. *Learning and Individual Differences, 21*, 327–336.

Bever, T. G. (1970). The cognitive basis for linguistic structures. In J. R. Hayes (Ed.), *Cognition and the development of language* (p.279–362). New York: Wiley.

Bisiach, E., & Luzzatti, G. (1978). Unilateral neglect of representational space. *Cortex, 14*, 129–133.

Biswal, B., Yetkin, F. Z., Haughton, V. M & Hyde, J. S. (1995). Functional connectivity in the motor cortex of resting human brain using echo-planar MRI. *Magnetic Resonance Medicine, 34*, 537–541.

Blakemore, C., & Cooper, G. G. (1970). Development of the brain depends on the visual environment. *Nature, 228*, 477–478.

Blank, I., Balewski, Z., Mahowald, K & Fedorenko, E. (2016). Syntactic processing is distributed across the language system. *Neuroimage, 127*, 307–323.

Bliss, T. V. P., & Lomo, T. (1973). Long-lasting potentiation of synaptic transmission in the dentate area of the anaesthetized rabbit following stimulation of the perforant path. *Journal of Physiology (London), 232*, 331–336.

Bliss, T. V. P., Collingridge, G. L., & Morris, R. G. M. (2003). Introduction. *Philosophical Transactions of the Royal Society, Series B: Biological Sciences, 358*, 607–611.

Bock, K. (1990). Structure in language. *American Psychologist, 45*, 1221–1236.

Boden, M. A. (2006). *Mind as machine: A history of cognitive science*. New York: Oxford University Press.

Bolles, R. C., Baker, H., & Marimont, D. H. (1987). *International Journal of Computer Vision, 1*, 7–55.

Bolognani, S. A., Gouvia, P. A., Brucki, S. M., & Bueno, O. F. (2000). Implicit memory and its contribution to the rehabilitation of an amnesic patient: Case study. *Arquiuos de neuro-psiqustria, 58*, 924–930.

Boltz, M. G. (2004). The cognitive processing of film and music soundtracks. *Memory & Cognition, 32*, 1194–1205.

Bonnici, H. M., Chadwick, M. J., Lutti, A., Hasabis, D., Weiskopf, N., & Magurie, E. A. (2012). Detecting representations of recent and remote autobiographical memories in vmPFC and hippocampus. *Journal of Neuroscience, 32*, 16982–16991.

Boring, E. G. (1942). *Sensation and perception in the history of experimental psychology*. New York: Appleton-Century-Crofts.

Bosman, C. A., Schoffelen, J-M., Brunet, N., Oostenveld, R., Bastos, A. M., Womelsdorf, T., et al. (2012). Attentional stimulus selection through selective synchronization between monkey visual areas. *Neuron, 75*, 875–888.

Bowden, E. M., Jung-Beeman, M., Fleck, J., & Kounios, J. (2005). New approaches to demystifying insight. *Trends in Cognitive Sciences, 9*, 322–328.

Bower, G. G., & Winzenz, D. (1970). Comparison of associative learning strategies. *Psychonomic Science, 20*, 119–120.

Bower, G. H., Black, J. B., & Turner, T. J. (1979). Scripts in memory for text. *Cognitive Psychology, 11*, 177–220.

Bower, G. H., Clark, M. C., Lesgold, A. M., & Winzenz, D. (1969). Hierarchical retrieval schemes in recall of categorized word lists. *Journal of Verbal Learning and Verbal Behavior, 8*, 323–343.

Bower, G. H., & Winzenz, D. (1970). Comparison of associative learning strategies. *Psychonomic Science, 20*, 119–120.

Brady, T. F., Konkie, T., & Alvarez, G. A. (2011). A review of visual memory capacity: Beyond individual items and toward structured representations. *Journal of Vision, 11(5)*, 1–34.

Branigan, H. P., Pickering, M. J., & Cleland, A. A. (2000). Syntactic co-ordination in dialogue. *Cognition, 75*, B13–B25.

Bransford, J. D., & Johnson, M. K. (1972). Contextual prerequisites for understanding: Some investigations of comprehension and recall. *Journal of Verbal Learning and Verbal Behavior, 11*, 717–726.

Bransford, J. D., & Johnson, M. K. (1973). Consideration of some problems of comprehension. In W. C. Chase (Ed.), *Visual information processing* (pp. 383–438). New York: Academic Press.

Brennan, S. E., Galati, A., & Kuhlen, A. K. (2010). Two minds, one dialog: Coordinating speaking and understanding. *Psychology of Learning and Motivation, 53*, 301–344.

Bressler, S. L., & Menon, V. (2010). Large-scale brain networks in cognition: emerging methods and principles. *Trends in Cognitive Sciences, 14*, 277–290.

Brewer, J. A., Worhunsky, P. D., Gray, J. R., Tang, Y.-Y., Weber, J., & Kober, H. (2011). Meditation experience is associated with differences in default mode network activity and connectivity. *Proceedings of the National Academy of Sciences, 108*, 20254–20259.

Brewer, W. F. (1977). Memory for the pragmatic implication of sentences. *Memory & Cognition, 5*, 673–678.

Brewer, W. F., & Treyens, J. C. (1981). Role of schemata in memory for places. *Cognitive Psychology, 13*, 207–230.

Broadbent, D. E. (1958). *Perception and communication*. London: Pergamon Press.

Broca, P. (1861). Sur le volume et al forme du cerveau suivant les individus et suivant les races. *Bulletin Societé d'Anthropologie Paris, 2*, 139–207, 301–321, 441–446. (See psychclassics.yorku.ca for translations of portions of this paper.)

Brooks, L. (1968). Spatial and verbal components of the act of recall. *Canadian Journal of Psychology, 22*, 349–368.

Brown, J. (1958). Some tests of the decay theory of immediate memory. *Quarterly Journal of Experimental Psychology, 10*, 12–21.

Brown, R., & Kulik, J. (1977). Flashbulb memories. *Cognition, 5*, 73–99.

Brown-Schmidt, S., & Hanna, J. E. (2011). Talking in another person's shoes: Incremental perspective-taking in language processing. *Dialogue and Discourse, 2,* 11–33.

Brunet, A., Orr, S. P., Tremblay, J. Robertson, K., Nader, K., & Pitman, R K. (2008). Effect of post-retrieval propranolol on psychophysiologic responding during subsequent script-driven traumatic imagery in post-traumatic stress disorder. *Journal of Psychiatric Research, 42,* 503–506.

Buciarelli, M., & Johnson-Laird, P. N. (1999). Strategies in syllogistic reasoning. *Cognitive Science, 23,* 247–303.

Buckingham, G., Goodale, M. A., White, J. A & Westwood, D. A. (2016). Equal-magnitude size-weight illusions experienced within and between object categories. *Journal of Vision, 16,* 1–9.

Buhle, J. T., Stevens, B. L., Friedman, J. J & Wager, T. D. (2012). Distraction and placebo: Two separate routes to pain control. *Psychological Science, 23,* 246–253.

Burton, A. M., Young, A. W., Bruce, V., Johnston, R. A & Ellis, A. W. (1991). Understanding covert recognition. *Cognition, 39,* 129–166.

Buschman, T. J. and Kastner, S. (2015). From behavior to neural dynamics: An integrated theory of attention. *Neuron, 88,* 127–144.

Butterworth, B., Shallice, T., & Watson, F. L. (1990). Short-term retention without short-term memory. In G. Vallar & T. Shallice (Eds.), *Neuropsychological impairments of short-term memory* (pp. 187–213). Cambridge, UK: Cambridge University Press.

C

Cabeza, R., & Nyberg, L. (2000). Imaging cognition II: An empirical review of 275 PET and fMRI studies. *Journal of Cognitive Neuroscience, 12,* 1–47.

Cabeza, R., Prince, S. E., Daselaar, S. M., Greenberg, D. L., Budde, M., Dolcos, F., et al. (2004). Brain activity during episodic retrieval of autobiographical and laboratory events: An fMRI study using novel photo paradigm. *Journal of Cognitive Neuroscience, 16,* 1583–1594.

Cabeza, R., & St. Jacques, P. (2007). Functional neuroimaging of autobiographical memory. *Trends in Cognitive Sciences, 11,* 219–227.

Caggiano, V., Fogassi, L., Rizzolatti, G., Pomper, J. K., Their, P., Giese, M. A., et al. (2011). View-based encoding of actions in mirror neurons of area F5 in Macaque premotor cortex. *Current Biology, 21,* 144–148.

Cahill, L., Babinsky, R., Markowitsch, H. J., & McGaugh, J. L. (1995). The amygdala and emotional memory. *Nature, 377,* 295–296.

Cahill, L., Gorski, L., & Le, K. (2003). Enhanced human memory consolidation with post-learning stress: Interaction with the degree of arousal at encoding. *Learning & Memory, 10,* 270–274.

Cahill, L., Haier, R. J., Fallon, J., Alkire, M. T., Tang, C., Keator, D., et al. (1996). Amygdala activity at encoding correlated with long-term free recall of emotional information. *Proceedings of the National Academy of Sciences, USA, 93,* 8016–8021.

Calamante, F., Masterton, R. A. J., Tournier, J. D., Smith, R. E., Willats, L., Raffelt, D., & Connelly, A. (2013). Track-weighted functional connectivity (TW-FC): A tool for characterizing the structural-functional connections in the brain. *NeuroImage, 70,* 199–210.

Calder, A. J., Beaver, J. D., Winston, J. S., Dolan, R. J., Jenkins, R., Eger, E., et al. (2007). Separate coding of different gaze directions in the superior temporal sulcus and inferior parietal lobule. *Current Biology, 17,* 20–25.

Campbell, F. W., Kulikowski, J. J., & Levinson, J. (1966). The effect of orientation on the visual resolution of gratings. *Journal of Physiology (London), 187,* 427–436.

Cappa, S. F., Frugoni, M., Pasquali, P., Perani, D., & Zorat, F. (1998). Category specific naming impairment for artefacts: A new case. *Neurocase, 4,* 391–397.

Carpenter, S. K., Pashler, H., & Cepeda, N. J. (2009). Using tests to enhance 8th grade students' retention of U.S. History facts. *Applied Cognitive Psychology, 23,* 760–771.

Carrasco, M., Ling, S., & Read, S. (2004). Attention alters appearance. *Nature Neuroscience, 7,* 308–313.

Carrier, L. M. (2003). College students' choices of study strategies. *Perceptual and Motor Skills, 96,* 54–56.

Carroll, D. W. (2004). *Psychology of language* (4th ed.). Belmont, CA: Wadsworth.

Cartwright-Finch, U., & Lavie, N. (2007). The role of perceptual load in inattentional blindness. *Cognition, 102,* 321–340.

Cashdollar, N., Malecki, J., Rugg-Gunn, F. J., Duncan, J. S., Lavie, N., & Duzel E. (2009). Hippocampus-dependent and –independent theta-networks of active maintenance. *Proceedings of the National Academy of Sciences, 106,* 20493–20498.

Caspers, S., Zilles, K., Laird, A. R. & Eickhoff, S. B. (2010). ALE meta-analysis of action observation and imitation in the human brain. *NeuroImage, 50,* 1148–1167.

Castelhano, M. S., & Henderson, J. M. (2008). Stable individual differences across images in human saccadic eye movements. *Canadian Journal of Experimental Psychology, 62,* 1–14.

Catrambone, R., & Holyoak, K. J. (1989). Overcoming contextual limitations on problem-solving transfer. *Journal of Experimental Psychology: Learning, Memory, and Cognition, 15,* 1147–1156.

Cattaneo, L., & Rizzolatti, G. (2009). The mirror neuron system. *Neurological Review, 66*, 557–560.

Chalmers, D & Reisberg, D. (1985). Can mental images be ambiguous? *Journal of Experimental Psychology: Human Perception and Performance, 11*, 317–328.

Chalupa, L. M. & Werner, J. S. (Eds.) (2003). *The visual neurosciences.* Cambridge, MA: MIT Press.

Chan, J. C. K., & McDermott, K. B. (2006). Remembering pragmatic inferences. *Applied Cognitive Psychology, 20*, 633–639.

Chapman, L. J., & Chapman, J. P. (1969). Genesis of popular but erroneous psychodiagnostic observations. *Journal of Abnormal Psychology, 74*, 272–280.

Charman, S. D., Wells, G. L., & Joy, S. W. (2011). The dud effect: Adding highly dissimilar fillers increases confidence in lineup identifications. *Law and Human Behavior, 35*, 479–500.

Chase, W. G., & Simon, H. A. (1973a). Perception in chess. *Cognitive Psychology, 4*, 55–81.

Chase, W. G., & Simon, H. A. (1973b). The mind's eye in chess. In W. G. Chase (Ed.), *Visual information processing.* New York: Academic Press.

Chatterjee, A. (2010). Disembodying cognition. *Language and Cognition, 2*, 79–116.

Cheng, P. W., & Holyoak, K. J. (1985). Pragmatic reasoning schemas. *Cognitive Psychology, 17*, 391–416.

Cherry, E. C. (1953). Some experiments on the recognition of speech, with one and with two ears. *Journal of the Acoustical Society of America, 25*, 975–979.

Chi, M. T. H., Feltovich, P. J., & Glaser, R. (1981). Categorization and representation of physics problems by experts and novices. *Cognitive Science, 5*, 121–152.

Chi, M. T. H., Glaser, R., & Rees, E. (1982). Expertise in problem solving. In R. J. Sternberg (Ed.), *Advances in the psychology of human intelligence.* Hillsdale, NJ: Erlbaum.

Chi, R. P., & Snyder, A. W., (2012). Brain stimulation enables the solution of an inherently difficult problem. *Neuroscience Letters, 515*, 121–124.

Chklovskii, D. B., Mel, B. W., & Svoboda, K. (2004). Cortical rewiring and information storage. *Nature, 431*, 782–788.

Chomsky, N. (1957). *Syntactic structures.* The Hague, Netherlands: Mouton.

Chomsky, N. (1959). A review of Skinner's *Verbal Behavior. Language, 35*, 26–58.

Christensen, B. T. & Schunn, C. D. (2007). The relationship of analogical distance to analogical function and pre-inventive structure: The case of engineering design. *Memory and* Cognition, 35, 29–38.

Christoff, K., Gordon, A. M., Smallwood, J., Smith, R. & Schooler, J. W. (2009). Experience sampling during fMRI reveals default network and executive system contributions to mind wandering. *Proceedings of the National Academy of Sciences, 106*, 8719–8724.

Chrysikou, E. G. & Weisberg, R. W. (2005). Following the wrong footsteps: Fixation effects of pictorial examples in a design problem-solving task. *Journal of Experimental Psychology: Learning, Memory, and Cognition, 31*, 1134–1148.

Chu, S. & Downes, J. J. (2002). Proust nose best: Odors and better cues of autobiographical memory. *Memory & Cognition, 30(4)*, 511–518.

Cichy, R. M., Heinzle, J., & Haynes, J.-D. (2012). Imagery and perception share cortical representations of content and location. *Cerebral Cortex, 22*, 372–380.

Clare, L., & Jones, R. S. P. (2008). Errorless learning in the rehabilitation of memory impairment: a critical review. *Neuropsychology Review, 18*, 1–23.

Clarey, C. (2014). Their minds have seen the glory. *New York Times,* February 23. Sports Sunday, p. 1.

Clark, A. (2013). Whatever next? Predictive brains, situated agents, and the future of cognitive science. *Behavioral and Brain Sciences, 36*, 181–253.

Clark, H. H. (1996). *Using language.* Cambridge: Cambridge University Press.

Clark, H. H., & Van der Wege, M. M. (2002). Psycholinguistics. In H. Pashler & S. Yantis (Eds.), *Stevens' handbook of experimental psychology* (3. ed., pp. 209–259). New York: Wiley.

Coley, J. D., Medin, D. L., & Atran, S. (1997). Does rank have its privilege? Inductive inferences within folkbiological taxonomies. *Cognition, 64*, 73–112.

Collins, A. M., & Quillian, M. R. (1969). Retrieval time from semantic memory. *Journal of Verbal Learning and Verbal Behavior, 8*, 240–247.

Colloca, L., & Benedetti, F. (2005). Placebos and painkillers: Is mind as real as matter? *Nature Reviews Neuroscience, 6*, 545–552.

Colzato, L. S., Ozturk, A., & Hommel, B. (2012). Meditate to create: the impact of focused-attention and open-monitoring training on convergent and divergent thinking. *Frontiers in Psychology, 3*, Article 116.

Conrad, C. (1972). Cognitive economy in semantic memory. *Journal of Experimental Psychology, 92*, 149–154.

Conrad, R. (1964). Acoustic confusion in immediate memory. *British Journal of Psychology, 55*, 75–84.

Conrad, R. (1964). Acoustic confusion in immediate memory. *British Journal of Psychology, 92*, 149–154.

Conway, M. A. (1996). Autobiographical memory. In E. L. Bjork & R. A. Bjork (Eds.), *Handbook of perception and cognition: Vol. 10. Memory* (2. ed., pp. 165-194). New York: Academic Press.

Cook, R., Bird, G., Catmur, C., Press, C., Heyes, C. (2014). Mirror neurons: From origin to function. *Behavioral and Brain Sciences, 37*, 177-241.

Coons, P. M., & Milstein, V. (1992). Psychogenic amnesia: A clinical investigation of 25 cases. *Dissociation, 5*, 73-79.

Coppola, D. M., White, L. E., Fitzpatrick, D., & Purves, D. (1998). Unequal distribution of cardinal and oblique contours in ferret visual cortex. *Proceedings of the National Academy of Sciences, 95*, 2621-2623.

Corballis, M. C. (2017). Language evolution: A changing perspective. *Trends in Cognitive Sciences, 21*, 229-236.

Corkin, S. (2002). What's new with the amnesic patient H.M.? (2002). *Nature Reviews Neuroscience, 3*, 1-8.

Cosmides, L. & Tooby, J. (1992). Cognitive adaptations for social exchange. In J. H. Barkow, L. Cosmide & J. Tooby (Eds.), *The adapted mind* (pp. 179-228). Oxford, UK: Oxford University Press.

Cowan, N. (2001). The magical number 4 in short-term memory: A reconsideration of mental storage capacity. *Behavioral Brain Sciences, 24*, 87-185.

Craik, F. I. M. (2002). Levels of processing: Past, present... and future? *Memory, 10*, 5-6.

Craik, F. I. M., & Lockhart, R. S. (1972). Levels of processing: A framework for memory research. *Journal of Verbal Learning and Verbal Behavior, 11*, 671-684.

Craik, F. I. M., & Tulving, E. (1975). Depth of processing and retention of words in episodic memory. *Journal of Experimental Psychology: General, 104*, 268-294.

Craver-Lemley, C., & Reeves, A. (1992). How visual imagery interferes with vision. *Psychological Review, 99*, 633-649.

Cree, G. S., & McRae, K. (2003). Analyzing the factors underlying the structure and computation of the meaning of *chipmunk, cherry, cheese*, and *cello* (and many other such concrete nouns). *Journal of Experimental Psychology: General, 132*, 163-201.

Crick, F. (1995). The impact of Linus Pauling on molecular biology. *The Pauling Symposium*, Special Collections, The Valley Library, Oregon State University.

Crook, T. H., & Adderly, B. (1998). *The memory cure*. New York: Simon & Schuster.

Cukur, T., Nishimoto, S, Huth, A. G., & Gallant, J. I. (2013). Attention during natural vision warps semantic representation across the human brain. *Nature Neuroscience, 16 (6)*, 763-770.

Currey, M. (2013). *Daily rituals: How artists work*. New York: Knopf.

Curtis, C. E., & D'Esposito, M. (2003). Persistent activity in the prefrontal cortex during working memory. *Trends in Cognitive Sciences, 7*, 415-423.

D

Daneman, M., & Carpenter, P. A. (1980). Individual differences in working memory and reading. *Journal of Verbal Learning and Verbal Behavior, 19*, 450-466.

D'Argembeau, A., & Van der Linden, M. (2004). Phenomenal characteristics associated with projecting oneself back into the past and forward into the future: Influence of valence and temporal distance. *Consciousness and Cognition, 13*, 844-858.

Daneman, M., & Carpenter, P. A. (1980). Individual differences in working memory and reading. *Journal of Verbal Learning and Verbal Behavior, 19*, 450-466.

Danziger, S., Levav, J., & Avanim-Pesso, L. (2011). Extraneous factors in judicial decisions. *Proceedings of the National Academy of Sciences, 108*, 6889-6892.

Darwin, C. J., Turvey, M. T., & Crowder, R. G. (1972). An auditory analogue of the Sperling partial report procedure: Evidence for brief auditory storage. *Cognitive Psychology, 3*, 255-267.

De Dreu, C. K. W., Nijstad, B. A., Bass, M., Wolsink, I., & Roskes, M. (2012). Working memory benefits creative insight, musical improvisation, and original ideation through maintained task-focused attention. *Personality and Social Psychology Bulletin, 38(5)*, 656-669.

Deese, J. (1959). On the prediction of occurrence of particular verbal intrusions in immediate recall. *Journal of Experimental Psychology, 58*, 17-22.

DeGroot, A. (1965). *Thought and choice in chess*. The Hague, Netherlands: Mouton

Della Sala, S., Gray, C., Baddeley, A., Allamano, N., & Wilson, L. (1999). Attention span: A tool for unwelding visuo-spatial memory. *Neuropsychologia, 37*, 1189-1199.

Denes-Raj, V., & Epstein, S. (1994). Conflict between intuitive and rational processing: When people behave against their better judgment. *Journal of Personality and Social Psychology, 66*, 819-829.

De Neys, W. (2006). Automatic-heuristic and executive-analytic processing during reasoning: Chronometric and dual-task considerations. *Quarterly Journal of Experimental Psychology, 59*, 1070-1010.

DeRenzi, E., Liotti, M., & Nichelli, P. (1987). Semantic amnesia with preservation of autobiographic memory: A case report. *Cortex, 23*, 575–597.

DeRenzi, E., & Spinnler, H. (1967). Impaired performance on color tasks inpatients with hemispheric lesions. *Cortex, 3*, 194–217.

Deutsch, D. (2010). Speaking in tones. *Scientific American Mind*, July-August, 2010, 36–43.

Deutsch, J. A., & Deutsch, D. (1963). Attention: Some theoretical considerations. *Psychological Review, 70*, 80–90.

DeValois, R. L., Yund, E. W., & Hepler, N. (1982). The orientation and direction selectivity of cells in macaque visual cortex. *Vision Research, 22*, 531–544.

DeVreese, L. P. (1991). Two systems for colour-naming defects: Verbal disconnection vs. colour imagery disorder. *Neuropsychologia, 29*, 1–18.

Dewar, M. T., Cowan, N., & Della Sala, S. (2007). Forgetting due to retroactive interference: A fusion of Muller and Pilecker's (1900) early insights into everyday forgetting and recent research on anterograde amnesia. *Cortex, 43*, 616–634.

Dick, F., Bates, E., Wulfeck, B., Utman, J. A., Dronkers, N., & Gernsbacher, M. A. (2001). Language deficits, localization, and grammar: Evidence for a distributive model of language breakdown in aphasic patients and neurologically intact individuals. *Psychological Review, 108*, 759–768.

Dingus, T. A., Klauer, S. G., Neale, V. L., Petersen, A., Lee, S. E., Sudweeks, J., et al. (2006). *The 100-Car Naturalistic Driving Study: Phase II. Results of the 100-car field experiment* (Interim Project Report for DTNH22-00-C-07007, Task Order 6; Report No. DOT HS 810 593). Washington, DC: National Highway Traffic Safety Administration.

di Pelligrino, G., Fadiga, L., Fogassi, L., Gallese, V., & Rizzolatti, G. (1992). Understanding motor events: a neurophysiological study. *Experimental Brain Research, 91*, 176–180.

Dolcos, F., LaBar, K. S., & Cabeza, R. (2005). Remembering one year later: Role of the amygdala and the medial temporal lobe memory system in retrieving emotional memories. *Proceedings of the National Academy of Sciences, 102*, 2626–2631.

Donders, F. C. (1969). Over de snelheid van psychische processen [Speed of mental processes]. Onderzoekingen gedann in het Psyciologish Laboratorium der Utrechtsche Hoogeschool (W. G. Koster, Trans.). In W. G. Koster (Ed.), Attention and performance II. *Acta Psychologica, 30*, 412–431. (Original work published 1868.)

Douglass, A. B., Neuschatz, J. S., Imrich, J., & Wilkinson, M. (2010). Does post-identification feedback affect evaluations of eyewitness testimony and identification procedures? *Law & Human Behavior, 34*, 282–294.

Downing, P. E., Jiang, Y., Shuman, M., & Kanwisher, N. (2001). Cortical area selective for visual processing of the human body. *Science, 293*, 2470–2473.

Dravida, S., Saxe, R., & Bedny, M. (2013). People can understand descriptions of motion without activating visual motion brain regions. *Frontiers in Psychology, 4*, Article 537, 1–14.

Duffy, S. A., Morris, R. K., & Rayner, K. (1988). Lexical ambiguity and fixation times in reading. *Journal of Memory and Language, 27*, 429–446.

Dunbar, K. (1998). Problem solving. In W. Bechtel & G. Graham (Eds.), *A companion to cognitive science* (pp. 289–298). London: Blackwell.

Dunbar, K. (1999). How scientists build models: Invivo science as a window on the scientific mind. In L. Magnani, N. Nersessian, & P. Thagard (Eds.), *Model-based reasoning in scientific discovery* (pp. 89–98). New York: Plenum.

Dunbar, K. (2001). The analogical paradox: Why analogy is so easy in naturalistic settings yet so difficult in the psychological laboratory. In D. Gentner, K. J. Holyoak, & B. Kokinov (Eds.), *Analogy: Perspectives form cognitive science*. Cambridge, MA: MIT Press.

Dunbar, K. (2002). Science as a category: Implications of *In Vivo* science for theories of cognitive development, scientific discovery, and the nature of science. In P. Caruthers, S. Stich, & M. Siegel (Eds.). *New Directions in Scientific and Technical Thinking*. Hillsdale, NJ: Lawrence Erlbaum.

Dunbar, K., & Blanchette, I. (2001). The in vivo/in vitro approach to cognition: The case of analogy. *Trends in Cognitive Sciences, 5*, 334–339.

Duncker, K. (1945). On problem solving. *Psychological Monographs 58*(270).

Dunlosky, J., Rawson, K. A., Marsh, E. J., Nathan, M. J., & Willingham, D. T. (2013). Improving students' learning and comprehension: Promising directions from cognitive and educational psychology. *Psychological Science in the Public Interest, 14*, 4–58.

Duzel, E., Cabeza, R., Picton, T. W., Yonelinas, A. P., Scheich, H., Heinze, H.-J., et al. (1999). Task-related and item-related brain processes of memory retrieval. *Proceedings of the National Academy of Sciences, USA, 96*, 1794–1799.

DvorakUncensored (2007) Removing a cork from inside a wine bottle trick. *You Tube*.

Dyson, F. J. (2012). Is science mostly driven by ideas or by tools? *Science, 338*, 1426–1427.

E

Ebbinghaus, H. (1913). *Memory: A contribution to experimental psychology* (Henry A. Ruger & Clara E. Bussenius, Trans.). New York: Teachers College, Columbia University. (Original work, *Über das Gedächtnis*, published 1885.)

Egan, D. E., & Schwartz, B. J. (1979). Chunking in recall of symbolic drawings. *Memory and Cognition, 7*, 149–158.

Eich, E. (1995). Searching for mood dependent memory. *Psychological Science, 6*, 67–75.

Eich, E., & Metcalfe, J. (1989). Mood dependent memory for internal vs. external events. *Journal of Experimental Psychology: Learning, Memory and Cognition, 15*, 443–455.

Eklund, A., Nichols, T. E., & Knutsson, H. (2016). Cluster failure: Why fMRI inferences for spatial extent have inflated false-positive rates. *Proceedings of the National Academy of Sciences, 113*, 7900–7905.

El Haj, M., Clement, S., Fasotti, L., & Allain, P. (2013). Effects of music on autobiographical verbal narration in Alzheimer's disease. *Journal of Neurolinguistics, 26*, 691–700.

El Haj, M., Fasotti, L., & Allain, P. (2012). The involuntary nature of music-evoked autobiographical memories in Alzheimer's disease. *Consciousness and Cognition, 21*, 238–246.

Ellamil, M., Dobson, C., Beeman, M., & Christoff, K. (2012). Evaluative and generative modes of thought during the creative process. *Neuroimage, 59*, 1783–1794.

Emberson, L. L., Lupyan, G., Goldstein, M. H., & Spivey, M. J. (2010). Overheard cell-phone conversations: When less speech is more distracting. *Psychological Science, 21*, 1383–1388.

Epstein, R., Harris, A., Stanley, D., & Kanwisher, N. (1999). The parahippocampal place area: Recognition, navigation, or encoding? *Neuron, 23*, 115–125.

Ericsson, J., Vogel, E. K., Lansner, A., Bergstrom, F., & Nyberg, L. (2015). Neurocognitive architecture of working memory. *Neuron, 88*, 33–46.

Ericsson, K. A., Chase, W. G., & Falloon, F. (1980). Acquisition of a memory skill. *Science, 208*, 1181–1182.

Ericsson, K. A., & Simon, H. A. (1993). *Protocol analysis*. Cambridge, MA: MIT Press.

Evans, J. St. B. T., Barston, J., & Pollard, P. (1983). On the conflict between logic and belief in syllogistic reasoning. *Memory and Cognition, 11*, 295–306.

Evans, J. St. B. T., & Curtis-Holmes, J. (2005). Rapid responding increases belief bias: Evidence for the dual-process theory of reasoning *Thinking & Reasoning, 11*, 382–389.

Evans, J. St. B. T., & Stanovich, K. E. (2013). Dual-process theories of higher cognition: Advancing the debate. *Perspectives on Psychological Science, 8*, 223–241.

Evans, V. (2017) *The emoji code*. New York: Picador.

F

Farah, M. J. (1985). Psychophysical evidence for a shared representational medium for mental images and percepts. *Journal of Experimental Psychology: General, 114*, 91–103.

Farah, M. J. (1988). Is visual imagery really visual? Overlooked evidence from neuropsychology. *Psychological Review, 95*, 307–317.

Farah, M. J. (2000). The neural basis of mental imagery. In M. Gazzaniga (Ed.), *The cognitive neurosciences* (2nd ed., pp. 965–974). Cambridge, MA: MIT Press.

Farah, M. J., Levine, D. N., & Calvanio, R. (1988). A case study of mental imagery deficit. *Brain and Cognition, 8*, 147–164.

Farah, M. J., O'Reilly, R. C., & Vecera, S. P. (1993). Dissociated overt and covert recognition as an emergent property of a lesioned neural network. *Psychological Review, 100*, 571–588.

Fazio, L., Brashier, N. M., Payne, B. K., Marsh, E. J. (2015). Knowledge does not protect against illusory truth. *Journal of Experimental Psychology: General, 144*(5), 993–1002.

Fedorenko, E., Duncan, J., & Kanwisher, N. (2012). Language-selective and domain-general regions lie side by side within Broca's area. *Current Biology, 22*, 2059–2062.

Fedorenko, E., McDermott, J. J., Norman-Haignere, S., & Kanwisher, N. (2012). Sensitivity to musical structure in the human brain. *Journal of Neuropshysiology, 108*, 3289–3300.

Fei-Fei, L. (2015). How we're teaching computers to understand pictures. TED talk video.

Felleman, D. J., & Van Essen, D. C. (1991). Distributed hierarchical processing in the primate cerebral cortex. *Cerebral Cortes, 1*, 1–47.

Finke, R. A. (1990). *Creative imagery: Discoveries and inventions in visualization*. Hillsdale, NJ: Erlbaum.

Finke, R. A. (1995). Creative insight and preinventive forms. In R. J. Sternberg & J. E. Davidson (Eds.), *The nature of insight* (pp. 255–280). Cambridge, MA: MIT Press.

Finke, R. A., Pinker, S., & Farah, M. J. (1989). Reinterpreting visual patterns in visual imagery. *Cognitive Science, 13*, 51–78.

Finn, E. S., Shin, X., Scheinost, D., Rosenberg, M. D., Huang, J., Chun, M. M., Papademetris, X., & Constable, R. T. (2015). Functional connectome fingerprinting: Identifying individuals using patterns of brain connectivity. *Nature Neuroscience, 18*, 1664–1671.

Finniss, D. G., & Benedetti, F. (2005). Mechanisms of the placebo response and their impact on clinical trials and clinical practice. *Pain*, *114*, 3–6.

Fischer, M. H., & Zwaan, R. A. (2008). Embodied language: A review of the role of the motor system in language comprehension. *Quarterly Journal of Experimental Psychology*, *61*, 825–850.

Fischer, S., & Born, J. (2009). Anticipated reward enhances offline learning during sleep. *Journal of Experimental Psychology: Learning, Memory & Cognition*, *35*, 1586–1593.

Fischl, B., & Dale, A. M. (2000). Measuring the thickness of the human cerebral cortex from magnetic resonance images. *Proceedings of the National Academy of Sciences*, *97*, 11050–11055.

Fisher, R. P., Schreiber, C., Rivard, J., & Hirn, D. (2013). Interviewing witnesses. In T. Perfect & S. Lindsay (Eds.), *The Sage handbook of applied memory.* London: Sage.

Fitch, W. T., & Martins, M. D. (2014). Hierarchical processing in music, language, and action: Lashley revisited. *Annals of the New York Academy of Sciences*, *1316*, 87–104.

Fitzpatrick, C., Archambault, I., Janosz, M., & Pagani, L. S. (2015). Early childhood working memory forecasts high school dropout risk. *Intelligence*, *53*, 160–165.

Fleck, J. I., & Weisberg, R. W. (2013). Insight versus analysis: Evidence for diverse methods in problem solving. *Journal of Cognitive Psychology*, *25*, 436–463.

Flourens, M. J. P. (1824). Researches experimentales sur les proprieties et les fonctions du systeme nerveux, sans les animaux vertebres. Paris: Chez Crevot, Vol. 26, p. 20.

Forgassi, L., Ferri, P.F., Gesierih, B., Rozzi, S., Chersi, F., & Riizzolatti, G. (2005). Parietal lobe: From action organization to intention understanding. *Science*, *308*, 662–667.

Fox, K. C. R., Nijeboer, S., Dixon, M. L., Floman, J. L., Ellamil, M., Rumak, S. P., Sedlmeier, P., & Christoff, K. (2014). Is meditation associated with altered brain structure? A systematic review and meta-analysis of morphometric neuroimaging in meditation practitioners. *Neuroscience and Biobehavioral Reviews*, *43*, 48–73.

Fox, P. T. (1993). Human brain mapping: A convergence of disciplines. *Human Brain Mapping*, *1*, 1–2.

Frank, J. (1930). *Law and the modern mind.* New York: Brentano's.

Frase, L. T. (1975). Prose processing. In G. H. Bower (Ed.), *The psychology of learning and motivation* (Vol. 9). New York: Academic Press.

Frazier, L. (1979). *On Comprehending Sentences: Syntactic Parsing Strategies.* PhD Thesis. University of Massachusetts. Indiana University Linguistics Club.

Frazier, L. (1987). Sentence processing: A tutorial review. In M. Coltheart (Ed.), *Attention and performance: Vol. XII. The psychology of reading* (pp. 559–586). Hove, UK: Erlbaum.

Fredrick, S. (2005). Cognitive reflection and decision making. *Journal of Economic Perspectives*, *19*(4), 25–42.

Frensch, P. A., & Sternberg, R. J. (1989). Expertise and intelligent thinking: When is it worse to know better? In R. J. Sternberg (Ed.), *Advances in the psychology of human intelligence*, *Vol. 5.* Hillsdale, NJ: Erlbaum.

Fried, C. B. (2008). In-class laptop use and its effects on student learning. *Computers & Education*, *50*, 906–914.

Fried, T., Wilson, C., Maidment, N. T., Engel, J., Behnke, E., Fields, T. A., et al. (1999). Cerebral microdialysis combined with single-neuron and electroencephalographic recording in neurosurgical patients. *Journal of Neurosurgery*, *91*, 697–705.

Friedman, N. P., Miyake, A., Robinson, J. L., & Hewitt, J. K. (2011). Developmental trajectories in toddlers' self-restraint predict individual differences in executive functions 14 years later: A behavioral genetic analysis. *Developmental Psychology*, *47*, 1410–1430.

Friedman-Hill, S. R., Robertson, L. C., & Treisman, A. (1995). Parietal contributions to visual feature binding: Evidence from a patient with bilateral lesions. *Science, 269*, 853–855.

Fukuda, K., Awh, E., & Vogel, E. K. (2010). Discrete capacity limits in visual working memory. *Current Opinion in Neurobiology*, *20*, 177–182.

Fuller, S., & Carrasco, M. (2006). Exogenous attention and color perception: Performance and appearance of saturation and hue. *Vision Research, 46*, 4032–4047.

Funahashi, S. (2006). Prefrontal cortex and working memory processes. *Neuroscience*, *139*, 251–261.

Funahashi, S., Bruce, C. J., & Goldman-Rakic, P. S. (1989). Mnemonic coding of visual space in the primate dorsolateral prefrontal cortex. *Journal of Neurophysiology*, *61*, 331–349.

Furmanski, C. S., & Engel, S. A. (2000). An oblique effect in human primary visual cortex. *Nature Neuroscience*, *3*, 535–536.

G

Gais, S., Lucas, B., & Born, J. (2006). Sleep after learning aids memory recall. *Learning and Memory*, *13*, 259–262.

Galison, P. (1997). *Image and logic.* Chicago, IL: University of Chicago Press.

Gallese, V. (2007). Before and below "theory of mind": Embodied simulation and the neural correlates of social cognition. *Philosophical Transactions of the Royal Society B, 362*, 659–669.

Gallese, V., Fadiga, L., Fogassi, L., & Rizzolatti, G. (1996). Action recognition in the premotor cortex. *Brain, 119*, 593–609.

Galton, F. (1880). Statistics of mental imagery. *Mind, 5*, 301–318.

Galton, F. (1883). *Inquiries into human faculty and its development*. London: Macmillan.

Ganis, G., Thompson, W. L., Kosslyn, S. M. (2004). Brain areas underlying visual mental imagery and visual perception: An fMRI study. *Cognitive Brain Research, 20*, 226–241.

Garcea, F. E., Dombovy, M., & Mahon, B. Z. (2013). Preserved tool knowledge in the context of impaired action knowledge: Implications for models of semantic memory. *Frontiers in Human Neuroscience, 7*, Article 120, 1–18.

Gardiner, J. M. (2001). Episodic memory and autonoetic consciousness: A first-person approach. *Philosophical Transactions of the Royal Society of London B, 356*, 1351–1361.

Garon, N., Bryson, S. E., & Smith, I. M. (2008). Executive function in preschoolers: A review using an integrative framework. *Psychological Bulletin, 134*, 31–60.

Garrod, S., & Pickering, M. J. (2015). The use of content and timing to predict turn transitions. *Frontiers in Psychology, 6*, Article 751.

Gaspar, J. M., Christie, G. J., Prime, D. J., Jolicoeur, P., & McDonald, J. J. (2016). Inability to suppress salient distractors predicts low visual working memory capacity. *Proceedings of the National Academy of Science, 113*, 3693–3698.

Gauthier, I., Skudlarski, P., Gore, J. C., & Anderson, A. W. (2000). Expertise for cars and birds recruits brain areas involved in face recognition. *Nature Neuroscience, 3*, 191–197.

Gauthier, I., Tarr, M. J., Anderson, A. W., Skudlarski, P., & Gore, J. C. (1999). Activation of the middle fusiform "face area" increases with expertise in recognizing novel objects. *Nature Neuroscience, 2*, 568–573.

Gazzola, V., van der Worp, H., Muder, T., Wicker, B., Rizzolatti, G., & Keysers, C. (2007). Aplasics born without hands mirror the goal of hand actions with their feet. *Current Biology, 17*, 1235–1240.

Geiselman, R. E., Fisher, R. P., MacKinnon, D. P., & Holland, H. L. (1986). Enhancement of eyewitness memory with the cognitive interview. *American Journal of Psychology, 99*, 385–401.

Geisler, W. S. (2008). Visual perception and statistical properties of natural scenes. *Annual Review of Psychology, 59*, 167–192.

Geisler, W. S. (2011). Contributions of ideal observer theory to vision research. *Vision Research, 51*, 771–781.

Gentner, D., & Colhoun, J. (2010). Analogical processes in human thinking and learning. In B. Glatzeder, V. Goel, & A. von Maller (Vol. Eds.), *On Thinking: Vol. 2. Towards a Theory of Thinking*, pp. 35–48. Berlin: Springer-Verlag.

Gentner, D., & Goldin-Meadow, S. (Eds.). (2003). *Language in mind*. Cambridge, MA: MIT Press.

Geshwind, N. (1964). Development of the brain and the evolution of language. *Monograph Series in Language and Linguistics, 17*, 155–169.

Gibson, J. J. (1979). *The ecological approach to visual perception*. Boston, MA: Houghton Mifflin.

Gick, M. L., & Holyoak, K. J. (1980). Analogical problem solving. *Cognitive Psychology, 12*, 306–355.

Gick, M. L., & Holyoak, K. J. (1983). Schema induction and analogical transfer. *Cognitive Psychology, 15*, 1–38.

Gierhan, S. M. E. (2013). Connections for auditory language in the human brain. *Brain & Language, 127*, 205–221.

Gigerenzer, G. (2004). Dread risk, September 11, and fatal traffic accidents. *Psychological Science, 15*, 286–287.

Gigerenzer, G. (2011). Personal reflections on theory and psychology. *Theory and Psychology, 20*, 733–743.

Gigerenzer, G., & Hoffrage, U. (1995). How to improve Bayesian reasoning without instruction: Frequency formats. *Psychological Review, 98*, 506–528.

Gigerenzer, G., & Todd, P. M. (1999). *Simple heuristics that make us smart*. Oxford, UK: Oxford University Press.

Gilboa, A., Winocur, G., Grady, C. L., Hevenor, S. J., & Moscovitch, M. (2004). Remembering our past: Functional neuroanatomy of recollection of recent and very remote personal events. *Cerebral Cortex, 14*, 1214–1225.

Glanzer, M., & Cunitz, A. R. (1966). Two storage mechanisms in free recall. *Journal of Verbal Learning and Verbal Behavior, 5*, 351–360.

Glass, A. L., & Holyoak, K. J. (1975). Alternative conceptions of semantic memory. *Cognition, 3*, 313–339.

Gleason, J. B., & Ratner, N. B. (1998). Language acquisition. In J. B. Gleason & N. B. Ratner (Eds.), *Psycholinguistics* (2nd ed., pp. 347–407). Fort Worth, TX: Harcourt.

Gleick, J. (1992). *Genius: The life and science of Richard Feynman*. New York: Pantheon.

Glickstein, M., & Whitteridge, D. (1987). Tatsuki Inouye and the mapping of the visual fields in the human cerebral cortex. *Trends in Neuroscience, 10*, 350–353.

Gobet, F., Land, P. C. R., Croker, S., Cheng, P. C.-H., Jones, G.,

Oliver, I., et al. (2001). Chunking mechanisms in human learning. *Trends in Cognitive Science*, 5, 236–243.

Gobbini, M. I., & Haxby, J. V. (2007). Neural systems for recognition of familiar faces. *Neuropsychologia*, 45, 32–41.

Godden, D. R., & Baddeley, A. D. (1975). Context-dependent memory in two natural environments: On land and underwater. *British Journal of Psychology*, 66, 325–331.

Goldenberg, G., Podreka, I., Steiner, M., Willmes, K., Suess, E., & Deecke, L. (1989). Regional cerebral blood flow patterns in visual imagery. *Neuropsychologia*, 27, 641–664.

Goldinger, S. D., Papesh, M. H., Barnhart, A. S., Hansen, W. A., & Hout, M. C. (2016). The poverty of embodied cognition. *Psychonomic Bulletin & Review*, 23, 959–978.

Goldin-Meadow, S. (1982). The resilience of recursion: A study of a communication system developed without a conventional language model. In E. Wanner & L. R. Gleitman (Eds.), *Language acquisition: The state of the art* (pp. 51–77). Cambridge, UK: Cambridge University Press.

Goldman, S. R., Graesser, A. C., & Van den Broek, P. (Eds.). (1999). *Narrative comprehension, causality, and coherence.* Mahwah, NJ: Erlbaum.

Goldman-Rakic, P. S. (1990). Cellular and circuit basis of working memory in prefrontal cortex of nonhuman primates. *Progress in Brain Research*, 85, 325–336.

Goldman-Rakic, P. S. (1992, September). Working memory and the mind. *Scientific American*, pp. 111–117.

Goldreich, D., & Tong, J. (2013). Prediction, postdiction, and perceptual length contraction: A Bayesian low-speed prior captures the cutaneous rabbit and related illusions. *Frontiers in Psychology*, 4, Article 221. 1–26.

Goldstein, A. G., Chance, J. E., & Schneller, G. R. (1989). Frequency of eyewitness identification in criminal cases: A survey of prosecutors. *Bulletin of the Psychonomic Society*, 27, 71–74.

Goldstone, R. L., Kersten, A., & Carvalho, P. F. (2012). Concepts and categorization. In I. B. Weiner (Ed.), *Handbook of psychology* (2nd ed., Vol. 4, pp. 607–630). Hoboken, NJ: Wiley.

Goodale, M. (2010). Action and vision. In E. B. Goldstein (Ed.), *Sage encyclopedia of perception.* Thousand Oaks, CA: Sage. Vol 1, pp. 6–11.

Graesser, A. C., & Wiemer-Hastings, K. (1999). Situation models and concepts in story comprehension. In S. R. Goldman, A. C. Graesser, & P. Van den Broek (Eds.), *Narrative comprehension, causality, and coherence* (pp. 77–92). Mahwah, NJ: Erlbaum.

Graesser, A. C., Singer, M., & Trabasso, T. (1994). Constructing inferences during narrative text comprehension. *Psychological Review*, 101, 371–395.

Graf, P., Mandler, G., & Haden, P. E. (1982). Simulating amnesic symptoms in normal subjects. *Science*, 218, 1243–1244.

Graf, P., Shimamura, A. P., & Squire, L. R. (1985). Priming across modalities and priming across category levels: Extending the domain of preserved function in amnesia. *Journal of Experimental Psychology: Learning, Memory, and Cognition*, 11, 386–396.

Grant, H., Bredahl, L. S., Clay, J., Ferrie, J., Goves, J. E., Mcdorman, T. A., et al. (1998). Context-dependent memory for meaningful material: Information for students. *Applied Cognitive Psychology*, 12, 617–623.

Greenberg, D. L., & Rubin, D. C. (2003). The neuropsychology of autobiographical memory. *Cortex*, 39, 687–728.

Gregory, E., McCloskey, M., & Landau, B. (2014). Profound loss of general knowledge in retrograde amnesia: evidence from an amnesic artist. *Frontiers in Human Neuroscience*, 8, Article 287.

Gregory, E., McCloskey, M., Ovans, Z., & Landau, B. (2016). Declarative memory and skill-related knowledge: Evidence from a case study of amnesia and implications for theories of memory. *Cognitive Neuropsychology*, http://dx.doi.org/10.1080/02643294.2016.1172478.

Greicius, M. D., Krasnow, B., Reiss, A. L., & Menon, V. (2003). Functional connectivity in the resting brain: A network analysis of the default mode hypothesis. *Proceedings of the National Academy of Sciences*, 100, 253–258.

Griggs, R. A., & Cox, J. R. (1982). The elusive thematic-materials effect in Wason's abstract selection task. *British Journal of Psychology*, 73, 407–420.

Grill-Spector, K., Knouf, N., & Kanwisher, N. (2004). The fusiform face area subserves face perception, not generic within-category identification. *Nature Neuroscience*, 7, 555–562.

Grimes, J. A. (1996). On the failure to detect changes in scenes across saccades. In K. Akins (Ed.) *Perception* (*Vancouver Studies in Cognitive Science*) (pp. 89–110). New York: Oxford University Press.

Gross, C. G. (2002). The genealogy of the "grandmother cell." *The Neuroscientist*, 8, 512–518.

Gross, C. G., Bender, D. B., & Rocha-Miranda, C. E. (1969). Visual receptive fields of neurons in inferotemporal cortex of the monkey. *Science*, 166, 1303–1306.

Gross, C. G., Rocha-Miranda, C. E., & Bender, D. B. (1972). Visual properties of neurons in inferotemporal cortex of the macaque. *Journal of Neurophysiology, 5*, 96–111.

Guariglia, C., Padovani, A., Pantano, P., & Pizzamiglio, L. (1993). Unilateral neglect restricted to visual imagery. *Nature, 364*, 235–237.

Guilford, J. (1956). The structure of intellect. *Psychological Bulletin, 53*, 267–293.

Gurung, R. A. R., Weidert, J., & Jeske, A. (2010). Focusing on how students study. *Journal of the Scholarship of Teaching and Learning, 10*, 28–35. D

H

Haigney, D., & Westerman, S. J. (2001). Mobile (cellular) phone use and driving: A critical review of research methodology. *Ergonomics, 44*, 132–143.

Hamann, S. B., Ely, T. D., Grafton, S. T., & Kilts, C. D. (1999). Amygdala activity related to enhanced memory for pleasant and aversive stimuli. *Nature Neuroscience, 2*, 289–293.

Hamilton, D. L. (1981). Illusory correlation as a basis for stereotyping. In D. L. Hamilton (Ed.), *Cognitive processes in stereotyping and intergroup behavior*. Hillsdale, NJ: Erlbaum.

Harmelech, T., & Malach, R. (2013). Neurocognitive biases and the patterns of spontaneous correlations in the human cortex. *Trends I Cognitive Sciences, 17*, 606–615.

Harrison, S. A., & Tong, F. (2009). Decoding reveals the contents of visual working memory in early visual areas. *Nature, 458*, 632–635.

Hartline, H. K. (1940). The receptive fields of the optic nerve fibers. *American Journal of Physiology, 130*, 690–699.

Hassabis, D., Kumaran, D., Vann, S. D., & Maguire, E. A. (2007). Patients with hippocampal amnesia cannot imagine new experiences. *Proceedings of the National Academy of Sciences, 104*, 1726–1731.

Hauk, O., Johnsrude, I., & Pulvermuller, F. (2004). Somatotopic representation of action words in human motor and premotor cortex. *Neuron, 41*, 301–307.

Haviland, S. E., & Clark, H. H. (1974). What's new? Acquiring new information as a process in comprehension. *Journal of Verbal Learning and Verbal Behavior, 13*, 512–521.

Haxby, J. V., Hoffman, E. A., & Gobbini, M. I. (2000). The distributed human neural system for face perception. *Trends in Cognitive Science, 46*, 223–233.

Hayes, J. R. (1978). *Cognitive psychology*. Homewood, IL: Dorsey Press.

Hayhoe, M., & Ballard, C. (2005). Eye movements in natural behavior. *Trends in Cognitive Sciences, 9*, 188–194.

Hebb, D. O. (1948). *Organization of behavior*. New York: Wiley.

Hecaen, H., & Angelergues, R. (1962). Agnosia for faces (prosopagnosia). *Archives of Neurology, 7*, 92–100.

Heffner, C. C. & Slevc, R. (2015). Prosodic structure as a parallel to musical structure. *Frontiers in Psychology, 6*, Article 1962.

Hegarty, M. (2010). Visual imagery. In E. B. Goldstein (Ed.). *Sage Encyclopedia of Perception* (pp. 1081–1085). Thousand Oaks, CA: Sage Publishers.

Helmholtz, H. von. (1866/1911). *Treatise on physiological optics* (J. P. Southall, Ed. & Trans.; 3rd ed., Vols. 2 & 3). Rochester, NY: Optical Society of America. (Original work published 1866)

Helson, H. (1933). The fundamental propositions of Gestalt psychology. *Psychological Review, 40*, 13–32.

Henkel, L. A. (2004). Erroneous memories arising from repeated attempts to remember. *Journal of Memory and Language, 50*, 26–46.

Herz, R. S., & Schooler, J. W. (2002). A naturalistic study of autobiographical memories evoked by olfactory and visual cues: Testing the Proustian hypothesis. *American Journal of Psychology, 115*, 21–32.

Hickock, G. (2009). Eight problems for the mirror neuron theory of action understanding in monkeys and humans. *Journal of Cognitive Neuroscience, 21*, 1229–1243.

Hillis, A. E., Rapp, B., Romani, C., & Caramazza, A. (1990). Selective impairment of semantics in lexical processing. *Cognitive Neuropsychology, 7*, 191–243.

Hinton, G. E., & Shallice, T. (1991). Lesioning an attractor network: Investigations of acquired dyslexia. *Psychological Review, 98*, 74–95.

Hoffman, E. J., Phelps, M. E., Mullani, N. A., Higgins, C. S., & Ter-Pogossian, M. M. (1976). Design and performance characteristics of a whole-body positron transaxial tomography. *Journal of Nuclear Medicine, 17*, 493–502.

Hoffman, H. G., Doctor, J. N., Patterson, D. R., Carrougher, G. J., & Furness, T. A., III. (2000). Virtual reality as an adjunctive pain control during burn wound care in adolescent patients. *Pain, 85*, 305–309.

Hoffman, H. G., Patterson, D. R., Seibel, E., Soltani, M., Jewett-Leahy, L., & Sharar, S. R. (2008). Virtual reality pain control during burn wound debridement in the hydrotank. *Clinical Journal of Pain, 24*, 299–304.

Hoffman, P., & Lambon Ralph, M. A. (2013). Shapes, scenes and sounds: Quantifying the full multi-sensory basis of conceptual knowledge. *Neuropsychologia, 51*, 14–25.

Hofmann, W., Schmeichel, B. J., & Baddeley, A. D. (2012). Executive functions and self-regulation. *Trends in Cognitive Sciences, 16*, 174–180.

Holmes, G., & Lister, W. T. (1916). Disturbances of vision

from cerebral lesions, with special reference to the cortical representation of the macula. *Brain, 39,* 34–73.

Holyoak, K. J., & Thagard, P. (1995). Analogical mapping by constraint satisfaction. *Cognitive Science, 13,* 295–355.

Horikawa, T., & Kamitani, Y. (2017). Generic decoding of seen and imagined objects using hierarchical visual features. *Nature Communications* 8:15037/.doi: 10.1038/ncomms15037

Horowitz, J. (2017). In Italian schools, reading, writing and recognizing fake news. *New York Times,* October 18, 2017.

Horton, W. S., & Brennan, S. E. (2016). The role of metarepresentation in the production and resolution of referring expressions. *Frontiers in Psychology, 7,* Article 1111.

Howe, M. L. (2013). Memory development: implications for adults recalling childhood experiences in the courtroom. *Nature Reviews Neuroscience, 14,* 869–876.

Hubel, D. H. (1982). Exploration of the primary visual cortex, 1955–1978. *Nature, 299,* 515–524.

Hubel, D. H., & Wiesel, T. N. (1959). Receptive fields of single neurons in the cat's striate cortex. *Journal of Physiology, 148,* 574–591.

Hubel, D. H., & Wiesel, T. N. (1961). Integrative action in the cat's lateral geniculate body. *Journal of Physiology, 155,* 385–398.

Hubel, D. H., & Wiesel, T. N. (1965). Receptive fields and functional architecture in two non-striate visual areas (18 and 19) of the cat. *Journal of Neurophysiology, 28,* 229–289.

Hupbach, A., Gomez, R., Hardt, O., & Nadel, L. (2007). Reconsolidation of episodic memories: A subtle reminder triggers integration of new information. *Learning and Memory, 14,* 47–53.

Huth, A. G., deHeer, W. A., Griffiths, T. L., Theunissen, F. E., & Gallant, J. L. (2016). Natural speech reveals the semantic maps that tile human cerebral cortex. *Nature, 532,* 453–460.

Huth, A. G., Nishimoto, S., Vo, A. T., & Gallant, J. L. (2012). A continuous semantic space describes the representation of thousands of object and action categories across the human brain. *Neuron, 76,* 1210–1224.

Hyman, I. E., Jr., Husband, T. H., & Billings, J. F. (1995). False memories of childhood experiences. *Applied Cognitive Psychology, 9,* 181–197. D

I

Iacoboni, M., Molnar-Szakacs, I., Gallese, V., Buccino, G., Mazziotta, J. C., & Rizzolatti, G. (2005). Grasping the intentions of others with one's own mirror neuron system. *PLoS Biology, 3*(3), e79.

Innocence Project (2012). *250 Exonerated: Too many wrongfully convicted.* Benjamin N. Cardozo School of Law, Yeshiva University.

Intons-Peterson, M. J. (1983). Imagery paradigms: How vulnerable are they to experimenters' expectations? *Journal of Experimental Psychology: Human Perception and Performance, 9,* 394–412.

Intons-Peterson, M. J. (1993). Imagery's role in creativity and discovery. In B. Roskos-Ewoldson, M. J. Intons-Peterson & R. E. Anderson (Eds.), *Imagery, creativity, and discovery: A cognitive perspective* (pp. 1–37). New York: Elsevier.

Isaacs, E. A., & Clark, H. H. (1987). References in conversation between experts and novices. *Journal of Experimental Psychology: General, 116,* 26–37.

Ishai, A. (2008). Let's face it: It's a cortical network. *Neuroimage, 40,* 415–419.

Ishai, A., Pessoa, L., Bikle, P. C., & Ungerleider, L. G. (2004). Repetition suppression of faces is modulated by emotion. *Proceedings of the National Academy of Sciences, 101(26),* 9827–9832.

Ishai, A., Ungerleider, L. G., Martin, A. & Haxby, J. V. (2000). The representation of objects in the human occipital and temporal cortex. *Journal of Cognitive Neuroscience, 12,* Supplement 2, 35–51.

Itti, L., & Koch, C. (2000). A saliency-based search mechanism for overt and covert shifts of visual attention. *Vision Research, 40,* 1489–1506.

Izuma, K., & Adolphs, R. (2011). The brain's rose-colored glasses. *Nature Neuroscience, 14,* 1355–1356. D

J

Jack, F., & Hayne, H. (2007). Eliciting adults' earliest memories: Does it matter how we ask the question? *Memory, 15(6),* 647–663.

Jacoby, L. L., Kelley, C. M., Brown, J., & Jaseckko, J. (1989). Becoming famous overnight: Limits on the ability to avoid unconscious inferences of the past. *Journal of Personality and Social Psychology, 56,* 326–338.

Jalbert, A., Neath, I., Bireta, T. J., & Surprenant, A. M. (2011). When does length cause the word length effect? *Journal of Experimental Psychology: Learning, Memory, and Cognition, 37,* 338–353.

James, W. (1890). *Principles of psychology.* New York: Holt.

Janata, P., Tomic, S. T., & Rakowski, S. K. (2007). Characterisation of music-evoked autobiographical memories. *Memory, 15(8),* 845–860.

Jansson, D. G., & Smith, S. M. (1991). Design fixation. *Design Studies, 12,* 3–11.

Jefferies, E. (2013). The neural basis of semantic cognition: Converging evidence from neuropsychology, neuroimaging and TMS. *Cortex, 49*, 611–645.

Jenkins, J. J., & Russell, W. A. (1952). Associative clustering during recall. *Journal of Abnormal and Social Psychology, 47*, 818–821

Jobs, S. (2005). Stanford University commencement address.

Johnson, E. J., & Goldstein, D. (2003). Do defaults save lives? *Science, 302*, 1338–1339.

Johnson, E. J., Hershey, J., Meszaros, J., & Kunreuther, H. (1993). Framing, probability distortions, and insurance decisions. *Journal of Risk and Uncertainty, 7*, 35–51.

Johnson, K. E., & Mervis, C. B. (1997). Effects of varying levels of expertise on the basic level of categorization. *Journal of Experimental Psychology: General, 126*, 248–277.

Johnson, M. K. (2006). Memory and reality. *American Psychologist, 61*, 760–771.

Johnson, M. K., Foley, M. A., Suengas, A. G., & Raye, C. L. (1988). Phenomenal characteristics of memories for perceived and imagined autobiographical events. *Journal of Experimental Psychology: General, 117*, 371–376.

Johnson, M. K., Hashtroudi, S., & Lindsay, D. S. (1993). Source monitoring. *Psychological Bulletin, 114*, 3–28.

Johnson, M. R., & Johnson, M. K. (2014). Decoding individual natural scene representations during perception and imagery. *Frontiers in Human Neuroscience, 8*, Article 59. 1–14.

Johnson, S., & Coxon, M. (2016). Sound can enhance the analgesic effect of virtual reality. R. Soc. open sci. 3: 150567. http://dx.doi.org/10.1098/rsos.150567

Johnson-Laird, P. N. (1995). Inference and mental models. In S. E. Newstead & J. St. B. T. Evans (Eds.), *Perspectives on thinking and reasoning: Essays in honour of Peter Wason*. Hove, UK: Erlbaum.

Johnson-Laird, P. N. (1999a). Deductive reasoning. *Annual Review of Psychology, 50*, 109–135.

Johnson-Laird, P. N. (1999b). Formal rules versus mental models in reasoning. In R. Sternberg (Ed.), *The nature of cognition* (pp. 587–624). Cambridge, MA: MIT Press.

Jonides, J., Lewis, R. L., Nee, D. E., Lustig, C. A., Berman, M. G., & Moore, K. S. (2008). The mind and brain of short-term memory. *Annual Review of Psychology, 59*, 193–224.

Joordens, S. (2011). *Memory and the human lifespan*. Chantilly, VA: The Teaching Company.

K

Kabat-Zinn, J. (2003). Mindfulness-based interventions in context: Past, present, and future. *Clinical Psychology: Science and Practice, 10*, 144–156.

Kahneman, D. (2003). A perspective on judgment and choice. *American Psychologist, 58*, 697–720.

Kahneman, D. (2011). *Thinking fast and slow*. New York: Farrar, Straus and Giroux.

Kaldy, Z., & Sigala, N. (2017). Editorial: The cognitive neuroscience of working memory. *Frontiers in Systems Neuroscience, 11*, Article 1.

Kandel, E. R. (2001). A molecular biology of memory storage: A dialogue between genes and synapses. *Science, 294*, 1030–1038.

Kandel, E. R. (2006). *In search of memory*. New York: Norton.

Kanwisher, N. (2003). The ventral visual object pathway in humans: Evidence from fMRI. In L. M. Chalupa & J. S. Werner (Eds.), *The visual neurosciences* (pp. 1179–1190). Cambridge, MA: MIT Press.

Kanwisher, N., McDermott, J., & Chun, M. M. (1997). The fusiform face area: A module in human extrastriate cortex specialized for face perception. *Journal of Neuroscience, 17*, 4302–4311.

Kaplan, C. A., & Simon, H. A. (1990). In search of insight. *Cognitive Psychology, 22*, 374–419.

Karpicke, J. D., & Roediger, H. L. (2008). The critical importance of retrieval for learning. *Science, 319*, 966–968.

Karpicke, J. D., Butler, A. C., & Roediger, H. L. (2009). Metacognitive strategies in student learning: Do students practise retrieval when they study on their own? *Memory, 17*, 471–479.

Kassin, S. M., Drizin, S. A., Grisso, T., Gudjonsson, G. H., Leo, R. A., & Redich, A. D. (2010). Police-induced confessions: Risk factors and recommendations. *Law and Human Behavior, 34*, 3–38.

Kassin, S. M., & Kiechel, K. L. (1996). The social psychology of false confessions: Compliance, internalization, and confabulation. *Psychological Science, 7(3)*, 125–128.

Kassin, S. M. (2012). Why confessions trump innocence. *American Psychologist, 67(6)*, 431.

Kassin, S. M. (2015). The social psychology of false confessions. *Social Issues and Policy Review, 9(1)*, 25–51.

Katzner, S., Busse, L., & Treue, S. (2009). Attention to the color of a moving stimulus modulates motion-signal processing in macaque area MT: Evidence for a unified attentional system. *Frontiers in Systems Neuroscience, 3*, 1–8.

Kaufman, J. C. (2009). *Creativity 101*. New York: Springer Publishing Company.

Kaufman, S. B., & Gregoire, C. (2015). *Wired to create: Unraveling the mysteries of the creative mind*. New York: Perigee.

Kay, R. H., & Lauricella, S. (2011). Exploring the benefits and challenges of using laptop computers in higher education classrooms: A formative analysis.

Keren, G., & Schul, Y. (2009). Two is not always better than one: A critical evaluation of two-system theories. *Perspectives on Psychological Science, 4*, 533–550.

Keri, S., Janka, Z., Benedek, G., Aszalos, P., Szatmary, B., Szirtes, G., et al. (2002). Categories, prototypes and memory systems in Alzheimer's disease. *Trends in Cognitive Sciences, 6*, 132–136.

Kermer, D. A., Driver-Linn, E., Wilson, T. D., & Gilbert, D. T. (2006). Loss aversion is an affective forecasting error. *Psychological Science, 17*, 649–653.

Kersten, D., Mamassian, P., & Yuille, A. (2004). Object perception as Bayesian inference. *Annual Review of Psychology, 55*, 271–304.

Kida, S., Josselyn, S. A., Peña de Oritz, S., Kogan, J. H., Chevere, I., Masushige, S., et al. (2002). CREB required for the stability of new and reactivated fear memories. *Nature Neuroscience, 5*, 348–355.

Kiefer, M., & Pulvermüller, F. (2012). Conceptual representation in mind and brain: Theoretical developments, current evidence and future directions. *Cortex, 48*, 805–825.

Killingsworth, M. A., & Gilbert, D. T. (2010). A wandering mind is an unhappy mind. *Science, 330*, 932.

Killingsworth, M.A. (2011). Want to be happier? Stay in the moment. TED Talk. https://ed.ted.com/lessons/want-to-be-happier-stay-in-the-moment-matt-killingsworth

Kilner, J. M. (2011). More than one pathway to action understanding. *Trends in Cognitive Sciences, 15*, 352–357.

Kindt, M., Soeter, M., & Vervliet, B. (2009). Beyond extinction: Erasing human fear responses and preventing the return of fear. *Nature Neuroscience, 12*, 256–258.

Kleffner, D. A., & Ramachandran, V. S. (1992). On the perception of shape from shading. *Perception and Psychophysics, 52*, 18–36.

Klein, S. B., Loftus, J., & Kihlstrom, J. (2002). Memory and temporal experience: The effects of episodic memory loss on an amnesic patient's ability to remember the past and imagine the future. *Social Cognition, 20*, 353–379.

Klein, S. B., Robertson, T. E., & Delton, A. W. (2010). Facing the future: Memory as an evolved system for planning future acts. *Memory & Cognition, 38(1)*, 13–22.

Klein, S. B., Robertson, T. E., & Delton, A. W. (2011). The future-orientation of memory: Planning as a key component mediating the high levels of recall found with survival processing. *Memory, 19*, 121–139.

Kneller, W., Memon, A., & Stevenage, S. (2001). Simultaneous and sequential lineups: Decision processes of accurate and inaccurate eye witnesses. *Applied Cognitive Psychology, 15*, 659–671.

Knoch, D., Pascual-Leone, A., Meyer, K., Treyer, V., & Fehr, E. (2006). Diminishing reciprocal fairness by disrupting the right prefrontal cortex. *Science, 314*(5800), 829–832.

Knutson, B., Rick, S., Wimmer, G. E., Prelec, D., & Loewenstein, G. (2007). Neural predictors of purchases. *Neuron, 53(1)*, 147–156.

Koelsch, S. (2011). Toward a neural basis of music perception—a review and updated model. *Frontiers in Psychology, 2*, Article 110.

Koelsch, S. (2005). Neural substrates of processing syntax and semantics in music. *Current Opinion in Neurobiology, 15*, 207–212.

Koelsch, S., Gunter, T., Friederici, A. D., & Schroger, E. (2000). Brain indices of music processing: "Nonmusicians" are musical. *Journal of Cognitive Neuroscience, 12*, 520–541.

Koffka, K. (1935). *Principles of Gestalt psychology*. New York: Harcourt Brace.

Kohler, W. (1929). *Gestalt psychology*. New York: Liveright.

Konnikova. M. (2013). *Mastermind: How to think like Sherlock Holmes*. New York: Penguin Books.

Koppel J., & Bernsten, D. (2014). Does everything happen when you are young? Introducing the youth bias. *Quarterly Journal of Experimental Psychology, 67(3)*, 417–423.

Körding, K. P., & Wolpert, D. M. (2006). Bayesian decision theory in sensorimotor control. *Trends in Cognitive Sciences, 10*, 319–326.

Kornell, N., & Son, L. K. (2009). Learners' choices and beliefs about self-testing. *Memory, 17*, 493–501.

Kosslyn, S. M. (1973). Scanning visual images: Some structural implications. *Perception & Psychophysics, 14*, 90–94.

Kosslyn, S. M. (1978). Measuring the visual angle of the mind's eye. *Cognitive Psychology, 10*, 356–389.

Kosslyn, S. M. (1980). *Image and mind*. Cambridge, MA: Harvard University Press.

Kosslyn, S. M. (1994). *Image and brain: The resolution of the imagery debate*. Cambridge, MA: MIT Press

Kosslyn, S. M., Ball, T., & Reiser, B. J. (1978). Visual images preserve metric spatial information: Evidence from studies of image scanning. *Journal of Experimental Psychology: Human Perception and Performance, 4*, 47–60.

Kosslyn, S. M., Pascual-Leone, A., Felician, O., Camposano, S., Keenan, J. P., Thompson, W. L., et al. (1999). The role of area 17 in visual imagery: Convergent evidence form PET and rTMS. *Science, 284*, 167–170.

Kosslyn, S. M., & Thompson, W. L. (2000). Shared mechanisms in visual imagery and visual perception: Insights from cognitive neuroscience. In M. Gazzanaga

(Ed.), *The cognitive neurosciences* (2nd ed., pp. 975–985). Cambridge, MA: MIT Press.

Kosslyn, S. M., Thompson, W. L., & Ganis, G. (2006). *The case for mental imagery*. Oxford, UK: Oxford University Press.

Kosslyn, S. M., Thompson, W. L., Kim, I., J., & Alpert, N. M. (1995). Topographical representations of mental images in primary visual cortex. *Nature, 378,* 496–498.

Kotabe, H. P., & Hofmann, W. (2015). On integrating the components of self-control. *Perspectives on Psychological Science, 10(5),* 618–638.

Kotovsky, K., Hayes, J. R., and Simon, H. A. (1985). Why are some problems hard? Evidence from Tower of Hanoi. *Cognitive Psychology, 17,* 248–294.

Kounios, J., & Beeman, M. (2014). The cognitive neuroscience of insight. *Annual Review of Psychology, 65,* 71–93.

Kounios, J., Fleck, J. I., Green, D. L., Payne, L., Stevenson, J. L., Bowden, E. M., & Jong-Beeman, M. (2008). The origins of insight in resting-state brain activity. *Neuropsychologia, 46,* 281–291.

Kounios, J., Frymiare, J. L., Bowden, E. M., Fleck, J. I., Subramaniam, K., Parrish, T. B., & Jong-Beeman, M. (2006). The prepared mind: Neural activity prior to problem presentation predicts subsequent solution by sudden insight. *Psychological Science, 17,* 882–890.

Kozhevnikov, M., Kosslyn, S., & Shephard, J. (2005). Spatial versus object visualizers: A new characterization of visual cognitive style. *Memory & Cognition, 33,* 710–726.

Kozhevnikov, M., Motes, M.A., & Hegarty, M. (2007). Spatial visualization in physics problem solving. *Cognitive Science, 31,* 549–579.

Kreiman, G., Koch, C., & Fried, I. (2000). Imagery neurons in the human brain. *Nature, 408,* 357–361.

Kruglanski, A. W., & Gigerenzer, G. (2011). Intuitive and deliberative judgments are based on common principles. *Psychological Review, 118,* 97–109.

Krumhansl, C. L. (1985). Perceiving tonal structure in music. *American Scientist, 73,* 371–378.

Kuffler, S. W. (1953). Discharge patterns and functional organization of mammalian retina. *Journal of Neurophysiology, 16,* 37–68.

Kuhn, T. (1962). *The structure of scientific revolutions.* Chicago, IL: University of Chicago Press.

Kuhn, T. (1970). *The structure of scientific revolution* (2nd ed.). Chicago, IL: University of Chicago Press.

Kuperberg, G. R. (2013). The proactive comprehender: What event-related potentials tell us about the dynamics of reading comprehension. In B. Miller, L. Cutting, & P. McCardle (Eds.), *Unraveling the behavioral, neurobiological, and genetic components of reading comprehension.* Baltimore: Paul Brookes.

Kuperberg, G. R., & Jaeger, T. F. (2015). What do we mean by prediction in language comprehension? *Language, cognition and neuroscience.*

Kuznekoff, J. H., & Titsworth, S. (2013). The impact of mobile phone usage on student learning. *Communication Education, 62,* 233–252.

L

LaBar, K. S., & Cabeza, R. (2006). Cognitive neuroscience of emotional memory. *Nature Reviews Neuroscience, 7,* 54–64.

LaBar, K. S., & Phelps, E. A. (1998). Arousal-mediated memory consolidation: Role of the medial temporal lobe in humans. *Psychological Science, 9,* 490–493.

Lakoff, G., & Turner, M. (1989). *More than cool reason: The power of poetic metaphor.* Chicago: Chicago University Press.

Lamble, D., Kauranen, T., Laakso, M., & Summala, H. (1999). Cognitive load and detection thresholds in car following situations: Safety implications for using mobile (cellular) telephones while driving. *Accident Analysis and Prevention, 31,* 617–623.

Lambon Ralph, M. A., Howard, D., Nightingale, G., & Ellis, A. W. (1998). Are living and non-living category-specific deficits causally linked to impaired perceptual or associative knowledge? Evidence from a category-specific double dissociation. *Neurocase, 4,* 311–338.

Lambon Ralph, M. A. Jefferies, E., Patterson, K., & Rogers, T. T. (2017) The neural and computational bases of semantic cognition. *Nature Reviews Neuroscience,* online.

Lambon Ralph, M. A., Lowe, C., & Rogers, T. T. (2007). Neural basis of category-specific deficits for living things: Evidence from semantic dementia, HSVE, and a neural network model. *Brain, 130,* 1127–1137.

Lanagan-Leitzel, L. K., Skow, E., & Moore, C. M. (2015). Great expectations: perceptual challenges of visual surveillance in lifeguarding. *Applied Cognitive Psychology, 29,* 425–435.

Land, M. F., & Hayhoe, M. (2001). In what ways do eye movements contribute to everyday activities? *Vision Research, 41,* 3559–3565.

Langer, E. (2014). Personal communication, November 7, 2014, cited Kaufman, S. B., & Gregoire, C. (2015). *Wired to create: Unraveling the mysteries of the creative mind.* New York: Perigee.

Lanska, D. J. (2009). Historical perspective: Neurological advances from studies of war injuries and illnesses. *Annals of Neurology*, 66, 444-459.

Larkin, J. H., McDermott, J., Simon, D. P., & Simon, H. A. (1980). Expert and novice performance in solving physics problems. *Science*, 208, 1335-1342.

Larsson, M., & Willander, J. (2009). Autobiographical odor memory. *International Symposium on Olfaction and Taste. Annals New York Academy of Sciences, 1170*, 318-323.

Lavie, N. (2010). Attention, distraction, and cognitive control under load. *Current Directions in Psychological Science, 19*, 143-148.

Lavie, N., & Driver, J. (1996). On the spatial extent of attention in object-based visual selection. *Perception & Psychophysics, 58*, 1238-1251.

Lea, G. (1975). Chronometric analysis of the method of loci. *Journal of Experimental Psychology: Human Perception and Performance, 2*, 95-104.

Le Bihan, D., Turner, R., Zeffiro, T. A., Cuenod, A., Jezzard, P., & Bonnerdot, V. (1993). Activation of human primary visual cortex during visual recall: A magnetic resonance imaging study. *Proceedings of the National Academy of Sciences, USA, 90*, 11802-11805.

Lee, D. (2006). Neural basis of quasi-rational decision making. *Current Opinion in Neurobiology, 16*, 191-198.

Lee, D., & Seo, H. (2016). Neural basis of strategic decision making. *Trends in neurosciences, 39*(1), 40-48.

Lee, S.-H., & Baker, C. I. (2016). Multi-voxel decoding and the topography of maintained information during visual working memory. *Frontiers in Systems Neuroscience, 10, Article 2*.

Lee, S-H., Kravitz, D. J., & Baker, C. I. (2012). Disentangling visual imagery and perception of real-world objects. *Neuroimage, 59*, 4064-4073.

LePort, A. K. R., Mattfeld, A. T., Dickinson-Anson, H., Fallon, J. H., Stark, C. E. L., Kruggel, F., et al. (2012). Behavioral and neuroanatomical investigation of Highly Superior Autobiographical Memory (HSAM). *Neurobiology of Learning and Memory, 98*, 78-92.

Lerner, N., Baldwin, C, Higgins, J. S., Lee, J., & Schooler, J. (2015). Mind wandering while driving: What does it mean and what do we do about it? *Proceedings of the Human Factors and Ergonomics Society, 59th Annual Meeting*. 1686-1690.

Leshikar, E. D., Dulas, M. R., & Duarte, A. (2015). Self-referencing enhances recollection in both young and older adults. *Aging, Neuropsychology, and Cognition, 22(4)*, 388-412.

Lesgold, A. M. (1988). Problem solving. In R. J. Sternberg & E. E. Smith (Eds.), *The psychology of human thoughts*. New York: Cambridge University Press.

Levelt, W. J. M. (2001). Spoken word production: A theory of lexical access. *Proceedings of the National Academy of Sciences, 98*, 13464-13471.

Levine, B., Turner, G. R., Tisserand, D., Hevenor, S. J., Graham, S. J., & McIntosh, A. R. (2004). The functional neuroanatomy of episodic and semantic autobiographical remembering: A prospective functional fMRI study. *Journal of Cognitive Neuroscience, 16*, 1633-1646.

Levinson, S. C. (2016). Turn-taking in human communication—origins and implications for language processing. *Trends in Cognitive Sciences, 20*, 6-14.

Levy, I., & Glimcher, P. W. (2013). Neuroeconomics. In H. Pashler (Ed.), *Encyclopedia of the mind* (vol. 14, pp. 565-569). Thousand Oaks, CA: SAGE Publications.

Lewis, M. (2016). *The Undoing Project: A Friendship that changed the world*. Penguin UK.

Lichtenstein, S., Slovic, P., Fischoff, B., Layman, M., & Combs, B. (1978). Judged frequency of lethal events. *Journal of Experimental Psychology: Human Learning and Memory, 4*, 551-578.

Lindsay, D. S. (1990). Misleading suggestions can impair eyewitnesses' ability to remember event details. *Journal of Experimental Psychology: Learning, Memory, and Cognition, 16*, 1077-1083.

Lindsay, D. S., & Hyman, I. E. (2017). Commentary on Brewin and Andrews. *Applied Cognitive Psychology, 31*, 37-39.

Lindsay, R. C. L., & Wells, G. L. (1980). What price justice? Exploring the relationship of lineup fairness to identification accuracy. *Law and Human Behavior, 4*, 303-313.

Lippmann, W. (1920). *Liberty and the news*. New York: Harcourt, Brace & Howe. Dover edition reprint (2010).

Lister-Landman, K. M., Domoff, S. E., & Dubow, E. F. (2015). The role of compulsive texting in adolescents' academic functioning. *Psychology of Popular Media Culture*. http://dx.doi.org/10.1037/ppm0000100. 1-15.

Loewenstein, R. J. (1991). Psychogenic amnesia and psychogenic fugue: A comprehensive review. In A. Tasman & S. M. Goldfinger, *American Psychiatric Press Review of Psychiatry* (Vol. 10, pp. 189-221). Washington, DC: American Psychiatric Press.

Loftus, E. F. (1979). *Eyewitness testimony*. Cambridge, MA: Harvard University Press.

Loftus, E. F. (1993a). Made in memory: Distortions in recollection after misleading information. In D. L. Medin (Ed.), *The psychology of learning and* motivation: Advances in theory and research (pp. 187–215). New York: Academic Press.

Loftus, E. F. (1993b). The reality of repressed memories. *American Psychologist, 38,* 518–537.

Loftus, E. F. (1998). Imaginary memories. In M. A. Conway, S. E. Gathercole, & C. Cornoldi (Eds.), *Theories of memory II* (pp. 135–145). Hove, UK: Psychology Press.

Loftus, E. F., & Palmer, J. C. (1974). Reconstruction of an automobile destruction: An example of the interaction between language and memory. *Journal of Verbal Learning and Verbal Behavior, 13,* 585–589.

Loftus, E. F., Miller, D. G., & Burns, H. J. (1978). Semantic integration of verbal information into visual memory. *Journal of Experimental Psychology: Human Learning and Memory, 4,* 19–31.

Lomber, S. G., & Malhotra, S. (2008). Double dissociation of "what" and "where" processing in auditory cortex. *Nature Neuroscience, 11,* 609–616.

Lorayne, H., & Lucas, J. (1996). *The memory book.* New York: Ballantine Books.

Lord, C. G., Ross, L., & Lepper, M. (1979). Biased assimilation and attitude polarization: The effects of prior theories on subsequently considered evidence. *Journal of Personality and Social Psychology, 46,* 1254–1266.

Lovatt, P., Avons, S. E., & Masterson, J. (2000). The word-length effect and disyllabic words. *The Quarterly Journal of Experimental Psychology, 53A,* 1–22.

Lovatt, P., Avons, S. E., & Masterson, J. (2002). Output decay in immediate serial recall: Speech time revisited. *Journal of Memory and Language, 46,* 227–243.

Lovett, M. C. (2002). Problem solving. In D. L. Medin (Ed.), *Stevens' Handbook of Experimental Psychology* (3rd ed., pp. 317–362). New York: Wiley.

Lowenstein, G., Rick, S., & Cohen, D. (2008). Neuroeconomics. *Annual Review of Psychology, 59,* 647–672.

Lubart, T. I., & Mouchiroud, C. (2003). Creativity: A source of difficulty in problem solving. In J. E. Davidson and R. J. Sternberg (Eds.), *The psychology of problem solving* (pp. 127–148). New York: Cambridge University Press.

Lucas, P. A. (1999). Context effects in lexical access: A meta-analysis. *Memory & Cognition, 27,* 385–398.

Luchins, A. S. (1942). Mechanization in problem solving—the effect of Einstellung. *Psychological Monographs, 54*(6), 195.

Luck, S. J., & Vogel, E. K. (1997). The capacity of visual working memory for features and conjunctions. *Nature, 390,* 279–281.

Luminet, O., & Curci, A. (Eds.). (2009). *Flashbulb memories: New issues and new perspectives.* Philadelphia: Psychology Press.

Lundquist, M., Rose, J., Herman, P., Brincat, S. L., Buschman, T. J., & Miller, E. K. (2016). Gamma and beta bursts underlie working memory. *Neuron, 90,* 152–164.

Luria, A. R. (1968). *The mind of a mnemonist* (L. Solotaroff, Trans.). New York: Basic Books.

Luus, C. A. E., & Wells, G. L. (1994). The malleability of eyewitness confidence: Co-witness and perseverance effects. *Journal of Applied Psychology, 79,* 714–724 D

M

MacKay, D. G. (1973). Aspects of the theory of comprehension, memory and attention. *Quarterly Journal of Experimental Psychology, 25,* 22–40.

Macmillan, M. (2002). *An odd kind of fame: Stories of Phineas Gage.* Boston, MA: MIT Press.

Maess, B., Koelsch, S., Gunter, T. C., & Friederici, A. D. (2001). Musical syntax is processed in Broca's area: an MEG study. *Nature Neuroscience, 4,* 540–545.

Maguire, E. (2014). Memory consolidation in humans: new evidence and opportunities. *Experimental Physiology, 99 (3),* 471–486.

Mahon, B. Z., & Caramazza, A. (2011). What drives the organization of object knowledge in the brain? *Trends in Cognitive Sciences, 15,* 97–103.

Mahon, B. Z., Milleville, S. C., Negri, G. A. L., Rumiati, R. I., Caramazza, A., & Martin, A. (2007). Action-related properties shape object representations in the ventral stream. *Neuron, 55,* 507–520.

Maier, N. R. F. (1931). Reasoning in humans: II. The solution of a problem and its appearance in consciousness. *Journal of Comparative Psychology, 12,* 181–194.

Malcolm, G. L., & Shomstein, S. (2015). Object-based attention in real-world scenes. *Journal of Experimental Psychology: General, 144,* 257–263.

Malik, J. (1987). Interpreting line drawings of curved objects. *International Journal of Computer Vision, 1,* 73–103.

Malpass, R. S., & Devine, P. G. (1981). Eyewitness identification: Lineup instructions and absence of the offender. *Journal of Applied Psychology, 66,* 482–489.

Malt, B. C. (1989). An on-line investigation of prototype and exemplar strategies in classification. *Journal of Experimental Psychology: Learning, Memory and Cognition, 4,* 539–555.

Maner, J. K., & Schmidt, N. B. (2006). The role of risk avoidance in anxiety. *Behavior Theory, 37,* 181–189.

Manktelow, K. I. (1999). *Reasoning and thinking.* Hove, UK: Psychology Press.

Manktelow, K. I. (2012). *Thinking and reasoning.* New York: Psychology Press.

Mantyla, T. (1986). Optimizing cue effectiveness: Recall of 500 and 600 incidentally learned words. *Journal of Experimental Psychology: Learning Memory, and Cognition*, *12*, 66–71.

Marino, A. C., & Scholl, B. (2005). The role of closure in defining the "objects" of object-based attention. *Perception & Psychophysics, 67*, 1140–1149.

Marsh, R., Cook, G., & Hicks, J. (2006). Gender and orientation stereotypes bias source-monitoring attributions. *Memory, 14*, 148–160.

Mast, F. W., & Kosslyn, S. (2002). Visual mental images can be ambiguous: insights from individual differences in spatial transformation abilities. *Cognition, 86*, 57–70.

Mattar, M. G., Cole, M. W., Thompson-Schill, S. L., & Bassett, D. S. (2015). A functional cartography of cognitive systems. *PLOS Computational Biology, 11(12)*:e1004533. doi: 10.1371/journal.pcbi.1004533. doi:10.1016/j.neuroimage.2015.11.059, 2015

Maurer, L., Zitting, K-M., Elliott, K., Czeisler, C. A., Ronda, J. M., & Duffy, F. F. (2015). A new face of sleep: The impact of point-learning sleep on recognition memory for face-name associations. *Neurobiology of Learning and Memory, 126*, 31–38.

Mayseless, N., Eran, A., & Shamay-Tsoory, S. G. (2015). Generating original ideas: The neural underpinning of originality. *Neuroimage, 116*, 232–239.

Mazza, S., Gerbier, E., Gustin, M.-P., Kasikci, Z., Koenig, O., Toppino, T. C., & Magnin, M. (2016). Relearn faster and retain longer: Along with practice, sleep makes perfect. *Psychological Science, 27*, 1321–1330.

McCarthy, J., Minsky, M. L., & Shannon, C. E. (1955). A proposal for the Dartmouth summer research project on artificial intelligence. Downloaded from http://www.formal.stanford.edu/jmc/history/dartmouth/dartmouth.html

McClelland, J. L., & Rogers, T. T. (2003). The parallel distributed processing approach to semantic cognition. *Nature Reviews Neuroscience, 4*, 310–322.

McClelland, J. L., & Rumelhart, D. E. (1986). *Parallel distributed processing: Explorations in the microstructure of cognition*. Cambridge, MA: MIT Press.

McClelland, J. L., McNaughton, B. L., & O'Reilly, R. C. (1995). Why there are complementary learning systems in the hippocampus and neocortex: Insights from the successes and failures of connectionist models of learning and memory. *Psychological Review, 102*, 419–457.

McDaniel, M. A., Anderson, J. L., Derbish, M. H., & Morrisette, N. (2007). Testing the testing effect in the classroom. *European Journal of Cognitive Psychology, 19*, 494–513.

McDermott, K. B., & Chan, J. C. K. (2006). Effects of repetition on memory for pragmatic inferences. *Memory & Cognition, 34*, 1273–1284.

McDermott, K. B., Wooldridge, C. L., Rice, H. J., Berg, J., J., & Szpunar, K. K. (2016). Visual perspective in remembering and episodic future thought. *Quarterly Journal of Experimental Psychology, 69*, 243–253.

McGaugh, J. L. (1983). Hormonal influences on memory. *Annual Review of Psychology, 34*, 297–323.

McKenzie, C. R. M. (2004). Hypothesis testing and evaluation. In D. J. Koehler & N. Harvey (Eds.), *Blackwell handbook of judgment & decision making* (pp. 200–219). Malden, MA: Blackwell.

McMenamin, B. W., Langeslag, S. J. E., Sirbu, M., Padmala, S., & Pessoa, L. (2014). Network organization unfolds over time during periods of anxious anticipation. *Journal of Neuroscience, 34*, 11261–11273.

McMillan, R. L., Kaufman, S. B., & Singer, J. L. (2013). Ode to positive constructive daydreaming. *Frontiers in Psychology, 4*, Article 626.

McNeil, D. G. (2013). Car mechanic dreams up tool to ease births. *New York Times,* November 13, 2013.

McNeil, J. E., & Warrington, E. K. (1993). Prospoganosia: A face-specific disorder. *Quarterly Journal of Experimental Psychology, 46A*, 1–10.

Melzack, R., & Wall, P. D. (1965). Pain mechanisms: A new theory. *Science, 150*, 971–979.

Memon, A., Meissner, C. A., & Fraser, J. (2010). The cognitive interview: A meta-analytic review and study space analysis of the past 25 years. *Psychology, Public Policy, and Law, 16*, 340–372.

Mervis, C. B., Catlin, J., & Rosch, E. (1976). Relationships among goodness-of-example, category norms and word frequency. *Bulletin of the Psychonomic Society, 7*, 268–284.

Metcalfe, J., & Wiebe, D. (1987). Intuition in insight and noninsight problem solving. *Memory and Cognition, 15,* 238–246.

Metusalem, R., Kutas, M., Urbach, T. P., Hare, M., McRae, K., & Elman, J. (2012). Generalized event knowledge activation during online sentence comprehension. *Journal of Memory and Language, 66*, 545–567.

Meyer, D. E., & Schvaneveldt, R. W. (1971). Facilitation in recognizing pairs of words: Evidence of a dependence between retrieval operations. *Journal of Experimental Psychology, 90*, 227–234.

Miller, G. A. (1956). The magical number seven, plus or minus two: Some limits on our capacity for processing information. *Psychological Review, 63*, 81–97.

Miller, G. A. (1965). Some preliminaries to psycholinguistics. *American Psychologist, 20*, 15–20.

Miller, G. A. (2003). The cognitive revolution: A historical perspective. *Trends in Cognitive Sciences, 7*, 141–144.

Milner, A. D., & Goodale, M. A. (1995). *The visual brain in action.* New York: Oxford University Press.

Minda, J. P., & Smith, J. D. (2001). Prototypes in category learning: The effect of category size, category structure, and stimulus complexity. *Journal of Experimental Psychology: Learning, Memory, and Cognition, 27*, 775–799.

Mishkin, M., Ungerleider, L. G., & Macko, K. A. (1983). Object vision and spatial vision: Two central pathways. *Trends in Neuroscience, 6*, 414–417.

Misiak, H., & Sexton, V. (1966). *History of psychology: An overview.* New York: Grune & Stratton.

Mitchell, K. J., & Johnson, M. K. (2000). Source monitoring. In E. Tulving & F. I. M. Craik (Eds.), *The Oxford handbook of memory* (pp. 179–195). New York: Oxford University Press.

Molenbergs, P., Hayward, L., Mattingley, J. B., & Cunnington, R. (2012). Activation patterns during action observation are modulated by context in mirror system areas. *NeuroImage, 59*, 608–615.

Mooneyham, B. W., & Schooler, J. E. (2013). The costs and benefits of mind-wandering: A review. *Canadian Journal of Experimental Psychology, 67*, 11–18.

Morley, N. J., Evans, J. St. B. T., & Handley, S. J. (2004). Belief bias and figural bias in syllogistic reasoning. *Quarterly Journal of Experimental Psychology A, 57*, 666–692.

Morris, C. D., Bransford, J. D., & Franks, J. J. (1977). Levels of processing versus transfer appropriate processing. *Journal of Verbal Learning and Verbal Behavior, 16*, 519–533.

Moscovitch, M., Winocur, G., & Behrmann, M. (1997). What is special about face recognition? Nineteen experiments on a person with visual object agnosia and dyslexia but normal face recognition. *Journal of Cognitive Neuroscience, 9*, 555–604.

Mueller, P. A., & Oppenheimer, D. M. (2014). The pen is mightier than the keyboard: Advantages of longhand over laptop note taking. *Psychological Science, 25*, 1159–1168.

Mukamel, R., Ekstrom, A. D., Kaplan, J., Iacoboni, M., & Fried, I. (2010). Single-neuron responses in humans during execution and observation of actions. *Current Biology, 20*, 750–756.

Mullen, B., Johnson, C., & Salas, E. (1991). Productivity loss in brainstorming groups: A meta-analytic integration. *Basic and Applied Social Psychology, 12*, 3–23.

Müller, G. E., & Pilzecker, A. (1900). Experimentelle Beitrage zur Lehr vom Gedachtniss *Zeitschrift fur Psychologie, 1*, 1–300.

Mumford, M. D., Medeiros, K. E., & Partlow, P. J. (2012). Creative thinking: Processes, strategies, and knowledge. *Journal of Creative Behavior, 46*, 30–47.

Murdoch, B. B., Jr. (1962). The serial position effect in free recall. *Journal of Experimental Psychology, 64*, 482–488.

Murphy, G. L. (2016). Is there an exemplar theory of concepts? *Psychonomic Bulletin & Review, 23*, 1035–1042.

Murphy, G., L., Hampton, J. A., & Milovanovic, G. S. (2012). Semantic memory redux: An experimental test of hierarchical category representation. *Journal of Memory and Language, 67*, 521–539

Murphy, K. J., Racicot, C. I., & Goodale, M. A. (1996). The use of visuomotor cues as a strategy for making perceptual judgments in a patient with visual form agnosia. *Neuropsychology, 10*, 396–401.

Murray, D. J. (1968). Articulating and acoustic confusability in short-term memory. *Journal of Experimental Psychology, 78*, 679–684.

Murray, J. D., Bernacchia, A., Roy, N. A., Constantinidis, C., Romo, R., & Wang, X-J. (2017). Stable population coding for working memory coexists with heterogeneous neural dynamics in prefrontal cortex. *Proceedings of the National Academy of Sciences, 114(2)*, 394–399.

N

Naci, L., Cusack, R., Anello, M., & Owen, A. M. (2014). A common neural code for similar conscious experiences in different individuals. *Proceedings of the National Academy of Sciences, 111*, 14277–14282.

Naci, L., Sinai, L., & Owen, A. M. (2015). Detecting and interpreting conscious experiences in behaviorally non-responsive patients. *NeuroImage.* doi:10.1016/j.neuroimage.2015.11.059, 2015

Nadel, L., & Moscovitch, M. (1997). Memory consolidation, retrograde amnesia and the hippocampal complex. *Current Opinion in Neurobiology, 7*, 217–227.

Nader, K., & Einarsson, E. O. (2010). Memory reconsolidation: An update. *Annals of the New York Academy of Sciences, 1191*, 27–41.

Nader, K., Schafe, G. E., & Le Doux, J. E. (2000a). Fear memories require protein synthesis in the amygdala for reconsolidation after retrieval. *Nature, 406*, 722–726.

Nader, K., Schafe, G. E., & Le Doux, J. E. (2000b). The labile nature of consolidation theory. *Nature, 1*, 216–219.

Nairne, J. S. (2010). Adaptive memory: Evolutionary constraints on remembering. *Psychology of Learning and Motivation, 53,* 1–32.

Naselaris, T., Olman, C. A., Stansburh, D. E., Uurbil, K., & Gallant, J. (2015). A voxel-wise encoding model for early visual areas decodes mental images of remembered scenes. *Neuroimage, 105,* 215–228.

Nash, R. A., & Wade, K. A. (2009). Innocent but proven guilty: Eliciting internalized false confessions using doctored-video evidence. *Applied Cognitive Psychology, 23,* 624–637.

Nash, R. A., Wade, K. A., Garry, M., Loftus, E. F., & Ost, J. (2017). Misrepresentations and flawed logic about the prevalence of false memories. *Applied Cognitive Psychology, 31,* 31–33.

National Academy of Sciences (2014). *Identifying the culprit: assessing eyewitness identification.* Washington, DC: National Academy of Sciences Press.

Neisser, U. (1967). *Cognitive psychology.* New York: Appleton-Century-Crofts.

Neisser, U. (1988). New vistas in the study of memory. In U. Neisser & E. Winograd (Eds.), *Remembering reconsidered: Ecological and traditional approaches to the study of memory* (pp. 1–10). Cambridge, UK: Cambridge University Press.

Neisser, U., & Becklen, R. (1975). Selective looking: Attending to visually specified events. *Cognitive Psychology, 7,* 480–494.

Neisser, U., & Harsch, N. (1992). Phantom flashbulbs: False recollections of hearing the news about *Challenger.* In E. Winograd & U. Neisser (Eds.), *Affect and accuracy in recall: Studies of "flashbulb" memories* (pp. 9–31). New York: Cambridge University Press.

Neisser, U., Winograd, E., Bergman, E. T., Schreiber, C. A., Palmer, S. E., & Weldon, M. S. (1996). Remembering the earthquake: Direct experience vs. hearing the news. *Memory, 4,* 337–357.

Nesterak, E. (2014). Coerced to confess: The psychology of false confessions. Thepsychreport.com, October 14, 2014, in Conversations, Society.

Nichols, E. A., Kao, Y.-C., Verfaellie, M., & Gabrieli, J. D. E. (2006). Working memory and long-term memory for faces: Evidence from fMRI and global amnesia for involvement of the medial temporal lobes. *Hippocampus, 16,* 604–616.

Newell, A., & Simon, H. A. (1972). *Human problem solving.* Englewood Cliffs, NJ: Prentice-Hall.

Nietzsche, F. (1889). *Twilight of the idols.* See *Twilight of the Idols and the Anti-Christ.* (2003). Translated by R. J. Hollingsworth. New York: Penguin Books.

Noton, D., & Stark, L. W. (1971). Scanpaths in eye movements during pattern perception. *Science, 171,* 308–311.

Nyberg, L., McIntosh, A. R., Cabeaa, R., Habib, R., Houle, S., & Tulving, E. (1996). General and specific brain regions involved in encoding and retrieval of events: What, where and when. *Proceedings of the National Academy of Sciences, USA, 93,* 11280–11285.

Nyhan, B., & Reifler, J. (2010). When corrections fail: The persistence of political misperceptions. *Political Behavior, 32*(2), 303–330.

O

Ogawa, S., Lee, T. M., Kay, A. R., & Tank, D. W. (1990). Brain magnetic resonance imaging with contrast dependent on blood oxygenation. *Proceedings of the National Academy of Sciences, 87,* 9868–9872.

Oliva, A., & Torralba, A. (2007). The role of context in object recognition. *Trends in Cognitive Sciences, 11,* 521–527.

Olshausen, B. A., & Field, D. J. (2004). Sparse coding of sensory inputs. *Current Opinion in Neurobiology, 14,* 481–487.

Olson, A. C., & Humphreys, G. W. (1997). Connectionist models of neuropsychological disorders. *Trends in Cognitive Sciences, 1,* 222–228.

Oppezzo, M., & Schwartz, D. L. (2014). Give your ideas some legs: The positive effect of walking on creative thinking. *Journal of Experimental Psychology: Learning, Memory and Cognition, 40,* 1142–1152.

Orban, G. A., Vandenbussche, E., & Vogels, R. (1984). Human orientation discrimination tested with long stimuli. *Vision Research, 24,* 121–128.

Osborn, A. F. (1953). *Applied imagination.* New York: Scribner.

Osman, M. (2004). An evaluation of dual-process theories of reasoning. *Psychonomic Bulletin and Review, 108,* 291–310.

Ost, J., Vrij, A., Costall, A., & Bull, R. (2002). Crashing memories and reality monitoring: Distinguishing between perceptions, imaginations and "false memories." *Applied Cognitive Psychology, 16,* 125–134.

Osterhout, L., McLaughlin, J., & Bersick, M. (1997). Event-related brain potentials and human language. *Trends in Cognitive Sciences, 1,* 203–209.

P

Paczynski, M., & Kuperberg, G. R. (2012). Multiple influences of semantic memory on sentence processing: Distinct effects of semantic relatedness on violations of real-world event/state knowledge and animacy selection restrictions. *Journal of Memory and Language, 67,* 426–448.

Paivio, A. (1963). Learning of adjective-noun paired associates as a function of adjective-noun word order and noun abstractness.

Paivio, A. (1965). Abstractness, imagery, and meaningfulness in paired-associate learning. *Journal of Verbal Learning and Verbal Behavior, 4*, 32–38.

Paivio, A. (2006). *Mind and its evolution: A dual coding theoretical approach.* Hillsdale, NJ: Erlbaum.

Palmer, S. E. (1975). The effects of contextual scenes on the identification of objects. *Memory and Cognition, 3*, 519–526.

Palmer, S. E. (1992). Common region: A new principle of perceptual grouping. *Cognitive Psychology, 24*, 436–447.

Palmer, S. E., & Rock, I. (1994). Rethinking perceptual organization: The role of uniform connectedness. *Psychonomic Bulletin and Review, 1*, 29–55.

Palombo, D. J., Alain, C., Soderlund, H., Khuu, W., & Levine, B. (2015). Severely deficient autobiographical memory (SDAM) in healthy adults: A new mnemonic syndrome. *Neuropsychologia, 72*, 105–118.

Parker, E. S., Cahill, L., & McGaugh, J. L. (2006). A case of unusual autobiographical remembering. *Neurocase, 12*, 35–49.

Parkhurst, D., Law, K., & Niebur, E. (2002). Modeling the role of salience in the allocation of overt visual attention. *Vision Research, 42*, 107–123.

Parkin, A. J. (1996). *Explorations in cognitive neuropsychology.* Oxford, England: Blackwell.

Patel, A. D. (2013). Sharing and nonsharing of brain resources for language and music. M. A. Arbib (Ed), *Language, Music and the Brain*. 329–361. Cambridge, MA: MIT Press.

Patel, A. D., Gibson, E., Ratner, J., Besson, M., & Holcomb, P. J. (1998). Processing syntactic relations in language and music: An event-related potential study. *Journal of Cognitive Neuroscience, 10*, 717–733.

Patel, A. D., Iversen, J. R., Wassenaar, M., & Hagoort, P. (2008). Musical syntactic processing in agrammatic Broca's aphasia. *Aphasiology, 22*, 776–779.

Patterson, K., Nestor, P. J., & Rogers, T. T. (2007). Where do you know what you know? The representation of semantic knowledge in the human brain. *Nature Reviews Neuroscience, 8*, 976–987.

Paulus, M. P., & Yu, A. J. (2012). Emotion and decision-making: Affect-driven belief systems in anxiety and depression. *Trends in Cognitive Sciences, 16*, 476–483.

Pavlov, I. (1927). *Conditioned reflexes.* New York: Oxford University Press.

Payne, J. D., Chambers, A. M., & Kensinger, E. A. (2012). Sleep promotes lasting changes in selective memory for emotional scenes. *Frontiers in Integrative Neuroscience, 6*, 1–11.

Payne, J. D., Stickgold, R., Swanberg, K., & Kensinger, E. A. (2008). Sleep preferentially enhances memory for emotional components of scenes. *Psychological Science, 19*, 781–788.

Pearce, J. M. S. (2009). Marie-Jean-Pierre Flourens (1794–1867) and cortical localization. *European Neurology, 61*, 311–314.

Pearson, J., & Kosslyn, S. M. (2015). The heterogeneity of mental representation: Ending the imagery debate. *Proceedings of the National Academy of Sciences, 112*, 10089–10092.

Pearson, J., Clifford, C. W. G., & Tong, F. (2008). The functional impact of mental imagery on conscious perception. *Current Biology, 18*, 982–986.

Peretz, I., & Hyde, K. (2003). What is specific to music processing? Insights from congenital amusia. *Trends in Cognitive Sciences, 7*, 362–367.

Peretz, I., & Zatorre, R. (2005). Brain organization for music processing. *Annual Review of Psychology, 56*, 89–114.

Peretz, I., Vuvan, D., Lagrois, M.-E., & Armony, J. L. (2015). Neural overlap in processing music and speech. *Philosophical Transactions of the Royal Society, B370*, 20140090.

Perfect, T. J., & Askew, C. (1994). Print adverts: Not remembered but memorable. *Applied Cognitive Psychology, 8*, 693–703.

Perky, C.W. (1910). An experimental study of imagination. *American Journal of Psychology, 21*, 422–442

Perrett, D. I., Rolls, E. T., & Caan, W. (1982). Visual neurons responsive to faces in the monkey temporal cortex. *Experimental Brain Research, 7*, 329–342.

Pessoa, L. (2014). Understanding brain networks and brain organization. *Physics of Life Reviews, 11*, 400–435.

Peters, E., Vastfjall, D., Garling, T., & Slovic, P. (2006). Affect and decision making: A "hot" topic. *Journal of Behavioral Decision Making, 19*, 79–85.

Petersen, S. E. (1992). The cognitive functions of underlining as a study technique. *Reading Research and Instruction, 31*, 49–56.

Petersen, S. E., & Posner, M. I. (2012). The attention system of the human brain: 20 years after. *Annual Review of Neuroscience, 35*, 73–89.

Petersen, L. R., & Peterson, M. J. (1959). Short-term retention of individual verbal items. *Journal of Experimental Psychology, 58*, 193–198.

Petrican, R., Gopie, N., Leach, L., Chow, T. W., Richards, B., & Moscovitch, M. (2010). Recollection and familiarity for public events in neurologically intact older adults and two brain-damaged patients. *Neuropsychologia, 48*, 945–960.

Phelps, E. A., & Sharot, T. (2008). How (and why) emotion enhances the subjective sense of recollection. *Current Directions in Psychological Science, 17,* 147–152.

Philippi, C. L., Tranel, D., Duff, M., and Rudrauf, D. (2015). Damage to the default mode network disrupts autobiographical memory retrieval. *SCAN, 10,* 318–326.

Pillemer, D. B. (1998). *Momentous events, vivid memories.* Cambridge, MA: Harvard University Press.

Pillemer, D. B., Picariello, M. L., Law, A. B., & Reichman, J. S. (1996). Memories of college: The importance of specific educational episodes. In D. C. Rubin (Ed.), *Remembering our past: Studies in autobiographical memory* (pp. 318–337). Cambridge, UK: Cambridge University Press.

Plaisier, M. A., & Smeets, J. B. J. (2015). Object size can influence perceived weight independent of visual estimates of the volume of material. *Scientific Reports.* doi: 10.10.1038/srep17719

Plaut, D. C. (1996). Relearning after damage in connectionist networks: Toward a theory of rehabilitation. *Brain and Language, 52,* 25–82.

Pobric, G., Jefferies, E., & Lambon Ralph, M. A. (2010). Category-specific versus category-general semantic impairment induced by transcranial magnetic stimulation. *Current Biology, 20,* 964–968.

Poldrack, R. A., Laumann, T. O., et al. (2015). Long-term neural and physiological phenotyping of a single human. *Nature Communications,* DOI: 10.1038/ncomms9885.

Pollack, I., & Pickett, J. M. (1964). Intelligibility of excerpts from fluent speech: Auditory vs. structural context. *Journal of Verbal Learning and Verbal Behavior, 3,* 79–84.

Porter, S., & Birt, A. R. (2001). Is traumatic memory *special?* A comparison of traumatic memory characteristics with memory for other emotional life experiences. *Applied Cognitive Psychology, 15,* S101–S117.

Posner, M. I., Nissen, M. J., & Ogden, W. C. (1978). Attended and unattended processing modes: The role of set for spatial location. In H. L. Pick & I. J. Saltzman (Eds.), *Modes of perceiving and processing information* (pp. 137–157). Hillsdale, NJ: Erlbaum.

Post, T., van den Assem, M. J., Baltussen, G., & Thaler, R. H. (2008). Deal or no deal? Decision making under risk in a large-payoff game show. *American Economic Review, 98,* 38–71.

Proust, M. (1922/1960). *Remembrance of Things Past: Swann's way.* (C.K. Scott Moncrieff, Trans). London: Chatto & Windus.

Ptak, R. (2012).The Frontoparietal Attention Network of the Human Brain: Action, Saliency, and a Priority Map of the Environment. The *Neuroscientist, 18,* 502–515.

Pulvermüller, F. (2013). How neurons make meaning: Brain mechanisms for embodied and abstract-symbolic semantics. *Trends in Cognitive Sciences, 17,* 458–470.

Putnam, A. L., Sukngkhasettee, V. W., & Roediger, H. L. (2016). Optimizing learning in college: Tips from cognitive psychology. *Perspectives on Psychological Science, 11,* 652–660.

Pylyshyn, Z. W. (1973). What the mind's eye tells the mind's brain: A critique of mental imagery. *Psychological Bulletin, 80,* 1–24.

Pylyshyn, Z. W. (2001). Is the imagery debate over? If so, what was it about? In E. Dupoux (Ed.), *Language, brain, and cognitive development* (pp. 59–83). Cambridge, MA: MIT Press.

Pylyshyn, Z. W. (2003). Return of the mental image: Are there really pictures in the brain? *Trends in Cognitive Sciences, 7,* 113–118.

Q

Quillian, M. R. (1967). Word concepts: A theory and simulation of some basic semantic capabilities. *Behavioral Science, 12,* 410–430.

Quillian, M. R. (1969). The Teachable Language Comprehender: A simulation program and theory of language. *Communications of the ACM, 12,* 459–476.

Quinlivan, D. S., Wells, G. L., & Neuschatz, J. S. (2010). Is manipulative intent necessary to mitigate the eyewitness post-identification feedback effect? *Law and Human Behavior, 34,* 186–197.

Quiroga, R. Q., Reddy, L., Koch, C., & Fried, I. (2007). Decoding visual inputs from multiple neurons in the human temporal lobe. *Journal of Neurophysiology, 98,* 1997–2007.

Quiroga, R. Q., Reddy, L., Kreiman, G., Koch, C., & Fried, I. (2008). Sparse but not "grandmother-cell" coding in the medial temporal lobe. *Trends in Cognitive Sciences, 12,* 87–91.

R

Raichle, M. E. (2011). The restless brain. *Brain Connectivity, 1,* 3–12.

Raichle, M. E., MacLeod, A. M., Snyder, A. Z., Powers, W. J., Gusnard, D. A., & Shulman, G. L. (2001). A default mode of brain function. *Proceedings of the National Academy of Sciences, 98,* 676–682.

Ranganath, C., & Blumenfeld, R. S. (2005). Doubts about double dissociations between short- and long-term memory. *Trends in Cognitive Sciences, 9,* 374–380.

Ranganath, C., & D'Esposito, M. (2001). Medial temporal lobe activity associated with active maintenance of novel information. *Neuron, 31,* 865–873.

Raphael, B. (1976). *The thinking computer.* New York: Freeman.

Rathbone, C. J., Moulin, C. J. A., & Conway, M. A. (2008). Self-centered memories: The reminiscence bump and the self. *Memory & Cognition, 36*, 1403–1414.

Ratiu, P., Talos, I.F., Haker, S., Lieberman, D., Everett, P. (2004) The tale of Phineas Gage, digitally remastered. *Journal of Neurotrauma, 21*, 637–643.

Rauchs, G., Feyers, D., Landeau, B., Bastin, C., Luxen, A., Maquet, P., et al. (2011). Sleep contributes to the strengthening of some memories over others, depending on hippocampal activity at learning. *Journal of Neuroscience, 31*, 2563–2568.

Raveh, D., & Lavie, N. (2015). Load-induced inattentional deafness. *Attention, Perception, & Psychophysics 77*, 483–492.

Rayner, K., & Duffy, S. A. (1986). Lexical complexity and fixation times in reading: Effects of word frequency, verb complexity, and lexical ambiguity. *Memory and Cognition, 14*, 191–201.

Rayner, K., & Frazier, L. (1989). Selection mechanisms in reading lexically ambiguous words. *Journal of Experimental Psychology: Learning, Memory and Cognition, 15*, 779–790.

Reali, F., & Christiansen, M. (2007). Processing of relative clauses is made easier by frequency of occurrence. *Journal of Memory and Language, 53*, 1–23.

Reber, A. S. (1995). *Penguin dictionary of psychology* (2nd ed.). New York: Penguin Books.

Redelmeier, D. A., & Shafir, E. (1995). Medical decision making in situations that offer multiple alternatives. *Medical Decision Making, 273*, 302–305.

Reder, L. M., & Anderson, J. R. (1982). Effects of spacing and embellishment for the main points of a text. *Memory and Cognition, 10*, 97–102.

Reid, C. A., Green, J. D., Wildschut, T., & Sedikides, C. (2015). Scent-evoked nostalgia. *Memory, 23(2)*, 157–166.

Reitman, J. (1976). Skilled perception in Go: Deducing memory structures from inter-response times. *Cognitive Psychology, 8*, 336–356.

Renoult, L., Davidson, P. S. R., Palombo, D. J., Moscovitch, M., & Levine, B. (2012). Personal semantics: at the crossroads of semantic and episodic memory. *Trends in Cognitive Sciences, 16*, 550–558.

Rensink, R. A. (2002). Change detection. *Annual Review of Psychology, 53*, 245–277.

Rensink, R. A., O'Regan, J. K., & Clark, J. J. (1997). To see or not to see: The need for attention to perceive changes in scenes. *Psychological Science, 8*, 368–373.

Richardson, A. (1994). *Individual differences in imaging: Their measurement, origins, and consequences.* Amityville, NY: Baywood.

Riley, M. R., & Constantinidis, C. (2016). Role of prefrontal persistent activity in working memory. *Frontiers in Systems Neuroscience, 9*, Article 181.

Rips, L. J. (1995). Deduction and cognition. In E. Smith & D. N. Osherson (Eds.), *An invitation to cognitive science* (Vol. 2, pp. 297–343). Cambridge, MA: MIT Press.

Rips, L. J., Shoben, E. J., & Smith, E. E. (1973). Semantic distance and the verification of semantic relations. *Journal of Verbal Learning and Verbal Behavior, 12*, 1–20.

Rips, L. J. (2002). Reasoning. In D. L. Medin (Ed.), *Stevens' handbook of experimental psychology* (3rd ed., pp. 363–411). New York: Wiley.

Ritchey, M., Dolcos, F., & Cabeza, R. (2008). Role of amygdala connectivity in the persistence of emotional memories over time: An event-related fMRI investigation. *Cerebral Cortex, 18*, 2494–2504.

Rizzolatti, G., & Sinigaglia, C. (2016). The mirror mechanism: A basic principle of brain function. *Nature Reviews Neuroscience, 17*, 757–765.

Rizzolatti, G., Forgassi, L., & Gallese, V. (2006, November). Mirrors in the mind. *Scientific American*, pp. 54–63.

Robbins, J. (2000, July 4). Virtual reality finds a real place. *New York Times*.

Robertson, L., Treisman, A., Freidman-Hill, S., & Grabowecky, M. (1997). The interaction of spatial and object pathways: Evidence from Balint's syndrome. *Journal of Cognitive Neuroscience, 9*, 295–317.

Rocha-Miranda, C. (2011). Personal communication.

Rock, I. (1983). *The logic of perception.* Cambridge, MA: MIT Press.

Roediger, H. L. (1990). Implicit memory: Retention without remembering. *American Psychologist, 45*, 1043–1056.

Roediger, H. L., Guynn, M. J., & Jones, T. C. (1994). Implicit memory: A tutorial review. In G. d'Ydewalle, P. Eallen, & P. Bertelson (Eds.), *International perspectives on cognitive science* (Vol. 2, pp. 67–94). Hillsdale, NJ: Erlbaum.

Roediger, H. L., & McDermott, K. B. (1995). Creating false memories: Remembering words not presented in lists. *Journal of Experimental Psychology: Learning, Memory, and Cognition, 21*, 803–814.

Rogers, T. B., Kuiper, N. A., & Kirker, W. S. (1977). Self-reference and the encoding of personal information. *Journal of Personality and Social Psychology, 35*, 677–688.

Rogers, T. T., & Cox, C. (2015). The neural basis of conceptual knowledge: Revisiting a Golden-Age hypothesis in the era of cognitive neuroscience. In D. R. Addis, M. Barense, & A. Duarte (Eds.), *Wiley handbook on the cognitive neuroscience of memory*. New York: Wiley.

Rogers, T. T., & McClelland, J. L. (2004). *Semantic cognition: A parallel distributed processing approach*. Cambridge, MA: MIT Press

Rogin, M. P. (1987). *Ronald Reagan, the movie and other episodes in political demonology*. Berkeley, CA: University of California Press.

Rolls, E. T. (1981). Responses of amygdaloid neurons in the primate. In Y. Ben-Ari (Ed.), *The amygdaloid complex* (pp. 383–393). Amsterdam: Elsevier.

Rolls, E. T., & Tovee, M. J. (1995). Sparsness of the neuronal representation of stimuli in the primate temporal visual cortex. *Journal of Neurophysiology, 73*, 713–726.

Roozendaal, B., & McGaugh, J. L. (2011). Memory modulation. *Behavioral Neuroscience, 125*, 797–824.

Rosch, E. H. (1973). On the internal structure of perceptual and semantic categories. In T. E. Moore (Ed.), *Cognitive development and the acquisition of language* (pp. 111–144). New York: Academic Press.

Rosch, E. H. (1975a). Cognitive representations of semantic categories. *Journal of Experimental Psychology: General, 104*, 192–233.

Rosch, E. H. (1975b). The nature of mental codes for color categories. *Journal of Experimental Psychology: Human Perception and Performance, 1*, 303–322.

Rosch, E. H., & Mervis, C. B. (1975). Family resemblances: Studies in the internal structures of categories. *Cognitive Psychology, 7*, 573–605.

Rosch, E. H., Mervis, C. B., Gray, W. D., Johnson, D. M., & Boyes-Braem, P. (1976). Basic objects in natural categories. *Cognitive Psychology, 8*, 382–439.

Rose, N. S., Olsen, R. K., Craik, F. I. M., & Rosenbaum, R. S. (2012). Working memory and amnesia: The role of stimulus novelty. *Neuropsychologia, 50*, 11–18.

Rosen, L. D., Carrier, L. M., & Cheever, N. A. (2013). Facebook and texting made me do it: Media-induced task-switching while studying. *Computers in Human Behavior, 29*, 948–958.

Rosenbaum, R. S., Köhler, S., Schacter, D. L., Moscovitch, M., Westmacott, R., Black, S. E., et al. (2005). The case of K.C.: Contributions of a memory-impaired person to memory theory. *Neuropsychologia, 43*, 989–1021.

Ross, D. F., Ceci, S. J., Dunning, D., & Toglia, M. P. (1994). Unconscious transference and mistaken identity: When a witness misidentifies a familiar but innocent person. *Journal of Applied Psychology, 79*, 918–930.

Ross, E. D. (2010). Cerebral localization of function and the neurology of language: Fact versus fiction or is it something else? *The Neuroscientist, 16*, 222–243.

Rossato-Bennet, M., director (2014). *Alive Inside: A Story of Music and Memory*.

Rubin, D. C., Rahhal, T. A., & Poon, L. W. (1998). Things learned in early adulthood are remembered best. *Memory & Cognition, 26*, 3–19.

Rumelhart, D. E., & McClelland, J. L. (1986). *Parallel distributed processing: Explorations in the microstructure of cognition*. Cambridge, MA: MIT Press.

Rundus, D. (1971). Analysis of rehearsal processes in free recall. *Journal of Experimental Psychology, 89*, 63–77.

S

Sachs, J. (1967). Recognition memory for syntactic and semantic aspects of a connected discourse. *Perception & Psychophysics, 2*, 437–442.

Saffran, J. R., Aslin, R. N., & Newport, E. L. (1996). Statistical learning by 8-month old infants. *Science, 274*, 1926–1928.

Saffran, J., Hauser, M., Seibel, R., Kapfhamer, J., Tsao, F., & Cushman, F. (2008). Grammatical pattern learning by human infants and cotton-top tamarin monkeys. *Cognition, 107*, 479–500.

Saletin, J. M., Goldstein, A. N., & Walker, M. P. (2011). The role of sleep in directed forgetting and remembering of human memories. *Cerebral Cortex, 21*, 2534–2541.

Sanfey, A. G., Lowenstein, G., McClure, S. M., & Cohen, J. D. (2006). Neuroeconomics: Cross-currents in research on decision-making. *Trends in Cognitive Sciences, 10*, 106–116.

Sanfey, A. G., Rilling, J. K., Aronson, J. A., Nystrom, L. E., & Cohen, J. D. (2003). The neural basis of economic decision making in the Ultimatum Game. *Science, 300*, 1755–1758.

Schacter, D. L. (1987). Implicit memory: History and current status. *Journal of Experimental Psychology: Learning, Memory and Cognition, 13*, 501–518.

Schacter, D. L. (2001). *The seven sins of memory*. New York: Houghton Mifflin.

Schacter, D. L. (2012). Adaptive constructive processes and the future of memory. *American Psychologist, 67*, 603–613.

Schacter, D. L., & Addis, D. R. (2007). The cognitive neuroscience of constructive memory: Remembering the past and imagining the future. *Philosophical Transactions of the Royal Society of London B, 362*, 773–786.

Schacter, D. L., & Addis, D. R. (2009). On the nature of medial temporal lobe contributions to the constructive simulation of future events. *Philosophical Transactions of the Royal Society of London B, 364,* 1245–1253.

Scheck, B., Neufeld, P., & Dwyer, J. (2000). *Actual innocence.* New York: Random House.

Schenkein, J. (1980). A taxonomy for repeating action sequences in natural conversation. In B. Butterworth (Ed.), *Language production* (Vol. 1, pp. 21–47). San Diego, CA: Academic Press.

Schiller, D., Monfils, M.-H., Raio, C. M., Johnson, D. C., LeDoux, J. E., & Phelps, E. A. (2010). Preventing the return of fear in humans using reconsolidation update mechanisms. *Nature, 463,* 49–54.

Schmeichel, B. J., Volokhov, R. N., & Demaree, H. A. (2008). Working memory capacity and the self-regulation of emotional expression and experience. *Journal of Personality and Social Psychology, 95,* 1526–1540.

Schmolck, H., Buffalo, E. A., & Squire, L. R. (2000). Memory distortions develop over time: Recollections of the O. J. Simpson trial verdict after 15 and 32 months. *Psychological Science, 11,* 39–45.

Schneider, W., & Chein, J. (2003). Controlled and automatic processing: Behavioral and biological mechanisms. *Cognitive Science, 27,* 525–559.

Schrauf, R. W., & Rubin, D. C. (1998). Bilingual autobiographical memory in older adult immigrants: A test of cognitive explanations of the reminiscence bump and the linguistic encoding of memories. *Journal of Memory and Language, 39,* 437–457.

Schweickert, R., & Boruff, B. (1986). Short-term memory capacity: Magic number or magic spell? *Journal of Experimental Psychology: Learning, Memory, and Cognition, 12,* 419–425.

Scorbia, A., Wade, K. A., Lindsay, D.S., Azad, T., Strange, D., Ost, J., & Hyma, I. E. (2017). A mega-analysis of memory reports from eight peer-reviewed false memory implantation studies. *Memory, 25(2),* 146–163.

Scoville, W. B., & Milner, B. (1957). Loss of recent memory after bilateral hippocampal lesions. *Journal of Neurology, Neurosurgery, and Psychiatry, 20,* 11–21.

Sederberg, P. B., Gershman, S. J., Polyn, S. M., & Norman, K. A. (2011). Human memory reconsolidation can be explained using the temporal context model. *Psychonomic Bulletin & Review, 18,* 455–468.

Segal, S. J., & Fusella, V. (1970). Influence of imaged pictures and sounds on detection of visual and auditory signals. *Journal of Experimental Psychology, 83,* 458–464.

Seidenberg, M. S., & Zevin, J. D. (2006). Connectionist models in developmental cognitive neuroscience: Critical periods and the paradox of success. In Y. Munakata & M. Johnson (Eds.), *Processes of change in brain and cognitive development: Attention and performance XXI.* Oxford, UK: Oxford University Press.

Seiler, S. J. (2015). Hand on the wheel, mind on the mobile: an analysis of social factors contributing to texting while driving. *Cyberpsychology, Behavior, & Social Networking, 18,* 72–78.

Seung, S. (2012). *Connectome: How the brain's wiring makes us who we are.* New York: Houghton Mifflin Harcourt Publishing.

Shallice, T., & Warrington, E. K. (1970). Independent functioning of verbal memory stores: A neuropsychological study. *Quarterly Journal of Experimental Psychology, 22,* 261–273.

Shannon, B. J., Dosenbach, R. A., Su, Y., Vlassenko, A. G., Larson-Prior, L. J., Nolan, T. S., Snyder, A. Z., & Raichle, M. E. (2013). Morning-evening variation in human brain metabolism and memory circuits. *Journal of Neurophysiology, 109,* 1444–1456.

Sharot, T., Korn, C. W., & Dolan, R. J. (2011). How unrealistic optimism is maintained in the face of reality. *Nature Neuroscience, 14,* 1475–1479.

Shaw, J., & Porter, S. (2015). Constructing rich false memories of committing crime. *Psychological Science, 26,* 291–301.

Shek, D. T. L., Yu, L., & Sun, Rachel, C. F. (2016). Internet addiction. In D. W. Pfaff and N. D. Volkow (Eds.). *Neuroscience in the 21st Century.* New York: Springer. pp. 3737–3750.

Sheldon, S., Amaral, R., & Levine, B. (2017). Individual differences in visual imagery determine how event information is remembered. *Memory, 25,* 360–369.

Shen, O., Rabinowitz, R., Geist, R. R., & Shafir, E. (2010). Effect of background case characteristics on decisions in the delivery room. *Medical Decision Making, 30,* 518–522.

Shepard, R. N., & Metzler, J. (1971). Mental rotation of three-dimensional objects. *Science, 171,* 701–703.

Shinoda, H., Hayhoe, M. M., & Shrivastava, A. (2001). What controls attention in natural environments? *Vision Research, 41,* 3535–3545.

Shulman, G. L., Fiez, J. A., Corbetta, M., Buckner, R. L., Miezin, F. M., Raichle, M. E., & Petersen, S. E. (1997). Common blood flow changes across visual tasks: II. Decreases in Cerebral Cortex. *Journal of Cognitive Neuroscience, 9,* 648–663.

Simons, D. J., & Chabris, C. F. (2011). What people believe about how memory works: A representative survey of the U.S. population. *PLoS ONE, 6(8),* e22757.

Simonsohn, U. (2007). Clouds make nerds look good. *Journal of Behavioral Decision Making, 20,* 143–152.

Simonsohn, U. (2009). Weather to go to college. *Economic Journal, 20*, 1–11.

Simonson, I., & Tversky, A. (1992). Choice in context: Tradeoff contrast and extremeness aversion. *Journal of marketing research, 29*(3), 281–295.

Simonton, D. K. (1984). Creative productivity and age: A mathematical model based on a two-step cognitive process. *Developmental Review, 4*, 77–111.

Simonton, D. K. (2012). Taking the U. S. Patent office criteria seriously: A quantitative three-criterion creativity definition and its implications. *Creativity Research Journal, 24*, 97–106.

Simonyan, K., Aytar, Y., Vedaldi, A., & Zisserman, A. (2012). Presentation at Image Large Scale Visual Recognition Competition (ILSVRC2012).

Singer, J. L. (1975). Navigating the stream of consciousness. Research in daydreaming and related inner experience. American *Psychologist, 30*, 727–738.

Singer, M., Andrusiak, P., Reisdorf, P., & Black, N. L. (1992). Individual differences in bridging inference processes. *Memory and Cognition, 20*, 539–548.

Sinha, P. (2002). Recognizing complex patterns. *Nature Neuroscience 5*, 1093–1097.

Skinner, B. F. (1938). *The behavior of organisms*. New York: Appleton Century.

Skinner, B. F. (1957). *Verbal behavior*. New York: Appleton-Century Crofts.

Slameka, N. J., & Graf, P. (1978). The generation effect: Delineation of a phenomenon. *Journal of Experimental Psychology: Human Learning and Memory, 4*, 592–604.

Slevc, L. R., Faroqi-Shah, Y., Saxena, S., & Okada, B. M. (2016). Preserved processing of musical structure in a person with agrammatic aphasia. *Neurocase, 22*, 505–511.

Slovic, P., Monahan, J., & MacGregor, D. G. (2000). Violence risk assessment and risk communication: The effects of using actual cases, providing instructions, and employing probability versus frequency formats. *Law and Human Behavior, 24*, 271–296.

Smallwood, J. (2011). Mind-wandering while reading: Attentional decoupling, mindless reading and the cascade model of inattention. *Language and Linguistics Compass, 5*, 63–77.

Smallwood, J., & Schooler, J. W. (2006). The restless mind. *Psychological Bulletin, 132*, 946–958.

Smallwood, J., & Schooler, J. W. (2015). The science of mind wandering: Empirically navigating the stream of consciousness. *Annual Reviews of Psychology, 66*, 487–518.

Smith, C. N., Frascino, J. C., Kripke, D. L., McHugh, P. R., Tresiman, G. J., & Squire, L. R. (2010). Losing memories overnight: A unique form of human amnesia. *Neuropsychologia, 48*, 2833–2840.

Smith, E. E. (1989). Concepts and induction. In M. L. Posner (Ed.), *Foundations of cognitive science* (pp. 501–526). Cambridge, MA: MIT Press.

Smith, E. E., Rips, L. J., & Shoben, E. J. (1974). Semantic memory and psychological semantics. In G. H. Bower (Ed.), *The psychology of learning and motivation* (Vol. 8, pp. 1–45). New York: Academic Press.

Smith, J. D., & Minda, J. P. (2000). Thirty categorization results in search of a model. *Journal of Experimental Psychology: Learning, Memory, and Cognition, 26*, 3–27.

Smith, S. M., Kerne, A., Koh, E., & Shah, J. (2009). The development and evaluation of tools for creativity. In A. B. Markman and K. L. Wood (Eds.), *Tools for innovation* (pp. 128–152). Oxford, UK: Oxford University Press.

Smith, S. M., & Rothkopf, E. Z. (1984). Contextual enhancement and distribution of practice in the classroom. *Cognition and Instruction, 1*, 341–358.

Smith, S. M., Ward, T. B., & Schumacher, J. S. (1993). Constraining effects of examples in a creative generation task. *Memory & Cognition, 21*, 837–845.

Smith, Z. (2010). Rules for writers. *Guardian*. The guardian.com/books/2010/feb/22/Sadie-smith-rules-for-writers.

Soderstrom, N. C., & McCabe, D. P. (2011). Are survival processing memory advantages based on ancestral priorities? *Psychonomic Bulletin & Review, 18*, 564–569.

Solomon, K. O., Medin, D. L., & Lynch, E. (1999). Concepts do more than categorize. *Trends in Cognitive Science, 3*, 99–105.

Spence, C., & Read, L. (2003). Speech shadowing while driving: On the difficulty of splitting attention between eye and ear. *Psychological Science, 14*, 251–256.

Sperling, G. (1960). The information available in brief visual presentations. *Psychological Monographs, 74*(11, Whole No. 498), 1–29.

Sporns, O. (2015). Cerebral cartography and connectomics. *Philosophical Transactions of the Royal Society B, 370*: 20140173.

Sporns, O., Tuoni, G., & Kotter, R. (2005). The human connectome: A structural description of the human brain. *PloS Computational Biology, 1(4)*, e42.

Squire, L. R., & Zola-Morgan, S. (1998). Episodic memory, semantic memory, and amnesia. *Hippocampus, 8*, 205–211.

Stanfield, R. A., & Zwaan, R. A. (2001). The effect of implied orientation derived from verbal content on picture recognition. *Psychological Science, 12*, 153–156.

Stanny, C. J., & Johnson, T. C. (2000). Effects of stress induced by a simulated shooting on recall by police and citizen witnesses. *American Journal of Psychology, 113*, 359–386.

Stanovich, K. E. (1999). *What is rational? Studies of individual differences in reasoning.* Mahwah, NJ: Lawrence Erlbaum Associates Inc.

Stanovich, K. E. (2011). *Rationality and the reflective mind.* New York: Oxford University Press.

Stanovich, K. E., & West, R. F. (2000). Individual differences in reasoning: Implications for the rationality debate? *Behavioral and Brain Sciences, 23*, 645–726.

Stanovich, K. E., West, R. F., & Toplak, M. E. (2013). Myside bias, rational thinking, and intelligence. *Current Directions in Psychological Science, 22*, 259–264.

Stellmann, P., & Brennan, S. E. (1993). Flexible perspective-setting in conversation. In *Abstracts of the Psychonomic Society, 34the Annual Meeting* (p. 20), Washington, D.C.

Stevens, K. (2002, May 7). Out of the kitchen, and other getaways. *New York Times.*

Stokes, M. G. (2015). "Activity-silent" working memory in prefrontal cortex: A dynamic coding framework. *Trends in Cognitive Sciences, 19(7)*, 394–405.

Strayer, D. L., Cooper, J. M., Turrill, J., Coleman, J., Medeiros-Ward, N., & Biondi, F. (2013). *Measuring driver distraction in the automobile.* Washington, DC: AAA Foundation for Traffic Safety.

Strayer, D. L., & Johnston, W. A. (2001). Driven to distraction: Dual-task studies of simulated driving and conversing on a cellular telephone. *Psychological Science, 12*, 462–466.

Stroop, J. R. (1935). Studies of interference in serial verbal reactions. *Journal of Experimental Psychology, 18*, 643–662.

Suddendorf, T., Addis, D. R., & Corballis, M. C. (2009). Mental time travel and the shaping of the human mind. *Philosophical Transactions of the Royal Society of London B, 364*, 1317–1324.

Sui, J., & Humphreys, G. W (2015). The integrative self: How self-reference integrates perception and memory. *Trends in Cognitive Sciences, 19*, 719–728.

Suri, G., Sheppes, G., Schwartz, C., & Gross, J. J. (2013). Patient inertia and the status quo bias: When an inferior option is preferred. *Psychological Science, 24*, 1763–1769.

Swinney, D. A. (1979). Lexical access during sentence comprehension: (Re) consideration of context effects. *Journal of Verbal Learning and Verbal Behavior, 18*, 645–659.

T

Taber, C. S., & Lodge, M. (2006). Motivated skepticism in the evaluation of political beliefs. *American Journal of Political Science, 50*, 755–769.

Talarico, J. M. (2009). Freshman flashbulbs: Memories of unique and first-time events in starting college. *Memory,17*, 256–265.

Talarico, J. M., & Rubin, D. C. (2003). Confidence, not consistency, characterizes flashbulb memories. *Psychological Science, 14*, 455–461.

Talarico, J. M., & Rubin, D. C. (2009). Flashbulb memories result from ordinary memory processes and extraordinary event characteristics. In O. Luminet & A. Curci (Eds.), *Flashbulb memories: New issues and new perspectives.* Philadelphia, PA: Psychology Press.

Tambini, A., Rimmele, U., Phelps, E. A., & Davahi, L. (2017). Emotional brain states carry over and enhance future memory function. *Nature Neuroscience, 20(2)*, 271–278.

Tanaka, J. W., & Taylor, M. (1991). Object categories and expertise: Is the basic level in the eye of the beholder? *Cognitive Psychology, 23*, 457–482.

Tarkan, L. (2003, April 29). Brain surgery, without knife or blood, gains favor. *New York Times,* p. F5.

Tenenbaum, J.B., Kemp, C., Griffiths, T. L., & Goodman, N. D. (2011). How to grow a mind: Statistics, structure, and abstraction. *Science, 331*, 1279–1285.

Tanenhaus, M. K., & Trueswell, J. C. (1995). Sentence comprehension. J. L. Miller & P. Eimas (Eds.), *Speech, language, and communication* (2nd ed., Vol. 11, pp. 217–262). San Diego, CA: Academic Press.

Tanenhaus, M. K., Leiman, J. M., & Seidenberg, M. S. (1979). Evidence for multiple stages in the processing of ambiguous words in syntactic contexts. *Journal of Verbal Learning and Verbal Behavior, 18*, 427–440.

Tanenhaus, M. K., Spivey-Knowlton, M. J., Beerhard, K. M., & Sedivy, J. C. (1995). Integration of visual and linguistic information in spoken language comprehension. *Science, 268*, 1632–1634.

Tatler, B. W., Hayhoe, M. M., Land, M. F., & Ballard, D. H. (2011). Eye guidance in natural vision: Reinterpreting salience. *Journal of Vision, 11(5)*, 1–23.

Ter-Pogossian, M. M., Phelps, M. E., Hoffman, E. J., & Mullani, N. A. (1975). A positron-emission tomograph for nuclear imaging (PET). *Radiology, 114*, 89–98.

Time Special Edition (2017) Innocent: The fight against wrongful convictions. *New York: Time Magazine.*

Tindall, D. R. & Bohlander R. W. (2012). The use and abuse of cell phones and text messaging in the classroom: A survey of college students. *College Teaching, 60*, 1–9.

Toffolo, M. B. J., Smeets, M. A. M., & van den Hout, M. A. (2012).

Proust revisited: Odours as triggers of aversive memories. *Cognition and Emotion, 26*(1), 83–92.

Toga, A. W. (1992). Editorial. *Neuroimage, 1*, 1.

Tolman, E. C. (1938). The determinants of behavior at a choice point. *Psychological Review, 45*, 1–41.

Tolman, E. C. (1948). Cognitive maps in rats and men. *Psychological Review, 55*, 189–208.

Tooley, V., Bringham, J. C., Maass, A., & Bothwell, R. K. (1987). Facial recognition: Weapon effect and attentional focus. *Journal of Applied Social Psychology, 17*, 845–859.

Traxler, M. J. (2012). *Introduction to psycholinguistics*. Malden, MA: Wiley-Blackwell.

Traxler, M. R., Morris, R., & Seely, R. (2002). Processing subject and object relative clause: Evidence from eye movements. *Journal of Memory and Language, 47*, 69–90.

Treadeau, K. (1997). *Mega memory*. New York: William Morrow.

Treisman, A. M. (1964). Selective attention in man. *British Medical Bulletin, 20*, 12–16.

Treisman, A. M. (1986). Features and objects in visual processing. *Scientific American. 225*, 114–125.

Treisman, A. (1988). Features and objects: The fourteenth Bartlett memorial lecture. *Quarterly Journal of Experimental Psychology, 40A*, 207–237.

Treisman, A. (1999). Solutions to the binding problem: Progress through controversy and convergence. *Neuron, 24*, 105–110.

Treisman, A. M. (2005, February 4). *Attention and binding*. Presentation to the Cognitive Science Group, University of Arizona.

XTreisman, A. M., & Schmidt, H. (1982). Illusory conjunctions in the perception of objects. *Cognitive Psychology, 14*, 107–141.

Tsao, D. Y., Freiwald, W. A., Tootell, R. B., & Livingstone, M. S. (2006). A cortical region consisting entirely of face-selective cells. *Science, 311*, 670–674.

Tulving, E. (1972). Episodic and semantic memory. In E. Tulving & W. Donaldson (Eds.), *Organization of memory* (pp. 381–403). New York: Academic Press.

Tulving, E. (1985). How many memory systems are there? *American Psychologist, 40*, 385–398.

Tulving, E., & Markowitsch, H. J. (1998). Episodic and declarative memory: Role of the hippocampus. *Hippocampus, 8*, 198–204.

Tulving, E., & Pearlstone, Z. (1966). Availability versus accessibility of information in memory for words. *Journal of Verbal Learning and Verbal Behavior, 5*, 381–391.

Turatto, M., Vescovi, M., & Valsecchi, M. (2007). Attention makes moving objects be perceived to move faster. *Vision Research, 47*, 166–178.

Tversky, A., & Kahneman, D. (1973). Availability: A heuristic for judging frequency and probability. *Cognitive Psychology, 5*, 207–232.

Tversky, A., & Kahneman, D. (1974). Judgment under uncertainty: Heuristics and biases. *Science, 185*, 1124–1131.

Tversky, A., & Kahneman, D. (1981). The framing of decisions and the psychology of choice. *Science, 211*, 453–458.

Tversky, A., & Kahneman, D. (1983). Extensional versus intuitive reasoning: The conjunction fallacy in probability judgment. *Psychological Review, 90*, 293–315.

Tversky, A., & Kahneman, D. (1991). Loss aversion in riskless choice. *Quarterly Journal of Economics, 106*, 1039–1061.

Tyler, L. K., & Moss, H. E. (2001). Towards a distributed account of conceptual knowledge. *Trends in Cognitive Sciences, 5*, 244–253.

U

Ungerleider, L. G., & Mishkin, M. (1982). Two cortical visual systems. In D. J. Ingle, M. A. Goodale, & R. J. Mansfield (Eds.), *Analysis of visual behavior* (pp. 549–580). Cambridge, MA: MIT Press.

V

Valtonen, J., Gregory, E., Landau, B., & McCloskey, M. (2014). New learning of music after bilateral medial temporal lobe damage: Evidence from an amnesic patient. *Frontiers in Human Neuroscience, 8*, Article 694.

Van den Broek, P. (1994). Comprehension and memory of narrative texts. In M. A. Gernsbacher (Ed.), *Handbook of psycholinguistics* (pp. 539–588). San Diego, CA: Academic Press.

Van den Heuvel, M.P., & Pol, H. E. H. (2010). Exploring the brain network: A review on resting-state fMRI functional connectivity. *European Neuropsychopharmacology, 20*, 519–534.

van Dongen, E. V., Thielen, J.-W., Takashima, A., Barth, M., & Fernandez, G. (2012). Sleep supports selective retention of associative memories based on relevance for future utilization. *PLoS ONE, 7*, e43426.

Van Essen, D. C. (2004). Organization of visual areas in Macaque and human cerebral cortex. In L. Chalupa and J. Werner (Eds.), *The visual neurosciences*. Cambridge, MA: MIT Press.

van't Wout, M., Kahn, R. S., Sanfey, A. G., & Aleman, A. (2005). Repetitive transcranial magnetic stimulation over the right dorsolateral prefrontal cortex affects strategic decision-making. *Neuroreport, 16*(16), 1849–1852.

Vedaldi, A., Ling, H., & Soatto, S. (2010). Knowing a good feature when you see it: Ground truth and methodology to evaluate local features for recognition. In R. Cipolla, S. Battiato, & G. M. Farinella (Eds.) *Computer vision* (pp. 27–49). Berlin: Springer-Verlag.

Venema, V. (2013). Odon childbirth device: Car mechanic uncorks a revolution. *BBC News Magazine*, December 3, 2013.

Violanti, J. M. (1998). Cellular phones and fatal traffic collisions. *Accident Analysis and Prevention, 28*, 265–270.

Viskontas, I. V., Carr, V. A., Engel, S. A., & Knowlton, B. J. (2009). The neural correlates of recollection: Hippocampal activation declines as episodic memory fades. *Hippocampus, 19*, 265–272.

Vogel, E. K., McCollough, A. W., & Machizawa, M. G. (2005). Neural measures reveal individual differences in controlling access to working memory. *Nature, 438*, 500–503.

Voss, J. F., Greene, T. R., Post, T., & Penner, B. C. (1983). Problem-solving skill in the social sciences. In G. Bower (Ed.), *The psychology of learning and motivation*. New York: Academic Press.

Vossel, S., Geng, J. J. & Fink, G. R. (2014). Dorsal and ventral attention systems: Distinct neural circuits but collaborative roles. *The Neuroscientist, 20*, 150–159.

Vuust, P. Ostergaard, L., Pallesen, K. J., Bailey, C., & Roepstorff, A. (2009). Predictive coding of music—Brain responses to rhythmic incongruity. *Cortex, 45*, 80–92.

W

Wade, K. A., Garry, M., Read, J. D., & Lindsay, S. D. (2002). A picture is worth a thousand lies: Using false photographs to create false childhood memories. *Psychonomic Bulletin & Review, 9*, 597–603.

Wagenaar, W. A. (1986). My memory: A study of autobiographical memory over six years. *Cognitive Psychology, 18*, 225–252.

Waldrop, M. M. (1988). A landmark in speech recognition. *Science, 240*, 1615.

Ward, T. B., Smith, S. M., & Vaid, J. (Eds.). (1997). *Creative thought: An investigation of conceptual structures and processes*. Washington, DC: American Psychological Association.

Warrington, E. K., & McCarthy, R. A. (1987). Categories of knowledge. *Brain, 110*, 1273–1296.

Warrington, E. K., & Shallice, T. (1984). Category specific semantic impairments. *Brain, 107*, 829–854.

Wason, P. C. (1960). On the failure to eliminate hypotheses in a conceptual task. *Quarterly Journal of Experimental Psychology, 12*, 129–140.

Wason, P. C. (1966). Reasoning. In B. Foss (Ed.), *New horizons in psychology* (pp. 135–151). Harmondsworth, UK: Penguin Books.

Watson, J. B. (1913). Psychology as the behaviorist views it. *Psychological Review, 20*, 158–177.

Watson, J. B. (1928). *The ways of behaviorism*. New York: Harper and Brothers.

Watson, J. B., & Rayner, R. (1920). Conditioned emotional reactions. *Journal of Experimental Psychology, 3*, 1–14.

Wearing, D. (2005). *Forever today*. London: Doubleday.

Weisberg, R. W. (2015). Toward and integrated theory of insight in problem solving. *Thinking & Reasoning, 21*, 5–39.

Weisberg, R. W. (2009). On "out-of-the-box" thinking in creativity. In A. B. Markman and K. L. Wood (Eds.) *Tools for innovation* (pp. 23–47). Oxford, UK: Oxford University Press.

Weisberg, R. W., & Alba, J. W. (1981). Gestalt theory, insight, and past experience: Reply to Dominowski. *Journal of Experimental Psychology: General, 110*, 193–198.

Weisenberg, M. (1977). Pain and pain control. *Psychological Bulletin, 84*, 1008–1044.

Weisenberg, M. (1999). Cognitive aspects of pain. In P. D. Wall & R. Melzak (Eds.), *Textbook of pain* (4th ed., pp. 345–358). New York: Churchill Livingstone.

Wells, G. L., & Bradfield, A. L. (1998). "Good, you identified the suspect": Feedback to eyewitnesses distorts their reports of the witnessing experience. *Journal of Applied Psychology, 83*, 360–376.

Wells, G. L., Steblay, N. K., & Dysart, J. E. (2015). Double-blind photo lineups using actual eyewitnesses: An experimental test of a sequential versus simultaneous lineup procedure. *Law and Human Behavior, 39*, 1–14.

Wells, G. L., & Quinlivan, D. S. (2009). Suggestive eyewitness identification procedures and the Supreme Court's reliability test in light of eyewitness science: 30 years later. *Law and Human Behavior, 33*, 1–24.

Wernicke, C. (1874) Der aphasische Symptomenkomplex. Breslau: Cohn.

Wertheimer, M. (1912). Experimentelle Studien über das Sehen von Beuegung. *Zeitschrift für Psychologie, 61*, 161–265.

Westmacott, R., & Moscovitch, M. (2003). The contribution of autobiographical significance to semantic memory. *Memory and Cognition, 31*, 761–774.

Westmacott, R., Black, S. E., Freedman, M., & Moscovitch, M. (2003). The contribution of autobiographical significance to semantic memory: evidence from Alzheimer's disease, semantic dementia, and amnesia. *Neuropsychologia, 42*, 25–48.

Wheeler, M. E., Stuss, D. T., & Tulving, E. (1997). Toward a theory of episodic memory: The frontal lobes and autonoetic consciousness. *Psychological Bulletin, 121*, 331–354.

Wickelgren, W. A. (1965). Acoustic similarity and retroactive interference in short-term memory. *Journal of Verbal Learning and Verbal Behavior, 4*, 53–61.

Wickens, D. D., Dalezman, R. E., & Eggemeier, F. T. (1976). Multiple encoding of word attributes in memory. *Memory & Cognition, 4*, 307–310.

Wiech, K., Ploner, M., & Tracey, I. (2008). Neurocognitive aspects of pain perception. *Trends in Cognitive Sciences, 12*, 306–313.

Wiederhold, B. K. (2016). Why do people still text while driving? *Cyberpsychology, Behavior, and Social Networking, 19*, 473–474.

Wiernicke, C. (1874). Der aphasische Symptomenkomplex. Breslau: Cohn.

Wilding, J., & Valentine, E. R. (1997). *Superior memory*. Hove, UK: Psychology Press.

Wilhelm, I., Diekelmann, S., Molzow, I., Ayoub, A., Molle, M., & Born, J. (2011). Sleep selectively enhances memory expected to be of future relevance. *Journal of Neuroscience, 31*, 1563–1569.

Wilson, T. D., & Gilbert, D. T. (2003). Affective forecasting. In L. Berkowitz (Ed.), *Advances in experimental social psychology* (Vol. 35, pp. 345–411). San Diego, CA: Academic Press.

Wineburg, S., McGrew, S., Breakstone, J., & Ortega, T. (2016). Evaluating Information: The Cornerstone of Civic Online Reasoning. Retrieved from https://purl.stanford.edu/fv751yt5934.

Wiseman, S., & Neisser, U. (1974). Perceptual organization as a determinant of visual recognition memory. *American Journal of Psychology, 87*, 675–681.

Wissman, K. T., Rawson, K. A., & Pyc, M. A. (2012). How and when do students use flashcards? *Memory, 20*, 568–579.

Wittgenstein, L. (1953). *Philosophical investigations* (G. E. M. Amnscombe, Trans.). Oxford, UK: Blackwell.

Wixted, J. T., Mickes, L., Clark, S. E., Gronlund, S. D., & Roediger, H. L. III (2015). Initial eyewitness confidence reliably predicts eyewitness identification accuracy. *American Psychologist, 70*, 515–526.

Wolfe, J. M. (2012). The binding problem lives on: comment on Di Lollo. Trends in *Cognitive Sciences, 16*, 307–308.

Wozniak, S., & Smith, G. (2007). *iWoz: Computer geek to cult icon*. New York: Norton.

X

Xu, J., Vik, A., Groote, I. R., Lagopoulos, J., Holen, A., Ellingsen, O., Haberg, A. K., & Davanger, S. (2014). Nondirective meditation activates default mode network and areas associated with memory retrieval and emotional processing. *Frontiers in Human Neuroscience, 8*, Article 86.

Y

Yeh, F.-C., Vettel, J. M., Singh, A., Poczos, B., Grafton, S. T., Erickson, K. I., et al. (2016). Quantifying differences and similarities in whole-brain white matter architecture using local connectome fingerprints. *PLoS Computational Biology*. doi:10.1371/journal.pcbi.1005203

Yuille, A., & Kersten, D. (2006). Vision as Bayesian inference: Analysis by synthesis. *Trends in Cognitive Sciences, 10*, 301–308.

Yule, G. (1997). *Referential communication tasks*. New York: Routledge.

Z

Zabelina, D. L., & Andrews-Hanna, J. R. (2016). Dynamic network interactions supporting internally-oriented cognition. *Current Opinion in Neurobiology, 40*, 86–93.

Zhang, W., & Luck, S. J. (2009). Sudden death and gradual decay in visual working memory. *Psychological Science, 20*, 423–428.

Zwaan, R. A. (1999). Situation models: The mental leap into imagined worlds. *Current Directions in Psychological Science, 8*, 15–18.

Zwaan, R. A., Stanfield, R. A., & Yaxley, R. H. (2002). Language comprehenders mentally represent the shapes of objects. *Psychological Science, 13*, 168–171.

Índice onomástico

Adamson, R. E., 336
Adderly, B., 293
Addis, D. R., 165-167
Adolphs, R., 387
Adrian, E. D., 25-27
Aguirre, G. K., 36
Alba, J. W., 333
Albers, A. M., 289
Altmann, G. T. M., 313
Alvarez, G. A., 148-149
Amedi, A., 288
Anderson, J. R., 187, 227
Andrews-Hanna, J. R., 42
Appelle, S., 67
Aristóteles, 375
Arkes, H. R., 225
Askew, C., 172
Atkinson, R. C., 15, 124, 127, 146
Awh, E., 132
Baddeley, A. D., 129, 134, 138-139, 191
Bailey, M. R., 202
Baird, B., 168, 357-359
Baker, C. I., 143
Ballard, D., 97
Balsam, P. D., 202
Bannister, R., 222
Banziger, T., 322
Barch, D. M., 43
Barks, A., 105
Barrett, F. S., 238
Barrymore, D., 174
Barsalou, L. W., 269, 270, 315
Bartlett, F. C., 224
Basadur, M., 352
Baylis, G. C., 99
Bays, P. M., 132
Beaty, R. E., 358
Bechtel, W., 14
Becklen, R., 107
Bedard, J., 350
Beeman, M., 333
Begg, I. M., 172, 223
Behrmann, M., 290-291
Belfi, A., 238
Bell, K. E., 186
Belz, A., 106
Benton, T. R., 232
Berntsen, D., 216, 221, 238
Best, J. R., 144
Bever, T., 310

Birt, A. R., 174
Bisiach, E., 290
Biswal, B., 43
Blakemore, C., 29
Blanchette, I., 348
Blank, I., 39
Bliss, T. V. P., 195
Blumenfeld, R. S., 160
Bock, K., 320
Bohlander, R. W., 104
Bohr, N., 351
Bolognani, S. A., 169
Boltz, M. G., 322
Bonnici, H. M., 199
Boring, E. G., 126
Born, J., 201
Boruff, B., 136
Bowden, E. M., 335
Bower, G. G., 182
Bower, G. H., 182, 183, 226, 292
Bradfield, A. L., 233
Brady, T. F., 132
Branigan, H. P., 320-321
Bransford, J. D., 183-184
Brennan, S. E., 319-321, 321
Bressler, S. L., 40, 43
Brewer, W. F., 225-226, 361
Broadbent, D. E., 13-14, 124
Broca, P., 33, 48, 301
Brontë, C., 359
Brontë, E., 359
Brooks, L., 138
Browning, E. B., 122
Brown, J., 129
Brown, R., 218-219
Brown-Schmidt, S., 319
Brunet, A., 204
Buciarelli, M., 380-381
Buckingham, G., 79
Buschman, T. J., 114
Butterworth, B., 131
Cabeza, R., 162, 213-214, 217
Caggiano, V., 79
Cahill, L., 217
Cajal, Ramon y, 24-25
Campbell, F. W., 67
Cappa, S. F., 266
Caramazza, A., 268-269
Carpenter, K., 173
Carpenter, P. A., 144
Carpenter, S. K., 186

Carrey, J., 174
Carrier, L. M., 186
Carroll, D. W., 318
Cartwright-Finch, U., 107
Cashdollar, N., 160
Caspers, S., 78
Castelhano, M. S., 95
Catrambone, R., 346
Cavanagh, P., 132-133
Chabris, C. F., 107, 212
Chalmers, D., 291
Chan, J., 173
Chan, J. C. K., 225
Chapman, J. P., 371
Chapman, L. J., 371
Charman, S. D., 236
Chase, W. G., 349
Chatterjee, A., 270
Chein, J., 103
Cheng, P. W., 384
Cherry, E. C., 12, 87
Chi, R. P., 356
Chklovskii, D. B., 195
Chomsky, N., 11, 302
Christensen, B. T., 348
Christiansen, M., 312
Christoff, K., 359
Chrysikou, E. G., 354
Chu, S., 238
Cichy, R. M., 289
Clare, L., 169
Clarey, C., 278
Clark, H. H., 302, 318-319
Coley, J. D., 255
Colhoun, J., 346
Collins, A. M., 257-260
Colzato, L., 361
Conrad, C., 260
Conrad, R., 136, 159
Constantinidis, C., 143
Conway, M. A., 192
Cook, R., 79
Coons, P. M., 173
Cooper, G., 29
Coppola, D. M., 67, 72
Corballis, M. C., 321
Corkin, S., 159
Cosmides, L., 384
Cowan, N., 88, 130-131
Cox, C., 246
Cox, J. R., 383

Craik, F. I. M., 181
Craver-Lemley, C., 284
Cree, G. S., 267
Crick, F., 353
Crosby, S., 170-171
Cukur, T., 100-101
Cunitz, A. R., 154-156, 474
Curci, A., 221
Currey, M., 359
Curtis, C. E., 38, 143
Curtis-Holmes, J., 393
Dale, A. M., 33
Damon, M., 173
Daneman, M., 144
Danziger, S., 389
D'Argembeau, A., 165
Darwin, C., 359
Darwin, C. J., 127
Datta, R., 99-100
Davis, G., 173
De Dreu, C. K., 144
Deese, J., 226
DeGeneres, E., 174
Della Sala, S., 148, 159
de Mestral, G., 351-353
Denes-Raj, V., 385
De Neys, W., 393
DeRenzi, E., 161, 290
D'Esposito, M., 38, 143, 160
Deutsch, D., 90, 321-322
Deutsch, J. A., 90
DeValois, R. L., 72
Devine, P. G., 236
DeVreese, L. P., 290
Dewar, M. T., 192
DeYoe, E., 99-100
Dick, F., 33
di Pellegrino, G., 77
Dolcos, F., 217
Donders, F. C., 6, 8, 205
Douglass, A. B., 235
Downes, J. J., 238
Downing, P. E., 36
Dravida, S., 270
Driver, J., 99
Duffy, S. A., 303, 307
Dunbar, K., 322, 333, 340, 348, 485
Duncker, K., 332, 336, 345
Dunlosky, J., 186, 188
Duzel, E., 162
Dyson, F. J., 11, 16
Ebbinghaus, H., 7-8
Edison, T., 361
Egan, D. E., 349
Egly, R., 98
Eich, E., 192-194
Einarsson, E. O., 194

Einstein, A., 12, 358, 359
El Haj, M., 238
Ellamil, M., 358
Engel, S. A., 72
Epstein, R., 36
Epstein, S., 385
Ericsson, K. A., 131, 143, 344
Evans, J. St. B. T., 378, 393
Evans, V., 323
Farah, M. J., 265, 284, 284-285, 289-291
Fayed, D., 220
Fazio, L., 223
Fedorenko, E., 325
Fei-Fei, L., 58
Felleman, D. J., 30
Field, D. J., 33
Finke, R. A., 291, 352, 354
Fink, S. I., 107
Finn, E. S., 41
Fischer, S., 201
Fischl, B., 33
Fisher, R. P., 236
Fitch, W. T., 325
Fitzpatrick, C., 146-147
Fleck, J., 335
Flourens, M. J. P., 33
Fogassi, L., 79
Follet, M. P., 347
Forster, S., 90
Frank, J., 389
Franzen, J., 361
Frase, L. T., 187
Frazier, L., 309
Fredrick, S., 393
Freedman, M. R., 225
Frensch, P. A., 351
Fried, C. B., 188
Fried, I., 286-287
Friedman-Hill, S. R., 112
Friedman, N. P., 146
Fukuda, K., 132
Funahashi, S., 142-143
Furmanski, C. S., 72
Fusella, V., 284
Gais, S., 200-201, 201-202
Galati, A., 320
Galison, P., 16
Gallese, V., 79-80
Galton, F., 279, 293, 296
Ganis, G., 287
Garcea, F. E., 270
Gardiner, J. M., 161
Garon, N., 146
Gasol, M., 368, 376
Gaspar, J. M., 146

Gauthier, I., 72-73
Gazzola, V., 79
Geiselman, R. E., 236
Geisler, W. S., 69
Gentner, D., 346-347
Geshwind, N., 39
Gick, M. L., 345, 346
Gierhan, S. M. E., 39
Gigerenzer, G., 370, 373, 386, 394
Gilbert, D. T., 45, 357, 388
Gilboa, A., 197
Glanzer, M., 154-155
Glass, A. L., 260
Gleason, J. B., 302
Gleick, J., 322, 332
Glickstein, M., 34
Glimcher, P. W., 393
Gobet, F., 131, 349
Godden, D. R., 191
Goldenberg, G., 286
Goldinger, S. D., 270
Goldin-Meadow, S., 301, 347-348
Goldman-Rakic, P. S., 140-141
Goldman, S. R., 315
Goldreich, D., 70
Goldstein, A. G., 232
Goldstein, D., 389
Goldstein, E. B., 107
Goldstone, R. L., 271
Golgi, C., 24
Goodale, M., 76
Goodale, M. A., 74, 77
Graesser, A. C., 315
Graf, P., 171-172, 182
Grant, H., 191
Gray, J. A., 88
Greenberg, D. L., 213
Gregoire, C., 359-362
Gregory, E., 170-171
Greicius, M. D., 45
Griggs, R. A., 383
Grimes, J. A., 108
Gross, C. G., 31
Guariglia, C., 291-292
Guilford, J. P., 351
Gurung, R. A. R., 186
Haigney, D., 104
Hamann, S. B., 217
Hamilton, D. L., 371
Hanna, J. E., 319
Harmelech, T., 41
Harrison, G., 222
Harrison, S. A., 38
Harsch, N., 219
Hartline, H. K., 29
Hassabis, D., 166
Hauk, O., 269, 317-318

Haviland, S. E., 318–319
Hayes, J. R., 339, 341, 344
Hayhoe, M., 96
Hayne, H., 238
Hebb, D. O., 195–197
Heffner, C. C., 322
Hegarty, M., 278
Helmholtz, H. von, 79
Henkel, L. A., 222
Herz, R., 238
Hickock, G., 79
Hillis, A. E., 266
Hinton, G. E., 265
Hitch, G. J., 134
Hoffman, E. J., 15
Hoffman, P., 266–267
Hoffrage, U., 373
Hofmann, W., 146
Holmes, G., 34
Holmes, S., 361
Holyoak, K. J., 260, 345, 346, 384
Horikawa, T., 289
Horowitz, J., 374
Horton, W. S., 321
Howe, M. L., 232–233
Hubel, D. H., 29
Humphreys, G. W., 182, 265
Hupbach, A., 203–205
Husain, M., 132
Hussein, S., 375
Huth, A. G., 36, 100, 268–269
Hyde, K., 325
Hyman, I. E., Jr., 230
Iacoboni, M., 78
Intons-Peterson, M. J., 278, 282
Isaacs, E. A., 319
Itti, L., 95
Izuma, K., 387
Jack, F., 238
Jackson, M., 359
Jackson, P., 126
Jacoby, L. L., 222
Jaeger, T. F., 309
Jalbert, A., 136
James, W., 8, 93
Janata, P., 238
Jansson, D. G., 335
Jefferies, E., 271
Jenkins, J. J., 183
Jobs, S., 165, 359
Johnson, E. J., 389
Johnson, K. E., 256
Johnson-Laird, P. N., 379–381, 384
Johnson, M. K., 165, 183–184, 222–223, 233–234, 238, 288, 314–315
Johnson, M. R., 288

Johnson, T. C., 238
Johnston, W. A., 104
Jones, R. S. P., 169
Jonides, J., 160
Joordens, S., 122
Kabat-Zinn, J., 361
Kahneman, D., 370, 371–373, 387, 390, 393
Kaldy, Z., 142
Kamide, Y., 313
Kamitani, Y., 289
Kandel, E. R., 24–25, 195
Kanwisher, N., 36
Kaplan, C. A., 343–344
Karpicke, J. D., 185–187
Kassin, S. M., 237
Kastner, S., 114
Katzner, S., 99
Kaufman, J. C., 351
Kaufmann, S. B., 359
Kay, R. H., 188
Kekule, F. A., 278
Kennedy, J. F., 218
Keren, G., 394
Keri, S., 254
Kermer, D. A., 387–388
Kersten, D., 69
Kida, S., 195
Kiefer, M., 246
Killingsworth, M. A., 45, 105–106, 357, 359, 360
Kilner, J. M., 79
Kindt, M., 205
King, M. L., Jr., 219
Kleffner, D. A., 67
Klein, S. B., 166, 185
Kneller, W., 233
Knoch, D., 392
Knutson, B., 392
Koch, C., 95
Koffka, K., 332
Kohler, W., 322, 333
Konnikova, M., 361
Koppel, J., 216
Körding, K. P., 70
Kornell, N., 187
Kosslyn, S. M., 280–284, 287, 289, 291, 295
Kotabe, H. P., 146
Kotovsky, K., 339
Kounios, J., 333, 335, 356–357
Kreiman, G., 285
Kruglanski, A. W., 394
Krumhansl, C. L., 323
Kuffler, S. W., 29
Kuhlen, A. K., 320
Kuhn, T., 351

Kulik, J., 218–219
Kuperberg, G. R., 309, 317
Kuznekoff, J. H., 105
LaBar, K. S., 217
Lakoff, G., 338
Lamble, D., 104
Lambon Ralph, M., 247, 266–268, 271–272
Lanagan-Leitzel, L., 106
Land, M. F., 96
Langer, E., 361
Lanska, D. J., 34
Larkin, J. H., 349
Larsson, M., 238
Lauricella, S., 188
Lavie, N., 90–91, 93, 99, 101, 107–108
Lea, G., 280
Le Bihan, D., 285
Lee, A., 126
Lee, D., 391
Lee, S.-H., 143
LePort, A. K. R., 226–227
Lerner, N., 45
Lesgold, A. M., 349
Leshikar, E., 182
Levelt, W. J. M., 301
Levine, B., 39, 162
Levy, I., 392
Lichtenstein, S., 370–371
Limber, J. E., 186
Lindsay, D. S., 229–230, 232
Ling, H., 60
Lippmann, W., 374
Lister-Landman, K. M., 105
Lister, W. T., 34
Lodge, M., 373
Loewenstein, R. J., 173
Loftus, E. F., 228, 230, 231–232
Lomber, S. G., 77
Lomo, T., 195
Lorayne, H., 293
Lord, C. G., 373
Lovatt, P., 136
Lovett, M. C., 332
Lowenstein, G., 391, 393
Lubart, T. I., 351
Lucas, J., 293
Luchins, A. S., 336–337
Luck, S. J., 129–132
Luminet, O., 221
Lundquist, M., 142
Luria, A. R., 227
Luus, C. A. E., 235
Luzzatti, C., 290
MacKay, D. G., 90
Macmillan, M., 140
Maess, B., 324

Magical Number Seven, Plus or Minus Two, The (Miller), 13
Maguire, E., 196, 477
Mahon, B. Z., 268, 269
Maier, N. R. F., 336
Malach, R., 41
Malcolm G. L., 99
Malhotra, S., 77
Malik, J., 57
Malpass, R. S., 236
Malt, B. C., 254
Mandel, H., 386
Maner, J. K., 387
Manktelow, K. I., 384
Mantyla, T., 190–191
Marino, A. C., 98–99
Markman, A. B., 247
Markowitsch, H. J., 162
Marsh, V., 222
Martins, M. D., 325
Mast, F. W., 291
Mattar, M. G., 44
Maurer, L., 200
Mayseless, N., 358
Ma, Y.-Y., 359
Mazza, S., 200
McCabe, D. P., 185
McCarthy, J., 13
McCarthy, R. A., 266
McClelland, J. L., 258, 260–262, 264–265
McDaniel, M. A., 186
McDermott, K. B., 166, 225, 225
McGaugh, J. L., 217
McKenzie, C. R. M., 373
McMenamin, B. W., 44
McMillan, R. L., 359
McNeil, D. G., 352
McRae, K., 267
Memon, A., 236–237
Menon, V., 40, 43
Mervis, C. B., 250, 256
Metcalfe, J., 192, 334–335
Metusalem, R., 316
Metzler, J., 136
Meyer, D. E., 259
Miller, G. A., 13–14, 130, 302
Miller, P. H., 144
Milner, B., 159
Milner, D., 76
Milstein, V., 173
Mishkin, M., 74–75
Misiak, H., 14
Mitchell, K. J., 222
Molaison, H., 159
Molenbergs, P., 78
Mooneyham, B. W., 45

Moray, N., 88–89
Morley, N. J., 378
Morris, C. D., 192–194
Moscovitch, M., 163, 197
Moss, H. E., 267
Mouchiroud, C., 351
Mueller, P., 188–189
Mukamel, R., 78
Mullen, B., 354
Müller, G. E., 194
Mumford, M. D., 352
Murdock, B. B., Jr., 154
Murphy, G. L., 254
Murphy, K. J., 77
Murray, D. J., 136, 142
Nadel, L., 197
Nader, K., 194, 202–203
Nairne, J. S., 184
Naselaris, T., 289
Nash, R. A., 231–232
Neisser, U., 14, 16, 107, 187, 219–220
Newell, A., 13, 338–340, 342
Newton, I., 11, 358
Nichols, E. A., 160
Nietzsche, F., 360
Norman, D. A., 90
Noton, D., 95
Nyberg, L., 162
Nyhan, B., 375
Odón, J., 342, 351–353, 361
Ogawa, S., 15
Oliva, A., 61
Olshausen, B. A., 33
Olson, A. C., 265
Oppenheimer, D., 188–189
Oppezzo, M., 360
Orban, G. A., 67
Osborn, A. F., 354
Osman, M., 394
Ost, J., 220
Paczynski, M., 317
Paivio, A., 279–280
Palmer, S., 16
Palmer, S. E., 68, 228
Palombo, D. J., 161
Parker, E. S., 226
Parkhurst, D., 95–96
Pasteur, L., 359
Patel, A. D., 323–325
Patterson, K., 271
Pavlov, I., 9–10
Payne, J. D., 201
(PCL), 114
Pearce, G., 173
Pearce, J. M. S., 33
Pearlstone, Z., 190
Pearson, J., 284, 291

Peretz, I., 325
Perfect, T. J., 172
Perky, C. W., 284
Perrett, D. I., 31
Peters, E., 388
Petersen, S. E., 114
Peterson, L. R., 129
Peterson, M. J., 129
Peterson, S., 188
Petrican, R., 164
Phelps, E. A., 217–218
Philippi, C. L., 168
Picasso, P., 359
Pickett, J. M., 303
Pillemer, D. B., 214, 216
Pilzecker, A., 194
Pinker, S., 105
Plaisier, M. A., 79
Pobric, G., 272, 483
Poincaré, H., 358
Poldrack, R. A., 43
Porter, S., 174, 237
Posner, M. I., 98, 114
Post, T., 387
Proust, M., 238
"Psychology As the Behaviorist Views It" (Watson), 9
Ptak, R., 95
Pulvermüller, F., 271
Putnam, A. L., 188
Pylyshyn, Z. W., 280, 291
Quillian, M. R., 257–260
Quinlivan, D. S., 235
Racicot, C. I., 77
Raichle, M., 43, 45–46
Ramachandran, V. S., 67
Ranganath, C., 160
Raphael, B., 339
Ratiu, P., 140
Ratner, N. B., 302
Rauchs, G., 201
Rayner, K., 303, 307
Rayner, R., 9
Read, L., 104
Reber, A. S., 385
Redelmeier, D. A., 388
Reder, L. M., 187
Reid, C. A., 238
Reifler, J., 375
Reisberg, D., 291
Reitman, J., 349
Renoult, L., 163
Rensink, R. A., 108
Richardson, A., 279
Riley, M. R., 143
Rips, L. J., 260, 380
Ritchey, M., 218

Robertson, L. C., 112
Rocha-Miranda, C. E., 31
Roediger, H. L., 172, 185, 226
Rogers, T. B., 182
Rogers, T. T., 246, 258, 261–264, 267
Rogin, M. P., 222
Rolls, E. T., 31
Roozendaal, B., 217
Rosch, E. H., 249–250, 255
Rosenbaum, R. S., 161–162
Rosen, L. D., 105
Rose, N. S., 160
Rossato-Bennett, M., 239
Ross, D. F., 234–235
Ross, E. D., 39–40
Rothkopf, E. Z., 187
Rubin, D. C., 215, 216, 220, 238
Rumelhart, D. E., 260
Rundus, D., 155, 474
Russell, W. A., 183
Sachs, J., 157, 159
Saffran, J., 62
Saffran, J. R., 304
Saletin, J. M., 201
Sandler, A., 174
Sanfey, A. G., 391–393
Schacter, D. L., 166–167, 172
Scheck, B., 232
Scherer, K. R., 322
Schiller, D., 205
Schmeichel, B. J., 144
Schmidt, H., 111–112
Schmidt, N. B., 387
Schmolck, H., 220
Scholl, B., 98–99
Schooler, J. E., 45, 105, 238
Schooler, L. J., 227
Schrauf, R. W., 216
Schul, Y., 394
Schunn, C. D., 348
Schvaneveldt, R. W., 259
Schwartz, B. J., 349, 360
Schwartz, D., 360
Schwarzenegger, A., 174
Schweickert, R., 136
Scorbia, A., 231
Scoville, W. B., 159
Sederberg, P., 205
Segal, S. J., 284
Seidenberg, M. S., 264
Seiler, S. J., 104
Seo, H., 391
Seung, S., 41
Sexton, V., 14
Shafir, E., 388
Shakespeare, W., 165
Shallice, T., 159, 265–266

Shannon, B. J., 44
Sharot, T., 218, 387
Shaw, J., 237
Shek, D. T. L., 105
Sheldon, S., 293–294
Shen, O., 388
Shepard, R. N., 136–137, 279
Shephard, J., 294, 295, 349
Shereshevskii, S., 227
Shiffrin, R. M., 15, 102–103, 124, 127, 146
Shinoda, H., 96
Shomstein, S., 99
Shulman, G., 45
Sigala, N., 142
Simon, H. A., 13, 338, 344, 349
Simonides, 291
Simons, D. J., 107, 212
Simonsohn, U., 388–389
Simonton, D. K., 351–352
Singer, J. L., 105
Singer, M., 315
Sinigaglia, C., 79
Skinner, B. F., 10–11, 105, 302
Slameka, N., 182
Slevc, R., 322, 325
Slovic, P., 390
Smallwood, J., 45, 105
Smeets, J. B. J., 79
Smith, C. N., 174
Smith, E. E., 246, 251–252
Smith, G., 361
Smith, S. M., 187, 335, 351, 353
Smith, Z., 361
Snyder, A. W., 356
Soatto, S., 60
Soderstrom, N. C., 185
Solomon, K. O., 247, 247–248
Son, L. K., 187
Spence, C., 104
Sperling, G., 126
Spinnler, H., 290
Sporns, O., 39
Squire, L. R., 162
Stanfield, R. A., 315–316
Stanny, C. J., 233, 233–234, 315–316
Stanovich, K. E., 393–394
Stark, L. W., 95
Sternberg, R. J., 351
Stevens, K., 314
St. Jacques, P., 213
Stokes, M., 142
Strayer, D. L., 104–105
Suddendorf, T., 159
Sui, J., 182
Suri, G., 389
Swinney, D. A., 305

Taber, C. S., 373
Talarico, J. M., 216, 221
Tambini, A., 217
Tanaka, J. W., 256
Tanenhaus, M. K., 304–305, 309–312
Tarkan, L., 345
Tatler, B. W., 97
Taylor, M., 256
Tenenbaum, J. B., 69
Ter-Pogossian, M. M., 15
Tesla, N., 361
Thagard, P., 346
Thompson, E., 173
Thompson, W. L., 284
Thoreau, H. D., 360
Tindall, D. R., 104
Titsworth, S., 105
Todd, P. M., 370, 373
Tolman, E. C., 10–11
Tong, F., 38
Tong, J., 70
Tooby, J., 384
Torralba, A., 61, 95
Traxler, M. J., 34, 306–309, 312
Treadeau, K., 293
Treisman, A. M., 88–89, 110
Treyens, J. C., 225
Trueswell, J. C., 309
Tulving, E., 15, 161–162, 165, 181–182, 190–191
Turner, M., 338
Tversky, A., 371–373, 387, 389, 390–391
Tyler, L. K., 267
Ungerleider, L. G., 74–75
Valentine, E. R., 227
Valtonen, J., 168–169
Van den Broek, P., 315
van den Heuvel, M. P., 43–44
Van der Linden, M., 165
Van der Wege, M. M., 302
Van Essen, D. C., 30
van't Wout, M., 392
Vedaldi, A., 60
Venema, V., 352–353
Violanti, J. M., 104
Viskontas, I. V., 165
Vogel, E. K., 130, 132, 144–145
Voss, J. F., 350
Vuust, P., 324
Wade, K. A., 231, 237
Waldrop, M. M., 303
Walker, A., 359
Ward, T. B., 351
Warrington, E. K., 159, 266
Wason, P. C., 374, 382–384, 393
Watson, J. B., 9, 10, 22, 279

Wearing, C., 159
Webb, D., 232
Wedderburn, A. I., 88
Weisberg, R. W., 333, 353-354
Weissdorf, S., 222
Wells, G. L., 232, 235, 235-236, 235-236
Wernicke, C., 34, 38, 39, 46, 48, 301
Wertheimer, M., 64, 70
Westerman, S. J., 104
Westmacott, R., 163-164, 164-165
West, R. F., 393
Wheeler, M. E., 161
Whitteridge, D., 34
Wickelgren, W. A., 136
Wickens, D. D., 156-157

Wiebe, D., 333-334
Wiederhold, B. K., 104
Wiemer-Hastings, K., 315
Wiesel, T. N., 29
Wilding, J. M., 227
Wilhelm, I., 200-201
Willander, J., 238
Wilson, T. D., 388
Wineburg, S., 374, 393
Winfrey, O., 163
Winslet, K., 174
Winzenz, D., 182, 292
Wiseman, S., 187
Wissman, K. T., 186
Wittgenstein, L., 249
Wolfe, J. M., 113

Wolpert, D. M., 70
Wood, N., 88
Wozniak, S., 360
Wundt, W., 6-8
Xu, J., 361
Yamauchi, T., 247
Yeh, F.-C., 41
Yuille, A., 69
Yule, G., 319
Zabelina, D. L., 43
Zatorre, R., 325
Zevin, J. D., 264
Zhang, W., 129
Zola-Morgan, S., 162
Zwaan, R. A., 315-316

Índice remissivo

A

Abertura baseada em experiências, 360
Ablação cerebral, 74
Abordagem
   baseada em restrições para a análise, 309-313
   corporificada, 269-270
   da categoria semântica, 268-270
   definicional para categorização, 248-249
   de múltiplos fatores, 267-269
   de protótipo para categorização, 249-253
   de rede semântica, 257-261
   de sistemas duais, 393
   do modelo mental, 379-381
   do processamento de informações, descrição, 12
   do processamento de informações para resolver problemas, 338-345
   dos sistemas duais de processamento, 393-396
   exemplar para categorização, 257
   gestáltica e solução de problemas, 332-337
Abordagem Gestalt
   percepção e, 71
Ação
   cursos de, 385
Adversidade, 360
Afasia de Broca, 325-326
Agnosia visual, 290, 291
Alive Inside (Rossato-Bennett, diretor), 239
Alterações
   cegueira para, 108
   detecção de, 108
Ambiguidade
   da imagem na retina, 58
   lexical, 304
   temporária, 308
Amídala
   emoção e, 205
   imagética e, 285
   memória e, 141, 473
A Minha Namorada Tem Amnésia (filme), 174
Amnésia
   anterógrada, 197
   graduada, 197
   induzida por especialista, 170-171
   memória implícita e, 170
   retrógrada, 197
Amnésia (filme), 173
Amostragem de experiência, 105
Amplitude de leitura, 144
Amusia congênita, 325
Análise
   abordagem baseada em restrições, 309-313
   definição, 308
   descrição, 308-309
   efeitos da carga de memória na, 312-313
   efeitos do contexto da cena na, 310-311
   efeitos do contexto da história na, 310
   efeitos do significado das palavras na, 309
   experiência prévia com a linguagem e, 312-313
   modelo labirinto da, 309
   previsões e, 312
Análise de padrão multivoxel (APMV), 198, 199, 288
Análise meios-fim, 340-341
Anisomicina, 203-204
Anotações ativas, 188-189
Anúncios, 171
Aposição local, princípio da, 309
Aprendizagem
   aprendizagem por associação em pares, 279
   dependente de estado, 190-191
   generalização da, 265
   por associação de pares, 182
   Aprendizagem dependente do estado, 191-192
Aprendizagem estatística, 62
Aprendizagem por associação de pares, 182, 297
Área corporal extraestriada (AEC), 36
Área de Broca, 33
Área fusiforme da face (AFF), 72
Áreas de recepção primária, 28
Áreas subcorticais, 33
Armazenamento fonológico, 134
Árvore organizacional, 183-184
Associação em blocos, 130-131, 137, 187
   associação em blocos de memória e, 131-132
Atenção, 86
   a locais aumenta a atividade em áreas específicas do cérebro, 99
   baseada em localização, 98-99
   baseada em objeto, 98-99
   capacidade de processamento e, 90-91
   carga perceptual e, 90-91
   cegueira desatencional e, 107
   coerência relacionada a, 110-112
   definições, 87
   demandas de tarefas relacionadas a, 96-97
   dissimulada, 97-99
   distração, 87
   distraída, 87
   dividida, 87
   explícita, 95-97
   focada, 360-362
   memória de trabalho e, 135
   memória de procedimento e, 169-170
   modelo de atenuação de, 89, 90
   modelo de filtro de, 13, 14
   modelos de seleção antecipada de, 88-90
   muda a representação dos objetos ao longo do córtex, 100
   parcial contínua, 105
   percepção afetada pela, 99-101
   resposta fisiológica afetada pela, 99-101
   seletiva, 86
   teoria da carga de, 90-92
   teoria de integração de recursos e, 110-112
   testemunha ocular e, 232-233
Atenuador, 88-89
Atribuições incorretas de fontes, 222
Autoconhecimento, 161
Aversão a risco, 387
Axônios, 24-27, 31
   conexionismo e, 261
   consolidação e, 195

B

Banco, 90

Base comum
  definição, 319
  entrainment, 320
  estabelecimento de, 319-321
  tarefa de comunicação referencial e, 319
Behaviorismo
  condicionamento operante de Skinner e, 10
  Fundação Watson de, 9
  mapas cognitivos de Tolman e, 10
Bourne Identity, The (filme), 173
Brainstorming, 354-355
Brainstorming de grupo, 354-355
Brilho Eterno de uma Mente Sem Lembranças (filme), 174
Buffer episódico, 139-140

C

Capacidade de processamento, 90-92
Captura atencional, 87
Criatividade, 360
Carga de atenção, teoria da, 91-93
Carga perceptual, 90-91
Carros sem motorista, 57
Categorias, 247
Categoria semântica, abordagem, 268-271
Categorização, 247-257, *Consulte também* Conceitos
  abordagem conexionista para, 260-265
  abordagem corporificada, 269-270
  abordagem de categoria semântica, 268-270
  abordagem definicional, 247-250
  abordagem de múltiplos fatores, 267-269
  abordagem de protótipo, 249-253
  abordagem exemplar, 253, 257
  conhecimento e, 255
  hipótese sensório-funcional, 266-267
  organização hierárquica e, 254
  redes semânticas e, 257-261
  representação no cérebro da, 265-266
  utilidade da, 247
Cegueira
  desatencional, 107
  para alterações, 108
Celular, usando ao dirigir, 103
Cérebro, *Consulte também* Mente; Neurônios; Fisiologia
  conceitos representados no, 266
  conectividade, 39-44

consolidação de memórias em, 194-202
criatividade e, 355-356
detectores de recursos, 28-29
imagética e, 285
localização da função, 33-34
memória de trabalho e, 138-139
memória representada no, 159
microestrutura, 24-25
música e linguagem no, 324-325
neurônios imagéticos, 285
plasticidade dependente da experiência de, 72-73
processamento da linguagem no, 301
redes conexionistas e, 261
tomada de decisão e, 391-393
Challenger, estudo, 219
Circuito fonológico, 134-139
Círculo, problema do, 333
Classificador, 199
Cobertura de eventos pela mídia, 220
Cobertura de eventos pela TV, 220
Codificação, 156, 181-187
  aprendizagem por associação de pares, 182
  auditiva, 156, 158
  baseada em rima, 193-194
  condições correspondentes de recuperação e, 190
  definição, 180
  efeito de autorreferência e, 182
  ensaio e, 181
  esparsa, 33-34
  especificidade, 31-32
  fatores que ajudam, 185
  memória de curto prazo, 156, 156-157, 159
  memória de longo prazo, 156-157, 159-160
  organizando informações para, 183-185
  populacional, 32-33
  semântica, 156, 156-158
  valor de sobrevivência de, 184
  visual, 156, 158
Codificação analógica, 347-348
Cognição criativa, 354
Comportamento, novas perspectivas, 16
Comportamento Verbal (Skinner), 302
Compreensão de história, 314-319
  estudo PRE sobre, 316
  inferências e, 314
  modelo de situação e, 315-318
Compreensão de texto, 315-320

modelo de situação e, 315-318
Computadores
  diagramas de fluxo para, 12
  percepção representada por, 58-60
  programa de computador "teórico da lógica", 338
  programa teórico da lógica para, 13
  psicologia cognitiva e, 12
  redes semânticas em, 257
  sistemas de visão baseados em, 55-56
Comunicação animal, 300
Conclusão do silogismo, 377
Condição de substantivo para pré--ativação lexical, 304
Condição verbo-substantivo, para pré-ativação lexical, 304
Condicionamento
  clássico, 172, 203
  operante, 10, 105
Conectividade
  eficaz, 113
  estrutural, 40, 47
  funcional, 41-45, 47
  no cérebro, 39-44
Conexionismo, 261-262, 264
Confirmação, viés de, 376
Conhecimento, 245-275, *Consulte também* Categorização
  afetando a experiência, 163
  categorização da, 247-273
  cognição, 43-44
  conceitual, 246-248
  definição de, 6
  dinâmica, 43-44
  disparo neural, 46
  do mundo real, 224-228
  fisiologia, 16
  influência na categorização, 255
  linguagem e, 302
  memória relacionada a, 224
  previsão e, 79-80
  solução de problemas e, 349-351
Conhecimento conceitual, 246
Conhecimento do mundo real, 224-228
Conjunções ilusórias, 111
Conjuntos mentais, 337
Consolidação, 194-202
  definição, 195, 201
  de sistemas, 194, 196-198
  emoções ligadas a, 216-217
  modelo de múltiplos traços de, 197-199
  modelo padrão de, 197-198
  reconsolidação relacionada a, 201-205

sináptica, 194-196
Consolidação da memória, 194-202
  emoções e, 216
  sono e, 200-202
Consolidação de múltiplos traços, modelo de, 197-199
Consolidação de sistemas, 194, 195
Construção relativa ao objeto, 312
Construção relativa ao sujeito, 312
Contexto
  compreensão da linguagem e, 302
  da cena, 310-311
  percepção do objeto e, 60
  segmentação da fala e, 304
  tomada de decisão influenciada por, 388-389
Contrato dado-novo, 318-319
Controle cognitivo, 114
Controle inibitório, 114
Conversas, 318-323
  base, 319
  contrato dado-novo em, 318-319
  coordenação sintática, 320-322
Correlação ilusória, 371, 375
Correlações ilusórias, 371
Córtex, 197, *Consulte também* Cérebro
Córtex pré-frontal (CPF)
  memória de trabalho e, 140-142
  tomada de decisão e, 392-395
Córtex pré-motor, 77, 270, 482
Córtex visual, 29, 30, 141, 286, 473
Cortisol, 217
Crença, viés de, 378, 393
Criatividade, 351-359
  atenção focada, 361-362
  cérebro e, 355-359
  definições, 351
  divagação mental e, 357
  exemplos da vida real de, 359
  linguagem e, 300
  memória e, 227
  prática, 351-352
  rede de controle executivo na, 358
  rede de modo padrão na, 357-358
  redes associadas à criatividade, 357-359
  solidão e, 360-362
  sonhando acordado, 359-360
  sonhar acordado e, 359
Criptomnésia, 222
Cronometria mental, 279
Cultura
  cognição influenciada pela, 216
  linguagem e, 301
  memória e, 224

Curva de posição serial, 154-156

D

Dead Again (filme), 173
Deal or No Deal (programa de TV), 387
Debate, 291
Debate imagético, 291
Decisões, 368, 385
Declínio, 127
Degradação elegante, 265
Demência semântica, 271
Desatenção do motorista, 103-104
Desenho-espelho, 168-169
Despertar de um Pesadelo (filme), 173
Destaque de material, 188
Detecção de alterações
  atenção e, 108
  memória de curto prazo e, 130
Detectores de características, 29-30
Devaneio, 105
Diagramas de fluxo, 12
  para atenção, 12
Diálogos, *Consulte* Conversas
Dica de recuperação, 183, 189-191
Dirigindo
  mensagens de texto durante, 104
Dirigindo e usando o celular, 103
Discriminação de objetos, 74
Dispositivo de Odón, 351-352
Dissociações
  de MCP e MLP, 159
  entre imagética e percepção, 290-291
Dissociações duplas, 35, 159, 160
Distorção atencional, 101
Distrações, 87
  descrição, 87
  pela divagação da mente, 105-106
  pela internet, 104-105
  solidão para evitar, 360
Divagação da mente
  benefícios da, 167
  criatividade e, 357
  distração causada por, 105-106
  rede de modo padrão e, 106, 357
Doença de Alzheimer, 238-240
Dominância do significado, 306
Dominância enviesada, 306-307
Dominância equilibrada, 306-307

E

Economia, 7
Economia cognitiva, 257-258, 260
Efeito
  coquetel, 87

  da autorreferência, 182
  da desinformação, 228-230
  da extensão das palavras, 136-137
  da familiaridade, 188
  da frequência de palavras, 302, 303
  da publicidade, 172, 175
  da similaridade fonológica, 135
  da verdade ilusória, 223
  de enquadramento, 390-391
  de espaçamento, 187
  de geração, 182, 182-183
  de primazia, 154-156
  de recência, 154, 155, 156, 475
  de tipicidade, 251
  do feedback pós-identificação, 235
  do teste, 186, 187
  do tiro pela culatra, 376
  oblíquo, 67
  Proust, 238
  Stroop, 93
Eletroencefalograma (EEG), 356-357
Eletrofisiologia, 15
Em Busca do Tempo Perdido (Proust), 238
Emoções
  amídala ligada a, 216
  emojis usados para representar, 322
  esperadas, 387
  incidentais, 388
  memórias flash e, 216-217
  música e linguagem, 321
  prevendo, 387-388
  testemunha ocular e, 232
  tomada de decisão e, 387-388, 392
Emoções esperadas, 387
Emoções incidentais, 388
Emojis, 322
Ensaio, 124, 181
  de manutenção, 181
  elaborativo, 181
  memórias em flash e, 220
Ensaio elaborativo, 181
Entrainment, 320
Entrevistas cognitivas, 236-237
Epifenômeno, 281
Equipotencialidade cortical, 33
Erros de continuidade, 109-110
  em filmes, 109
Erros de monitoramento de fonte, 222-224
Esboço visuoespacial, 136-138
Escuta dicótica, 87
Espaço do problema, 340, 340-341, 485
Especialistas na solução de problemas, 349-351

Especificidade de codificação, 191-192
Esquecimento
 curso do tempo de, 7-8
 memórias episódicas e semânticas, 164
 memória superior e, 227
 nos filmes, 174
 seletivo, 174
Esquema(s) de cena, 68, 96
Esquema de permissão, 384
Esquemas, 225-226
 de cena, 96, 110
 de permissão, 384
 memória e, 225-226
Estado de atividade, 143, 473
Estado de repouso
 conectividade funcional em, 43-45
Estado do objetivo, 338-339
Estado inicial, 338-339
Estágio de atenção focada, 110
Estereótipos, 371
Estimulação magnética transcraniana (EMT), 271-272, 289-291
Estimulação transcraniana por corrente contínua, 356
Estímulo irrelevante para a tarefa, 91
Estímulo precedente, , procedimento, 98-99
Estímulos auditivos
 codificação de, 156
Estratégia de aversão ao risco, 390
Estratégia de tomada de risco, 390
Estratégia de troca, 347-348
Estratégia "just in time", 97
Estresse
 consolidação de memória e, 217-218
 pós-traumático, 204
Estruturalismo, 6-7, 64
Estruturas Sintáticas (Chomsky), 302
Estudando
 técnica de elaboração usada em, 186
Estudo
 anotações ativas, 188-189
 aprendizagem dependente do estado e, 190-191
 destaque do material, 188
 efeito de espaçamento em, 187
 efeito de geração e, 187
 eficaz, 186
 especificidade da codificação, 190-191
 "Ilusões de aprendizagem", 187-188
 organização e, 187
 testes e, 187

Eternal Sunshine of the Spotless Mind, The (filme), 174
Evidências falsas, 374-376
Executivo central, 134-135, 138-139
Exemplar, 252
Experiência, amostragem de, 105
Experiência "Querida Tia Jane", 88
Experiências traumáticas, 174, 204
Experimento da "Guerra dos Fantasmas", 224
Experimento de mergulho, 191-192
Experimento de Sperling, 127-129

F

Fala, percepção de palavras, 61, 304
Falsas confissões, 237-238
Falsas memórias, 231, 237
Familiaridade
 monitoramento de fonte e, 222-223
Fazer pausas, 187
Fibras nervosas, 24-27
50 First Dates (filme), 174
Figuras ambíguas, 291
Filmes
 erros de continuidade em, 109-110
 perda de memória retratada em, 173
Filtro de atenção, modelo, 87-89
Finding Dory (filme), 174
Finding Nemo (filme), 174
Fisiologia, *Consulte também* Cérebro
 da cognição, 22-23
 da imagética, 285
 da memória, 38, 195
 da percepção, 60, 71-73, 74-75
Fixações, *Consulte também* Movimentos oculares
 movimento dos olhos e, 95
 solução de problemas e, 335-337
Fixidez funcional, 335-337
Fluência, 223
Fluxogramas
 para a memória, 140
 para memória, 124
 para percepção, 88
Fluxos
 onde, 74-77
 o quê, 74-77
Foco em armas, 233-234
Foco epiléptico, 286
Fonemas, 303
Força de vontade, 114
Formas pré-inventivas, 354-355
Fotografias
 fotos próprias *vs.* fotos de laboratório, 214, 480

Fóvea, 94
Frases, *Consulte também* Sentenças
Frequência de palavras, 302, 303
Fuga psicogênica, 173
Funções executivas, 114

G

Generalização da aprendizagem, 265
Geração de ideias, 353-356
Greebles, experimento, 72-73

H

Harry Potter e a Pedra Filosofal (filme), 109
Heurística, 369
 da disponibilidade, 369-371, 370-372
 da representatividade, 371-373
 definição, 309
 propriedades, 309
Heurística da disponibilidade, 370-372, 375
Heurística da representatividade, 371-373, 375
 erros baseados na, 375
 regra da conjunção, 372
 tamanho da amostra e, 373
 taxas básicas e, 371
Hipocampo, 141, 159-160, 168, 196, 197-199, 214, 473, 477
Hipótese cognitiva para a saliência da reminiscência, 215
Hipótese da associação conceitual, 279
Hipótese da autoimagem, 215-216
Hipótese de simulação episódica construtiva, 166
Hipótese do ensaio narrativo, 220
Hipótese do roteiro de vida cultural, 216
Hipótese sensorial-funcional (SF), 266, 266-267, 266-267
História
 contexto da, 310
História da fortaleza, 346-349
Histórias de filmes, *Consulte também* Filmes
Humor, aprendizagem dependente do estado, 191

I

Ícone visual, 127
Ilusão de tamanho-peso, 79
"Ilusões da aprendizagem", 187-188

Imageamento cerebral, 35-38, *Consulte também* Ressonância magnética funcional (fMRI); Ressonância magnética (RM)
   aplicações cognitivas, 15
   imagética visual e, 285-287
Imagens, 276-297, 279, *Consulte também* Imagética visual
   abordagem espacial, 281-282
   abordagem proposicional, 282-283
   debate sobre a natureza das, 281-282
   informação de codificação usando, 182
Imagens auditivas, 278
Imagens de objetos, 294
Imagens do cérebro
   abordagem incorporada às categorias e, 270-271, 482-483
   análise de padrão multivoxel, 196, 477
   emoções e, 216
   evidência para localização da função, 35
   fMRI relacionada a tarefas, 36
   memória e, 160, 162-163, 166
   plasticidade dependente da experiência e, 72-73
   representação de conceito e, 270, 482
Imagens espaciais, 294
Imagens mentais, 278
Imagens negligenciadas, 291
Imagética
   aprimoramento da memória usando, 292-294
   debate sobre a natureza de, 291
   de objetos, 293
   dimensionamento no campo visual, 289
   dissociações da percepção e, 290-291
   em psicologia, 279-280
   espacial, 293
   estimulação magnética transcraniana, 289
   estudos de caso neuropsicológicos, 289-291
   experimentos com imagens do cérebro, 285-287
   experimentos fisiológicos em, 285
   função organizacional de, 292
   lesão cerebral e, 290-292
   neurônios relacionados à, 285-286
   percepção e interações entre, 284-285

   tamanho no campo visual, 283-284
   técnica da palavra-cavilha usando, 292
   varredura mental e, 279
Imagética de objeto, 293
Imagética visual, 276-297
   aprendizagem por associada em pares e, 182
   diferenças individuais, 293-296
   esboço visuoespacial e, 136-138
Imaginação do futuro, 165-167
Impulsos nervosos, 27-28
Inferência
   anafórica, 314
   causal, 315
   coerência e, 314
   conhecimento conceitual e, 246
   de instrumento, 314
   em texto e histórias, 314-316
   esquemas e, 225
   inconsciente, 79
   memória e, 224
   na percepção, 69-70
   pragmática, 225
Inferência anafórica, 314
Inferência bayesiana, 69
Inferência causal, 315
Inferência de instrumento, 314
Inferência inconsciente, 63, 300
Inferência pragmática, 225
Informações enganosas pós-evento (IEP), 228-230
Insight, 333-335
Ínsula, 392
Integração de características, teoria da, 111-113
Inteligência artificial, 13
Interferência proativa, 157, 186
   definição, 186
   liberação de, 157
   memória de curto prazo e, 157
Internet
   informações falsas na, 374
Internet, distrações pela
   distrações por, 104-105
Intervalo de dígitos, 129-130, 136
Introspecção analítica, 6-7
Intuição, 360
invariância do ponto de vista, 60
Itzaj, cultura, 256

J

Jogo do ultimato, 391-392
Jogo imaginativo, 360
Jogos econômicos, 391-392
Julgamentos

   atitudes e, 373-374
   fontes de erros em, 375
   heurística da disponibilidade e, 369-370
   heurística da representativi-dade e, 371-373
Juventudo, viés da, 217

L

Labirinto, modelo, 309
Lei de Prägnanz, 66
Lei dos números grandes, 376
Leis de movimento de Newton, 11
Leitura desatenta, 106
Leitura desconcentrada, 106
Lembrança, 123, 175
   memória explícita, 171
Lembrança explícita, 172-173
Lembranças
   descrição, 38
Lesão cerebral
   comprometimento da memória e, 162, 165, 213
   controle de atenção e, 139-140
   dissociações duplas, 35
   localização demonstrada por, 33-35
   memória de trabalho e, 139
   problemas de imagética e, 289-291
Léxico, 302
Liberação da interferência proativa, 157
Linguagem, 299-329
   análise afetada pela experi-mento prévia com, 312-313
   aquisição da, 302
   cérebro e, 301, 318
   compreensão, 39
   compreensão de textos e histórias, 314-318
   conversas, 318-323
   criatividade da, 300
   cultura e, 301
   definição, 300
   desenvolvimento de, 11
   estudo da, 301-302
   expectativas na, 323
   localização da função, 33-34
   música e, 321-325
   natureza baseada em regras de, 301
   natureza hierárquica, 301
   palavras na, 302-307
   processamento, 39
   produção, 39-40
   segmentação da fala e, 304
   universalidade da, 301
Lobo frontal, 34, 139

Lobo occipital, 287
Lobo parietal, 30, 34, 75–76, 78
Lobo temporal, 34, 75
Lobo temporal anterior (LTA)
  agrupamento de informações de nível inferior em padrões significativos, 356
  anatomia de, 271–272
  modelo centro e raios, 271–273
Lobo temporal medial (LTM), 214
Local de geração, 40–41
Local de teste, 40
Localização da função, 33–37
  evidência de imagem cerebral para, 35
  neuropsicologia demonstrando, 33–35
  para discurso, 33
  para lugares e corpos, 36
  para percepção facial, 36, 37
  percepção facial, 36–37
  registro de neurônios demonstrando, 35
Long Kiss Goodnight, The (filme), 173

M

Mágico de Oz (filme), 109
Manutenção, ensaio, 181
Mapa de saliência, 95
Mapas cognitivos, 11
Mapa topográfico, 286
Mapeamento de relações analógicas, 345
Measuring Cognitive Distraction in the Automobile¨, 104
Mecanismos proposicionais, 280
Meditação, 361
Meditação de atenção focada (AF), 361
Meditação de monitoramento aberto (MA), 361–362
Meios-fim, análise, 340–341
Memento (filme), 173
Memória
  amnésia e, 168, 171
  autobiográfica, 163–164, 213–216
  conhecimento relacionado a, 224
  consolidação da, 194–202
  dano cerebral e, 159
  de eventos infantis, 230–232
  definições, 122
  de procedimento, 168–170
  de reconhecimento, 157
  efeitos do conhecimento do mundo real sobre, 224–228
  em flash, 218–222
  emoções ligadas a, 216–217
  "excepcional", 227–228
  explícita, 168
  falsa, 226, 231–232
  futuro imaginado e, 165–166
  icônica e ecoica, 127–129
  imagens do cérebro, 160, 162–163
  imagens do cérebro e, 166, 214, 480
  infância reprimida, 231–232
  inferências e, 224
  interações entre memória episódica e semântica, 163–164
  involuntária, 238
  lesões cerebrais e, 161–163, 165
  modelo de processo de, 15
  modelo modal, 146
  modelo modal da, 124–125
  monitoramento de fonte, 222–224
  natureza complexa, 38
  natureza construtiva da memória, 221–228
  passagem do tempo e, 164–166
  processo de, 123
  processo de codificação da, 181–187
  processual, 14
  reconsolidação de, 201–205
  recuperando informações da, 181, 189
  sono e, 174, 200–202
  sugestão e, 230
  testemunha ocular e, 232–239, 232–240
  valor de sobrevivência de, 184
Memória autobiográfica (MA), 163, 213–216
  altamente superior, 227
  definição, 163, 213
  eliciada por música, 238–240
  eliciado por odores, 238–240
  eventos de vida e, 214–216
  natureza multidimensional de, 213–214
Memória de curto prazo (MCP), 38, 88, 129–134, *Consulte também* Memória de trabalho
  atenção e, 88
  capacidade da, 129–132
  codificação na, 159
  duração da, 129
  duração de, 129
  interferência proativa e, 157
  itens *vs.* informações em, 132–133
  memória de trabalho *vs.*, 133–134
  neuropsicologia da, 159–160
  sequência de dígitos e, 130
Memória de longo prazo (MLP), 88, 150
  amnésia e, 170–171, 171
  codificação, 156–157
  codificação na, 156
  consolidação da, 194–202
  curva de posição serial, 153–155
  definição, 152
  emoções ligadas a, 216–217
  explícita, 168
  futuro imaginado e, 165–167
  imagens do cérebro, 160
  implícita, 168
  inserindo informações na, 181–187
  memória de curto prazo *vs.*, 152–161
  memória de trabalho e, 139
  neuropsicologia de, 159–160
  passagem do tempo e, 164–166
  processo de codificação para, 181–187
  reconsolidação de, 201–205
  recuperando informações da, 181
  semântica, 161–166
  tipos, 163
Memória de reconhecimento, 157–158
Memória de trabalho, 133, 133–147, 152–153
  alta capacidade de, 145
  atenção e, 138–139
  baixa capacidade de, 144
  buffer episódico, 139–140
  capacidade da, 143–146
  cérebro e, 138–139
  circuito fonológico na, 135–137
  controle cognitivo, 146–147
  córtex visual e, 141, 473
  definição, 133
  dinâmica neural, 142–143
  esboço visuoespacial em, 136–138
  executivo central na, 138
  lesões no lobo frontal, 140
  memória de curto prazo *vs.*, 133–134
  neurônios pré-frontais e, 141
  potencial relacionado a eventos, 145–146
  silenciosa, 142
  visão geral dos componentes na, 134–135
Memória de procedimento, 168–170
Memória em flash, 218–222
Memória episódica, 161–166
  definição e exemplo de, 163
  memória semântica distinta de, 161

pesquisa neuropsicológica na, 161–163
Memória explícita, 168–169
Memória icônica, 148
Memória implícita, 168–170
   condicionamento clássico e, 171–172
   efeito da publicidade e, 172
   memória de procedimento e, 168–170
   pré-ativação e, 171
Memória para habilidades, 168–170
Memórias autobiográficas eliciadas por música (MAEMs), 238–240
Memórias autobiográficas eliciadas por odores, 238–240
Memórias da infância, 230–232
Memória semântica, 161–165
   definição e exemplo de, 164
   memória episódica e, 161–164
   memória de procedimento e, 170
   pesquisa neuropsicológica em, 161
   significado autobiográfico e, 163
Memórias em flash
   eventos emocionais e, 218–219
   formação, 218–219
   memórias cotidianas *vs.*, 220
   recordação repetida e, 218–219
Memória sensorial, 88, 123–129
   atenção e, 88
   persistência da visão e, 126–127
Memórias falsas, 231–232
Memórias remotas, 165, 197–200
Mensagem autônoma, 12
Mente, Consulte também Cérebro; Conhecimento
   definições de, 5
   diagramas de fluxo para, 12
   primeiros estudos de, 6–9
   problemas representados na, 332
Método, 189, 198
Método de relatório completo, 127
Método de relatório parcial, 127
Método de relatório parcial atrasado, 127
Método dos loci, 292
Meu ponto de vista, viés do, 373–374, 376
Microeletrodos, 49
Modelo centro e raios, 271–273
Modelo de atenuação da atenção, 89
Modelo de consolidação de múltiplos traços, 197–199
Modelo de contexto temporal (MCT), 205
Modelo de "filtro com vazamento", 89

Modelo de filtro de atenção, 13, 87–89
Modelo labirinto de análise, 309
Modelo modal da memória, 124, 124–125
Modelo padrão de consolidação, 196–197
Modelos de processamento paralelo distribuído (PPD), 261, 481
Modelos de psicologia cognitiva
   modelo de contexto temporal, 205
   modelos de processo, 14
Modelos de seleção antecipada, 88–90
Modelos de seleção tardia de atenção, 90
Modelos de situação, 315–318
Modelos hierárquicos, 257
Modus ponens, silogismo, 381
Modus tollens, silogismo, 381
Monitoramento de fonte, 222–224
   familiaridade, 233–234
   familiaridade e, 222–223
Motor (L), 41
Motor (R), 41, 42
Motores (L), 42
Motores (R), 42
Movimento
   percepção e, 73
Movimento aparente, 64
Movimento sacádico dos olhos, 95
Movimentos oculares
   atenção explícita e, 95–97
   demandas de tarefas e, 96–97
   fatores cognitivos e, 95
   saliência do estímulo e, 95
Mudanças de paradigma, 11
Música
   expectativas em, 323
   linguagem e, 321–325

N

Narrativas, 314
Natureza construtiva da memória, 221–227
   efeito da verdade ilusória, 223
   esquemas e roteiros relacio-nados a, 225–226
   falsas lembranças e, 226
   familiaridade e, 222–223
   "Guerra dos Fantasmas", experimento, 224
   inferências e, 224
   monitoramento de fonte e, 221–223
   vantagens/desvantagens da, 227

Natureza da linguagem baseada em regras, 301
Natureza hierárquica da linguagem, 301
Negligência unilateral, 290
Neurociência cognitiva, 22–51
Neuroeconomia, 391–393
Neuroimagem, 16
Neurônio(s), Consulte também Cérebro
   codificação sensorial, 31–32
   componentes, 24
   descoberta de Cajal, 24–25
   detectores de recursos, 28–29
   espelho, 77–79, 269
   foco epiléptico, 286
   imagéticos, 285–286
   memória de trabalho e, 141
   plasticidade dependente da experiência de, 72–73
   registro, 35
   responsivo a horizontais e verticais, 71–72
   responsivos a estímulos complexos, 31
Neurônios-espelho, 78, 269–271
Neuropsicologia, Consulte também Lesão cerebral
   definição, 15
   imagética e, 289
   memória de longo prazo e, 159, 159–162
Níveis de categorias, 254–256
Nível básico de categorias, 254
Nível específico de categorias, 254
Nível global de categorias, 254
Nível subordinado de categorias, 254
Nível superior de categorias, 254
Nostalgia, 238
Novas perspectivas de comportamento, 16
Números grandes, lei dos, 376

O

Odón, dispositivo, 351–352
Onde, fluxo, 74–77
Operadores, 338–339
"Optimizing Learning in College: tips from Cognitive Psychology" (Putnam), 188
O quê, fluxo, 74–77
Organização, Consulte também Representação distribuída; Localização de função
   estudo e, 187

hierárquica, 254
imagética mental e, 292
memória de longo prazo e, 183-185
solução de problemas e, 349
Organização hierárquica, 254
Otimismo, 387

P

Paixão, 360
Palavra(s), 302-307, *Consulte também* Sentenças
ambíguas, 304-307
análise e, 309
associando imagens a, 292
baixa frequência, 302
frequência de significados das, 306
percepção de, 61-62
pronúncia das, 303-304
significados das, 304-308
significados de, 309
silêncio entre, em uma conversa normal, 303-304
Palavras ambíguas, 304-307
Palavras cruzadas, 332
Palavras de alta frequência, 302
Palavras de baixa frequência, 302
Paradigma
definição de, 11
do mundo visual, 310
Paradigma do mundo visual, 310
Pausas, fazendo, 187
Pensamento
analógico, 351-352
de pessoas criativas, 359
divergente, 351
Pensamento divergente, 351
Pensar de maneira diferente, 360
Percepção, 54
ação e, 73-80
computadores e, 55-58
de tamanho e distância, 284, 289
fisiologia da, 23, 74-75
fisiologia de, 60
inferência bayesiana e, 69-70
informações para, 60-63
movimento como facilitador de, 73
objetos ambíguos e, 58-59
objetos desfocados e, 59-60
objetos ocultos e, 59-60
plasticidade dependente da experiência e, 72-73
representação neural, 28-34
segmentação da fala e, 304
teoria de integração de recursos e, 110-112
testemunha ocular e, 232-233

Percepção de distância e tamanho, 282, 286, 288, 289
Percepção de faces e objetos, 35
Percepção de objeto
comparando abordagens, 70
Percepção de objetos, 60
abordagem da Gestalt para, 64-66
inferência bayesiana e, 69-70
Percepção de tamanho, 289
Percepção facial
dano cerebral relacionado a, 34-35
fusiforme da face, 36
fusiforme da face e, 72-73
resposta neural e, 31
Percepção visual
cegueira desatencional e, 107
Perseveração, 139
Persistência da visão, 126-127
Pesquisa, 112
Pesquisa de características, 112
Pesquisa visual, 112
Plasticidade dependente da experiência, 72
Potenciação de longo prazo (PLP), 195
Potencial, 26
Potencial de campo local, 114
Potencial de campo local (PCL), 114-115
Potencial relacionado a eventos (PRE)
compreensão de histórias e, 316-317
sintaxe musical e, 324
Potenciais de ação, 26-28
Prática
alcançado com a prática, 102-103
Pré-ativação
definição, 171
de repetição, 171
descrição, 171
Pré-ativação (*priming*)
lexical, 304-305
prototipicidade e, 251-253
repetição, 304
sintática, 320
Pré-ativação de repetição, 171, 305
Pré-ativação lexical, 304-305
Pré-ativação sintática, 320
Predição(ões)
conhecimento e, 79-80
Premissas, 377
Previsão(ões), 97, 369
análise e, 312-313
conhecimento situacional e, 316-317
exemplos de, 79

relacionadas à emoção, 387-388
Primeiras concepções dos neurônios, 23
Priming, Consulte Pré-ativação
Princípio da aposição local, 309
Princípio da boa continuação, 65
Princípio da boa figura, 66
Princípio da falsificação, 383
Princípio da probabilidade, 63, 79
Princípio da similaridade, 66
Princípio da simplicidade, 66
Princípio do neurônio, 32
Princípios da organização perceptual, 65
Principles of Psychology (James), 8
Probabilidade, 69
prévia, 69
Probabilidades transicionais, 62
Problema composto de associação remota, 356
Problema da radiação, 345-347
Problema das quatro cartas de Wason, 382-385
esquema de permissão e, 384
princípio da falsificação, 383-385
versões do mundo real de, 383-385
Problema da Torre de Hanoi, 338-342
Problema da vela, 336, 336-337
Problema da vinculação, 110
Problema de discriminação de pontos de referência, 74
Problema de projeção inversa, 59, 70
Problema de tabuleiro de xadrez mutilado, 342-344
Problema do círculo, 333
Problema do jarro de água, 337-338
Problema do quadro de referência, 294-295
Problema dos nove pontos, 356
Problema(s)
definição, 332
representando de, na mente, 332-333
Problemas de álgebra, 334
Problemas de base analítica, 334
Procedimento de aceitação, 389
Procedimento de detecção de alterações, 132
Procedimento de recusa obrigatória, 389
Procedimento lembrar/saber, 164
Procedimentos de alinhamento para reconhe-cimento de suspeitos, 235
Processamento

abordagem do sistema dual, 393-395
Processamento automático, 102-103
Processamento de baixo para cima
    atenção e, 96
    conjunções ilusórias reduzidas por, 111
Processamento de cima para baixo, 60
    percepção de fala e, 61
    percepção do objeto e, 70
Processamento profundo, 181
Processamento superficial, 181
Processo de ensaio articulatório, 134
Processos de controle de memória, 124
Processos mentais superiores, 14, 16
Procurando Dory (filme), 174
Procurando Nemo (filme), 174
Profundidade do processamento, 181
Programa de computador teórico da lógica, 13
Propagação da ativação, 259-260
Propagação reversa, 263
Propranolol, 205
Prosódia, 322
Prototipicidade, 251-255
    alta *vs.* baixa, 249
    efeito da tipicidade e, 251
    ordem de nomeação e, 251
    pré-ativação, 251-253
    resumo dos efeitos de, 254
    semelhança de família e, 251
Protótipo, 249
Proust, efeito, 238
Psicolinguística, 302
Psicologia cognitiva
    computadores e, 12-13
    cronograma para o desenvolvimento de, 14
    definição de, 5
    origem do termo, 14
    primeiro livro moderno sobre, 14
    primeiros trabalhos sobre, 6-9
    processos mentais superiores, 15
    psicólogos da Gestalt, 64

Q

Quem Sou Eu? (filme), 173
"Querida Tia Jane", experimento, 88
Questão da comunicação, 48
Questionário da vivacidade da imagética visual (QVIV), 294
Questões/exercícios de revisão
    nas características da memória, 228
    neurociência cognitiva, 32, 48

no raciocínio dedutivo, 384
sobre a memória de longo prazo, 169
sobre características da memória, 221, 240
sobre categorização, 257, 273
sobre imagética, 285, 295
sobre julgamentos, 376
sobre linguagem, 307, 313, 326
sobre memória de longo prazo, 160, 175, 193, 206
sobre solução de problemas, 345
sobre tomada de decisão, 395

R

Raciocínio, 368
    dedutivo, 376-384
    indutivo, 375
Raciocínio dedutivo, 376, 376-385
    definição, 376
    modelos mentais de, 379-380
    problema das quatro cartas de Wason e, 382-385
    silogismos categóricos e, 377-380
    silogismos condicionais e, 381-382
    validade e verdade em silogismos e, 377-379
Raciocínio lógico, 376
Reativação, 196, 202, 479
Reconsolidação, 201-205
Recordação, 164
Recordação com dicas, 183, 189
Recordação livre, 189, 190
Recordação repetida, 219, 224-225
Recuperação, 181
    aprendizagem dependente do estado e, 190
    condições correspondentes de codificação e, 190
    definição, 180
    dicas usadas para, 189
    especificidade da codificação, 190-191
    dicas usadas para, 183
    reconsolidação e, 201-205
    usando questões de teste, 186
Recuperação, dicas de, 189-191
Recursos estruturais do modelo modal, 124
Rede atencional executiva, 114, 362
Rede atencional ventral, 113
Rede conexionista, 261
Rede de controle executivo (RCE), 358
Rede de imaginação, 362
rede de modo padrão, 44, 467

Rede de modo padrão (RMP)
    criatividade e, 357-358
    descrição, 45
    divagação mental e, 106
    divagações mentais, 357
Redes
    atencionais, 113-114
    criatividade e, 357-359
    semânticas, 257-261
Redes atencionais, 113-114
Redes conexionistas, 261-266
    características de, 260-261
    degradação elegante, 265
    pesos de conexão e, 260
    processo de aprendizagem em, 261-262
    propagação reversa, 263
    representação de conceitos em, 261-264
Redes neurais
    cognição, 43, 43-44
    conectividade estrutural, 40-41
    conectividade funcional, 41-45
    rede de modo padrão, 45
Reestruturação, 333
Registro de neurônios, 35, 46
Regra de conjunção, 372, 375
Regularidades físicas, 67, 71-72, 80
Regularidades no ambiente, 67
    física, 71-72
Regularidades semânticas, 68
Representação
    de conceitos no cérebro, 266
    descritiva, 282
    espacial, 281
    linguagem e, 302
    memória e, 182
    mente e, 5
    modelo de situação e, 315-318
    percepção e, 60
    proposicional, 281-282
    solução de problemas e, 332, 343-346
Representação distribuída
    abordagem de sistemas duais e, 393-395
Representação neural, 27-33
Representações espaciais, 281-282
Representações proposicionais, 281, 281-282
Reprodução repetida, 224
Respostas mentais, 6
Ressonância magnética (RM), 35
Ressonância magnética funcional em estado de repouso (fMRI), 43-45

Ressonância magnética funcional (fMRI), 35, Consulte também Imageamento cerebral
estado de repouso, 43-45
Ressonância magnética funcional relacionada a tarefas, 43
Retina, 29, 55, 58, 94
Revolução científica, 11
Revolução cognitiva, 11, 279-280
Rotação mental, 137, 294
Roteiro de vida cultural, 216
Roteiros, 226

S

Saliência da reminiscência, 215-217
Saliência do estímulo, 95-96
Segmentação da fala, 61, 304
Seleção antecipada, modelos de, 88-90
Semântica, 80
Semântica lexical, 302
Semanticização de memórias remotas, 165
Semelhança de família, 249-255
Sensibilidade, 360
Sentenças, Consulte também Palavra(s)
  análise das, 308-313
  labirinto, 308
  ouvindo palavras em, 61-62
  sintaxes das, 308
Sentenças labirinto, 308-309
Significado
  associação de blocos de memória e, 131-132
  atenção e, 88-90, 95
  codificação baseada em, 192
  das palavras, 304-308
  memória e, 139, 153, 157-159, 181, 192
  percepção e, 61
  segmentação da fala e, 304
Silogismo *modus tollens*, 381
Silogismos
  categóricos, 377-380
  condicionais, 381, 381-382
  definição, 377
  modelos mentais e, 379-381
  validade e verdade em, 377-379
Silogismos categóricos, 377-380
Silogismos condicionais, 381-382
  problema de quatro cartas de Wason e, 382-385
  quatro tipos principais de, 381
Sinais de erro, 263
Sinapse

consolidação e, 195-197
definição, 25
Sincronização, 114-115
Síndrome de Balint, 112
Síndrome de Korsakoff, 171
Sintaxe
  definição, 308
  musical, 323
Sintaxe musical, 323-324
Sistema de neurônios-espelho, 78
Solidão, 360, 360-362
Solução analítica de problemas, 356-357
Solução analógica de problemas, 345-350
  codificação analógica e, 347-348
  pensamento criativo e, 351
  pesquisa *in vivo* na, 348
  problema da radiação, 345-347
  processo de transferência em, 345-348
Solução criativa de problemas, 351-359
  geração de ideias e, 352-353, 353, 354, 358-359, 364
  pensamento analógico e, 351
  pensamento divergente e, 351
  processo envolvido na, 352
Solução de problemas, 331-365, Consulte também Solução criativa de problemas
  abordagem de Newell e Simon, 338-344
  abordagem gestáltica, 332-337
  analógica, 345-350
  conhecimento e, 350-352
  conjuntos mentais e, 337-338
  declaração do problema e, 342-345
  expertise na, 350-352
  fixações e, 335-337
  geração de ideias e, 352-353
  insight, 333-335
  obstáculos para, 335-337
  pesquisa moderna em, 338-345
  processo envolvido em, 352
  protocolo *think-aloud* para, 343-346
  reestruturação e, 332, 337
Somatossensorial, 41, 42
Somatotopia semântica, 269
Sombreamento, 87
Sonhando acordado, 359-360
Sonhar acordado, 359-360
Sono
  falsa memória de palavras sobre, 226
Sperling, experimento de, 127-130

Status quo, viés do, 389
Stroop, teste, 93
Subobjetivos, 340-343
Sugestão, 230
  efeito da desinformação, 228
  testemunha ocular e, 234-235
Suposição de luz vinda de cima, 67
Supressão articulatória, 136-137
Surdez desatencional, 108-109

T

Tarefa de caminhada mental, 283, 289
Tarefa de comunicação referencial, 319
Tarefa de decisão lexical, 259, 302
Tarefa de imagens degradadas, 294-295
Tarefa de resposta atrasada, 142
Tarefa de rotação mental, 294
Tarefa de usos alternativos (TUA), 358
Tarefa(s)
  carga baixa *vs.* carga alta, 90-91
  dividida, 102-107
  movimentos oculares relacionados a, 96-97
  processamento automático de, 102-103
Tarefas de baixa carga, 90
Taxa(s) básica(s), 371, 375
Técnica da palavra-cavilha, 292
Técnica de elaboração, 186
Técnica de verificação de sentenças, 251-252
Tempo de reação
  experiência de Donders em, 6
  modelos de situação e, 316
  prototipicidade e, 252, 253
  rede semântica e, 259
  rotação mental e, 136
  simples *vs.* escolha, 6
  uso de telefone celular e, 104
  varredura mental e, 280
Tempo de reação de escolha, 6
Teoria da carga de atenção, 91-93
Teoria da integração de características, 111-113
Teoria da seleção natural, 72
Teoria da utilidade esperada, 385
Testando, 187
Teste de dobra de papel (TDP), 293
Teste de recordação, 158
Teste imediato, 222-223
Testemunha ocular, 232-238

corrigindo problemas com, 235–236
erros associados com, 232–236
familiaridade, 233
questionamento pós-evento e, 235
Testes de recordação, 235
The Moth Radio Hour, 268
The Pen is Mightier Than the Keyboard: advantages of Longhand Over Laptop Note Taking (Mueller), 188–189
Thinking, Fast and Slow (Kahneman), 393
Tomada de decisão
  abordagem de utilidade, 385–387
  afetando o contexto, 388–389
  base neural da, 391–395
  emoções e, 387–388, 392
  enquadramento de escolhas e, 390–391
  experiência de Donders em, 6
  julgamentos e, 385
Tomando notas, 188
Tônica, 323

Transferência analógica, 344–347
Transtorno de estresse pós-traumático (TEPT), 204

U

Uma Linda Mulher (filme), 109
Unidades de entrada, 261
Unidades de saída, 261
Unidades em redes conexionistas, 260
Uso de celular ao dirigir, 104
Utilidade, 385

V

Validade dos silogismos, 379–381
Valor de sobrevivência, 184
Varredura, *Consulte também* Movimentos oculares
Varredura mental, 280–282
Veículos robóticos, 57
Vela, problema da, 336
Verdade, validade *versus*, 377
Via de ação, 77

Via dorsal, 76
Via "onde", 75
Via "o quê", 75
Via perceptiva, 77
Via ventral, 76
Viés
  da juventude, 217
  de confirmação, 374
  de crença, 378, 393
  do meu ponto de vista, 373–374, 376
  do *status quo*, 389
Visão, *Consulte também* Percepção; Percepção visual
  baseada em computador, 55
  central *vs.* periférica, 94
  lobo occipital, 34
Visão central, 94
Visão periférica, 94
Vivo por Dentro (Rossato-Bennett, diretor), 239
Vow, The (filme), 173
Voxels, 37

Suplemento colorido

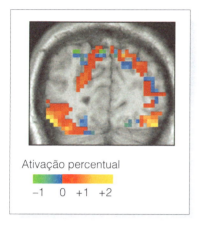

▶ **Figura 1.12** Registro da ativação cerebral determinado com fMRI. As cores indicam os locais de aumentos e diminuições na atividade cerebral. Vermelho e amarelo indicam aumentos na atividade provocados pela percepção de fotos de faces. Azul e verde indicam diminuições. Os detalhes desse procedimento serão descritos no Capítulo 2.

(Fonte: Ishai, A., Ungerleider, L. G., Martin, A., e Haxby, J. V. (2000.). The Representation of Objects in the Human Occipital and Temporal Cortex. *Journal of Cognitive Neuroscience*, 12, 36-51.)

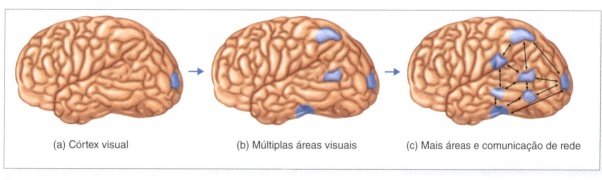

▶ **Figura 2.8** (a) Os primeiros trabalhos sobre representação neural e cognição concentraram-se no registro de neurônios individuais no córtex visual, onde os sinais chegam primeiro ao córtex. (b) Os pesquisadores então começaram a explorar outros locais do cérebro e descobriram que a estimulação visual causa atividade que é distribuída por muitas áreas do córtex. (c) O trabalho recente concentrou-se em observar como essas áreas distribuídas são conectadas por redes neurais e como a atividade flui nessas redes. Observe que, com exceção da área visual em (a), as localizações das áreas nessa figura não representam as localizações das áreas reais. São apenas para fins ilustrativos.

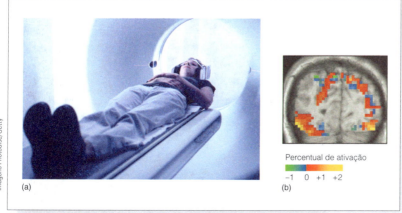

▶ **Figura 2.16** (a) Pessoa em um scanner cerebral. (b) Registro por fMRI. As cores indicam os locais de aumentos e diminuições na atividade cerebral. Vermelho e amarelo indicam aumento na atividade cerebral; azul e verde indicam diminuições.

(Fonte: parte b de Ishai et al., 2000.)

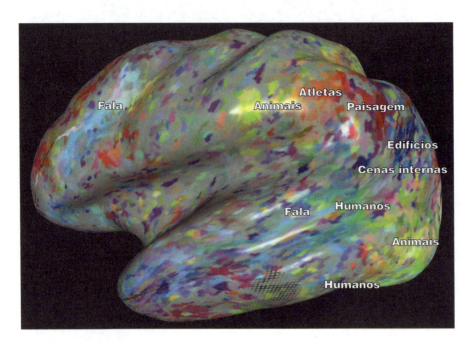

▶ **Figura 2.19** Os resultados do experimento de Huth et al. (2012), mostrando locais no cérebro onde as categorias indicadas têm maior probabilidade de ativar o cérebro.

(Fonte: cortesia de Alex Huth.)

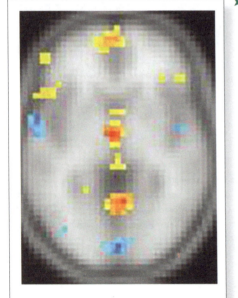

▶ **Figura 2.21** Cérebro mostrando áreas ativadas por memórias episódicas e semânticas. Amarelo = episódica. Azul = semântica.

(Fonte: de Levine et al., 2004.)

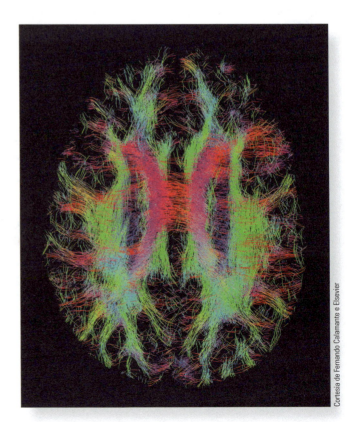

▶ **Figura 2.23** O conectoma. Tratos nervosos no cérebro humano determinados por imagens ponderadas.

(Fonte: Calamante et al., 2013.)

Suplemento colorido **467**

➤ **Figura 2.28** (a) Áreas do cérebro que diminuem a atividade durante a execução de uma tarefa. (b) Atividade no estado de repouso em dois pontos no hemisfério direito, indicada pelas setas acima. O fato de a atividade no estado em repouso estar correlacionada indica que essas áreas estão funcionalmente conectadas. Todas essas áreas, juntas, são chamadas *rede de modo padrão*.

(Fonte: de Raichle, 2015.)

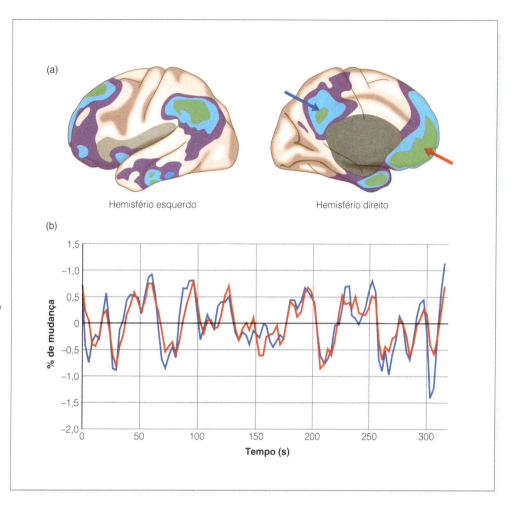

➤ **Figura 3.2** É fácil dizer que há vários edifícios diferentes à esquerda e que bem à frente há um edifício retangular baixo em frente a um edifício mais alto. Também é possível dizer que a faixa amarela horizontal acima das arquibancadas está do outro lado do rio. Essas percepções são fáceis para os humanos, mas seriam bastante difíceis para um sistema de visão por computador. As letras à esquerda indicam as áreas referidas no quadro Demonstração, na página 56.

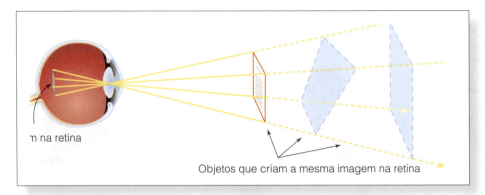

➤ **Figura 3.7** A projeção do livro na retina pode ser determinada estendendo os raios (linhas sólidas) do livro para o olho. O princípio por trás do problema de projeção inversa é ilustrado pela extensão dos raios do olho para além do livro (linhas tracejadas). Ao fazer isso, podemos ver que a imagem criada pelo livro pode ser produzida por um número infinito de objetos, entre eles o trapézio inclinado e o grande retângulo mostrado aqui. É por isso que dizemos que a imagem na retina é ambígua.

➤ **Figura 6.11** Ativação do cérebro causada por (a) pensar sobre eventos passados e (b) imaginar eventos futuros.

(Fonte: Addis et al., 2007.)

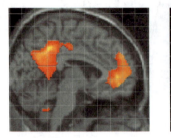
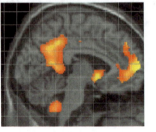

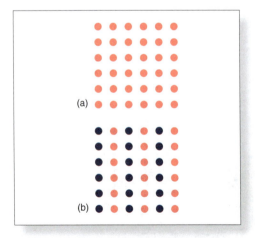

➤ **Figura 3.20** (a) Esse padrão de pontos é percebido como linhas horizontais, colunas verticais ou ambas. (b) Esse padrão de pontos é percebido como colunas verticais.

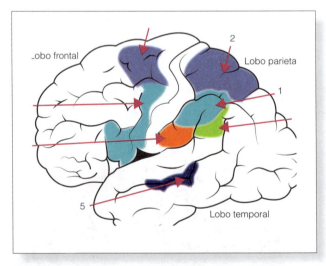

➤ **Figura 3.36** Áreas corticais no cérebro humano associadas ao sistema de neurônios-espelho. Os números indicam o tipo de ações processadas em cada região. 1. movimento direcionado a objetos; 2. movimentos de alcance; 3. uso de ferramenta; 4. movimentos não direcionados a objetos; 5. movimentos dos membros superiores.

(Fonte: adaptado de Cattaneo e Rizzolatti, 2009.)

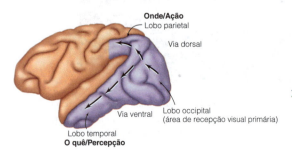

➤ **Figura 3.31** O córtex do macaco, mostrando a via o quê, ou percepção, do lobo occipital ao lobo temporal, e a via onde, ou ação, do lobo occipital para o lobo parietal.

(Fonte: adaptado de M. Mishkin et al., 1983.)

Suplemento colorido **469**

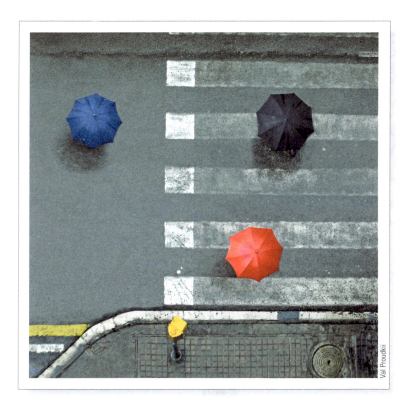

É um dia chuvoso em Barcelona, e o fotógrafo, olhando de uma janela lá em cima, congela os guarda-chuvas de três pessoas que atravessam a rua. Ao olhar para essa foto, os guarda-chuvas ou as linhas brancas da faixa de pedestres, provavelmente, chamaram a sua atenção primeiro. No entanto, se você estivesse observando essa cena enquanto acontecia, o movimento também teria influenciado sua atenção. Você poderia ter focalizado como os guarda-chuvas moviam-se em relação uns aos outros, ou poderia ter acompanhado o movimento de um dos guarda-chuvas, por causa da cor, direção ou velocidade do movimento. Sempre que você abre os olhos e observa uma cena, a atenção é um dos principais processos que determinam o que experimenta e o que tira dessa experiência.

➤ Imagem de abertura do Capítulo 4.

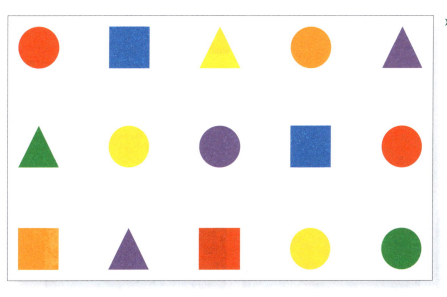

➤ **Figura 4.9** Nomeie a cor da tinta usada para imprimir essas formas.

➤ **Figura 4.10** Nomeie a cor da tinta usada para imprimir essas palavras.

470 Psicologia cognitiva

▶ **Figura 4.12** Via de varredura de uma pessoa visualizando uma imagem livremente. As fixações são indicadas pelos pontos amarelos e os movimentos dos olhos pelas linhas em vermelho. Observe que essa pessoa olhava preferencialmente para áreas da imagem como as estátuas, mas ignorava áreas como água, pedras e edifícios.

(Fonte: De R. Datta e E. A. DeYoe, I know where you are secretly attending! The topography of human visual attention revealed with fMRI, *Vision Research*, 49, 1037-1044, 2009.)

▶ **Figura 4.18** (a) Os participantes no experimento de Datta e DeYoe (2009) direcionavam a atenção para diferentes áreas dessa tela circular, enquanto mantinham os olhos fixos no centro da tela. (b) Ativação do cérebro que ocorria quando os participantes prestavam atenção às áreas indicadas pelas letras no disco de estímulo. O centro de cada círculo é o local no cérebro que corresponde ao centro do estímulo. O "ponto quente" amarelo é a área do cérebro que é ativada ao máximo pela atenção.

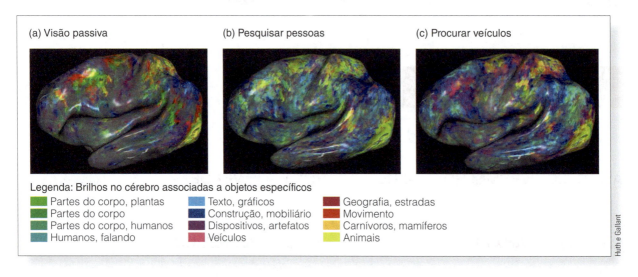

▶ **Figura 4.20** O mapa das categorias das alterações cerebrais para a exibição de um filme. As cores indicam ativação causada por diferentes categorias de estímulos. (a) A visão passiva indica ativação quando não está procurando nada. (b) A procura por pessoas causa a ativação indicada por amarelo e verde, que representam pessoas e coisas relacionadas a pessoas. (c) A procura por veículos causa ativação indicada por vermelhos, que representam veículos e coisas relacionadas a veículos.

Suplemento colorido 471

➤ **Figura 4.28** Estímulo para a demonstração de detecção de alterações.

➤ **Figura 4.31** Estímulos para experimento de conjunção ilusória. Ver detalhes no texto.

(Fonte: A. Treisman e H. Schmidt, Illusory conjunctions in the perception of objects, *Cognitive Psychology*, 14, 107-141, 1982.)

➤ **Figura 4.29** Estímulo para a demonstração de detecção de alterações.

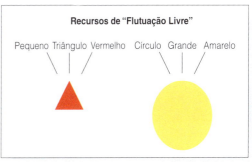

➤ **Figura 4.32** Ilustração da ideia de que no estágio pré-atencional as características de um objeto "flutuam livremente". Como não estão conectadas a um objeto específico, podem potencialmente se tornar associadas a qualquer objeto em uma exibição. Quando isso acontece, uma conjunção ilusória é criada.

(Fonte: A. Treisman e H. Schmidt, Illusory conjunctions in the perception of objects, *Cognitive Psychology*, 14, 107-141, 1982.)

➤ **Figura 4.34** Encontre a linha horizontal em (a) e então a linha horizontal verde em (b). Qual tarefa demorou mais?

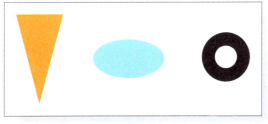

➤ **Figura 4.33** Estímulos usados para mostrar que o processamento de cima para baixo pode reduzir as conjunções ilusórias.

(Fonte: A. Treisman e H. Schmidt, Illusory conjunctions in the perception of objects, *Cognitive Psychology*, 14, 107-141, 1982.)

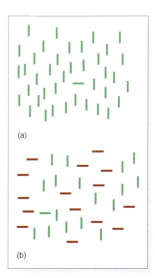

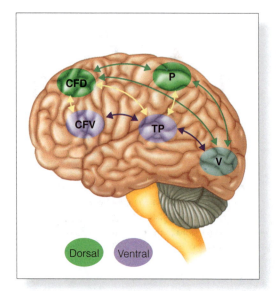

▶ **Figura 4.35** Estruturas principais nas duas redes atencionais. V = córtex visual. Rede atencional dorsal: P = córtex parietal; CFD = córtex frontal dorsal; rede atencional ventral: junção TP = dos lobos temporais e parietais; CFV = córtex frontal ventral.

(Fonte: com base em Vossel et al., 2014, Figura 1.)

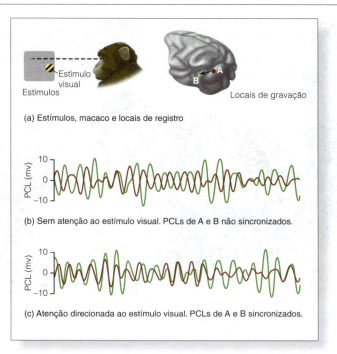

▶ **Figura 4.36** Demonstração de Bosman et al. (2012) da sincronização causada pela atenção. (a) O macaco está olhando para o ponto azul na tela. Os potenciais de campo locais estão sendo registrados nas localizações A e B no córtex, que estão conectadas. (b) Quando o macaco não está prestando atenção ao estímulo visual, as respostas do PCL de A e B não são sincronizadas. (c) Quando o macaco direciona a atenção para o estímulo visual, as respostas do PCL de A e B tornam-se sincronizadas.

(Fonte: Figura cortesia de Pascal Fries e Conrado Bosman.)

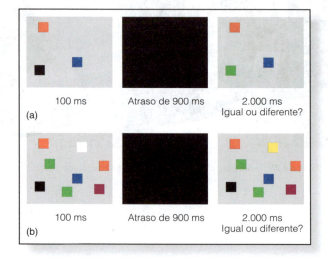

▶ **Figura 5.7** (a) Estímulos usados por Luck e Vogel (1997). O participante vê a primeira tela e indica se a segunda tela é igual ou diferente. Nesse exemplo, a cor de um dos quadrados é alterada na segunda tela. (b) Estímulos de Luck e Vogel mostrando maior número de itens.

(Fonte: adaptado de E. K. Vogel, A. W. McCollough e M. G. Machizawa, Neural measures reveal individual differences in controlling access to working memory, *Nature*, 438, 500-503, 2005.)

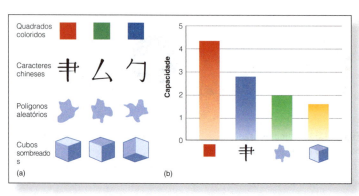

▶ **Figura 5.9** (a) Alguns dos estímulos usados no experimento de detecção de alterações de Alvarez e Cavanagh (2004). Os estímulos variam de baixa informação (quadrados coloridos) a alta informação (cubos). Nos experimentos reais, havia seis objetos diferentes em cada conjunto. (b) Resultados mostrando o número médio de objetos que podem ser lembrados para cada tipo de estímulo.

(Fonte: adaptado de G. A. Alvarez e P. Cavanagh, The capacity of visual short-term memory is set both by visual information load and by number of objects, *Psychological Science*, 15, 106-111, 2004.)

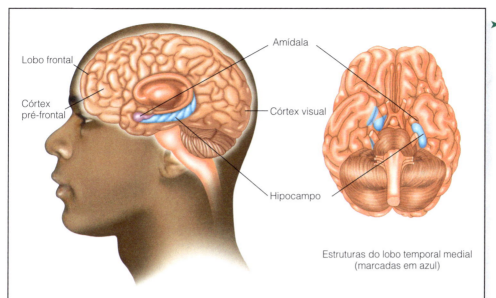

▶ **Figura 5.19** Seção transversal do cérebro mostrando algumas estruturas-chave envolvidas na memória. A discussão da memória de trabalho concentra-se no córtex pré-frontal e córtex visual. O hipocampo, amídala e córtex frontal serão discutidos nos Capítulos 6 e 7.

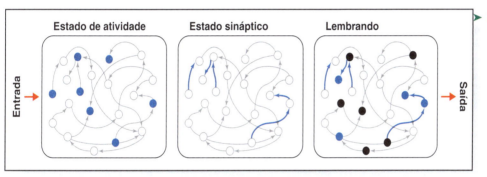

▶ **Figura 5.23** Diagrama mostrando a proposta de Stokes (2015) de que as informações podem ser armazenadas na memória de trabalho por meio de alterações na conectividade de uma rede neural. (a) Estado de atividade, mostrando que alguns neurônios na rede (círculos azuis) são ativados pelo estímulo recebido. (b) Estado sináptico, mostrando conexões que foram fortalecidas entre os neurônios na rede (linhas azuis). (c) Atividade associada à memória.

(Fonte: Stokes, M. G., 'Activity-silent' working memory in prefrontal cortex: a dynamic coding framework. *Trends in Cognitive Sciences*, 19 (7), 394-405. Figura 2a, topo, 2015.)

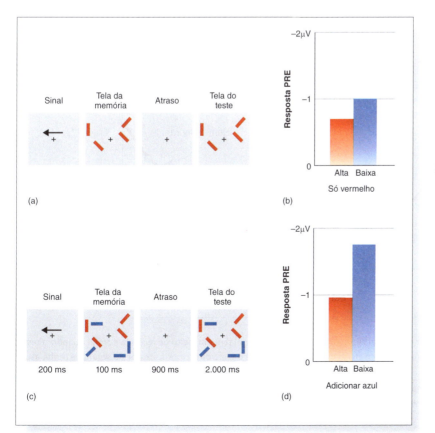

▶ **Figura 5.25** (a) Sequência para a tarefa de Vogel et al. (2005). A flecha nesse exemplo instrui o participante a prestar atenção ao lado esquerdo da memória e às telas de teste. A tarefa é indicar se os retângulos vermelhos no lado atento são iguais ou diferentes nas duas telas. (b) Resposta do PRE para participantes de baixa e alta capacidade para a tarefa na parte (a). (c) Exibição com barras azuis adicionadas. Essas barras são adicionadas para distrair os participantes, que deveriam focalizar os retângulos vermelhos. (d) Resposta do PRE para a tarefa na parte (c).

(Fonte: com base em E. K. Vogel, A. W. McCollough e M. G. Machizawa, Neural measures reveal individual differences in controlling access to working memory, *Nature*, 438, 500-503, 2005.)

474 Psicologia cognitiva

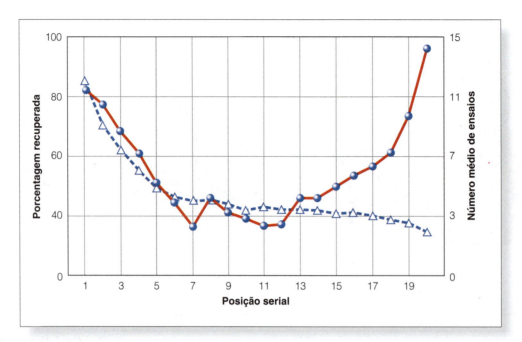

➤ **Figura 6.4** Resultados da experiência de Rundus (1971). A linha vermelha sólida é a curva de posição serial usual. A linha azul tracejada indica quantas vezes os participantes ensaiaram (falaram em voz alta) cada palavra na lista. Observe como a curva de ensaio corresponde à parte inicial da curva de posição serial.

(Fonte: D. Rundus, Analysis of rehearsal processes in free recall, *Journal of Experimental Psychology*, 89, 63-77, Figura 1, 1971.)

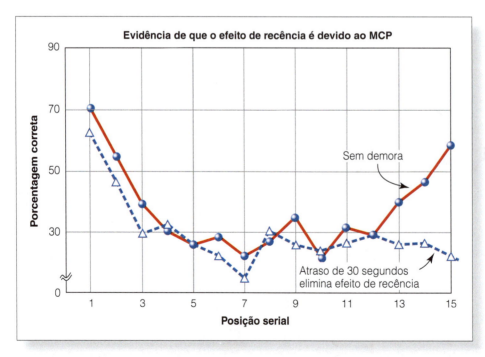

➤ **Figura 6.5** Resultados da experiência de Glanzer e Cunitz (1966). A curva de posição serial tem um efeito de recência normal quando o teste de memória é imediato (linha vermelha sólida), mas nenhum efeito de recência ocorre se o teste de memória atrasar 30 segundos (linha azul tracejada).

(Fonte: M. Glanzer e A. R. Cunitz, Two storage mechanisms in free recall, *Journal of Verbal Learning and Verbal Behavior*, 5, 351-360, Figuras 1 e 2. Copyright © 1966 Elsevier Ltd. Republicado com permissão.)

Suplemento colorido **475**

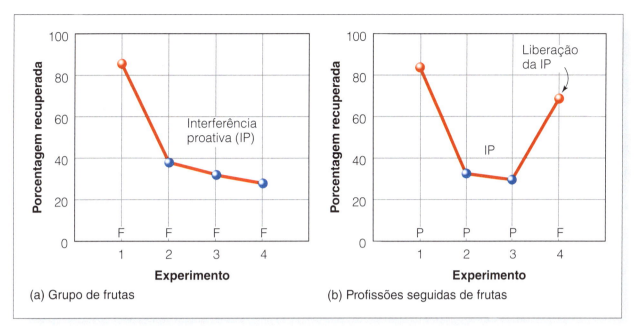

▶ **Figura 6.7** Resultados do experimento feito por Wickens et al. da interferência proativa (1976). (a) O grupo Frutas apresentou desempenho reduzido nos testes 2, 3 e 4, causado ao menos parcialmente pela interferência proativa (indicada por pontos azuis). (b) O grupo Profissões mostrou desempenho reduzido de forma semelhante nos testes 2 e 3. O aumento do desempenho no teste 4 representa uma liberação da interferência proativa porque os nomes das frutas, em vez das profissões, foram apresentados no teste 4.

(Fonte: baseado em D. D. Wickens, R. E. Dalezman e F. T. Eggemeier, Multiple encoding of word Attributes in memory, *Memory e Cognition*, 4, 307-310, 1976.)

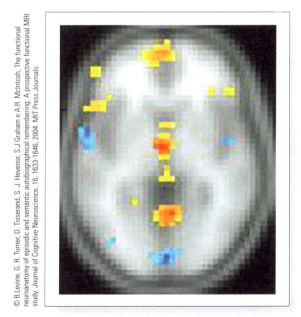

▶ **Figura 6.9** Cérebro mostrando áreas ativadas por memórias episódicas e semânticas. As áreas amarelas representam regiões do cérebro associadas a memórias episódicas; as áreas azuis representam regiões associadas a memórias semânticas.

(Fonte: Levine et al., 2004.)

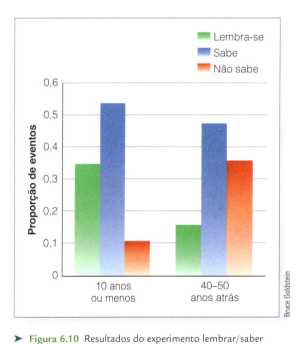

▶ **Figura 6.10** Resultados do experimento lembrar/saber que testou a memória de participantes mais velhos para eventos durante um período de 50 anos.

(Fonte: baseado em R. Petrican, N. Gopie, L. Leach, T. W. Chow, B. Richards e M. Moscovitch, Recollection and familiarity for public events in neurologically intact older adults and two brain-damaged patients. *Neuropsychologia*, 48, 945-960, 2010.)

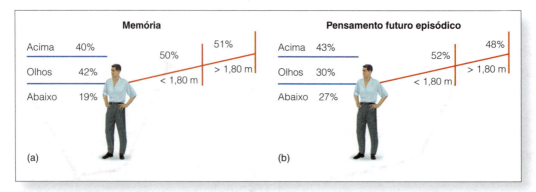

▶ **Figura 6.13** Pontos de vista para perspectivas de terceira pessoa para (a) memória de um evento passado; (b) imaginar um possível evento futuro. Os números em vermelho indicam porcentagens de visualizações acima do nível dos olhos, no nível dos olhos e abaixo do nível dos olhos. Os números em laranja indicam porcentagens de visualizações que estavam a menos ou mais de 90 cm de distância.
(Fonte: McDermott et al., 2016, Fig. 3, p. 248.)

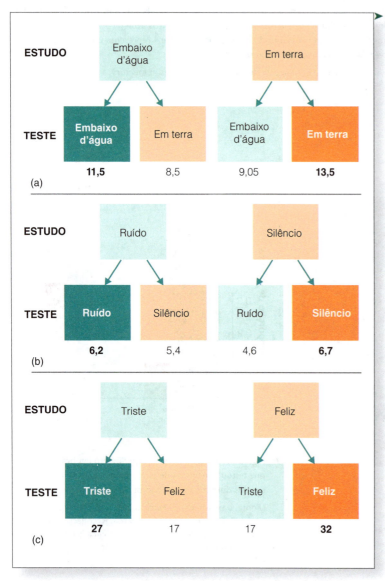

▶ **Figura 7.8** Projeto e resultados para (a) o experimento com "mergulhadores" de Godden e Baddeley (1975); (b) experimento de "estudo" de Grant et al. (1998); (c) o experimento de "humor" de Eich e Metcalfe (1989). Os resultados de cada situação de teste são indicados pelo número diretamente sob essa situação. As cores correspondentes (verde-claro a verde-escuro e laranja-claro a laranja-escuro) indicam situações nas quais as condições de estudo e teste se correlacionavam.

Suplemento colorido **477**

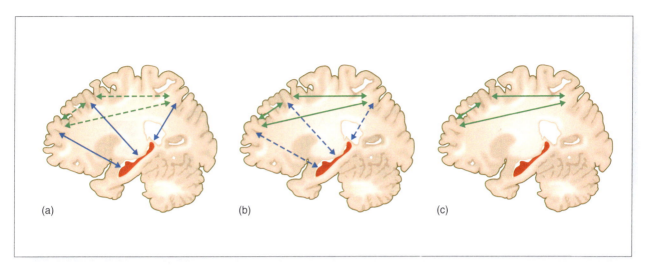

➤ **Figura 7.13** Sequência de eventos que ocorrem durante a consolidação, de acordo com o modelo padrão de consolidação. (a) As conexões entre o córtex e o hipocampo (azul) são inicialmente fortes e as conexões entre as áreas corticais são fracas (tracejado em verde). A atividade entre o hipocampo e o córtex chama-se reativação. (b) Conforme o tempo passa, as conexões entre o hipocampo e o córtex enfraquecem (tracejado em azul) e as conexões entre as áreas corticais se tornam mais fortes (verde). (c) Com o tempo, apenas conexões intercorticais permanecem. (Fonte: de Maguire, 2014.)

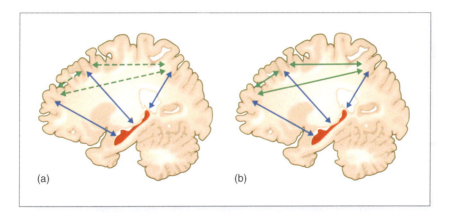

➤ **Figura 7.15** Sequência de eventos que ocorrem durante a consolidação, de acordo com o modelo de consolidação de múltiplos traços. (a) Como com o modelo padrão, as conexões entre o hipocampo e o córtex são inicialmente fortes (azul) e as conexões intercorticais são fracas (linhas tracejadas verdes). (b) Com o passar do tempo, as conexões intercorticais se fortalecem (verde) e as conexões hipocampo-corticais permanecem. (Fonte: de Maguire, 2014.)

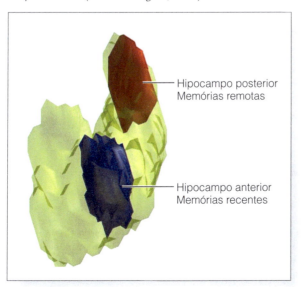

➤ **Figura 7.19** Representação tridimensional do hipocampo, mostrando a localização dos voxels associados a memórias autobiográficas recentes (em azul) e memórias autobiográficas remotas (em vermelho), conforme determinado por Bonnici et al., 2012, usando AFMV.

(Fonte: Bonnici et al., *Journal of Neuroscience* 32(47) 16982-16991, Fig. 4, p. 16978, figura inferior esquerda apenas, 2012.)

478 Psicologia cognitiva

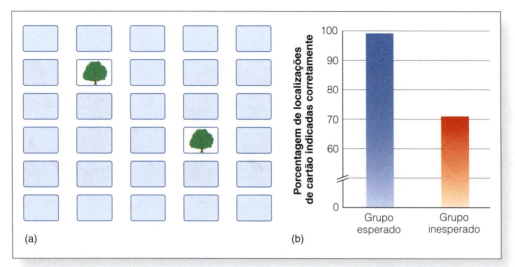

➤ **Figura 7.21** Estímulos e resultados para o experimento de Wilhelm et al. (2011). (a) A tarefa do participante era lembrar onde cada par de imagens estava localizado. Um par é mostrado virado ao contrário aqui. (b) Depois de dormir, o desempenho do grupo que esperava ser testado na tarefa foi melhor do que o desempenho do grupo que não esperava ser testado. Isso ilustra a consolidação preferencial para o material que os participantes esperavam que fosse testado.

(Fonte: de I. Wilhelm, S. Diekelmann, I. Molzow, A. Ayoub, M. Molle e J. Born, Sleep selectively enhances memory expected to be of future relevance, *Journal of Neuroscience*, 31, 1563–1569, Figura 3a, 2011.)

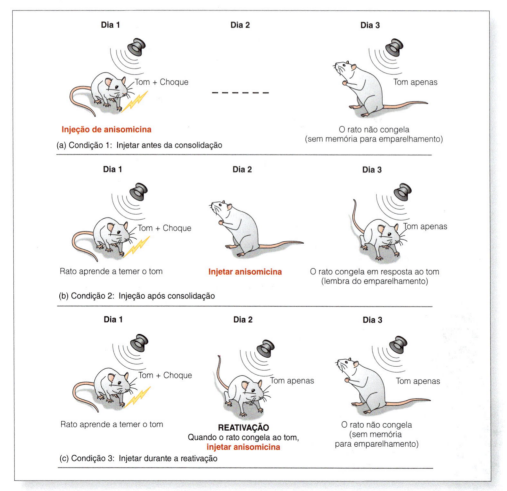

➤ **Figura 7.22** O experimento de Nader et al. (2000a) sobre como a injeção de anisomicina afeta o condicionamento ao medo. (a) A anisomicina é injetada no dia 1, antes da consolidação, de modo que a memória para o par tom-choque não se forme. (b) A anisomicina é injetada no dia 2, após a consolidação, então a memória para o pareamento tom-choque permanece. (c) A anisomicina é injetada após a reativação no dia 2, então a memória para o pareamento tom-choque é eliminada.

➤ **Figura 7.23** Projeto do experimento feito por Hupbach et al. (2007). *Grupo com recordação*: (a) Segunda-feira: um pesquisador, mostrado aqui, exibe aos participantes 20 objetos um por um e coloca-os em uma cesta azul. Os participantes então recordam esses objetos, criando a Lista A. (b) Quarta-feira: os participantes lembram o procedimento de segunda-feira e são apresentados a 20 novos objetos em uma mesa. Eles aprendem esses objetos, o que cria a Lista B. (c) Sexta-feira: os participantes são solicitados a relembrar todos os objetos da Lista A. *Grupo sem recordação* (d) Segunda-feira: mesmo procedimento que (a). (e) Quarta-feira: os participantes veem e são testados em novos objetos (Lista B) em uma sala diferente por um pesquisador diferente e a cesta azul não está presente. Isso cria um novo contexto. (f) Sexta-feira: os participantes são solicitados a relembrar a Lista A na sala inicial com o pesquisador inicial.

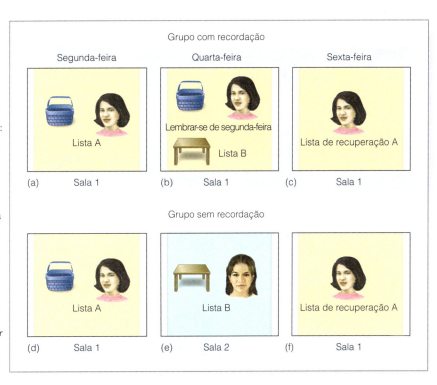

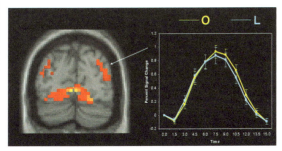

(a) Córtex parietal

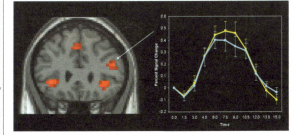

(b) Córtex pré-frontal

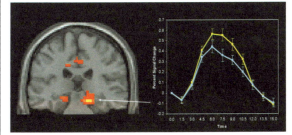

(c) Hipocampo

➤ **Figura 8.2** (a) Resposta de fMRI de uma área no córtex parietal mostrando o curso do tempo e a amplitude da resposta causada por fotos próprias (em amarelo) e fotos de laboratório (em azul) no teste de memória. O gráfico à direita indica que a ativação é a mesma para as fotos próprias e fotos de laboratório. A resposta às fotos próprias é maior no (b) córtex pré-frontal e (c) no hipocampo. (Fonte: Cabeza et al., 2004.)

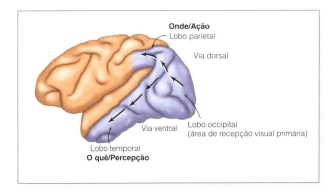

➤ **Figura 3.31** O córtex do macaco, mostrando a via o quê, ou percepção, do lobo occipital ao lobo temporal, e a via onde, ou ação, do lobo occipital para o lobo parietal.

(Fonte: adaptado de M. Mishkin et al., 1983.)

480 Psicologia cognitiva

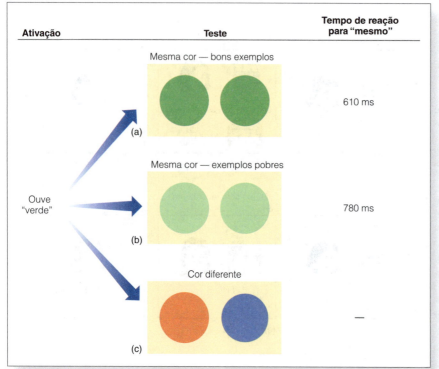

▶ **Figura 9.6** Procedimento para o experimento de pré-ativação de Rosch (1975b). Os resultados para as situações em que as cores de teste eram iguais são mostrados à direita. (a) O protótipo "verde" da pessoa combina com o verde bom, mas (b) é uma correspondência ruim para o verde-claro; (c) mostra a situação em que as cores eram diferentes.

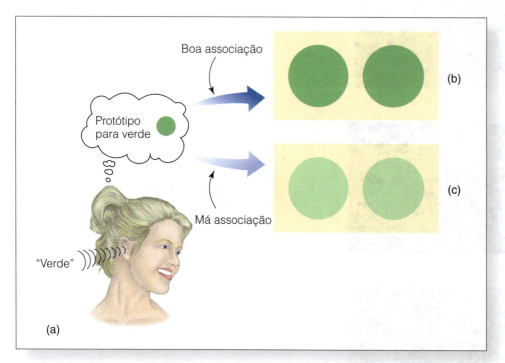

▶ **Figura 9.7** Como Rosch explica a descoberta de que a pré-ativação resultou nos "mesmos" julgamentos mais rápidos para cores prototípicas do que para cores não prototípicas.

Suplemento colorido   481

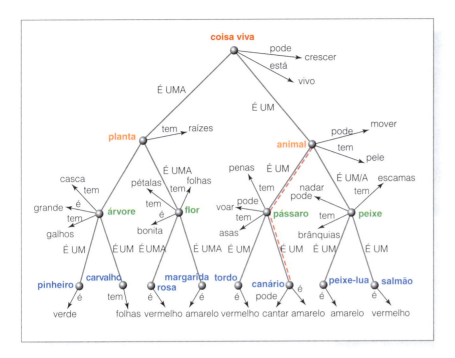

▶ **Figura 9.12** Rede semântica de Collins e Quillian (1969). Conceitos específicos são indicados em cores. As propriedades dos conceitos são indicadas nos nós de cada conceito. Propriedades adicionais de um conceito podem ser determinadas movendo-se para cima na rede, ao longo das linhas que conectam os conceitos. Por exemplo, passar de "canário" para "pássaro" indica que canários têm penas e asas e podem voar. As linhas tracejadas indicam a distância na rede do canário ao pássaro e do pássaro ao animal.
(Fonte: adaptado de T. T. Rogers e J. L. McClelland, 2004.)

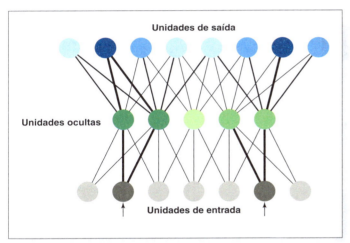

▶ **Figura 9.17** Uma rede de processamento paralelo distribuído (PPD) mostrando unidades de entrada, unidades ocultas e unidades de saída. Os estímulos de entrada, indicados pelas setas, ativam as unidades de entrada e os sinais viajam pela rede, ativando as unidades ocultas e de saída. A atividade das unidades é indicada pelo sombreamento, com o sombreamento mais escuro e linhas conectoras mais pesadas indicando mais atividade. Os padrões da atividade que ocorrem nas unidades ocultas e de saída são determinados pela atividade inicial das unidades de entrada e pelos pesos de conexão que determinam com que intensidade uma unidade será ativada pela atividade de entrada. Pesos de conexão não são mostrados nesta figura.

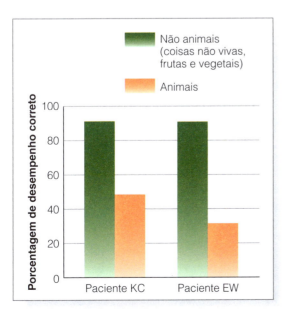

▶ **Figura 9.21** Desempenho em uma tarefa de nomeação para os pacientes K. C. e E. W., ambos com comprometimento de memória específico à categoria. Eles eram capazes de nomear corretamente imagens de coisas inanimadas (como carro e mesa) e frutas e vegetais (como tomate e pera), mas tinham um desempenho ruim quando solicitados a nomear imagens de animais.
(Fonte: B. Z. Mahon e A. Caramazza, 2009.)

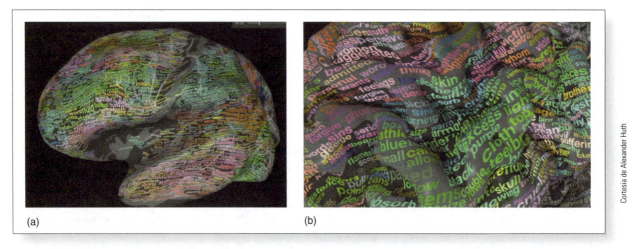

➤ **Figura 9.24** Resultados do experimento de Huth et al. (2016) em que os participantes ouviam histórias em um scanner. (a) Palavras que ativaram diferentes locais no córtex. (b) Ampliação de uma área menor do córtex. Observe que uma área específica geralmente responde a várias palavras diferentes, como indicado na Figura 9.25.

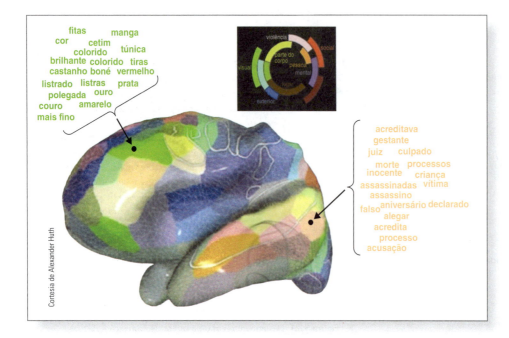

➤ **Figura 9.25** Mais resultados do experimento feito por Huth et al. (2016). As cores no córtex indicam onde diferentes categorias das palavras causavam ativação, como indicado na legenda no canto superior direito. As palavras em rosa ativavam um voxel que respondia a palavras relacionadas à violência. As palavras em verde ativavam um voxel que respondia às qualidades visuais.

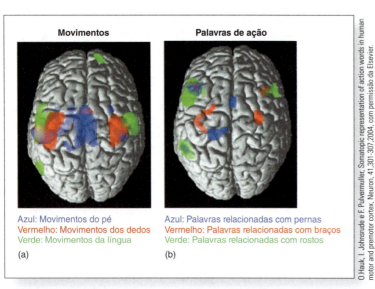

➤ **Figura 9.26** Resultados de Hauk et al. (2004). As áreas coloridas indicam as regiões do cérebro ativadas por (a) movimentos do pé, dos dedos e da língua; (b) palavras para perna, braço e face. (Fonte: Hauk et al., 2004.)

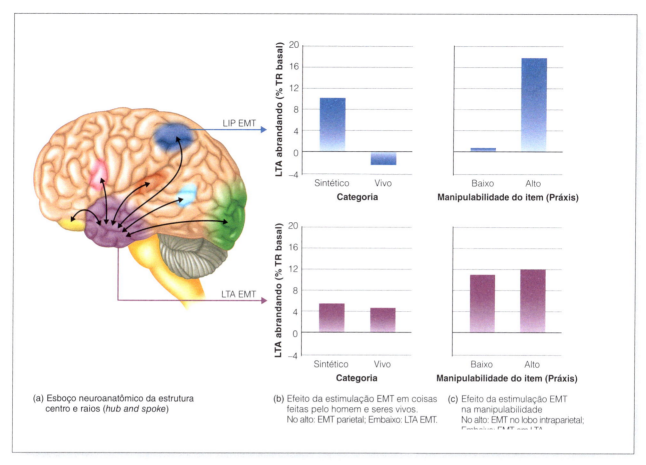

▶ **Figura 9.27** (a) O modelo centro e raios propõe que áreas do cérebro especializadas para diferentes funções estão ligadas ao lobo temporal anterior (em roxo), que integra as informações de áreas que desempenham as seguintes funções: valência (amarelo); fala (rosa); auditivo (vermelho); práxis (azul-escuro); funcionalidade (azul-claro); visual (verde). A área em azul-escuro está no córtex parietal. (b) Efeito da estimulação EMT em objetos feitos pelo homem *versus* coisas vivas. Parte superior: estimulação lobo intraparietal causa mais desaceleração do TR em objetos feitos pelo homem do que em coisas vivas. Parte inferior: estimulação LTA causa o mesmo efeito em ambos. (c) Efeito da estimulação EMT em objetos de baixa e alta capacidade de manipulação. No alto: estimulação do lobo intraparietal (LIP) causa mais desaceleração do TR para objetos de alta manipulabilidade em comparação àqueles com baixa. Parte inferior: a estimulação LTA causa o mesmo efeito em ambos.

(Fonte: adaptado de Lambon Ralph et al., 2017. Figura complementar 5. Com base em dados de Pobric et al., 2013.)

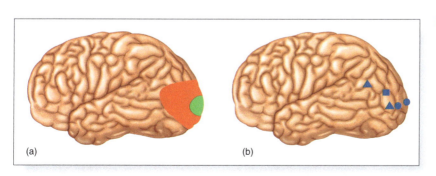

▶ **Figura 10.13** (a) Olhar para um pequeno objeto causa atividade na parte posterior do córtex visual (verde). Objetos maiores fazem com que a atividade se propague (vermelho). (b) Resultados do experimento de Kosslyn et al. (1995). Os símbolos indicam o local mais ativado causado pela imagética: imagem pequena (círculo); imagem média (quadrado); imagem grande (triângulo).

(Fonte: Kosslyn et al., 1995.)

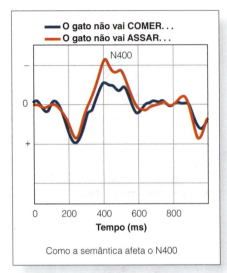

➤ **Figura 11.11** A onda N400 do PRE é afetada pelo significado da palavra. Torna-se maior (linha mais escura) quando o significado da palavra não se ajusta ao restante da sentença.
(Fonte: Osterhout et al., 1997.)

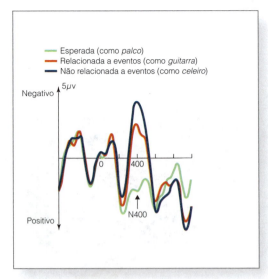

➤ **Figura 11.12** Resultados do experimento de Metusalem et al. (2012) para o cenário de concerto. O principal resultado é que a resposta N400 a uma palavra relacionada a evento como *guitarra* (curva vermelha) é menor do que a resposta a uma palavra não relacionada a um evento como *celeiro* (curva azul). Isso sugere que, embora *guitarra* não se encaixe na sentença, o conhecimento da pessoa de que guitarras estão associadas a shows é ativado.

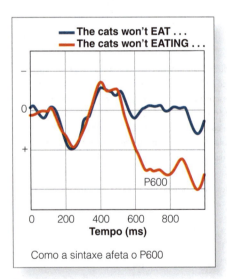

➤ **Figura 11.18** A onda P600 do PRE é afetada pela gramática. Ela se torna maior (linha vermelha) quando uma forma gramaticalmente incorreta é usada.
(Fonte: Osterhout et al., 1997.)

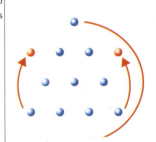

➤ **Figura 12.31** Resolução para o problema do triângulo. As setas indicam movimento; círculos coloridos indicam novas posições.

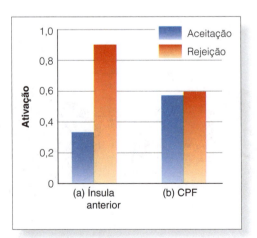

➤ **Figura 13.15** Resposta da ínsula e do córtex pré-frontal (CPF) a ofertas "justas" e "injustas".
(Fonte: baseado em Sanfey et al., 2006.)

Suplemento colorido **485**

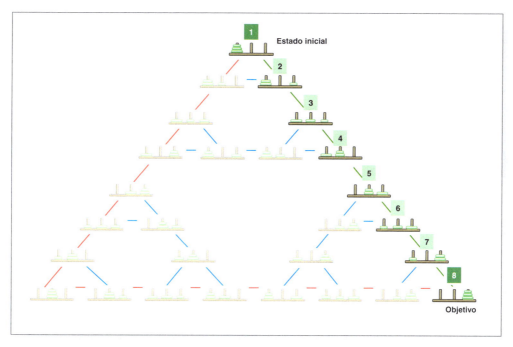

➤ **Figura 12.12** Espaço do problema para o problema da Torre de Hanoi. As linhas verdes indicam o caminho mais curto entre o estado inicial (1) e o estado do objetivo (8). As linhas vermelhas indicam um caminho mais longo.
(Fonte: baseado em Dunbar, 1998.)

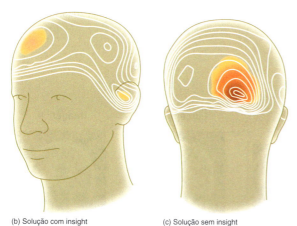

➤ **Figura 12.27** (a) Resposta do EEG. Esse registro é cerca de 4 segundos de resposta. (b) A área colorida indica alta ativação do EEG no lobo frontal antes de uma solução de insight. (c) A área colorida indica alta ativação do EEG no lobo occipital antes de uma solução sem insight (analítica).
(Fonte: De Kounios et al., 2006. Adaptada da Figura 2a, p. 884.)

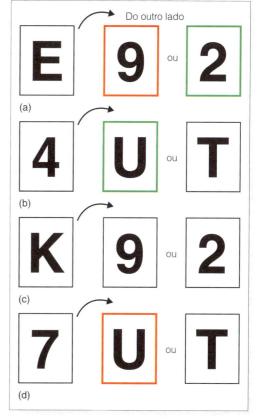

➤ **Figura 13.6** Possíveis resultados de virar as cartas no problema de quatro cartas do Wason da Figura 13.5. As bordas vermelhas indicam uma situação em que virar a carta falsifica a afirmação "Se houver uma vogal de um lado, então há um número par do outro lado". As bordas verdes indicam uma situação em que virar a carta confirma a declaração. Nenhuma cor indica que o resultado é irrelevante para a declaração. Para testar o enunciado aplicando o princípio da falsificação, é necessário virar as cartas E e 7.

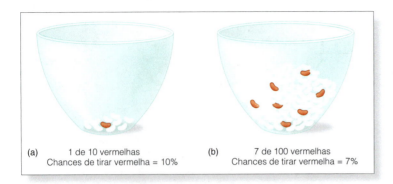

➤ **Figura 13.9** Denes-Raj e Epstein (1994) deram aos participantes a escolha entre escolher aleatoriamente uma jujuba de (a) uma tigela com 1 jujuba vermelha e 9 jujubas brancas ou (b) uma tigela com 7 jujubas vermelhas e 93 jujubas brancas (nem todas as jujubas brancas são mostradas nesta imagem). Os participantes recebiam dinheiro se pegassem 1 jujuba vermelha. (Fonte: baseado em Denes-Raj e Epstein, 1994.)

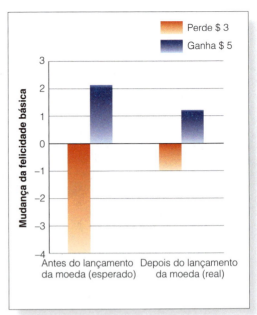

➤ **Figura 13.11** Os resultados dos experimentos de Kermer et al. (2006) mostram que as pessoas superestimam muito o efeito negativo esperado da perda (barra vermelha à esquerda), em comparação com o efeito real da perda (barra vermelha à direita). As barras azuis indicam que as pessoas superestimam apenas ligeiramente o efeito positivo esperado da vitória (barra azul à esquerda), em comparação com o efeito real da vitória (barra azul à direita).

(Fonte: baseado em Kermer et al., 2006.)

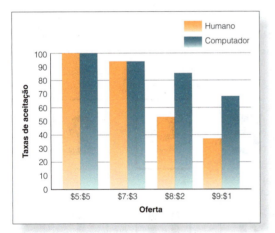

➤ **Figura 13.14** Resultados comportamentais do experimento de Sanfey e colegas de trabalho (2003), mostrando as taxas de aceitação dos respondentes em resposta a diferentes ofertas feitas por parceiros humanos e parceiros de computador.

(Fonte: baseado em Sanfey et al., 2003.)

➤ **Figura 10.15** Resultados da varredura cerebral de Ganis et al. (2004). As linhas verticais ao longo dos cérebros na coluna do canto esquerdo indicam onde a atividade estava sendo registrada. As colunas rotuladas "Percepção" e "Imagética" indicam respostas nas situações de percepção e imagética. (a) Respostas das áreas no lobo frontal. Percepção e imagética causam a mesma ativação. (b) Respostas mais na parte posterior do cérebro. A ativação também é a mesma nessa área. (c) Respostas da parte posterior do cérebro, incluindo a área visual primária. Há muito mais ativação nessa área na situação de percepção.

(Fonte: Ganis, Thompson e Kosslyn, 2004.)

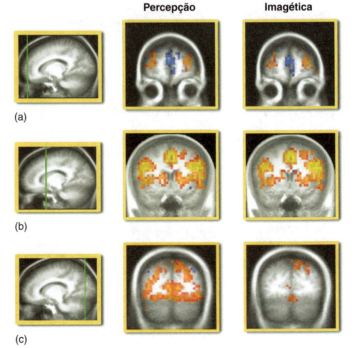